KB087521

韓國  新聞

THE KOREA PRESS
1945～1963年度

THE KOREAN RESIDENTS UNION
IN JAPAN GENERAL HEAD OFFICE

在日本大韓民国居留民団中央機関紙

中

韓国新聞社 発行

発刊辞

民族力量 大噴出期와 우리의 피와 땀

한알의 보리가 썩지 않으면── 이는「앙드레 지이드」가 그의 精神的 編歴에서 到達한 마지막 境地에서 나온 左右銘이다。봄(春)、여름(夏)、가을(秋)、겨울(冬) 四季를 通한 生成과 消滅의 現象에有心히 귀기울이면 보리 한알이 아니라 個人、民族、人類가 걸어야 하는 소중한 法則을 깨닫게된다。

消滅이 없이는 生成이 없고、죽음이 없이는 삶이 없다。오늘의 우리 民族의 삶은 어제의 죽음의 오메가요、오늘 우리 犠牲의 結果는 来日의 우리 民族의 삶의 알파이다。많은 말을 하지 말자。

우리는 이 時代를 어떻게 부를 것인가?

아픔을 참고 땀을 흘리는 生成의 時代인가?

즐거움에 陶酔하고 享楽에 지새는 消滅의 時代인가?

우리 時代는 生成의 時代이다。아니 民族力量의 大噴出期가 바로 우리의 時代가 아닌가。그언제 우리 民族이 伍仟萬을 헤아일 수 있었으며、언제 우리 民族이 바다로나 陸地로나 딴나라에 軍隊를 내보낼 수 있었던가? 언제 우리 民族이「스포오츠」種目에서 世界를 制覇한 일이 있었던가?

보다 더 重要한 것이 있다。언제 우리 民族이 우리 時代만큼 일을 많이 한적이 있었던가? 亡国의 서러움도 分断의 아픔도 克己하는 우리 民族、눈보라 치는 추운 民族의 겨울에 우리는 草家지붕도 많이 헐어냈고、겨레를 지키는 힘도 길렀고 손발이 부르트면서 工場도 많이 세웠고、어느나라 부럽지 않은 高速道路와 地下鉄도 우리 손으로 만들어 놓았다。

우리 時代가 흘린 땀이 結局 무엇을 為한 땀이었는 지를、우리 時代가 흘린 피가 結局 누구를 為한 피였는지를 歴史는 証明해 줄것이다。

憎悪의 衝動에서 움튼 思想이 支配하는 社会가、사랑의 손길에서 움튼 思想이 支配하는 社会를 끝내 이길수 없다는 真理도 悠久한 우리 民族의 슬기는 歴史의 現場에서 밝혀주리라。

봄(春)이 멀지 않았겠지! 햇빛 따사로운 陽地에 눈이 녹듯이 슬기로운 우리 民族의 成員의마음도 누그러지겠지!

언제가 太極旗 휘날리는 하늘아래、三千里 錦繡江山 方方谷谷에서 메아리치는 自由와 平和의 喊声을 들을 수 있겠지。在日同胞여! 우리는 民族力量의 大噴出期를 맞은 우리 時代의 가장 緊要한 課題인 南北統一의 그날까지 우리의 아픔과 설음을 참고 우리의 피와 땀을 송두리채 바쳐 来日의 民族의 統一과 繁栄을 為해 우리 모두 한알의 보리알이 됩시다。

一九七五年三月一日

〈民団中央機関紙〉韓国新聞社

社長 尹達鏞

一九七五年은 維新民團 飛躍의 해

謹賀新年

새해 本國同胞에게 드리는 人事말씀

一九七五年을 맞이하여 祖國의 平和統一達成과 祖國의 繁榮을 위해 晝夜로 盡力하고 계시는 國内同胞여러분께 새해人事를 드립니다

지난 一年동안은 過去의 어떤 때보다도 多事多難한 한해였읍니다 特히 北傀의 露骨的인 武力挑發과 南侵侵透를 위한 日本을 基地로한 迂廻作戰이 어느때보다도 熾烈했던 해였읍니다

北傀는 西海에서 平和的으로 漁撈하는 우리의 漁船을 무작정 砲擊拉致했고 東海에서는 까닭도 없이 警備艇을 攻擊擊沈했읍니다 平和統一을 바라는 民族의 希望의 窓口였던 南北赤十字會談에 對해서도 생떼를 쓰면서 妨害하기 시작했읍니다 심지어 그들은 우리의 英明한 指導者 朴正熙大統領의 狙擊陰謀를 꾸며내어 無知蒙昧한 文世光을 殺人狂으로 만들었으며 民族의 尊敬과 愛慕를 받으시던 大統領令夫人 陸英修女史를 殺害했던것입니다

이러한 天人共怒할 몹쓸 이리떼들의 蠻行에 對하여 全民族의 鬱憤과 憤怒는 불꽃처럼 일어나 團結과 總和의 巨大한 소용돌이가 하늘을 찔렀읍니다

故陸英修女史 追悼民團中央大會에는 二萬餘 民團員이 一堂에 모여 陸英修女史의 逝去를 哀悼했고 繼續하여 日本全國坊坊谷谷에서 殺人鬼를 조종한 朝總連과 北傀를 糾彈하는 喊聲은 衝天하여 民團의 巨大한 組織과 底力이 内外에 誇示되었읍니다

非武裝地帶에 地下턴넬을 파 武力侵透의 秘密通路를 뚫으려다가 우리國軍 警備隊에 摘發된 北傀의 惡辣한 策動은 우리의 團合과 總和앞에 여지없이 부서지고야 말았읍니다 特히 포드大統領의 訪韓으로 韓美間의 血盟의 友誼를 굳게 다진 오늘 우리는 自由와 平和를 지키는 反共의 堡壘로서의 決意를 더욱 다짐하는 바입니다

지난해 우리 民團이 이룩해 온 값진 成果는 첫째 日本言論의 偏向報道를 徹底히 糾彈하여 自肅하게 한 일입니다 또한 未入團者 入團運動에 包含된 戶籍整理在外國民登錄申請과 旅券所持運動의 促進으로 民團의 團勢가 크게 擴充된 일입니다 또한 우리의 長時日間의 念願이였던 中央會館이 着工되어 現在工事가 進行中에 있읍니다 靑年會의 結成과 擴大로 우리 二、三世의 健全한 育成의 基盤이 닦여가고 있읍니다 새해에는 우리가 이룩한 지난해의 모든 成果를 발판삼아 더욱 눈부신 發展을 期해야 겠읍니다

◇完工을서두르는中央會館조감도

첫째로 우리는 日本을발판으로하여 朝總連과 北傀가 끊임없이 노리고있는 侵透破壞工作을 徹底히 粉碎하기 위해精神을 武裝하고 組織을 强化하는데 힘을 써야겠읍니다

둘째로 우리의 念願이던 中央會館의 完工을 위해 組織의 總力을 다해야 겠읍니다

셋째로 우리는 오끼나와에서 열리는 海洋博覽會를 맞아 本國家族을 招請하고 安全하게 見學觀日 할수 있도록 熱誠을 다해야 겠읍니다

넷째로 二、三世의 民族教育의 拔本的인 길을 打開하여야 하는 同時에 組織의 基幹要員養成에 더욱 拍車를 加해야겠읍니다

그리고 우리 民團組織을 더욱 近代化하고 日本社會에서 우리의 子女와 同胞가 享有해야할 經濟、民生、文化、教育의 權利를 더욱 넓히고 굳히기 위해 全力을 다하는 前進의 해가 되도록 노력합시다

새해에 國内同胞여러분과 여러분의 家庭에 幸福있으시기를 祈願합니다

新年度 民團의 指標

一、北傀의 앞잡이 朝總連의 惡辣한 破壞工作을 粉碎하자。

二、民團의 組織强化로 祖國의 安保體制를 鞏固히하자。

三、二·三世教育에 置重하고 靑年會를 育成强化하자。

四、오끼나와 海洋博覽會에서 國威를 宣揚하자。

五、民團員의 福祉向上을 위해 努力하자。

六、民團과 本國政府와의 紐帶를 더욱 强化하자。

七、우리들의 念願인 中央會館完工을 서두루자。

八、民團의 五大綱領具顯을 위해 온갖 組織力을 動員하자。

一九七五年 元旦

在日本大韓民國居留民團

中央本部團長 尹達鏞

創団三十年史에 즈음하여

民族과 国家는 그 歷史를 記録으로 保存하여오며 또 그 記録을 通하여 지난날의 事實과 文化를 거울삼아 現在의 諸般問題를 対処하고 未来의 發展을 経綸하기도 합니다。

一九七五年을 맞는 民団은 創団 三十年을 맞이하게 되는 해입니다。

回顧하면 千余曲折이 많었던 지난날이라 感慨無量하며 解放된 기쁨과 団結이란 旗幟을 높이들고 自己充実을 위한 몸부림、民族愛와 피로써 물드린 反共闘争! 不当한 日政에 対한 抗争! 等 그燦爛한 歷史! 한토막 한토막씩 엮어온 빛나는 民団의 三十年史를 整理하고 記録으로 남겨놓을 一大事業이겠읍니다。其間에 写真으로보는 二十年史를 이미 発行하였으나 三十年史編集에 있어서는 写真은 勿論 記録을 主로하여 一九四五年八月十五日의 解放을 基点으로하여 六・二五動乱等의 祖国의 運命과 더불어 같이 呼吸한 各級組織先輩들의 最近에 이르기 까지의 闘争과 活動을 可能한限 詳細하고 一目瞭然하게 刊行하려고 하는바이다。

이 三十年史의 記録을 後孫들에게 두고 두고 伝하여 在日同胞의 喜怒哀楽의 証言의 記録이 될것을 믿어 마지않는바이다。

一九七五年三月一日

創団三十年史編纂委員会 委員長 尹 達 鏞

事務局長 金 秉 錫

編集委員名単：丁贊鎮、曺寧柱、李裕天、張聡明、韓晛相、呉基文、金信三、金光男、金熙明、金龍煥、金晋根、金正柱、金英俊、金海成、金仁洙、金允中、朴性鎮、蔡洙仁、鄭泰柱、朴太煥、呉敬福、張 暁、尹奉啓、尹致夏、尹翰鶴、鄭達鉉、金学鳳、金致淳、尹達鏞、金秉錫

諮問委員名単：曺圭訓、金聖銖、金鍾在、權 逸、鄭 哲、李禧元、姜学文、李彩雨、李 根、李聖根、姜桂重、許雲龍、李春植、朴準龍、鄭煥麒、金在沢、金泰燮、金世基、金聖闡、李吉燮、卞先春、李甲寿、姜吉章、朱洛弼

在日本大韓民国居留民団中央歴代団長の顔

故朴烈初代団長2・3・4・5代
（忠北・明大）
6.25動乱時拉北して1974.1.17平壌で逝去

鄭翰景氏（6代）
現・在米生活中

富 圭 訓中央顧問(7・8代)
（済州・浪華商）

金載華氏(9・10・13・14・15・16・20・21代)
元新民党国会議員
（慶南・神学）

故 元心昌氏(11・12代)
統一朝鮮新聞社主筆
（1971・7・4 逝去）

金光男中央顧問(団長団時代)
（慶北・日大・牧師）

丁賛鎮氏中央顧問(17・18・19代)
（慶南・日大）

故 鄭寅錫元中央顧問(22・23代)
（慶北・早大）1974.1.11逝去）

富寧柱中央顧問(24代)
民主祖国統一協議会代表委員
（慶北・京大）

権　逸氏(25・26・28・29代)
現民主共和党国会議員
法学博士・弁護士（慶北・明大）

金令石氏(27代)
民主共和党中央常任委員
（全南・明大）

李裕天中央常任顧問(30代)
在日本大韓体育会常任顧問
（慶北・専大）

李禧元中央顧問(31・32代)
（咸南・立教大）

金正柱氏(33代)
名誉文学博士・韓国史料研究所長
（慶南・明大）

尹達鏞中央団長(34代)
建設委員長・編集委員長）
（京畿・専大）

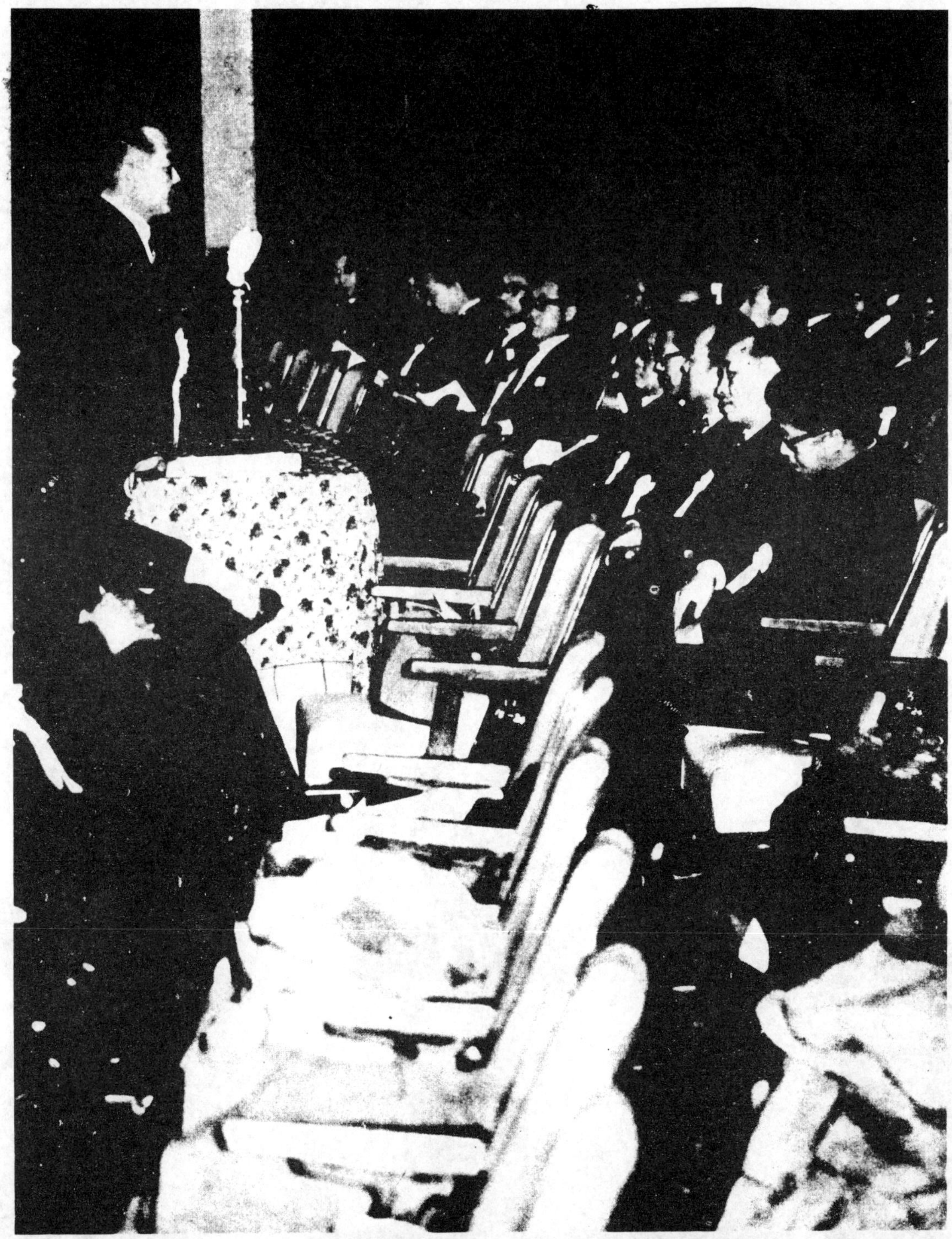

ありし日の在日朝鮮建国青年同盟中央総本部洪賢基委員長

解放二周年記念

特・集

解放二周年記念日に際して

在日朝鮮建國促進青年同盟中央總本部
委員長　洪　賢　基

朝鮮解放二週年の記念すべき八月十五日はまさに訪れんとしている、思えば降伏なる第二次世界大戦による混迷と動乱のもとにあえいでいた世界各国は、一九四五年八月十五日の終戦により漸く平和がとりもどされ世界の帝国主義、軍国主義のため[illegible]された弱少民族は世界的解放の年であり、自由を約束せられた年であった、就中、最も苛酷なる圧迫のもとに呻吟せし朝鮮はポツダム宣言に於いて、聯合國に依り日本帝國主義のきはんより脱し、その民族的自由と獨立とを公約せられ、完全開放を迎へるに至ったのである。[illegible]

[illegible]

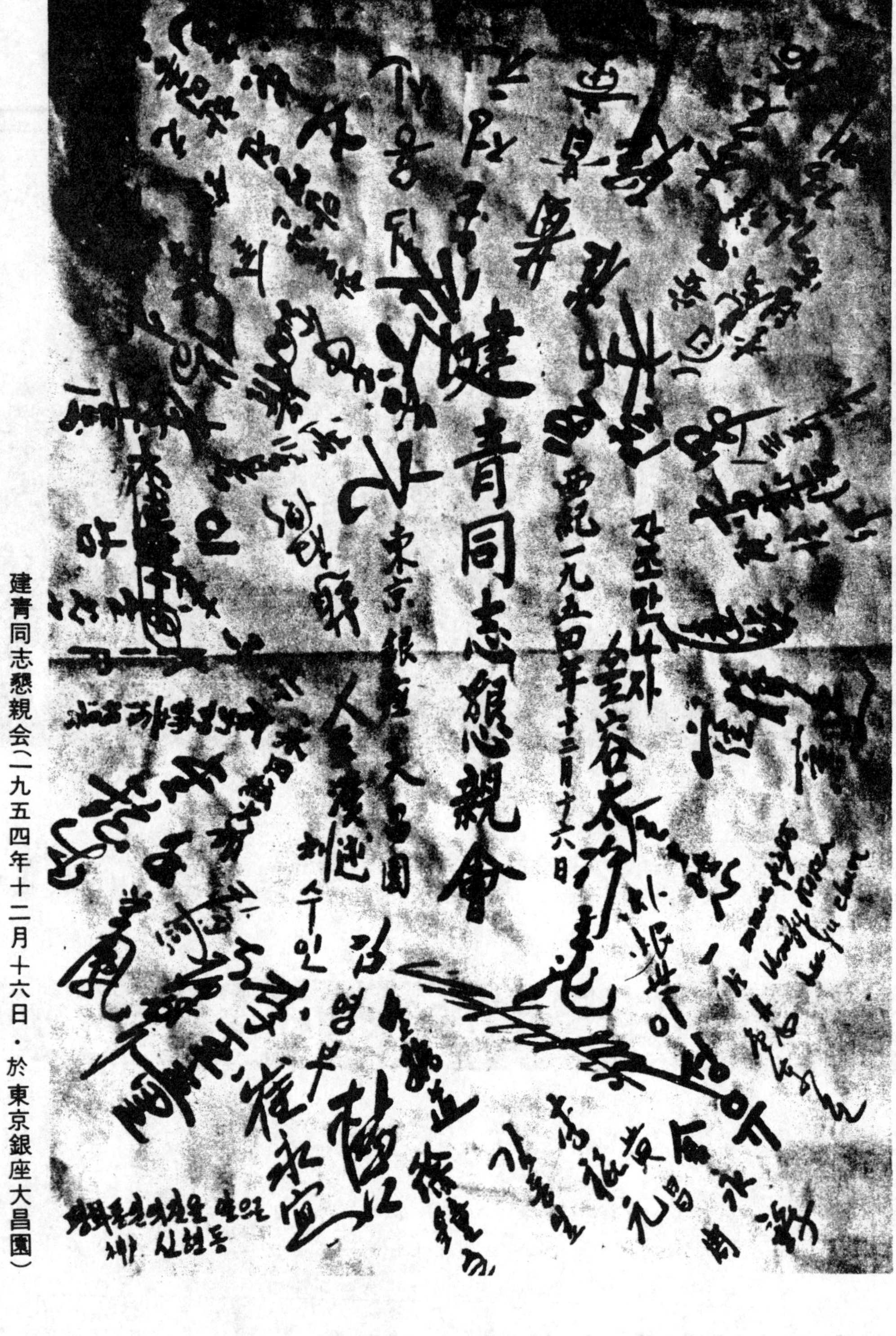

建青同志懇親会（一九五四年十二月十六日・於東京銀座大昌園）

第拾回全体大會後執行部を强化すべく門戸を大いに開放し熱意を重ねて左記の如く改綱致しましたので茲に發表通告致します。

檀紀四二八三年十一月一日

在日本大韓民國居留民團
中央總本部
中央執行委員會

各縣本部貴中

記

團長	金載華
副團長	李元京
〃 〃	朴宗根
企劃室長	張孝一
企劃室委員 團長秘書長	河一清
委員（民生）	金守哲
〃 〃	金格中
〃 〃	李京集
委員（組織）	丁贊鎮
〃（文教）	金鍾在
〃（外務）	李裕天
〃 〃	鄭栗
委員（兼）	劉虎一
企劃室書記	李承裕
企劃室非常任委員	白武
〃 〃	李鐵
〃 〃	全萬洙
〃 〃	金陸男
〃 〃	丁榮宇
〃 〃	李源万
〃 〃	吳宇泳

前列：李裕天氏、孫芳鉉氏、金宇哲氏、朴宗根氏、金載華氏、金鍾在氏、朴良祚氏、河一清氏、丁贊鎭氏、朴性鎭氏、呉基文氏　中列：鄭築氏、金洛中氏、李亨集氏、金聖煥氏、曺允求氏、金景泰氏、金禹錫氏、高溶潤氏、姜徳才氏、柳東烈氏

賀　統一完遂　国土再建　正

大韓民国駐日代表部
公使 金溶植
参事官 柳泰夏
総領事 崔圭夏
僑民部長 辛徹善

大韓民国駐日代表部 大阪出張所
領事 卞鍾捧

大韓民国駐日代表部 福岡支部
領事 兪鎮容

在日本大韓民国居留民団中央総本部
団長 丁贊鎭
副団長 金熙明
副団長 梁炳斗
事務総長代理 金正柱
議長 金光男
副議長 洪賢基
監察委員長 朴根世
監察委員 李裕天
監察委員 徐相夏

韓国人商工会
会長 徐甲虎
副会長 鄭天義

大韓青年団
団長 趙鏞珌
副団長 李元範
副団長 郭東儀

大韓婦人会
会長 呉基文

韓国学生同盟
代表委員 金九설

韓国学院
院長 金鏞在

京都韓国中学校
校長 金聖언

金剛小学校
校長 趙淵渙

大韓民国居留民団島根県本部 松江市[illegible]町二ノ五
大韓民国居留民団高知県本部 高知市潮新町四ノ九一
大韓民国居留民団島根県本部 松江市[illegible]町一외五
大韓民国居留民団和歌山県本部 和歌山市屋形町二외九
大韓民国居留民団奈良県本部 大和高田市日之出町二
大韓民国居留民団愛媛県本部 松山市萱町八외二二
大韓民国居留民団滋賀県本部 大津市石山一丁目
大韓民国居留民団兵庫県本部 神戸市長田区細田町一외一
大韓民国居留民団岐阜県本部 岐阜市金町六외二〇
大韓民国居留民団大分県本部 大分県北海部郡坂之市町
大韓民国居留民団愛知県本部 名古屋市東区[illegible]町외〇
大韓民国居留民団岡山県本部 岡山市[illegible]六二ノ四
大韓民国居留民団群馬県本部 [illegible]町一七五
大韓民国居留民団三多摩本部 立川市錦町一외一五
大韓民国居留民団香川県本部 香川県高松市[illegible]町三외三九
大韓民国居留民団石川県本部 金沢市[illegible]社通二六
大韓民国居留民団福島県本部 福島県平市中町五六
大韓民国居留民団新潟県本部 新潟市古町丸和会館三階
大韓民国居留民団秋田県本部 秋田市土崎港[illegible]外二
大韓民国居留民団福井県本部 福井市豊島中町一一九
大韓民国居留民団北海道本部 札幌市南二條西四丁目
大韓民国居留民団東京本部 東京都文京区本郷二외四
大韓民国居留民団青森県本部 青森市長島町一一九
大韓民国居留民団富山県本部 富山市[illegible]町四昭和会館三階

大韓民国居留民団長野県本部 [illegible]市神田町七五八
大韓民国居留民団大阪府本部 大阪市北区中崎町四三
大韓民国居留民団山口県本部 下関市[illegible]六二
大韓民国居留民団福岡県本部 福岡市[illegible]町
大韓民国居留民団熊本県本部 熊本市本山町五외四七七
大韓民国居留民団長崎県本部 長崎市[illegible]口町二
大韓民国居留民団佐賀県本部 佐賀県松原町五二
大韓民国居留民団対馬島本部 対馬島厳原町中村五七九
大韓民国居留民団徳島県本部 徳島県小松島市本通
大韓民国居留民団埼玉県本部 浦和市常盤町二외七八
大韓民国居留民団三重県本部 [illegible]
大韓民国居留民団鹿児島県本部 鹿児島市[illegible]
大韓民国居留民団宮崎県本部 宮崎市本町一외二二
大韓民国居留民団広島県本部 [illegible]
大韓民国居留民団京都本部 京都市[illegible]
大韓民国居留民団静岡県本部 静岡市[illegible]町五四
大韓民国居留民団岩手県本部 盛岡市大通四외一二七외一
大韓民国居留民団宮城県本部 仙台市東一番町十二
大韓民国居留民団山梨県本部 甲府市[illegible]町二외一〇
大韓民国居留民団山形県本部 山形市[illegible]町大宝寺二六四
大韓民国居留民団神奈川本部 横浜市西区[illegible]町一외三
大韓民国居留民団栃木県本部 栃木市[illegible]町一외一、二〇〇
大韓民国居留民団茨城県本部 水戸市西原町三二一〇
大韓民国居留民団千葉県本部 千葉市院内町三〇

社長・李允求氏は日本学徒兵に出征し解放後明大卒、大韓体育会の理事長を経て現在白泉社印刷業を営む

教養こそ獨立の前提

朝鮮新聞社々長　李　允　求

解放二箇年にして朝鮮は世界史的試驗臺となつたのである。ポツダム宣言の反響が大きすぎた時代には朝鮮こそは二十世紀の解放國となり典型的な獨立を約束された有數國の一であると見做されたのである

亦朝鮮民族三千萬こぞつて兩手をあげて解放の喜びに一世紀の光榮を滿喫したのであつた、然るに斯かる事實は刹那を支配する歡喜の嵐にすぎなかつたのである

朝鮮人なれば誰とてこの嵐にさらされなかつた者がゐよう。併し歡びは朝鮮をして獨立の前提とはなさしめなかつたのである

大きな喜びの後には、より大いなる試錬が待期して居たのである。一九四六年には南北に分割させられた同胞は完全に支配者の走狗と化し民族を忘れた政治理念に全力を注ぎ、國家を無視し政策の先端を走ることを政治家の名譽と考へ、準備時の青年を暴力團の花形たらしめることを天惠と誤解するの類が三千萬民族の中に數少いとは言へないのである

現在の混沌狀態に陥入れたのは少數の政治家の責任でもなければ、强力なる權力者の支配故でもないのである。この責任こそは自他を問はず朝鮮人總員の責めであり、保守的時代的錯誤と名利主義者であり、個人至上主義者である吾等の責任である、十年の豫斷のなき青年が百年の大計を論じ一日の計畫なき政治家が英雄の夢を見ては夢遊病者のまねごとを白晝演ずるがごときである現狀を冷觀するとき、吾等は建設的理念に則りて著實な一歩を踏みしめなければならないのである常に繰返すことは反省かさもなくば滅亡がなければならないのである

此際に解放二箇年を迎へるに際し余は吾等があゆんで來た過去を詳察するとき悲噴歎懷にたへないのである敗戰國日本に留まらざるを得ない事實を否定することの出來ないのは、未だ君も僕も朝鮮人でありながら解放の正しき解釋に迷つたのである、若し吾をして此の大綱を正しく理解したとすれば二箇年前に朝鮮は國際國家市場へ強力に前進したことであらう

個人個人の朝鮮人が世界民族に伍例して尙其の上を行くことを證明した事實は、枚擧にいとまがない程である、然るに何故に黨派的な分裂と民族結合が完全な組織體となつて國際國家の地位を確保出來なかつたであろうか、それは封建的な思想の流れのしからしむるものでもない、ましてや民族に團結力が缺乏してゐるからでもない、一言で言へば教養が足りないのである、文化國家としての水準がレベル以下であるからだ

吾等の深刻な體驗は過去二箇年間に痛切に身に應へたのである、それは彼我恥ずべき教育の果せし分野がせまかつたことである、政治とは何ぞや、との問に答へることの出來ない自稱政治家と倶に虚榮の屋上で踊らずに現實を正しく理解する眞劍な態度が必要である

朝鮮新聞は全魂を打込んで文化運動を助成して來たのである、其の業績が微々たるものでも使命の前には常に從僕的であつたのである

今余は聲を大にして叫ぶのである、總べてを放棄しても學理と眞理の前に國家的得策として學問を身につけることが權力主義者に依存する樂觀主義よりもはるかに困難ではあろうが解放二箇年が吾等の前に要求した最大のものである學問を身につけることを忘れては獨立は自信を持たざる騎手の前途を見る様であることを忘れてはならないのである

目次内容

朝鮮新聞
（建青機関紙）

発行人　全斗銖

朝鮮新聞

発行人　全斗銖

新朝鮮新聞

発行人　呉宇泳

民団新聞
（民団中総機関紙）

発行人　朴　準

民主新聞

発行人　黄性弼

民主新聞

発行人 金載華

民主新聞

発行人 丁賛鎮

韓国新聞
〈日刊〉民団中央機関紙

発行人 権逸

韓国新聞
〈日刊〉民団中央機関紙

発行人 曽寧柱

一九四八年七月十九日
第四一号……503—506

▽建青前途暗澹
▽第二回中央委路線護持
▽朝学同関東本部完全統一なる
▽オリムピック雑記（蔡洙仁会長）

新民報

発行人　扶余弘建

一九五四年二月十日
第一二号……507—508

▽民戦に対する公開状
▽去勢される民族の良心
▽みにくい左翼分子のエゴイズム
▽民戦幹部たちは学資金を横領詐取か？

新世界新聞

発行人　抑洙鉉

一九四八年九月八日
第四一一号……509—510

▽在日朝鮮人の就職問題
▽三〇年目に踏んだ祖国の土（朴烈氏談話）
▽密造酒を徹底的に取締まる

新世界新聞

発行人　宋基復

一九五五年六月十日
第一〇七号……511—512

▽在日同胞生活難を打開せよ！
▽左翼系列に旅券発給事件
▽組織幣習一掃に勇進せよ

東亜新聞

発行人　朴石憲

一九五三年四月十六日
第一九六五号……513—514

▽休戦に対する我等の決意
▽第一六回定期全体大会開催（大阪にて）

韓陽新聞

発行人　朴石憲

一九五六年六月十六日
第二〇七六号……515—516

▽民団は在日同胞六〇万の代表団体
▽在日同胞子女教育問題は重要な課題
▽在日同胞実業家一〇〇人集

総親和

（南北統一促進協議会）

発行人　元心昌

一九五五年五月十一日
第八号……517—520

▽平和的統一運動を（アンケート特集）
▽平和的統一署名運動を成果的に推進

一九五五年六月十一日
第一一号……521—522

▽全国協議会迫る
▽神奈川統協結成大会開かる
▽祖国平和統一民族体育祭典開く（大阪）

一九五五年六月二十一日
第一二号……523—526

▽統協性格上の問題点
▽統協は単一で団体ではない
▽大阪で祖国統一民族協議会開く
▽全体協議会への提案
▽目でみる統一運動の歩み

統協ニュース

（祖国平和統一民族協議会）

発行人　金晋根

一九五五年六月一日
創刊号……527—528

▽総和と統一え
▽創刊のことばに代えて
▽統協規約と運動目標なる
▽統協の綱領及び宣言文

統一と平和

（統一と平和社）

発行人　権逸（民社同委員長）

一九五九年二月二十一日
第五八号……529—530

▽韓国民主社会同盟綱領
▽民社同結成三周年を迎う
▽国家保安法を撤回せよ
▽李承晩大統領に送るメッセージ
▽「闘争委」の宣言とスローガン

日韓友好

（日韓友好協会）

発行人　鄭漢永会長

一九五四年十月十五日
創刊号……531—534

▽日韓友好協会趣意書
▽李大統領に苦言を呈す（鄭漢永氏）
▽日韓友好への快挙

一九五四年十二月十五日
第三号……535—538

▽鳩山首相、李大統領会談を望む
▽在日朝鮮人の対策機関設置を要望

一九五五年四月十五日
第七号……539—542

▽韓国に日本の機械と技術者を重ねて李・鳩山会談を主張する
▽再び南北統一運動に就いて
▽在日朝鮮人の動きと統一運動に対して

韓青中央機関紙

（一部分）

発行人　全斗銖

一九五〇年……543—546

▽隷民の目醒め

建設

（韓国建設参加者連合）

発行人　李裕天

一九五七年二月十五日
第二号……547—550

▽韓建連本格的活動に突入
▽在日韓国学生も高等考試に参加すべく
▽学術・技術視察団を本国に派遣

民団東京

発行人　鄭在俊

東京韓国新聞

発行人　金致淳

神奈川民団新報

発行人　朴成準

千葉民団時報

発行人　申　允　具

解放第1周年記念祝賀

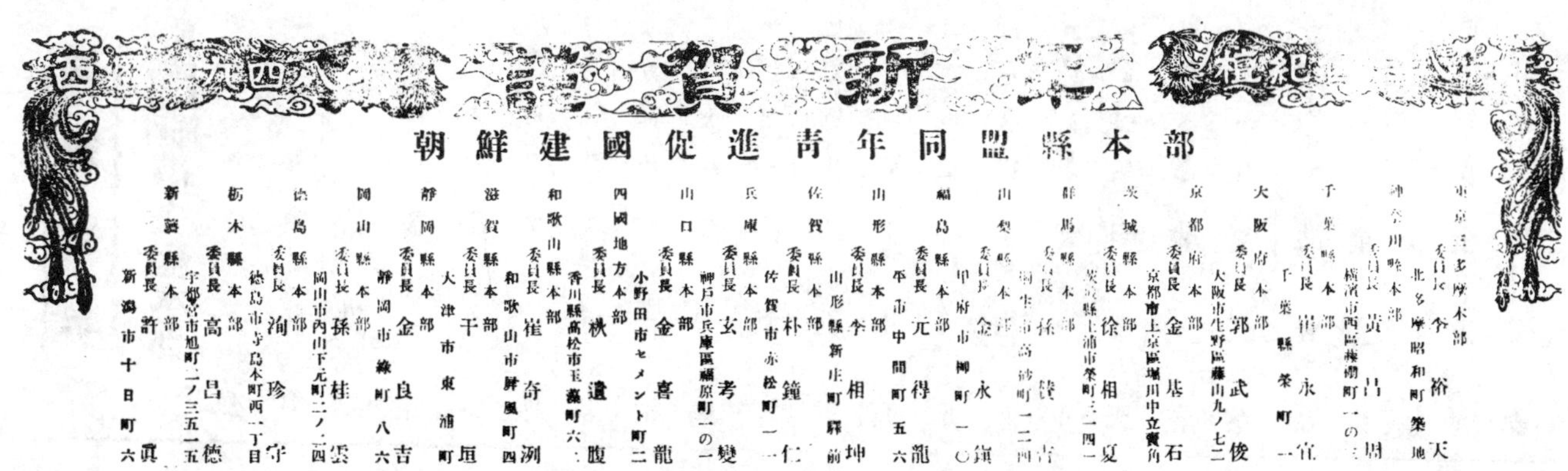

謹賀新年

朝鮮建國促進青年同盟縣本部

東京三多摩本部 委員長 李裕天 北多摩昭和町築地
神奈川縣本部 委員長 黃昌周 橫濱市西區藤棚町一の三
千葉縣本部 委員長 崔永宜 千葉縣榮町一
大阪府本部 委員長 郭武俊 大阪市生野區藤山九ノ七二
京都府本部 委員長 金基石 京都市上京區堀川中立賣角
茨城縣本部 委員長 徐相夏 茨城縣土浦市榮町三一四一
群馬縣本部 委員長 孫韓吉 桐生市高砂町一二四
山梨縣本部 委員長 金永鎭 甲府市柳町一〇
福島縣本部 委員長 元得龍 平市中間町五六
山形縣本部 委員長 李相坤 山形縣新庄町驛前
佐賀縣本部 委員長 朴鐘仁 佐賀市赤松町一一
兵庫縣本部 委員長 玄考變 神戸市兵庫區福原町一の一
山口縣本部 委員長 金喜龍 小野田市セメント町二
四國地方本部 委員長 秋遺腹 香川縣高松市玉藻町六三
和歌山縣本部 委員長 崔奇洌 和歌山市屛風町四
滋賀縣本部 委員長 干垣 大津市東浦町
静岡縣本部 委員長 金良吉 静岡市緑町八六
岡山縣本部 委員長 孫桂雲 岡山市内山下元町二ノ二四
德島縣本部 委員長 洵珍守 德島市寺島本町西一丁目
栃木縣本部 委員長 高昌德 宇都宮市旭町二ノ三五一五
新潟縣本部 委員長 許眞 新潟市十日町六

初代中央団長朴烈氏（一九七四年一月十七日平壌で逝去）

謹賀新年

大韓民國居留民團 中央總本部

團長 朴烈
副團長 高順欽
黃性弼
事務總長 裵正
次長 權逸
外務部長（兼） 權逸
內務部長 崔永洛
地方部長 河一清
次長 金學鳳
文敎部長 朴到春
情報宣傳部長 朴性鎭
次長 尹相源
新聞部長 朴準
婦女部長 李淑子
經濟部長（兼） 裵正
靑年部長 李裕天
社會部長（兼） 裵正
次長 高潤浴
議長團 洪賢基
金光男
徐相漢
中央監察局長 金鍾在
次長 丁贊鎭

朝鮮新聞

發行所 東京都中野區…… 朝鮮新聞社

日本語版

1947

三相協定の實踐こそ朝鮮平和保障の鍵

＝ハッチ中將聲明＝

（漢城發）朝鮮駐屯米軍司令官ハッチ中將は五日次のような聲明書を發表した。「本官は數日來朝鮮人の指導者と會見したが、南鮮における朝鮮人指導者及び一般人民の中には共同委員會に對する正しい理解をもつていない。共同委員會はモスコー三相協定によつて組織されたものであるからモスコー三相協定を修正しようといふような誤解がある。朝鮮の完全なる自主獨立は三相協定を完全に實踐することによつて齎されたものである。共同委員會はその推進的組織方法において朝鮮人の民主政黨及び社會團體を參加させて南北統一の臨時政府を樹立させることに各政黨、團體を協議の上、その構成、組織等に各自の自由なる意志にもとづいた提議を要するものである。朝鮮の完全獨立は臨時政府が樹立されてからである。モスコー協定による最高五ケ年の信託統治は臨時政府によつて人民が安定し民主自由が將來されて民主自治が障碍されることによつて完成を見ることに朝鮮人の記憶せねばならぬことは米ソ兩國の協力による臨時政府が樹立されてその同意を要することとなる、再生朝鮮の永遠なる幸福の保證はこの實踐にあるのみである。

米軍撤退はデマ

ラーチ長官聲明

漢城發＝軍政長官ラーチ少將は最近巷の新聞によつて「近い中に米軍が撤退する」と流布されてゐる流說に對して次の如き聲明を出した。「米軍は三十八度線が撤廢しないことと明かに知つておくべきだ、米國策政策は如何なる國においてもその自由による民主的統一による代表機關の樹立を目指すものである。この事業が完遂されるまでは駐屯することが我らの最大の義務であり、責任である。それが達成されるまでに朝鮮においても米軍司令官の行政權は委讓しないことを繰返し聲明する。

少年運動に着眼

四國本部金特派員發二月十日、四國本部では祖國建設運動の中心となるものは少年少女であるとの見地から少年文化運動を始開した其の主な仕事は文藝週報並に文學雜誌を發行して此の大業を進展させてゐる。

朝鮮の獨立要求を支持

中國の基本政策

新らしく南京の公式代表として京城赴任を任命せられたリューワン氏は「中國の對朝鮮基本政策は朝鮮の獨立要求の支持である」と四日次の如く語つた。尙氏は新任朝鮮總領事として五日、朝鮮に向け空路出發する。對日理事會中國代表書記長代理であつた氏の談話は次の通りである。

吾々は朝鮮の獨立を約束せるカイロ宣言を徹頭徹尾支持するものである中國政府は日本が侵略の行進を開始する以前に兩國間に存在した堅い友情を再現する希望を存してゐる。

中國の主要なる戰後の仕事は東北地方（滿洲）における夥しい數の朝鮮人に關する複雜な諸問題を解決する事である。現在同地方には約二百五十萬人の朝鮮人が居住してゐる。之等の多くの者は忠實な移民であるが又日本の代辯的の者も非常に多い。之等朝鮮人は武力を以て獲得した領域に移住民を送らうとする日本の計畫の必須の一部を成した。日本人が滿洲に進出せんとした時彼等は朝鮮人を送つたのである。吾々の課題は良い人と悪い人を區別する事である。之等朝鮮人の多くは日本に雇はれたスパイであり密業者であつたのである。（星條旗より）

建青 機構を全面的に改革

今後の活動期待さる

いやまさるインフレの波に對應し、建青に於いては七十二回常任委員會緊急提案により、その財政の確立收入支出の一元化、經濟事業の擴張を圖るため、今回その機構を全面的に改革するに至つた。卽ち新たに經濟局なる一局を設け、從來の總務部、財政部および事業部の三部をこれに吸收統合し、建青事業の一元化を圖るに至つた。この機構改革により今後の建青の統一的有機的活動の積極的展開が期待せられている。局長、次長及び委員は左の諸氏である

局長 李裕天
次長 金進斗
同 全萬洙
委員 尹錫龍、
用度課責任委員 李承裕
會計課責任委員
事業課責任委員 黃[illegible]台

朝鮮蹴球協會 聯盟に參加

（漢城九日發朝通ＫＩＰ）スイスチューリッヒにある國際蹴球聯盟から先月十二日文敎部體育顧問スメドリー氏を經由し故田耕武宛にきた電報によれば、朝鮮蹴球協會の正式加盟を認めることになつた、これは故田耕武氏が在木中申請したものである

晴れの上陸記

在京濱同胞の歡呼に湧く

徐選手……

寫眞說明 前列左より洪建青委員長、續いて南、徐、孫の各選手（建青主催三選手歡迎會當日平和グリル前にて）

マラソンの世界的チャンピオン徐潤福選手が雨けぶる十六日横濱港に上陸した、この日同選手の乘船するゼネラル・ウェーゲル號を出迎ふべく在京濱僑民同胞は朝よりふりしきる雨をものともせず續々とふ頭に押しかけた、豫定より遅るゝこと七時間漸く午後四時船はその姿態を第二岸壁に横付けし同五時折からブラスバンドの奏する行進曲裡に乘客が上陸を開始した、小柄な身體を紺の背廣につゝみ胸に韓國旗をつけた徐選手がにこ〳〵と笑顔を見せながら孫、南の二せん輩と共にステップを一歩々々踏みしめながら降りてくると期せずして大歡聲が湧き上つた。感慨深げな徐選手に躍んで拍手と賞讃が浴びせられ建青を代表して康[illegible]次長が花環をさゝげ次いで居生同盟、朝連等各團體が花束をさゝげた、直ちに[illegible]の自動車に乘車、岸壁を後に東京へむけてその姿は雨の中に消えていつた（T・K記）

建青第六回全體大會

新委員長に金斗鉄氏

在日朝鮮建國促進青年同盟（建青）第六回全體大會が三月三日から三日間にわたつて、神田一橋中學校講堂で開催された。第一日は午前十一時、代議員一〇五名が全國より參加、洪賢基委員長の挨拶の後、[illegible]、洪賢基の三氏が大會議長に選出され、[illegible]を代表して[illegible]氏は朝鮮の統一を期し、在留民の團結と協力を要望し、[illegible]北鮮の反共分子における一部を徹底的に排撃する要あると[illegible]氏の演說後[illegible]國際報告あり、[illegible]より、建青の活動報告あつた。その他の議事日程に入つたが、その間にも[illegible]の強化と再出發のため総辭職を大會に申入れ、受理後、役員改選に入つた先づ委員長候補に洪賢基氏、金斗鉄氏他[illegible]氏の呼名があつたが遂に前記二氏の決戰投票に入るかと見られたが、洪賢基氏が固辭したため、滿場一致で金斗鉄氏が新委員長に推薦した形となつた、次に副委員長選擧に入るや、徐[illegible]、朴根世の二氏が選出され、他役員は新委員長の指名となり、第一日の議事日程は午後七時終つた

二日は前日に引續き、規則改正など附議事項に入り、原案通り承認、問題の政治路線の討議にいつたが、南鮮の五月十日の總選擧、[illegible]に對し、活發な論議が交されたが遂に結論にいたらず、常任委員會に一任することとなつた、次に技術者養成技術訓練の件につき提案あり採択された、次に新役員につき新委員長より、[illegible]總務局長他數氏指命あり、二日は午後四時散會

第三日は地方組織擴張、財政確立の件につき報告あり、午後二時三日にわたる大會は盛況裡に散會した

建・青・地・方・セクシヨ

全國支部の活躍

淺川支部一周年記念大會

（淺川Ｂ記者發）吾らの耳目に殘る多くの事業を爲して來た淺川支部では、去四月六日午後一時を期して、淺川支部一週年記念大會が當地淺川館で開會された。この日、淺川支部幹部及盟員らと共に、一般在日同胞多數參列し、先づ開會の辭につゞいて、議長の選擧が行はれ、過去數年間淺川方面に活躍、功勞ある李裕天氏が參列者の總意として選出せられたのである。其の後、李議長就任の挨拶があり、つゞいて中央總本部の李海龍氏が、氏獨特の情熱をこめた口調で、淺川支部の發展と建青の大きな未來への道とを語つた。氏の熱辯は場內を感激と興奮の裡に引入れたのであつた。その後、樂團の餘興があり、意義ある淺川支部一週年記念大會は盛大裡に、無事終了したのである

山口縣本部生る

―同時に小野田支部も―

去る三月十五日山口縣小野田市に於て、我建青は朝鮮青年同盟山口縣本部を合流

☆各縣本部だより☆

春光麗かな

（奈良市にてＭ特派員發）温毅の同盟內部の紛糾も徐界洋委員長等の努力によつて全く解決、却つて奈良縣本部は雨降つて地固まるの感があり總務部長金光錫氏や文化部長徐顯烱氏等若手

日本國民に與う

マ元帥年頭声明

再建の進路定まる

発展は諸君の双肩にあり

【渉外局特別発表】マッカーサー元帥は昭和廿三年を迎えるに当り「日本國民に與う」と題する次の声明を発表した

日本を改革し再建する計画が完了する日は近い、すでに下図は出来上り進路は定められている、今後の発展は諸君の双肩にある、成功か不成功かは近代文明が要求する簡素なしかし深遠な諸原則を諸君が実行出来るかどうかにかかっている

マッカーサー元帥

法律は如何に[illegible]く適切なものであってもそれは諸君の精神の高揚にとって代ることは出来ない、諸君の精神の高揚だけが人間の自由という不変の概念に立脚した将来を建設する不屈の決意を生むことが出来るのである、この人間の自由とは、換言すれば個人の責任を完全に意識することが常に成功と進歩への基礎とならねばならぬ社会条件を指すのである

統制は一時的、やがて自由企業へ

個人の困苦は避けられない 諸君のかっての指導者が破壊的な戦争を決定したため諸君の経済は現在窮乏状態にある、これを緩和しうる唯一の途は国民が最善の努力をなし、指導者が賢明さと決断とを以て事に当ることであり、平和の回復とともに戦時統制に加えられている現在の諸制約を除去することである

諸君の需要が生産力を越える限り国内経済の統制は必要であり、さもなくば弱者のうちの弱者は亡びるであろう、しかしこういう統制は一時的なものであり、結局は廃止して自由企業に途を譲らねばならない

独占企業を解体、國民福祉の経済へ

経済分野では過去において日本の商工業および天然資源の大部分を封建的な少数家族が占有支配し、彼等だけの利益のために開発することを許した制度を解体する方針をとった、おそらくこのような異常な経済制度の例は世界に未だなかったであろう、それは専ら少数者だけの利益のために多数者からの搾取を許したものであった、これら少数者は政府と完全に一体となり、政府の政策を強く左右し、かくて遂に戦争と破壊を招来した、それはまさに完全な独占であり、事実上個人の手に握られた一種の社会主義であった、それを解体することによってのみ国民全部の福祉に奉仕する経済の途を開くことが出来るのであった、この経済こそ企業の自由競争に立脚した資本主義原則を具現する経済であり、永年の経験が示す通りこの経済だけが、人類の進歩に不可欠な個人の創意と個人のエネルギーとを発揮させる最大限の刺激を与えるのである

新憲法下、心強い政治分野の革新

政治分野でも諸君の前進は同じく意を強くするに足るものであった、諸君の新憲法はいま実施に移されており、新憲法の目標である偉大な人類の理想に対する理解が深まっている証左は益々増大している、憲法を補足する諸法律は諸君の生活様式の各部面に新たな方向を与え、各個人が保有し享受する責任、機構および機会を増大せしめた、政府は独裁的たることを止めて代表制をとり、地方の諸問題処理に当っての個人の思想、創意および判断を最大限に発揮することを許容し、徹底すべく地方分権を行った、各政府部門への統制が除去され民主的政府の前進を可能ならしめるために新しい指導力を諸君が自由に選ぶことが出来るようになった

束縛解かる・礼節と自制ある行動を

社会分野では従来個人の思想と行動とを制限していた多くの束縛が断ち切られ、警察力の行使は国家よりも個人と自治体の責任とするような措置がとられた、司法制度は行政と立法との支配を脱した、公務員全部がその公けの責任を[illegible]国民に対して責任を取ることを要求することによって、行過ぎた官僚政治をやわらげる各種の立法を見た、日本国民がいまはじめて自身の国の自由な法律の中でその好むところを行い、欲するところに行き、かつ欲するところをいうことが出来る、これは諸君が諸君自身の仕事を選び、それをなし了えた時、自由に休息と娯楽とを選び、その思想の自由は求める方向に流れ、常に政府の行動を批判し、諸君の見解を発表し得ることである、これこそが自由である、しかもその中には礼節と自制とをもって行動する義務があり、自由な社会があらゆるものに課する責任をきびしく自覚する義務がある

ためらわず困難と危険と取り組め

未来はそれ故諸君の手中にある

もし諸君が諸君の行った偉大な精神革命に忠実であるならば諸君の国家は引続き前進するであろうし、若し諸君がその恩恵のみを享受して義務を忘れるならば、国家は衰退し崩壊するであろう、この境界線、すなわち正しいことと正しからざることとの境界線は明白であり、誰にでも理解出来るものである、前途は長く、苦しく、かつ困難と危険とに満ちている、しかし諸君が[illegible]ことそれが[illegible]私の[illegible]であり、確信であり、断言である

昭和廿三年一月一日

ダグラス・マッカーサー

マ元帥より 日本國民へ

黎明に見開く目

世界の安定要素たれ

憲法一周年メッセージ

(総司令部民間情報教育局発表) 憲法施行一周年記念日にさいしマッカーサー元帥の日本国民にたいするメッセージ次のとおり

日本の国民へ―

一年前日本の新憲法が国家最高の法律となり、その結果として日本人の一人一人が個人的尊厳を身につけることとなったため人類の自由という大義は一歩前進した、かくて国民は自由と正義を支柱として立つ政治的、社会的機構の設計を規定することの責務に力ずけられ、崇高な人生のれい明にその眼を見開いたのである、人類代々の経験を織りこんで、この憲章は、文明が今日までにつくり出すことのできた人類の相互関係においては最も進んだ概念を具現しており、かつ現在あるごとく、形式といい、内容といい、あるいは道義的見解の観点から見て他の憲章のいずれにも劣らないものである、しかし書かれた文字だけではその文字によって謳えられた権利や特権を国家に守るにすぎない、これを守るのは実際上権力が存在する国民の断固たる意欲にある、深くこれを保持しかつ力強くこれを防衛するのでなければ、何人も自由の殿堂にあずかる資格を持つものではない、それ故にこの憲章を生き生きとした、かつ含蓄ある現実―に移すのは諸君により慣習を有する国民の手によらねばならない、かくしてはじめて日本人の個性に適したものとなり、日本の文化とその根本的な生活必需条件を考慮に入れながら他方には世界人類の福祉増進への寄与を保障しない、実用的で有益な日本の新生活様式が作り出されるであろう

文明の鎖は個別したものではない、それ故に日本の国民は自分たちの手で自己の運命を織り出して行く場合、他国の歴史の体験を十分に研究し、その中の欠陥と失敗と成功とを見出して、経験にてらして最善の道を選ぶべきである、人類の自由の概念は不変のものではあるが、それを現実化するさいには漸進的に行わなければならぬ、なんとなれば目覚めた知識と社会が当然克服しなければならぬ時代の変遷とによって人の考えは次第に変って行くからである

今日人類は思想的大問題に直面している、この問題ははっきり民主主義か、専制主義か、自由か、奴隷か、の二つに分れている

世界人類の大多数が自由を望んでいる一方において、わが意志を少数分子からなる専制主義の力が各国に伸びようとしている、これらの力が極右であるか極左であるかは大して問題ではない、なんとなれば両者とも終極の目的は自由を滅ぼすことであり、その目的達成のためには時に暴力を加え、しばしば力を組合せて圧力を加えることを常とするのである、このような圧力を加える団体は少数分子ではあるが、無知な者、だまされやすい者、意志薄弱な者の支持を得ようとする、彼らの基本目的は近代世界の発達した保護制度を破壊して、その残がいの上に専制も、帝国も、望みもなく、また個性を奪われた社会制度を打ち立てることにあり、さらに人民の意思をかえりみず公共福祉なども意図にない少数支配者を富ましめるために、大衆が労働の報酬を拒否され技能の利益にあずかれないような社会制度をつくることにある、かかる少数分子の圧迫にたいする最善の防ぎょは、何よりもまず国民の精神力と国民によって選ばれた指導者が確固不抜であることである、国民またはその指導者が圧迫に屈し見えざる支配に伏して少数分子が代議政治にとって代るようになる時は、政府は倒れ自由は滅びることは、近代歴史の教訓によって明かである

日本憲法の趣旨にそった国民生活の切換えは過去一年間においてめざましい進歩をとげた、日本の法律は今日全体に亘って改訂され、政府の機構は完全な民主主義的機関となり、真に民意を代表するものに再編成された、かつての権力が集中された諸統制は除外され、各地方自治体はその事務を処理し、その重要力を行使し、各地方特有の社会問題を解決する自由な権利と責任とを与えられたのであった、民主主義の理ずいは最大限の政治力を国民の手中に保存しこれを政府の末端機構を通じ漸次盛り上げて行くことである、この反対は政治力が極めて少数の者に集中し、これが政府の末端機構へと及んで行くことである、日本は伝統的に後者によって支配されてきたが今日ではすでに完全に前者の方向に向けられているのである、国民生活はあらゆる部面において専制なそして弾圧的な集中支配から解放され、強力かつ有意義な地方自治体に融けこみつつあるが、これら地方自治体は共通目的において、そして共通利益のために自由な国民に生命力を与えるものである、今やしっかりと大地に根を張った民主主義を今後永続させるには、最大限の地方自治が維持されるよう不断の注意が払われねばならぬ

日本国民は新憲法によって与えられた権利と特権を理解し、実際に適用し、さらにこれらを育成するようになっている、自由を与えられたことが一見放縦を与えられたと曲解することを避けるため慎重な注意を払い、かつ与えられた一つ一つの権利と特権にはこれに対応する義務を与えられた

この権利と特権を行使するに当っては他人の権利と特権を犯さないような方法でこれを行使する義務―が存することが、次第によく理解されてきたことは心強く感ぜられる

日本の社会のあらゆる面はこの偉大な憲章の保障の範囲内で前進する権限をもつものであるが政府の運営によって一部が他を犠牲にして前進しないよう不断の警戒が必要である、かくてどこかの一部にある種の特権を与えることが回避されればこれによりすべての人は平等の特権を与えられる事になり、これによって日本の国民一人一人には平等の保護が与えられなければならないという憲法本来の目的がかなえられるのである

諸君は日本経済の[illegible]を民間企業の自由な競争方針を基調とする組織に転換せしめ、これにより民主的生活の大きな支柱の一つである機会均等にたいして、久しくその可能性を抑圧してきた経済力の集中を組織替えしつつあるのである

諸君はまた賢明で進歩的な精力によって独占的支配への逆もどりを防止してきたのである、もしもこの進路がしっかりと維持され、政府の経営が国民の一人一人におよぼす負担を最小限度に止めるよう絶えず警戒するならば、諸君は最大限度の創意とエネルギーとにたいする刺激であるとか、経済活動に固有な当然の危険はこれを承認するとかいうすべて自由経済の進歩にとって不可欠なものをそこなわずに残して置くことができるのである、世論が最近とみに活発く活動することである、またこのような世論は自由にして責任ある、かつ勇敢な新聞に依存するものである、過去一年日本の新聞がこの点について大きな進歩を示したことは疑いない、憲法によって保護されている自由な新聞とは、責任ある新聞であるということの理解が次第に深まっているようである、責任ある新聞は真実を伝えることによって世論を指導することに重大な役割を演ずるものであり、それは主権をもつ国民をして偏った、ゆがめられた、または虚偽の宣伝によってまどわされずに健全な政治的諸決定を行わせるためのものである

過去一ケ年、勤労者の威信の高揚および労働条件の改善に関していちじるしい進歩がみられた、自由な社会において勤労者も、ならびに経営においても欠点がある、それ故に多数の要求が生活の基礎となるものを多く欲しいという点にあることは理解できる、しかし堅実な方向を決める際は各層において現存の資源を現実的に評価し、その要求を各層相互に計量すべきである、これは責任ある指導がなによりも必要であって、一般国民の間においては無責任な行動によってすでに貧弱な日本資源が荒廃にひんしないよう不断の警戒を要する、周囲が荒れ狂い、混乱したる中にあって今日の日本は比較的に静かでかつ秩序ある努力をしている、この状態は日本国民の忍耐力、弾力性と決断力をよく表わすので日本人の信望を高めるものであり、今後も続けられなければならない、アジアに新しい不落の民主主義の砦をつくるに力を注ぐ日本は、真に自由な生活様式という恩恵をその国民に供与し、かつこれによって混乱と恐怖からくる不安定にさいなまれている世界において一つの安定要素となるであろう

ダグラス・マッカーサー

大韓民國·独立す

マッカーサー元帥祝辞

「自由」不滅の例証

南北の障壁打破されん

【渉外局十五日発表】マッカーサー元帥は十五日大韓民国の新政府樹立式典に際し下のような祝辞を発表した

大統領、ホッジ将軍並に朝鮮国民諸君、本日の歴史的な式典に際して朝鮮の地を踏み、自由が再び朝鮮に生れ正義と公正が支配するのを親しくみることは私の深く喜びとするところである

過去四十年間、私は諸君の愛国者たちが外国勢力の抑圧的なきずなを絶ち切ろうとして来たことを称賛の念をもって見守って来た、朝鮮人の運命と妥協することを断固として拒否して来たかれ等の不屈な態度は、一たび人間の心の中に吹き込まれた自由の精神は絶対に滅びないという不滅の道理を世界の前に立派に例証した、しかもこのときにおいて正義の力が進むにつれて、勝利の歩みは現代史上最大の悲劇の一つによってにぶらされた、人為的な障壁が諸君の国土を二分したのである、この障壁は打ち破られねばならぬ、また打ち破られるであろう、朝鮮人が自由な国の自由な国民として終極において統一されるのを妨げるものは何もない、朝鮮人は外国の破壊的な武力になびくことによってその神聖な大義を犠牲に供するには余りにも誇り高き遺産を持っている

アジア大陸のこの地において、諸君は現に人々の心を恐怖と脅迫と悲劇で満している西欧世界に直面している、人々は生死の闘いの中に閉じ込められており、イデオロギーの抑圧は自由の防衛の中に弱点を求めて圧力を加えている、こうした現状から諸君は朝鮮及び西方の地平線のかなたで、これから起る事件こそは平和の世界か、戦争の世界かを決定すべき事件のものであることを悟るべきである

過去三年間米国の政策は沈黙を守り、米国民は他の各国民と協力して現代世界の道義の力により平和を確立するに足る人間関係の新しい規範をつくり出そうと努力して来た、われわれの努力は、どん欲と権力に対する欲求という邪悪な精神によって妨げられたが、本日朝鮮が独立国

韓國独立式典　写真上はマ元帥(左)と李大統領下は式場を埋めた民衆(AP＝共同)

1947.4.2

追跡されつつ道へ

百万円投げ棄つ

杉並に謎の四人組

一日午前九時半ごろ新宿区角筈一丁目新宿駅大ガードそばの大和自動車株式会社に四、五人の客を乗せた自動車が止り、客の一人が降りて車庫にいた同会社運転手…

「ガソリンが切れたから杉並の…までやってくれ」と…

…この時客の一人は客席から…にピストルを擬し「俺のいう通りにしろ」と脅かして運転させ、杉並区堀ノ内…

サッカリンの取引

老婆殺し容疑者捕る

東京裁判きょう再開

写真は道路へ投げ棄てられた百六万円の札束の山

解放された李王垠

結局日本に帰化か

在留同胞待望の、建青民團埼玉本部結成

MPや武装警官嚴戒の中に

昂揚した熱と意氣

二十三日埼玉縣浦和市の[illegible]名余が[illegible]、同縣下在留同胞[illegible]「建青、民團埼玉本部結成式」[illegible]を[illegible]MP、[illegible]本側からは地元浦和[illegible]、民青側では數日前から和[illegible]、川口等から[illegible]二十三日の結成式は二十五[illegible]官約三百名が出動、會場内外の警備についた、そのうち逐々に參集した建青、民團側同胞は當局の指示に從い秩序整然場外に列をなして入場を[illegible]

かくて會場は[illegible]

「民主政治、經濟確立、民族文化の確立」「在留同胞の大同團結急速實現」「在留同胞の民生安定を期す」「統一朝鮮完全獨立を戰い取れ」「朝鮮完全獨立萬歳」「青年建設隊編成、國家事業の推進」「國際親善、文化向上を期す」「青年運動集中攻擊」等のスローガンを掲げた壇上に

割れる如き拍手

に迎えられて先づ李建青情報部長登壇開會の辭を行い、朝連側は「解放の歌」の怒號を以て防害[illegible]が式は「愛國歌」に續いて歌稱、故國遙拜と建青民團側によってこれまた強引に進められいよいよ議長選擧に入った、此間朝連側は絶えず歌と呼號で防害したがその大喝聲をおしきって經過報告があり、而してこの情勢では討議は到底不可能なので議長指命に依り役員選擧に入ったが、此時數次朝連側の「解放の歌」にかわって朝連側より「赤旗の歌」が全員總立ちで高唱され

李渉外部長始め

[illegible]部長等は事態収拾に奔走する一方、浦和署長の懇切なる[illegible]も拘らず場内不法に占據[illegible]會衆は強引に再入場を[illegible]立退かず、結局場内で[illegible]

他でデマ宣傳を行うなどの[illegible]手段に出、二十三日は

早朝五時半ごろ

より場外同胞を狩り出して[illegible]

中には動員された

十七、八歳の一少女の狂態などあり、建青、民團側も遂に愛國歌、建國行進曲、拍手を以て[illegible]し朝連側を[illegible]し去った、かくて約三十分間、互に主義主張を異にするとはいえ、同胞相[illegible]の熱意と意氣は祖國にもひびけとばかり完全に場内を昂奮のルツボと化し、場内の隅々に小競合いはあったが警備官憲の整理により大過なく午後三時十五分閉會した

南鮮で婦人警官猛訓練

【ソウル[illegible]】中央警務部の發表によれば、一日に入所した女子警察官八十六名は、毎日八時間の訓練を受けているが、婦人警官としての特別技能に關しては十數名の專門教官から指導を受けている、なお訓練期間は八十日である

寄禍にもひるまず全員作業と取組む

建同淺川地下工場の活況

1946.11.25

「吾が辭書に不可能の文字無し」と自負した運命の英雄ナポレオンの若き日にも似た不退轉の意氣[illegible]なし建同八王子、淺川支部長、居留民團三多摩本部委員長の李裕天（二九）君が去る十月[illegible]、切[illegible]な在日同胞の失業問題解決と[illegible]

[illegible]の[illegible]困難な發掘作業のため去る十四日午前十時頃現場で作業中の安田榮一（三二）君外四名の頭上から土砂が崩れ落ち五名とも[illegible]の下敷となったが直ちに李支部長外が救出に手をかし重傷三名は時を移さず八王子市右田病院に運び加療して經過は良好、他の二名は輕傷で自宅療養につとめており數日後にはまた現場へかへれる容体である

[illegible]

建青 機構を全面的に改革

今後の活動期待さる

いやまさるインフレの波に對應し、建青に於いては七十二回常任委員會緊急提案により、その財政の確立収支出の一元化、經濟事業の擴張を圖るため、今回その機構を全面的に改革するに至つた。即ち新たに經濟局なる一局を設け、從來の總務部、財政部および事業部の三部をこれに吸收統合し、建青事業の一元化を圖るに至つた。この機構改革により今後の建青の統一的、機的活動の積極的展開が期待せられている

局長、次長及び委員は左の諸氏である

局長　李裕天
次長　金進斗
同　全萬洪
委員　尹[illegible]
用度課責任委員　[illegible]
會計課責任委員　李承裕
事業課責任委員　[illegible]台

朝鮮蹴球協會連盟に參加

（京城九日發朝通KIP）スイスチューリッヒにある國際蹴球連盟から先月十一日文教部體育顧問スメドリー氏を經由し故田耕武宛に[illegible]來た電報によれば、朝鮮蹴球協會の正式加盟を認めることになつた、これは故田耕武氏が在米中申請したものである

訓練所便り

淋しい修業式

だが爾後は？

建青の一大啓蒙機關である中央訓練所は各地方同胞の絶大なる興望と期待とを兩肩に擔ひ設立されてより玆に約一年、既に第一期生を送り出したが去る七月廿日午前十時より第二期生の假修業式が所内にて連絡不充分の爲幹部の不參席の靜寂なる修業式が簡明に舉行された[illegible]

[illegible]

對日賠償問題について（上）

金建哲

1948.6.19

朝鮮の請求も保障

對日賠償問題に於て先づその[illegible]を明らかにしよう。第二次大戰は或る面からみれば國際法の[illegible]にあり、また連合國の最後的勝利により國際正義の[illegible]は回復されたといへる。

この觀點に基づき「一九四[illegible]年日清戰役以來日本が暴力又は貪慾に依り強取又は略取した財産一切の原狀回復」を明示したカイロ宣言より「攫奪した財產は返還したことが判明される限り一切これを至急即時に返還[illegible]

する義務と規定した一九四五年九月廿二日付米國の對日管理方針聲明（第四部第二項目）[illegible]十二日付ポーレー賠償使節の中間報告[illegible]「日本が占領地域で掠奪した一切の財産をその正當な所有者に返還するよう強制すること」を決議した一九四七年八月廿九日「キヤンベラ」で開催された英帝國の對日講和準備會議に至るまでの[illegible]

[illegible]自的方法で遂行

[illegible]

賠償補償を明かに

[illegible]

命令拒否の場合
摩擦を避けて單に告發
朝鮮人學校の特殊性は認む
圓滿妥結を望む都教育課長

東京都教育局が、東京朝鮮中學校はか朝鮮初等學校十四校に對して行つた學校教育法十三條二項による閉鎖命令は、二十三日十一校がそれぞれ

命令書を

返還、閉鎖命令拒否の態度を明かにするほか二十二日の在日朝鮮人連盟代表と宇佐美局長との會見でも

一、教育用語は朝鮮語とする
一、教科書は朝鮮人委員會作成のものとする
一、經營管理は學校管理組合で行う

との當初の四項目を固執して讓らず、問題は相當紛糾することが豫想されるので、教育局では既定方針中の行政執行法五條による

學校封印

という行政處分は摩擦が多いとして取止め、學校教育法八十九條によつて地檢に告發するだけに留めることになつた、このため二十餘名の視學を十五校に派遣、實態調査と個別折衝に當らせる一方東京地檢大澤檢事と打合せを行つているが、澁谷教育局普通教育課長は語る

『朝鮮連盟文教部が、文部省の方針通りにそつて頂かねば地檢への告發は免れない、當方としても朝鮮の特殊性をよく認めており、機械的に日本の法律を押付けているわけではない、話合えば必ず圓滿な妥結點があると私は思つている』

不幸な誤解
東京軍政部の聲明

【東京軍政部發表】東京軍政部教育官は二十三日在日朝鮮人に對する教育規定に關し、次の如き聲明を發表した

◇…これは東京都の教育計畫に對するすべての關係や誤解を明解するものである、最近日本全國を通じて起つた幾つかの公安を亂す事件は、在日朝鮮人の教[illegible]定に對する不幸な誤解〃ることには何らの異論もない

◇…朝鮮人社會の代表と自稱する一部の利己的な連中は自分の狹い政治的利益のために民衆が外國の事情を誤解しているのを利用して、教育の基本的標準を考えることなく、過激な思想をひろめるために建てられた〃政治および社會思想〃の學校は公共の支持を受ける値打がない

◇…日本に殘留している朝鮮人は國際連合加盟國人以外の全外國人と同樣、かれらも地方の法規に服さねばならぬ

共産黨教授
出隆教授
堂々と出講

東大文學部教授出隆文學博士はさきに病氣を理由に辭意をもらし、つゞいて正式に共産黨に入黨し、各方面にセンセイションを起したが、東大文學部教授會では同教授の辭意を認めないため、同教授も從來通り學園に止まることとなり、こゝに最初に正式共産黨員を名乘る東大教授として二十四日午前八時の『哲學講義』から出講したが當の出隆教授は『現職の東大教授が共産黨に入黨してはいけないという規則はないでしよう、私が共産黨に入黨するために東大をやめたというのはデマで相變らず東大の講義をつゞけてゆくつもりです』と語つた

在留同胞待望の
建青 民團埼玉本部結成
MPや武裝警官嚴戒の中に
昂揚した熱と意氣

二十三日埼玉縣浦和市の埼玉會館で、同縣下在留同胞待望の『建青、民團埼玉本部結成式』を擧げた、定刻正午より開會豫定のところ、このことあるを知つた朝連、民青側では數日前から『二十三日の結成式は二十五日に延期された』などとビラ其他でデマ宣傳を行うなどの謀劣手段に出、二十三日は

早朝五時半ごろ

より縣外同胞まで狩り出して續々會場に入り込み、三百名餘が會場內外を不法占據するに至つた、この只ならぬ雲行きに考慮して埼玉軍政部から數名のM・P、また日本側からは地元浦和署はじめ大宮、蕨、川口等から武裝警官約三百名が出動、會場內外の警備についた、そのうち追々に參集した建青、民團縣下同胞は當局の指示に從い秩序整然場外に列をなして入場をまち

・李涉外部長始め

李情報部長等は事態收拾に奔走する一方、浦和署長の懇切なる勸告にも拘らず場內不法に占據の朝連側會衆は强引に再入場を拒否して立退かず、結局場內では等分に席を占めることに決定、建青、民團側が場內の意味なき叫號と喧騷のうちに漸く入場したのは實に午後二時半であつた

かくて會場正面には『民主政治、社會經濟、民族文化の確立』『在留同胞の大同團結急速實現』『在留同胞の民生安定を期す』『統一朝鮮完全獨立を戰い取れ』『朝鮮完全獨立萬歲』『青年建設隊編成、國家事業の推進』『國際親善、文化向上を期す』『青年運動集中攻擊』等のスローガンを掲げた壇上には

割れる如き拍手

に迎えられて先づ李建青情報部長登壇開會の辭を述べ行い朝連側は『解放の歌』の怒號を以て防害したが式は『愛國歌』に續いて默禱、故國遙拜と建青民團側によつてこれまた强引に進められいよいよ議長選擧に入つた、此間朝連側は絶えず歌と呼號で防害したがその大喧騷をおしきつて經過報告があり、而してこの情勢では討議は到底不可能なので議長指命に依り役員選擧に入つたが、此時數次連續の『解放の歌』にかわつて朝連側より『赤旗の歌』が全員總立ちで高唱され

中には動員された

十七、八歲の一少女の狂態などあり、建青、民團側も遂に愛國歌、建國行進曲、拍手を以て應酬し朝連側を壓倒し去つた、かくて約三十分間、互に主義主張を異にするとはいえ、同胞相互の熱意と意氣は祖國にもひびけとばかり完全に場內を昂奮のルツボと化し、場內の處々に小競合いはあつたが警備官憲の整理により大過なく午後三時十五分閉會した

式終つて數台のトラックは引續き浦和市內のデモ行進にうつり、假事務所としてあてられた本部前で萬歲三唱、結成大會有終の美をおさめた

【寫眞は李裕天氏】

自覺を望む
居留民團埼玉縣本部團長 金清氏談

◇今回朝連側の會場不法占據ともいうべき一種の戰略的テロ行爲は民主々義を曲解せる者の謀略行爲である

幸い滯りなく支部結成式を終了し得たことはCIC當局並に日本側警察當局の好意ある斡旋によるものと感謝に堪えない

◇私は在留同胞の大同團結なくしては祖國の完全獨立はあり得ないと思う

在留同胞のより强力なる民族運動展開は、異れる政治イデオロギーの上に立つとしても愛國という根本精神において何らの變りはないのであつてお互に文化國民としての誇り

祖国だより

南鮮で婦人警官猛訓練

【ソウル發朝通KIp=共同】中央總警務部の發表によれば、一日に入所した女子警察官八十六名は、每日八時間の訓練を受けているが、婦人警官としての特別技能に關しては十數名の專門教官から指導を受けている、なお訓練期間は八十日である

總選擧戰へ 女性軍も出馬

【ソウル發朝通=KIp】來る總選擧を繞り各女性團體と著名な女流名士などの活動は街の話題となつている、卽ち今度の總選擧の代議員立候補亂立を妨止すべく、各女性團體では相互間に緊密な連絡と意見を交換し、

北鮮に人民共和國
憲法、軍隊、國旗を決定

1948.2.18

【京城にてロイ・ロバーツ特派員十七日発＝AP特約】ソ連占領下の北鮮平壌から十六日のラジオ放送は、金日成をハンマーとカマの旗の下に統一することを目ざす『朝鮮民主人民共和國』の設立と強力な朝鮮人民軍の樹立を顕示した。これについて米當局は直ちに所見発表を行い、『北鮮の政府も軍隊もソ連のかいらいであり、何れも國連の國際協定に対する公然たる違反である』と非難した。なお米軍が傍受した平壌放送によれば、北鮮人民委員会委員長金日成氏はその放送の中で『朝鮮人民軍の目的は一部の反動派が策謀するような同胞相はむ内戦を行うことを目的とするものではなく、反動派の企図を未然に防ぐものである』とのべた

首都は平壌
將來は南鮮も包含

【京城発十六日UP＝共同】平壌放送局は十六日北鮮に民主人民政府の樹立をつぎのように発表した

一、朝鮮の民主人民政府設立の新憲法は第四回北鮮人民会議に上程された、新憲法は將來南鮮が人民共和國に加わった場合、全朝鮮に対し適用されるもので、三月中旬に開かれる特別人民会議で討議の結果採決される

一、新共和國は將來南鮮が参加するまでの間は首都を平壌に置かれるであろう

一、國家の主権は一九四五年八月に設立された人民委員会を通じて行使され、すべての事件および外國貿易は國営ないし國家管理の下に置かれよう

一、三千万朝鮮人の民主的権利を擁護するために北鮮人民軍が結成された

一、北鮮の土地改革制度は現行人民会議の決定する時期に全朝鮮に及ぼされよう

一、共和國の國旗は新たに制定される

主席は金日成將軍か

【注】北鮮の朝鮮人民共和國政府主席には現在北鮮人民委員長であり北鮮の実権を握っている金日成將軍が当然就任するものと見られる、同將軍は平安南道の出身、本年まだ三十六歳の青年である。[illegible]して抗日ゲリラ戦に参加し、北鮮境から時には朝鮮内地深く潜入し、日本側からは長白山のトラと恐れられた、その後東北抗日連軍の第六路司令となり、さらにソ連に入り、独ソ戦にも参加してスターリングラードの防衛戦で殊勲をあらわしたといわれる、朝鮮が解放されるとともに帰國し北鮮共産党責任者となり、昨年二月北鮮人民委員会が樹立されるとその委員長に推され、以来北鮮の最高指導者として手腕を振って来た

金日成將軍

ソ連、協定をふみにじる
米の見解

【京城十六日特派員＝ニューヨーク・タイムス特約】北鮮のかいらい政府樹立に関して米軍スポークスマンである一將官は次の通り語った

ソ連の最近の行動にたいして米國は苦々しく感じ率直に反対して来た、われわれは國際的協定の範囲内で行動し、その精神を何等破らなかったが、ソ連は北鮮に政府を樹立してモスクワ協定を破り、同時に[illegible]國連を無視する挙に出た、北鮮に強力な軍隊を創設したことは明らかにあらゆる協定の破棄であり、この軍隊はソ連の武器によって装備されていることが知られている

同スポークスマンは北鮮における米國の態度が変更されるかどうかは言明しなかったが、最近の事態にかんがみソ連にたいする米國の感情が当地ではかなり悪化しつつあることは明らかである、右スポークスマンはさらに次のように述べている

米國は最初ソ連との協力によって問題の解決に到達しようと試みた、[illegible]その努力も失敗した、われわれの努力はあらゆる点で妨害された、米軍当局は、ソ連が[illegible]行動に出る準備を進めているとの見解を持っていた、そして國連朝鮮委員会の[illegible]来るべき國連小総会でいかなる決定に到達しようとも、あらゆる理由から推してソ連は独自の方針をとるだろうと信ぜられる

メノン國連議長驚く

【ニューヨーク特電十六日発＝AFP特約】メノン國連朝鮮委員会議長、胡世沢國連事務局次長ならびに在鮮米軍政治顧問ジョセフ・ジャコブス氏は京城からシアトル経由で十六日ニューヨークに到着したが、到着と同時に[illegible]メノン議長に対して「北鮮にかいらい政府が樹立されたという報道についてどう考えるか」と聞いたところ、同氏は「もしそれが事実ならいまや朝鮮は明確に二つに分れるであろう、[illegible]」と語った

メノン氏は十九日の國連小総会で朝鮮における[illegible]國連朝鮮委員会の直面する諸困難および今後の措置について報告するはずである

「極東のポーランド」
米國際問題評論家

【ワシントン十六日発UP＝共同】スクリップス・ハワード系新聞の外交評論家ウィリアム・シムス氏は十六日朝鮮問題を次のように論じている

朝鮮は極東のポーランドとなる運命にあるようである、満州はほとんど共産党の手に落ちようとしている、もしそうなれば米國にとって[illegible]米國民は[illegible]ドルの税金を納めるばかりか、生命までもかけねばならないことになろう、満州、朝鮮が赤化することは[illegible]日本が赤化することを意味する、[illegible]戦前の日本の脅威などはこれに比較すれば[illegible]ものだということになる

北鮮を動かす人々

写真は北鮮政府閣僚と会議する朴憲永副首相(中央)

"われらの首領金日成"
南日外相、農村激励に歩く

畑中政春

今度の北鮮訪問で、各方面の多くの指導者と会見し親しくその風ぼうに接することができたが、ついに金日成元帥に会えなかったことは残念であった。元帥は北鮮の、正確にいうと朝鮮民主主義人民共和國の首相で、朝鮮労働党中央委員会委員長をかね、北鮮の最高の指導者、実権者である。金日成元帥は"首領"と呼ばれている。"われらの首領、金日成元帥が……"という言葉を何度耳にするかしれない。この言葉を書いた途端、わたしは、ソ連人がスターリン大元帥を"ヴオジデイ"と呼んでいたことを思い出す。"ヴオジデイ"というロシア語のひびきは正にこの"首領"にピタリくる。この一事だけで結論するというわけではないが、元帥は北鮮のスターリンそのままだという感じは強い。復興平壌の中心を幅四十五米の大スターリン道路が走っているのも[illegible]

金日成首相

ここに七人の副首相

北鮮の最高指導者の名前が並べられるときはいつでもまず金日成、金科奉、朴憲永……という工合になっている。金科奉氏は、最高人民会議常任委員長、ソ連のウオロシーロフ、中国の劉少奇といったところで、国文学者として令名高い。朴憲永氏については後述するが、金日成元帥を、政府で直接たすけている大物は、まず七人の副首相、この政府のバックボーンとなっている朝鮮労働党では金日成委員長のもとに三人の副委員長がいる。副首相としては、民族保衛相(国防大臣)を兼ね、元帥の次の次帥の称号をもつ崔庸健、国家計画委員会委員長を兼務する朴昌玉、軽工業相兼務の金一、歴史学の権威として著名な[illegible]、国文学者の洪命熹、新進気鋭の鄭一龍、朴義琓の七氏、党の方は、書記長を兼ね、朴正愛、朴昌玉、金一の三氏が副委員長として金日成委員長を補佐している、朴昌玉、金一両氏は政府内においても、右にあげたような要職を兼務している

首相の片腕朴昌玉氏

金日成元帥には、ついに面会できなかったわたしは、しかし、元帥の片腕として、政府、党双方で重きをなしている朴昌玉氏と二時間半にわたって会談することができた。場所は、新装成ったばかりの内閣、二階の広い応接間でわたしたちを引見した氏は、[illegible]

[illegible]

日本語使わぬ指導者

[illegible]

寄ってたかって援助

[illegible]

再び世界の焦點
前途楽観を許さず

解説

[illegible]

シュチコフ大將　ブラウン中將

米ソ京城會談

【京城特電(INS)廿一日発＝ジョン・リッチ特派員】米ソ合同委員会両代表は廿一日午後京城の徳寿宮に参集、ここに一年間にわたり突然な意見不一致のうちに決裂していた三千万朝鮮人の運命を決定する米ソ会談を再開した

【京城特電(INS)廿一日発】米ソ合同委員会はソ連側代表シュチコフ大將以下十四名が廿日夕刻到着したので廿一日午後一時から京城で再開されることとなった、会談は順調に運べば六、十週間続く予定であるが、米当局では「会談が成功するか否かははじめの一週間できまろう」と述べている

[illegible]注目される

対鮮援助確認
マ長官言明

【ワシントン廿日発UP＝共同】マーシャル米國務長官は廿日下院外交委員会で朝鮮に対する援助を確認し次のように言明した

國務、陸軍両省は朝鮮関係の[illegible]ドルを議会に要求しなければならなくなろう、私は目下全世界にわたって各國の経済状態を検討しているが今のところギリシア、トルコ援助計画と同規模の支出を要望することはないと思う、もっとも朝鮮については別問題で、[illegible]

反託運動重大化す

【京城十八日発UP＝共同】南鮮の信託統治反対運動は十七日民政當局の示威禁止令にもかかわらず拡大する一方で當局の右翼指導者説得工作は十八日遂に失敗した、すなわち軍政当局のブラウン中將は十八日李承晩、金九両氏をはじめ韓國民主党、その他の指導者と会談したが、これらの指導者が反託國民運動への今後の不参加を認めなかったため物別れとなった、[illegible]

法と秩序を乱すもの 日・鮮人を問わず処断

神戸騒乱事件 政府声明を発す

政府は神戸における朝鮮人騒乱事件について廿七日正午次の声明を発表した

[illegible]

……朝鮮人は日本の法令に従う義務……法と秩序の遵守を否定する……明かにする。政府は……方針であり、なお政府のこの方針……合致するものである

昭和23年4月28日

東京でも検挙始まる

朝鮮人学校 校長ら十五名に断

[illegible]

都内各所で父兄大会

[illegible]

……新宿区……町二ノ二三朝鮮新宿……で開かれ、関係各父兄が続々……つめかけており、また東横線小田原……北沢駅前には世田谷区池尻町……八初等学校父兄の街頭演説が……れ気勢を挙げているが、これ……は平穏に推移している状態で……学校は大部分が授業を中止、……北区王子十条の東京朝鮮中高……

非常事態の神戸

〔上〕兵庫県庁に押寄せた朝鮮人側〔下〕（廿七日朝大阪軍政部で会談する アイケルバーガー中将と赤間知事、鈴木市長〔右端＝大阪市長〕）

妥協交渉を進む

李文教部長、都教育局訪問

東京都では閉鎖命令を交付した十九校を東京地検に告発すると共に、その成行きを注視しているが、学校経営の主体となっている朝鮮人……当局では閉鎖問題が地域問題の範囲を超え全国的な重大問題化している現在、法文通り厳正に実施するほかはないとの見解を持っているので解決までには相当の難航を予想されている

……よび第七初校が廿七日も授業を続けている

なお二十八日には……東京都……区……中野初等校内でそれぞれ午前十時から閉鎖反対人民大会が……主催で行われることとなっており警視庁では不穏な行動あらば断固たる処置に出るよう所轄署を督励して警戒態勢をととのえている

神戸、大阪平穏に

〔民間情報教育局特別発表〕第八軍司令官アイケルバーガー中将は廿七日朝大阪において軍政部当局、赤間大阪府知事、近藤大阪市長、鈴木警察局長その他関係官と朝鮮人騒乱問題に関して会談したが、大阪地区の事態は収拾され……平穏であると発表した（共同）

検挙千二百名

〔神戸〕神戸の朝鮮人騒乱事件についてMPならびに神戸市各警察署員は二十六日も市内の旅館、飲食店などの捜索を行う一方省線および各郊外電車各駅ならびに市内電車内で不法朝鮮人の検挙を行っているが、被検挙者はいずれも各警察署で、去る二十四日不法監禁の頭目にあった知事、市長らの首実検を受けている、なお神戸市内は前日同様極めて平静である（共同）

〔神戸〕神戸市の朝鮮人騒乱事件につき……のち、警察に入った情報によれば廿七日午前六時までの検挙人員は千二百廿三名に達した（共同）

朝鮮人騒乱事件で緊急質問

廿七日の衆議院本会議は午後一時開会、先ず（一）夏時刻法案を可決、次いで緊急質問に入り、大阪兵庫における騒乱事件に関し細田……（社）……（民）両氏の質問、続いて日本タイプの生産管理問題に関し……（共）が質問を行ったが、更に本会議開会までに国家行政組織法の施行に至るまでの行政官庁の臨時措置に関する法律案が委員会可決になれば本会議に緊急上程して可決する予定である

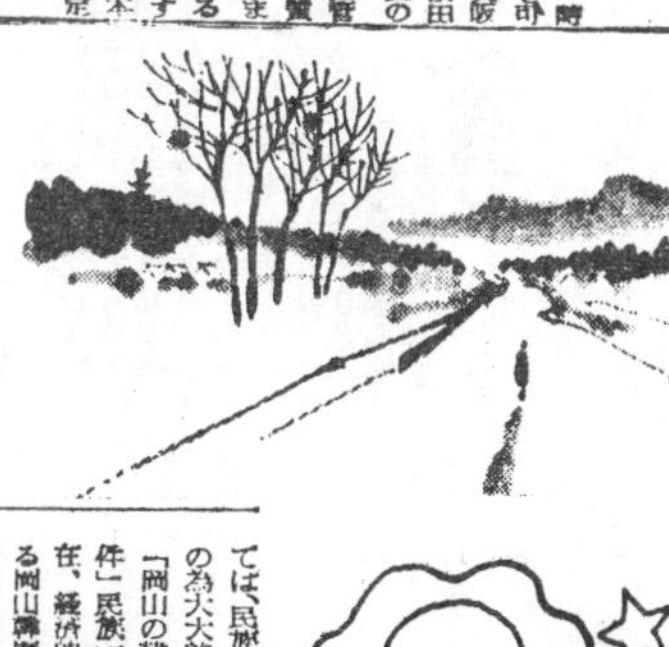

第十一回民団九州地協

岡山韓国学園の援助など決議

第十一回民団九州地方協議会……去る二十三日午前十一時から……民団長崎県本部会議室で開催され、組織強化に関する諸問題が討議されたが、主な決議事項は、本国風水害罹災者の救済運動を展開することと、岡山韓国学園を援助することなどであった。

この日会議は、傍聴者約四十名がつめかける中に民団福岡、長崎、熊本、宮崎、佐賀、大分等の本部代表四十名をはじめ、駐日代表部福岡事務所所長代理……氏、李裕天民団中総……長、金……中総組織局長、……中国地方協議会事務局長などが来賓として参席して開かれたが、主な決議事項は次の通りである。

「本国水風害救済に関する件」

九州地方は、さきに風水害の為相当被害を蒙ってはいるものの、本国の風水害罹災者に対しては、民族愛を発揮し、その救済の為大大的な運動を展開する。

「岡山の韓国学園援助に関する件」民族教育の発展を期し、現在、経済的に窮状に落いっている岡山韓国学園に協議会で年間十万円を後援する。

なお最後に神戸の高校生事件問題が論議されたが、同問題は、……文教局長が帰国し、中総……委員会で同問題の発展があるまで保留することに可決した。

……東京韓国学園の秋季大運動会は来る十月六日に開催されるが、在日各韓国学園の秋季運動会日程は次の通りである。

△白頭学園 十月十三日

△宝塚学園 十日十三日

△京都韓国学園 〃 〃

△金剛学園 十月二十日

尋ね人

本籍 慶南忠武市（統営）……里四〇五番地

申貞根（当三十二）

北送僑胞 在日僑胞學術 및技術視察團

六十명으로 구성……

二十三명이 이유천（李裕天）……하게 十五일 하오二시……

▲李裕天（慶北）▲卞……（慶南）▲……（慶北）▲金正印（慶南）▲金……（慶南）▲……（慶北）▲孫……（済州）▲金……（慶南）▲金顧祐（慶南）▲……（慶南）▲……（釜山）▲金時……（慶北）▲……彰祖（慶南）▲金……（慶……

最終公判開く

民団兵本建物の所有を巡って

民団兵庫県本部建物の所有をめぐる高等裁判の最終公判が七日大阪高裁の五号法廷で開かれ、洪賢基氏（建青解散当時の委員長）の重要証言を聴取したのち、判決言渡しを六月六日に行うことにして閉廷した。

同日、李裕天民団中総監察委員長を始め、関係者多数参席下に、洪氏が証言台に立ち、約一時間にわたって重要証言を行ったが、これに依り、空気は相当好転したものと見られる。

係争中の建物をめぐる裁判は一九五〇年建青解散当時以来続けられ民団、建青と解散前の旧建青（建物名義人は建青解散当時の兵庫県委員長金慶能）とがはげしくしのぎをけずり、地裁では、民団、建青が敗訴して、高裁へ控訴したもので、問題の発端は、再組織される建青にすべてを移譲して、一九五〇年、発展的解散を行った建青が、中央大会の決議に反して、兵庫県建青幹部の一部が解散を認めず自然消滅すべき民団所有である建物の現兵庫県民団、建青の建物に対して、所有権を主張したためである。

今回の高裁で、洪氏が証言を行ったのは、氏が建青解散当時の委員長であり、解散決議を行った最後の大会において議長を務めたので当時の経緯あるいは中央大会決議の地方支部への拘束力などを説明するためと見られる。

な お裁判所側では今回の洪証言を重視するのではないかと見られている。

1958.5.20

正當な登錄を切望

李總務部長 朴企劃局長 建青の態度表明

民團建青主催 登錄問題懇談會

居留民團及び建國促進青年同盟主催による外國人登錄問題涉外懇談會が七月四日午前十一時より銀座閑々亭に於て行われた、朝鮮側からは上記二團體を代表して居留民團金涉外部長、建青李裕天總務部長の他朝鮮人聯盟、國際タイムス、國際新聞社等出席、日本側からは住田東京都副知事、內務省中島、外務省泰第四課長、自由黨若松代議士、東京憲兵司令部涉外課長及び毎日、朝日新聞社等合計七十名が出席し友交的な雰圍氣の裡に外國人登錄問題に關して種々の意見が交換した、まづ劈頭居留民團金氏が日本側に對して次の如き居留民團の此の問題に對する態度を表明した

「我が民團としては正當な理由を持つて行われる外國人登錄に關してはなんら反對するものではないが、今度の登錄ではその法令二百十七條にある當分の間朝鮮人、中國人の一部を外國人とみなすといふ項及び新に設けた十一條は明かに我々に再壓迫を加える意圖のあるものと考えられるのであくまで反對の意向であり登錄を拒否するものである」

これに對して泰第四課長は「朝鮮人、中國人を壓迫する意圖は全くなく飽くまでポツダム宣言に基く外國人登錄令を實施するのであるから疑念の點あれば修正する考えを政府は持つている」と言明した

この席上李總務部長は建青を代表して次の如く建青の態度を示した「此の登錄問題にGHQよりの指令があるといふ點に關しては日本政府は責任を持つて我々に正確な情報を示すべきであり、又この登錄が朝鮮人を何等壓迫するものではないことをGHQの諒解を得ると同時に速かに新聞紙上或は各機關を通じて我々朝鮮人間に納得ゆくよう努力すべきである、我々同胞間には無教育な者も少なくないやゝもすれば誤解を起す場合がないでもない」

朴企劃局長は此の際我等は過去の惡夢を清算して眞の友好的態度に於て登錄實施には協力を惜まないが、此の登錄こそは、あくまで權威あるものたらしめ、且つ眞の外國人としての協力を日本政府が自覺しなければ不可能である。又朝鮮人各團體に於てもこの登錄實施に愼重なる檢討を加えているのである。然しこの登錄が正當な待遇と地位を我々に與えるならば進んでこれに協力してゆく覺悟である、然しこれが私達の考えに反した單なる取締に過ぎないならば斷乎としてこれを拒否してゆく決心である、朝鮮本國に於てもこの問題は在日同胞の死活問題であるので注目の的であり、その重要性に對して日本政府の愼重適切なる處置を望む」かくて二時五十分閉會した

聲明書

今回の神戸事件はその根源が明らかに自己の政治的野望充足を大衆の利用に依て爲し遂げようとした日本共產黨及びこれと提携した朝鮮人連盟內部における一部煽動分子に在る事は否定出來ない、しかし何れにしても朝鮮人の集團行動に依て、たとえそれが一時的而も局部的であつたとはいえ、占領下の治安を亂した點に對しては吾々の最も遺憾とする所である、我々二十萬の團員は殘留同胞に對し自らの輕擧と妄動を愼しみ、法治國民としての襟度を立派に保つよう强く要望するものである。

然るに關係當局においても、また日本官民においても、やゝもすれば朝鮮人全般が暴動に加擔し、これを助長したかの樣な論調と非難を爲しているのは當らざるも甚だしいと云わざるを得ない。

本事件の爲に朝・日兩民族が互いに反目と離間を招來する如何なる理由もない筈である、吾々は寧ろこれを契機に、相互の理解と信頼を深め、より一層の友好精神と善隣關係を實現するよう努力すべきであると信ずる。

吾々は事件の眞相を正確に判斷し、その責任の所在が少數分子であり、その罪科の關者が煽動者にある事をハッキリ認識しなければならない、吾が同盟としては、今後斯かる不穩な而も陰謀的な行動に對しては徹底的にその責任を糾彈し、その未然防止に全力を傾注する積りである、なお我々在留同胞にとつても重大關心事である朝鮮人教育問題に就ては、目下關係當局と充分な交渉が續行されており、相互の圓滿解決を見る日も遠くないことを確信して已まない。

一九四八年四月二十八日

朝鮮建國促進青年同盟

朝鮮人學校教育に關して GHQ民教育局長と交渉中

五月三日建青の交渉委員徐鉀實、李錫丸兩氏はGHQ民間情報教育局朝鮮人教育問題擔當者オアー氏を訪問し吾々建青としては朝聯とは別個に特殊な立場を貫徹すべく申入れた、オアー氏は今全部を日本の文部大臣に一任してあるからそこへ交渉して下さいとの事、故に當方として李裕天氏が文部大臣の方には吾々が必ず友好的に円滿な解決をする自信が有る故にGHQとしても吾々に對して[illegible]円滿な解決を見る様に[illegible]を賴んだ所、それは不可能な事だとの事であつた、併しオアー氏は吾々の理にかなつた、正しい要求を充分理解し來る十一日文部次官有光氏が[illegible]に來るから皆なで一緒に相談をしようといふので、吾々としても再會を約した。又當日左の如き陳情書を提出す。

陳情書

吾々は長い間、日本の帝國主義の壓制から解放されて何よりも先になさねばならない事は、吾々の子弟に[illegible]朝鮮の民主建國に活躍する使命を帶びてゐる。

二世兒童は勿論のこと、青年に至るまでの殆んどは吾々の祖國の言葉と、吾々の手に依る教育の必要が[illegible]

[illegible]ら在留朝鮮民族はあらゆる困難に打ち克つて自ら學校を起し子弟の教育に關心と努力を拂つて來たのであつた。

而し乍ら教育施設が十分でない爲め、吾々の教育內容に於ても一部に不純なる政治的意圖に依り、偏向的教育方針の行はれたる事も事實であり、[illegible]民の一人として其の人格を陶冶し、個人としての自主的精神を養成する最も大事な[illegible]爭して來たのである。

以上の主旨によつて、(A)吾々の傘下の各校に於ては南朝鮮の過渡政府の文教部編纂の教科書を用ひ(B)日本の教育法に準據し私立學校としての認可を受ける事を建前として來たのであります。

從つて貴官におかれましては吾々朝鮮民族の自主的教育の必要を御了察下され吾々の教育を御承認願ひたい。つまり南朝鮮過渡政府文化部編纂の教科書を使用することを御承認願いたい。

一九四八年四月三十日

朝鮮建國促進青年同盟 委員長 金斗鉄

在日朝鮮居留民團 團長 朴烈

聯合軍民間情報教育局長殿

韓日通商豫備會談開かる

韓國貿易使節團を迎へて

韓國通商懇談會に在日實業家は集る……

丸の內工業俱樂部に於いて……

近日中韓日貿易協會

大韓民國居留民團傘下に發足か!!

國を忘れ同胞を忘れては個人の幸福はないことを知るべきであると

〈立てるは鄭代表團長〉

韓國貿易使節團の顏振れ

正式講和會議前に韓日間の通商を活潑化させ暫定措置を講ずる爲に來日した。李大統領經濟顧問レデー氏、商工部貿易局長朴忠勳氏、企劃處次長金勳氏外資總局購買課長申正湜氏朝鮮銀行總裁崔淳周氏で駐日大使鄭植範博士が首席代表を務める。總司令部との豫備會談は十日より開始され、十日乃至二週間行はれた。

韓國通商懇談會開かる

三月十二、十三の兩日に亘り丸の內工業俱樂部に於いて來日中の韓國貿易使節團を迎へて在日韓國居留民團商工部主催の通商懇談會を開催した。鄭代表團長李承晩大統領經濟顧問レデー氏李大統領秘書三名、商工部貿易局長朴忠勳氏企劃處次長金勳、氏外資總局購買課長申正湜氏朝鮮銀行總裁崔淳周氏を迎へて民團側徐相漢氏、全議長金光男氏、建青中總委員長洪賢基氏、商工部長權逸氏外幹部多數及び在日實業界の大物金商哲氏貿易事業界大立物文東建。李元泰氏等又商工會理事孫也氏等五十數名の參席の下盛大に開催された席上鄭團長は在日同胞の諸問題は愼重に研究して具体策を講ずる。そして代表團が爲すべき當初の問題は「在日同胞の地位問題の決定と通商協定である。」然して韓國居留民團の下に在日同胞は結束し本國參席の諸賢の協力の下。通商協議をなしたい」と挨拶した。又李裕天氏立つて四年間の在日韓國居留民團の下貿易協議は開かるべく韓國支持の愛國者こそ眞に貿易者として立つべく一部課利第反動諸分子は斷かる光榮ある事業に適せず韓國は韓國を愛する者にのみ國際場裡へ光り輝くであらうと力强く結んだら拍手に萬堂は滿ちた。金商哲氏の司會に依り韓日通商懇談會は着々進行し韓國と日本の親善は貿易からと、船舶問題。韓國銀行日本設置問題等在日實業人よりの希望等を今ぞ天下晴れて會談した。

在日貿易協議會及全汽船會社の設置も準備委員を擧げて民團商工部の音頭取りで着々と進捗して居る。

笑止にも『朝連の大實業家先生』が五、六名全懇談會參席の爲に來たが資格審査委員の民團商工部の拒絕にあい止むなくすご〳〵と引返して行つたのは哀れであつた。尚在日實業人の間には斷かる不節操が多數居ることを民團中ひ遺憾であると思總では言つてゐた。

大衆は今こそ韓國々民として…

民團建青へ!

援助を得

總地方部長河一靑氏、[illegible]本部の[illegible]斗氏、金九濟氏らの[illegible]があり別項の通り役員を選出し一同十時散會たる中に無事大会を終了した

なお決定をみた役員は左の通り△團長宋學道△副團長[illegible]△同金蓮善△議長[illegible]金三吉△同副[illegible]相文△顧問池大甫△[illegible]局長金容杜△同次長李幸圭△事務總長金東煥△同次長金鍾達△內務部長金珪璽△同次長鄭永浩△外務部長金東煥(兼)△同次長[illegible]△組織部長朴斗万△同次長[illegible]△社會部長金光[illegible]△[illegible]△財政部長[illegible]△商工部長[illegible]△青年指導部長[illegible]△文教部長[illegible]△同次長[illegible]△婦人部長宋[illegible]△同次長[illegible]

建青大阪本部でも祝賀會

建青大阪本部並に大韓民國婦人会共催にかゝる大韓民國獨立承認祝賀大会は十六日午前十時より[illegible]會館において總務次長文進璟氏司会の下に舉行、[illegible]總長金[illegible]の開会の辭について婦人会[illegible]有志の祝辭、副團長金光男、議長朴玄南氏の講演あり、第二部に入つて[illegible]、[illegible]紅珠一座の余興を交え会衆二千余名の歡喜と喝采の中に盛大に会を閉じた

青年指導部長に李裕天氏

民團中總青年指導部長は今まで事務總長[illegible]氏が兼任していたがさる十二月十六日付をもつて建青中央委員である李裕天氏を正式決定した、なお氏は就任に際して次のように語つた

私は祖國が解放されるや今日に至るまで種々の事情のため祖國に歸つて直接的に祖國の再建に貢獻することは出來なかつたが、日本にあつて朝鮮建國促進青年同盟中央總本部の總務部、經濟部、涉外部の部長を擔當、今も中央委員の一人として微力をさゝげているものであるが、民團の青年指導部を擔當するようになつた私の抱負としては、いかにすれば民團と建青が一心同体となり在日全同胞は勿論、特に青年の大同團結をとげ得るかにあるのである、こゝに同胞各位に特に青年諸君に訴えたいことは一刻も速かに太極旗の下に集り大同團結して文化の向上、國際親善は勿論、文化民族の一員として友邦諸國と相互提携しもつて祖國を地上天國として泰山の安きに導きあげなければならないということである

建青李涉外局長辭任

建青中央總本部涉外局長李裕天氏は七月二十七日次の様な聲明(要旨)を發表して辭任した

「[illegible]終始[illegible]を死守して來たのであります、然るにその趣旨、綱領に反して現中總執行部諸氏は名譽心と私欲に[illegible]曖昧なる態度の本同盟の基本的路線より離脫した、この事は必ずや祖國建設を阻害するばかりでなく建青の[illegible]を招來し、終にはその[illegible]を招來するものである、こゝにおいて自分は常任涉外部の責任に對し堪え難く一切をこゝに辭任するものであります

1948. 4. 27

神戸に非常事態宣言

米軍初出動 日鮮人三百名検挙

学校閉鎖事件

朝鮮人学校閉鎖問題に端を発する神戸の朝鮮人騒乱事件にたいし進駐軍神戸地区司令官は二十五日本占領以来最初の管内非常事態宣言を発した、これにより神戸市警察官はMP司令官の指揮下に入りMPならびに武装警官は早朝より廿四日の事件に関係した朝鮮人連盟支部分会の幹部および煽動したと思われる日鮮人の検挙に着手、二十五日正午まで三百九名を検挙MP本部に連行した、なお廿五日兵庫県庁、市役所、神戸検事局などに侵入した朝鮮人をMP本部に連行した場合もその指導者はMPに引渡すよう命令が発せられている（共同）

破壊的暴動に厳罰

アイケルバーガー第八軍司令官声明

ア軍司令官

戦う韓國

24 July 1950

反共態勢完し

北鮮将兵も続々帰順

共産党、暴力革命を企図？

大橋総裁、衆院法務委で言明

告弁する大橋総裁

1950. 12. 1

朝鮮動乱と関連

神戸事件 組織的な動き

日共の線に沿う

第一線承る青年行動隊

解説

市長室に居座る

京都でも百名押かく

さらに二百名検挙

神戸の騒乱事件

百四十七名を拘留

神戸の朝鮮人騒乱事件

名古屋でまた騒ぐ

解放新聞

（3日刊）

發行所 解放新聞社
東京都中央區日本橋本町1ノ8
編輯印刷兼發行人 金桂談
振替貯金口座 東京六八九三番
電話日本橋(24)5945~6

恩惠를怨讐로 갚는 「朴烈先生」行狀記

解放以後＝正確히말하자면一九四五年十月十五日「在日本朝鮮人聯盟結成大會」에서緊急動議로交涉委員을先頭로數百名의同胞가司法省까지示威行進을하여「朴烈氏를爲始한一切朝鮮人政治犯即時釋放」의强硬한要求에依하야三日後에秋田刑務所에서出獄한後約二個年間의朴烈氏의足跡은實로複雜怪異한것으로서「革命情熱에넘치는 欽仰할만한先覺」이라고矚目하고있는우리들에게無限한落望과愛惜의感을주고있는데 新朝鮮建設同盟委員長으로서의氏 다음에는居留民團團長으로서의氏가在留同胞의統一을云爲하면서實로分裂策動의張本人이되고있는事實은오날에와서良心있는同胞는 한사람도例外없이知悉하고있는바로朴烈氏를爲하야[illegible]者는그無知無覺보담도封建時代의遺物인英雄主義的自尊心과 時代錯誤의政治的野望으로自己個人의名譽나將來를스사로破壞할뿐아니라그遺害를六十萬在留同胞一般에게까지밀치게한氏의 醜態와無責에對하야二十餘年氏의鐵窓生活의勞苦를생각하야 歷史하는同時에民主祖國建設의妨害者로서의그罪惡을無慈悲하게暴露치아니치못함을슬어한다

切望하오니 이제야氏의反省을재촉하는한警告가되며 同胞諸賢의批判에一助가되기를

（天網恢々疎而不漏）

（一）

既報한바가있었지만은 居留民團의內部갈력은 날이갈수록 深刻化되어昨年부터公公然한內部分裂의派爭이激甚하여가고있는데 지난七月二十六日經濟難이라는表面口實로（實은朴烈反對派剔術이目的） 部員二十五名整理案을朴烈團長의「英斷」으로實施하였다가 도리어誠肯派가一致團結하야 朴烈 朴旦錫 洪大龍 金鍾重 金宗允等幹部辭任을要求하는强硬한反擊을받게되었으며 더구나그背後에는反對派幹部가操縱하고있는氣色까지보히여「偉大한政治家」로自任하는朴烈先生의威信은脆弱抵抗線에서破碎되고말았다

一時는大驚失色의醜態를露呈하였지만「고집쟁이朴烈」의本領은敵手打倒의手段을[illegible]罪를늣기지않었다 建靑淺川支部長李裕天領導下에淺川方面不良者十五名과스포ー쓰映畵社等[illegible]한特攻隊는朴烈團長의密令을받고 誠首反對派를襲擊하야「朴烈先生을誹謗하는놈은다죽인다」고高喊을치며迅風疾箭로抵抗手段를完全히奪取하야 八月八日部員代表三名을逐出함에成功하였다

（二）

部員整理案을契機로反對派幹部들의攻擊을받은朴烈氏는스스로이크를斷行, 深思默考한結果中體面보다도實效가第一이라는斷案을내려 民團最大財源인配給物資를中斷시키는妙案을案出하고 第一着으로東京財務局煙草專賣局까지自身出馬하야「私は民團團長をやめましたから今後は煙草の配給を一切やめて下さい」[illegible]第一彈은反對派幹部에對하야 原子彈以上의實效를發揮하였다「世の中に馬鹿程怖いものはない」마고 不得已 朴烈團長을「떠은송장모시듯이」붐너다노았다는것이다 그런으로憑窮의분푸리보다도어미석고卑劣한團長의行動에 하모어이가없고 慨憤하야副團長元心昌氏와財務部長玄禮氏는辭任하였다한다

（三）

僭稱「韓國臨時政府勞働部長」薛綱이란者가 지난六月中旬頃에本國에서密航하여와서「國務委員」이라는看板을名譽慾에불타는朴烈團長의頭上에덧어씨였다（韓國臨時政府라는것은今年三月에金九가秘密裡에組閣發表까지하였다가 하ー지中將의不法이라는警告를받은幽靈內閣이다） 團長이로부터「國務一員의榮光을獲得한[illegible]은「朴烈先生」의 [illegible]은絕頂에[illegible]으며 意氣는揚朴한것이있다 그러나朴烈氏는 [illegible]이歸國하지않고 [illegible]고있음으로 自己의無能과[illegible]이暴露될가두려워하여[illegible]航者라고密告하여 逮捕하였다 自己의恩人인[illegible]은격이다

薛氏는 避身하고말고 [illegible]차면새가없었으나 암정에빠진호랑이같이朴烈에對한憎惡心은衝天하였다한다

（四）

民團協同組合規約에 會長[illegible]民團事務總長이라고明記되어있음에도不拘하고 朴烈氏[illegible]自己名을使用치않었다고[illegible]하야 結局會長兼理事長[illegible]하였다고한다 또民團新聞[illegible]發表한他人의原稿를[illegible]己名儀로發表해달라고하[illegible]이것은뚜렷한 著作[illegible]마고 氏의賣名行爲를[illegible]는사람이많다고한다 （P）

(投)(稿) 家宅搜索餘話 —民團淺川支部이야기—

朴 源 求

이이야기는家宅搜索을 받은 民團支部에서 그解決策을民團本部에附託하였다가拒絕當하고 하는수없이朝連에依賴할 줄지도못하는民團사람의近影이다

東京都三多摩淺川支部는全國에數個所있는 民團支部가운데서 가장優秀한支部이다 이支部에 지난廿五日午前六時、日警約四百名이急襲하야莫大한物資를押收하는同時에同胞二十七名（內四人은日本人）을檢束해갔다 여기에서民團淺川支部長金基鉉氏外數人은 卽時、民團三多摩地方本部에 가서 解決을要請하였으나 本部에서는 無力한民團으로있[illegible]지마는 誠意없이[illegible] 逃避에 버리고마렸다 다시民團總本部를訪問하야要請하였는데「너이들이 잘못했는데하는수있나」하고 一言으로拒絕當하였다 이때하야 하는수없이 前記金基鉉氏外數人은 三多摩朝連本部를訪問하야懇請, 처음에는朝連도拒絕하였으나 再三懇請에朝連의金忠權氏外數人은 個人資格으로서金基鉉氏等과同伴、日本警當局에抗議하는同時에 同胞十二名을釋放시켰다 여기에있어서 金基鉉氏外、民團盟員은 朝連에感謝하는同時에 人民大會를열어 最後까지解決하고저하니 指導[illegible]要請까지하게되었다

여기에있어 人民大會名稱을하였다 特히 이날民團「在日本朝鮮人生活擁護人民大會」라고하는同時에 日[illegible]延되어 示威를하지못한데[illegible]本人民에게도協力을 얻기爲하야「日本人民에게告함」이民團盟員은二十八日밤[illegible]하야 大衆의不滿은많[illegible] 삐라를一萬五千枚와 民籍, 民團幹部가[illegible]壁時報五千枚로準備하였다 까지하야 大會不參[illegible] 이것을 알게된民團總本部는 하는데對하야 돌지않[illegible] 狼狽하야 通長徐相[illegible]外[illegible]하였으며 民團의專[illegible] 韓周, 李裕天等이出張하야 [illegible]蘇周氏가「내가[illegible] 大會를 열지못하도록妨害工[illegible]면人民大會를하[illegible] 作을 하게되었다 [illegible]困難하다」는「[illegible] 大衆가운데는口論이[illegible]기[illegible]對하야도「[illegible]」「內[illegible] 되여 다시人民大會開催可否에속지않는다」 을決定키爲하야 二十八日밤이니 紳士的이니 [illegible]에緊急總會를開催한바 [illegible]히 날이갈수록飢餓만當[illegible] 的多數로서人民大會를開[illegible]實生活에서 우러나오[illegible] 로決定하였다 의소리는敵의正體가 그리하야二十九日、淺川劇場 며 어떻게하여[illegible] 에서「日警의不法彈壓絕對反 保할것인가 어느 對」等스로ー강을 걸고盛大 으로犧牲的으로同[illegible] 히人民大會를開催、金基鉉氏 근심하고保護키爲하야[illegible] 外七名의交涉委員을選出、今 고있나等에對한覺醒[illegible] [illegible]것이다 오는注目되는動向이다

在日同胞の義擧 難工の淺川工事を完成

資本家の生産サボと勞働者の勤労意慾の[illegible]開くよ、かて加へて失業者の洪水といふ三つ巴で益々地獄の相を呈して來る日本の今日このごろ[illegible]在日朝鮮人同胞諸君に[illegible]三多摩[illegible]李裕天氏[illegible]淺川町の[illegible]地下工場の[illegible]七月[illegible]十ヶ月の[illegible]この間の[illegible]成功し[illegible]民生問題は[illegible]

[illegible]日本政府が[illegible]として自ら[illegible]目して自己の理論よりも一つの實行と[illegible]してこの事業を遂行されたのは[illegible]この眠れる資材を生かす[illegible]ことが出來たのは全くうれしいニュースである（寫眞は李裕天氏）

反共鬪爭に敬意を表す

李[illegible] 民團中央總本部 委員長

民団の一機関を代表して、民社同の三周年記念祝賀会に出席できる[illegible]先に進んでいきたい。

[illegible]るようになったことを[illegible]り、今日まで民団幹部が[illegible]のような時に出ることはなかったか、話し合いによって[illegible]が進み出ることができるようになったのである。民社同が[illegible]めながら前進することを[illegible]ゆる反共派でなく、しっかりした理論的根拠の上に立って共[illegible]産陣営との闘いを[illegible]にたいし率直にお礼をいいたい。

（本社註、以上のほか多数の祝辭がありましたが、紙面の都合で割愛させていただきました）

建靑三多摩 東部役員決る

[illegible]

訓練所便り 淋しい修業式 だが爾後は?

建靑の一大啓蒙機關である中央訓練所は各地方同胞の絶大なる興望と期待とを兩肩に擔び設立されてより越に約一年、先に第一期生を送り出したが去る七月廿日午前十時より第二期生の修業式が所內にて[illegible]に對し充分なる教養を[illegible]練所長として[illegible]裕天氏の身を以つての指導と努力により[illegible]所の訓練所たる訓練所と[illegible]てゐる第二期生の[illegible]は八月廿日と決定され現在所長と共に所員は益々[illegible]をなして[illegible]方の果より何を目的として上京して來たかと言へば[illegible]よりも先づ國語であつた。

社說

淺川工事完成の偉業

延人員千名を超え、三ヶ月餘の同胞の血と汗の努力の結晶たる淺川の地下資源掘作業は遂に完成した。吾等は先づこの工事に携つた同胞諸氏の甚大なる努力に對して敬意を表するものである。

在日朝鮮人の民生問題は常に吾々の念頭を離れぬ大問題である。而して敗戰日本の現實の中に放浪し、絶えざる不安に晒されてゐる在日朝鮮人にとつて、生活の安定は一日も忽にならぬことであり、在日朝鮮人諸團體は先づこれが解決にこそ乘出すべきことは吾人が屡次主張し來つた處であつた。淺川工事は實に之が實踐された一例である。然もこの事業の中心となつて活動した李裕天氏の「わが祖國朝鮮は解放され早くも一年を過したのであるが、その間祖國に於て生産されるものは農業生産のみで、中小工業は勿論、土木事業にしてもその技術と勤勞運動は、今日迄のところ決して優秀なものであるとはいへない――その意味でこの仕事によつて在日同胞の民生問題解決に重大な役割をもつのは勿論ながら、わが國の遅れた技術を磨きその水準を高めると同時に青壯年同胞に適しい勤勞意慾をよびさます一石二鳥の効果をねらつた」といふ抱負には、吾人亦滿腔の贊意を表ずるのである。吾人は氏のこの言に對しては何も蛇足を加へる必要を認めない、その通りのことを吾人も考へるのである。故に吾人は氏の抱負がこの工事に於て遺憾なく滿されたであらうことを信じて、更に一層これが完成を祝はずにはゐられないのである。

工事は完成した。まことにめでたい。しかし、茲で喜んでばかりゐずに、少し考へてみようではないか、どのやうな仕事といふものは、完成すれば終るのである。李氏の期待した技術の修練や勤勞意慾の昂揚はこの工事によつて確に獲られたであらう。それは力として個人の中に貯へられるであらう。だが仕事は終つたのである。と共に、工事中その仕事によつて生活の安定を得てゐた人々は、再び不安の中に戻つたのである。吾人が考へたいことは之である。團體が民生問題解決の事業を起すのは、これは絶對に必要であるが、それと共に團體はその事業が一つ二つに留り、常に次から次へ移る場合の中斷がないやうに心掛けねばならないのである。

唯吾人は淺川工事を祝すと共に、一言苦言を提して當時者の一層の努力を促すものである。

朝鮮出身學生の

拳闘界を回顧

李裕天

==昭和14—18==

マラソンとボクシングと蹴球は朝鮮を代表するスポーツ界に今日迄多名選手、ホープが活躍し、今や國際的レベルにまで[illegible]その實力が認められていることはまことに欣快至極で[illegible]現今先輩が當時日本の[illegible]にひねくれざるを得ず、實力は[illegible]朝鮮出身というハンデイキヤツプのため眞の技術を發揮し得なかつた暗い事情にくらべると[illegible]に今昔の感にたえないのは、おそらく筆者一人にとどまるまい[illegible]

昔に變る好條件のもと

ボクサーは技と人格を磨け

當時の拳闘界ではアマ、プロを問わず[illegible]選手の殆んどは朝鮮出身であつた[illegible]

[illegible]

それは朝鮮出身ボクサーの人格のためであつて、決して[illegible]ことはないはずである[illegible]

要するに私の云わんとするところは、眞に拳闘を通じ[illegible]スピリットを養うというばかりでなく、立派な人格者としての完成を期したいと希むものである[illegible]朝鮮新聞社も、私自身建青の幹部としても[illegible]代表的スポーツだる拳闘界の正しいニュースを讀者に提供するために、共々に努力を捧げたいと念願している

……☆……

なおこの機會に學生時代母校拳大の名コーチヤーとして謳われた現日本拳闘界の重鎭であり、長老格として日本唯一の名審判者の定評あるや中村金雄氏の立派な人格によつて薫陶された往時の朝鮮出身の學生たちは、今も昔と變りなく尊敬の念を捧げており私自身としても恩師として感謝の念をお贈りする

筆者紹介

筆者は昭和十四年より十八年にかけて專大拳闘部にあり、十七年以降は同部のマネージヤーとして活躍、當時の學生ボクシング界に功献するところ多かつた(筆者自身も「二六〇〇」年記念明治神宮大會には學生代表に選拔され出場、決勝にお[illegible]級選手權保持者、現在は本國ぺ[illegible]いて同じく朝鮮出身の日大生金城君(當時學生拳闘のフェザー級)[illegible]シヤンにおいてアマチュア拳闘の指導者として活躍中)と熱戰を展開し、右手の負傷のため惜敗したが、當時の學生拳闘界に華々しい存在を謳われたものである現在は建青中央總本部涉外部長として多忙な要職のかたわら、本國出身のプロ、アマを問わず指導啓蒙のために盡力している(寫眞は李裕天氏)

指導者よ

自我を捨てよ！

中總本部經濟局長 李 裕 天

私は日本のそれも帝政時代の教育を受けた、その時代には民族といふ立場も、政治も、主義主張も考へず只學徒として眞理探究に全力を盡した。今や自由といひ民主主義といふ、しかし解放後私は自己の行くべき道に迷つた、經濟的に又他の意味に於て私は苦しんだ私ばかりではない在日同胞の殆んどがかうした計畫の立たない困難さに直面してゐるのである、しかも獨立は遲々としてすゝまず、個人的社會的に同胞は苦しんでゐる。

この解放の名の下に於ける逆行は如何なる故か、先づ眞に祖國を愛し、專心同胞を想ひ、指導せんとする眞の意味の指導者が未だ我々の眼前に出現してゐないことである。率直に云へばかつての革命家も、愛國者も現在私の見得る處では、皆金錢と自己保全に汲々としてゐる現狀ではないか、例へば一雄辯家の辯舌は情熱の叫びではなく、自己の人氣のための辯である如きである。

今や解放二週年を迎へ、こゝに強調しなければならぬのは、ソビエトの走狗の如き共産主義者も、戰犯者も、一主義一主張にとらはれず、自己を固執せず、在日同胞の啓蒙と民生問題解決に專心努力を集中せねばならぬ、いたずらに雨後の筍の如く簇立する團體が眞の獨立への道でないことの自覺のないことが、同胞を眞に解放する大きな障碍となつてゐる。

今や私は聲を大きくしていひたい、全朝鮮人の名譽のために、眞に祖國再建を想ふ指導者よ出でよ、同胞よ獨立は主義主張ではない愛國共同の心一つに獨立達成に前進せよ。と、

多々云ふべきことある中で、私は以上の二つの事柄を解放二周年に際し強く強く全同胞に望みたいのである。

自らを正して新發足せよ

建青涉外局長 李裕天

ここに千九百四十八年を迎えて[illegible]われ等はこの年が朝鮮にとつて新しい明か暗黒かの岐路に立つ極めて重大なるを思うて無量の感[illegible]を抱くものである、私は建青涉外局長の職を受けたが就任の時聲明した信念は一貫してかわらない、すなわち外交は私個人のものではなく、全組織がそれにあたるべきであり、それにはわれ等の同胞のすべてが自ら姿を正しくしなくてはなくおつ[illegible]諸問題[illegible]を排し表裏を解け、正々堂々いわんとする所をいうにある、かくしてそれを成就する裏付けをなすものは對内結束と對外協調であり、それによつてあまねく世界の同情を受けることである。[illegible]

[illegible]新年の初頭にあたりますわれ[illegible]はここに誓いを致し、反省すべき[illegible]は開かれるであろう、わが同胞諸子[illegible]品位を[illegible]もつてわれ等の使命を果そうではないか

完全結實は青年の責務

建青組織局 孫永起

[illegible]『冬來りなば春遠からじ』の[illegible]

正當な登錄を切望

李總務部長 朴企劃局長 建靑の態度表明

民團建靑主催 登錄問題懇談會

居留民團及び建國促進靑年同盟主催による外國人登錄問題涉外懇談會が七月四日午前十一時より銀座陶々亭に於て行われた、朝鮮側からは上記二團體を代表して居留民團金涉外部長、建靑李裕天總務部長の他朝鮮人聯盟、國際タイムス、國際新聞社等出席、日本側からは住田東京都副知事、內務省泰野第四課長、外務省中島氏、自由黨若松代議士、東京憲兵司令部涉外課長及び毎日、朝日新聞社等合計七十名が出席し友交的な雰圍氣の裡に外國人登錄問題に關して種々の意見が交換した、まづ劈頭居留民團金氏が日本側に對して次の如き居留民團の此の問題に對する態度を表明した

「我が民團としては正當な理由を持つて行われる外國人登錄に關してはなんら反對するものではないが、今度の登錄ではその法令二百十七條にある當分の間朝鮮人、中國人の一部を外國人とみなすといふ項及び新に設けた十一條は明かに我々に再壓迫を加える意圖のあるものと考えられるのであくまで反對の意向であり登錄を拒否するものである」

これに對して泰野第四課長は「朝鮮人、中國人を壓迫する意圖は全くなく飽くまでポツダム宣言に基く外國人登錄令を實施するのであるから疑念の點あれば修正する考えを政府は持つている」と言明した

この席上李總務部長は建靑を代表して次の如く建靑の態度を示した「此の登錄問題にGHQよりの指令があるといふ點に關しては日本政府は責任を持つて我々に正確な情報を示すべきである、又この登錄が朝鮮人を何等壓迫するものではないことをGHQの諒解を得ると同時に速かに新聞紙上或は各機關を通じて我々朝鮮人間に納得ゆくよう努力すべきである、我々同胞間には無教育な者も少くなくやゝもすれば誤解を起す場合がないでもない」

朴企劃局長は「此の際我等は過去の惡夢を清算して眞の友好的態度に於て登錄實施には協力を惜まないが、此の登錄こそは、あくまで權威あるものたらしめ、且つ眞の外國人としての協力を日本政府が自覺しなければ不可能である。又朝鮮人各團體に於てもこの登錄實施に愼重なる檢討を加えているのである。然しこの登錄が正當な待遇と地位を我々に與えるならば進んでこれに協力してゆく覺悟である、然しこれが我達の考えに反した單なる取締に過ぎない問は斷乎としてこれを拒否してゆく決心である、朝鮮本國に於てもこの問題は在日同胞の死活問題であるので注目の的であり其の重要性に對して日本政府の愼重適切なる處置を望む」かくて二時五十分閉會した

在日同胞の奮起を望む

國務總理 李範奭氏の年頭辭

[illegible]

努力と期待

李裕天

[illegible]

積極性と實踐の人

總務部長に再就任の 李裕天氏

此の程、緊急常任中央委員會決議の結果、李裕天氏は再び總務部長に就任、その積極的活動が注目されてゐる折から去る六月十日、中央訓練所を訪問、その理想實踐の決意を次の如く語つた「現在當訓練所は種々の理由によつて統制を缺いてゐますが、再び私が總務部を擔當し、こゝに皆樣の御協力をお願ひするのでありますが、私自身當分の間皆樣と寢食を共にして訓練を受け、趣旨目的の完遂に邁進する覺悟であります」

續いて十三日午前九時、總務部室にて次の如き所感を發表した

「私は過去數ヶ月地方に居たが、今般中央總本部に來て再び總務部の事務促進と內部充實のために力をそゝぐことの出來る樣になつたことに對し、非常に喜びを感ずる、今後、各部と緊密な連絡を持ち、我々の理想に努力せんとするものである」

尙、氏の活躍は各方面より期待されてゐる（寫眞は李裕天氏）

職なき在日同胞に 建同が救ひの手を

淺川の地下工場で作業

在日朝鮮人同胞の失業問題は物價暴騰の折柄大きな社會問題の一つであるが、建同ではこの職なき同胞救濟のため乘り出すこととなつた、先づ手はじめとして東京都下淺川町にある某地下工場を拂下げて貰ひ大々的に地下工場の資材拔き掘り作業を行ふことになり、近く作業を開始するがその資材が膨大なもので五百人で三ケ月はかゝる見込みとされてゐる、この資材は同盟が設けた第一工場で製材にし、希望者に讓ることになつてゐるが、この事業は失業救濟と同胞の勤勞精神を大に培ひ、朝鮮の將來にも役立たせようと一石二鳥を狙つたものであり、大にこれから技術を修練する工場を建設する方針などもとるといはれてゐるが、この建同の勤勞實施運動は時宜を得たものとされてゐる

蔭に一靑年の努力

建同の勤勞精神昂揚と實施着手の蔭に靈氣な一靑年の涙ぐましい努力がある、祖國の現狀は勤勞精神の缺陷であり、在日同胞の生活難は失業からだと說いて建同を動かし、多くの支持者を得てこの事業に乘り出したものである、この際の人こそは當年とつて廿九歲になる靑年で、建同淺川支部長である李裕天氏である、李氏は本部に事情を訴へると共に同志の參加を求め東奔西走し、工場側が「あれはたゞでもよいですよ、あんな仕事が出來ますか」と全然相手せず資材を地下に眠らせてかへりみないのを熱心に說いて納得させ、この拂下に契約を結ばせたものである

李氏は語る

私達がこの荒廢した地下工場に眠つてゐる材木を動し積極的に活用したならば失業により生計を立てられずに困つてゐる多くの同胞に働き場を與へ同胞間に勤勞精神とこの種の技術を修得させ祖國の建設に寄與せしめると同時に日本人にも住宅難の折柄この資材をわけてやればよいと思つて着手したのですが、何分仕事がその性質上一朝にして成果の見えるものでないのでいろいろな困難が伴ふものと覺悟してゐますが、この際私が强調したいのはわが祖國朝鮮は解放 [illegible]

"模範的占領"

マッカーサー元帥を語る

日本再建まで見屆けたい熱意

【ワシントン・ポースト】UP [illegible] マッカーサー元帥は米國大統領となるよりは、日本占領を完遂することを望んでゐる [illegible]

[illegible]

社説

淺川工事完成の偉業

延人員千名を超え、三ヶ月餘の同胞の血と汗の努力の結晶たる淺川の地下資源開作業は遂に完成した。吾等は先づこの工事に携つた同胞諸氏の盛大なる努力に對し之敬意を表するものである。

在日朝鮮人の民生問題は常に吾々の念頭を離れぬ大問題である。而して敗戰日本の現實の中に放浪し、絶えざる不安に脅されてゐる在日朝鮮人にとつて、生活の安定は一日も忽にならぬことであり、在日朝鮮人諸問題は先づこれが解決にこそ乗出すべきことは吾人が屢次主張し來つた處であつた。淺川工事は實に之が實驗された一例である。然もこの事業の中心となつて活動した李裕天氏の「わが朝鮮人は解放され早くも一年を過したのであるが、その間祖國に於て生産されるものは農業生産のみで、中小工業は勿論、土木事業にしてもその技術と勤勞運動は、今日迄のところ決して優秀なものであるとはいへない——その意味でこの仕事によつて在日同胞の民生問題解決に重大な役割をもつのは勿論ながら、わが國の遅れた技術を磨きその水準を高めると同時に青壮年同胞に逞しい勤勞意慾をよびさます一石二鳥の効果をねらつた」といふ抱負には、吾人亦滿腔の贊意を表するのである。吾人は氏のこの言に對しては何も蛇足を加へる必要を認めない。その通りのことを吾人も考へるのである。故に吾人は氏の抱負がこの工事に於て遺憾なく滿されたであらうことを信じて、更に一層これが完成を祝はずにはおられないのである。

「工事は完成した。」まことにめでたい。しかし、喜んでばかりゐずに、少し考へてみようではないか。このやうな仕事といふものは、完成すれば終るのである。李氏の期待した技術の[illegible]練や勤勞意慾の昂揚はこの工事によつて確に獲られたであらう。それは力として個人の中に貯へられるであらう。だが仕事は終つたのである。と共に、工事中その仕事によつて生活の安定を得てゐた人々は、再び不安の中に戻つたのである。吾人が考へたいとは之である。團體が民生問題解決の事業を起すのは、それは絶對に必要であるが、それと共に團體はその事業が一つ二つに留り、常に次から次へ移る場合の中斷がないやうに心掛けねばならないのである。唯吾人は淺川工事を祝すと共に、再び苦言を提して當事者の一層の努力を促すものである。

내가 본 祖國

李裕天

[illegible]

結城敏夫等逮捕

[illegible]

鄭代表團長參席の下 盛大に擧行さる

三・一革命三十週年記念式典 日比谷公會堂に於いて

我民團及韓青主催で來々しく在留同胞數千の參席者を得て盛大に擧行された。駐日代表團長鄭翰景博士の臨席挨拶日本各政黨代表の祝辭、各界の代表の祝辭、拳々と厳粛に大會は進捗し「[illegible]ニュース」は參席同胞の胸を打ち祖國の獨立建設譜を限の滞り見てたと[illegible]く感激興奮のルツボと化し、万雷の拍手歡呼に韓國の魂は一般同胞の胸中深くたゝみ込まれ午後四時過ぎ意義深き記念大會は幕を閉ぢ、春風香る夕路を全同胞は家路についた。(記念祝辭記事は次號に發表します)

我等の三多隊のホープ

中央總本部青年指導部長 李裕天

學生時代にはボクシングの強打の技術を以つて界にその名を鳴らしたスポーツマンで、法大學經濟學部を卒業し、その如才ない外交には總司令部、其の他日本政府にも知名の士との交際も廣く、明朗なスポーツマンシップは知る人をして常に希望をわたへしめ末來の我等の大[illegible]を思はしめる。韓青三多一[illegible]本部委員長として解放後青年運動の第一線に立つてあらゆる困難に堪へ活躍いては韓青中總總務部長次いで經濟局長渉外部長等を歴任し、その實力を以つて今度韓國居留民團中央總本部青年指導部長に就任しその活躍を期待されて居る。奸[illegible]益々自重されんことを…

自らを正して新發足せよ

韓青渉外局長 李裕天

[illegible]

完全結實は青年の責務

[illegible]

当局に実情訴える

民団、李裕天氏を先発

[illegible]

民團談話는 無責任한 放言

——舊朝連財産及惡質分子送還問題——

國家에 巨大한 損失齎來

駐日代表部中總에 警告文

總司令部와 積極交涉中

在京知名士招きカクテルパーテイ

選手団後援の労ねぎらう

民団大本、新執行部きまる

民団大阪本部では臨時大会後の新執行部人事をつぎのように決定

事務局長 金相潤
総務部長 金春甲
組織部長 金明治
民生部長（兼任） 金皓一
文教部長 田宅万
宣伝部長 姜弘実

休戦協定けさ調印

まずハリソン・南日両首席代表

18通の協定書に署名

【AP特約＝東京】クラーク国連軍司令官は廿六日午後四時、東京の国連軍司令部で「同日午後二時五分朝鮮休戦に両軍が成立した」と次の声明を発表した。休戦の調印は廿七日午前十時板門店で行われる。

調印式の順序

成立二日間遅れる

最高司令官の出席問題で

共産側も発表

朝日新聞

発行所 朝日新聞東京本社

昭和25年（1950年）10月2日（月曜日）　第23207号（日刊）

卅八度線突破を命令

ウォーカー中将韓國軍へ

【京城上空米第五空軍輸送機上にてボイル記者一日発＝AP特約】韓国軍は一日午前十一時四十五分大挙、三十八度線を突破した。この突破命令は三十日午後米第八軍司令官ウォーカー中将から三十八度線の南方約二十九キロの江陵付近にあった韓国軍第三師団司令官に対し、米観測機から投下されたものである。[illegible]た。『韓国軍第三師団は、一日午前十一時四十五分、三十八度線を突破した。二個中隊が一日正午までに卅八度線から北へ一・六キロ前進し、襄陽に至る道路上を前進中である。韓国軍はまだ北鮮軍の陣地に進入しておらず、これまでのところ北鮮軍の何らの抵抗にもあっていない』

襄陽へ進撃中　機上観戦

【京城上空米輸送機上にてボイル記者一日発＝AP特約】各新聞社の代表は一日午後、無防備のC47輸送機に乗って、過去五年間にわたって韓国の二千万の韓国人とソ連の指導下にある北鮮一千万の朝鮮人を分離して来た人工的な障壁、三十八度線を越えた。われわれは襄陽上空に達する[illegible]海岸からわずかに離れた日本海上空を飛んだ。襄陽は韓国軍の進撃路上にある最初の目標であり、小さな川の北岸に位置しており、鉄道、公路の中心点となっている。午後五時現在ところどころ同市の三ケ所から黒煙が立ちのぼっていた。市街はほとんど空っぽになっていたが、南方からの道路が[illegible]けられた様に破壊されず、そのままになっていた。襄陽の西部の茶色の丘には、防御に[illegible]た高い丘には、タコツボ式陣地が掘られているのがみえたが、それらは空家のように思われた。海岸にそった道路の西側の丘に[illegible]が見えた。[illegible]たが、これは韓国軍の攻撃を待っているものである。[illegible]中には数隻の国連軍艦隊が警戒しており、敵が防衛に選んだどんな拠点に対しても砲弾をあびせる用意をしていた。またわれわれは機上から襄陽と江陵のほゞ中間にある[illegible]をみた。

南鮮の九割を奪回

【韓国前線にてヴァレンタイン記者一日発＝ロイター特約】米軍情報によると三十日夜、北鮮軍はどこ[illegible]する鮮咎を見出そうとやっきになっている。こゝ四日間、北鮮軍の大部分約十万は少くとも国連軍部隊の眼前から消えうせてしまっている。[illegible]た。三十日現在の戦況地図によれば国連軍部隊はほとんど南鮮の九割を支配しており、残りの一割は西部の金川付近と三十八度線付近であるが、この地域も[illegible]撤されつゝある。各野戦軍司令官の報告も一様に「北鮮軍の抵抗は極めて軽微だ」とのべている。

北鮮の即時降伏を要求

マ元帥、放送で呼掛く

【レーク・サクセス特電一日発＝AP特約】マックアーサー元帥は一日北鮮軍に対して、即時降伏を要求した。マ元帥はリー国連事務総長に対して、一日正午（日本時間）この放送を行うむね米代表團を通じて通告した。マ元帥はこの放送で北鮮軍に対し、同元帥の指令する軍事的監視のもとに武器をすて、敵対行動を停止するよう要求、北鮮軍に対してたゞちに決定を行うよう予期していると言明した。【写真はマックアーサー元帥】

降伏要求（全文）

北鮮軍総司令官に与う＝

【レーク・サクセス特電一日発＝AP特約】マックアーサー元帥の放送内容つぎの通り

貴下の軍隊と戦争潜在力の早急にして全面的な敗北と完全なる破壊は今や不可避となっている。これ以上の人命の喪失と財産の破壊を最小限にとどめて国連の決定を実行することが出来るようにするために、余は国連軍最高司令官の資格において、貴下と朝鮮のいかなる地にあろうとも貴下の指揮下にある軍隊に対して、余が指令する軍事的監視の下に直ちに武器を放棄して敵対行為を中止するよう要求する。余はまた貴下が直ちに貴下の管理下におかれている一切の国連軍捕虜と民間の被抑留者を釈放し、彼らに十分な保護と手当と食糧を与えて、余が指示する場所に彼らを直ちに移送するよう要求する。

国連軍の指揮下にある捕虜を含めた北鮮軍に対しては、文明の慣習にしたがって今後も保護を加えるとともに、できるだけ速やかに郷里に送還するよう許すであろう。余はこれ以上の無用な流血と財産の破壊を避けるために貴下がこの時機に速やかなる決定を下すことを期待するものである。

ダグラス・マックアーサー

ビラを投下

【ロイター特約】国連機は一日早朝、マックアーサー元帥の北鮮軍に対する降伏要求を韓国語で印刷した二百五十万枚のビラを北鮮軍陣地とくに北鮮軍の両部[illegible]や軍隊の集結地点に投下した。

民衆に無報復　戦犯は追及

【ワシントンにてハイタワー記者一日発＝AP特約】米国政府は敗戦した北鮮民衆に対し無報復の政策をとることに決した。このことはマックアーサー元帥の一日の北鮮共産軍に対する降伏要求に基礎をおいている。マ元帥は北鮮軍の降伏を要求した放送の中で北鮮軍一般兵士にたいして寛大な処置をとる方針を明らかにし『北鮮軍捕虜たちは文明国の慣習にしたがって待遇され、できるだけ速かに各人の郷里に送還することを許すであろう』と述べている。

このような寛大な政策はトルーマン大統領も全面的に支持しているといわれるが、北鮮の比較的小さな二つのグループには適用されないことになっている。それは北鮮共産政権の指導者た

マ元帥に祝電

マ国防長官

【ワシントン一日発＝AP特約】マーシャル米国防長官はマックアーサー元帥に次のようなメッセー

1951.3.24

敵司令官と会談の用意

けさ声明・朝鮮前線へ飛ぶ

マ元帥・降伏の呼掛け

【AP特約=東京】(スタン・カーター記)マッカーサー元帥は廿四日早朝第十四回目の朝鮮戦線訪問に先立って次のような声明を発表"敵軍総司令官に対して朝鮮動乱を終結させ、朝鮮における国連の政治的目的を遂行するための何らかの軍事的手段を発見すべくマ元帥と会談を行うよう指摘した

マッカーサー元帥

共産軍一掃せり 声明全文

【総司令部特別発表(廿四日午前八時)】マッカーサー元帥声明全文次の通り

作戦は計画通り進められており、われわれは事実上組織された共産軍を韓国から一掃するに至った、昼夜をわかたぬわが空海軍の集中砲撃によって敵の補給線は徹底的に破壊され、前線に作戦中の敵地上部隊は作戦遂行に必要な物資に不足を告げている、一方わが地上部隊はこの弱点を衝いて成果をあげている、わが軍が敵の人海戦術に訓れるに従いこの戦術は失敗に帰するとともに敵の浸透戦術も徒らに兵力を徐々に損耗する結果となっている、敵は現在厳しい天候と戦闘のもとにあるわが軍よりも活力の衰えを示している

わが戦術的成功よりもさらに重大な点は中共軍がその軍事力を誇大に宣伝しているにもかかわらず近代戦遂行に欠くべからざる重要物資を生産する工業力に不足していることが明かにされたことである、また中共は近代空中戦および海戦遂行に必要な生産基地と原料に不足しており、中共は地上作戦が成功をおさめるに必要な戦車、重砲および科学が軍事戦遂行にもたらした精密なその他の軍事物資を供給し得ない、かつて中共はこの弱点を数的優勢によって埋めようとしていたが、集中的破壊が進展するに従って数のみによってはこのような欠点に付随する脆弱性を償い得るものではない、また補給、通信、交通の支配を保障する海空権をもつと近代戦争に於けると同様に現在においても重要かつ決定的なものである、この海空権をわが軍が握るとともに一方敵は地上火力に劣っているため破壊の勢力の不均等をきたしたが、この不均等は狂信といえる勇敢と人的損失に対する無視によっては克服出来ないのである

これらの軍事的弱点は中共が朝鮮の宣戦布告なき戦争に介入して以来明白かつ顕著に現れた、国連軍の行動が制限され、中共の軍が[illegible]現状の下においてすら軍隊の力で朝鮮の征服を完了することは完全に不可能であったことを示した、そのため国連が朝鮮地区に戦争を局限せんとする忍耐強い努力をやめ、中国の海岸地区および内部基地にまで軍事作戦を進展させることを決定したなら中共は直ちに軍事的崩壊の危険を運命づけられるだろうことを今日までに明瞭に知ったに違いない、これらの基本的諸事実がすでに確立された故、もし台湾または中共の国連加入問題の如き諸問題が朝鮮に直接関係のない派生的問題によって拘束されることなく自らの努力によって解決されるとするならば朝鮮問題について決定に到達することも困難なことではない

戦禍を被った韓国国家および国民は犠牲にされてはならない、これは最大の関心事である、軍事的分野においては問題は戦闘手段によって解決されるが基本的問題は依然として政治的問題であり、その回答は外交分野に発見されなければならないものである、しかし軍司令官としての私の権限内では、私はいかなる国も異論を申立てない国連の政治的目的をこれ以上の流血をみずに成就する何らかの軍事的手段を発見すべく、いついかなる時でも最大の努力をもって敵の最高司令官と戦場で会談する用意があることはいうまでもない

國連、中共への勧告

中國領へ拡大の危険示唆

声明の意味

【INS特約=東京】(ハワード・ハンドルマン記)マッカーサー元帥の今回の声明は中共軍はすでに近代戦を遂行する価値なきことを指摘し、国連の定めた条件に基いて降伏するよう呼びかけ、中共軍司令官と戦線で会談することを提示したものであるが、マ元帥が朝鮮戦線に出発するに先立ってこのような声明を発表したことはこれが最初である、しかしINS通信社が了解する限りではこれまで中共軍司令官との会談についてなんらかの手配がなされたことはなく今回の声明が最初の提案である、また元帥の声明は国連軍がいまや台湾や中共の国連における議席の問題に関係なく、朝鮮動乱の解決を要求するに足る十分な力を保持している事実を中共に告げるとともにこれに付随して国連外交当局者に対してもこの事実を勧告したものである、そしてマ元帥は国連の決定如何によっては戦争が中国領内に拡大される危険があることを言外に示唆した

大胆な打診

華府筋の見解

【ワシントン廿三日発UP=共同】マッカーサー元帥の声明にたいしワシントンの当局筋ではこれは中共を和平会議に引き入れようとする大胆な試みだとみており、権威筋ではマ元帥の声明は事実上中共の次の出方をまつものであると指摘している

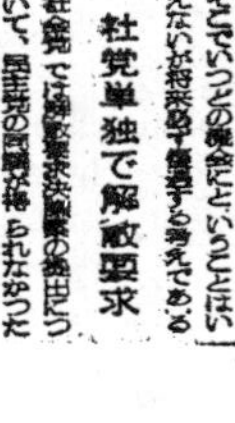

和平修正案を考慮

国連、朝鮮戦局の推移見守る

【レークサクセス特電(INS)廿三日発】(ピエール・ハス記者)レークサクセスの西方側消息筋は廿三日、朝鮮の和平に関する国連の修正案が考慮されていることを明かにした、この筋によると修正案はいぜんとして自由独立の朝鮮の確立ということを基本としており、戦争終結の基礎として中共の毛沢東(マオ・ツォートン)主席に提示されるかも知れない、しかしこの提案の最後的仕上げ及びそれを発表する時期の決定は、朝鮮の軍事的発展いかんによるとされている、それは国連軍が卅八度線の周辺または以北で陣地を強化するのを待って優先的に考慮されるであろう

落下傘部隊の降下や、戦車、歩兵一体の攻撃によって卅八度線付近にある数千の共産軍は捕捉されようとしているが、国連の役員及び代表の多くは、それによって、毛沢東主席がレークサクセスから今後行われる和平提案を拒否する前にそれを再考する気になることを期待している

しかしマッカーサー元帥が卅八度線を越すことについては、インドは未だ細密に反対しているほか、[illegible]

作ったにしろ、レークサクセスで大きな抗議の声をあげる国はほかにはほとんどないであろう、しかし、他のすべての点からすれば現在中共軍と北鮮軍を粉砕しつつある国連軍の攻勢は、有利な将来の交渉台を作れば目的を達したことになる

修正和平案は国連軍の北鮮占領ということには触れていない、それはいずれの側の軍事的圧迫も受けぬ人民投票ないし総選挙によって自主決定の原則を実施する余地を作っている、しかし西方列強は、昨年のようにインドを筆頭とするアジア・アラブ諸国が手続き万端を仕算った方式と違い、今度は中共に対する新しい行動についての主導権と決定は、朝鮮に戦闘部隊を行動させている国々に委ねらるべきだということを明確にしている

時の態度として日本をみていた時の態度で その後日本に対する考え方もかわり連合国も賠償要求もこの点に関する制限が大分とけたので現在政府がこれらの諸国に十分な保障を加える意思を表明してゆけば了解してくれるものと思う、ただ濠州その他の国にまだ日本に対して相当懸念をもっている国があるので[illegible]和約は慎重にやらなければならない、そこでいつどの機会にということはいえないが将来必ず接渉する考えである

社党単独で解散要求

社会党では解散要求決議案の提出について、民主党の同調が得られなかったので廿四日の国会対策委で協議した結果、廿七日の本会議にこれを上程する方針を決めただちに議院運営委に手続きをとるとともに改進、社民、共産など民主党を除く野党各派に同調を求めた、決議案上程の際の提案理由説明には三宅国会対策委員長が立つことになっている

在野人士抱摂成功

民団中総常任部署改称

[illegible]

南北統一に邁進

副大統領 李始栄

[illegible]

昭和30年7月20日　（水曜日）

1955

四巨頭演説にみる基本的態度

	アイゼンハウワー米大統領	イーデン英首相	フォール仏首相	ブルガーニン・ソ連首相
ドイツ統一問題	全独自由選挙によるドイツ統一。	全独自由選挙、議会招集、憲法起草、全独政府構成、平和条約締結の順序で統一（いわゆるイーデン案）	ドイツ統一は達成すべし。ただしイーデン案の細部は再検討してもよい。統一ドイツが北大西洋条約機構および西欧連合にとどまることに賛成。統一ドイツの中立化は不可能。	ドイツ統一に賛成。しかし西独の再軍備と西欧連合参加が障害となっているため漸進的に解決する。
安全保障問題	ドイツ統一に対し対ソ保障を行う。パリ協定は保障のための条項を含んでいるが、さらに合理的、実際的な全関係国の安全保障を考慮する用意あり。ただし統一ドイツに対しては東西いずれの同盟にも属してもよい選択権を与える。	四大国と統一ドイツの間で安全保障協定をつくる。同協定加盟各国はいずれの国が侵略の犠牲になってもその援助に赴く用意を宣言する。東西間に非武装地帯の設定も考慮。	西欧諸国はソ連圏との間に西欧連合と類似の協定を結ぶ。全欧安保体制の結成に賛成。西欧連合および東欧軍事同盟はこれに吸収され、ゆくゆくは発展的解消をする。	二段階に分けて全欧安保体制をつくる。第一段階＝現存の協定条約の義務は守るが、紛争に対しては平和的手段によって解決する義務をもつ。各国は欧州駐留軍を増強しない。第二段階＝北大西洋条約機構および西欧連合、東欧軍事同盟を解体し、全欧安保体制と置換える。究極の目標は在欧外国軍隊の撤兵。
軍縮問題	軍縮達成のため監視制度つくり協定を結ぶ。軍縮による節約資金を後進国開発援助にふりむける。	国連軍縮委員会における西欧側提案とソ連提案に盛られた共通の考え方を歓迎する。ドイツとその隣接国における軍隊と軍備の総額について話し合う用意あり。	軍縮による節約資金を後進国開発援助国際基金に回す。統一ドイツの軍備は西欧連合の範囲内の軍備だけに制限する。	原子兵器の完全禁止。各国兵力最高限度規定について協定を締結（米、ソ、中国は百五十万、英、仏は六十五万、他は十五万ないし二十万）仏提案は研究に値する。オーストリアから撤兵した軍隊の動員解除。
国際共産主義の活動と東欧問題	国際共産主義の破壊活動は国際緊張を増加した。東欧衛星諸国が自ら政府形態を選ぶ自由選挙施行。	（特に触れていない）	（特に触れていない）	国際共産主義活動は討議すべき筋合いでない。東欧諸国は国民の意思で政府が選ばれている。
原子力平和利用	核分裂性物質を供出して〃世界銀行〃をつくる。	（特に触れていない）	（特に触れていない）	賛成。国際原子力機関ができれば原子力材料を提供する。
アジア問題	（特に触れていないが、討議に反対する態度をとっている）	（特に触れていないが、必ずしも討議に反対していない）	（特に触れていない）	中共の国連加盟と台湾に対する中共の主権を認めよ。

大村収容所を訪問

中総李監察委員長
同金組織局長

中国、九州地方出張中であった民団中総李裕天監察委員長、金[illegible]組織局長は、[illegible]去る二十四日、[illegible]大村収容所を訪問[illegible]

1、自費出国希望者に対する早速な釈放。

2、仮釈放時の保釈金は、最低の金額で。

3、帰国時は、団体的に入国許可を。

4、[illegible]

5、書籍、雑誌等の送付。

以上のような要望に対し、民団ではこれに対する対策及び積極的な活動を願っている。

[illegible]教育問題については、図書室の設置等の特別措置を願っている。

屋舎問題など討議

東京韓国学園理事会

東京韓国学園理事会（理事長＝金[illegible]氏）はさる八日午後六時から都内某所の天安閣で開かれ、屋舎問題、本年度予算案、高等部の認可問題など、当面した諸懸案について討議した。

一、本国政府からの本年度教育補助金は、同学園校舎の払い下げに充てる。

二、通学用バス購入費、経費などをもって一台購入する。

三、学園生徒の増加にともない、通学用バスをもう一台購入する。

四、高等部の認可問題は即時関係当局に働きかける。

五、学園長については、個人事業をもかえり見ず学園発展につくした現団長を、代表部の推薦をもって就任させる。

1958
4.15

よい民団へ旧態脱皮

民団中総 監察機関が公聴会

[illegible]民団中総監察機関（委員長李裕天氏）では、きたる民団第二十二回定期全体大会を控えて、[illegible]中総会議室で「公聴会」を開き①公明選挙の実現性のある民団施策②[illegible]③経済専門委を設置して僑胞の民主安定を図る④反共理論の確立などについて話し合った。

傘下団体の近状

韓青＝第四回大会を終えた韓青中総は、新執行部を有能有為な青年をもって構成し、着々と活動分野を広げて積極的な運動に乗り出している。わが民団としては、韓青がその事務所を東京韓国学園に譲歩し民団事務所の一部を使用することになったのを感謝している。総務局長金我浮氏が語る今後の活動要項は次の通り。

われわれ青年は常に推進体でなければならぬ。民団運動の重要な一端である青年分野に自主的な独創性をもって臨み、民族陣営の発展に寄与するため最善をつくす。

先ず刷新の再建にともなう運営と活用は、常任委員会で今次大会の決定を具体化し期待に副うべく努力する。組織を全国的に整備し各地域の実情に応じた再建運動を起して中央との縦的関係と地方本部間の横的連結を図る。団内の事務体系を確立してその事典の実用化につとめる。全国の団員を再確認して団員名簿の作成を急ぐ。今般関西から約百名の本国派遣学徒団を出すが、これを約十日間合宿させて予備訓練および講習を行う。旧執行部が作った団歌を録音して広範囲に広める。現在民団で推進中の朝鮮奨学会問題は、民団の解決方針に同調し、側面的な運動を強力に起してその早急解決に努力する。

学同＝学同は関東地方中央委員会の決定で発足した今年度大学祭準備委員会の全力を集中して、その準備に当った結果例年に見ない活況を呈し、一般日本人参観者からも好評をはくした。

婦人会＝大韓婦人会中総では来年三月迄に本国の戦災孤児、同未亡人らを慰問する目的で慰問団を派遣することを決定した。同会によれば既に本国政府社会部から来韓を要請する招請状がでており、旅券問題で駐日代表部と接衝中とのことで、慰問団は全国各県から選抜した百名で構成されるといっている。なお同会では十二月二十八日までに書類を完備するという。

国会オブザーバー資格に関し

李監委長談話

丁中総団長・鄭任禹・李元範三国会オブザーバー資格に関して本国政府から駐日代表部に疑義の通牒があったとの報道に接し、中総監察機関を代表して李裕天監察委員長は大要次の如く談話を発表した。

監委長としてはそう思はない。民団全国大会で合法的に選出し、また改選も行はれてないのに資格問題が出るのはおかしい。さらに丁李両氏に過去には汚点があったかもしれないが、それよりも祖国に尽した忠誠は高く評価されてよいと思う。

さらに国会オブザーバー入国交渉に当りさきの中央議で選出された全権交渉委員呉宇泳東本団長が特に熱心に活動してくれた労を多とする。

鄭建永氏を団長に

本部役員

団長　鄭建永

副団長　金竜宅

〃　劉正烈

〃　張泰穂

総監督　蔡洙仁

交渉団　李裕天

〃　許[illegible]

〃　韓稔俊

〃　許泰成

〃　金東春

〃　金安守

〃　李仁変

〃　鄭玉鉉

〃　朴[illegible]

〃　許九道

〃　姜性照

〃　金炳栄

〃　安鎮中

報導　朴元錫

自由新報

発行所 株式会社 自由新報社
大阪市東区北浜1−38
電話北浜（23）9760
編集兼発行人 金星湖

年頭辞

社長 金星湖

해이 바뀌고 해가 솟기어 宇宙의 森羅萬象이 새로운 曙光속에 빛나는 新春을 또다시 맞이하게되었다 一陽來復은 自然의 原則이며 送旧迎新은 無常한 人生이 거듭하고있는 歷史의 流転이라고 생각하면 그以上 다시 말할必要가 없으나 暴壓他殺에 六十万을 헤아리는 僑胞社会를 背景으로 하고 本誌가 日本의 言論界에 列伍하여 呱呱之声을 울린以来로 가시밭길과 같은 險難한 길을 헤쳐고 나온 지나간一年을 回顧하고 처음으로 마지하는 新年벽두에 서서 未來한 使命이 山積하여있는 遼遠한 앞길을 展望할때 우리는 보다 더 巨大한 目標가 期待하고 있다는것을 다시금 느끼지않을수없다

첫째로 먼저 우리로 하여금 決意를 새롭게 하는것은 우리의 祖國이며 宿望인 祖国統一의 課題이 아직도 創造不半에 있다는 그것이며 둘째로는 [illegible] 말미암아 世界史上에 例가 없을만큼 荒廢한 国土의 再建이다 戰爭와같은 三八線의 由來와 原因이 美ソ両国에 있다하여 우리는 그저 仰天痛哭하고 他力에 依한 前途을 苦待하고 그들을 [illegible]할것이 아니라 우리는 우리의 独自的立場에서 우리의손으로 障壁을 깨뜨려부시고 失地를 回復하는同時에 後孫万代를 위하여 우리의 国土를 [illegible] 있는 統一을 一掃하고 再建하여야한다 오늘에 이르러 새삼스럽게 그리고 痛切하게 他力更生을 期待할必要도 없으며 또 自己의運命을 開拓할必要도없다 지나간 過去도 云云할必要가없다 우리에게는 오직 現實이있고 未来가 있을따름이니 [illegible] 世界史에 立脚하여 現實을 直視하고 真理와 正義의 물레바퀴에 따라 民族再生의 길을 開拓하여야한다

美ソ両国가 [illegible]다면 統一은 [illegible] 나이를 헤이는것이나 다름이없는 無意味한 障碍이며 또 美ソ両国을 云云하는 그만의 意味부터 再検討하지않으면 아니되는 그러한 段階에 우리는 前進하여있다는것을 깨다를必要가있다 왜 그러나하면 勿論 統一은 되었을는지도 모르겠으나 그것은 所謂 統一이라는것은 十中八九는 民主主義的統一의反対物인 独裁的統一 非民主主義的統一이 될것인는 明若觀火한 事實이기때문이다 元來 植民地 乃至 半植民地의被圧迫民族이 그들의 圧制者의 손아귀에서 解放될때 그들의 大部分이 共産主義의 方向으로 달리기쉽다는것은 心理的으로도 그렇며 하거나와 歴史的으로도 指摘할수있는 事実한 事実이다 戦後의 東欧諸国의 日本의 共産党의 抬頭와 그들의勢力이 大衆을 支配하고있었던것도 좋은 例의 하나이다 그러면 어떠한것이 있어 우리나라는 果然 例外일수가있는가 例外일수있다는 根拠이있는가 後進社会의 政治闘争은 依例히 暴力에 依한 独裁的인 解決에 帰着되는것이 常例라는事実을 우리는 알아야하며 그와同時에 後進社会일수록 独裁的暴力政治가 必然的일것로 否定할수없는 厳然한 事実이라는것을 認知하면 [illegible] 이것은 무엇보다 必要가없이 自由와 民主主義의 訓練이 不足하고 그와 自由精神과 理念을 完全히 把握하지못하고있음으로 말미아마 発生되는 反動이다 더구나 우리나라는 아직도 封建制度의 大部分이 그대로남어있고 資本主義라 하더래도 겨우 畸形的으로밖에 発達되지못하였고 日帝의 植民地로서 自由主義는 고사하고 이렇다할만한 政治的訓練을 経験하지못한만큼 共産徒党이 跳梁할수있는 危険性을 多分으로 内包하고 있었던것이다 그러한 共産徒党의 跳梁에対하여 우리는 果然 어느程度의 用務와 準備가 있었던것일까? 그것은 六・二五動乱을 想起하면 足할것이다 由此観之하면 우리나라이야말로 共産主義의 擡頭을 위하여서는 絶好의 土壌일것이다 우리는 아직도 国家의 近代化도 政治의 民主主義的訓練도 自由의 歴史性도 아모것도 完成되어 있지않다는 것이 숨길수없는 事実이다 [illegible]하게 新鮮한 共産主義의 誘惑에서 自己를 지켜낼道理가 있을것인가 우리陣営의 指導者들은 모름지기 이点에 留意하고 反省할 必要가있다 그러나 우리는 남의 나라와 달리 単一 民族国家이다 이点만은 그어느나라에 比하여도 확신 多幸하다고 말할수있다 그렇기때문에 모든問題는 民族의 이름에있어 그리고 民族을 単位로하는 国家의 이름에있어 한결 더 簡単해질것이다 그것은 非単 政治的으로만이아니다 経済的으로 社会的으로 또는 文化的으로 民族的 民主主義線만 따라간다면 当然히 그리고 반드시 結局은 民族国家의 自由民主主義戦線으로 그러한 唯一最後의 一路에 合치고야말것은 必然的順序일것이다 最大多数의 最大幸福을 위한다는 民主主義의 不動의 原則에 비추어 우리나라의 民主主義는 응당 그러한것이 되어야만 할것은 理에 当然한 帰結이며 따라서 모든愛国者는 그가진실로 良心으로부터 自由를 사랑하고 国家를 사랑하고 民族의 尊厳性을 把握하고있는限 安心코 反共陣営의 기발밑으로 돌일수있으며 또 들어야할것이다 共産徒党이 가장 두려워하는것은 人間의 本能인 自由이며 그것을 擁護하고 固守하는 団結이다 自由의 制約이 없이 独裁가 成功한 例라고는 없다 그럼으로 言論에 依하여 国家에 奉仕하고있는 우리는 新年에 어그러치않 잉크가 말르는限이 있도래도 全精力을 傾注하여 [illegible]独裁를 무찔러부시고 우리나라를 [illegible]의 [illegible]間에서 救出할수있는 가장 바르고 넓은 勝利의 大路를 発見하는同時에 그러한使命의 完遂를 위하여 새해를 마지함에있어 筆陣을 새롭게하고 새로운隊伍를 지고자하는바이다

勿論 新聞의 経営이란 그것이 営利를 為主로하는 商業이없이 以上 難中의 難事이라는것을 모르는바가아니나 그에対한 覚悟도 없는바가아니다 그러나 真理와 正義는 永遠히 사러있는것이다 그렇기때문에 우리는 그의 使徒가되어 暴力에 叩頭하지않고 権力에 屈服하지않고 徹頭徹尾한 [illegible]府社会의 代弁者로서 満天下의 読者諸賢과 더부러 새해를마지하게됨을 無限한 栄光으로 생각하는바이다

時論 三・一節記念大会の教訓

去る三月一日、我々は第三十六周年の三一記念日を迎えた。両国の国技館では約二万名日比谷公会堂では約三千名が集り各々「党派的」と銘打って三一記念日の革命的意義とその精神を継承すべく誓い合った訳である。同じ日に、同一の事柄を記念づけるのに、別々な場所で、各自別個の会合を持つと云うことは、どう云う意味を持つのであろうか。これは、東京に限ったことではない、我々の本国では、南と北に別れて、同じことをやり、日本の各地でも、また民団側と民戦側とが離ればなれになって行うのである。誰がみても、これが自然だと云えようか？ 不自然である。悲惨であるとさえ云える。

世界中には、多数民族が集合して、単一の国家を形成し、うまくやって行っている例は幾らでもある。ところで、われわれは単一民族でありながら、不自然な三十八度線なるものがあり各自の心の中にも、各々三十八度線を引くことによって、他と反撥し、排撃し合っているが故に、全てが弱点となり、侮待のあつれきとなり、反目と闘争の原因となるのである。

歴史に照すまでもなく、我々は古来、平和を好み、他人を尊敬し、隣人を愛する民族であった。外来勢力の利害関係によって、わが民族は分離され、国土は分断されている。これを我々は自らの力で、シリぞけ、自分の国を統一し、民族の単一化を計らねばならぬ筈である。そうでないとすれば、何時まで経っても、外来勢力に利用され、われわれの国土は荒廃し、民族は滅亡する筈である。外来勢力の利害得失のために、われわれは、自分の民族の咽喉を締めようというのであろうか。外来勢力に利用されて、われわれは何時までも、父子兄弟、孫子の代までも、殺戮し合い呪いというのであろうか。そんな馬鹿なことがあろう筈がない。

そんな筈がないのに、意義あるべき三一記念日さえ、全国的に朝鮮人の居住している処では国際的にさえ、別々にやっているということ、しかも十年もそれを繰返しているということは何というダラシのないことであろう。我々総てが恥じなければならぬことだ。今後は、こんなことが絶対にないように互いに努めるべきである。

今年の三一記念日は、しかし、統一の方向へ一歩を進めなかった訳ではない。従来日本では、民戦と民団とが、各自別々に、別な国旗を立て、互いに相反撥し合い乍ら「記念」し合った。ところが今年は、少くとも、そうではなかった。統協と民戦と商工人は統一された実行委員会を構成し、民団側にも熱心に呼びかけ、民団の活動家達の努力によって、両国の大会には民団側の大衆も数千名参加し初めてこの大衆的な集会がもたれたのである。大阪や近県の各地では、中央大会よりも成功した処さえある。それは文字通りに、民団と民戦及び中間層の全大衆が参加したのであった。これは大きな前進であり貴重な収獲である。

相集った大衆は、互いに睦み合い、喜び合った。これが本来の民族の姿であることが判ったのである。そこには悪感情もなく、反目もなく、闘争もなかった。相互に諒解し、尊敬し、理解し合った。ここから、われわれは、更に前進しなければならない。

われわれの統一運動の誕生が日が浅く、経験に乏しく、準備不足で、不馴れのため、交渉と説得と理解を深めることが不充分であったために、充分な成果は収められなかったけれども、ここに、相互の努力と協力によって、大きな基礎ができ上ったことだけは事実である。われわれは、この基礎と、短い間の経験に基いて、更に前進し、全ての人々に、理解してもらい、協力と話合いとを通じて、やがて民留民の大同団結と、祖国の統一と独立を達成すべく、全ての力を集中すべきである。

1951.5.16

スパイの全貌判明 軍裁

仁川上陸作戦も探知

北鮮の岩村少佐 四八年から暗躍

北鮮系スパイ事件第三回軍事裁判は十五日午前九時から警視庁内軍事法廷で開廷、前回に続き検事の冒頭陳述が行われ被告のスパイ行為、日本におけるスパイ網の全容が明かにされた

被告①岩村吉松は北鮮軍情報関係の少佐で平壌にある北鮮政府の公式な組織である政務防衛局のセキ大佐（あるいは中佐）から指示を受け日本にスパイ団を組織するため一九四九年八、九月ごろ日本に不法入国、ちょう報訓練のため北鮮に送る百名の朝鮮人の募集をはじめると共に占領軍に有害な情報を集めた、被告⑩金沢鉄は岩村と連絡を取り前記募集を援助、また占領軍日本警察の重要な情報を集めた、被告⑯張在鳳は一九四九年九月ごろ岩村ら関係者がちょう報訓練の為北鮮に送る卅名の朝鮮人の渡航手配をした、被告⑮李炳鎬は同月ごろ岩村に頼まれスパイ団の一味として被告⑪元村伊三郎同⑫李相浩の住所を教え紹介した、被告⑪元村及び被告⑫李は占領軍に関する重要な情報を岩村に提供した、被告⑬松永英太郎は東京の米軍兵器所従業員で、被告⑨李昌石を通じ岩村に情報を提供した、被告⑥孫宋弘はある特定な要人から岩村に紹介され情報を提供する「一方北海道地区に情報網を組織した、被告⑦下東運同⑧李承斌は北海道地区ちょう報員で占領軍及び日本警察の情報を探を通じて岩村に提供した、被告⑤はある特定な要人に岩村を紹介され東京地区の進駐軍施設に関する情報入手のため松永らを使用した、被告⑭金宝鶴は北鮮で訓練され日本に派遣されたスパイである、被告⑰指福善は一九四九年十一月ごろ岩村のために外国人登録証を入手岩村の手先きになり情報を集めた、被告⑲金万根は一九五〇年一月ごろ岩村の部下の中尉又はスパイ養成係将校が北鮮に帰る渡航を援助した、被告②高達敏は岩村と同船で不法入国、大阪地区にスパイ網を組織した、被告③尹元鉄、同④金主昇同⑤宋絃玉は大阪地区スパイ網の一員で高に重要な情報を提供した

さらに検事は昭和廿五年九月九日で東京世田谷岩村が逮捕された際、一週間後に米軍が仁川に上陸作戦を行うという超極秘の作戦行動を探知、これを記した書類を持っていた事実を衝き十八被告の中で殊に重要な被告は岩村と高の二名であると述べ同十時十五分、一たん休憩同卅五分再開された

検事、立証に入る

同十時四十分再開、布施弁護人が「検事が完全な証拠でない被告の自白や共犯の証言については取つげを出すつもりだが、もし出せなかつたという理由によって不完全な自白証言によっても被告を有罪にしてもらいたいといっている」点などにつき裁判官の注意を喚起したのに続き検事側の立証に入つた、検事側レイ少佐がC・I・Cジョン・ライス大尉を証人として喚問

「一番の札をつけた吉田エイスケ被告を昨年九月九日早朝世田谷区内で逮捕、家宅捜索により同人が寝ていた部屋の机のひきだし、スーツ・ケースなどから手紙、書類、写真を多数発見押収した、同行の語学専門家ピーター・コーエン軍曹に書類を調べさせ証拠品としたが、私が記憶しているのは“軍隊の訓練要項”というのである」

と証言、これに対し弁護側から「その捜査は非合法だつたからこの証言に反対する」と異議を申立て法廷側がこれを認めてその質問証言を記録から削除することになり十一時半休憩

民団兵本 第九回支部団長会議開く

民団兵庫県本部第九回支部団長会議はさる十二日午後二時から同本部二階会議室で開催、梁同本部組織部長の司会で李吉憲副団長のあいさつ、来賓からは孫萬禎大韓陸上競技連盟副会長の祝辞がのべられ、討議事項に入ったが、来る二十五日の国防記念日の式典は各支部単位では行わず、県下各支部の三機関の全役員の参席の下に同本部五階会場で式典を催すよう決定また裁判中である同本部建物がこのほど大阪高裁での判決で敗訴となったのでこれまでの裁判に対する経過が金鐘善兵本副団長から報告されたのち、同四時散会した

民団中央監察委員会の李裕天委員長はこのほど各県本部に対し「韓国民主社会同盟の盟員は民団各級機関の任職員に就任することはできない」と指示した。

同指示によると民団は大韓民国の国是を尊重し、政党的色彩をさける団体である以上、政治活動を趣旨とする同同盟員が任職員として就任することは拒否するというもの。

韓青広本第八次支団長会議

韓青広島県本部第八次支部団長会議は、去る八日同本部会議室で開かれ約四時間にわたり次の活動目標を討議決定した。

①創団十週年記念行事として野球大会、八・一五前夜祭、大運動会を盛大裡に開く。

②夏季訓練を七月二十前後に実施する。

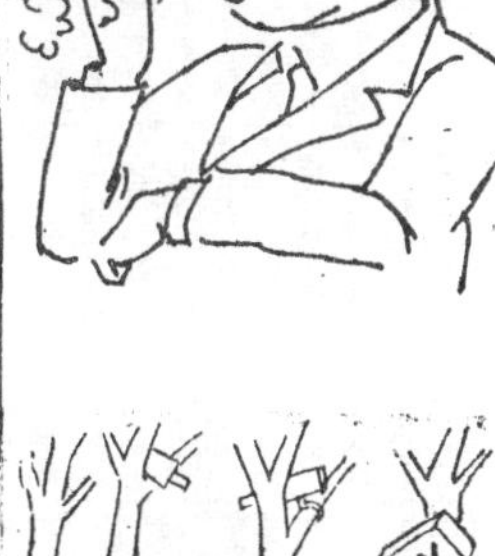

對日講和滿足한結果確信

舊朝連財産處分은承認못할일

惡質分子送還우리國內法에依한다

葛參事官會見談

大韓民國駐日代表部參事官葛弘基博士는 京都에서 開催된 在日韓國青年雄弁大会에 審査委員으로 出席코저 二十五日아침 京都에 到着 京都에서의 別項과같은 日程을 마치고 同夜來阪하였는데 二十六日宿所金森旅館으로 往訪한 日本新聞記者와 会見 對日講和問題 旧朝連財産處分問題 惡質分子送還問題等 当面한 重要問題에 關하여 本社記者質問에 答 要旨 다음과같이 말하였다 (写真은 葛博士)

特히 博士는 現今世界的으로 關心을 끌고있는 對日講和條約問題에 關하여 外交機密에 屬하는 部門에는 言及을 回避하였으나 그 우리의 要求는 滿足한 結果를 가져올 것을 確信한다고 힘차게 말하였으며 對日講和가 成立된 以後 在日우리僑胞가 [illegible]

[illegible]

和氣에넘치는大盛況

葛博士歡迎·京都學生祝賀會

[illegible]

葛參事官·千支店長歡迎會

[illegible]

韓日新貿易計畫調印

[illegible]

国際ペン韓国代表迎えて「韓国文学の夕」盛況

千余の参会者感動にむせぶ

民報の通り国際P・E・N大会に参加した韓国代表団鄭寅燮氏をはじめ六名の一行を迎えて、十二日東京中野公会堂で関東各地から約一千名同胞が参加し「韓国文学の夕」が催された。

六時三十分予定より三十分遅れて小説家朴志英氏の司会で国民儀礼を厳かに行い開会された。

「在日六十万同胞の皆さんが異国という不利な他国の立地的条件の下で生活しているという事実は、何もすきこのんでのことではあるまい。長く日帝時代のことを顧える必要なく、皆さんはただ生きるために、朝に夕に祖国の懐しい故郷の空を仰ぎ見ながら生き抜いているということは、同胞である私達であるが故によくよく知っているのだ。然し在日僑胞のことを本国の私達はどれくらい考え政府では民族的政治的施策を何れくらい講じてきたことか、甚だ恥しい次第である。にも拘ず皆さんはこのように一行を大きく歓迎してくれたのだった」と、司会者朴志英氏の感情に溢れた感謝の辞が述べられた。

プログラムの順に依つて中央総本部団長金載華氏が、代表団一行の労を謝し、私達韓民族の何たる文学芸術のオミヤゲをもつて、家族的な一夜の文学会を催すことの出来たことを喜ぶとともに、今後の努力を惜しまないと、の挨拶があつた。

鄭団長代表は「いや、皆さんは拍手をもつて私の登場を歓迎してくれた。拍手を打つている、その各々の手の裏には、民族の血が脈々と打つているものであろう。私は特に学生と若い青年の皆さんに一言したく思う。私達は世界の何処へ行つて住んでも、韓国民族ということは変りがない。韓国民族は韓国民族が悲劇の民族であり国土が両断された悲劇の上にあつても、いやそうであるが故に、韓民族という自覚を新にし、強く生きなくとはならない。私達は列強国と肩を並べるためにも、政治的に経済的に、軍事的に闘わねばならない。と同時に私達は文化面に於ても闘つて来たのだ。（—古談を引用して—）学生諸君が勉強のために冷たい他国の生活を営んでいる。経済的に困る時に、燃える希望と固い決意が揺ぶられることもあろう。孤独であるとき、華麗な異国の女性の香しき姿に迷わされることもあろう。人間はとかく、苦しさから逃避したく思うのだ。皆さんは、このような寂しい環境に於て、つい結婚を考え、異国の女性と結ばれてしまう。然しながら、皆さんと一生暮らす中異国の女性は、愛情以上の韓国民族のために皆さんの国家的な活動のために、どれ位の力を借して呉れるであろうか。祖国には世界でその類例のない良淑な韓国女性がいくらでもある。また皆さんを待つているのだ。そして又皆さんのの、お母さんお姉さん妹さんの韓国の女性達が、皆さんの成功と帰国を待つているのだ……」このように語つた。鄭寅燮氏の熱弁に涙を流す者も少くない。

詩「結婚と婚姻」「韓国の女性」「学生と結婚」について、拍手くり返され、民族の尊敬な感情に各々の頭に血走りを感じたのだろう。氏が退場したとき、みんなの顔には、有形無形の何ものかを描き出そうと思つて、深刻な表情を漂わせていた。

詩人毛允淑女史の講演、北韓から越南して来た詩人趙霊出氏の詩「ふるさとの道を誰が築いているか」の朗読、評論家李軒求氏の講演、詩人趙炳華氏の朗読「非行ばた」の朗読、詩人金珖燮氏の講演、女流随筆家毛允淑女史の随筆「紙」の朗読、詩人金宗文氏、李明善氏、李仁石氏らの詩朗読、詩人鄭昌泰氏の講演、随筆家田鍾元氏の紹介でペン代表の講演が終つた。

幕間に在日学士会・東京韓国中央教会より花たばの贈呈、最後に韓国大使館李参事官の挨拶、呉宇泳東本団長の先唱で万歳三唱があつて、深い感銘を残して九時過ぎ閉会し次いで五反田新羅苑での歓迎会にのぞんだ代表団一行は。僑胞の切なる希いと苦しみを胸にいつまでつきぬ話題に花を咲かせた。

国際ペン代表一行は、団長鄭寅燮代表の引率で、韓国ペンセンターが招待した各国代表十六名（別項記載）を伴い、翌十三日羽田空港発のノースウエスト機で国都ソウルへ帰国の途に就いた。この早朝同代表団を見送るために、駐日代表部より金公使・田中・朴民部長・中総・東本・婦人会東・婦人会東本・国際タイムス幹部等多数の顔がみられ、婦人会よりは花束を贈つた。

居留民團東京本部 第八回定期大會

1954 1.12

在日大韓民國居留民團東京本部では、去る九月三十日午後一時、文京區役所（？）內會議室に於て第八回定期大會を開いた。團內の戰鬪が決定的段階に入り、首都事態も幾（？）げた時も時とて、各代議員は緊張と顔面に漲ぎる青色とが自然と對顔事項に活氣を與え、大會をして有意義に終らしめた。終って役員選擧があり

團長 元心昌
副團長 文 熙
同 李禧成

の諸氏を決定した模様である。

韓青結成を兼ね 三多摩定期大會

去る九月二十四日午前十時より立川市柴崎町南口公會堂に於て、民團三多摩地方本部第七回定期大會が開かれ、當日は大韓青年團三多摩本部の結成式を兼ねて千餘名の多數參集の下に盛大に擧行された。

[illegible]祥漢、金鍾在、吳基文氏等の烈々火を吐くような滅共勝利の祝辭があり、李裕天議長挨拶につづく[illegible]顧問は未曾有の困難と複雜な狀態を[illegible]している。統一の爲には辛苦に打勝たねばならない。國連軍は三八度線を離さないとしても、大韓青年は是非共北韓を解放して統一へ導くことだろう。在日青年團は曖昧なる思想を一掃して大韓統一の爲に闘わねばならない。

つづいて大韓青年團の必要を力說、滿場の拍手を以て承認され、定期大會は終って午後一時から大韓青年團結成式を擧行した。[illegible]に九人の自願兵を出した三多摩本部傘下の五百餘名の青年は、一致して大韓青年團結成を贊成し、大韓民國に對する忠誠を誓った。中央本部の曹團長の指令に基き青年運動の礎石となることを併せて決議した。

壇論

広い視野で平和運動

原・水爆反対世界平和大会に出席して

権 逸（ごん いつ）

広島を初めとし十五日の東京大会まで日本各地で開かれた原水爆反対世界大会は色々な意味で大きな意義を持っていると思う。特に今回も原子兵器の災厄に見舞われた日本で世界各国代表を迎えて開かれたということ、原水爆禁止の署名が日本だけで、三千万以上に達したことを[illegible]ち得たということ、そして最後に、日本における本運動が安井原大会事務総長の報告に言われた通り、一党一派に偏しない運動であることが明りようになって来、左翼中心の運動から、真に国民的な規模に発展する段階にまで到達し得たということに意義が極めて大きかったと思う。これらの大会に代表の一人として私も列席したが、当大会で感じた二、三の点を率直に披瀝し併せてわが朝鮮問題について一言提言したい。

日本国民は地上で最初に原爆の災厄にあった。そしてその悲惨さをつぶさに経験し、しかも最近に至っては、ビキニの死の灰といった水爆の被害にまで遭遇した。そのために幾十万の人々が犠牲になったのだから、世界中のだれよりも強く原子兵器を恐れ、それに反対する気持になれるし、また強く反対を主張し得る立場にあると思う。だから日本代表の発言はいきおい日本のあるいは日本人の不幸のみの訴えにかたよることはあるいはやむを得ないかも知れないが、世界大会であるからには日本の不幸は不幸として強く主張しながらも、もっと広い視野からこれを扱うべきではなかっただろうか。

たとえば、死の灰の場合、日本人も被害を被ったには相違ないが、南洋群島の住民達は、もっと酷い、もっと悲惨な目にあったはずである。しかもそれらの人達は世界の世論に訴える術すら持っていない状態なのではないか。それに対して深い同情をよせる発言がなかったということは、ヒューマニズムの上に立っている本運動としては淋しさを感じた。

また日本の至近距離にあるわが朝鮮では、動乱中に原子兵器が使用される危険にさらされたのであり、それはアトリー氏の努力によって辛くその災難を免かれ得たのではあるが、いまなお原水爆の脅威におびえている最も危険な地域は日本ではなくわが朝鮮であり、ヴェトナムである。世界の情勢にいくらかでも通じている人なら、だれでも知っているはずのこれらの危険性について語った人が少なかったとはどういう訳であろうか。

それから周知の如く今後もし戦争があるとすれば恐らく世界戦争に発展するだろうし、いったん戦争が起れば原水爆が使用される危険が大きい。だから原水爆反対は戦争反対はもとより、戦争そのものの原因を除去にまで向けられなければならないはずである。

しかるにこの点について深い究明がなされなかったことは物足らなかった。特に爆発的危険にさらされているわが朝鮮の現状について、そしてその戦争原因の除去についてこれという意見が出なかったというのは、それが世界的な規模で開かれ、また世界各国の代表達が参加している会議であるだけにこの感が深かった。

平和問題に関連しての朝鮮問題は統一問題の一点につきる。そしてその原因は単一民族が南北両国家を造って、双方が正統主権を主張する二重政権の悲劇に由来する。南北政権がお互いに自分の主張を固執して自分の旗の下に統一することをくりかえずとすれば、それはくちでいくら統一を主張するとしても、しょせん永遠の分離論か、力の対決による統一でしかないのである。分離論は三千万民族の統一に対する悲願がこれを許さないはずであるから、武力衝突の危険性が極めて大きくなる。これが朝鮮の戦争原因であり、アジア危機の焦点の一つである。

この危機を回避する唯一の道は朝鮮の平和的統一の達成であるが、それを成就するためには南北両政権は私心を捨てて中央統一政府の樹立を三千万民族の総意に委すべきであり、国連と関係各国は朝鮮民族全体が自由に自分の意思を表明できる機会が速かに到来するように努力すべきである。私は日本において平和を念願する人人、及び今度の大会に参加された世界各国の代表が、この点について深い関心を寄せられ、原水爆反対運動が一歩前進されんことを要望するものである。

（弁護士・祖国平和統一促進協議会代表委員＝投稿）

発展している西欧民主社会主義
祖国再建もこの道で

—趙沢元—

1957.11.11

韓国の代表的舞踊家趙沢元氏は、約半歳にわたる五度目の欧州旅行を終えてこのほど帰国した。同氏はかねてからわが同胞に深い理解を持ち陰ながら何かと心配してくれている人であるが、わが同胞はさる二十八日東京小石川の料亭で帰還歓迎の意をかねて同氏の土産話しを聞く懇談会を開いた。在京有識者および一般同胞商工人など三十余名が参席して有意義な会合であったが、席上同氏はつぎのような講演を行い来会者一同に多大の感銘を与えた。

私は今日までの舞踊生活において二千回を越える「公演」をやっているが、「講演」の方は生れてはじめてであっていささか恐縮している。

私は一九二六年（大正十五年）以来こんどで五回の世界旅行を試みたが、前四回は舞踊公演旅行であった。こんどの旅行は前四回といささか趣きを異にし公演はやらずに「静かに物を考える」旅をしてきた。私も齢いすでに五十才になんなんとして肉体的にも一線の舞踊生活には耐えられなくなってきており、この辺で静かに過去を振り返り、また祖国の姿をよく西欧から眺めることによってこんどの私の生き方や祖国再建の方策を静かに考えてみたいと思ったからである。

われわれはよりよい社会を眺めそこから汲み取った教訓をわが祖国の再建に役立しなくてはならない。その意味において、こんどの旅行によって得た所見の一端をみな様にお伝えし、いささかでも民族祖国のためにお役に立てたいと思っているのである。

はじめにお断りしておくが、私は民主的社会主義を信奉するものであって、共産圏内における社会主義についてはよく分らないから北鮮など共産圏内に関する話は避けたいと思う。

私はこんどの旅行で英仏やノルウエー、スエーデンなどの北欧諸国を歩いてきた。これらの諸国はいずれも民主的社会主義を信奉する政党が政権の座についており指導者と国民が一体となって実によくやっている。いずれも人口三、四百万にすぎない小国であるが堂々たる国立劇場を持っており社会保障制度もよく整っている。

民主主義の根源は個人の尊厳を認めるところにあり、社会主義の理想は各個人の公平にして豊かな生活と消費生活を保証することであり、この二つを同時に達成せんとするものが民主的社会主義であると私は信じているが、これらの諸国は一歩一歩この理想を現実化しつつある。

私は文化の本体はよりよき消費生活にあると思っているが、これらの諸国民はたんに働くだけでなくよく生活を楽しんでいる。教育、医療などの点において社会保障がよく行われているので国民の気分にゆとりがあるのである。この点戦後十年ただ食うことだけに追われて来たわが民族の現状を恥しく思うものであり、その責任の大半は政争と利権漁りに汲々としてきた政治指導者が負うべきものと思う。政治、経済、文化の三者がそろって発展してこそ豊かな祖国が建設されるのである。

結局、問題を具体的に詰めて行けば、何々主義といった抽象的な問題ではなく、実際にどの程度社会保障制度が整えられているかという一点に帰着する。

近代国家は東西を問わず程度の差こそあれ、みなこの一点を中心として政治を進めており、こうした点になんの熱意を示さないような国は近代国家とは言えない。

私はフランスに長く滞在したので同国の社会保障制度に関して二、三の紹介をしてみよう。

まず病気になったらどうしよう、というのが社会保障制度なき国民の大きな不安であるが、フランスでは国家の手で治療して呉れる。結核療養所などは外国人でも無料で収容しており、私の知っている同胞などはすでに数年間に療養生活を続ける傍ら、その療養所の会計主任のような仕事をしている。老後の生活も国家によって厚く保護されている。

パスなどにも優待順位があり、第一は戦争などによる国家犠牲者、第二が労働傷害者、第三が妊婦、第四が老人となっている。傷痍軍人が街頭でアコーデイオンをひいているような国は近代国家ではない。

教育、育児に関しても行届いており、子供一人までは両親の責任であるが二人目からは国家の補助がなされている。子供が五人あれば両親は遊んで暮せるという笑い話があるほどである。自分の子を大切に思う心が他人の子供までに拡大されて、結局、子供は国家、社会全体の大切な宝物といった観念にまで高められている。従ってどの子供も元気で清潔で気品がある。いじけておどおどしたような子供はほとんど見当らない。そしてこうした社会保障の諸制度を世界に誇る優秀な官吏が一糸乱れず実施しており、戦後二十回を越える政変などは国民になんの影響もない。

顧ってわが祖国や在日同胞の現状はどうか。私の心は暗然とならざるを得ない。勿論一足飛びにこのような近代諸国に追いつけるものではないが、それにしてもわが民族には余りにも無駄な争いが多すぎる。他人のことを思うどころか、他人の成功を[illegible]脱落することを考えて[illegible]ことでどうして近代的な福祉国家の建設ができるであろうか。

この意味において、[illegible]合脚してあらゆる対立を[illegible]合いの共通の広場を作り、祖国の平和統一をはじめとして立派な近代的福祉国家を建設し[illegible]国民主社会同盟の使命は、まことに尊いものであると同時にその責務はきわめて重大なものがあると思う。

私は[illegible]ら舞踊団を[illegible]が物語っているように、当時[illegible]できた。[illegible]これを許さず、自由[illegible]残る後半生を[illegible]引き後進の養成に尽[illegible]若き日の志を再び[illegible]りの形において直接祖国[illegible]なんらかの貢献をしたいと念願している。[illegible]もに、どんな[illegible]伝いをしたいと[illegible]

写真は懇談会場、中央立てるは趙沢元氏＝福徳亭で

【福岡発】李ラインの日本漁船拿捕問題をめぐって、九州基地は再び険しい空気が流れているが、十一日にもまた[illegible]近くの九州漁船団が出漁、李ラインすれすれに待機して操業強行の強気をみせており、福岡県地および長崎県五島の荒川、佐世保両港地からも七、八隻が出漁、あくまで強気の操業を続行している。福岡漁港地は十二日午前八時から漁団長三名を含め組合員の打合会を開き漁団操業などの打合会を行う。

キャノン機関をめぐる 女性群像

スパイ戦の力に女あり、麻薬あり、賭博あり『諜報』という名の特殊性から、人知れず冷酷なスパイ群の罠にされ泣き寝入りする女性は多い。鹿地のように衆院法務委員会で"追究される鹿地事件"でクローズアップされたキャノン機関にも二十数名の女性要員のほか素性を知らず渦中にまき込まれていた女性もかなり出ている。以下は元キャノン機関員の案内でさぐった"キャノン機関をめぐる女性"群像である。

1953・6・16

ナゾの自殺未遂

闇から闇の犠牲者たち

その一　世田谷区内小田急豪徳寺駅からほど近い住宅街の一角、世田谷三の二〇九二H氏邸、この邸が案内のA氏が語る『光田軍曹が采配を揮ったキャノン機関民間情報部の本部と地方の連絡場所』である。問題の女性は同家の次女鋭子さん(二六)で彼女は昭和二十四年初めごろから半年位本郷岩崎別邸のメイドとして働いていた。この間に光田と知り合い、その後光田の口ききで横浜の駐留軍ハウスに勤務したが光田は同家を配下への連絡場所とし、鋭子さんを使い二人は相当"深い"仲になっていたという。その後光田の母親が来日した際『光田と縁を切れ』と自宅に怒鳴り込むなどの一幕もあり表面絶交したかに見せかけながらも昨年末ごろ光田が沖縄へ飛ぶまで関係は続いていたという。

光田との別離を悲観した彼女は本年二月ごろ服毒自殺をはかったが機関員の手で某所の病院で手当をうけ、生命をとりとめたともいわれる。

なお十四日自殺未遂について、同女の同居で証人と対決するとともに

なっていたが、指定の時間場所にも現われず証人の『病気だというので調べると自殺をはかったことが判りました』という言明とともにまだいくつかのナゾを彼女はつつんでいるようだ。

その二　渋谷道玄坂裏側にあたる円山町三四旅館『深川』=の経営者深川ヒサさん=方には光田はじめ米軍人や二世、児玉機関の大モノも出入りしていた。この家は新東宝女優深川清美さんの自宅。彼女は最近区内桜ケ丘のアパートに移っている。案内の同じく元機関員B氏の話では——光田は二世朝鮮人の延某らと共謀、密輸した麻薬の取引所に利用、情婦だった世田谷の鋭子さんもいたことがあるという。そして『本人は知らなくとも母娘は密輸品取引の補助的役割を果たしていた。ここは"麻薬巣窟"の一つである』という。

その三　赤坂溜池山王病院隣のナイトクラブ『D』と称する建物、これはキャノン機関に不法監禁され今度衆院法務委の証言台に立つ板垣幸三君が同機関から、脱出する際働いていた特殊サロンのあった場所。A氏の説明では——キャノン中佐が約千八百万円を出したといわれ、

南京虫時計密輸主として現在警視庁から追究されているジョージ・ブロックの情婦である某女が管理しているという。内部は密室、抜け穴が設けられ、音もなくすべり込む高級車の後部タイヤ入れには密輸品がつめられており、機関員が運搬していた。内部ではゼン・ストが行われ、先に警視庁で摘発した銀座マンダリン・クラブをしのぐ大賭博場でキャノン中佐の密輸の取引場と見られ日本人有力者も出入りしていた。これら有力者の中にはキャノン機関の要求で密輸を行って捕まり同機関から頼まれたと弁解したがキャノン氏が『知らない』と言い張ったため現在大阪地裁で公判中のものもある。このほかキャノン機関をめぐる女性として延某が密輸幹部の連絡員としていた港区二本榎町の撞球場の女店員某嬢（二十位）があり、岩崎別邸に勤務していた日本人メイドもほとんど機関員と結婚あるいは同棲、このほか元宝塚女優も関係していたといわれる。

1952.12.8

「米軍に監禁さる」

猪俣代議士通じ声明

行方不明だった鹿地亘氏(四九)=本名瀬口貢=は七日夜八時すぎ、東京都新宿区落合一ノ三六の自宅へ単身帰った。八日午前八時戸塚署の公安主任が同氏宅を訪れたさい、夫人の池田幸子さん(四三)は「昨夜八時ごろ突然一人で帰ってきましたが体にも別条はなく、きょう斎藤国警長官のもとへ報告に行くとけさ外出しました」と語ったというが、午後二時半現在鹿地氏は国警に現われていない。一方この事件の依頼をうけていた猪俣代議士は午後一時から議員会館で鹿地氏の声明書を発表した。

鹿地亘氏

斎藤国警長官談　けさ十時ごろ帰宅したとの報告をうけた。まだ私にあいたいという連絡はうけていないが、訪問をうければむろんあって話をききたいと思う。本人から保護願がなくても当分は身柄の保護に注意するよう指示しておいた。

家人、戸塚署などの話を総合すると、鹿地氏は七日夜八時ごろ家の周囲に人のいないのを見極めてだれかに付近まで送られて帰されたものらしい。鹿地氏は一たん表通りの新宿区落合上落合二ノ一〇六八キ物商高山末吉さん方に立寄り、「池田の家はどこでしょうか」と場所を教わり、トランクをあずけて帰宅した。

池田さん宅には看護婦の山崎君子さん(二七)=池田さん方同居=や娘の睦子さん、[illegible]らと池田さんが居合わせていたが突然現れたのをみてしばらくボウゼンとしていたがやがて鹿地さんにとりすがって大声でうれし泣きに泣いたという。

鹿地氏はただ一言「みんなにお礼をいいたい」といったきり夫人にもどこから来たか、どのようにして帰って来たかを明かさずまもなく「疲れた」といって休んだ。そして八日朝七時ごろ家人にはどこへ行くともつげず、一人で外出した。そのあとに戸塚署員が「鹿地さんの消息はわかりませんか」とたずねて来たが、その様子は鹿地氏が帰っていることを確かめに来たような素振りがみられたと池田さんはいっている。なお高山さん方には七日ひるごろ二十五、六歳と三十ぐらいの外人宅のメイド風の女が現れ、池田さんの住所をきいており、鹿地氏が帰される準備は同日早くからされていたと見られるフシがある。

池田さんの話　行方不明になった時と同じように、ねずみのハンチングにねずみのスプリングを着てブラッと帰って来ました。身体はそう弱っているようにも見えず、むしろ顔が水ぶくれのように肥っていました　どこから来たというようなことは一言も明かしませんが、余り遠いところから来た様子は見せません。八日朝は何もいわずに早くでかけましたが、猪俣さんのところへでも連絡に行ったものと思っております。

鹿地氏の声明を発表する猪俣氏—議員会館で

私は訴える　鹿地氏声明

猪俣浩三氏は八日午後一時、議員会館で鹿地氏からこの事件に関して一切を委任された委任状と「私は訴える」と題する声明書を中日友好協会の使者から受けとり、これを記者団に発表した。声明書の要旨次の通り。

私は一年余り米軍当局に監禁されていたが、昨七日夕、ついに釈放された。このときになって知ったことは私の友達が、事実を知って立ち上ってくれたことだ。この日本人に対する米軍当局の緊急措置だったことである。山田君の努力と愛情をもって抗議した血の通った日本人民の声の効果であることを、切実に感じた。私もまた全身をもってこの愛情にこたえざるをえない。いきさつの大要は山田君が発表した通りで、昨年十一月二十五日散歩中を逮捕された。無理矢理車に押しとめられ、眼かくしをして連れてゆかれ、監禁された。日本共産党員であるとかソ連共産党員であるとかの自白を強要された。米軍スパイになるか、さ[illegible]ともだれにも知られずに死ぬかであった。十一月二十八日深夜内山完造氏あての遺書を書き、便所に備えつけのクレゾールで自殺を図ったが、薬がきかず一カ月間ヒン死の状態を続けた……妥協のできる点は妥協したいと考えた。このころから彼らのいわゆるお客さんとしての待遇をうけた。

米国政府に要求するものがある。「それは軍を本国に引揚げよ」ということである。

〝誠意もって調査〟 法相答弁

法務委で猪俣氏質問に

八日衆院法務委員会で猪俣氏は犬養法相、斎藤国警長官の出席を求め、鹿地氏の行方不明事件について次のような質問を行った。

一、鹿地氏はアメリカ軍の機関に、共産党のスパイ行為があったという疑いで逮捕され、アメリカ軍に協力して情報活動をするように要請されたといっているが、憲法に保障された生命身体の安全はこの場合どうなるのか。

二、こうした事件が起きたときにどんな損害賠償が行われるのか。

三、こうした事件が再び起きないようにする準備が政府側にあるか。

これに対して犬養法相は

すでに独立したのであるから、こうした事件が起きないように閣議にもかけ、岡崎外相とも連絡して万全の処置をとりたい。

鹿地氏の事件については、人権擁護問題でもあり、十分に誠意をもって調査する。この事件についていままで伝えられた真相は当局としてはまだ確認していない。外務省を通じて真相を確かめたいと思っている。とにかく駐留軍の便宜のために拘留されたりするなどの事がないように十分な方法を講じたい。

八月十五日につづくもの

加藤松林人

つたくらい世間の風評は何も知らなかつたのである。

やがて放送の時間になると、家にはいりラジオの前に坐つたが、漸く聞えて来た陛下の声も、波に揺られ風に吹き飛ばされたような調子で、ときどき、この上大民の苦しみを見るに忍びずとか、忍び難きを忍びとかいう言葉の断片が聞きとれるばかり、全体の意味は殆んど何もわからなかつた。しかし、ただその調子や空気の中から何となく戦争は終つたという感じが起き、一瞬、声を呑んで黙つてしまつたことを覚えている――

それから四ケ月、歳末も近くなつた十二月中旬に、半島の最南端釜山の港を離れるまでの京城での生活、それは到底ここには書ききれない。いうならば、時には忘れ去りたいとおもうその落ちつかない生活の中にも、今もなお強く記憶に残り、感動の忘れ難い一つ二つのこと

――荷物を整理している手を休めて、ふと何気なく庭のテラスを見る。秋の陽が明るくふりそそぎ、庭の樹々、牡丹の株がすつかり葉を落している姿が目にはいつてくる。そう、今年ももう牡丹に冬籠りの藁物を着せてやらなければならないかと考える。四十雀が二三羽飛んで来て、つつじの株のあたりに消えてしまう、落葉が陽に光り、何の物音も聞えて来ない。まるで静かな、太古のように静かな午後のひととき――こうしていると、いまこうして引揚げの荷物をまとめ、リユツクサック一つで我れから比処を離れて行かねばならないのだという淋しい目前の現実が、どう考えてもうそのようにしか考えられないのである――

またある日、知人の紹介状をもつて四十歳前後の朝鮮の人が二人訪ねて来た。趣旨は私の家を売つて欲しいというのである。既知といわず、未知といわず、家を売れ、家財を売れ、本を売れという話は、終戦以来毎日のことで、その頃ではその面倒な応接に疲れ果て、全くのところもう勘弁して放つておいて欲しいといいたいところである。

然し紹介状もあるので座敷にとおし、もう約束も決つていて折角ではあるが、どうにもならないと話したところ、その人は残念そうではあつたが了承してくれ、ときに、お宅は画の先生であるとのことだが、何か作品が残つていないだろうか、あれば忙しいところすまないが見せて欲しいというのである。

終戦以来、気持を落つける意味で写生は思い出したように時さしたが、作品は描かないのでまとまつたものは何もない。ただ一応は出来上つたが、何となく気に入らない作品をそこいらに突つ込んでおいたのが探せば何枚かはある筈だが、とにかく誰れに限らず訪問者のいうことは何んでもきき一刻も早く帰つてもらいたいのがその頃の私たちのうそかくしない心持ちであつたから、ともかくその作品を取り出してみせたところ、その中から二点を選び出し、失礼だがこれを譲けてもらえないだろうか、それからお礼はいくらしたらいいかと言うのである。

いや、お礼なんか結構です、どうかお気に入つたら記念に納めてくださいと返事して、二、三度押問答をくり返したが、やがてその人は、それではといつて押しとめる私の手を振りはらうように封筒の中にお金を入れ、座布団の下に置き忘れたような様子で、丁寧な挨拶、ご機嫌よく帰れるようにといつて立ち上つた――

お金は確か五百円であつたとおぼえている。その人を見送つた私は、暫くの間、茫然としてそのまま玄関に立つたままであつた――

八月十五日につづくもの――そんなことをこのごろ私はときどき考えているのである。

――三三・八・九――（筆者画家）

張韓国国務総理と会見

政争一、二週内に解決

復興に日本の支援必要

釜山廿七日発 笠井特派員

[illegible]張韓国国務総理は、廿七日午後、中央庁内の執務室で本社特派員（笠井特派員）と会見、つぎのように語つた。

【政争問題】現在の政争は[illegible]

[illegible]か、時間の経過が両者を冷静にかえすとすれば、一、二週間のうちに解決の可能性があると思う。[illegible]

【日韓関係】たとえば、いま日本人が釜山の街へ出てだれと会つても敵意を示されることはないと思うが、国民の中にはまだ日本に対する警戒心や[illegible]

[illegible]

韓日親善について

崔学阜

われわれ韓民族にはいばらのみちが果しなく続いている。日本と韓国以来つねに何らかの関係を結んできたわれわれの先朝の時から、われわれは日本とは宿命的なつながりを持つている。血は水より濃しという関係になつていることはいうまでもない。日本の識者の間でも関心をいだき研究している人たちも多いときくが、日本人の由来は韓民族につながられていることは異論がないのである。今さら韓族のこととか、血縁の[illegible]韓国文[illegible]時代を勘定に入れれば、半世紀に近いあいだ、日本の植民地として、民族のすべてをうばい略奪で吸いとられてきた。

いまだに日本人の一部には、日本は朝鮮に[illegible]を振興した。たとえ、鉄道をしき、工場をたて、「八間新道」をこしらえ、[illegible]を走らせたことを恩をきせたもののいいかたをする。だが、それは日本人のもので韓国人のものではなかった。

主権を奪われた民族として、韓民族の悲哀[illegible]

口の利ける野郎は監獄に
野良に出る奴ア共同墓地に
[illegible]女っちょよ
[illegible]若い野郎は日本に
[illegible]んも盗っからかんよ
八間新道のアカシヤ並木自動車の風に浮かれている
（金素雲訳編「朝鮮民謡選」より）

われわれが、生きる道は日本の支配の[illegible]の中で抵抗して斗うか、屈伏するか、それとも民族の運命に絶望するか、この三つの道しかなかった。だが三つの道を生きてゆくものは現実の人間で、抽象化された観念ではない。斗うことも、屈伏することも、絶望することも単純な生き方はできなかった。絶望から斗いへ、斗いから屈伏へ、あるいは絶望へというふうに、三つの生き方は、実際には複雑に入りまじっていたのであった。

忘れられぬ過去の悲哀

だが未来のために親善を

日本人がはたして植民地時代の朝鮮の実状を知っているかどうか。独立という言葉が、かつてのわれわれに禁句だったように総督政治の暗黒面は、日本人にも殆んど知らされていなかった。三十六年間の総督政治の時代にどんな朝鮮に関する「本当の出版物」をもっていたか。戦後の二、三の本をのぞいて、真実を書いたものはひとつもなかった。過去をふりかえることは前進のため礎とするためでもある。だがあまりにも悲惨なことがらに対しては端的に記さざるを得ない。

日本の韓国統治は、合併のうたい文句一視同仁はどこかへぬけてしまつて、サーベルと銃砲の威かく政治にほかならない。総督は陸海軍の大将が親任され、[illegible]、言論、集会、結社の自由は殆んどなかった。経済的には一九一二年の土地調査令によって、文書のため土地の所有権の登記をしなかった農民の田畑山林は、すべて没収され、日本の会社へ無償で払いさげられた。その結果、九百万町歩の土地が日本人に奪われ、韓国人は小作人に転落するか、日本や満州へ移動するか、山林に流浪する火田民とならさい。

るをえなかった。日本や満州に移動する悲惨な民族の気持を、日本の敗戦によって外地から引き揚げた日本人はわかるだろうと思う。このような悲しき運命にあった人たちは、火田民も入れてその数二百万をこえたのである。日本の総督政治へのうっ積したいかりは、まさに一九一九年三月一日の独立万歳事件へと発展し、韓国独立運動史上の一新機をもたらした。独立万歳の声は、たちまちのうちに韓国全土にひろがり、満州、ハワイなどの海外にも飛火した。韓族的な民族運動として規模とひろがりは、おそらく世界でもその類がなかった。だがこの運動に蜂りあがった韓民族の巨大なエネルギーは日本の軍隊や警官の銃剣と弾丸の洗礼を受け、全国が鉄火と鮮血の修羅場と化したのであった。数万人の同胞が殺傷され、被検挙者は十万人を越えた。この運動を契機として、多くの独立運動者たちは海外に亡命して遂に上海に大韓民国臨時政府を樹立した。だが三・一独立運動の指導者の一部は対日協力者に変貌し、屈伏の道をたどった人々の多いこともわれわれの記憶にも生々しい。

日本が植民地としての朝鮮の支配はこの運動を契機として、懐柔政策をとるにいたり、民族主義者、民族資本家の一部分が総督政治の協力者になったが、朝鮮統治の根本的な方針が変ったのではなかった。その後大正十二年の大震災で六千名の朝鮮人が虐殺されたり、一九二九年の光州の学生事件などは検挙者約六万名にのぼったことからしても、この運動の規模の大きさを推測できよう。その後満州事変から大平洋戦争にかけては数百万の韓国人が徴用や徴兵で日本やあるいは戦場へ駆りたてられたのである。植民地朝鮮の物的、人的な軍事基地化と並行して、朝鮮人の皇民化―云いかえれば韓国の固有な民族性を抹殺する運動や行事が施行された。学校での朝鮮語禁止と日本語強制使用、皇国臣民の誓詞の口誦、神社の集団参拝、創氏改名、色衣運動などがそれである。

被圧迫民族としての共通した課題は、あながち韓族のみでない。今日においても、いわゆる共産圏に属する国々は植民地朝鮮の悲しみをあぢわっているのである。一昨年のポーランド暴動事件と昨年のハンガリー反共運動は被圧迫民族としてのいかりを爆発させた点においてその軌を一つにしている。われわれが過去をふりかえって日本人にこの事実をつきつけて、ことをかまえようとするものではない。実証史学上からしても過去の在り方を究めその観点から（なぜならば前記のように日本人の大部分が植民地朝鮮の実情を殆んど知らないからだ）素直な反省と民族的優越観をすて、互恵平等の理念にたって、韓日親善を現実に立脚して図らなければならないということを強調するものである。われわれが観念的に動いたことはたしかに誤謬であった。けれども、実際の日本人生活と在日韓国人の生活が結びつける多くのことがらを接点として、この問題を日本人に働きかけ、その意味において多くの日本の人たちの質問を解くことを願うものである。

相互関係緊密化에
代表部·民団幹部들이 会談

지난 十月以来로 代表部対民団問題에 関한 緊密化를 図謀하기 為하여 民団中央議事会에서 委任을 받아 折衝을 거듭하고 있던 中央監察委員 李裕天氏는 요지음 記者団에 対하여「代表部対民団関係의 問題에対하여 数日中으로 東京都内某所에서会談하기로 되어있다」고 言明하였다

그런데 同日은 代表部側에서 金溶植公使및 柳泰夏参事官 [illegible] 崔圭夏総領事 [illegible] 等 民団側의 [illegible]이 出席이로 되어 있는데対하여 民団側으로서는 中央三機関全責任과 東京本部의 [illegible] 会員이 出席할것이 予想되고 있다

또 同会議는 富山県本部에서 発生한 横領事件에 関하여「지금 中央에서는 月一回의 会計監査를 施行하고있으나 地方組織은 이것의 範外에도 厳守되지못하고있는데 그러한 事件이 発生하는것이다 앞으로는 個人的인 判断이라든가 또는監査를 疎忽히 하지않도록 厳重한 措置를 取하지않으면 안될것이다」라고 말하였다

劃期的挙事
[illegible] 美紙論評

뉴—욕·타임즈 紙는 지난 번의 社説에서 [illegible]両国間에 調印된 友好通商航海条約이「韓国의 生涯에있어서의 劃期的인 挙事다」라고 論評하여 다음과같이 말하고있다

이条約은 正常的인 経済交流의 基礎를 닦는것이다 그中心은 "最恵国" 条項이며 그것은 韓国에 新栄国에 若干다른地位를 (公式으로) 賦与한다는 意義를 갖고있는것이다

그 条項에 依하면 韓国은 美国의 保護아래 있는것이 아니라 対等한 立場에서 交渉하는 나라인것이다

이것은 独裁者의 変心으로破棄되는 脆弱한 "不可侵協定"이 아닌것이다

그것은 同意된 受諾된条件아래서 国際的인 規模로 経済的未来를 하는 建築化할 方途인것이다

韓国은 一歩前進하였으나 金国은 이를歓迎 하는바이다 우리는 그것을 可能케 하기 [illegible]

三·一運動의歴史的意義

李 康 勳

年々이 돌아오는 三·一節을 우리들은 또다시 異域에서 맞이하게되였다 三十八年前 이날에 挙族的으로 蹶起한 目的은 十二年前 八月十五日 日帝의 降服으로말미아마 形式으로는 成就한셈이되였으나 八·一五解放은 진실로 解放이되고 国土는 両断되여 다된独立도 完成되못했으니 오늘날 倍達民族으로 태여난 우리들은 먼저 殉国先烈에게 感謝하고 懺悔의 우름을 울어야 될것이다 先烈들은 어느 独特한階級이나 党派를 위해서 피를 흘린것이 아니오 [illegible] 党派的으로는 거레의 名誉와 幸福을 위해서 子々孫々의 繁栄을위해서 이어늘 八·一五解放後 十有二年間에 몸서리쳐지는 民族의 自傷戦 과 錦繍江山의 半도막은 오랑캐들의 角逐場으로 化해버렸으니 三十八年前 이날에 우리先烈들의 受難을 回想할때에 万感胸中이 뼈저질뿐이다 우리가 진실로 三·一精神에 忠実했다면 祖国의 自主統一 独立은 八·一五解放後 未然에 [illegible] 그러나 [illegible]

相当의 다른 民族들과같이 우리들은 새로운 敵을 認証하게 되였다 이것은 쏘聯을 마음속에 祖国으로믿고 크레무리의 指導者를 自己의 上典으로 尊敬하는 무리들이니 도리여 日本帝国主義以上의 危険千万의 存在이다 日本帝国主義가 軍事와 警察의 힘을믿고 残忍無道한 行悖를 다하든時期에는 敵에対한 우리들의 認識이 뚜렷해서 敵이 제아모리 美文麗句로서 羊頭를걸고 狗肉을파는 陰謀와 煽動을 다할지라도 우리겨레의 内面生活까지를 侵犯할수는 없었으나 그러나 오늘날 우리들의 立場은 形而上下的으로 다닥쳐오는 危機이며 深刻한 段階이다 八·一五解放後에 祖国의 分裂과 自傷戦을 演出한 罪過는 그責任을 勿論 全的으로 쏘세베키들이 져야하나 三·一運動勃発後부터 八·一五까지에도 共産主義무리들이 우리独立運動線에 끼친 害毒은 莫大한것이였다 그들은 말하기를 三·一運動은 土着地主와 特権階級이 敵에게 屈服하기때문에 失敗하였다고하나 事実은 共産主義者들의 背叛과 謀略때문에 三·一精神은 一時的일망정 麻痺되였었고 우리革命隊列은 大打撃을 받게되였었다 그들을세베키는 敵에 対해서 피를 흘리는 대신에 우리独立運動線에서 없어서는 아니될 指導者를 虐殺하였는것이다 (白狂雲金佐鎮将軍도 共産党의 손에虐殺되였다) 자칫하면 半万年동안 비저나려온 우리겨레의 [illegible]한 道徳観까지 흩러켜지려는 이危機에 또는 共産主義者들의 平和攻勢에 一部大衆은 眩惑하야 玉石을 区分치못하고 真正한 統一 自主独立이란 観念은 暗黒한 帳面에 가리워지고있는 이때 三十八周의 三·一節을 맞이함에 있어서 우리들은 殉国先烈의 三·一精神을 또다시 깊이 吟味하고 우리들 스스로가 反省하여 似而非愛国者들의 謀略宣伝에 警覚心을 높이고 보다굳게 精神武装을 해야겠다

(二)

다음 吾人은 革命隊列에서 体験한바 어서피진記憶을 通해서 三·一運動의 歴史意義와 若干의 解説을 하려한다

먼저 世界弱少民族独立運動史에서 나라가 亡한지 十年이 될 나알나에서 挙族的인 反抗運動이 勃発한것은 그類例를 볼수 없는 것이니 이것도 우리겨레의 자랑의하나인것이다 포—랜드가 亡한지 四十年만에 組織的独立運動을 展開하였으나 로시아의 武力에 依해서 鎮圧되였다가 近一世紀後에야 独立이 되였고 (지금 또로시아의 衛星国으로 되였지만) 其他 埃及 等에 앙가리— 安南 수에즈 印度等의 興亡史도 挙族的인 叛抗運動까지에는 長久한 時間을 要했고 各其 우리보다 有利한 条件을 具備하였었든 것이다 그러나 当時 우리의 立場은 孤軍無援이였었다 第一次大戦의 結果 欧州와 亜細亜에서 大小十五個国이나 独立을 公認하면서 世界列強은 우리 韓民族의 아우성소리에는 聴而不聞 視而不見하는 態度를 取하고말았다 我民族代表가 巴里에올리 列国人士에게 목이터지도록 부르짖어도 安島山 李承晩 朴容万先生들이 모든 機会를 捕捉해서 아모리 祖国의 自由를 絶叫해도 列国은 日本의武力과 各自의 動静과 植民地経営上 政治的考慮로시 들어 우리運動을 警戒하는者까지 있었다 勿論 個人的으로는 数많은 美国人의 同情과 協助을 받은것이었지 그声援과 宣伝은 너리 美国人의 脳裏에 鉛刻되여 後日에 韓国을 積極으로 援助하려는 美国議員의 態度가 偶然이아니였다 크레무리의 卒徒들은 쏘聯을 우리祖国解放에 恩人으로서 讃揚하고 三·一運動이 勃発한 動機를 十月革命에 結付하고있으나 前者에 있어서는 슬픔 常識이있는 분이라면 問題도 하지않을것이오 後者에 있어서 或 眩惑할가하여 若干付言하려한다

먼저 로시아革命은 本質的으로 우리의 独立運動과 다르니 説令 "레닌"의 弱少民族解放論을 全部 好意的으로 解釈하고 그 援助를 달게받는다하드래도 結局은 우리는 쏘聯邦의 一員으로 되고말것이니 今日 衛星国家의 立場을보아 그結果를 可知할수있다 勿論 利潤만為해서 進出하는 월—街에 猶太系等 財閥도 미울지만은 이것은 枝葉問題로 우리는 根本的으로 [illegible]의 精神과 国体와 휴매니즘을위해서도 共産主義와의 反共運動에는 警戒를 要하며 特在 우리가 僑居하고있는 이땅에서 一部 所謂 知識人들까지 쏘聯에 対해서는 媚態를 베이는것하면서도 一方的으로 反美感情을 助長시키는 言辞를 함부로 発하는것은 우리에 可憐스럽게보인다 (계속)

独立精神継承하여
國家의百年大計를樹立
駐日公使　金溶植

三十八年前 오늘인 단기四二五二年 即 西紀一九一九年 三月一日 十二時 [illegible] 愛国先烈 三十三人은 列国 [illegible] 自 独立宣言書에 署名捺印하여 韓国이 自由民主独立国家임을 世界万邦에 宣布하였읍니다

当時 宣布된 独立精神을 全国民이 継承하여 단기四二七八年 우리民族이 侵略者로부터 解放 되였으며 四二八一年 八月에 우리大韓民国이 誕生하였읍니다 오늘 우리 全国民은 이 独立을 堅持하여 鞏固케하기위하여 合心努力하고 있으며 뿐만아니라 더욱 世界의 平和와 民主国家의 発展이되어 自由陣営의 安全을為하여 歴史上 큰役割을 하고있는것입니다

大韓民国은 独立宣言書에 表示된 愛国先烈들의 独立精神을 銘心具現하여 七年前六月二十五日 発生한 共匪의 不法侵略을 拒否하고 世界 自由弱主友邦国家와 함께 服従하고 共産集団의 世界制覇의 野望과 侵略을 粉砕하였으며 本国政府는 国家百年大計를 樹立하며 本国社会各部門은 現在 着々 発展途上에 있읍니다

우리 在外国民은 大韓民国의 이念願에 直接 間接으로 貢献하여 우리先烈들의 独立精神을 銘心発揮하고 있음을 여러분과 함께 慶賀하는바입니다

그러나 우리와 앞에에는 国土統一이라는 民族業이 있으니 우리在日僑胞는 愛国先烈들의 独立精神을 본받아 偉大하신 領導者 李承晩大統領閣下의 領導下에 国土統一完遂의 聖業에 一致団結 邁進하여야합니다

우리民族의 五千年歴史에 빛나는 先烈의 三·一節記念日에 際하여 우리 在日僑胞 여러분은 国民의 発展과 子孫万代의 福祉를 위하여 굳은 決心으로 各自 맡은바 任務를 完遂하여 三一独立精神을 더욱 빛나게 하기를 바라는바입니다

愛国歌と友情
松 浦 堂

——無窮花三千里麗江山——唄い終つた愛国歌の余韻が清く澄んだ異国の夜空に、不思議な位長く響いてたその晩のことを私は一生忘れることが出来ないでしょう。

五六年前の五月の或日。お客さんだと知らせて呉れた隣りの奥さんの声に、土間まで飛んで出た私は、三ツのダイヤモンドが電灯の光を浴びてきらめいているのを見たのです。陸軍大尉のB君が突つ立て居たのでした。

——六箇月間の軍事教育と視察の為アメリカに渡つて来て居る。帰りは東京に寄るだろう。君と逢える日を楽しみにしている。——こんな航空便を受け取つたことはあつたが六箇月間の苦しい私の生活は、何時の間にかB君のことをすつかり忘れさせて居たのでした。

彼と私は中学の親しい学友だつたのですが、波荒い世に送り出された後は、各々の歩む道が違つて居たせいで、一回も逢う機会がなかつたのです。

彼の便りを受取つた瞬間……ほお！奴生きて居たのか。……私は独言を云つて彼の消息を悦んだものでした

「十年一昔と云うが、君と別れて早や、十個星霜が流れたんだね。」

「うん。その間に君も僕もすつかり大人になつて終まつた。お互いが全然解らなくなつて終まつたね。でも君は男として立派に生きて居る。お芽出度う。」

私達はビールのカップを交しながらその間にあつたお互いの体験を語り、懐古の数々を想出したのでした。間もなく再会の悦びとアルコールは彼と私をひどく興奮させたのです。

「君、国を愛するということはみんな嘘なんだよ。軍人である僕がこんなことを平気で云うと、君はさぞかし驚くだろう。いやそうでないんだ。まあ聞いて呉れ給え。僕は昨年二月、〇〇高地の激戦で左の腕をやられたのだ。君は知つて居るだろう。あの太白山脈の険しい峻丘をだ。その時まで僕は誰の為に戦争に出され誰の為に死のうとして居るのか知らなかつたのだ。——国の為に、共産主義打討の為に——こんな漠然とした考え以外に僕には何ものもなかつた。ところが今度アメリカにかけての六箇月の生活は、僕に祖国というもの愛国心というもの、いや民族の誇りというものを教えて呉れたのだ。何も軍事学の理論から来るものではない。私達将校一行が、レイクセクセースの国聯本部を訪れたときR事務総長は親しく一人一人の手を握つて迎えて呉れたのだ。それから私達の為に太極旗と国聯旗の掲揚式を挙げたのだつた。君、その光景を想像してみて呉れないか。鵬程万里の異国の空に懐しい太極旗が夕風に大きく波うつてひらめき、愛国歌が厳かに外国人のブラスバンドに依つて演奏されて鳴り響いたとき私達は若い血が逆上してくるのを感じたのだ。そしてはりさける胸のふくらみと感激の涙を流したのだつた。私達は式が終つてもその場に長く佇んでいたのだ。僕はその時始めて大韓民国に生を享けた悦びと誇りを感じた。この光景を見物していた米国人、いや世界自由友邦代表達が喝采してくれたのだつたよ。

故国を離れて他国の的国で苦しんだ先覚者等の話は随分と聞かされている。そして彼等がどのように故国を懐しがり愛していたことかはしばしば聞かされたものだつた。誰だつたか、解放された祖国に帰つて（仁川に上陸した瞬間）拳銃でコンクリートの道を砕き——嗚呼！祖国よ私の愛よ！三十六年の間断腸の思いで慕つた貴女！私は今貴女に抱れているのだ。夢！夢ではないだろう——と歎つて口の中に一にぎりの土をほおり込んだ話も聞いている。然しこんなエピソードは唯イメージの薄いストーリーとしてしか僕の頭に残つていなかつたのだが……君知つてくれるだろう。僕は本当に国を愛することの出来る誇り高い軍人でありたい。巷に膝まづいて一両の金を吃う同胞に温い手をさしのべることの出来る人間でありたいのだ。君にこれ以上のことは言わないであろう。またいうことも出来ないのだ」彼はまるで部下の前に立つて訓示する隊長の威厳を見せたのでした。——いや彼は原隊に復帰したら部下を集めて今いつたようなことをまた雄弁に語るだろう——私はその時の友の晴姿を想い浮べながら、若とうつて張つた彼、頼もしい彼の軍人魂にいささか感服して耳を傾けていたのでした。

「有難う。君のプレゼントを有難く頂戴する。君の前途に幸あれと僕は神に祈るだろう」

「有難う。じや一緒に愛国歌を唄おうじやないか」

——無窮花三千里華麗江山——

その友達が間もなく戦死したと聞かされたとき——嗚呼亡き友よ、君の冥福を祈る哀れな僕の姿を想い出してくれ給え。君は立派に生き立派に死んだのだ——。私はしばらくの間、涙にむせんだのでした。私を想う彼。彼の武運長久を祈つていた私。その間に時間と空間の制約があつたにせよ無形の深い交わりは美しい友情として二人の胸に強くひびき合つていたことでしょう。今も私の耳にその時唄つた愛国歌の余韻が生々しく蘇つて来るのです。

柳前駐日大使の再審を嘆願

寛大なる措置を

李裕天民団顧問らが中心で

前大韓民国駐日代表部大使柳泰夏氏は軍事革命後いちはやく革命支持をうち出し自発的に帰国して過去の罪をざんげし、目下獄中にあるが、彼の持病である眼疾と胃腸病が悪くなったと伝えきいた民団中総李裕天顧問らが中心となって在日僑胞有志に呼びかけ、別項のような嘆願文を朴正熙国家再建最高会議議長あてに提出した。

嘆願文

脱路にたたされたわが祖国の最後の脱路を指導する閣下におかれましては日夜をわかたず国家に御多忙のことと御推察申上げます。

祖国の至誠に燃ゆるわが居留民団も本国の施政に呼応して心を合せ総力協助することをおしむものではありません。

柳泰夏前駐日大使は李政権時代の外交政策に当たって日本政界の非難と反感をかう程、本国指令に忠実な官吏でありましたが、四・一九革命後、張政権のときには被疑者として指名され日本で亡命生活を余儀なくされ、民族国家の権威さえも失墜されたのでありました。

そうしている間に昨年五月、逆族的な要求でありました軍政が樹立されるや、その翌日彼は居留民団の幹部の一人であります李裕天氏に向かって「軍政はこの祖国を救うべく最後の手段でわが国の命脈を末永きものにする為に神さまがわかち与えてくれた恩恵」であると極めてこれを讃え軍政絶対支持を声明したものであります。

そして「一対一の態度でもって談合していた韓国代表が日本国に追従してきて哀願することは民族的羞恥のみか張暻根の亡命を知ったとき私はいいつくせない悩みに落ち入り夜もろくろく寝つかれなかったが、軍政を迎えた今日、万が一獄舎につながれることがあっても自分だけは帰国する」と悲壮な覚悟をはいたのであります。

昨年六月に李裕天氏は駐日代表部で軍政某要人に彼の心境を伝え、また代表部からも彼の帰国を希望、帰国すれば投獄措置は絶対に取らないということが本国高位者の意向であると知らされたので、李裕天、鄭烱和両氏が協力して説得した結果彼も時が来たと決然として応諾、六月二十四日自発的に帰国したのであります。

僑胞の中には平素彼を偏頗に嫌い反感を抱いていた者までが彼のそうした愛国心に対し心良い讃辞をおくり、日本人たちも「柳を通して軍政が、いかなる性格をもつものであるかがうかがい知れる」といい衆目をあび、その後の動向をみまもったのでした。

しかし、われわれは、本山のとったこの処置には深い事情があってのことと推察申上げますが一般の人々には予想に反し帰国するや投獄されたので、他人ごととなると口角を飛ばすことのすきな僑胞大衆たちは「柳を誘拐していったのではないか」と本国の真意を歪曲解釈しているのであります。

張政権時の亡命者が軍政本然の使命に共鳴し、いささかの依頼心と希望を抱き帰国したことはやはり賞讃してよい点であり、独立国家の面子をたてる上にも有終の美をかざった彼の決断性で過去の罪状に寛大なる措置をもって臨んで下さる必要性があると信ずるのであります。

門外漢の国民とともに政府措置に従い論及、柳泰夏云々とは許されがたい脱線行為であるということは、われわれとて熟知しておりますがまた一方よくよく考えてみると彼生来の眼疾と胃腸病にさいなむひ弱な彼の体質と因縁あさからぬ僑胞社会という特殊事情によって在日僑胞を代表し、私たちが嘆願するのであります。

事情御賢察されまして柳泰夏に対し寛大なる再審をおこなって仮釈放処分に処して下さるならば望外な措置と感謝するものであります。

最後に革命課業遂行に奮闘努力なさっている閣下に対し、なによりも貴い健康に留意されまして御自愛の程切に願上げます。

在日大韓民国居留民団中央総本部団長権逸、議長金光男、監察委員長鄭烱和、常任顧問曹寧柱、顧問鄭寅錫、顧問呉宇泳、顧問李裕天

国家再建最高会議議長 朴正熙閣下

本国招請僑胞 奨学生からの便り

祖国再建の意気に感銘

民族意識と誇りに目覚む

本年度から祖国大韓民国政府のはからいにより在日僑胞奨学生本国招請奨学生制度が設けられ、いま祖国の各大学で多数の僑胞学生たちが周囲の温い雰囲気の中で勉学に励んでいる。自国の言葉もあまり理解できなかったこれらの学生たちがようやく祖国の生活様式にも慣れ心から愛国心を持つようになったことは大きな成果であろう。僑胞奨学生たちはいま親ぼく会をつくり、初めて迎えた夏休暇を利用して勉学に一生懸命であるが、次の一文は僑胞本国招請奨学生代表黄栄男君が本紙に寄せたものである。

私達本国招請国費奨学生は現在ソウルで最初の夏休みを迎えたところです。

ソウルに到着してから既に二カ月余りにもなる者も居ますし比較的遅く到着した者も居ります。率直にいって最初のうちは未熟な国語知識のため簡単な会話にも恥かしいとながら支障をきたし、ソウル市の様子もわからないので苦労の連続でした。しかしながらその苦労の中にも何か快感を覚えたのは祖国への愛着のためであったと思います。

今では会話はほとんど聞きとれるようになり、こちらの生活にも相当慣れてきました。でも話すこととなると、まだ骨が折れます。

在日僑胞青年学生の宿命的な恥辱である国語に対する無関心無知、このことについては、私達もしばしば祖国の方々から質問を受けたのですが、それに対しては明確に答えることはできませんでした。

今日まで他国の習慣に埋もれがちであった民族意識と誇りに改めて強い反省を促されました。本国政府からの貴重な奨学金を有益に活用し、留学生活を充実せしめ在日僑胞留学生相互の親睦と学究的向上を計ろうと、在日僑胞本国留学生親睦会を結成し、九月からの二学期にそなえて、国語の理解度を深めようと、この夏季放学中には皆が集まって国語の勉強を行なう計画でおります。

現在の祖国は再建の意気に燃え、意欲的に全てのことが推進されております。

僕等在日僑胞本国留学生は再建に励む祖国の姿をまのあたりに見て強い感銘を受けました。

在日僑胞の青年学生諸君、一人でも多く現在の伸び行く祖国の姿を見て、一日も早く国語を忘れた国民ではなくなるよう努力しようではありませんか。

（在日僑胞本国招請奨学生代表・黄栄男）

大阪民団組織人講習会

民団大阪 組織人講習会盛況

【民団大阪発】民団大阪本部の主催による民団組織人講習会がさる七日正午から大阪本部講堂で盛大に行なわれた。

いま来日中の国民運動本部次長李寅衡氏、反共連盟李東瑄氏、外務部僑民課長朴昌海氏らを講師に迎えて行なわれた同講習会には大阪府下をはじめ近畿、中国、四国地方からの参加者合せて三百余名が参加。李寅衡氏の「経済再建と道義再建」、李東瑄氏の「共産主義批判および北韓実情」、朴昌海氏の「僑民の指導と保護策」など各々一時間以上におよぶ大講演に[illegible]をつめた聴講者たちは熱心に聞き入っていた。

（写真は映画発表会）

民族の希望を成就

李承晩大統領 年頭の辞

流れの如き歳月は何時の間にか一九五五年を送り新しい年を迎へることになりました。[illegible]

以北の同胞達が、赤軍の圧迫を受けて呻吟している[illegible]を思う時、[illegible]我が軍人および官民男女老少をとはず共に立ち上り、生死を共にして北に進撃し、結末をつけたい気持は火の様に燃えるが、国際関係と世界大勢が、今の様な状態では、我々が単独行動を起すならば、我が国家と民族全体に及ぼす影響が大きく、[illegible]我等の友邦が[illegible]昼夜神に祈っている。我々の友邦の指導者達が一日も早く目覚め、[illegible]あらゆる自由国家が[illegible]く抗議し、[illegible]民主陣営の平和と安全を保障する日の一日も早からん事を期待しているものであります。我が海外同胞の皆様は、今述べたことを正しく理解し、一心協力[illegible]団結して来る新しい年には我々の希望と世界のあらゆる自由民族の希望を完成成就されんことを願い祝詞とする

◇C・A・T便=하오 영시 三十분 도착 (승객 四十二명) ▲金城龍氏(在日居留民団団長) 이(李) 대통령 [illegible] 기념행사 참석 및 재일교포 동향 보고차 귀국 ○사진=우에서 ▲朴根世氏(在日居留民団中央本部議長) ▲李裕天氏(同中央監察委員長) ▲鄭寅錫氏(同大阪本部団長) 등

祖国統一達成の年

大韓民国駐日公使 金溶植

[illegible]

百五十五名送検

神戸事件 十六名釈放さる

【神戸発】神戸朝鮮人デモ事件について神戸市警では廿七日以来検挙者百七十一名の身柄を神戸市兵庫区松原通、神戸警察学校に留置し安福捜査第一課長をはじめ係官百余名で取調べをすゝめる一方、廿九日には神戸地検ならびに同地裁から各十名の判、検事が出張取調べを行い、同日夕刻同署では市長田区刈野通三丁目朝鮮人学校兵庫県PTA会長金寧煥(?)ら百五十五名を政令第三二五号違反、騒じょう、公務執行妨害、器物毀棄、暴力行為、傷害罪容疑で送検、身柄を神戸拘置所をはじめ市内各署に分割収容した

なお朝鮮人解放委員長李南錫(?)氏ら十六名は取調べの結果事件と関連のないことが判り釈放した

드높아가는 法地位 僑胞의 関心

1962. 11. 26

永住権·処遇·財産

李天祥主査가 輪廓説明

韓日会談明春妥結이 予見됨에따라 在日僑胞의 法的地位에対한 期待와不安등 겨우 関心이 드높아가고있는데, 韓日会談法的地位委의李天祥主査는 二十日 上野宝「호텔」에서 열린 民団全国監察委員長会議에 参席하여 現在進行中인 在日韓国人法的地位問題折衝의 輪廓을 要旨다음과같이 説明하였다.

▽永住権問題＝①永住権認定対象者는 解放前부터 継続하여 日本에서 居住하고있는 者이며 解放後에 渡日하여 居住하고있는者에 対해서는 一般外国人이가지는 [illegible] 住権이 賦与될것이다. ②[illegible] 子孫에 対한 永住権問題는 人道上問題인 [illegible] 自然解決될것이다 ③[illegible] 子孫들의 永住権問題는 日本側과 論議를 거듭하고있으나 韓国側에서는 [illegible] 父母가 永住権을 가졌으면 그子孫에게도 同等한 永住権을 賦与토록 主張하고있다 ④永住権賦与方法에 있어서 日本側과 見解差異가 있는바 韓国側은 [illegible] 一定期間内에 日本의関係機関에 申請하면 永住権이 賦与되도록 主張하고있는데 日本側은 [illegible] 書類提出을 要求하고있다 ⑤申請期間은 五年으로 定할것이다 ⑥社会保障問題에있어서 韓国側은 生活保護, 医料保障(国民健康保険)등 [illegible] 双方에서 合意보고있다 有資格者가 永住権을申[illegible]

[illegible] 強制退去問題 ⑥永住権을 獲得한 [illegible] 強制退去될 境遇는 日本政府를 転覆하려든가 殺人, 十年以上의 刑을받은者에 限할것을 韓国側에서는 主張하고있으며 日本側에서는 日本国法을 犯했다하더라도 그것이 十年以下의刑일때는 強制退去않도록 要求하고있다

▽処遇問題＝①永住権賦与者에 対해서는 社会的으로도 経済的으로도 差別待遇가 있어서는 안된다는 点인데 ②鉱山権등의 極少数部門을 除外하고는 日本国民과 同等한 権利를 갖게되며 制限部門에 있어서도 既得権内에서는 許可토록 要求하고있다 ③教育問題에 있어서는 義務教育까지는 日本人과 同等히하며 高等学校以上의 進学에 있어서도 機会均等을 주기로 거의 合意보고있다 ④그와 同等한 学校로 認可하는 [illegible] 本側은 難色을 보이고있으며 다만 僑胞学校는 日本学校와 同等한 学校로 認可하는 [illegible] 日本学校卒業해도 差異없이 認定할 [illegible]

李天祥主査의 説明을 듣는 全国監察委員長

「帰化可否」등 論議

第二回在京有志懇談会

民団中総監察委員会의 招集에依한 第二回在京有志懇談会가 지난十六日下午二時半부터 이번에는 在日韓国人商工会連合会会議室에서 열렸다

丁賛鎮, 金仁洙, 李禧元, 金英俊, 鄭哲, 鄭寅煥, 尹相源氏등 在野人士와 権逸中総団長을 비롯한 執行部一同및 呉宇泳, 李裕天両顧問 그리고 朴宗根弁護士도 参席한 이날懇談会에서는 먼저 在日韓国人法的地位問題가 論議되었는바 그中에는 市民権및 帰化権의 獲得問題등 僑胞의実利를 指摘하는 核心的意見도 나와 結局 法的地位는 僑胞의 将来를 決定지우는 重大한問題이니 民団에서 施策을세워 本国政府에 強力히 要請하는 同時에 韓日会談에도 僑胞代表를 出席시키도록 積極的인 行動을 取해야한다는 意見으로 다음会合에서 거듭 이問題를 具体的으로 検討하여 그結論을 中央議事会에 上程키로 하였다

이어 앞서 中総에서 公開된 規約改正試案을 検討하였는바 大体的으로는 ①純会한 政策審議機関으로서中央委員会制로 가져가는것은 賛成이나 ②그러나 民団의 現実에 비추어 三機関制를 一挙廃止하는것은 組織内에 混乱을 招来할 憂慮가있다

③中央委員(会制로 하되 構成員은 童重한 組織및 学識経験者에 [illegible]해야하며 ④常任中央委員은 中央委員会가 選出키로 해야한다 ⑤地方本部事務局長의 中央団長任免은 弊端이 많다등의 意見이 나왔다

이에対하여 執行部側은規約改正試案은 어디까지나試案이기때문에 이대로 通過시키려는 생각은 아니라고 말했으며 한편 懇談会에서도 앞으로同改正案을 거듭 検討한後 結論을내어 中央議事会및全体大会에 反映시길것을 合意보았다

朝総連

北送問題で幹部

脱退、乱闘

朝総連では目下〝強風運動〟と称し、いわゆる宗派主義的、機会主義的幹部を粛清する一方、韓徳銖一派に非協力的な分子たちの自己批判を強いているが、帰胞北送問題などを続って各地で幹部らの対立が起り、あげくの果には乱闘、脱退騒ぎまで持ち上っている。次の二つの事件は、このほど某消息筋から明かにされたものである。

朝総連城東支部の場合＝朝総連の[illegible]三月十九日から二十四日まで、いわゆる「集団帰国」のための強制署名をさせるべく総務部長の金斗在を城東支部管下に派遣した。ところが金は、各戸を廻りながら「この署名は単に帰国促進のためであって署名をしたからといって帰る必要はないから名目だけしろ」と強制する一方、帰国旅費を一本二百円で売り、さらに学校建設募金として各戸二千円を強制的に徴収するばかりでなく、その日の生活にも事欠く僑胞の家に座り込んでヤレ旅費を出せの、ヤレ物を出せのと強要した。

このひどい仕打ちに立腹した同支部管下の僑胞たちは、支部を通じて県本部に対し「われわれは永住が目的であって、北韓に行く気はない。それを金斗在のように恐喝で署名させ、金品を強要するのは許し難い」と抗議した。しかし傀儡幹部らはこの抗議に対し、帰国運動に協力しないためであるとして応じなかったため結局物分れとなった。

そこで三月二十九日朝総連城東支部に集った六人の有志たちは、われわれは北韓送還に反対であるから朝総連から脱退して「在日朝鮮人[illegible]人会」を結成しようと協議し、朝総連に反旗を翻えしている。

朝総連川崎支部の場合＝川崎朝鮮人飲食店組合が四月八日バス二台に分乗して、稲田堤に花見会を催したとき、かねがね感情的対立のあった同支部委員長の劉[illegible]と監察委員の安[illegible]との間に、北送問題と情勢分析についての意見相違が生じて、両者の対立が一層深刻化した。それが帰途支部事務所に立寄った際爆発して、約二十名の者が両派に分れて大乱闘をひき起し、重傷者三名を出した。

朝総連川崎支部は四月十六日この問題を常任委員会で取上げ、結局安の民族主義に対し自己批判を迫[illegible]

失明の歌手 金さん渡米

母国の歌を置き土産に

失明の韓国人歌手として話題をにぎわせた金[illegible]さん（京都市出身＝二十五才）が、きょう二十一日夜、都内神田の韓国YMCAで開かれた在日韓国[illegible]の研究発表会での特別出演を最後に、二十五日羽田から、[illegible]金さんの生いたちは、[illegible]に不幸をはじめ、ラジオやテレビでも広く紹介されていたが、今度の渡米は、ニューヨークのマンハッタン音楽院[illegible]の学費を出して同学すること[illegible]たもの。

盲目という悪条件を[illegible]米国留学の[illegible]を[illegible]門出を祝うため、[illegible]民団[illegible]、在日[illegible]など、[illegible]金[illegible]

激励した[illegible]母国の歌を歌いたかったと[illegible]もしていた金さんは、その願いが[illegible]金さんはきのう夜、また遠くは[illegible]

組団を偲び 中野で映画会

民団中野支部（[illegible]団長）[illegible]の[illegible]会は十七日[illegible]時から[illegible]で[illegible]上映された[illegible]「[illegible]」の[illegible]が[illegible]

韓国、抗議を拒否

日本の威嚇的態度に関心

大邦丸事件で金公使発表

【INS特約＝東京】駐日韓国代表部の金公使は廿二日夜、第一大邦丸事件にかんする日本側の抗議を拒否すると次のように言明した。

第一大邦丸に対する発砲は、同船が故意に韓国領海の侵犯を企てた事によって引き起されたものである。わが方の絶えざる警告にもかゝわらず日本漁夫は昨年一月韓国政府の宣言した漁船保護地域並びにクラーク国連軍司令官が昨年九月廿八日設定した海上防衛水域および韓国の領海を繰返し侵犯した。二月四日の事件はこの三つを含むもので、かゝる侵犯は知らずして行われるものではない。二月四日の日本漁船第一大邦丸と第二大邦丸が済州島沖一マイル以内に侵入して来た時、軍事上の安全保障とわが国沿岸の保全のため警戒についていたのは警備要員の乗組していたわが海上警察艇の一つであった。

わが方の士官は海上慣習に従い停船命令を発したが、日本漁船はこれを無視し、逃走しようとしたのでわが警備艇はこれを追跡し、完全に合法的なわが方の停船命令を励行するために発砲したのである。日本漁夫の一人がこれにより射殺されたのは重大な事件であるが、漁獲その他不法行為を行っているこれら漁船の乗員は自己の行為が何であるかを完全に知っているはずである。戦時にあっては、平時よりも熱心に沿岸防衛が行われるのでこの種の危険は必然的に大きなものである。私はこの事件の真相を岡崎外相に完全に伝える。日本国民の一部がこの事件に関し憤激とおそらくは誤解とによって公憤を示しているが、それは日本にとって不幸である。日本政府の一高官が最悪の場合には日本は経済的報復をとるとの威嚇を行っているが、韓国民はこのような威嚇に関心を寄せている。

金駐日公使

【注】去る四日の大邦丸事件に対して、日本政府は十三日、口上書をもって駐日韓国代表部に抗議するとともに、岡崎外相から米国大使館にも口上書をもって事件を通報し、国連軍に対しても照会を依頼した。さらに十六日その意見、次項は国連軍の介入を促したものであり、韓国代表部に[illegible]十八日韓国代表部により責任者の処罰と再発防止など一連の措置をとるよう要求したものである。

外務当局公式声明を避ける

[illegible]部では[illegible]に対し「[illegible]とされていないとして一切公的な声明を避けており第一大邦丸の事件は故意によるものでなく何かの間違いであったのではないかとしている。

1953.1.7

懸案の日韓関係

「国交開始」から話合

"どうしても"の気がなかったが……

請求権等 難物ぞろい

李韓国大統領の日本訪問で行き詰っていた日韓会談再開のメドがついたようだ。六日行われた吉田首相の李大統領訪問で会談が再開される見込みがついたからといって、これまでの懸案がそれで一挙に解決するというのは無理だとは、外交消息筋の常識のようであるが、これまでの交渉が効果を収められなかったのは、一口にいって日韓両国双方に"どうしても話合いをつけなければ…"という積極的な理由に乏しかったからといわれている。

確かにいわゆる懸案の諸事項については、一応の話合いがついていながら、物分れになっていたというのが実情である。しかし、たとえば一番難物であった請求権問題—つまり、日本が朝鮮に持っていった財産権に対する日本の請求権が失われてしまったのか、どうかという問題—などはいまだに"この話合いがつかなければ交渉を開いてもムダだ"ということが韓国側からいわれているように、いざ交渉が開かれてみれば、いずれの事項にもそれぞれ難航を予想させる問題点を含んでいるようだ。このような関係から日韓交渉はまず、両国の間に国交を開くという基本関係の話合いをつけてから、順次諸懸案を解決してゆくということになるものと見られている。

ここにさきに中絶された日韓交渉を通じて明らかにされた日韓の懸案事項の要点を拾い上げることにしよう。

一片の公文で結構

◇基本関係—日本はすでにサンフランシスコの平和条約で朝鮮の独立を承認している。従って、現実には、話し合いさえつけば一片の公文を交換するだけでも国交を開くことが出来る。しかも、さきの日韓交渉の際に、国交開始についての条約もほとんど異論のないほどに案がまとまっていた事情にあっただけに、潜在していた双方の感情のこだわりさえなくなれば問題はあるまいといわれている。

折れ合う可能性も

◇請求権問題—問題がこじれているのは平和条約第四条B項に「日本は平和条約によって日本から離れる地域にある米政府によって、またはその指令に従って行われた日本国およびその国民の財産の処理の効力を承認する」という条項があるためだといわれている。韓国側はこの条項をタテにとって、日本には請求権はないという立場をとってきている。これに対して日本側は政府にはこのような場合、在外私有財産を保護しなければならないという国際原則があるところからみても「財産権の形が変ることはあっても、所有権までが最終的に移転してしまったのではない」という解釈をとってきた。つまり、日本の財産が米軍の手で処理され、何らかの形で韓国側に事実上渡っているにしても、その形を変えた「もの」に対する請求権が消滅したことを意味するものではないというのである。

こういう関係からこの問題に対する日韓双方の主張は額面通りに受けとれば食い違いもはなはだしい。しかし日本側としてもいまさらその請求権を主張しつづけて、問題をこじらせたままで放っておくというハラとも受けとれず、逆に韓国側が主張してきた日本領当時発行された日本政府の公債、通貨などの補償請求をひっこめれば、これと相殺しようというのが原則的立場ともいわれているので、話合いが進むにつれ、双方から折れ合うことも予想されるようだ。

こじれた"李ライン"

◇漁業問題—朝鮮水域の漁業については国連軍の設立したいわゆる防衛水域も問題をこじらせたが、いろいろいきさつの末、ある意味では実質的な解決策がとられているので、問題は韓国政府が設定した李ラインをどうするかだけにかかっている。韓国側にはこのような水域の設定はすでに米国その他も沿岸で実施しているところで国際慣行に違反するものではないという。これに対して、日本側では明らかに日本漁船の締め出しをはかったもので、公海漁業自由の原則を破るものという解釈をとってきた。

従って、日本側がこの李ライン設定を原則的に認めることは難しいと見られるが、しかし、日本側としても事実上漁獲の実績をある程度確保できればいいので、日韓両国合同の委員会による漁業規制を厳守するというような方法で折り合いをつけることも不可能ではあるまいといわれている。

受取方要求のハラ

◇在日朝鮮人の処遇問題—在日朝鮮人の国籍、永住問題などについてはさきの日韓交渉で大体において話合いはついている。ただ登録その他の点で在日朝鮮人の一部に異議が出ていることは事実だが原則的に両国政府の間の食い違いはないようだ。しかも、政府としては、善良な在日朝鮮人についてはこれを補導するための諸施策を順次実施に移す手順をきめているので、一般的に話合いはつくものと見られている。ただ、さきに不法行為をしたために日本の国内法によって強制送還した朝鮮人について単に戦前から日本にいたという理由で韓国側がその受入れを拒否していることが問題だ。

日本側からいわせるとこれまで七回にわたって受けとっていたものをにわかに拒否の態度に出たことは了解に苦しむということだが、韓国側ではこの点については日本側に誤解があるというだけでいまのところ、具体的に解決の意向は見られない。

しかし、日本側は受入れを拒否された者についてはその都度強制隔離を続け、治安確保に万全の措置をとっている実情である。したがって日本の治安に害のあるような不法行為を行い、国内法にもとづいて強制送還の対象とされる者についてはどこまでも韓国側に受取方を要求するハラで、また韓国側としても、ほかの懸案についての話合いの進行にともない、日韓協力の見地から話合いがつくものと政府筋では予想している。

平和条約後の日韓会談

鄭 然 圭

朝鮮側が日本政府の反省を持っていることは確かで、日韓会談が再開されるにしても、会談の範囲内容等において、第一回会談の時とは大分違って来る。第一回会談の時には、平和条約に拘束されることがなかったので、日韓両国間の合意だけで、自由にいろんなことを会談の主題とすることが出来たのであったが、平和条約には、日韓両国間の会談によって取り決めるべき事項と、朝鮮独立承認にともなう日本国の履行すべき義務とがある。

日本政府が、日韓会談再開を最も望んでいる、在日朝鮮人の国籍問題にしても、日本国は平和条約第二条の、朝鮮独立承認の義務によって、当然日本政府は六十万朝鮮人の日本国籍を確認し、日本人同様の待遇を与えるべきであるにもかかわらず、韓民国人として送還政策を取っている。在日朝鮮労働者が過去四十年間、日本の炭鉱、造船所、鉄工所等の危険作業場や、土木、荷役等の重労働において貢献して来た功労を少しも認めようとはしないばかりでなく、朝鮮労働者が日本を去った後の、日本労働界、産業界に及ぼす重労働力についても考えようとはしないで、ただ在日朝鮮人の日本国籍権や財産権を奪いさえすればよいとの考え方である。

治安を口実にするも、それは日本側が、朝鮮人に犯罪を構成せしめて、強制送還せしめようとする策動からで、現に韓民国が強制送還に応じなくなってからは、急に火災ビン騒ぎもピタリと止んでいる。また人口過剰をうんぬんするも、それは今なお帝国主義時代の植民地領民の夢からさめてない机上論であり、不生産人口増加の問題であって、不生産人口を生産人口に換えるにおいては、一概に論ずるも、労働力過剰ということのないことは、専門家の等しく評するところであり、現に農村は労働過剰に悩んでいる。

第一回会談を決裂せしめた、朝鮮における日本財産の請求権にしても、これは明らかに平和条約第二条における、日本の請求権放棄の義務に属することである。同条約第四条における請求権とは、同条に明記している通り、朝鮮独立後、朝鮮施政当局とその住民との間に生じたものだけである。しかも同条によれば、日韓会談において主題となり得る財産権は、韓民国施政地域内のことに限られているのであって、北鮮地域のことは、北鮮政府との交渉主題となっている。

このように日本の履行すべき義務と、交渉事項とを分けて見て来れば、問題の李承晩ラインにしても同じことで、日韓会談において解決すべきことはそう沢山ではないのである。日本政府が自己の義務を、日韓会談によって逃れようとしているだけである。(筆者は朝鮮独立[illegible]—執筆)

1953.2.20

韓国に厳重抗議

第一大邦丸射殺事件

公海上の発生確認

責任者の処罰要求

外務省は第一大邦丸船員射殺事件について去る十三日韓国側に真相調査を申入れたが、その後、同船乗組員から事情を聴きとった結果、韓国船による公海上での不法射殺事件であることに間違いないとの確証をえたので、十八日同省から韓国代表部に対し、責任者の処罰などを要求するとともに特に「今後の日韓関係に好ましくない影響を与える」との、含みをもった強硬な抗議書を提出した。一方、わが水産業界では射殺事件および最近ふたたび激化しつつある漁船捕獲事件によって強い衝撃を受け、国会でも問題化そうとしているので、韓国側の出方次第では懸案の日韓会談再開をも困難にし、また防衛水域あるいは李承晩ラインそのものへの議論のむしかえしにすら発展するおそれを生ずるに至った。

第一大邦丸は事件発生後、韓国から佐世保に送還されており、政府の出先機関が乗組員から当時の事情を聴取したところ真相は別項の通り公海上での不法な射殺事件と分った、よって政府はにわかに態度を強化し、韓国政府あるいは韓国当局の回答をまつことなく、十八日あらためて、外務省から韓国代表部に対し抗議書を提示した。この内容は最近の日本漁船捕獲事件を非難するとともに、射殺事件について韓国政府の陳謝、責任者の処罰、損害賠償、事件再発の防止についての保証を求めるとともに、今後の日韓関係に好ましくない影響を与えるものであるとの強硬な表現がとられているといわれる。

政府はまた近く米大使館に対し国連軍当局の取締りを要請する申入れを行う予定であり、韓国側の今後の出方次第では、日韓交渉の前途に重大支障を生ずるとして政府はきわめて重大視している。

大邦丸事件の概要

【佐世保発】大邦丸事件とは、去る四日午前八時半ごろ福岡市北湊町大邦漁業所属手繰船第一、第二大邦丸（乗組員廿二名、いずれも五十七トン）が済州島沖約十浬、農林第二七四漁区で操業中、韓国船昌運丸が近寄り〝魚は獲れそうか〟と操業の状況をきいたのち、五分ぐらいして突然同船に乗組んでいた韓国側憲兵、陸軍下士官から射撃を受け、第一大邦丸漁労長瀬戸重次郎氏(ヨ□)が頭部を射たれ、捕獲された同船が済州島に連行されたのち、同夜韓国側の手当を受けたが死亡、その後佐世保駐在朝鮮沿岸封鎖護衛艦隊司令官グリッチ少将および韓国駐在武官らのあっせんで釈放となり、十五日抑留を解かれて済州島を出港して十六日佐世保に帰港、十八日日本側に引渡された事件だが、去る七日関佐世保海上保安部長がグリッチ司令官に面接したことから、初めて事件が分ったものである。

最初米軍側から得た情報では第一大邦丸は五日夜済州島から脱出中韓国船から追跡され、その際瀬戸漁労長は射たれたということになっていたが、十五日同船が抑留を解かれてのち僚船第二大邦丸が福岡漁業無線あてに打った情報により真相が分った。

グリッチ少将は十二日、解任、帰米の途中福岡板付空港で大邦水産社長大野巳子助氏と会った際次のようなことを語っている。

大邦丸事件を聞いた同少将は六日朝鮮に飛び李大統領とこの問題について話合った結果、同大統領は遺憾の意を表明、条件をつけないならば船も船員も釈放するというので大野社長が至急釈放方をとりはからって欲しいと同少将に話をした事実がある。

国会で調査か

第一大邦丸船員射殺事件は関係漁民に深刻な衝撃を与えているが、朝鮮水域に出漁する日本漁船は右のほか今年になって五回におよび臨検、捕獲、漁獲物没収あるいは追跡を受けており、またこれら業者は在佐世保の国連軍海軍筋から「防衛水域」内へ立入ってはいけないとの警告をうけているといわれ、これがため現地では底引協会の指示によって日本漁船が続々朝鮮水域から退去を始めているという情報が外務省に入っている。作戦行動に支障を与えない出漁は黙認されるということで政府と国連軍との間に了解があると信じており、また一月の吉田・李会談の結果、ゆくゆく出漁問題も好転すると希望を抱いていただけに最近の捕獲事件再発について恐慌を来している。

この空気が反映して国会でも二十一日には衆院水産委員会、二十三日には参院外務、水産、法務連合委員会へ第一大邦丸関係者三名の出頭を求めて事情を聞く予定となった。

1966.7.28

戦歿者慰霊祭엄수

佐藤首相도弔電

韓国人戦歿者의 慰霊祭가지난 二十日 太平洋戦争韓国

太平洋戦争当時 日帝에依하여 動員되었다가 희생된 人戦歿者 遺骨奉還会（강위종会長）에依하여 東京築地本願寺에서挙行되었다

同慰霊祭는 下午一時三十分 諸僧이 入堂한가운데 강위종氏에 依하여 祭文이奉呈된가운데 佐藤栄作日本首相、鈴木善幸厚生大臣의 弔電피로가있은다음 金東祚駐日大使（李文수参事官代読）権逸民団中央団長（李裕天監察委員長代読）등의 弔辞가 있은다음 全員 焼香을 마쳐 엄숙히 執行되었다

그런데 太平洋戦争当時動員되어 희생된 韓国人의死亡者数는 軍人・軍属만도約二万八百名으로 推定되고있는데 現在 厚生省倉庫속에 二百三十柱의 遺骨이 放置되고있어 同奉還会에서는今秋까지에는 이를 本国으로奉還하기為하여 各方에 呼訴하고있다

준엄！처참！엄숙！

呉基完、蘇貞子氏강연회

呉基完、蘇貞子氏에 依한「北韓実情을呼訴하는時局講演会」가 지난 二十二日 下午 다시 東京神田共立講堂에서 開催되어約一千五百名의聴衆들에게北韓에 대한올바른 認識을 促求하였다

民団関東地協의 主催로開催된 同講演会는 両演士의 강연에 들어가기前에 北韓技術者의入国에反対하는 抗議文（対日本政府）을 満場一致로 採択하였다

이어 両演士에 依하여 처참하고 준엄한 그들의体験을 通한 北韓의 実情이 토로되었다 呉基完氏는 特히 北送된 僑胞들의 惨状에 대하여 詳細히 알려주었다 또 蘇女史는 南韓出身이면서「共産統一」을 為하여 六・二五動乱과함께 人民軍에 加担하여 越北하였던 쓰라린 経験을 말하면서 特히 朝総連系僑胞들이 反省하여오면 이를 따뜻히 받아들여주라고 呼訴하였다

お知らせ

本誌二月一日號（第一〇一一一號）に掲載した『在日朝鮮人はニグロに非ず』について、筆者レオン・ブルー氏より、左の通り訂正申込みがありました。

「在日・韓民國外交使節團書記官李氏の言によれば」とあるのは、實際には李氏によるものではなく、あるアメリカ國籍の人士によるものに付き、訂正します。

なお在日大韓民國中央總本部常任中央執行委員、青年指導部長、裕天李氏は、在日韓國人の法律的身分について、『彼自身満足』している旨、われわれに聲明しましたことを付加えます。これによれば、在日韓國人が、在日韓國民に對して行われている身分について同政府と意見を同じくしていないことを示しているように思われます。

フランス通信社東京支局長 レオン・ブルー

一九四七年

建・青・地・方・セクショ

全國支部の活躍

淺川支部一周年記念大會

意義ある淺川支部一週年記念大會は盛大裡に、無事終了したのである

（淺川B記者發）吾らの耳目に殘る多くの事業を爲して來た淺川支部では、去四月六日午後一時を期して、淺川支部一週年記念大會が當地淺川館で開會された。この日、淺川支部幹部及盟員らと共に、一般在日同胞多數參列し、先づ開會の辭につゞいて、議長の選擧が行はれ、過去數年間淺川方面に活躍、功勞ある李裕天氏が參列者の總意として選出せられたのである。其の後、李議長就任の挨拶があり、つゞいて中央總本部の李瀬龍氏が、氏獨特の情熱をこめた口調で、淺川支部の發展と建青の大きな未來への道とを語つた。氏の熱辯は場内を感激と興奮の渦に引入れたのであつた。その後、樂團の餘興があり、

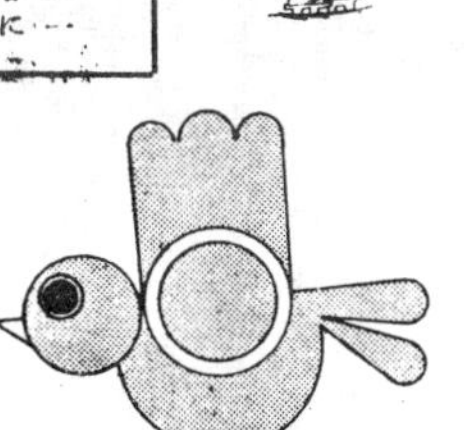

1953.9.12

巡視船の協力求む

洋上交渉 韓国旗艦から申入れ

【福岡発】朝鮮水域しょう戒中の保安庁海上保安部巡視船"あまくさ"（船長中村吉夫氏）から十一日午後八時三十分第七管区海上保安本部（門司）に次のような入電があった。

本船は十一日午後二時済州島東方四十五マイルの海上で韓国警備艦隊旗艦七〇五号と遭遇、同艦上で司令官金栄寛中佐から左の要求入り申入れ文書を受取った。

一、日本の巡視船、水産監視船は李ライン内に日本漁船が入らないよう指導するため李ライン内の立入りを認める。

二、日本漁船は李ライン外に出てもらう。再度李ライン内に侵入した漁船は逮捕するつもりだ。

三、日本漁船が反抗した時以外は武器を使用しない。人命と財産の安全を保障する。

四、日本の巡視船、水産監視船の行動を制限しない。

五、日本漁船が李ライン内に入らないよう巡視船、水産監視船の協力を要望する。

これに対し中村船長は「夜間日本漁船が拿捕された時は拿捕漁船の船名を確認するため巡視船は現場に急航する」と申入れ、同六時半会見を終了した。

完全に無視された中総指令

愛知商銀へ食込みに成功

民団乗取りは失敗

民団組織は創団以来十余年を経過し、ますます組織が強化され充実した活動が展開されている反面、不純分子の食込みによって組織体に正に危機に瀕しているといっても過言ではない。明確な敵対団体である朝総連とは正面切っての闘争であるだけに問題はないが「統協民社同」などの灰色グループ敵性団体との対決はいろいろ厄介な問題が全国各地で発生している。なかでも民社同の動きは最近とくに活発となり、主に経済人を抱込んでの裏面浸透を企んでいる。愛知県名古屋の愛知商銀（名和信用組合改称）は今や完全に民社同の手中で支配されることに帰した。不純分子が着々と民団及びその傘下団体に根を張りつつある現在民団組織に一大警告を発するものである。

民団中総監察委員会では五月二十九日韓国民社同盟員の本国伝職資格拒否通告の件という公文を全国組織に発送し、民社同盟員が民団及び各傘下機関の役職員につけない様、指示した。

この指示をあざ笑うが如く民社同盟員は次々と民団の各組織に食込んでいるのは否定できない現実となって現われている。

その一例として愛知商銀をとり上げるならば、去る十八日の同組合理事会では同組合専務に徐漢某氏が選ばれた。本社で入手した情報によれば徐氏は民社同愛知県組織の責任者である。問題は徐氏一人にあるのではなく徐氏をめぐる一連の関係がすべて民社同の筋をひくとみられていることである。

各地の信用組合はその設立趣旨に明記されている通り在日韓国人のための金融機関であり在日韓国人とは韓国国民登録をすました民団々員を指すものであることはいうまでもない。民団の傘下機関である信用組合の要職に中総指令を無視した措置がとられたことをどのように解釈すべきであるか？更に愛知商銀の場合、組合総代に韓国国民登録をすましていない者も選ばれている。わが僑胞社会によくあるように役職を争うためのケチ付けは一掃されねばならない。しかしハッキリ民団綱領に違反すると断定されたことは、そのまま筋を通して厳正に実践されるべきである。一方では公文をもって指示を発するかと思えば、一方では全くこれを無視する措置を平気でとるならば、結局は民団組織は根本から崩れるであろう。

中総監察委は愛知商銀の人事構成を検討し適当な措置すべきではないか。公文を発送したことで監察業務が終ったのではない。現在各地で起りつつある事態を直視し民団組織を守るために努力しなければならない。問題の多かった愛知県民団大会も結局その根本をさぐれば愛知商銀系もっと具体的にいえば民社同系の活動であった。民団組織を不純分子の策謀から守るためにここに警告を発するものである。

[illegible] [illegible]
朴贊一 [illegible]
姜性七 [illegible]
朴相輔 [illegible]
金永先 [illegible]
張奉柔 [illegible]
朴東鉉 [illegible]
金奎倫 [illegible]
金石顕 [illegible]
徐懐九 [illegible]
李正祐 [illegible]

（右欄は名古屋を中心とする民社同盟幹部の一部）

昭和33年7月5日

1958年5.20日

地方組織は廻る

荒れた大阪大会

新団長に崔寅柱氏

去る五日、民団大阪本部では関係者多数参席のもとに第二十一回臨時大会を開き、団規の財政報告を中心に執行部と議員側との間で論議が闘われ、執行部の説明が不明朗として、代議員側の野次と怒号が乱れ飛び、場内は騒然として混乱する一幕もあったが、執行部と監察委員側の説明により、ようやく事態を収拾、事務当局者のミスという事に落着、次いでそれに伴って三機関の辞職が受理され、新役員を選出した。この日会場には大阪事務所長をはじめ各界の来賓及び代議員百五十五名が参集しこれを張したふんいきのうちに会議が進められ、諸儀礼ののち、熱気の役員改選にうつり、選出された新役員は次の通りである。

団長	崔寅柱
副団長	姜琫秀
〃	崔詰洙
議長	朴玄
副議長	金中源
〃	梁憲承
監察委員長	徐相夏
〃委員	高時鍾
〃	戴柱一

無秩序極まる

李中総監委長憤慨

民団大阪本部第二十一回臨時大会に出席し去る十日帰京した李裕天中総監察委員長は、大会の混乱した模様を憤慨し次の様に語った。僑胞の権利を代弁しその利益を守るために責任をもって業務に携わる者が規約にも精通し、大会に充全であるべき代議員及び役員が大会の規約にも無知であり、大会にも熱をもって臨もうとする態度が徹底しないのは遺憾に堪えない。なお暴力団みたいな傍聴者があらわれたり、泥酔した代議員が会議に臨んだり、完全に秩序を欠き、代議員に暴力をふるって会場を乱したりする様な不祥事が起きるなどということは、民主主義を云々する資格に欠くものではなかろうか。今後団規整備の強化のために前に各自の猛省を促すのである。

東本、執行部を発表

民団東京本部金仁洙団長は、きよう三十日新執行部を次のように構成発表した。

事務局長	蔡鴻錫
総務部長	黄時旭
組織部長	朴贊道
民生部長	金連斗
文教部長	黄総務部長兼任
宣伝部長	高綱洛副団長兼任
同次長	張道源
韓僑通信 社長	金仁洙
編集局長代理兼次長	張道源

選手団に 後援資金を伝達

17日帝国ホテルで

第三回アジア競技大会に参加する韓国選手団の後援会は、かねてから僑胞の熱意によって募金された金を十七日午後三時帝国ホテルで選手団一行に伝達した。その日帝国ホテルには李相伯団長、鄭建永監督、崔在日体育会長以下、関係者多数が参席、集められた後援資金七百七拾五万円は金相官後援会長から李相伯団長に手渡された。これに対し選手団を代表して李相伯団長は感謝の言葉を次のようにのべた。

「在日僑胞の皆さんには常に多くの厄介をかけており、この度のような多額の金を頂いて誠に感謝にたえない。皆さんの生活も非常に苦しい筈であるのでこの金を頂くのは私達にとって誠に心苦しいが折角皆さんの厚意で集めて下さったので心から悦びと共に頂いておく。なおこの上は皆さんの期待にそむかぬようあらん限りの努力をして、皆さんの厚意に報いることを約する。」

民団神本の役員決る

去月二十三日、第十八回定期大会にて李根馥団長を再選した。民団神奈川県本部は、この程執行部役員をも決定した。役員部署次の通り。

総務部長	朴述祚
組織部長	李洪淵
民生部長	金萬鍋
文教部長	朴泰哲
宣伝部長	沈永沢

Korean Students Here Protest Rhee's Running

The ROK Student League in Japan issued a statement Monday in protest against the intent of ROK President Syngman Rhee to run for the third time.

The presidential election is to be held in South Korea on May 15 and the election of President Syngman Rhee is believed certain.

The statement said President Syngman Rhee has been the major stumbling block in the way of democratizing the young nation.

The South Korean Students League declared that Rhee has committed countless number of political crimes. He has revised the Korean Constitution for the sole benefit of his party, to say the least, the statement added.

民主新聞

日本語補助版

在日本大韓民国居留民団
中央総本部
機関紙

発行所
東京都新宿区若松町21
電話（34）8569・8570
民主新聞社
振替 口座 東京 243566
発行人
丁賛鎮

購読料共50円
一部15円

綱　領

一、われらは大韓民国の国是を遵守する。
二、われらは在留同胞の民権擁護を期する。
三、われらは在留同胞の民生安定を期する。
四、われらは在留同胞の文化向上を期する。
五、われらは国際親善を期する。

門戸広く開放民団の発展を期す

第27回議事会終る

在日大韓民国居留民団第二十七回中央議事会は去る十月二十五日午後零時から中央総本部講堂で開かれた。今度の議事会を巡つて、巷間には中総のことがいろいろ取沙汰されていただけに開会へき頭から場内は異様な興奮にとざされ議事進行中には火花の散る質問戦まで展開されたが——①国会オブザーバー入国拒否問題は五人の「オブザーバー入国問題全権委員」を選出して、本国政府および駐日代表部と折衝する②神戸学生事件は責任者の謝罪③医療機関問題は中総本部に早急医療機関を設ける④関東協議会から提出された「思想見解統一問題」は民団の門戸開放趣旨に反するので成文化されず、その精神だけを生かす——等の決定をみた。

会議は全国中央委員（全員百名）六十九名、多数の来賓、傍聴者が参席した中で、金相鎬氏（宣伝次長）の司会で開かれた。国民儀礼を厳かに行い、金光男議長の「世界情勢は大いにかわつて、世界人類がひたすらに平和をさけんでいるにも拘らず、国際情勢は一層増々に核兵器に依つて武装され、大陸間弾道弾、人工衛星等の科学のめざましい発達は、私達の考え方までをかえずにおきません。視線を国内にうつせば、その間、韓国は国連に加入すべく努力してきたのでありますが、国連では何回も拒否され、またわれわれの念願である日韓会談もいつ成功するかわからないという現状であります。このような情勢の中で、われわれ民団組織の発展が、若しや遅滞しやしないのかと、憂慮されるのであります。今日の議事会では、つまらぬ個人感情にこだわることなく建設的な意見を交換して、民団組織の上に、大いに寄与するよう望むものであります」との開会辞があり、点呼、議員資格審査の後、議長の開会宣言を迎える拍手を以つて、議事会の雰囲気が完全にかもし出された。

団長の挨拶、祝辞を終え、議決機関、執行機関の経過報告があつて一旦休会、昼食に入つた。二時半監察機関の経過報告で再開されたが、中途駐日代表部金裕沢大使の「対共闘争において、みなさんは労苦をいとわず、よく闘つてきたおかげで今日の民団を築きあげることが出来ました。私の考え方に誤りがあるかも知れませんが、大韓民国の傘下に入ろうとする僑胞が多くいるにも拘らず、未だに民団に加入していない僑胞が多勢いると思います。われわれは浮動層の獲得に努めると共に、経済人、知識人全部を含めて全体僑胞を民団に加入させるようにしなければなりません。すべて「率をなしとげるには必ず苦難を克服する勇気と固い信念が必要であります。われわれのおかれている環境は決して恵まれていません。われわれの歩む道はコンクリートのような平坦な道ではないでしょう。今後民団と代表部は表裏一体となつてわれわれに賦課された義務と神聖な事業を全うすべく努力して行きたいものであります」との祝辞が述べられ、再び監察機関の報告が継続されたが財政問題と神戸学生事件処理で長時間に亘る難航が続けられた。

質疑応答では、まず国会オブザーバー入国拒否問題で、団長がオブザーバーの一人として拒否されたことは遺憾至極である、その理由と心境を聞きたい」との千葉県代表の質疑から端を発したが、微妙な感情も手伝つて一時会場は荒れるかのようにみえた。が、結局国会オブザーバー問題は五名の特別対策全権委員を選出、今後本国と代表部の交渉を行うことに決定し、神戸学生事件は関係四責任者（団長、金文教局長、金広島県本団部長、姜兵庫副団長）の謝罪でケリがついた。医療費問題は、監察委の報告に続いてこれも長時間論議されたあげく、執行部で現中総本部内に簡単な医療機関を設けることに決め質疑応答を終えた。討議事項と運方建議案では主に関東協議会から提出された「思想見解統一問題」に焦点がしぼられ、民主主義原理とその思想を哲学的に究明する論もあつてこの会議のクライマックスをなした程だつた。「門戸開放を叫んでいる今どき、そんな民団破法ともいうべき規約を作ることは、時勢に合わない。現在の民団規約を適切に運用すればそれで充分だ、だから今さらそんな規約を成文化する必要を感じない」ということに意見の一致をみた。最後に名議長として創団以来議長

記者席から

建設的意見なく低調
活発だつた思想論議…◇

▽…民団結成以来第二十七回中央議事会程低調な会議はおそらくは初めてであろう。中央議事会を前にしていつものように不信任案を提出するとか、または執行部を倒すために議長団と監察機関が総辞表を出すとか、いろいろと噂さされていたから相当な波乱が予測された。しかるに何の議題もなければ、当を得た質問もない。はじめから終りまでお金の問答で終始。懸選挙、総選挙が飛び出して失笑を買つたのが関の山であつた。××会に五十万円、○○社に六十万円説、二十万円説の公金流用があるらしいとの監察委員の報告もケツ作であつたが、それ以上の流用をしたと中央議員を呑んだような団長の答弁もまた奈りであつた。いづれにしても会計報告がなつちよらんということは事実だ。

▽…「日本に居住する六十万の僑胞の中、現在代表部の国民登録を済ました数は二十三万、その他残りの全体が共産主義者とは思わない。だから民団はこれらの者を包摂するよう努めなければならない」大使の祝辞の概要であるが、これはいつも民団大会で論議尽された問題。然し語る人が違えば、議論も違つて来るというわけか。何故金大使はコウ緒状態にある韓日会談問題には一言もふれないのか。危ないものにはさわるべからずか。

▽…金大使の祝辞とは対照的に関東地区協議会で「思想見解統一に関する問題」という結議案が提案されたが、採案説明中傍聴席の失笑を買つた。興奮を抑さえ切れず議長を連呼しながら発言を求めて飛び出す勇士も現われる始末。世界思想潮流を哲学的（？）に説く議員。「この民団破防法には団長逆動もひつかかる」と現実的に説く議員。「現在の民団規約でも充分や」と監察委員長らしき手裕天氏の発言。ある地方議員、議長を叫びつづけて不平を一席。「十数回も発言を求めたのに、一回も発言させない議長は、あまりにも不公平ではないか」と前提「思想統一案はあまりにも近視眼的、むしろ赤色分子を養成するようなもので、大使の発言とは相反するのではないか。その精神だけをとつて、成文化は止めようということ」でケリ。人工衛星論も飛び出るようなカツコウ。これ正に金大使の祝辞とは好一対。

▽…問題の焦点とも見られたいわゆる神戸学生事件、民団中総、広島本部、兵庫本部との対立関係は金文教局長のシドロモドロな説明に対し、金石広島団長の説明はなかなか堂に入つたもの。然し何をいわんとしたか結局シドロモドロ。泰山鳴動、鼠一匹というのは正にこれをいう。

▽…オブザーバーと丁団長の入国拒否問題もまたは不信任案の条件の一つであつたらしいが、これは主客転倒といえよう。丁団長に入団を拒否される理由を追究することは去る四月大会で済んだこと。外務部長官と会つて来た人たちの報告を、まともに聞くとすれば責任の所在は明らか、民団の権威を民団員自身が保たなければ、権力に屈従するための民団か僑胞の権益擁護のための民団か。理由は明らかである。

▽…何故議事会がこんなにだらしがないのか。約三百万円の費用を消費して、集つて散つて行つた議員は何を得たか。民団組織に如何なるプラスを与えたか。いつもの念仏ではあるが、何故運動の本質と遠ざかつているか。かようなことであれば、傍聴席での議事会無用論、大会無用論もただの不平分子のたわごととはいえまい。

▽…数有余年民団に尽し、また名議長として名声を博した金光男氏がアメリカ留学のために辞職、老いて益々その意気壮とすべし。五十にして新に古巣がなつかしく、教役者のための新な決意は若者の亀鑑といつても過言でないはず。

（昭和27年12月7日第三種郵便物認可） 毎月10・20・30日発行

6月10日 火曜日
1958年
第400号
（定価一部10円）

◇綱 領◇
一、われらは大韓民国の国是を遵守する。
二、われらは在留同胞の民権擁護を期する。
三、われらは在留同胞の民生安定を期する。
四、われらは在留同胞の文化向上を期する。
五、われらは国際親善を期する。

永年の懸案遂に完成へ

基金は六千五百万圓

民団中総（団長＝金載華氏）は三日午前十時半から同本部議長室において第三回常任執行委員会を開き、各局の活動状況を聞いたのち、今後の当面する諸方針を打合わせた。ついで民団中央会館建設資金問題を検討し、資金総額は六千五百万円に決定、この約半分にあたる三千万円を組織による募金とするが、そのうち一千万円は中総をはじめ各地方本部と支部の役員から、残りの二千万円は一般備胞から一人当り百円を義務として徴集することになり、更に残りの三千五百万円は代表部の後援と備胞経済人により募金することに決定した。

中央会館ほぼ確定

数日中に中総移転

民団中央会館問題は、新執行部が構成されて第一回常任執行委員会のときにも決定をみた通り、何をさておいても、来る十月末までには必ず新築することになっていた。その間中総は全機能を発揮し、各方面において活躍した結果、最初に決定をみた新築案よりも、既成ながら中央会館としてふさわしい建物が二、三候補にあげられることになった。そのいずれを選ぶかはまだ決定していないが、この候補の中から一つを選び数日のうちに移転することを決定し、その募金方法として前述した通り、組織から三千万円、経済界から三千五百万円の基本線をつくり、その内訳として次の方法をとった。

国民登録者は義務的に一人当り百円を納めること。

民団組織内の約三千人の役員（選挙による者だけ）は一人平均三千円を納める。

註（中総、地方本部、支部の差をつけ、また各機関長と副機関長にも差をつけているが、それを平均すると三千円となる）

経済界に対する募金は、備胞実態組織実態、経済実情など、各地方の報告にもとずいた数字をまとめその平均した数字を地方別に割当てている。

なお、同常任執行委員会ではこのほか民団中総の財政の源泉問題について、関東一円における五十ないし百名の経済人を網羅し、常時援助がなされるような組織をつくること、および各局に専門分科委員会をつくることなどの決定をみた。専門分科委員会の具体的構成および人名等は数日中に発表される予定。

中総税務事務所を開設

民団中総民生局（局長＝李学文氏）は、この程公認会計士朴廣二氏を税務顧問にむかえ、きょう五日から税務相談所を開設した。なお、法律顧問には朴[illegible]弁護士と目下交渉中であるが、近日中に確約が得られる模様である。

民団組織の試金石

会館建設に結集せよ

民団中総が三日発表した民団中央会館問題に対し備胞紙は一斉にこれを報道、金載華団長と新執行部の活動を讃えている。また民団東本機関紙「韓僑通信」は「中総会舘移転決定を喜び、運動への積極参加を誓う」と題して次のように報じている。

民団中総（金載華団長）は数日中にも新しい庁舎に移転するため、準備を進めていることが明らかにされた。さる四月二十五・六日の第二十二回定期大会を経て現執行部が発足してからわずか四十余日も経たない現在、まさに電光石火の早業であり、金載華団長のすさまじい実践力にただ驚くばかりである。

庁舎移転は丁賛鎮前団長就任当時の三年前から持越された課題であるが、韓国学園の認可問題ともからんで、中総・ひいては備胞の対外的威信にかかわる問題として、早晩解決されなければならないものである。それだけに積極的団員はいうに及ばず全備胞はこぞって金団長の英断を歓迎し、移転運動に能動的に参加する心構えを充分にしている。この問題に対して前向きとなっている備胞をどんなに効果的に運動に参加させるかが、移転を最後まで奇麗に解決するための鍵となろう。金団長のファインプレイの見せどころである。

中総の第三回常任執行委の決定をみると、資金総額を六千五百万円とし、三千万円は組織による募金とするが、このうちの一千万円は組織役員から、残り二千万円は一般備胞から百円ずつ、さらに残りの三千五百万円は代表部の後援と備胞経済人からあつめることになっている。まさに壮挙と言わねばならない。これまで随分いろいろな募金運動が行われたが、その規模、金額においてこれに匹敵するものはない。近くは去年の本国風水害救済運動で現金にして百万円内外の備胞の金があつめられた。今度はケタ違いである。それだけに身の引きしまる思いがする。全組織をあげての大事業であるが、現在の団勢、備胞の関心からすれば強ち無理な相談とも言えない。この遂行如何は民団組織の統制を対外的に示す一つの試金石ともなろう。お互いに積極的参加を誓うと共に、金団長の活躍を期待して止まない。

政党員の任職を拒否

中央監察委、全国に通達

民団中央監察委員会（委員長＝[illegible]）は六日「韓国社会民主同盟員の本団任職員就任」の問題に対し、次のような見解を明らかにし、それを全国に通達した。

その主文には「本中央監察委員会は本監の決定によって、韓国社会民主同盟の盟員が本団各級機関の任職員に就任することを拒否する」とあり、その理由として

一、本団は綱領第一条により国是を尊重する団体であるから、わが国家が傀儡として規定する北韓を、国家として認定し国号を使用するその全てがわが国是に背反するもので本団綱領に反する。

二、韓国社会民主同盟は、一九五六年十二月、本団との来信書翰において「社党」であることを自称、その時も政党的色彩をもって活動した。去年四月全体大会において、韓国社会民主同盟が政党団体ではないと決定したが、本団は如何なる政党の党員であっても、本国の政争をこの地で行うことは禁止するという一九五七年度の活動方針により本国の任職員に就任することは許されないと結論されている。その理由は本団が政府の公的事務を執る場合が多いばかりでなく、本団の目的がある政党に偏ってはいけないからである。政党の党員であるならばその政治生命上、その政党の政見政策を優先的に施行することと必定であるから任職員としての勤務が不可能である。時々かかげられている。

「民族日報」社長らの死刑取り消しを要求

国際民法協がコミュニケ

国際民主法律家協会書記局はさいきん、南朝鮮の『民族日報社』社長をはじめとする言論人たちにたいする軍事ファシスト一味の弾圧を抗議、糾弾するコミュニケを発表、これを国連の出版物と国連人権擁護委員会、国際人権同盟、ならびにこの事件に関心をもっている各団体に送った。コミュニケは、朝鮮人民の平和的統一・独立の念願を乱暴にふみにじる南朝鮮軍事ファシスト一味のこの不法な暴挙に憤激と不安を表明し、南朝鮮の言論人たちにたいする「判決」を取り消し、ファッショ的弾圧を中止するよう要求した。

一方、国際民主法律家協会書記局は、南朝鮮軍事「政権」の「法務部長官」にこれにかんれんした抗議の書簡をおくった。書簡は、南朝鮮の言論人たちにたいするファッショ的「判決」に抗議し、かれらにたいする「判決」を取り消すよう要求した。

幹部養成と団史編纂に着手

金今石組織局長言明

民団中総組織局（局長＝金今石氏）では、きょう五日、民団幹部養成を七月一日からはじめると発表した。

同問題は、さる三日の中総常任執行委員会で検討され決定をみたもので、まず、東京で全国講習会を開く前に地方で講習を実施した後、その方法を変え、地区協議会単位に講師を派遣し、実際的効果をねらうことになった。

また、同局は、団史の編纂を準備中でその編纂資料は、幹部養成講習会を通して、現地で直接収集する予定という。

金今石組織局長は、この問題について次のように語った。

一、幹部養成講習人員数は、五十名以上を目標とし、東北地区協議会から行い、目下その最も重要な各種議題を検討中である。

一、団史の資料は、七月一日から行われる幹部養成講習会に並行して収集するほか、幹部を各県本部に派遣するが、各県本部は幹部が派遣される前に次の各事項を早急に調査しておくこと。

（1）県本部の活動経緯
（2）支部活動の状態
（3）対内外の闘争記
（4）人物関係

民団新宿支部大会

納貯組合総会も10日

民団新宿支部第十一回定期大会並びに新宿韓国人納税貯蓄組合第十二回定期総会は十日正午から同支部事務所で開催す。

民団千葉本部執行部決まる

去る十四日に定期大会を開催した民団千葉県本部は新執行部を次のように構成した。

事務局長＝金朱成、総務部長＝金事務局長兼任、組織部長＝南文永、民生部長＝鄭成範、文教部長＝権寧珣、宣伝部長＝許斗。

小山支部で大会

民団栃木県本部管下の小山支部が去る十八日、定期大会を開催したが新任役員メンバーは次の通りである。

団長＝崔致颯、副団長＝南澤金明万、議長＝李成在、副議長＝崔炳駿、監察委員長＝朴世[illegible]委員＝金漢淑。

愛知中村支部でも

民団愛知県中村支部第十一回定期大会は、九日正午から中村児童館で開催されるが、同支部の事務所の立退き問題もあり注目されている。

幹事長に金敬哲君

早大韓国同窓会総会

早稲田大学韓国同窓会では、去る二十六日、大隈会館で新入生及び卒業生の歓送迎会を兼ねて総会を開催したが新任幹事は次の通りである。

幹事長＝金敬哲、幹事＝金昌[illegible]、李鍾安、表致鎬、辛宣浩。

青涛館が道場を民団渋谷支部へ移転

青涛館空手道場（主宰者丁永沢氏）はこのほど民団渋谷支部（渋谷区宇田川町十五番地）に移転した。

中総団長に公平欠く
民団運営に大きな黒星

愛知県における民団大会はこれほど全韓僑が関心をよせられたことは、同本部はじくって以来のことで、有力な経済界をはじめ、組織人らが全力をあげて執行部の改革にのり出したことは全国的にも例がない。後一年間の任期があるから現状維持でふみきろうとする現執行部は、現役の強みで与論の動きには応じないとがんばり、また現執行部では僑胞の権益を擁護する民団の使命を果し得ないのみかその発展を期することは望めないと改革を断行しようとする動きが活発に展開され、大勢は改革派が優勢を占めるに至ったのである。最後まで勝算ありとみた現執行部では場合によっては暴力に訴えて

もと大阪からプロレスの強人までよせたというわけ、この不利な空気に接した金載華中総団長は不信任案が提出されたら通過が確定的とみて総辞職を勧告したといわれるが、この大会に臨んだ中総団長は李裕天監察委員長と共に全く公平を欠き、地方の与論を無視して執行部だけの言分に左右され、一方的な固定された態度は中総団長としてとるべき態度でないと一般の不平が強く、ながらく組織の最高責任者として立っている者が途中半端で放棄されるような状態を平気で居ることと、いやこのような状態をつくり出して、民主主義に反する行動を平気で行うあたり、全くみすごすべきでないとい[illegible]である。

来賓あいさつに立った際も、違った報告をまにうけて大会とは全然関係のない民社同問題をひっぱり出して代議員をおこらせたり、中総団長一ヵ月にしてすでに地方の[illegible]を助長させるような言動には

前途が案じられるし、今後民団全体を指導して包摂しなければならない重大使命を前にある一部だけの民団のようでは発展をとげる上にあまりにも偏見であり無能であるという失望的な与論が強く起き上っている。李裕天中総監察委員長も地方組織の公平な監察を期するのはいいとしても、規約論でない国民登録令までひっぱり出し、ありもしない

登録令条項をもって真摯な大衆から不信の念を買う結果を招いたことは組織全体からみて心細いという声も強い。いずれにしても中総の団長と監察委員長が黒星をつけながら深く入り込んだ同大会は三時間の総辞職だけで多くの重要問題をそのままのこしてあっけなく幕を閉じてしまった。六月十四日名古屋市中

日会館でひらかれる大会は十四日臨時大会として通知が出されているが、すでに再立候補を辞退すると声明して辞職した鄭学実氏の代りに誰が出るかはまだ知らないがやはり改革派から推す[illegible]氏の線は絶対的なもので、会館建設と基本資金確保、商工会設立など、[illegible]な現状から飛躍的発展へのスタートが期待される中に十四日の大会が注目される。

全斗銖君をいたむ

金 熙 明

故金斗銖氏

同志全斗銖君

僕は今でも記憶がうすらえない。その日は、実に冷い日であった。昨年十二月二十二日の朝早く、兄と僕は、韓国駐日代表部で用件を済ませて外に出た。仙台坂をあがって行く途中に、兄は突然歩けなくなってすわりこみ苦悶をし始めた。顔色が真黒くなり、あぶら汗を流がして、手で腹部をさすりながら苦痛のため呻く声も細った。側にいた僕の驚きは一通りではなかった。あわてた僕の取る緊急処置は、結局病院に急行すること以外に良い方途を発見することが出来なかったのが事実であった。

全君！兄が入院した、数時間後には、僕は独りでその病院を去らねばならなかった。その時の僕の心情は、悲愴そのものであった。兄は、僕が他に時間の約束があることを知悉し、病院より去ることを奨めたではないか。だが僕は荒涼たる病院のベットに兄を一人残して帰る時、何故か涙が眼を覆いどうすることも出来なかった。ところがその時が兄と僕が病院以外の場所で相対することの出来ない運命の瞬間となることは想像もつかなかったし、またその瞬間が全兄と僕の明暗を分ける人生の永遠の離別となることもしらなかった。

全君！その当時僕らは、「民主新聞」を隔日刊に発刊し、遠からず日刊に躍進せしめる計画をすすめ、その準備に大童であった。恰も年末であり、諸般の客観状勢は悪条件としてわれわれの前に横たわった。そのため不眠不休、昼夜兼行の強行軍であった。その激務のため兄の健康を阻害し、生命まで奪取したかと思うと、僕は済まない責任を感ずる。兄の名は殉職者であろう。

兄の入院したその翌日「民主新聞」は、隔日刊として第一号が発刊され、兄の病院生活四十日後二月一日民主新聞は「韓国新聞」と改題され、日刊第一号が創刊された。全君！兄がこの世を去り、昇天された運命の日、二月一日午後四時は「韓国新聞」が日刊に躍進するので、同志達が印刷輪転機にスイッチを入れる歴史的瞬間であった。兄が生前あれだけ心血された「韓国新聞」は、遂に兄の肉眼で見ることが出来ず、数時間後に、霊前にこれを供えて読んでもらった。

全兄！兄は解放後在日僑胞の権益の増進と自衛的行動による生活、文化の向上を図るために居留民団を創設するのに際して、その組織に参加し、爾来十六年間愛国者としての情熱を持って、徹底的に反共闘争の火蓋を切り、その戦士として指導者として働いた。民団の組織の拡大強化はもとより、将に兄の鋭敏な頭脳と緻密な計画性は民団の規約と事務要典、会計事務等の体系を確立するのに、参与して巨大な足跡を残したことは、誰しもが周知している事実である。

だが全君！今日この場には君の姿が見えず祭壇の上に写真が静かに微笑んでいるにすぎない寂しい現実である。兄を失ったわれわれはあたかも柱を失った建物のような存在で、不安が募るばかりである。

全兄！われわれはたとえ明暗の世界を異にし分れていても、兄の遺志を尊び、どこまでも国家民族のために前に増して闘争することを誓うものである。全君！人生の死なるものは宿命的に約束されたもので誰でもが一度は行かねばならない途なのである。兄は、不幸にして他の同志よりか早く行ったに過ぎない。われわれも必らず行かねばならない途であり、ただ時間的な問題にすぎない。ではまた会う日まで…。全君！われわれは、国家民族の至上命令に従い、その偉業を完遂する覚悟を更に旺確にすることを、もう一度、固く誓うものである。

全君！君の冥福を祈る。

二月九日

韓国新聞社 金熙明

同志よ!! 安らかに眠れ

1957年9月14日

呼 訴 文

우리들의 祖國에 三十年來의 豪雨로 百八十名이 死亡하고 三十万의 罹災者가 났다는 報道에 在日僑胞의 마음은 몹시 아팠다 놀라움은컸다

李承晩大統領께서는 率先하여 現地를 視察하고 스스로 따뜻한 사랑의 손을 뻗쳤으며 友邦諸国으로부터도 續々 救援物資가 到着하고 있다는 報道는 在日僑胞에게 기쁨을주게한同時에 同胞愛를 発揮케하였다 在日僑胞六十万의 生活은 말할必要도 없이 安定되지는 못하고있읍니다 그러나 苦生스러운 가운데에서도 醵出하는 同胞愛의 結晶이 그얼마나 高貴한것인가?

悲慘한 環境속에서 헤매이고있는 이들 罹災同胞에게는 巨万의 財物보다도 오히려 僑胞여러분의 따뜻한 救援의 心情을 기쁘게할것입니다

本委員会는 祖国의 同胞를 救護하기爲해 總力을 傾注하고있읍니다

救援하는 僑胞여러분의 여러분의 따뜻한救援物資는 어려분의父母兄弟를救援하며 나아가서는祖国에 크다란 힘이될 것입니다

東京商銀13日に定例理事会

東京商銀信用組合（組合長・金在沢氏）では、きたる十三日午後三時から同組合三階会議室で第十回定例理事会を開く。議題は（一）預金・貸出目標について、（二）「創立八周年記念預金奉仕の夕」開催について、（三）本国旅行貯金募集について、などである。

多数同志に送られて
全斗銖氏告別式盛儀

故全斗銖氏の告別式が、民団中総団長が葬儀委員長となり、九日午後一時半から民団中総講堂において行なわれた。

式はカトリック儀式による礼拝をもって始まり、聖イグナチオ[illegible]によるミサと説教をもって故人の霊を慰めた後、[illegible]団長の告別辞を述べた。つづいて金熙明（韓国新聞社）、李[illegible]（[illegible]）、朴[illegible]（友人代表）、李[illegible]（[illegible]）氏等から弔辞が述べられた。弔電（数十通）ひき続いて遺族代表として[illegible]氏より挨拶の後、故人の竹馬の友人朴明云氏の弔辞があり、献花による告別式をなして、午後三時閉会した。

なお、故人の遺家族には夫人[illegible]女史（東京商銀職員）、一男五女がおる。参列者は代表部、中総、傘下組織関係者等約百五十人であった。

在日国際少年親善の集い

東京、横浜で二つの国際紛争

日ソ国交の回復に明るい話題がもちあがっている折も折、三十日東京と横浜で二つの国際的な紛争が起った。東京では南北統一のための大会が下谷公会堂で開かれる寸前に両派の会場乗っ取り合いから乱闘となって流会、会場から六名、その後のなぐり込みで二十数名の負傷者を出しそのうち十三名が入院（四名重傷）するというさわぎが起った。横浜では米軍施設で在日外国少年の国際親善大会が開かれたが、来賓として[illegible]総領事代理が「共産代表の出席はけしからん。退去しなければ軍隊を出動させる」とマイクで叫んだ。このため出席の各国領事団や少年たちに大きな衝撃を与え、なごやかなるべき二つの会合はとんだいがみ合いの場と化した。東西両陣営の冷戦の一幕か…。

1955.1.31 毎日

"南北鮮統一"で乱闘

促進協全国大会 負傷二十数名出す

(上)下谷公会堂で乱闘する南北朝鮮人(下)壊された同和ビル入口

三十日午後一時半から台東区役所内下谷公会堂で南北朝鮮統一促進協議会全国発起人大会（責任者朴春琴氏）が開かれることになっていたが、同日午後一時ごろ南鮮系民団約二百名がバス三台に分乗してのりつけ、バリケードを築いて北鮮系民戦の入場を拒否した。このため両派小競合いとなり六名の軽傷者を出した。同三時四十分ごろ、こんどは北鮮系民主愛国青年同盟員らがバリケードを破って会場になだれ込んだので約五百名の南北両鮮人が再びもみあいとなった。上野署では警視庁予備隊一個中隊の応援を求めて警官約三十名が出動、実力で会場整理を行い、大会はついにお流れとなった。この流会に不満をもった民戦系約二百名は大会会場前広場に集結してデモなどを行って気勢をあげたが、同六時半ごろいったん解散した。

ところが同準備委員会が台東区浅草寿町二の三三同和ビル（理事長李任東氏）の三階会議室で打合せ会を開くため午後七時ごろ民戦系約百名が同ビル前に集っていたところ、十数台のタクシーに分乗した約百名の民団系とみられる学生をまじえた一団が降りると同時に「突っこめ」の号令でジャックナイフや鉄棒、コン棒を持って民戦系の人たちのなかに殴りこんだ。約三分間殴る、刺すの乱闘を展開、民戦系に二十数名の負傷者を出した。[illegible]同ビルの玄関先やガラスをめちゃくちゃに壊したのち、待たせてあったタクシーに乗って逃走した。浅草署の調べでは、この日開かれた発起人大会に反対している民団系の人のしわざとみている。同署では団体の責任者を呼んで取調べることにした。

▽病院収容の負傷者

▽藤井病院（重傷）目黒区代官山町一三学生申在英（二〇）＝左胸部刺傷で全治一ヵ月＝台東区谷中初音町四の一六二学生李信綵（一七）＝左胸骨折（軽傷）葛飾区新宿町一〇大六全華南（三〇）北区上十条二の二三学生金竜元（一七）荒川区三河島町四の三三九五同李昭石（二〇）▽高橋病院（重傷）北区上十条二の三三学生申東燦（一七）＝左腹部刺傷＝団体＝同同方鉛植（一九）＝頭部刺傷で全治一ヵ月＝（軽傷）横浜市鶴見区鶴見町[illegible]朴泰圭（二〇）荒川区三河島町一の七三六同任炳（二一）▽ミノ輪病院（軽傷）台東区御徒町三の三三村田雄太郎（二三）葛飾区上平井三三〇〇同文聖学（二〇）北区上十条二の三三学生田東燦（一七）同文世力（一九）

退去せねば軍隊出す

米総領事代理 共産代表の出席怒る

【横浜発】国際親善の交歓を行う横浜市の[illegible]少年Ｎの新春大会は約二千五百名の児童を集めて三十日午後一時、横浜公園内にある米軍「[illegible]ジム」に外国の在日国際少年を招き、花やかに開幕した。ところが開幕宣言につづいて司会者の横浜市青木教民部長が来賓者を紹介したところ、同大会に来賓として出席していた米国横浜総領事館の総領事代理領事ズハーレン氏が来賓者中に中国、朝鮮の各人民共和国代表が加わっている点を指摘、同五時五十分ごろマイクで「米国の施設内に共産主義国のものが入り込んでいるのはけしからん。彼らを全面的に退去させなければ軍隊を出動させる」と日本語で放送、少年らを驚かせた。

ズハーレン氏

共産側の代表である横浜朝鮮人学校[illegible]会長李[illegible]氏（二〇）らは「[illegible]の少年たちが世界の少年代表と交歓会を開くので出席して欲しいという市教委の招待状でやってきた」と主張、会場は約十分間にわたってもめた。結局、共産側の出席者、学童ら約二十数名が席を立って退場しておさまったが、同大会には英国のギャリー領事をはじめペルーのポーレ総領事、ギリシャのパパドポラス領事、国府の孫[illegible]領事ら横浜在住五カ国領事と中共関係の横浜中華学校の[illegible]も出席していただけに、ズハーレン氏の発言は各方面に大きな反響を呼んでいる。

退去する中共代表＝横浜電送

『催しは了解ずみだ』

平沼横浜市長談 我々の方にも手落ちがあったかもしれない。しかし今回の大会は各国領事団代表の当番であるペルーのポーレ総領事に了解を得ているはずだ。知ったので、あのような厳重申入れをしたまでだ。

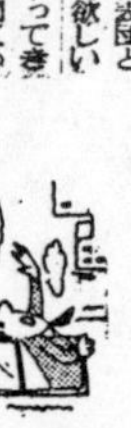

何もいえない

テーラー総領事談 まだなにも報告を受けていないので、いまのところなんともいえない。

乗逃げの脱走か

韓国機？墜落事件 電報で解体もたのむ

高栄浩

【広島発】既報、二十八日広島県山県郡戸河内町十方山で発見された墜落飛行機につき加計署では三十日朝、同町字横川農業藤井一栄さん（五二）方に身を寄せていた自称高栄浩（二七）＝慶尚南道密陽郡密陽邑＝を外国人登録法違反で逮捕取調べたが、発見された機体は米国製のところから飛行機の乗逃げによる韓国兵の本国脱走、密入国の疑いが濃くなった。県警察本部では事件を重視し三十一日から広島地検と移管、田村検事が本格的に取調べるが、高は記者団に対し「東京から難飛会（中央区八重洲口に本部があり＝該当なし＝会員は日本人、朝鮮人千三百余名で高も同会所員と自供）のものが訪ねてくるまで何もいえない」と口を閉じている。なおその後の調べで高は日本国際少年航空兵出身であることがわかった。

高は墜落後約三日間他の一名と山中をさまよったのち藤井さん方に身を寄せていたが九月下旬ごろ二人づれで上京、難飛会に住み、その飛行機で墜落現場付近を捜索したという。

去月二十三日両名とも藤井さん方に現われたが、再び姿を消し、今月十日からまた現われ、高だけ藤井さん方に滞在、二十四、五日ごろ他の一名は上京「東京から二、三日中に帰り、お宅に立寄るからクギ二百本をそのとき渡してくれ」というハガキが届いている。また二十五日戸河内郵便局から中央区槇町五の七田代ビル内、東京機械工業株式会社社員刈谷正憲氏（三二）あてに「墜落現場を発見したから早く解体にきてほしい」むねの電報を打っていることもわかった。

姿みえぬ刈谷氏

高栄浩が電報で飛行機の解体を依頼したといわれる刈谷正憲氏は三十日朝十時ごろ板橋区上赤塚二六四の自宅を出たまま姿が見えないので、志村署で捜査している。同夜刈谷氏の夫人幸子さん（二五）は自宅で次のように語った。

「夫はけさ（三十日）ヘリコプターの機械試運転に行くといって出かけたきり夜になっても帰りません。会社にも行っていないと連絡がありました。夫は戦時中は航空隊技術大尉で、二十八年に航空局三等整備士試験にパ[illegible]

僑胞と共に慶賀

金溶植公使記念の辞

八月十五日はわれわれ三千万民族が、外国の侵略より、解放を戦い取りわれわれの総意によって政府を樹立しわが国の独立を全世界に宣布した日である。今年は特に李大統領の三選就任式が挙行される日であるからわが民族は国内外を問わず一そう感激を新たにして慶賀すべきである。

李大統領閣下においてはわが民族が外国の圧制下に呻吟している時民族の独立と祖国の光復の為に献身努力した結果われわれはわれわれの独立を勝ち得て、自由陣営の重要な一員としてわが民族と国家はますます発展している事は皆が共に喜ぶ所である。憲法による総選挙を通して李大統領が三選されて国家万代の基礎が強固にされた事は、わが民族の将来のために一そうの喜びといわねばならない。祖国が光復され間もなく共産軍の不法侵略を受けたが、わが国民は英邁なる李大統領閣下の指導のもとに、これを断呼として粉砕し自由と正義のために国連を含め全世界に闘う全世界自由陣営の安全のために貢献したことに依って我々の存在を明白に認識させたのである。

しかしまた我が国土の一部に共産侵略軍が依然として占領しているために、わが国民は一致団結して共産軍を我々の国土より駆逐しうることに依って失地を回復し、後孫万代の為に必ず統一を完遂せねばならない。我が民族は五千年の歴史を持つ文化民族として人類文化に貢献し正義と自由を信条に一層の愛国心を発揮し我が大韓民国の国威を宣揚せねばならない。

マルコメ 信州味噌 青木屋

1955. 12. 16

北鮮帰国　代表問題で了解成る

日朝協会側が譲歩

宮腰氏　渡鮮中は役員辞任

北鮮残留邦人の帰国問題は平壌へ行く日本人代表団のなかに日朝協会代表を入れるかどうかの点で日赤と日朝協会との間に意見が対立したままになっていたが十六日、日朝協会がその代表を「赤十字の嘱託」とし、さらに「代表として平壌におもむいている間は日朝協会役員職を辞める」と譲歩したため日赤、日朝両者の間に一応了解がついた。日朝協会が推薦しているのは同協会理事長、元衆院議員宮腰喜助氏である。日赤では一両日中にこの旨を北鮮赤十字に打電するが、これで半年以上も続いた北鮮帰国問題も大詰めに来た。

日朝協会の山本熊一、安部キミ子両副会長、畑中政春理事長は十六日朝日赤本社に葛西副社長を訪れ協議した上さらに外務省で中川アジア局長と会見、代表団の構成につき懇談した。

これまで中川アジア局長が主張していた意見は「日赤の嘱託として行くべき日朝協会の代表は●協会の役員ではいけない●国会議員はいけない●左翼色の濃いものは困る●これまでに北鮮に旅券法違反を行って入国したものはいけない」となっていた。

日朝協会では宮腰喜助氏を「副理事長をいったん辞任する」という条件で折衝した結果、同氏は現在国会議員でなく左翼色も強くないということから同氏に決まることとなった。この結果日赤代表二人と日朝協会としての代表を含めた三人の代表団が編成されることとなり、北鮮側の了解があり次第、葛西、中川両氏と共に平壌に行くこととなる。

ソ連　抑留漁夫十七人を釈放

【AP=東京】ソ連は十五日、東京の代表部を通じて日本人漁夫十七名を釈放することに決めたと発表した。これら漁夫は……たもので、外務省ではなお少くとも五十名の漁夫がソ連に抑留されていると語っている。

◇

海上保安庁ではこれらの漁夫を受取るため釧路海上保安部所属巡視船「とかち」を派遣することに決め、同船は二十日根室港を出港する。

泣き伏す中国の夫

天津駅頭の夫婦別れ

興安丸船長から入電

【興安丸】中共からの帰国船興安丸は十六日午前十時現在北緯三十四度十二分、東経百二十四度五十分の洋上を速力十三・七五ノットで一路帰国を急いでいるが玉有船長から同日午前九時五十分電で山長崎舞鶴局長あてに大要次の意味の手紙を寄せた。

中国の夫と別れ子供を何人かす

알외옵니이다

저번 二月 二十八日부로 귀하에 초청을 드린 「三・一절 기념

조국 평화 통일 촉진 회의」(下谷公会堂)에 관련한 다음 긴급한

사태를 보고드리며 아울러 사과를 올립니다

같은 상술한 집회에 대하여 우리들은 적극 준비 추진하여 오던 차 [illegible]

[illegible] 부득이 개최하

지 못하게 됨을 알려 드리며 이 유감스러운 사태를 초래케 한 회의

의 [illegible]에 대하여 여러분께 [illegible]

하오며 사과 동지를 드립니다

그리고 동일 오후 五時에 浅草公会堂에서 군중 집회가 있사오니 부디

이에는 많이 참석하여 왕림하여 주시옵기 앙망합니다

一九五六年 二月 二九日

[illegible]

脱出者が語る北韓実情

咸興製錬技術工の手記

宋 鍾 聲

咸興製錬所は金を製錬するところで動乱前は千八百名の労働者がそこで働らいていた。私は解放九年前、即ち一九四〇年から昨年四月南韓へ脱出してくるまで、同所で技術工として働らいた。そこには所謂工場長崔衡琮という熱烈な共産党員の他、副工場長鄭僻料、技師長李炳烈らがいた。

戦前京城工業学校を卒業した私は、比較的楽に就職したが与えられた仕事は金の製錬であつた。しかし、金日成が動乱を引き起した時後の八月二十四日、工場の八割は爆撃にあい施設の大部分は操業不能となれ、現在の従業員は五百余名である。その中約百名は婦女子で主に鉱石運搬に動員され、極く少数の事務担当の女子は女性同盟の活動分子で、女子労働者の動務状態を監視する任務だ。

北韓の工場にもれなく国営であるが、これは若干制度が異れ、所謂独立採算制を実施、幾らかの資本割当を受け独自的に収支を合わせる仕組になつていた。

従つて工場長の名目を持つ幹衛院は、赤字をださないため決死的闘争?をするようになり、結局は「愛国労働」を強制される労働者だけが悲惨な目にあうわけだ。

表向きには八時間労働制が規定されていても、その他義務的に「愛国労働」が待ち受け、労働時間は平均十四時間になる。所謂愛国労働とは何時間働らいても賃金はくれず、だからといって拒否するわけにもいかない、牛馬のように黙々と働らくものである。労働者が最も嫌がるのは強制的な集会だ。これが毎日二時間あり、ほとんど個人の時間というものはない。昼食抜きで八時間以上の労働を終えた労働者は何よりも空腹でやりきれない。欠席者を防ぐために工場自衛隊が退勤時間門を封鎖して会場へ連れて行く。

労働者の生活

北韓の労働者は絶対に職場の移動の自由はない。もしもある工場で理由なく離脱すれば、再び他の工場へ勤務することは不可能だ。何故なら常に労働者各人に対する身元申告書がつきまわっているから。

一度指定された工場へ配置されると死ぬまでそこで働らき、それを拒めば食糧配給は中止、死が待ち受けるのみである。労働者の生活状態は級数差によつて少しづつ違う。技術工は四級から八級まで八級が最高である。四級労働者は一日食糧八百グラムを配給され、家族には三百グラムづつ配給される。四級労働者の一人の収入は八百円が最高で、これはペニシリン一瓶四百円の二つ分である三個月毎に木綿靴下一足綿布地作業服一着が配給される。

成興製錬所で最高級といわれる工場長には一日米八百グラム、牛、豚肉、煙草などの他家族用食糧五百グラムの配給がある。それも工場の級数によつて相当の差があり、一級工場といわれる成興肥料の場合には工場長にバター、チーズ、砂糖など北韓では見られないものまで配給される。

南韓へ脱出して来た時、最もおいしかつたのは、なんと「コムタン」(肉スープ御飯)であつた。北韓労働者には肉などとんでもない夢だつた。

成興製錬所の労働者は、工場では一週間一度の教養講座を受けるが、ソ連共産党と北韓カイライ集団の指令が伝達されるだけだつた。配給の木綿作業服、食糧以外手の出しようもない労働者の低賃金と、食糧の自由売買のない事情か、労働者はいつも工場にしばれ放しである。

工場の施設

動乱で破壊された成興製錬所は、その間、所謂建設動員によつて相当復興された。しかし、直接生産に必要な施設だけで、労働者のための新設は何一つもできてない。

成興製錬所には労働者が利用できる共同浴場があつた。一日中ほこりの中で働らくため必要であつた。一度に四十名づつ入浴する。一日に一回水を入れ替えるため、遅く入浴する労働者は泥水のような黒い浴槽につかるわけだ。浴場の設備がこうも不潔なため、伝染病患者の数はふえる一方で、特に皮膚病は殆んどの工員に移り、医療施設は寒心にたえない。

所謂「労働英雄」を作りあげては、無理に「労働英雄」に沿いつき、見習うよう強制される。人間の能力には限界があるのに、死ぬほど努力してもいつもしつ責を受けたことはいうまでもない。

金日成の視察

年に一、二度は金日成の成興製錬所視察を受けた。金日成がくるころになると工場長崔衡琮をはじめ工場全体が騒がしい。男女労働者は入浴の上、洗いたての作業服を着せられる。工場長は偉大な?金日成にヒクツな態度でもてなすのに忙しく、女子労働者は心なしに鉄顔をつくるといつた案配だ。自由に行きたい所へも行けず、死ぬまでしばられねば――ここまで考えた私はすべてを清算し、自由の天地へ脱出すべく決心した。被興製錬所で今も苦しみにあえいでいる労働者…金日成は彼等の血と汗で肥えている。

国会議長 [illegible]

第二次世界大戦後、世界には大きな二つの動向が現われた。その一つは米ソ両陣営の台頭であり、その一つは、植民地下にあつたアジア弱小民族の順次的独立である。

独立をかちえたアジアの諸民族は、遅々ながらも自己民族の政治的経済的発展を目ざして努力して来た。しかし、極東、東南いずれを問わず、国際的にアジアはまだ十分に安定しているとはいえない。民主、共産両陣営の境目に位置するという立地的条件もあるが、主には、共産主義陣営の侵略にさらされているからである。

特に、韓国、ベエトナムはその第一被害者であり、世界反共戦線の第一線に立つている。アジアの自由主義諸国は、政治的経済的にはもち論のこと、思想的にも、より一層の団結を計る必要があるであろう。

このような時に「自由の声」が発刊されることを喜ぶと共に今後の発展を願うものである。

継続発行を

婦人会長　呉基文女史

「自由の声」発刊おめでとうございます。在日韓僑社会ばかりでなく、本国各界からも大いに期待されている活動的な「自由の声」を立派に育て、あらゆる人々に親しく読まれ深い感銘を与えずにはおれないでしょう。「自由の声」の編集者にお願いしたいことは、どうか途中で投げ出すことなく、自由を守るその決意で、いつまでも発行を継続し共産主義撲滅に邁進して下さい。

万軍の味方

戦友会長　金容鶴氏

発足して間もない貴紙が、常に献身的、或いは犠牲的な幾つかの功績が積み重ねられつつあることに対し、衷心より敬意を表するのであります。

共産主義勢力が公然と存在し平和の仮面のもとに浸透しつつある日本において、貴紙の存在意義は大きく今後の反共運動陣営のために、その一翼を担う武器として「自由の声」の持つ役割は大なるものがあると思います。

僑胞社会に、更に声の武器が一つ増したことに万軍の味方を得た力強さを感じ、特に今後の飛躍的発展を期待して止みません。

晴れの百五十六選手

本国の国体へ結団式終え20日出発

在日大韓体育会（会長＝辛熙氏）ではきたる十月二十四日から本国大邱市で開かれる第四十三回全国体育大会に、百五十六名の選手団を派遣することになった。

選手団は十九日、体育会本部で結団式を行ない二十日出発する。

なお、体育会では同選手団とともに、二年後東京で開かれるオリンピック大会への対策について本国の体育会と打合わせるため交渉団を派遣する。

東京オリンピック大会対策交渉団の役員については金東春在日体協理事長は次のように語った。

金東春理事長の話

今回第43回国体に百五十六名の選手を送るようになったことは、団員はもとより、全在日僑胞の絶対なる御協力によるものと感謝の念にたえない。特に、日本の入管関係当局でも時間的にまたは事務的な面で最大の便宜を計らってくれたので、予定の選手が全員おくれることなく揃って出発出来るようになったことを合わせて謝す。

特に、二年後には東京でオリンピックが開かれるが、本国でもわれわれ在日僑胞に対する期待が大きく、われわれとしても可能な範囲で最大限の努力を払うつもりであり、特に今回団体参加に合わせ、オリンピック対策交渉団を派遣して本国体協と打合わせることにした。

このことについては、本国体協と接渉後具体的な方針を打ち出すつもりであるが、在日体協としては、オリンピック大会の応援団について、挙族的な性格において、国威を高揚せしめるよう、全責任をもって、これを推進する予定であり、本国体協にもすでにこのことを建議している。

民団中総に一大危機

執行部への不信高まる

前中総四局長が声明文発表

既報の通り第二十七回民団中央議事会は予想された波乱もなく無事に終ったが、その後去月二十八日に至って丁団長は局長以下全局員の辞表提出を勧告したことに端を発し、これを不満とする前中総の四局長らは次のような声明を発表、一方民団中総監察委員会でも丁賛鎮団長に対し警告文を手交するとともに、去る二日公文をもって全管下組織県本部に対し民団中総の「一大危機」として注意を喚起するなど活発な動きをみせており、成行如何では相当の波乱が予想されるに至った。また辞表を受理して一週間を経た去る二日に至っても、新執行部は構成されず混乱をきたしていることから、一般からも民団中総の機能が事実上一時停止におちいっている事実に対し非難の声が高まっており、早急な事態の収拾が各方面から強く望まれている。

＝声明文＝

即ち朴弘烈前民生局長ら前中総本部の四局関係者らは去る一日在京韓国人記者を招き「一日も早くこの憂うべき事態が終止されるよう全団員の協力を望む」と前おきして、要旨次のような鄭鴻烈、韓晛相、朴弘烈、金己哲四前局長の共同声明を発表した。

我々民団中総の四局関係者は僅か数名の内部かく乱分子による民団中総の憂うべき現状を直視する時最も重要な発展途上にある民団の明日を憂い、悲壮な決意をもって現在の禍根の根源を衝くものである。われわれは「朝総連」との関係もあり、対外的に表沙汰にすることなく善処するよう努めてきたが、遺憾ながら失敗に帰したばかりでなく、一部分子は反って我等のこのような良識に思いあがり、内部不和を助長している。今や事態は一大刷新を必要とする重大な段階に到達した。以下極めてひかえめにいくつかの憂うべき事実を明るみにし、明朗な民団の発展のため、一致協力してこの難局に対処されんことを切望する

一、議事会後民団中総の機能は麻ひ状態に陥った。この重大事態は全く丁団長の度重なる暴挙によるものである。執行部内がスムーズでなかったことは事実であるが、それは①一介の掲職局長に過ぎない金組織局長と金同次長は、九月中旬から公然と次期執行部の構成活動を行った②同氏は十月の韓青大会時、公然と某候補の選挙活動に乗り出した、この事実は傘下団体に対する不当干渉である③金局長は二度にわたり公式の席上で共、某両局長をクビにすると豪語した。この二、三の事実は人事権が誰に掌握されているのかを疑わしめる。

二、団長と前記両氏は被抑留僑胞への慰問団派遣、九州地区水害並びに本国風水害救援活動に際し、この同胞愛からする崇高な運動を反対した。そのため救援活動の着手を一ヵ月も遅らせたばかりでなく、全国から集った尊い同族愛の結晶である救援物資は被災民へ伝達されぬまま中総事務所内で滞貨となっている

三、「民主新聞」の旬刊発行に反対した。

四、中総の財政運営は部内者も判然とせぬカーテンの背後で終始されている丁団長は早急に次の点に留意され善処するよう望む

①機能停止に伴い全僑胞の組織の重大な損失をあたえたことに対し、猛省するとともに事態の収拾に当ること。

共産分子のせん動

神戸事件に朝鮮 民団、建青声明

在日本朝鮮建国促進青年同盟中央総本部スポークスマン[illegible]氏は一日神戸騒乱事件について「今回の事件は日本共産党の影響下にある朝鮮人連盟内の一部共産分子のせん動したもので、われわれ建青はもとより一般朝鮮人は何ら関係がない、しかし日本の社会を騒がせたことはわれわれ朝鮮人全体としても残念に思っている」とその立場を表明した、また朝鮮居留民団中央総本部でも卅日団長朴烈氏の名で同様趣旨の声明書を発表した

危機打開へ責任追及

丁団長に警告文 必要あらば40条発動

朴民団中総監察委員談

民団中総監察委員会の李裕天委員長、朴根世、李相台の三氏は去る一日在京韓国人記者団と会見、民団中総の現在の憂うべき事態に対した「中総監察委員会では本委員会は去月二十八日、丁団長の辞職勧告による前執行部幹部数氏の辞職を議した結果、一日付公文で各県本部に対し、監察の強化を指示するとともに、丁中総団長に対しても警告文を手交した」と発表するとともに「必要ならば規約第四十条を発動する用意がある」とおよそ次のように語った。

丁団長は中央議事会で集中的な責任の追求がなかったことを幸いに、未だ組閣もせず[illegible]ないばかりか[illegible]事態に陥っている。一例をあげれば議決機関の無視、監察、議決機関の権能に対する[illegible]どにより組織を混乱させ、内紛で終始する憂うべき事態を招来している。これは重大な事実であり、わが監察委員会としても充分なその責任を追求せざるを得なかった点について深く反省している。民団組織の一大危機に際し、本委員会は今後厳正な決意をもって徹底的にその責任を追求して一日も早く現在の状態から脱皮するよう、最善をつくすものである。全団員の協力をお願いする。

なお同委員会が各県本部に発送した公文と警告文は、これまでにない激しい口調で丁団長の失態をついており、朴烈前民生局長らの動きとともにその成行きが極めて注目されている。

鄭哲氏の「民社同」批判に答える（承前）

韓国民主社会同盟 政策審議会委員長 申英民

1957. 民32.7.19

第二点の政策問題については、わが同盟は当面の任務の一つである韓国の民主化問題について、その基本方針として「広汎な反李戦線を形成するよう努力する」ことを決定している。それについて鄭哲氏は「反李連合戦線と革新政党としての社会主義運動との関係は明確に[illegible]されていない。なお反李政策と云う点だけで一致する野党戦線と革新運動とを区別すべきだ[illegible]野党の中には反動的な勢力が[illegible]」と指摘しているが、われわれとしても論者の言わんとするところは十分承知しており、修正された活動方針ではそれを的確にした。即ち韓国における民主主義を守る運動と民主社会主義社会実現のための運動とを区別し前者について野党連合戦線の立場に立っているのである。換言すれば、それは戦術上の問題として考えるべき点であって最大の戦いの対象に対する場合は、より小なる対立者とは適当な大公約数で連合戦線が張られるし、また現実の政治運動として当然そうすべきではなかろうか。われわれ民主社会主義者は第二段階として[illegible]、一つの[illegible]べきであり、民主社会主義の統一戦線運動を展開すべきであると考える。この点に関する鄭哲氏の見解は、客観条件の推移を無視し戦略と戦術を混同したものではないだろうか。

第三点の統協に関する同氏批判は全く的外れであるといわざるを得ない。在日統協が現在のような事態に立到った経過を振り返ってみた場合、わが同志の中には民族的良心にかられる余り、たんなる「話し合い」のみで祖国の平和統一が可能であるかの如く考えた「甘さ」はあったかも知れないが統協を今日の有様に追い込んだものは他にあったことは厳然たる事実である。

民同側は統協運動の当初から猛烈な攻撃を浴びせ、朝連側は協力するとみせかけて、この運動を「平和攻勢」の戦略手段とした。真っ正直に統協運動に飛び込んだ人達は、他の人々に民族的良心以前に自己勢力拡張の野心があることを発見し、真の平和統一運動の担い手は民主社会主義勢力であることを自覚したのである。かくしてわが同盟が発足した。だからわが同盟こそは正真正銘、文字通りの平和統一を目指す民主社会主義者の政治的結集体である。従つて論者が指摘した「責任を他に転嫁云々」は事実を無視した謬見であると断ぜざるを得ない。また論者は広い意味の統一協議運動と「在日統協」という具体的運動形態とを混同しているようであるが、真の統一協議運動が「在日統協」という運動体では不可能な場合は別な方法を採るのは当然であって「食い逃げ」云々は暴言である。われわれは平和統一という民族的責任を痛感すればこそ、その使命に徹して、事大主義者や教条主義者たちと戦い乍ら敢えて多難な道に自らを投じたのではないか。同氏がこの事実を全く無視して、わが同盟が「喰い逃げ」したかの如くに批判されるに至っては、その真意が那辺にあるか疑わざるを得ない。

おわりに一寸、附言しておきたい。鄭哲氏は論評に当ってわが三全大会で配布された活動方針草案を資料とされたようだが、これは討論と審議事項を織り込んだ最終的な[illegible]が終って[illegible]機関紙を通じて発表される運びとなっている。これを一読願えればおそらく同氏の誤解の大半は氷解するであろう。

性病으로죽을地境

専属看護婦가말하는金日成의私生活

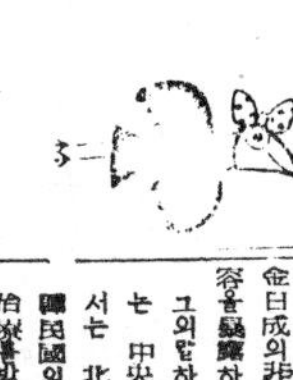

[illegible] 趙玉姫(二五)라는女性은 新義州高等看護学院을修了하고 [illegible] 中央病院에 [illegible] 金日成専属看護婦로 [illegible] 北韓国의局長級 以上의人物이 治療를받을때는 数十名의護衛兵이 厳戒를하였다고한다 [illegible]

[illegible] 金日成은 一九四八年에 [illegible]

1957.1.5

海外同胞들에게보내는 李大統領의聖誕節멧세지

民族的自尊心을培養

海外에国威를宣揚하라

해외 동포들에게 성탄절을 맞아서 성탄메세지와 신년축하의 말을 아울러 하게된것에 감개무량한 느낌을 금키 어려운것입니다

四〇년 해외생활에 우리애국남녀들이 이 나라와 동포를 위해서 돈푼을 버는대로 떼고 남는것은 광복운동을 위해서 애낌없이 공헌해 왔는데 지금은 그분들이 하나씩 둘씩 다 세상을 떠나서 감사할 한마디도 할수없게 되었으며 또지금 살어있는 애국동지들에게 좋은 감사한 말한마디라도 하고싶은 생각은 잊지 못하고 있으나 당장에 이북에 있는 동포들을 어찌하면 도와줄가하는 생각으로 날마다 동포들을 하게지키가는 중에서 세월이 가고 또사람이 따라가게되니 이런 명절을 당할때마다 자기 회포는 감상을 면하기 어려운것 입니다

지금은 우리 이세(二世) 청년들이 미포(米布) 자처에서 자기 직업과 영업들가지고 상당한 재산들을 벌어서 우리 민족의 명예와 정신을 발휘해 나가고 있으며 전에는 남에게천대를 받아오던 경우에 이르러서 남을 지도하고 발전해 나가고 있으며 전에는 남녀학생들이 진학하는 몇사람만이 해외에 나가 원하를 얻었든 것인데 지금 와서는 자기로 가는 학생들이 정부나 혹은 우방의 도움으로 해외에 가 학생들이 三千八百여명에 이르고 있으며 또 이수효가 날마다 늘어가고 있는 중이며 이들에서도 부패한 생각과 난잡한 것이 떠러져서 사람사부으로 방랑한

지내는 사람들이 몇명이 있으나 그외에는 다 중에서 사상을 가지고 자자 자기공부를 지켜서 다른 학생들과 경쟁해 나가는 마당에 우등점수를 얻고 있다는 보고가 자처에서 들어오고 있으니 우리 학생들이 이와같이 잘 해나갈 동안까지는 정부로서 무슨방법이든지 유학생수를 더 늘여서 학위와 자격과 기능을 발전하며 모든 과학과 기술을 한두가지식이라도 더배워가지고 도라와서 우리 나라가 건축시대를

당해서 새나라를 만드는데 이용할수 있는 인물들이 많이 생겨나야만 될것입니다

미국이 수립된 처음에 몇명 학생들이 미국에 건너갔었는데 이 학생들은 다 미국의 화려한 것과 부유와 또 자유하는 생각에만 빠져서 공부를 다 버리고 캐나다 나 멕시코에 갔다가 들어와서는 영주권을 도득(圖得)해 가지고 조국을 비평이나 하며 방랑한 길로 들어가는 사람들이 불소 했었으므로 정부에서 학생들을 해

외에 보내는데 대해서 대단히 고려했든 것입니다

그러나 근래에 와서는 미국 사람들이 우리 학생을 칭찬해 보고 자자 존경하고 사랑하는 생각을 해서 대우도 특별히 높이하고 있으며 더욱 군인에 대해서는 자기들이 공산 대항 전선에 지도자가 되는 감상을 가지고 우리를 칭찬하는 중에서 다른나라 사람들 보다 우수한 대우를 도처에서 받게되니 이와같이 우리나라 사람들이 다 노력분해서 수

…하나도 드리기지 말고 영광스러운 일을 힘써 행해서 우리 국권을 더욱 공고하게 하며 개인 품행을 더욱 영예스럽게 해나가면 우리 민족이 자국자에 특수한 대우를 받게 될 것이니 이에 대해서는 우리는 해외에 모든 학생들이 더 분발해서 언제든지 외국친구들을 만날적마다 우리나라 민족의 개성을 알려주며 남북통일이 하루바삐 성공이 못되면 우리는 남이나 북이나 다 따로살수 없다는것과 또 우방들이 이것을 허락지 않는다면 우리는 단독으로라도 밀고 올라가서 "압가리" 국민들의 영웅스러운것을 이루겠다는 결심을 주게될 것입니다

이상에 말한 감상을 가지고 미포 자처방과 기타 해외각처에 산재한 우리 동포 전체에게 금년 성탄 경축과 신년의 축하를 위해서 나의 자담에 넘치는 성심으로 축하 하는 바입니다

단기四二八九년十二월二十五일

대통령 리승만

오늘의 晩松李起鵬氏

庶政革新의雄志不変

国民의審判에그누가拒逆하리요

五尺短軀에 庶政革新의雄志를 품고 副統領選挙戰에出馬하엿던 晩松李起鵬氏는 뜻하지않았던 敗戰의苦杯를맛보게되였다 主権在民의民主主義国家에서 国民이내린審判이라 어느누가敢히抗拒하리오 選挙戰에「自由党雰囲気가 破壞되가…

운데서 当選된다는것은 오히려落選된것보담 栄光스럽지않을것이다」고말한 晩松이엿으니 오늘의国民의審判을느구보담도달게받을것이요 또服従할 것이다

或者 敗戰이라評하여 曰「大邱事件은 晩松当選을후며내기위한論評라」고 이것은人間 晩松을理解못하는 政客들의背

敗戰論評이다 지난十六日밤 副統領選挙戰結果가 決定的으로不利하게되자 唐慌히挙動하는 党幹部와側近者들에게 「예어론이民心은天心이라 하엿거늘어찌国民의가리킴을 따르지않으리오 조용히反省합시다」고 말하면서 마땅히 외어야할 敗者의矜持를보여주었다한다 지난十八日下午 晩

松은 景武台를訪問하여 李大統領을보옵고 「国民의審判은 이미決定해젓으니 副統領当落은 조곰도考慮할바없는問題며 흐허저가는 民心을빨리収拾하여 国民의心情을安定시키는 것이 緊要한問題라」고 落涙仰請하엿다 이야말로 虛飾이 없고 私心이저은晩松의 眞実性을숨김없이 보여준挿話가아닐까

李起鵬氏

景武台 서울아온 晩松은 「正・副統領選挙는 이미 끝났으니 우리는今次의国民審判을土台로 反省하고勉励하여 愛国의精誠을 다바쳐야한다 人工作用이加해지는 当選이란 있을수도없는일이요 万若 그것을願하는者있다면 그者는藐視한国民의審判에 反逆하는者이다」고 그의淡淡한心境을述懐하엿다고한다

四十日間의戰鬪은 가서지고 南大門꼭대기의肖像画 아직도눈에 아롱거린거라 副統領에떨어져도좋다 나라와民族에 奉仕하는길이 비단副統領자리뿐만이아닐거다 라고깊이뭇한바있는 오늘의晩松=副統領에 떨어진설움은 이미사라지고 돌아선民心을 어떻게다시 잡을것인가=이걱정만이 晩松의 가슴을 울리고있을거다

人間 晩松의숨김없는誠意는 멀지않아 万人에알려지리라 앞으로 가시덤불같이 엉크러진 自由党政局을 어떻게手術하여 이難局을打開할것인가 一旦 잘자르를둔면 所信을구피지않을 晩松의特徵을살릴때는 바로이때이다 晩松을잘理解하는 사람들의期待는 全部 그러한点에쏠려있다 側近者들은 더욱反省発奮하여 晩松의 勇断에 금이나지않도록하라 그렇게함으로서 今後우리나라 政局의 新分布図가 꾸며질것이아닌가

1957

本国旅行記

서울의 모습

金 熙 明

▽空中서 는色彩感

친구동사이로 바라볼수 있는 地上은 검은岩石과 赤土의丘陵이 니러져 있고 草木이 푸르게 点綴되어 그끝에는 白砂場이 보엿다 느린曲線을 그되며 한여름의 太陽빛에 조인 漢江이 반작이고 있엇다 銅한銀色으로 반작이는 포푸라나무의 마을이 멀리 보이고 草家집、집웅이 그걸에 散見된다 고루 잎없는 불모散物을 느러놓은것갑은 집웅도 있엇다 서울郊外에 있는 汝矣島飛行場에 CAT機가 到着한것이다「赤土에 무너저가는겨레」라고 할만치 祖国의 大地는 붉엇다 진한 세피아色의 캔바스에 青緑의 採色을 点点히 부린油画를 보는듯한 感이엿다 三十年만에 보는 風景의 色彩感은 極히 異常하게도 激烈한것이 있엇다 좀더 樹木이 많엇드라면 色彩의바란스도 맞엇을것으로 生覚되엿다

動乱時에 燃料가 不足하여 모조리 採伐한까닭이라고 나중에 들었으나……그러나 只今은 国定運動으로 緑化、植樹、山火注意、入山禁止等이 国民間에 徹底히 지켜지고 있다고하니 몇해인가後에 再次 祖国을 訪問할때에는 空中에서 鳥瞰하는色彩의 바란스를 나는 期待하고 있다

▽首都의거리에서

「只今의 서울의 거리는 解放前보다 좋아졋다」고 여러가지 意味가 伏在하고 있는것을 友人은 말하면서 動乱으로 破壞되어 焦土化되엇을때의 모양과 只今부터 三年前의 生活의不便함과 首都의 荒廃함을 알뜰히말해주고하였다 그와같이 空襲의 被害와 焦土化한時代 東京에서 살고 그惨禍와 恐怖의程度를알고있는 나는 友人의 說明으로 当時서울의 相貌가 어떠했을것인가를 大略 짐작할수가 있었다 有名한建築物로서는 中央庁의 建物은 外形만은 건전히保持되고 있으나 內部는 위에서 밑까지 空洞이 되재 残骸를 露出하고있다 工事에 着手하고 있지않는 理由는 說이 많으나 容易한일이 아니라는것만은 事実이다 그名物이든 大理石과 花崗岩의 石材의精粹를 모운 近代美의殿堂도 只今은 破弾痕跡으로 満身瘡痍이다 하로빨리 復旧될날을 빈다 韓国銀行은 目下 修理中이며 서울都邑의은 맑게新装되였다 戰禍를 免한 旧王都 朝鮮호텔、勧銀 殖銀 貯蓄銀行 半島호텔 昌徳宮 徳寿宮 慶会楼 秘苑、南大門 東大門等의 歴史的伝統美를 갖는 諸建物과 著名한学校 病院等이 現今까지 그대로 있다는것이다 가장 甚하게 破壞된것은 漢江人道橋에서 龍山에 通하는 一帯이며 市内에서는 一般中小民家와 鉄路街의 商店等이다

거리의貌様은 変하고 人間은바뀌지만 서울의 정풍인 北岳山 三角山 南山 仁王山等은 依今도 千古不変의 岩肌을 露呈하여 泰然히 서있다 漢江도 不変한 悠久히 흐르고 있다 그리고 南山의 先端에는 TV塔이 서고 展望台에는 李大統領의 壮大한銅像이 서울의거리를 발밑으로 睥睨하고있다

▽復興과民生의様相

서울、釜山等 都会地는 勿論 農村까지도 戰禍에 対한 復興은 活発한것이 보엿다 友人이「現今의韓国은 解放前보다 좋아졌다」고 한 말은 決코 過言이 아니다 서울、釜山等의主要道路、官庁、商社等의 建物의 復興은 말할것도 없고 一般民家의 復興에의 努力은 눈물겨운것이 있니 真実로 나는「이 民族의 피속에 흐르는 生에対한 真摯性과 그것을為하여 挑戰하는 斗志의 偉大함」에 感激을 禁치 못하였다 서울、釜山等의 都市는 좀더 努力하면은 近代国家의 都市化할 可能性이 있다 그리하여 生活의秩序나 治安의程度도 곧 安定할것이다

時評

民団中央議事会を傍聴して 相反する二つの見解

1957.11.11

在日韓国居留民団第二七回中央議事会は、去る二十五日午後零時半から都内若松町の中総本部講堂で開かれた。この会議も従来の民団諸会議の型り定時刻より二時間半も遅れて幕が開けられて、夜中になって閉められた。勿論閉会の時分には代議員半数が席をはずしており幾つの代議員も何か申し訳的に座っているような感じを受けた。従って会議の内容は貧弱そのものであり、何のために高価な旅費を費して遠地から集って来たのか疑しい位であった。

といって、至ったノイローゼ気味になり、出来る限りことなかれ主義にもってゆこうと気をもんでいたのが事実であった。それ故に大会に準ずる議事会であるにも拘らず討議事項一つ出さないで、何か問題が出れば平身低頭してあやまるだけの案をもっていたのもはっきりしていた。

かったのは神戸事件に関する金文教局長の一人よがりの弁明と金広島本部団長の離弁調の真相報告であった。これが丁団長の命取りになるだろうと誰が予測していたが結局は竜頭蛇尾的に終り、又、国際タイムス社等に対する浮貸問題オブザーバ問題も取り上げたが、何等建設的意見もなければ決定的

韓国軍艦、日本漁船に通告発す

李ライン立入禁止 八日午前零時を期して

【門司発】第七管区海上保安本部は七日午前七時、済州島牛島付近で水産庁監視船第一成洋丸（福岡所属、一四三トン）が付近の船舶に対して次のような無電を発しているのを受信した。「本船は七日午前五時四十五分韓国軍艦一一〇号と遭遇、同艦は七日二十四時を期して李ライン内の日本漁船の立入を厳重に禁止するので、付近の船舶に至急伝えるよう指示を受けた」

前治安局長代理ら逮捕 韓国に陰謀事件

防衛問題通じて分自工作 安藤国務相、池田氏らと会談

安藤国務相は七日午前、自由党本部で益谷総務会長と会見し、分自党工作の情報を交換、ついで池田政調会長と主として防衛問題に関する党の新政策の進行状況について連絡を受けた。

……と信じており、望みはなお捨てていない。

日本再建の援助を強調 マーチン下院議長

【ガンデヴィル（ウェスト・ヴァージニア州）六日発＝ロイター】ジョセフ・マーチン下院議長は六日、ガンデヴィル市の祭典祝賀式で共産主義の侵入に対抗するため日本の国力再建を援助するよう要求、次のように警告した。

朝鮮の休戦はひと息つくだけの束の間のものに過ぎない。共産主義者は再び攻撃を加えてくるであろう。米国は韓国を援護するだけでなく武器援助も与えねばならぬ。米国はまた日本に対すると同様に、再び中国本土に自由をもたらすため勇敢に闘っている国府に対しても援助を与えなければならない。

国会オブザーバ資格に関し 李監委長談話

1957.11.11 国際タイムス

韓国軍を引揚げ 現状のまま休戦せば

李大統領 正式通告

【京城二十四日発＝AP】李韓国大統領は二十四日、同大統領がクラーク国連軍司令官にあてた廿日付の書簡のなかで「もし現状のまま共産軍との休戦協定が調印されるなら、韓国は国連軍の指揮下から韓国軍を引揚げる旨を通告した」ことを正式に明らかにした。

李大統領

【京城二十四日発＝AP】李韓国大統領がクラーク国連軍司令官にあてた二十日付の書簡の要旨次の通り。

◇現在の休戦協定案そのまま調印することは、これまで支持されてきた韓国と国連軍との関係に劇的な変化をきたすことを最終的にしかも正式に示すものであると考えられる。私はその場合、われわれにとってそれがどんなに遺憾であるとしても、もはや韓国軍を貴下の指揮下にとどめることは出来ない。しかしながら私はかかる韓国軍の引揚げを決定した場合にはその旨を貴下に通告することを約束し、この一部は今まで通り……

……は少なくとも私の動機を了解願いたい。さらに捕虜釈放問題は休戦上の手段とは関係がない。もしこれをもって貴下に相談したとすれば、ただ貴下をわずらわすだけであったと思う。貴下はこれを私の違反行為というかも知れないが、国連はかつて共産側がわれわれの捕虜に対して行った行為……

ている。そして私は今でも韓国軍の引揚げ命令を発するようなことがないよう希望している。しかし捕虜問題とこのことを混同すべきではない。これは関係のないことである。

◇捕虜問題として私がこの問題に関連して貴下に約束を与えた時、私は反共捕虜を釈放することは考えていなかった。私は一方的措置の一部として反共捕虜の釈放命令を出したものではない。平常の状態のもとでは、私はこれまで軍事的措置の場合と言ってきたように事前に貴下にはかっただろう。私……

ったであろうか。われわれは共産側のやったことを知っているのである。

◇私は韓国民およびアジアの反共国民を反米に追いやるようなことはしないということをはっきりさせたいと望んでいる。私は貴下にたいするこれまでの韓国将兵ならびに韓国官民の支持について貴下が十分満足していることと確信する。しかし不幸にも、貴下のよく知っているように全般的情勢は最近一変した。この変化は貴下や私のために生じたものではなく、国連の政治家たちのために生じたもの

のである。彼らはわれわれの共同の敵、共産側と握手し、共産側が主張する休戦条項を受諾してこれをわれわれにも受諾せよといっている。詳細な説明をしなくても、百万に余る中共軍が朝鮮内にとどまる限り朝鮮は生きて行くことができないことは万人に明らかである。一部のものは朝鮮の統一は政治会議で達成されるであろうという。しかしわれわれがいま勝利を占めている戦場でこれを達成することができないとすれば、政治会議でも達成不可能なことは明らかである。

赤十字国際委、声明を出す

選択場所に帰れる 自由な意思表明なら

【ジュネーブ十三日発＝ロイター】赤十字国際委員会は十三日、声明を発表し、その中で「人はだれでも自由に、その意思を表明するならば、その人の祖国において、その人が選択する場所に帰ることができるべきである」とのべた。この声明は北鮮に帰還することを望むか否かを確かめるために日本在住朝鮮人約六十万を審査する責任を赤十字国際委員会が担当してもらいたいという日本政府の要請に関連して発せられたものである。赤十字国際委のスポークスマンは十三日「日本側の要請について、まだ何の決定も行われていない。今日の声明は要請に答えたものだ」と語った。声明の大要は次の通り。

赤十字国際委は、在日朝鮮人北鮮に協力することが必要となった場合に演ずべき役割を考慮する基礎となる次の原則を想起することを適当と考える。

（一）赤十字国際委が行動をとるのは、どんな面についても人道的考慮が基礎となっている場合に限られる。

一九五九・三・十四

本国政府に特別予算要請

教育補助金以外に

民団中総 傘下機関に予算報告求む

在日僑胞の二世教育をはじめとして本国政府から多額の教育補助金が数次にわたって伝達されたことは既報の通りであるが、このほど、民団中総では同教育補助金以外の特別予算を本国政府に要請するため、民団全国各機関に教育機関の新築または修築、増築その他の必要予算の詳細を来る三十日迄に報告するよう公文で通達した。

二股かけた行為に非難

丁中総団長本国選挙に出馬か

さきに民団東本組織功労者本国派遣団を引率して帰国中であった丁栄沢東本団長はこのほど帰任、「帰国中の丁賛鎮団長は本国民議員の選挙に出馬する意向をかためたようだ」とおよそ次のように語った。

丁団長は統営から出馬する意を決めたようだ。このため恐らく総選挙がすんだ後帰日することになろう。また呉基文婦人会中総会長も出馬することになったので朴権熙、張仁建氏とならんで結局四人の在日僑胞代表が本国の総選挙に出馬するわけだ帰国中にちょうどKNA機の拉致事件が発生しその即時返還を求めて韓国民の憤激は日増に高まっている。在日僑胞の中には日本で安閑として祖国の平和統一を云々している者がいるが実際本国でみると未だ戦時であり絶えず侵略の機を狙っている北韓傀儡分子の正体を知らない甘い見方であると痛感した。私はこの三月をもって民団東本を去るので、その前に組織功労者派遣団を率いて帰国したわけだが、ちょうど総選挙を迎えている時だけに政府の各要人も殆んど留守であったため所期の成果を収められぬまま帰ってきたが、今回の帰国を通じて在日僑胞は今後他力依存的な考え方をすて、できるだけ自らの力で解決するよう努めるべきだと痛感した。

なお呉団長のこの言明により丁中総団長の本国民議員選挙の出馬はほぼ確定的とみられ、四月の民団全国大会を控えて丁団長の去就が注目されていただけに一部では現職団長の地位にありながら国民議員選挙に出馬するために数カ月も留守をするような二股をかけた丁団長のやり方は解せないとする声が強まっている。

代表団に僑胞代表を

民団 韓日会談対策委が要望

民団韓日会談対策委員会の朴根世、金熙明、李裕天委員らは去る七日午前駐日代表部に金裕沢大使を訪ね、再開される韓日会談代表団へ僑胞代表を参加させてもらいたいと正式に文書による要望書を提出した。これは先に同委員会で柳公使を訪ね口頭でこの旨を要望したことに対し、柳公使から文書による提出を求められていたもので、金大使から「直ちに本国政府と協議して回答する」との返答があった。

新年度は20名に増員

在日奨学会で決定

在日韓国奨学会＝大阪市北区中崎町＝では新年度の奨学生増員募集問題について検討してきたが、去月二十三日行われた定期総会で、今年度の人員を二十名（現在七名）まで増募することを決定し、この増員に伴う奨学金にも理事全員が自己の負担で奨学……時間をはぶいて眠り削りながら経営のため各界篤志の有志たちに援助を呼びかけている。

一方神戸地区では[illegible]本団長が今年初めから毎月六千円の奨学金を同奨学会に寄託しており、また[illegible]らも各々三千円の寄附を申し入れるなど奨学会に対する[illegible]

日本政府へ援護望む

樺太帰還者同盟が衆院議長へ

樺太から引揚げてきた僑胞によって結成されている樺太抑留帰還者同盟（代表李義八氏）ではこのほど益谷秀次衆議院議長に対し「私たちの窮状は日増しに深刻化し、随所に悲劇が起っておりますので政治的な配慮の上応急のえん護措置を講じて下さい」とおよそ次のような請願書を提出した。

一、日本人の配偶者として樺太から引揚げてきた韓国人に対し日本人同様帰国手当並びに旅費を支給されたい。

一、樺太引揚韓国人世帯に対し一世帯拾万円の生業資金を貸与されたい。

一、本人の希望する定着地に住居のあっせんをしてもらいたい。

平和的解決を望む

岸日本首相 独島主権問題で言及

岸日本首相はさる五日参議院予算委員会で、独島（竹島）の主権に関する韓日間の紛争を平和的に解決することを希望すると語った。

岸首相は参議院の森八三一議員の質問に対して前記のように答弁したものであるが、森議員は日本領の独島（竹島）に韓国兵が上陸し施設を作っているというが、これは不法入国とみなすべきか、領土侵犯とみなすべきかと質したものである。

岸首相は独島が日本の領土であることは疑問の余地さえないが、韓国も歴史的にみて自国領だと主張している。従って国際司法裁判所で解決すべき性質の問題だと思う。米国としても韓日両国に対して友好関係を維持しようと望む限り両国には介入しないと思うと語った。

活鮮魚など輸入にAA制

在日韓僑貿易協会 日本通産省に陳情

在日韓僑貿易協会（会長李源万氏）ではこのほど日本通産省に対し韓日両国間の経済交流を円滑にし相互間の貿易量を増大させるため主要輸入品である活鮮魚、海苔、寒天、鉄鉱石および海産物などの品目を（AA制）に適用するよう陳情した。同陳情書によると昨年末韓日抑留者の相互釈放協定が成立され近く韓日全面会談も再開される見通しから今後両国の経済発展に大きな期待を寄せられることと昨年十月同協会幹部五名が本国を訪問しICA資金による対日購買品目の拡張を訴えた結果、従前の肥料、セメント、電気機械などのほかに人絹糸、鉄鋼、鉄板を追加した事実の過去五年間の物資交流実績をみると日本の対韓輸出は年間五、六千万ドルに達するのに反し、韓国の対日輸出は九百万ないし一千万ドルに過ぎない極端な輸出入のアンバランスであるため、このような両国間の不均衡を是正する外貨節約と自動承認制を適用することが必要だというもの。

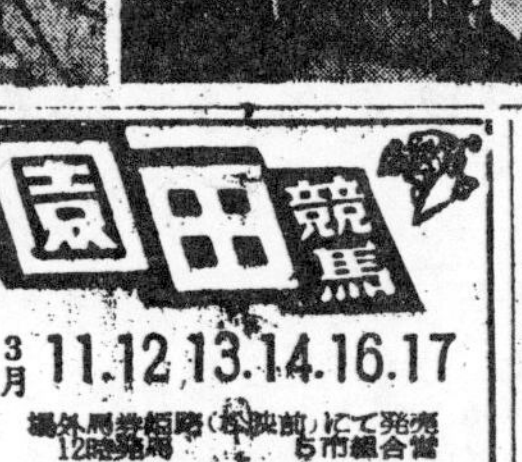

韓日貿易問題に言及

李源万氏 四カ月ぶりに帰任

昨年十一月韓国以来本国政府関係当局者と韓日間の貿易促進について協議してきた在日韓僑貿易協会会長李源万氏（三興物産社長）は約四カ月振りに六日のCAT便で羽田空港着帰任した。

同空港には韓国団の同協会関係者をはじめ、日本側から山崎パルプ、第一物産、丸紅、東洋レーヨン、東邦レーヨンなど繊維鉄鋼関係会社の輸出担当者ら多数が出迎えた。

李会長は同空港控室で「韓日貿易がスムーズに行かない最大の障害は"相互の誤解"にある。今後この点に留意し、もっと合理的に足並を揃える必要を痛感した」と次のように語った。

まず本国の急速な復興ぶりに驚いた。ガラス、セメント、人絹糸、肥料、製紙工場などが続々と新設されており、その復興振りは目覚しかった。本国滞在中韓日貿易の促進方法について関係要路と意見を交換したが、韓日貿易がスムーズに行かないのは"相互の誤解"に基いていたことを痛感した。今後両国はもっと合理的に足並を[illegible]鉄板、人絹糸、ナイロン、スフ、新聞紙などの対日購買が実現したが、今後は韓国銀行内に価格調整委員会が組織され過当競争から生ずる弊害が取除かれると思う。

4月25日頃に開催か

民団22次全国大会

注目される民団第二十二次全国大会は来る四月二十五日前後に開かれるもようである。

「大会シーズン」に入った民団では、現在全国的に各県本部の大会が次々と四月の全体大会へ備えている折、五月上旬に行われる予定の本国民議員選挙に出馬するため帰国中の丁賛鎮現民団中総団長は非公式に「全体大会を帰任後に開催してもらいたい」旨の意向を表明して来たと伝えられ、「総僑胞」の間には二股かけた丁団長の不明朗な動きに対し、かなり強い批判の声が高まっているだけに、団長選立候補予定者の動きともからんで、いつ大会を開催するかが注目されていたが、このほど開かれた民団中総三機関連席会議では予定通り丁団長の出席如何にかかわりなく来る四月二十三日から月末までの間に開くことについて意見の一致をみた。朴根世副議長によると大会は四月二十五日前後の二日間にわたって開く予定といわれ、このため帰国中の丁団長に対して正式に「大会は予定通り四月中に開催する」旨を通告し、丁団長[illegible]

Resumption of War Interrupted Terms Asked for Escapees

Advising those convicts whose servitude was suspended, or who broke jail, at the outbreak of the Korean War, to return to their penitentiaries for resumption of their terms, Attorney General Soon Suk Chung yesterday warned against harboring such persons.

When the north Korean Communists invaded the south in 1950, officials of some penitentiaries set the prisoners free as an emergency measure. Other prisoners broke jail in the chaos.

当局に実情訴える

保安法問題で 民団、李裕天氏を先発

在日韓国居留民団では去る二十一日午後三時から三機関連席会議を開き、さきに国会を通過した新国家保安法の在日韓国人とくに今後の民団活動に及ぼす影響について協議した結果、まず李裕天監察委員長を先発させ、本国関係当局に在日韓国人の実情を訴えるとともに、条文の解釈について問合わすことになった。李監察委員長は遅くとも月末までに帰国する予定で、金載華団長、朴根世議長をはじめ民議院オブザーバーも近く在日二世の民族教育問題、中央会……

President Syngman Rhee, extreme left, is shown with a group of Korean residents of Japan who called on the Chief of State at Kyung Mu Dai. Next to the President, from left, are Chul Ho Yim, a Liberal Party leader, and Woo Bum Song, member of the House of Representatives. (OPI Photo)

1959.3.14

期待に応える

日本側の見解

このが十字国際委の声明は、むずかしい国際情勢のもとで、中立機関であり、人道問題の解決だけに専念する赤十字国際委の行動の原則を示したもので、日赤が在日朝鮮人の北鮮帰還の問題を実施しようとするについても、この原則から当然、国際委は日本側の希望にこたえてくれるとの期待を持っていた。この声明でも国際委は原則として、人道問題である限りは、進んで必要な務めを果す、と日本側の希望にこたえるような態度を明らかにしている。

しかし一国から一国へ人が移動するのを許可する権利は、関係国の政府だけが持っている、という原則も、赤十字国際委は決して見逃してはいないで、この限界のなかでの職責を果そうと考えているようだ。

とにかく、この声明は原則論をうたってはいるものの、日本側としては、もともと国際委が問題を人道問題とみとめてくれる以上は、その原則論通りに行動してくれるもの、と期待しており、この点で、この声明は決して悲観すべきものではなく、むしろ日本に有利なもの、とみなしている。

葛西副社長きょう出発

在日朝鮮人の北鮮帰還問題で、日赤葛西副社長は十四日午後四時十分、東京羽田発のオランダ航空機でジュネーブに向う。

葛西副社長のジュネーブ派遣は、すでに去る十一日、島津日赤社長から朴北鮮赤十字社長へ打電済みで、日赤は、この電文中の「北鮮代表と〝接触〟したい」という表現に北鮮赤十字が応じてくれることを期待、葛西副社長の出発後は、直ちに島津社長から朴社長あてに「出発した」むねを通知して北鮮の出方を待つばかりの態勢をとることになっている。

1959 3.14

財政と神戸事件に論議集中

在日居留民団27回中央議事会

1957.10.29

僑胞施策の不足 金大使、祝辞で指摘

在日韓国居留民団第廿七回中央議事会は、去る二十五日午後零時半から都内芝松町の中央総本部講堂で開かれた。会議の焦点は、いささかピント外れの感を呈し、主に①オブザーバー入国拒否問題②神戸学生事件③医療費問題④関東協議会から提出された「思想見解統一問題」などにしぼられ、活ぱつな論議が展開された結果、①オブザーバー問題は五人の「オブザーバー入国問題全権特別委員」を選出して、本国政府及び駐日代表部と打開折衝を行う③は担当責任者の謝罪④は中総本部に医療施設を設ける⑤は民団の門戸開放の趣旨で成文化しない」などの決定をみた。【写真は中央議事会々場】

会議は全国中央委員百名のうち六十一名が参席、金(?)宣伝局次長の司会で開かれた。まず金光男議長の「つまらぬ個人感情的質問に始終するようなことなく、建設的な論議が活ぱつに行われることを期待する」との開会辞につづいて韓式通りの儀礼を終え、議決、執行両機関の活動報告があって一旦休会。一時半監察機関の報告で再開されたが、中途で駐日代表部金裕沢大使の「過去民団は対共闘争に全力を傾注するあまり、一般僑胞に対する施策が足りなかったようだが、今後は門戸を開放して中間層獲得に努めると共に、特に経済人との提携を図るべきである。なお民団と代表部は表裏一体となってこの事業を推進すべきである」との祝辞が述べられ、再び監察機関の報告が継続されたが、財政と神戸学生事件だけにピントがしぼられたのは、いささか物足りない感じであった。会議のやま場である質疑応答では、まず国会オブザーバー入国拒否問題で火花の散る質問戦が展開されたが結局、五名の特別全権委員を選出、今後この特別委員が本国政府及び駐日代表部と交渉を行うことに決定をみ、問題の神戸学生事件に論議が移された。

まず李監察委員長から「この問題は中総と広島本部間の感情問題が尾を引いたものである」との説明があったあと、金今石広島本部団長によって、延々一時間二十分にわたる真相発表が行われた。あまり長時間にわたる真相説明に、さすがの中央議員たちも少々あきたせいか、この問題に対しては別に論議も交わされず、関係四者「丁賛鎮中総団長、金己哲文教局長、(?)兵庫副団長、金今石広島団長」が中央議事会の名義で謝罪することであっけなく終った。

この問題は議事会を前に、監察機関で色々取沙汰されていただけに少々拍子ぬけの形であった。つぎに医療費問題で論議されたが、これは執行部で現中総本部内に簡易な医療施設を設けることに決めて質疑応答を終えた。討議事項と地方建議案では主に関東協議会から提出された「思想見解統一問題」に焦点がしぼられたが、韓青のO中央議長をはじめ二、三中央委員の提案「門戸開放を叫んでいる民団が今どき、そんな民団破防法ともいうべき規約を作ることは、賊[illegible]

学生祖国見学団脱落問題

責任追求で広島県騒ぐ

1957.9.3

在日韓国居留民団中央総本部文教局が企画した在日韓国中・高学生祖国見学団一行三十名(二世)は同本部文教局長金己哲氏の引率で二十八日午後八時、懐しいソウル駅に到着、[illegible]

[illegible]

このほど事件の経緯について本社大[illegible]

[illegible]

スパイ団を一網打尽

(ソウル発=KP)ソウル地検部長検事、呉制道氏指揮の下に京畿道警察部で逮捕した北韓ガイライスパイ三名は、[illegible]

第廿二回民団大会開かる

1958.4.21

人物より具体的政策を 三候補の所信と問題の所在

来る四月二十五から二日間、二都日内の芝公会堂において、第廿回民団全体大会が開かれる。今度の大会はいろいろな意味で意義がある。それはすでに社説において指摘したごとく、韓日国交を中心として時々刻々にその様相を異にす客観情勢に対処すべき民族陣営の強化および部分的停滞を来たしている対内組織の刷新強化などである。これら対外、対内の諸要請に応えるためには、まず対内外事情に関する組織的なかつ統一的な諸政策を具体的に展開するのでなければならない。この意味において、今回の中央議事会および大会の責務はむしろ重大であるといわねばならない。民団の諸政策に関する討議および決議機関は、中央議事会および大会に依存されているが、しかし例年の大会にみるごとく、大会寸前に開かれる二、三時間の中央議会においては全国各地にひろがつている大衆の世論が十分に反映され、かつ十分討議されるだけの余裕がなかつた。民団運動に関する諸政策を討議し、かつ議題に採択すべき中央議事会制度は何らかの形にせよ、もつと強化されなければならない。これでこそはじめて実行可能な諸政策も具体化され得るのである。

次に、われわれは、今回団長選に立候補した諸氏の見解をきき一般僑胞が期待する問題解決への所在を明らかにしてみよう

呉宇泳候補＝今日までの民団施策は実に散漫であつたし、実践できる正確性が欠けていた。民団は今後個人中心主義を打破して施策中心主義と対内強化に公力を入れ五大綱領の実現に努力すべきである。

先ず施策委員会を構成し、大衆の正確な与論把握に努力し、つぎに在日僑胞中小企業体の安定を保つ為め、経済団体を組織、本国との緊密な連絡のもとに民生問題解決の土台としたい。

二世教育問題に就きましては全国的に地域別学区を確立し計画的な二世教育をいたす一方韓日会談を中心にして権益保障に努力する。

最後に中央会館建設は、如何なる手段を取つても年内に期成すべき現状におかれている。

鄭寅錫候補＝急激なる客観情勢の変動に反し、民団はむしろ退歩しているような印象を受けて来た、それで私はそのような沈滞した空気を一掃しつつ新しい感覚で民団運動を次の四つの施策に重点をおいて施行したい。

①権益擁護に努力する。②一年以内に中央会館を必ず設立する。③僑胞社会の実情を本国及駐日代表部に反映させ活路開拓に努力する。④大会で採択された活動方針中で可能な事項に重点をおき施行する。

全載華候補＝民団は、現在対外（本国、日本）交渉に重点をおいて、その活路を開拓する時期にある。私は先に人和をつくるのに全力を傾き次の事項の実施に努力する。

①中小企業者育成機関を本国政府より獲得する。

②貿易者協会及び生産者組合を全国的な組織に拡大強化し民生問題の解決に期する

③僑胞たちの集団居住地には必ず民族教育機関を設立するに努力する。

④僑胞学生達の本国での就職を斡旋する。

以上三候補所信の大綱をみて来たが、どの候補にも共通していることは、五大綱領を実現し、民族教育の拡充をはかり、中央会館設立、民生問題を解決するため本国政府と密接な連絡乃至は援助を求めて在日僑胞の中小企業を生かし、民生問題の活路を見出すとなつている。しかし社説においてすでに指摘したように、民族陣営に要求されているところの諸対外政策については何も言つていない。従つて各位の実践にからむ諸問題への具体的且つ綜合的対策にはややもすると具体性を欠きやすい。

中央議事会は勿論のこと一般僑胞と言いこれらの所見に対し、充分に討議すべきで、あり、実行可能な具体的政策を立てるのでなければならない。

次に指摘されねばならないことは、今回の団長選挙運動は、立候補者が三人いると言う事情もあらうが、人物中心主義の形態をとつていると言うことである。人物中心主義の選挙運動はややもすると情実人情を産み、情実人情は必然的に、運動の推進を弾弱ならしめるのである。政策中心の運動形態が要望される由縁は、政策自体の独善性を恐れるからでもあるが、以上の如き情実人事または派閥的行為を止揚するためでもある

こぼれ話

民団大会を弁護する

如何なる理由にもせよ今度の民団大会は、巷間に、何かこうすつきりしない印象を与えている。しかも、それがなぜ？であるかは恐らく誰にも分明でない。

或る人は言う、中総団長をめぐる派閥的な選挙運動が、全国を被い尽しているからと。

また或る人は言う。民団の現状は如何にも腐敗しているかのように言つて巡るが、団長は誰がやつても同じことだ！、誰がやつてもまた追ひ出されるに決つていら！と。

またある人は言う、民族陣営は今や重大時期に当面している。民団の奴らは一体何をやつているのか？と。何れも皆、結果的には、民団に対する悪口－無論発展のための悪口とも言えるが、しかし、何故民団がそう悪いのかについては誰も真面目に考えようとしないむしろ、その場限りの「投槍」的な悪口に過ぎない場合がある。自分の顔につばをはくようなものである。

本当を言うと、民団は何もそう悪くはないのだ。

民団は何にも一つの政府機関ではない。団長は誰うにしても、租税の如き義務を負わず、従つて経常費にさえことかくと言つても無理ではない。民団に如何にも民生問題を解決しろと言つてもそれは本来無理なことである。韓日会談をどうかせよ、と言うのも実は無理である。そんなことは政府間でやることであるから。又民団は、武器をもたない。暴力に出合うと切られるのも止むを得ない場合さえある。

要するに、民族陣営の重大時期云々と豪語してもそれは独り民団の責任ではない。二つに分裂されている祖国の現状がしからしむることであり、奇怪な国際情勢にからむ日本と言う「歴史的な落地」がしからしむる場合もある。一挙にして祖国の運命を負うべくまたは、一挙にして世界を支配すべく、民団の責任にあまりにも過大であるのだ。

民団に対するあまりにも過大な要求はむしろ民団をぼうとくするものであり、また逆も真なりで、民団のしかるべき「位置」と「現状」をよく検討もせずに、やたらに大きいことを言い民団の悪態をつくことは、むしろ「民団」を種にして相手をきらい己れの利を計るものの行為である。意識はしないにしても結果的にはそうである。

確かに、民団は一つの「ガン」であるが、しかしそれは同時に、われわれ在日僑胞の古巣でもあるのだ。それは、何よりも先ず、われわれが、外地にいるからである。歴史的な宿命からにせよ、社会的条件からにせよ、ややもすると、すべての条件が阻害されがちな韓日両国間における民団は、少くとも一つの古巣である。何もやつていなくとも、それは「在る」と言うだけで、もうすでにその存在価値をもつているのだ。だから民団は謂わば特殊な組織でもある。唯、問題は、如何にしたらこのむつかしい立場と現状を、切りひらくことが出来るか？ われわれの生活を少しでもよりよくするために。それは、民団の現状を真面に、もう一度勉強すると言うこと以外には、凡て白紙にかえることによつてのみなし得ることであるそうした時にはじめて実践し得る。政策が生まれるのだ。これと逆ではない。（若い老客）

漁夫抑留は"人質政策" 赤十字国際委 井上代表が正式抗議

【ジュネーブ廿八日発＝AFP】井上日赤外事部長は二十八日赤十字国際委員会に対し、韓国が百五十三人の日本人漁夫を投獄ないし抑留していることを正式に抗議、同国際委がこれら漁夫の釈放帰国に協力するよう要請した。井上外事部長はさらに右要請をうらづける次のような公式文書をも国際委に提出した。

一、韓国は李ライン内に一方的な主権を行使している。

一、李ラインは韓国領海の延長と考えられなければならない。

一、しかし韓国の海岸線から百ないし百六十キロもはなれた海上にひいた李ラインまでその領海を延長することを正当化できるような法的根拠はない。

一、もし李ラインが領海の限度でないとするならば、韓国は同海域に一方的主権を行使することはできないわけである。

一、政府が紛争解決の政治的手段として個人およびその家族の苦難を利用する傾向のあるのは遺憾である。

一、個人およびその家族は政治的紛争を解決する力もなければ責任もない。この場合、李ラインの創始者でない日本人漁夫に、その侵犯の責任はないのである。日本人漁夫の抑留は、ジュネーブ協定で正式に禁止されている"人質政策"の行使に他ならない。

一、したがつて韓国政府は、国内法や自国の裁判所条例に該当するとの口実で、日本人漁夫百五十三人の投獄、抑留を正当化することはできない。

【共同】二十八日行われた井上日赤外事部長と赤十字当局の会談では近くジュネーブを訪問する韓国赤十字代表について討議された模様である。ジュネーブでは日韓両国の赤十字代表の会談によつて北鮮帰還問題の解決への道が開かれるかもしれないという見方が強まつている。

韓国代表の来訪討議か 国際委と緊急会談

【ジュネーブ二十八日発＝ロイター】井上日赤外事部長は二十八日、赤十字国際委員会のギャロパン事務局長を訪問、約四十五分間会談した。この会談は前もつて予定されていなかつたもので、緊急の要件があつたものとみられるが、赤十字当局は討議の内容について語ることをさけた。

第72回近畿地方協議会

朴玄、会計問題로 또 紛糾 十三万円弁償으로 落着

十九日의 大阪地方議事会에 있어서의 監察機関의 糾弾宣言의 波紋이 사라지도 않는 二十一日 中総全体大会를 앞두고 第七十二回近畿協議会는 事務局을 担当한 兵庫県의 最初의 会로서 各方面으로부터 注目裡에 下午二時부터 神戸観光호텔에서 열었다 때마침 雨中에도 不拘하고 協議会全員이 出席하고 또 大阪에서도 約二十名의 青年들이 熱心이 이 討議推移를 傍聴하고 있는点도 드문일이였다 이날 討議事項及中総大会에 있어서의 共同建議案은 없었고 協議会自体의 新旧事務引継와 中総大会에 臨하는 役員推薦問題가 焦点이 되었다 먼저 事務局長引継에 있어서는 前事務局長朴玄氏로부터 書類未整理를 理由로 印鑑二個만을 新事務局長裵在福氏에 引継하자 자기가 議場이 騒乱해지고 京都本部의 総務部長 会計問題에 単刀直入하였다 京本으로부터 会計問題에 問題되는点이 있다고하여 鋭利한 質問으로 追及하였는데 그質疑応答을 보면 다음과같다 京本＝会計帳簿의 有無如何 또

神戸에서 開催된 近畿地方協議會 光景

1958.5.9

金載華氏 新団長に当選

4月25日・26日民団全体大会開く

ついに決戦投票へ

韓日会談 要請決議文を可決

在日韓国居留民団第二十八回中央議事会および第二十二回全体大会は去る二十五、六の二日間にわたり都内港区芝公会堂で開かれた。大会の焦点とみられた団長選挙は金載華元中総顧問が決選投票で鄭寅錫氏を押え、三年振りに再び新団長に当選した。一九五八年度活動方針案および予算案は執行部提出の原案のまま無修正で通過させたが、民団運動の転機を意識してか従来にはみられなかつた真摯な討議がなされた。特に来日中の林炳稷韓日会談首席代表が出席祝辞を述べた。【写真は大会々場】

中央議事会は二十五日午前十一時十五分、中央議員八十名（定員一〇〇名）出席のもとに開かれた。朴根世副議長の開会挨拶、資格審査、三機関報告に続いて呉宇泳氏から国会オブザーザー入国拒否に関する本国政府、駐日代表部との交渉経過を聴取、討議事項では①執行部から提出された規約改正案と韓日会談に対する要請決議案を大会に提出することを可決し②中央議員、代議員数配定率変更に関する各地方本部、傘下団体からの建議案を審議した結果、議長団三名、各地協二名、傘下団体代表一名、執行部代表一名、監察委代表一名で配定比率決定委員会を構成することに意見の一致をみ、二十七日中総で第一次会合を開らくことに決議し午後二時七分閉会。一旦休憩して三時から大会に切り換えられた。

金載華氏

梁炳斗副団長の開会あいさつ、金裕沢大使の祝辞代読、丁賛鎮団長のメッセージ代読、朴英稿民部長、金載華顧問の来賓祝辞があつたあと、本国民議院選挙に立候補した丁賛鎮、張仁建、李玉童、朴権熙、諸栄漢の五氏に大会の名で激励電報を打つことを満場一致で可決し、議事本当に入つた。

まず会計報告において、丁賛鎮団長の本国出張費として計上されている三十万円についてその使途の是非如何についてゴウゴウたる非難が続出したほか、本国旅行にともなう再入国ビザ問題について団長の無能を責する質問があつたに過ぎなかつた。例年の如く質問が会計報告にしぼられたことは物足りなかつた。

第二日目の二十六日は午前九時四十分から続開された。まず中央議事会から持ち越された規約改正案（支部大会を三月、本部大会を四月、全国大会を五月に開らくこと）は原案の一部を修正可決させ、韓日会談に対する要請決議案（別項）を満場一致で可決。一九五八年度活動方針案および予算案の審議に入つた。実現可能な最小限度の施策は大会の責任のもとで樹立すべきだとの大衆の声を反映して従来にみられない熱烈な討議がなされたが、代議員の不勉強のためか提案そのものがきわめて断片的で、裏付けのある具体性を欠いているのが目立つた。

問題の焦点とみられた韓日文化協会問題が、韓青の○議員によつて提起されたが、大会を控えて充分論議がなされ、民団として同協会に対処する明確な態度を打出すものと思われたが、団長選挙の思惑をからませてか、互いに"危いものにはさわらず"式の低調、結局呉宇泳氏の簡単な経緯の説明であつさりケリがついたのはいささか拍子抜けだつた。中央会館設立をめぐる会館方法と重点的に審議が交された結果、無修正で通過させ一旦休憩、後三時再開、三機関総辞職のあと大会の山である役員選挙に入つた。まず団長選挙は予想通り金載華、呉宇泳、鄭寅錫三氏によつて争われたが開票結果何れも過半数に達しないため金、鄭両氏によつて決選投票を行い金氏が六八対三八で鄭氏をおさえ、三年振りに再び団長に返り咲いた。議長に朴根世氏、監察委員長に李裕天はそれぞれ無投票で満場一致で選出、副団長に[illegible]両氏を団長の指命で選出、十時半散会した。なお同日団長の指命で大会の批准を得た事務総長朱珍基氏は一身上の事情により、これを三十日辞表を提出、正式に受理金英俊氏を任命した。

三機関の新陣容

大会で選出された三機関役員および国会オブザーバーは次の通りである。

団長 金載華（前中総最高顧問）

副団長 李能相（東京出身、団長指命）金今石（広島団長、団長指命）

事務総長 朱珍基（東京出身）

議長 朴根世（前中総副議長）

副議長 張聡明（神奈川出身、議長指名で無投票）卞先春（大阪出身）

監察委員長 李裕天（再選）

監察委員 金斗鉉（大阪出身、元監察委員長）李相台（再選）顧問 呉宇泳（元東本団長）鄭寅錫（〃）

国会オブザーバー 裴貞鉉（新任）金得溶（〃）崔在鋼（再選）金漢坤（新任）

決議文

本大会を通過した韓日会談に対する要請決議案は次の通り。

民主友邦として正常な国交を締結出来ないでいる韓日両国家、民族はその理由の如何を問わず、お互いの不幸を招いており、特に日本に居留している在日韓僑は常にその速やかな締結を希望している。このたび幸にも韓日会談が再開されると同時に、国交締結において規定される在日韓僑の国籍処遇問題は本団と直接利害関係を持つので、本団は在日韓僑の総意を代表して第二十二回全体大会の決議によつて、次の要請を行う。

一、韓日国交は互恵平等の原則によつて早急な時期に、完全に締結されることを要望する。

二、国籍処遇専門委員会に本団代表若干名を専門委員として参加させることを要望する。

新執行部決る

金載華団長は一日、新執行部の陣容を次のように発表した。顔ぶれは各角度から起用しており今後の活動が期待される。

事務総長署理＝金英俊（元兵庫県団長）総務局長＝鄭徳和（元千葉県本部団長）同次長＝朴乗昊（元中総総務局次長）民生局長＝姜学文（元長崎県本部団長）同次長＝金竜淵（前東本民生部長）組織局長＝金今石（副団長兼任）同次長金揚鎬（元中総…）

（元栃木県本部団長）
次長代理 李壕換
（元民団青島支部文教部長）
宣伝局長 金学鳳
民主新聞編集局長 趙甸済
（前韓僑通信編集長）

本国－代表部－民団による 三位一体の体制確立

金団長談

金載華新中総団長は一日、新任の抱負を次のように語つた。

浅才非学の私を団長に選任してくれた代議員の皆さんに、心からのお礼を申し上げると同時に、期待にそうべく全力を傾けるつもりだ。本国、代表部、民団による三位一体の体制を確立したい。特に重点的に行いたい仕事、まず民生問題としては、本国の在日僑胞中小商工業者育成について資金その他の面での援助を受けるようにし、僑胞の貿易業者協会を全国的な組織に組織し、在日僑胞が韓日貿易の窓口にあつかるようにし、さらに僑胞生産者組合を組織し、その生産品が本国に優先的に輸入されるようにしたい。また文教面では僑胞が集中的に住んでいる地域に民族学校を設立したり、東京韓国学園が学校法人の認可を今年中に得られるよう全力をつくすつもりだ。これは私個人の力で如何ようにもなるものではなく、団員、在日僑胞皆さんの指導如何にあるので、普段の支持と鞭撻をもつて執行部を鞭撻することを望む。

民団が朝鮮大不認可を要望

東京・小平市の朝鮮大学校の認可問題について、韓国居留民団の代表は十日午後、美濃部都知事に「不認可にせよ」と要望した。都知事を訪れたのは民団の「朝鮮大学校設立阻止中央闘争委員会」の委員長らで、知事が認可を強行すれば、それによって起こるあらゆる事態の責任は知事にある――という内容の要望書も知事に手渡した。

共産側で譲歩を示唆

"即時停戦"の主張軟化か

【汶山十五日発＝AP特約】十五日の合同専門委員会で、共産側代表が停戦に関する協定に忠実に従う他の問題に移る前に軍事境界線を設けるべきだと主張したため、何ら討論の進展を見せなかつた。しかしこの日の共産側の発言の中に、十四日に共産側が示した即時停戦を望むとの明確な立場をあるいはやわらげることになるかも知れない点が見受けとられた。

すなわち国連軍スポークスマン代理レヴィー中佐が同日明らかにしたところによれば、十四日の委員会では李相朝北鮮軍代表ならびに解方中共軍代表はいずれも事実上の停戦を要求し、これは非武装地帯に関する協定の成立をみたならば当然避けることの出来ない結果として生ずるものであると主張したが、十五日には共産側は前日の発言と矛盾する説明を行い『十四日のわれわれの発言は全く必要のないものであつた。われわれの非武装地帯に対する考えは十一月十日の提案で十分言いつくされており、事実上の停戦を要求したことはない』と述べた。このことから共産側は即時停戦についての彼らの主張を後退させたものと思われる。

【注】十一月十日の共産側提案は若干の地域で必要な調整を加えることは別として、双方の軍隊は接触線からそれぞれ二キロ後退し、双方が撤退した後の地域を非武装地帯とすることを要求しており、問題になっている軍事境界線の設定時期をいつにするかについては何らふれていない。

リ大将に報告要請

捕虜虐殺 米本国に衝撃

【ワシントン十五日発＝AP特約】米第八軍が十四日発表した共産軍による米軍捕虜の虐殺事件は米政府当局者をいたく驚かせているが当局は十五日、リッジウェイ国連軍総司令官に対してこの発表につき詳細に報告するよう要請した。一方国防総省は同日、戦闘中行方不明になったものとして現在までに発表されている一万八百三十六名のうち何名が虐殺されたかを公表する何の情報ももっていないことを率直に認めたが、この虐殺事件の報道が米本国に伝わるや、米陸軍省には出征軍人家族や議員から問合せが殺到しつつあり、その応待に忙殺されている。

韓国国会 大田遷都を決議

十五日夜の釜山放送によれば韓国国会は十五日政府を大田に移す案を可決した。（新亜＝共同）

民議院オブザーバー 名称を正式に決定

二十九日午後三時半、民団中総議長室で本国民議院オブザーバー第一回会合が行われた。オブザーバー出席者は金載華氏（民団中総団長として自動的にオブザーバーに就任）、朴根世氏（民団中総議長として自動的にオブザーバーに就任）、裴在鎬、金得溶氏の四氏で、そのほかに李裕天民団監察委員長らが出席した。議題は（一）民議院にオブザーバーとして出席する時までの手続上の問題（二）本国民議院での仕事（三）オブザーバーの正式名称を何にするか、について協議の結果、（一）オブザーバー六氏が同一行動をとる。（二）本国民議院に引揚同胞処遇法（仮称）、僑民法（仮称）の制定について建議を行う。（三）正式名称を「民議院オブザーバー」とすることを申合せ、五時半散会した。

なお、崔寅柱、金漢坤両オブザーバーは在京中でないため、第一次会合には出席しなかつた。

北韓帰国の陰謀粉砕！

民団第29回中央議事会で決定

1958.11.13

「国是解釈」を再確認 停権問題

日本の警職法改正に注目

深更まで活発な論議戦わす

金載華執行部発足半年以来の当面する諸懸案を討議する民団第二十九回中央議事会は、去月二十七日正午から新装なった中央会館講堂で全国代議員六十五名（定員百名）が出席して開かれた。議事会は十二時間にわたり活発な論議を展開し（1）韓日両国代表団に対する要請（2）北韓強制労働者募集の防止（3）本国政府に対する要請（4）募金運動（5）組織強化などの重要事項を審議決定したほか話題を投げた崔鮮筆禍事件で「国是違反とはいえない」とする中総三機関と「国是違反」ときめつける東本との間に激しい応酬が展開され、結局昨年大会で決議した「国是に関する解釈」を再確認した。

民団第29回中央議事会であいさつする李玉賢国会議員

「在日僑胞を奴隷に終身させよう」とする北韓強制労働者募集の陰謀を断固粉砕しよう」などのスローガンに飾られた会場には、代議員六十五名と一般傍聴僑胞多数がつめかけ、正午朴根世議長の開会のあいさつで始った。議員資格審査（朴根世氏）金団長あいさつに続いて来賓祝辞に入り来日中の李玉賢民議院議員から本国政治情勢、民団のあり方と要望について祝辞があったほか、駐日代表部李敏流総領事、朴臣海領事、課二等書記官、丁賛鎮、呉宇泳両顧問などから当面の「朝総連の会談妨害陰謀を断固粉砕せよ」との激励の辞があった。

ついで三機関経過報告に入り議決機関報告（張聡明副議長）監察機関報告（李裕天委員長）のあと、金英俊事務総長署理、各所管局長から中央会館基金募金運動の経過八・一五関係旅行の始末（十月二十五日付で入国期間が延期された）崔鮮、辺基柱両氏の停権処分に対する中総の裁定いきさつ、北韓労働者強制募集運動対策、僑胞生産品の本国展示、警職法に関する見解（内政干渉はさけるが、善良な在日僑胞が日常生活で人権を侵害される危険を内包している同法案の撤回を期待する）などについて報告があり、三時から再開質疑応答に入った。

質疑応答はぼう頭から総務局報告でふれた崔・辺両氏に対する執行保留問題が提出され、東本では規約運用の不統一、規約に明文のない保留は出来るかどうかとつめよれば、大阪本部代議員らは内輪同志で辺氏に対する処分保留賛成派と反対派が入り乱れての激論となるなど緊張した空気をみせた。これに対し金団長、李監察委員長、朴根世議長からそれぞれ「常識的にも団長職権で処分を保留することは出来る」との答弁があり、結局次期大会にはかって執行保留に対する明文規定を設けることにした。

また同質疑中崔鮮筆禍事件で東本側から「国是違反ではないか」とつめより、中総当局の見解が注目されたが「崔鮮氏の論調は不穏当なところがあったが国是違反とはいえない」との答弁があり、結局国是とは国家の最高法「憲法」を指すことを再

議事会宣言

日本の態度は遺憾

我々の手で民間外交を

我々は韓日両国が互恵平等の原則のもと、両国間の国交を正常化し、両国民の相互親善と繁栄を求める韓日会談が、日本政府の微温的な態度により満足できる進展をみないことは遺憾である。我々は狭少な感情で過去を論ぜず、大乗的見地に立つ会談の妥結を熱望している。会談を挫折することにより野望の達成を策する敵の妨害工作もさることながら、目前の利益にとらわれ大義を忘却し誠意を示さない不幸を清算し、われらの収益を確保するため民間外交を展開し短時日のうちに会談の終結を望む。

朝総連は最近北韓同胞の血と汗からしぼった微微の政治資金を使って「韓日会談反対、北韓集団帰国運動」などあらゆる策動をしている。われらはこのような共産主義者の陰謀を徹底的に暴露し、善良な一般僑胞を啓発して『朝総連打倒』へ果敢な闘争を展開する。彼等の集団帰国運動は北韓労働党の指令により、僑胞を強制労働収容所へ引き入れるとともに韓日会談の妨害を企図する最後のあがきである。明らかに中共軍の撤退で不足した軍事力と労働力を僑胞で充当しようとする魔手である。

われらは一人の僑胞も北韓労働に送ることは出来ない。われらは人道的な立場で自由のために断固彼等の陰謀を粉砕することを宣言する。

在日本大韓民国居留民団
第29回定期 中央 議事会

民団大本28回地方議事会 副議長が流会を宣言

かってない混乱ぶり

民団大阪本部の第二十八回地方議事会は、さる三十日開かれたが、かねての議決、執行部間の不調和から予想された通り会は波乱に終始し、議長団から流会が宣言されるなど、かってない混乱ぶりであった。

同日午後一時から代議員七五名（定員九十一名）出席して開会三機関の報告があって質疑応答に入った。金守哲、権聖基議員などから、事務局報告書中の字句、辺基柱氏事件説明書についての質問に対し徐相夏監察委員長、崔貴柱団長から説明があったが、代議員の中から当人である辺氏の意見も聞くべきだと発言、反対側との間に論争が展開、つづく朴玄氏に対する百二十万円の支払命令に関する質疑では徐、朴両氏の釈明が交々行われこれが一般議員には不得要領であるとして騒ぎが大きくなり、朴玄氏に対する辞任要求の声も出て混乱、このため議事会は中絶状態になり、同八時四十分金副議長から、ついに流会が宣言された。

情報の交換など活躍

福岡韓国貿易協創立さる

福岡県下の韓日商工業者約五十余人で結成された福岡韓国貿易協会の創立総会はこのほど福岡商工会議所で開かれた。

福岡商工会議所議員与倉利氏から同協会の設立までの経過報告、会則審議のあと役員選挙に入り、会長に原田五郎氏（おたふくわた社長）副会長に深見平次郎（深見製鋼所社長）梅村健吉（梅屋産業社長）原口信夫（丸東商会社長）専務理事に与倉利（可愛薬社長）理事に金永鍋（大福産業社長）氏らを選出、会員のあいさつののち韓元甲駐日代表部福岡事務所長代理、田中博多税関所長らの祝辞があった。

同会は今後韓国貿易に必要な資料情報の交換、貿易手続の指導、韓国貿易の宣伝広報などの事業を行う。

"北韓送還"の陰謀を砕け

在日僑胞がけっ起

全国十八カ所 三万名が参加 送還反対民衆大会

三・一節第四十周年記念大会をかねた在日僑胞北韓送還反闘委主催による「在日韓国人北韓送還反対民衆大会」は二十五日を期し全国十八カ所、約三万が集り一斉に開かれた。この日東京では東京都内民団十八支部、各種団体および関東八県が合流、約三千五百余名が日比谷公会堂に参集して「中央民衆大会」が開かれ、大阪でも兵庫、和歌山など各県が合流、三千名が動員されて盛大に行われた。大会はいずれも❶大会決議文❷抗議文❸メッセージ❹陳情書をそれぞれ採択、一大デモストレーションが引続き行われた。

日本政府へ決議文

【関東】東京大会は民団史始まって以来の強力なデモストレーションを繰りひろげた。会場は白地に"北韓送還絶対反対"と染め抜いたタスキの僑胞と、この劇的な模様をとらえようとする報道記者、テレビ・カメラマン、ニュース・カメラマンでごった返し、場外には朝総連との衝突を防衛するために配置された警視庁制私服一千余名の警備隊が成り行きを注目するといったようにものものしかった。定刻零時半、開会のベルで場内が静まり返り、幕が上ると正面に「岸内閣は北韓送還を即時中止し韓日会談を締結せよ」「北韓送還は自由陣営への背信だ」の中央壇上に掲げた十四のスローガンが一斉に放った強いライトに照らされ、"断固北韓送還を阻止する"の斗争目標のもとに集った僑胞の表情は一瞬緊張、老いも若きも男も女もその目は壇上に注がれた。テレビのカメラが右往左往するうち在日韓国居留民団東京本部団長金仁洙氏の「北韓送還の陰謀を粉砕し、北韓送還を強行しようとする日本政府の反省を強く求める」の開会辞から同団中央総本部金英俊事務総長報告の「北韓送還は非道的一方的措置」との経過説明が終るころ大会の空気は刻一刻と興奮した。続いて来賓祝辞で自民党外交調査会長船田中氏(衆議員)が「熱烈な大会に感激した。国際緊張の硬化は世界を赤化しようとする共産圏諸国の挑戦にあり、現在の日本国民感情は、三年間も共産軍と戦ったにがい経験のある韓国国民を熟知しなかったところに起因すると思う。岸政府は自由主義陣営に属することは根本的に変りはなく、韓日両国の善隣友好のため今後も努力を重ねたい」とのあいさつに場内は歓迎の拍手が絶え間なく場内をひびかせ、中共生活の苦々しい体験で、北韓送還反対を支持激励する中華民国東京総会長陳礼桂氏のあいさつ、戦後十余年間ソ連軍に抑留された樺太引揚代表部中光文氏の血のにじむような体験談などは送還を反対する僑胞に深い感銘を与え、場内の空気は一触即発の緊張感でみなぎった。このような中で大会のクライマックスである民団中総の金載華団長から"決意表明"がなされ続いて同内はせき止められた水が流れるように拍手が爆発、続いて同団中総議長朴根世氏による力強い決議文「北韓送還に関する日本政府関係了解の撤回を要求する」とともに、藤山外相の非妥協態度の是正を求む」の抗議文、[illegible]れるような拍手で採択、続いて「在日韓国人六十万僑胞は自発的意志を一堂に集め北韓送還を絶対反対し、日本政府の非人道的行為に断固と闘う」の李承晩大統領メッセージ、李起鵬国会議長のメッセージを金聖洙氏(民団[illegible])、[illegible]ト・パーボ氏、ハマーショルド国連事務総長宛のメッセージを李裕天氏(民団中央監察委員長)がそれぞれ声をはって朗読、満場一致で採択、引続いて日本政府関係当局に送る陳情文の採択に入った。

民団大本 第21回臨時大会閉幕

代議員、三機関総辞職을要請可決

団長에崔寅柱氏当選

지난四月十九日의第二十七回大本地方議事会의 劈頭에 突然 大本監察委員会가 提出한 第二十回定期大会에 提出된 執行部報告書中 財政報告의 乱脈을 指摘한 監察報告와 団長에対한 「停権処分」의 爆弾宣言을 同執行部는 勿論 十三万在日僑胞에게 크다란 衝撃을 주었거니와 同監察委員会는 同監察報告를 理由로 激烈한 論難이 展開되어 当議事会에서 討議할 諸般案件을 保留하고 黒白을 갈리려고 하였으나 結局에는 五月五日에 臨時大会를 開催할것을 前提로 中央監委立会下에 両機関報告書를 再審査하기로 되었다. 하지만 既報한바이어니와 이黒白을 審判하기為한 第二十一回臨時大会는 予定대로 五月五日開催되었으나 結局 그黒白에対한 明確한 審判을 나리지않고 三機関의 総辞職을 要請可決하고 그信을 代議員全体가投票에 依하여 判決하기로되어 結局 崔寅柱氏를 새로히 選出하고 同日夜半에 비로서 끝마쳤다

崔寅柱団長

第二十一回 大阪府本部臨時大会는 予定대로 五月五日下午一時二十分頃에 大本講堂에서 開催되었다

이大会는 그것이 団長의「停権処分」問題에까지 進展된 重大問題를 内包하고있는만치 代議員은 勿論 一般傍聴人은 開会数時間前부터 続々 出席하여 緊張한 雰囲気속에 是々非々의 論戦이 여기 저기서 버러지고 있었다

大会는 下午一時二十分 金中源副議長의 開会辞로서 始作되어 金聖洙議長이 代議員 全員二五五名의 出席을 確認한다음 「規約第三章一節第十三条에 依하여 第二十一回臨時大会成立을 宣言한다」라는 成立宣言에依하여 開幕되었다

먼저 金聖洙인사말에 이어 間団의 朴玄団長이 大会劈頭에 執行部의 総辞職을 宣言하여 俄然 場内는 沈黙된 雰囲気로부터 騒然해지기 始作하였다

이어 張師弘大阪事務所長 金載華中総団長, 李裕天中央監察委員長 梁相斗前中総副団長의 인사가있었다 이外에도 金今石中総副団長 裵在潤兵本団長 李京本団長 張益和氏等과 多数의 一般傍聴客 注視裡에 三機関報告에 들어갔다 먼저 五月二日 中央監委立会下의 三機関連席会議가 있었다는것을 報告하였으나 그内容에 対한것을 両機関에 맥기고 発言을 回避하는 傾向이 보였다

이어 執行部에서 梁恵承副団長외報告가있고 다음에 注目의監委報告에 들어갔는데 除監委長으로부터 全中央監委의 報告가 있은後에 하겠다고 하여 若干論難이 있었으나 結局 全中央監委로부터 再監査의結果 執行部가 提出한 大会報告書에 不備한点이 있었다고 指摘하였으며 徐監委長으로부터 大会를円満히 갖이기為해 若干中心에서 離脱된報告가 있었는데 이에対해 一般代議員의 不満을 表明하고 結局에는 三機関의 総辞職을 要請可決하였다

그러나 監委는 全代議員에게 監委報告에 対한 黒白判定을要求하는同時에 辞職을 拒否하여 一時場内는 騒乱해졌으나 結局 監委로부터 道義的責任을 느껴고 辞職을 表明함으로서 또다시 平穏해지고 役員改選에들어갔다

最初 団長選挙부터 始作되었는데 朴玄、金聖洙、崔寅柱、姜璋秀의 四立候補者에 投票되어 結局 다음과같었다

朴　玄　一〇六
金聖洙　一九
崔寅柱　一一三
姜璋秀　一一

開票結果 過半数未達로 朴、崔両多数得票候補에 依하여 決戦投票를 한結果 総投票数二百五

"韓国孤児の父"張牧師

張先生は在日二十五年の韓国人牧師である。戦前、ふとしたことから神戸に住みついて以来、国のわけへだてなく恵まれないこどもたちの救済をひとすじに歩んできた。いまではわが国でただひとつの韓国人児童のための養護施設長。[illegible]あるとき、戦前、韓国で孤児養育につくし"韓国孤児の父"とまでしたわれた故曾田嘉伊智翁(三十七年三月二十八日、九十五才でソウルで死去)の日本版でもある。

★　★　★

に出てからすぐ役立つ技術を身につけさせようと採算を無視して板金工事と簿記製図販売の店、洋裁院などもつくったこともあった。社会に出た園児たちはいま全国各地に散らばりそれぞれ元気に働いている。先生の誕生日になるとプレゼントを送ってくるものもいる。

○…だが新聞をにぎわす非行少年のなかに韓国少年が多いことに張牧師の胸は痛んだ。そして全国六百余の施設に二千人もの韓国人児童がいることを知ってから三年前、同園をあえて韓国人児童専門の養護施設に切りかえた。祖国のことばも知らない二世、三世のこどもたちに韓国の歌を教えながら「韓国人の誇りを持ちなさい。そして韓国人であって国際人になってほしい。視野の広い豊かな人に―」と口ぐせのように説くのだ。

"祖国の誇り"を説く

在日25年 神戸に愛隣舎作り

S.43.6.29
1968

○…神戸市灘区泉通四ノ二七、宗教法人キリスト教[illegible]施設「愛神愛隣舎」の張徳出舎長(六二)がその人。王子動物園に近い町中の古びた木造二階建園舎で韓国人児童五十人を相手に静かな日日を送っている。韓国慶尚南道の出身。信仰の道にはいったのは蔚山農業学校を出て土地の書堂(漢学校)に通っていたころ。家庭は古い儒教思想のため「専門学校に行く」とウソまでついて京城の神学校にはいったが、それがわかったとたん勘当された。苦学して神学校を卒業し、釜山草梁女子商業学校に勤めるかたわら教会も持った。教育者として日本の植民地政策のもとで神の愛によってのみ祖国の平和と自由は得られるとひたすら信仰の道に身を打ち込んだ。

○…昭和十二年、大阪で開かれた日曜学校の児童問題研究会に出席のためはじめて来日、そこで内地に住む同胞たちの困窮の姿を見た。「この人たちの教化に一生をささげよう」こう決心した張青年は三年後十五年間の教職生活を投げ捨てて再び来日、まず岐阜県の片いなかを選んだ。そのころは家を借りるにも拒否されるなど数えきれないほどの苦汁を飲まされたが伝道への熱意は一年目に村人から"先生"と呼ばれるまでになった。昭和十六年、神戸に来たときはまさに軍国主義はなやかなころ。創氏改名と神社参拝を強要され「邪教を捨てろ」とせめられたが「創氏は張です。神社参拝はしません」と最後まで節操を曲げなかった。

○…愛神愛隣舎をつくったのもちょうどそのころ。町の浮浪児二人が最初の園児だった。夫人と当時保母[illegible]=現在保母(二七)=が洋服のつくろいで家計を助け張牧師は"愛隣袋"と名づけた大きな布袋をかついで善意の施しを受けて歩いた。二十年、戦火のため家財いっさいを焼失、焼けあとにバラックを建ててがんばった。夫人はその日から街頭に出てパンを売り、張牧師も知人からゆずり受けた二等品のくつをリュックにつめ大阪、神戸の繁華街を売り歩いた。

終戦と同時に同園には戦災孤児がどっとはいってきた。多いときは二十人。しかしこれもこ[illegible]いる孤児をなだめすかしてやっとの思いで連れ帰ったものばかりだった。なかには同園を七回も逃げ出した女の子もいてそのたびに捜し出る苦労は大変なものだった。

○…二十三年、こんな熱意が認められて児童福祉養護施設として正式発足、施設として最低限の経費が保証されるようになった。これまでに同園を巣立った子らは日本人、中国人、韓国人そしてアジア各国の混血児たち約三百人。愛に国境はなかった。園児たちに社会

賛美歌をうたう園児たちにあわせオルガンをひく張牧師

反対僑胞に警告

李民団中総監察委員長

1959年 東和新聞

民団中総監察委員長李裕大氏は、同日午後民団東本で、新国家保安法反対を唱えている一部の僑胞に対して、「団員のうち、反対闘争に参加するものがあれば、厳重な警告を発するとともに、これに対する何等かの措置を取るであろう」と大要次のような談話を発表した

憲法に明示された如く、海外僑胞は本国政府の指示、命令に服従することが義務づけられている。これを対人統治権または対人高権というが、この趣旨によればわれわれ在日僑胞が国家保安法の反対、賛成を表明することは愚かである。

しかし在日居留民の事情が、非常に特殊な立場にある関係上、憲法に保障されている言論の自由をたてにとって、とやかく云うであろうが、在日居留民を代表する居留民団中総の三機関がこの度の保安法問題に対して、全員一致で決定した事項については、全団員がこれを遵守しなければならない。特に民団幹部は、率先して実践しなければならないのにも拘らず、この度所謂「国家保安法反対在日韓国人闘争委員会」に参加しているように思推されるので、私は数日前ある会合の席上において、口頭をもって厳重な警告を発したものである。なおこのようなことが不動の事実であるならば、民団運営上支障を来たすものとして、とりあえず再度厳重な警告を発すとともに、それに対する何等かの措置を取るであろう。

なお私は、このような重大問題が突発したために、さきの中総三機関で決定した本国行きを数日間延期している。

社説 思想見解統一に対し

さる二十五日に開かれた第二十七回民団中央議事会に関東地区協議会で思想見解統一に関する建議案が提出されたが、この案は新規加入団員処遇問題と「内部分派グループ」に関する問題を大別して防共を前提とした民団活動方針を従来よりも強く規定して再確認を得ようという狙いがあったらしいが、中央議員の賛同を得ることなく否決されてしまった。

勿論民団が創設されて以来、今日に至るまで反共の実際的闘争と日和見主義に対する徹底した見解は、常に大道を誤まることなく一貫した運動を持続して来ただけに、今後も団員の行動を統制して鉄のような団結を図ろうとする提案者の反共精神は、反共運動を堅持する団員の誰一人これを否むものではないが、否決された要因は民団が対象とする団勢拡張と相対立している国際思潮の情勢の判断を非常に誤まった所にあったようである。民団がなすべき運動の根本方針は徹頭徹尾反共であらねばならないことはいわずとも当然なことであるが、反共運動を如何に展開して結果的に民団の任務を充分果し得るかを、われわれは真剣に考えなければならない。

反共陣営の一翼を担って常に共産主義に対して憎しみを抱いているわれわれにとっては、共産主義者を根絶してもなお胸に落ちないものがあるほど敵愾心に燃えているが、そうかといって文字通り地球上から抹殺することは、現在の世界思潮から推して到底不可能に近い事実である。

このような観点に立脚して、われわれ民団は団勢を拡充することによってのみ、実質的に反共運動がなされるという結論になる。つやす門戸を開放し浮動層におかれている僑民はもちろん、左翼共産主義者をも宣撫して、民団に加入するよう働きかけるのが当面した民団運動の根源であるべきはずである。

ところが否決された当の建議案の趣旨と内容は共産主義と接触しても懲罰の対象になるばかりか、皮肉なことには「内部分派グループ」の条項のごときは、いかにもソ連の最高幹部会を思わせるような戦慄すべき条文が規定されていたことは、正に時代錯誤もはなはだしいといわざるを得ない。共産主義者に逢うことがすなわち共産主義に同調すると思うなどとは大変な錯覚であると同時に、共産主義者に逢わないことを以て、いかにも反共主義者を装うこともこれまた笑うべき事実である。

国際連合が創設されてこの方、東西相対立した思想国家群が各々しのぎを削る思いをあえてこらえる自由陣営の反共政略をわれわれは教えられているのである。このような議程は自由陣営が共産陣営にこれといって指摘されるような口実を与えた事実がなかったことを吾人は想起するものである。

「内部分派グループ」の条項もこれまた団員の活動能力を抑制し束縛して完全に言論の自由さえ去勢しようとする意図はどう考えても理解に苦しむのである。共産主義を牽制する余りに人間本来の活動を束縛することは、民団創立の基本精神に反するものであると同時に、自縄自縛の墓穴を掘るようなものである。民団は固定された無生物でなく、前進を続ける社会を背負う動力である。すべからく社会形態に逆コースを辿らないよう進言するものである。

このたびの決議案を否決した中央議事会の良識を高く評価する。

10月29日（火） 昭和32年（1957年）

社説 幹部의適任選出로信用 挽回를要하는民團大會

迂余曲折을 거듭한 民團全体大会는 最初의 予定대로 開催하게되었다 어떻게된 셈이지 今般大会는 最初의 決定이 政府에 屈하여서 断行이니 延期니 하여 混雜한 空氣를 띄우고 있었으나 結果의 根本原因이 어데있는가는 外部에서의 觀察로서는 判断하기 거북한 것이었다 一部의 傳하는바에 依하면 現幹部의 延命策이라고 하였으며 또 一部에서는 幹部間의 葛藤이라고 하였으며 一部의 [illegible]로서는 在日韓國人 [illegible]에 關한 [illegible]問題에 [illegible] 하였으며 [illegible] 西地方에서는 十四日夜當中의 中総最後決定時까지에는 万一 最初의 予定대로 断行하게되는時에는 京都 大阪 兵庫等々의 地方本部는 参加치 않을것으로서 流会시키려는 運動까지 있었든것으로 보이었다 그러므로 이와같은 経緯를 감안 今般大会는 順調로운 進行을 보이리라고는 断定하기 어려우며 반드시 여러가지 [illegible]을 이루키리라는것은 [illegible] 또 今般大会가 重大한 [illegible] 大会이라는 見地에서 最初부터 여러가지 批判도 이었으며 [illegible]도 하여 나왔다 그中에서도 最高[illegible]者의 適任選出에는 적지않은 期待를 加重하였으며 所謂 幹部中에 不[illegible]한 要素를 갖인者는 團体의 運営者로서나 大衆의 指導者로서는 [illegible] 처음어 내어야 한다는것을 率直히 指摘하였었다 아마 本紙가 大会 [illegible]에 되는 時에는 最高幹部의 選出에 [illegible] 推測함으로 [illegible] 作文을 再発하여두고저한다 幹部選出에는 무었보다도 社会的으로 [illegible]을 그다지 아니라는것을 세워야한다 公으로 報道되는바와같이 日[illegible] 時代 [illegible] 地位에있었다는者는 그대自身의 弁明如何를 莫論하고 [illegible] 團体의 最高幹部로서는 不[illegible] [illegible]

円滑な運営が望まれている大韓体育会事務所

ヒノキ舞台への夢

1959年1月8日 東和新聞

重要な運営方針を決定

責任重大な大韓体育会

第三回アジア競技大会を契機として、在日僑胞のスポーツ界は組織、選手らを問わず、一段と活気ある動きを示して、本国斯界の関心と期待も倍加された。この著しい意欲的変化と進歩には在日僑胞の母国選手団に対する惜みない後援と僑胞出身選手らのめざましい活躍が大きく影響しているからであろう。またこれまで恵まれなかった個々の選手らに「実力次第では桧舞台の出場もできる」の明るい見通しがついたからでもあろう。このような観点から新年度の在日大韓体育会に課せられた任務と果す役割は大きいといわねばならない。機構強化を目指す体育会のいくつかの問題点にライトをあててみよう。

昨年暮、在日大韓体育会（理事長李允求氏）は年度末最後の理事会を開き、新年度予算案を含めた七項目の重要な運営方針を決定した。その中でもとくに注目されたのは体育会運営での理事各自の任務と責任の所在を明確に区分する常任理事々務規定問題と、本国遠征ごとに国内外から痛烈な批判をあびた本国遠征団選手選抜に関する規準を明確にしたことであった。

これまでの体育会理事陣は事務規約による正常なあり方とはほど遠いものであった。明らかに少数グループが気ままに支配したといわれるほど、乱脈を極め秩序がなかった。これがため、会の運営は その時 ばったりで"せつな"的に終始、対外的な動きもまとまりのない"線香花火"にすぎなかった。

この無秩序な運営はいろいろな話題を投げ、特に直接支配下の純真な現役選手らからは不評を買うとともに、社会から強い非難があった。本国の体育会からも「国体参加を拒否する」という不名誉な処分を受けた。このような実例に第三十八回夏期国体参加以後、部内から自粛の声が持ちあがり、部処と責任を明確に分担して、会運営を正常化する方向に態度を刷新したことは一つの進歩とされよう。

しかしこれで若手現役選手とくに国際舞台進出を目指す選手らに根強く芽生えている体育会に対する不信を直ちに取消し、全幅的信頼を集め得たとは断定できないものがなくもない。日本社会でも上位クラスにある某スケーターが指摘するように、伸び盛りにある選手らの技倆を指導養成する体育会の受入体制が確立されていないことと、コーチ陣の弱体などを如何に解決するかが明確にされていない。選手らの受入れ体制とは彼らに適切な試合経験を積ませる企画であり、それから選手の技倆を磨くとともに国際舞台への道を拓く具体策である。

手が選抜されておらず、選手数よりも随行員が多く、昨年の第三十八回国体に参加したサッカーチームに例をとると、チーム編成十一名のものが定員不足の十名という珍現象をみせており、本国の球界の笑い話にされたといわれる。

またグループ的派閥抗争から一人二役、三役する（異った種目に出場）奇異な現象もしばしば起り、この結果戦績は惨めさを極めた。この事実は消極的には体育会の運営方針の不安定さの現れであるが選手養成と選手選抜での誤った無計画さが根本的原因といえよう。このような弊害を一掃し「たたかえる実力選手と選手中心の遠征団が編成されない限り本国遠征を行わない」態度決定は、現理事陣が、今後の体育会事業に好事例を残したものとして歓迎されることである。

政治的交渉が必要

障害になる再入国問題

本国遠征を行うたびに問題になるのが「再入国許可証」のことだ。氷上連盟が主体となって近く、第三十九回冬季国体参加の問題が具体化されようが、この問題の解決は困難な情勢にある。昨年の国体参加の際、入管側の「日本人チームの韓国遠征実現」説に体育会ではこれの交換条件に「許可証」の交付を受けた（李副会長談）この事実の有無は別として、入管側の態度は依然として緩和されておらず「団体旅行は一切認めない」方針に変化はみせていない。この日本側の強硬な態度に日本スポーツ界でも"適切でない"として批判を加えているが、韓日会談の推移の影響も考慮して、政治的交渉が必要であるという声も出ている。ともあれ、現理事陣の革新的な計画実行で近年にない明るいスポーツの年になりそうだ。

1959.2.10

「狭き門」を開こう

国家의礎石이 되라

民団大阪本部団長 朴 玄

檀紀四二五二年（己未）三月一日은 우리나라의 独立運動의 날이며 우리三千万民族이 自主独立을 世界万邦에 宣布하고 半万年歴史의 権威와 正義의 人道에서 全人類共存権과 平等의 大義를 正当化시키며 궐기한 날이다 日本의 帝国主義者들의 陰謀로 因하야 所謂 合併이라는 美名下에 侵略을 当한 全民族이 三千里江山 坊々曲々에서 青少年 老人 婦人 幼児 農夫 漁夫를 勿論하고 大同団結하야 独立万才를 高唱한 偉大한 民族의 歴史的記念日이다

此로因하야 数千数万의 愛国烈士가 犠牲当하였으나 正義는 天與라 天下의何物이라도 抑制치 못하였으며 民族的良心과 独立国家再建의 礎石을 따게되엿다 이날을 맞이함에있어 우리는 모름지기 先烈이 따거놓은 礎石위에 우리民族와 빛나는 国家를 더욱 鞏固하게 建設하는同時에 우리도 国家의礎石이되여 後孫万代의 幸福을 期하여야할것이다

三・一節의 精神作興

大阪韓国人商工会副会長 鄭 天 義

三八年前오날 先烈의 偉大한 独立運動이 大々的으로 熱々히 展開되여 오날의 우리 大韓民国이 独立의 기쁨을 全世界에 비날린것이다 이것은 다 山海같은 犠牲的인 独立運動家의 愛族 愛国精神 밑에 울어난것이 않이고 무엇이겠느냐 이偉大한 先烈이 三十八年前에 없었다면 아직까지도 植民政策下에 圧迫을 甘受하고 그렇지않으며 労働市場의 美粧奴隷의 労働兵이 되여있을 지도 알수없다 우리는 오날 国家가있는 独立国民이기때문에 海外에서라도 安全하게 権益이옹호되고있지 그렇지않으면 이만한 外国人待遇를 받을것이냐 여기에있어서 우리는 単只 形式的인 三・一이나 八・一五만의 行事를 할것이아니라 毎日毎日 이三・一節의 精神을 作興하여야 할것이다 우리는 첫째에 団結이 있어야할것이고 둘째에있어서는 좋은指導者가 많이 있어야 할것이다 指導者는 団結如何에 있어서는 無尽蔵으로 나올것이다 勿論聖人君子가 않인以上 利害関係가 相伴하지않는 모임에 全部뜻을같지・하기는 어려우나 이団結이라는 두글자가 偉大한힘이다 이웃 四寸이라는 말과같이 이웃四寸처럼 좀더크게 地域的으로 集団이되고 地域的集団이 中央集団이되어 全体的인 団結로 모이는 우리의 権益과 外国人의待遇도 받을수있는것이고 좋은것도 좋고 나뿐것도 다좋케할수있는 일이다 여기에 있어서 우리는 民族性을 発揮하고 우리大韓民国이 하로速히 統一의 聖業이 完遂되기를 빌며 先烈에게 默想을 들이는 바이다

先烈의 精神을 追慕

大韓婦人会大阪本部会長 韓 玉 順

三・一節을 맞이하는感慨는 해가바뀔때마다새삼스러히当時 [illegible] 을 빼앗겼을때의 当時先烈의 가슴을 推測할수있으며 그高貴한 犠牲으로 말미아마 연계된 오늘의 自主独立을 우리는 오매 지혀감이 先烈에 対하여 [illegible]

自由는 先烈의 遺産

本社顧問 金 貞 洙

[illegible]

挙族的団結이 必要

民団生野支部団長 崔 喆 洙

[illegible]

切ない願いも絶望的

就職 望まれる"僑胞優先採用"

この三月学窓を巣立つ在日韓国学生の就職戦線もいよいよ大詰めに近づいたが、最近の韓日問題の微妙な動きから、在日韓国人の就職問題は絶望に近い苦境に追いこまれている。このため民団、学生団体などでは今月に入り、在日僑胞企業体はじめ本国に求人先を開拓するため積極的に乗り出すことになった。

○…東京、大阪はじめ京都などの韓国学園では校長を中心とする就職あっせん班をつくり、民団などを通じ僑胞企業体を個別訪問、就職先の開拓に奔走している。大阪の金剛学園＝張益和校長＝中等部の今三月卒業生三十四名（男十七、女十七）その他進学希望者となっているが、わずか十四名（男六、女八）の求職者のうち就職先が決ったのはたった一人。在日二世にとって就職の門はやはり狭い。このほど同校三年生のうちから就職希望者の意見を聞いてみたが、殆んどが就職について絶望感を抱いており、前途を悲観している。A子さん（一六）は「これまで大企業への就職の門は堅く閉ざされたままで、私たちのできることといえばクツ職工ミシン縫工くらいなもの。それも見習期間中日給百円内外という低賃金だ。これも確実な保証人が [illegible]

学友愛で団結を！

中総金載華団長挨拶

[illegible]

執行部決議文

一部不満学生に寛容な態度で

[illegible]

副代表の挨拶

朴 徳 万

[illegible]

民団監察委員長

李裕天氏の挨拶

学生は勉学を第一に

[illegible]

在日僑胞に物質的援助

全国的な運動展開へ

代表団帰国して建議

李韓国赤十字代表が言明

ジュネーブに滞在中の李範錫大韓赤十字青少年部長は、代表団が帰国すれば、在日韓国人を物質的に援助するよう全国的な運動を起すよう建議することになろうと言明した。李代表は同運動が赤十字社を通じて展開されるだろうと述べた。なおジュネーブで活躍していた民間代表団は二十七日空路ジュネーブを出発、張沢相、崔奎南両氏はパリへ、兪鎮午氏はロンドンへ向った。一行は帰途数カ国を訪問帰国の予定。

1959. 3. 30

日本北韓 直接交渉の可能性

柳駐日大使 民間阻止外交を強調

柳大使

[illegible]十七日、日本は在日韓国人の北韓送還問題を北韓カイライ側と直接協議する可能性があることを示唆し、これを阻止するため今後も民間外交活動を強力に進める必要があると強調した。

在日僑胞北韓送還反対全国委員会の指導委員らは去る二十七日午後李国会議長室に、政府側から金外務次官、金外務部政務局長、柳泰夏駐日大使をはじめ、自由・民主両党院内総務らを招き、在日僑胞北送問題に関する見通しを聴取した。

席上柳駐日大使は、在日韓国人の北送にからむ日本側の企図と六十万人の実態について報告した。金次官と柳大使はジュネーブの赤十字国際委員会の北送問題に関する討議は韓国側に有利に進められているが、日本側が依然北韓側と直接交渉しようとしているので[illegible]お結論は許されないと強調した。

金次官と柳大使から報告を聞いた後、指導委員側からも意見が述べられ、趙炳玉民主党代表最高委員は大局的な立場から北送反対運動を進めるよう主張したといわれる。

その結果今後政府と反対委側は今後も緊密な連絡を保って、同運動をより効果的に展開することになった。

慶祝式典賑わう

李大統領誕生日

【ソウル発＝KEP】李大統領は今年八十四回目の誕生日を迎えたが誕生日の二十六日ソウル市中は大統領誕生慶祝行事で賑わった。ソウル運動場で開かれた慶祝式典には政府高官外国大公使らが参席し、数万の群衆が集って大統領の長寿を祝った。

日本漁夫二名仮釈放

【ソウル発＝KEP】政府は二十六日李大統領の第八十四回誕生日を記念して平和ライン侵犯のかどで服役中の二名（田中正治郎、白沢欧治）の日本人漁夫を仮釈放し釜山の収容所に移した。

メ国防相訪韓

トルコのメンデレス国防相は、金貞烈国防長官の招請によって二十五日午後[illegible]KNA機で金浦空港着入京した。

[illegible]トゥルマゼル大尉を帯同したメンデレス国防相は、香港まで出迎えた駐韓トルコ大使イードル博士の案内で、政府要人多数が出迎えている[illegible]に無事着京した。同相は空港で「故郷に帰ってきたようだ」と次のような声明を発表した。

韓国はわが故郷のようだ。トルコの軍人たちは自由守護のために韓国にきて多くの血を流したから、韓国はトルコ人にとって第二の故郷といえる。私はトルコ首相並びに政府の友情と祝福を韓国に伝達することを光栄に思っている。

盛大に歓迎晩餐会

【ソウル発＝KEP】金国防長官は二十五日午後韓国を訪問し[illegible]

財務次官に朴鐘植氏

復興次官に鄭鉱務局長発令

【ソウル発＝KEP】韓国政府で[illegible]は財務部次官に朴鐘植氏（[illegible]）、復興部次官には鄭[illegible]氏（商工部鉱務局長）をそれぞれ二十七日付で正式発令した。

民団幹部と会談

外務部首脳

金団長 事務総長に帰国連絡

金載華氏

朴根世氏

李裕天氏

[illegible]外務部長官、金同次官らは去る二十七日午後外務部に柳泰夏駐日大使、金載華民団中央総本部団長、朴根世議長、李裕天監察委員長、[illegible]大阪本部団長らを招き、在日僑胞の全般的問題について協議した。会談は約一時間にわたったが、協議の内容は一切明らかにされなかった。

一方金団長から二十七日金事務総長に対し、[illegible]資料を携行、至急帰国するようにとの連絡があったので、金総長は二、三日中に帰国する予定といわれ、一行の帰国は本国政府当局との折衝如何でかなり遅れるもようである。

柳公使、外相を訪問

"非友好的な態度"

北鮮送還不満を表明

在日韓国代表部の柳公使は七日午前十一時、外務省に藤山外相を訪ね、在日朝鮮人の北鮮送還問題について、日本政府の意向を正式にただした。これに対して藤山外相は赤十字国際委員会の調査によって帰国希望者が判明すれば北鮮送還を行いたいとの方針を説明、韓国側の同調を要請した。この会談では韓国側が、日本政府の考え方を「正式に打診」することに主眼があったので、論議は行われなかったが、柳公使は個人的な見解として、日本政府の態度は非友好的であるとの不満をもらしたようである。

この会談ではまず柳公使から「日本政府は在日朝鮮人の北鮮帰国希望者を北鮮に送還する意向だとの報道が行われているが、日本政府としてはどう考えているのか」とただした。これに対し外相は

一、北鮮送還はかねてからの懸案であり、日本政府としては、人道的見地から、また居住地自由の国際通念から、さらに北鮮帰国を妨げるような日本の国内法規もない、との事情から、北鮮帰国希望者の帰国を認めるとの考えで、赤十字国際委員会の調査で帰国希望者が確認できれば送還したい、との態度で政府の方針を決めつつある。

と説明した。柳公使はさらに「日本政府の態度は、日韓全面会談の行われている現段階からいって、適当ではない非友好的なものであり、[illegible]ない。これは日韓会談に支障を来すおそれがある」とのべた。これに対し外相は

一、日韓全面会談と北鮮送還問題は全く別個の問題である。

一、日本政府は日韓全面会談をぶちこわす意思は全くなく、今後も友好的に会談を進めたい。

との考えを説明、韓国側の了解を求めるとともに、日本政府の真意を本国政府に伝えるよう要請した。

・在日韓国代表部柳公使談　藤山外相の説明では関係各省と打合せ中とのことだったので、韓国としては北鮮送還を好ましくないと考えているので、この趣旨を関係各省にも伝えてほしいと要望した。今日は日本側の事情を聞きに来たので、韓国側としては[illegible]

外務省に藤山外相を訪れた柳韓国公使

吉田・李六日に会談

難航の懸案解決せん

李承晩大統領は新年一月五日訪日の予定であるが吉田首相、岡崎外相は六日同大統領と会見、今後の日韓関係の打開について要談する予定である。すなわち岡崎外相は廿九日正午[illegible]の公邸に吉田首相を訪問、李大統領の訪日に関し打合せするとともに日韓間に横たわる諸懸案について詳細な説明を行ったが、その結果吉田首相も岡崎外相とともに六日に李大統領と直接会談する意向を決めたものとみられている【写真は李大統領（上）と吉田首相】

既報の如く日韓会談は本年五月に打ち切られて以来もはや両国政府首脳者の直接会談に待つ以外に局面打開の道がないところまで押しつめられていたが、韓国側としても日本政府と両[illegible]に反日的態度をもちつづけることは必ずしも得策でないとする[illegible]風潮も高まってきているといわれているので李大統領がこの会見申入れには応ずる予定であり、ここに両国政府首脳者によるはじめての直接会談が行われることになり日本側の申入れを受入れることは確実とみられる。したがって難航に難航をつづけた日韓基本関係の解決についても外交面に[illegible]とるものとみられ成行は注目される

朝鮮新聞
発行所　朝鮮新聞社
東京都千代田区神田……
電話九段(33)4039番
振替東京36953
定価一部拾円

祖国を平和的に統一する事によって忍びがたい民族的不幸と恥辱を一掃し、自主独立の旗を高く掲げることは悠久な歴史の輝かしい伝統と、愛国先烈の尊い志をうけついだ朝鮮民族の当然の義務である

曺奉岩氏　死刑執行を具申

大検察庁が法務長官に

李政権　早期処刑を企む

大統領選挙への影響を恐れ

さる五月一日韓国大検察庁では、間諜及び国家保安法違反を理由として死刑が確定した曺奉岩氏に対する死刑執行を法務部長官に具申した。曺奉岩氏は去る二月二十七日大法院で死刑が確定されて以来ソウル刑務所に収監中であるが、五月一日午後、大検察庁で曺奉岩氏を呼出し具体関係を審問したことがあったので、死刑執行の準備が行われていることは推測されたものの、死刑執行の具申を早速具申するということは異例のことである。李政権当局のこのような措置は、明春にひかえている正・副統領選挙に対する影響を考え、曺奉岩氏を早期に処刑してしまおうとする李政権当局の意向を示すものであり各方面から注目されている。

曺奉岩氏

なお、憲法によると死刑の執行は、確定の日より六カ月以内に大統領の裁可を得て執行することになっている。

大法院に再審を請求

判決の不当性を衝く

死刑執行が具申された曺奉岩氏の法定代理人である辛泰嶽、尹吉重、金鳳鎬氏等三弁護士は、さる五日大法院に再審を請求した。

再審の趣旨は

①梁の自白は、今度の公訴の基礎となったが、これは捜査に関与した司法警察官の強迫によってデッチ上げられたものである。

②梁が北鮮のスパイだと規定した判決文の記録は、陸軍諜報隊に保存されている証拠書類と異る。

③進歩党事件の公訴手続ははじめから法に違背したもので、原判決はあらためて審理されなければならない。

ということであるがその要旨は次のようである。

①原判決は請求人（曺奉岩氏）に対する公訴の基礎となった調書を担当した陸軍特務隊捜査官高泰変の法に違背する捜査調書及び記録を基礎としているから、刑事訴訟法四百二十条第七項に規定された「その公訴の基礎となった捜査に関与した司法警察官がその職務に関して罪を犯した時」という再審理由に該当する。

脅迫による・梁の自白

②梁が北鮮のスパイだという事実を証明する判決文の附記録は、陸軍諜報隊の証拠書類と異るから刑訴法四百二十条第五項に規定された「有罪の宣告をうけたものに対して原判決より軽い罪を認める明白な証拠があらたに生じた時」という再審理由に該当する。

③進歩党事件の公訴はその手続からして法に違背しているにも拘らず、これを無視したまま判決を下した原判決は違法である。

④原判決は第一に、「間諜」の概念を拡大し過ぎて刑法九十八条の「間諜罪」の解釈を誤っており第二に、公訴事実を独断否認した梁を何の証拠もなく北鮮スパイだと断定し

第三に、進歩党の政綱政策を違法でないといいながら、進歩党を不法団体だと規定したのは刑事犯の主体を誤ったためであり、その結果国家保安法第一条の「政治的罪」を曺奉岩氏に誤って課するに至り

⑤事実審理を担当した一審裁判官が認定もしなかった犯罪事実を心証だけで認定してしまったのは自由心証主義の濫用といわざるをえない。

以上のような再審の理由中、進歩党の政綱、政策は違憲でないが進歩党は不法団体であると規定した大法院判決は検察庁側も異議を唱えていることであり、また大法院での審理にすぎないものであったから、法の適用面に限られるべきものを事実審理を担当した一審裁判官が認定し

【写真はメイフラワー・ホテルにおける署名運動委員会結成のもよう】

更に広範な運動へ

曺奉岩氏助命嘆願　署名運動委を結成

間諜罪と死刑の判決が確定した前韓国進歩党首曺奉岩氏の助命嘆願署名運動委員会が去る十八日発足し、本格的な署名運動に乗り出した。

在日僑胞の一部有志らは去る二月十七日の大法院判決で死刑が確定した曺奉岩氏の助命を李大統領に嘆願しようと、これまで主に青年有志を中心に同運動を進めてきたが、同運動をさらに広範囲に進めるため、去る二十日東京新宿のメイフラワー・ホテルに集まり今後の進め方について協議した結果「曺奉岩助命嘆願署名運動委員会」を結成、次のような委員と事務局員を選任した。

なお署名簿には既に鄭寅錫（同顧問）丁贊鎮（前中総団長）氏ら約百五十名が署名している。

▽委員＝丁贊鎮、鄭寅錫、洪賢基、権逸、李康勲、裵東湖、李稿元、尹致夏、朱乾、金正柱、金坡禹、鄭東鎬、張聖一、李相淳ほか△事務局員＝金八雄（局長）呉敬福、金漢弐、尹相源、朴炳憲、趙鏞寿

約束した。

金戴華氏署名取消す

民団中総の金戴華団長は二十三日曺奉岩氏の助命嘆願署名について「私の署名が悪用されているので同署名を取消す」との談話を発表した。

再審要求を貫徹させよう

去る二月二十七日大法院が曺奉岩氏に言渡した死刑判決の執行期限は来る八月二十六日までである。大検察庁では既に去る五月一日、同氏にたいする死刑執行の具申書を法務長官に提出したと伝えられる。検察庁側は自らの違法行為を反省しようとはせず、その過ちを頬冠りでおし通そうとする恥知らずの厚かましい態度にでている。

検察庁側のかかる態度にかんがみ、曺奉岩氏は去る五月五日、尹吉重氏外二名の弁護士をして、大法院にたいし再審を請求した。その要旨は①梁利渉の自白は司法警察官の脅迫によってデッチ上げられたものであること②梁にたいする判決記録は陸軍諜報隊に保存されている証拠書類とちがうこと③進歩党事件の公訴手続きが最初から違法であることなどをあげ、原判決は再審されねばならない、と強調しているのである。

曺奉岩氏があげた理由は何れも再審に必要な要件を充分に備えている。検事の起訴理由が裁判を通じて全部否定されたこと自体が、その公訴手続のでたらめさを実証して余りあるものであり、司法警察官の職務上の過失、陸軍諜報隊の有利な証拠書類の出現、法条適用における過ちなどは何れも再審請求を成立させるために必要にして充分な要件である、といわねばならぬ。

われわれは曺奉岩氏にたいする不当な裁判を絶対に容認できない。まして、必要にして充分な再審理由を黙殺せんとする如何なる企図もこれを看過しえないのである。われわれは、むしろ、韓国の司法府が失いかけたその権威と独立性をとり戻すために、一日も早く曺奉岩氏にたいする再審を決定し、公正な裁判によって曺奉岩氏を直ちに白日の下に釈放することを強く要求するものである。

曺奉岩氏に関する裁判が、如何にデッチ上げであり、不当であるか、は周知の事実であり、それ故に、また曺奉岩氏にたいする同情は翕然と高まり、曺奉岩救命運動に立ち上る同胞の数は日と共に増大している。今や、この救命運動は全国的に拡大されねばならぬ。

平和統一を念願するすべての同胞よ！正義と人道を愛するすべての同胞よ！平和統一の主唱者、革新陣営の指導者曺奉岩氏を救おうではないか。曺奉岩氏の正しい再審要求を貫徹させようではないか。司法府にたいする一切の圧力を排除するために個人的に、集団的に抗議文の雨を降らそうではないか。

一九五九年五月十日　日本東京で

曺奉岩救命委員会

韓国ジュネーブ交渉に全力

「北送協定」合意に対処

在日民団収拾も急ぐ

外務部高位筋談

韓国外務部の高位当局者は日本と北韓は今週中に完全な合意に到達できる段階にあると述べ、韓国は赤十字国際委員会が在日韓国人の北韓送還問題に干与しないよう全力を集中していることを明らかにした。また柳大使は今後日本政府と公式もしくは裏面の外交接触をするようなことはなく、外交慣例により後任大使が決定するまで現職に留まるだろうと次のように述べた。

ジュネーブで活躍中の金溶植、崔圭夏両公使からの報告と駐日代表部からの報告により、今週中に北韓と日本は完全な合意に到達するものと判断している。このため政府は新局面に突入したジュネーブ交渉と在日韓国人居留民団の収拾問題に重点をおき、全力を集中している。❶赤十字国際委は純正中立の機関であること❷米国をはじめ三十余ヵ国の赤十字社が赤十字国際委に対し干与しないよう働らきかけていること❸既に国際委は二月下旬政府の問題として不介入の態度を明らかにしていること❹十九日にも現政府では両者の協定を関与する用意はないことを明らかにしていること❺金溶植公使に対しある種の有利な約束をしていることなどからみて、われわれは赤十字国際委がこの問題に介入しないだろうと確信している。柳大使は既に日赤本社内に送還本部まで設けた日本政府とは一切の公式的ないし裏面の外交接触は行わないだろう。柳大使は外交慣例により後任大使が赴任するまで現職に留まるだろう。

【注】北韓・日本両赤十字の会談は二十四日の第十八回会議で事実上終り、合協定案の字句が成立した。

「三機関決議」と韓国の新聞論調

各界、眞意を理解

僑胞対策の積極化強調

◇…民団中総三機関が去る十六日発表した「自由党政権不信」の決議は、一部誤り伝えられたせいもあって大きな波紋を内外にまき起した。韓国紙は一せいに連日この問題をとりあげ、政府の威信を対外的に損傷させたことに遺憾の意を表明している。しかしその後の釈明が伝わり、韓国各紙もようやく「三機関決議」の真意を理解するに至ったようで、ともに僑胞保護対策を積極的に打出すよう強調している。以下は「韓国日報」「ソウル新聞」二紙の論説要旨である。…◇

民団中総三機関決議を論評する本国各紙

真意は同じ

韓国日報

民団三機関の声明をみてわれわれは北送阻止運動を阻害し、国家の威信を対外的に損傷させ、共産系の宣伝材料に利用されるのを恐れ、遺憾の意を表明した。ところがその後の釈明により三機関声明が本国政府のすべての政策を不信するのでなく、在日僑胞に対するこれまでの施策を不信することが明らかになった以上、われわれとその意図するところは同じことがわかった。このような国内外国民の与論は既に完全に反映されている。今後は政府がこのような全国民の与論を誠意をもって実践するかどうかを、在日僑胞とともに注視すべきであろう。民団中央の愛国同胞は一致団結して、問題を積極的に支持し、政府の僑胞対策の革新のために献身すると同時に、日本政府に対しても権利を主張して、生活の向上と国威の宣揚をはかることが、問題の捷径であるとわれわれは確信している。政府は僑胞保護に万全を期し、朝連系の僑胞が韓国にかえるよう勝算の策を講じるべきである。そうすることにより転禍為福の結果をもたらすことができる。与党を支持する者だけを保護し、野党的色彩がある者は度外視するようなことがもしあるとすれば、政府が自ら居留民の分裂を招くことであり、祖国に背反するものを作る結果を招くことを自覚すべきだ（六月二十日付）

柳大使の責任

ソウル新聞

三機関声明中問題は第三項にある。彼らは本国政府を不信する理由として在日僑胞の経済対策がなかったことをあげている。これは余りにも本国の実情を忘却した我田引水的な考え方である。財政的援助がなかったことはわれわれも是認するが、祖国は在日僑胞の同胞愛を受け入れる必要があった。外務部の没知覚的な反共闘争声明は民族の名において痛烈に糾弾されなければならない。

在日僑胞北送反対委は十七日、政府に代表部の人事刷新を建議した。これは在日僑胞の北送反対運動を積極的に支援するためである。代表部がこれまで日本とカイライとの陰謀を事前に対処できず事態をここまで悪化させたばかりでなく、民団の不平と不満を助長して政府の不信声明を出すようにしたことに対し、柳大使は当然その責任を負うべきである。われわれは北送反対委の建議が妥当なものと認める。政府はこの機会に代表部を強化し、六十万僑胞をして政府の対日政策を積極的に支持するよう図るとともに、北送反対運動と一致団結するよう強力な対策を急ぐべきである。（十八日付）

自由党が勝つ

蔚山、月城再選挙

【ソウル発＝KEP】慶南蔚山乙区民議院一部の再選挙の開票は二十四日午後完了した。その結果自由党の金成鐸氏が当選した。また月城乙区でも李□駿氏（自）が当選した。

柳大使更迭は確実

一ヵ月以内に後任決定か

【ソウル発＝KEP】政界消息筋は柳泰夏駐日大使の去就問題について次のように語った。

更迭は間違いない。ただ適当な後任が決らないだけだ。現在三、四名の後任候補が上っており、一ヵ月以内に更迭されよう。

"柳大使は延命策止めよ"

金国北送反対委

【ソウル発＝KEP】在日韓国人北送反対委の李載澈委員長は二十二日談話を発表し、駐日代表部の人事刷新は全国民の超党的要望だと述べた。談話要旨は次の通り。

柳大使は辞表が却下されたので二十一日帰任したが、これにより北送反対闘争の熱意が低下するのではないかと恐れる。われわれは駐日代表部の人事刷新を求めた全国民の超党的要望に対し、政府が近く誠意ある措置をとるものと確信するとともに、柳大使も大統領の信任に便乗して一身の延命策をはかるようなことはしないものと思う。

臨時大会で総辞職

民団中総執行部が声明

在日韓国居留民団中総執行部は二十五日、来る七月十日に予定されている臨時大会で総辞職する用意があると次のような声明を発表した。

六月十六日の三機関決議第三項が誤り伝えられ、内外に大きな波紋を起したことは遺憾である。しかし同決議は祖国にあって六十万僑胞を救出するよう本国政府の覚醒を求めるため明記したものである。この決議は全国…

解任は時間の問題

自由党幹部筋の見解

【ソウル発＝KEP】自由党の有力な幹部は二十二日「柳大使の解任はもはや時間の問題である」と述べた。同氏は柳大使の辞表却下説を強く否定した。また金外務次官も辞めるかとの質問に対し、そうなるだろうとほのめかした。

僑胞補助費に一万ドル

外務部、緊急送金を計

金外務次官は十九日、外務部は現在、在日僑胞のため政府補助費として約一万ドルを緊急に送金する計画をたて、財務部側と協議中であると言明した。この措置は在日僑胞北送計画反対阻止案の一つとして…が、金次官によると同補助費放出の…討しているという。

金鈴銀鈴

僑胞と本国の経済政策

私は先日の本欄に、民族社会の百年の大計として、科学教育の振興と人材養成の急務を強調したが、もう一つ大事なことは本国政府の経済政策であると思う。これは国内はもちろん在外国民に対しても根本的な要素であり、自由民主主義政治活動の根源が、国民の民生安定と向上を指向するところにある以上、その目標に添った政策の立案と運営が問題を決定するといえるのである。現在の韓国の財政、経済がアメリカその他の援助によって支えられており、動乱後の復興そのものが外援に依存していることは歴然たる事実であるが、しからばその援助資金の運用如何が国民経済の向上成果に大きく繋がっているといわねばならない。現在本国の復興はICA資金によって徐々にではあるが好転しつつあり、これは喜ばしいことではあるが、その実施面においては経営的に、技術的に多くの不備難点があり、その間隙に一部のブローカー的分子が介在して、公正な運営を妨げているかに見受けられるのは、まことに嘆かわしいことといわねばならない。

日本在留の六十万僑胞が外国人でなく韓国の国民である以上、当然このICA援助資金の実施面で、本国の国民同様その恩恵に浴し得る施策を講ずべきであり今回の北送問題が起る以前においてそれが実施さるべきであったと思うのである。これまでICA資金による輸出入事務で直接の恩沢を蒙ったのは本国の業者と一部在日生産業者に過ぎず、殆どの僑胞は疎縁の立場におかれていた。北送の理由が"生活難"といわれているほど、僑胞の民生問題は等閑に付されていたわけで、この点を政府が熟知し僑胞経済にICA資金の運用を結びつける方途を早くから講じていたならば、国際赤十字や自由諸国に対する政治的、外交的反対運動に先立って北送問題を未然に防げたかも知れないのである。この意味においては過去はともかく、今後においては速かに百害あって一利ない韓日通商断絶を解除し、ICA資金ならびに政府資金での買付けは勿論、民間貿易においても在日僑胞を積極的に参加させる方策を講ずべきだと思うのである。これが六十万僑胞を韓国に直結させる道であり、民生の安定からひいては北韓送還を阻止し得る有効手段であると思う。さらに本国の産業復興においても、在日僑胞を迎え入れてその技術、技能を十二分に活用すべきであり、それを呼びかけるには今が最適の時期であると思うのである。

また在日生産業者の資金難に対しても、従来とは変った角度から有効策を考究すべきで、現在各地に散在されている信用組合をもっと育成強化し、韓国銀行がこれをバックアップしてその経営基盤を強化させ、僑胞の融資に積極的かつ効率的配分を行い、生産はもとより本国への物資輸出に活力を与えるようにすべきである。本国政府がもしも現在の貿易断絶をこのまま継続するならば、在日僑胞の経済活動は益々萎縮し、生活の破たんを助長して、それこそ北韓カイライの北送運動を益々理由づける結果となろう。

駐日代表部は北韓送還の不当性に対する外交的反攻を繰返すばかりでなく、僑胞の生活安定にはっきりした材料を与えることにより、北送希望者を一人でもなくすように努めるべきである。（金容鎮・新韓学術研究会理事長・京城紡織重役）

送還阻止に民団の総力結集

外務省内で座り込み

金団長 外相、厚相に抗議

在日韓国人の北韓送還をめぐる日本政府の閣議決定を一日前に控え、在日韓国居留民団の北韓送還反対闘争は尻上りに高まり、十二日民団全国代表が外務省前に座り込み、北韓送還方針を撤回するよう陳情するほか、金載華団長らが坂田道太厚生大臣に訴えるなど活発な動きをみせた。

民団中央総本部の金載華団長、金英俊事務総長は十二日午前九時五十分から約四十分間にわたり参議院内で坂田厚生大臣と会見、北韓送還反対の陳情書を手渡すとともに、日本政府が事実の調査もせずに閣議決定という早まった行動をとって韓日両国間に悔を残さぬよう善処してほしいと陳情した。

金団長らは

❶朝総連のいう北韓帰国希望者十一万七千名の数字は単なる署名者を意味するに過ぎず、実際にはせいぜい一万名程度とみられること❷この運動は北韓政権から送られた政治資金約四億七千五百万のうち、二億七千余万円を投じてデッチあげられた人道問題であること❸北韓出身者は僅かに一万八千余名に過ぎないこと❹無知な一般大衆を集団的圧力をもって署名を強要した数字であるが、日本政府が意外にも早く送還を認める方針をとったため、朝総連自体が困惑しているほか脱落者が続出していること❺この余波を受けて既に地方では在日韓国人はいつ帰るかも知らないという不安が日本人の間に深まり、中小企業者に深刻な影響をきたしているほか一般韓国人の生活にも重大な影響があらわれているので、残留韓国人の生活の面からみて坐視できない状態にきたこと

などを説明し、少くとも閣議決定を延ばし、まず実情をよく調査してもらいたいと陳情した。これに対し坂田厚生大臣も

「藤山外相が突如閣議でこの問題を取上げてきた。人道問題とはいうものの果して本人の自由意志によるものかどうかはなかなか難しい問題であり、自由意思の確認ができなければならないと思う」

と答えた。一方この日全国から集った民団各県本部代表ら約三百名は「北韓帰国反対」「同胞よ北韓の手先にだまされるな」「在日韓国人の追放反対」などのプラカードを手に、金日成ぞろいの「北韓送還決死反対」のタスキをかけて午後一時半外務省正面入口に到着、「藤山外相にあわせろ」となだれ込んだ。外務省ではこの動きを察して正面ドアーを閉めるほか、一切の省内通行口を閉めたが、群衆は門のカギを外して難なく中庭へ入り、正面玄関前にムシロをしいて坐り込んだ。同時に代表らは外務大臣室前に坐り込み、外相にあわせるまで退かないと気勢を上げた。この間、玄関前に坐り込んだ群衆らは中庭をデモ行進するなど気勢をあげた。

外務省では代表者と院内で会見すると答えたが、こんどは代表の人数で群衆側の十名の要求に対し、外務省側では五名を譲らずもみ続けた。結局代表八名と院内で会見することになり一行は「人道と国際通念に従い処理したい」と従来の主張を繰返すのみ約二十分間で会見を終った。藤山外相は[illegible]れんだ。金載華団長ら八氏と藤山外相は五時二十分ごろから衆院[illegible]で会見。代表らは口々に「閣議で決定せよ」と陳情したが、藤山外相[illegible]六時[illegible]衆院前で大韓民国万歳を叫んで解散した。なお金団長ら十名は十三日早朝にも首相官邸に押しかけ面会を要求して気勢をあげた。

ごった返しの代表部

柳公使を囲んだ報道陣

「駐日代表部の総引揚げ」「韓日関係全面断交か」とさまざまな報道が乱れ飛んだ十三日、駐日代表部と日本外務省の動きはかってみられなかった緊迫した空気につつまれ、ごった返す報道陣であわただしい動きをみせた。

この日午後二時柳駐日公使は各社カメラマンの待機するなかを外務省正面玄関に到着、さすがに緊張し[illegible]の弱い柳公使はまばゆいライトに照らされ「見えない、見えない」と叫ぶ。やがて会見を終った柳公使は記者連にかこまれ身動きもできない状態。記者団の質問攻めに柳公使はポツリポツリと答えるが、フラッシュの音でほとんど聞きとれない。業をにやした記者連は一せいに柳公使の乗用車に続いた。

いつもは静かな代表部に時ならぬ報道陣が長蛇の列をつくる。米国のCBSテレビをはじめ内外記者団のごった返しに、代表部の電話は報道陣に占領され、代表部書記官連もいささかお手上げのかっこう。

記者会見に現われた柳公使は「すべては日本の責任、とくに藤山外相の責任です」と吐き捨てるように事態の重大性を強調した。「人道主義云々」の質問に「いつから日本が人道主義になったか。ふんだりけったりじゃないか。不愉快な質問は止せ」と記者団にまで激しく当るあわただしさ。その間にも本国からひっきりなしに公電が入るほか、電話連絡をとるなど一九五七年十二月三十一日(韓日抑留者相互釈放協定調印の日)のあわただしさを再現した。報道陣はひっきりなしにつめかけ、代表部の灯りは深更まであかあかとともり韓日関係の緊迫を告げていた。

34.7.15
1959

新潟に「闘争委本部

北朝鮮帰還 民団、幹部を改選

【名古屋発】北朝鮮帰還問題にからみ在日韓国民団側の動きが注目されている折、十四日午前十一時から名古屋商工会議所で在日大韓民国居留民団第二十四回全体大会が開かれ、先月十六日、同団の中央三機関が発表した韓国の自由党政権不信声明の処置と北朝鮮帰還反対闘争について検討、三機関の委員十六人を全部改選するとともに北朝鮮帰還阻止のため新潟市に「北朝鮮送還反対闘争委員会」の本部を設けることなどをきめた。

不信声明問題については議長団、執行部、監察委の中央三機関は「道義的責任をとる」ため総辞職案を提出、討論のすえ不信声明は民団として支持することになったが金載華団長、朴根世議長、李裕天監察委員長の三人を含む十六人の委員が全員辞職、十四日午後改選の結果、新団長に前中央総本部顧問鄭寅錫氏(四[illegible])、議長に元議長金光男氏(五[illegible])、監察委員長に前副団長金今石氏([illegible])がそれぞれ選出された。

新三機関は北朝鮮帰還阻止対策として①赤十字国際委に介入しないよう申入れるため近くジュネーブに代表を派遣する②日赤に帰還業務を中止するよう働きかける③朝鮮総連に対し分裂工作を行ない帰還希望者が思いとどまるよう働きかけるなどを提案し、満場一致で承認、新潟市に北朝鮮送還反対闘争委員会の本部を設けることになり、午後九時過ぎ散会した。

最大の難局に直面した中総

反対運動に新対策 北韓帰国

保安法問題 注目される反闘委の処理

対外的には北韓集団帰国問題と対内的には国家保安法反対闘争委員会の"時限爆弾"を抱えている在日韓国居留民団中央総本部金載華執行部は、去る五日の常任執行委員会で北韓集団帰国反対闘争委員会を設置する一方、保安法反闘に参加した宣伝局次長趙尚洙氏の解任と各局分科委員会の解散断行など、めまぐるしいたち回りをみせ、金載華執行部最大の難局を思わせている。

北韓集団帰国反対運動を推進中の民団中央総本部は、これまでの運動を一歩積極的にすすめる情勢に迫られ、去る五日、常任執行委員会を開き各県本部団長を委員とする広範囲な反対闘争委員会を設け、運動を全国的にひろげる方針を打出した。対内的には保安法反闘の難題を抱え込む金執行部の同問題に対する立上りは、一月十三日の同団東京本部での首脳者会議以降、韓日関係者懇談会—一般同胞の宣伝—国会陳情デモと、金組織力をフルに動員して対日本社会への阻止工作と僑胞社会の宣撫に大童の活躍を演じた。

民団の「拡大運動方針」によると対日本工作を主体に宣伝ビラ百万枚(日本人関係五十万枚)と「韓新聞」三十万枚を全国市町村、関係当局などに配布、日本社会からの理解と反対運動の気運を高める。特に同案では韓国と地理的に近い九州一帯の工作に民団九州地区協議会を工作本部と定め、漁業関係者との協同反対闘争体を設け、反対運動を下から盛上げようと図っている。このためきょう(十日)開かれる反闘委の会議では派遣員の決定を行うとともに近くとも十二日には現地に派遣するといわれる。

これと並行して金載華執行部の当面問題としてその対処を迫られているものに保安法反闘委の問題がある。二月三日の保安法反対民衆総起大会を阻止できなかった金載華執行部は、外面的には"問題にしていない"とはいうものの青年懇談会の懇席者に多分に動かされた形勢をみるとき、その対処に相当の苦悩の色がうかがわれる。同団の動きに引きずられるといわれる金載華執行部を「腰が弱い」「代表部対反闘委の争いに漁夫の利をねらっている」などの表現で煮え切らない態度を批判している「北韓集団帰国問題の阻止と韓日会談が失敗すれば柳公使の責任といえばいえるだろう」「保安法反対運動が金議長の要望であれば——」などにみられる金載華団長の言葉は政治性の含みのある話だが、対内的に離反者を出し、"問題にしない"という消極的な態度に疑問が持たれている。反闘委の「民団とは話合いで」という対民団態度は金載華執行部の弱い足元を見すかしてのことのようだ。

金載華執行部内の足並みは必らずしも統一されていない。保安法に対する態度決定後、金団長は下級幹部から長時間つるし上げを受けていることからもその間の事情がうかがわれるが、反闘委の同法反対運動に関する解は別として、柳公使排撃運動では"相当な動き"がある。高指導層の某幹部は反闘委の(元)委員との話合いで「問題は時期である」といっており、「反闘委の趣旨に異存はない」と極言している。また金団長ともっとも近い某幹部は執行部の正式態度ではないが「情勢をみた上で」と、暗に反柳公使をにおわせている。反闘委が今後どのような運動を行うかはここ両日中の行動で明確になるようだが、これまでの低姿勢をこのまま持続するか、または反闘委氷解のための積極工作に出るか「柳公使と対決する」の反闘委の態度が前進している折だけに金団長の決断に注目が寄せられ

韓国、対日貿易を禁止

税関など業務停止
中ソとの接近阻止図る

李大統領

【京城十八日発=UP特約】韓国政府は十八日一切の対日貿易を禁止、日韓関係は新たな危機に突入した。商工部長官姜声部氏は同日「このボイコットは政府の対日政策にそって行われたものである」と言明した。このため商工部では対日輸出入の許可業務を休止、税関では同日朝から対日輸出入物資の通関業務を停止した。また韓国銀行でも日本と貿易するためのL・C(信用状)の発行を停止した。韓国政府のこの措置はたちまち韓国人や外人業者間に伝わったが、この命令がいつ出され、またいつまで継続されるかについては官吏筋でもだれも知っていない。

十七日午後韓国政府スポークスマン葛公報室長は公式声明を出し"日韓関係は決裂状態になった"として韓国人の日韓間の往来を一切禁止すると言明、この措置は、日本が在韓国財産の八五%に対する請求権撤回を拒否し、また共産諸国との提携を求めているためにとられたものだと説明した。右声明の英文による発表文には"対日貿易の禁止"は含まれていなかったが、韓国文の声明では"対日交易および日韓往来"を禁止と述べていたものである。

公報室では、対日貿易全面禁止の措置について直接批評することは避けたが、これが在日韓国代表部や韓国銀行支店閉鎖の先ぶれとはならないと語った。韓国政府はかねて対日貿易を困難にする方策を講じてきたため今回の措置によって財政的な恐慌は予想されない。また、業界筋ではいずれ遠からず緩和されるものとみているようだ。

米韓援助条約の違反
米当局言明

【ワシントン十八日発=UP特約】米当局は十八日「韓国の対日貿易禁止は一九五四年の米韓援助条約の違反である」と述べた。米国務省は公式の論評を避けているが、権威筋では韓国と会談するだろうが、これだけで対韓援助を打切ることはないだろうと述べている。

柳泰夏、日本에健在
=所持金은무려五千五百萬弗=
시리아市民權도買收

【東京에서 二日陰相特派員至急=世界】柳泰夏는 이즈(伊豆)온천으로부터 銀座에와서「시리아」시민권을 매수하였다 그런데 柳전대사는五천五백만불을 소지하고있다는바 또다시자취를 감추어버렸다

(사진은 柳泰夏)

벤」여사는 二일하오三시 尹대통령을 예방하고 환담했다

헤스大領來韓
孤兒의아버지

한국전쟁고아의아버지「딘·E·헤스」대령이 二일 미공군기편으로 내한하였다 영화「戰頌歌」의 원주인공이며 현재「로스안젤스」미공군부대공보부장으로있는「헤스」대령은 그가 한국동란의전화속에서 창설한고아원韓國保育院의 一○주년기념행사에 참석하기위해 내한한것이다 서울시내中浪橋에 자리잡은 韓國保育院은 오는五일 뜻깊은 열돌맞이잔치를 베풀게된다

民団中央 議事会、無為に終る
金大使、門戸開放を要望

民団第二十七回中央議事会は、去る二十五日正午から、中総講堂で開かれた。この議事会は初めから議題のない議事会として、その開会の意義を疑われた程であったが、結果は予想通り、何ら重要な決定をみるに至らなかった。

しかし僑胞社会一部では、正式に議題には入っていなくても、現在僑胞社会の注目の一つである「日韓文化協会」の設立をめぐる問題および全国大会以後今日までの中央総本部の無為無策、広融学生問題、丁団長入国拒否問題等かなり活発な論議が展開され、場合によっては、執行部に対する不信任案も提出されるのではないかと噂されていたが、これらの問題は全然出ないか、または散発に終り、その他六十万同胞の日常生活や、諸権益擁護に関する具体的な討議は全く行われず、執行部の浮貸問題、二世中・高校生本国派遣の際に発生した所謂神戸事件、診療所設置問題、国会オブザーバーの旅券問題等について、論議されたにすぎず、極めて淋しい会議に終った。

これは現在の民団運動が、本来の機能を充分に発揮することができず、民団の基本政策である在日同胞の人権擁護や、民生の安定に対する自信と能力を喪失していることを示したものといえよう。

大韓民国駐日代表部金裕沢大使は、就任以来始めて民団の会議に出席し、約二十分間の祝辞を述べたが、その中で「現在民団にはいりたくても、はいれない人々がいる」ことを指摘し、民団今後の在り方に対し、次の如く要望した。

「民団今日の発展と、過去の努力は的対共闘争について心から感謝する。しかし僑胞全体についてみると民団がやるべき仕事はまだ沢山残っている。

聞くところによれば、現在民団に加入したくても、加入し得ない状態にあるというが、これはどういうわけか。この点民団はもっと謙虚な気持で研究すべき問題であると思う。

在日同胞は六十万というが、代表部に登録されている韓国人は二十四万人にすぎない。しからば残りは全部左翼の人かといえば決してそうではない。即ち残余の殆んどは浮動層である。この浮動層は早急に民団に吸収されねばならない。

また経済人の協力などの問題についても、今少し研究すれば、より成果をあげることができると思う。

代表部と民団は常に表裏一体となり、在日僑胞のための民団とならなければならない」

最後に傍聴席の表情を要約してみると、「過去の民団の大会や議事会は、派閥を超越した正論家がいたが、最近は為にする発言のみが横行し、真に民団全体の発展をおもうすっきりした発言がみられぬことは、僑胞社会にとってこの上なく淋しいことである」との印象が強かったようである。

尚長年民団の名議長とうたわれてきた金光男議長は、議事会終了後米国のロスアンゼルスのアジュサ大学に留学の為辞表を提出した。民団では同氏の長年の功績に報いる意味において、同氏の渡米後援会を結成しその壮行を援助することを決定した。

只本同盟として注目すべきことは本同盟の権委員長の所謂「民団除名運動」が実質的に解決される決定がなされたことである。先きに民団中総執行部の丁賛鎮団長の要請に依り今日まで除名処分を理論的に否定していた権委員長が本同盟の執行委員会の決定を経て民団組織上の観点から必要悪であった点を肯定して除名解除処分を要請し、その後、李裕天監察委員長、金光男議長の要請もあって解除方を要望したところ、今次会議において監察委員会の議を経て団長に依って処理されることが決議された。

丁団長の抜打ち人事
中総の機能一時止る

議題のない議事会といわれながらあるいは一波乱起るかも知れないとみられた中央議事会もあっけなく終った。ところが議事会終了後の二十八日に開かれた中央常任委員会の席上、丁団長が局長以下局員に至るまで全員辞職を勧告したところ、五局長のうち四局長までがこれに応ぜず、丁団長の措置に抗議する共同声明文を発表し、ついには監察局まで真相調査に乗出す事態を招いた。波乱は意外なところから起きたわけだが、このため民団中総は数日間にわたる事務機能停止状態が生れ、執行部の内部事情や新人事の憶測などで話題をまいたが、去る五日夕刻新執行部を発表するに至り一応終止符が打たれた。

結局、局長入替は三人、留任は二人、次長はほとんど留任となったが、任期は余すところわずか五ケ月余であり、これという仕事を期待するのは無理であろう。しかし年に二度の人事移動特に今回の丁団長の不手際については、僑胞社会でもかなりの批判が加えられているが、指導者たるものの良識と人徳の絶対的必要性ならびに民主主義時代における組織体運営の困難さを端的に示した例といえよう。

新執行部次の通り。

組織局長◎金汶卿　次長◎金斗昌
宣伝局長◎韓硯相　〃　宋定
総務局長　朱乾　〃　◎李吉変
文教局長　金東春　〃　金承浩
民生局長　蔡鴻錫　〃　◎呉命根
(注、◎印は留任)

民団大本と建青のトラブルにからむ辺基柱建青大本団長、また金禍事件にからむ崔鮮氏に対する二つの停権処分の再審要望を審理中だった民団中総監察委員会(委員長李裕天氏)ではこのほど事実審理を終え金載華中総団長に同処理方を回附した。伝えられるところによると監察委員会の結論はそれぞれ処分内容を大幅に緩和したものといわれ、これに対する金中総団長の裁断が注目されている。

代表部と一層緊密に
監察委員　李祐天

李監察委員

民団と代表部との関係はもとより表裏一体であって、あくまでも車の両輪の役割を演じてもらいたいし、またそれが望ましいのであるが、私は民団は自主的な自治団体であるから組織の自主性を没却して従属的な立場に追いやられることには望ましくない、代表部はまた政府の機関であるという独善的意識から六十万僑胞の意志を無視することがあっても望ましくない事である。

幸にして代表部、その後の動きは円満であるし、新しく就任した執行部も、つとに良識ある階層であるだけに、些細なもつれをほぐして大同団結し、大いに大韓民国の発展のためにすべてを捧げ尽してくれるだろうと信じて疑わないものである。その意味で監察機関は執行部を信頼しているし且民団全体の発展のためには協力と努力を惜しまないつもりである。

新執行部の良識と叡智が、是非私如き者をして口を挿む余地がなからしむるよう努力されんことを祈り民主新聞復刊によせる私の所感の一端とするものである。

信任された現執行部

波乱の東本定期大会幕閉じる

1959.4.20

反対派に切札なく 質疑打切りでケリ

民団東京本部の第二十三回大会は一部既報の通り、去る十六日中総で開かれたが、午後に入ってからの討議は、総括報告で徐鉉氏の懲戒処分問題で激しくもんだが、大会の空気は荒れ模様のうちに執行部支持に傾いた。

まず世田ヵ谷支部から新国家保安法に関する一部在日僑胞の反対運動の動向およびさきに本国で開かれた「僑胞生産品展示会」（大田支部質問）の結果について執行部の見解をただしたが、答弁に立った李寿成監察委員長は「本国政府と打合せ中であり、詳細は次の機会に報告する」とし「展示会問題では多くの成果をあげた」（金連平民生部長答弁）でケリ。

"北送"で鋭く迫る

反執行部派 学園入園問題でも

大会の空気はやや中だるみの様相をみせた。しかし「北送」問題に関する追及の手は金致淳代議員によって行なわれ、「三月十五日以後の運動はどうなったか。また朝総連の帰国促進運動に関する具体的対策は何か。本年度東京韓国学園入園者の人員は四十余名だが、少ない理由は？」とじわじわ迫った。

これに対し朴賛道組織部長は二月十三日以後全国的に行なった運動の結果を報告したあと「目下その実態を調査中」と苦しい弁明でのがれ、教育問題では黄時旭文教部長が「僑胞の子弟を義務的に入園させる方法がないので、入園者が少ない」と答弁、これを不満とする豊島連合支部代議員金載淑氏は「学園は設立しても組織の役職員、代表部職員、韓銀職員などの子弟は入園させないではないか」と再度追及、現職役員で子弟を入園させていない人々には冷汗を流させるきびしい質問であった。が、結局、組織活動家の反省と自覚を促したにとどまった。

このあと目黒支部から旅券事務に関する質疑が提出されたが「東和新聞の報道で知ったが、中総と代表部に問合せた結果、従来通り行なうようになった」でケリ。矢つぎ早やに出る質疑に執行部席は多少あわて気味。このとき郭東儀（韓青）代議員が発言、質疑打切りの動議が出されたが、大会の注目の人、洪賢基代議員が異論を唱え、問題の規約改正に伴う任期満了説で逃切り策を図む大会の流れにストップをかけた。

「執行部の任期は前任者の一部を除けば満了と考えるが執行部の見解をききたい」の質問に対し演壇には李裕天中央監察委員が立ち規約二十八条の条文解釈のあと「金仁洙執行部の任期は、三機関とも改選している事実から二年である」と説明。このことから場内は賛成、反対の声で騒然となった。任期満了説を主張する反執行部派は執ように食い下った。

まず丁贊鎮代議員が反対説明に立ち「監察委員長の裁断は不当である（会場野次が乱れ飛ぶ）団長の見解をききたい。民団の慣例からみて任期は今大会で終ると思うがどうか」と執行部に迫った。執行部の支持説明に立った丁永沢代議員は「対立候補を競って成立した執行部の任期は二年と解釈するのが妥当だ」と反論、規約解釈をめぐる対立はいよいよ白熱化した。

決定的不信案をつきつけられない弱い立場の反執行部側は必死だった。大会のもう一人の注目の人金睦純氏所属支部下代議員（中央連合支部）が再質問に立ち、法理論的に質問戦を展開「任期二年説に対する解釈は四月二十七日全体大会（一九五八年）以前の旧規約に基いて行なわれなければならない。旧規約に起点を置くのが順当で執行部の任期はない」と注目すべき発言を行なった。

しかし執行部擁護派の反撃もますます強く「旧規約を現実に当てはめることは新規約の精神に反する行為であり、組織運動にマイナスする」とこれを一蹴、食い下りを断ち切った。この間約一時間にわたり攻防戦が展開

ジュネーブへ代表派遣 満場一致で可決

新年度活動方針は二、三の字句修正で可決をみたが、北送問題に関する組織闘争は真剣に討議された。このような在り方は民団の組織史上まれにみる熱の入った論議で、論議の中心点は在日僑胞の実態を正しく赤十字国際委に伝達するためジュネーブに代表者を派遣することにあったが、これを満場一致で可決するとともにきたる中央議事会に建議案として上程することとなった。

このほか六百五十四万円（年額）にのぼる新年度予算案、が可決成立後、北送反対の大会決議文が読み上げられるという拍手で採択、功労者の表彰では李興成（荒川）金在植（文京）金錦鎮（足立）承浩石（大田）趙[illegible]（台東）徐辛用（葛飾）各氏に賞状が贈られ、午後九時散会した。

健全な団務遂行望む

李監察委員長 民団職員に協力促す

本国民議員の選挙、韓日全面会談の再開に伴う左翼勢力の陰謀的妨害工作、民団の四月全体大会など重要な時期を迎え、これに対処しての民団の活動が一層期待されている折柄、さきの民団中総組織局のガラ空きに引き続いて、丁賛鎮団長をはじめ中総首脳陣の大量辞職、さらに四月の全体大会を見越しての選挙運動に浮足立つなどの事態が続出し、心ある一般団員の間には民団中総首脳陣の反省を求める声が強くなっているが、民団中総の李裕天監察委員長は去る十七日「全国職員は早急にこのような非難に耳を傾け健全な団務の遂行にあたるよう望む」と要旨次のように協力方を要望した。

もっとも重要な時期であるにも拘らず首脳陣が殆んど留守中で、団務の執行にも隙を来して[illegible]点がある。中央議事会であれほど非難されたにも拘らず一向に改善されていないことに驚いている。特に現執行部は委任された運動方針を遂行しようとする意図さえ見当らないのは言語道断であり、来る四月大会ではその責任を追及されるだろう。財政支出の面でも不必要な支出が多く、このため活動に必要な資金の支出が不可能になっているなど、ますます弱体化して来た左翼系列の動きに対処すべき民団中総のあり方として極めて遺憾な点が多い。重要な時期だけに首脳陣はもちろん全職員は早急に本来の方針な団務の遂行に、より一そう忠実であるよう望む。

時評

国家保安法を撤回せよ

―民主政治を死守しよう―

去る二日、民団系の同胞約二百名が東京八重州口の国鉄労働会館に集り、"国家保安法反対民衆蹶起大会"を開いた。本国内での保安法をめぐる政治的混乱はついに、自由主義陣営全体からの批判を招き、在日同胞も、この過酷な国家保安法に対しては何らかの意志表示をする必要性に迫られていた。

ところが民団中総の三機関は、同法を遵守するという声明を出して、あだかも民団員全体が同法に賛成しているかのような印象を内外に与え、また代表部においても"保安法に反対する野党や張勉副大統領の行動は韓国を危機におとし入れるものであるとの警告を発した。

このような情勢の中で前記民衆大会が開かれたのであるが、この民衆大会が開かれるまでには、いくたの紆余曲折があった。即ち民団中総からは、中止の申入れがあり、三機関の役員は勿論、団員がこれに参加した場合は適当な措置をとるとの指令を出し、同じ日、同じ時刻に中総で"北鮮送還反対"の大会を開くなど極力妨害工作をつづけてきた。しかし、保安法は韓国の民主主義を圧殺する悪法であるから、海外にいる同胞といえどもこの際どうしても反対の気勢をあげ、本国内で決死的に行われている同法の撤回運動に応えねばならぬという民衆の決意は極めて根強くついに予定通りに大会を決行したのである。この民衆大会は本国へも大きな影響を及ぼし日本のNHKテレビなどもこれを取上げた。本国同胞もこれによって在日同胞の健在を知ったことであろう。

だが極めて遺憾なことは同大会に対する民団の態度である。中総では早速幹部の中で同大会に参加した者を免職させると共に、新たに構成した"北鮮送還反対運動"の対策委員には一人も参加させなかった。民衆大会に参加したのはその殆んどが民団の指導層に属する人である。民団のこのような措置には全く慨歎の外ない。三機関の役職員と雖も個人の立場としては恐らく同法に反対しているだろう。現職にある幹部の立場から、同大会には参加できぬことは理解できるが、何も団員の政治活動にまで口ばしをいれることはない。民団の基本的な活動方針書には団員の政治活動の自由を認めているではないか。

民団は目下"北鮮送還反対運動"に大童である。総連の政治的陰謀を粉砕することは民団の義務であり当然のことである。しかし実際に生活に困って帰国しようとする同胞に対する具体的な対策も考えず、唯頭から"北鮮へ行く

記者席から

◇建設的意見なく低調 活発だった思想論議◇

▽…民団結成以来第二十七回中央議事会程低調な会議はおそらくはじめてであろう。中央議事会を前にしていつものように不信任案を提出するとか、または執行部を倒すために議長団と監察機関が総辞表を出すとか、いろいろと噂されていたから相当な波乱が予想された。しかるに何の議題もなければ、当を得た質問もない。はじめから終りまでお金の問答で終始。簿記学、経理学が飛び出して失笑を買ったのが関の山であった。××会に五十万円、○○社に六十万円説、二十万説の公金流用があるらしいとの監察委員の報告もケッ作であったが、それ以上の流用をしたと中央議員を呑んだような団長の答弁もまた然りであった。いづれにしても会計報告がなっちょらんということは事実だ。

▽…「日本に居住する六十万の僑胞の中、現在代表部の国民登録を済ました数は二十三万、その他残りの全体が共産主義者とは思わない。だから民団はこれらの者を包摂するよう努めなければならない」大使の祝辞の概要であるが、これはいつも民団大会で論議尽された問題。然し語る人が違えば、意義も違って来るというわけか。何故金大使はコウ着状態にある韓日会談問題には一言もふれないのか。危ないものにはさわるべからずか。

▽…金大使の祝辞とは対照的に東地区協議会で「思想見解統一に関する問題」という建議案が提案されたが、提案説明中傍聴席の失笑を買った。議席を押さえ切れず議長を連呼しながら発言を求めて飛び出す勇士も現われる始末。世界思想潮流を哲学的（？）に説く議員、「この民団破防法には団長連動もひっかかる」と現実的に説く議員、「現在の民団規約でも充分やり得る」と監察委員長らしき李裕天氏の発言。ある地方議員、議長を叫びつづけて不平を一席。「十数回も発言を求めたのに、一回も発言させない議長は、あまりにも不公平ではないか」と前提「思想統一案はあまりにも近視眼的、むしろ赤色分子を養成するようなもので、大使の発言とは相反するのではないか。その精神だけをとって成文化は止めよッということ」でケリ。人工衛星論も飛び出るようなカツコウ。これ正に金大使の祝辞とは好一対。

▽…問題の焦点とも見られたいわゆる神戸学生事件、民団中総、広島本部、兵庫本部との対立関係は金文教局長のシドロモドロな説明に対し、金石広島団長の説明はなかなか堂に入ったもの。然し何をいわんとしたか結局シドロモドロ。泰山鳴動、鼠一匹というのは正にこれをいう。

▽…オブザーバーと丁団長の入国拒否問題も巷では不信任案の条件の一つであったらしいが、これは主客転倒といえよう。丁団長に入団を拒否される理由を追究することは去る四月大会で済んだこと。外務部長官と会って来た人たちの報告を、まともに聞くとすれば責任の所在は明らか。民団の権威を民団員自身が保たなければ。権力に屈従するための民団か僑胞の権益擁護のための民団か。理由は明らかである。

▽…何故議事会がこんなにだらしがないのか。約三百万円の費用を消費して、集って散って行った議員は何を得たか。民団組織に如何なるプラスを与えたか。いつもの念仏ではあるが、何故運動の本質と遠ざかっているか。かようなことであれば、傍聴席での議事会無用論、大会無用論もただの不平分子のたわごととはいえまい。

▽…数十余年民団に尽し、また名議長として名声を博した金光男氏がアメリカ留学のために辞職、老いて益々その意気壮とすべし。五十にして斎に古巣がなつかしく、数役者のための新な決意は若者の亀鑑といっても過言でないはず。

韓国からの手紙

僑胞達よいましばらく

御承知のように四月革命は、国民の総意によつて達成され、多少のいざこざはあつたにせよ、新しい憲法の下に新しい政府が樹立されました。国民はこの新しい政府と共に新しい一九六一年を迎え、そしてこの年を希望ある年にしたいと思つております。

新聞や旅行者達が伝えるところによりますと、日本に在留していられる僑胞の方達は、本国で起つている学生達のデモや、新興宗教の集団暴行事件などについて、限りなく心配して居られ、この分で行くならば韓国はそれこそ失望的なものではないかと、大部分の僑胞達がいつていられるようにうかがつて居ります。これはでもつともなことだと思いますし、また本国にいる我々国民もそれらの事件をそう頼もしくは見て居りません。が、僑胞の方達が心配していられる程のことはないことをはつきりと申し上げ度いと思います。

ソウル大学を中心とした一部の学生達は、いま統一論を押し出して、その実行を政府に迫つて幾回かデモを致しました。がこれは政府の強硬な態度によつてはねつけられました。と申しますのは、その論拠が甚だあいまいで、一寸あやまれば国全体を共産主義者達に明け渡す結果になりかねないからなのです。このことは政府ならずとも国民の一人一人が身をもつて体験し知つていることなのです。ですから学生達の中にもこの論の危険であることを知り、その反対のデモを行うといつたこともありました。決して新聞でさわいでいる程のことはないのです。国民の健全な考えはやはり確固としていることを信じて頂き度いと思います。

それから、いわゆる朴長老教の信者達が新聞社を襲撃した事件ですが、これは全く無智な連中によつて、かもし出された国民の悲劇であると申さねばなりますまい。がそれよりも、もつと悲しむべきことは、国民全体が貧しいということであつて、これらの無智による出来事も、もとはといえば彼等の生活苦による絶望がそこに走らせたと見ていいと思うのです。

この国民の貧乏は別に彼等に限つたことではありません。いま私がこの手紙を書いているのは、ローソクの火の光りを頼りにしながら書いているといえば、このことは御推察願えるかと思うのです。国の首都のソウルで、なおそうなのですから他は推して知るべきでありましよう。が私はこの貧乏を少しも苦にはしておりません。国民全体であり、しかもその貧乏が公平でさえあれば、国民は誰も不満はないのです。ただ、そこに不公平があるとき問題が起きるのですから。

我々は、首都でローソク生活をしているような状態にあつても、皆様のことを忘れてはいません。海外にあつて心身両面での苦労をされている皆様のことを思えば、心だけは豊かな我々の生活が如何に有福なものであるかを思つているのです。

その意味で今度政府が一百万ドルもの金をそれこそ血のにじむような思いで、皆様に送ると聞き、これに越したよろこびはないと感じております。

ただ我々は、前から政府が送つた多くの金が、真にその日の生活に困つている人々には行き届かず、途中で消えてしまつたとも伝え聞かされております。そして日本から本国に旅行して来た人達は、誰でもが名刺の片書きに何々団長といつた人達ばかりで、普通の生活をしている人はないとも聞いておりますが、これはまたどういうことなのでしようか。

我々は新しい政府を信じ、そして期待をしておりますから、これからはそんなことはあり得ないとは思つて居りますが、何分、その点は皆様のことですから、一人一人の方がもつとしつかりしてやつてくださることを望むのです。その点からしてもいましばらくの気持でお互いがんばつていき度いと思います。（ソウル総局経田、金得圏）

後を絶たない北送の悲劇

夫の留守中に妻子を奪う

子供だけでも返せ！

父親の悲痛な叫び

北送が開始されてから早くも一年の才月が経つた。この間「政治問題」か「人道問題」かという、北送の性格や本質がいまだ完全に論じつくされてないまま、ソ連船による在日僑胞の北鮮送還は毎週一回の配船で継続されている。公正な与論を無視して強行されている北送によつて僑胞が蒙つている有形無形の損失ははかり知れないほど大きいものがある。

またこの問題から派生した幾多の嘆かわしい悲劇は枚挙にいとまがないほどである。

未成年の少女が北送を嫌つて列車から決死的な脱出を試みた事件、妻が夫の強制的な北送申請に反対して家出した事件等々である。こうした悲劇的な出来事の繰り返しは北送開始以前からすでに多少なりとも予見し得たものであつたが……。

姜渓洙氏

しかしここに取上げられた事件の全貌はまさしく北送の進行によつて必然的に醸成された悲劇の決定版である。

夫の留守中に愛する妻子が慰漬な朝総連に誘惑され、いつの間にか北送されていたと云う想像も出来ない事件が東京の杉並区内に発生し関係者の悲しみと激憤はもとより僑胞社会全般にも極めてショツキングなニユースとして話題をまいている。

話題の主は東京都杉並区和田本町二丁目一五一番地に住む姜渓洙（三十六才）氏である。

悲劇の始まりは姜氏が私用で旅行に出ている間に起つた。

姜氏は去る八月二十五日、商用でいつものと変りなく旅行にでかけた。

ところが旅行の用をすませて二個月後の十月十五日の夕刻、長い間別れていた家族に会える喜びで足運びも軽やかに胸を躍らせてわが家に帰つて見ると、これは一体どうしたことであろうか留守を預つている妻子の姿はどこにも見当らなかつた。

それはかりではなかつた。家の中がキチンと整理され、長い間人の住んだ気配がなかつたことに気がついた。

この変化に姜氏も一度は親戚の所にでも行つているのだろうと思つては見たのだが何となく不吉な予感に胸騒ぎがしてならない。念の為に近所の人達に尋ねて見ると実家に引越すのだといい残して十月の初めに荷物を持つて帰つていつたとの事であつた。

姜氏は居ても立つてもいられない心地で妻の実家に飛んで行つたしかし妻の実家には既に見ず知らずの人が入居していた。

そこで初めて妻の趙和子（二十四才）さんと長女の麗子（一才）ちやんの二人が義母と共に十月七日新潟港出帆の第四十一次北送船で北韓に連れ去られて行つた事実を知らされた。

あまりの出来事に驚ろいた姜氏は、翌日直ちに杉並区役所の日赤申請窓口に事情を確かめに行つたところ係員は言を左右にしてハツキリしたことをいわない。

そこで姜氏がなおも追究すると妻の趙和子さんについては自由意思の表明とみなして申請を受理したが、子供の麗子ちやんについては父親不在の理由で一応申請を却下したが、どのような方法で乗船したか、出国前後の事情については全然わからないの一点張り。しかも係員は日赤の方と掛け合えば解るでしよう、と極めて冷淡な態度を取つていたという。国赤・日赤は当初から異口同音に北送は「人道問題」であり、「居住地選択の自由」の原則に基づいて行われていると主張しているが、真に人道主義に立却して北送が進行しているというならばどのような方法を講じても絶対に悲劇が起きてはならない筈である。

それにも拘らず家族が分離され親から子供を奪い、巧妙な誘惑をおこなつて無知な人々を連れ去りあまつさえ意思表示の手段を全く持たない嬰児を父親の手から奪い去る行為は大人共に許せない行為であると断言しても過言ではあるまい。と姜氏の関係者はいつている。

ここで不思議な事実はこのような事件について、国赤も日赤も共にこうした一連の悲劇に対しては一度も真面目な回答を出したことがない事実である。

人道主義が政治の道具と化したときそこに一体何が起るか。北送問題の強行はこれに対する回答を世界の市民に与えているのではなかろうか。……

愛児を北韓に奪われた悲劇の人姜渓洙氏は自己の家庭的悲劇について次のようにその嘆きを語つている。「僅か一カ月半の間に予想もしなかつた妻子の北送が一体どのような方法で行われたのだろうか全つたく信じられないことである。誰かが妻をだましまして夫もあなたの後から必らず知らせるから一足先に北韓に行きなさい。少しでも早く行つた人には何等かの利得が必らずありますと計つて欺したのです。世間にうとい妻はきつとそれを信じてしまつたのでしよう。今頃、北韓のどこかで当てもなく夫の来るのを指折り数えて待つているであろう妻や子供のことを思うと断腸の思いです。

子供まで人質に取られてはたまりません。人道上の立場から私は国際赤十字に子供だけでも送り返してくれるよう嘆願を依頼する積りである。」

なお日赤事務当局は、去る二十五日、この事件について本紙記者につぎのように語つた。

「十六歳未満のものの帰還は協定第一条によつて親権者又は後見人の意思によつて決められる。従つて両親が揃つている場合は当然両親の同意が必要である。もしこの事件が本人の申し立て通りだとすれば明らかに協定違反である。しかし帰国申請の審査は、地方の窓口、日赤本社、赤十字国際委の三段階で行われているからこのようなことが起るとは考えられない。趙和子が四十一次船で帰つたことは確認されているが、審査手続きの上において誤りがあつたかどうか早急に調査してみる。」

写真は北韓に連れ去られた姜母子

僑胞から本国の皆様へ

あまり心配なさずに

国際タイムス社の方から金得雨氏の手紙を拝見させて頂き、それへの御返事方々、新年の御あいさつをも兼ねて、こちらの近況等御知らせ致したいと思います。

いま更ら四月の出来事を申すのも遅すぎて、なんだとは思いますが、四月革命がどうして起き、そしてどうなつたなどを論ずるのはそれを好きでする人達、例えば、あなたが御手紙の中で御祝福になりました、名刺の肩書きに何々団長と飾つた人々にまかせるとしまして、当時の感じを端的に申しますと、それは〝やつたあ〟といつた感じでした。もし私がその場に居たとすれば当然革命デモに参加したでありましようし、また幾多の犠牲はありましたが、それでもとにかく革命が成功したということで、ほつと安堵もした感じだつたのです。おそらく四月の革命が、一つの団体が政権獲得を目指してやつた行動だつたとすれば、そんなに大きな感銘は受けなかつたでありましようし、また革命の目的が改変だけにあつたとしても、それ程の感慨はなかつたのではないかと思われます。学生達の純粋な不正糾弾の気持が、その革命の根底だつたが故に、我々の受けた感銘もひとしおのものがあつたのです。あれからというものは、事実我々は日本の社会で、肩身が広く、なんだか自分もその行為に参加でもしていたかのような気持にさえなるときがあつたりしました。

この誇らしげな気持ちを本国の皆様には或いはちよつとわかつて頂けないかとも思いますが、とにかく我々はこの時程自分の民族に誇りを感じたことはいまだなかつたといつてもいいくらいだつたことを申し上げたいのです。

それから、はじめに申し上げようと思いましたが、本国のソウルで、電力不足のため一般の家庭ではローソクの光で新聞を読んでいるとのことですが、私は最初は、まさかとも思つたことでした。がそれが事実であることを確めたとき、私は啞然とした気持になりました。いままでは これらの事実が、民族の恥さらしという殺し文句で本国の真実が僑胞達にそのまま伝わらなかつたことを思つたのです。丁度それは本国で、〝赤〟という同種の威力をもつていたと同じく、僑胞社会ではこの言葉がすべてを支配し、一部不心得の連中に利用されて、自分自身の反省をし得られなかつたのです。

団長肩書きの人達ばかりが本国に旅行し、また、本国から送つて来た金が用途不明のまま無くなつたりしている事実を一般の僑胞達が知らないわけはありません。しかし、それだからといつてそれに批評を加えることは出来ませんでした。それがすべて〝恥さらし〟の殺し文句と、それに類する思考に災いされていたからです。

四月革命が僑胞達にもたらした最大のものは、実はこの殺し文句の偽瞞性を打ち破つたことにあるといつてもいいと思います。我々は再びこんなだましの手に乗ることはないと思います。

本国政府で我々に送つて下さるという金については、色々議論もありますが、その使い方については充分な警戒をもつてのぞみ、過去におけるような一部の不良のやからの介入を許すようなことはないよう気をつけたいと思います。ですがこれはただ一般の良識ある僑胞達だけではどうにもならない問題だと思います。と申しますのは、駐日代表部の担当者の方達がその気にならなければどうにもならないからですし、過去における誤ちの大半の理由は、その役人達にあつたことをはつきりと申し上げ本国の国民の方達と共ども充分気をつけてゆきたいと願つております。（北海道総局経由、李方成）

朝総連から民族陣営に

元建青副委員長 金容太氏が復帰

五・一六後の祖国を再認識

1962.9.26

元建青の副委員長金容太氏は過去自由党の横暴ぶりに憤激、左翼陣営朝総連に加担したが祖国が軍事革命によって本来の姿にもどり国家再建に官民一致して邁進していることに深い感銘を受け、過去の行動を反省して再び民族陣営に戻り微力ながらも国家再建に役立ちたいと旧同志たちに温く迎えられて所定の入団手続書類をこのほど所属の民団支部に提出した。

金容太氏

二十一日午後六時東京有楽町の春香苑で氏の旧同志金光男中総議長、洪賢基東本議長、金陸男中総副議長、金方洙東本監察委員、李尚男東本監察委員、朴根世、尉順弼、趙権衡の各氏と夕食を共にしながら記者団にその心境を大要次の通り語った。

金容太氏の話　今日は旧同志たちとこのように会って楽しく食事ができることに感無量です。私のあさはかな考えから左翼陣営に走りましたが、左翼陣営もやはり、陰謀、権力闘争等内部は腐敗に満ちており幻滅を感じた。もともと私はクリスチャンであり共産主義とは肌があわなかった。祖国が軍事革命によって過去の腐敗分子に果敢にメスをいれあらゆる旧悪を一掃新しい国造りに挺身している朴正煕将軍をはじめ若い国軍将兵に唯々頭がさがる思いでした。これでこそ国が救われ韓国民として誇りをもって日本にも住めると大いに鼓舞しているのです。幸い同志たちも暖い気持で心よく迎えて下さりなんとお礼をいってよいか――。私の弟容九も彼等の欺瞞性にはいや気がさして完全に縁を切っております。どうか私同様迎えいれて下さることをこの機会にお願い申上げます。

なお金容太氏は民族陣営に復帰するまで朝総連傘下の同和信用組合の総務部長の要職にあった。

在日大韓体育会役員改選

新会長に辛滋氏選出

東京オリンピックにそなえ選手強化

在日大韓体育会ではさる二十一日、辛滋会長以下新役員の決定を発表した。

この度の役員改選は、さる八月十日の総会で七人委員会に一任され、同委員会で人選を行ない決定されたもの。

今後同体育会では、活動方針として来る東京オリンピック大会にそなえて、在日僑胞本来の使命である僑胞の団結とスポーツを通じての交流を図ると共に、本国体育会との交流をはかって韓国選手団の強化向上を目標に邁進する。

また当面の活動として来年二月に軽井沢で開催される世界スピードスケート選手権大会にそなえて、本国韓国スケート選手団を日本に招き在日僑胞選手と合宿訓練を行ない日本選手とも交流試合などを行なって選手強化につとめる。

名誉顧問 尹錫璇
顧問 権逸 徐甲虎 李康友 辛格浩
常任顧問 李裕天 鄭建永
参与 孫達元 朴漢植 金相吉 許弼奭 李朝植 金稷祚 朴漢植 安八竜 韓禄春
会長 辛滋
副会長 金己哲 許泰成 鄭松俊 権正烈
理事長 金東春
専務理事 金安守
常務理事 （総務）鄭東鉉 （渉外）蔡洙仁 （補佐）李仁鐘 （企画）金相鎬 （財務）李宗男 （組織）金成一
事務局長 金世基
理事 金坪珍 金陽男 朴鎮玉 ……
監事 朴英変 李元基 ……裕

"韓青中総に秘密結社"

郭委員長は容共 洪・具両氏が爆弾声明

62.3.6

在日韓国青年同盟中央本部（郭東儀委員長）の前文教部長具哲謨と前組織部長洪性貞の両氏は、さる二十一日声明を発表して、韓青中央常任委員を辞任するに至った理由を明らかにしながら「同中央委員長郭東儀氏が共産主義を信奉し民団社会の中に約十五人（うち学生五名）で構成され、韓国共産統一と民団の容共化を行動綱領とする秘密結社を組織している」との"水爆級"の宣言を行なった。居留民団中央総本部機関紙「韓国新聞」は二十七日付け同紙の三面トップに四段抜きでこの声明全文を掲載"徹底的に真相糾明"という金組織局長の談話も合わせて報道した。これに対し韓青同中央常任委員会はその翌日の二十八日「洪・具声明は巧妙な陰謀であり虚偽の脚本である」との反駁声明を出し、その中で民団中央総本部権逸団長が陰謀の張本人であると厳越な語調で非難、中央監察委員会に真相調査を依頼したと述べた。結局洪・具両氏の声明により、民団中総と韓青同中総ががっぷり四つに組んだことになる。問題が問題だけに、これが今後どう収拾されるか注目される。いずれにしろ在日民族陣営の不幸ではある。

洪性貞、具哲謨両氏の声明

韓青を辞任した具・洪両氏の声明の主な内容は次のとおりである。

一、韓青中総郭東儀委員長は、共産主義を信奉し民団社会の中に約十五人（うち学生五名）で構成する韓国の共産統一と民団の容共化を行動綱領とする秘密結社を組織している。

一、郭東儀はこの秘密結社の運動方針を韓青内部に実行している。

一、郭東儀は北韓・ソ連・中共の三角軍事同盟を正しいとし、この考えを浸透させている。

一、共産統一に有利な運動を行なっている。

一、郭東儀一派は朝総連の手先である。

一、財政上の収支経済が不明瞭だ。中央機関紙その他活動の全部門における指導方針が外部の人たちによって構成運営されている。

このような内容の長文の声明が二十七日付中央機関紙に全文掲載され、金組織局長の"徹底的に真相糾明"という談話も同時に報道された。

韓青の反ばく

韓青中央常任委員会はこの声明におとらない長文の反ばく文を発表「全てが権逸団長のデッチあげ」と厳越な口調で矛先を権団長に向けた。声明の主要内容次のとおり。

一、秘密結社云々は権団長のデッチあげである。証拠の提示できないではないか。

一、権団長は報復行為並びに恥ずべき陰謀をもった分裂策動を中止せよ。

一、韓国新聞の声明文掲載は一方的である。機関紙の場合、当事者の見解もきかねばならないはずなのに、数度にわたり真相が明らかにされるまで掲載を保留するよう申し入れたにも拘らずこれを無視した権逸執行部に対する金今石監察委員長の警告文その他批判声明等は、直接民団自身のことがらであるにも拘らず、一句も掲載しなかったのは何故か。日々に孤立化して行く自身の運命を救うために、その出路を韓青破カイに求めようとしている。われわれはすでにさる二十四日付で真相糾明を中総監察委員会に要請した。われわれは戦い抜く。

民団中総の主張

真相はいずれにせよ監察委員会の調査によって明るみになるものとみられるが、このような重大なことがらが真実であるか、どうかの問題また機関紙に大きく掲載した理由あるいは意図などについて、権逸中総団長、尹致夏副団長、金熙明韓国新聞編集局長は質問に答えて、次のように答えた。

権団長＝どうもそのような感じがした。執行部の調査によればほぼ間違いない。もっと調査して措置する。

尹致夏副団長＝常任委員会を経て、団長の最終裁決を得たのち、掲載することにした。洪・具両君の言分には、信ずるに足る点がある。重大な問題ではないか。調査の結果近く措置を取る。

金熙明編集局長＝常任委員会の決定があったので掲載した。常任委員会には出席しなかった。これ以上話したくない。反駁文が出た時、これを掲載するか、どうかは言いたくない。

金今石監察委員長＝韓青から査察申し入れがあったので、調査中であり、もし事実であれば規約四〇条にてらして措置する。もし洪・具声明が虚偽であるならば、関係者全員を処罰する。

権団長に注意喚起 民団中総四顧問

韓青大本京本代表が退陣要求＝

韓青大阪本部、京都本部の代表十名は、さる三日上京、権逸民団中総団長に面接、権団長の退陣を要求する抗議文を手渡したが、権団長は受理を拒否した。

これに対し、李裕天、金載華、曹寧柱、丁賛鎮の民団中総四顧問は同日午後、記者会見での質問に答え「顧問団としては重大な関心事である」と前置きし、次のように語った。

韓青の二幹部がどんな理由で韓青を辞めたかは判らないが、これは一種の内紛だと思う。民団のルール上、監察委員長の公正な調査を通じてもし事実であれば、処分するのが当然であろう。しかし常任委員会の決定に従って「待ってました」とばかり発表したことは脱線行為である。民団中総の韓青に対する感情が介在したといっても弁明できないものだろう。もしこれが虚偽であれば、全民団の審判をうけねばならないだろう。審判とは大会のことである。顧問団の立場から権団長の注意を厳重に喚起する。

「ミス・ミスタ産業」の選抜要領

産業博主催者側では「ミス・ミスタ産業」を次のような要領で選抜することになり、在日僑胞も多数の応募を望んでいる。

一、選抜日　五月十三、四日

一、場所　景福宮

一、申請期間　四月十五日まで（ソウル）地方の場合は五月五日まで（僑胞も同じ）

一、申請先　同博覧会宣伝局文化課

一、応募資格　産業団体に勤務する男女で、男子は二〇―三〇歳、女子は一七―二五才未満但一つの職場で二名に限る。

一、提出書類　職場長の推薦書、履歴書各一通、写真一枚。

一、参加服装　新生活服に自由服を準備すること。

なお入選者には各部長官賞がある。

六百万ドルに変更

今年度鉄鉱石の輸出計画

貿易協会会議室で開かれた輸出協議会は、三百五十万ドルに決定した輸出五ヵ年計画第一次年度（六二年度）の鉄鉱石輸出計画を手直しして約六百万ドルに調整する上の申し合わせを行なった。

다가오는 民団全体大会

焦点은 "不信任案"

反対派 金今石氏아래 集結할듯

오는五月二十日以降(場所未定、二三日確定視) 開催予定인 民団全体大会는 韓青問題가 郭東儀委員長에対한 停権処分으로 表面上이나마 一段落지어진것을 契機로 権逸執行部와 反対派사이의 攻防戦은 드디어 全国的으로 벌어지고있는데 金今石中総監察委員長의 団長立候補가 表明됨에따라 남어지 十五日間 各県本部代議員에対한 双方의得票工作은 그絶頂에 達할것으로 보여지고있다

韓青問題등論難必至

今次大会는 権執行部와所謂反権勢力의 宿命的인 対決의바탕이 될뿐만아니라 韓学同을 為始하여 経済団体 韓青등을 事実上 分裂状態에 陥入시킨 権執行部에対한 批判이 沸騰할것이 予測되는데 特히 韓青問題는 비록 執行部에依하여 判定이 내려졌으나 監察機関과의 見解의 差異도있어 大会場에서 크게 論難되는 問題의하나로 될것이다

切迫한大会를앞두고 反執行部勢力側의 対立候補者로서는 金今石現監察委員長、李裕天顧問등의 이름이오르고있으나 金監察委員長이正式으로 立候補를表明한外에는 가장猛烈한 反権구룹으로 알려지고있는「在京有志懇談会」에서도 아직 対立候補를 내세우고있지않아結局 反執行部派에서는 金今石氏한사람에 集結할것으로 推測된다

그런데 金今石氏는 立候補表明에있어서 「民団을為하여 勇気를내어 立候補했다」고 前提하면서 ①民団이 現在 直面하고있는 混乱과 分裂을 收拾하고 空気를 一新하기為해서는 大会서 是非로 対立하는것보다権団長이 自滿하여 引退해주기바라며②民団은 여태까지 防衛만생각하여 城안에서만 우물주물하고있었으나 앞으로는 城門을열어 박차고나가 오히려 朝総連에対하여 攻勢를取해야할것이며 ③旧殼에서벗어나 勇断的인革新을 敢行해야될것이다고 그抱負를 말하고있다

그러나 権執行部는 아직 任期가一年 남아있으므로議決、監察의 二機関이 辞職않는以上 総辞職은 없을것으로보이며 反対派에서 생각하고있는 執行部不信任案의 通過如何가 今次大会의 焦点이될것으로 보인다

1962.4.23

1962.4.20

在京有志懇談会開かる

三機関廃止に難色

地方事務局長任免問題 強かった反対意見

民団中総監察委の世話による在京有志懇談会が去る十六日午後二時すぎ東京新宿の在日韓国人商工会会議室で開かれた。この懇談会では先に規約改正委が発表した「規約改正案」と「在日韓国人の法的地位」問題などが論議された。

規約改正案では主に三機関廃止点と地方事務局長任免問題が論議の焦点となったが、三機関廃止問題は時期尚早との意見が強く、事務局長任免制度については団長と事務局長との間に意見の衝突が生じ易く、悪化すれば組織分裂も予想されるなどの理由から反対の声が強かった。これに対しこの日出席した権団長は規約改正の考え方としてその間の経過を述べた後「組織を根本的に改革する」必要性を強調し、質問の各条別に解説したが、議事会までになお検討することとなった。

在日韓国人の法的地位問題では永住権と財産搬出問題を中心に意見が交換されたが、永住権問題では朴宗根弁護士から参考意見として「永住権に条件をつけるべきだ。その条件とは韓国籍を持ちながら日本国籍[illegible]方がよい。他国に住む者が何時までも現状のような状態ではすまされないからだ」と日本国籍を取得するのが在日生活上必要と説明、さらに朴弁護士は「このような意味から民団の最大公約数的な意見をとりまとめて本国政府に具申すべき」と力説した。朴弁護士は在日僑胞代表者の問題にもふれ「在日僑胞の死活問題である法的地位委に僑胞代表者が入っていないことは残念であり、いまからでも交渉して僑胞代表者をおくるべき」だと述べた。

これに対し、権団長は政府代表との会談で確めた話しとして、大綱の説明があった[illegible]てもこの種の会合を積み重ねて何らかの結論を出したら、それをまとめて議事会に提起する」と述べ、次会でなお専門的な人々を集めて意見をまとめることになった。

なおこの日参加した主だった顔ぶれは次の通り。

権逸団長、洪[illegible]副団長、丁賛鎮、鄭哲、具宇沐、李禧元、李裕天、李相台、鄭烱和、金英俊、朴宗根の各氏であった。

第47回民団関東地協会議

重要問題討議

1962.4.16

(総備通信) 民団関東地区協議会の第四七回会議が先般、埼玉県長瀞の"長生館"で開かれた。

同会議には地協傘下の七県本部役員をはじめ中総権逸団長、同金今石監察委員長、同金載華、丁賛鎮、李裕天の三顧問、駐日代表部李栄求氏、民団奈良県本部姜団長などの来賓と韓青同盟中央本部幹部を合わせた七十余名が参席した。

会議はまず、主催県本部である埼玉県本部崔副団長の開会あいさつと各来賓あいさつに始まり、同協議会事務局長に民団東本丁栄玉団長を満場一致で選出、前事務局長金仁洙氏の補佐で進められた。

討議事項に入って、この日掲げられた(一)旅券事務簡素化再要請の件(二)民団公有財産法人化促進の件(三)東京韓国学園寄宿舎設置促進の件(四)中総発八五五号公文内容討議の件などのうち、第一番目に韓青問題に関する第四項を討議しようとの提議があって賛否両論が続出したが、結局中総監察委員会の査察結果を待つことにし、ここでは論議しないことにし、第一項から第三項までを討議、それぞれ次の通り合意をみた。

一、旅券事務の簡素化については、さる第四五回関東地協会議の合意事項を駐日代表部に再要請すると同時に、全国八地協の賛同を得、五月の民団全団大会に上程し大会の決議をみ、重ねて代表部に要請する。

二、民団公有財産の法人化を促すべく中総に要請するが、これも全国的な気運を盛り上げ、五月全国大会で決議する。

三、東京韓国学園の寄宿舎設置については中総文教局、地協事務局および学園当局が接衝して速かに実現するよう努力する。

またこの日の会議では、韓青同盟から祖国緑化運動のための苗木代金募金に対する要請があり、協力が約束された。

ところで、同会議での来賓あいさつ中、金中央監察委員長が韓青問題について「韓青問題の円満な解決方法として権逸中総団長と郭東儀韓青委員長が共同声明を発表すると同時に、権逸団長と顧問団でも大同団結を表明する共同声明を発表することを提案する」と発言注目を浴びた。

なお次回の関東地協会議は東京本部の主催で五月に開かれる。

戸籍事務取扱要領一部変更

民団中総民生局はこの程、代表部からの指示により、戸籍法改正に基く戸籍事務取扱要領について、つぎのように傘下機関に伝達した。

戸籍申告具備書類

一、各種申告書類提出数 四通

二、申告外に用意すべき書類

1、婚姻の申告

(イ)韓国人と韓国人間の婚姻

当事者の戸籍謄本各一通

但し本籍地が北韓にある場合は各県民団本部から発行された「国民登録完了証」「身元保証書」各四通を添付すること。

(ロ)韓国人と日本人間の婚姻

A、当事者の戸籍謄本各一通

B、婚姻受理証明書(日本の役場より発行されたもの)四通

(ハ)韓国人と日本人でない外国人間の婚姻

A、韓国人の戸籍謄本 一通

B、婚姻受理証明書(日本役場発行のもの四通)

C、婚姻証書(駐日各公館から発行されたもの四通)

2、出生申告

出生証明書 四通

3、認知申告

(A)認知受理証明書 四通

(B)戸籍謄本(父および母のもの)各一通

但し日本女子の戸籍謄本上に認知事実が記載されている場合は前記証明書は不要

4、入養申告

当事者の戸籍謄本各一通

5、就籍申告

身分表

身分認定書(二人以上の証人と各県本部団長の署名捺印したもの)一通

6、死亡申告

死亡証明書

7、離婚申告

(A)戸籍謄本 一通

(B)妻が婚姻前日本国籍を有していたときは、日本役場から発行された離婚証明書

三、婚姻、出生、入養申告における戸籍謄本必要の有無及び通数は省略する。

四、各種申告書記入について各申告書の備考欄に記載されている。

五、代表部に申告提出の際の手数料について

手数料(一通当百八十円也)は申告の後、その申告事実が記載された戸籍謄本が本国から送付されて本人に交付する際に納付することになっている。

六、その他、前記申告の他に別名の諸申告様式があるが、必要に応じて通知する。

苗木15万本を本国緑化運動に

韓青中央本部では、本国の緑化運動に苗木約十五万本を来る四月五日大韓海運公社所属の原州号便で発送する。韓青は、昨年も十万本をもって、本国の緑化運動に参加し、多大な成果を収めており、本年は二度目で自二月十日至三月三十一日間を「緑化運動募金期間」と定め、昨年以上の成果を収めるべく企図したが、所謂、韓青問題の件で、活動が停止していたが、本国政府農林部よりの再三の要請と本国同胞の期待にこたえ、緊急予算をもってこの運動を継続することになった。

今度発送される苗木はイタリア改良ポプラ二万を含む約十五万本であるという。

韓青では近いうちに「緑化運動募金期間」を新たに設ける予定であるが、この意義ある趣旨に深い理解をもって、協力してくれるよう望んでいる。

民団大阪本部大会

団長に徐相夏氏当選

【大阪支社発】民団大阪本部では、去る七日同会議室で、第二十九回定期大会を開催した。

1962.2

民団の証明が必要

僑胞本国送金制度 朝総連が悪用の恐れ

最近、朝総連は北送問題の行き詰りから戦術を転換して、こんどは南韓へ秘密工作員を潜入させることなどを企んでいるとの情報が流れているので、民団大阪本部ではこれら共産系の策動に備え、各般の措置を講ずることになっているが、さきほど実施された僑胞本国送金（送金額五百弗まで）制度はややもすると共産分子に利用され易いむきもあるので、このほど当該駐日代表部や韓銀、日本の指定銀行に今後の僑胞本国送金にあっては必ず民団が発給する身元保証書と国民登録完了証を添付するようにと申し入れた。従来は韓銀または日本の指定銀行が窓口で書類（国民登録証、戸籍謄本、親族からの手紙）さえ具備すれば即刻送金手続をとったものであるが、このままで行くと朝総連共産分子がこれに乗じて彼らの活動資金を南韓に送り込むという懸念もあり、また民団の団員でないものでも巧妙な手を使って利用するというケースも考えられるので、このようなことがあってはひいては民団の組織を弱体化さすことにもなりかねないとの見地から、このような措置がとられたもので、駐日代表部でこの措置を認めれば同本部では来る十日から実施に入る予定だといわれる。

阪神に予備隊新設

増原長官談

増原警察予備隊本部長官は卅日午前十一時から記者会見し次の諸点を明らかにしたが、さきに騒擾事件を起した神戸地方の事情からみて阪神地区に新たに師団を設置する意図のあることを述べて注目をひいた（一）朝鮮動乱の情勢によって予備隊が動員していることはない。度々明かにしたように予備隊が朝鮮動乱に出動することはない（二）朝鮮動乱の影響、[illegible]騒擾事件などがからんで、各地で[illegible]うわさされるが、とくに神戸地方は度々事件を起しているので阪神地区に新たに師団を設置したいと考えている（三）部隊編成の大綱はできれば十日ごろまでに決定したい。[illegible]どの詳細は予備隊の規定として[illegible]一月中には完全な部隊指揮ができるようになろう（四）[illegible]および管区総監の人事は[illegible]日の閣議で決定したいと思う。これに伴って中間幹部の人事も進めて行く。来月十五日には[illegible]の幹部を集め[illegible]名の幹部を補充する予定である

背後に日共指導

神戸騒擾事件 当局確証を摑む

【神戸発】神戸の騒擾事件[illegible]につき警察当局では[illegible]

[illegible]との情報に国警本部では[illegible]工作隊の[illegible]の指揮者が[illegible]

全国監察委員長会議開く

法的地位問題や本国実情を講義

21日東京上野宝ホテルで 李明春氏ら三講師招き

1962.11.22

民団中央監察委員会（鄭烱和委員長）は韓日会談妥結後に備えた民団組織強化のため、さる二十一日後一時三十分から東京上野の宝ホテルで二日間にわたる"全国監察委員長会議"を開会した。同会議の第一日目は日本国から来日中の李明春再建国民運動京畿道支部次長、俞相哲内外問題研究所委員、李天祥韓日会談代表などの三講師を招いて(1)革命以後の本国の実情(2)北韓の実情(3)在日僑胞の法的地位問題などについて五時間余にわたって別項のような講義が行なわれた。

李明春氏、俞相哲氏、李天祥氏の三講師と、姜裕天氏、丁贊鎮氏の民団両顧問に、全国民団各地方本部監察委員長三十余名の参席で開かれた全国監察委員長会議は、国民儀礼と鄭烱和委員長の開会の辞に次いで二日間にわたる会議の幕が開かれた。

監察委員長会議であいさつする鄭中央監察委員長

組織の強化へ

鄭監察委員長の挨拶要旨

金鍾泌中央情報部長の来日を契機に、韓日会談早期妥結への気運は非常に高まっている。ここでわれわれは在日僑胞に最も関係の深かい法的地位問題に関心を向けなければならないと同時に、また朝総連の韓日会談反対運動に対して断固粉砕する戦いをゆるめてはならない。こうした戦いは韓日会談が妥結された後も続くので、われわれはこの二日間それに備えた組織強化の方途を講じなければならないと思う。

僑胞の団結望む

李再建運動支部次長講演要旨

五・一六以後の革命政府は国民と共に、李王朝時代以後の旧態依然の政治、経済、社会あらゆる面の合理的改革に全力を尽している。また過去四十余年韓国独立運動に一生を貫いた李承晩大統領をかこんで利潤をむさぼった連中の不正腐敗にメスを入れ新しい政治形態をきづく一方、経済開発五カ年計画を着々と押し進めている。農村では青年が中心となって緑化運動、農地の新開拓、封建思想の撤廃などに先鋒的役割を果すかたわら、生活様式の改善にも全力を果している。在日僑胞もわれわれと同様新しい愛国心で六十万在日僑胞が一致団結して生活の向上を計ることを願う。

特別永住権を

李韓日会談代表講演要旨

法的地位問題は在日僑胞にとって最も重要な問題であるので、われわれは在日僑胞が日本で経済的にも、社会的にも差別をうけないで住めるかということと、また帰国する時の在日僑胞の財産をどうすべきかについてなどを重点的に論議している。これをかいつまんで申したい。

永住権問題＝日本に住む外国人には永住権がなければならない。韓日間には諸外国人と違った歴史的特殊性がある。

永住権付与対象者＝戦前から日本に居住している在日僑胞には一般諸外国人の永住権ではない特別永住権をもたなければならない。そして永住権者の子孫らに対して付与されべきだと主張している。

韓国独立後の入国者＝この僑胞たちに対しては一般外国人が保持している永住権の資格となる。

世界人権宣言によって世帯主を中心に家族が一カ所に住めることは守られている。

永住権剥奪方法＝一定の期間を設けてその期間内に日本の官庁に申請すればよい。今のところ申請期間は五年に合意をみている。しかし永住権が付与されても日本の国法を重大に犯せば追放される。しかし特殊永住権者は日本の暴力革命を企てるとか、殺人強盗などでなければ追放されない。

教育問題＝在日僑胞が設けた民族学園を日本の一般学校と同等な権利を主張している。また日本学校に入学する在日僑胞は義務教育に関しては日本国民同様に受け入れると合意をみた。

社会保障制度＝在日韓国人を差別しないで継続して生活保護することに合意をみた。

本国へ引きあげ時の財産＝入これについては日本側と原則的に合意をみている。すなわち韓国人が日本で作った財産を全部もって帰ってもよい。もって帰る方法については両国専門家で研究中。

ある北韓脱出者の手記

（26）

傀儡軍生活

原子戦準備に狂奔

抗道建設に鉄道も撤去

政治部幹部たちが政治学習時間の講演で語ったところによると、北韓カイライ首相金日成は停戦期間になすべきことを論明して「祖国解放戦争（六・二五事変を共産主義者たちは祖国解放戦争と呼んでいる）の経験に立脚して不足分は補充し、良いものは継続して生かすべきである」と語っている。[illegible]共産主義者たちは再南侵のためどれ程注力しており、軍備を備えているかということは金日成の雄弁を通じて充分察せられる。

一九六〇年九月初に平壌大劇場で進行された人民軍党（カイライ軍内に存在する労働党ー他の党は存在しない）第六次全員会議でおこなった首相金日成の特別講演と文献によると共産主義者たちは、正義の戦争と不正義の戦争を規定するに当って「正義の戦争というのは外敵の侵入から防禦する防禦戦争と弱少民族国家（植民地）等を解放するための戦争も正義の戦争であり、不正義の戦争は他の領土を植民地化しようとする目的を持つ侵略戦争をいう」と規定している。

ここで強調したいのは北韓共産主義者たちは、自由南韓を米帝の植民地（弱少民族国家）であると宣伝しているが、宣伝自体が虚偽であることは言うまでもないが、若し彼等の宣伝と理論からしたら、自由南韓を再侵略することは不正義の戦争でなく解放するための正義の戦争だというから共産主義者たちが再南侵しようとする凶計があるということは事実である。

それならば共産主義者たちは以上の理論に基づいてどのような準備を進めているか？私が知っているだけでも停戦後である一九五六年度にRー一〇八という無電機と一九六〇年二月ごろRト一〇六無電機をソ連から輸入してきたし国内では（ソ連の技術員たちが指導）AK歩銃と称する新形小銃を製作して全カイライ軍を武装させた。

また戦線地帯には永久抗道をクモの巣の如く掘っていたし、現在も掘り続けている。しかし北韓共産主義者たちが戦争準備に狂奔しているけれども、われわれは少しも恐れることはない。

ここに永久抗道建設に対して言及しようと思う。

現在共産主義者たちはこれからの戦争は原子戦で、防御と攻撃があるのみで、後退はあり得ないとカイライ軍を教育しており後退はあり得ないという証拠として永久抗道などを建設しているがこれは寝ごとに過ぎないのである。現代戦が彼等の理論通り原子戦になるということは明らかであるとしても、抗道入口を爆撃か、砲弾をもってふさいでしまえば、その中に入っているカイライ軍は袋の中のねずみと同様になるからである。

永久抗道を建設するに当って共産主義者は国民はどう生活しようが、かまうことなく、セメントと鉄筋を浪費している。

一例を挙げると元山から安辺を経て襄陽まで鉄道レールを撤去して防御工事に使用している。それがため安辺以南には鉄道がなく、安辺から新高山間だけを往復している実情である。

防御工事期間は一般授業と政治授業という項目で言及したように五月一日から六月三十日までと八月十六日から十月十五日まで進行されるようになっているが、実際は九月一日から始って十月三十日まで兵役継続しており、この期間中短い時間を利用して七月一日から八月十五日までの授業をし、継続勤務（歩しょう、食事、内務勤務等）を遂行しなければならず、特に作業期間には各種会議と政治授業をより一層広範囲に進行させているから兵士たちの混乱は論ずる必要もない程である。

金一速一会

日鮮へ救済用穀物 八月分約六十三万石

米当局・輸出予定量を発表

【ワシントン廿九日発UP】（共同）米当局発表によればアメリカ側の八月分海外救済地域向け穀物輸出予定量は三千七百五十万ブッシエルでうち日本、朝鮮駐屯アメリカ軍の占領地救済用の輸出予定量は小麦八万五千英トン、小麦粉一万英トン合計十万五千英トン（米換算約六十三万石）である ―×―

李垠興氏の新生活 紀尾井町の邸でラン作り

殿下を返上して

新憲法実施と同時に王公族の制度が廃されて五月三日から李垠興と名乗られる元李王殿下を十五日朝千代田区紀尾井町の邸宅にお訪ねしたが、学習院中等科四年生の李玖学さんは登校中で不在、李垠興氏夫妻がおられた、李氏は「私の名前は別に意味があるのではなく前から使っていたものですが、ただ三字名にしただけです」と語られ、元王世子の玖名前も三字名の李玖学さんと改められたのだそうである

夫人は結婚当時から贈っていた「女王」の称号も返上されて公式には「方子」を用いられるが平生は朝鮮名でいままでも使っておられた李方子夫人と改め町内にも朝鮮名で届けられた、御夫妻は御謹上、李氏がこう語るあとをついで く記者をお庭に案内されたが畑々とした麦畑になっている「昨年は私達で麦刈をして麦分とれましたが今年はどうでしょうか天候の加減か少し育ちが悪いようです」と夫人はいわれた、ランの温室にも案内されたが、李垠興氏がご自分の手で集め研究し育てられただけあって見事に中に満紅の花が夢のようにそ保存されている、朝の陽のぬくもりがこもってなごやかなここに咲いている

「肥料が足らんので思うようにできませんが、来年は立派に仕立てたいと思っています、約七百鉢ありますが、私の作った盆鉢は朝顔を初め約拝種ほどあります」ぎっしり並んだ小鉢を指さして夫人も「これも皆御自分でやっておられる試作です、花を見るまで十年もかかるのですからなかなか苦心がいります」と語られた、この邸宅もいずれ近く手放して新生活にふさわしい家に移られるのであるが、この温室をどうされるか目下適当な家を探しておられる由

また李鍵公殿下の御一家も憲法実施と共に公族を離れられたが、五月一日から姓を「桃山」と名乗られお名前は李鍵公は虔一氏、誠子妃殿下は佳子夫人、李沖公氏は忠久さん、李祈様は欣成さん李沃子様は明子さんとそれぞれ改められた（写真は自邸の温室における李垠氏夫妻）

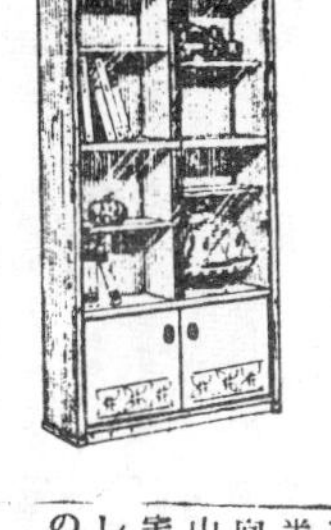

1962 2.8

王家の悲劇 徳恵翁主 李垠氏の末妹 涙の帰国

日帝下数奇な半生 "お帰りなさい" 悲喜交交の歓迎陣

涙の翁主帰える――去る一月二十六日のおひるすぎ、ソウル近郊にある金浦空港には、ありし日の王族、その親戚たちが、詰めかけた報道陣や学生たちの歓迎群といっしょに、まもなく滑走路に姿を見せるであろう東京からのノースウエスト機を待っているのだった。嬉しい、たまらなく嬉しい光景である筈のこの人たちの表情は、十三才の時、日本に連れさられ、三十八年の生涯を涙で明け暮れながら、今は病身の不具となり果てた徳恵翁主のいたましい姿を迎える喜悲双曲の複雑なものがみなぎらせていた。

飛行機が着陸した。タラップを降りる乗客の顔が一つまた一つ見えるたびに歓迎陣はため息をもらす。そしてついに李 鍝氏（甥にあたる）に病身を支えられながら、徳恵翁主が姿を見せる。一歩一歩と用心しながらタラップを降りる。――万雷のような拍手と歓声が待っていた歓迎群からわきあがる。しかしみんな泣いていた。悲劇の翁主を迎える悦びの泣声であろう。報道陣がどっと歩み寄り思い思いにフラッシュを投げたが翁主の表情はくずれもしない。口は固くつぐんだままで、誰が誰だか見分けもつかないらしかった

褐色の丸い帽子をかぶり、ブラウンの外とうに身をくるんだ翁主は、ただつきそいの李鍝氏が歩くままについて歩くこと以外のことを何もしようとしなかった。王族の顔も、新戚も同窓生も、そしてむかしの乳母だった老人の顔も忘れたように、視覚神経が痩れていた。

◇ ◇ ◇

徳恵翁主……高宗大王には、純宗をはじめ、義親王、英親王（李垠氏）の三人の王子がいたが、徳恵翁主はそのつぎに生まれた末っ子だった。高宗大王は、手の掌にのせた宝物のように翁主を可愛いがった。

翁主が七つの時、徳寿宮内の浚明堂に幼稚園を特設して、立派な翁主になれよと自ら力を注いだものだった。しかし韓日合併という悲運の中に連れさられた英王（英親王）のこともあるので、翁主だけは誰がなんといってもそばから離すまいと心を配ったものだった。翁主の年が十才となり、日之出小学校（今は日新小学校）に通っていた頃、大王は悲壮な決心で いちばん信頼していた侍従金璜鎮の甥子を翁主の婿にと心に堅く決めた。これは翁主もいずれは日本人に連れて行かれるだろうと思い、早く婿を決めてしまえば難を逃げると思ったからのことだった

しかしこの大王の腐心は無惨にも打ち砕かれてしまい、大王のこのことが日本人に察知されて、むしろ翁主を日本人にとられてしまう時期を早めてしまったのだった 侍従金璜鎮氏は日本の警務総監府に身柄を拘束され、翁主を日本に送る準備を急ぎはじめたのだった

そして三年、三・一独立運動の直前、高宗大王が、昇遐するとこれを機に翁主を日本に連れて行き、対馬藩主の後裔、宗武志伯爵と強制結婚をさせてしまった。翁主のエレジーはこの日から始まった。

時には断食をし、時には床につかず、涙の毎日を送ったという。宗伯爵と結婚して数年後、女の子一人を生むと、翁主は精神異常者になってしまったのだ。

留置場まがいの精神病院の生活が続いた。九年前、宗伯爵と離婚してからは、全くこの世から見捨てられた惨めな翁主となったのである。

◇ ◇ ◇

タラップを降りた翁主は、待っていた医大附属病院の車で、ソウル市内に向かった。警察の護衛車がつきそった空港でこれを見まもっていた歓迎群の団円がくずれ、安堵の中に帰路に向かうのだった。

革命――訪日した時の朴議長の配慮――そして祖国が再建する今の国民の念願が実現されて迎えたこの一瞬が、翁主の余生を幸せにするであろう。

【注】王の正妻の妃に生れた王女を「公主」といい、庶子の王女を「翁主」という。

李垠夫妻 韓国に帰る

花輪もって暖かい出迎え

1963.11.23

羽田を出発する李方子さん、円内は李垠氏

半身が不自由ながら悲願かなって祖国、韓国に帰る李王朝最後の皇太子、李垠（りぎん）氏（六六）と方子夫人（六二）＝東京大田区田園調布五の二八＝は、二十二日午後一時半羽田発の日航特別機でソウルに向かった。六月以来、東京港区の山王病院に入院中の李垠氏は、自宅に寄ることもできず、同院差し回しの寝台自動車で羽田へ。そのまま政府提供の特別機にはいった。

ソウルまで同行したのは二男、李玖氏（三二）＝米国在住、休暇で来日中＝や医師、看護婦のほか戦後夫妻をささえて陰の力になった日本アンドール工業代表取締役、安東貞雄氏（六七）和気夫人（六二）がいた。空港では両陛下のお使い、入江侍従、皇太子ご夫妻のお使い、戸田東宮侍従のほか、秩父宮妃殿下、梨本伊都子さん（方子夫人の母）や皇室関係者、韓国人多数がお見送りした。なお夫妻はソウルの昌徳宮に住む。

【ソウル二十二日柳原特派員】李垠氏は二十二日午後三時半、日本政府差し回しの日航特別機で金浦空港に到着、ただちにソウル市内の聖母病院六一四号室に移された。病状には特別の変化はない。この日、空港には李氏の親族、帰国歓迎準備委のメンバーや報道陣約二千人がつめかけ、韓国服に花輪をもって出迎えた老人の姿もあった。また沿道では折りからの冷たい強風にもかかわらず、李王家

38年ぶりに故国の土を踏む徳恵翁主（ソウル金浦空港）

権友会 権逸氏らを本国に告発

反共法違反の疑いで

ソウル地検 立件、捜査に乗出す

日韓文化協会 土地売却問題 新段階に発展か

日韓文化協会（東京都港区新橋四ー八ー八ー四八、石井光次郎会長、土田豊理事長）が所有していた土地（太平洋戦争当時、在日韓国人の募金で購入したもので、東京都興生会清算人から無償譲渡された日韓両国の文化交流の目的に使用する条件のもの）を昨年末、東京興生会清算人に無断で朝総連に売却したという問題はその後、さまざまな波紋を投げかけているが「愛国団体に損害を与えた行為をした民団のトップ指導者の一人」だった権逸氏らの売買行為は、団員の一人としても許されないとして権友会がさきに反共法違反容疑でソウル地方検察庁に個人の資格で告発したのにつづきこのほど、本国の有力報道機関もこれを重視して大々的に報道、本国にも反共法違反の疑いで立件したことから、これにより新しい段階に発展しそうである。

本国紙も大々的に報道

権逸氏らの告発事件を大きく報道した本国の新聞

あいまいな民団中央の態度

権友会発表談話

権友会では東京・八重洲大飯店で、在日韓国人報道関係者を招き張聡明委員長が記者会見、次のように語った。

一、私と尹啓守理事長が本国に行き、政府関係先を訪ねる一方、ソウル地検の李彤雨検事担当で権逸、朴春琴両氏を国家保安法及び反共法違反容疑で告発した。

一、今春の民団の第十四回中央委員会でこの問題の真相調査をし、秋の第十五回中央委員会で報告をする公約的義務を李禧元執行部は無視した。

一、去る七月三日付で李禧元氏団中央本部団長あてに、朝総連に売り渡した真相究明を要請した内容証明についてもなんの回答もなく全く誠意がなかった。

一、秋の第十五回中央委員会でも調査内容の発表をしようとする私たちにその機会を与えなかった。

一、従って一連の姿勢があいまいで、このような重大事件を民団内で解決することはもはや期待できないと判断、本国の政府機関に公式に訴えた。

一、本国でも報道関係者と会って発表したところ国営放送、東亜日報、韓国日報、朝鮮日報、中央日報、ソウル新聞など、有力報道機関が問題を重視、大々的に報道され大きな反響を呼んでいる。

一、韓国で名声の高い李彤雨検事が担当されるし、検察当局と政府のために公正な結果が出るものと期待している。今後は徹底的に究明する。

朝総連の「上級工作員養成」を伝える国民新聞

朴春琴氏が単独で売った

権逸氏の話

権逸前日韓文化協会理事は在日韓国人報道関係者との会見で、同問題について次のように語った。

一、今回の本国の新聞紙上に掲載された私に関する記事は、全くの事実無根の捏造に満ちた虚偽であって、……

一、私は当時、理事十七人の中の一理事にすぎなかった。

一、私は協会の執行部が成立させた土地売却決議理事会成立理事十六人の中の一人にすぎず、事前交渉、代金授受、事後処理など一切関与していない。

一、あの土地は従来から朝総連が不法に占拠して使用、警察官吏も税務官吏も、執行吏も出入りできない治外法権的な地区のようになり所有者である協会は名目上の所有権しかなかった。

一、法律的にも協会側に対して[illegible]あって、選挙[illegible]に困っていた。

一、本来として争うのに協会に資金もなく[illegible]決定をうけた。

一、この問題は秋の第十五回中央委員会で真相調査委員会を構成することになっているのに、本国に問題を持ち込み在日韓国人の威信を失墜させた。また、不当な文書を配布したり、本国当局に訴訟をした民団幹部に対して厳重に警告した。

一、私と[illegible]氏は地方本部顧問で、一カ月前辞表提出ずみ（[illegible]人となっている）であり、中央委員会の決議を忠実に守って調査委員会の結果を待たず、在日韓国人社会を混乱させた。その責任がどこにあるか疑問だ。

本国への告発は軽挙妄動

李禧元民団中央団長

一、日韓文化協会真相調査委員会のメンバーは上海亀民団中央組織局長、李馬致民団東京本部監察委員長、鄭順相前民団東京本部議長、[illegible]民団新宿支部団長、鄭[illegible]三多[illegible]団長、李三基民[illegible]、李彩雨民団杉並支[illegible]民団神奈川、張說起民[illegible]委員長、金栄出民団群[illegible]議委員長の十一人を[illegible]十二月三日初会合を開くことになっている。

[illegible]に招き、張聡明民団中央監察委員長ら[illegible]て記者会見「永住権申請の強力な推進」「万博家族招請」のほか本国での権逸氏らの告発事件についての談話を次のように語った。

土地売却で本国に告発された権逸氏は弁護士、法学博士の肩書きを持ち、民団中央団長を歴任した在日韓国人の指導的地位にある一人でもあるが、売却決議理事会には韓国人理事として許弼奭、権逸、[illegible]、[illegible]、朴漢植、李熙健、鄭炳和の七氏がいるが、許弼奭氏と権逸氏の二人だけが直接出席、他は欠席していた。日本人理事は十人いるが、論評をさけ、ただ二人出席した韓国人理事の中で許弼奭理事は「基本財産を朝総連側と談合で処分した場合、民団からクレームがつく恐れがあるのではないか」（議事録から）「少くとも民団の上層幹部と会って説明する必要がありはしないか」（同）などと質したのに対し、権逸氏は「事後説明でもさしつかえないと思う」（同）と発言、売却決議は万場一致（土田理事長）で可決されたとなっている。

また朴春琴氏は決議権のない常任顧問の立場にあるが、「売却に賛成をした一人ではあったが、議決権のない"顧問"の資格にすぎなかった」（朴氏）・また今回の"告発事件"について同氏は「自分から相手になって張仁建・尹啓守らを逆に訴えるようなことはバカらしくてしない。むしろそれよりの民団の現在の姿はよくない。権威ある民団になってほしい(3)大使館も"仕事をする"大使館になってほしい(3)日韓文化協会のよい運営案を考えて協力してほしい」と記者団に協力を要求する発言をしている。

"民団には事後説明"

しなかった正式な裁判

（解説）

こんどの問題が表面化したことしの四月まで、在日韓国人の大多数は、太平洋戦争当時に在日韓国人だけで募金をし、東京都北多摩郡狛江町和泉に敷地約五、四三九・五一平方㍍（約一、六四八坪）と建物約六六〇平方㍍（約二〇〇坪）の青少年錬成道場が購入されていることすら知らなかった。それを終戦以来、所有権を東京都庁内、興生会清算人が管理、この不動産のほかに、現在現金を終戦当時の金で約二千一万円、銀行預金の形で清算人が管理している。

日韓文化協会は昭和三十二年（一九五七年）に当時、日本政府の一部で必要に迫られ不自然な経過をたどって生まれたといわれる団体で日韓両国の有名政財界人が名をつらね、問題の不動産を政治的にかつ全く合法的に無一文で昭和三十三年（一九五八年）九月三十日入手に成功している。

しかし無償譲渡を受ける前日の九月二十九日付で、当時の日韓文化協会正木亮理事長と清算人二人の連名捺印による"契約書"がいまなお"永久保存"となっており「財団法人東京都興生会関係記録保存書類」と表題がついた綴りに保存されている。その契約書の第五項目に

一、どんな理由があっても物件（問題の不動産）を他に譲渡してはならない。また第三項目には

一、物件（問題の不動産）を日韓共栄の本義に立脚して、日韓文化の交流を図り、日本に在住する韓国人の生活向上を促進し、もって日韓親善友好の実をあげる為の事業に使用しなければならないと明確に譲渡禁止と使用目的を条件として約束させられている。

その後、日韓文化協会の顧問、理事メンバーは超一流の著名政財界人で構成され運営されてきたが「今日まで五厘玉一個も日本人側から協会に寄付金がない」（朴春琴氏）ありさまで、韓国人の何人かが資金を出して人件費などに使ってきたようで"韓日文化協会"[illegible]

ところでこの物件譲渡に対しての法的処置は適当であっただろうか。物件を入手して売却するまで十年余りの間に、ただ一回「仮処分申請」をしたのみで、正式裁判（本訴）はしないで売却されている。権逸氏は「声明書」で「治外法権的」と表現しているが、何千人、何万人もの暴力ゲバ学生による学園封鎖を続々と排除してきた日本警察の力からみれば不法占拠排除ぐらいは問題でもあるまい。

また、大使館、民団中央本部では問題を「黙殺」したウヤムヤな姿勢はなかっただろうか。あれほど、全国の一部韓国人社会で騒いでいた事態について、大使館上層部も民団中央本部も、ただの一回も公式見解を発表しなかったことが、今日の事態発展の遠因ではなかっただろうか。「大使館と民団のあいまいな姿勢に対し不信感すら覚えた。北韓の武装ゲリラで緊張している本国の現状を無視し、朝総連に土地が売却され「上級工作員を養成したり、高度のゲリラ訓練に使用」（国民新聞・本年六月十五日号・明治二十三年・徳富蘇峰創刊・日本人経営・本社＝東京都港区新橋三ー四ー十二）されているのにこの現状は残念だ。本国と日本の安全のためにも本国に告発をした」（張仁建氏）という言葉にそれは端的に示されているといえよう。だが大使館では「売却に同意していない」（厳大使）としている。いずれにしても、「民団の真相調査委員会」のほかに、法律で強制力のある「ソウル地方検察庁」「東京地方検察庁」と韓日両国の国家機関が捜査に乗り出してきたのでこんごの成行きが注目される。

東亞日報

1969年11月23日 日曜日

朝總聯에 垈地헐값賣却

權逸·朴春琴씨등 間諜訓鍊場所인줄알고도

僑胞들이 告訴

二十二일오전 재일교포 친목단체인 근우회 회장 張仁建씨 동이사장 尹啓守씨등 회원三十六명은 한일문화협회부회장 權逸씨(전거류민단장·日本東京都杉並區和川二의二三)와 동상임고문 朴春琴씨등二명을걸어 국가보안법위반 및배임협의등으로 서울지검에고소, 서울지검공안부 李彰雨검사가 수사에 나섰다.

고소인들은 고소장에서 『權 朴양씨는 한일문화협회소유로서 한국인재산인日本東京都北多摩郡狛江町和川소재 대지 一千六百三十八평 건평二百평(시가일화二億七千萬圓)을 불과四千萬圓으로 조총련東京都본부위원장에게 팔아넘겨 …』

서울신문

1969年11月25日 (火曜日) 【陰10月16日甲辰】

교포 權逸씨 피소

"한국인 땅, 조련계에 싸게 팔아"

재일교포친목단체인 근우회 회장 張仁建씨등 34명은 22일아침 한·일문화협회이사 權逸씨등 간부들이 한국인재산을 조총련에게 팔아 넘겼다고 서울지검에 고소장을 냈다.

고소장에의하면 權씨등 한·일문화협회 간부들은 「도쿄」 흥생회에서 무상으로 받은 「도쿄」 北多摩군에 있는 싯가 2억7천만원 (일화) 상당의 땅을 조총련 「도쿄」본부위원장 金性律에게 4천만원에 팔아 북괴의 「게릴라」 훈련장으로 사용케했다고 주장하고있다.

택시·열차충돌 1명죽고 1명중태

【全州】 20일밤 11시15분쯤 전주시 서부노송동 전북중학교앞 서부노송동에서 전주역 …

嶺南日報

(691)

「韓日文協」建物先渡事件의眞相

國內各界에 衝擊的波紋

權씨는 政界에도 比重큰 前民團長

果然 間諜養成所로 줬느냐에 焦點

22일 재일교포친목단체인 槿友會회장 張仁建씨·동이사장 尹啓守씨등 36명은 한일문화협회부회장 權逸씨(前居留民團長=醴泉出身)와 博=東京都杉並區和川町)와 동상임고문 朴春琴씨등 2명을 걸어 국가보안법위반 및 배임협의등으로 서울지검에 고소, 서울지검 공안부에서 수사에 착수했다는 사건은 權씨의 개인적 비중으로 미루어 국민의 비상한 관심사로 등장했다.

失장내용은 權·朴양씨가 작년12月20日 한일문화협회 소유로서 한국인 재산인 日本東京都北多摩郡狛江町和川소재 대지1천6백48평 건평2백평(싯가일화2억圓)을 불과 4천만圓(일화)으로 조총련(朝總聯) 東京都 본부위원장 金性律에게 팔아 넘겼다는 것.

뉴스 안팎

中央日報

【日刊】 1969年11月22日 第1294號

權逸씨등 2명搜査

〈前 在日居留民團長〉 民團땅千여坪 朝聯系에 싸게 판 혐의

서울지검공안부 李彰雨검사는 22일 槿友會회장 張仁建씨(日本東京都中央區兜町2의55)등 36명의 고소에따라 전 주일거류민단장 權逸씨와 日韓문화협회이사 朴春琴씨를 국가보안법위반 및 배임혐의로입건, 수사중이다.

張씨등고소인들은 피고소인들은 日韓문화협회 간부로서 동협회가 興生會로부터 한국인재산인 北多摩郡狛江町 대지 1천6백38평(건평2백평)의 부동산 싯가 …

東京都中央区日本橋兜町二丁目五五番地
國際経済倶楽部内

槿 友 会

会長 張 仁 建

TEL 03(六六七)二七二九番

韓僑会館問題 丁賛鎮氏を背任横領で告訴

民団東本、支団長会議で決定

丁氏の不誠意に"怒り"

応じない場合は法廷闘争も 解決へここ一週間がヤマ

韓僑会館問題で解決策を協議（民団東本支部団長会議）

民団東京本部は建物「韓僑会館」の不正流用事件の解決に奔走中の同団丁栄玉執行部は去月二十六日午後二時、同本部三階会議室で金今石中央団長、金仁洙中央監察委員長、鄭炯和中央副議長、呉宇泳顧問、鄭寅錫顧問のほか中野、足立両支部長を除く十九支部長が参席して第百二十一回支団長会議を開いた。不正流用事件の本題に入る前金権錫事務局長から前回支団長会議後の同事件に関する関係者および法規上の問題での折衝経過を報告したのち、解決案をめぐって討論した。その結果丁賛鎮氏のその間の態度を非良心的な背任行為と断定づけ①法手続き上の書類を具備し丁賛鎮氏を背任横領で告訴する②これを執行部および管理委員会に委任する③同事件解決に必要な経費（百五十二万円）捻出に協力することを合せるなどの決定をみた。これによって丁賛鎮氏が同本部解決案に応じない場合事件は法廷に持ち込まれる公算が大きくなった。

会議ははじめから殺気だっていた。また丁賛鎮氏に対する"怒り"がありありとみられた。丁栄玉団長は開会のあいさつで「民族財産を取り戻すため管理委員および丁民団長の協力を得て鋭意努力したが、丁賛鎮氏の非協力的態度は依然として変っていない」経過を説明したのち、最悪の事態を予測し、一方依頼弁護人と法規上の問題点を協議中である」点を明らかにし、組織的解決を強く望んだ。

この後金権錫事務局長が部厚い書類綴りをめくりながら去月五日以後の経過を詳細に報告した。①八月十日に民団代理人として鈴木圭一郎弁護人に依頼した②江商の協力を求めるため裵義煥大使に斡旋を要請した③江商が同建物を第三者に移転しないよう、内容証明書で要請した④丁賛鎮氏の同団顧問の辞退を正式公文で通告した⑤歴代団長会議案に対する丁賛鎮氏の応答は受け取っていない⑥二百五十万円の供託金で建物一切を仮処分にした、などの執行部苦心の経過。この後金泰変委員から[illegible]日開かれた会議の報告をしたが解決案を打ち出すための討議となった。

鄭寅錫顧問は質問に「われわれ歴代団長にも責任があるとのことから丁賛鎮を会議に招いて話ったが、その時丁氏が三日[illegible]る時間を要望したので誠意[illegible]事に期待をかけた。しかしそのことばと行為は背離を逸脱しており、徒労に終った」と答え、李淳祥氏の残額支払い要求に関しては「丁賛鎮の無不信な態度の根拠ともなっているので朴氏に会ったら朴氏は"建物"は確かに民団に売ったことは認めるが、民団はドロ棒だ。私に対する支払いを考慮してくれない限り民団に協力しない」という朴氏との交渉経過を話し続けて当時のいきさつについて「朴氏には同建物代金二百五十万円の残額は目黒支部管下にある八、九十万円相当の物件の[illegible]

三十七万円を支払って決済ずみ」と鄭[illegible]行部当時の帳簿および保存書類によって裏付けた。また呉宇泳顧問も「建物補修[illegible]成武で朴淳祥氏を招いて"功労者"として金一封および感謝状を贈っており、債務関係は全くない」と、鄭顧問の"決済済み"をさらに補充した。この論議は丁賛鎮氏の「個人の私財を投入してある点を考慮してほしい。また所有者の朴淳祥氏から残額の支払い要求を受けている」の主張と、朴淳祥氏の「残額の考慮要望」などに対するその有無を確認するためであったがその義務がないことが明らかとなった。

この説明に各支団長は"憤怒"をみせ、朴弘烈支団長は「理をつくして話すことを止めて背任横領で訴える強硬な措置をとれ」卞中央連合支部副団長は「執行部のやり方は"生ぬるい"措置だ。「刑事責任をおわせるよう推進すべきだ」と語気鋭く詰め寄った。これらの発言に対して丁団長は「建物を民団に取り戻すのが先決と考え、法規上の措置を苦心惨たんしてやっと終った。また歴代団長に御足労ねがってあらゆる角度から解決策を模索しており、支団長の協力を得て極力解決に努力した[illegible]

一部の支団長はこれで満足しなかった。李成南江東支団長は「丁賛鎮は建物を売ったドロ棒だ。そんな男に情けをかける必要はない。丁団長はこの問題を解決する責任があり、いままでのやり方は"曖昧で手ぬるい"ものだ。また中総は一体何をやっているのか。丁賛鎮を中総顧問に推薦したのは中央団長ではないか。なぜ断固たる措置をとらないのか納得がいかないその理由を説明せよ」とつめよる一幕、執行部攻撃にたまりかねた丁団長は憤慨と語気を変えて「生ぬるいと曖昧とはあまり抽象的に意味が違う。どの点が曖昧か」と切り返す始末。こうなると、金仁洙中央監察委員長も黙っておられず「中総としては処断することは規約上簡単なことだ。しかし問題は優先的に建物を取り戻すことであり、その後で東本と協議の上措置を決める方針」であるとの意思表示を行なった。

[illegible]った。会議の大勢は結局丁賛鎮氏を背任横領で告訴しようとする線が濃厚となったとき発言を求める機会を待った鄭炯和中央副議長が立って「もはや話し合いの時期は去った。解決のためには組織力を動員して丁賛鎮氏に圧力を加える以外にない」と参考意見を発言、丁賛鎮を背任横領で訴える基本線に傾いた。そして結局は執行部と管理委員に一任することにした。また江商側との解決で必要な百五十二万円の捻出を支団長会議決定とし、これを各支団長も積極的に協力することの要望で申し合せた。これによって「韓僑会館」不正流用事件は丁賛鎮氏の良心的[illegible]ない限り最悪の事態に入ることはほぼ決定的となりここ一週間が"ヤマ"となった。

1963.9.5

不祥事の再発ないよう 金今石団長が談話発表

民団中総金今石団長は去月二十四日、東京本部会館「韓僑会館」不正流用事件に関する"団長談話"を発表「丁賛鎮氏の行為は組織に[illegible]であり、[illegible]である」と断定し、団組織は再びこのような不祥事が発生しないよう」呼びかけている。

旧態脱皮しよい民団へ

民団中総 監察機関が公聴会

民団創立このかた、依然として旧態を脱皮せないことを指摘していた民団中総監察機関（委員長李裕天氏）には、きたる民団第二十二回定期大会を控えて、このほど中総会議室で"公聴会"を開き①公明選挙②[illegible]③経済専門委を設置して僑胞の民生安定を図る④反共理論の確立などについて話し合った。この日、[illegible]ら四十名の有識者が集まって、より良い民団をつくるため、いま一歩前進しようと熱心に意見をとり交した。

丁団長、統営で立候補

民団第二十一回全国大会を一週間後に控え、その去就が注目された[illegible]（統営）から無所属で立候補する[illegible]

金熙明事務総長談

[illegible]

日韓文化協会いよいよ設立

1957.9.3

生活の向上に寄与
理解と話合いの広場に

「日韓共栄の本義に立脚して、日韓文化の交流を図り、日本に在住する韓国人の生活文化の向上を促進し、日韓善隣友好の実を挙げることを目的」とした財団法人日韓文化協会の設立は、その間幾多の紆余曲折を経て、一時は民団の反対にあって挫折するのではないかとも思われたが、この程ようやく合意を見るに至り人選も殆んど完了、九月三日に許可申請した。【写真は日韓文化会館】

そもそも日韓文化協会設立の動機は、去る六月十六日岸首相の渡米を機に、韓日会談の打開が急速に展開され、先ず相互釈放が実現されるのではないかという観測のもとに、日本側の大村収容所から釈放される四百余名の受入れ問題から端を発した。これをキッカケにして過去十有余年間、放置されていた在日六十万韓国人問題の綜合対策を講じようというものであった。

この問題に対して逸早く相談にあづかった人が朴春琴氏であり、朴氏は幾人かの側近だちと相図って大村から釈放される人たちの宿舎として台東区中根岸町一〇六番地に、土地百九十坪二階建、延百八十七坪の建物を一千五百余万円で入手するなどトントン拍手に事を運んだ。大村収容所から釈放される者の保護の責任は日本側にあるにしても、その指導及び更生に対しては同じ同胞としての立場から協力をするというのである。

民団中総でもこの問題に関心を寄せて、七月二十日、丸ノ内の日本クラブで二十余名の有志をあつめ、この問題に対する意見を聴取したのであるが、この席上において朴春琴氏の民団に対する発言がたまたま問題になり、その後は急転直下に悪化して、民団では三機関連席会議、関東地区団長会議など傘下団体会議などを招集して一応反対保留することに決定した。その後、丁中総団長、呉東本団長、朴春琴氏、入国管理当局と幾回となく折衝を続けた揚句、去る十四日入国管理局下牧次長の招待で丁、呉、朴氏を中心とした十名が浜町のスコットで会合を持ち、同文化協会の基本線に対して原則的な賛意を得て、これまでのいきさつを一切白紙に還元し、新に朴、丁、呉三氏の合議によって事を進めることに決定した。いわば今まで民団を全然除外していたような形態から、民団を中心とした考え方に戻し、同協会に民団の意志を充分反映し得るように組織することに意見の一致を見たのである。

同協会設立の動機が収容者の釈放にあったにしても、日韓文化の交流、在日韓国人の環境の改善、生業のあつせん、技術の訓練、生活文化の向上、更生援護、教育問題等、在日韓国人の生活と直接なつながりを持つ諸問題ととり組もうとするものであるから、これに積極的に参加して理解の度を深めることは重要な課題であるとされている。

即ち日本側の意図が、最初は目先だけの事にとらわれ、治安対策だけを主に考えたらしいが、これを発展させて在日韓国人の綜合対策を樹立するために話合いの広場にしようというまでになったのであるから結局、従来から日韓両国民の有志ならびに民団などが主張して来たものが、実現されたという見方も成り立つわけである。財団法人であるだけに理事会が主になるが、理事は十名から二十名までで差当り十名で認可申請をした。この理事も新陳代謝をするために任期が三年、二年、一年になっており、うち理事長一人、常務理事二人である。

いまのところ会長は空席であとで補充するらしいが、理事長は日本側で正木亮（弁護士、憲法調査会委員）理事に小浜八弥（大日本水産会）喜多壮一郎（元代議士、早大教授）岡田広（芝浦工大講師）の諸氏が略ぼ確定しており、韓国側の理事は鄭寅学、李康雨（オデオン社長）辛格浩（ロッテ製菓社長）辛熙（城西タクシー社長）の諸氏が内定している。顧問は若干名で、丁賛鎮、呉宇泳、朴春琴、金載華、安閑甲、田中武雄、御手洗辰雄、鈴木一の諸氏が下馬評にのぼっており、評議員は二十名とす

ておる。ることになつ差当り日本政府からも約一千八百万円位の補助がなされると見込みである。

ゴム靴など輸入承認

商工部はゴム靴の輸入三十二トン、二カ月分を承認し、軽炭酸カルシユームの申請を許可した。（KP）

文化総連に映倫委設置

このたび全国文化団体総連合会に映画規約、倫理規定を採択した映画倫理委員会を設置した。（KP）

日本側と初顔合せ
民団、文化協会が主催

在日韓国居留民団中央総本部と財団法人日韓文化協会では十六日午後六時から東京丸の内の日活ホールで、日本政府の法務省、公安調査庁、検察庁の主として在日韓国人を担当する関係者を招いて韓日親善新年会をかね顔合せを行った。同会合には駐日代表部、外務省関係者も招待されていたが出席しなかった。なお民団では来る二十三日ごろ再び椿山荘で韓日両国知名士約一千名を招いて親善パーティを開く予定。主なる出席者は次の通り。

△日本側＝古屋亨（内閣調査室長）勝野康助（入管局長）山本紀綱（入管東京事務所長）藤井五一郎（公安調査庁長官）△韓国側＝金載華、朴根世、李裕天、金一珠、朴春琴の諸氏。

部では会談最大の難点とされている漁業協定案について、日本側との合意点を模索中であるといわれる。外務部消息筋によると韓国側が従来主張してきた平和ライン内の韓国漁業権を主張することに変りはないが、トロール漁業に対しては一定の禁漁区域を設けて日本漁船の漁撈従事を認めるような妥協案を検討中であるといわれる。これは従来の韓国側の態度から見ればかなり緩和したものであるだけに、この点今後の両国間の折衝がとくに注目されている。

来社

李康勲氏、あいさつのため東京本社来訪

鄭炳憲氏（大韓海運神戸所長）新年あいさつのため大阪本社来訪。

朝総連

北送問題で幹部が対立
脱退、乱闘騒ぎも続出

朝総連では日共・整風運動と称し、いわゆる"宗派主義的"、"教条主義的"幹部を排撃する一方、韓徳銖一派に非協力な分子たちに自己批判を強いているが、偏向北送問題などを続って各地で幹部間の対立が起り、あくまで乱闘、脱退騒ぎまで持ち上っている。次の二つの事件は、このほど明るみに出されたものである。

朝総連城東支部の場合＝朝総連城東支部常任委員会は、三月十九日から二十四日まで、いわゆる「帰国希望」のための帰国署名をさせるべく総務部長の金斗在を城東支部管下に派遣した。ところが

は永住が目的であって、北韓に行く気はない。それを金斗在のように恐喝で署名させ、金品を強要するのは許し難い」と抗議した。しかし帰国運動に協力するのは当然であるとして応じなかったため結局両者の対立が一層深刻化した。そこで三月二十九日城東支部に集った六人の有志たちは、われわれは朝総連を脱退して「在日朝鮮人親睦会」を結成しようと協議し、朝総連に反旗を翻えしている。

朝総連川崎支部の場合＝川崎朝鮮人商工会が四月六日バス二台に分乗して、稲田堤に花見会を催したとき、かねがね感情的対立のあった同支部委員長と監察委員との間に、北送問題と情勢分析についての意見の相違が生じて、両者の対立が一層深刻化した。そこで約二十名の者が両派に分れて大乱闘をひき起し、重傷者二名を出した。朝総連川崎支部は四月十六日この問題を常任委員会で取上げ、[illegible]って、一応ケリをつけた形となった。

しかしこのような幹部間の対立は、日を経るに従って益々深刻化してきているため、韓徳銖一派は整風運動にことかけ、彼等に少しでも反対の色が見える者

本紙発展のために
誠意ある協力を

本紙は去月十日、遂に発刊一千号に達した。一九五五年四月十日、民団東京本部の日刊機関紙として呱々の声をあげて以来満三年である。

ふり返ってみると、ここまでつてくるには、なみなみならぬ苦難と、試錬があつた。それはやがて、小さなエピソードとなつて、いずれは忘れ去られていくであろうが、本紙が今日まで果してきた報道事業の数々は、僑胞社会に播かれた"一粒の麦"となつて稔つていくことを信じて疑わない。

しかしながら、われわれ当事者たちは、これを以つて事足れりとしているわけではない。むしろ紙齢一千号は、新しい出発点であり、今後の活躍こそ、真に僑胞の代弁者たり得るか否かを決定するものであると考えているのである。従つて本紙に寄せられた任務は、ますます重大性を帯びるとともに、現在の機能の如き紙代の回収状態では、どうしても息切れが生じてくるのも当然拡張が要求されてくるわけである。

そこで本紙は、まず第一段階として、既報の如くソウルに駐在支社を設置し、本国ニュースの充実を図る一方、僑胞社会の実情を迅速かつ正確に、しかも広範囲に、本国々民に伝えるべく着手した。

こうして一歩々々、読者諸兄の要望に応えるため、本紙の持てる力をフルに注いで努力しているのであるが、いかんせん現状を免がれない。このことは単に本紙に限らず、全ての僑胞紙にみられる現象であつて、僑胞紙育成上まことに遺憾に耐えないこのような悪現象を助長した責任の一端が、経営者側にもあることは認めざるを得ないが、営業紙はともかく、本紙の如き機関紙の場合、紙代の回収なくしては、到底読者の needs を満すことができないのである。

貧血な紙面を、このようなことで潰すのは恐縮であるが、敢て読者諸兄に訴えておきたいことは、新聞通信は決してわれわれ実務にたずさわっている者たちだけのものではなく、むしろ読者一人々々のものであるという点である。それ故本紙の隆替はひとえに読者諸兄の手にゆだねられているといっても過言ではない。つまりは、読者諸兄の誠意ある協力が、強く望まれる次第である。

1963.8.20

宙に浮いた東本韓僑会館

丁讃鎮氏が不正流用？

一千万円で売買 人蔘酒の輸入資金に

民団中総顧問丁賛鎮氏が東京本部「韓僑会館」を不正流用した事件の解決を一任されている同管理委員会は、去る十四日午後一時半、会議室で開き最悪の事態に備えて東京地裁に仮処分を申請する。場合によっては丁賛鎮氏を背任横領で告訴するとは別に同建物元所有者朴順祚氏を招いて売買当時の事情を聴取する反面、協力を求め、必要に応じて丁賛鎮氏と直接話し合うなどの基本方針を決定、本格的に事件解決に乗り出した。

売買市価８千万円といわれる"宙に浮いた"東本韓僑会館

氏はこれらの経過を説明したのち「私もいまの会社を設立するため相当額の資金を投入しており、同建物の購入時に購入資金不足から個人的に友人から借り入れた金もあるので考慮してほしい」と微妙な発言をなし、支団長会議の「江商側との契約を破棄し白紙委任状を出すよう」との勧告案と再び対立、結局今後の解決を東本三機関、呉宇泳顧問および渋谷、新宿、豊島、練馬四支団長で構成する管理委員会に一任して解決を見ないまま散会した。

同建物が丁賛鎮氏の名義で登記されたのは、丁賛鎮氏が東京本部団長時代に元所有者朴順祚氏から購入した関係で登記が個人名義でなくてはならなかった事情によるもので、十三年前丁賛鎮氏が東本団長を辞任した後呉宇泳団長、金仁洙団長、丁栄玉団長と変わるあいだ登記人名義変更問題がその都度起っており、丁賛鎮氏の拒否で今日に至っているといわれる。また去る四月廿九日の東本大会でも論議されたが結局"お流れ"となった。この間東本執行部は

で、丁賛鎮氏が自己の商用に自己名義となっている同建物を利用した事実が明らかとなった。丁賛鎮

っていた固定資産税の差し押え（五十万円）を受けるという事件（納入済み）があり、今年に入って三百余万円を投じて一部改築するなど"民族財産"に磨きをかけている。

管理委員会の解決案は「丁氏が団長時代同建物を購入するため事実借財をしたとしても、それはあくまで民団東本建物を購入するための団長としての行動であり、それを理由にして"余鎮的配慮"は考えられない」とて、あくまで丁賛鎮氏が江商側との契約を破棄せず、管理委の要請を拒否する場合は「民団運動の功労者」という名誉をはく奪し、法的手続きをとる以外に方法はない、という強固な態度である。同委はさる十四日の会議で同本部代理人鈴木圭一弁護士を通じて江商KK桑原喜代蔵社長宛内容証明書付き公文を送付、同建物を第三者に移転登記しないよう要請した。

これに対し丁賛鎮氏は依然として自己主張を続ける態度を固執している。従ってこのままの状態が続く限り、丁賛鎮氏との話し合いによる解決のメドはたたず結局は法廷斗争に持ち込まれる見通しとなった。なお同事件の関連者で丁賛鎮氏の実弟丁遠鎮も民団中総総務局長を解任され丁賛鎮氏も中総顧問を辞任するよう勧告されている。

丁東本団長談＝組織の先輩が私利私欲にとらわれ民族財産を利用したことは許せないことだ。個人的には宗氏であり、先輩でもあることから援助も惜しまなかったつもりだが遺憾にたえない。

金在俊、金泰変委員談＝いままでも遅くないから無条件で返還すれば白紙に戻したい。良心のあるところをみせて協力することに期待をかけている。だが丁賛鎮氏があくまで拒否する態度を固執すれば自己の破滅を招くばかりでなく、法廷斗争で必らず取り戻さなくてはならないと考えている。

丁賛鎮氏＝過失は認める。しかし悪意はなかった。個人的に利用したが、朴順祚氏に支払う金もあるし、私個人も相当犠牲を払っている。建物購入当時は、何もしなかった人々が一方的な主張をすることは不当だ。

管理委 地裁に仮処分

最悪時は背任横領で告訴

丁賛鎮氏

民団東京本部の「韓僑会館」＝42・86坪＝（東京都文京区本郷三丁目）の不正流用事件は同建物名義所有者＝丁賛鎮氏（民団中総顧問）が、江商株式会社＝本社大阪市北区中之島二の二五＝に、同建物（敷地三四坪）および土地を一千万円で売り渡したもので、丁賛鎮氏はその金で江商株式会社を通して本国から薬用人蔘酒を輸入する計画だといわれる（関係記事別項）

同問題は東京本部が事件を知ったのは去る三月十七日中総からの通告を受け、同月二十九日東京法務局文京出張所で確認した。同問題は事態の重大さに驚いた末、監察委員会へ一方、丁賛鎮氏を同本部に呼び事情を聴き、[illegible] 一時は不穏な空気が流れた。丁賛鎮氏が支団長会議で説明した

東本会館管理委員会で対策を協議

民団功労者、本国へ

杉原産業チャーター機で

本国政府から八・一五光復節式典に招かれた民団組織功労者一行（朴性鎮引率者）は去る十三日杉原産業株式会社国際航空部（大韓航空公社日本代理店＝大阪市東区唐物町二の七＝金昌守社長）の飛行機をチャーターして東京羽田空港から本国向け出発した。

同一行は民団組織の全国各県本部団長、議長、監察委員長など多年の功労者三十二名で十五日ソウルで催される光復節式典に参席した後本国要路とも懇談、今月下旬帰日することになっている。

なお杉原産業KKは日本における唯一の大韓航空公社日本代理店として僑胞の本国訪問の際に多くの便宜を図っており、去る五月には信用組合大阪興銀主催の本国産業経済視察団（五十余名）を大阪伊丹国際空港から本国に送ったこともある。そして来る十月頃には韓国、日本間の定期航空の就航が予定されている。（写真は本国へ向う一行）

徐相漢氏に 名誉の建国功労章

裵駐日大使が伝達

韓国政府がさる三月一日「三・一節記念日」に行なった「建国功労者」表彰のひとりに選ばれ、建国有功章および表彰状と副賞を授賞した在日僑胞徐相漢氏に対する名誉ある伝達式が去る十五日「第十八回八・一五慶祝中央大会」で四千余名の僑胞の熱烈な拍手に迎えられる中、裵義煥駐日大使から伝授された。金仁洙大会々長から徐氏の [illegible] たのち裵大使から紺製の「建国有功勲章」を徐氏を抱きかかえるようにかけると、台東体育館を満

そしてご主人の晴れの授賞の模様を会場中央三列目の席でみていた徐相漢氏婦人はしばらく鳴り止まない大拍手に堪りかねしきりに白いハンカチで目頭をおさえ喜びを分ち合っていたのが印象的であった。

徐相漢氏の話 多くの同志が泉下に眠っており生きている同志も少なくない。その中で特に私が選ばれたことは同志たちに申し訳けない。しかし同胞の皆さんがこんなにまで温く拍手で迎えて下さり感謝と感動のほかいいようがない。感激するのみです。

（写真は四千余名の僑胞から拍手をおくられ裵大使から「建国有功勲章」をうける徐相漢氏（中央）

民団東本の建物を商用上抵当に

1963.8.22

共有財産を私物視する丁氏 元民団東本団長

江商との裏契約も

元の持主も未払いを請求

韓民族共有の財産ともいうべき民団東京本部（東京都文京区本郷二の四、丁栄玉団長）の建物が、執行部の知らない間に、日本商社の江商株式会社（本社、大阪市東区横堀一の一二）に一千万円の保証担保物件となっていることがわかり、関係者間で問題となっている。預け人は元東本団長、民団中総顧問の丁賛鎮氏で、丁氏が自分の経営している五洋産業株式会社が韓国からニンジン酒を輸入することになったが、資金不足のため、薬品輸入商の資格をもつ江商から一千万円以内の信用状開設に必要な資金を借入れることになり東本の建物を担保物件として抵当に入れ、本年四月二十二日、江商との間に契約を結んでいるもの。

問題の民団東本の建物（円内は丁賛鎮氏）

現建物は十三年前、丁氏が東本団長当時に朴淳祚氏から二百五十万円で買い取り、そのうち百五十万円を支払ったが、残り百万円は双方間でケリがついていた。また同建物は当時団長だった丁氏の名義で登記されていたが、これについて歴代の執行部および現執行部から丁氏に対して名義変更をするよう再三要請していたが、丁氏はこれに応じないでいた。

五洋産業ではこの担保によって二百五十二万円のニンジン酒を輸入したが、商品に規定以上のアルコール分が含まれていたため、酒税法で課税対象品とされ現物は保税倉庫に保管されている。

江商では二百五十二万円を支払えばいつでも解決できるといっているが、当のT氏がニンジン酒販売にあたって江商との間に裏契約を結んでいるようで、T氏は裏契約の事実を認めながらも、契約破棄の段階になるとこれに応ぜず、また最近になって元の持主の朴淳祚氏が、丁賛鎮氏に未払い金百万円にたいして同建物の時価換算金（七千万円）の半額を支払えとの内容証明を送っていることから、ますます同問題は複雑化している。

執行部では、小石川税務署から固定資産税七十五万円の未払いで、差押え処分にされていたものを本年四月初めに支払って解決し、今春建物も修築してひと安心していたやさきに起こった問題だけに、問題解決に頭を痛めており、八月二日には支部団長会議を開き、丁氏を証人に呼んで事件の解決をはかったが、なんら解決点を見出せず、こんご、管理委員会（東本三機関、丁栄玉団長、洪賢議長、金己哲監察委員長、呉宇泳顧問、渋谷、豊島、台東、新宿の各支部団長）が同問題解決に当ることになっている。

なお丁氏の実弟の丁遠鎮民団中総事務局長も五洋産業株式会社の専務取締役になっているところから、同問題に関係しているものとみなされ八月二日付けで免職処分をうけている。

韓国で九月開催

第一回韓日農業技術交流会議

日韓農林水産技術交流協会（野田卯一会長）と国際農林水産技術交流協会（宋錫又会長）共催による第一回韓日農業技術交流会議が九月二十一日から一週間、ソウルの朝鮮ホテルで開かれる。この交流会議は韓国の農業技術の向上を図るために開かれるもので、糧穀、畜産果汁、園芸、林産、肥料、飼料の各分科会に分かれて、韓国農業発展のための具体的討議を行なう。

同交流会には韓国側二十五名、日本側十八名の農林関係技術者が参加することになっており、日本側技術者は農林省が人選を進めていた。同交流会議に出席する日本側メンバーは次の通り。

▽団長＝野田卯一（日韓農林水産技術交流協会々長、衆議院議員、元建設大臣）▽副団長＝吉川久衛（同理事長、元農林次官、農政）戸苅義次（東大農学部教授、農博、稲作）▽専門委員＝高林礼（農林省国際協力課長、農博、指導員）梶浦実（農林省平塚園芸試験場長、農博、園芸）浦野啓司（長野県試験場長、農博、高原作物）鍋木蔵夫（鴻巣農業機械化研究所長、農博、農機具）斎藤美寓（農業技術会議委員、元農林省林業試験場長、林業）大坪藤市（全国酪農協同組合連合会長、元同畜産局長、酪農）須加賢二（日本競安協会常務理事、元同食糧庁長官、肥料）陳山忠幸（日本穀物検定協会理事長、元同食糧部長、食管）横地敬三（日本畜産会事務局長、元農林技師、畜産）尾上哲之助、東亜農薬取締役、元農林技師、農薬）黒岩政男（東洋企業常務取締役、蚕業）熊倉悟（日本

東京本部가勝訴

屋舍事件 東京地裁서判決

1964.6.10

民団東京本部의 屋舍事件은 드디어 東本의 勝訴로 지난二十六日 東京地方裁判所에서 判決이 내렸다 東京都文京区本郷一丁目四番地에있는 東本事務所는 昨年 元東本団長丁贊鎮氏가自己名義로 登記되어있는것을奇貨로 日本商社에 根抵当으로 提供한 事實이 밝혀져 一般団員의 분노를 씨푸리게하였는데 丁氏가 끝내誠意있는回答을 하지않아 当時의 団長丁栄玉氏는 不得己 東京地方裁判所에 所有権確認및移転登記請求訴訟을提起, 그동안 數次례에걸처公判을거듭하여오던바 東京地方裁判所는 二十六日 同屋舍는 東本의 所有임을 確認하고 原告에対하여 移転登記手続에応하라는判決을내렸다

이로써 組織内外에 커다란 物議를일으킨 同事件은 解決되었으로보이는데 金己哲現東本団長과 丁栄玉前団長은「事必帰正이라고하지만 이로써 組織의体面이바로잡히게되겠으니 무엇보다반갑다 丁氏가 早速히 判決에 따라 더以上의 不必要한 수치를内外에 던지지말기바란다」고 말하였다 東本에서는 이判決에따라 一日正午 屋舍管理委員을 召集, 善後策을 協議하였다 東京地裁의 判決主文은 다음과같다

別紙物件目録記載의 土地및建物은 原告在日本大韓民国居留民団東京本部의 所有임을確認 被告는 原告에対하여 前項의土地및建物에対한 所有権移転登記手続을 取하라 訴訟費用은 被告의 負担으로한다

一日열린 屋舍管理委에서는①被告側이 上告할때에는 刑事問題로 提訴한다②勝訴가確定되면 新名義人을 駐日代表部또는 五人程度의 名義로 登記하기로決定을보았다

万博家族招請の問題点を衝く

本紙担当記者座談会

1970.10.14

ことしの三月十五日に開幕してから連日、延べ百八十三日間にわたる日本万国博覧会は、さる九月十三日盛況裏に閉幕した。"人類の進歩と調和"というテーマのもとに、アジアで最初に開かれたEXPO'70――。

この万国博に、わが大韓民国は"新らしい韓国"のイメージ・アップとそのめざましい躍進ぶりを内外に広く紹介するため"より深い理解と友情"というテーマを掲げ、はなばなしく参加した。そして総額四億三千四百八十万円（そのうち約一億八千万円は在日韓国人の協力による）を投入し、工業立国をめざす韓国を象徴するかのような近代的な韓国館を建設した。また民団もEXPO'70に、総計一万九百二十四人（追加申請と団長など特別招請ワクを含む）にのぼる家族招請を行ない、会期中に計九千七百人の家族招請が実現したが、この家族招請をめぐる数々の"黒いウワサ"は、民団関係者の再三にわたる否定や苦しい弁明にもかかわらず、その真相はヴェールに包まれたまま、民団の内外から多大の疑惑と不信をもって注視されている。さる九月二十四日に東京・市ケ谷の日傷会館で開かれることになっていた第十七回民団中央委員会は、民団の内部事情のため十月二十三日（金）に延期されたが、こんどの中央委員会では民団の万博家族招請をめぐる数々の問題点を中心に、激しい論議をよぶものと観測されている。これを機会に本紙では民団の発展と正常化のために、万博韓国館と民団家族招請をめぐる問題点をテーマとして、万博関係の取材、報道に活躍した本紙の第一線記者や編集デスクの担当者に、話題になった諸問題の裏話やコボレ話などを率直に語り合ってもらった。

EXPO'70は終わったが、民団の万博家族招請の総決算など"ポスト万博"は、まだ終わっていない。これら問題点の処理方法如何では、民団の組織とその将来に決定的な影響と波紋を投げかけるものと見られている。

【編集部】

疑惑よぶ特別招請ワク

カギをにぎる「金護洪メモ」

不評だった雪の開館式

未解決の手数料問題

寄付金の配分方法で紛糾

一部では三十万ウォンで"ヤミ招請"…

注目される「金護洪メモ」

総額で二千三百四万ウォンの明細

前向きの姿勢で解決を

大きかった李大使らの配慮

永住権運動で逃げこみ策？

成功だったナショナルデー

万博から韓国へ

観光客数は五千人

また雑音だらけのを作りおったな!!

held in Tokyo and the 13th in London were likewise cancelled due to

出場の望み捨てない
〝勉強家〟辛金丹選手語る

反響よぶ辛父娘の悲劇 韓国

南北の面会所を
国会でも設置に動く

beautiful sports festival ever held anywhere. Still vivid in our memory are the grand gymnastic events at the ruins of the Caracalla Public Bathing Place, and the Ethiopian marathon runner, Abebe, who ran barefoot on the stone pavement of the Appian Way on which the army of Caesar had marched

たった五分〝東京の再会〟

5TH OLYMPICS AT STOCKHOLM IN 1912

抱合って「元気でな」

7TH OLYMPICS AT ANTWERP IN 1920

辛金丹父娘、また南北に

8TH OLYMPICS AT PARIS IN 1924

17TH OLYMPICS AT ROME IN 1960

16TH OLYMPICS AT MELBOURNE IN 1956

for the Winter Olympics are not introduced in this collection.

五輪の伴侶 世田谷

南の父・北の娘

対面わずか〝五分間〟
非情な両朝鮮の対立

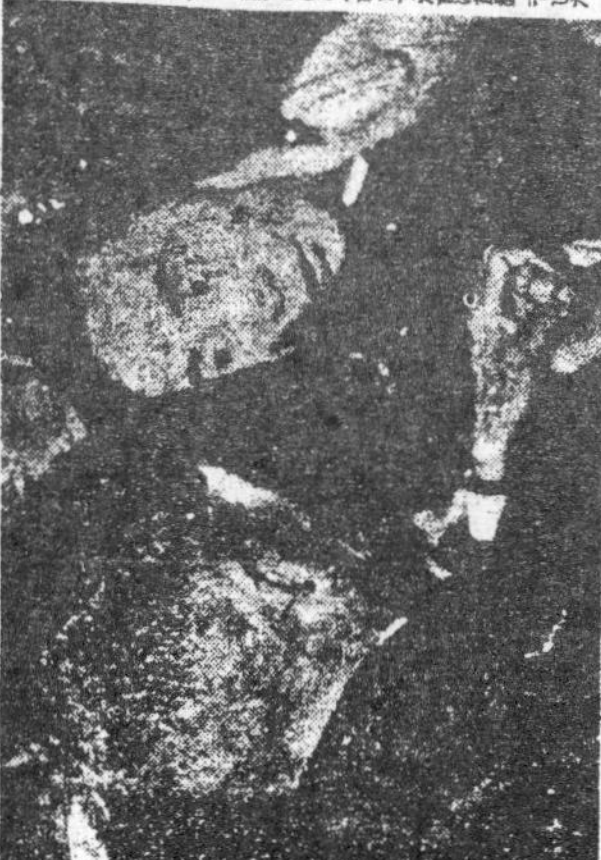

NO.580
1962.2.27

"韓青同盟中央本部"に秘密結社

前文教、組織両部長が声明

民団中総、真相糾明にのり出す

在日韓国青年同盟中央本部（郭東儀委員長）の前文教部長呉哲勝と前組織部長洪性貞の両氏は、さる二十一日声明を発表して、韓青同中央本部の常任委員を辞職するに至った理由を明らかにすると共に、韓青同盟中央本部内に韓国の共産統一と民団の容共化を行動綱領とする分子がある旨を明らかにした。今回の両声明は各方面に大きな反響をよんでいるが、事態を重視した民団中総では、問題が問題だけに、民族陣営内の組織面に重大な影響を及ぼすものとして、その真相糾明を徹底的に行なうといっている。両氏の声明文はつぎの通り。

声明文

われわれ在日僑胞社会をただ汚辱の歴史の連鎖としてみるのではなく、韓国解放以来、民族の海外発展としてとらえ、それにふさわしい経済基盤、社会的地位精神が確立されなければならないと考える。

特に、二世青年、今後ますます多く成長してくる二世青年の問題は重要である。二世青年は、祖国と日本の谷間の存在であり、仲間はずれであり、未来から疎外の存在である。彼等は、このような存在の不条理に苦悶しているのである。在日韓国青年同盟こそこの問題を解決すべき機関である。

民族の誇りのトリデであり、全在日韓国青年の強い精神団結の象徴であり広場であるようなそのような韓青を目指して私達二人は昨年夏、韓青中央常任委員に就任したのでした。一度は在日僑胞百年の計の礎石として韓青の再建に一度は青春を賭けることを決意しながら文教部長呉哲勝は二月六日、組織部長洪性貞は二月十四日辞任しなければならなかった。

然し今後における韓青の使命の重大さを考える時、韓青中央が腐敗分子の巣であり、郭東儀一派の陰謀うずまく場所であることを看過するわけにはいかない。韓青は全在日韓国青年のものである。私たちはここ郭東儀一派の陰謀を天下に明らかにし、私たちの韓青正常化の戦いに全僑胞の理解を期するものである。

一、在日韓国青年同盟中央本部委員長郭東儀は、共産主義を信奉し民団社会の中に約十五人（内学生五名）で構成する韓国の共産統一と民団の容共化を行動綱領とする秘密結社を組織している。私たちはこれを昨年の年末に知った。韓青中央副委員長金仲泰は彼の最も信頼する同志である。

一、郭東儀は韓青中央の委員長として反共運動を行なうのではなく、委員長の地位を悪用して自己が属している秘密結社の運動方針を民団社会内部で実行している。韓青中央内部には郭東儀の真実の同志は一人もいない。韓青中央という機関は郭東儀が共産即時統一運動の陰謀を実行する隠れミノであり、足がかりと舞台を提供しているに過ぎない。

一、北韓の三角軍事同盟と韓国軍事政権について郭東儀は、軍事政権が打倒されれば即時統一が成立するし、従って即時統一を阻害する軍事政権とアメリカ帝国主義を敵として戦っている北韓が三角軍事同盟によって守られるのは正しいという考えを学生、青年の間に浸透させている。

一、郭東儀一派の戦略の（一）は民団を無秩序、混乱、正しい気力の忘却、不正、腐敗、派閥争いといった容共的培地に仕立てあげること。（二）容共的な力即ち派閥を強化、拡大し、これを郭東儀の民団社会における地位の支えと、必要な際のカムフラージュに利用すること。（三）共産即時統一を目指す同志を一人づつ教育、獲得していくことから、民団社会のあちらこちらで共産統一に有利な運動を展開すること。以上三点である。

一、郭東儀一派は韓青を組織過程を通して作った民団内の出城ということが出来る。韓青運営における郭東儀支援体制は完備している。

一、すべて組織には、その組織なりの目的、性格というものがある。郭東儀が委員長という地位を悪用し、韓青の目的、性格をわい曲し、陰謀を実践しようとするところから生じている混乱と惑乱、権謀術策は青年として耐え難いものになっている。

一、大衆組織としての韓青を強化発展させる指導方針が全く常任委員会の決議に基くものでなく、又財政上の収支経済が不明で事務上の事務体系の不整備を拓き、派閥の温存を計る等、純粋無垢な二世青年大衆にひんしゅくを買い、大同団結させる組織作りを殺っている。即ち中央常任委員はレッテルの異った空場に過ぎず中央機関紙その他活動の全部門における指導方針が外部の人達によって構成運営され、常任委員会の格威を著しく損傷しているのみならず重大な財政上の使命についても会計明確化されず、事務体系の不整備は極まりなく、在日二世青年大衆の希望しているものを与えて行く活動を等閑視すること甚だしい。

◇◇◇◇

私たちは同志を糾合し、有志団体「コリア・ナシオン・イン・ジャパン」を結成し韓青における郭東儀一派の陰謀を粉砕しすべての不正、腐敗と戦い、民族陣営の理念を堅持し韓青を正常化させるために邁進する。

一九六二年二月二十一日

在日韓国青年同盟中央本部

前文教部長 呉哲勝

前組織部長 洪性貞

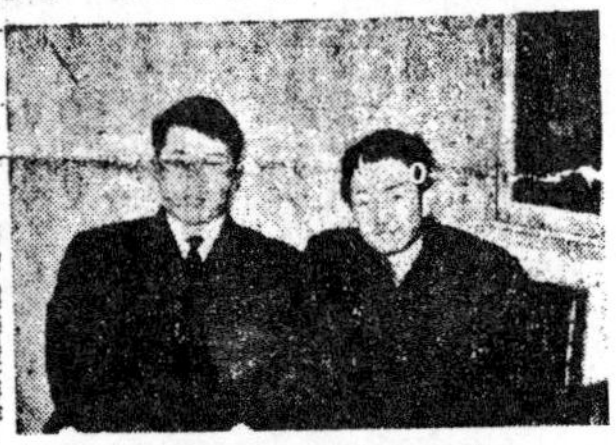

呉哲勝（右）、洪性貞の両氏

徹底的に真相糾明

金中総組織局長談

民団中総組織局（金敦浩局長）では、韓青同前中央常任委員呉哲勝、洪性貞両氏の連名で公表した声明文に対して次のような見解を表明した。

このたび前記両氏による声明文に対し、韓青同は民団の傘下団体として、特に昨年の五・一六軍事革命以来、その態度が釈然としかねるものがあったことは事実で、私たち僑胞社会に多くの疑惑を抱かせていた折だけに、新たな声明文がなされたことについては、中総としても極めて注視するものである。つまりその声明文の中に含まれているいくつかの問題点は、われわれ在日僑胞の大同団結が今日ほど切実に要望される時期は曾つてなかったと言っても過言ではないこの際、わが民族陣営内の組織面にも重大な影響を及ぼすものと予想され、当組織局としてはその真相を徹底的に糾明するつもりである。しかし、韓青はそれが本来、自主的精神にめざめた青年の組織体であるだけに、その自主性を阻害してはならないことはいうまでもない。韓青同はこれまでのような曖昧な態度を捨て、派閥所謂の問題などもっと闡明にすると同時に、一日も早く世間の疑惑を解き、真に在日韓国青年の強い団結の広場たるべく努力されんことを切望する。

僑胞の出品に期待

日本側の賛助参加も要請

五・一六革命記念「産業博」当局が招宴

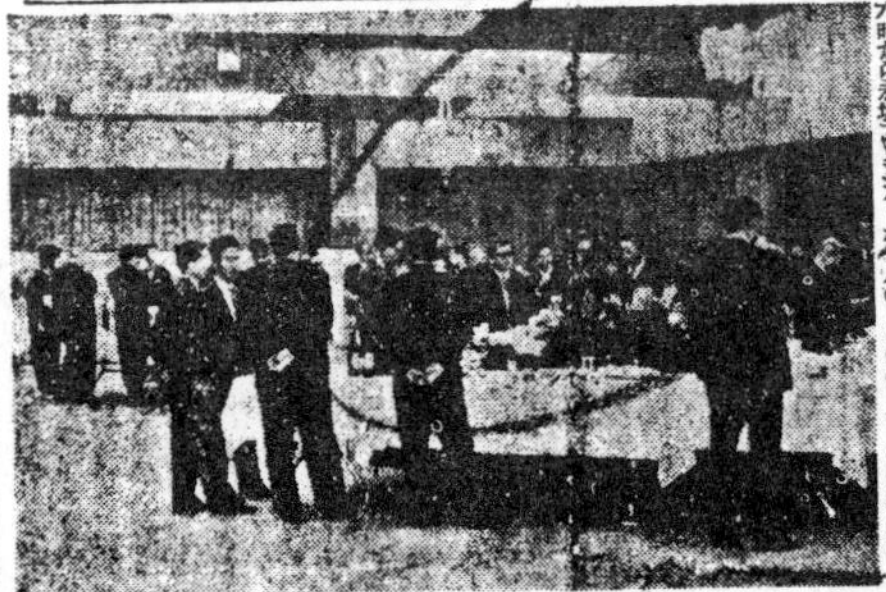

パーティ会場

民団法人韓国産業振興会主催のカクテル・パーティが二十三日午後六時から赤坂プリンス・ホテルのローヤル・ホールで内外有志三百名参席のもとに盛大に催された。

このパーティには主催者側からは軍事革命一周年記念産業博覧会の準備のため来日した金徳勝同会会長、同博覧会駐日連絡事務所の尾崎史所長、同会国外出品管理局の李斗南氏らが出席したほか、来賓として前民団中総団長曹寧柱氏、民団中総張・尹両副団長、在日韓国商工会連合会副会長許弼奭氏、韓経連会長申学彬氏、自民党前尾幹事長、野田代議士ほか多数の内外人が出席した。

同パーティは来る四月十五日から五月三十一日までの間、ソウルの景福宮で開催される軍事革命一周年記念産業博覧会の開催を祝うものであり、まず主催者側から尾記念博覧会駐日連絡事務所長の開会のあいさつが行なわれ、つづいて金会長から来日の目的である革命一周年記念博覧会の目的と趣旨について別項のような挨拶と説明があり、今回の産業博覧会を契機として日本との経済協力と日本側として在日僑胞経済団体からの出品を要望した。このあと、野田自民党代議士、申韓経連会長らの祝いと同博覧会の成功と協力を約束するあいさつがあり、その後は、終始なごやかな雰囲気の中で内外人が交流するパーティが続き、午後八時散会した。同夜主席した主な会社名および著名人の氏名はつぎの通り。

▽日本側

自民党前尾幹事長、同田中副幹事長、同船田代議士、評論家細川隆元、日韓貿易協会宇佐美理事長、日韓親和会鈴木副会長、日本貿易振興会鈴木理事、日本水道工業会堀江会長、セメント協会両総務部長、日本産業機械工業会川崎部長、三井物産大田取締役、日本硫安輸出KK吉田専務、自動車工業会角田課長、三菱電機関社長、東洋紡績谷口社長、鹿島建設渡辺喜三郎、東京銀行清水取締役、全日本空輸山本正三氏、住友商事、新三菱重工、小松製作所、日本鋼管、三菱商事、安宅産業、いすず自動車、丸紅飯田、日産自動車、住友化学、明治乳業、神戸製鋼所、安川電機製作所、日商KK、日本トレーディング、国際電気KK、江商KK、協成汽船、七欧電気、日本出版貿易、日本パルプ輸出振興KK、橋本産業、入丸産業、

▽韓国側

代表部沈経済課長、同金二等書記官、韓国銀行李相浩会長、民団中総張副団長、同尹副団長、同曹顧問、同李顧問、同鄭事務次長、同金組織局長、同夢民生局、同呉宣伝局長、呉婦人会会長、李韓国貿易協会日本支部長、朴日韓経済会事務局長、許商工会連合会副会長、同柳東烈氏、呉朝日光工社長、黄東洋貿易社長、布袋三慶物産専務、東丸貿易趙小洙氏

鈴木一氏らに感謝の会

韓国側の有志が催す

永らく韓日親和事業に尽した鈴木一氏（日韓親和会副会長）吉田常二氏（同事務局長）鎌田信子女史（同主事）の三氏の労苦を感謝する会が、二十四日午後一時から、日比谷松本楼の階上で催され、韓日両国の有志百名が参席し盛会をきわめ、なごやかな感情をそえた。李相権氏の司会で、金正柱氏が発起人の代表挨拶をのべ鈴木氏の紹介を金熙明氏が、古田氏の紹介を金正柱氏が、鎌田女史の紹介を金乙漢氏がのべ、李挽挽韓国駐日代表部公報官、権逸民団中総団長、李康友韓国人商工会長らの挨拶があって、鈴木、古田、鎌田氏の順で三氏の所感がのべられ、韓国からとりよせた記念品の贈呈があって四時に閉会となったが戦後韓国人達による日本人への感謝の会はこれが始めてである。

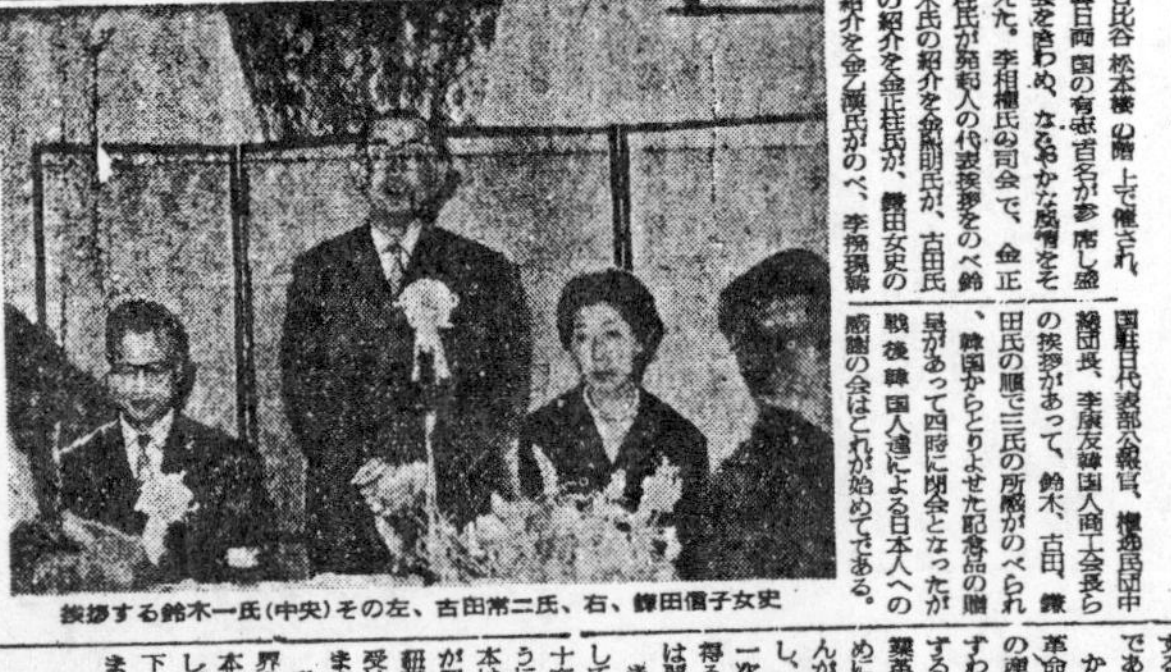

挨拶する鈴木一氏（中央）その左、古田常二氏、右、鎌田信子女史

金徳勝会長の挨拶

私がこのたび日本を訪問しましたのは不肖私が主導しております韓国産業振興会で、このたび主催することになりました軍事革命一周年記念産業博覧会のため僑胞の皆さんへのご出品ならびにご挨拶かたがた参った次第であります。就きましては今回の軍事革命一周年記念産業博覧会の根本趣旨を簡単に要約して申しあげたいと思います。

今回の産業博覧会を契機といたしまして国産品の質的向上を図り国民の独創的な生産技術を最高度に発揮し、革命課業の第一の急務である経済策に寄与せんとするものであります。また本産業博覧会を通じて国産品愛用精神を全国民に積極的に鼓吹すると同時に、すみやかに国家経済体制を確立し、ひいては海外輸出を勧奨啓蒙宣伝することを主たる目的とするものであります。

かかる国民の念願に応えましての革命目標の一環を担う、このたびの産業大博覧会は、とりもなおさずわが韓国の産業革命への道に通ずるものでもあります。かかる産業革命を一層輝かしく完遂するためには、何よりも在日僑胞の皆さんが誇る産業技術を最大限に発揮し、革命政府の至上目標である第一次経済開発五カ年計画に寄与し得る、より多くのご出品を祖国では要請しているのであります。

また今回の産業博覧会におきましては、六・二五動乱に参戦した十六個国だけが賛助出品できるように決定されておりましたが、日本は地域的にも、また多数の僑胞が居住しているという一衣帯水の紐帯を考慮し、日本の賛助出品も受けることになったのであります。

私がこの席上で特に日本の産業界の皆さんに申しあげたいのは日本からの賛助出品の品目につきましては主として建設機材をご出品下さるようお願いする次第であります。

民団秋田県本定期大会開く

三月一日、同本部で

民団秋田県本部では、きたる三月一日同本部事務所で定期大会を開く。

民団山梨県でも定期大会

三月十一日、同本部講堂で

民団山梨県本部では、きたる三月十一日午前十時同本部の講堂で定期大会を開く。

もっと確心と自負心をもって

——特にわが同盟員に與う

民主社会同盟
委員長　権　逸

極左極右に挟撃され、既成の権威にかじりついている人達に誹謗されながらも、正しい祖国の道を開拓しつつある全同盟員および本同盟に賛同する諸氏にこの文を送る

人生は貴い。すべての道義ある人たちは、この人生をより貴いもの、よりよいものにするために努力している。自分個人や自分一家のみならず、その社会・国家・民族のため、大きくは世界・人類のため、いかにすれば寄与、貢献できるかに腐心している。これは自覚をもつ世界人共通の課題であるが、われら朝鮮人にとつては、特に切実な問題である。それは現在わが祖国がおちいつている不幸な現実によるものである。わが祖国の分裂と混乱は、朝鮮民族の最大の悲劇であるのみならず、近隣諸国民にはもちろん世界全人類にも大きな不安と不幸をもたらしている。悲しく痛しいことであり、また肩身のせまいことである。

だからわれら朝鮮民族は一日でも早くこの難関を賢明に解決し正道を踏み進むことによつて己れの民族を救わねばならない。そして全世界に新しい光をさしこむようにしなければならない。「渇したものが井戸を掘る」とのわが国の古諺の通り、この難題を合理的に解決をするものはわが民族自身の外はないだから、この問題こそわれらに課せられた最大な課題なのだ。然らばそれには如何なる道があるのか、われら何をなすべきか。これが問題の焦点である。わが祖国の運命は現在不自然な状態におかれているわれら朝鮮民族が正しい進路を見出し前進するかどうかにかかっている。今、心ある総ての朝鮮人は骨身にしみる切実感をもつて、この問題に取つ組んでいる。朝鮮民族のえい智は必ずやこれを解決するであろう。わが民主社会同盟に課せられた任務も実にここにある。そこで本問題につつこんで立ち入つて見よう。

資本主義・共産主義では祖國は救われない

或る人々はわが祖国をなるべく古いものをそのまま保守し、出来うべくんば資本主義自由経済を無制限に発展させて資本主義国を確立したいと心に念じている。そのためにはアメリカのヒモがついてもいいと考えている。しかし、今の朝鮮に正常な資本主義が発展すべき如何なる条件があるのか。またブルジョアの名にあたいする者が果して幾人いるのか。そのほんの一握りの幽霊的存在のために国民の殆んど全部である農民労働者知識人中小企業者を犠牲にし、圧迫搾取していいだろうか。勿論それはいけない。だからこそ現政府の与党である自由党の行動綱領にさえ「労働者農民勤労大衆が民主国家の主人であるから大衆の福利と権威を尊重し主張して金力や権力でこれを左右することのないようにする」（同綱領二項で）と謳っている程である。

又韓国憲法においてさえ資本主義修正を規定して同法第八十四条に社会主義経済の実現を期しているのである。ところが実際は天下周知のように、韓国の現政府下においては労働者農民勤労大衆は「金力や権力」の下で前世代的状態におかれ、個人の自由と尊厳と福利の尊重どころでなく、只生きることさえ困難である。権力と金力が更に権力と金力を生み政権も経済も権力と金力を持つ者の独占物となつている。これが他人の投機に命脈をつないでいる自由主義者の正体である。これでは全民族的最高課題である統一独立を勝ち得られないのは勿論、韓国自身だけの「安泰」も誠に危いという外ない。そして彼等が一切を捧げて頼りにしているのは米国の力と援助であるが、朝鮮民族が今更再び他力依存の隷属状態を欲しない民族的感情は別とするも、全朝鮮を米国の従属的な植民化する恐れあることをソ連陣営が納得するであろうか。また今は勢力を増したA・Aグループを中心として国連内でさえ良識ある大部分の国々の代表もこれを支持しないであろう。斯くて、彼等の方法は、わが祖国を救い導く道であり得ないことをわれらは知るのである。

また別の或る人々はわが祖国は共産主義による外ないと盲信している。しかし祖国のソ連への従属、個人の国家への従属等々共産主義の本質から来る批判は別としても、まず歴史的、社会的、経済的に見て、日本の植民地統治から解放されたばかりで社会的には封建性が強く、経済的にも後れている後進国をただぬけに重工業中心のプロレタリヤ独裁と、ソ連的倫理観の共産主義政策実現へもつてゆけるかどうか。唯物弁証法論者達自身こそ最もよくその矛盾を知つている筈である。だからこそ赤軍占領下の北朝鮮においてさえも社会主義革命の誤つた路線は歩いたが、共産主義者達もさすがに直ちに共産主義政策実現を公唱するわけに行かず各政党の共存と統一戦線による所謂人民民主主義を標榜したのである。しかるにそれも結局は口ではそういいながら実際は労働党独裁の政治的仕組みの下に共産主義的政策を断行したことは天下周知の事実である。

だから何かと無理をおかしいろいろな矛盾が発生し、遂に朝鮮[illegible]

[illegible]る。そして中道的道を行くA・Aグループがこれを[illegible]とも亦自明の理ではないか。かくして共産主義の路線もまた現在の朝鮮を救う道でありえないことをわれわれは知り得るのである。

民主社会主義こそ救國の唯一の道

では、苦悶している今日のわが祖国を救い正しく導く道はないのだろうか。否、ない筈[illegible]とは出来なかつたのだ。しかし民主々義の冠を冠したこれらのものは実際は金権民主主義か或は階級民主主義的であつて現在朝鮮の求むる民主主義、即ち我々の主張する民主主義ではなかつた。斯る偏狭な一部のものにのみ奉仕する排他的なものは決して真正な民主主義ではない。わが祖国と民族が欲している民主主義の最高の発現は全人民の自由な議決であり、政治的自由である。われらが議会主義を主張するのはそのためである。これが一番公平、平等な在り方であり、そして最も理想的であると同時にもつとも現実的な道である。

しかし民主主義だけで人間は生きることは出来ない。われわれは生きなければならない。而もよりよく生きなければならない。

そのためには先ず国家経済を統一しなければならない。植民地からやつと解放された後進国朝鮮をこれ以上遅れさせることはもちろん出来ない。それだからといつて一握りのブルジョア本位の資本主義国に発展させることも到底考えられない。しかし個人自由企業を否定し凡てを労働者が管掌する国家管理にするという共産主義方式の実現を[illegible]府であり無理である。だからこれは一例に過ぎないが、韓国でさえ口でだけでも「労働者農民勤労大衆本位」を云々し、北鮮でも形だけではあるが「個人企業創意奨励に関する法令」まであるのである。このように南北とも口でいつていることはかなり民主主義的であり社会主義的なのである。これらのことは、要するに朝鮮の新しい経済は、資本主義でも共産主義でもなく社会主義の方向へ進まなければならないことを示しているのである。そしてこの民主社会主義において南北が歩みよつて妥結点を見出す可能性を示唆するものである。立遅れている上に南北の分裂が大きくなつた朝鮮経済を調整し発展し繁栄させ、そして三千万同胞がみな平等によりよく生きるためには基本産業を社会化し計画的な社会主義経済を樹立して福祉国家とし発展せしめるほかはない。もちろん個人の企業の自由は充分尊重されなければならないが無制限な搾取は許されない。こうすることによつて搾取をする者は朝鮮民族のうち誰もいないはずではないか。もとより同胞を搾取圧迫して私欲を貪る者も有り得るであろう、こんな者は三千万全国民からすれば問題にならぬものである。だから社会主義のみが、今日南北の繁栄、共存の道である。われらは朝鮮全国民に真に民主主義的な意思表示の機会を与えられた場合、彼等は総意としてこの社会主義の道を選ぶだろうということを信じて疑わない。そしてその道において、自らの総意として民族の宿願である平和統一問題を解決して行くであろうことを固く信ずる者である。またこの民主社会主義は、左右何れにも偏せず、東西何れにも組みせず、米ソ何れとも紐帯を持たぬという点で、国際的にも朝鮮の平和統一と自主独立の問題を解決する最も理想的にして現実的な道なのである。朝鮮における民主社会主義を米ソが好むかどうかは別として少くともこれによつて朝鮮が赤化或は米軍基地化しない保障と安心感を得れば、彼等もこの方案に依る朝鮮統一問題の解決に同意せざるをえないであろう。

信念と自負心をもつて悲願成就に立上れ

斯くして民主社会主義は現在わが祖国を救い朝鮮を導く最も正しいそして現実的な道なのである。民族の最大の念願たる平和統一も民主化も自主独立もこれによつて期待出来るのである。しかもわが国のこの方向は世界の大きな動向と共に動いているところにわれわれは限りない力強さを持つものである。西欧における社会民主勢力の成長およびアジア、アフリカ諸国を初め民族自由主義と共に社会主義的傾向を強めて行く国々は日にその勢力を増しており、また内容[illegible]にしている。ソ連の政策転換、米国の[illegible]国における反政府的民主勢力の増大、北鮮における幅の広さを示す動向等に現れた新しい動きも要するにわれわれのいう穏健な前進民主主義の普遍化、良識の勝利を意味するものにほかならない。スエズ問題の話合いによる解決方向を見るがよい。今後は斯る傾向はもつと強まるであろう。それはこの進歩的な中正の道が人類が資本主義も共産主義も経験して見て結局最も人間的な、正常的な現実的な正しい道であることを悟つて来たからである。今後はあらゆる国が早かれ遅かれまた多かれ少かれこの中正の道へ歩み寄るであろう。これは人類歴史の必然的なコースであつて、今や新しい人類史のレイ明期であるのだ。二十世紀後半、今この道にのみ人類の幸福と進歩があると断言してはばからない。これは総ての国、全人類にとつて考慮せねばならぬことであるが、特にわが朝鮮にとつてはその何れよりも切実に痛感せられるものである。

この正しい路線が遅まきながら今、日本に在留するわが同盟によつて公然と天下に主張されるようになつたのは、独裁的両政権下の祖国の悲しむべき現実と日本の特殊な社会的立地条件によるものである。それだけに、わが同盟の使命は重大なのであり、われら同盟員の責任は重いのである。ゆえにわれら同盟員諸氏は各自この重大な使命と責任を自覚して確固たる信念と自負心をもつて民族の念願にある本同盟の綱領実現に邁進しなければならない。しかるに一部の人々のうちには、わが朝鮮的な民主社会主義をもつて、共産主義に未だ到らざる未熟幼稚なもの、またわが同盟員をもつて共産主義者にも右翼民族主義にもなれぬ落伍者または日和見的容共主義者と中傷誹謗する者がいる。笑止千万である。すでに明らかなごとくわれらの道はそれらより未熟落伍どころかそれらを体験し踏み越えたそれらより、さらに進んだ一段高い段階のものである。

常に既成権威につくものは安易にして新しい道を拓く先駆者を笑いたがるものである。笑いたいものに笑わせよ！しかし最後に笑う者のみが最も勝利感を持つて笑うことが出来るのである。今日笑う者が明日笑われる者にならないと誰がいえようか。既に統協問題を初めいろいろな事実で、最初他人を笑い罵ることの好きな或る人々が、幾ばくもなくして自ら笑われる者となつているのを我々は見て来た。基本路線においても、誰がどの道が正しかつたかが現実によつて立証されるのはそう遠いことではないであろう。

われらはその日を自分一人で笑うために待つているのではない。全民族と共に楽しく笑うためにわれらはその日を待つ。その日まで全国の同盟員よ、自信と誇りをもつて一層[illegible]前進しよう！

綱領
一　わが同胞が犯した過去のすべての誤りはお互に寛容し　反省し　民族の総親和を図る。われわれは如何なる団体　政党　個人　[illegible]　信仰を問わず　お互に協調することによつて祖国建設と民族内の諸問題を平和的に解決することを提唱する。
一　われわれは　南北を通じた自由な選挙によつて統一中央政府が樹立されることを要求する。
一　われわれは　この自由総選挙とわれらの統一独立が国際的に保障されることを要求する。
一　われわれは　相互扶助によつて外国におけるわれわれの生活権擁護に寄与する。

總親和

南北統一促進協議会 機関紙

東京都東合区仲御徒町1—15（泉ビル）
発行人　元　心　昌
電話（83）2917 2914
（定価　1部5円）

統協　全国發起人大会開かる

寛容と理解の下　大同団結を実証

全国発起人二百八十名、同胞總親和を誓う

南北統一促進協議会全国発起人大会は、一月三十日午後四時三十分から、東京下谷公会堂において全日本各地から参集した二百八十名の発起人参加の下に、盛大に開催された。大会は洪寛千氏の司会により開会宣言がなされ、元心昌、李在東、朴春琴、梁兆翰、李守変氏等五名の大会議長団を選出、われる様な拍手の内に議長席に着席、元心昌氏の大会議長団挨拶について議事進行に入つた。権逸氏が経過報告、金三奎氏が大会宣言、李北満氏が綱領、朴準氏が規約、李禧元氏が大会決議文と議題の順を追つて報告がなされ、討議の後各々採択された。続いて役員選挙に入り、李哲三氏が準備委員会原案を提出、審議を踏つて全員一致の賛成で百十八名の中央協議委員を選出した後朴春琴氏の閉会の挨拶を以て歴史的大会は、盛況裡に六時半閉会した。

此の日会議開催予定時刻午後一時を前にして本運動に無理解な一部悪質暴力分子の計劃的破壊行動（別項所報の「時局対策委」（委員長全斗洙）の所業）によつて会場が一時混乱した後であつたにも拘らず、東京都を始め全国各地から馳せ参じた発起人二百八十名は眉宇に、緊張感を漲らしながらも、誰の顔にも従来に見られた対立的な表情は微塵もなく親和感が溢れ会場に入場を終えた頃は、明るくなごやかな雰囲気がたゞよつて来た。四時五十分嵐の様な拍手と共に大会議長団が登壇した。大会議長団を代表して元心昌氏は挨拶の中で「無理解な同胞がある為にこそ、我々は根強く説得と寛容を以て本運動を押し進めなくてはならない」と強調した。権逸氏は経過報告で大会に至る経緯を明確に述べた中で「平和的統一は吾が民族の悲願である。在留同胞六十万も此の機にのぞんで、左右を問はず、過去に拘らず、総親和して、大同団結の実を示し以て之を祖国の内外に訴えるべきである我々はその良き調整者となり且つ推進者となろうとするものであつて他意はない」と述べた。続いて金三奎氏は宣言文説明の中で、李北満氏は綱領説明の中で、共に「思想信仰、政見の相違の為、民族自滅の分裂抗争の愚を継続する事は、同族として座視することが出来ない段階に立到つた。此に至つて我等自から、過去に犯したすべての誤りをお互に寛容し反省して、民族的総親和を図り以て、民族内の諸問題はお互に平和的に協議して團結すべきである」と強調して各々満堂の共感を呼び起した。

次に登壇した、李禧元氏は緊張した頬を感激に打ちふるわせながら、決議文を読み上げた。その説明の中で同氏は、「今日此処で我々は熱い同胞愛に立脚し寛容と理解と納得の下に大同団結を達成する事が出来る事を示した。之は際外でなされた事からして吾が民族運動史上劃期的な盛事といつてよいことだろう、此の既成事実を銘記してあらゆる困難を乗り切つて行かなくてはならない」と結んだ。続いて動議により此の決議文を祖国の両政府国会、言論機関、社会団体及国連並びに関係各国に送る事を全員一致可決した。

ついて役員選挙に入り、規約に規定された大会権限である中央協議委員百五十八名に対する準備委員会原案を李哲三氏から大会審議に諮り全員一致賛成を以て次の通り選出し運動方針及予算の審議を委任した。

東京五〇名、大阪八名名古屋、神戸、京都各四名 その他各県二名。

終りに朴春琴氏が閉会辞を述べたがその中で「過去の是非を論じたらきりがないであろう。お互に寛容して足らない力でも合せて南北統一を達成する事が必要である之は民族として私の畢生の念願である、本日は多少遺憾な不祥事件もあつたが、雨降つて地固る事だろう、我々は益々南北の平和統一の為もつと力を合せよう」と結んで、大会は「祖国平和統一万歳」「世界恒久平和万歳」を各々三唱して六時半閉会した。

（開会の辞をのべる元心昌氏）

（宣言文を読み上げる金三奎氏）

宣言文

われわれは祖国の統一独立を熱望している。それは各個人の立場と思想と賢愚を越えて、常にこれを願い、これを念じてやまないものである。それにも拘らず、われわれのこの念願はいつ叶えられるか判らない状態であり、分断と戦禍による祖国の惨状また名状し難いものがある。日本にいるわれらも、本国における対立抗争の影響の下に、解放後幾星霜の永きに亘つて左右に分れ、相争つた結果は、ただ破滅を招くのみとなつた。今やわれら、祖国の惨状を思い、われらの窮状を反省し、ここに、同志合携い、蹶然と立つて、祖国の統一独立のために、微力を尽さんことを誓い合う。

われわれの悲劇は三十八度線による分断に始まるといえども、われら兄弟自重して相争うことなく、夫々の利害関係を調整しつつ、只管に祖国の統一独立に団結し得たら、或は今日の悲劇を避けたであろう。われら、関係各国を非難することなく、寧ろ、自ら国民的、民主的訓練乏しく、民族百年の計を立てえなかつたことを恥ずるものである。それ故に、われら衆知を集め、あい協力し、是非の二乗論を越えて、よき推進者たらんことをここに銘記するものである。常に道理を重んじ、平和を念願し、良き隣人たらんことを期したいのである。このような態度は、祖国の統一を実現するために不可欠の前提であるのみならず、また世界平和に通ずる途であることを信じて疑わない。

われわれは、ここに世界平和と民族自決のために、最善の努力を惜しまなかつた多くの人々に心から敬意を表すると共に、特にジュネーブ会議における双方の主張に留意し、次の如き統一方策を提示するものである。

（一）祖国の統一独立を実現するために、民族の大局に立つてわれら自ら大同団結すること

（二）統一中央政府は、南北を通じた自由総選挙によつて樹立すること

（三）自由総選挙と祖国の統一独立は、国際的に保障すること

われらこれらの諸方策に立脚し、同志相携えて、内、民族の総親和を図り、外、関係各国の利害関係を調整し、もつてわれわれの前途に起死回生の途を開き、祖国の統一独立に邁進せんことを期する。

創刊の辞

一、我等は今日まで南北に別れ、兄弟相争い父子互いに殺し合つた生々しい記憶を持つている。この様な悲惨な歴史は、史上その類例がなかつた。この様な悪夢を、誰かまた再び繰り返えそうとするのであろうか。朝鮮人なら誰でも、こんなことをもう一度繰返し度いとは思はない筈である。いや、朝鮮人でなくとも、そうであるだろう。

我々も、以上の様な同族相争うことを欲しない者であり、同族間の友愛と親和を計ることを念願して止まない者である。それが故に、こゝに志を同じうする者相集り、在日同胞が残らずこの運動に参加し協力し、以て祖国の平和的な統一を推進させる機期、待して止まないのである。

二、我々の今日までの反省と闘争が、互いの誤解と一時的な感情と外来勢力の使嗾から由来していることは明かである。それ故に、我々は先ず互に理解し合い、許し合い、相手方を尊重することによつて、民族の総親和を計るならば、同胞間のいざこざは無くなる筈である。これは各自が如何なる政見、思想、信仰を持つていようと、その立場立場を考慮し、大局を尊敬し合うことによつて可能な訳である。こゝには武力ではなく、拳ではなく、善意による協調と融和の精神が支配するであろう。個人間の和睦はひいて祖国統一の大事業をも、平和的に、話し合いで達成せられるに相違ない。これはまた、相互に自由な雰囲気の下に、自由総選挙を行い　族の統一独立を達成する基礎となり得るであろう。

三、我が民族の諸問題は勿論、我等自身が解決しなければならない。併し我々を取り巻く国際情勢は、我々の問題を我々だけに任せては呉れない。そうかと云つて、片方に片寄り過ぎることは許されない。それ故、我々三千万民族が納得し得る条件で、関係各国が本当に正しい善隣友好の精神に基いて、我等の自由総選挙と祖国の独立を保証して呉れる様希望する。アメリカ或はソヴエイト何れに片寄ることを願わない。これが我々の念願であり要求でもある。

四、以上の様な趣旨の下に、我等在日朝鮮同胞六十万は、大同団結して祖国の平和的な統一と独立を、荒廃した国土の復旧と再建をこいねがつて止まない。我等在日同胞六十万の意志が互いに固く結ばれて、祖国の同胞と両政権に伝えられるなら、祖国の同胞もまたこれを無視し得ないだろうし、彼等もまた、我々と同一の理想と念願を抱いていることを確信するが故に、この民族の大事業はやがて成就されるであろう。我等はこれを信ずるが故に、祖国の同胞に対し、これを希望し要求すると共に国連と関係各国に対してもこれを訴えたいのである。

統協が成立する迄の経過

権　逸

三十八度線に依つて分割解放されて以来南北統一の民族的悲願は、解放前における民族独立の意慾に劣らざる熾烈なものであつた。この悲願を成就せんが為めの努力は国内外に根強く試みられたのであつたがそれは悉く失敗に終つた。この統一を阻害する根本的原因は、米蘇の世界政策から来る国際勢力の葛藤と、国内に於ける左右両翼の主導権争奪であつたことはいうまでもない。かくして遂に六・二五事件という武力統一の段階に突入し一時は、好まざることとは云へこれに依つて何れかに統一されるかに見えた。然るにそれも二百万に上る犠牲を出したまま、もとのふり出しに戻つて停戦を迎えたのである。ここにおいて平和的統一への念願はますます強く民族の胸中に燃えあがつたのである。

在留同胞六十万もこの民族的悲願に加うるに祖国分裂の影響を受けて、窮状に陥つた現状を打開せんとして日本敗戦後から断続的とは云え絶え間なく続けられた統一運動は昨年のジュネーブ会議を境として頂点に達し今迄個々的に、しかも非統一的に裏面で続けられたこの運動は、表面的な統一運動を打ち出そうとする気運が成熟して来た。たまたま時を同じくして北鮮の人民共和国からの平和統一のアッピールがあつたのである。

そこで今迄の統一運動をして来た有志の活動は活発となり、この運動の展開方法について種々協議した結果、(1)この運動は左右合作の方法であるべきこと、(2)その母体は既成団体では容易でないから、この両者の調整者的役割を必要とする新なものでなければならないとの結論に達し、金三奎、南浩栄、李北満、権逸四名が、その連絡員となつて各方面を連絡し、十数回に亘る予備交渉の上、昨年の十二月五日に正式に南北統一運動準備委員会が結成され、三十一名の準備委員が選出された。

その後一月三十日の

（二面へ続く）

（経過報告をする権逸氏）

綱領
一、わが同胞が犯した過去のすべての誤りは、お互に寛容し反省して民族的親和を図る。
一、われわれは、如何なる団体、政党、個人、思想、信仰を問わずお互に協議することによって、祖国建設と民族内の諸問題を平和的に解決することを提議する。
一、われわれは、南北を通じた自由総選挙によつて統一中央政府が樹立されることを要求する。
一、われわれは、この自由総選挙とわれらの統一独立が国際的に保障されることを要求する。
一、われわれは、相互扶助によつて外国におけるわれらの生活権擁護に寄与する。

總親和

南北統一促進協議会機関紙

東京都台東区仲御徒町1－15（栄ビル）
発行人　元心昌
電話（83）2914
2917
（定価　1部5円）

1955.3.15

平和統一の決意満堂に漲る！

第三十六周年三・一節記念　二万の同胞　統一中央大会に参集

民戦、民団その他の各界各層を網羅した「祖国平和的統一独立促進第三十六周年三・一節記念実行委員会」主催の中央大会の記念大会は都内及近県在留二万余名の同胞と来賓多数参加の下に三月一日午前十一時三十分から東京の両国国技館で盛大に開かれた。

特にこの大会は「祖国の平和的統一独立のために、思想、政見、宗教の差別を相互に尊重してすべての民族的問題は"話し合い"で平和的に解決しよう」「在日同胞の大同団結」など十個条のスローガンがかかげられ、多数の民団所属及中間派の人々が参加して[illegible]

大会は[illegible]朴在善氏の司会により、開会宣言がなされ、[illegible]南浩栄、李浩然、朴寧寧、[illegible]氏等五名の選出があって、[illegible]続いて元心昌氏の先烈をしのぶ[illegible]独立宣言書の朗読があり、[illegible]

[illegible]大山郁夫氏の[illegible]大会は盛況裡に閉会した。（写真上は独立宣言書を読む元心昌氏）

三月一日、この歴史的な独立運動記念を祝福するかのように、からりと晴れあがった春日和の東京両国、国技館の屋上には「祝　三・一節中央大会」の巨大なアドバルーンが[illegible]東京の空に[illegible]くクッキリと浮び上り、往来する人々の眼を強く打つものがあった。

この日、早朝から都内及び近県在留の同胞は、数十台のバス、民団、中間系の人々が小型バス[illegible]をつらねて、[illegible]

[illegible]

ればならない」という力強い閉会の辞があって、幹部団の選出及び幹部団代表の挨拶のあと記念講演に入った。

[illegible]

った事は非常に残念な事である」という熱叫に万場割れるような大拍手が起った。

最後に民戦中央議長団を代表して登壇した李季白氏は要旨次のような講演を行った。

「祖国においては人民共和国の平和的統一協議のアッピールを韓国国会が一方的に拒否していることは、わが祖国の統一達成を遅延させるもので甚だ遺憾である。しかしわれわれはどんな困難と妨害にあっても祖国の平和的統一のために総けっ起しなければならない」と結ぶや場内は拍手とかん声がまき起った。

続いて各地方の三・一節大会、各地民戦、学生同盟、音楽センター、足立日朝友好協会等多数から寄せられた祝電の披露と、洪寛千氏の決議文、李北満氏の大会宣言文の朗読があって、万場一致可決された。

この時会場から去る一・三〇下谷事件で検挙された同胞の即時釈放を要求する緊急動議が出され万場一致で採択された。

ついで李禧元氏の閉会の辞と、統協代表委員朴寧寧氏の「在日同胞大同団結万才」元民団最高顧問徐相漢氏の「祖国の平和的統一独立万才」民戦中央議長団李浩然氏の「三・一節万才」の三唱が各々なされて拍手の裡に第一部を終った。大会参加者たちは統一的三・一節記念行事に対してかつて見る事の出来なかった感激と興奮のうちに、今日の行事のなごやかながらも、心強い式典の進行にこのよない感慨にひたった。彼等は交々大会式典の感想など語りながら第二部の記念演芸を待った。

民団側から参加した人たちは「最初はこちらと、日比谷のどちらにしようかと迷っていましたが、今度は統一大会が開かれるからその方え行く事を"話し合い"で決め、近所の人達とさそいあわせでバスで一緒に来た。私達はこんどの大会に来てみて、同胞が今一番望んでいる事は祖国の統一だとハッキリ解った。私達は少さい時に行ったきりの故郷を夢の中にでもみて、統一された祖国え、早く行ってみたい気になって来た。今日のように民戦、民団その他の人々がこんなに沢山一緒に集って、三・一節を祝うことが出来てほんとうに楽しい一日だった。これからも在日同胞はどんな少さな事でも一緒にやればよい。そうすれば私達の生活も今よりは少しは良くなるのではないだろうか」と、感慨深げに語っていた。

決議文

今日、第三十六周年三・一節を迎えるにあたって、在日本同胞二万余名は東京両国、国技館に集って、先烈の尊い独立精神を継承し、祖国の平和的統一のために微力を尽す決意をあらたにするものである。

祖国の平和的統一は、世界平和を前提としなければ達成出来ない事を銘記し、わが祖国の統一が同時に世界平和に貢献する方向において、推進せることを信じ、全力を傾倒して努力することを誓う。

この機会に、多くの困難な情勢の下で、祖国統一に尽している本国同胞たちに深甚な敬意を表すると同時に、次のように要請する。

一、両政府当事者は、早急に南北会談を開き、統一中央政府樹立達成に努力すること。
一、関係各国と国連は、わが民族の自由意志による南北総選挙と統一独立を国際的に保障すること。
一、わが国に出兵した各国は、一日も早く各自の軍隊を撤収せよ。
一、日本政府は、わが同胞の居住、生活、教育、通商と往来等基本的権利を保障せよ。

一九五五年三月一日

祖国平和的統一独立促進第三十六周年
三・一節記念中央大会

時論　三・一節記念大会の教訓

去る三月一日、我々は第三十六周年の三一記念日を迎えた。両国の両技館では約二万名日比谷公会堂では約三千名が集り各々「挙族的」と銘打って三一記念日の革命的意義とその精神を継承すべく誓い合った所である。同じ日に、同一の事柄を意義づけるのに、別々な場所で、各自別個の会合を持つと云うことは、どう云う意味を持つのであろうか。これは、東京に限ったことではない。我々の本国では、南と北に別れて、同じことをやり、日本の各地でも、また民団側と民戦側とが離ればなれになっているのである。誰がみても、これが自然だと云えようか？不自然である。悲惨であるとさえ云える。

世界中には、多数民族が集合して、単一の国家を形成し、うまくやって行っている例は幾らでもある。ところで、われわれは単一民族でありながら、不自然な三十八度線なるものがあり各自の心の中にも、各々三十八度線を引くことによって、他と反撥し、排撃し合っているが故に、全てが争点となり、感情のもつれとなり、反目と闘争の原因となるのである。

歴史に照すまでもなく、我々は由来、平和を好み、他人を尊敬し、隣人を愛する民族であった。外来勢力の利害関係によって、わが民族は分離され、国土は分断されている。これを我々は自らの力で、シリぞけ、自分の国を統一し、民族の単一化を計らねばならぬ筈である。そうでないとすれば、何時まで経っても、外来勢力に利用され、われわれの国土は荒廃し、民族は滅亡する筈である。外来勢力の利害得失のために、われわれは、自分の民族の咽喉首を締めようというのであろうか。外来勢力に利用されて、われわれは何時までも、父子兄弟、孫子の代までも、殺戮し合い度いというのであろうか。そんな馬鹿なことがあろう筈がない。

そんな筈がないのに、衷心あるべき三一記念日さえ、全国的に朝鮮人の居住している処では国際的にさえ、別々にやっているということ、しかも十年もそれを繰返しているということは何というダラシのないことであろう。我々総てが恥じなければならぬことだ。今後は、そんなことが絶対にないように互いに努めるべきである。

今年の三一記念日は、しかし、統一の方向へ一歩を進めなかった訳ではない。従来日本では、民戦と民団とか、各自別個に別々な国旗を立て、互いに相反し合いながら「記念」し合った。ところが今年は、少くとも、そうではなかった。統協と民戦と商工人は統一された実行委員会を構成し、民団側にも熱心に呼びかけ、民団の活動家達の努力によって、両国の大会には民団側の大衆も数千名参加し初めてこの大衆的な集会がもたれたのである。大阪や近県の各地では、中央大会よりも成功した処さえある。それは文字通りに、民団と民戦及び中間層の全大衆が参加したのであった。これは大きな前進であり貴重な収穫である。

相集った大衆は、互いに睦み合い、喜び合った。これが本来の民族の姿であることが判ったのである。そこには悪感情もなく、反目もなく、闘争もなかった。相互に謙譲し、尊敬し、理解し合った。ここから、われわれは、更に前進しなければならない。

われわれの統一運動の誕生が日が浅く、経験に乏しく、準備不足で、不馴れのため、交渉と説得と理解を深めることが不充分であったために、充分な成果は収められなかったけれども、ここに、相互の努力と協力によって、大きな基礎ができ上ったことだけは事実である。われわれは、この基礎と、短い間の経験に基いて、更に前進し、全ての人々に、理解してもらい、協力と話合いとを通して、やがて居留民の大同団結と、祖国の統一と独立を達成すべく、全ての力を集中すべきである。

写真説明　右上は幹事団を代表して挨拶をする南浩栄氏　右下記念講演の金慶順氏　左は同じく[illegible]氏

民団・社民同 往復書簡全文

国是遵守要請の件

時下多事多難なる諸情勢下、貴下の健勝を祈ります。

在日六十万僑胞を代表する唯一の自治機関として、本国政府の公認のもと、「国是遵守と在留僑胞の擁護指導」を最高目的として、本団の五大綱領の実践に最善の努力をしている本団としては、貴同盟の活動に至大なる関心を寄せています。よって規約解釈を担当している本委員会としては、貴同盟の活動が本団の綱領及活動方針に背馳する点があるのではないかと危惧される幾つかの点を指摘しますから、若しかかる点があったら是正して下さるよう要請する次第であります。

記

一、貴同盟が大韓民国の立場に立って祖国の復興建設の聖業に参加することを目的として、反共闘争を展開していることは、本委員会としては充分に諒知し、其の努力に対して敬意を表するところであるが、貴同盟機関紙の論調が、いまだ北韓傀儡政権を国家号称または認定しているかのような印象を与えるところがあるから、若しそうであれば国是に背反しよって本団綱領に違反するから早急に是正することを要請する。

二、貴同盟の平和統一運動が、北韓傀儡政権の南日アッピールに呼応し、方式が同一であるかの如き印象を与えているからこの点に対してそうであるとすれば、これまた国是に背離するところであるから是正することを要請する。

三、本団の一九五六、七、八年の活動方針中、「政治運動」の項目において、「団員が本団綱領と規約に抵触しない限り団外での政治運動をするのはかまわない」と決定され、貴同盟が敵性団体でないということは既に決定された。しかし、「ある団員一部が自己の政治運動に利用し本国の政争を団内にまで延長させ、団務に混乱を惹起させることを厳禁する」ということも活動方針で決定されているが、貴同盟が社会主義政党として世間から指摘されている節もあるから、若しそういう点があれば是正してくれることを要請する。

四、本団が指摘する国是の意味は「大韓民国憲法」であり、国是を遵守するということは「憲法擁護という」のと同一な意味になることであるから、憲法の規定に忠実であれば善良な国民の資格を具有することになって本団の団員であることはもちろん、団員としての全権利義務を享有することは当然である。

韓国憲法の条文を抜萃してみると、憲法第八条に「全ての国民は法律の前に平等であり、性別、信仰、あるいは社会的身分により、政治的、経済的、社会的生活のすべての領域において差別を受けない」第十二条に「全ての国民は信仰と良心の自由を持つ」第十三条に「全ての国民は法律によらないで言論、出版、集会、結社の自由を制限されない」と規定されていて、民主主義基本原則の憲法であることをここに付記いたしますから貴同盟は今後研究活動を中心として国是と法律ないし本団の綱領規約活動方針を遵守してくれるよう要請する

檀紀四二九一年六月十九日

在日本大韓民国居留民団
中央監察委員長 李 裕 天

韓国民主社会同盟
中央執行委員長 権 逸 貴下

「国是遵守要請の件」に関する回答

韓居中監発第一七七号 檀紀四二九一年六月十九日附、国是遵守要請の貴翰の回答に関し、本同盟は中央執行委員会において、本同盟の宣言、綱領、活動方針等と照合し左の通り回答致します

記

一、本同盟が大韓民国の立場に立つということは、全国大会の決定であり其ほかにも公式或は非公式に、恒に闡明している。そして反共、反独裁活動を展開していることは、貴監察委員会でも諒知する通りである。本同盟機関紙で北鮮を国家号称した事実はなく、大韓民国が祖国における唯一の合法政権であるということは本同盟の基本態度であって、本同盟機関紙「統一と平和」第四十六号の主張を参照すれば判然とすることである。

二、本問題の平和統一運動は、南日アッピールとは何等関係がなく、本同盟がこれを主張するのは、分裂された祖国を平和的に統一しようとする民族的念願から出発したのでありその方式においても国連監視下に自由総選挙を実施し、南北統一を完遂しようとするものであるから、本同盟の主張する平和統一運動は共産主義者たちの平和攻勢の一部として主張されている南日アッピールに連なる平和統一とは、その趣旨と方式が根本的に異っていると確信するものである。

三、本同盟は、本同盟の宣言、綱領に明示されている通り、祖国の平和的統一と、自主独立を達成しようとすることを目的として結成された結社体ではあるが、外国にあるから政党である筈がなく、また、本国の特定政党とも連絡はない。特に、外地に存在するという特殊性に依って、僑胞の総結集体であるべき民団の使命に留意しているので自然と研究が中心にならざるを得ない。それから政争を民団内に導入することは避けるべきであるとの貴翰の趣旨は全く同感であり、本同盟は大韓民国の民主的発展と、護憲運動を中心とし、民主社会主義政策の研究に重点をおきながら、在日僑胞の権益擁護に寄与しようとしているのであるから、貴団とはその性質上から見て何等競合する理由がなく、従って対立するものでもないと信じている。却って貴団の健全な発展のために寄与する存在であり、また、今日までこれに努力してきたものと信ずるところである。

四、国是遵守問題の解釈については、貴団では「大韓民国の建国精神即ち憲法擁護である」と指摘したのは、本同盟の見解と全く一致するところであり、貴翰に抜萃した憲法各条項特に同法第十三条「全ての国民は法律に依らないで、言論、出版、集会、結社の自由を制限されない」という出版、結社等の自由に関する民主主義の基本原則を本同盟の基本信条とするところに留意してくれることを望む。従って本同盟は如何なるとき、如何なる政権を問わず憲法条項を遵守しない限り、これに対してはその是正のために民主的ルールに従い、あくまでもたたかい、韓国の発展に尽したい所存である。また、本同盟は民団の綱領とも背離するものでないから貴団の綱領を遵守するのは勿論、民団が在留僑胞の真実な利益代弁組織体として、その機能を発揮してくれることを常に強調してきたし、更にその努力の成果が早急に実現されることを期待しているのであって、民団の建設的な全ての活動に、本同盟としても充分なる協力をする用意があることを重ねて指摘するところである。

一九五八年六月二十五日

韓国民主社会同盟
中央執行委員長 権 逸

在日本大韓民国居留民団
中央監察委員長 李 裕 天 貴下

指導者は自我を捨てよ

民団中総監察委員長 李 裕 天

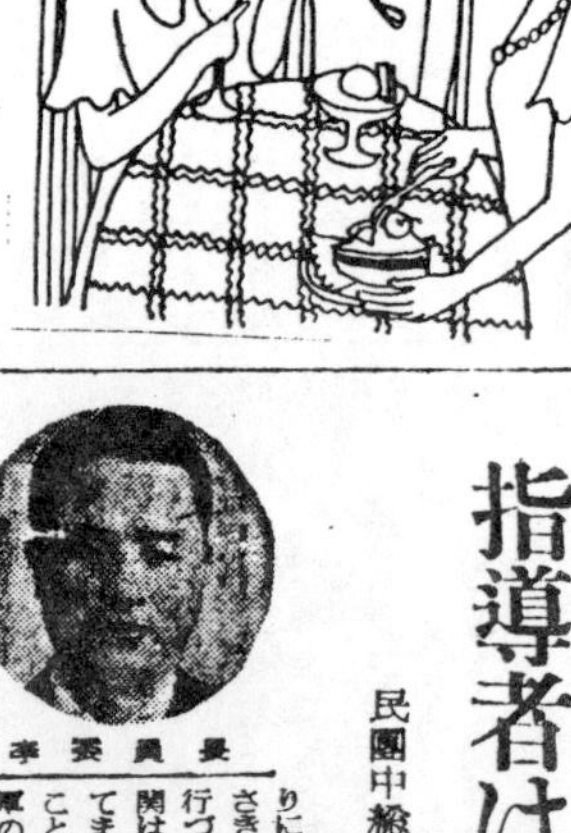

李委員長

八、一五光復十二周年記念日を迎えて私は在日六十万僑胞と共にこの光栄ある日を衷心から祝福するものであります。

私はこの度二カ月にわたって祖国の実情をみて参りました。その間とくに感じたことはわれわれ民族陣営が一層強化されて祖国の復興に全力を捧げるべきであると痛感致しました。まず祖国の現情はわれわれがここで聞いたこととまた紙上を通じて知っていることとは余りにも懸隔な差異がありました。さきに私は学生技術者を引率して行づた関係上司法、立法、行政機関は勿論のこと各工場、農村そしてまた国防軍をくまなく視察することができましたが六、二五傀儡軍の侵略によって破壊されたあらゆる施設が完全に近いまで復興しており、とくに大都市における建設はめざましいものがありました。それは年間約七億弗という米国の好意ある援助にも依りますが実に軍官民が一致して祖国の復興に昼夜を問わず努力した結果であると思います。各大学においては立地的条件もよいが実に静かで広大な場所に近代的な校舎と設備の完備は世界のどの水準にも劣っていないと極言できます。だがその反面自然科学（理工科）者の不足による理工科方面が特に落ちていることも見逃せないと思いました。このことはわれわれを温く迎えてくれた李大統領も日本で技術方面を習得して来いという言葉もありましたが、技術者を養成して祖国へ送ることが非常に重要であると思います。

日本に居る僑胞が直接祖国の建設に参加できなくとも技術方面の学生を養成して祖国へ送ることが祖国の復興に寄与することであると思います。つぎに祖国の司法関係については三権分立が確立されて何一つ人権蹂躙ができないようになっております。とくに軍隊は既に世界で第四位を占めているのみならず質に於ても想像以上改良されていることがはっきり言えます。彼等は六、二五動乱の際戦っただけでなく祖国の復興にも非常に努力していることがわかりました。大体のビルは韓国の工兵隊が建築したことをみても立証されます。こちらで聞く軍の横暴性云々はデマであります。現在一般の犯罪に於ても日本の司法制度と同じく判事の逮捕状によって拘束されるのであってただ連行して拘束することはできなくなっています。また警察官自体も検察庁の指揮によってのみ動き警察官独自の権限によって人権を蹂躙することは皆無であると思います。結論的には警察官の民主化が想像以上に進んだことを喜んだものです。一方公務員に於ては対人関係に於てまだ親切味がなかったことは遺憾でありました。それは公務員の生活が十分に保障されていないためとも思いますので公務員の待遇改善も必要であると思います。次に対日関係に於て大多数の国民は一日も早く韓日両国が外交関係を樹立して親善を結びたいとの希望を持っているということです。しかし日本が真に民主化されて愛される日本人になるためにはもっと韓国の要求も聞き入れるべきであるというのが一般の輿論でありました。

私は日本の実情をそのまま伝えましたが、日本の復興振りの早いのには驚いておりました。日本は韓国と提携することによって自由陣営の一員となれるし、日本に居る韓国人が団結して祖国の復興に寄与できることが重要な課題であると思います。われわれ民族陣営の指導者は真に愛国的な気持を持って一個人の名誉と利益を顧みず良心的に指導して一日も早く韓日両国民が提携してアジアの反共国家の友人として尊せることを望んでやみません。それはわれわれのみならず指導者層はもっと自我を捨て、組織強化に努力すべきであると痛感しております。

裵基鎬氏の呼訴文を読んで

処分は確定せず いたずらにあわてて組織を乱すな

民団中総顧問 李 裕 天

中総の前に抗議する栃木県本部副団長裵基鎬氏の呼訴文を読んで、二三の苦言を呈したい。

既述は、逆になるかも知れないが、同呼訴文に附記された李主監察委員の若井論から始めよう。

一、国是の解釈について

先ず李君の言葉をそのまま借りて、国是に対する解釈および修正は一機関、または一機関人が勝手に解釈すべきでないという所は大いに同感であり、またその通りにしてもらいたい。ところが李君は、自分が立てた此の立派な論理を自分自ら踏みにじって、しかも自分だけは正しいと宣言されている点は、いささか腑に落ちない。

なぜなら、国是の解釈が「監察事務の概要」で全国民団幹部講習会教本中に明示されているが、この解釈はさる五月の第二十七回全体大会で「軍事革命を支持する」という大会決議事項の忠実な履行から来る当然の帰結であって、これに反対する李君こそ大会決議事項を君一人の考えで無視する行動ではないか。

李君は大会で軍事革命は支持したが非常措置法は支持していないとでも言いたいのだろうか。君一個人として支持又は反対は君の自由である。だが君が、監察委員の肩書で出した若井論では君個人の意見より大会決議事項が優先せねばならない事位わきまえてよかろう。

次に「監察事務の概要」について、李君は「我関知せず」と言明したが、大会が君に監察委員の重責を委託したのは、君が「我関知せず」という無責任極まる放言を許容するが為ではなかったのだ。若し監察委員会内部で君の意見と矛盾する所があれば委員会の中で十分討議し修正するなり承諾するなりするのが君の任務であって、「我関知せず」では君自身監察委員としての資格があるのかどうか疑わざるを得ないし、また君のかかる言動は民団大会を冒涜する事になり反民団行為であると思う。

二、中総は団員に対する懲戒権云々について

法律的に云えば

李君は「中総に団員に対して何等懲戒の権限が無い」、懲戒権を発動すれば「それは規約違反である」とした。

僕は君の此の断定を読み君は無知な者か、それとも[illegible]な利口者か、迷わざるを得ない。君は民団の規約運営に責任を持つ中央監察委員会の一人である。その君が第四十条に明記された字句解釈も出来ない、しれ者だとすれば、かわいそうなのは我々団員ばかりである。

条文の解釈は時と人によって、或いは拡張解釈されたり縮小解釈されたりする場合はあったが、明文化された懲戒規定を否定する者は、此の十五年間始めて而も中央監察委員である君の言葉で始めて聞かされた。

一体、君は何者であるのか。君は民団の組織秩序の重責を担う監察委員であるのか、それとも敵の五列として民団に潜入し民団を破壊しようとする敵であるのか、いま少し君の本当の姿を明確に示す勇気を見せてくれ。

若し君が規約の解釈はおろか字句の読み方も知らない無知な君であったら、今日からアッサリ監察委員の職を去ってもらいたい。既に中総三機関長合同会議で君の辞任勧告が決議されたと聞いたが、来る中央議決会でも不信任と懲戒動議が提出されよう。

三、裵副団長は懲戒処分されていない

此の呼訴文全文を通して裵副団長は懲戒処分されたという前提に立っているが私は裵副団長は民団規約上処分されていないと断定する。

民団の懲戒は監察委員会で出来るものではない。団長の執行機関が、また監察委員会独自の見解で懲戒の可否に対する構案を審議し、団長へ回付または建議し、団長が懲戒を決定するのであるが、団長は更に規約第四十条細則規程第三条第一項に従って決定後五日以内に文書を以って本人に通達しなければならない。即ち本人に文書で通告がなかった以上、処分は何らかの理由で確定していない事になる。今回の裵副団長に対しては未だ此の通り文書に依って為されていないから、規約上処分されたものではない。しかるに処分でもされたように組織を混乱する文句を羅列することは許し難い行為といわなければならない。

四、結語

いずれにせよ民団の指導的立場にいる幹部各位は、今少し冷静に判断し団結の為の建設的話し合いに重点を置くよう努力してもらいたい。一片の紙片で非難されたりせず、問題を冷静に話し合い、問題があったならば、あなたがた幹部同志でそれを正しく、一般団員を正しく指導する組織を確立しなければならないであろう。我々は何も知らないで各級組織幹部の指導に従うのみではないか。今少し自重され、相互に正しい立派な態度に立って欲しいのである。

特に懲戒については、あくまでも規約に照らして不正があれば断固として団の規律を守り通してもらいたい。

終わりに裵副団長は懲戒処分されていないのであるから、今しばらく冷静になり同氏の呼訴文を撤回し、より一層民団のために尽力されることを望み、且つ中総が懲戒処分に踏み切ろうとした原因を反省され、正しい組織の限界を固守するいささかの誤りもあったら速やかに反省し、より団結を固くする様に努力していただきたい。

統協運動の成果と欠陥

―民社同出発に際して―

權 逸

過去一年間に亘る統協運動の足跡を率直に顧みたい。まず成果の面の第一として祖国の平和的統一を促進せしめた面について見よう。日本では両断された祖国と違って少くとも権力を伴う政治的制約なしに、自由な立場と雰囲気の中でわれわれは民族本然の念願である平和統一要求の叫びを、そのままに発現し得る段階にある。これを充分活用して統協せしめたのが統協運動であったといえよう。その好例は、昨年三月一日の三一節大会における、思想、信仰及び政治的立場を超越して、統一の一点に二万の同胞大衆を一堂に集め、統一熱を起させた事実であろう。これは正に三十六年前の三・一運動を彷彿せしめる民族的な大会であった。そしてこれは権力に押えられて口にもいえない祖国三千万全民族の真実の叫びを、在日六十万の口を通じての代弁であった。

それ以来昨年の上半期全体に亘って、日本の津々浦々の我が同胞社会に統一の「合言葉」が燎原の火の如く燃え拡がっていったのであるが、このような切実な叫びが祖国に反映せずには止まなかった。そしてそれは昨年一年間に起きた祖国における平和的統一への気運の増進に大きな影響を与えたことは事実である。

かくして南において北進統一という武力統一の気運が後退して、李大統領自身がこれを否定するまでになったし、北においては、八月十五日の金日成首相の総選挙による新中央政府の樹立となって現われたと見ることがあながち過大な評価ではあるまい。また国際的に及ぼした影響としては、従来のただ一方による他方の併呑という統一方式が是正される傾向にあることである。このことは西独重中立諸国の動き、ソ連及び米国内の一部でも朝鮮中立論が発生しつつあることによって看取されるばかりでなく、我が統協の要請に対する国連及びAA会議の回答からも容易に窺い知ることができる。

それから統協運動が在日同胞間の親和感を増進せしめた面を取りあげてみる時は、その成果は極めて顕著なものがあり、全く隔世の感がある。今や我が同胞の民団、相関の場合は、お互いに悪罵、立場を超越して握手できる状態にまで至った。あらゆる苦難の中に生活している在日同胞としては、過去十年間悪罵対立を異にするだけの理由で同胞相互間に存在した誤解感を本運動によって取り除いただけでもどれほど気易くなり、又住みよくなったことか。これをもし経済的に換算するとすれば測り知れないものがあったと思う。それはかりか、これによってはじめてお互いの意思や立場が尊重されるにいたったのである。これこそ在日同胞としては解放十年はじめて思想の自由という人格解放の第一歩を迎えたといってもあえて過言ではない。

然し以上の諸成果は所期の目的のほんの一部を達成したに過ぎない。より以上の成果をあげるためには幾多の欠陥があったことを率直に反省する必要があろう。しからばそれは何か。第一に統協が運動という運動の性格からくる本質的なものと、運動方針の拙劣さからくる運営面のものを指摘すべきであり、第二には左右両翼の暗躍という外部的な原因とに区別することができると思う。

統協の組織の性格は政党団体とは異り、単一団体でもなければ、同盟体でもないところの所謂協議体組織である。しかるに本協議体は構成団体から構成メンバーにおいて組織上の責任に合致したと云えない。というのはこれを構成するメンバーが、既成団体の勢力代表でもなければ、個人としてもその範囲が規定されていなかった。朝鮮民族である限り誰でも自由に参加出来るという不特定の者を対象としていた。だから云えば不完全な協議体ともいうべきものであった。

そのため常に前述の如き欠陥を呈して一定の事項が具体的に協議決定されることが困難を極め、仮りに協議決定された場合も積極的に推進させる力を欠いていた。それらの点は協議運動という本質から来る弱点であるので、これを根本的に解決する事は容易なことではあるが、かかる欠陥を補うために、協議体構成分子の再整備とかまたは事務当局の統一制を今より強化するとか、について真剣に検討する必要があるものと思う。

加うるに運動方針の拙劣さは、今まで全く未経験な運動方式であったために止むを得なかったとは言えるが、一年間の経験を通じて見たとき協議体運動であるにも拘わらず過ぎて、左右両団体に気兼ねする余り、活発に運動を展開することができず、特に権力依存に終始した観がある。また事務当局の統合性の関係上已むを得ないことではあったが、事務担当者が一部の政治勢力を代弁するかのような誤解があったし、民族的というより政治的乃至党派的であるといわれる嫌いが決して皆無であったろう事。この様な状態で統一運動を遂行するための組織化を怠っていたばかりでなく、盛り上りつつあった大衆を結集しおることさえ拙劣であった。

かくして一年間に亘り、僅か六個所の地方協議会を持ったのみであり、それさえ開店休業に近い状態である。そして我が運動にしてもこのような不始末な結果に終ったのである。このような諸点に対しては今後真剣な検討が必要であろう。

最後に左右両翼から来る対外的な原因に就いては、韓民団の非協と朝総連の妨害等であった。民団側の消極的妨害は今日までつづく冷戦態度にして没交渉な態度であり、他方総連側は統一運動を戦術視して、結成以来これが自己勢力拡張に利用できないと判断して、即ち単に、或は公々然と妨害的な圧力をかけて妨害し今日に至ったことは今われわれに遺憾である。これは南の「北進統一」と、北の「国土完整」という武力統一する方式のために祖国を戦乱化して、話し合いによる統一をさせようとしたところに、誤謬があったのではなかろうか。この点について今一層統協の必要がある。

いずれにせよ、祖国の平和的統一という民族的至上命令が課されている統協の前途には「前途遼遠し」の諺の如く、幾多の難関が横たわっていることを予期しなければならない。そして今後これを積極的に打開して、欠陥はいさぎよく是正するとともに、補充の道があれば大胆に受け入れなければならないと思う。これこそ統協第二年目に課せられた重大なる課題である。

以上の如く日本における統一運動の成果と欠陥を検討することにより、統一運動に新たなる希望をもたらし、平和統一への新局面を開拓する必要を痛感せざるを得ない。このような見地に立って統一運動を強力に展開すべく、そしてまた祖国に民主社会主義社会の実現を期すべく、今回同志諸士によって、ここに結成されたのが即ちわが民主社会主義同盟なのである。げにこれは必然的な歴史的要求として生まれるべくして生れたのである。

在北平和統一促進協議会 七月から発足

安在鴻ら前南鮮活動家が

【KNS＝東京】平壌廿三日発朝鮮中央通信によれば、前南朝鮮政界活動家たちである呉夏英、尹琦燮、崔東旿、安在鴻、宋虎声、金若水、[illegible]ら諸氏は二十三日、平壌で国内新聞通信記者と会見し、入北した南半部政治人士たちで常設的な「在北平和統一促進協議会」を組織すると発表した。…「平和統一」「戦争反対」「南北協商」を内容とする同協議会綱領草案を紹介した。

かれらは、祖国の平和的統一達成を促進し、…と交流の促進に貢献することを目的とする「在北平和統一促進協議会」の綱領草案はかれらのひとりよがりの叫びではなく、祖国の平和統一にたいする南北朝鮮人民の願望にもとづいたものであり、これに全面的に合致するものであると指摘した。「在北平和統一促進協議会」を組織するようになった動機にたいする記者団の質問につぎのように語った。

八・一五以後祖国を平和的方法で統一させようとする人民の運動がわが国南北でおこなわれてきたが、十年余りの今日にいたるもこの切実な願望が実現されていないのは国際的面にもその原因があるけれども、大きな原因は国内面にある。それは統一にたいする見解と方法において南北の意見差異があるためであった。祖国の平和的統一を終始主張して来た北半部当局は、停戦後にもひきつづきこのためにあらゆる努力をつくしており、南半部でも、最近祖国の平和的統一を念願する民衆の気勢がいっそうたかまっている。このような環境でわれわれも平和的統一にたいする南北人民の切実な願望にもとづいて、平和的祖国統一の大業に協力しようとおもってこの常設機関を組織することにした。われわれの運動のみについてのべるならば、南北朝鮮人民の民族的利益と願望に全面的に共鳴するものであるから、たとえ妨害と離間はあろうとも南北全同胞と国際与論の支持をうけるであろうと確信する。

「在北平和統一促進協議会」は七月初めに結成される予定である。

北鮮提案拒否 日本人の入国許さず

李大統領は二十五日、動乱六周年にあたり、約三万の市民…を前にして次のような演説を行った。

一、朝鮮統一と選挙のため話合おうという共産側の提案をきっぱり拒否し、中共軍の北鮮からの撤退だけを要求する。

一、日本は軍事力が十分強くなり次第、韓国を再び占領しようと計画している。日本は一人として韓国に立入らすべきでない。

さらに二十七日の記者会見では、

一、中共軍撤退後北鮮で選挙が実施される場合、国連が選挙を監視することには異議はないが、共産側の監視は許さない。

一、…氏にせよ他の人にせよ友好関係促進のため韓国へ来訪すべき理由を認めない。その人が善意をもっていても日本政府の政策には信頼けないからである。

南日北鮮外相と会見

和田本社特派員ら

引揚げ、年内に解決

貿易の促進も準備

南日外相

【東京＝東京】二日夜の平壌放送によれば、南日外相は二日夜和田朝日新聞記者など日本人記者団と会見し、次のように語った。

日本人引揚問題は日本赤十字社と直接交渉し、今年中に解決したい。現在明確な名簿は作成されていないが、今後朝・日協会と協力して出来るだけ早く解決するよう積極的に推進している。

【RP＝東京】二日夜の平壌放送は南日北鮮外相と北鮮訪問中の朝日新聞和田、共同通信永峯両記者との会見記を次のように報じた。…

和田、永峯記者＝日本平和代表団の来訪と関連して日本との経済文化の交流が一部具体化したようであるが、その後この具体化についていかに進められているか。

南日外相＝その後朝鮮の貿易界は日本との貿易を促進させるため準備している。朝鮮国際貿易促進委員会では日本国際貿易促進委員会と近い将来における日本貿易代表団の朝鮮派遣に関する承認を…

…申出てきたのに対し、日本貿易代表団を来る七月廿日前後、平壌に到着できるように派遣してくれるようにとの回答を送った。共和国科学文化機関では現在日本の外交機関と交換している出版物をさらに増加させ、今後もっと両国間の映画フィルムと各種科学ならびに文化代表団を交換するため努力している。

和田、永峯記者＝貴国在留日本人の帰国問題に対する貴国の意見はいかん。

南日外相＝共和国政府は共和国北半部（北鮮）に居住する日本人の中で送還を希望する若干数の人人の送還を早く実現しようとする朝鮮赤十字社の事業を積極的に援助している。共和国に居住する日本人たちはわが国の決定によって外国人として優遇されている。一部日本では在留日本人の生活状態が苦しいかのようにいわれているが、これは事実に反する。朝鮮赤十字社は日本人送還と関連して朝・日協会と日赤代表らと直接接触して具体的問題を解決しようと思っているが、それは良い結果をもたらすであろう。私の見解では送還事業は今年中に実現されることと思う。

和田記者＝記者同盟を通して、すでに送還を希望している者の名簿を要求したことがあるが、この名簿をわれわれが北鮮を去る前に受取りたいと思うが、いかが。

南日外相＝名簿はまだ作成されていないと思う。わが政府の基本方針は在朝鮮日本人の希望によって帰国したいという人は可能な限り積極的に協力して、帰国できるようにすることである。現在、名簿は作成中であるが、名簿に少し変動があるので、貴方がたが明日…

（三日）朝鮮を出発する前に提供するのは少し困難である。

永峯記者＝在留日本人の数と家族数、そして現在帰国を希望する人員数、帰国方法については如何に考えるか。

南日外相＝私はすでに回答したように朝・日協会、日本赤十字社で共同で代表を派遣して朝鮮赤十字社代表と一連の具体的問題を討議し決定すべきであると思う。朝鮮赤十字社はいつでも会う用意があり、その準備が出来ている。

和田記者＝満足です。

和田、永峯記者＝在日朝鮮人問題について貴国外務省の見解を知りたい。

1955.7.3

南北協商は容共

韓青問題にも言及 政府批判は許さぬ

権団長記者会見

権逸民団中総団長は、三月二十八日午前十時三十分から約三十分間にわたり同団長室で記者団と会見を行なったが、席上権団長は最近朝総連系は三月から始まる民団および傘下団体の大会シーズンを契機に、侵透攻勢を開始しており、また民団内部にも好ましくない空気がみなぎっているが、由々しい事態であると語りながら、この際民団中総が今後とるべき基本的態度として

❶本国の軍事革命政府は、祖国の現実にてらし避け得ざる存在であるから支持する。政府に対する批判および反対は許せない。

❷民団および傘下団体の役員中、南北協商分子は排除する。本質的にあり得ない協商を唱えることは容共に通じると言明し、いわゆる韓青問題については、前記二原則に基いての査察を、二十五日付で中央監察委員会に正式要請したことを明らかにした。

記者団の質問に

問 査察結果の返答を何日までに要請したか——

答 期日は別にきまっていない。第一次査察結果をきいているので…返答することを要求…

問 韓青事件に関する…拠を監察機関に提出…あるが——

答 そのような…だ、基本的態度を…ある。

問 役員浄化の基…あずにやることは…うと思うが——

答 別に決めなく…動でもって判断され…

（記者会見する権団長）

新事務局長に丁氏（東長団団民本）

民団関東地協 韓青問題など討議

第四十七回民団関東地区協議会は三月三十日、埼玉県下「長瀞」の長生閣において午後五時から開催された。会は主催側の埼玉県本部…事務局長の司会で開幕、国民儀礼の後、…、埼玉県本部…団長の挨拶、民団中総権逸団長、金仁洙事務総長、代表部李…氏、金今石中央監察委員長、顧問団代表李裕天氏、オブザーバーの資格で参席した近畿地協…団長等の挨拶があって…に入った。…東京本部団長辞任に伴う…任事務局長に丁…

民団支援할 時機

—僑胞들의 精神的·經濟的求心點—

役員選挙に5時間

重要問題 全国大会へ持越し

団長に李海烔氏当選

3月22日民団東本大会開く

1958.4.1

都下六万僑胞の関心を集めた民団東京本部第二十一回定期大会は、去る二十二日都内文京区公会堂で開かれ、新団長に李海烔氏が対抗候補李恭永氏を六〇対三八と大きく引離し当選した。大会の論議の焦点になるべき一九五八年度予算案及び活動方針の審議は、時間制限のため三機関に委任、質疑応答では①日韓文化協会の性格の闡明および同協会に対処する民団の態度②韓国学園の民族教育問題③大村収容所の釈放僑胞に対する保護策などに関する質問があったが、どれも結論は得られず改ためて四月全国大会に提出し、民団としての一貫した明確な態度を打出すということであっさりケリとなった。また団長をはじめ三機関の役員選挙では延々めぐり五時間余り、全議事所要時間の四分の三を費すという相変らず「選挙のための大会」という汚名を返上できない低調な大会であった。【写真は大会場】

大会は午前中の第二十六回議事会に引続き午後二時から代議員一〇〇名のうち八八名が参席して開かれた。まず李海烔議長から議事進行中の注意事項があったあと、呉宇泳団長の開会挨拶「第二十一回定期大会をもって現団長職を去ることに決意した。皆さんは創団精神に立脚して、どのような風が来ようと民族精神を守って行かなければならない。発展途上にある民団は内に精神武装が必要であるとともに、外には包摂体制を確立して、左翼分子の善導、包摂に努めるべきである」に引続き、[illegible]斗中総副団長、李裕天中総監察委員長、朴英駐日代表部僑民部長諸氏の来賓祝辞、三機関の総括報告があって質疑応答に入った。主に論議された点は日韓文化協会、韓国学園、大村収容所の釈放僑胞の保護策などである。

李海烔新団長

問 日韓文化協会の性格はどんなものか、同協会に対処する民団の態度如何？

答（呉宇泳団長）①在日六十万僑胞の総合対策機関として同協会のような存在は必要だ。しかし日韓文化協会は構成メンバーからみて、第二の相愛会のような性格をもっている②朴春琴氏を私設顧問にしたのは門戸開放の趣旨で包摂したが、日韓文化協会の設立とともに辞退して貰った③同協会に対する民団の態度は丁賛鎮中総団長が就任の上、全国大会で民団として一貫した明確な態度を打出すつもりだ。

問 最近韓国学園で生徒の授業料が未納だということで[illegible]の発付を断ったといわれるが、現在の就学状況如何？

答 もしそんな事があったとしたら、東本で今後そんなことがないよう責任もって伝達する。就学状況はお世辞にも[illegible]ない。金を持っている人は子弟を同学園にいれないのが[illegible]。組織活動家諸氏の自覚と協力をねがう。

問 大村収容所の釈放僑胞に対する民団としての保護策は如何？

答 個人的に訪ねて来る人たちは就職先の世話などをしているが、総合対策としては、まだこれといった具体策はない。全国大会[illegible]であらためて討議して対策を打出すつもりだ。

次ぎに任員[illegible]のあと、大会の最大ヤマと思われる役員選挙に入ったが、団長選挙をめぐって李両氏の前哨戦が熾烈をきわめただけに、両派の対立は前に団長、議長選挙のどちらを先きにするかで対決、一時間余を費した。従来の民団大会ではこのような愚かな措置はあった試めしがないといわれている。三機関のうち団長選挙から先きにすることは民団の慣例になっている。議長側の言分けは「団長選挙に落選した人は議長に立候補、議長に落選すると監察委員に、という同一人が二部署以上に立候補する弊害を是正するためだ」と釈明したが、果してその真意は那辺にあったか？

それはともかく荒川出身のS議員の正気の沙汰とは思えない半狂乱ぶり、代議員にどなりつけられて議長席をメソメソ降壇する議長団の醜態、議事進行の無能ぶりにはあきれさせられた向きもあったようだ。議長団はもう少し機に応じた決断を下して場内の混乱を未然に防ぐべきではなかったか。結局、多数決によって団長選挙から先きに行ったが、三機関の改選（別項）だけで堂々めぐり五時間余を費した。

役員選挙が終ると制限時間まであと二十分余、大会の焦点であるべき東本今後一年間の生計である一九五八年度予算案および活動方針の審議は時間ぎれで新任三機関に一任。呉宇泳、李海烔、李寿成、金一斗、李永烈諸氏に功労状を授与。呉宇泳前団長を東本最高顧問に推挙することを決議して九時散会した。

▽団長＝李海烔▽副団長＝金仁洙、高潤紹▽議長＝金在沢▽副議長＝韓[illegible]相、金鎬均▽監察委員長＝李寿成▽監察委員＝金巳哲、曹弁訓

新執行部発表

李海烔民団東本団長は二十八日、新執行部を次のように発表した。▽事務局長署理＝高潤紹副団長兼任▽総務部長＝黄時旭▽文教部長＝黄総務部長兼任▽組織部長＝朴貴道▽民生部長＝金連斗▽宣伝部長＝金仁洙副団長兼任▽同次長＝張道源▽韓僑通信＝李海烔▽編集局代理兼次長＝張道源

なお主幹制は廃止した。

李大統領83回誕生

東京では記念パーティー

去る三月二十六日は李承晩韓国大統領の第八十三回目である[illegible]がこの日を迎え韓国ではソウル運動場で[illegible]二万余名を集めて慶祝式を行い、引続いて[illegible]。一方、東京では午前十時半から駐日代表部で記念式を行ったほか、午後四時からは[illegible]カクテル・パーティーを催した。

次期中総団長に金、鄭両氏

立候補を正式表明

金載華現中総顧問は二十八日午後六時半から新宿三丁目メイフラワーホアルで記者会見を行い、来る二十五日頃に予定される民団全国大会で次期中総団長に立候補する旨あきらかにし、民団今後の発展に寄与したいと次のような諸点を公約した。

まず民生問題としての①在日僑胞の中小企業体を育成するため本国政府の融資金獲得につとめる②貿易者協会を全国を通じて出来るだけ広範囲に拡充する③全生産業者を総網羅して生産業者組合に加盟させ一方、本国政府に働きかけて年一回位の展示会を開き、本国での僑胞生産者商品の販路を開拓する④民団運営は原則的に団費で補い、過去の施務ブローカー的存在を是正する⑤教育問題は僑胞が集団的に住んでいる地域には重点的に民族教育機関を設立する⑥対日関係では本国の施策に順応して、特に民間外交を活発に行い韓日国交正常化の期剋解決に寄与する。

鄭寅錫氏（元東本団長）も去る二十五日、新韓[illegible]記者団を招き次期中総団長に立候補する旨正式に表明し、大要次のような所信を述べた。

民団は現在対内的においては逆コースをたどる傾向がみえ、対外的には自主性に欠けている。まずこの弊害を是正し、沈滞気味の民団運動を正常な軌道に乗せたい。そこで次の四点を重点に行うつもり[illegible]①[illegible]回復につとめる②一年以内に中央会館を建設する③僑胞社会の実情を本国、代表部に反映させ僑胞の活路を打開する④全体大会で採決された活動方針のうち重点的政策を実践に移す。

相互関係緊密化에

代表部·民団幹部들이 会談

[illegible] 十月以来로 代表部対民団関係에 있어 [illegible]化를 図謀하기 為하여 民団中央議事会에서 [illegible]를 받어 折衝을 거듭하고 있던 中央監察委員 李裕天氏는 오자 이 記者団에 対하여 「代表部対民団関係의 問題에 対하여 駐日中으로 東京都内某所에서 会談하기로 되어있다」고 言明하였다

그런데 同日은 代表部側에서 金[illegible]公使및 柳泰夏参事官을 비롯하여 崔圭夏総領事 辛[illegible]領事 民団側의 各氏가 出席키로 되어있는데에 対하여 民団側으로서는 中央三機関全員및 東本団長団의 全員이 出席할것이 予測되고 있다

또 同会議를 富山県[illegible]発生한 [illegible]事件에 関하여 [illegible] 지금 中央에서는 月一[illegible]計監査를 施行하고있을 組織은 이것이 意外에 되지못하고있는때서 그 件이 発生하는것이다 個人的인 観面이라든가 体面을 忖度하지않도록 한 措置를 取하지않으려 것이다」라고 말하였다

体育会長에 崔圭夏氏

第四回総会開催코

1957.12.21

在日大韓体育会 第四回定期総会는 지난 十五日 下後二時부터 [illegible]에서 開催되어 活動方針을 討議 決定한後 役員改選에 들어가 会長에 崔圭夏駐日代表部参事官, 副会長에 李裕天, 張仁[illegible], [illegible]氏등이 選出되었다

이날 먼저 金[illegible]体育会理事長, 丁賛鎮民団中総団長, [illegible]의 인사에 이어서 経過報告, 質疑応答이 있은後 質問은 主로 明細를 欠한 会計報告에 集中되어 있었다 討議事項에 들어가서 野球, 蹴球, 卓球, 하키等의 各協会를 傘下団体로서 認定한後 今後의 活動方針으로서 △未組織의 競技団体育成 △選手養成 △三·一, 六·二五, 八·一五等의 三大記念日에 競技大会를 開催한다 △本国国体(…)에 選手[illegible] 決定하였다

役員은 다음과 같이 改選되었다 会長＝崔圭夏 副会長＝李裕天, [illegible] 理事＝鄭[illegible]和, 金世[illegible], 朴炳台, 李[illegible], 金能成, 李允求, 李[illegible], 金成[illegible] 監事＝金巳哲, [illegible]

그리고 第一回理事会는 十四日 午後一時부터 韓国学園講堂에서 開催되었는데 主要한 決定事項은 다음과 같다 △理事長·裴哲 △専務理事 李仁[illegible] △常務理事 金能成(財務), 同李允求([illegible]), 同金成[illegible](総務)

壱岐・対馬も危し

重光総裁 自衛軍の必要強調

改進党の重光総裁は十日午後第二議員会館で、記者団と会見、韓国の日本漁船拿捕問題および国家防衛についてのべたが、そのなかで重光総裁は「韓国の日本漁船拿捕の問題などが起るのは日本が自衛軍備を持たないからで、このままでは壱岐、対馬でも同じような事態が起るかも知れない」と警告を発するとともに「政府は日本漁船の拿捕問題を第三国の仲裁に訴えようとしているが自衛軍備を持つ気力すらない国の言い分が果して通るだろうか」と国家防衛に対する政府の態度に強く反省を求めて自衛軍の創設を強調した。

重光総裁の談話要旨次の通り。

一、政府はこれまで自衛軍備を持つことを否認し続けて来たが、自衛軍備を否認する国が他国のあなどりを受けるのは当然である。その証拠には韓国は公然と日本漁船を領海外において拿捕し、さらに事態がかつて問題になったことのない日本領土の竹島まで手をつけようとしている。このままでは壱岐、対馬に韓国の軍隊がいつ上陸してくるかも知れない。その場合、日本は自衛軍備を持っていないから韓国の軍隊に対しては手を上げなければならない。

一、政府はどうした問題についても他国の仲裁に訴えて解決しようとしているが、自衛の気力すらない国の言い分が果して通るだろうか。

一、独立国が自衛権を持ち、自衛軍備を備えるのは当然のことで、サンフランシスコ平和条約でも独立国として国家固有の権利である自衛権を有することは認められ、その国団の指導にも日本国憲法第九条が自衛権をも否認するとはだれもいわなかった。ところが、われわれは"自衛軍備は保持してはならぬ。保安隊は軍隊ではない"と教えられて来ており、日本漁船が公海上で他国からとらえられることを甘んじて受け、領土を他国から占領されるのを黙認しようとしている。もしこの上、政府が占領政治の神話によって自衛軍備の権利を放棄するならば政府の憲法(?)は国家の独立権を放棄するようなことになる。

一、われわれの主張する自衛軍備は国土防衛を目的とし、国力に相当する限度のものとしている。もちろん旧軍隊のような軍備を持つ"再軍備"には反対であるが、こうした自衛軍備を持つことによってわれわれの祖国を防衛し、公海においても漁船を保護せんとするものである。

中総、懸案の新会館買収

名実ともに民団運動の総本山へ

六千万円の基金調達 在日全僑胞の協力望まる

民団中総三年来の懸案であった新会館への移転計画が遂に本決りした。新会館にあてられる建物は東京都内某区にある七百七十余坪(建坪は三百三十余坪)の広大なもので、このほど契約を了え、改修をまって近く移転することになった。同計画は丁前執行部時代から計画されたが、陽の目を見ず、今日に至ったもので、金載華新執行部が発足してわずか二ヵ月足らずの間に、この懸案は解決されたわけである。新屋舎への移転に伴う気分の刷新と相まって現執行部の活躍が大きく期待されており、特に六千万円の基金調達は民団組織力の試金石として全在日僑胞の総結集が強く望まれている。

デモ検挙の代表者 十名の釈放懇請

居留民団其他から マ元師へ陳情書

一九四六年十二月二十日宮城前広場で在日朝鮮生活権擁護大会を開催した後、デモに移ったが首相官邸前で日本警官隊との間に惹起された事件に関し朝鮮居留民団、建同、朝鮮工業会、科学技術協会はその後種々救済策を取り対策を協議していたがこの程「検挙された代表者十名の釈放に就いて」英文で請願書を作成、廿一日民団から聯合国最高司令官マ元帥閣下に提出した。陳情書の全文左の通り(英文訳)

監獄から釈放された朝鮮人に対し閣下が常に深き御理解と友誼をもつて在日本朝鮮居留民の福祉と幸福に関して種々御好意ある配慮を賜へて下さった事を深く感謝するものであります。かかる好意の指示的意義を無視し日本政府は種々その有利な立場を利用してわが朝鮮人に対して必要以上の不当なる措置を講ずべく企んだり、常に、聯合国その他に対し誇張と虚偽の報告や宣伝をなしてわれらを窮地に陥れんとするなど、その徹底的野望と悪意的非難は未だに消えさる彼等の心情は正義と人道の前に、憎まるべきものとわれら均しく遺憾に思う所であります。十二月二十日のあの人民大会の意図せる所は貴聯合軍に対し日本政府の好ましからざる現象を陳情し且つ日本政府当局の反省なる反省を促すにあったとわれわれは感悟するものであります。本大会の内容と方法に就てはいろいろ検討すべき数々の要素を包含していたにせよその目的とせるところは日本に残留せる全朝鮮居留民の共通観念である事をわれわれは率直に認めるものであります。

その事件を騒擾してなされた該大会デモで首相官邸を回る日本官憲の計画的行動と思われる威嚇的で野蛮的な挑発は遂に闘争の小競合となって現われ、数[illegible]が倒れ[illegible]砲を発射し且つ若干の負傷者を出すに到ったが、それも瞬時にしておさまりデモ隊の行進は依然続けられたのであります。この間MPは極めて公正なる方法と敏鋭なる態度で秩序維持に当つておられた事は、吾人の感服した所であります。

しかるに其の後大会側交渉委員十名は日本警官の無理なる誘引に依り警察に拘留され、廿六日貴第八軍第一師団第二旅団軍事裁判長による軍事裁判の判決に依って一人当り五ヶ年の懲役及び七万五千円の罰金を科せられたのであるが、一師団長は之を裁判するに際して一ヶ年に減刑したのであります。以上の判決は法的根拠は[illegible]とするわれわれ全朝鮮民族の感情的立場よりしても到底千万[illegible]であり納得さえつきかねる所である事を御諒察下さい。解放民族が、敗戦国の不当な処遇に反抗し敢然自己の生活擁護を絶叫せる結果として不当の重刑に処遇せることは社会正義に悖る不合理と考えるのみならず民族の栄光をこの上もなく損い、延いては、国際的にもその影響する所少なからずと思うのであります。政治的に社会的に地位と実力の微弱なる朝鮮居留民の前途にこれ以上の暗影と憂鬱は在り得ない筈であります。

如何にして該大会が開かれ、現在朝鮮居留民は何を考え、また今後の方途を如何に観ておるか、そしてまた[illegible]らした重過重な刑罰が、如何なる有形無形の失望と自暴を招へたか此の間の事情を諒と御賢察の程切に御願いするものであります。閣下不肖にして愚なる願少に対する御慈悲の御寛大を今一度可観下され御斟酌の上、何卒これら被検者の釈放を促し併に追加拘留中の者計十三名に対し特赦を以て釈放の恩典に浴させられん事を、民族同縁の自然発露として茲に懇願の陳情を出すものであります。末尾に閣下並びに閣下の将兵が進行中の占領政策に不測のトラブルと心配をお掛けしました事を在留六十万同胞に代り深く陳謝する所であります。

日韓 会談の再開希望

けさ帰国 李大統領声明

クラーク大将の招きで訪日した李承晩韓国大統領は夫人、随員とともに七日午前九時半再びクラーク大将のコンステレーション機で東京羽田を出発、帰国の途についた。同朝八時五十分李大統領一行クラーク大将とともに前橋(?)の大将公邸を出発、ものものしい沿道警戒のなかを九時十五分羽田着、飛行場で見送りの岡崎外相夫妻、マーフィー米大使、金公使以下駐日韓国代表部員とあいさつを交した。今回の訪日はク大将の個人的な招待による"非公式""儀礼的"なものとされているが、李大統領はこれを機会に日韓間の友好関係を促進することをねらいとしていたようで、とくに六日行われた吉田首相との会談は、現在行詰りとなっている日韓交渉を打開する糸口を作ったものとみられ、離日に際しての李大統領声明では韓国側が日韓会談の再開を希望する意向のあることが明らかにされた。なお李大統領は足かけ三日間の滞日中に韓国軍首脳とともに米極東軍首脳とも会談しており、これらの点からみて、日韓関係のほか軍事上の米韓関係にもかなりの意義をもつ訪問であったとみられている。

李声明要旨

李承晩韓国大統領は帰国に際して次の要旨の声明を発表した。

クラーク国連軍司令官夫妻およびマーフィー米大使夫妻らがわれわれに示された好意に対し心から感謝する。われわれの安全のためにとられた処置は、私個人としてはむしろもどかしい感じだが、これは私の職務および韓国国民に対する責務の念から出たものと思う。今度の旅行については全く個人的な訪問として私は招待を受諾したに過ぎない。何ら公式な準備を持たずに日本にやって来た。もちろんこれは私が重要な諸問題に対して無関心であるという意味ではない。韓日両国間の友好関係に重大な意義を持つ重要な諸問題に対しては、韓国のみならず米国も韓日両国に友好的な国として重要な意義を認めている。それ故にこれらの諸問題について何らかの了解に達しない限り、われわれは東亜における平和確保を期待することは出来ない。クラーク大将の歓迎会で私は国連各国の当局者と懇談をした。またクラーク大将公邸では吉田首相および岡崎外相と友好的会談を行った。この会談にはクラーク大将、マーフィー大使および在日金公使らが参加した。吉田首相が韓日両国が隣国関係にあることの重要性を認めていることを知って満足した。私が希望する通り金公使らが韓国の代表として建設的な交渉の基礎が得られるならば韓日会談の再開を希望する旨私は吉田首相に通告した。上述の事実から今度の旅行は予期以上の効果をおさめたというのが私の感想である。

廿余名重軽傷

朝鮮人と警官 官邸で衝突

廿日午前十時首相官邸前で行われた朝鮮人生活権擁護人民大会に参加した[illegible]

学術者에 対 한 求人殺到

～在日韓国学術研究視察団李氏談～

지난 六月十五日부터 在日韓国学術研究視察団을 引率하여 本国을 訪問하였던 李裕天、李相台의 両氏는[illegible]

1958.5.3 自由

憲法改正は出来ない

民主党 三分之一を確保

前長官級進出

19名当選、9名落選

李起鵬氏

趙炳玉氏

李大統領(上) 張副大統領(下)

民団中総 第22回定期大会閉幕

第28回中央議事会도

団長에 金載華氏当選

議決, 監察長은 再選

金載華氏

新任인사하는 金載華中総団長

在日支店운営은 健全

金韓銀総裁가強調

朴健熙氏（中総監委）出馬
本国民議員選挙에

民団中総監察委員、朴権熙氏는 来年四月에 施行予定의 本国民議員選挙에 出馬次（慶南密陽에서）十一月中旬頃 帰国하게되는바 同氏를 後援하기為해 在東京有志들은 지난二十八日 朴権熙後援会를 結成코저 準備委員会를 열었는데 当日은 民団各地本団長들의 出席도 있었으며 近日中으로 正式으로 後援会를 発足할것에 意見이 一致되였다 同準備委員会席上에서 李裕天中総監察委員長은 特히 같은監察委員의 一員을 本国議政壇上에 보내기為해 個人的立場에서 全国의 有志諸氏들의 絶大한 後援이 있기를 期待하여 마지않는다」라는 發言이 있었다

또 中総以外에도 広島、山口、栃木、岡山等 各民団地本幹部들이 在日僑胞의 利益代表로써 꼭 朴権熙氏의 当選을 期하고저 地方有志에게 呼訴하여 物心両面의 後援을 하겠다는 激励의말이 있었다

이에対하여 朴権熙氏는 民議員出馬의 弁을 다음과같이 말하였다

前回選挙에 立候補하여 約七百票의 僅少한差로 次点으로 落選하였으나 이번에는 기여코 当選하고야말겠다

지금 政党関係는 無所属이나 自由党으로부터 出馬할것을希望하고있다 有志諸氏들의 後援을 感謝하는바이오며 今後의 声援을 選挙関係者一同을 代表하여 바라마지않는다

朴権熙氏略歴 慶南密陽郡出身 一九二六年生、慶北中学、東京慈恵医大卒業後医師、在日韓国学生同盟中総代表委員民団中総文教部長、同監察委員至現在

金光男議長 辞表提出
渡米留学為하여

民団結成以来 献身的으로 民団組織의 発展強化에 貢献함과同時에 名議長으로서 高名을 떨친 金光男氏는 二十五日의 中央議事会에서 最終議案의 討議決定이 끝난後 突然히 辞表를 議事会에 提出하였다

辞任理由는 美国某大学에서研究生活을 보내기로 된까닭이라고 発表하였다 議事会는 同氏의 事情을 諒察하여 辞表를受理하고 다음大会에 提出하기로 하였다 그리고 者의功労를 永遠히 讃揚하기為하여 中央議事会의 名義로 感謝状을 보내고을 満場一致로 採択함과同時에 壮行後援会를 構成하고 委員에는 中総三機関役員에서 各一名과 地方協議会에서 各一名을選出하였다

新会長に崔圭夏氏
在日大韓体育会臨時総会 定款改正など可決

執行部の内部不統一から事務運営が停屯し、その成行きが注目されていた在日大韓体育会の第五回臨時総会は去月二十三日東京韓国学園講堂に評議員六十九名を集めて盛大に開かれた。会議はこれまでにない緊張した中で進められた。議長に李禧元、李裕天両氏を選出、まず崔会長（駐日代表部参事官）の「第三回アジア競技大会時に本協会が母国選手団に対する功績は大きく本協会の発展を意味するものだと確信する」とのあいさつの後朴僑民部長の祝辞があり、続いて本年度に優秀な事業活躍を行った団体の表彰が在日韓国人野球協会（東京）、在日大韓蹴球協会

李大統領83回誕生
東京では記念パーティー

去る三月二十六日は李承晩韓国大統領の第八十三回目であるがこの日を迎え韓国ではソウル運動場に二万余名を集めて慶祝式を行い、引続いて米軍原子兵器のお目見得、三軍分列式、カクテル・パーティーなどが盛大に催された。一方、東京では午前九時半から駐日代表部で記念祝賀式を行ったほか、午後四時からは芝白金の迎賓館に在京各国大公使、米軍司令部高官、日本政府高官らを招いて記念パーティーを催した。

会期も延ばす好評
在日僑胞生産品展示会
帰任した役員が成果語る

1959.1.25

呉炳寿会長

去年十二月一日から十五日間ソウル市中央商工奨励館で戦後初めて開かれた在日僑胞生産品展示会は、李大統領をはじめ期間中約三十万名を動員して予想以上の成果をあげたが（本紙既報）その後ソウルに残って事後処理にあたっていた展示会の呉炳寿会長、韓大乙副会長、李源万顧問がこのほど帰任、二十三日正午東京新橋の清香園で記者団と会見し同展示会の成果を発表した。

同展示会には東京、大阪、神戸、名古屋などの代表的僑胞生産業者三十二社が参加、現地での余りの好評に遂に会期を五日間延ばすほどの予想以上の成果を収めたが、鄭寅錫副会長らは同展示会の経過をふり返りながら次のように語った。

準備の関係で開催期日は遅れたが、われわれの予想以上の好評を受け、李大統領をはじめ関係政府機関、遠く済州島からわざわざやってきた人など約三十万名を動員し、戦後初めての展示会としては大きな成果を収めたと確信する。本国関係当局も在日僑胞を再認識してくれ、同展示会実現までのわれわれの苦労をふっとばすほどの盛況であった。とくに僑胞出身の李玉童議員（元民団東本団長）は、同展示会のために骨を折ってくれ、全く心強かったことを僑胞の皆さんに報告し、心から感謝の意を述べたい。同展示会の成功で今後在日僑胞生産業者も本国で生産を始める人も出ており、今後本国生産業者とのタイ・アップもふえると思う。またソウルに在日僑胞生産品の常設展示館と僑胞会館を建てる基礎も築かれており、次回はさらに大規模な展示会を開きたい。

民団 代表部に協力求む
柳公使の帰任まち善処か

崔参事官
金団長

対外的には朝鮮人総連合会の「北韓集団帰国運動」の攻勢と内部には「中央会館」募金問題の打開を迫られている在日韓国居留民団中央総本部金載華団長は去る二十一日午後一時、駐日代表部に崔圭夏参事官、李載沆総領事を訪ねて❶強力な反共闘争体制❷駐日代表部の僑民政策などについて民団側の基本的態度を一時間半にわたり説明、駐日代表部の協力方を申入れた。これに対し崔参事官は柳公使の帰任を待って善処することを約した。

この会談は二十二日行われる予定の柳公使との会談が柳公使の帰国で取止めとなったためだが、この日金団長は最近一段と強化している朝総連の「北韓集団帰国運動」が在日僑胞社会に与える悪影響と今後の情勢と、これに対処する民団の基本方針（十七日東本会議室で開かれた傘下団長会議）を詳細に説明した後「朝総連の北韓強制労働者募集運動の政治的陰謀を徹底的に粉砕するためには強力な反共闘争体制が必要である」ことを強調した。さらに金団長は組織を強化し、朝総連傘下の僑胞を包摂するためには、駐日代表部の強力な僑民政策の必要性を説明「在日僑胞の思想、経済、権益を守るには民団にだけ頼ることだけでなく、駐日代表部の積極的な僑民政策の推進が肝要である」と具申した。これに対し崔参事官は柳公使の帰任を待って善処すると約し「朝総連の北韓強制労働者募集運動は在日僑胞の諸権益を侵害する行為であり、民団の組織を強化せねばならない」と答えた。このことから柳公使の帰任を待って「公使・金団長会談」が再び開かれるもようだが、反共闘争体制強化および民団組織強化に関する代表部の態度が注目されている。

当局に実情訴える
保安法問題で 民団、李裕天氏を先発

在日韓国居留民団では去る二十一日午後三時から三機関連席会議を開き、さきに態度を表明した新国家保安法の在日韓国人とくに今後の民団活動に及ぼす影響について協議した結果、まず李裕天監察委員長を先発させ、本国関係当局に在日韓国人の実情を訴えるとともに、条文の解釈について問合わすことになった。李裕天委員長は遅くとも月末までに帰国する予定で、金載華団長、[illegible]をはじめ民団オブザーバーも近く在日二世の民族教育問題、中央会[illegible]

執行部の課題
金載華団長と一問一答

1959.1.13

足並みに乱れはない
地方組織の改編が急務

☆ 新春初（八日）の常任委員会で❶中央会館建設委員会の設置❷日本人文化団体およびスポーツ団体帰国招へい問題など四項目の特色ある当面政策を打出した在日韓国居留民団中央総本部金載華執行部は翌九日、中央会館募金運動に関する援助策を駐日代表部に交渉する一方、李能相副団長、金英俊事務総長署理、楊皓三委員による委員の選考など、めまぐるしい回転をみせている。去る十日金載華執行部の最大の目標である会館募金運動および組織改編問題などに関して今後の具体的推進策について金団長と一問一答を試みた（L）

問 執行部の足並不調が伝えられているが、執行部の改造は考えていないか。

答 執行部に足並みの不調があるとは思われない。むしろこれまでの執行部にくらべて最高のスタッフを集めていると自負している。会議での意見の相違はあるとしても、これが足並みの不調とはいえない。現勢で強力に推進したい。

問 中央会館建設委員会の設置は、これまで行われてきた成績の行詰りからか。

答 そうではない。委員会の設置はこれまでの運動を一層強力に推進するためのもので、民団は従来通り組織を動員して側面的に募金運動を継続する。ただしこれからの募金に関する会計管理は委員会が責任をもつことになろう。人選も李能相副団長、金英俊事務総長署理、楊皓三氏らに一任してあり会館は何としても民族のものにしなくてはならない。

問 民団の財政運営が不明朗という批判の声があるが。

答 一月六日付東和新聞に監察委員会の談話として某幹部の公金横領事件が判明したとあるが、執行部にそのような不明朗事件があるとは思えない。新聞が虚偽報道をしたとは思わないが、李裕天監察委員長も知らないといっているので、その真偽は中央委員会または全国大会で糾明するつもりだ。

問 財政のガラス張り運営は大衆の久しい要望だが、丁賛鎮前執行部から引継いだ百五十万円の使途はどうなっているのか。

答 （しばらく考えて）数字的には三百五十万円となっているが実際には三百七十余万円[illegible]だ。この金は百名近い本国派[illegible]

民主新聞日刊発行に関し

民団中総 金監察委員長が談話発表

尹副団長"仕事は始めが半分"と反論

（韓僑通信）民団中総金今石監察委員長は去る八日、民主新聞の日刊発行および記事取り扱いなどに関するいくつかの問題が民団事務規定に違反しているとともに、組織運営上困難を伴ったと指摘した談話を発表した。同談話の要旨は次の通り。

一、民主新聞名称改題問題＝民主新聞の名称を「韓国新聞」に改称するとの発表があったが、民主新聞の名称は中央議事会で決定されたものであるから、執行部単独で改題することはできないことである。従ってこの名称改題発表は事務規定違反である。

二、民主新聞記事取り扱いに関する問題＝一月十日付紙一面の韓日会談を取り扱った記事の見出しが「韓日会談最大のガンは財産請求権」となっているが、これは恰も韓日会談の妥結されぬ責任が韓国側にあるかのような表現であり、民主新聞編集者としてはあり得ない見出しのつけ方である。

三、民主新聞に関する代表部公文問題＝駐日代表部は地方本部に二回にわたる公文通達を行ない広告申込を勧め、駐日代表部経由民主新聞発となっているが、このようなことは中総を通して行なうべきことであり、代表部が直接民団下部組織に指示する問題ではない。これは代表部が民団の自主性を無視した越権行為であり、今後かかる行為の禁止を要求することを[illegible]

四、民主新聞日刊発行問題＝中総執行部は三月一日から民主新聞の日刊発行をすると発表しているが、中央監察委員会としては下部組織の配布状態を精査したところ、完全な配布網が立されていないとの判断から日刊発行確立後に実施するよう要望する。現在の配布態勢では日刊発行に要する経費だけが損失されるだけである。

一方中総執行部の尹致夏副団長は金監察委員長の談話発表に対して遺憾の意を表するとともに、民主新聞の日刊発行は必ずすると強調しながら次のように反論している。

一、民主新聞を韓国新聞に改題したのは同紙の発展を望んでやったことであり、勿論三機関連席会議で決定したことは金監察委員長も知っているはずである。万一韓国新聞の名称が悪いというなら大会で責任をもつ。

二、金監察委員長の指摘している韓日会談記事の見出しについては自分も新聞を読んでびっくりし編集メンバー一同に厳重に注意した。何分小数の編集陣で隔日刊を発行しているので、忙しさの余りつい気がつかなかったものであるが、今後はこのようなミスはないだろう。

三、金監察委員長のいう代表部の越権云々は、自分が代表部と協議してあのようにやったことであって、代表部が勝手にやったことではない。

四、仕事というものは始めることが半分だ。配布網が完全でないの、なにがどうのといっていては、いつまでたっても日刊発行はできない。最初から完全なものなどありはしない。不備な点は新聞を発行しながら補っていくべきだ。配布網が確立されていないからといって新聞を出さないのは一種のサボタージュだ。

1962.2.19

民団の分裂と自主性の喪失に抗議

民団中総 顧問団、権団長の責任追究を声明

（韓僑通信）民団中総の李裕天、金載華、丁賛鎮、三顧問はさる先般、新宿の"メイフラワー"に記者たちを招いて「現執行部は民団有史以来はじめてみられる分裂の危機をつくり出し、民団の自主性を喪失させるなど、民団発展上重大な支障を招いている」と指摘し要旨次のような声明文を発表した。

一、一月二十三日付の金今石監察委員長の執行部および代表部権参事官に対する警告談話は正当であり、これは最近民団内で起こっている与論を代弁しているだけでなく、民団の立場を正しく表明したものとして支持する。権団長は就任以来、規約を無視した独断的なやりかたによって民団を極度に分裂させているにもかかわらず民団がかかってないで団結を実現しているかのように本国に伝え、本国朝野の民団に対する認識をあやまらせていることは、結果的に本国と在日僑胞間の相互理解を阻害することになるから、その責任を徹底的に追究せざるを得ない。

一、韓日会談が日本側の終始一貫した無誠意な態度によって再び重大な岐路に立っているにもかかわらず、民団執行部はこれに対しなんらの態度表明も運動展開もなく、金監察委員長が指摘した通り、そのすべてが韓国にあるかのような民主新聞の見出しは重大な影響を与えている。これは編集者の責任だけでなく一連の運動過程からみて権団長の責任を追究せざるを得ない。

一、民団は大韓民国と不可分の関係にあり、大韓民国と民団は共同運命体であることは異論をはさむ余地がない、しかし民団はその環境と立場からみてその独自性を生かすべきことは、過去の民団と代表部との関係が証明している。代表部権参事官の正当でない干渉により、民団の団結と発展が阻害されている現状を考え派閥をつくるような干渉をやめて、代表部と民団が互いに協助する体制をととのえるべきである。

なお李裕天、金載華、丁賛鎮の三

足並み乱る？

爆弾いだく箱根会談

1962.5.11

人、崔鮮氏（白楽主幹）が参加するに及んで、当懇談会は、足なみがみだれ、結局当日の会議は各地方別に状況報告と分析のみで終った。

すなわち、前記崔鮮氏は、同懇談会の会合に挨拶と激励にはるばる東京からおもむいて来たにも拘わらず、同懇談会の丁賛鎮氏が崔鮮氏を会場から表につれ出し、「別の旅館に行ってくれ」の「ここはなんの会場だと思っているんだ」とか「でなくとも権逸は敵対陣営から資金をもらって反組運動をおこしていると宣伝しているのに、このざまは何んだ」とあわてて追い出しにかかった。

これに対し李裕天氏は、崔鮮氏も来たことの経緯を説明し崔鮮氏も一種の弁明をしたが、きき入れられず旅館の部屋を別にすることでこのさわぎは一旦おさまったかに見えた。ところが、この崔鮮氏の突然の訪問がきっかけとなり、昨に地方から参加した人たちの中でも腹のさぐりあいとなりハチの巣をつついたように"醜悪な闘争"が尾を引くようになった。

そもそもこの騒ぎのキッカケは、権執行部から民団有志懇談会に敵対陣営から闘争資金が流れていると言い出したことからはじまる。この資金が、はたして権逸派に流れているかは知るよしもないが、敵対陣営から出ているとすれば、これは一大事なことで、「第二の趙鏞寿氏事件」をおこさないともかぎらない。それでこそ、軍事政府が声高らかに叫んでいる「間接侵略」に無意識にしろ、意識したにしろ手先となっているわけだ。

又、民団有志懇談会は防戦に腐心し、執行部は来る二十一日、二十二日の神戸で開れる民団全体大会でこの問題を大きく取上げて、いっきょに反対側を粉砕する勢いに出ることは必至であろう。"黒、白"が明白にされるものと予想される。

李裕天中総顧問の話 崔鮮氏と同行して会場に行ったことに他意はない。執行部の郭東儀君が権執行部からお金をもらっているというから崔鮮氏からお金をもらっているので、今日参加している地方の方たちに郭君は崔鮮氏からお金をもらっていないことを、はっきりと証言してもらうことにあった。それをなぜあのように大げさに騒ぐのかその真意が知れない。なにも、カムフラジュウすることはないではないか。いづれにしても不明朗な雰囲気なので今後は一切彼等とは同調しないつもりだ。

崔鮮氏の話 全くあのざまは何んだ。あれで権逸を打倒することが出来るのか。反動でも権逸の方がまだスマートだよ。あれで革新、革新といっているが、もっとも保守的で反動の集りだ。お金をもらいに歩くときにはヘッピリ腰になっていながら何んというざまだ。（ここで記者の質問に）もうびた一文も出さないよ。そんなお金があったら、かわいそうな学生たちにあげるよ。その方がよっぽど使い価値がある。あれじゃ、ためにならんね。今、六十万円程あるけれど、「祖国再建」というものをつくって、年に一回、まじめに「南北平和統一」に貢献した人を選んで与える計画だ。その方がよ程やりがいがある。

裵大使、地方を視察

山口、福岡、名古屋などへ

韓国駐日代表部裵義煥大使は、来る十七日朝東京を発ち同日午後下関で開かれる予定の山口韓国人商工会結成式に出席し、翌十八日は九州地方に渡り福岡代表部出張所や、民団本部を巡回し僑胞の生活現況を視察して、明る十九日は名古屋市にいたり、名古屋韓国人商工会結成式に出席して同夜帰京の予定。

金仁洙母国視察団長

柳達永本部長を訪問

母国を訪問中である在日僑胞経済視察団団長金仁洙氏は十三日、再建国民運動本部を訪れ、在日韓国民運動本部が推進している「愛の運動」の資金として五万ホワンを柳達永本部長に伝達した。

革裁第一審終る

革命裁判所は昨年七月二十九日革命裁判第一回公判を開いてから今日まで二百日の間に二百四十六件、六九六名に対して第一審公判をすべての終り残り、は精神鑑定関係で病気保釈中の館大郎前陸軍防首席部長判事尹炳七の不正蓄財事件のみとなった。

郷土文化祭を推進

春香（南原）百済（扶余）新羅（慶州）祭など

毎年、晋州で開かれる嶺南文化祭のような郷土文化祭が、今年からは政府の後押しを受けて晋州以外の三個所で開かれることになった。先頃公報部で確認されたところによると、政府では ①全北南原地方を中心とする春香祭 ②慶北慶州地方を中心とする新羅祭 ③忠南扶余地方を中心とする百済祭の開催計画を推進中であるが、このような計画はわれわれてゆくわが国固有の郷土文化を振興するためのものであり、下度組織中である芸術団支部が中心となって行うものといわれる。具体的な時期等に関しては公報部が該当道当局と折衝中であるが、春香祭は春香の祭日である五月頃、百済祭は三千宮女が白馬江に身を投じた昔をしのび五、六月頃、そして新羅祭は新羅始祖、朴赫居世の誕生日を中心に開催、嶺南文化祭程度の規模で開かれるが、政府では経費補助も行うといわれる。

民団代表ら外相と会見

韓国居留民団中央総本部、関東地区協議本部代表らはさる三日午後日本衆議院内に加藤衆院議長、藤山外相、船田自民党外交調査会長らを訪ね、さきの藤山外相に抗議するとともに大局的見地から在日韓国人の北韓送還を中止するよう陳情した。

民団中央総本部では日本政府が朝総連系僑胞の北韓送還を実施する意向を明らかにした背景在日韓国人の北韓送還問題は藤山外相が「近く帰国のための措置を取りたい」と言明したことにより、にわかにクローズ・アップされ、朝総連による促進運動と居留民団による反対運動が入乱れ、韓国政府の強硬な抗議とからんで成行きが注目されているが、日本自民党は今五日外交調査会を開き政府与党の最終態度を決める予定である。船田会長はこの会議で韓日会談への影響もあり慎重を期するよう藤山外相に要望するものとみられるが、大勢としてはよく調査して送還する意向が強く、三日の閣議後、藤山外相、愛知法相、青木国家公安委員長らが協議した結果、できるだけ早く日赤を通じて国際赤十字に対し送還希望数の調査を依頼するとともに、厚生省が中心となって送還方法の打合わせを行う方針を決めた。

朝総連では来る三月三日の帰国促進大会をピークにますます北韓帰国の気運を高めるよう活発な動きをみせているが、日本治安当局の希望者数は約七万名（朝総連側発表は十一万七千名）と府では国際赤十字委員会に依頼して、帰国希望者の実由などをまず確かめることになった。日本政府としてする一方、外務、法務、厚生三省が中心となって送還来週にも閣議決定に持込む考えといわれるが、近く日方針に強く反対するものとみられ、日本政府が韓日[illegible]れのあるこうした措置を取るには参議院選挙を控えてるまでにはかなりの時間を要するとの見方が強い。

金載華団長、李裕天監察委員長、金仁洙東本団長ら約十名は船田調査会長、加藤議長、藤山外相の順に会見「北韓送還は人道上の問題ではない。日本政府が北韓へ送還する意向を示したことは極めてに対処するため、この日関東各県本部代表の緊急会議を招集し「北韓送還反対闘争委員会」を結成した後、直ちにバス三台に分乗し日本国会への陳情交渉に出発した。

1963.1.10

民団中総新年会盛大に開催

民団協力体制実現へ

各界代表百数十名が参加

恒例の新年会が八日正午から民団中総主催のもとに中総本部において駐日代表部金公使をはじめ各界知名士、各県本部団長など約百五十名を招いて盛大に挙行された。なお権逸団長は帰国中のため出席出来なかった。

金公使初め来賓各氏は躍進の年を迎えて決意もあらたに新年の抱負を語り、在日僑胞の質的な向上と飛躍的な発展のために多くの祝辞が述べられ和気あいあいのうちに祝盃がくり拡げられた。李中総副団長は祝辞で「多事多難な昨年の業績に劣らぬ躍進を遂げるためにも本年は笑いのうちに事業を進めようではありませんか、そして今年中に決定しなくてはならない重大な基本問題を解決させるため一致協力して目的達成に邁進しましょう」とあいさつした。ついで、駐日代表部金公使の「今年はわれわれの躍進の歳である、一致団結して祖国に報いよう」と、頓いながらも意味深甚な年頭の辞があった。この日とくに注目されたのは、いわゆる民団"野党派"といわれるメンバーたちがずらりと顔をそろえたことで、希望の年一九六三年の年頭にあたり、「民団協力体制成る」の感が深かった。

写真上は民団創って以来の盛況といわれる本年度民団中総新年会全景、下右は同新年会で挨拶する金公使(右)と李民団中総副団長

OBF総会に出席

李裕天氏、七日バンコクへ

在日大韓体育会顧問李裕天氏は、タイのバンコクで八日から四日間に亘って開かれる東洋拳闘連盟規約改正委員会に、韓国代表として参席するため去る七日午後六時半羽田発パンアメリカン機で現地向け出発した。

なお、来る十二日に当地でファイティング・原田とキングピッチ間で行なわれるフライ級世界チャ

李裕天氏

新春を迎えて内外の信頼を確立

東京韓国人商工会会長　許　弼　奭

東京韓国人商工会許会長

新春を迎え僑胞の皆様に心から新年のよろこびを申しあげます。年頭には各人それぞれの感慨があり、いろいろな計画を樹てます。これらは大体に結構なもので、又清新なものであります。世界は平和を続け、経済は向上して生活は豊かになり、周囲の人とも仲良く暮していきたいと、みんなが念願します。即ち各人年初には大体反省するものだから、正しい本筋のことに、立ち帰ります。

ところが暑になり、夏頃になると、年初の気持は大体忘れられて、年末頃になると懺悔と後悔をくり返すことになります。特に複雑な、利害のともなう困難な問題に出会うと、本筋のことを忘れて、わき道に迷いこみ初心から遠ざかっていきます。

然し年初には、反省する機会に恵まれ、私達を元の道に引きつれてくれるから、まことに目出度く、又意味が深いわけであります。そこで先ず自分を元の本筋の道に引きつれて来て、今後の私達の事業経営のこと、僑胞の生活向上のこと等に思いをはせる時、先ず私達はみんな「進歩への姿勢」を取ろうと言いたいのであります。進歩のないところには停滞があり、腐敗と不安が発生します。

進歩している民族と個人には活気があり、希望があります。

進歩するためには、時代と環境の変化を鋭敏にとらえ、新時代即応の能力を身につける必要があります。そして時代と共に前進する姿勢を取らなければ、敗北者として、取り残されてしまうでしょう。われわれは自分は進歩への道をとっているつもりでも、往々にして横向き、うしろ向きの姿勢をとっているのに気が付かないですましている場合が多々あります。年頭に特に反省したいところであります。

特に商工会は会員の親睦、発展を念願して、尽力することは言うまでもありませんが、僑胞社会全体の進歩に留意して、商工会を高めながら僑胞社会を高めてゆくつもりであります。民団、商工会、信用組合の理想的な融合を大きく進めるためには、私心や短見は極力さけるべきだと思います。

みんなが正常な姿勢をとって、努力を蓄積していけば、必ずや、期待以上の成果があるものと確信しています。

第二は内外の信用を高めることです。本年は韓日会談も成立して、両国の関係も正常化するものと思います。日本経済も、貿易自由化へ大きく踏み出し、経済構造、体質改善に全力を傾注しています。

「信無不立」の言の如く、われわれが日本で企業を営み立ってゆくためには、内外の信頼を得るよう不眠の努力を要します。力と信頼を得て、信頼に応えるべくみんな協力する時機が来たと信じます。

「進歩への姿勢をとる」「内外の信頼を高める」ことも、つまるところ本会創立の初心にほかありません。ただ初心を具体的に実現する努力を長く、着実に続けたいと願って止まないものであります。

金会長ら20名

済州開発協　郷土視察団派遣

金会長

済州開発協会(会長=金坪珍氏)では先に経済人、文化人で構成される郷土視察団を派遣することを決め、その計画を進めて来たものであるが、同協会金会長を団長とする会員約二十名の視察団が、来る三月十日頃出発を目標に準備を進めている。この視察団は同会の第二回総会で決定された今年度事業計画中、郷土開発に就いて済州道当局者と意見交換をする為に派遣されるもので、現地の実情や資料調査も兼ねて行うことになっている。

なお、郷土撮影班も同行して現地をフイルムにおさめ、帰日後会員に披露する計画も樹てているといわれている。旅行経路は空路ソウルを経て、済州道に向い、当地を一周視察する。

首相、近く最後的措置
"永年居住"の第三国人問題

1951.9.24

政府は国内治安の万全を期するため出入国管理令を改正し、悪質不法な外国人は行政措置によって国外に強制退去させることに決めた。そのうち終戦以来その地位が不明確であった朝鮮人、台湾人等のいわゆる第三国人もすべて外国人として取扱う方針で、手続きを進めていたが、この種終戦前から引続き国内に居住する朝鮮人を外国人として扱うのは妥当でないとの有力な反対意見が政府にもたらされた。戦前から日本に在住する第三国人を日本人として取扱うことになれば、政府の意図する共産系の悪質朝鮮人が出た場合その強制送還は極めて困難となるので大橋法務総裁が近く吉田首相と会見して裁断を仰ぐこととなった。

国内における外国人は朝鮮人、台湾人を含め廿六年四月現在六十万四千名で朝鮮人はこの九割五十五万名である。しかもこの内訳は北鮮系四十七万、韓国系八万名となっている。戦後朝鮮は日本の手を離れて独立国となり、内地の朝鮮人も韓国の国籍に入って事実上外国人とされた。しかし有力筋の意見では法的に講和条約が発効するまで朝鮮は日本の版図に属するので、日本国籍を有するとされている。従って内地居住の朝鮮人は外国人登録令の適用に当っては外国人とされ、外国人の営業活動、財産取得に関する政令では外国人扱いをされていない矛盾がある。政府としては講和条約が発効すれば当然朝鮮人は日本国籍を離れ、純粋に外国人となるとの見解であり、朝鮮人問題をこの方向にそって解決する方針をたて「朝鮮人は外国人である。帰化を希望するものは国内法の手続きによって処理する」との方針を決定した。この政府の態度は極めて強硬であり、吉田首相がどう裁くか、成行きは極めて注目される。

民主党の申入れ拒否
民協党中央委決定

民民協同党では廿三日午前十一時から衆院第一議員会館で第九回中央委員会を開き、臨時国会に対する党の基本方針を協議するとともに、さきに三木民主党幹事長からの政界再編成に対する申入れにつき討議した。その結果三木氏の申入れについてはこれを拒否することを決定した。

規約解釈めぐって激論
民団第29回中央議事会
執行保留は団長職権
北鮮帰国には反対決議

在日大韓民国居留民団第二十九回中央議事会は二十七日午前十一時五十分から会館[illegible]で開かれた。会議は[illegible]鮮氏の停権保留に対する中央総本部と東京本部の規約解釈をめぐり論が交わされ、結局「執行保留」は団長職権だとの結論をみたほか、韓日会談両国代表に送る決議文、本国政府に対する要請などを可決するとともに、中央会館募金運動はすべて民衆の熱気のあおりを食って目下不振を続けているが、今後早期達成を目指して一層強力に推進する。朝総連が最近展開しているいわゆる北鮮集団帰国運動の真相を明らかにするとともに全組織をあげて徹底的にこれを粉砕する、などを決定した。

第二十九回中央議事会は民団が現在対外的に韓日会談と朝総連の集団帰国攻勢、対内的には募金運動の不振と組織強化など幾多の重要問題をかかえているだけに盛況が予想されたが、中央議員の出席はきわめて悪く全国百名のうち五十五名が参席したにすぎなかった。

十一時五十分金組織次長の司会でまず国民儀礼、朴根世議長の開会辞につづいて中央議員の資格審査、議長、団長、顧問のあいさつがつぎつぎに述べられた後引続き来日中の李玉[illegible]議員から延々一時半にわたり韓国政界の現情と体験談が語られた。李議員は[illegible]領事から「朝総連の集団帰国の陰謀を粉砕するよう」あいさつがあったあと、三機関の報告に移った。議決機関の報告に次いで執行部総括報告で金英俊事務総長は「基本財政の確立が最も緊急な課題だったが、それよりも当面問題として中央会館建設問題が先決問題であったため優先的にこれを実行し、現在募金運動を展開している。募金運動にともなって痛感されることは、組織要員の人材不足で一部地域が停頓状態にあることだった。そこで強力な組織再編成を目指して各地方組織の白書を作成しようと準備をすすめている。また朝総連がすすめている集団帰国運動に対しては全組織の総力を結集してその陰謀を粉砕する運動を展開する。」と報告した。

つぎに監察機関報告では特にオブザーバーの活動が有名無実だと報告された。「つまり金議員の入国許可があり、すでに旅券まで下附されているにも拘らず、中央議長が数回も会議を召集しても金員が出席したことは一度もない。七十万僑胞の代弁人として選出された本来の使命を忘却している点があるので、その存在意義まで検討すべき段階にあるのではないか」と指摘された。

以上[illegible]報告が終って一旦休憩、三時[illegible]分に再開された。再開劈頭[illegible]鮮氏と辺氏に対する中総の「執行保留」をめぐって激論がたたかわされた。主要な発言は次の通り

東本 民団の任職員が国家要員を誹ぼうしてもいいか。団[illegible]は執行保留をなぜしたか。それは規約違反ではないか。

大阪 団長が執行を受けていないというのか、それでは[illegible]することになるではないか。執行保留を取消す意思はないか。

金団長 [illegible]氏の発言は確かに国家要員を誹ぼうしたとは[illegible]が必ずしも規約違反とはいえない。そこで規約[illegible]条適用規定第[illegible]条第[illegible]項を適用して一年間の停権処分にした。しかし[illegible]の過去の功績と僑胞の今後の活躍を考慮して二年間の執行保留にした。

[illegible]

団長独善排すなど
民族陣営の中堅20余名を集めて
中総監察委で意見を交換

来る二十五、六両日に開かれる第三十二回民団全国大会を控えて、民団は対外的に、五月一日の総選挙をめぐる本国政界の動向、韓日会談の再開気運などの諸般情勢と対内的には民団一大革新の声——団長独善的な民団運動から[illegible]中心主義の民団運動へ——の強い叫びを反映してか

一般僑胞の今次大会に寄せる関心は異常なものがあり、その帰趨が注目されているが、このような情勢に基いて民団中総監察委員会は（委員長＝李裕大氏）去る四日中央監察委員室に民族陣営の中堅活動家二十余名を集めて、民団の当面問題全般にわたる意見の交換を行った。【写真は李委員長】

論議の焦点は民団運動が行き悩んでいる根本的な癌はどこにあるかという本質的な問題について[illegible]の結果、①過去十二年間の民団運動が団長を中心とする人物中心主義的であった。そのため団長の独善的傾向があったばかりか、団長に当選するとその座に坐る延命策にきゅうきゅうするあまり団運動をおろそかにした。また団長選挙に併行して部内での派閥争いが激化し、団運動の大局的立場を忘却していた。そこでこのような悪弊を是正するため、この機会に団長制を廃止し中央委員制に規約を改正したらどうか②全国大会のあり方についても団長選挙に終始するあまり、民団の運動方針や施策の審議をおろそかにした。団運動を強力に遂行するためには大会で実践可能な具体的施策を樹立すべきだ。

例えば中央会館設立の問題にしても何千万円の基金を集めるというように[illegible]

天心

在日大韓民国居留民団の第12回定期中央委員会が9月28日開かれ、[illegible]

民団中央委雑感

[illegible]

少數極惡赤色指導者에限定

═══本國送還問題·代表部發表와는懸隔한差異═══

朝連財產一切日政에移管 總司令部서民團에確答

一部不良居留民의本國送還과 旧朝連財産處分問題에關한 民團의質問에対하여 總司令部와日政當局으로부터 肯定的答弁이있었다

即지난十四日開催된民團中總常執会에서는 오는四・三両日間大会에報告하기爲해 前記両問題의確実的結論을얻고저 外務部長李裕天氏를 總司令部와 日政當局에派遣하기로決定되어 同氏는지난十六日總司令部民政局"네피어"中佐 日政法務府大橋総裁 岡村民事局長 二十三日에는"맥"元師最高顧問"빵커ー"大佐等을訪問하였는바 本國送還은 少數極悪赤色指導者에만適用하고 旧朝連財産은 一切總司令部와日政에移管되었다는 다음과같은確定的答弁을얻었다한다

一部不良居留民本國送還問題 本國送還은少數極悪赤色指導者에만適用할것이며 騷動에옮지진大衆이나 破廉恥犯罪者等에까지 미치지는않을것이다 각각그法案의成文化에힘쓰고있다

舊朝連財產處分問題 旧朝連財産一切는 總司令部民間財産管理局(C・P・C)과日政에移管되었다 總額三億数千万円中負債를控除하면 残額은五千万円假令인데 앞으로이財産은 管理하는團体나 委員会를構成하여 在日韓國人의福利厚生事業에使用되도록하겠다

民團外務部長 李裕天氏談

不良分子本國送還에關하여 代表部에서言明한所謂「右翼도追放하고 詐欺横領하는者도送還한다」는말과는 巨大한差異가있다 이問題에対해서는 民團으로서도 断乎한態度를取할作定이다 旧朝連財産問題에関해서도 代表部에서는 도무지無關心했다는것이判明되었다 "빵커ー"大佐를만났을때「在留同胞問題에関해서는 一般民間側의輿論을参照해달라」고要請하였는바 "맥"元師에傳하겠다고確答했다 現駐日代表部에 願하는바는 이러한全僑胞的問題에関하여서 좀더誠意를갖이고 일하여줄것을 衷心으로 바라마지않는바이다(寫眞은李裕天氏)

總協議会는結成된以來 猛烈한活動을하여왔으나 中央에서주지않았다 然而強力한新協議体結成이必要하다" 從京都代表金在華團長으로부터 "從前의地区協議体를 解散시킬根拠는 이자리에서는없을것으로生覺한다 그러나從前의地区協議体에関하여서는 抵触치않고 新協議体構成問題에만限定하자"는等의意見開陳이있어 大体는新協議体構成의賛成에기우러졌다 이로서懇談会는 新協議体結成으로 結末을지우고 이어 結成会로들어가 座長에鄭正氏가指名되어 会則의逐條審議가있었는데 原案에若干의修正을加한後 満場一致로可決 任員選挙에 会長에大阪本部團長鄭正氏 副会長에愛知県本部團長 [illegible] 香川県本部副團長呉正濟両氏 事務局長에大阪本部組織部長文 [illegible] 氏가被選되고 顧問에駐日代表部大阪事務所 [illegible] 協議会는 드디어 発足을보았다 그리고 同協議会는 [illegible]

民团中総団長 丁贊鎭의 妄動

代表部에乱入暴行

外国人眼前에서大使를侮辱

僑胞社会 暴力団長排擊에憤起

民議院議長에게陳謝

民団関係代表 団長의暴行事件을

声明書

五月十八日 中総団長丁贊鎭氏가 執行部幹部及周員을 総動員하여 그서사로가 駐日代表部의 大使及公使에게 暴言暴行을하고 器物을 破壞하며 代表部職員에게 暴行을 加하여 約二週日間의 治療를要할 傷害를주고 国家機関인 代表部의 執務를 一時中断시켰을뿐 그가 六十万의 代表인 民団中総団長으로서의 体面을 維持하지못하였을뿐아니라 民団全体의 名誉를 遺損시켰고 그 行動은 国是를 遵守하는 本団綱領에서 離脱되었음으로 本中央監察委員会에서는 丁贊鎭氏는 規約第四十条及 그運営規定에따라 ①公務執行妨害 ②公務員에 対한傷害 ③韓日会談의 重大한時期에 政府의 威信을 損傷시킨 反国家的行動等은 民団의 本質에서 離脱된点이라 断定하여 丁贊鎭氏에게 民団々長의 職을 辞任하도록 勧告하고 또 하로라도速히 그執行을 停止시키기 為하여 早急히 臨時全体大会를 잡을수 있도록 議長에게 通告할것을 決定하였다

단기四二九〇年五月二十五日

中央監察委員会 委員長 李裕天

民團中總의 常任改編

事務總長署理에 金正柱氏就任

金正柱氏

(東京發＝聯合) 民团中總은 二十七日 執行部幹部를 다음과같이 改編하였다

事務總長署理 金正柱
總務局長 崔 鉉
同 次長 朴栄奭
組織局長 金文坤
同次長 徐主琛
民生局長 金已哲
同次長 文東錫
文教局長 宋 乾
同次長 韋太源
宣伝局長(兼任) 金正柱
同次長 洪性方

民団 丁団長은 二十七日 上記 常任改編 発表後 要旨 다음과같은 談話를 発表하였다

民団運動은 全僑胞가 하나로 ……

結集함으로써만 强力한 活動을 할수가있다 各自가 그思想 또는 主觀을 主張하기為하여 어면 压力을 갖어오는 傾向이 있으나 이러한点은 民団発展에 有害할것이다 在日僑胞의 当面한問題는 韓日関係다 그럼으로 本国에서 在日僑胞에関한 政策을 하로速히 確立하도록 하여야하다 이切実한問題는 在日全僑胞가 結集하는데에서만 解決할수있을것이다 特히 ……

◇李裕天 中央監察委員談

今般 中總 常任改編에있어 中總의 監察機関에서는 다음과 같이 이常任을 歡迎하고있다 ……

中總 当面運動方針発表

第一回新任常委会에서

(東京發＝聯合) 二十九日 新旧常任의 事務引継와 歓送迎파ー티가 있은後 同時 第一回 新任 常任委員会를 열어 大要 다음과같은 決定을 보았다

▲① 現執行部의 基本態度 民族陣営의 唯一한 基本団体인 民団은 ……

② 門戸開放 ……

③ 機会均等 ……

▲当面한 問題로서 ……

朝鮮人の騒乱波状化す

大津地検を襲う

雨中て乱闘 四十数名検挙

検察庁を再度襲う

関西騒擾・大津へ波及 四十余名検挙

한글使用을 一層強化

文教部에서 積極推進

三·一運動의 歴史的意義

李 康 勳

春光うららか　古宮を訪れる乙女　景福宮にて

1958.1.1

各界の抱負をきく

掲載は到着順

青年よ結集せよ

在日大韓青年団大阪本部団長　辺基柱

多難な国際情勢の現状において青年諸君は一念発起、青年組織の強化に努めねばならぬと思う。自由を愛し平和と正義を尊んじ、民族を愛える青年諸君が大韓青年団に今年こそ結集するよう切に望む。

大我に生きよう

民団中央総本部監察委員長　李裕天

小我を棄てて大我に生きる、雅量のある大人になるということである。私たちは会合で社会や政治の腐敗をなげく声をよく耳にする。にも拘らず我々の社会は旧態依然で何等の進歩がない。何故か不思議でならない。他人を責めるより自分の内的生活を改めるようにしたいものである。韓日会談を速かに解決するため日本にいる我々はみんなが外交官になった積りで大きく与論をおこし、組織的な運動に盛りあげる必要を感ずる。先輩、同志の皆様に訴えたい。

福祉向上に努力

民団東京本部団長　呉宇泳

民団は昨年から門戸を開放し、左翼系の同胞を多く包摂したが、これを利用して不純の意図をもつ反逆分子が潜入した事実も否めない。本国への往来が自由になるや民団員となったスパイは大手を振って本国へ渡り、破壊活動に没頭する。これは最近本国に日本を経由したスパイが急増した事実があげられます。これにかんがみ全国の民団組織は、どの程度の者までを包摂するか一応統一した見解を持つ必要が痛感されるのであります。また本国政府、駐日代表部、居留民団の三者が一体となって権益擁護、生活向上、教育の普及と在日韓国人の福祉向上に努力することも望みます。

統一の悲願訴う

韓国民主社会同盟委員長　権逸

わが国では今春総選挙が実施されそうだから、革新勢力の進出が大いに期待される。祖国の対立の苦しさは、[illegible]するに秩序の確立と平和統一の民族悲願を成就させる以外に道はない。そこでお互いが広い視野に立って本国政府の担当者さらに一歩進めて世界の為政者たちに祖国の平和統一と完全自立を強く訴え、早急な実現にあらゆる努力を集中すべきであると思う。

中央会館建設へ

民団中総本部団長　丁賛鎮

赤鬼の侵透日帝の搾取からわが同胞を立ち上らせるため民団の機構をフルに使いたい。韓国側の意志に反して韓日関係を好ましからざる方向へ追いやる日本朝野の傾向を是正して正常な反共同志的となりお互の国家民族の運命と世界平和をたてなければならない。在日六十万諸君よ、大指一番団結しようではないか。そのためにはどうしても居留民団の年来の宿願である在日韓僑中央会館建設と基金一億以上を獲得すること。また本国への自由交流を実現したい。在日六十万自由人の利益のために大衆的判断で一本に結ばれようではないか。

現金取引きの事業がよい

在日韓国人商工会会長　鄭天義

世は正に乱世であります。これが資本主義社会の弱肉強食だというのかも知れません。思うだけでも憂うつになりましょう。商業界では一部を除いてオートメーションに切換えられ中小企業者はますます経営困難になるでしょう。そこで従来のような手形取引による信用取引よりも、現金を主とした事業が時代にマッチし企業利潤は薄いかも知れないが、比較的に永続性があるのではないか。

目的達成には火の情熱で

民和物産株式会社々長　朴根世

自分の携っている二つの仕事を通じて大いに伸び、大いに成果も得たいと思う。また民団中総及び支部の議決機関の長の一人としては、僑胞の実態をよりよく把握すること。関連する学術的研究に努めて、民団の先頭部に立つものに与えられた貴重な判断または選択の任に誤りなきを期し、目的達成には火の情熱を持して進みたい。出来れば会議決の研究をまとめて小冊子を出したいとも思う。さらに会社の主宰者としては韓国との貿易の外に、諸外国との取引も活発に行えるよう最善の思考と努力を期したい。もう一つ慾を言えば、この一年間もう少し深みのある人間的成長を遂げて、周囲のよき隣人たりたいと思う。

話合いを強力に

大韓民国婦人会中総本部総務部長　裵炳姫

自由と平和を愛する私達は益々団結をかため闘争しなければなりません。しかし戦争はいけません。原子戦争も可能な時代は精神武装をして望まなければならなくなりました。それには女性の文化啓蒙が大切ですから話合いから「協議会」「懇談会」を今年は強力に行いたいと思います。また次代を担う子女教育に努力したいものです。みなさまのご協力をお願いいたします。（呉会長不在につき代筆にて失礼します）

人道主義こそ繁栄の鍵

三信交通株式会社々長　郭乙徳

私は近頃街を歩いていて、本当に平和だな、平和はこのような人間を自由にし明るくするものかとしみじみ心に迫[illegible]

本国との交流親善はかる

在日大韓体育会理事長　裵玉鉉

[illegible]

福利増進へ

民団大阪本部団長　朴玄

[illegible]

文盲婦人対策に本腰

大韓婦人会東京本部会長　金珊瑚

文盲婦人に対する学習と指導について本年は下部組織を一層強化し横の緊密な連結に重点を[illegible]もりでおります。いま一つは婦人会東京本部で本国の母子院に授産場をつくり、戦争で夫を亡くしたお母さん方を精神的にも救いたいと念願しております。おかげさまでこの準備も大体出来ましたので近く実現するところとなりました。みなさまのご協力を切望してやみません。

協力と団結を

韓国銀行東京支店長　金奉殷

最近痛感させられることは、我々在留僑胞がお互に協同と団結を強化しなければならないという点であります。よく一部の僑胞事業家の間でわれわれは資金面なり、国家的保護の面で差別的待遇を受けると言って不平をこぼされる方を見受けますが、考えようによっては、むしろ当然でありまして、われわれにとってより重要なことは外国人として、自力更生を如何に完うするかにあると信じます。結局、協力と団結に邁進致します。経済的難局を成功裏に克服するのは勿論、

学園を育てあげたい

東京韓国学園々長　朱洛弼

[illegible]

同人百人を獲得

雑誌「白葉」主幹　崔鮮

今年こそ本気で科学時代に相応しい営みをしたい。同人誌「白葉」の主幹としては同人百人の獲得、増頁断行と緊張ってみたいし、奨学会の理事としては懸案の土地回収を必らず実現させたい。なまなましい憎しみの感情を空かけめぐる星の世界へ発散させれば、憎い相手もいつかは愉快な友だちに出来得る事実を味わってみたい。

本国の経済復興

朝光工業KK社長・在日韓国人工業品輸出協同組合理事長　呉炳寿

在日韓胞の生産業者たちを網羅し商工会の傘下に結集し本国の経済復興―特に産業界の発展に寄与したい。かねがね計画していた本国での展示会も関係者の協力を得て秋までには実現させるつもりだ。ますますこの準備のため[illegible]

僑胞の実態調査など

駐日代表部僑民部長　朴英

[illegible]

視野を文化教育方面へ

民団山口県本部団長　朴鐘

[illegible]

一人残らず加入を希望

漢城信用組合組合長　金得溶

[illegible]

ゆさぶられる権執行部 民団中総

1962.2.6

金(中総監委長)警告がきっかけ 三顧問打倒宣言で追打ち

大韓民国在日居留民団中央総本部の定期大会を来る四月に控え、早くも大会前哨戦らしきものが在日同胞民団社会の話題をさらっている。また相当な影響力を持つ英字日刊新聞ジャパン・タイムズ紙が「民団、軍事政権に批判的」という見出しの記事を一方的に掲載、国際的に波紋を投じている。これと相前後して、一方では民団中央総本部顧問三氏が権逸執行部批判声明と打倒宣言を行ない、権逸団長はこれに対し「閑人のヒマつぶし」と冷笑を浴びせた。一月末から二月初、権逸団長が本国に出張中に発生した一連の出来ごとは、"あわや権執行部崩壊か"の感さえもいだかせたが、表面では泰山鳴動ネズミ一匹も出ずじまいのあっけない寸劇に終ったようである。果してこのまましりきれとんぼに終るか、どうかは今後の動きにまつとして、一時権逸執行部の足もとを震動させるかに見えた一連の動きに焦点をあて、問題点をさぐって見よう。

権逸執行部は構成以来在野勢力のゆさぶりをしり目に、よく内部の結束を堅め、機関紙「民主新聞」の日刊発行準備など、それなりの方針を強く進めて来た。波乱は断えずつきまとったが、ともあれ現在まで中総としての執行権を行使してきた。在野勢力のしっような攻撃をあびながらも、執行部を今までかついで来たタフぶりは、また天晴れと云えるかもしれない。

しかし反撃ののろしは権逸団長が本国出張中の一月二十三日突然その足元から上った。これは金今石監察委員長の執行部に対する警告談話であり、次いでジャパン・タイムズ紙がどこからかこの談話をキャッチして、英文記事にありがちの針小棒大式のセンセイショナルな見出し「民団機関紙、韓国政権をたたく」と題して報道したことであり、これに追い打ちをかけるように李裕天、丁賛鎮、金載華（以上声明文の署名順）の三顧問がUPI通信の記者までも招いて、権逸執行部と韓国駐日代表部崔英沢参事官を批判する声明を発表し、ついで「権執行部打倒のため全国遊説に出かけるつもりだ（金載華、丁賛鎮氏談）」と全面的に砲火を開くことによって、一連の動きは最高頂に達したの感があった。これに対し権逸団長は「閑人のくりごと」ときめつけ、さらにジャパン・タイムズ紙に対しては抗議を申し入れ、問題の記事が全く根も葉もないことであると訂正する権団長署名入りの投稿を掲載させ、巻き返しに成功し、陣容を整えたかに見える。このような一連の動きが、執行部の最も力を集中している民主新聞のある見出しから端を発したこともヒニクな話ではある。

(上)閑人のやったことだと記者会見する権団長(下)問題になった一月十日付民主新聞記事見出し

民主新聞
韓国の対日請求権問題
韓日会談最大のガン
切望される政治的解決

誤解招いた機関紙のある見出し

一月十日付民団機関紙民主新聞（韓国新聞改題前）二面トップの韓日会談を解説する記事の見出しが問題になった。それは「韓国の対日請求権問題（トップ）」「韓日会談最大のガン」「切望される政治的解決」と三本立てであったが、本文の記事を読まずに見出しだけざっと見て流せば、韓日会談が遅延を重ねているのは、日本が韓国の対日請求権に対して明確な数字を出さないで、経済協力云々で問題をすりかえようとしているからではなく、まるで韓国が対日請求権を出しているからであるというような誤解を与えやすいというわけで、"これは日本人的感覚であり、立場上当時在日韓国新聞界の話題となったものであり、ある在日韓国人記者などは新聞担当の尹致夏中総副団長に"これは問題になりませんか"と注意を促してもいる。案の定この見出しがあとあとまでもたたって来た。もっとも尹致夏副団長は金編集局長以下編集局全員を呼びつけて、厳重叱責を申し渡したとはいうが。

金監察委員長の警告

[illegible]代表部崔参事官が民団の自主性を無視している。執行部はこれを是正させよ、（四）日刊発行は配付網の整備後にせよ、の四項目からなっている。

監察委員会がこのような異例の警告文を公けにするのは、滅多にないことで、執行部の態度が注目された。権団長留守の折から尹致夏副団長は記者の質問に対し①改称問題は三機関会議で決めた。金委員長もこれに参画しているから責任は大会で負う。②問題の見出しについては、厳重に注意した。③代表部の越権云々の問題は全部私と相談してやっていることである④配付網ができていないから新聞を出さないということは、一種のサボに通ずる。不備な点は今後直して行く、と強気一点ばりの反ばくを試みた。

監察委員会の警告文発送に関連して金監察委員長の裏ばなしをきけば、執行部が発送切手代の支出を拒んだため、金委員長は執行部の支出担当者に対し「それでは、監察業務に必要な切手代の支出を拒んだので、金今石個人のポケット・マネーで切手を買う」との一文を投入する、ともめた一幕もあったということである。しかしこれも従来の民団のしきたり通り、執行、監察両機関が建設的な合意をみて、シャンシャンと目出度く手打ちになると期待されていたところ、伏兵は意外なところから飛び出した。

ジャパン・タイムズが報道

金監察委員長の警告談話と民主新聞見出しの問題をどこでどうかぎつけたのか、ジャパン・タイムズ[illegible]

[illegible]韓国人記者たちに対し、韓国駐日代表部が自治団体である民団の自主性を侵している、と述べたという。大要以上の記事が英文で報道され、問題は民団のワクを越えて国際的な話題に発展した。民団側の関係者は、この記事のため、帰日早々の権逸団長と[illegible]韓国新聞編集局長が代表部に呼びつけられ手痛い叱責を受けた、というまことしやかな噂まで流れ、権執行部の事後収拾策が注目されて来た。

三顧問の声明

ジャパン・タイムズのせっかちな報道に続いて、民団中総の李裕天、丁賛鎮、金載華三氏（声明書署名順）が二十七日夕刻、民団の分裂と自主性の喪失を招いた、とし権団長の責任を追究するばかりか権団長は権力にあぶする性格の持主で、指導者としての資格が無いときめつけ、今後民族精神を呼び戻すため、権逸打倒全国遊説に出る、と強硬な態度表明を行なった。声明要旨は次の通り。

一、一月二十三日付の金今石監察委員長の執行部および代表部崔参事官に対する警告談話は正当であり、これは最近民団内に起こっている与論を代弁しているだけでなく、民団の立場を正しく表明したものとして支持する。

二、権団長は就任以来、規約を無視した独断的なやりかたによって民団を極度に分裂させているにもかかわらず、民団がかつてない団結を実現しているかのように本国に伝え、本国朝野の民団に対する認識をあやまらせていることは、結果的に本国と在日僑胞の相互理解を阻害すること[illegible]

[illegible]はその環境と立場からみてその独自性を生かすべきことは、過去の民団と代表部との関係が証明している。代表部崔参事官の正当でない干渉により、民団の団結と発展が阻害されている現状を考え派閥をつくるような干渉をやめて、代表部と民団が互いに協力する体制をととのえるべきである

同記者会見には、UPI通信の記者も現われ、かって金載華執行部の"自由党政権不信云々"の爆弾声明当時、UPI通信記者に語ったこの談話をマスコミのタネに引用されて東西両陣営に一躍勇名をはせた李裕天氏から盛んに取材する一幕もあって、緊張した雰囲気をかもし出していた。

軍政批判は誤報 権団長が言明

こうした緊張状態の真只中を二十七日日本に帰った権団長は、さっそく巻き返しに出た。すなわち三十日午後一時から同中総会議室で記者会見を行ない、

（一）本国政府の韓日会談に対する基本態度にはいささかも変動なく四月予定の政治会談を峠として早急妥結されるだろうと楽観している（二）本国政府は在日僑胞が民団を中心に一層強固な態勢をもりたて、経済五ヵ年計画にも積極的に協力するよう望んでいる（三）僑胞経済団体を統合するため来月七日経済人統合準備委員会を東京で開く（四）一部の日本新聞があたかも民団が軍事政権を批判しているかのように誤報したのは意外であり、これは分裂分子の策[illegible]

三、僑胞経済団体の統合は民団の方針でもあり、商工会と韓経連の双方とも納得できる線を考えているが、自分としては、商工会が全国各都市に既に十以上も結成されていのであるから、商工会が中心となって統合すべきだろうと考えている。このため来月七日東京で経済人統合準備委員会を開いて具体的に推進するが、今後はこの統合機関を中心として本国の経済五カ年計画に参加したい。

四、一部の日本新聞が、あたかも民団が軍事政権を批判しているかのように報道しているが、これは分裂分子の策謀か反対陣営のいたずらに過ぎないと思う。一部機関長の事実に反する談話により、間違った見解が外部に流されたことは遺憾であり、今後は報道関係者もわれわれの真意をたしかめてから報道するよう望む。

五、一部の閑人が全国組織に声明文を発送しているようだが、これはとりあげる価値もないことで、悪意に満ちたことだ。本執行部は構成以来現政府を積極的に支持してきた。この態度を堅持して任期いっぱい民団の責任を全うしたい。

権団長、ジャパン・タイムズに投稿

権団長はこうして記者会見を行なうと同時に、ジャパン・タイムズ紙に「韓国政府に批判的ではない」という内容の投稿を行なった。その原稿は二月二日同紙に掲載された。権団長の主張は次のとおり。

一月二十七日付ジャパン・タイムズ[illegible]

組織強化策など討議

大阪韓国人商工会 第四回理事会開かる

大阪韓国人商工会第四回理事会は去る二日午後二時過ぎから同事務所で[illegible]

会長に金坪珍氏

済州開発協会第二回定期総会

[illegible]

景福宮に会場変更 本国産業博覧会

[illegible]

見事な政府の活動 ②

北からの脅威を警戒

米国の東洋学者 E・サイデンステッカー

1962.2.27

民族日報事件

私が人々に最も多く問いただした問題のうちで最大の難問は人権問題であったと思う。私は民族日報の発行人を絞首刑に処したのは一体どういうことなのかと訊ねた。そしてまた「不正確な報道」をしたとの理由で東亜日報の記者を投獄したのはどうしたことか、と訊ねた。誰も第二の事件に対しては政府のとった行動を弁護しようとする者はないようであった。ただ、その記者が結局は釈放されたことを指摘するのみであった。しかし民族日報発行人とその部下に対し政府が極めて厳格な刑を課したのを行き過ぎであると考える人々が極く少いのは、正に特色であった。

ここに韓国新聞界の重鎮といわれる人から得た答を紹介する（名は伏せておいた方がよかろうが、新聞の自由に対する同氏の献身に対しいささかも疑いをはさむものでないことは断言しておく）彼は北方を指し示しながらまず「もし彼等があっちにいなかったなら」と口を開いた。彼等というのは北韓の人々を指すのは明らかである。彼は語を次いで「多少の報道の任な行動、誇張に陥ること等はどうにか許されるとしても、彼等（北韓共産党）がいるということは絶え間ない脅威です。彼等の手先きが海岸を利用し、あるいは日本を経て毎日のように潜入して来ているのをご存知でしょう。ですからわれわれは或る程度の抑制は我慢せねばなりません。われわれは不和のための不和の拡大を許すことはできません。民族日報の行為は正にこれです。民族日報は不安の増大をこそ願え、つめの先ほども建設的方針をもってはいませんでした。一体、誰のためにそうしたのでしょうか？ それは明らかです。……

……することは不可能であるとの……からみても、これは明らかで……これは言論の自由の問題で……りは、むしろ一種の秩序撹乱……ースでした。秩序撹乱に対する措置としては余りにも厳格過ぎるとあなた方はお考えでしょうが、われわれは包囲されている国である点を考えて下さい」と言い、もう一度北方を指し示すのであった。

これがそのまま納得されるか否かは別問題として、民族日報事件に対するこの措置は、韓国の一進歩主義者の見解として日本の進歩主義者の注意を促がすに充分の価値がある。同氏は韓国でも最も勇敢な自由主義者であり、李承晩氏を続ける汚職に手を染めることに……に対する最も尖鋭的反対者の一人であった。

前途有望な出発

しかし韓国のインテリと政府との関係を表わす言葉として極めて適切なのは、何といっても「それは弁説に難しい」という言葉である。インテリは全面的に一九六三年まで待ってみようとの心構えであった。

私のきき得た朴議長の性格に対する批判のうちオヤッと思わせるものは彼が頑固であるということ位であり、彼の誠実性に対して疑いを抱くものは一人もないようであった。……介在していると非難する韓国人には一人も会うことができなかった。

このように軍事政権は前途有望な出発をしたのであるが、……とはいえ、一九六二年は岐路の年である。汚職は長年韓国社会の断つに断てぬ悪習の一部であり、一朝一夕には根絶できぬかも知れぬが、私は一年前に比べ汚職が……断する者は、絶無とは言えずとも……。ソウルの生活は韓国にあって……前に比べるとずっと減っていた。乞食はまだいるにはいたが、それとて前より多くはない。また露店商人はその大半が市内の中心地帯から消えている。停車場は前より清潔であり昔のように与太者とかスリがたむろしているようなことはなくなっている—もちろん完全になくなったという訳ではないが。

しかしということは軍事政府からすぐ想像できることであり、その大半は誇り得ることではあるにせよ、特別驚きに値いすることでもない。一たび問題が韓国の直面する極めて深い長期的なものになれば、今後大体においてどうなるかわからぬといえるのである。目をめぐらせると到る処で政府が公約のどこかの部分でためらっているようなようすがうかがえる。何故なら公約はいろいろな意味から……

……は、たしかに公用のものでなかった。今、タクシーを利用している多くの市民は歩いてこそしかるべきであろう。そしてそこから節約される資金を水力発電や山林緑化など、農民の生活水準を都市住民程度に引き上げる他の事業に回されねばならない。しかし、かといって万一厳重な……中、都市生活の水準が下降するようなことがあれば、一九六三年の自由選挙は……結果をもたらすかもしれない。そして選挙が近づくにつれ……インテリにとって最も重要な公約である自由選挙の実施を……考えなおさねばならぬようになるかもしれない。

報酬なき「人間愛」

韓国で奉仕する二人の米人医師

米国の若いお医者さんが二人、なんの援助もなくわが国に来て貧民村を回りながら無料診療と伝道（キリスト教）事業へ黙々として奉仕している。その活動はすでに数千人の患者を無料診療したばかりでなく、孤児たちの養子周旋、倫落女性の職業補導へ理見制限のない事業などのあらゆる分野に亘っている。この人たちの「報酬のない事業」は、純粋に「気の毒な人を救う」という「人間愛」から始めたことであると、彼等は話した。

四年前に来韓したディン・ヘイベー（32）さんと昨年来韓したビー・ドー・ブレンズ（32）さんは、現在ソウル周辺の玉水洞、舞山、永登浦、麻浦、東崇洞、弘済洞、阿加佐洞地区周辺の貧民村などに、診療所を設けて、週一回ないし二回、定期的に巡回治療している。

米国基督教理事会の後援とエマゾン製薬会社と其他幾つかの製薬会社より、医療品を寄贈されて無料治療に当っている。彼等……

休戦反対大デモ計画

あす戦乱三周年記念に

【京城二十四日発＝AP】二十五日の朝鮮動乱三周年記念日を期し……最大のデモ……両日は約五十万……大会を……帯……いわれている。

張前内務部長官襲わる

【京城二十四日発＝AP】李承晩大統領が現在休戦協定に反対しているのに対してとっている政策に反対していた張前内務部長官は二十四日、四名の暴漢に自宅で襲われ全治一週間の傷を負った。張氏は政府反対党である民主国民党の幹部で、さきの副大統領選挙に立候補して失敗している。

中立委代表ら相つぎ朝鮮へ

【ベルン二十三日発＝ロイター】スイス政府は二十三日、朝鮮の中立国委員会に参加するスイス代表団の第一陣は廿五日チューリッヒからワシントンを経て京城へ向うむね次の通り発表した。ポーランド、スウェーデン、チェコの三国は第一陣先発隊をすでに送り出しているので、スイス政府もリーナー大佐のひきいる先発隊を二十五日出発させることに決定した。

日韓会談再開を歓迎

けさ帰国 李大統領声明

出発前の和やかな交歓＝（後列右から）クラーク司令官、ウェイランド極東空軍司令官、岡崎外相、マーフィー大使、李大統領（前列右から）レイを受ける李夫人、クラーク夫人、岡崎夫人

【INS特約＝東京】李承晩韓国大統領は七日午前九時卅五分、クラーク司令官用のコンステレーション機で羽田から釜山にむけ出発帰国した。飛行場にはクラーク国連軍司令官、マーフィー米大使、ウエイランド米極東空軍司令官、岡崎外相のほか約五十名の韓国人が見送ったが、その警戒ぶりは非常なもので付近の格納庫の屋根には小銃をもったCIDの私服が立つ有様だし、飛行機から卅メートル以内は立入り禁止というものものしさだった。

【AFP特約＝東京】李承晩韓国大統領は七日離日に先立ち今回の訪日を機として決裂に陥っていた日韓両国間の会談が再開されるかもしれない旨を示唆した次のような声明を発表した。

一、クラーク司令官、マーフィー米大使の御親切には感謝する。

一、私のためにとられた非常な警戒について国連軍司令官ら各位に感謝するが、これは各位および韓国民が義務の念から行ったものと思う。

一、今回は私的訪問として招待をうけたので何ら公式な準備はしなかったが、これは私が最近の重大な問題について無関心な態度をとったことを意味しないのはもちろんである。

一、日韓両国間の友好関係に重要な関係をもっているこうした重要問題に対し、韓国政府はもちろん日韓両国に友好関係をもっているアメリカも重大な関心を示している。したがってこの問題で何らかの形で了解が成立しなければ、東洋における平和を期待することは出来ない。

一、クラーク司令官招待のレセプションで国連各国将官と会談、またクラーク邸で吉田首相、岡崎外相と友好的に会談、討論した。

一、私は吉田首相にたいし近隣関係につき重要性を強調することを知り、嬉しく感じた。……

一、……が希望するように金公使ら……建設的な交渉の話合いがつくならば、日韓会談の……歓迎するだろう』と述べた。

一、以上のことから私は、訪問では私が予期していた多くのことがなしとげられたと感じている。

【釜山特電（AP）七日発】李承晩大統領は二日にわたる日本訪問を終えて七日釜山に帰国した。

用意は整っている 金公使談

【新亜特約＝東京】金公使および文鳳済治安局長は七日正午韓国代表部で新聞通信の記者と単独会見をした際つぎのように言明した。

金公使談『日韓会談の再開については韓国側はいつでも再開の用意を整えており、この方針は従来と変りない』

文鳳済治安局長談『日本の警察が李大統領の身辺警護に特別上の努力を払ってくれたことについて心から感謝……』

權團長 任期完遂決意

反対派 退陣要求할気勢

민団全体大会는 例年보다빨리 오는五月八、九両日間「神戸海員会館」에서 開催된다 韓青問題로 우스성거리던 権逸執行部와 그反対派들은 大会日字의決定으로 一斉히 大会作戦에 着手하여 熾烈한攻防戦을 開始하고있으며 双方 모두 이미 地方에 布陣하여 各県本部代議員들의 説得工作에 着手하고있다

熾烈한攻防戦을開始

民団五月全体大会

一大波乱을予想

今次大会가 例年이면 下旬이던것이 上旬으로 빨라진것은 金光男議長이 声明하고있는바와같이 中央의険悪한 空気를 早速히 一掃하기為한것이다 所謂「呉・洪声明」을 契機로 爆発된 韓青事件을 거쳐 権執行部와 이에 反対하는 人士들의宿命的인 対立은 漸次그頂点에 達하여 그동안 暴行事件등 不美스러운事態가 続出하여 一般僑胞들의 눈살을 찌푸리게한바있다 이들 総은 今週中에 監察委員会가 韓青結論을 執行部에 通告함으로써 収拾段階로 들어갈것으로보이나 権団長의 去就如何에 따라서는 大会에서 커다란 波乱을 일으킬것으로 予測되고있다

昨年五月大会에서 成立된 権逸執行部는 그동안 商工連의結成、日韓親善協会의組織、韓国新聞의日刊化、財政委의 組織등 꾸준히 体制確立에 注力하여왔으나 그反面 韓学同의収拾、経済人団体의 統合에 失敗하여 事実上 二分된다는 結果를자아내었으며 韓青亦是 二分状態에 陥入하였다 権団長은 이러한 副作用을 是認하면서도「成立以来 너무도 不必要한곳에 힘이消費되어 約束한일을 다하지못하였다」고 말하면서 남은任期一年間을 계속担当할決意아래大会에 臨하려하고있다

그러나 大会를 에워싸고 감도는 空気는 決코 権団長의 그와같은 意向을 쉽게 是認하지않으려는 사나운空気에 휩쓸려가고있으며 反執行部派에서는 이以上 韓青을 分裂시키지않고 史上前例없는 昨今의 混乱状態를 収拾하기為하여 今次大会에서 一新하여 改選해야한다는 空気가 강하다고보여 権団長의 退陣을 要求할気勢를 보이고있다 対立候補로 나서겠다고 正式으로 表明한사람은 아직없으나 監察委員長인 金今石氏、「万年議長」인 金光男氏、顧問인 李裕天氏등으로 各其 情勢如何에 따라서는 権団長과 맞서 싸울心算으로 観測되고있다 反執行部派에서는 現在 対立候補의 最終決定및 그一本化에 苦慮하고있는것으로알려지고있는데 一本化에 成功하느냐않느냐가 大会의帰趨를가릴 重要한 尺度가될것같다 그런데 関係者들은다음과같이 大会에臨하는心境을 吐하고있다

難局打開為해 早期召集

△金光男議長談−民団中総을 에워싸고 감도는 不穏한空気를 打開하기為하여서는 하루라도 빨리 大会를 여는것이 最善의方法이라고 생각하여 例年보다 빠른 四五両日로 決定하였다 議題도 近間決定할것이나 地方代議員들은 民団이 当面하고있는 現情勢를 至今부터 冷静히 判断하여 大会에臨하여주기바란다 나의出馬云々의소리가있는것같으나 現在로서는 무어라말할수없다 (権団長의 任期가 一年남아있는데…하고물어본즉「代議員이 判断할줄로안다」고 뼈 含蓄性있는 答弁이였다)

남은任期完遂하겠다

△尹致夏副団長談−大会前에는 例年 여러가지 空気가있으나 執行部로서는 남은任期一年을 完遂하여 着手한 여러가지 懸案을 完成할 決意다

冷厳한審判을 確信

△金今石監察委員長談−나로서는 現在 韓青事件의査察에 没頭中임으로 出馬云々에対해서는 言及할수없다 監察委는 大会에서 最近의 事態의 経緯를 속속히報告하여 民団이 現今直面하고있는危機를 呼訴하여 地方代議員들의 冷厳한 判断을促求할方針이다 나는 地方代議員이 이미 이事態를収拾할 最善의方途가 무엇인가를 치착하고있는것으로 確信한다

一新為해改選이必要

△李裕天顧問談−周知하는바와같이 民団史上 이처럼混乱한 적은없었다 나로서는 微力이지만 可及的이면 収拾하여볼생각이며 必要에따

애국 애족의 미명아래 자행되는 부조리는 안될 말

(社説) 混濁한空気를一掃하라

−民団五月全体大会의課題−

民団五月大会의日字가 八、九両日로 決定되었다。例年의 大会라 別다른것이 못되겠지만 昨今民団을 에워싸고 감도는 空気를 볼적에 우리는 決코 今次五月大会의 帰趨를 注視하지않을수 없는바가있음으로 다시한번 全体僑胞의 冷静한 判断과 더욱더한 関心을 促求하기為하여 이에 言及코저한다。

本紙는 今年新年号에서「韓日関係의正常化가予想되는 이마당에있어서 앞으로 名実共히 六十万의 自治体로서의 権威를갖추어야할 中心的인組織体인民団이 十五周年을 치렀다고하지만 아직도 組織以前의 矛盾을内包한채 浮沈하고있다는것은 참으로 부끄러운노릇이아닐수없다」고指摘한바있다。또한三月十二日号에서는 昨今問題의 核心이되고있는 韓青問題에 言及하여監察委가 早速히 権威있는 結論을내려 前例없는 殺伐한事態를 하로速히 収拾토록 促求하면서「権逸団長은 就任以来 秩序있고 規律있는民団을 만들겠다고 屢次強調하였으나 오늘 우리의周囲에서 続出하고있는 事態는그와는正反対의 極現象이니 그責任의 所在가 如何間에 우리는 民団組織에있어서 果然 権団長의 指導力이 어느程度의것인지 疑心하지않을수가없다」고 指摘한바있었다。

우리가 서슴치않고 이렇게指摘하면서 双方의反省을 促求한것은 双方에서 입만열면「敵対勢力의浸透를막아야한다」고 強調하지마는 그実 오늘의混乱状態가 이미 敵対勢力이 노리는판局에 陥入하고있다고 判定하였기때문이다。그러나 그後事態는조금도 改善되지못한채 무거운空気속에 五月大会에 臨하게되었으니 再三恨歎하지않을수가없다。

더우기 지난三日에는 적어도 大会에서 選出된 三機関長의一人이 異例의声明을내어 그가中総団長室에서 하물며 権団長의 目前에서 暴行寸前의侮辱까지当한 수치수러운事態까지있었다고 밝혔으니 都大体「民団이여어디로가려냐?」고 自問하지않을수없는 心境에사로잡히게된다。이와같이 昨今民団中総에 감도는 空気는 너무도 混濁한바가있으며 이로因하여 組織은 未曾有의 危機에直面하고있다。우리는 그責任의所在가 全혀 権団長에 제있다고는보지않으나 어쨌던 最高責任者인 그가 뿌린씨라고 断定하지않을수가없다。이러한 마당에있어서 全体大会를 맞는다는것은참으로 重大한 意義를갖고있는것이나 우리는 民団代議員들이単純히 二日間의 討議에 맡기지말고 이제부터 어떻게하는것이 참으로 組織을 正常化하고「規律있고権威있는民団」으로 되살리는길인가를 真摯하게 考慮하기를 要望코저한다。

우리는 現執行部가 任期一年을 남기고있는것을 알고있으며 또 大会마다 改選々々하여 運動이 断絶되는事態를 決코 옳은것이라고 보지는않는다。도리어 그러한 悪循環을 되풀이함으로써 運動의 連絡性이 끊어저 恒常 꼭같은時点에서만 망서리는傾向의 再検討를 促求한바도있었다。그러나 오늘의 事態를 볼진대 果然一新하여 空気를 刷新할必要가있다고 是認하지않을수없게되니 不幸한일이다。

우리는 権団長이 계속 남은 一年동안 担当할것인가 그렇지않으면 다른분이 그重責을맡게될것인가에対해서는 무어라言及할수없으며 다만 代議員의 冷厳한 審判이있을것을 바랄뿐이다。어쨌던 우리는 民団이 今次大会에서 暴力의 냄새를 풍기기始作한 어제까지의 空気를 씻고 中傷과謀略、暴力은 決코 우리組織에서는 通用하지않는다는것을。内外에 誇示하여주기바란다。또한 이에덧붙여 우리가指摘코저하는것은 反執行部派도그運動過程에있어서 어디까지나民主的良識에비추어 代議員의判断에 맡긴다는 겸손한態度를取하여야한다는것이다。꼬집어뜯고욕설로써는 問題는 何等解決되지않는다는것을 銘心하여주기바란다。

柳前駐日大使の再審を嘆願

寛大なる措置を

李裕天民団顧問らが中心で

前大韓民国駐日代表部大使柳泰夏氏は軍事革命後いちはやく革命支持をうち出し自発的に帰国して過去の罪をざんげし、目下獄中にあるが、彼の持病である眼疾と胃腸病が重くなったと伝えきいた民団中総李裕天顧問らが中心となって在日僑胞有志に呼びかけ、別項のような嘆願文を朴正煕国家再建最高会議議長あてに提出した。

嘆願文

岐路にたたされたわが祖国の最後の段階を担当する閣下におかれましては日夜をわかたず国政に御多忙のことと御推察申上げます。愛国の至誠に燃ゆるわが居留民団も本国の施政に呼応して心を合せ総力協助することをおしむものではありません。

柳泰夏前駐日大使は李政権時代の外交政策に当たって日本政界の非難と反感をかう程、本国指令に忠実な官吏でありましたが、四・一九革命後、張政権のときには被疑者として指名され日本で亡命生活を余儀なくされ、民族国家の権威さえも失墜されたのでありました。

そうしている間に昨年五月、民族的希求でありました軍政が樹立されるや、その翌日彼は居留民団の幹部の一人であります李裕天氏に向かって「軍政はこの祖国を救うべく最後の手段でわが国の命脈を末永きものにする為に神さまがわかち与えてくれた恩恵」であると極めてこれを讃え軍政絶対支持を声明したものでありました。

そして「一対一の態度でもって談合していた韓国代表が日本国に逃避してきて哀願することは民族的羞恥のみか張頭根の亡命を知ったとき私はいいつくせない悩みに落ち入り夜もろくろく寝つかれなかったが、軍政を迎えた今日、万が一獄窓につながれることがあっても自分だけは帰国する」と悲壮な覚悟をはいたのであります。

昨年六月に李裕天氏は駐日代表部で軍政某要人に彼の心境を伝え、また代表部からも彼の帰国を希望、帰国すれば投獄措置は絶対に取らないということが本国高位者の意見でもあると知らされたので、李裕天、鄭烱和両氏が協力して説得した結果彼も時が来たと決然として応諾、六月二十四日自発的に帰国したのであります。

僑胞の中には平素彼を極端に嫌い反感を抱いていた者までが、彼のそうした愛国心に対し心良い讃辞をおくり、日本人たちも「柳を通して軍政が、いかなる性格をもつものであるかがうかがい知れる」といい衆目をあび、その後の動向をみまもったのでした。

しかし、われわれは、本国のとったこの処置には深い事情があってのことと推察申上げますが一般の人々には予想に反し帰国するや投獄されたので、他人ごととなると口泡を飛ばすことのすきな僑胞大衆たちは「柳を誘拐していったのではないか」と本国の真意を歪曲解釈しているのであります。

張政権時の亡命者が軍政本然の使命に共鳴し、いささかの依頼心と希望を抱き帰国したことはやはり賞讃してよい点であり、独立国家の面子をたてる上にも有終の美をかざった彼の決断性で過去の罪状に寛大なる措置をもって臨んで下さる必要性があると信ずるのであります。

門外漢の国民として政府措置に言及、柳泰夏云々とは許されがたい脱線行為であるということは、われわれとて熟知しておりますが、また一方よくよく考えてみると彼生来の眼疾と胃腸病にさいなむひ弱な彼の体質と因縁あさからぬ僑胞社会という特殊事情によって在日僑胞を代表し、私たちが嘆願するのであ[illegible]

事情御賢察されまして柳泰夏に対し寛大なる再審をおこなって仮釈放処分に処して下さるならば望外な措置と感謝するものであります。

[illegible]さっている閣下に対し、なによりも貴い健康に留意されまして御自愛の程切に願上げます。

在日大韓民国居留民団中央総本部団長権逸、議長金光男、監察委員長鄭烱和、常任顧問[illegible]桂、顧問鄭寅錫、顧問呉宇泳、顧問李裕天

国家再建最高会議議長

朴正煕閣下

1962.8.19

本国招請僑胞 奨学生からの便り

祖国再建の意気に感銘

民族意識と誇りに目覚む

本年度から祖国大韓民国政府のはからいにより在日僑胞奨学生本国招請奨学生制度が設けられ、いま祖国の各大学で多数の僑胞学生たちが開明の温い雰囲気の中で勉学に励んでいる。自国の言葉もあまり理解できなかったこれらの学生たちがようやく祖国の生活様式にも慣れ心から愛国心を持つようになったことは大きな成果であろう。僑胞奨学生たちは、いち早く会をつくり、初めて迎えた夏休暇を利用して勉学に一生懸命であるが、次の一文は僑胞本国招請奨学生代表が本紙に寄せたものである。

私達本国招請国費奨学生は既在ソウルで最初の夏休みを迎えたところです。

ソウルに到着してから既に一カ月余りにもなる者も居ますし比較的遅く到着した者も居ります。率直にいって最初のうちは未熟な国語知識のため簡単な会話にも恥かしいことながら支障をきたし、ソウル市の様子もわからないので苦労の連続でした。しかしながらその苦労の中にも何か快感を覚えたのは祖国への愛情のためであったと思います。

今では会話はほとんど聞きとれるようになり、こちらの生活にも相当慣れてきました。でも[illegible]すこととなる、とまだ何が分れます。

在日僑胞青年学生の宿命的な恥辱である国語に対する無関心無知、このことについては、私達もしばしば祖国の方々から質問を受けたのですが、それに対しては明確に答えることはできませんでした。

今日まで他国の習慣に埋もれがちであった民族意識と誇りに改めて強い反省を促されました本国政府からの貴重な奨学金を有益に活用し、留学生活を充実せしめ在日僑胞留学生相互の親睦と学究的向上を計ろうと、在日僑胞本国留学生親睦会を結成し、九月からの二学期にそなえて、国語の理解度を深めようと、この夏季放学中には皆が集まって国語の勉強を行なう計画でおります。

現在の祖国は再建の意気に燃え、意欲的に全てのことが推進されております。

僕等在日僑胞本国留学生は再建に励む祖国の姿をまのあたりに見て強い感銘を受けました。

在日僑胞の青年学生諸君、一人でも多く現在の伸び行く祖国の姿を見て、一日も早く国語を忘れた国民ではなくなるよう努力しようではありませんか。

(在日僑胞本国招請奨学生代表・[illegible])

中総往来

金熙明

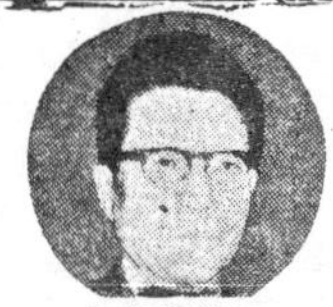

金事務総長

◇八月十二日、この夏一番暑い日、民団三機関役員本国視察団を引率して、本国に使し、丁度一ケ月間をソウルで暮らした。ソウルの暑さも東京に負ける ものでない。むしろ直射光線の鋭いのには驚いたほどで、相当日焼けをして九月十二日のCAT機で、羽田空港に帰って来た。ソウルの暑さは日陰にいるとしのぎよいが、東京は室の中にねていても暑いから、大陸と、島国との気候の相異が見られるのである。九月に入ってから急に、朝夕は新涼をおぼえ、澄んだソウルの空には、むら雲一つ見えなかった。動乱で破壊され、焦土化した祖国、ソウルの復興の意気ごみはものすごく、山川草木の自然は、あくまで美しさを保持していた。

◇僑胞視察団は、予定の視察プログラムにしたがって、産業、文化施設をはじめ、板門店等前線や国軍基地、旧宮殿、廟苑等を訪ね各長官や、名士たちと歓談する機会をえて、本国の事情に対して、認識をさらに深めることが出来た

八月十五日の光復節には、ソウル運動場で開かれた「慶祝式場」に三〇〇名の僑胞が特別に設けられた席につき、あまりにも盛大な式典に感激し、つづいて行われた光化門通りの、陸・海・空軍の分列行進の脊間にも、特別席でこれを間近に観覧した。韓国国軍の近代的機械化した精鋭部隊の実力を賛揚せざるをえなかった。いづれにも数十万の群集が集り、ソウル長安は慶祝の一色にぬられていた。

◇夜は名園慶会楼で行われた慶祝パーティーに、六名の僑胞代表が招かれ、山海の珍味に舌鼓をうちながら、韓国の古典舞踊等のケンランたる美しさに心を打った。会場に文武百官、国会議員、名士、各国文武使節代表等五〇〇名の男女が、韓国の久遠の盛栄を祈るように、なごやかな雰囲気の中で、約三時間を酔い心ですごした。限りない感激がいまなおつづいているような気がする。

◇在日僑胞本国訪問団体は、相当数ソウルに集中した。「韓青」「戦友会」「三十三人遺家族」「大韓婦人会」「在日学生野球団」「学生ホッケー団」「民団三機関役員視察団」「中・高学生視察訪問団」等の人々がソウルの街角で出会い、日本語で懐しいあいさつを交わす風景も添えた。この中でも、それこそ挙国的に空前の歓迎を受けたのは、中高学生祖国訪問団である。一同が釜山港頭に現われた瞬間は嵐のような歓迎ぜめで来た人も、迎える人も涙で抱き合う有様である。大邱、大田、天安等に特急「統一号」が、止るたび毎に歓呼の声と、学徒隊のブラスバンドの音楽が響き、騒音がつづいた。ソウルの資長の広場では、空前の歓迎行事が展開され、映画ラジオ、音楽隊が動員され、新聞社の凝光灯がまばゆく群衆の中で光をなげていた。ソウルの中高学生代表五〇〇名と、学校長代表五〇名、文教部、ソウル特別市教育係、学徒護国隊の幹部達が数週間前より待ちかまえていた、この瞬間を迎えるべく尽した努力は誠に大きい。それだけに彼等のこの瞬間の気持ちは、人間の純化された最高の清澄な気持ちで、興奮した形で見られた。そして二週間にわたる歓迎プログラム遂行のために尽くした朝野の人々の努力と誠意に感謝をささげる。特に文教当局学生護国隊の諸賢に対して。

◇民団中総の行動方針綱領に[illegible]く、本国との交渉は、今後ますます親近さを増し、誤解の度を[illegible]める必要は、いうまでもない。[illegible]度の出張で会見し、相談して見ると、このことは先方でも希望しているなどで、なにより人的相互接触が、すべてを良い方向へ導くという決論をえた。自由党の[illegible]総務委員長、任哲鎬組織委員長はいづれも前長官であるが、今後団と本国との相互連絡のためとなることを力強く誓約され、世界国会外務委員長も、その必要さを強調せられていた。民団東京事務連絡所の黄理事長をはじめ秋仁奉理事の献身的努力と誠意に対して深甚なる敬意を表したい。いずれ各別的に紀行記を書くつもりであるが、とりあえず編輯局の推促に応えて。―九月十八日―

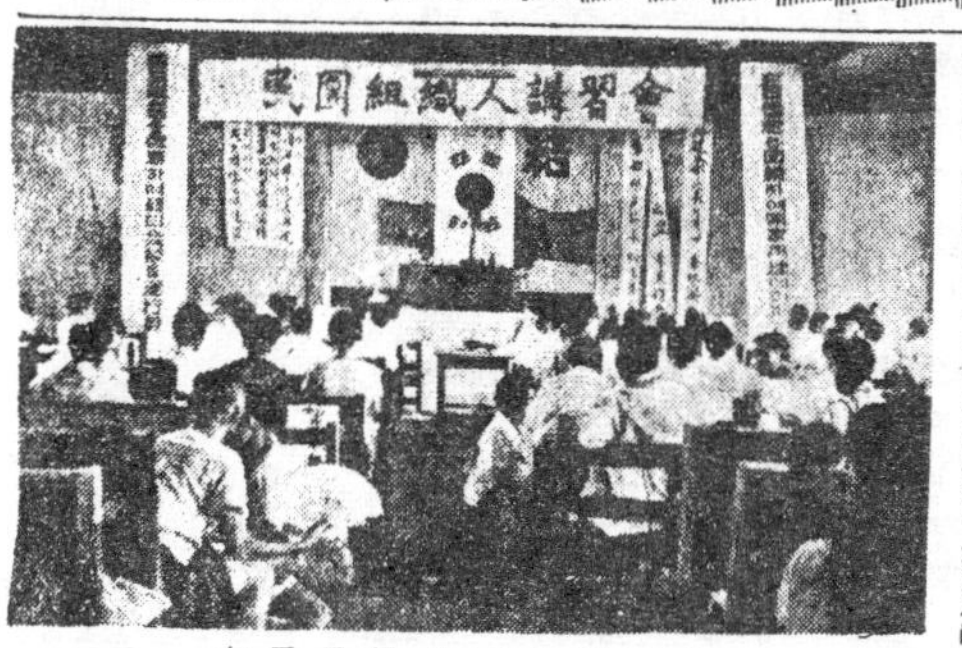

大阪民団組織人講習会

民団大阪 組織人講習会盛況

【民団大阪発】民団大阪本部の主催による民団組織人講習会がさる七日正午から大阪本部講堂で盛大に行なわれた。

いま来日中の国民運動本部次長李[illegible]氏、反共連盟事務局長[illegible]氏、外務部僑民課長朴[illegible]氏らを講師に迎えて行なわれた同講習会には大阪府下をはじめ近畿、中国、四国地方からの参加者合せて二百余名が参加。李[illegible]氏の「経済再建と道義再建」(李[illegible]氏の「共産主義批判および北韓実情」、朴[illegible]氏の「僑民の指導と保護」[illegible]に講義をうめた聴講者たちは皆熱心に聞き入っていた。

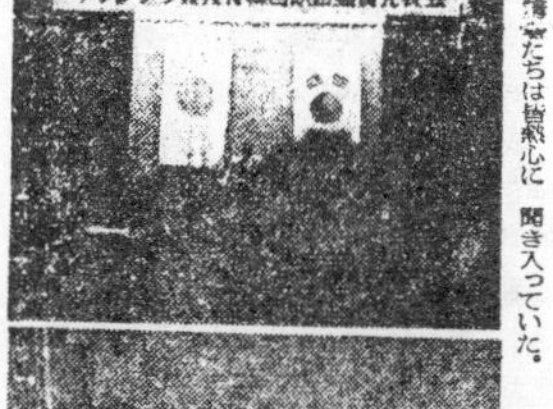

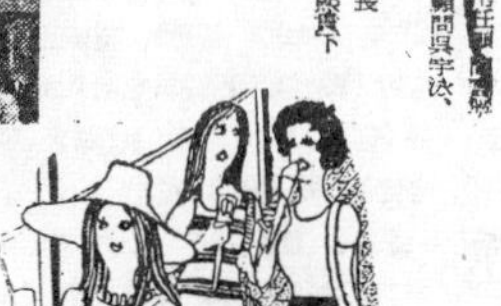

権団長発言の波紋

各派、様々の思惑
カギ握る改正規約の帰趨

1963.2.10

民団中総権逸団長は去る二日、突如在日韓国人記者団を招いて「規約改正議案が大会で通過すれば退陣する」と、次期大会に臨む基本態度を明らかにしたこの"権団長発言"のねらいは規約改正案が大会で通過しなければ再立候補もあり得る点を明らかにすると共に、大会に臨む権団長の決意をのべたもようだが、各派の"権団長発言"に対する解釈はさまざまだ。そこで大会論争の焦点とみられる①任期満了の権逸執行部の去就②規約改正案の帰趨③団長選挙④在日韓国人の法的地位問題などを中心とした各派の動向にスポットをあててみた。

与野勢力の三度目の決戦場といわれる第二十八回定期大会は二ヵ月繰り上げて三月に開かれる公算が濃厚だ。三月説を唱える意見は与党側が強く「三月大会で改正される新規約に基いて県本部(四月)が開かれれば二度開かなくともすむ」という理由をとりあげている。二度も大会を開かなくともすむという解釈は、新規約が誕生すると現行の規約で定められている「三機関制」が無効になるので、これを改めるための大会を開く必要が生じるのと、三機関制に代る「中央委」(地方は地方委)を選出しなければならないことを指している。権執行部としては、または権逸執行部を支持する側ではこのような理由などから「三月大会」を望んでいるもようで、金光男中央議長、鄭烱和中央監察委員長もほぼ同意していると伝えられ、三月大会実現が確実視されている。

次期大会で任期満了となる権逸執行部は、去る二日の"権団長発言"によって大会に臨む基本態度——二段構えの決意を明らかにした。改正規約が大会で通過すれば三機長は退陣したい、という民意には反権派がいう「権団長独裁」を目指す改悪規約の批判に対する回答ともいわれるが、もう一つの理由には過去二年間を通じて休む間もなく燃え続けた"主導権争い"で疲労し過ぎたことも権団長の退陣の理由(権団長談)である。これに加えて権団長の周囲の情勢にも大幅な変化が生じたことも見逃がせない事情のようだ。反権勢力にはだかって権団長擁護に大きな役割りを果した鄭烱和監察委員長は「民団はいま新時代にふさわしい新しい政策と、政策を中心とした団結を要求しており、このためには組織の若返りを必要としている」と述べ、この趣旨から権団長に後進に道を譲るべきだ、と再三進言していると語っており権執行部誕生の立役者商[illegible]理事は「人にはそれ[illegible]があるように、権団[illegible]案が実現すれば一線[illegible]べきだ」など[illegible]周囲の意見は多分に[illegible]いるのも、権団体の心[illegible]たと伝えられている。

長の辞めたい心境の反面には「改正規約の大会通過」とからんで、再び渦中に身を入れる決意をほのめかしている。三機関制廃止、事務局長任免、中央委の三本柱を中心とする構想は崩せない、という言明を実現まで頑張るという発言がそれを物語っているが、この言明は議案通りに大会で可決されなければ再立候補することを意味[illegible]

[illegible]うし少しやらねばならなくなったための口実に過ぎない」と述べている。いずれにせよ権団長の進退は大会が規約改正案をどのように裁決するかによってその去就が決まる見通しとなった。権団長の去就に次いで大会の論争の中心とみられているのが改正規約の帰結だ。権団長は記者会見で自信はあるかの問いに「絶対に通過する」と自信満々の答弁で見通しを語った。権団長の改正精神を支持する意見は、内容的には多少の異見あるとしても、大局的にはこの際改正すべきだとし、大会で論争は免れないにしても、結局は通過するものと判断している。これらの意見の根拠は中央議事会で改正案に一任され、大会に上程するように決[illegible]

[illegible]成している」と精力的に全国に飛び回った感想をこのように述べている。この通過説に対する反論は鋭い。朴根世元議長は「絶対に通過しない」と前置きして「改正案をよく検討すると不備を憂慮する面がより多くなる」、組織づくりにならないく憂慮される面では"独裁"がやり易いことを指摘した。い。それに在日僑胞—民団の環境条件が伴わない。その意味で悪効果を招来するおそれがあり、無理強いしなければならない理由は「一つもない」と語っている。また金今石元監察委員長は中央委の設置は原則的に賛成できるが中委の構成その他については意見を別にすると述べ「現改正案を通過させるためには代議員三分の二以[illegible]

[illegible]

[illegible]が十分に検討[illegible]する点を納得す[illegible]権団長の何が何[illegible]切ろうとするや[illegible]ない」と批判[illegible]は原則的には賛成[illegible]「組織的討議を[illegible]ねらって提出する[illegible]と考えている」と[illegible]は多少のズレ[illegible]目される。

だが、尹副団長は「われわれは大会で通過する可能性があるとの立場をとっている。もしわれわれの判断が通過困難とすれば、試案を引っ込め、権団長の立候補という作戦に出るだろう」となかなか強気をみせている。

第三の焦点は"団長選挙"がどうなるかだ。権団長の去就如何によって団長選挙の色模様がガラリと変ることも予想されているが、噂[illegible]

国旗問題、最大の難関
五輪統一チーム楽観許さず

(ソウル発=KEP)李大韓体育会副会長は六日談話を発表し、去る一月二十四日スイスのロザンヌで開かれたオリンピック単一チームの結成に関する南北韓実務者会談の成果について国旗問題だけを残し、国歌(アリランを使用)および選手・役員の選抜原則問題では双方が原則的に合意に達したことを再確認した。

六四年度東京オリンピック大会に南北韓が統一チームで参加する問題に関して、IOC事務局の司会の下にロザンヌで行なわれたこの南北実務者会談では、大会で使用する国歌の問題について、民謡のアリランで代用することにし、選手や役員の選抜問題についても東西両ドイツの前例もあって、技術的な点で双方が合意をみたものの、最も重要な国旗問題については北韓側の政治的な反対とIOC事務局側の理解不足によっていまだ合意をみるに至っていない。

李副会長はこの日発表した談話文をつうじて、さる一月二十四日のロザンヌ会談で韓国代表らは、過去八十余年の間、民族と運命をともにしてきた大極旗が韓国民族のシンボルであることを強調し、東京大会に出場する統一チームの国旗として使用することを提議したが、北韓側は強くこれを反対したと語った。それはかりでなく北韓側はIOC側が提示した五輪マークの下にコリアと書き入れた旗を使用する案すらも反対した。このようないきさつからみて統一チームの構成問題は楽観できなくなった。

長時間潜水もOK
羅鐘卿氏 新発明の潜水機展示

九年の歳月と資金難にもめげず、潜水機の改良に取り組んでいた羅鐘卿氏は長年の労苦が報われ、去年十一月二十四日の「発明特許」にひきつづいて去る五日から十日まで東京上野松坂屋新館五階で開かれた「第十五回東京都優秀発明展覧会」に浅海用、作業用、極深海用三種の潜水機を出品、好評を博している。羅氏が日本特許庁に発明特許願書を出したのは昭和三十五年三月四日であった。これまでの潜水界は三十分以上潜水していると血管麻痺、神経などをおかされる潜水病にかかりやすく、従って潜水作業も制限されていた。その上、水圧による胸部と内臓諸器官に圧迫が生じ生理障害となる欠点があった。羅氏が九年の歳月と十三回におよぶ実験を経て完成したものは、これらの決定的欠陥を根本的に除去したもので①胸部および腹部などが圧迫されず、電気駆動遠心力応用の特殊風車による連続的な送排気の循環作業により、常に平圧(地上と同じ)の新鮮な空気を呼吸するため、呼吸困難がなくまた潜水病にかかる心配がなくなった。従って健康体の男女は誰にしかも長時間潜水できる②バッテリなどの電源利用で操作が簡単で機械の運搬、格納が便利で多人数を要しない③極深海に潜水する場合は送排気用管の各箇所に前記電気駆動遠心力応用特殊風車を中継してリレー式に送排が出来るので安全で長時間(一時四十分)の潜水作業ができる、など革命的な機具を完成したもの。この日展示会入口にマネキンをつかっての会場には大勢の見物人が押しかけ質問も多かった。羅氏は新発明の特徴をくわしく説明するなどお客の受け答えに忙しかった。

Mデパートに展示された潜水具(円内は羅氏)

新学期から高等部新設
京都韓中、担当教員を募集

京都韓国中学校(金聖関校長)では新学期から高等部(高等学校)を新設することになり、これに備え、商学科と理工科担当の教師数名を募っている。応募資格は商学部または経済学部を卒えたもの、または今年卒業見込のもの(商科担当) 理工学部を卒業または卒業見込のもの(物理・化学担当)となっており、右希望者は履歴書持参の上来校までとなっている。待遇は最優遇とのこと。

民団大本の現状など
代議員・支団長が懇談会

[illegible]この日集ったのは崔喆洙生野支部団長、白丁鎬東成支部団長、蔡鐘方大正支部団長などをはじめ特に高知韓日親善協会結成大会に参席しての帰途大阪に立ち寄った権逸中総団長などで懇談会は姜弘実氏の司会ではじめられた。発言の内容は終始、現大本執行部に対する批判的なもので、最終に民団大阪本部の臨時大会を早急に開催するよう要求する署名運動を[illegible]

中央、地方を問わず、[illegible]す強まる傾向にあるが[illegible]はまた在日僑胞全体の[illegible]あり、自治機関である[illegible]良識ある僑胞から見捨[illegible]立花していくことであ[illegible]る立場におかれている[illegible]地方を問わず腐敗堕落[illegible]団の本当の姿を直視し、[illegible]省せねばならないこと[illegible]よう望んでいる声が日ま[illegible]っている。

S.41.6.8
1966

横行するヤミ日本円

厳戒しり目に一億円

ほとんどが密貿易の決済に

【ソウル支社発】さいきん韓国内に日本円が流入し、一日およそ十九万六千円（十四万ウオン）内外が街頭などでヤミ取引されているといわれ、治安当局は厳重に取締りの目を光らせているが、その警戒の目をくぐって、ヤミ取引は日増しにはげしくなってきているという。すでに韓国内にはおよそ一億円以上の日本円が流入していると当局は推定しており、これらのヤミ日本円は主として密貿易の決済に使用されているものとみられ、正常な貿易に与える影響は大きく経済界でも憂慮している。

今日までに韓国地検の押収したヤミ日本円は千八百万円に上っている。

日本円の流入ルートは、韓日新時代に入って韓国を訪ずれる観光客や、往来がはげしくなっている在日韓僑たちが持ち込むものや、駐韓日本商社などが、限られたドルの送金を補うために日本円を持ち込みウォンにヤミで換金しているという"うわさ"もでている。

このほかに、組織的な大がかりなヤミルートがあるものと治安当局ではみている。

通常使われている韓国紙幣㊤と日本紙幣㊦

盛り場に立ちんぼ「円を買います」

治安当局 ルート摘発に躍起

ソウル市では東大門、南大門、中央各市場付近、半島ホテル前の喫茶店、美都波デパート前の小路など、釜山市では国際市場、釜山鎮市場、光復洞露天路、南浦洞の喫茶店、中央洞の小路という盛り場には「円を買います」という中年の女性が出没しており、それらしい人をみては寄って寄って声をかけ、ヤミ取引を行なっている。

相場は日本の一万円札が七千五百ウオンから八千ウオン、千円札が七百二十ウオンから七百五十ウオンで、百円札が七十ウオンから七十五ウオンで交換されている。

また大口取引となると「暗号電報」を使って行なわれているともいわれている。

治安当局はその摘発に躍起となっているが、買人は常に服装を変え、場所を移動し巧みな戦術をとって当局の目をかすめている。

韓国の為替換算率は実務レートであるため公定レートとヤミレートは大体同額であるが、密貿易の決済には絶対に必要なのである。

日本商品をこのヤミ日本円で密かに買入れ、国内で売ると数倍ももうかるというのである。

韓国の外国為替管理法によると「日本円を不法に所持しているものは十年以下の懲役にする」と規定されており、治安当局は日本円のヤミルートの摘発に躍起となっている。

ソ連、韓国の加入を阻止

国連安保理　林大使北韓調査を要請

ソ連は九日国連安全保障理事会で八十一回目の拒否権を行使、韓国の国連加入を拒否した

表決の結果は韓国の加入に賛成が十票、反対が一票だったがソ連の拒否権発動で多数派が抑えられたのである

この日これより先に韓国は原子兵器とジェット機を備えた北韓の共産軍前進基地の増強ぶりを国連が「即時効果的に」調査するようながした

林炳稷国連駐在韓国大使は安保理事会がこれまで再三ソ連に拒否されてきた韓国の国連加入申請を再び検討するために会議を開いたさい右の調査を要求したのである

・ロッジ米大使は安保理事会で同理事会にとって「今日こそ歴史的不正を改める機会だ」と説いた

ロッジ代表は「韓国は国連の血族である。世界各国の中でそれ以上に加入の権利をもっている国はない……国連は大韓民国を唯一の合法的韓国政府と認めている。これは血と戦いによって確認されている」とのべた

林韓国大使は安保理事会開催に先立って次のような声明を発した

韓国の国連加入は、安保理事会の共産常任理事国の不らちな拒否権乱用によって一九四九年以来阻止されている

今日韓国における自由世界の平和と集団安全保障は共産主義占領下の北韓で国際休戦協定に違反して行われたジェット空軍と核兵器の増強により脅かされている

国連軍司令部は共産帝国主義者に訓練され装備され指揮されている北韓のこの攻撃力の脅威を認めた。この明らかな脅威に直面した国連軍司令部は旗下部隊を最新兵器で装備することに決定した、同じ理由で韓国軍も共産攻撃の脅威に対抗して国を守るため同様に近代兵器で武装すべきである

韓国としてはアジアと自由世界の平和に対する脅威が非常に明白かつ切迫しているので国連は国際平和および安全保障の原則を守るため北韓共産軍がジェット機と原子兵器で武装している侵略的軍隊および前進軍事基地の増強を即時効果的に調査すべきであると述べた

祖国は健康である

1957.9.15

李　元　範

李範元氏

日本では、何時も祖国を思う時距離を問はず、未曽有の戦争は、麗しい山河の形相を変え、血でその山河を染め、戦争孤児と未亡人は街にあふれ、いつも強迫観念におびえ慄きつつその日のささやかな餌を求めている、とよく聞かされた。

このような既成観念が強かったせいか、羽田から機上の人となって四時間余、眼下に、日本の国土は逃げてゆき、もつと険しい山の重なる祖国が現れ、川べりに並ぶポプラ、懐しいポプラ、黄色っぽい、ワラぶきの家々を眺めて、祖国の山川を悲しく想ったが、汝矣島飛行場からソウルに近づくにつれ、想像した橋、列車、自動車などの残がい、不気味な武器の陳列はなく、こうした不安も、ものの数ではないように、ポプラの並木緑化された山々は日本のように、デカデカの広告でけがされていないためか美しくながめやられる。

街道では、女たちばかりでなく男たちもみながニコニコして道路拡張工事に急いでいる。生活はひるみはしない。生活は一瞬たりとも停止してはいない。わが民族の生活は再び始まり、そして続いているのである。何と祖国は健康だろう。

勿論、戦後における恐慌と巨大な軍隊を抱えている民衆の苦労には尽きないものがあるようだが、一九五〇年夏、なだれ込んだ傀儡軍の目に余る残虐行為にこりごりした民衆は、生活苦にあえいでも反共意識は極めて強く、国軍の威風堂々とした市中行進の時など、感激の涙を光らせている。

最近のソウルと地方都市の復興ぶりは、政府の援助で激しい戦禍をしのばせる痛々しい戦災の跡を繕うように、近代都市計画に立却した広い道路と近代建築の威容をみせているのがちょっと目には立派にさえみえる。がしかし、その実、まだまだ時日を要することであろう。

しかし教育の殿堂である象牙の塔は、数多く近代建築化しているのが目を引く、従来は文化も、教育も、その文字すらも日本の侵略者から奪われていたこの民族が、いまや祖国の土壌のうえに生長してきた祖先の文化と歴史をとりもどし、民主主義を樹立し、新しい鼓動、目覚、起ち上り、新興国家の急速な展開を意味し青春の健康な息吹をふきかえしている。

また全国到る処にそびえ立つ美しい教会の建物は民心を雄弁に物語っている。ここに、教会の主キリストの「山上の垂訓」を引用してこの文をおわりたい。

平和をつくり出す人たちは、さいわいである。彼らは神の子とよばれるであろう。（筆者は韓青中総副団長）

☆ ☆ ☆ ☆ ☆

1963.1.10

徐相漢、故趙明河両氏に

抗日闘争の功労を讃え

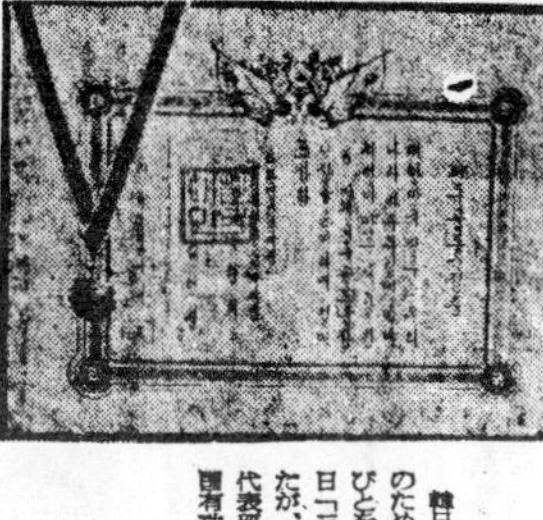

写真は徐氏に贈られた勲章および表彰状

韓日合併以後民族と国家の守護のため犠牲となり、功労あるひとびとを表彰する式は、さる三月一日「三・一節記念日」に行なわれたが、このほど本国外務部は駐日代表部をつうじて徐相漢氏に「建国有功勲章（単章）および表彰状」と副賞（ラジオ）」がおくられてきた。またいまは故人となった趙明河氏にも同様の勲章および表彰状が届いている。

本国政府が建国功労者を表彰する制度を施行して以来毎年行なってきたが、在日僑胞が表彰されたのはこんどがはじめてである。徐相漢氏に「建国有功勲章」を授けたのは、徐氏の抗日斗争を讃えるもので、特に李王垠殿下と梨本宮方子姫との結婚を政略結婚として反対運動を展開した。当時一般国民には公開されていなかったが、元李王殿下の妃候補として梨本家のほか島津家があったが、当時梨本家の方子姫は石子（うまずめ）と噂されており、これを伝えきいた在日愛国僑胞らは李王家を根絶させる政治的陰謀の政略結婚であるという観点から、厳しい官憲の目を盗んで熾烈な反対運動を起した。徐氏はこの運動に一身を投げて斗ったが運なく逮捕され投獄された。

徐氏はそればかりでなく、日帝斗争のため獄窓に呻吟している愛国同志に温い差し入れをするなど、反日運動の一線で活躍した。今回の表彰はこれら多年の功労を讃えるもので、勲章は純金製で円形4・5センチの中に「太極」を浮きぼりにした単章である。

また趙明河氏（写真）は一九二八年五月十四日、久邇宮が台湾の台北駐屯部隊を査えつするため部隊に向う途中を待ち伏せ、死を覚悟して麻薬を飲んだのち久邇宮が乗っている車を襲撃した。必殺の襲撃は失敗に終り現場で憲兵に逮捕され厳しい取り調べを受けたのち同年七月十八日現地で処刑された。この義挙が表彰されたが、表彰は趙氏の長男趙聖来氏（写真）＝本国在住＝に授けられた。

民団ではこの表彰をひろく在日僑胞に伝えるため駐日代表部と協議の上近々「建国有功勲章伝達式」を行なう予定である。

京阪神でサヨナラ公演

七月初旬 韓国ろうあリズム演奏団

日本の「手を結ぶ会」（徳川夢声会長）の招きで去る四月来日、東京、横浜、名古屋、広島など日本各地で演奏会を催し、好評を博している韓国ろうあリズム演奏団は、いよいよ来る七月初旬日本での最後の演奏予定地関西地方に舞台を移して公演を行なう。

同演奏団は宿命的に永遠の静寂の世界に閉じこめられた韓国の子女十一名（男四、女七）のろうあ者で構成され、金興山氏（同演奏団団長、編曲者）が八年前から献身的な努力でこれら口のきけない、耳のきこえない韓国の少年少女を立派な音楽家に育てあげたもの。これらろうあ者による演奏団は世界的にもまれで、同演奏団が生理的な不自由を克服し国際舞台で高度な技巧を必要とする楽器の使い方にも自信と積極的正確さをもって演奏を続けていることは韓国子女にとって一つの大きな誇りであり、近く大阪、京都、神戸地域で催される同演奏団に早く大きな期待がよせられておりまた僑胞の絶大なる協力が寄せられている。

各界代表年頭の辞

法的地位問題に 全僑胞の要望を反映

民団東京本部団長 丁栄玉

東本丁栄玉団長

在日僑胞の皆さん明けましておめでとうございます。一九六三年の新春を迎えまして、皆さんに年頭のあいさつとともに年頭の所感を申しあげますことは非常な光栄に存じます。

皆さんもご承知の通りわが祖国は五・一六革命以来、国家再建のために繁栄な祖国を目指して精鋭的に前進中であります。同時に革命政府が公約した民政移管を控えて準備も着々と推進中であります。

一方、十年交渉の韓日会談も政府の努力と関係者がたのたゆまぬ努力によって、今や妥結の目前に達しております。両国間の国交正常化を達成させるために促進運動を展開してきたわれわれとしては誠によろこばしい限りであります。

しかし、ここでわれわれが最も慎重に考えなければならない点は日本におけるわれわれの身分を決定する法的地位問題であります。すでに紙上の報道を通じてよくご存知と思いますが、これはわれわれ六十万僑胞の権益に関する最も重要な問題であります。われわれの立場と要求をこの法的地位問題討議に充分反映させなければなりません。このような意味において、私たち僑胞はその実態内容を勉強する必要があります。と同時に、本国はもちろん、日本政府にもただしく伝えなければならないし、これのためにわれわれは全機能をあげて活発な運動を展開しなければならないと思います。

過去一年、民団はいろいろな大事業を遂行し着実に前進していますが、もちろん一部にはまだまだ是正しなければならない組織的な問題がないともいえないのであります。

今年こそ民団綱領の示す基本的精神のもとで、着実に前進するために全僑胞の絶対的な協力がのぞまれております。最後に東京本部として今年の計画を簡単に申し上げますと、昨年の大会で決議した活動方針の中で [illegible]

民団の威信を向上

民団大阪府本部団長 徐相夏

大阪本部 徐相夏団長

[illegible] 最とも堅牢な東京本部の財政確立 [illegible] す。しかし、これで満足せず [illegible] を図るつもりであります。

[illegible] 巧妙な宣伝に [illegible] 僑胞一体となる諸般問題を処理して行く年でもあります。この非常体制の年に大阪府本部団長として浅学非才の小生も全力を傾注し粉骨砕身の滅公精神下に僑胞社会の発展に尽したいと思います。皆様方々のご叱咤とご指導を賜ることを切にお願いいたします。

月間百万を援助

東京地区財政委を結成 民団の財政面固む

民団の財政を積極的かつ継続的に支援しようと、かねてから在京韓国系経済人有志によって準備が進められてきた「在日本大韓民国居留民団東京地区財政委員会」が、さる十六日午後二時から東京 [illegible] で正式に結成された。

同日の結成総会は [illegible] 氏の司会で開かれ [illegible] の両氏を [illegible] 氏の開会のあいさつに次いで [illegible] 裕天氏などの来賓あいさつ、民団中総権逸団長あいさつのあと、規約を一部修正して通過させ、次のように役員を選出した。

代表委員＝鄭寅錫、李康友、辛格浩

運営委員＝許弼奭、鄭東淳、呉炳寿、金世基、許弼成、韓禄俊、金己哲、金在沢、辛熙、李鍾万、鄭淳学、河石祚

監査＝李鍾鳴、鄭建永、丁栄玉

事務局長＝金世基

なお同委員会は、民団の基本財政が確立するまで、民団中総および東本に対し毎月財政援助を行ない、民団がその本来の運動に全力を傾け得るようにするため、経済人が自発的に結成したもので、既に五十余の会員が月間約百万円を出し合い、民団中総と東本に援助することになっており、大阪、名古屋地方などでもこのような委員会を結成すべく準備を進めているという。

韓国再建に協力がほしい

密接な両国の提携を

大阪で日韓経済人が交歓

日韓経済協会（植村甲午郎会長）の招請による韓国国会商工委員訪日経済視察団（団長民主共和党の李活議員）一行十二名は、さる十七日来日以来、東京、名古屋、大阪、神戸など日本の重要産業地帯を視察するかたわら日本経済界の要路ならびに在日僑胞経済人たちと懇談を行なった。

日本の中部経済圏にあたる名古屋には、二十日来着、松永製菓工場、日本碍子小牧工場、名古屋工業試験場などを視察したほか名古屋市ならびに名古屋商工会議所主催の歓迎懇談会（同日正午国際ホテル）・韓国人商工会主催の懇談会（同日午後六時精香園）などに出席して同夜午後九時十分近鉄上六着で大阪入りした。

大阪では、二十一日午前中に住友化学工業茨木工場、午後は阪本紡績工場、二十二日には神戸の川崎重工業本社をそれぞれ視察した。

韓国国会議員訪日経済視察団一行を迎えた関西日韓協会（杉道助会長＝日韓会談日本側代表）では、アジア貿易協会との共催で二十一日正午から新大阪ホテルで歓迎懇談会をひらいた。同懇談会には伊藤忠（常務取締役[illegible]兵衛氏）丸紅飯田（取締役社長桧山広氏）伊藤万など日本の有名貿易商社をはじめ在阪韓国人経済界から徐甲虎阪本紡績社長、安住祐日本有機社長、李熙健大阪興銀理事長ら約百余名が参加し盛大であった。杉道助日韓協会会長が歓迎のあいさつをのべたあと李活団長（韓国貿易協会会長）が「韓日両国の関係はいろんな意味で密接である。この関係を今後の韓日経済提携に生かしていきたい」との要旨をのべて「日本経済の発展ぶりは驚くべきものがあるが、韓国再建に皆様の協力を望んでやまない」とあいさつした。

盛大な歓迎会上は東天閣（大阪）下は精香園（名古屋）の二会場

二世に民族精神を

韓青岐阜支部修養会

韓国青年同盟岐阜県本部金信行委員長は就任以来韓青の活動方針について役員とともに協議を進めて来たが、八・一五光復紀念日を迎え、韓国民族精神を第二世に高揚すべく修養会を行なった。

"四名の美女"決まる

在日ミス・僑胞大阪代表

東京オリンピック在日韓国人後援会（李裕天会長）では同後援事業の一つとしてオリンピック期間中、各種の事業ならびに行事をもって韓国ムードをもり上げるということになっているが、その一つにミス・在日僑胞五名を選出、韓国の美を誇ることになっている。このミス・僑胞は文字通り在日僑胞社会から選ばれる美人代表であり、オリンピック期間中は各種の行事にも参加して国威宣揚の一翼をになうことになっている。

そこで日本全国のミス・僑胞の選出はきたる十月東京で行なわれるが、さる八月十五日の慶祝記念日に各府県での予選が行なわれた。この予選に入選されたものが全国の代表選に参加するわけであるが、大阪では民団大阪府本部が主管になってさる十五日、中ノ島中央公会堂における民衆大会で、真、善、美、佳の四名の候補を選出した。

同日このミス・僑胞予選に参加したのは大阪府下から五十四名。

ーと自信のあるミスたちがステージで番号札を胸にならび、にわか審査員たちによる容姿テストでつぎの四名がミス・僑胞候補に選ばれた。

なお、この種の行事は僑胞社会においては初めてであるが、きたる十月東京で選出されるミス僑胞は、来年から本国で毎年行なわれるミス・コリア選出大会に僑胞代表として参加することになっている。大阪選出ミス・僑胞の候補はつぎのとおりである。▽真、木信子（23歳短大卒）▽善、李敏子（20歳大阪興銀勤務）▽美、金清子（17歳会社員）▽佳、金初子（20歳家事）

ミス・僑胞候補選考風景

木 信子さん

李 敏子さん

金 清子さん

金 初子さん

粛清の嵐に怯える在日朝総連

派閥の暗闘熾烈化

人事まで北韓の指揮下に

北韓カイライ集団の前衛機関である在日朝総連は、最近深刻な内部葛藤によりはげしく動揺している。朝総連内には日本共産党出身である「民対派」（日共党内の少数民族対策部系列）と、朝総連が組織される以前の「在日朝鮮人民主統一戦線」系列の「民族派」があり、これらは一九五五年朝総連の結成以来依然として続いている。「民対派」として朝総連内の人事部長という要職にいた[illegible]は一九六三年のはじめに「民族派」に追放されてしまった、と[illegible]

本格的に開店

愛知県韓国人中小企業協同組合

では五月発足以来組合員の出資金の回収を急ぎ、土地担保の手続を進めて中小銀と交渉中であったが、このほど第一回貸出し金五千万円のワクが決定、正式開店となり、八月十七日商工会において[illegible]

韓国からも参加

東京のアジア親善遊説団

アジア友の会の招きで来日していた韓国学生親善遊説団一行八名が、さる十四日東京入りした。[illegible]

大韓航空公社大阪駐在事務所移転 大韓航空公社大阪駐在事務所は、このほど旧事務所からつぎの事務所に移転した。大阪市浪速区元町二丁目一〇〇ノ一、東洋ビル三階 電話（六三二）一〇五三一

疑点解明で団風一新を
＝民団第17回中央委に望む＝

社説

在日大韓民国居留民団の第十七回中央委員会が、当初の予定九月二十四日から一カ月延期されて、いよいよ来る二十三日東京市ケ谷の日傷会館で開かれる。さる三月の第十六回中央委から丁度七カ月目である。民団はその間永住権申請問題に加え、万博韓国館建設募金ならびに二万名におよぶ本国参観団招請という二大事業推進のため、恐らく創団以来と思われる多忙な活動期間を送った。李禧元中央執行部は昨年三月の発足当初から、内外の難問題と財政難の中でこの二大事業推進に全力を傾けてきたが、万博は終わり、永住権申請はあと三カ月という期限の現在、果してその経過や成果はどんなものであるか、今次中央委での報告と論議を通じ改めて評価されることになろう。

したがって今中央委に対する内外の関心は大きく、とくに最近まきおこされる万博招請に伴う"黒い影"に対する団員の信頼感を左右する決定打ともみられ、ひいては永住権取得運動にも大きく作用することが怯れられるのである。すでに各下部組織では中央委での論議に焦点をしぼり、各中央委員をして積極的な質疑体制を推し進めている。従って当日の論議は勢い白熱することが予想され、しかも会議日程が一日だけでは、枝葉論の応酬にあけくれて肝腎な建設的討議は、有耶無耶のうちに幕切れとなる公算が大である。そこでわれわれの指摘したいのは、まず中央執行部は従来のように各部報告書を当日各委員に渡すのでなく、今回延期した時間を利用して十二分に資料を整え、綿密な報告書をつくって、委員会前日までに発送し、各委員は上京までに十分内容を検討して、不勉強による無駄な質問や、感情的な揚げ足とり、あるいは人身攻撃などで徒らに会場を混乱させ、無用な時間浪費がないよう心掛けることである。

今次中央委の論議焦点が万博事業の経理内容と、来日不能者の取扱いと返金問題など事後処理となることは肯けるが、これはあくまで従であって主体は永住権促進にあることを忘れてはなるまい。民団が「法対委」運動を展開して四年になるが、その間の運動は「法地位協定」の不備を論じただけで、実際に「永住権申請」に積極的にとりくんだのは僅々一年ぐらいのものである。いよいよ申請期限が明年一月十六日という、僅か三カ月を前にした現状は民団幹部自身が認めている通りの不振さである。八月末現在二十一万七千三百一名という数字は、民団組織の影響下にいるものだけで、中立系や朝総連系の分野には一指をも染めていない。万博招請を機に二、三の朝総連幹部が民団に転向した例はあるが、反対に朝総連の工作で韓国籍から「朝鮮籍」に変更するケースが続出している。李中央団長は「三十万達成」を宣言し全組織に最後的努力を号令しているが、基本的な政治戦略と一線組織人を奮起させる施策を明示しない限り、期限までの目標数達成は困難であろう。幸いに本国政府から永住権促進のための援助金として、信用組合に二百万ドル、民団に二十五万ドルが配分されたのであるから、この資金をいかに効率的に使用するかを、今次中央委で明確にし、沈滞した全組織に活を入れる一助としてもらいたい。

つぎは万博招請に対する組織内の疑惑と不満を、明快な答弁と資料によって払拭してもらいたい。万博招請は当初五千名のワクが一万名となるにおよんで、複雑な手続きと地方支部との連絡不円滑、本国治安当局の厳格な身元調査などで、事務不振に対する団員の不満が増大し輸送に当るKALとの運賃支払いに伴うリベート問題で種々芳しくない論議がなされ、本国事務所の企画室長となった人物をめぐる不審な金銭のやりとりなど、さきの第十六回中央委でも問題になったが、その間来日者の遅延や某々中央幹部の個人的取引き、地方支部における過当費用の徴収、中央における手数料の取りすぎ、中央団長名儀による多数の招請者、万博後援会の経理内容等々をめぐって、民団社会が真偽とりまぜた疑惑への嘆きに渦巻いていることは事実である。中央関係者は一様に一点の不正もないことを強調しているが、詳細な資料の裏づけによる解明がなされなければ、大衆の心からの納得は得られない。まして万博招請の目的が、朝総連対策への戦術であるほかに、一億近い費用収入で「民団中央会館の建設」であっただけに、万博終了後の総決算でどれだけの収入があり、断じて中央会館は実現できるのかどうか、全団員の最大の関心事であることはいうまでもない。

中央執行部はこれらの点に十分な解答ができるよう万端の準備を整えるとともに、各中央委員は時局の重大性と自己の使命感を再認識し、当日の時間厳守はもちろん、議事進行過程においてふしだらな居眠りや私語、あるいは派閥意識からの人身攻撃などで、場内を混乱させることのないよう、熱意の中にも良識ある討議で団風を一新し、組織の前進に寄与することを望んでやまない。

在日韓国新聞通信協会

1970.10.15

言論人から民団中央に望む

疑惑への背景は何か

中央委の課題を提起

永住権締切り後の対策は?

有志らによる座談会

民団第十七回中央委員会が来る二十三日開かれるが、同中央委の難題は何であるかについて、このほど在日韓国新聞通信協会の会員有志が集まり、報道機関の立場から当面注視をあびている「万博招請事業」の裏話と、明年一月十六日以後における民団の指導方向について語り合い、中央委を目前にした全国の委員諸氏に"問題提起"を試みた。

A＝今回の万博には本国から九千七百名に上る参観団が来日し韓国館は六百万以上の人を集め、在日同胞は故郷の懐しい人々と対面した。その意味では万博事業は成功であったといえるが、果して内実はどうか。巷間には不正云々の毀誉褒貶が激しい。われわれ協会はさる六月四日、民団首脳、万博後援会関係者を招いて共同会見し、黒い噂を参考によりよい成果を収めてくれるよう要望した。しかしその後本国の某紙関係者の招請は、団長が否定したにも拘らず実現したように聞いている。このほか費用問題その他で総的に「不正ありや否や」について聞きたい。

E＝団長は潔白であり、すべては中央委で解明するといった。

D＝不正の疑いはあると思う。先ず手数料の問題で五月初めまで中央幹部は知らなかったといったが、李本国事務所長は二月に朴事務総長に口頭でソウルで伝えたといっている。もう一つは万博特別ワクの問題。二千七百人の内容について疑問がもたれる。金某にカネを返したと団長はいったが、九月末現在金某は、団長を相手取って告訴も辞さないといっている。要約すると手数料、特別招請ワク、産経（金某）問題、この三点に疑惑がもたれる。

F＝なぜ弁解しようとするのか。

D＝二重、三重に金をとったということで。金某はメモをもっており、去年の八月から十一月までのことを克明にメモしている。最初二千三百余万円を民団に払い、あとから団長招請になったとしてまた二千何百万を払い、四百八十名を招くことにしたが実際に出国したのは四五二名で、これが「EXP2」のワクなので商工部に一人当り五万円ずつ払う金、九百六十万円を産経が払った。

C＝関東地協では団長名儀で入ったのが千六百余名といわれたが、噂では七百余名が入り、個人で呼んだ何人かの幹部の名が出ている。

C＝兵庫県では一〇九名の特別ケースで招請したが、執行部の女事務員の名で十二人も呼んでいる。これなど明らかに不正の匂がするが、中央では何も処置していない。

D＝朴事務総長に招請資格がないので、団長名で呼んだのが三百名以上という。

C＝万博が全体的にみて成功であったかどうか疑問だし先日の東京支団長会議では激昂した声が聞かれ、ビザが出ても来られなかったものが三百人もいる。ソウルの事務所では座り込みなど騒動があったという。

D＝来られなかった者は、国軍の日に帰国した団長が何とか来られるように交渉したそうだ。しかしこのほか某々の中央幹部が本国で、金をもらったり、口約束で招んでやるといったのが来られず本国事務所を責めたてるので、李所長が八月いっぱいで中央で処理してくれと強く申入れ、すったもんだの末三百五十名ばかりを入れたそうだ。

F＝そもそも民団幹部が何人呼べるかということが問題だ。支部の役員ですら何人も招んでおり、十万から十五万、中には三十万円もとっている。民団中央は正式来日者は九千七百名といったそうだが―。

C＝九千七百名はちゃんと数字が出ている。総務部調査で申請総数一〇、二四一名、許可一〇、〇九三名（男五、三一五名、女四、七七八名）ビザ申請一・〇九〇名、許可一〇、〇四三名、訪日九、七〇七名、ビザが出て不参の者三三六名。このほか特別ケースに万博後援会、軍人会、婦人会その他があり、一般家族は七、三五〇名となっている。

B＝金某との取引きの際、民団幹部某々氏に三〇万、五〇万が渡され、その中の某氏は金額が少いと大使館の金公使室で大口論したそうだが―。

D＝ともかく中央委で明らかにすべきだが、われわれも「臭いものに蓋」はやめて、この際民団の脱皮のために徹底的に追求すべきだ。もし民団幹部に不正ありとすれば、単に辞職だけではなくすべて吐き出させる。食い逃げは許せない。永住権促進というが、万博事業がこれでは却ってマイナスだ。

B＝万博問題だけでなく、民団の姿勢、方向というものについて中央委員の在り方が問題で、会議で何一つ発言しない者は中央委員の資格はない。中央委員の選び方にも問題がある。

F＝万博の功罪を論ずると、最初の保安対策の行き過ぎ、或は中央ケースで来たものの野放し状態など反省点が多い。

C＝保安対策といって監視するのでなく寧ろ積極的に朝総連系に会わせて、韓国の実態を説明させてこそ効果があったと思う。これでは却って民団に対する不信感を増したのではないか。

B＝永住権締切り後の指導領をどうするのかも問題だ。

C＝今後の中央委は最もそれが大事だが、恐らく万博論議でつぶされ、政策論議はやらないだろう。

A＝毎度のことだが今回はとくに、各委員の真に民団の前進のための討論を望みたいね。

1966.4.18 尹致夏氏

尹致夏氏는 지난八日 東京·八重洲口의 「호텔·国際観光」에서 記者들과 会見하여 四月中에있을 東京本部大会의 団長選挙에 出馬할 것을 正式으로 表明했다.

尹致夏氏는 「七日·中央議長앞으로 監察委員長의 辞表를 提出하였다」고 밝히면서 立候補에 이른 心境을 「최근 甚해지는 組織内의 派閥과 感情対立을 解消하고 어떤 特殊人物이나 計略을 擁護하여 団員과는 遊離되어가고있는 悪弊를 打破하고 人和로 結束된 組織体制를 確立하려는생각으로 서울에와있던中央団長에立候補할 생각이었으나 東京의 中央에 못지않은 影響力이크니 于先 東京本部의 姿勢를 바로잡기위하여 東本団長에의出馬를 決心했」이라고말했다

이어 尹氏는 東本団長에 나설 그의 基本姿勢를 大略 다음과같이 밝혔다

①이때까지 団員과 遊離되어있었던 民団을 団員의게 돌려줘야 할것이며 그러기위해서는 団員의 새로운 体制를 確立하여 団員이 忠実한 代弁者가 되어야 한다

②人和, 信頼, 誠実로써 団員의 和睦을 図謀하고 広範囲에서 建設的意見을 吸収하여 団員의 意思를 反映시킨다 特히 組織이 個人의 名誉慾으로 左右되거나 個人能力에 置重되는 過去의 悪習을 徹底히 打破한다

③大使館과 相互 表裏一体가되어 僑胞의 権益을 위키도록 努力할것이며 団員들이 国家威信을 尊重하여 祖国建設에 이바지하도록 指導할것이다

④経済人, 商工人의 結束을 促求하여 東京商銀의 飛躍的인 発展을 위해 努力하며 預金高를 三十億에서 五十億까지 올리도록 努力하겠다

⑤青少年, 学徒들의 育成은 民族精神을 지녀 将次 僑胞社会의 기둥이 될수있는 人物이 되도록 指導할것이나 特히 韓青, 韓学同이 傘下団体로서 民団과의 緊密한 連繋를가져 모든問題에 民団과 同一歩調를 취할수있도록 注力하겠다

⑥이와関連된 二世僑胞의 民族教育에있어서는 韓国学園의 拡張, 強化도 必要하겠으나 무엇보담 家庭에서의 民族教育이 보다 先行되어야할것이니 이点에 있어서 父母들의 自覚을 促求할것이다

⑦韓日国交가 正常化되고 우리가 日本에서 生活을営為하는以上 日本国과 親善을 바라는것은 当然하며 従来보다 더 幅넓게 그리고 적극 接触하므로써 우리의意思가 日本国会나 都議会에 反映되도록 할것이다

⑧永住権問題에있어서는協定上의 永住権을 取得치못한 僑胞들은 一般永住権이라도 取得할수있도록 積極的인 運動을 展開하며 同問題에 있어서 処遇問題에있어서도 同時에 要求를 다시한번 韓国政府에 呼訴해야겠다 이問題는 全僑胞의 重大問題이니만치 中央의 先頭에서 口頭에만 그치지않고 実践運動을 展開하겠다

그런데 尹氏는 지난十日

五月初에民団中央委

民団中央本部는 五月初旬에 中央委員会를 召集할予定인것으로 알려졌는데 中央委의 正確한 日字는 아직 알려지고있지않으나 同委에서 五月全体大会의 正式日字가 밝혀질것으로 보여지고있다

〝韓国のマリア〟讃える会

孤児32人を愛育

青春の大半捧げた日本女性、永松カヅ子女史

婦人会東本が感謝の会

1964. 6. 25

「〔民〕族は異〔なる〕〔が〕、子を育てる〔母〕〔の〕〔心〕〔は〕〔同〕じ。あなたが韓国の戦災孤児を愛し育て下さった〔…〕〔は〕〔…〕り、ほめ讃えることばすらありません」——〔…〕は去〔…〕韓国の〔…〕孤児三十二人を育てるため、骨身をけずる〔…〕をのり越え〔…〕

「韓国のマリアさま」とうたわれている日本女性永松カヅ子さん(3〔…〕)を迎えた在日大〔韓〕〔婦〕〔人〕会東京本部が催した「永松カズ子女史〔を〕〔讃〕〔え〕〔る〕〔感〕〔謝〕の会」の〔…〕しい情〔景〕〔…〕。

この日会場の駐日公報館四階に都内から集ってきた韓国婦人らは韓服の装いで賓客の日本女性永松〔カ〕〔ヅ〕〔子〕〔女〕〔史〕〔を〕〔迎〕えた。青春の大半を孤児に捧げつくした永松女史のひたいにはほりの深いしわが目立ち、短かくカッ〔ト〕〔し〕た髪には白髪が目につく。服〔装〕〔は〕〔…〕り色のジャンバーに黒色のズボン姿。永松女史を迎えた会場の婦人たちはみなそれぞれ白ハンカチで目頭をおさえ、永松女史も温い歓迎に接してしきりにあふれ出る涙をふいていた。

権敬国公報館長、金己哲民団東本団長らの臨席の下に、永松女史に対する感謝の会はこうしてひらかれた。

婦人会東本金信三会長の、感謝の念を込めたあいさつにつづいて永松女史の略歴紹介が約三十分間あり、この後権公報館、金東本団長らの激励辞がおくられた。この間永松女史は感極ってかすすり泣き通し、金信三会長から永松女史に在京韓国婦人たちの情愛のこもった感謝状が拍手のうちに授与された。この後永松女史が立って「あたりまえのことしかやっていないのに…」あとはのどが詰って言葉にならない答辞。そして永松女史に花束と金一封が贈られた。

永松女史は不幸な生れであった。二つのとき父親を失ない、五つのとき継母の増月チカエさんに連れられ満州に渡り流転の生活がはじまった。親の情愛を味合えないまま異国で大東亜戦争—日本敗戦という冷酷な日を迎えた。その間母親をも失ない孤児となった永松女史は、ときには中国人の世話を受け、生きるための〝苦しみ〟をいやというほどうけた。こうした永松女史は他の日本人とともに母国の日本に引き揚げてきたが、不幸にあ〔…〕の地はな〔…〕った永松〔…〕につれ、〔…〕つれ、い〔…〕年前満州〔…〕追うよう〔…〕満州に渡〔…〕たい」と〔…〕

「当り前のことをしただけ」なのに、こんなに温く…とのどをからせる〕永松女史(中央立っている人)

五輪後援支部を結成

民団大本八回支部長会議

民団大本第八回支部長会議はさる十九日午後二時から同本部傘下の各支部長ら約四十名が参席して同本部会議室で開かれた。

その結果、来る二十七日ごろに同支会結成準備委員会を開いて具体的な活動方針を決めることにして同四時過ぎに散会した。

なお、オリンピック後援会费として大阪同支会から本国の僑胞招請は三百名を限度として招請することができるとしている。

李会長、民団団長会議で協力を要請

さる十八日東京・文京区春日町の旅館〝大田〟で開かれた民団全国団長会議で、東京オリンピック在日韓国人後援事業会李裕天会長は、後援事業計画および趣旨を説明し協力方を依頼した。李会長はこの中で特に「募金は篤志家だけに依存するものでなく、全僑胞ひとりひとりがこの運動に参加するようお願いします」と強調した。

李会長、30万円寄付

東京オリンピック在日韓国人後援会李裕天会長は後援金三十万円を納めた。これは自から募金運動に先きがけたもので各界の注目を集めている。

新潟地方僑胞を慰問

金今石民団々長ら

民団中総金今〔石〕〔団〕〔長〕〔は〕〔…〕伝局長を伴ない、さる二十日新潟地震で災害をうけた県内居住僑胞を慰問した。

現地僑胞は約三千二百余名で、二十一日現在災害を受けた現況は焼失三世帯、流失八世帯、倒壊六世帯、半壊十四世帯、家財流失七世帯で、被害総額五千万円にのぼっている。

地元民団では災害対策本部を設けて復興に起ち上っているが、福島本部管下喜多方支部から醤油百本、キャベツ二百貫、タマネギ五十貫、ジャガイモ五十貫、ミソ五十たるの救援物資が届いている。

また中総では二十二日公文で全国本部に指示、地元の復興に協力することになった。(新潟の被災地をみる金団長)

僑胞らの被害調査

外務部、新潟地震で指示

韓国外務部は最近日本の新潟で発生した地震によって韓国僑胞が受けた人命被害と財産被害を調査し報告するよう駐日代表部に指示した。

〔…〕び玄海灘を渡り韓国に着いたが、厳しい三十八度線の警戒のため〔…〕にたたんだ〔…〕は〔…〕かれてしまった。〔…〕こうして永松女史の第二の祖国と思うようになった〝韓国生活〟がはじまった。生きるためにその日から和〔…〕体を〔…〕売って、〔…〕事務の〔…〕して働き、夜は夜で内職に精を〔…〕ひとり〔…〕食べる人もいない永松女史には、やもすればくずれそうな心をひきしめ自分の力で生きる以外に方法がなかったからだ。こうしたある日、この日も〔…〕帰途の〔…〕

〔…〕を探していたとき、京城〔…〕気がはだしく、ソウル市内の空〔…〕がつい〔…〕が〔…〕た。一九五〇年六月二十五日、六・二五動乱のぼっ発であった。数日後ソウル市が赤い軍隊で占領されたある日、市内を歩いていた永松女史の目に、両親の死体に泣きくずれている幼児が映った。このときから永松女史の胸には「不幸な孤児を育てあげよう」と決心〔…〕泣き寂れ、空腹をかかえ、〔…〕えている孤児を〔…〕れ帰り、食事から洗濯にいたるまで骨身をけずる思いの苦しい生活がはじまった。永松女史はこんな苦しみにも耐え抜き、一時は三十二人の孤児の面倒をみた。こうして育てあげた孤児はすくすくと育ち、兵隊になったのが四人、嫁いたものが一人、いまでは勉学に励む者十六人(大学一、高、小学)、その他〔…〕を数えるほど永松女史の注いだ愛情は立派な実を結んだのだった。

しかし、大勢の母となった永松女史の家計は決して楽ではなかった。少ない賃金をはじめ〔…〕を営む一方、夜は作業服の賃仕事、金になる仕事は寸暇を惜んで働き続けた。

こうした永松女史の民族を超えた母性愛と情愛は同胞のひとびとから「韓国のマリアさま」と称われ、昨年訪韓した故大野伴睦氏らの目にとまり、韓日両国の溝のため韓国に骨を埋めようとする心情に〔…〕から関心が集まった。

〝幹部養成〟本国で

五輪成功へ密接な提携

このほど故マッカーサー元帥の葬儀に韓国の代表として参列するためアメリカを訪れていた丁一権国務総理はさる十四日、その帰路日本に立ちより、十五日正午から韓国駐日代表部の三階大使室で民団中総金今石団長をはじめ、傘下各団体の代表者と会見し、韓日会談における在日僑胞の法的地位問題をはじめ、東京オリンピックにおける在日僑胞の後援対策等について話し合った。

丁総理

金団長

李会長

馬術選手団に50万円

東京五輪在日韓国人後援会 後援金の一部贈る

李会長(右)から後援金をうける金コーチ(左)

〔…〕日親善試合を行ない、九日同地で帰国することになっている。

随想

日本のわすれもの

金素雲

1958.1.1

旅先で私は日本の選挙風景を拝見した。気の抜けたような、まるで宣伝カーだけが独りで怒鳴っているような印象であったが、いざ開票になると、アチコチの選挙板の前に黒山の人だかりがして、やはり関心は深いのだとわかった。

日本にいること自体が私にとっては「旅」であり、よその旅の中で改めて旅行に出たのだから、いよいよ念の入った旅ガラスである。日本の政治の全体の動きということ以外には、別に取り立てて誰をヒイキにするといった個人的な選り好みはないのだが、そういう旅人の分際ながら、こんな人物は当選させたくないというような名が二つ三つはある。

×……×

東京のある、何とか学園を経営している男――「テニス・コート無料で貸します」という石版刷のビラを年中貼りめぐらしているのだが、そのビラの中で一番目立つ大きな字が「学園理事長なにがし」とある名前の三字である。人に聞いたり、なんと、それが選挙運動の予備工作なのだそうで、テニス・コートを売名のダシにするとは小汚い御仁である。これは前の選挙で目出たく落選した。

×……×

これも同じ二、三年前の選挙のときであるが、知合いの絵描きの息子―まだ四つか五つの子が、両手にキャラメルの小箱を一つずつもって外から帰ってくるなり「お父ちゃん、センキョは〇〇〇だよ」といったそうである。これは大臣などした某党の大物で、タヌキなどの別名のある男――。家業は酒屋だという人物である。

子供の手にキャラメルを握らせて選挙運動をやろうというのはさしずめ買収の元凶というべきであろう。選挙とタイアップしたその紅梅キャラメルの宣伝カーを、私も路上で見かけたことがある。

普選当初、東京の品川で高木正年という盲目の老人が、全国最高点で当選したのを憶えているが、こんどの参院選挙で加藤シズエ女史が七十五万票の最高位というのは、ひとごとながら気持がよい。日本も変ったものである。

×……×

試みに昨年の七月十日付の読売朝刊社会面をひらくと「陸海精鋭、国会への進軍」のトツパン見出しで、元陸軍少将、大本営報道部長松村氏と元海軍中佐大谷参謀の当選の弁が大きくスペースを占めている。〃再軍備は堂々〃これは松村氏。〃靖国神社を護る〃これは大谷氏。いずれも初号、特号の大気焔である。たまたまの偶然ではあるがピストル四十何丁かが、元の邸跡から掘り出されたという記事で同じ紙面に「大川周明」の名も出ている。

ここらだけの印象からいえば日本も敗戦の傷痕をすっかり拭い去ったような感じである。日本の在り方がどうあろうと、それは日本自身の問題で、通行人の私などがくち出しをするつもりはないが、少しばかり気になることがある。

×……×

かつての日本は他民族を踏つけ、その幸福を奪うことによつて繁栄を維持した。今後は間違ってもそのような繁栄はありえないということ、それを日本がほんとうに知ってくれたかどうか、ということである。「外国からバカにされている」の、「気骨ある政治家には軍人出身が一番よい」のとイキマカレルと、どうも日本は何か忘れ物をしているのじゃないかと、つい気になるのである。―大阪にて

―詩人

光復節 各地で盛大に記念行事

1963.8.20

バス100台連らね

東京 僑胞4千名が参加

光復節第十八周年慶祝中央民衆大会は去る八月十五日正午、東京浅草台東体育館で、関東一円からバス百余台で動員された四千余名の僑胞と裵義煥駐日大使など来賓多数を招いて盛大に行なわれた。

バス百台で詰めかけた僑胞でさしもの広い東京台東体育館の民衆大会会場もぎっしり満員。

式典は在日僑胞におくる朴正煕最高会議議長、裵駐日大使のメッセージ、金今石中央団長の力強い記念辞があったのち、朴正煕最高会議議長、ウ・タント国連事務総長、池田首相、本国国民におくるそれぞれのメッセージが朗読、万場一致で採択された。この後僑胞慰安の歌や踊りが広い舞台一ぱいにくりひろげられ〃喜びの一日〃を楽しくすごし、同日午後五時散会した。なおこの日は七地協主催で全国的に式典が行なわれバス一千台、約八万の僑胞が参加した。

救米運動

現金は千三百万円

米二千俵 八月末には積出し

民団中総では全国組織を動員して行なっていた「救援米運動」は八月十九日現在、同団民生局に報告されたところによると、現金千三百八十五万六千五百二十円、お米二千百十二俵となっている。同団では八月末に横浜、門司、神戸に入港予定の大韓海運公社所属船で本国向けに積出す計画で、さらに現金は駐日代表部を通して送金される。

なお同団民生局では締切期日の二十二日まで北海道、愛知、大阪、神戸、広島、山口、岡山、福岡その他地域の未送金本部は至急送金措置をとるよう強く望んでいる

金今石団長の話　八・一五記念行事などに民団有史以来はじまっての大衆動員が十二万を越えると予想される。これは組織と団員との堅い結びつきを意味するものとして今後も民団運動を通じて一層努力したいと考えている。今回の救米運動もこのような観点から成功裡に終らせたい。

大阪味道園で懇談会

韓学同大本 韓国ガールスカウト団迎え

在日韓国学生同盟大阪本部（林成竹委員長）では去る十六日午後七時から大阪市北区・味道園で韓国ガールスカウト団を迎えて懇談会を催した。

この日には李一仙韓国ガールスカウト団引率者をはじめ同行団員八名多数の僑胞学生が出席韓国料理の夕食をともにしながら和やかな雰囲気で日本における印象ならびに祖国統一に対する本国学生の考え方を中心に話し合いを行った。

その中で李一仙引率者は「在日僑胞学生は異国におりながら祖国統一への関心が強く確固たる韓民族としての自覚をもって勉学に励んでいる僑胞学生の姿に接し感激を新たにした」と語りまた僑胞学生も本国における青年学生が祖国再建に大きく貢献していることを再認識して今後力を合せて祖国建設に尽そうと誓い合った。

なお同韓国ガールスカウト団は去月三十一日から長野県戸隠高原で開かれたガールスカウトアジア大会に招請されて来日したもので来る二十六日頃まで滞日、日本各地を回り、日本ガール・スカウト団員の家庭に宿って韓日親善に努めることになっている。

高麗大で共同講演会

公明選と韓日問題闘争委

韓国公明選挙闘争委員会と韓日問題全国民闘争委員会は去る十七日午後三時半からソウル市内の高麗大学校庭で、共同主催のもとに公明選挙の実施および韓日折衝で白紙的な立場を堅持するよう要求する、野党の首脳クラスを演士とする講演会を開いた。同講演会の演士には次の各氏が出席した。李相喆、俞度荷、安浩相、卞栄泰、朴順天。

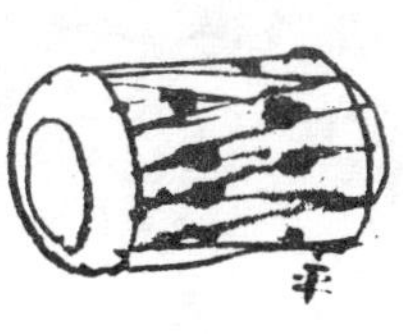

大会の早期召集要請

婦人会東本 関係各機関へ陳情書

大韓婦人会東京本部は昨十九日、駐日代表部、民団中央総本部、同婦人会中総あてに「大韓婦人会中総大会早期召集要請」陳情書を提出した。

これは八月十二日付婦人会中総の地方会長会議に関して起った問題だが同陳情書はその理由として①七月二十八、九日両日に予定されていた大会の流会は独断行為である②現執行部は任期を満了している③財政運営の経過および予算措置などに批判の声がある。④中央地方幹部間に人身攻撃などがあって組織活動家間に分裂が生じているなどの八項目の理由を取り上げている。

なお同陳情書には金信三東本会長、金方会神奈川会長、裴栄培愛知会長、申順俊岐阜会長らほか百三十名の代議員の署名がある。

喜びの中に残る不満
日韓三懸案の仮調印

「十四年間にわたる日韓関係の解決はうれしいが、法的地位などまだまだ不満は多い」「現在の日韓交渉にはあくまで反対である」――三日朝、日韓三懸案の仮調印を聞いた在日朝鮮人の声は二通りに分かれた。一方、「真の日韓友好はこれからである。日本人が韓国人をもっと理解しなければ……」と説くのは韓国問題に理解が深い日本の有識者たち。この朝の関係者たちの表情と意見はさまざまだった。

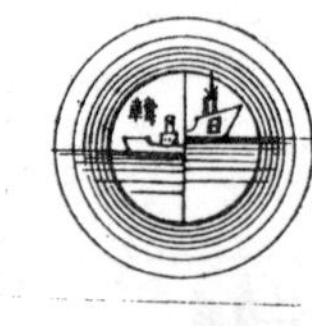

〝法的地位は非常に不満〟
韓国居留民団

「ようやく日韓関係が平和な状態にもどれることになったのはうれしいが、法的地位協定のなかみについてはまだまだ非常に不満です」というのは韓国居留民団朴炳憲総務局長。

「永住権については、ある程度われわれの要求もいれられたが、永住権を持ち、税金もはらっている在日韓国人に対する社会保障（処遇問題）については、仮調印の段階ではほとんどなにもみのりがない。公営住宅入居権や中小企業の金融なども考えてもらいたい」とはげしい口調。

「とにかく本調印まで継続審議するということなので、それに期待しています。まだ祝賀会なんかやる気分になれませんよ」と苦笑しながら「が、李外務部長官には、努力をつくしてくれたと感謝しています。われわれも疲れましたよ」と目をつぶった。

南北統一の悲願裏切る
詩人の許南麒さん

詩人、許南麒氏は「公式的な見解だが…」と前置きしながら、まずこう切り出した。「たとえ〝仮調印〟がおわれても、朝鮮人全体の代表権を持たない韓国外務部と日本政府の〝取引〟など認めることはできない。南北統一の悲願を裏切るものだ。韓国の人たちの中にも反対の動きは強く盛り上がってくるだろう。そして――」と許氏はいう。

「韓国籍を持たない私たち在日朝鮮人にも押しつけられてくる〝法的地位〟にはあくまで反対するし抗議活動を続けてゆく。国会へのなだれ込みはしないが……」

穏やかな顔で反対声明
朝鮮総連

日韓交渉に反対してきた在日朝鮮人総連合会は、三日昼前から東京・千代田区富士見町の総連本部で中央常任委員会を開き、仮調印を受けたての反対の声明を発表するにとどまって抗議デモなどは行わないことを決めた。

中央常任委員会は、同日午前十一時から総連本部内で記者会見を行い、盧炳昊（ロ・ヒョンウ）副議長は、仮調印に抗議する二千字にのぼる声明文を発表した。しかし、同副議長の表情には緊張したところもなく報道陣の質問に答えるたびに同僚たちもと笑いながら「日本人が在日朝鮮人を、これらの調印をタテに圧迫しようという空気があるわけでもないので、恐れているわけではありませんよ」と、いっていた。

北朝鮮との関連が問題
評論家の中島健蔵さん

評論家、中島健蔵氏は、今度の会談に懐疑的だ。「日韓交渉の妥結内容は、一見すると結構なもののようにみえるが、たとえば漁業の問題をとってみても、日本の漁業には不利となる面がある」

「また、北朝鮮との関係を考えた場合に問題がある。これらの点を十分に解決することなく、日韓両国政府が仮調印を急いだ真の意図にわれわれは疑問をもっている」といい、そして、中島さんは、「これからの日本の出方があるのかもしれないが、この日韓交渉は将来、日本と朝鮮の関係にいろいろな影響を与えるのではないか」とも心配している。

もっと交流しなければ
評論家の大浜英子さん

評論家、大浜英子さんは、わたくし、外交上のことはよくわかりませんが、と前置きして、この二月半ばにソウルに行ってみて、本当にびっくりしたんです。「羽田を一歩降りたときの感じからして、親近感とでもいうものがあります。ヨーロッパやアメリカとは全然違うんです」という。そして「この国とは手をつなぎあわなくてはならない」と理屈ぬきで思ったという。

韓国の国内をみてまわるうち、この印象はいっそう強められたそうだ。「日本で予想していたよりも、国は明るく、生活も豊かです。それに、一人の人間として接した限りではいい人たちばかりです」――

とにかくもっと交流を盛んにし、お互いの国の実情や考え方を知り合うことが大切だ、と大浜さんは強調する。さらに「今度の会談は、お互いにいい分はあるでしょうけど、善意の手をつなぎ合うといった根本の考え方を大事にしたいですね」とつけ加えた。最後に大浜さんは「北朝鮮の問題は残ったことだけど、とにかく、いまの段階では韓国とだけでも仲良くするというのも仕方ないことではない？統一が達成するまで待ってなんて、とても待ちきれませんし……」と結んだ。

韓日基本条約仮調印と
韓国朝野の反響を打診する
朴大統領満足の意表明

朴正煕大統領は二月二十日午後韓日両国間に締結された基本関係仮調印と、李・椎名両外相が発表した共同コミュニケに満足の意を表明した。

朴相吉大統領官邸スポークスマンは同日、李・椎名両外相が発表した共同コミュニケと基本関係仮調印報告をうけた朴大統領は満足の意を表したと語った。

〝管轄権は朝鮮半島全土だ！〟韓国

私はこう思う
「法的地位」在日朝鮮人の声

在日韓国人の〝法的地位〟の最大の問題とされる永住許可の範囲が決った。退去強制の事由についても双方合意、法的地位の問題はほとんど解決した。自分たちの暮しに大きな影響がある〝法的地位〟の内容について、日本に住む朝鮮の人々はどう考えているか。各方面の声を聞いた。

【注】ここで使った「朝鮮人」という呼び方は、英語のKOREANにあたり、韓国系と北朝鮮系とを問わず「朝鮮半島に本籍を持つもの」をさします。

全体として

現実の差別待遇なくせ
元東亜日報主筆　金三奎（キム・サムギュ）氏

在日韓国人の〝法的地位〟は大筋がきまったが、わたしは問題はこれからだと思う。たとえば日本人の朝鮮人に対する差別の観念。ただ朝鮮人であるというだけの理由で、学校を出ても就職できない、商売をしても銀行は金を貸してくれない……という社会的差別待遇にわれわれは苦しんでいる。これはわれわれだけの問題ではないと思う。在日朝鮮人の青少年で将来に希望が持てず、非行に走る者が多いとすれば、それは日本の社会にも直接関係する。

「法的地位を保証した」ということだけに終らず、在日朝鮮人の問題を日本の社会問題としてとりあげ、現実の差別待遇をなくすよう、こんどさらに真剣に考えてもらいたいと思う。

カバーしあって行けば
東映フライヤーズ　張本勲選手

韓国と日本は隣同士、これを機会にいっそう仲良くやっていけるのではないか。両国ともお互いにいいぶんはあるだろうが、近所同士ということで助けあい、ゆずりあって生活をしていきたいと思う。

韓国人であるため不愉快な思いをしたという経験は僕にはないが、このような話を聞いたことはある。他国で生活する以上、これはどこにでもあることではないか。そこを互いに仲良くしようという気持でカバーしあってゆけばいい。

望めない国交の正常化
作家、在日朝鮮文学芸術家同盟副委員長（北朝鮮支持）　金達寿（キム・ダルス）氏

韓国を日本の北方侵略の拠点とする日韓議定書がかわされ、つづいて外交権を一切日本に譲った日韓協約が結ばれたのは明治三十八年の乙巳の年だった。その五年後に日韓併合が行われ、われわれはとたんの苦しみをなめたわけだが六十年たった乙巳の年の今年、日韓会談が大詰めを迎えるのは皮肉なことだ。

併合によって朝鮮は日本の軍事基地、商品市場となり、朝鮮人は安い労働力として徹底的にこき使われたが、日韓会談が成立すれば日韓両国はアメリカの極東戦略の鎖のままにされ、朝鮮はまた日本に植民地化されることは目に見えている。すでに市場と安い労働力をもとめて韓国には五十いくつの日本の工場が進出してきている。

一衣帯水の両国が仲良くすべきは当然だが、このような日韓会談のもとでは朝鮮人の抵抗運動が強まるばかりで、国交の正常化は決して望めないだろう。

永住許可の範囲

安心して住める保証を
韓国連合通信社編集長代理　崔景佑（チェ・キョウ）氏

子どもたちにだけでも永住が許可されたので一応、安心した。いままで熱心に運動をしてきた成果がやっとみのった。

しかし、孫の代の永住がはっきりしないのは心残りだ。子孫になるほど、日本に定着する可能性は強くなるのだから、この点もさらにじっくり話合ってほしい。二十五年以内に再協議ということだが、二十五年間には世界情勢や日韓両国の関係も変っていくだろう。そうなれば、私たちの要求も通ると思う。

日本に同化したくても、個人的[illegible]

過去強制事由

ぜひ救助規定を設けて
弁護士　朴宗根（パク・チョングン）氏

適用範囲を比較的罪の重いものにしぼり、有罪判決に基づいて適用することになった点では、在日韓国人にずっと有利になった、と考える。日本の裁判所の公正さは高く評価されており、従来よりすっきりしたと思う。

しかし、私[illegible]いと思う。

処遇

医療など待遇改善望む
在日大韓婦人会会長　呉基文（オ・キムン）さん

生活保護はうけられることになってますが、医療の面などもう少し配慮してもらえないでしょうか。今回の在日韓国人のうち、約半数は国民健康保険に加入していないといわれます。大変お金がかかるので、少しぐらいの病気なら我慢してしまう人や、売薬を飲んで済ませている人が多いんです。

教育問題では、韓国人学校を正規の学校として認めてもらいたいのが念願ですね。韓国人として子どもたちに民族の言葉や歴史を教えるために自分たちの学校を持ちたいし、その学校を日本の大学に入学できる正規の学校として認めてほしいんです。

とにかく在日韓国人にできるだけ日本人に近い待遇を与えてもらいたいです。自由に日本の社会にとけこめるようにしてほしいんですね。それが日本のためにもなると思うんですけれど。

対策協議会設置を準備

政府六部署が主体

○……本国各界に僑胞の実情を報告するとともに、援助費の要請を行い、四十七日ぶりに帰任した金載華団長らの後を追って、最後に帰任した金英俊事務総長によると、目下本国では、在日僑胞に対する根本対策として「在日僑胞対策協議会」の設置を準備中であるという。……○

同協議会は、国会、政府、政党によって設置されるが、その主体となるのは、外務、財務、内務、国防、文教、公報室の政府六部署で、これを常設的な機関として、常に僑胞の経済援護と諸般生活問題を協議するのが目的である。従って同協議会が設置された暁には、僑胞に対する強力な経済援助が行われることは勿論、僑胞の法的地位向上にも、大きな努力がはらわれるものとみられる。なお金事務総長は帰任に際して近く本国から寄贈される国産映画の脚本を持参してきた。

本國政府 僑胞援助に積極

民族教育に新紀元

補助費支給される

本国政府から駐日代表部に伝達されてきた在日僑胞教育補助費（七万四千八百ドル＝二千六百九十二万八千円）の令達式が、去月十一日駐日代表部で東京韓国学園をはじめ地方の各学園の理事ならびに校長が出席して行われ、在日僑胞民族教育発展に新紀元を画した。各学校別の割当金額は次の通りである。

◎東京韓国学園　(1) 中、高生奨学金（十六名）＝百二十九万六千円 (2) 教師俸給補助費＝百十五万二千円 (3) 施設補助費＝五百三十八万八千七百六十八円、計七百八十三万六千七百六十八円。

◎金剛学園　(1) 中、高生奨学金（八名分）＝五十七万六千円 (2) 教師俸給補助費＝百八万円 (3) 施設補助費＝二百七十七万八千八百八十円、計四百四十三万四千八百八十円。

◎白頭学園　(1) 中、高生奨学金（二十一名分）＝百五十一万二千円 (2) 教師俸給補助費＝百八十七万二千円 (3) 施設補助費＝三百三十八万四千円、計六百七十六万八千円。

◎京都韓国中学　(1) 中、高生奨学金（十八名分）＝百二十九万六千円 (2) 教師俸給補助費＝五十七万六千円 (3) 施設補助費＝二百七十万八千六百四十円、計四百五十八万六百四十円。

◎[illegible]学園　(1) 中、高学生奨学金＝割当なし (2) 教師俸給補助費＝二十八万八千円、(3) 施設補助費＝百二十八万三千四十円、計百五十七万一千四十円。

◎[illegible]学園　(1) 中、高奨学金＝割当なし (2) 教師俸給補助費＝五十万四千円 (3) 施設補助費＝百五十九万六千[illegible]七十二円、計二百十万[illegible]七十二円

奨学金を受ける中、高、大学生は[illegible]

晴れの伝達式

感激に瞳うるませ

喜びの学園生徒たち

写真（右）金永湖さん（左）甘会順さん

東京韓国学園（園長＝朱洛弼氏）は去る十二日午前十時、祖国政府が送って来た奨学金を生徒に手渡す伝達式を行った。奨学金は同学園全生徒の前で、金相吉理事長立会いのもとに、えらばれた生徒一人一人の手に、朱学園長から直接しっかと渡され、全学園生徒の胸に新しい希望と誇りの火を点じた。

祖国政府の温情をしっかりと手にし、目を輝やかせるわが子の姿に感激の涙にむせぶ父兄の姿も見られ、この日、同学園の校庭は「私たちにもこんな立派な政府がある」という誇りと喜びに包まれていた。

奨学生は家庭が貧しく、学力優秀品行方正な中、高校生三十名で毎月三千五百円、今年の四月から来年三月まで支給される。

同学園生徒のこれに対する反応をみると、受け取った者も受け取らない者も、おしなべて六・二五動[illegible]

私は昨年の[illegible]の新聞で読んだと[illegible]を思い出しました。そしてその[illegible]

[illegible]

僑胞選手も二名参加

第三回アジア野球選手権

第三回アジア野球選手権大会は六月七日から一週間神宮球場で二回総当りで行われるが、韓国チームには裵冷植（23才、外野、不[illegible]

民団東本新年度活動方針（一）

去月十六日の民団東本第二十三回定期大会は新年度予算案を可決、通過させるほか、新年度活動方針案を通過させた。同方針案は全文四章、七節からなり、対本国活動、渉外活動、組織強化活動、基本財政活動など各分野にわたる活動方針を規定している。同方針の主要部分は次の通りである。

基本態度

本団の団勢は不利な条件のもとにありながらも、毎年強化されてきている。これは、一般団員の新しい自覚と自然に発展される協力精神によるものである。過去多くの困難を克服してきた本団は、新しい試錬期に逢着している。本団の盛衰は在日六十万僑胞に直接影響を与える。このような重大使命を持つ本団は創団精神に立脚した実践的な組織強化が要請されている。

在日僑胞の大部分は海外生活が二十年以上に達し、生活土台を日本に置き、生活権を日本社会に求めているのが現状である。この現実を再考する時、在日僑胞は従来の浮動的な心理状態を脱皮して、日本に永住する覚悟を持ち、生活基盤を確立せねばならない。また子女教育を完全に実施して祖国の建設に貢献するよう努力せねばならない。本団運動はこれに連結され、僑胞の必然的な条件である既得権確保、失業、教育、中小企業育成、民族教育の完全実施、日政による差別待遇の撤回など諸問題を解決することに集中されるだろう。韓日会談においては日政の反省と誠意を求め、われわれの意思を反映させて早急に妥結するよう努力する。組織強化においては、清新な組織員を総網羅して、過去の皆を一掃して画期的な組織運動を展開する。

本団の基本態度は次の通りである。

一、創団精神に立脚した指導理念の確立と組織運動の展開
二、政府及び駐日代表部との緊密な相互協力
三、赤色分子の徒党である朝総連破壊工作
四、日本に対する強力な渉外工作の展開
五、門戸開放と会員網包括活動の積極推進
六、二世民族教育の完全実施
七、本部と支部間の有機的連繋

活動方針

第一節　対本国活動

一、僑胞の実情を訴える

在日僑胞に対する本国の認識は極めて薄いといっても過言ではない。これは本国内の事情もあると思うが、大部分は本団のPR活動が微弱であったところに起因する。このため、国会、政府はもちろん、各層各界人士に対して在日僑胞の立地条件と基本的な実情を訴え、僑胞に対する新しい認識を与えると同時に、国会内に在日僑胞対策委員会を設置して、常に研究を行うようにし、政府機関内にも担当機関を設置するよう努力する。実情呼訴活動は駐日代表部を通すか、あるいは直接的に機関紙、文書で訴えるかたわら、人事往来を通じて実現するよう努力する。

二、帰還僑胞に対する本国政府の保護策要請

海外で長く居住している在日僑胞は本国の実情に大へん暗い。祖国、懐しい故郷の山河を求めて帰国しようとする人または帰国した人に対して、理念と社会実情を指導するかたわら、[illegible]立せねばならないだろう。この問題は民団存立にかかわる問題であり、在日僑胞全体に影響を及ぼす最も重要な問題である。われわれは政府に対して帰還同胞の強力な保護機関の設置と就職、住宅、生活資金融資企業及び生活に対する指導を急速に実現させるよう国会及び関係当局に要請し、特別措置と関係法案成立を促す。

三、海外宣伝の強化

海外僑胞に対する公報処から統一的な宣伝活動を強化するようにする。現在ラジオ放送が行われているが、電波が弱いためその効果をあげていない。積極的に強い電波による放送を行うのは勿論、その他文化宣伝即ち郷土色豊かな書籍雑誌を全僑胞、日本各界に配付するよう要求する。

第二節　渉外活動

一、韓日国交の正常化促進

韓日両国は終戦後十余年の今日に至ってもまだ国交正常化を実現していない。一時順調な会談が開かれ、妥結の空気も濃厚に見えたが、日本側の無誠意により中断された。日本政府が共産党の謀略に附合して何も知らない在日僑胞を北韓共産地域に送還しようとすることによって、韓日間の空気を悪化させ、韓日会談を中断させたのである。本国政府は継続的に会談再開のため努力しており、韓日会談においては日本側の誠意（在日僑胞の権益）が見えれば、妥結しない理由がないと本国政府当局は語っている。われわれはこの情勢を参酌して、日本政府が早急に会談を妥結させ、両国国交の正常化を期するよう日本国会、政府[illegible]

二、日本右翼勢力との連繋

自由陣営の相互協力精神の原則に立脚して、日本の右翼勢力、即ち政党、社会団体、社界人士と連繋を保ち、是々非々の態度をもって、われわれの組織活動に対する理解と協力を期待し、共同目標如何によっては支援も行う。もちろん、連繋は本団組織運動を強化するところにその目的がある。

三、日政への在日僑胞保護措置要求

在日僑胞が置かれている立地条件は不安なものである。十余年間何の保護もなしに放置することは到底容認できない。これがいわゆる人道主義を唱える日政の態度に対する処置である。最終的には韓日会談で決定されると思うが、その間暫定的にも保護対策を早急にとる責任が日本政府にある。われわれはこのような主張的な立場から第一段階として、在日僑胞に対する差別待遇を撤回させると同時に、第二段階として日本の政党、政府に対して[illegible]保護措置をも強化するようにする。

1962.1.12

両国一千余名一堂に
相互理解と提携を強化
北海道

昨年五月以来、北海道の民団と北海道道会議員、札幌市会議員など日本側有志などによって進められていた「北海道日韓親善協会」は、昨年十二月二十八日、札幌で盛大に結成されたが、同協会主催による第一回目の日韓親善の集いが去る七日札幌市民会館で両国人民え千余名が参加して行なわれた。

この親善の集いは朝日新聞北海道支社、毎日新聞北海道支社、読売新聞北海道支社、北海道新聞、北海道タイムス社、NHK札幌放送局、北海道放送、札幌テレビ放送、札幌市教育委員会などが後援し、在日大韓民国居留民団中央総本部、大韓民国駐日代表部が賛助したが会場には日本の国旗及韓国国旗が掲げられ、日韓親善協会民団中総、北海タイムス社など各界から送られた花環でうずめられた。

親善の会は民団北海道本部の金朋鎮事務局長、波領孝事務次長の司会で始められ、朴民団北海道本部団長、権中総団長、町村道知事、黒沢北海道日韓親善協会長、原田札幌市長ら多数の挨拶が行なわれそれぞれ両国の提携と親善強化をうつたえた。

プログラム第二部からはNHK札幌放送管絃楽団の演奏、平賀瑛彬氏による指揮によって大韓民国国歌及君が代を演奏しNHK札幌放送合唱団によってアリラン(の)歌、トラジトラジ、観客を合唱し、第三部では大韓ニュースと総天然色シネマスコープ「春香伝」等が上映された。

両国民の善意の上に
民団北海道本部団長 朴 準 竜

私達の祖国が解放されて、すでに十六年の長い年月を費した今日まで、国際情勢の然らしむる諸々の悪条件のために、韓日両国間の国交が正常化されないのは、単に両国の問題ばかりでなく、自由陣営においてどれだけの損失を蒙ったかわかりません。

韓日間の関係は、いまさら申すまでもなく、数千年の遠い昔から、文化、経済の交流がはげしく行われて、共に栄えたのであります。このようにもっとも緊密であらねばならない両国が、その国交すら未だに回復されていないのは、特に海外生活を営む私達にとってはまことに残念なことであります。

幸にして今般続開中の韓日会談も友好裡に進められ、懸案諸問題の解決に努力しているので必ずや近い中には妥結することと思います。これからの行末は「両国の提携なくして繁栄はあり得ない」ということを肝に銘じて共に栄えんことを祈ってやみません。

日韓親善の強いキズナ
札幌市議会議長 斎藤忠雄

第二次世界大戦が矛をおさめてすでに十六年が過ぎ去った今日、なお世界をあげていがみあいが続けられている。小国間の熱戦、大国同士の冷戦、一日も安閑としていられない国際情勢ではある。

歴史が始まって以来、地理的にも民族的にも、最も近い関係にある韓国とすら、いまだにはっきりした修好関係が確立していないことは、日韓両国及び両国民にとってまことに悲しむべき現実である。この現状を打開するために、日韓両国政府においてはそれぞれ誠意を披瀝し合って、[illegible]

最も親しい隣人
北海道知事 町村金五

わが国の隣人として、昔から深いつながりをもつ韓国と日本との親善会が開かれますことは、たいへんよろこばしいことであります。

両国の交流は遠く弥生式文化の時代にさかのぼりますが、そのころから日本は朝鮮半島の進んだ文化をとりいれ、仏教が百済を通って伝えられたのをはじめ、工芸、織物、彫刻など多方面にわたってその影響をうけています。帰化人として日本文化に貢献されたその昔の祖先のかたがたをはじめとして現在まで日本には多くの韓国のかたがたが居住され、生活をともにしてこられたのです。

こうした歴史的なゆかりの深さを考えますと、韓国と日本こそ、最も親しい隣人として相互のより一そうの理解と親善を深めてゆくべきであると思われますが、この意味で、この会は非常に有意義であると思います。

今後もこのような文化交流を通じて、日韓両国の相互の理解と友情がますます深まることを心から期待してやみません。

李公使の歓送会盛況

民団中総主催による李東煥駐日大使の歓送会が、さる九日午後六時から都内新宿の「東京大飯店」で催された。この日の歓送会には組織、経済、言論などの各界から約百人が参席、権逸中総団長をはじめ金仁洙東本団長、李康友東京商工会会長、金在沢東京商銀組合長李裕天中総顧問らがそれぞれ李公使の転勤を惜しみながらも、トルコ大使としての栄転を喜ぶ歓送の言葉を述べた。

これに対し李公使は、盛大な歓送を心から感謝すると前置きし「自分はトルコ大使として日本を離れるが、再び来て僑胞の皆さんとともに仕事をしたい」と語った。

벌어야 하는것 쓸줄도 알아야

○…바다를 격한 남의나라에서 보잘것없는 한 사람의 선반공(旋盤工)이 의지와 노력과 땀으로 성공하여 조국을 위한 보람있는 사업을 하기위해 10억원(日貨)을 바쳐 육영회를설립, 불우한 학생들의 교육을 도맡고있어 메마른 사회에 흐뭇한 바람을 일으키고있다.

서울신문 1965. 2. 18

育英에 10億圓 던진 僑胞

"富하면强, 貧하면弱해져 일합시다、富하고强하게"

旋盤工으로 自手成家한 朴龍九씨

재일교포 朴龍九씨(57·東洋印刷사장·東京神田青果会社사장·中央土地会社사장·中央호텔사장)는 작년 9월21일 11억1천5백만원의 사재로 창설한 朴龍九育英会의 이사 大浜信泉씨(早稲田大学총장) 등7명을 거느리고 발전하는 조국의 면모를 소개하기위해 16일하오 내한했다.

○…「내게는 별다른 포부나 경륜이 없읍니다. 조국의부흥을 가져오려면 먼저 산업발전이 있어야하고 산업을 발전시키려면 우수한 공업기술자가 많아야한다는것이 신념이요 이상일뿐입니다」—그래서해마다 50명이상의 우수한 공학도를 日本의각 대학에 취학시켜 전世의 마비된 日本공업계 …

그래서 부인(金貴任 52)은 기름을 짜고… 종전직전 위에까지 …

↑『富하면 强하고 貧하면 弱합니다…』열심히일하자고 강조하는 朴龍九씨

재일 공업기술자를 대량 양성하는것이 육영회의 사업목적이라고 하는데 韓日국교정상화가 이루어질때 까지는 우선 재일 韓國인학생 가운데서 50명을 중점 시키는수 밖에 없다고 아쉬워 했다.

○…忠北淸州태생인 朴씨는 1931년6월에 도일, 스무살의 젊은이가 품어보는 청운의꿈도 없지 않았으나 냉혹한 현실에서 언손을 입김으로 불어가며 일해야하는 천한몸으로서 그는 생활에서 얻어진 것은 『돈을 벌어야 한다』는 뼈저린 철학이었다.

○…장남 忠穗(慶応大學3年) 장녀貞子(日本女大졸업)등 2남5녀의 자녀를 슬하에둔 朴씨는 죽은 力道山을 무척사랑했다고하며 『외국에서 아무리 돈벌어야 아무소용없군요. 살았을때 일해놔야돼요. 그돈많은 力道山이 죽어서 남겨놓은게 뭡니까』특히 재일교포들에게는 日本人과 韓國人의중간에서 어느국적을 택할지 모르는 자식들에 대한 불안과걱정때문에 조국을위하는어떠한일이라도 해서 그들 자식들에게 보여줘야한다고 역설하며 富하면 强하고 貧하던 弱합니다. 일합시다. 일해서 富하고 强한 나라를 만듭시다」, 무겁게 말끝을 맺었다.

話題의 샘

쫓겨난 우리學生 돌봐준것 契機로

○…전쟁이 끝난뒤10년, 日本의 모든 산업계는 다시 자리를잡고 日本에 있어서의 韓國人의 위치는 날로 미묘해지고 있을무렵, 朴씨의 친구인 日本人松尾사장이 설립한 「松尾장학회」에서는 申心鎬라는 韓國人학생이 日本이름으로 변성명하고 장학금을 받고있는사실을적발, 「와까야마」현립고등학교에 재학중인 申군을퇴학시켜버렸다. 이것을안 朴씨는 申군을 즉시 돌봐주 … 업고등학교에 전학시키 그의대학졸업까지의 전비용을 부담하기로했는데 그뒤부터해마다 한두명씩 재일교포가운데 돈없어 공부못하는 우수한 학생을 돌봐주게되었으며 오늘의 育英会를 설립하게된것도 여기에 기인 …

유엔軍放送서 大學生奬學金

16일하오「유엔」군방송국(VUNC)은 방송부분에 흥미를갖고 연구하고있는 한국대학생들에게연2회에걸쳐 5백「달라」씩장학금을제공키로했다고발표했다.

朴씨는 작년 駐日代表部에 회관건립용지대日貨 1억3천만원을회사하여 정부로부터 공로표창을 받은바있다. (楨)

国際タイムス 1964. 9. 27

私財18億円を投じて

朴竜九氏が「育英会」

私邸開放し寮や図書館

在日韓僑の有力長者で知られている朴竜九氏(中央土地K・K社長)は年来の念願であった育英財団を発足させる為、去る二十一日東京・丸の内・東京会館において其の創立委員会を開催した。この創立委員会には育英財団の理事に推薦された大浜早大総長、武田明大総長ら学界代表及び池田三菱…行会長など政、財界人士が参席して創立案件を協議した結果、育英財団名を"財団法人朴竜九育英会"とし、育英資金十八億一千五百万円を組み入れることに決定した。これは朴氏の全私財を投入する額で奨学財団としては日本でも最大と言われる規模のものになるだろうということである。勿論、同財団の奨学金支給は韓国の日本留学生と在日韓国学生を対象としているので、韓国からの正式留学生のいない現時点では在日韓国学生に限られ、来春から業務開始を予定して目下其の実態調査が進められている。育英会本部は朴氏所有になる第二中央ビル(中央区日本橋通り三の一)五階に置いているが、来日早々の認可を前に私財整理、育英事業計画練りにせわしい朴氏を訪ね其の間の経緯、今後の事業計画などに就いての抱負を伺ったが大要次の通り語っている。(写真は明春から奨学資金支給を予定していると語る朴竜九氏)

育英財団設立の動機は

答 動機についてもつかみどころの難しい話しだが、私としては多年間の念願であった。今迄事業に没頭して財を成すことが出来たのもこの目的があったからこそである。何分我々が海外で事業意欲を燃り立てられるのも同胞の為に何か足しになることをしたい一心があるからだと思う。そこで私は祖国の経済復興に寄与するには韓国で必要としている優秀な人材を養成することにあるとの信念からである。また日本に居る僑胞学生にしても、奨学金制度の恩恵に恵まれない為に優秀な学徒がのび悩んでいる。その悩みを解決するのも我々の義務ではないかと思う。今迄にも私は幾人かの学生の面倒を見て来ているが、皆素晴しい成績を挙げている。その中には、韓国人である為に日本の奨学財団から学資支給を中断された者もいた。このようなけがわしい事態を克服する為にも育英財団設置は必要だと考えた。日本に居る我々にはこの外に道はないと思う。

事業計画の成案はどの程度か

答 殆んど案は出来上ったと言える。ただ韓日国交が未だ正式に結ばれていないために、韓国からの日本留学生受け入れは当分見合わされるだろう。それにしても本国政府が保障して派遣する者があれば明年度からでも迎え入れることにしている。多分明春から奨学資金支給を予定している中には在日僑胞学生に限られることになるだろうと思う。現在実態調査を進めているが勿論、人数も五〇名程度にしているから、本格的な事業体制にはならないだろう。取り敢えず神谷町(港区にある私邸二千坪)にある住居をビルに改築し奨学生の寮、(公会堂、図書館など)を設備することにしている。これが出来上って学生が入居するようになれば、私も学生と起居を共にしながら老後の勉強につとめたいと考えている。

奨学資金支給対象者の範囲は

答 現在のところは韓国籍をもつ理工科系統で優秀な学生に限って支給することにしている。勿論、韓国からの正式留学生の場合は、すでに本国政府文教当局と事前協議が出来ているので一切を向うにまかしている。私の考えとしては、銓衡審議は厳選主義、学資は重点的に豊富に支給することにした。

奨学金支給を理工科系に限る理由は

答 現在、人文科系は人材があり余る位だ。我が国は理工科系の人材が不足して総べての生産向上に支障を来している。先ず経済復興の為に働き手を養成することが先決問題だと考えたからだ。勿論第一次の目標が達成されれば、学問の系統を選択する理由はなくなるだろう。

奨学資金支給方法と業務開始の時期は

答 原則として最高額を重点的に支給する積りだ。正式な留学生には寄宿舎、学費など一切の生活費まで負担することになるだろう。業務開始は大体来春の新学期からになる見込みだ。この場合、在日韓国学生に限られることになるので、矢張り本格的な活動は外的条件(韓日国交)の好転、其の他準備にも手間がかかると思うので二、三年後になるだろう。

財団運営に必要な寄附行為は

答 原則として寄附行為はあり得ない。十八億の資金があれば利息だけでも充分まかなえるからだ。ただ前述の通り奨学生の為に建てるビル(寄宿舎、図書館公会堂)建築費だけは、其の一部を寄附金で補ひたいと思っている。この外には敢えて寄附行為をする必要はない。

財団の名称を「朴竜九育英会」に決めた理由

答 私の考えでは財団の趣旨に則って"韓国科学技術振興育英会"としたい考えだった。ところが、創立委員会で委員の合議に依って私の名前を冠した方が適切だと云うことで、そのように決ったものだ。多少売名的な印象があって反対の意見を表明したが皆さんから口説かれて翻意した。そう言えばロックフェラーだって名前を冠しているし殆んどの財団には通例になっているから別に意に介することもないと思っている。」

理事陣人選の基準は

答 理事陣の人選で別に基準はなかったが、日本の文部省当局からの推薦と私個人の親戚関係で適任者と思われる人を選んだ。

貴方の財力と財団資金の関係はどうなっているか

答 私の財力と言っても会社の資産(中央土地と東洋印刷)を除く全私財は財団に組み込まれているので、法的には私財は無一文といってもよい(笑い)

全私財を育英事業に投じた所懐は

答 全く感無量だ。食うものも食はず、着るものも着ずせっせと蓄め込んだ過ぎし日を思い起せば目頭が熱くなるのを覚える。然しやれるだけやったという勝利感と私の為に苦労を共にした会社の人達には感謝の念で胸が一杯だ。未だ緒についたばかりだから皆様の期待に背くことのないよう個々努力して行きたいと考えている。これからは皆様の御協力が是非必要になるだろう。宜敷お願いしたい。

五十七才の老紳士もここまで語ると万感胸にせまり、深い物思いに沈んだ。志を遂げ、労多かった過ぎし日をしみじみと想い味わっているのだろう。記者は挨拶もてそこに辞退した。

なお、朴竜九氏は今年の春、在日韓僑会館設立の台地にと一億二千万相当の不動産を提供して話題をまいたが比の度の育英財団設立でまたも世間の関心を集めている。朴氏は過去在日韓国経済人連合会々長を歴任、其の後同会の発展解散で在日商工会連合会の顧問に推戴され現在にいたる。中央土地会社、東洋印刷会社社長を兼任、在日僑胞の為に貢献した功労が認められて韓国政府から文化勲章を受領している。(忠北・清州生まれ)

侵犯せば捕獲

韓国政府公式発表

【京城時事(INS)十一日発】韓国政府公報処は十一日韓国政府は漁業紛争問題について断固李ラインを守る決意であり、あらゆる有効手段をとって紛争水域から日本漁船を追いはらう用意をしているとつぎのような公式発表を行った。

「韓国政府はあらゆる手段をもって李ラインを守る決意をしている。このあらゆる手段とは朝鮮沖の境界線を侵犯する船舶はいかなるものであすべてこれを捕獲することをはっきりと含むものである」

韓国政府の発表は"あらゆる手段をとって李ラインを守る"というい方をしているがその手段の全容は明かにしていない。しかし多分紛争水域内で発見された日本船を追跡するよう韓国海軍に指令したことをさすものとみられている。発表はさらに「韓国政府は日本側が国際協力友好の精神にのっとって李ラインを実際的に尊重するよう望む。われわれは極東の恒久平和をもたらすためには両国の平和で秩序ある共存が絶対的条件であることを強調したい」とのべている。

幽霊ゴルフ場で入会金サギ

62人から二千万円

密入国騒ぎの韓国人社長

朴魯楨

末永一行

岩瀬信一郎

インチキ地所会社を作り、ゴルフ場を建設するとパンフレット、ラジオ、テレビで宣伝、入会金計約二千万円をだましとった韓国人を主犯とする一味三人が、二十八日東京・築地署につかまった。

一味は中央区銀座七の二、ニューギンザ・ビル内、安田地所会社社長、安田英二こと朴魯楨(四九)(渋谷区幡田一の九〇)同社専務、末永一行(三九)(中野区栄町通り二の二九)同社常務、岩瀬信一郎(三七)(港区赤坂青山南町一の五五)の三人。

同署の調べによると、朴らは三十七年十月、茨城県筑波郡谷田部町が、地元の土地をゴルフ場にしようと決めたことに目をつけ、地所会社を設立、同所の土地十万平方㍍は買い取ったが、あとの十万平方㍍は借りただけで、昨年四月〝百万平方㍍の敷き地を持つ東洋一のゴルフ場〝ローヤルカントリークラブ〟が秋に開場〟と大々的に宣伝、一口個人三十万円、法人六十万円、平日会員十五万円で入会を呼びかけ、つかまるまでに世田谷区の会社員Aさんから三十万円をだましとったのをはじめ、六十二人から計約二千万円をサギしていた。

会費を納めたAさんらが、いつまでたっても開場の通知がこないので、茨城県筑波郡谷田部町の建設用地を見に行ったところ、まったく着手されておらず、だまされたと知ったAさんら三十人がつぎつぎと同署に告訴、四月ごろから同署で内偵をはじめていたもの。

〝資産百億〟自称

朴は戦前から日本にきて、戦後観光事業などでかせぎまくり、銀座七丁目に地上十一階、地下二階のニューギンザ・ビルを建て、その中に「安田地所」「安田観光」など五つの会社をつくり、八丈島の「ローヤルホテル」や伊豆山「ホテル八丁園」を経営したことがあり〝資産百億〟と称している。さらに韓国のソウルに昨年「セナラ自動車会社」を設立して日本の自動車を輸入して日韓両国間をひんぱんに往復していた。ことし三月二日には、韓国から小舟をやとって、長崎県対馬郡上対馬町の河内湾に密入国しようとしてつかまり、長崎県警の調べを受けたこともある。

このほか、「ホテル八丁園」の地下を東海道新幹線が通過、ホテルの建て物を損傷すると国鉄に訴え、高額の補償金を受け取っているが、これに関連して国鉄の新幹線補償担当者との間に贈収賄の疑いがもたれている。また茨城県下の他の土地をネタに、数千万円にのぼる入会金サギを働いている疑いもあるので、同署では警視庁捜査二課の協力を求めて追及する。

1952.7.15 朝日

朝鮮人對策に本腰

治安閣僚 懇談会開く

吉田首相　木村法務総裁　吉武労相　大橋国務相　保利官房長官　佐藤検事総長　斎藤国警長官　田中警視総監　吉河特審局長

政府は日共結党三十周年記念日にあたる十五日、首相官邸で閣議終了後に治安閣僚懇談会をひらき吉田首相、木村法務総裁、吉武労相、大橋国務相、保利官房長官をはじめ、佐藤検事総長、斎藤国警長官、田中警視総監、吉河特審局長らが出席して治安情勢を交換したのち対策を協議した。

この日午前、午後にわたっては破防法実施の基本方針を中心に共同対策をかなり具体的に検討したが、政府としては在日朝鮮人対策が治安問題の一つの焦点であるとの見解からこの解決に本腰を入れることになった模様である。

今週中に提出 新政策の内容

保利官房長官は十五日の記者会見で「新政策に盛り込む内容を各省毎に取りまとめて、できれば十八日の閣議に、おそくとも今週中に提出されたい」と要望、各閣僚はこれを了承した。

党内各派の調整 「自由党懇話会」乗出す

幹事長問題やこれに続く政策問題などで対立を深めた自由党内各派の調整をはかるため安藤、[illegible]、

北鮮スパイ団を検挙

暗号解読書などを押収

警視庁公安三課は、北鮮内務省系対日特殊工作員一味とみられる主犯東京都北区田端町一一五、店員青山京一こと秦乃坤(三二)大阪市港区三条通四ノ三一、貿易商新井一男こと朴南圭(三二)同市東淀川区パチンコ店主金山こと金基健(三〇)同市天王寺区小橋元町一〇七、綿布商山田こと李勝憙(三五)名古屋市東区相生町一ノ五、店員福田茂雄こと文永喆(三〇)神戸市兵庫区今出在家町一ノ八九、高田ハナエこと申戊女(三〇)の六人を十四日朝までに密入国、外国為替法違反の疑いで検挙、北鮮との連絡につかっていたとみられる暗号解読書などを押収した。

当局の調べでは青山は東京生れ、都内の商業学校を卒業して去る十九年帰国。戦後北鮮内務省機関で特殊教育を受けたのち暗号表、五十米ドル、日本円四十万円、偽造の外人登録証、在日特殊工作員への紹介状をうけとり、去年十月日本船に偽装した漁船に乗って石川県下の某港から密入国した。工作員の金を訪ね、金の紹介で川崎市内の北鮮系朝鮮人と連絡する一方、朴と李の世話で米ドルを一ドル三百八十五円の割で日本円に替えた。大阪、川崎では文を部下として使い、在日米軍、自衛隊の配備、朝鮮総連幹部の動きなどの情報をキャッチ、北鮮へ無電連絡したという。

北鮮からの指令は短波受信機で受ける一方、簡単な報告は無電で連絡、春と秋二回にはくわしい報告をしていたという。

1964.12.12

朝聯系 千4百49名 轉向

올림픽契機…在日居留民團서 入團歡迎大會

【東京＝權五琦特派員11日發】 재일거류민단은 10일하오 새로 민단으로 전향한 金興坤씨 (전朝總聯宮城縣고문)의 1천4백49명의 조련계사람들을 중앙단본부에모아 그들의 「민단입단환영대회」를열었다。

이들 신단원들은 이제까지 북괴공산정권을지지하는 조총련계조직에들어있던 사람들인데 東京「올림픽」을 계기로 한국으로부터온친지・가족등을 만나본후 새로민단에 입단하게된 사람들이다。

민단측은 『이들이 지난 10월1일부터 11월25일까지 사이에 전향했다』고 밝혔다。

환영대회에는 관동지구 민단산하각기관대표、그리고 일본을 시찰중인한국 편집인대표、주일대표부金東祚대사와 韓・日언론계 관계자들이 참가했다。 환영식에서 權逸단장이 입단환영사를했으며金대사、그리고 편집인대표인 朝鮮일보의 劉鳳榮씨의환영치사가 있었다。

전향하여 민단에 입단해온사람들의 대체적인분류는 다음과 같다。

▼熊本縣副委員長＝朴鍾照 ▼九州地區財政責兼編 …岡縣財政部長＝金종… ▼山梨縣商工會理事長＝이상… 외外幹部70명 ▼關東地方＝2백4명 ▼九州地方＝1백26명 ▼坂神地方＝3백39명 ▼其他＝7백80명

1964.11.16

疑惑の韓国人実業家 "利権情報"の周辺

"新幹線"にも暗躍? 政界ルートをにおわす

先月二十八日、警視庁捜査二課と築地署が、在日韓国人実業家の大物、安田英二こと朴春植(四九)を詐欺容疑で逮捕したのをきっかけに、同庁捜査四課、東京地検特捜部が、朴をめぐる数々の疑惑について、いっせいに捜査に乗り出した。朴は韓国、日本両国の政、財界に顔が広く、日韓会談の黒幕ともいわれていたが、一方、身辺には、会社乗っとり、株価操作、計画倒産、これらに伴う恐かつなど、黒いうわさが絶えなかった。東海道新幹線建設などの利権情報をすばやくキャッチし、用地買収に暗躍したともいわれ、こんどの摘発が、政界コーリャンロビーの汚職にまで発展する公算も大きい。これまでの東京地検、警視庁の取り調べからうかんだ朴の疑惑の焦点をくりひろげてみよう。

熱海市伊豆山のホテル八丁園
朴社長が乗っとりをくわだてた

汚職まで発展か 集中的に追及

警視庁捜査二課が摘発したのは、ゴルフ場建設をめぐる詐欺事件。三十七年十月、茨城県筑波郡谷田部町にゴルフ場"ローカルカントリークラブ"を建設すると称し、入会金をつのって、六十二人から約二千万円をサギした疑いだ。この事件で朴ら三人が逮捕されたが、引き続き捜査四課が、ゴルフ場の用地買収や、朴の数々の事業遂行にからむ恐かつ事件の捜査に乗り出した。一方、地検特捜部でも、熱海伊豆山の"ホテル八丁園"の乗っとり事件や捜査し、十三日までに一味十四人を、総会荒らし(威力業務妨害)と公正証書原本不実記載の疑いで逮捕した。

これまでも朴については、捜査二課が、八丁園の乗っとり事件、ダブル株事件、国鉄の新幹線のトンネル工事で八丁園の地盤がゆるんだと、国鉄から高額の補償金をとったことに対する詐欺恐かつ事件を内偵したことがあるが、こんどは、これらさまざまな疑惑を、集中的に追及していこうという方針をとっている。

株価操作の疑い

朴は去る三十六年三月、休眠会社の光興観工業(資本金六億四千万円)を百五十万円で買収、また同じころ、一億四千万円の借金をかかえ、経営に四苦八苦していたホテル八丁園(資本金二千万円)を借金ぐるみ買収、東京と熱海でそれぞれ安田観光に名義を変更した。さらに三十六年九月二十八日この二つの安田観光を合併、三十八年一月に八丁園を経営する資本金一億六千万円の安田観光が誕生したのだが、おかしなことに、合併前の同年六月ごろ、すでに更にホテル八丁園経営をうたった安田観光の株が流れた。

八丁園は六百人収容、二十五mプールをはじめ豪華な設備をととのえた観光ホテルということで、株価はブームに乗って、五十六円から最高値八十二円にまではね上がった。しかし"新館建設"の約束も実施されず、まもなく株価は時価四円から五円に暴落した。この間に、正式合併前に売り出された流通株の大部分は朴名義のものだったことから、詐欺、株価操作の疑いがもたれている。

ダブル株、総会荒らし

その後、八丁園は経営不振に苦しみ、三十七年七月、大阪のさくらタクシー社長紀太(きた)俊彦氏から、安田観光株二百万株を担保に八千五百万円を借り、これを機会に経営権も紀太氏に移った。紀太氏は八丁園に五億円近い資金をつぎ込み、経営立て直しに苦心していたが、朴らはこれに対し、経営権の奪回を計画、昨年七月の臨時総会で総会荒らしの挙に出た。地検の摘発はこの総会荒らしと、その直後、朴らが勝手に紀太社長を解任、役員を一味でしめたことに対する会社乗っとりの疑いだが、この総会の席上で、朴、紀太両派の株数を検討すると、総発行株数千三百二十万株をはるかに上回る計算となった。

もともと、紀太社長が会社を引きついだとき株主名簿もはっきりしないずさんな経営だったが、朴はこのダブル株を発行、これを担保に金ぐりなどを行なっていた疑いが濃い。

朴が八丁園を経営していた当時、ホテルのテレビ広告料金、食料品など購入物資の代金を踏み倒したり、また八丈島に建設したロイヤルホテルの敷き地購入費、建築費などにも踏み倒しの疑いがもたれている。こうした債権者に対して恐かつを働いた疑いがある。

さらに朴は安田建設、安田商事など有名無実の八社を経営しているが、これらの会社を舞台に、不渡り手形を発行、会社を倒産させたなど、朴に対する疑惑は数え切れないほどだといえよう。しかし、朴の手口は法の抜け道を研究し、スレスレの線が多く、捜査はお困難視されている。

すばやい情報キャッチ

だが、当局がねらいにしている最大の疑惑は、朴と政界コーリャンロビーとに、不明朗な結びつきがあったのではないかという点。

①朴が借金一億四千万円をかかえたホテル八丁園を、借金ぐるみで買収したのは、八丁園の地下を通る国鉄新幹線工事による補償金目当てではなかったかという点。

朴は三十六年九月、八丁園を買収、三十七年七—十月ごろには国鉄から二億五千万円の補償金を受けとっている。工事で地盤がゆるみ、建て物がいたんだというのが補償の名目だが、当時、補償がほかとくらべ高額すぎる。この補償金で、朴は八丁園の借金一億四千万円を返済。朴個人の八丁園に対する貸し金九千九百万円をとり、残額は、安田観光の重役の退職金を支払ったといわれる。朴が八丁園が補償の対象になるという情報を事前にキャッチしたと思われる公算は大きい。

②さらに朴は、八丈島に米軍が無線基地を建設するという情報を耳に入れたらしく、八丈島に膨大な土地を三・三平方メートル当たり数円で購入。これを防衛施設庁に高額で転売しようとして失敗した。

"再逮捕しても糾明"

③また朴は警視庁の調べに対し、東海道新幹線の用地決定に先立ち、静岡県内の土地を路線沿いに購入したとも自供している。

こうした一連のことがらは、利権情報をすばやくキャッチできる立場にあったと疑われても当然といえよう。

朴は警視庁の調べに対し「オレが口を開けば、政界の大物が汚職で続々と登場する」とにおわしている。だが、調べ官の追及には、いまのところ、黙秘権を使ったり、ノラリクラリとポイントをはずしているという。警視庁の詐欺事件の調べは、あす十七日で拘置期限が切れるが、地検ではその後、再逮捕してでも朴をめぐる疑惑を徹底的に追及するとい[illegible]

1962.2.16

三・一節を盛大に 当面の諸問題を協議

第四十六回民団関東地区協議会が十三、十四の二日間、熱海市の小嵐ヘルス・センターで開かれた。静岡県本部の主催により、十三日午後四時半から開かれた今回の会議には関東地区各県代表約五十名が参加したほか、中総から権団長、尹、張両副団長、金監察委員長、金組織局長、李裕天顧問、駐日代表部李栄求氏らも参席し、「三・一節記念行事」「韓国新聞の運営と育成問題」「旅券事務取扱問題」など民団が当面する諸問題について終始活発な討議が行なわれた。

会議は高東京本部副団長から経過報告があったのち、討議事項に入り、間近にせまった三・一節記念行事問題の討議が行なわれた。同問題に関して金致淳中総組織局長から行事の基本方針が説明された。

本年の三・一節記念行事は、韓日会談の成功に力を入れると共に、同行事を機会に、韓日会談妥結の必要性を内外の大衆に徹底さす運動を強力に展開することを明らかにした。

関東地協でもこの方針に従って今年度の三・一節記念中央民衆大会は、地協主催により会場を東京神田の共立講堂に決め、約三千名を動員して従来にない盛大な行事を行なうことを満場一致で決議した。

次いで韓国新聞の配布問題に関して尹致夏中総副団長から詳細な説明が行なわれ、各県本部から、新聞配布状況の再検討、編集態勢の整備強化について要請が行なわれた。

このあと討議事項では、本国旅券の手続の簡素化を民団中総と代表部で再検討することを上申するとともに、旅券の身元確認証明の取扱いに一層の慎重を期することなどを決定した。

権団長の挨拶

なお、討議に先きがけ、各来賓の挨拶が行なわれたが、特に権中総団長は挨拶の中で、民団の基本方針も当面の重要活動方針にふれ大要次の通り語った。

民団は"大衆の民団"を基本方針とし、大衆の声を基礎として活動して来た。今後とも、民団は大衆に信用ある団体にもっていく方針に変りはない。また民団はわれわれにとって特に大きな問題である韓日会談が近く妥結すると思われるため、今後民団が背負うべき任務を考えその準備を進めていかなければならない。そのため目下、宣伝活動に力を入れているが、特に韓国新聞は必ず成功させ、短時日内に自立体制にもっていく考えである。次に民団の当面の問題として基本財政を確保することが急務である。そのため地区別の財政委員会を作りつつあるが、この点を関東地協でも充分に検討してもらいたい。一日も早く財政面問題を解決して民団がおちついて用務を行なえる体制にもっていくべきである。また民団のもう一つの仕事は、今各地に商工会を結成しており近く中央連合会も誕生することになっているが、このような

"北鮮地下代表部"を摘発

右翼と密貿協定結ぶ

脱出寸前の金ら六名逮捕

金永基

赤い北鮮政府の在日"地下代表部"と見られる組織を追及していた警視庁公安三課では二十六日地下代表部の中心人物東京都中央区京橋宝町二の七会社社長竹村こと金永基（　）ほか北鮮系朝鮮人四名、日本人一名、計六名を密入国、船員法違反などで逮捕するとともに渋谷区氷川町五二木原隆方田明石宅ほか四カ所を家宅捜索、引続ききょう二十七日早朝都内某所を家宅捜索する。金らは北鮮政府の特命をうけて昨年はじめ潜入、在日北鮮系朝鮮人と連絡をとって"地下代表部"を設置、スパイ活動のほか政治、経済工作にも暗躍、とくに最近では民間業者との"漁業協定"に成功したといわれており、この逮捕によりモスクワ、北京に続いて最近目立って活発になっている北鮮からの平和攻勢のカゲの力である"地下代表部"の全組織はもちろん、日共はじめ、政治、文化団体、民間業者、政界の一部にまでも手をのばしていた赤い工作の全容が明らかになる模様である。

警視庁公安三課では二十六日午後二時四十分金永基を密入国容疑で新潟発の北陸本線列車内で、三時三十分佐藤節と自称する朝鮮人（四十歳ぐらい）を新潟市内、四時五十分吉野一郎と自称する北鮮人（三十五、六歳）を新潟港内に停泊中の高栄丸（四二トン、船長岡本一郎）内で、同七時十五分自称前田の朝鮮人（三十五、六歳）を新潟市内、東京都中央区小田原町二の八日本人会社員前田正信（三二）を自宅でそれぞれ船員法違反、また同九時ごろ渋谷区伊達町四二平和荘内海原こと朝鮮人具滋彦（三八）を自宅で外国人登録令違反で逮捕した。このうち金ら朝鮮人四名は前記高栄丸で新潟港から北鮮へ向け密出国する寸前だった。

同課の調べによると金は北鮮の共産党組織である祖国統一戦線の中央委員で昨年二月香港経由で密入国、在日朝鮮人の一人で運動の黒幕といわれているＦ（特に名を秘す）と密接な連絡をとり、金と前後して潜入した前記吉野、佐藤、前田と自称する氏名不詳の朝鮮人らを中心スタッフとして"地下代表部"を設置した。黒幕のＦはかねてから当局が在日朝鮮人運動のカゲで糸をひく人物として注目しており、本年二月発足した在日朝鮮人統一促進協議会の発起人の一人として運動資金面を担当、また北鮮系政治団体である民戦の解散に主役をつとめるなど北鮮政府関係の人物と見られていた。

金は表むきは株式会社福田商会の社員になりすまし地下代表部を指揮していた。本年四月経済工作の一つとして、Ｆと日本人在[illegible]氏の仲立ちで日本人[illegible]、元右翼で現在千葉県で機帆船会社を経営しているＨ氏と漁業協定の交渉をはじめ同月二十七日ごろ日比谷[illegible]で正式に同協定を結び李ラインをこえて北鮮との直接漁業取引の協定と漁船による物資のバーター取引の契約を結んだ。

これに基き金らは四月三十日第一回のテスト船として前記元右翼Ｈ氏の持船で清津から北鮮向け出港を準備したが当局の動きから延期となり、こんどの高栄丸により同協定に基く初の北鮮行きを決行しようとしていたもの。

同協定は表面漁業協定であるが実際は密貿易協定をねらったもので、北鮮側の出資によりＨ氏を社長とした交易会社を設立、日本側から漁網、機械類を輸出し、見返りとして食料品、鉱石類の密輸入を取決めたもので、これを既成事実として、日本政府の了解を得るため政界に働きかけていた。

当局では地下代表部が日本側との協定に民間業者のほか元右翼関係者を加えたことについて注目しており①Ｈ氏が機帆船の造船会社を経営しているので北鮮側は必要とする機帆船入手という実利だけをねらった②既成事実として政府の了解を得るため政府にきらわれている左翼よりも右翼を利用して政界に働きかけようとしていた、などではないかとみている。

また当局の得た情報によると韓国政府ではこの漁業協定成立の報に「協定反対」をスローガンとした反日デモを京城で連日繰返しているといわれ、韓国政府が北鮮側の在日地下代表部を重視していることを物語るものとして注目されている。

渡部公安三課長談「捜査中ではっきりした事件の内容についてはハッキリいえぬが、単なるスパイ事件ではない。一応外人登録令、船員法違反、密入国の疑いで逮捕したが、今後の取調で北鮮系の地下工作の動きがつかめるものと思う」

北鮮 地下工作団長捕る

捕った李団長

新潟港から漁船高栄丸で密航寸前の北鮮対日工作団九人を逮捕、さらに追及していた警視庁公安三課は九日朝、工作団長格の東京都杉並区阿佐谷四ノ九六四、福田商会社長福田満こと李炳学（四七）を外国人登録令違反で、品川区中延一ノ三〇四五同社会計担当福田加代（四三）、神奈川県逗子市逗子六八一「タカシ」商会会社専務江川英雄（三七）の二人を船員法違反で、新宿区戸塚町四ノ七七六朝鮮人安部修（四三）を密入国でそれぞれ逮捕、身柄を警視庁に留置した。

同課の調べによると、李団長は昨年三月、十数人の北鮮政府の情報文化・海外工作員をひきいて密入国、都内に潜入、平和共存にそった在日朝鮮人の戦術転換、「民戦」の解散など在日朝鮮人の再編成の指揮に当った。一味は貿易商を装い、さきに手入れされた中央区京橋宝町三ノ七大陽無線コロイド会社内に「福田商会」を置き、ここを拠点として工作していた。一味のうち船員法違反（船員手帳には[illegible]った写真の替玉）で捕った福田ら数人には密航のために便宜をはかっていた。また先月二十六日当局が手入れした密航漁船高栄丸は李団長が広島県方面で買い切っていたもの。

当局では李団長の取調べによって北鮮の対日平和工作の舞台裏が明るみに出るものと見ている。李団長は昭和三年ごろ朝鮮プロレタリア芸術同盟日本支部に関係、機関紙「無産者」を発行、GHQ指令で二十五年追放となった日共中央委員金天海氏らと共に戦前から朝鮮独立運動に参加していた。

スパイ団から押収した無電機

韓載徳　崔朝求　鄭応国　金万有

資金、無電機持って潜入

警視庁公安三課は六月二十六日、新潟港から漁船で密出港寸前の北鮮"密貿団"九人を出入国管理令違反容疑などで逮捕したのを皮切りに、六日までに十六人の日鮮人を逮捕、指令書、報告書、無電機四台などを押収した。当局の話によると、これは密貿団を装った北鮮政府内務省直属の対日スパイ団であることが分ったという。

調べによると、六月二十六日新潟港から漁船高栄丸（二〇トン、船長岡本市郎氏＝犯罪には無関係）で出港しようとした一味の主犯竹村こと金永基は、元北鮮政府機関紙担当など要職を歴任した韓載徳（四〇）であった。また二セ船員手帳で捕まった佐藤節は、同じく内務省情報機関から日本へ潜入させられた崔朝求（三[illegible]）で、同じく二セ船員手帳を持っていた前田正信は鄭応国（三[illegible]）といい、これも元政府職員で、一味の資金面を担当していた。また密入国で捕まった村上律は無電技師の[illegible]（三[illegible]）であった。（以上の四人はいずれも密航、拘留中）

自供によると、団長格の韓は昭和二十八年二月ごろ北鮮政府内務省第三局第七部（海外情報担当）から日韓貿易、日朝貿易を進めるため、日本の各界有力者に連絡をつけて地ならし工作をせよ、日米の政治、経済、軍事関係を解明、特に日本の防衛計画をキャッチせよ、在日朝鮮人の組織、活動状況を調べよ、などの秘密命令を受け、一味は同年夏ごろ米ドル五千ドル（百八十万円）と無電機四台をもって情報員十数人とともに[illegible]経由で日本へ密入国した。そして東京に根拠を置き、貿易商を装い、政界、官界、実業界に手をのばし、指令通りに情報を集めて無電、航空便、密出入国の三方法で本国と連絡をとっていた。

六日、東京で逮捕された東京都足立区興野町四二五、西新井病院長金万有（四二）と同区梅田町九五三、薬局店主辺玉鎌（三〇）の二人は、いずれも一味の資金補充のため密輸されてきたサントニン（十[illegible]）を買受けていた疑い。

当局が押収した二十九年十月の文書、暗号には「米軍は日本国内で韓国空軍に対してジェット機の訓練を行っている。その訓練内容、基地、規模を調べよ。また韓国軍人に対する工作を進め、北鮮側へ寝返りをうたせるよう努力せよ。米軍指揮下の韓国航空兵に連絡がついたら"妹が結婚した"と連絡せよ。寝返りをうたせることに成功したら"妹が妊娠した"と連絡せよ。さらに北鮮へジェット機もろとも飛び立ったら"妹が出産した"と連絡せよ」とあったという。

一味は日本での一応のスパイ目的を果したので、六月二十六日、広島県下で買受けた高栄丸を密貿易船に仕立てて北鮮へ脱出しようとした寸前を押えられたもの。

渡部警視庁公安三課長談　では相当高度なスパイ技術ともので、その規模、能力からいっても、ラストボロフ事件以上のものだと思う。日本国内の北鮮スパイ網の大がかりなものはこれで一応組織したつもりだが、また新手の工作をしてくるだろう。押収した文書の中には、一味が情報入手のため関係をつけた名現代議士、実業家、財界人など多数の名前を列記してあるが、これらの人は現行の法規ではそのまま「犯罪」とはならないから、名前は明らかにしたくない。

1955.9.7

中学校教師ら三人

脱出寸前 受信機など押収

北朝鮮工作員を逮捕

【大阪】大阪府警外事課は、寝屋川市郡、化粧品商清水勇こと朴基潭(四三)同市萱島、丸協商事社長大原重雄こと姜昌禄(四〔?〕)同市大利、中学校教師栗山良植こと洪良植(三七)の三人を外国人登録法違反などの疑いで逮捕、調べていたが、十日までに朴が北朝鮮の工作員として、スパイ活動を行い、日本から脱出寸前だったことを自供した。

朴基潭　洪良植

北朝鮮工作員逮捕で押収された受信機や暗号ノートなど（大阪府警で）

調べによると、朴は韓国との統一工作のため日本で情報を集めていた北朝鮮の工作員だといい、さる三十七年十月、北朝鮮の興南から無線機と百五十万円余りの工作費を持って兵庫県余部に小舟で上陸、姜の助けを借りて日本人になりすますため、日本婦人と結婚して化粧品店を営み、さる三十八年暮からことしの七月ごろまでの間に数十回にわたって旅館を転々としながら、北朝鮮と無線連絡をしていたという疑い。

洪は、朴にさいきん帰国命令が出たためその後継者として訓練を受けていた、と自供している。

逮捕のきっかけは、朴がこの七月ごろ大阪市東淀川区上新庄で清水勇の名で「まるみ屋」という化粧品店を開いていたところ、名前がよく変わり、旅行がちで、朝鮮人らしいとの聞込みから調べてわかったもの。

朴の自供によると、同人は大阪生れ、大阪のある大学の電気科を卒業して、昭和十三年に北朝鮮に帰り、ダム建設の技術などをしていたが、戦後、朝鮮労働党に入党した。慈江道人民委員会の建設管理局長をしたのち、党の大学にはいり、三十七年、日本に潜入の指示を受け、六カ月間、工作員としての訓練を受けてから密入国した、という。

府警外事課では、朴はかなりの〝大物〟で、ほかにも多数の工作員がはいり、南北朝鮮統一の情報工作ばかりでなく、在日米軍などの機密についても情報を集めていたのではないかと見て調べている。

朴、姜、洪の三人の自宅を捜索した結果、無線通信に使っていた疑いの受信機、周波数を書込んだメモ、暗号ノートなどが発見され、工作員として活動していることがわかった、と同課ではいっている。姜は密入国者をかくまった疑い、洪は外国人登録法違反の疑い。

手のこんだ大がかりな組織

警察庁の話　朴基潭は北鮮工作員の建設班長をやったことがあると自供しているが、確かなことはわからない。これまでの摘発例では工作員は本国と文書で連絡する例が多かったが、今度の事件は無線を使っているところから、かなり手のこんだ大がかりな組織といえる。事件を徹底的に追及する。

武蔵野の朝鮮大学

民族的自覚の強さ

だが「日本の中での教育」配慮

東京武蔵野の一角に、在日朝鮮人子弟のための朝鮮大学があるか、それはどんな制度の大学で、どんな教育が行なわれているのだろうか——こうした各方面からの関心や疑問に答えるために、このほど教育学者、学校関係者、法曹家、出版・報道関係者などを招いて参観会が行なわれた。

学校地区の一角に

朝鮮大学は中央線国分寺駅からバスで約十五分、東京経済大学や武蔵野美術大学の学生寮、白梅学園などが立ちならぶ学校地区の一角にあって、敷地六万六千平方㍍（二万坪）鉄筋四階建の中央本館を中心に、右手に鉄筋三階建の学生寮四むね、左手に図書館と大講堂が位置し、構内は芝生におおわれている。中央本館は力感のあるコンクリートの素朴なりょう線が美しい。その上に赤く朝鮮文字でかかれた「はえあるわが祖国—朝鮮人民民主主義共和国万歳」が印象的だ。

この大学が創立されたのは、昭和三十一年四月。二年制大学として発足し、昭和三十三年四月に、文、理、地歴、政経の四学部からなる四年制大学（ほかに二年制の師範学部を併設）に発展し、現在にいたっている。三期の卒業生を送りだし、現在の学生数は四学部六五〇人と師範科六〇人、それに教職員百人の世帯。

朝鮮語の教科書

大学の構内にはいって、まず印象づけられるのは、強い民族的自覚と祖国への連帯感だ。中央本館屋上の文字は象徴的だが、寮内を回ってみると各室ごとに「千里馬建設班の模範をうけついで、集団的革新を作りだそう」といったスローガンがかかれている。説明にあたった副学長・李珍珪教授の話では「私たちの大学の基本方針は、形式において民族的、内容において民主主義的な教育、ひと口にいえば民主主義的民族教育を行なうことに」だという。民主主義的民族教育ということばはもう少しくわしい説明を聞く必要がある。

形式において民族的とは朝鮮人が朝鮮語で書かれた教科書を使って教育することで、もしこれが行なわれなければ、在日朝鮮人の子弟たちは、自国民の歴史はおろか正確な朝鮮語も話せず精神において日本人とも朝鮮人ともつかない人間に育ってしまう。内容において民主主義的とは、祖国と祖国の人々を愛し、それに誇りをもつ独立民族の独立人として、日本をはじめ世界の人々と交友できる人間に教育することで、そのために「一人は万人のため、万人は一人のため」という教育理念で知・徳・体ともに発達した新しい型の人間形式を目標にしているという。この説明につづいて李教授がくりかえし述べたことは「私たちの大学は民主主義教育をしているのであって、社会主義教育をしているのではない。私たちは日本の中での教育だという条件を深く配慮している」ということだった。

六三制を採用

事実こうした〝日本の中での教育〟という条件への配慮は非常にこまかく行なわれている。朝鮮人民共和国の学制は、四・三・二・二・四だが、在日朝鮮人の教育体系は日本の六・三・三・四をそのまま採りいれ、日本の高校を卒業した朝鮮人も朝鮮高校の卒業生も平等に（入学者の比率はほぼ一対三）うけいれ、教科編成や教科書も本国とは別に、独自に作っている。教官、学生ともに、日本政府が朝鮮大学をはじめ朝鮮人教育機関を他の在日外人と差別して、各種学校としての認可さえしないことの不当を指摘する以外は、批判がましいことはいっさい口にせず、内政不干渉の原則を堅く守っている。

集団主義の教育

民族的自覚の強さとならんで、もう一つ目をひいたことは、集団主義の教育方法が大学のすみずみまで貫いていることだ。クラス編成は大体二、三十人で一クラスをなしているが、クラスはそれぞれ六人ずつの班に分かれ、班が学生寮（全寮制）の一室で起居をともにし、あらゆる面での基礎単位となる。たとえば講義は毎日、午前八時から午後一時まで行なわれ、昼食後学生たちは寮の自室へ帰って勉強するが、勉強は自学習—集団学習—自学習というサイクルで行なわれる。一人でわからないことは、六人の集団学習の場にだされ、集団でもわからない場合は、寮室に教官をよんで再度説明してもらったり、いっしょに討論したりする。朝鮮語教育もこの方法で行なわれ、日本の高校を卒業してまったく朝鮮語を知らなかった学生も、入学後三ヵ月で完全な朝鮮語の読み書きができるようになるという。

余暇に勤労作業

集団方式は勉強の場合だけではない。鉄筋三階建の学生寮二むねと大講堂は、教官・学生が基礎打ちからコンクリート塗りまで文字とおり〝自力〟で造ったものだと聞いて、参観者は目を見張ったが、こうした勤労作業も班が単位となって学業の余暇に行なわれる。昨年秋から一年がかりで造ったという大講堂は、いす席千三百、その内部は一流の劇場にもひけをとらないみごとなもので、案内役の学生たちは「この床は私が張った」「あの階段は私たちが作った」と自分たちの労働の成果への愛着を示す。高校まで日本の学校で送ってきた一人の女子学生は「この大学へきて自分が人間として生きる意味を知り、生活の目標を知り、自分の中にある力を知るようになりました」とひとみを輝かせて語っていた。

この大学にも大きな悩みがある。これだけの施設ではまだ朝鮮高校卒業の進学希望者をすべて受け入れることはできないこと、いやそのまえにこの施設そのものがいまだに日本政府によって在日外国人教育機関としての正当な地位を認められていないことだ。「在日朝鮮人の教育機関を、ぜひ他の外国人学校なみに各種学校として正式に認めてほしい。そして朝鮮高校卒業生も他国留学生同様、日本の大学への入学の道を開いてほしい」という李副学長の訴えは、深く耳を傾けさせるものがあった。

中央本館前の芝生で語りあう学生たち

亡き母の遺志に従い

養老院 孤児院へ 姜求道氏の美挙

この世に残す母の形見

霊前に咲かす親善の花

ひとの悲しみに、いくつかのなぐさめの言葉がかえって悲しさをよびおこすかもしれない。しかし、人生の寿命には限度がある。長短の差はあるにしても、それが天から与えられた運命であれば悲しみの中にも自ら慰めを求めるほかないだろう。世に肉親をなくして悲哀にくれる人がいかに多いか。ひたすらに悲しむだけが孝とはいえない。親の亡きあとにその遺志をいかにいかすかは世の子として考えなければならない問題。ここに生前、死後を通じて立派に子としてのつとめをはたし、亡き母の遺志に従って世の恵まれざる人たちのため、供養の一端を社会事業につくし、それがこの地に住む一人の韓僑であるだけに、両国親善にも実を結び、明るい話題をさらっている。これこそ亡き母の英霊に捧げる孝道の亀鑑として末永く伝えられることだろう。霊前にぬかづく遺族の最後に果す孝行姿として伝えておく。

姜求道氏

〃親に孝せんと思えばすでに親いませず〃のではなく、心ゆくまでに孝行をつくしてもなお足りぬ気持がどれだけ深いものか。数年間におよぶ母親の病床に朝な夕なにその回復を祈りつつ思い残すことのないまでにつくすだけつくして見る人を感激させ周囲の話題となっていたが、天命なるが故にいかともしがたく、ついにこの世を去りて、悲哀にしずみながらも、最後を飾るにふさわしい孝心を発揮して、いままでにみたこともない立派な葬式をいとなみ、世の親もつ子に良き範を示し、大きないましめにもなって、みる人きく人をして心温まる思いを抱かせる孝子物語りが極楽へのみちびきを知らせる如く、やがては韓日両国間における親善へのはなを咲かせており、いつまでも後世永く伝えられることだろう。話題の主は名古屋市中村区泥江町（駅前豊田ビル隣り）の〃セントラルビル株式会社〃と株式会社マルケイ商会〃社長であり〃信用組合愛知商銀〃の副組合長姜求道（神農容治）氏で有力な経済人、氏の母堂竹山女史は数年間を病床に呻吟したあげく手厚い看護の効なくついに五月九日六十八歳の生涯を終えたが、長い間の病床生活には社会的に多忙をきわめながらも涙ぐましいほど看病につとめる姜求道氏であったといわれ、それにもまして同氏夫人の献身的な看病振りは称讃のまとになっていたのである。葬式には韓僑社会の各界はもとより、日本政界の巨物級をはじめ各界からの花輪が数えきれないほどおくられ、盛況をきわめた葬式は氏の人となりを物語るにふさわしいものとして名古屋市民を驚かせた。

どうして昇天への道しるべをつくした後、悲しみも消え去らぬこのほどに、今は亡き母の遺志をかなえることこそ最後の孝行であり、この世に残す最後のかたみとして供養の一端を恵まれざる人々につくすことにして、中村警察署と中村区役所を通し、孤児院、養老院に相当額の金一封をおくった。これは故人の遺志によってなされたつきない母の愛情の現われとはいえ、息子夫妻の孝心に満足しながら昇天した後にいつまでも映しつづけるこの世の花として両民族間に永久に残ることだろう。

少女32名が溺死

【鎮川警察署発表】五月二十六日（旧暦四月八日）[illegible]

智異山にゲリラ

女子を交えた武装共匪ゲリラ三名が去る二十五日慶南山清郡[illegible]行っている。治安当局者はこれら共匪は昨年秋智異山付近で出没しているとみられるといっている。[illegible]からの報告によるところ[illegible]は農夫がみつけ、うち一名は[illegible]であったと警察に申告した。なお警察で指名手配中の共匪は二十七名である。

積極性と實踐の人

總務部長に再就任の 李裕天氏

此の程、緊急常任中央委員會決議の結果、李裕天氏は再び總務部長に就任、その積極的活動が注目されてゐる折から去る六月十日、中央訓練所を訪問、その理想實踐の決意を次の如く語つた「現在當訓練所は種々の理由によつて統制を缺いてゐますが、再び私が總務部を擔當し、こゝに皆樣の御協力をお願ひするのでありますが、私自身當分の間皆樣と寢食を共にして訓練を受け、趣旨目的の完遂に邁進する覺悟であります」續いて十三日午前九時、總務部室にて次の如き所感を發表した「私は過去數ケ月地方に居たが、今般中央總本部に來て再び總務部の事務促進と内部充實のために力をそゝぐことの出來る樣になつたことに對し、非常に喜びを感ずる、今後、各部と緊密な連絡を持ち、我々の理想に努力せんとするものである」尚、氏の活躍は各方面より期待されてゐる（寫眞は李裕天氏）

中総団長に公平欠く

民団運営に大きな黒星

愛知県における民団大会はこれほど全韓僑が関心をよせられたことは、同本部はじまって以来のことで、有力な経済界をはじめ、組織人らが全力をあげて執行部の改革にのり出したことは全国的にも例がない。後一年間の任期があるから現状維持でふみきろうとする現執行部は、現役の強みで与論の動きには応じないとがんばり、また現執行部では韓僑の権益を擁護する民団の使命を果し得ないのみか発展を期することは望めないと改革を断行しようとする動きが活発に展開され、大勢は改革派が優勢を占めるに至ったのである。最後まで勝算ありとみた現執行部では場合によっては暴力に訴えてもと大阪からアロレスの導入までよせたというわけ、この不利な空気に接した金載華中総団長は不信任案が提出されたら通過が確定的とみて総辞職を勧告したといわれるが、この大会に臨んだ中総団長は李裕天監察委員長と共に全く公平を欠き、地方の与論を無視して執行部だけの言分に左右され、一方的な固定された態度は中総団長としてとるべき態度でないと一般の不平が強く、ながらく組織の最高責任者として立っている者が地方大会に臨み、前代未聞の大会が途中半端で放棄されるような醜態を平気で図ること、いやこのような状態をつくり出して、民主主義に反する行動を平気で行うあたり、全くみすごすべきでないというのである。来賓あいさつに立った際も、逆って大報告をまにうけて大会とは全然関係のない民社同問題をひっぱり出して代議員をおこらせたり、中総団長一カ月にしてすでに地方の説明を助長させるような言動には前途が案じられるし、今後民団傘下に六十万全体を指導して包擁しなければならない重大使命を前にある一部だけの民団のようでは発展をとげる上にあまりにも偏見であり無能であるという失望的な与論が強くもち上っている。李裕天中総監察委員長も地方機関の公平な監察を期するのはいいとしても、規約論でない国民登録令までひっぱり出し、ありもしない登録令条項をもっともらしく論じて真摯な大衆から不信の念を買う結果を招いたことは組織全体からみて心細いという声も強い。いずれにしても中総の団長と監察委員長が黒星をつけながら誤く入り込んだ同大会は三機関の総辞職だけで多くの重要議題をそのままのこしてあっけなく幕を閉じてしまった。六月十四日名古屋市中日会館でひらかれる大会は十四日臨時大会として[illegible]るが、すでに[illegible]ると言明して[illegible]の代りに[illegible]らないがやはり[illegible]姜錫氏の線は[illegible]館建設と基本[illegible]題などで、[illegible]的発展へのスタートが期待される中に十四日の大会が注目される。

[illegible]わしており二時半に再開された大会は質疑応答が展開される途中、突然、議長は三機関が総辞職することを三機関連席会議で決定したから只今から総辞職する。と発言これに対して発言を求める代議員をしり目に三機関は総辞職した。総辞職に際し新任金載華団長は次回の団長選挙には立候補しない決心だから立派な団長をえらぶようにとの発言があり、つづいて議長はこれで閉会し次回は六月十四日臨時大会を開くと発言し閉会を宣言した。これに不服をさけぶ代議員らのさわぎの中に一部だけで万歳を三唱して三機関全員は退場してしまった。

この一方的な議事運営に対し不満とする改革派代議員らは、臨時議長を選出して大会を続行すべきだという声も強かったが、結局三機関が総辞職した以上は十四日の大会であくまで目的を達成しようと申し合わせて改めて万歳を三唱し閉散会した。

軍人が密輸を幇助

取締る警官に集団暴行

最近釜山市影州洞海岸で、弾皮密輸団取締のため出動した慶南警察局警備課の海上巡察班宋錫天警査外六名の警察官が二十余名の正装軍人によって集団暴行を受けた。事件の内容は五月十七日夜半、情報に接して現場付近海上に潜伏中多量の弾皮密輸計画を摘発し、その背後関係である陸軍文書保管所所属軍人約十名が現[illegible]じまったが、すきを[illegible]の軍人が逃走したの[illegible]銃で威嚇発射したの[illegible]通報鏃をおわせたて[illegible]は集団的に暴行を[illegible]る。事件のくわしい[illegible]動機、その後の措置[illegible]結果によって明らか[illegible]であるが、このよう[illegible]い事件は無視出来な[illegible]あると関係当局では[illegible]この事件に対して韓[illegible]社説で次のように論[illegible]法は遠く、拳が近い[illegible]であるから、無知な[illegible]らんで前後のよしあ[illegible]るひまさえなく、く[illegible]つの乱闘劇として軽[illegible]

[illegible]十余名が武装集団で、海上密輸取締を使行とする警察官らに集団暴行を加えたことはその理由、背後関係の如何を問わず、動機と方法について決してほこるべきことだとはいえない。国土防衛の崇高なる使命を胸にきざみ、国家と民族の安危を双肩に[illegible]上勤務中である警[illegible]で勝手に殴打出来[illegible]職がどうしてあ[illegible]授嘆息を禁じ得な[illegible]人的の私欲感情[illegible]

[illegible]

1962.3.29

あばかれた日韓の黒い霧

二つの名、使い分け
崔参事官 政治問題化は必至

崔英沢参事官

日韓会談をめぐる問題が国会でも与野党間の大きな争点となっているおりから、在日韓国代表部員で去る日韓政治会談にも韓国側代表として出席した崔英沢参事官が、実は数回の日本入国にさいして二つの名前を使い分けていた事実が明らかになり、衆院外務委員会などで"政治問題"化することが必至となった。これは「在日韓国代表部員」と称する人物が暴露したのが発端となって明るみに出たものだが、治安当局、外務省もこの事実を認めている。崔参事官は在日韓国居留民団などでは"カゲの駐日大使"と呼ばれるほどの実力者。朴・池田会談をはじめ日・韓の外交折衝には必ず列席しており、在日韓国人対策の中心人物としても絶大な権威をもつといわれている。

"カゲの駐日大使"
治安、外務当局も認める

この問題を暴露した「駐日韓国代表部職員」によると「崔氏はかつて駐日大使だった柳泰夏氏を日本からひそかに本国へ連行するため来日した"朴"という人物と同一人物であり、また軍事革命前の昨年三月、ひそかに来日して米軍と軍事革命の打ち合わせをした」など、崔参事官の身辺に"黒い霧"が多いという。

法務省入国管理局登録課の出入国記録によると、崔氏は昨年三月十八日公用旅券をもった軍人として米軍立川基地から入国、同月二十六日帰国、その後七月二十一日、羽田空港から外交官旅券で駐日代表部参事官として着任している。本名か偽名か同氏が別名で入国しているのはこの二回の来日の間で、昨年六月五日入国、八日にいったん香港に出国して十日再入国、二十四日にソウル向け出国している。このときも正式な韓国政府の発行した公用旅券で名前は「朴光浩（パク・クァンホウ）」となっていた。

「崔英沢」氏と「朴光浩」氏が同一人物であることは①昨年六月柳泰夏元駐日大使を本国へ連行するため軍事政権から派遣されて入国した「朴」氏を警視庁外事課、外務省アジア局、東京入国管理事務所など日本側当局が目撃しており、外交官として入国した「崔」氏がそのさいの「朴」氏だったことを確認している。②柳元大使の連れ戻しに立ち会った民団顧問李裕天氏も「国際的な影響がある問題なのでこれまで発言をさし控えてきた。いまさらいいにくいが、この問題については日本の治安当局が私よりも詳しく知っているはずだ」と暗に「確認」している。

この問題について入国管理局は「朴、崔いずれの旅券とも韓国政府が正式に発行したものなので入国を拒否する理由はなく、手続き上日本側に手落ちはない」とし、警視庁外事課によると「一般の外国人が二つの名前で入国していることがわかれば"出入国管理令違反"に合法的根拠があるかどうか調べる。しかし正式の外交官の資格で入国しているので、相手国の権威を否定することになるので警察の問題というより外務省の問題だ」といい、治安当局日本側は外交儀礼上の問題は別として黙認する態度をとってきた。

これにたいし野党側は「スパイを外国にもぐり込ませる場合に政府が偽名のパスポートを作って持たせたという例は外国にあるだろうが、偽名を使うような人物を国家間の外交折衝に当たらせるというのは重大問題だ。日本政府は虚偽の名で入国許可を請求した韓国政府に厳重抗議し崔参事官を退去させるべきだ」といっている。

▽高瀬法務省入国管理局長の話　「朴」氏と「崔」参事官が同一人物であることは私も確認している。偽名を使ってやる人にはよくあるケースであり、法律上は問題にはならない。

▽前田外務省北東アジア課長の話　崔参事官が偽名を使って入国したことは事実で、韓国側に申し入れたところ申しわけないとあやまってきた。クーデター後の非常時の時期だったので日本側は不問に付した。韓国に日本の出先機関があればこんな問題はおこらないのだが。

▽崔参事官の話　昨年六月、十五日間にわたって香港、台北、東京を旅行した。これは革命直後のことで、国外にいる民主党系の政治家が軍事政権に反抗して謀略的な動きをするとの情報があり、その事実を調査するためだった。したがって身分を秘匿する必要があり、駐日代表部にさえ来日を知らせたくなかったので、別名を使った。このことは外交官として赴任した直後、外務・法務両省と話し合い了解を得ている。

新潟に「闘争委本部」
北朝鮮帰還 民団、幹部を改選

【名古屋発】北朝鮮帰還問題にからみ在日韓国民団側の動きが注目されている折、十四日午前十一時から名古屋商工会議所で在日大韓民国居留民団第二十四回全体大会が開かれ、先月十六日、同団の中央三機関が発表した韓国の自由党政権不信声明の処置と北朝鮮帰還反対闘争について検討、三機関の委員十六人を全部改選するとともに北朝鮮帰還阻止のため新潟市に「北朝鮮送還反対闘争委員会」の本部を設けることなどをきめた。

不信声明問題につき議長団、執行部、監察委の中央三機関は「道義的責任をとる」ため総辞職案を提出、討論のすえ不信声明は民団として支持することになったが金載華団長、朴根世議長、李裕天監察委員長の三人を含む十六人の委員が全員辞職、十四日午後改選の結果、新団長に前中央総本部顧問鄭寅錫氏（四八）新議長に元議長金光男氏（五）新監察委員長に前副団長金今石氏（三八）がそれぞれ選出された。

新三機関は北朝鮮帰還阻止方針として①赤十字国際委に介入しないよう申入れるため近くジュネーブに代表を派遣する②日赤に帰還業務を中止するよう働きかける③朝鮮総連に対し分裂工作を行なう④帰還希望者が思いとどまるよう働きかけるなどを提案し、満場一致で承認、新潟市に北朝鮮送還反対闘争委員会の本部を設けることになり、午後九時過ぎ散会した。

協議する」を中心とする次のような了解が成立、解決をみた。正式調印は十七、八日ごろ。①会社、組合は誠意をもって一時金を調印して平和宣言を発する。②組合はこんご生産に協力し、会社は前期所定実働日数に満たなかった従業員に対し平均二万円を貸付ける。③貸付金は返済するものとし貸付および返済方法は生産協力体制とともに別途協議する。

明るみに出た陰謀の真相
注目された愛知県本部大会

【中京名古屋】は東京、大阪と共に日本の三大中心地としてわが僑胞社会としても最も重視される所である。この名古屋を中心とする民団愛知県本部においても三機関役員をめぐって不明朗な策謀がみなぎり中傷謀略の波が荒れ狂っており、民団組織の健全な発展を願う者をして眉をひそめさしている。

去る五月二十七日民団愛知県本部臨時大会は名古屋市医師会館に於て、中総から金載華団長、李裕天監察委員長、大阪の韓青団長及び民団監察委員等来賓多数を迎え盛大に開催された。しかるに同大会は一部分子の謀略と破壊的攪乱によって波乱の極に達し、三機関役員が総辞職すると共に新三機関は六月十四日の大会で選出することにして流会となった。このように大会が混乱し前三機関が総辞職をやむなくされた原因は何か？直接的な理由は現執行部副団長が管内の森本鉱山から旅券をエサとして四十九万八千円をワイロとして受取ったと一部から虚偽攻撃されたからである。旅券をめぐる不明朗な話は僑胞社会に於て最も非難されていることの一つであり、早速にも是正さるべきことの一つであるが。現実に於て劉団長はそのような過失を犯していないことも事実である。大会では勿論のこと、常時においても正しきことはあくまでも擁護され、不正はあくまでも追及されなければならない。民団運動が横道に外れることなく、その本質をはなれて堕落することがないよう監視される必要がある。

本社で森本鉱山社長河桁洪氏旅券の問題を調査した所、次の通りである。森本鉱山社長の姪君と弟の妻君二人の旅券費用として四十九万八千円を支払ったと一部でいわれているが、その実は十五万となっている。一人前五万円の往復飛行機代、中総に納めた[illegible]誕生日慶祝記念品代として五千円、計十五万円、この他に三、一節に当り民団へ寄付金五万円、名南学園への寄付金三万円となっており、この金額は中総、民団愛知県本部、名南学園の領収証によって明確にされている。劉団長個人が受取った金又はその他の名目で受取ったことがないのは厳然たる事実が証明する。

この事実を究明するため去る五月二十九日には監察委員長趙正璃氏[illegible]

大会風景・正面演説しているのは金仁洙団長

団幹部の子弟をできるだけ就学させる。
（四）僑胞北送に反対し、日本に定着居住するとの決議文を採択
（五）中央議事会、全体大会への建議案は、支団長会議と東本三機関連席会議に一任する。
なお、質疑応答中、保安法問題、再入国問題、崔鮮氏停権処分問題をはじめ、宣伝活動を強化することなどが熱烈に論議された。
【注】活動方針は二面に掲載している。なお現在の本部三機関役員は次の通りである。
議長金在模、副議長韓由相、同金鉛均
監察委員長李寿成、委員権寧達
同金己哲
団長金仁洙、副団長趙尹訓、同高潤裕

韓國警察の偏派行動を斬る

梁　仁　哲

国家の任務を遂行する課程にかて治安警察ほど重大な役割を担つて居る機関は他にない。治安警察は直接国民の安寧秩序を保つ上から何かにつけて国民を検問し捜査する権限が法に依つて附与されて居る。つまり此の附与された治安権が公正を欠いてみだりに感情に左右されて行使される様なことになれば国民が蒙る被害が甚大であるばかりで無く法秩序が乱れる結果となりひいてはパツショを追う警察国家となる羽目に陥いらないとも限らないからである。此の様な観点から我が国の治安警察の動態とあり方に就いて省察し喚まき乍ら其の横暴性を指摘して与論に訴え度いものがある。

我が国の治安警察を検討するに当つて吾々は屢々治安警察が法に依つて定められて居る職務の権限を越えて或る特定の政党を又は特権階級を支持することに依つて自ら法秩序を破壊し国民に人為的なる弾圧を押しかけて居る実例が見受けいれる。それも法揮を以てせず背負つて任ずる権力を藉りて強制的に人権を蹂躙して居ることが日常の茶飯事の様に日に日に繰り返されて居ることなのである。此れが実例を数多く挙げることは紙面の制約から避けることにし只最近行はれた地方選挙を巡っての不法なる干渉と卑劣なる弾圧を引用して再認識して置くことにしよう。

去る五月行われた副統領の選挙にあっけなくも野党に敗北を喫した政府与党たる自由党は地方議員選挙を控えて一挙に退勢を挽回すべく警察の異動を行った。そして李承晩大統領の最も信任の厚い金宗元氏を治安局長に据え変えて庶民的に弾圧の猛威をふるわせたことである。

即ち野党候補者には終始警官が尾行して陰に陽に威嚇すると思えば投票手続は故意にサボタージユするのをほう助し、門札のないことを理由に軽犯罪を適用し、民権の擁護を絶叫してデモ行進する国会議員は開会中にも不拘強引に逮捕して留置する等々全く言語に絶する野蛮的なる弾圧をほしいままにして政府与党に大勝を齎らしたことである。

想うに民主々義国家の行政の根源は地方自治にあるのであって健全なる地方自治なくしては健全なる民主国家とはいえない。況してや地方議員の選挙に警察権が介入して民衆を抑圧し民権を踏みにじるということは近代国家においては到底想像も覚束かない所である。

此の様に韓"二無二権力を以て"弾圧を加えると云う事は一国一党の専制政治を標榜する独裁国家に於ては所謂反動分子粛清の基本テーマに則って公然と為し得るのであるが我が国は一党専制国家ではない万機を公論に訴えて民意の定る所に依って国家行政の運営が保障される民主国家である筈なのである。最も公正に不偏不党であらねばならない国家警察が斯くも一党に偏って国家の前途に切歯扼腕の暗胆たる困惑を国家大衆に与へて居ると云うことは以て任ずる本分ではない。常に政争に付き纏う在野のスキャンダルを未然に防止して国民が明るく参政出来る様に監視し此れを保障するのが選挙に係って為す可き当局の本命であらねばならないにも拘らず、厳粛なる選挙法を治安警察が故意に平然と犯す様なことをしては国法の威厳が保たれる道理がない。従つて市井に横溢し続けて居るありとあらゆる犯罪を防ぐ術がないのも無理もない話である。殊に白昼堂々と挙銃狙撃の政治テロが発生しても此れを防ぎ得る能がないのみか逮捕された犯人の真相に於てすら国民に疑惑を与えて居る始末なのである。実に痛憤に耐えない所であり国家民族の将来を案ずるに暗胆たるものがある。

そもそも国家の目的は自律的なる人民の意思が相斜合して幸福なる生活を相営む処にあり治安警察は正に此れが国家の目的を遂行する課程において正常なる法の適用を期して万民に信頼され責任され得る国家機関でならねばならない治安警察が此のような軌を脱して一党一派の権力のみを擁護する私設警察になるようなことでは国家の大権は一部特権階級の弄終するの餌となって国民は収れいの状態から脱し得られないであろう。

治安当局の任に当っている首脳部は冷静に沈思仲省して警察の要緊なるものがあると共に国民の怨声は全国至る所に衝天して止むことを知らない現状を凝視しなければならない。国民は自由に飢え渇権にあえいでいる。民議員たる曹奉岩議長郭尚勲氏はデモ行進中の暴力会議員逮捕の際、日帝四十年間の武断政治においても此の様な惨状は思い付いた事が無いとまで悲憤慷慨しているのである。如何に警察が民衆を抑圧しているかを断的に表現した愛国の情を吾々は黙殺耐えることが出来ない。勿論飽くなき政権欲に狂った一部政府与党の執権層の使嗾に基く行動とは云へ此れが是非の分別は法に照らし良識に訴えれば自らはっきりと判断がつく筈である。斯る行為の結果が国民を抜き国権を侵害する重大な要因を成しているということを知り乍らも尚ほ権力の座に恋々として特権階級に阿ゆする余りに公徳心を欠いた独り善がりの亡国行為を吾人は糾弾せざるを得ない。此の様に強制に押まくれて不本意にも国家の大計を誤るようなことを犯して永久に逆賊の汚名を残すよりも心機一転して国利民福の為に与えられた権力を公明正大に法に則って履行せられないものだろうか。

国民は常に義憤と勇気を持って邪悪な権勢に対して正義のレジスタンスを繰り続けている。国民の総意が凝結して民主政治をモツトーとしたレジスタンスは必ずや近い将来に功を奏するであろうと共に国家民族に背いた悖い逆賊の罪は永久に拭い去ることは出来ないだろう。真に国民のための警察、国家のための治安機関として過去の悪弊から脱皮して [illegible] 機関がはらんでいることに若べ気附くからである。

時評

柚ユキ子

韓国の反日運動

マルチン・ルーテルが宗教改革を唱えた動機は好きな尼さんと一緒になりたかったためだったということである。ところがルーテル死んで四百十年、韓国の宗教改革者・李承晩大統領は「妻をもつ坊主をすべての寺から追い出してしまえ」と厳命した。この厳命はいまなお韓国宗教界にいまだかつてない一大旋風をまきおこしている。独身の坊さんと尼さんたちが共同戦線を張って「京城一千二百五十の寺々から妻帯坊主を一人ものこらずたゝき出せ」と叫び、ハンストをやるものがあるかと思うと、殴りこみをかけて仏前を鮮血で汚すものがあるという騒ぎである。ルーテルや玉日を妻とした親鸞なぞいま京城にいたらブチ殺されるかも知れない。

しかし、このようなことをことに取上げたのはそれが目下収拾できないまでに火の手をあげている反日運動を理解するがための一つの戯画的示唆となっているからである。

反日運動は参加者五万ないし三十万、前月末から波状的に繰返されているが、彼らは、韓国を道心堅固な反共の聖徒であるとし「日本はソ連、中共、北鮮などと手を握り、すでに桃色に染まっている破戒僧だ」とばかり血眼となってののしっているのである。

火に油注ぐ米買入

熱狂心理・素直になれぬ

中保与作（なかやす　よさく）

反日デモは、学生や公務員の団体によって口火を切り、その後は傷病軍人を中心とする在郷軍人がその主力となっている。彼らは大統領官邸へも押しかけたが、外務部ビルと米国大使館とは完全にこれを包囲してしまった。卞栄泰外務部長官に対しては「駐日代表部を一日も早く引揚げよ」といい、「今までなぜ引揚げなかったか、その理由を説明せよ」と迫るのである。米大使に向かっては「親共日本に対し即時援助を中止せよ」といい、それには「真珠湾のうらみを忘れるな」ということまでつけ加えている。

李大統領は「休暇」と称していち早く鎮海へ巧みに難を避けたが外務部と米大使館は一時その機能がマヒしてしまった。それがために米大使館も韓国政府へ厳重な抗議を申入れている始末である。ところがそのような騒ぎのさなかに、日本政府が韓国米十二万トン買入れの話をもちこんだということはさなきだにいらだつ反日デモに、まるで薪に油を注ぐような刺激を与えている。

韓国米買入れの話が始まったのは去年である。一時決裂していたが四月末、金溶植駐日公使が再びそれをもち出したのであった。門脇外務次官が去る十日、金公使を呼んだのは、その回答を与えるためである。しかし、韓国側としては「このことは論議をし尽されて、単に日本がトン当りFOB百八十五ドルという韓国の主張にどれだけ歩み寄るか」という極めて簡単な問題なのに、いまごろになって、ようやく政府の正式申し出をするというのは、韓国政府を嘲弄するためだと憤っている。

韓国政府としては心中、米を日本に売りたいのである。当局者も民間側でそれをもらしている。しかし最近米価が著しく騰貴し、一日にトン当り百四十ドルだったものが四日には約二百ドルを突破するという有様である。韓国政府はそれを押えるために、毎日二千カマスの保有米を放出している。政府保有米は現在十二万トンあるがそのうち四万トンは一昨年集荷したものであり不完全な貯蔵のために人間の食糧に不向きになっている。李大統領は「闇取米を没収し、売惜しみや買占めを行うものは厳罰にせよ」と命じているが、農村では飢え死しそうなものも出ているということである。金錫哲農林次官は「対日輸出よりも、国内の米価安定のための放出が先決問題だ」といっている。このような場合であるために、任哲鎬農林部長官なぞ、はっきりと「日本政府がわれらが保有米を放出していることの時期を選んで買入れの引合をよこしたのは、多分に政治的な意味を含んでいる」といった。これまでの反日運動は民間だけの形をとったが今や政府と民間とが公然相呼応しだしたのである。

日本としては、正直のところ、喉手あまたの米である。何も高い値段を出してまで買わなくともすむわけである。しかし、それがもし行きづまった日韓関係打開のために役立つなら進んで買入れる方がよいということは、私もしばしば新聞にも書いた。日本側の今度の申入れも恐らく、そのような考えからではないかと思う。「北鮮との通商協定は日本の背信行為だ」と痛烈な非難を浴びせている大韓商工会議所でさえ「今度の申入れは暗礁に乗上げた日韓関係打開の政治的布石である」と解している。

しかし、このような考え方は、事実上世論の片すみに押しやられている。韓国政府と反日運動に熱中する人々は、日本側の申入れを何としても素直に受取らないのである。同じことをいうにしても、相手の心理状態によってその解釈が違って来る。日本の政治屋のうちには「代表部なぞ引揚げてもらおうではないか」とケンカ腰になっているのもあるが、怒る前にまず相手の心理状態に十分の理解をよせるだけの大らかさをもつことこそ大人の態度である。はげしい連日の反日運動を無[illegible]排撃デモと同様、わざと今日まで黙殺していたわが言論機関の態度こそ、政治屋たちの大いに学ぶべきことであろう。

（外交評論家）

「自由の声」発刊おめでとう

各界人士からの祝辞

正義の使徒たれ

民議院議長　李起鵬閣下

日本に居住する愛国青年が力を合せ、今度反共啓蒙紙として「自由の声」を発刊すると聞き、心から慶びの言葉を申し上げ、今日まで骨折つた諸君の労苦に対して感謝します。

諸君が、よく御承知の通り、共産主義者は凡ゆる欺瞞と陰謀、そして暴力をもつて、世界各地に亘り、平和を乱す破壊活動を続けています。特に八年前は、わが国を侵略し、多くの善良な国民を殺し物を奪い、貴重な国民の財産を焼き払い、国土を破壊しました。このため、国民は今も苦しい生活をしており、滅共の熱願は世界のどの国の人よりも固いのであります。

私達は経験を通じて、共産主義者の宣伝及び煽動活動が実に功妙であることをわかつて居ります。人間の小さな不平不満を、彼等は利用し、これを煽り立てて暴動を起すのです。

これに対処するには、私達は共産主義の正体を見極め、しつかりした心の武装がなくてはなりません。共産主義者が平和攻勢を積極的に行うのも、この自由諸国民の精神武装の恐ろしさを、分つているからであります。

これと同時に私達は共産主義者に勝る立派な宣伝機関を持たなければなりません。

この様な宣伝機関を通じて、共産党の不正をひろく世にあばき、共産党の侵透を阻止すると共に、私達の正しい主張を以つて人類を導かなければなりません。幸い愛国青年諸君がこの目標の下に新聞を作り、自由の精神を大衆に向つて、さらに推し拡める仕事を始めたことは本国から高く賞讃されるものと信じてうたがいません。

仕事をやつていく上に、色々苦しいこともあろうと推察しますが私達韓国民は、自由守護の第一線に立つ戦士としての誇りを堅持しいつまでも正義と全人類の自由のため、立派に活躍して下さることを望んで止みません。

反共青年の任務遂行へ

駐日代表部大使　金裕澤閣下

今世紀初頭英国の文人Kiplingは「東は東、西は西、両者は相合致するものにあらず」との旨を残して居ります。当時の情勢からは名言であつたと思はれますが、二十世紀後半に入つた現今、この表現は当てはまらないと言ひ得ましよう。今日の世界は決して国家別又は民族別にのみに依つて分類されているのではありません。今日の世界はイデオロギーに基き、又現実の要求に依拠して分れていると言へましよう。その卑近な例として六・二五動乱を挙げ得ると思はれます。この動乱に於て、東西の民族が団結してイデオロギーを異にする今一つの東西の民族集団を敵として自由、民主主義そして人間の尊厳性を擁護して戦闘を交へました。共産主義が言葉の上において、如何に甘味なものであり、又実際上には如何に残酷であり独裁的であるかは私が今喋々する迄もありません。唯私が憂ふるのはその醜悪面について一般大衆は余りにも知られていない事です。

この意味において、「大韓反共団」がその機関紙「自由の声」に依つて、一般大衆に共産主義の現実に関する知識を正確に伝える使命を持つて発刊するに至つた事を心強く思ひ、我が反共青年諸士が相協力して課せられた任務遂行をされる可く望んで止みません。

赤化同胞救出を

中総団長　金載華氏

今年二月、結成されて以来僅か四カ月の間、驚くほどの成果をあげた在日大韓反共団の活躍に対して衷心より敬意を表明する次第です。この度は機関紙「自由の声」を発刊するとのこと、反共団幹部諸君の精力的な働らきを賞讃するものです。御承知のように祖国韓国は徹底した反共政策の上に、国土の防衛、国民の繁栄生活に努力しており、今や自由世界におけるその地位は高く評価されております。また、アジアにおける反共諸国の団結を推し進める上にも主導的な役割を果しており、アジア赤化の野望に狂うソ連、中共、北韓カイライ政権に断固対決しております。

このような情勢下で本国各界並びに、反共諸団体の強力な支援によつて日本に、かくも若々しい反共団の出現は民族陣営全体にとつて誠に喜ばしい限りであり、今後の活動に期待するところ大なるものがあります。

機関紙「自由の声」は、その名の通り自由を愛好する若人の手でつくられ、自由の声を大きくひろげ、鉄鎖につながられた同胞を救出し、赤化同胞を目覚めさせるのに必らずや役立つであろうと信じて疑いません。

理性的で実践力に富んだ反共団幹部諸君の御奮闘を祈ると共に、「自由の声」の発展を祈ります。

僑胞善導に役立て

ソウル新聞前社長　金亨根氏

在日大韓反共団の機関紙「自由の声」（日韓版）が創刊発行されることは、その意義と使命が誠に重大であると考え、同時に最大の祝意をもつて期待し激励するものです。すでに周知の通り日本を根拠にした北韓カイライ集団は最後的反逆行為であつて「朝総連」をして恣行させており、彼らが叫ぶ宣伝と謀略はややもすれば善良な在日僑胞を欺瞞、誘導し、反共理念と反共精神武装の解除を劃策しているのをみるとき、これに対備する強力な反共闘争の強化は時期を得たものであり切実な課題でありましよう。

このとき在日僑胞に真の祖国愛と反共理念を注入させ反共精神武装を強化させるための強力な武器として「自由の声」一創刊がもつ価値こそ其他に比較することなしに高いものであり共産党の欺瞞的宣伝攻勢、巧妙な浸透力とこれに呼応策動する日本内の国際共産勢力の蠢動は徹底的に粉砕され、一部誤まつた僑胞を反共の正路に引導することこそ国家的民族的使命と考え「自由の声」の占める地位は重大なるものと切実に感じます。

「自由の声」こそ祖国の声であり民族の声であり、反共闘争の先頭で反共理念及び精神武装の武器となりうり、在日僑胞善導はもちろんさらに進んで世界反共平和に寄与するところ多大なるものと確信いたします。

苦境を乗り越えて

治安局々長　徐延学氏

「自由の声」の発刊を衷心よりお祝い申し上げます。

国外に居住される皆さんは、色々と不便なことも多くあつて、活動上幾多の不利な条件があるものと推察されます。にもかかわらず皆さんが、今日の全人類の共通の目的のために、心を合せ、奮い立つた勇気を高く評価せずにいられません。日本はアジアの国際共産徒党のつなぎ目でもあるようです過去の例を見ても、わが国を破壊する目的をもつて、日本から、多くの共産分子が侵入してきたのです。

これからさき「自由の声」に対しては共産徒党の防害活動も起りうるものと予想されます。その時にこそ、皆さんは、一層の勇気を奮い起して最後まで立派に使命を果して下さるよう切に願つて止みません。そして常に有効適切な宣伝武器でもつて「自由の声」が、共産徒党にとつては、最も手ごわい武器となり、自由韓国民には明日えの明るい希望の塁として、親しまれんことを望みます。

よき主張願う

中総議長　朴根世氏

「自由の声」の発刊を心からお祝いし、その前途に大きい期待を寄せるものであります。

すでに共産党のやり方は、人類を破滅へおいやるものであり、幸福と繁栄の敵であることも判然したといえましよう。そうであるので赤色独裁勢力はなお一層その毒牙をみがき、残忍なあがきを見せております。ハンガリのナジ首相を殺りくしたのもこの例であります。

われわれは、実に、野蛮で残忍で人間を人間として生存せしめない、手ごわい敵をもつております。われわれは、地上からかかる徒輩が払拭されるまで戦わねばなりません。

それがためには、共産党の根本的な考え方、そのやり方、社会制度および生活をあますところなくあばくと共に、自由主義の思想と社会体制、生活およびこの社会の将来のよりすぐれていることをよく知らねばなりません。また、自由主義社会内における改善、よりよき建設の営みも必要です。

「自由の声」が以上のような点で、よき主張と豊富な知識を与えて具れることを確信し、切にその発展を祈る次第であります。

津々浦々に響け

中総監委長　李裕天氏

反共団機関紙「自由の声」発刊を心からお祝い申し上げます。われわれ在日韓国人は本国の国是である反共政府と一致した反共精神で常に敵陣営朝総連との闘いに徹しているこのとき、在日反共団が実践力と理論に富んだ若い人達によつて結成され、在日韓僑社会に力強くデビユーしたことに満腔の敬意を表明します。特にこの度は自由の声を発刊して貴伝団の活動を徹底化したことは何よりも意義あるものと思います。

韓国人としてのわれわれは他の如何なる国民よりも反共と自由に専念する国民であります。八年前の六月二十五日北韓共産徒党が平和な南韓を襲つた時から韓国は共産主義の正体をはつきりと知らされこれに対決することが国民全体の意志となりました。

日本における共産分子の活動はねばり強く、また悪質であるとき反共団の活躍は特に立派であつたし、特に今後も民団の綱領、規約活動方針にマッチした活躍で大いに成果をあげていただきたいものです。

「自由の声」をみんなの手で育てこの声が全国の津々浦々まで響き渡るよう願つております。

統一을志向하는政治

=新年에期待하는것=

金　哲

우리는 新年에 祖国의 政治過程이 「統一을 志向하는 政治」로서 큰 発展을 가져오기를 期待하고저 한다。

韓国国民은 기어히 民主主義의 基礎위에서 民族의 統一을 成就하지 않으면 안된다。이러한 統一을 阻害하여온 共産主義는 人間을 奴隷化하는 것이기 때문이다。따라서 우리가 達成하려는 統一은 共産主義勢力을 排除한 統一이요 적어도 共産主義勢力이 国内的인 威脅이 되지 않는 統一인 것이다。

奴隷가 될수 없는 韓国国民은 絶対로 共産主義에 依한 統一을 受諾할 수는 없다。그렇지 않다면 北韓의 共産傀儡集団이 南侵하였을 때에 韓国国民이 抗戦하지 않았을 것이며 祖国은 이미 赤化되지 오랬을 것이다。[illegible] 韓国国民은 共産主義에 依한 統一 보다는 「民主主義와 共産主義의 対決」인 分裂을 択하여왔다고 하겠다。여기에 韓国国民의 運命이 있다。

그러나 이것은 決코 韓国国民이 民族의 統一을 願치 않하여도 좋다는것을 意味하지 않는다。오히려 韓国国民이 共産主義를 排除할수 없다는 政策을 主張하면 할수록 民主主義에 基礎를 두는 統一을 志向하여 邁進하지 않아서는 안될 것이다。그리고 입으로 외우고만 있을뿐 저절로 되어질 統一이 아니다。

무엇보다도 必要한 것은 民衆의 政治過程에서 우리가 達成하려는 統一을 위한 態勢를 갖추어나가는 일이다。從来에 祖国의 政治的現実은 統一이야 말로 가장 重大한 悲願의 課業임을 認識한 것 같이 보이는 때가 많았다。「北進統一」의 口号는 어느듯 자자하여지고 말았다。勿論 이것이 韓国不動한 国策이었는지는 疑問이다。国策이었다면 政府는 모든 施策을 거기에 集中시켰어야 할 것이며 그렇지 않았기 때문이다。또 이것이 韓国不動한 国策이었던 것은 아니다 [illegible] 무엇이었던가를 묻고 싶다。

우리는 民族의 統一이 国際情勢의 推移에 깊이 関連되는바를 알고 있지마는 역시 主体的인 態勢가 先行하지 않으면 안된다고 생각하는 者이다。韓国国民은 모름지기 八・一五의 教訓을 銘心하여야 할것이다。日本帝国主義의 圧制 밑에서 우리民族은 언제 独立을 回復할수 있을런지를 期約하지 못하였다。그것은 마치 오늘날 우리民族이 언제까지 統一을 達成할수 있을런지를 期約하지 못하는 形便과 恰似한 것이었다。日本이 太平洋戦争에 突入하여 바야흐로 戦局이 不利하여질 무렵에는 国外国内의 愛国人士들이 独立을 回復할 날을 [illegible] 않는다。

假令 가까운 将来에 国際情勢가 韓国国民에게 좋은 統一의 機会를 준다고 하더라도 우리가 達成하려는 統一을 위하여 果然 主体的인 態勢가 充分하다고 할수 있을 것인가。為政者를 비롯한 모든 政治人의 再思熟考를 懇切히 바라지 않을수 없는 바이다。

[illegible] 共産帝国主義의 圧制에 抗拒하여 일어선 「東欧羅巴諸国」[illegible] 民의 民族解放運動이 뚜렷한 形態로 世界史의 行程에 나타나기 시작한 後로는 民族統一에 대한 우리의 立場이 確固히 強化되었다。東欧羅巴에서 일어난 일은 바로 北韓에서도 일어날 것이요 圧制가 尤甚하여 大規模의 [illegible] 在日僑胞가 비록 本国同胞 [illegible] 主体的態勢를 [illegible]

여기에 提起되는 対北政治攻勢는 [illegible] 統一을 위한 態勢를 갖추어 [illegible] 우리는 「統一을 위한 主体的態勢」를 갖추었다고 할수 있는 것이다。

☆

韓国にはまだ

民主々義は残っている

崔　鮮

大院君の再来を思わせる李大統領と、その取巻き連中による八年間の政権独占に韓国民衆は心からず飽いていた。「モッサルゲッタ カナボジャ」の民主党の選挙スローガンはこうした国民感情を的確にキャッチした点にうまい表現であったが、それが今次大統領選挙にあたって野党への人気となって現われ、とうとう張勉氏を李大統領の目付役に送り込んだのである。ワンマン李承晩氏の「独裁」も、さすが副大統領の投票箱までは届かなかったのであろう。大統領と副大統領が与党と野党という別個の政党人であることが出来るという、まれにみる興味ある事態が李承晩氏独裁下の韓国で発生したのである。

国民はいま新しい気力を取戻したようにみえる。昨日まで飛ぶ鳥を落す勢いで威張っていた与党の大官を自らの一票でひっくり返すことが出来たと知って韓国の民衆はどんなに自分の力に驚いているだろう。まさに韓国民主々義の夜明けに相応しい。

激しかった選挙戦をふりかえると、われわれはそこにいくつもの不祥事が重ねられていたのをみる。申候補が遊説先で不測の病死をしたことに対し、国民の何パーセントがそれを額面通りに受取ったのであろうか。先例に照らし厳粛なるべき死でさえも国民は色眼鏡でみなければならないほど李承晩氏は不信の政治家であったのだろうか。また対立候補の曹奉岩氏は暴力を避けて二週間余りも身を隠さなければならなかったというが韓国政界には今日なおこの種のテロが横行しているというのであろうか。警察が彼らを検束したという事実を知らないし、実質的に独裁者の番犬である警察にその気があるのを国民は疑う。

素勝を信じていた与党の自由党が土壇場になって敗色の濃いのを知り、暴力団まで加わって傍若無人に投票箱をいじくり回したという。李大統領の鶴の一と声によって張勉氏の当選が確認され韓国の民主々義は一応維持される形になったのは幸いだったが、しかしなんという嘆くべき醜物どもであるのだろう。しかしこのような不手腕があったにしろ私はなお百歩を譲ってこんどの選挙の結果を良しと採点する。というのはこれまでの選挙と違って、こんどの選挙では個人より政党を中心に争われ、国民の政治に対する自覚が著しく向上し、政治が少くとも国民の生活につながったものとして受取られたということを大きな進歩とみ、評価するからである。

李大統領が辛うじて三選はしたものの京城をはじめ重要都市で与党の自由党が惨敗を喫したこと、申氏に対する追悼票、曹候補票合せて四百万票を超えて李大統領の五百万票に迫ったこと、副大統領戦で物量と暴力でおしまくった与党の李起鵬氏が野党の張勉氏に一敗地にまみれたことなどの諸事実は、独裁者李承晩氏の晩節を飾るには誠に淋しい話であるが、これで結構国民の溜飲は下がったと見る。

元来政治のことは私はよくわからない。特に韓国の政治は難解中の難解に属しよう。しかしわれわれの祖国がいま起死回生の大変革を必要としていることだけは誰がみてもはっきりしていることであろう。

民衆は李大統領の三選を潔とし向う四年間の政治の鍵を彼に渡した。それと同時に祖国の北と南を開ける鍵も再び李大統領のキンチャクの奥にしまい込まれるのである。李大統領や彼らの取巻き連が考えるほどそんなに深刻にわれわれのはらから達の憧憬は本当にのっぴきならないものなのだろうか。私にはそうは思えない。ジェネバ会議を契機として世界は原水爆時代に対応すべく平和共存を確認し合った。世界をあげて平和を叫んでいるのに、われわれだけが平和の問題に関して耳をふさいではならない。北鮮の間断なき平和の呼びかけに対して韓国はなぜかいつもしりごみをしつづけている。その結果韓国は平和に反対であり、武力北進を唯一の国策とする好戦国民であるが如き印象を世界に与えてしまったが、平和を願う者こそわれわれ韓国民であるということをなぜ世界に示されないものだろうか。

私は外国の指導者のその若さとスケールの大きさをいつもうらやむ。大革命を必要とする若い韓国新しい政治を要求されている大いなる韓国がなぜ八十路をすぎた老人だけを頼りとしなければならないのか不思議でならない。

李大統領の独裁を可能にし、必要にしているものは、国民大多数が無学文盲であり蒙昧であるためなのだろうか。

彼が独裁者として一時成功した理由はそこにあったかも知れない。

しかし国民は急速に目醒めつつある。いまは既に十九世紀ではない。

彼らがほんとうに賢明な人達であるならその愚昧な民がかって日帝に抗して三・一運動その他一連の反権力闘争を起して時の支配者を叩きのめした同じ国民であることを忘れてはならないだろう。国民を愚昧化し、軍隊と警察の上にあぐらをかいていることしか知らない者は政治家ではない。

国民に明日の生活への希望を持たせない者は政治家ではない。

大衆がほんとうに何を求めているかを注意深く観察し、なお彼らの手のとどかないところを探し出して、かいてやる程のいたわりを持つ者こそわれわれの待望する指導者なのである。

李大統領以下自由党の連中は、この国の票数を静かに省み民衆は [illegible]

[illegible] は心直接ひびくものである。次期政権担当者たるものが高齢の李大統領の万一の脱落を願うような他力本願では頼りがなさ過ぎる。切にその勇気を、否、寧ろ蛮勇を揮ってでもその信ずるところに邁進せられんことを期待するものである。

次に韓日関係の問題であるが、われわれ韓国は本国の屈辱と犠牲の上に立ってひとり安逸をむさぼろうとする乞食根性を持ち合せない。

ただ日本側の不誠意ばかり責めるに急で、韓国側が現実に打つべき手を打たなければ自由国家群の一員である韓国はやがてやっかいな継子扱いされる日が来ないとはいえない。

そろそろ何らかの形において調整さるべき時期に到達しているようだ。KIP金允中氏の言をかりれば「韓国にも民主主義はまだ残っていた」のである。

すべてを民主主義的に運んでもらいたいということを祖国の為政者たちに懇望しながら筆を擱く。

（筆者は韓国文化教育会会長）

朝鮮を離れた朝鮮問題

戦いなく統一もなく＝

板門店、単なる接触点へ

【板門店二十三日発】反共捕虜の釈放が既成事実化し、インド部隊が管理を打切った事から共産側の出方が注目されていたが、板門店の空気は緊張が絶頂に達した捕虜返還を切抜け、むしろ平静にかえっている。主のいなくなった南の収容所は物々しい鉄条網を残してひっそりと静まり返っている。共産側が引取りを拒絶している親共捕虜も宣伝材料として形をとどめるだけのものと [illegible] いるが"捕虜のない捕虜問題"はいかに紛争をまき起そうとしてみたところが、この収容所のサクのように空に浮いてしまうだろう。あらゆる情勢の推移からみて休戦の後始末は捕虜釈放とともに事実上終止符が打たれたというのが当地の意見である。

当面では捕虜釈放によって朝鮮の情勢が進展するとみるものはいないが、さりとて再開される連絡官会議に期待を寄せるものもおらず板門店は捕虜釈放とともに影の薄い存在になるだろうと推測されている。

[illegible] 捕虜問題を政治会議に持込み、さらには五カ国会議へのキッカケをつくろうと最後の努力を払ってきた。その結果ティマヤ議長は捕虜釈放は休戦協定に違反するものであるというステートメントを出すまでの効果をあげはしたが、[illegible] 捕虜の引渡しを行い、捕虜問題を終らせようとする国連側には実を、共産側には名を与え引きさがろうとしている。中立国送還委は二十三日以後は何の権限ももたぬし、共産側としても決定的なキメ手を欠く始末で捕虜問題は釈放という既成事実によって政治会議が開かれる前に実質上終ってしまったのである。

政治会議では外国軍隊の撤退、朝鮮統一の問題が討議される事になっているが、その政治会議開始への道が予備会談からさらに連絡会議へと日をへるに従って後退するような傾向を見せているとき、現地では奇妙な現象が起っている。休戦直後にできた米韓条約にはじまる南北朝鮮の分割体制が中朝協定が結ばれるに至って決定的になり、政治会議もまたずに外国軍隊撤退の計画がしきりに進められている。仏軍は儀礼的な小部隊を残してさる十月インドシナに、さらに米軍部隊の削減計画は十二月に発表されたその基本的計画よりも促進されようとしている。同じ計画が中共軍でも練られていることが明らかになっている。西部戦線を担当していた中共軍は北鮮軍と全面的に交代したものと推測されており、相当数の中共 [illegible] 撤退したか、撤退しよう [illegible] るとの信頼すべき情報 [illegible] いる。このような動きは [illegible] 鮮問題は政治会議を開 [illegible] にもならないほど分割体 [illegible] められてしまったこと [illegible] る。休戦後の半年間、朝 [illegible] あらゆる方面から常に [illegible] だといわれてきたが、[illegible] のような既成事実がと [illegible] られ、いままた最後に [illegible] 虜釈放が既成事実になっ [illegible]

共産側いぜん捕虜引取り拒否

【板門店特電（INS）二十三日発】ティマヤ中立国送還委員会議長は二十三日午後李北鮮、丁中共両代表と会見し共産側が親共捕虜三百四十七名を引取るよう要請したが共産側両代表はこれを拒否した。

休戦委 捕虜問題で論戦

【板門店特電（AP）二十三日発】二十三日の軍事休戦委員会は一時間四十分にわたり緊張裡に行われたが、レーシイ国連側代表は親共捕虜を引取るよう共産側に要求した。共産側は釈放した捕虜をインド管理部隊に返還するよう国連側に要求した。

四名が死傷

酔いどれ運転？韓国書記官捕る

十一日午後八時五十分ごろ港区麻布新広尾町二の一〇八古川橋三叉路で同区竹谷町一大韓民国二等書記官崔性岳氏運転の乗用車が歩道にのりあげて街路樹を一本ひき倒し中目黒行電車を待っていた四名の客をはねとばした。さらに反対側のさくにぶつかりそのまま恵比寿方面に逃走しようとしたが約百米先の四ノ橋交番前に停車していたタクシーにぶつけて停車、崔氏は麻布署員に逮捕された。

崔性岳書記官

はねられた目黒区中目黒四の一三八調理士田中弥之助さん（二三）は近くの古川橋病院に収容されたが頭部打撲でまもなく死亡、杉並区方南町四七会社員 [illegible] さん（二〇）港区新竹谷町河村 [illegible] 目黒区上目黒八の二六六会社員 [illegible] 久平 [illegible] さん（ [illegible] ）の三名は腰、足などに一ヵ月の重傷。崔氏を同署で調べているが酔払い運転らしい。

一九〇名検挙、一二一〇ヵ所捜索

朝鮮人左右が対立

独占ねらうパチンコの"景品買い"

武装ギャング逮捕

平山一家 女も混る十三名

裏面で捜査を妨害

銀座の"女ヒョウ" 顔役町井の妻を逮捕

告訴人らを脅迫

監禁、裸にして脅す

浦上一家"署長"ら四名を逮捕

上から鄭徳永、井上容鎬、洪□祐、浜田要

密造所を捜索

メチール酒 発売元は雲隠れ

同胞廿二が死傷 狂暴飽くなき日本官憲

首謀者、判決前に逃亡

直江は一年言渡さる

朝日 1951.7.1

兵庫県乱暴事件

ドル札偽造団の本拠急襲

10ドル紙幣三万枚

夜の女を利用 都内にばらまく

押収された偽造ドル札と(円内)主犯

景品買いのダニ

"銀座の虎"ら三名逮捕

ゴルフ場建設ともちかけ 二千万円を詐取

"大物"韓国人ら逮捕

ASAHI 1964.5.28

ニセの強精薬も

むち打ち症"特効薬"の崔

泣きわめく親分

旧野原組

署長は歩き本橋は署長車で

子分に背負われて警視庁入りの野原

日本治安当局の圧力にかかった同胞達

都内の暴力団根こそぎ検挙

1964.9.30 サンケイ

ハビコる街のダニ

右翼の台頭に便乗復活

都内二百廿か所手入れ

検挙は百七十七名に及ぶ

法網くぐる知能犯

表面化せぬ組織、性格は複雑

1950.11.11

麻薬の主犯追う

対馬潜入の報に西尾検事北九州へ

密輸一味の五名起訴

"私設警察"で暴利

善良な飲屋泣かす

立川でも九か所

極東組に大手入れ

"無傷"の組織を徹底追及

"幻の宝"につかれ転落

"秀才"韓国留学生が麻薬密輸

金塊発掘の資金を

旧日本軍が比国で=うわさ信じ

いまもデマに踊る人々

家宅捜索される東京・新宿十二社286山田方の呉の愛人宅

張氏は不法入国

"政治亡命"に最高裁判決

日本治安当局の圧力にかかった同胞達

統一論の行手阻む

韓国 黄民放社長の逮捕事件

注目される言論界の動き

李さんら大阪へ

北朝鮮への亡命希望者

強制収容に踏切る

亡命希望者

不法残留で入管

韓国国会で責任追及へ

相つぐ北朝鮮への亡命

"北朝鮮の郷里へ帰りたい"

警視庁に北朝鮮行き求める

韓国貨物船員

また"五輪亡命"騒ぎ

韓国の観光客 平壌行き申入れ

亡命を願い出た崔燦一さん

今日の問題

朝鮮の"統一"

韓国、歓迎の意

公報部長官談

日本議員団を招待

韓国国会議長が書簡

韓国、異議を却下

日本商社への課税問題

「日の丸」抹消事件

愛着と尊敬をこめて

孫基禎と一

日韓経済協力の前途

土光訪韓視察団長の手記

日韓国交正常化後の経済協力を話合うため、去る十四日から韓国訪問中の第三次訪韓経済視察団（団員四十二人）の団長、土光敏夫氏（石川島播磨重工会長）は、韓国経済の現状と今後の日韓協力のあり方などについて、二十二日次のような手記をソウルから本社に寄せた。

受けて立つ態度で

大切な農業面での寄与

期待する経済界

韓国をはじめて訪れてまず感じたのは、韓国政府の日韓国交正常化に対するなみなみならぬ熱意である。丁（チョン）総理以下各経済関係長官に会ったが、丁総理はじめ、若い各長官も、そろって日韓の協力で近代産業国家建設に一日も早くスタートしたいと述べ、その国づくりに対する誠意と熱意は予想以上で、視察団員みんなが敬意を払った。

一般の経済人も、接触した限りでは同様で、日本からの経済協力に大きな期待を示している。対日請求権や漁業協力など総額八億㌦という金額は決して多額ではないが、それを有効に活用して、韓国経済を自立させたいと、だれもが考えている。日本にいたときはこれほどとは感じなかった。二十一、二日の両国経済人合同会議でも非常にまじめな態度に接した。よほど予備的な話合いをつくしたうえで会議にのぞんだのだろう、と感心させられた。

目立つ遊休工場

しかし、いざ協力となると研究を要する幾多の問題がある。第一の問題は、両国の産業構造からくる競合である。日本は先進国とはいいながら、重工業、化学工業面では国際水準である半面、中小企業と農水産はまだ遅れている。韓国側からはまず第一次産品を買ってほしいという希望だが、この点、日本の産業と見くらべながら最大限の協力をしなければならない。

ここで韓国各地を視察した感想を述べると、一口にいって、原料不足と金融難のために遊休工場が目立った。しかし、なかには想像以上に設備が完備し、高度な経営をしているところもあり驚いた。たとえば、毛織、軽電機などで若い技術者が活躍し、労働者も低賃金にかかわらず働く意欲がみえた。ソウルその他の都会で民衆、とくに若い青年層が熱心に働く姿をみ、この国の将来は明るいと感じた。したがって、原料と技術を供給すれば、保税加工、造船などはすぐにでも生産を高めうると思う。

土光　敏夫氏

漁業は全く深刻

また漁業問題は日本で想像していた以上に、深刻な問題として受取られていることに驚いた。漁船、漁夫、技術が日本にくらべておとっていることが必要以上の警戒心を生んでいるのだから、そこへ最近のように日本漁船が沿岸近くに大挙進出しては、民衆を刺激するのは当然である。日本としては、公平な立場に立ち、こまかい問題で韓国の国民感情を刺激することは、将来とも注意しなければならないと痛感した。

視察して最も重要に考えたのは農業問題だ。両国経済界の話合いでは、あまり話題にのぼらなかったが、この国の経済基盤を固め、購買力を高めるためにも、農業の発展に寄与する必要がある。現状は生産力、農家収入とも非常に低いと思えるし、農耕技術もトラクター時代にはいった日本とくらべれば戦前並みの状態といえよう。私見では日本の協力はこの点から農業の高度成長にもポイントを置き、肥料化学だけでなく、技術指導も急がなければならないと考える。

今後の経済協力だが、韓国側の第一の希望は、両国貿易のアンバランス是正であり、第二の希望は、そのための各産業に技術と資金を協力してほしいということである。

さきにも述べたように、第一の問題は、日本の産業構造とも関連するのでかなり研究を要する面もあるが、工夫をすれば、一次産品も〝開発輸入〟できるのではないか。第二の問題については、教育程度が高く能力のある人的資源に恵まれ、積極的な経営観念もあるので、この労働力の活用で相当高度な協力ができると思う。工場設備も電機、機械、紡績、造船などはすでにあるのだから、あとは技術と原料を提供すればよい。私見では協力できるものから力を貸してゆくのが現実的だと思う。

国内体制の整備を

ただ、日本側があまりさしでがましい態度に出ることはつつしまなければいけない。日本側としては、受けて立つ態度が理想的だ。まず韓国側に自主的な計画を立ててもらい、その態勢の中で協力する態度が大切だ。最初から合弁事業などであまり積極的になることは一考を要する。したがって、韓国政府が作成中の次期経済五カ年計画をしっかりしたものにしてほしい。

さしあたって問題なのは、韓国の金融、物価安定、失業問題などであろう。各企業とも資金不足と高利に悩んでおり、原料不足も結局は外貨につながっている。また、物価、貨幣価値の安定を通じて貯蓄をふやし、国内資本を有効に動員する体制を確立することも急務である。

ちょうど日韓会談に反対する学生デモに出会ったが、一般民衆はこれを反省して新しい日本との提携を強く望んでいる。日本としては、隣人としての協力をつくし、早く近代産業国家になってもらうことは、日本にとっても必要なことである。

経済自立は早い

そのことは、ひいてはアジアにおける経済協力の好例となりえよう。保税加工にしろ、手工業にしろ、伸びるものから伸ばし、輸出産業に引上げることが望ましい。その上で産業基盤の拡大をはかるのが肝要である。韓国民の意欲からすれば、相当早い時期に経済自立ができると思う。

韓国民は実に素朴である。滞在期間中を通じて国交正常化が実現すれば、両国とも仕合せになれると強く感じた。

躍進
商工

東和新聞

(日刊) 檀紀四千二百八十一年八月二十二日

政黨人에게 바람 (三)

朴烈

二、立黨의 條件

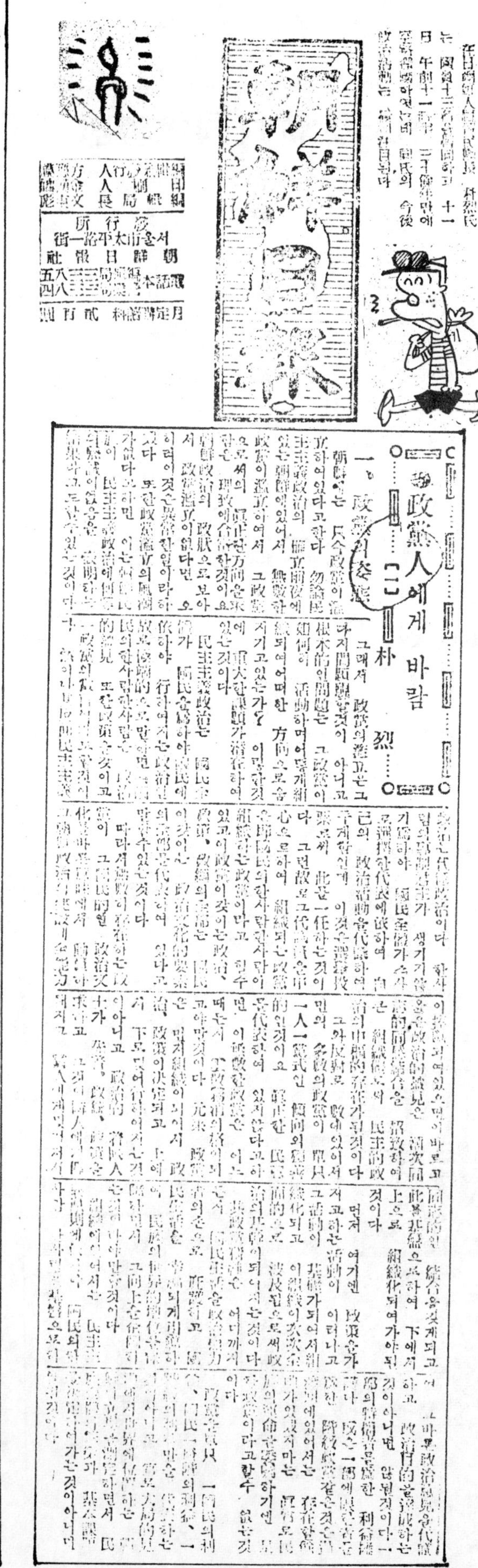

朴烈氏11日還國

政黨人에게 바람 (一)

朴烈

一、政黨의 存立

政黨人에게 바람 (三)

朴烈

三、俗惡한 政黨

先進國의 民主政治가 一朝一夕에 이루워지지 않은것과 같이 [illegible] 民主主義의 政治ー그리고 그指導의 [illegible]인 政黨亦是 이에 適應하기까지에는 幾多의 曲折은 必然히 있을것이다 其間에 不正邪惡한 政黨이 政府의 權力을 쓰고 國民에게 [illegible]하며 國[illegible] 이[illegible]을 [illegible] 權謀[illegible]하고 此等 政黨의 미끼가 되는일도 있을수 있는것 다 此等 邪惡한 政黨은 長期에 걸치는 國民의 [illegible]判에는 當然히 그 馬脚을 [illegible]지 않을수 없으나 [illegible]되는것은 [illegible]의 現狀으로서 그들은 가장 民心의 [illegible]을 [illegible]하는 妙術을 知[illegible]하고 있는것이다 即 金錢 또는 權力의 [illegible]으로써 [illegible] 自由로운 國民을 籠絡하여서 國民이 自發的으로 民意로 行動을 하고 있는것같은 形式을 取하는것 다 此等 邪惡한 政黨의 武器는

一、金力 金權의 支配에

二、政治的 權力을 [illegible]로 대서 그 支配에 屈伏하게 하다

三、民族 因習的慣習을 基礎로 해서 結合하는것

四、[illegible]의 支持基盤을 가지지 않고 政黨役員만의 政黨으로 特殊階層의 [illegible]하는것

[illegible]을 [illegible]할수가 있는것이다 本來 [illegible]한 國民은 政治가 自己의것이고 自己로서 行使되여지는 事實을 忘却하고 權力앞에는 卑屈한것이다 特히 [illegible] 日本의 [illegible]에 [illegible]한 歷史를 가진 우리 國民은 權力앞에는 卑屈일것이다 官에 있는者는 全部 偉大하고 草野에 있는 者는 愚人으로 보인다 [illegible]에 [illegible]한 [illegible]는 民族이고 거기서 [illegible] 支配도 邪念을 [illegible]케 되는것이다 特히 [illegible]이 많은 朝鮮에 있어서 그 生活이 地主와 官과의 要求如何에 있어서 그生活이 地主와 官과의 要求如何에 있어서 保護되여지는 狀態下에서는 一地主 或은 官僚의 앞에 [illegible]처럼 [illegible]하는 것이다 如斯한 일은 政治的으로도 同[illegible] 結果를 낳게되나니 [illegible]하게 富者나 權力者의 만 하는대로를 自己의것으로 盲從하여 그 結果 [illegible]하는대로 富者나 權力者를 [illegible]에 보내기 爲하여 [illegible] 되여지고 마는것이다

이처럼 邪惡한 政黨이 政權을 [illegible]케 되는것은 國民의 政治的 [illegible]이 低劣한것이 [illegible]이 되고있으나 同時에 이렇한 政黨이 存在를 容許하는 社會 그것에도 缺陷이 있는것이다

그것은 大部分 朝鮮에 남겨진 封建社會의 責任이고 民族情誼로써 結合된것이다 同民族이 되면 無條件으로 私利私欲에 줄여서도 公人으로서 그를 擁護케 되는 것이다 이것은 무거운 政治의 [illegible]이고 公私의 混淆이기 [illegible] 地方社會에 [illegible]的인 因緣 [illegible] [illegible]하 [illegible]것이다 [illegible] 因緣 [illegible] 그[illegible]는 [illegible]것이 아니다 그렇나 그것은 어데까지 個人的인것이며 關係는 私的인것이다 이 私的인것과 公的인 政黨의 關係를 同一視하는 일은 許할수는 없는것이다

또 祖國에서 最近問題가 되여있는것은 選擧에 있어서 個別訪問이나 政黨이 利[illegible]를 가지고 一部落을 나꾸었다는 일이다 政黨活動은 勿論 國民生活을 [illegible]益하게 하는것을 目標의 하나로 하고있다 그렇나 [illegible] 利[illegible]을 가지고 [illegible]形的인 [illegible] 許 [illegible] 政黨[illegible] 國民[illegible] 할것이로 [illegible] 目的에서 [illegible]에게 만 連結된 經濟利益을 [illegible] 식힌다고 하면 政治的 背德行爲가 될것이다

政黨人에게 바람 (四)

朴烈

四、國民生活과 政黨

政黨이 眞正으로 民主的 政治의 役割을 다하려고 함에는 政黨의 目標行爲와 國民의 [illegible] 政治的 責任[illegible] 日常的인 政治[illegible]에 대해서 바로 [illegible]民主政治의 [illegible]가 [illegible]케되는것이다 [illegible] 政黨의 [illegible]上에 [illegible] [illegible]서는 今後 남어진 [illegible]에 있어서 [illegible] 國民의 [illegible]은 代議政治의 [illegible]을 하지 않으면 안될것이다 政黨은 自[illegible]에 [illegible]되여있는 役割을 自[illegible]하여 政黨과 國民生活[illegible]이 恒常 直結될수 있도록 [illegible]의 努力을 [illegible]하면서 政黨의 公的立場을 가장 바르게 形成하지 않으면 안될것이다 [illegible]를 [illegible]役員의 [illegible]도 不正行爲로써 品性 [illegible] [illegible]職을 [illegible]한 [illegible] 斷絶을 [illegible]하는 것같은 [illegible]하여 [illegible]의 [illegible]化를 [illegible]하지 않으면 안되는 것이다

이런 [illegible] 自身의 [illegible]質과 [illegible]으로서 今日의 官僚的 行政制度를 一新치 않으면 안되는것이다 今日의 官僚는 一部 [illegible]勢力의 [illegible]이며 이들의 使[illegible]과 方便을 [illegible]하여 싸여진 行政制度는 [illegible] 矛盾이 充[illegible]하여 있는것이다 特히 [illegible] 敎[illegible]制度에 있어서는 早急히 [illegible]치 않으면 안될것이다 또한 如此한 [illegible]를 期하기 [illegible]여서는 敎育文敎, 科學, 技術, 新聞, 出版, [illegible], 通[illegible]等 [illegible]의 關係機關을 民主的으로 [illegible] 必要가 있고 이것을 通하여서 國民의 政治的 敎育 乃至 訓練의 目的을 達成치 않으면 안될것이다 特히 政治基盤이 直接的으로는 그 政治基[illegible]인 商品組合, 農業組合, 勞働組合, 各種 公共團體의 諸般의 [illegible]組織化에 對해서 民主主義 政治[illegible]과 [illegible]을 徹底케 할 일이며 또 一方 [illegible]의 [illegible] 知識層을 向하여서도 [illegible]民主主義政治行爲의 [illegible]을 가지고 [illegible]官僚의 復活이나 金力에 依한 政黨의 [illegible]落 政治的 [illegible]의 [illegible]에 [illegible]한 民主主義化의 妨害等 一切의 不正行爲와 徹底的인 鬪爭을 [illegible]치 않으면 안될것이다 特히 近代政黨의 特色은 [illegible]과 같이 組織力이다 政黨은 그 組織을 [illegible]하야 即 政黨이 스스로 [illegible]되어 있는 階層의 要望을 [illegible]하여 民主主義의 [illegible]의 組織이 行하여저야 할것이다 近代政黨의 特色의 하나는 國民과 같이 있는 政黨이니 國民의 좋은 盟友로서의 政黨이 되어야 하는 [illegible]이니 [illegible]이 아니고 國民自體가 組織이고 그 政治行爲를 實行하고 있는것이 곧 政黨이다 國民[illegible]과 [illegible]한 政黨이나 이것을 [illegible]하고 一部 特權者의 [illegible]에만 끌입같은 政黨은 政黨으로서의 意味는 못가지는것이다 이렇한 意味에서 政黨은 國民의 運命에 [illegible]하고 같게 民族의 運命에 對하야 [illegible]와 努力을 自[illegible]하지 않으면 안될것이다

今日의 時代를 背景으로 하고 政黨은 [illegible]超人的인 役割이 賦課되여 있는것이다 今日의 革命的인 世紀에 있어서 合法的 政黨의 不斷의 活動만이 民族의 運命을 開拓할수 있다고 하면 우리들은 政黨이 가진 그리고 가저오는 機能을 밝혀가면서 바른 政黨의 協力으로서 [illegible]民主主義政治의 재로운 [illegible]을 [illegible]하여 가지 않으면 안될것이다 그것은 [illegible] [illegible]로서 政黨은 스사로 政治의 新[illegible]을 나면서 [illegible] 政治의 改善과 民主化의 政治的인 偉大한 役割을 履行할수 있게 될것이다

政黨人에게 바람 【五】 朴烈

五、政黨에希求함

우리들은 現在祖國에떠나서日本에있는者이다 [illegible] 政局에對하야 直接[illegible]치못함이 [illegible]이다 [illegible] 現政黨에있어서의 [illegible] 그것은好不好間에 우리들自身이 祖國에몸을두고 [illegible] 우리들은 [illegible] 態度를갖이고祖國의政黨活動을 [illegible] 하고있다 [illegible] 一一히批判을 加함은今日에 있어서는 時期尙早일것이다 政黨은 今日甚히危險[illegible]下에있다 [illegible] 政黨그自身이 單獨으로는如何히할수없는問題이다 이러한意味로서는 오즉 政黨을[illegible]할것이 아니라 [illegible] (完)

再起꿈꾸는日本

在日同胞居留民團談

대한민국정부수립축하식전에 참가코저 지난十一일서경한 재일조선인 거류민단대표단의 金載華(김재화)씨는 기자 회견에서 일본인의 재기태세(再起態勢)에 대하여 다음과가치말하엿다

「일본인들은 미소양국의 대립을 틈타서 재기하려고 기회만엿보고잇다 전시 군수공장의 약七十할이파괴되엿는데나머지 二十할중에서 三할은 평화산업으로 [illegible] 복되엿스나 이것은표면적인것이며 언제든지 유사시에는군수공장으로 변화할수잇는것이다

요지음 각국 [illegible] 기둥이 [illegible]에서 발각되엿다는 보도가 전해지고잇는 것은 그이면에 무엇이잠재하고잇지나 안흔가하는 의혹을사게하고잇다 [illegible] 이제는 상당한 [illegible]가 지고 조선인을 대하고잇스며 [illegible]사건자들것을 보드타도 좌익의 선동이라고하나 그실은 조선인을제압하려는술책에기인한것이다 이 [illegible] 부연(敷衍)하여 [illegible] 日日」신문사장 [illegible]씨는 「[illegible]」에 대하여 다음과가티 말하엿다 [illegible] 비행사들[illegible] [illegible]의말에 의하면 전에는 「[illegible]」이 왓는데 요새와서는 「[illegible]」로변햇다고한다

朴烈氏一行南韓視察 ◇◇ 二十六日東京에向發

[illegible]

進步的보다退步的같다

朴烈氏卅年만의祖國建設

[illegible]

朴烈氏6日離京

八·一五政府樹立宣布式에 參席하엿던 駐日居留民團長 朴烈氏는 來二十六日 空路로 歸日하리라한다

[illegible]

卅年만에보는 祖國은進步가업다

朴烈氏談

約三十年만에 歸國한 朴烈氏는 十二日下午七時 [illegible]所에서 記者團과 會見하고 [illegible] 다음과가튼 談話를 發表하엿다

[illegible]

問 美國의對日政策과 對朝鮮政策을 어떠케보는가

答 根本的으로 差異가잇슬것으로본다

[illegible]

美對日政策 轉換의裡面

[illegible]

朴烈氏談話

態狀步退은情形의內國 能不은一統限期地駐軍兩

[illegible]

日本人と歩調を共に

朝鮮獨立運動の朴烈氏語る

[illegible]大正十年[illegible]大正天皇暗殺を企て[illegible]以來二十三年の獄中生活を送り昨年十月出獄した[illegible]氏はさる二月新朝鮮建設同盟を組織、以來解放と自由獨立運動を展開しているがさらに在日五十萬を數える朝鮮人各種團體を統合する居留民團結成のため九州地方を訪れ二十六日は佐世保市大宇館で開催される結成大會出席のため來

佐、松本旅館における記者團との會見で[illegible]次のように抱負を語つた

祖國再建の上の朝鮮はあくまで[illegible]協調すると共に在日六十萬の朝鮮人は日本人と步調を共にすることを忘れてはならない、かつて日本帝國主義の壓迫を受けた在日朝鮮人の獨立運動はもちろん政治運動でなければならぬが現在はその必要がない、日本にいる朝鮮人はいまや緊迫した狀態に置かれている、民生問題、生活問題の解決は先決條件である、これまで誤まつた指導者によって在日朝鮮人が往々にして行きすぎた行動があつたため占領軍當局ならびに日本官民から信頼を失つた傾向があるがこれは[illegible]復を許すことでなくてはならない、これらの問題は在日朝鮮人の[illegible]解決すべきことであるので私は政治上の[illegible]存して[illegible]の問題は[illegible]にならないと思う

在日朝鮮人[illegible]ような[illegible]で作られたものであって[illegible]はないのである、現在朝鮮は[illegible]ようによっては民族分裂の[illegible]がない譯ではない、だが[illegible]の自由は[illegible]ことは出來ない

[illegible]

南北韓統一은
現政府支持督勵로

朴烈氏 問答 記者와

李承晩大統領의 招請으로 [illegible] 在日本韓國居留民團長 朴烈氏는 昨十九日午後四時 市內某處에서 本社記者와 會見하고 다음과 같은 一問一答을 하였다

【問】今般 樹立된 政府에 對한 所感如何

【答】所謂 可能한 地域만 이라는데서 遺憾할 뿐이나 아무런 交涉을 받은 [illegible] 그 構成에 있어 [illegible]도 없으며 또 [illegible]지도 않았다

【問】貴下가 駐日韓國大使로 就任하리라는 說이 있는데

【答】全혀 모르는 일이[illegible]

【問】南北統一에 對한 貴下의 見解如何

【答】남으로 南北統一은 [illegible] 民族을 爲한 國民運動을 徹底히 展開하여 이 運動으로 現政府를 督勵시켜야 할 것으로 본다 어 勿論 經濟的[illegible]라고는 볼수 없는 것으로 [illegible]이나 그러나 自己의 子息이 한팔이나 한다리가 [illegible] 없는 것이 人情이 [illegible] 병신이라고해서 [illegible] 育成하는수 밖에는 없다고 生覺한다

【問】日人들의 韓國에 對한 感情如何

【答】過去 帝國主義的 [illegible] 感情이 一掃된 것만은 事實이나 그러고 知識層에서는 韓國問題가 [illegible] 見地에서 今般 韓國政府 [illegible]에 있어서도 [illegible]를 가지고 [illegible]

日本共産黨의 策動
美軍當局證據文書押收

아中將言明

(UP通信=神戶=포-ㄹ特派員 二十六日) 第八軍아이켈바-거中將은 二十六日 新聞記者團에 對하여 다음과 같이 言明하였다

「日本共産黨이 神戶 大阪地區에서의 最近의 騷動을 煽動 그리고 [illegible]한 것은 明白한 事實이다 兵庫縣廳에 對한 대모와 縣知事의 監禁事件에 參加한 [illegible]名의 朝鮮人 [illegible] 日本人八名이 逮捕되었는데 그 [illegible]은 正式의 共産黨員이었다 逮捕된 日本人의 하나는 神戶市會議員이었다 余와 聯絡將校는 대모現場에서 拾得한 日本共産黨의 署名이 있는 「全朝鮮人에 激함」이란 "메모"를 入手했는데 거기에는 朝鮮人教育의 獨立과 少數民族의 權利에 對한 日本의 壓迫에 反抗하는 朝鮮人에 全面的으로 援助를 約束한다고 記載되어 있었다 朝鮮人의 態度도 不美한 點이 있고 쿠이-ㄴ에리사베스號와 같은 큰배만 있다면 그들을 朝鮮에 보내고 싶은 生覺까지 있다 病院에 入院시킬 必要가 있는 者는 없었다 [illegible] 力行爲가 이以上 發展되지 않는다면 그 [illegible]에 美軍 出動의 必要는 없을것 같다

聯絡將校의 發表에 依하면 美軍當局은 日本各地에서 神戶와 大阪에 있는 朝聯에 三十六日 大々的인 抗議的會合을 開催하라고 勸誘한 二通의 電文을 押收했다 大阪에서는 대모가 있었으나 神戶에서는 美軍當局과 日本警察의 힘으로 대모는 回避되었다 神戶駐留 第一兵團과 第二十五師團은 道路에 防柵을 設置하고 大阪으로 行하는 朝鮮人의 대모隊가 한 貨物自動車 四十五台 乃至 五十台를 停止시켰다 同時刻에 大阪에서는 二萬人의 朝鮮人이 府廳에 行進하였다 神戶에서는 首謀者의 搜査를 行하고 廿六日 아침부터 逮捕한 朝鮮人은 千餘에 達한다

在日朝鮮人數

(UP通信=神戶=二十六日) 總司令部 말에 依하면 現在日本에 在留하는 朝鮮人은 自由意思로서 歸國을 拒否한 者인데 一九四六年十一月의 指令으로 日本法令에 服從할 義務가 있다 그리고 在留朝鮮人數는 五十九萬六千九百八十名인데 大阪에는 十萬八千 京都에 四萬三千 名古屋에 三萬五千 福岡에 三萬七千 東京에 三萬餘名이 있다

朴烈氏와 本社々長對話
舊情도 談々하니
이즐길업는 憂國鬪志의 念

재일본거류민단장朴烈씨는 작十三일 본보사장박순천씨를왕방한후 극히개인적인회고(懷古)의담화를하고도라갓는데 구정(舊情)도담々한 담화가운데는 지금으로부터 이십잡년전의 말할수업는 고생사리의 가지가지 설움도 설움이엿스려니와 조국광복을위하여 반평생을 살어온남어지 오늘의광명을 다지하는이 마당에처하야 울어나는그 감회(感懷)는실로 형언키끌난[illegible]만아니라 조국을위하야 바치고저결심하엿든이목숨이 아직도살어잇스니 우리가노다시만나려할이엿든가? 새삼스러우나 우리는죽엄의직당하일을차저[illegible]시다"라고말하는 우국(憂國)렬담은엽에서 이의가슴을울니고 남음이잇섯다 이십오년전 일이지만 청춘의한시절을 그재와반벽의 노제가된 지금파는인생의무상함도 업지안으나 나라를위하는 [illegible]지는예나 지금이나 하나[illegible]지안고기백이엿々하였스니 두노투사(老鬪士)의대화 속에는 [illegible]

朴烈氏大統領에 멧세ー지傳達

十一日歸國한在日同胞居留民團長朴烈氏外十六名은 十二日上午九時半 國務會議中의 李大統領을訪問하고 在日六十萬同胞가 大韓民國을全的支持한다는「멧세ー자」를傳達하였다

入閣意思없다 朴烈氏와問答

지난十一日 歸國한在日韓國人교胞代表 朴烈氏는 昨十二日上午十一時 隨員十三名을帶同하고 京橋莊으로金九氏를訪問하였는데 歸國人事를끝마친朴烈氏는 待機하였던記者團과 如左한一問一答을하였다

問 今般歸國한 目的은무엇인가

答 李大統領의 招請에依하여 八、一五獨立式典에參加하기爲함이다

問 얼마동안 滯留할豫定인가

答 約十日間이다

問 入閣하기爲하야歸國하였다는說이있는데

答 政治的關係는全無하다 이번機會에海外事情을國內에紹介하는한편國內事情을正確히把握하여 海外에알리려고한다

問 入閣하라는 要請이있다는데事實인가

答 그런것은 말할수없다 그러고絕對로入閣치는않겠다

問 組閣과 南北統一에對한見解如何?

答 모르겠다

問 政府樹立에對하여어떻게생각하는가

答 主權이선다는것은重要한 意義를가지는것이라고생각한다

在日朴烈氏 廿年만에歸國

在日韓國人僑胞代表 朴烈氏는 [illegible]十二名과함께 十一日上午十時半 [illegible]東京으로부터 金浦空港에 到着하였는데 氏는今般大韓民國 [illegible]博士의 招請에依한 獨立式典에 參席 [illegible]것이라 氏는二十年만에 처음으로 歸國한것이다 (寫眞=朴烈氏)

祖國의學徒를激勵
朴烈氏 勉學同志會에 金一封

卄四년의 옥중생활을거쳐 해방후처음으로 조국에돌아온 재일거류민단장 박렬(朴烈)씨는 그동안각계와의 연락을맞우치고 작廿五일 비행기로 동경으로돌아갔는데 씨는출발에제하야 그동안가장감명깊게대하였든 전재고아들과 기보한 면학동지회(勉學同志會)에 각각 [illegible]하여주었는데 특히 면학동지회의 四十여회원의안날의 조국의운명을등에지고 재자하학구에힘쓰는데 감동되어압후로 일본으로동회원四명을 압선유학서키도록되었다한다

以北은民族思想에서離脫 外地同胞爲해奮鬪하겠다
朴烈氏記者團과問答

朴烈氏는二十日下午五時半 [illegible]에서 「[illegible]」이라는題目으로 [illegible]하였는데 [illegible] 이었다後 [illegible] 記者團과 다음과같은 一問一答을 하였다

(問) 在日居留同胞의新政府에對한態度如何?

(答) 全面的으로支持하고있다 在日同胞들도 韓國의新政府가 하루바삐國際[illegible]에 [illegible]기를苦待하고있다

(問) 在日同胞들의 [illegible]如何?

(答) 只今日本에머물고있는 同胞의數는 約六十萬名[illegible]는데 全部가 [illegible] 되기를 [illegible] 日本의 [illegible] 利用當하고있다

(問) 在日同胞들은 [illegible]

(答) [illegible]

(問) 先生은 北韓에 [illegible] 說이있는데?

(答) 全然 [illegible] 말이다 世上사람들은 나의[illegible]으로보아서 左翼에가까운 사람이라고하는데 그러치안타 只今北韓에 [illegible] 하고있는일은 너무[illegible]이며 民族思想에서 離脫된方法이다

(問) 先生은 [illegible]하여서 [illegible]

(答) 그런[illegible]하는것보다 外地에있스면서 在外同胞들의심부름군이나할 作定이다

(問) 南北協商에對하여 어떠케 生覺하는가?

(答) 必要에依하여서는 해도조치만은 아직時期가아니다

(問) 在日同胞들의 生活形態는

(答) 本來부터 [illegible]고사는 사람은 本國의生活보다나은生活을하고있다 그러나大部分은 [illegible]하고 있는데 日本에는 [illegible] 一般的으로 [illegible]이 너무많아 [illegible] 問題이었다

(問) 在日同胞는 如何한方面에 [illegible]

(答) 工業方面에 [illegible] 商業 [illegible]

(問) 日本이 韓國人에게 對하는 態度는 如何?

(答) [illegible]이다 그러나 [illegible]에 있어서는 [illegible]과가 치손상잡고 나가지연으면 [illegible] 日本에게도 不利하리라는것을 알며 [illegible]

(問) [illegible]

(答) [illegible]

(問) 外務部機關은 어떠케되여있는가

(答) 韓國에서도 大使가 와있고 各國에代表團이 와있스니 大韓民國에서도 무엇이든지 누어야할것이다

(問) 先生이 駐日韓國大使가된다는 說이 있는데

(答) 그것은 浪說이다 나는資格도업거니와 政府機關이 完全히되지 않엇는데 大使[illegible] 理由가업다

南北統一엔言及不能
朴烈氏, 十日後歸日言明

지난十一日 二十餘年만에 처음으로 歸國한 在日本朝鮮居留民團長 朴烈氏는 昨十二日午前十一時 京橋莊으로 金九氏를訪問하였는데 氏는京橋莊에서 記者의質問에 大要如左히 答辯하였다 (寫眞=朴烈氏)

答 李承晩大統領의 招請을받고왔다

問 어번에어서한 活動을하것는가

答 主로 海外事情을 國內에 國內事情을 海外에紹介하여 內外同胞의 聯絡에 이바지하고 [illegible]

答 以後約十日間 滯留하고日本으로도라가겟다

問 今般樹立된 大韓民國政府에對하야 在日同胞의 輿論은

答 무엇보다도 먼저 主權을 차저야한다는 [illegible] 共通된 見解일것이다

問 南北統一에對한 見解如何

答 只今言及할수업다

問 國內의政治情勢에對한 見解는?

答 아직言及하기困難하다

問 今般組閣에對한 見解는?

答 그것도말할수업다

問 今後入閣하라는 說이잇는데?

答 千萬[illegible]이다 今後入閣交涉이엇다하여도 나는 [illegible]할것이다

問 며칠間이나 朝鮮에머물것는가

新政府를支持 朴烈氏在日同胞
멧세-지를傳達

十一日東京으로부터歸國한在日居留民團長 朴烈氏一行은 十二日國務院을訪問하고 新政府를支[illegible] [illegible]했다고한다

政府서니 기쁘다
朴烈氏記者會見談

朴烈氏

在日居留民團長 朴烈氏는 十二日午前十一時 京橋莊으로 金九氏를訪問하고 午後에는 三淸莊으로 金奎植博士를訪問하였는데 京橋莊에서 記者團과 會見하고 다음과같은 一問一答을하였다

【問】入國한動機는?

【答】李統領으로부터 八·一五政府樹立宣言式에參席하여 달라는 要請이있어 왔다

【問】얼마동안滯留할豫定인가?

【答】約十日間滯留하겠다

"入閣은反對요"
朴烈氏記者團에게言明

지난十一日 歸國한在日本朝鮮人居留民團長은 [illegible] 國內消식을 海外同胞들에게 傳達하려고왔을뿐이다

問 政府에서 入閣을 要請할때는?

答 전대로反對할것이다

問 組閣에대하여 어떻게生覺하는가?

答 아직 이곳事情을 잘몰라서 무어라고言及할수없다

問 南北統一에대하여서는 어떻게생각하는가

答 政治的 問題는아직言及치않겠다

(寫진은박烈氏)

朴烈氏 金九先生 訪問要談

박烈氏는 昨十二日上午十時半 京橋莊으로 金九主席을 訪問하고 約三十分에 걸처要談한後 記者團과다음과같은 一問一答을 하였다

問 어떤動機로서入國하였는가?

答 李承晩大統領의招請을받고 八·一五新政府樹立祝賀會에 參席하려고왔다

問 繼續하여 滯在할作定인가?

答 約十日間만 滯在할려고한다

問 新政府에 入閣하기爲하여 入國하였다고하는데?

答 내가入國한것은 海外消息은 海內에傳하고

二十年만에 歸國한박烈氏는 歸國벽頭부터 各界要人과의 折衝으로 奔忙한데 昨十二日에는 京橋莊으로 金九主席을 訪問하고 約三十分에걸쳐 要談한바있었는데 要談內容에對하여서는 一切言及을 [illegible]하고있으나 모消적通이傳하는바에依하면 박烈氏는이번組閣에있어서는 民意를無視하고 大統領獨占的人事인것으로 보인다고 非難하였다고하여 앞으로의氏의行動에 적지않은 주目을끌고있다

南・小磯兩前總督の引渡しを要求

人道に反する罪に對して 韓國法廷で裁判

【ソウル發＝ＫＩＰ】大韓民國外務部長張澤相氏は二十二日「韓國政府は一週間以内に、前朝鮮總督たりし南次郎、小磯國昭を韓國法廷において人道に反する罪に對し裁判することを要請する」とＡＦＰ記者に語り其理由として下の如く述べた「極東軍事裁判が兩名に課した終身刑の宣告は余りにも寛大にすぎ、しかもこの裁判には韓國人は何ら關與しなかつた、中國人が日本人戰犯を裁くことを許された以上韓國人が自らの手で裁き得ない理由はない」

指導層分裂遺憾

在日 朴烈氏멧세―지 ①

總選擧에 金九 李承晩 兩先生이 協調할 것을 希望

朴烈

南北協商은現實을無視

文敎部制定敎科書使用한 在日同胞學校에는干涉없다

朴烈氏秘書 朴性鎭氏談

재일동포교육문제에 대하여상세한정보를몰라 일반이궁금하게 여기고있든중 이번재일六十만동포를 대신하여 / 재일본조선인거류민단 박열(朴烈)씨비서 박성진(朴性鎭)씨는 국내의소식을 조사하고자지난十六일 입경하였는데 씨는 왕방한기자에게 해방후 재일동포의사정과 패전후일본의 전모를 다음과같이 말하였다

政治는現實을無視할수없다

내가본국에돌아온임무는방금진행중에있는 역사적인총선거를중심으로 국내의미묘한정치적동향을 외지동포들에게전하고자 연락차로온것이다 현재일본에있는동포도 좌우로갈리어있는데 대부분거류민단 건청(建靑)학맹(學盟) 상공단체등은 「유엔」결정을전폭적으로지지하고있다 十九일에는 이(李)박사 김구(金九)씨등도 만났다 내가국내에돌아와 느낀바는 남북협상문제인데 김구(金九)씨의 주장은 도의적인 견해에서는 긍정할수있으나 경제적으로는 큰기대를 가질수없었다 정치라는것은 현실을무시할수없다 김구(金九)씨자신이 발표한것을보더라도 너무나시적(詩的)이요 정서적이었다 피의관리(管理) 민족혼 애국심씨의태도는 아름다웠다 그러나 상대방이세계혁명을 위주로하는성격이다 씨의이번작전에 얼마나자신이있는지는모르나 북조선의남북협상문제가 순수하다고는못본다 북조선에진실한통일을위하여 남북협상을소집하였다하면 당파를초월한초정이어야할것이다 그러나초정한인사를보건대 우익으로는김구(金九)김규식(金奎植)양씨이외에는 전부남조선의좌익인사가아닌가 그리고 남북협상에있어 우리의지도자인조만식(曺晩植)선생의 이름이없는것만을 보더라도가이 짐작할수있는일이다。

日本의우리同胞 敎育問題의眞相

나는본국에 돌아오기전에 이번 대판(大阪)에서일어난 일본정부에서 탄압을가한 우리동포교육문제에대하여 대판에들려 당지교육회장 최(崔)씨와도만나 실정을듣고보았다 이번일본정부에서 우리조선인학교에탄압을가하였다는문제는 이미오래전부터 내포되어온문제가 이번에 폭발된것이다 발단은우리동포가 경영하는 대판[illegible](大阪[illegible])학교한교에서폭발된것인데 측해방후일본에는 조선인의경영으로七백三교가있다 그중정식으로연합국사령부와 일본정부가 남조선에 인가얻어 문교부에서편찬한 교과서로교수하는학교는불과三할밖에안된다 그나머지七할이라는것은 좌익단체인 조선인연맹이산하에속하여 정식인가도없이 교육을시키는학교들이다 그러면 이조선인연맹산하에있는 七할이란학교는 교육은 제二요 좌익사상선전기관으로 북조선파연락하여 검정(檢定)도없는 교과서를사용하고 애국가대신 해방의노래를 부르며 교기 [illegible]이 자기보다 좌익선전기관화 하고있다 한말로말하면 [illegible] 회를노리고있다가 필경이번파같은조치로 나오게된것이다 거룩한우리동포의 교육기관이 좌익사상지휘해로말마암아 교육이침해당하고 민족이박해를당하게된 큰원인이다 다만한가지국내동포에게알리고자하는것은 일본정부가 우리의국어를사용못하게한다든가 우리의역사를못가르치게하는등 명령을내린사실은없다 정당히당국에허가를받고 남조선에서편찬한교과서를 사용한다면 이런폐단은없을것이다。그의한예로는 조선교육회경영인 경도(京都)의 조선중학교같은것은 일본인도놀래고 찬사를하고있을만큼, 훌륭한조선교육을시키고있다 문제는재일동포의교육[illegible] 국에서 교본과충실한교원을 일본에파견하여 재일조선인교육기관을개편하면 문제는해결될줄안다(계속)

壓迫받는在日同胞

本國代表團派遣이緊急

朴烈氏秘書 朴性鎭氏談

[illegible]

敗戰直後의日本과 最近

[illegible] 협조순응하고있다 [illegible] 고있스며 현재여당적 존재 [illegible] 민주자유(民主自由)당 [illegible] 경[illegible] 을받고있는것 [illegible] 여론소 [illegible] 을 수여하였음으로 일본 [illegible] 의 경제부흥상태는 별서관 경상의 파피로부터 약四、五할이나 복구되었나 [illegible] 공업은 이미형태는 갑 [illegible] 평화산업으로 전환하 [illegible] 저생으로인 [illegible] 재건으로 지 [illegible] 그실정은 순전시체 [illegible] 나 제(특별[illegible])의 평산계 [illegible] 연합군이 진 [illegible] 밟고있다 전진에힘쓸 [illegible] 일본의 자리상은 각방 [illegible] 대재벌해산 [illegible] 계급의 집중 [illegible] 편으로 비참한점도있으나대 [illegible] 안정되었으 [illegible] 일시금락 [illegible] 정돈되고 [illegible] 다시집중 [illegible] 기자하나는 보더라도재 [illegible] 유티장이 장바다 반 [illegible] 적인 팔았고 선내에는 「따우드•

「스피ー카ー」가 각실에달리면 [illegible] 정부에대한 호소 혹은국비 [illegible] 상호간의 건설적인 호소가 [illegible] 여지없이 배우러지고있다 [illegible] 문화면에있어서도 비약적 [illegible] 인발전을보이고있어 파거의 일본적인풍을다빼놓에서 재게 [illegible] 국인무대로 시야를넓히고있 [illegible] 으며 그것을충히소화하고있 [illegible] 다

그생활면에 있어서나 [illegible] 경제적면에 있어서 [illegible] 모습그대로의 축도 [illegible] (圖)를 그리고있는 [illegible] 청파넘고넘은 이역에서 [illegible] 신하으로 장학된우자초 [illegible] (圈)의 대립은중국이면서 [illegible] 서로반목(反目)하고 [illegible] 몰려누고있고 [illegible] 파이로갈려 [illegible] [illegible] 의 [illegible] 누어서로 [illegible] 조국과같이 [illegible]

在日同胞의近況

현재 일본에 잔류한 동포의 수는 六十만을 헤아리고있스나 솔직히 말하자 [illegible]

背景없는在日同胞

國權回復만을念願

朴烈氏秘書 朴性鎭氏談

[illegible]

本國에對한要望

[illegible]

在日同胞의動向

일본은패전후 국내부흥에중점을두어 [illegible] 정치적으로 정돈단계에들어가고있다 그반면우리동포는 민족적인감정에부동되어 일인에게 호감을주지못하고있음은 사실이나 그대신 한심한사실을 고국내동포에게 전하기는 안되었지만 범죄자가 늘어가는데 동경(東京)경도(京都)대판(大阪)등 [illegible] 그중에도 대개절도의 [illegible] 다 다음은 [illegible] 현재동경에는 전문대학에재학중인 우리학도가 약三백명 [illegible] 평가받되는데 이들은졸업 [illegible] 난으로 고경에서공부를 하고있다

고무工業에 活潑한進出

[illegible] 말슴 [illegible] 해방후우리동포 [illegible] 드리었는데 [illegible] 실업가들은 일본의판서(販[illegible]) [illegible] 지방에고무공업 [illegible] 권을완전히잡아 고무공업만은 우리동포가일본의실업계 [illegible] 관에는十만의동포가있는데그중一할이실업가이고 재산도 억(億)대이상을가진이가만 [illegible]

[illegible] 주로고무신 장화 다이 [illegible] 자동차 [illegible] 일본의 [illegible] 그러나 우리동포의 기업 [illegible] 정치적배경이없고 기업에경험이없는 관계로 점차위협을받게된다 이런모로서 재일동포는 우선국권을 회복하여야만되겠다는 [illegible] 권이있어야 정치적배경도생길것이요 우리동포의 기업체도지반이완성된것이다 한가지통쾌한사실은 대판거리는 간판할소식이다 [illegible]

日本의이모저모

[illegible] 「A、P」、「U、P」 [illegible] 본국의소식이 [illegible] 길이다

포의 생활비를보면 동경(東京)서 네식구 매월평균비는 七、八천원이고 대판(大阪)에서는 一만원정도이다

일본의중공업(重工業)은 앞으로 움지기려는경향이보이고 경공업(輕工業)만은 현재五할이움지기고 그리고또한가지 특기할것은 [illegible] 미국물품을경험하는 경향이농후하다

日本의警察

일본의경찰진을보면 해방후자치경찰제로 시(市)를단위로되어있는데 간부의대부분이파거군인(軍人)인것과 최근특별훈련을실시하는 二만명의경찰대가 있다는사실을알아야한다

國內同胞에게

우리는과거의민족적감정에서벗어나 일본을냉대시할것이 [illegible] 관심을가지고 이들과싸우지 [illegible] 않으면안될것이다 [illegible] 어튼 국제적으로 [illegible] 진、정통정부의수립이시급하다는것을 국내동포에게호소하는바이다(끝)

自由論壇

臨時全體大會를앞두고

=民團의根本的改革을切望함=

朴性鎭

1951 3.17

去二月十日 民團中央總務堂에서 開催된 第十一回中央議事会에서 來四月三日에 臨時全体大会를 열기로 決定되었음은 이미 一般이周知하는事實임에새삼스러히 臨時大会開催의經緯를 論할려고는하지않는다 此는今般臨時大会로하여금 意義있는大会다운大会로써 그成果를 거두기를 祈願하는懇切한意味에서 몇말을 쓴것이다 最近 僑胞新聞에 流布되고있는 그야말로 新聞에依하면 벌서大会를앞두고 彼此의前哨戰이展開되고있으며 團長의文書도 發表되었다한다 主文發表때는 指摘되는바도 或은 數지않으나 大部分은良識있는者라면 참아볼수없는 誹謗中傷의 羅列이며 正常的인 귀(耳)를가진者로써는 듣기에너머도딱한人身攻擊의放談의連續이라하지않을수없다

愚鈍한所謂自称運動者여! 愛國者여! 學識者여! 그대들의人生哲學이他者를誹謗하고 중傷함으로써만이 自我의存續과 繁榮이招來한다고生覺한다면結果는 오히려그대들의 期待와는 正反対의現象과 敗北 滅亡이彷徨하고待하고 있을뿐일것이다 이는 識者의独断 또는 推說도아니요 人類歷史가 嚴然히立証하는 生々한史實이며 이事實은 現在나未來에 永遠히不變할理致인것이다 實은 그대들이誹謗하고 중傷하려는相対者는 敵이아닌것은再論할必要가없거니와 他者도아니요自己陣營의同志요 아니生命을나누어 敵과衆抗하는 戰友가아닌가 過去도그러려니와 今後에도 그들할第二의自我인것이다 希求하건대 "동생의눈에든 티를 빼라고하기前에 네눈에는 들보를 먼저뽑으라"고하신 聖賢의말슴을 再吟味한機会가 今般大会를 앞두고實現되기를 祈願하여마지않는바이다 民團의現在 蹉跌은 民團外에서 求得할것이아니고 先者 民團의 自己矛盾을克服하는同時에同志間의協力으로써만이 實現될課題인것이다 "怨수는他者에게 있는게아니고 自己自身이 內包하고있는것이다 좀더 細密히 그리고角度를달리해서 分析하면 이民族全体의持病에가까운 嫉妬派爭 感情의対立 勢力다툼같은同族病인것이라 如此한 同族內敵의掃蕩은 自己征服以外에는없으며 이또한當年의急務인것이다 이同族病에서 救出 解放을받지않고 [illegible] 嚴과卑劣은 [illegible] 結局은 自我의健全소차 維持치못하여 衰弱 自滅을 當하고말것은 人間社会의常識이 아닌가 同胞여! 彼此猜疑를 [illegible]하자! 反省하자! 大韓民國을사랑하는 同胞여! 未來와暗路에余地없이 彷徨하여 危殆化한祖國의現實을 바라보고있는가! 本國에서 우리海外同胞들에게 갖이는期待와 希望을아는가 불은는가 異域에서 流離彷徨하는우리마저 옛朝鮮의亡國歷史를 되푸리하려는가! 우리가발멈추고있는 日本을보아라! 敗戰國의悲運를 [illegible] 發見할수있는가 対日講和條約의 締結도 臨迫해진 時代의흐름에 커를기우리자! 그래서우리들은 이民族의歷史를 새로지을役割임을自覺하고 時代的인使命이各自에게 負荷되어있음을認識하며自己의短点을認識하여 彼此補弱하며 民族良心에立脚한 冷靜한觀察과正確한判斷으로 細心히改善과発展을爲한 大会対策을樹立하여 後人의記錄을 彫刻하는建設的이며 革新的이며 協助的인態度로써 在留同胞의 多幸을爲한 [illegible] 七十万우에서 計[illegible]하고 行動하여 今般大会를 通하여 民團의 [illegible] 新의 [illegible] 代議員이 [illegible] 있는 新生民團의 [illegible] 大会가되기를 祈願하여마지않는바이다 (筆者는現民團中總組織局長)

自由論壇

時期와場所

民團中總組織局長 朴性鎭

1950 8.24

人間社會의凡事에 때(時)와 場所는不可避와 重大要素이다 봄에심으고 가을에거두는 四季節期의区別은 農夫의常識이다 심을때가있고 거둘때가있음에도不拘하고 거둘때에심으고 심을때에거두려는農夫는敗北하고말것이며 狂人取扱을받고말것이다 場所亦是그러함은再論할여지없다 山에가서生鮮을 求하려는者나 材木을 求하려바다에가는者는 狂人이아니면精神異常者일것이다 如此히같은事実이되 때와 場所의変動과差異로써 愛國이되며反逆売國이될수도있는것이다 建設해야할때에破壞하는者! 破壞할때建設云々하는者! 國是가平和를指向할때戰爭을主唱하고 戰爭時에反戰을외치는者는 國家에対한反動 곧 反逆이다。 現今祖國의 現実은 共産軍의侵略으로國土는戰場의馬제에 짓밟혀蹂躪을当하고 이를防衛키為한젊은이는 싸움터에쓰러지고 避亂民은街路에서呻吟하고 이悲惨한民族受難史와人類의悲劇이 演出되고있는 國家存亡의危機를 当한이때! 只今! 在日同胞六十万은무엇을하고있는가 視野를돌려世界를向할때 人類의区別이나洋의東西를莫論하고 全世界가総動員하다시피하여 우리나라에侵犯해온共産軍擊退에 財政은勿論 生命을아끼지않고 積極的인行動을取하고있는此際! 当事者인우리 本國과가장距離上으로가까운 그리고六十万이나되는在日同胞, 우리들은只今무엇을어떻게하고있으며 하려고하는가? 勿論動乱의消息을들자義勇軍志願 血液提供 防赤基金 慰問品 救濟品等物心両面으로最善을盡하고있는愛國者가많음에는驚嘆不禁이다 그리고各方面으로理想的인計画을 樹立하여 着々進行中이라는消息도들려오는데此亦喜消息이다 然이나現在까지發表된統計其他를살펴볼때 많다고하는그数나 積極活動을展開하고있다는 그動態는 全國的인見地에서볼때 一部에지나지않으며 또한그部類亦是朝飯夕粥을마음놓고못먹는 貧賤者層이全部이라고해도 過言이아닐地境이다 勿論有力한者가尚今応치못한데는 諸般形便이있을것이고 当者가아니면모를事情이있을것이다 然이나 前號에論한바와같이 凡事에때가있는것이다

제아모리山海珍味를갖추었드라도배부른者에게는何等의所用이없는것이며 天下의名声이높은活命水라도 絶命한後에는無用之物인것이다 特히日本에있는同胞들은 戰爭이갖어오는被害를 누구보다도直接体驗한우리들이、그慘憺과救護의緊急과 重要性은 이紙上에서再論할余地조차없는것이며 如此한戰災民救護도問題려니와 그보다도 根本問題인今般動乱의結果가갖어오는 意義亦是구태어說明을 한다면 存亡의두字로써표할것이다 이와같이前無後無할重大한時期에处한在日同胞의役割은 너무도過重하여形言이極難하다 勿論在日同胞로써本國에있는同胞의役割을 우리가直接担当하기에는空間을超越할수없는 것인지라 果然心送米擲身이 如意로行動치못할것이다 그러나日本에있는우리들로써担当할수있는일 아니担当해야할 民族的인이요 時代的인使命에 [illegible] 겨願從하자 그러고 달게 [illegible] 겨 우리들의力量、忠誠을 [illegible] 할때가 이때이니 때의緊急과 重要性을再認識하야 只今의時期를後悔치않는 各自가되기를 衷心으로 바마지않는다

一九五〇年八月十六日

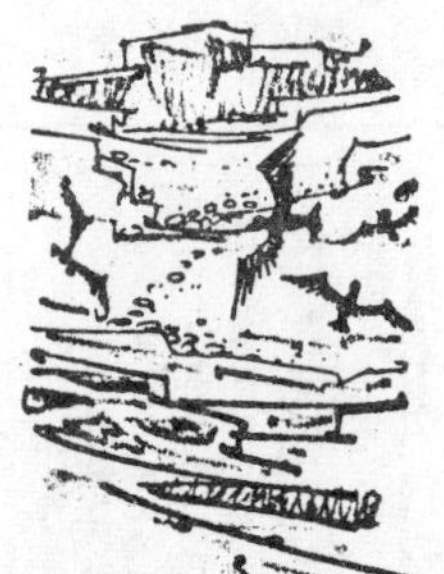

20年만에 맡는 祖國의 흙

在日僑胞222名오늘上午入港

재일교포 모국방문단 제二진 二百二十二명(男=一四五、女=七七)을 실은 해공소속「평택호」(五百六十톤)는 예정보다 三시간 늦게 十三일 상오 九시반 부산항외 五六도 앞 검역지에 투묘 입국수속을 마치고 동十시、제一부두 남단에 입항했다 경남경찰악대의「아리랑」주악과 수많은 환영객들의 우뢰같은 박수를 받으며 부두에 내려선 이들 교포는 十년만에 혹은 二十년만에 맡는 조국의 흙냄새에 그저 감개무량해 했다

이곳 저곳에서「누님」、「아들아」하며 얼싸안고 몸부림치는 정경이 七월 하늘의 뙤약볕아래 무더움을 잊게 했다

第二次母國訪問 在日僑胞名單

▲柳德順=男(四八)全北▲林斗旭=男(三八)済州▲金영淑(三七)済州▲李敬臣=男=(四〇)慶北▲任花蓮=女(三三)慶南▲金國明=男(三一)慶南▲孫照文=男(五三)慶北▲讀九助=男(六三)慶南▲尹柄佑=女(三九)済州▲朴福学=女(四六)忠北▲沈桂變=女(五六)慶南▲朴炳=女(四六)慶南▲李發八=女(三七)慶北▲趙誠煥=女(四四)忠南▲李方世=女(三七)慶南▲呉点德=女(六四)慶北▲崔在平=女(四三)京畿▲金禮田=女(四四)済州▲孫貞德▲金貞鮮▲高天海▲李鍾根▲朴淑淑▲金洋子=女(五三)済州▲朴宗照=男(四〇)慶南▲金鎮煥=男(五〇)慶南▲徐乙浩=男(五七)▲李雨明=男(四九)慶北▲金非搏=男(六三)慶北▲[illegible]

▲[illegible]貴=男(六八)慶南▲李道伊=男(三七)慶南▲孫粉伊=女(五七)慶北▲尹福美=女(五五)慶南▲金洪万=男(四八)慶北▲張玉伊=女(六〇)慶北▲金必伊=女(四七)慶南▲田政雄=男(六〇)慶南▲徐山面=男(四九)慶北▲池今福=女(五三)慶南▲李善=男(三四)慶南▲金小伊=女(三八)慶北▲朴鍾燮=男(三三)慶南▲姜七先=男(三九)慶北▲黄致丁=男(四四)慶南▲盧游中=男(六三)慶北▲高貴龍=男(四八)慶南▲張金鋒=男(三三)慶南▲朴永芝=女(六九)▲金宗牙=女(四八)▲李進祐=男(五四)慶北▲尹泰任=男(三八)慶北▲金稔子=女(四〇)慶南▲鄭月女=女(四一)慶北▲金泰煥=男(三四)慶北▲徐月昊=男(四三)慶北▲鄭下斗=男▲白万鋪=男 ▲方永哲=男(三九)

▲金正泰=男(五四)▲李一洙=[illegible](五〇)慶北▲洪一夫=男(四六)[illegible]北▲黄炳宰=男(六一)▲馬允[illegible]=男▲高永德=男▲金達龍[illegible]男 慶北▲朴母岳=女(四〇)▲鄭昌寶=男(三七)慶南▲徐永洙=男(四七)慶北▲高用哲=男(三一)忠南▲崔柏浩=男(三九)慶北▲田九容=男(三〇)▲玄龍誠男=(四四)▲姜大周=男(五六)済州▲金東学=男(四一)全南▲鄭昌淳=男(四三) ▲黄蘭伊=女(四六)慶北 ▲李永祚=男(四三)慶南▲金月仙=女(四一)江原▲田性助=男(四七)慶南 ▲崔正分=女(四五)慶南▲李斗岩=男(三一)慶南 ▲潘虎允=男(七〇)慶南▲朴龍九=男(四一)慶南▲権相仁=男(五〇)慶北 ▲李昇鉉=男(六八)忠南▲尹炳九=男(六六)慶南 ▲崔有淑=女(四八)慶南 ▲金海圭=男(三一)慶北▲権日成(四三)慶北▲南琪鎮(六七)慶北▲金丁順(三六)慶南▲金德源(五七)慶南▲朴德子(三五)全南▲柳申出(四九)慶南▲黄吏連(四八)慶北▲金斗培(三四)慶南▲趙炯洙(四四)全南▲崔在圭(六五)

慶北▲尹妙岳(七三)慶南▲金斗仙(三九)慶南▲申鏞允(三一)全南▲申鳳均(六五)全南▲宋七南(三四)慶南▲趙己南(四一)慶南▲金庚順(四一)慶北▲金飲丁=男=(六一)慶北▲許四龍=男(三九)慶南▲崔大述=男▲鄭光造=男(三三)慶南▲李相權=男(三三)▲朴憲順=男(五四)忠北▲金英海=男(四八)忠北▲金順南=女(四一)全北▲洪福任=女(四八)全南▲朴京女=女(五四)▲李寛伊=男(五六)慶南▲殷亨甲=男(五七)慶北▲金泰秀=女▲宋琪南=男(四〇)全南▲李点用=男(五八)忠北▲金点吉=男(三七)慶南▲韓東錫=男(四六)全北▲金炯翰=男(五七)慶南▲李文植=男(五三)全南▲呉泰根=男(六一)忠北▲白万伊=男(五八)慶南▲李奇順=男(五三)全北▲姜相律=男(五〇)▲揚致烈=男(五六)▲呉敬愛=女(四〇)慶南▲金俊奇=男(五〇)▲盧相武=男(三九)▲鄭智鉉=男(四三)▲金允禮=女(三六)▲李五連(三四)慶北 ▲朴順伊(五九)慶南▲金文子(三四)慶南▲尹龍伊(四六)慶北▲孫永守(三九)

慶北▲姜文照=慶南▲金小均=男(五一)▲朴性鎭=男(四六)▲金國珍=男(三一)▲李奉男=男(四一)▲鄭甲謨=男(四三)▲朴永基=男(四三)▲張順女=女(三三)▲成龍九=男(四三)▲金鏞雨=男(四〇)▲金泰秀=女▲金載治▲崔粲任=女(三八)▲朴미찌子=女(三五)▲金森洙=男(三一)▲金玉民=男(三三)▲石鎭五=男(四三)▲朴順連=女(五一)▲姜達植=男(三三)▲鄭点淑=男(四七)▲丁信變=男(六八)▲金貞香=

慶南▲鄭丁桂(三七)慶南▲宋承露(四三)慶北▲金哲秀(四四)慶南▲張勲出(四一)慶北▲張考文(五三)慶北▲張琪判(三三)忠南▲李啓錫(三六)慶南▲尹道麟(四九)京畿▲權福述(三三)慶南▲李龍伊(五八)慶北▲金延浩(五〇)慶北▲申康均(四〇)全南▲姜龍石(五三)全南▲金炳洙(三一)全南▲柳貴童(四三)全南▲成致京(四三)慶北▲金永浩(四一)慶北▲朴斗源(三[illegible])慶北▲金玉俊(五三)慶北▲金[illegible]烈(五六)慶南▲金光德(五四)慶南▲車必代▲鄭上達▲李延順▲白亨範(四三)慶南▲朴政吉(四三)慶北▲金東哲(四七)忠北▲陳八元(四七)慶北▲朴鳳祚(三五)慶北▲崔斗万(四八)慶北▲許春好

(三六)慶南▲鄭會献(五一)慶南▲李殷祚(三六)慶南▲洪長葉(四八)全南▲趙洪岳(四三)慶南▲朴八文(五七)慶南▲張草嫡(三八)慶南▲李初培(六〇)慶南▲徐奉任(三三)慶南▲宋年順(四九)慶南▲方栄順(三一)慶南▲金相守(六〇)慶南▲鄭尚述(三八)慶北▲金有石(四三)忠北▲鄭庚生(五〇)慶北▲金知鶴(四八)慶北▲李在本(三四)

女(三三)▲金潤順=女(三三)▲朴贊祚=男(四四)▲李扶同=女(七〇)▲李宗鎬=男(三八)▲鄭奎植=男(三九)▲黄錫轍=男(三三)▲成末粉=男(四三)▲金斗元=男(三八)▲李福行=男(四七)▲李龍甲=男(四三)▲金利成=男(六五)

飛躍へ布石

金剛信組新築移転

【名古屋】金剛信用組合は昨三十九年十二月末、名古屋市東区杉野町に創立開店をみたが、その後目覚しい業績の進展にともない急激に店舗の狭隘を感じるに至ったのと、組合員の主力が中村区に集中している関係上、同方面に店舗を物色中であつたが、去る十一月二十八日同区椿町二ノ五九番地に移転開店した。新店舗は木造二階建、延べ四〇坪は中野第二師線路沿いに新設されたものであるが、窓口顧客繁雑、行員の[illegible]つて店内が狭苦しくな（営業室二一坪）ながら、文化的近代様式を採り入れて店内は明るい雰囲気をただよわせている。同地域は名古屋駅裏通りに面して小売小店街が繁かを極めており、各金融機関の草刈場的存在になつているが、当組合が此処に根をおろしたことは時宜を得たものとして注目される。

又同組合は特殊組合として愛知県下一円の営業地域を持つており、創立十一ケ月目にして資金量七千余万円を擁し早や店舗移転を余儀なくされた飛躍ぶりから推して、将来支店増設なども相俟つて驚異的発展が期待されている。組合長は松永守市氏、専務理事には嘗て漢城信組の名総務部長として鳴らした敏腕家木戸朝光氏が在り経営陣は盤石の感がある。

なお十一月末業績は次の通りで、三月末に対比すると預金は実に三四五%増となり、中小企業者勤労者向に根強い浸透と支持を得ていることがわかる。

	十一月末	三月末
預金	七〇、五四一	二〇、四二五
貸出	五八、五三〇	一七、九二〇
出資金	一〇、三〇〇	八、四〇〇
組合員	四九二	
職員	一二（うち外勤四）	

（写真は新装なつた金剛信組の新店舗と円内は木戸専務理事）

日韓経済協力に望む

1965.9.9 毎日

社説

日韓経済閣僚懇談会が、八日からソウルで開かれた。この会談は、去る五月張基栄韓国副総理兼経済企画院長官が来日した際、佐藤首相に申し入れたのに、日本側が応じたもので、韓国側の意図は、両国の経済協力を促進したい、ということであった。

わが国からは、五人の主要経済閣僚がこれに出席しているが、わが方は、会議に臨むに当たって、この懇談会は、両国経済の相互理解を深め、親善ムードを高めることが基本であって、懸案の解決や、新しい約束をするようなことは、避けることに態度を統一した。

昨年十二月、日韓条約が締結されて以来、最も注目を浴びているのは、いうまでもなく、経済協力の問題であろう。無償三億ドル、有償二億ドルの対日請求権資金と、三億ドル以上の民間協力資金の使途は、納税者としての国民の関心事であると同時に、これらの協力資金を軸として、韓国の経済が安定と繁栄に向かい、両国の経済関係が緊密化することを願うからである。この見地から、両国の経済閣僚が腹蔵なく意見を交換することの意義に認めるにやぶさかでないが、日本側の消極的とみえる態度の裏に、われわれは、ある種の疑惑を感じないわけにはいかない。そのなかには、さきの北朝鮮に対するプラント輸出をめぐって引き起こされたトラブルや、その前の公海上における日本漁船への発砲事件、さらに、最近の北洋漁業に進出する韓国漁船の日本寄港請求のごとく、韓国の強引さに手こずったいきさつからも察せられるように、韓国の要求のあつかいにくさに起因するものもあろう。それは、それとして、われわれが当面最も注目したいのは、協力資金が、日韓両国民の目からみて、公正に、そして両国の親善関係を深めるような方向で使用されているか、どうか、ということである。

無秩序な対韓進出

日韓条約によれば、請求権資金と民間経済協力資金は、十年間にわたって使用されることになっている。これに基づいて政府が直接関与する五億ドルについては、初年度である本年度に、四千五百万ドルが財政計画に組み込まれている。ところが、韓国政府は、この計画が決定された後、請求権資金のくり上げ使用を求めてきた。わが国がこの韓国側の要求を断わる方針を明らかにしたのは当然のことである。韓国以外のアジア諸国に対する賠償支払いは、まだ終わっていないし、アジア地域を中心とする低開発国への経済協力の要請も高まっている今日、資金の有効な使用には限度がある。条約による取決めを逸脱して、韓国だけを特別扱いするのは、いよいよ内外の疑惑を深めることになろう。

民間の経済協力には、もっと大きく、複雑な問題があるように思う。第一は、わが国の業界の無秩序な対韓進出ぶりである。昨年十数社に過ぎなかった韓国駐在の日本商社が、今日では八十数社にのぼっているという。その背後には、請求権資金や、経済協力資金の使用につながるプラント輸出をめぐって、メーカーのはげしい争奪戦が展開されているのはいうまでもない。日韓条約が交渉中のころ、わが国は不況のドン底にあり、八億ドル以上の資金に起死回生の妙薬と飛びついた財界の期待は、別に不思議ではないが、条約が発効したときには、目ぼしい商談がほとんどまとまっていた、という事実には驚かされるのである。

今日、ほぼ明らかにされているところによれば、民間協力資金のうち、漁業、船舶協力のワクに定められている一億二千万ドルを除いて、一億七千万ドルが日本側で承認されているという。韓国側で許可を与えているものは、これを上回って二億数千万ドルにのぼり、さらに一億五千万ドルの案件が外資委員会で審議中といわれる。

ここで問題は「三億ドル以上」と取り決められた民間協力資金のメドである。条約が妥結した時の日本政府のハラ積もりは、少なくとも三億ドルは供与できるよう、政府が民間を説得する、という程度の気持ちではなかったであろうか。それが、条約発効後一年足らずで、十年分の信用供与を成立させることになった。韓国側は「三億ドル以上」という以上、更に次を期待し、日本からのプラント導入をはかる態勢のようである。

政府の強力な指導を

しかし、プラント輸出は、おもに輸出入銀行の資金を使うものであり、その資金計画は、年々の財政投融資計画に基づいて決められるものである。計画には、国や地域のバランス、相手国の信用状況が考慮されるのが当然であって、韓国に対して、このような考慮がなされたのか、どうか、われわれが疑問を感ずる点である。最近の報道によると、韓国は政府機関による支払い保証の一部を、民間金融機関に肩代わりさせていると伝えられる。また、韓国の企業家に資金的ゆとりがないため、延べ払いの頭金となっている資金の支払いが、簡単に行なわれていないともいわれる。こうした韓国側の支払い能力を度外視したうえでの扱いでなければ、今日のインドネシアが当面しているような事態が、将来韓国に訪れないという絶対の保証はないのである。

韓国は、来年から第二次五ヵ年計画をひかえ、いままた、ベトナム特需で国際収支が大幅に好転している時だけに、工業建設の意欲が強いことは十分理解できるにしても、将来の返済計画を緊密に勘案して、計画的に建設を進めるのでないと、外貨面から意外な破たんを来たすおそれがありはしないか、われわれは憂慮するのである。

わが国企業の無秩序な進出競争は、韓国の国民感情や、経済の安定的な発展、成長からいっても、不安な因子をはらんでいる。現在のところ、プラントの供与を中心に協力を進める形をとっているが、韓国企業の資金不足から、わが国企業の民間ベースの建設、運転資金の供与も行なわれているようである。このような資本進出が、技術提携や合弁企業へと発展して、日韓経済の結びつきが一段と緊密化することは、きわめて望ましいが、それが、過当競争に陥り、あるいはゆき過ぎた場合、新興独立の国民が最も警戒する"植民地主義"と映らないか、どうか。また、そのような無数な資本進出がもたらすインフレの危険性が、経済の安定と民生の向上を妨げることになりはしないか。

これらの諸点を考えると、日韓経済協力のあり方には、反省すべき問題が多々あるように思われるのである。条約が成立した時、政府はわが国企業の過当な進出競争を抑制するよう指導する、と言明したはずである。財界にも、日韓経済協会という協力機関がある。ところが、政府は、対韓進出の中心勢力が大企業のせいか、この無秩序な競争を、なすがままに放置しており、民間の機関も、自主的な調整と協力態勢の確立に、ほとんどなすところがないようにみえる。

もちろん、問題は日本側ばかりにあるのではないが、わが国は、過去を清算して正しい日韓友好関係を発展させる歴史的な責務と、同時に、経済の先進国としての責任から、対韓経済協力のあり方に、長期的な方針を確立する必要があり、政府の指導力の発揮が望まれるのである。

馬鹿騒ぎはよせ

韓国への民間借款二億ドル

S.41.8.12

自由論壇

第一回日韓定期閣僚会議は十一日共同声明を発表、三日間にわたる会議の幕をとじた。

今回の会議で両国代表が合意に達した主なものは①韓国へ二億ドルの民間借款を行なう②九千万ドルの船舶借款および漁業協力の三千万ドルは、二億ドルの別ワクとする③韓国は在韓日本商社への課税の適正化につとめるなどである。

民間借款二億ドル供与は、わが国の経済事情からいって、不可能な数字ではないけれども、さればといって決して僅少な数字ではない。

今回の会議においても、一番問題になったのは民間借款であったことによってもうかがわれるというもの。

各新聞の論調も、韓国側の強い要請に、わが国は一方的に寄切られ、大幅に譲歩したことを強く伝え、財政的負担がのしかかるのみか、下手すると韓国は投資インフレを起こし、対外債務の償還がむつかしくなるのではないかと警戒している。

しかし、韓国のおかれた立場を真剣に考えるならば、このような警戒論をことあげするまえに、二億ドル借款が投資効果をあげるよう親身になって助言協力するという積極的態度を表明することが、マスコミの正常な態度ではないかと思う。

韓国が自己の犠牲において、朝鮮戦争に引きつづき今日まで北朝鮮と対決して、筆舌に尽し得ぬ容易ならぬ困難を克服していることを考えるならば、カネで済むことなら、これに、こころよく協力するのがわが国の態度ではないかと思う。

敗戦後僅々二十年にして経済的繁栄を謳歌するわが国の起ちあがりを支えた、いうならば向い水的な力が朝鮮戦争の特需にあったことを忘れてはならぬ。

民間借款二億ドルは、さきにもふれたように、わが国にとっては僅少でない数字ではあるが、韓国が北朝鮮に比肩する経済力をつけ、国民生活を豊かにするための投資であるならば、その償還を云々するなどは、正しく素町人的発想による近視眼的利害打算といっても決していい過ぎではなかろう。

韓国の経済、国民生活が北朝鮮に圧倒されるような事態になれば、二億ドルの返還どころのさわぎではない。日本経済の存立そのものをおびやかされる結果になる。

高度経済成長を謳歌する一部の政財界の人々は、口を開けば国民生活さえ豊かになれば、共産主義の思想対策など、ことさら取りあげなくてもいいといっているではないか。今回の民間借款二億ドルなどに警戒するのは日頃の主張からいってもおかしくはないか。

今回の民間借款二億ドルは北朝鮮に対する自由陣営のショーウインドづくりの投資と考えれば一部のマスコミや財界人、政治家が騒ぐような不当な金額ではない。

韓国の経済は、一時に比較すれば、回復は上向いているとはいえ、登録失業者七十万に職を与えるため手をかすことは、隣国日本に課された国際的責任でもあると信ずる。

敗戦後日本に寄せられたアメリカの援助のことを考えれば、韓国から要請されなくとも共産軍との戦いで荒廃している国土開発のため、日本に不要になっている建設機械なども自ら進んで提供する挙に出るべきではないかと思う。

北朝鮮は、これまでの中共方式の破壊重点主義の対韓工作をあらため、ソ連の指導のもと柔軟な戦術に転換していると考えれば、韓国への民間借款二億ドルぐらいに、目の色をかえ、譲歩だとか、財政負担が大変だなどと騒ぎたて警戒するのは、ソ連と北朝鮮の思想謀略のお先棒を担ぐ愚挙を演ずることになる。

國際共産主義と闘う
共同声明 蒋・李会談終る

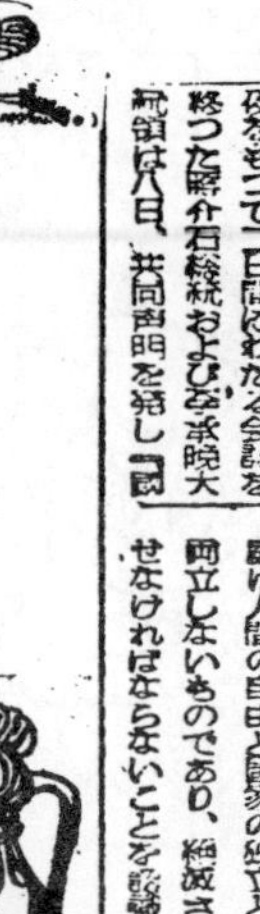

李大統領、蒋総統

【鎮海特電八日発＝AP特約】七日夜をもつて二日間にわたる会談を終つた蒋介石総統および李承晩大統領は八日、共同声明を発し「國際共産主義の脅威に対し、断固として闘う」旨を明らかにするとともに、キリノ・フィリピン大統領に対して太平洋同盟結成の予備会談をバギオで開くよう要請した

声明 われ〳〵は鎮海において太平洋同盟結成に関し二日間、十分に意見を交換した結果次のような意見の一致を見た

▽われ〳〵は、國際共産主義の脅威は人間の自由と國家の独立と両立しないものであり、絶滅させなければならないことを認識する、この共通の脅威と闘うためには個々に闘うとともに團結して闘わなければならない

▽われわれは太平洋諸國全般、とくに極東諸國は今日、世界の他のいずれの部分よりも國際共産主義の重大な脅威をうけていることを強く主張する、したがつて世界の他のいずれの場所にもまして、これらの國々の團結と共同動作が緊要である

▽われわれはアジアが共産主義勢力下に降るならば、世界は自由でありえなくなり、また人類が自由人のグループと奴隷のグループに分けられてしまうことがあつてはならないと確信する

以上の考えに基いてわれわれはキリノ・フィリピン大統領と蒋介石総統がさる七月十二日、バギオ会談終了後発した共同声明にもられた反共太平洋同盟の構想に賛意し、完全な意見の一致に到達した、われわれは、さらにキリノ大統領に対し太平洋同盟の発足に必要なあらゆる措置をとるよう要請すべきであるとの意見に一致した、この目的のためわれわれはキリノ大統領に対し近い将来、同盟結成の具体的措置を立案する予備会談をバギオで開くよう要請する

社説 注目すべき韓國の立場

一

中國の蒋総統は六日韓國を訪問し、七日李承晩大統領と会談した後、両國の経済協力と極東諸國の連盟組織の必要を強調した。フィリピンのキリノ大統領が提唱した太平洋同盟を、最も早く支持していたのは李承晩大統領であつたが、今回の蒋李会談により、極東に於ける韓國の國際的地位は、いよいよ注目すべきものとなつて來た。

然るに蒋総統が韓國を訪問する直前の四日には、四千以上の北鮮軍が三十八度線を越えて甕津半島に侵入し、韓國軍との間に激戦が展開された。更に五日には開城、江原方面に於ても戦闘が行われ、三十八度線全線に亘つて、不安な空気が漲るに至つたのである。しかしこの北鮮軍の越境は、必ずしも全朝鮮に亘る内戦開始を意味するものではなく、恒例の國境紛争の繰返しに過ぎないかも知れない。

問題は、このような國境紛争が、ますます激しく繰返されて行く傾向である。六月廿七日甕津半島の國境衝突を視察した國連朝鮮委員会は、衝突が頻る激烈なものである旨の報告書を発表している。ところが今回の衝突は前回よりも更に激しいものであり、殊に米軍が六月卅日を以て韓國からの撤退を完了している事実に徴しても、事態は決して軽視を許さぬものがある。

二

韓國にとつての悩みは、独り國境紛争だけに止らない。昨年十月には麗水で大規模な國軍の反乱が起つたが、五月にも春川、洪川、江原の國境守備軍が北鮮側に寝返つている。また済州島や五台山、大白山、智異山などの山岳地帯では、北鮮側と通ずる反乱が慢性化しているのである。北鮮の軍隊は総数二十万と云われるに対し、韓國は五万の正規軍を十万に拡大しようとしている途中であり、米國の武器による装備は整つていても、数的劣勢は争えないものがある。更に北鮮の背後に、地続きのソ連と中共とが控えていることは、韓國に対し心理的脅威を與えずには措かないであろう。

また韓國の内政に於ても、政府と議会とは鋭く対立しており、六月廿五日に至り政府は金若水副議長ほか数名を逮捕して、議会の反政府勢力に対し徹底的な弾圧を加えた。南北鮮統一を主張する金九氏が翌廿六日に暗殺された原因は不明であるけれども、韓國内の左翼政党が北鮮側に呼びかけた祖國統一戦線の結成大会が、六月廿五日北鮮の平壌で開かれたことは、韓國内に北鮮と妥協して南北鮮の統一を図ろうとする分子が、少くないことを示している。而してこの大会が來る九月に南北鮮を通ずる総選挙を施行すると決議しているのは勿論、一種の掛声に過ぎないとしても、この総選挙実施をめぐつて、朝鮮に新たなる危機が生ずるのではないかとも憂慮されるのである。

三

北鮮は三月にソ連と経済文化協定を締結し、ソ連から借款や技術の援助を受けているが、一部には清津、羅津、元山などの諸港がソ連の管理に委ねられているとの説も行われ、ソ連の衛星國としての色彩は、いよいよ濃厚となつている。中共地区との間には昨年通商協定が樹立されており、また香港の反蒋派政客が北鮮を通過して、満州、華北に入つて政治協商予備会議に参加したことなどから見ても、両者関係の密接なことは想像に難くない。

このような共産勢力下の北鮮から、強い圧力を不断に受けている韓國に対し、米國は民主主義の試験台であるとして、一億五千万ドルの借款を與えて、之を飽くまで援助しようとしており、又今回のアチソン声明では、中共が國境を越えて赤色侵略の手を伸ばすことを許さないと声明している。しかし現在のところ米國の援助は、専ら韓國を北鮮の侵略から守ることだけに重点が置かれているらしいので、韓國内部における朝鮮統一への欲求の強さと韓國政府の実力とに鑑み、朝鮮の事態は今後も動揺を続ける外ないものと思われる。尚おキリノ蒋会談及び蒋李会談にも拘らず、一部には來る太平洋同盟から中國と韓國が除外されるとの説もあり、一月のアジア会議に韓國が招待されなかつたことから見て、その可能性もなくはないが、いずれにしても極東諸國の反共態勢に於て韓國の占める重要性は無視することが出來ないものがあり、同國今後の事態に対し関心を怠るべからざる所以である。

朝鮮人學校十四校 都で閉鎖を命令

文部省の通達違反だと

都教育局では二十日朝鮮人学校十四校に対し学校教育法十三條二項の違反として学校閉鎖命令をだした。閉鎖命令を受けた学校は

北区中里朝鮮人学校、荒川区第一、江東区第二、板橋区第三、足立区第四、品川区第五、大田区第六、品川区第七、世田谷区第八、杉並区第九、[illegible]

の各朝鮮人学校で、同局の命令が出たいきさつは、文部省学校教育局が昨年三月二十四日付の文部省通達「朝鮮人の学校設立について」において[illegible]でない学校は十九日までに学校教育法による私立学校としての認可申請をするよう」との通知を各朝鮮人学校、在日朝鮮人連盟東京本部あてに通知した。この通知に対し朝鮮人学校側は日本の法律を尊重するとともに、日本の教育法に従って教育をするとした[illegible]在日朝鮮人連盟文教部から回答として

①朝鮮人学校の教育用語は朝鮮語とする②教科書は朝鮮人教育会作成の教科書を使用する③学校経営の管理は学校管理組合で行う④日本語は正科に採用する

との要望があり、また他の団体からも口頭で同様な要望の回答があった。都ではこの回答は都の通知を全面的に否定したものであるとして二十日付で学校閉鎖を命じたものである。なお朝鮮人学校の生徒数は約一万人といわれる

授業は続ける

在日朝鮮人連盟文教部元容德氏談 こんどの閉鎖命令は日本にいる朝鮮人はすべて日本の法律にしたがわなければならないという法律を教育面に押しつけるものだ、日本の教育法を否定するものではないが[illegible]の民族教育を[illegible]するものだ。閉鎖されても授業は続ける。責任者の検束など教育法違反の問題が発生すると思うが致し方ない。都下で十四校に二千二百名の児童があり深川、荒川、大森の各校は自宅で授業をすると言っている。これを閉鎖した場合日本側に児童の受け入れ準備があるかどうか。われ〳〵の要求する四項を全部認めてくれないとすれば民族教育も教育の自主性もなくなる。山口、神戸でも同様な命令が出たが地方の事情をくんで山口、岡山両県では命令撤回となった

偏地主義で

文部省学校教育局長談 こんどの閉鎖命令の原因は、朝鮮人が日本国内でも朝鮮民族のための教育を行おうという属人主義の立場をとっている、日本では属地主義の方針がアメリカの教育使節からも[illegible]んだ立場をとっている。日本国内では他民族といえども日本の教育内容に従うことが原則で、したがって朝鮮人学校が日本の教育法にもとづいて教育を行ってもらいたいというのがこんどの閉鎖命令の趣旨だ。しかし朝鮮人学校で課外教育として朝鮮語や朝鮮歴史の教育を行うことは自由でこれは禁止しない

建設 朝鮮人の教育

◇なぜ学校閉鎖命令が出たのか。これを深く考えるとき、その根本問題は教育内容にあると思う。さらにいいたいことは教育に関与する指導者はなぜもっと早く関係当局と緊密な連絡の下に合法的な運営が出来なかったかということである。

◇総司令部の指令並に日本法律の発布があった場合、指導者の立場としては自らそれを認識し関係方面に連絡すると共に、大衆に誤りのないよう、よく注意すべきであるのに、現在の指導者の多数は自ら法を無視したような行動をとって大衆を迷わしている。

◇その結果、問題が起きるたびに迷惑をこうむるのは在日七十万の同胞である。こんな指導者がこのまま続いて行くなら同胞の信用は決定的に失われ、われわれの運命は危険千万といわねばならない。今度の責任の重大性を自覚し指導層から引退すべきだ。

◇私はこの際朝鮮人の教育問題は政治から引離すべきだと考える。教育機関はあくまで特定の思想や政治勢力に左右されず純粋公正な育英の殿堂として独立性ある朝鮮育英会(仮称)を設立し新宿の朝鮮奨学会等も合体の上、一元化して独自の立場にまい進すべきである。同時に子弟の教育問題は重大である。同胞一丸となって、もっと真剣に考えて見たい。(東京都・李荏完)

地名のカナガキ

◇地名は正しくといわれて放送局が[illegible]見して、まことにもっともなことと感じた。現在放送協会では昭和二十四年に市町村名という本を作り、また局内にニュース報道係を置いて読みを正しくアナウンサーも出来るだけ下読みもし調べもして正しい放送に努力しているが、全国の市町村の難読地名、殊に字名などになると手の及ばない場合も起きてくる。

◇私も入局して間もなく大阪に勤務し昭和九年の大風水害にあった。その時新米の私は岡山市内、山下をヤマシタと放送して課長から大目玉を食った苦い経験がある。関東に生れ東京の学校を出たての私が岡山市の字名を知らないことは自己弁護の理由にはなっても大衆の信頼にとっては間違いに相違なく汗顔の至りであった。

◇何といっても日本の地名はむずかしすぎる。すべて漢字のはん雑さから起る問題で新日本建設の要望からも一日も早く地名や固有名詞のカナガキが採用されることを切望する。(放送協会・ラヂオ)

社說

政治思想과 教育

目下 紛糾를 거듭하고있는 教育問題에 關하여 最近 總司令部 教育擔當者로부터 "政[illegible] 紛糾는 朝鮮人 學校內의 [illegible] 指導者가 政治的 [illegible]的 活動과 操縱에 起因하여 擴張되었다 在日朝鮮人은 占領軍에 附屬되지않은 他의 日本人住民과 같으며 또 [illegible] 同樣으로 學校教育上의 [illegible]을받을 資格이있다 朝鮮人은 私立의 教育機關設立을 承認받고있으나 이러한 모든 各學校는 本部가 世界的으로 承認된 教育上原則에 準據한 一定의 最低水準을 維持하지않으면아된다 學校經營 教科內容 教員資格을 決定할水準은 本部 總司令部의 審査承認을얻은後 確定되는것이다 基本的인 [illegible]을 無視하고 [illegible]하는 思想을 政治化시키려하여 教育된 政治學校 社會思想學校는 一般의支持를 받을 資格이 없다"고 聲明을 發表하였다 勿論 이點 明은 總司令部의 教育政策이며 方針이까닭에 批判할 自由도없으며 또 그러한 必要도없거니와 그렇나 그것은 在日朝鮮人의 教育的政策과 方針이 없이 不當을 指摘하며 [illegible]하는 部門의 一針이라고 한다 適用範圍에있은 青少年의 教育은 內容과 形式에있어서 世界的으로 그리고 韓國的으로 一般的原則과 水準에 依據하여야한것이다 그러한 教育 根本精神에 背反하는 脫線이며 偏向이라고 斷定 할수가있다 그러므로 吾人은 本稿에있어서 民族에 [illegible]하여 青少年의 教育 思想의 培養과 養成이 目的이 아니고 健全한 人間과 人間性을 북돋으며 育成하는것이 [illegible]的 目的이라는것을 警告하며 强調하여왔다 따라서 知的[illegible]과 認識의 洞察하고 事理에 對한 判斷力이없는 青少年들에게 [illegible] 思想 主義를 注入하므로써 能事로하는 教育理念에 關하여도 反省할 促進하여왔다 그리고 在日朝鮮人의 教育機關을 一貫할때 一部 分의 教育機關은 根本的 原則으로부터 脫線하여 思想, 宣傳을 偏重하고있는 傾向이 不無하니 그것은 在日同胞自體가 自主的으로 檢討하며 究明할必要가있은. 問題의하나이다 勿論 思想이 主義는 人民에 [illegible] 容된 精神的 自由이며 信奉하는것도 學問과 文化의自由가 關聯하는 人間의 性情이다 教育은 人間의 修練이며 人間性의 高尙化이라고 볼수는 [illegible] 그리고 思想의 [illegible]

온 教育을 받은 者의 唯一한 自由이며 共德이라고 말하였다 그러므로 教育은 政治가아니며 意識의 注入이아님을 覺醒하여야한다 如斯한 意味에있어서 目下、重大한 危機에 [illegible]하고 있는 教育問題는 무엇보다도 저 自主的으로 內省할必要가 있는同時에 한거름나아가서는 自他가 共認하는 가장 安當한 原則論에 立脚하여 問題의焦點을 抽出하고 그것에 準據하여 論理的으로 日政側과 折衷하며 解決할 必要가있음을 느끼는바이다 勿論 教育의一般論과 民族的良心까지 無視하는 日政側의 [illegible]에 對하여는 死를賭하여야 [illegible]하여야할것은 事實이나 [illegible]自由를 政治的 路線으로 [illegible]하여 더욱 [illegible]하고 化시키는것은 [illegible]한 方針이 남을記憶하여야한다 우리의 教育機關은 初等教育에있은만치 教科 外貌에있어서 不充分하며 [illegible]이있다는것만은 是認하는 바이다 그렇나 [illegible]的條件이 附隨되는 므로 一朝一夕에 完成을期할수 없을것이나 內容에 있어서라도 大衆의 利益에 [illegible] 義務의 하나이라고 生覺하는바이다 如何는 教育機關의 [illegible]的 路線으로부터의 [illegible] 民族理念의 自主的 [illegible] 兩解決의 열쇠의 하나이라고 [illegible] 여도 過言은 아닐것이다

社説

南鮮選挙の結果について

今度の[illegible]総選挙はきわめて[illegible]に行われたようである。いままでにわかったところは八日夕方の有権者中約九割が投票、しかも有権者の出足すこぶるよく数時間に大部分の投票を終ったという。結果は無所属が最も多いが、李承晩博士の大韓独立促成國民会が他党を引きはなして第一党となり、金性洙氏の韓國民主党、大同青年団などがこれについでいる。九割の投票率をおさめたのは正直のところ予想外の好成績であり、ホッジ米軍司令官も、非常に満足すべき状態でこのような成功をおさめたのは共産主義に対するデモクラシーの輝かしい勝利だといっている。

國連朝鮮委員会のムギール議長も選挙が大体順調に行われたことを認めており、[illegible]会は直ちに報告書を作成するが、正式に承認されることは間違いないだろう。國連の承認後六ケ月中に國民議会が招集され、政府樹立となるわけで独立朝鮮の基礎がかくてはじめて確立する。韓國民主党をはじめ無所属も大多数は右派で占めているので李承晩博士を支持し、その大統領就任は確実といわれる。

南鮮選挙は朝鮮統一の方向を決定し、南鮮の安定に一歩を進めた強力な措置である。民主的な朝鮮政府の樹立は朝鮮民族の喜びであるばかりでなく、その動向はすぐわが國にも影響を與えずにはおかない。が、南北に分れている朝鮮の現實はその統一に多くの困難を予想せしめる。選挙にさきだって平壌で南北連席会議が開かれたのは選挙の対抗策であったし、北鮮人民委員会の憲法採択もいわば南鮮の統一方式に対する北鮮方式の挑戦である。北鮮でも独自に最高人民会議代議員の選挙を行うというが、これでは南北の対立は激化するばかりで、三十八度線の固定化を憂うるものも少くない。平壌放送は米國、ソヴィエート両國は撤兵して朝鮮の運命は朝鮮人に決定させるべきであり、占領軍の撤兵と同時に南北朝鮮統一の独立政府をたてる用意があると放送している。北鮮占領のコロトコフ、ソ連軍司令官が、米國軍と同時撤兵を行わしめるためにソ連側の撤退準備は完了したと発表したことはこの平壌放送と関連して意味深長である。ホッジ米國軍司令官は南鮮が北鮮と対抗できるようになるまでは米國軍は撤兵の意向はない。しかし独立朝鮮樹立の公約を果すに必要な期間を一日でも越して駐兵する考えはないと声明し米國の立場を明らかにしている。

撤兵問題は今後も北鮮側からの放送が繰返されると思われるが、外電によると、これは米國を苦境に追いこもうとする策略にすぎないとみている。李博士は國軍の創設を主張しているので北鮮二十万の人民軍に対する南鮮國防軍の創設も近いだろうし、これによって北鮮に対抗し、治安の確保ができるかどうかが撤兵問題とからんでいるわけだが、これが独立政府樹立の時期に関する南北の意見の根本的な相違となっているようだ。

このような北鮮の妨害とともに連席会議に参加した南鮮の金九、金奎植両氏が単独選挙に反対したことが情勢を複雑、微妙にしているのも事実である。九割の投票率からいえば、かかる反対派や共産分子の妨害が完全に失敗したことを示すものではあるが、韓國民主党の金性洙氏が自らは立候補を見合わせたのは両金氏と李博士の間を斡旋しようとする意図だとも伝えられる。両氏も連席会議で成立した朝鮮統一の協定は人民委員会の憲法採択とはなんら関係ないと声明しており、もし両氏が協力することになれば南鮮の統率は一段と強化し、安定するであろう。

朝鮮問題は世界的な米ソ関係の一焦点である。従って根本的には米ソ関係が世界的に調整されるのでなければ南北統一の実現も困難であろう。南鮮選挙は人口数に比例して二百名の議員を選出したもので、残り百名は北鮮のために留保してあるわけだが、統一の方式について米ソの話合いができねば北鮮の参加は事実上あり得ない。が、ソ連の反対を押切って朝鮮の独立と統一の基礎をつくったところに南鮮選挙の重要性がある。朝鮮の方向は決定したのであるから今後は北鮮がどう出るかということだけが、統一を促進し、あるいは阻止する最大の要素となるのである。我々は南鮮選挙が極東の安定のためのカギとなることを期待したい。

社説

南鮮の総選挙と今後

統一を回復するか、南北の対立[illegible]するかの重大な契機をもつ南鮮の総選挙は、十日全世界、とくにアジア諸國の注目のうちに行われた。とくに朝鮮と一衣帯水の関係にある我國としては、これが選挙とその後の推移に、重大な関心を寄せざるを得ないのである。選挙のまえには、朝鮮が第二のギリシャになるおそれがあると警告す[illegible]、國連朝鮮委員会が指導する選挙に対して、北鮮および南鮮の左派は、本年一月以来猛烈な反対を示し、南鮮各地にスト、サボの波状攻勢を浴びせ、さらに選挙が近づくにつれて、選挙登録妨害のゲリラを展開し、四月末で[illegible]双方四百名の死者を出している。警察の[illegible]、[illegible]官吏の襲撃、暴動、そして焼打ちなど血なまぐさい事件が続発してきたのであった。三十八度線を突破してゲリラ指導者は南鮮に潜入しているという。UP特派員が報道するところによると、京城周辺の丘陵地帯は、夜ともなれば点々と左派のゲリラ部隊が燃やすかがり火が望見され、警備隊との間に砲火を交えているという。選挙反対から妨害へ、左派の攻勢は猛烈な勢を加えてきたが、一体南鮮の左派はなぜこれほど強化してきたのか。

南鮮の共産党員はわずか二万であるが、容共派もしくは選挙に反対するものは有権者八百万のうち百万を占めるという。そしてこの数字は右派の金九、中間派金奎植の両氏が南鮮選挙反対の立場を表明して北鮮に呼びかけ、南北両鮮統一のため南北政党団体連席会議が平壌に開かれて、南鮮からは三十近い政党団体が参加したのであった。両金氏がこれに参加するのを李承晩氏ら極右派は[illegible]心を探ってその行動を見守っていたのであるが、最初はむしろ選挙的な態度が強かったようだ。ところが両氏は去る五日[illegible]て共同声明を発表し[illegible]は強大となった。一方北鮮は[illegible]「北鮮民主人民共和國」独立宣言は、米ソ両軍の撤退を要求することおよび南鮮選挙に反対し、たとい南鮮に新政府が樹立されても協力せず、あくまで米ソ両軍の撤兵を要請している。

このことは南鮮の李承晩氏ら極右派が、國連の指導下に民族革命を推進させようとし、北鮮がソ連をバックに民主革命を断行しようとするに対して、両金氏はその中間をねらって、民主民族革命を併行させて朝鮮の統一をはかろうとしたものといえよう。従って両金氏の立場は李承晩氏らと対立し、さらに國連朝鮮委員会とも衝突するわけである。だが民主、民族両[illegible]の今後の出方にあるようで、選挙[illegible]相当効を奏しているようだ。[illegible]大衆党がまずこれを支持した。南鮮の教育者をもって組織する朝鮮教育者協議会、労組全國評議会も支持を声明した。しかも選挙立候補者九百名のうち無党無派の四百名がどう動くか、さらに右派の[illegible]党派にどのような影響を與えるかが問題となっている。

また問題の選挙自体の重大性もさることながら、ある意味では、むしろ関心の焦点となっているのは、反対派の選挙妨害が今後の南鮮に火をつけるのではないかということと、選挙反対と新政府否認を[illegible]とする金九、金奎植氏らの一部[illegible]

社説

北鮮の憲法採択と総選挙

[illegible]

人民会議が任命する、また人民軍の[illegible]を創設し[illegible]を包括することなどその基本原則となっている。

憲法を制定した人民特別会議に先立って南北連席会議が開かれ、それには右派の韓国独立党の金[illegible]

[illegible]

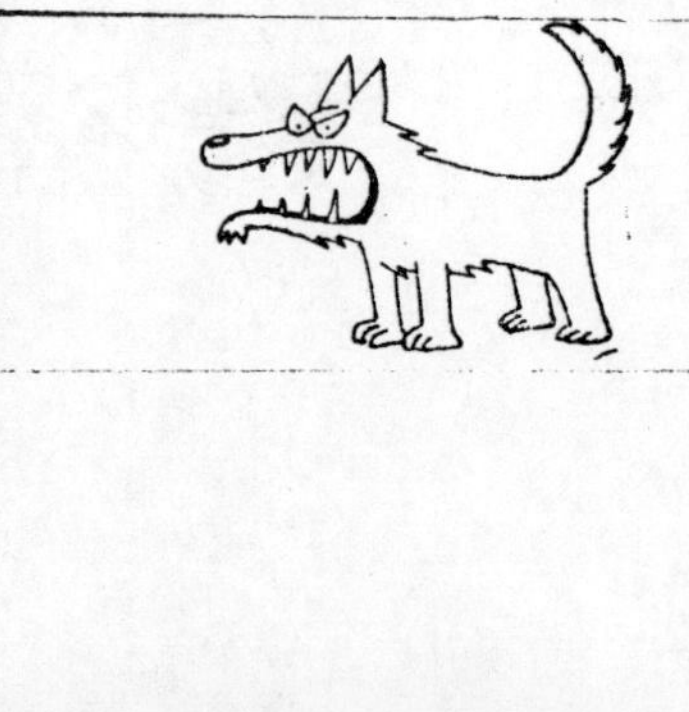

昭和24.2.17

ゲリラ化必至の北鮮軍

[illegible]

1950.9.28

動物に似た自活力

大白山に籠り民心懐柔へ

[illegible]

社説

朝鮮戦乱一週間が示すもの

北鮮軍が突如韓国攻撃を開始してから一週間を経過した。そしてこの一週間の間に事件はたちまちにして第三次大戦の一歩手前のところまで発展してしまった。まことに目まぐるしいばかりのテンポであるが、その間われわれは三つの大きな心配にぶつかったのである。

まず最初の三日間はアメリカは言葉だけで結局本腰の韓国援助をしないのではなかろうかという不安が韓国の非共産陣営をおおっていた。とくに韓国が若し共産化の手に落ちるならば、眼と鼻の先にある日本は一体どうなるのか。また韓国を見捨てるようなアメリカであればいざとなれば日本も見捨てるのではないか、といった深刻な不安が、多くの日本国民の胸を締めつけていた。

ところがトルーマン大統領の態度は案外なほど強硬であった。まず海軍と空軍を出動させたうえ卅日にはついに地上部隊の派遣を許可し、全朝鮮海面の封鎖を命じたのである。このような強硬な行動を決意する一方アメリカ政府としては国連の安全保障理事会を動かして出動の大義名分を獲得したことや、軍事目的を北鮮軍を三十八度線以北に押しかえすという「原状回復」に局限したことなど、周到な手を打つことも忘れなかったのである。

かくのごときアメリカの出方によって人心は一瞬ホッとはしたものの、今度はまた別の心配に襲われてきた。すなわち、アメリカの決断の陰には第三次大戦を辞せずという異常な決意があってのことに違いないという見方と、ソ連側としてもこのままむざむざ退いたのでは全世界の共産主義陣営に信を失うことになるから面子にかけても退けないのではないかという見方——この二つの見方が組合わさっていよいよ第三次大戦だという緊迫感が強いかのようになったのである。この緊迫感がどこまで当っているか、われわれはここで正しい判断を持つ必要がある。

過去一週間アメリカの出方いかんを注目した全世界の目は、今度は一せいにソ連の動向に集中されてきている。アメリカはすでに戦争とギリギリのところまで進出して背水の陣を布いた形である。これはもちろん、こうすることによってのみ米ソ戦争を回避できるというアメリカの基本的対ソ政策から割出されたものであるが、万一の場合の決断もはじめから織込んでの決断とみなければならない。したがって朝鮮の事態が米ソの直接衝突にまで発展するかどうかは今後のソ連の出方いかんにかかっているわけである。いままでのところソ連は朝鮮事件には介入しないといっている。朝鮮の平和回復のためにソ連の協力を求めたアメリカ政府の覚書に対してもソ連は「外国の国内問題に干渉しないことはソ連の伝統的政策である」と述べているといわれる。ではソ連のこの不介入政策はどういうふうに解釈すべきであろうか。

今回の北鮮の軍事行動が計画的であったことは、事実の証明するところである。国際共産主義陣営にあっては「計画」はモスクワとの緊密な連絡、あるいはその指導によって樹てられるものとみられているので、朝鮮事件の「発信所」はモスクワにあるというのが民主主義陣営の持つ共通の印象である。もしそうだとすれば北鮮の軍事行動にこれから新たにソ連が介入するかどうかではなくて、北鮮とソ連とは一身同体であるという意味で、ソ連はすでに事実上参加しているとみなければならない。そこで問題は、一週間前に「一歩前進」したソ連がアメリカの異常な決意を前にして「二歩後退」するかどうかである。

ベルリン封鎖問題でもまたギリシアの内戦の場合でも「一歩前進、二歩後退」を敢えて行ったソ連のことであるから、こんどの朝鮮事件でも「二歩後退」するであろうという見方もできる。ただ朝鮮の場合は、ベルリンやギリシアの場合よりもソ連としては後退しにくい事情があるようにも思われる。それは[illegible]の[illegible]が非常に大きいからである。この問題は再転して、これからのアメリカのやり方いかんがカギとなってくるのである。すなわちアメリカがソ連をのっぴきならないところまで追込むか、それとも「二歩後退」の余地を残しておくかどうかである。

ソ連が「二歩後退」すればノモンハン事件のように事件は治まるかもしれない。しかし「一歩」しか後退しない場合はギリシアの内戦型となって長期化し、逆に、もう「一歩前進」する場合は、スペインの内乱型となり危機は増大する。見通しをうるにはこれからの二週間目がヤマである。

社説

朝鮮問題をめぐる情勢

朝鮮における国連軍の活動はいよいよ態勢を整え、遠からず本格的な反撃が予期されるであろうし、他方において、国連加盟国は国連の決定を支持して続続韓国援助を申出ており、その数は加盟国総数五十九ケ国のうち五十ケ国を越えている。北鮮が侵略によって平和を侵したということは、国連加盟国の圧倒的多数によって事実的に大きく確認されたばかりでなく、各国はその援助申出によって、何らかの形で制裁行動に積極的に参加するのである。これは戦後における類似の事件にかつてない規模であり、重大な意味をもつものである。三十八度線までの軍事的反撃は、たゞ時間の問題にすぎないと見て誤りあるまい。

たゞ朝鮮問題は一つだけ孤立した問題ではなく、東西対立の大きな問題の一つであって、地下には竹の根の如き連関が世界中に張りめぐらされている。ユーゴー国境に近く軍隊が移動し、情勢緊迫しているとの報道なども、その規模はいまだ判明しないが、関連性があることはまず確かであろう。それでは朝鮮問題は北鮮軍を反撃することだけでは終結せずに、場合によってはより大きな戦火の拡がりをみるに至るであろうと推測すべきであろうか。

これはいま何人も抱く疑問であり不安でもあろう。症状の診断と同様に、余病の併発を予知し得ないとすれば、将来のことは何事も論断し難いわけであるが、現在われわれの身辺をめぐる条件にもとづいて判断する限りは、目下の事態が必然に拡大するというような要因は検出し難い。

何よりも第一に、われわれは今度の問題を昭和二十二年のギリシア問題や一昨年の夏のベルリン封鎖などと共通する類似の型を見出すのである。むろん事件の主体は同一だとはいえないが、その政略的な意図においてはすこぶる相似たものがある。ということは、問題は初めから一定のワクの中で一つ一つ起されており、それを越えて進もうとするものではない。東独側のベルリン封鎖は、その原因が何であれ目指すところは結局西欧地区の押し出しにあったろう。それは一年間にわたる西欧側のしつような空輸によって目的を達し得なかった。そしてギリシア国境における共産勢力の進出が、結果においてトルーマン・ドクトリンの宣言となり、米国の対共政策に戦後の一大転換を来すこととなったし、ベルリン封鎖はかえって北大西洋条約を生み出す一つの原因となっている。封鎖という政略が、意図されたワクの中にあったということは、それが成功しないことが明かとなったとき、東独側がみずから封鎖を解除したということによって実証されている。

今回の北鮮の韓国攻撃も、うまく行けば南鮮まで統一して既成事実を主張することが意図されたものであろう。それが一つのワクであったと見るならば、当面の問題の解決はそう難しくはない。国連軍は明かに平和再建を目的とするに過ぎないし、その国連の立場に反対するソ連当局も、表向き表明された言辞はともかく、国連軍のこの立場と意図は十分に知っているはずである。

もちろん今後において、東欧やイランやインドシナその他の地に、多少とも緊張する情勢が出て来ないとは限るまいし、一見騒然たる事態が出てくることがあるにしても、現在の段階ではやはり一個のワクのなかの出来事と見るべきであろう。たゞ一つ、この情勢のなかで危険を思わせるのは、事件が中国に近いところで展開しているという関係や、台湾問題をめぐる対立関係から、中共と米国との間に測らざる紛争が起った場合である。これは両国のみならず世界にとって、すこぶる重大な結果を導き得ることであるが、それでもその紛争が自動的にソ連の参加を見ることはあるまい。中ソ同盟の條項はそのようには出来ていない。いうまでもなく、中共も米国も、そういう運命の陥穴には十分なる警戒を払っているであろう。国府軍の出兵を米国が拒んだと伝えられるのも、その間の用意をよく語っている。

注目に値するのはいまモスクワに進められている英ソの会談である。北鮮の仕掛が初めから意図されたワクのなかにあることや、そして結局の見通しは北鮮にとって明かに不利であるという事態などから推せば、事は急転直下解決に向うという可能性もなしとはすまい。が、英国の申出に対して、ソ連側から例えば中共の国連出席といった條件がつけられるようなことがあれば、妥結は決して容易ではあるまい。もしそれ、この外交折衝が機となって、台湾問題についても妥当なる解決でも発見されることがあるならば、かえって雨降って地固まるの結果を生まぬとは限らない。

もちろん事柄はなかなか容易ではないが、しかし決して悲観的に見ることはあるまい。国連の決議をめぐる情勢の強化は、外交的迫力をも加えて、半島における平和の回復が近づくことを告げるものであろう。それはまた、われらの心からなる希望でもある。

社説 北鮮帰国方針をつらぬけ

一

外務省は在日朝鮮人の北鮮帰国希望者を帰国させる方針をきめ、岸首相も二日の衆議院予算委員会で「居住地選択の自由という国際通念に従って帰国を実施したい」と言明した。また与党内の意見を最終的に調整したうえ、赤十字国際委員会に公正な第三国代表の派遣を要請し、帰国希望者の個人調査を行ってもらうなどの順序をふまねばならぬが、この問題はとっくに解決しておかねばならなかったことであり、政府はこんどこそはっきりした態度を決定することが必要である。在日朝鮮人の総数は約六十万人で、そのうち北鮮に帰国を希望している者は十一万七千人といわれる。もちろんこの人数については今後さらに正確な調査が必要であろうが、これらの人々の多くがその日の生活に追われており、北鮮に帰りたいといっていることは否定できぬ事実であるから、北鮮当局が配船その他受入れの準備があるとしている以上、人道的見地からして一刻も早く帰国させるのが当然である。この問題は各都道府県など地方自治体も県会の決議などのかたちで政府に強く要望していたところであり、また治安上からいっても、これ以上引延ばすことは好ましくない。

二

もちろん北鮮送還に対しては韓国政府が強硬に反対し、すでに金外務次官は「藤山外相の発言が本当だとすれば、日韓会談を続ける必要はなくなろう」と述べ、また帰国中の柳駐日公使も「日韓会談を決裂させようとするにひとしい」と語っている。さらに駐日韓国代表部の崔参事官も二日外務省に沢田日韓会談首席代表をたずね、日本政府の方針撤回を要望した。韓国政府は朝鮮における正統政府は韓国政府一つであり、したがって日本にいる朝鮮人はすべて韓国国民だと考えている。そのため日本政府が在日朝鮮人を北鮮政府の下にかえすのは、韓国政府に対する主権の侵害であり、かつ日本政府は北鮮政府を承認したことになると見ている。また在日朝鮮人を北鮮に送還すれば、韓国と激しい対立関係にある北鮮を強化することになり、韓国政府に対する最も非友好的な措置であるとしている。しかしこのような韓国政府の考え方は、あまりにも問題を一面的に見過ぎている。日本側が北鮮に帰りたい者を北鮮にかえすのは、基本的人権を尊重する人道的措置なのであって、「人権に関する世界宣言」や国際赤十字の精神に従っているまでである。またこれまで中共に帰国を希望する者を中共にかえした例があるが、それが中共政府を承認したことにならぬことは明白である。韓国に対する悪感情や非友好的な気持からこんどの措置に出たなどということも全くないのであって、韓国政府としては問題をもっと冷静に客観的にながめることを希望する。在日朝鮮人の送還と日韓会談とは全く別の問題なのである。

三

しかし韓国政府がこれまでの考え方を変えず、日韓会談を打切るような態度に出れば、われわれとしては李ライン問題が片づかぬばかりか、なによりも釜山に抑留されている日本人漁夫百四十七人の釈放がまた延びることを予想せねばならぬ。そうなれば日本側としてはまことにつらい立場に立たねばならなくなるわけであるが、しかし、そもそも国際的に認められていない李ラインを一方的に設定し、その中に入ったからといって日本人漁夫を一方的に抑留して"人質外交"を行っていること自体が、まことに了解しがたいことなのであって、日本政府としてはいつまでもそのような理不尽な主張に振回されているわけにはいかぬ。これまでの日韓会談の経緯を見ても、韓国側はつねにこの"人質"問題を駆引の材料にしてわが方に譲歩を求めているようにみえるのであって、北鮮送還の方針をここで撤回してみても、そのような韓国側の態度が変るかどうか疑わしい。抑留日本人漁夫はまことに気の毒であるが、この際筋を通す意味でも政府はよろめくことなく、北鮮送還を実現することが必要であろう。もちろん政府としてはその前に韓国側の説得にもう一度最善を尽さねばならぬし、また国際世論に訴えることも必要であるが、とにかく政府、与党は意見をすみやかに調整し、明確な態度を決定することが必要である。これまでの日韓交渉にしばしば見られたような二元、三元外交の愚を繰返してはならぬ。

放射線

日本は歓迎する
韓国の"世界世論への訴え"

北鮮への帰国希望者を送還することにふみきった日本側の処置に激しく反対している韓国では世界の世論に訴えるという。こりゃあ面白い。日本としては、まさに願ったりかなったりである。何なら、日本の方でとりもって、国連へでも何にでも、好きなところへ提訴してあげてよろしい。李承晩にしては、朝鮮戦争で共産軍を相手にたたかってひどい目にあっているので、頭のシワの一つ一つにまで反共精神がしみこんでいるのはしかたがないとしても、世界中がみんな同じような考えかたをしているとでも思っていたら、とんでもない見当ちがいだ。自由国家群の中にだって、もっと柔軟性に富んだ考えかたをしている国も少なくない。いちばんいけないことは、日本の敗戦で李承晩が急に大統領にまつり上げられ、半島の一角でお山の大将をきめこんでいて、その後の世界の動きを知らなさすぎることである。また知ろうともしないし、彼の周囲の人物が知らせようともしないから、年とともにますますガンコな殻の中にとじこもっていくばかりである。

そこで、こんどの帰国問題は、彼にとってはまさに絶好のチャンスである。この問題をひっさげて、国連のヒノキ舞台で大いにぶちまくるのもいいし、世界各国を遊説して歩くのもいい。ついでに、李承晩ライン設定、日本漁船拿捕、"日本帝国の復活"等々について、世界の同意を求めるのもよかろう。日本としては、これに対抗する手段をとる必要は少しもない。ただジュネーブの赤十字国際委の指示にしたがって、帰国希望の朝鮮人を本人の希望するところへ送りかえせばいいのである。その帰国船に、韓国の軍艦が一発ぶっ放しでもしようものなら、どういうことになるか、ひとつやってみるのもよかろう。（色守猪之介）

韓国、再び硬化

【京城二日発UPI＝共同】韓国政府の一高官は二日、藤山外相の在日朝鮮人の北鮮送還声明で韓国政府はこれまで検討してきた李承晩ラインの修正など妥協提案を取りやめることになったと語った。同高官はまた日本が北鮮送還方針を変えなければ韓国政府は日韓会談再開にももはや関心をいだかなくなる。韓国の日本に対する態度は再び硬化し始めていると語った。

また本国政府と打合せのため現在帰国中の在日韓国代表部の柳公使は「現在の情勢では日韓会談がいつ再開されるかわからない。私は今週末か来週初め日本政府の真意を確かめるために東京に戻るが、私と一緒に帰任する予定の他の二人の代表は帰任を取消した」と述べた。

北鮮送還 自民も同意に傾く
六日の閣議で決定へ

藤山外相は在日朝鮮人の北鮮送還問題について政府与党内部の意見調整をはかるため、二日午後七時半から約二時間余にわたって東京麹町の霞友会館で自民党外交調査会長船田中氏らと懇談した。この結果外交調査会としては五日午後三時半から正式会議を開いて北鮮送還問題について与党の正式態度を協議、決定することとなったが、同日の会談経過からみて外交調査会としても人道的な見地にたって送還実現の方向に踏み切ることは必至とみられ、したがって政府も六日の定例閣議で赤十字国際委員会にこの問題の取扱いを委嘱することを正式に決定することになるものとみられる。

この会合には船田氏のほか自民党政調外交部会長吉米地英俊、床次徳二、鹿島守之助氏ら、外務省から藤山外相のほか山田外務事務次官が出席した。まず藤山外相から政府の北鮮送還方針ならびに現在までの経過を説明、船田氏の了承をもとめるとともに、与党側としても早急に方針決定を行なってほしい旨を要望した。これに対し船田氏は「本来在日朝鮮人の帰国は人道上の見地からも自由であり、これを制約することは出来ないが、外相の北鮮送還についての言明が韓国側を必要以上に刺激していることも事実である。したがって北鮮送還を実現するとしても柳公使など韓国側と話合うなど、あらゆる手段をつくすべきだ」との意見をのべた。

いずれにしても外相としてはこの問題を取扱うのは政府ではなく赤十字国際委員会＝日赤であり、日本、北鮮間の政治的接触にはならないとの見解をとっており、船田氏らをはじめ自民党治安対策委員会なども北鮮送還に根本的な反対はしていないので、結局五日の外交調査会で北鮮送還実現に踏み切ることとなろう。

社説

日鮮の相互理解が必要

学校閉鎖問題に端を発して、東京をはじめ大阪、兵庫その他全国各地でごたごたが起り、ついに神戸において大規模な朝鮮人の騒乱事件が発生して、占領軍は同地区に初の非常事態宣言を発し、集団的な暴力行為を行つたものに対しては、断乎鉄拳をもつて臨むむね発表が行われた。まことに遺憾なことこの上もないことである。

およそわが国内において平和的な生活を営む以上、それが日本人であろうが朝鮮人であろうが、すべて社会生活の秩序を守り、法律を尊重し、平等な立場に立つて共同生活を営んでゆくべきは当然のことである。集団的協力により一方的な権益を主張するようになれば、国内の治安は到底保たれないのである。

今度の問題はわが国内に在留する朝鮮人と日本政府当局との間に起つた問題だけにその解決は日本人同士の問題のようにしかく単純ではない。その発端となつた学校閉鎖問題については、すでに総司令部からの発表によつて、日本に在留する朝鮮人は日本の法令に従うべき義務を負わされており、したがつて朝鮮人の経営する学校も、当局の認可を得て、学校教育法に規定する教育内容を授けねばならない義務を負つていたことは明白である。この点は教育上の治外法権をもつている連合国人とその立場を異にしているのだから、かつての日本の軍国主義教育に反感をもつたに相違ない朝鮮人諸君としても、終戦後のわが教育内容の民主主義化をみとめて、学校教育法に準拠した教科内容をもつた学校を設け、当局の認可を得べき筋合のものであつた。また日本政府としても、あらかじめ十分に協力と相互理解の道をひらいておくべきであつた。

一般的にいつて、日本国内の朝鮮人問題は日本人、朝鮮人相互の尊敬と理解、寛容と協力との問題として平素から注意がはらわれておらねばならない。なかんずく教育問題の如きは、これを単なる法律問題としてだけではなく、明るい協力という見地から対処すべき性質のものである。この意味で、日本政府の側における怠慢はなかつたであろうか。平素はかえりみず、既成事実が大きくなつてから、これをにわかに処理しようというのは無理とゴタゴタのもとである。いずれにせよ教育問題で暴力行為が発生したり警察力が発動したりすることは、何といつても残念である。一日も早く円満に解決が収拾されることを期待したい。今度の事件にかえりみても、日本政府が在留朝鮮人の諸問題につき、理解を深めることの重要なことがわかる。そして教育問題は心情に根ざす問題であるから、法律の技術的解決の問題としてではなく、人間対人間の理解と相互信頼の問題であるべきことを強調しておきたい。

今回の騒乱には、一部指導者のいわゆる闘争主義もわざわいしたとみられる。日本側に平素の民族問題に対する勉強の不足という大きな欠陥があつたにもせよ、集団的暴力行為は、かかる教育問題を、よりよい結果に解決するための方法とはいえない。もつと冷静な話合いで、合理的な解決方法が求めらるべきである。日本人は朝鮮の建国の速かなることを心から祈つている。日本から軍国主義が放逐されたことによつて、日鮮両民族の間に正しい友好協力の基礎ができたことを喜んでいる。日本の民衆と朝鮮の民衆との間には、敵対感情をかもし出すおそれのあるような基礎的事実はないと信じている。もし小さい感情対立をとりあげるなら、それは日本人同士の間にすら日常生活や社会環境の中で生じ勝ちなことである。

それと同時にわれわれは朝鮮人諸君に対しても要望したい。わが国内に居住して平和的な生活を営む以上、いつまでも過去のゆきがかりや感情にとらわれず、建国途上にある国民としての道義心や遵法精神を発揮し、朝鮮国民としての対外的信用を高めてほしいのである。日本と朝鮮が新たに民主国家として発足しようとするとき、在日朝鮮人諸君は敗戦日本の経済復興と、その民主主義化のために積極的に協力してほしいと思う。あくまでも日本の実情に即して平和的な生活態度をとつてほしいのである。

今度の事件はまことに不幸な事件であつた。政府も国民も、はたまた朝鮮人側も十分に反省して、今後再びかかる事態を繰返さないよう心から要望したい。

社説

不祥事件に対する反省

今回の神戸における不祥事件の重大性は、米当局の言明にもある如くそれがわが占領民主政治下において、非合法的に事を暴力で決しようとし、これがため指導者層を分化せしめたこと、しかもそれが朝鮮人により計画的に行われたこと、さらにその背後に日本共産党の手が動いていたこと、などによつて遺憾なく示されている。これと同時に今後の占領として重大なのは、日朝両国民の友情平和確保の上から、対策の慎重なる配慮が要請されるはもちろん、純然たる国内政治の面からみても、民主政治と強力性、法と秩序保持を担任する当局の[illegible]などが自制に努めている。

不祥事の原因発端をなしたのは当局の朝鮮人学校の閉鎖命令にあるが、このことは在留朝鮮人の自主独立の要求と日本国内法を遵守すべき義務との間から、別途に研究さるべき問題ではなかろうか。朝鮮人諸君の不満もさることながら、それだからといつてその解決を暴力的解決に訴えることは、法の保護下にあるわれわれの到底容認出来ないのはいうまでもない。のみならず朝鮮人諸君自体にしても、その文化のためにも対し遺憾なく[illegible]参るところであろうと察する。われわれとしても、これによつて敗戦後の両国民の友情に少しでも誤解を入らしたくないのだ。この意味から敢て諸君に苦言を呈せざるを得ない次第を了とされ、今後この種の事態にも処せられんことを希望する。

もつとも事ここにいたるまでには、わが方の命令に関する説明が不十分であり、これが誤解を生んだであろうとも、われわれとしても猛省するにやぶさかではない。また過去における朝鮮人諸君の不当にも冷遇された地位に対しては今更ながらわれわれも率直にその誤りを認め恥じているところである。あるいはその当時におけるわれわれに対してうつ積されていた内心の憤まんが、解放後の諸君の一部のものの行動に無意識的に作用しているとも察せられる。まことに「己れに出でたものは己れに帰る」で諸君らの一部のものの不そんなる言動のうちにも、かつてのわれわれの姿を如実に想到し、ざんきの念をいだいていた位である。が過去は過去として水に流しめようである。諸君にとつては随分虫の好いいい分ととられるかも知らぬが、相互にかようなことを繰り返していたのでは何時になつても両国民の心からなる友情平和がもたらされることはないであろう。両国民の真の友誼は相互の「怨」からは無論生れない。か「憎」からでもない。ただ「理」※をもつて交わるに及んではじめて、その永くかわらざる平和が招来されよう。

次に事件の背後に共産党が動いたということである。はたしてこれがどの程度に役割をはたしたかは疑問であり、またわれわれも十分なる根拠をもつものでない。が由来共産党がかれらと密接なる関係にあることは天下公知の事実である。そこへ持つてきて、現場に共産党署名入りの「告文」と共産党員が居合していたことによつて立証されている。このことはわれわれが日本共産党のために惜しむところである。

共産党がもともとかれらの立場に理解と同情をもつことをわれわれは咎めているのではない。このことはよいとしても、共産党としてはかれらの自然発生的な不満を現実の説明によつて緩和せしむべく努力を払うが当然のとるべき道であつたろう。ところがそれとは反対にせん動したとあつては、その存在の価値は公党として改めて天下に問われねばならないであろう。われわれの共産党に期待した所以は、その党の性格からして両国民の仲介的な役割にあつたのだ。

最後に民主政治と強力性との関連である。本来ならば国民の自発的な協力と努力による政治である建前から、この政治方式ではもつとも強力性があるわけである。ところが現実はどうか、当局にあるもののうちには国民の自覚に乏しく、国民に対しては官僚かお任せを放置するものがある。一方国民の方は当局に対しては求むるのみで一体に協力ということを知らないのではないか、とおもわれる面が随所にみられる。これでは強力な責任ある民主政治が実現されるはずがない。

今度の神戸の例にしても、知事はじめ当局者が暴力のまえに極く屈服している。その場の空気ではやむなき事情もあつたであろう。だが騒擾はこれら最高幹部数人の専務所ではない。各官庁内には多数の各階層にわたる職員その他もいたはずである。だがこれらの連中にして知らざるところである。かかる事態は一神戸の例に限らないであろう。非常時に際すると右向も同じ態度を見せるのではあるまいか。局に当るものは単なる個人の「名誉」職なのではない。それだけの責任の自覚と、それにもとづく勇気を必要とする。綱紀の粛正が強く叫ばれ、また同時に一般国民も[illegible]すべき秋である。

相互不信

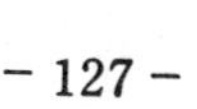

政治病医学研究

社説

万国博覧会と民団

一九七〇年三月、大阪において開催される万国博覧会は、主催国たる日本国はもとより世界各国において異常な熱意と意欲をもって迎えられている。

激動する国際社会に伍して、戦いながら建設する我が国もまた、国際水準に達した科学技術と産業製品を広く紹介して貿易伸張の一助たらしめるべく、莫大な資金を投じて「韓国館」の建設を進めており、在日韓国人の総結集体たる民団 また、それに遅れじと「万博後援会」を組織して、万博事業の後援と、本国家族の招請という大きな事業を推進している。

われわれは ここに民団と該事業関係当事者の苦労に対して激励の辞を送るとともに、さる東京オリンピックの時のにがい体験を想い起して、想定されるあらゆる事故と、弊害を未然に防止すべく、つぎの諸点を強調しながら、民団と該事業関係当事者の早急にして、確実な対策と処置を促すものである。

その第一は家族招請における手数料の問題において、中央本部と地方本部の金額は一定しているが、各支部の金額はまちまちであり、それを一定の金額に統一させるとともに、中央本部も、地方本部も財源の使途において正確な事前の計画を確立させて、一点の疑念をさしはさむべき余地をなくすべきである。

会館建設とか学校設立とか、若しや空手形を発行しておいて、時間の経過とともに、財源は行方不明になり、事後処理に汲々とするこなからしむべきである。

その第二は、一万名に上る本国家族の受入れ態勢の問題において、民団は綿密正確そして完璧な事業計画を樹立すると共に、日本全国に亘るその組織力を総動員して、いささかの遺憾なからしむべきである。

例すれば、一万名の本国家族が、日本国に上陸する際、時期的な前後、上陸港の相異、などは念頭に置くべき前提的な問題であるが日本在住家族との対面の可能、不可能による案内の問題、目的地までの輸送問題、滞在中の日程と案内の問題、帰国の際、出発港までの輸送の問題、万博開催の地元である大阪民団の絶対的な役割などなどにおいて、もしや粗洩な点があれば、虎視たんたんと機会をねらっている在日朝総連につけこまれて不測の事態の発生を招かれる恐れなしと吾人は断言できないものである。

北は北海道から南は九州の鹿児島に至るまで、民団が緊密な連繋の下に、受け入れ態勢を再検討して、分団別の回覧板、分団別滞在客の日程表などを作成し、可能ならば分団別の編成責任者を指定して事故発生に対処すべきである。

要するに地元大阪民団の使命は絶対的であり、日本全国にわたる各民団は力量を最大限に発揮して、本国家族の接待に尽力するとともに、受入れ態勢、即ち保安対策なることを肝に銘じてことに当るべきである。

その第三は、前記に触れた保安対策の問題であるが、朝総連側が万博に来日する本国家族の洗脳工作と、北韓行きの抱き込み工作のための秘密機構を別途に組織して、尖鋭分子、熱誠分子が近畿地方に集中し、また日本全国に散っていることは周知の事実である。

われわれは万博が、我が国の貿易伸張、親族再会、国威宣揚の場であるとともに、実に火花を散らすべき、民団と朝総連との対決の決戦場であることを自覚し、前記の受入れ態勢が、即ち保安対策なることを実務者的に受け取り、また処理することによって実りある万博事業の完遂が期待できることを強調するものである。

戦場において「敵が生きれば私が死に、私が生きれば敵が死ぬ」ごとく万博事業における民団の失点は朝総連の成果になり、朝総連の陰謀の不振は民団の勝利になることを肝に銘じて、一糸乱れず、一件の事故もない、文字通りの有終の美を飾り入れんことを期待するものである。

若しや、本国家族が朝総連系人士の奥の間に座りこんでいるという事実が、唯の一件でもあるとすれば、それは泣き笑いもできない在日韓国人の恥辱である。

われわれはヒステリカルな「朝総連恐怖小児病」患者ではない。それにもかかわらず保安の問題に関して如上の杞憂を抱くのは、それが民団の健全な発展と、ひいては国家の安保の問題に連結しているが故に、考えられるあらゆる、事故を未然に防止せんとの念願から以上の諸点を強調するものである。

本国の新聞論調

民団系在日同胞の統一攻勢説を聴いて

単一民族であるわが民族は、われわれが願わざる三八度線の分断ため父母妻子が離別し、経済は塗炭の苦しみに陥り、異質的国家体制下におかれて、民族の悲哀をなめている。かかる民族分裂の悲哀は在外僑胞においても例外ではない。

日本には大韓民国を支持する居留民団系と北韓政権を支持する朝総連系と中道を標榜する中間勢力の三派に分れ、本国から遠くはなれた異境の共通の生活環境下で苦楽を共にしながらも外人に対するのように相互に敵視し対立を継続していることはこれまた悲しむべきことである。

伝えられるところによると、四・一九義挙以後、本国において展開されている統一論議、南北交流論を目前にしてきた民団系在日僑胞は、彼等の独自的立場で北韓系の朝総連側と接触交流を始めたといわれている。そしてこの接触交流の範囲は文化芸能人、言論人、医師グループ等を中心とするもので、彼等は自信ある態度で朝総連側と交渉を始め、積極的な一部人士等は統一問題研究機関まで設置して、今後は全民団組織にアピールを展開する計画であると伝えられている。

国際情勢の変転の過程で他律的に惹起せしめられた南北分断を自律的に統合するには国際状勢の変化なしには望められないという論者もいるであろうが、であるからといって自主的統一模索の希望と努力を抛棄することは愚であると考えるのである。

南韓の国民生活を向上せしめ、経済建設を積極的に推進することも統一に接近するための一つの手段である。それと同様、従来沈滞不振であった在日居留民団系僑民が勇気と自信を鼓舞して組織を強化し、朝連系の誤まった認識を転向是正せしめようとする試図と努力もこれまた自主統一に一歩前進する所以である。

このような意味において、われわれは民団系在日僑胞等が祖国たる民族精神の下に独自的に朝総連系僑民と接触交流を試図していることは意義深いことであると考えられる。

民族相殺の悲劇を招来せしめる北進統一論の可能性があるにしても、それは百年戦争的反目の結果だけを発生せしめるにすぎないのであって、われわれのとるところでないことは再言を要するまでもない。しからば可能な範囲で、しかもこちら側の主体性と主導権の下で接触と交流を試図する必要が生じてくるのではないかと思われるのである。

かかる意味で南北間の文化人とか新聞記者の交流が論議されるのであり、経済交流が国会においてすら論議の俎上にのせられていると思われるのである。

わけても日本においては、民団系、朝総連系、中立系が日本国の法治下で共に生活を営んでいる点日本国自体内で左右翼が相互に対立しながらも、同一民族として祖国を愛する点で共同の生活感情下にある事情等を考慮してみても、本国におけるよりも一層、統一問題を理論上より民族意識の強化を通じて実践する方が目的に到達する近道でないかと考えられるのである。

このような動きにたいし、本国政府、駐日代表部においても危険視することなく、むしろ積極的に後援して、居留民団の強化と主導権回復に努めるべきである。

【十五日付ソウル新聞社説】

朝鮮奨学会再建で声明

民団で対策委を設置

1956. 12. 10
MINJU

財団法人朝鮮奨学会の再建問題は遂に民団の蹶起によって愈々解決の大詰めに近づいてきた。

とかく物議の種をまいてきた同奨学会問題はここ数年来、「奨学寮築」はおろか基本財産の売却、売上げ金の横領等で朝総連幹部のほしいままにされていたものである。民団中総では民族陣営の要人約五十名を去る十一月六日中総講堂に参集を求め同奨学会再建問題について、あらゆる角度から検討を加へた結果、同奨学会問題の早急解決のため「朝鮮奨学会対策委員会」を設け直ちに同実行委員十五名、後援会員三十名を各々決定した他、別項の声明を発表した。同対策委員会には中総執行部をはじめ代表部辛僑民部長、東本役員、各傘下団体代表者らの他、金載華中総顧問、李康勲、朴春琴氏らも出席し、活発な意見を述べた。

対策実行委員(◎印は代表委員)に選ばれた◎李康勲◎鄭寅錫◎朴春琴、李玉童、李元範、朴權熙、李裕天、張仁健、崔鮮、金栄鏞、黄時旭、鄭炯和、李瑞坤、金九禹、李金竜の十五氏は十一月六日以来随時会合を続け、活発に動いているが内容については発表の段階ではない。

声明書 朝鮮奨学会の財産は明らかにわが民族共有のものであり奨学会の恩恵は在日学生全般に均霑するものでなければならないものである、従つてその運営は在留同胞の総意に依つて行われるべきことは論ずるまでもない。然るに奨学会過去十年の実態は不幸にも左翼系列の独占するところとなつて悪辣な政治陰謀の本拠と化し資金調達の目標となり、あるいは貪慾な利権屋たちの登場によって漁利の対象物と化し挙句の果は関係者たちの暴力沙汰と法廷での泥試合に終止し遂に奨学会本来の使命遂行は瀬障され民族体面の維持にも重大な支障を来すようになつた。

わが民団は過去において、その偏倚された運営を是正し奨学会のあり方を正常に復帰すべく懸命の努力を重ねて来たが、最近における一部反動謀利徒輩の背信行為に端を発した情勢の急転やもはやこれ以上の放置を許さない、段階に来ていると判断された。わが民団はここに民族の与望に応えて学生を喰い物にし私腹を肥やさんとする反民徒輩の巣窟奨学会の浄化に乗り出す決意を固め奨学会の正常運営と解決方針に関するわれわれの所信を披瀝し、広く全体僑胞の蹶起を促すものである。

一、朝鮮奨学会の運営ならびに管理に対する民団の既定方針は変らない。今後といえども総連側と平穏な形式を以て共同討議し、直接交渉によって解決したい用意がある。

二、しかし本問題に関する解決策として、既に妥協をみた民団対総連の熱海会談および文部省主催の三者懇談会の精神を、完全に無視してきた総連側の背信を看過するわけにはいかない。

三、総連側は最近自己陣営中より一方的に仮理事を選出し、不法な実績を作り上げることに懸命であるが、かかる卑劣無謀な悪企らみは、いささかも問題を解決に導く方途にならないことを省みるべきである。

四、事は急を要すると考えられる。総連がわれわれの真意を理解せず、口実をもうけて徒らに遷延策を弄する以上、民団は万已むを得ず独自の立場に立つて全面解決に邁進せざるを得ない。

一九五六年十一月六日

在日韓国居留民団中央総本部

奨学会の歩み

二十三年前に建築

一、朝鮮奨学会の沿革

(1) 朝鮮総督府の朝鮮統治時代に、政務総監を会長とする朝鮮教育会(朝鮮社団法人)が、日本内地に奨学部を設け、内地在住の朝鮮人学生の指導援護を行っていた。

(2) 同会の事業を援助するため大正十五年朝鮮民事令による財団法人朝鮮教育財団が設立され東京都新宿区角筈に土地を取得し、昭和九年そこに奨学部事務所を新築して登記した。

(3) 奨学部は、昭和十六年発展的に解消してその仕事を新たに設立された朝鮮奨学会に引き継ぎ、同会の事業を援助するため同年朝鮮民事令による財団法人朝鮮奨学会維持財団が設立された。当時の朝鮮奨学会の主要財源は維持財団の有する株券の配当金と総督府、文部省の補助金とであつた。

(4) 同じく昭和十六年、角筈の土地建物は、教育財団から維持財団へ無償で貸与されることになり、奨学会が引続きこれを使用した。

(5) 昭和十八年、朝鮮奨学会は文部、厚生両省共管の日本民法による財団法人となつた。

⑥終戦時、朝鮮民事令の廃止とともに、教育財団と維持財団はともに機能を失ったが、角筈の土地建物の帰属について法律的に有効な手続がとられなかった。

⑦昭和二十年以後も朝鮮奨学会が角筈の土地建物を使用してきたが朝鮮人連盟の結成とともに在日朝鮮人学生によって選出された朝鮮人理事が加わり、二十一年十月には理事長・常務理事とも朝鮮人となり、朝鮮学生同盟の事務所も奨学会内に移った。

⑧終戦時、学校教育法改正前の日本の学制のもとに教育された朝鮮人、台湾人等の学生の取扱いが問題となったので、二十一年六月の学校教育局長通達により責任ある関係団体の推薦あるものについて便宜供与を考慮することになり、二十二年二月朝鮮奨学会を指定して同会の身分証明、推薦あるものにかぎり特別の考慮を行うことになった。

(9) 昭和二十四年五月、朝鮮学生同盟は内部に対立を生じ、韓国学生同盟と朝鮮学生同盟とに分裂したが、その間新宿区角筈の建物の占拠をめぐつて、両派の間に乱闘が行われた。その結果占領軍の指示により、学生同盟をそこから退去させ、以後淀橋署がこれを警備することになつたが奨学会は引続き今日までそれを事務所として使用している。

(10) 昭和二十五年十一月、朝鮮奨学会は文部省単管となり、寄附行為を変更して「日本の諸学校に在学する朝鮮人学生を指導保護し、もつて朝鮮建設に有為な人材を養成するを目的とする」こととし、進学の指導あつせん、寄宿舎および会館の経営厚生、衛生に関する事業を行うことになつた。そして「理事、監事は、学識経験あるものにして、この法人の目的に賛同するもののうちから文部大臣の認可をうけて理事会がこれを委嘱することに定められた。

(11) しかし、昭和二十五年には韓国居留民団が、学生指導対策委員会を設けて、奨学会とは別個に推薦決定試験を行い、進学の斡旋が不統一となつた。

全体大会を通して見る民団（中）

鄭　哲

民団の現状を知るために大会を見、大会は平凡な選挙大会であつた点を前節に一応述べつつ民団の現状を語つたが、選挙を通じて、特に新たな現状として注目されるのは、第一線幹部が若くなりつつあることである。役員選挙の時、団長以外は立候補者の殆んどが青年層で、老年層は一応推薦されても辞退した。

この現状は確かに、古き殻から脱け出そうとする努力の現れであり、また止むことなき進歩のテンポである意味で喜ぶべき現状である。最近特に韓青（大韓青年団）を中心とした青年層の動きが活発となり、在日民族陣営内に新風が吹き込まれる感を強くされる際、民団における斯る現状も一進の動きとして喜ばしい。しかしもうすこし深く掘りさげて見れば、必ずしも額面通りに喜んでばかりはいられない深刻な他の面があることも見逃がしてはならない。

老人層の人達が辞退したとは云え、前節に述べたように、金光男、金載華氏等の場合のように何か、一物があるかのような、後味が悪いことも事実であるばかりでなく民団内部に巣喰つている矛盾と対立に拍車をかける主役をつとめる連中が青年層の中にもある事実こそ、やはり見逃がすことの出来ない重大な問題である。時代のズレとか、年齢の差のみの問題でなく民団的運動への転換が足踏みしている原因は青年層にも数多くあるといいたい。例えば昨年以来民団内部の一大旋風となつている、駐日代表部柳参事官任免運動も、のろしをあげたのが青年達であつたが、また目先の利益に目がくらみ彼の手先として民団内部に、くさび打ち込む反動的役割をして来たのも青年達であつたことが特に目立つている。このような見地にて民団の現状を見ると、組織理念と民族闘争のあり方に対して益々疑惑の念が起きて来るばかりである。

1957.4.23
国際タイムス

指導理念の確立待望

喜ばしい青年層の活発な動き

筆者は今度の全体大会を前にして、全体大会をめぐつて僑胞社会は一大混乱状態に陥つていることを指摘し、その原因は民団の指導理念が確立されていないからだと云つたが、果して全体大会をふり返つて見る時、この点が一層明確にされた感がしてならない。大会には色々な問題が取りあげられたが、中でも特に門戸開放問題、大韓民国々是論争、民団の基本的問題が討議されながら結論が出ない保留会となつた。執行部では門戸開放は六十万僑胞全部が対象であると言明したが、どうしたわけか、大韓民国々是が民団々是になろうとする僑胞に邪魔になるかの如き、おやしげな、理論にならぬ理論が繰り返された気がする。結論を云うなら、民団は基本的指導理念が未だに確立されていなくてその都度の団長即ち指導者に依つて左右されていると云はれても仕方ないだろう。金載華氏が団長立候補政策発表演説の際、「丁賛鎮君は情熱家で自分よりは幾百倍もすぐれているが、民団は情熱だけでは駄目で、何かの技術が必要である」というのを聞いて筆者は成程……これだ、民団を運営するのは、時には情熱で又或る時は技術である——という民団的特殊状態に関して開眼したような気がした。反共闘争を通じて見られた情熱、政治的謀略や特殊勢力と結びつける技術が民団的運動に時には潜在、時には優先されていた民団歴史こそ、一種の民団性格をつくりあげたのでのではなかろうか。金載華氏がいつた或る技術が、どんな技術であるかは具体的説明がなかつたので分らないが、彼の意見と一致する——しないとは別として、確かに得体の知れない技術が民団を引きずつているような気がする。

至極もつともらしき政策や対策が述べられて、大会は幾度も幾度もまるめられ投票を強いられた事実があつたが、このようなやり方が民団を統制する一種の技術ではなかつたろうか。考えて見れば斯る技術に弄断された民団や一般僑胞こそ、いい迷惑を蒙つたし、なにごとも組織のため、民族のために我慢しなければならなかつた。未だに民団規約第一條にある「大韓民団々是を遵守」するという項目に対してすら結論が出ないかのような討議ぶりを見ると、なさけないと嘆かざるを得ない。今度の大会でも同じく、大韓民団々是は懲罰であるとか、反共であるとか、政府政策であるという風に事実にまちまちである。

このようなことを平気でしかも真面目な顔で云い乍ら、よく民団運動がどうの、組織運動がどうの、民族陣営の指導者然とする口振りを繰り返しているのだと思はされた。

あの規約をつくる時、大韓民国々是に対する結論をはつきり出したことを忘れる程、代議員達は健忘症患者ではない筈である。元々「大韓民国政府政策を順応する」という規約を「国是を遵守する」と改正する時、民団は政治団体でないから政府与党的役割は出来ないことをはつきりすると同時に、大韓民国々是を遵守する国民の権利と義務で政府政策に対しては、是々非々の態度をとる意味にて規約を改正した筈である。百も承知の上、斯る論議をさせることも技術であろう。

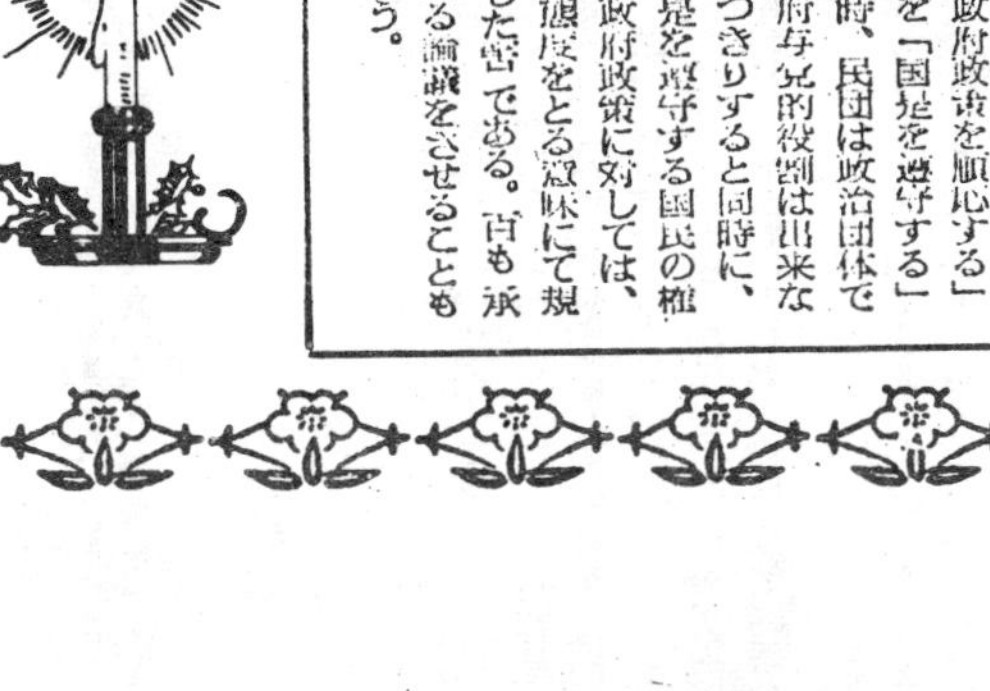

一億二千万円の教育資金と
―七百五十万円の割当金論議について―

鄭　哲

北韓政権から在日児童教育援助資金として送って来たという一億二千万円と、その中から七百五十万円を民団側学院に割当てたという朝総連（朝鮮人総連合会）の決定は、俄然僑胞社会に大きな話題となっているが、国際タイムス社では、去る十七日付の二面に「ダイヤか、爆弾か」と五段抜きで大大的に取りあげ、特に民団側の各界からアンケート形式で談話をまとめて掲載した。

筆者は、いささか大袈裟過ぎると思はれる「ダイヤか、爆弾か」なる題目を見た瞬間、いかに新聞記事とはいえ、あまりにも興味本位のような気がして、いい感じはしなかったが、各界の談話を読んでいるうちに、ダイヤでなければ爆弾にならなければならないかのように、敵と味方に両分しようとする、我々在日韓国人社会の現象をよく反映されたものとして、この題目と短かい文面を通じて、示唆されるものが多かった。

一億円といえば大金であるが、この金が至極あたりまえに使われるということが、実際にはあたりまえにならないばかりでなく、警戒や恐怖等の複雑な感じで受け取られている自体が、在日韓国人社会の特殊な現象である。

一億二千万円の教育資金が来たということよりも、民団側に割当てたという七百五十万円が問題となっているが、朝総連としても、民団側が受け取ると思って割当てた訳ではなく始めから政治的な攻勢策としてやったのに過ぎないだろうが、民団側がむきになり過ぎてか、一様に悪意の謀略だと断定し、「日本赤化の火種」「盗泉の水」政治的謀略と非難攻撃に尽きては仕舞った。然し国際タイムスにはこれ等代表達の外に、民団側に割当てたなら、複雑な解釈をすることを避けて、受け取るべきだという匿名人の意見を同時に掲載したことは、逆に意見を公平に取り扱かったというより、従来隠されていた意志が表面化されたこととして、興味深々な面があった。

共産側の援助を受けるとはもっての外であると憤慨する方と、くれるなら受け取ってもよいという二通りの見解は、各々違った方を代表したのであるが、前者が各界組織の代表意見であるのに対し、後者は組織に気がねして、匿名で意見を述べたことから見て、組織に関係しても運動に対しては関心を持たない一般衆意であると解されるものとして注目される。

組織を代表する人達は政治的立場によって非難せざるを得なかったにしても、政治的立場を抜きにすれば、特別な条件でもつけない限り、受け取っても差支えないことになるのではなかろうか。

組織運動をするのには政治的立場が重大な問題となるが、一般民衆との関係はより重大である。政治的立場が一般民衆の支持を得ているかまたは一般衆意を全然無視していやしないかという注意が、いかに切実に要請されているかは忘れがちである。

今度の教育資金問題にしても一大危機に当面している在日僑胞と従来の政治的立場に対して示唆するのも多いが、政治的立場を抜きにすれば受け取るべきであるのが衆意であるということが、今後運動展開の上に新たな課題となるであろうし、奨学会問題の如きは、既にこの線に沿って解決を見るべく努力しているものとして見受けられる。

我が国土が両断され、武力統一政策が六・二五動乱となって、恐るべき悲劇を経験した我々としては、共産主義理論は後廻しにしても、共産側の謀略に対しては、十二分の警戒を要するものと心がけている。現に共産陣営による祖国平和統一運動に連なる一切の平和運動が厳しき批判を受けているのも、避けられない悲劇になっている。

然しなにごとも謀略一点張りにかたづけてしまうことは、徒らに政治的貧困や反動性を招来するので、我々はこの反動性と政治的貧困に禍いされることとあまりにも多いが、甚だしき時は民族的立場を無視するよう強いられる場合すらある。

日常生活の全部を思想や政治斗争の犠牲にすることは、一般民衆の意志を踏みにじることで、思想や政治に対する無関心を招くことになる。

日本に於ける韓国人社会の組織運動が既に、一般民衆から浮きあがりつつあるのは、左、右いづれにとっても重大な問題であるが、その原因は、政治斗争の限界を越えて民族的立場を無視したり、政治的信念よりも不安と無力感に左右される日常生活が無視された一般民衆の抵抗であるとも云える。

左、右両陣営の敵対関係が、あく迄同じ民族的立場の上に立つべきであることを、何時何処にて見出し得るかと云う問題が残されているが、今度の教育資金問題も斯る立場で検討する機会の一つであるような気がする。

民団は従来、駐日代表や本国政府とも直結関係が共産陣営より優位におかれたことにあまえ過ぎて情勢の変化に盲目であった。

日、ソ国交再開や中共との交流強化が浮足立っていた朝総連に活気づけていた際、平和攻勢に羽が生え、実弾が飛んで来て見れば、左、右敵対関係も新段階に突入したことを認めざるを得ない。

過去十年間の組織運動をふり返って見ると、不思議にも共産陣営が強かった時は、民団も強くなってよく闘かったが、政策転換とは云え一方が弱体化されるや、民団運動も去勢されるかの如く見られたのも事実である。

共産陣営が革命斗争から政治斗争へ――日常生活面に喰い込みつつ、本国では南韓の絶糧農家に白米十万石を送るといき込み、日本には教育費を送って来て見れば、反対という唯一の政治的立場を死守して来た我々としては、いまさら政治の貧困に嘆かざるを得ない。

国会を通過した教育援助費や民団育成費が二百万弗融資対策と共に消えてしまったのは代表部の責任である。

頼みにした代表部が民団の監視役になりすまして、内部対立と分裂行動を促進せしめつつ、本国政府との交渉を絶ち切ったのは個人の政治行動とは云え許せない罪科である。幸いにして今度代表部が強化されたからこれらの事実を充分に検討して、おくればせながら懸案のすべてを速やかに解決してくれることを切に要望するものである。

在日韓国人の法的地位に関する両国政府案と民団が要望する内容比較表

	韓・日両政府案の内容	民団が要望する内容
永住権問題	❶平和条約発効後、韓日協定発効前までに日本で生れた韓国人で協定発効後20年までに（成人に達した時）本人が日本に永住する意思を明らかにした場合永住権を認る（平和条約以前に日本で生れ、終戦前から引きつづいてに日本に居住した人は勿論永住権を与える） ❷協定発効によって永住権の資格をもつようになった韓国人は、協定発効後5年以内に永住登録申請をする	❶対日講和条約発効日以前から引きつづいて居住する者と、その子孫に対しては、条件付を伴わない永住権を与えること ❷講和条約発効日後に入国した者で、すでに特別在留許可を取得した者とその子孫に対しては、現行法上の永住権を与えるべきだ。 ❸居住の目的で入国し、今まで特別在留許可を取得していない者に対しては、両国協定の調印日を期点に、各自の居住状況に照らして一定の居住権を与えること。 ❹永住権を獲得した韓国人の離散家族に対しては、人道的措置で同居の機会を与えること。
强制退去	◎強制退去の事由を❶体刑7年以上に値する重い罪を犯した場合❷麻薬取締法関係法をおかした場合❸内乱外患の罪に関係した場合❹日本の外交上不利な結果を招くような行為をした場合　以上の四項目に該当する者は強制退去の対象とする	❶暴力犯の範囲は内乱罪と外患罪に限定することを明文化すること ❷破防法、第4条2項を適用してはならない。
処遇問題	◎韓国側は永住権を与えられた者は、公務員になる権利と参政権を除いて日本人と同等の待遇を要求、これに対し日本側は日本人と同じ待遇には応じられないが特別な処置を考慮するとの態度で交渉した。中でも韓国側は生活保護をはじめとする社会保障の適用は将来についても全面的な適用を継続すること義務教育を受ける権利を与えることを要求した、日本側は義務教育は韓国の主張に認めたが生活保護に関しては、日本人同様にあつかうことができないと主張。結局協定発効後も当分間は日本政府の幅のある態度にまかすことに合意。	❶一般的な公民権を除いた一切の権利を日本人同様に処遇するという原則のもとに特別な措置を講ずること ❷特に財産権、就業権の取得においては前項の原則を確実に適用すること。 ❸在日韓国人の営業権の保護及び日本政府など自治団体が運営する金融機関の金融措置は日本国民と同等にあつかうこと。 ❹義務教育の過程は、日本人と同じく待遇し、高校、大学の入学の機会も均等にこれを認める ❺在日韓国系の各級学校に対しては、日本学校法第一条に該当する学校に認可すること。
財産搬出	◎韓国側は、永住許可を受けた者が本国へ帰る場合、その者が日本で得た財産を無制限に持ち帰るべきだと主張。日本側は、品物は身回りに家財道具および商売上の道具と現金5千ドル（、180万円）を限度と主張している、品物については韓国側も了承したが、現金は一万ドルを要求、平行線をたどっている。	❶永住帰国者に対しては、現金は動産の全部を帰国と同時に搬出することを認定すること。但し本人の意思が部分的搬出を希望する時は、無条件に許可すること。 ❷一時帰国者に対しても自己所有の限度内で、本国の経済再建に必要な基本資材及び原料の搬出を希望する時は、韓国政府の受け入れ承認書と日本政府の所有証明書を添付すればこれを許可すること。 ❸財産搬出に関する両国の専門委員会を構成する時は必ず在日韓国人代表を加えるべきだ。
国籍確認	◎韓日協定が成立した場合その適用を在日韓国人全部に認めるかどうかは最も基本的な問題とされている韓国側は韓国政府が、韓国半島における唯一政府との立場から在日韓国人全部を適用すべきだと主張している。 日本側では、朴政権の支配領域は、北緯38度以南である観点から、この主張を明記することができないといっている。 結局この問題は条約成文作成の時の表現の問題になるとみている。 また日本側は、在日韓国人が処遇の変化が生じた場合でも必然的に北韓系の人にも平等の処遇を与えるといっている。	◎在日韓国人は、全員大韓民国国民であるという原則を確立すること。
特別要請事項		❶協定調認後、韓日両国政府と在日韓国人の出資で在日韓国人を対象と特別銀行を設置すること。 ❷過去の経済事犯及び入管法事犯に対し恩典の措置を講ずること。 ❸入管法令改正においては在留外国人の中、最も多数を占める韓国人側の意思を考慮すること。

民団下関事件

號外

下關市民に告ぐ

一、警察は常に正しい民衆の保護者であります。

二、皆さん御承知のように下關市警察では昨二十日朝來多數の警察官が市内に行動しておりますが、それは次のような事態に對して市民の平和と安寧を保持せんがためであります。

三、先日來、在關の朝鮮人間に紛争を生じ、それが遂に二十日未明より暴行、傷害、家屋破壞こいつた騒擾事件を惹起するに至つたのであります。

四、右に對し警察はこれを鎮壓して市民の不安を除くべく不みんの努力を續けているのであります。

五、そのためには警察は法の命ずるところに從つて事の眞相を究明し、それが朝鮮人連盟側であると在日居留民團側であるとを問はず公正に斷呼として非違を糺明するものであります。

六、然るに巷間では、事の眞相も究めず、誤つた宣傳を流布して市民を誤解と不安に陷し入れんとするものがありますが、皆さんは、かゝる一部の宣傳に惑はされないようにして下さい。

七、警察はあくまで皆さんの警察であり、正しき者の味方であることを信頼して下さい。

昭和二十四年八月二十一日

下關市長
下關市公安委員會
下關市警察長

發行所
新防長編集局
電話（小郡）13番
山口市小郡町津市中1513
編集兼發行人 辻 義男

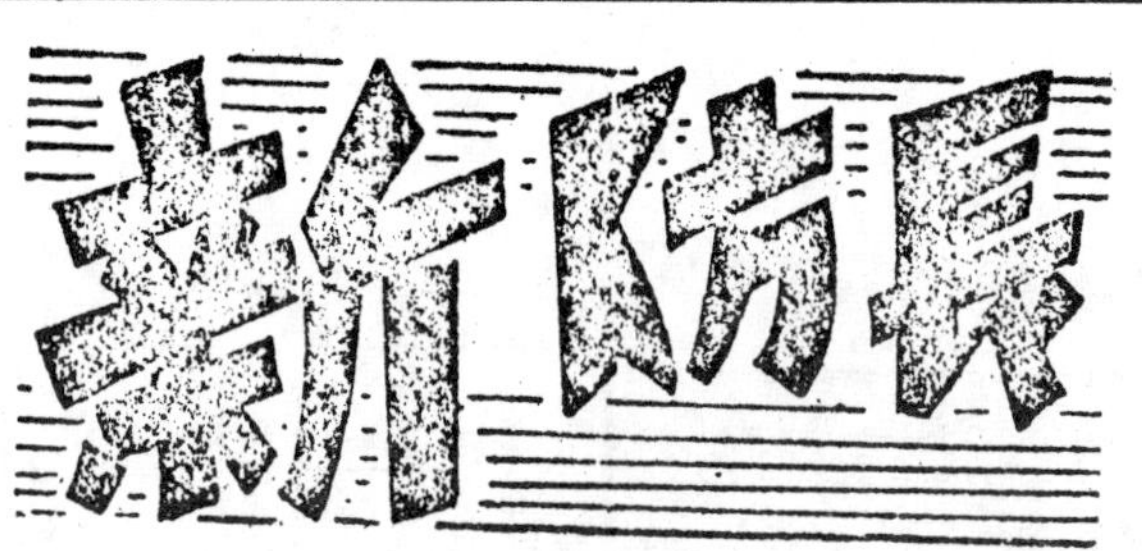

8月22日（月曜日）
號外
日本共產黨
山口縣委員會機關紙

朝鮮人連盟彈壓の眞相
幹部七十餘名を總檢そく
——少女の頭をコン棒で割る——

平和擁護記念週間最後の十五日、日本人民大衆と共に平和擁護大會に參加した在日朝鮮人連盟下關支部に對し、かねてから反動勢力と結ぶ韓國居留民團が平和擁護の飾りアーチをこわし、連盟に對し暴行を加えた事に端を發した事件はついに居留民團のなぐり込みに發展、この暴行を支援する武裝警官一千三百の動員となり、連盟幹部の總檢束を強行、事態は緊迫化するに至つた

すなわち二十日午前〇時ごろ居留民だん十名は白鉢巻に日本刀、短刀、手裏劍、手製手りう彈などで武裝を固め、オート三輪車で市内大坪町、刑務所附近を通り朝連襲撃に向う途中、夜警巡回中の朝連支部員を發見朝連第一分會長ソエイメイキウ氏（三一）を日本刀で滅多きりにし、瀕死の重傷を負わせ、金龍好君（二〇）の左かたに手りう彈を投げつけたがふ發に終つた、フエイ氏を三輪車で竹崎町須磨病院に運んだ花田君（二〇）も歸途、警官の前で背中を突き刺されたが警察は危害を加えた犯人をたいほしないばかりか、かえつてこれを支援し、縣内各地、門司からまで一千三百名に上る武そう警官を動員して、要所々々を固め、主力は同日午后二時半ごろから大坪町、朝連小學校を取り開んだ、折柄同校では在山口縣朝連教育同盟の會議が開かれていたが警察は事件とは何等關係のない同會議をおそつてたい捕令狀もなしに教師、一般民衆をふ當檢束、宇部から教師に連れられてきた少女金今順さん（一五）の頭をコン棒で割り、ほか二名の兒童に重傷を負わした、かくて引揚げたと見るや直ちに反轉し竹崎町の朝連本部、同支部をおそい、本部委員長金榮相氏ほか幹部をふ當檢束、書類を押收し、ふ當檢束者は七十七名（既報四十四名は誤り）に上つた、日本共產黨山口縣西部地區委員會では末武昭氏ほか一名、朝連本部二名の代表が警察に對し、ふ當檢束者を直ちに釋放せよ、と嚴重抗議した

誰彼の見境いなく檢そく
恐怖の夜を明かした朝連民衆

さらに同日は夜に入るや武裝警官隊は各隊が三輪車に居留民だん員を乘せて各町内の朝鮮人住宅を襲い、民だん員が「こいつも惡い〳〵」と指名すれば誰彼の見境いなく片つぱしから寢ている者すら叩き起したい捕不當檢束者は相當數に上つた、かくて恐怖の一夜は明けたが二十一日午前八時ごろに至り、朝連小學校教師數十名がようやく釋放された、そのうちの一人、厚狹朝連小學校教師てい錫暢氏（三二）は次のように語る朝連小學校で會議中、ぶ裝警官に校舍をとり卷かれ、下へ降りてこい、というので、降りるとたい捕令狀もなしにトラックに乘せられ、留置所にぶち込まれました、ふ思議なことに暴力をふるつた民だん員は留置所にも入れられず警官と親しそうに話していました、四階では民だん員十數名が我々の仲間四人を踏んだり、けつたりするのを警官は冷然と眺めているといつた調子でしたなお韓國居留民だんは李承晩政權の手先で、

わが國では民同やヤクハタ、反共民主青年連盟が反動吉田内閣の番犬をつとめているのと全く同樣のゴロツキだん体である、さいきん人民攻勢の猛反擊で反動勢力の屋台骨が根底からグラつき始めたので各所で人民彈壓が起つているがこれも居留民だん員を使つて兆發をかけ、一氣に幹部をたいほし、朝連を骨拔きにするたくらみの下にこの彈壓が行われているものと見られる、また警さつは山口縣下にわたり戒嚴令と同樣な狀態に警官を配ちしており、二十日も廣島からまたも一千三百名のぶそう警官が動員されていると傳えられ、この彈壓費は炊き出しから日當など一日に何十万円という額が使われ、これも下關市民の税金から出されるわけである、さらにまたこれは決して單なる鮮朝人の問題でなく、片手で人民を收奪し、片手で人民を彈壓する吉田内閣の政策が下關にもこれでハッキリ示された、と日本共產黨では發表している

見よ!!荒れ狂う赤色テロ

日本共産黨朝鮮學生細胞 野獸的兇暴な殺人行動

學生同盟事件眞相報告

五月二十一日午後東京千代田区にある法政大学講堂において朝鮮学生同盟関東本部定期総会の名の下に日本共産党朝鮮学生細胞が男女児童を混ぜて三〇〇余名ばかり集合し日共党幹部等のアジ演説を始めたところえ、大韓民国の二〇名の留学生がこれを訪れ学生同盟の団体名盗用の不当性を指摘して、抗議的交渉に入つたところが、共産党細胞は野獣的テロ行動をもつて、大韓民国側の留学生を会場に檻禁し、用意していた木刀、棍棒、ドス、匕首等の兇具をもつてなぐる、蹴る、切る、一時会場は修羅場と化しついに明大学生李相錫君を血だるまにしたあげく野獣的暴力のしぐさをもつて死にいたらしめた。朝鮮学生同盟事件は、昨年五月明大講堂で開かれた同同盟総会の席上において日本共産党側の謀略と陰謀のもとに純真なる学生を日本共産党の組織的前線基地と化せんとして、一部の不良徒党と札つきのゴロツキどもが計画的に策動して、学同を左右両方に分裂するにいたらしめ、その時も大韓留学生に重軽傷者と一名の死者を出して、一ケ月の闘争の末涙を呑んで事件を民族的愛情の下に収捨するとの悲愴な決意で居留民団に一任しその後事件は大韓民国留学生側の勝利のもとに一旦解決したことは一般が悉知するところである。ところがこのたび日共側は、来る五月三十日国際的注視の下に行われる大韓民国の歴史的国会議員総選挙と、六月四日の日本参議院議員選挙に備えて暴力的戦略をもつて前記の学生同盟の総会を計画的に偽し作意的に戦を挑むだことはいうまでもない。この日法政大学講堂に訪れた大韓民国留学生は民族的トラブルの外聞をはばかり、出来るだけの謙譲をもつて事件を事務的に処理しにかかつたが、相手方のゴロツキ根性と共産党的野獣性のためついに李相錫君が赤色テロの犠牲に供されたのである。日共細胞は、大韓側の紳士的交渉に対して一瞬は話合いにのつたが、だんだん場内の空気が悪化して集合している女や子供までが手に手に凶器を用意して、人間としては考えられない仕打ちをもつてその場で李君を即死せしめたほどである。李君は、学生同盟においても唯一の高潔な人格者であり多くの同僚たち誰もが尊敬している得がたいリーダの一人である。この日も彼はあくまで平和を主唱して、日共細胞との交渉も他の同志に委ねていたほどであつたが、彼等大群に包囲され危険に瀕した二三の同志の死を救うため敵の陣中に踊りこんで同志達の危場は救うたが、ついに彼自身は李、黄、呉、崔等共産細胞の指導する三〇〇余の一際的暴力により、無惨にも、天人ともに赦すことの出来ない死に方で虐殺された。これが青春李相錫君の英雄的健闘の末路の真相である。因にその後日警側に殺人犯として逮捕されたものは目下のところ李鍾活（早大）、黄今植（法大）、呉正化（法大）、崔善海（明大）、趙東運（昭和医）、の五名である。

屍體を奪ひに民團を襲擊!

つねに愛国的情熱をもつて祖国建設のために闘争をかさねてきた李君は赤色テロの犠牲になり二十二日の早朝九段逓信病院の一室においてはかなくもその青春を終えた。同君は死の瞬間まで日本共産党の打倒を叫びつゞけたという。李君の屍体は同志達の暖い肩に負わされて、一旦慶応大学附属病院において解剖に付され、同日午後七時半に居留民団中総内学生同盟のわが家に霊柩が安置された。同夜は東京および近県の多くの同志と盟友達の弔慰が断えなく民団の庁舎は時ならぬ不夜城を呈し、赤色共鬼打倒の一色にぬりつぶされ、ものものしい緊張さであつた。そのさ中にあつて集つた五〇名の有志はときをうつさず英雄的死を遂げた李君の死を千秋に輝くように記念し、同君の霊を慰安するため『愛国闘士故李相錫君大韓民国僑民葬委員会』組織を決議して今後の対策を講じたのはいうまでもなく、二三の警備についていた青年は、日共および旧朝連の悪溂なポスターはりと、民団内に送り込むスパイ政策に憤激して、旧朝連側事実上の本部である新宿原町朝連婦女同盟を訪問して彼等の反省をうながすところがあつた。ところが翌二十三日午後三時頃約三〇〇名位いの男女老少日共細胞と旧朝連民青の大群がスクラムを組んで民団を急襲し、民団建造物の破壊と、学同に安置してある李相錫君の屍体を奪うべく手に手に凶器をもつて暴虐なテロ行為を挑んで来たが、約二〇名にも足りない民団側同志の決死的の闘ひでこちら側に若干名の負傷者を出したが、三〇〇余名の敵を完全に敗退せしめた。後刻C・I・C、M・P日警が民団中総の治安保護の任に当つたが、日本共産党側の露骨な計画的暴力行為は今後共注意に価し、あくまで護り通さなければならない。民族陣営の団結と勇猛果敢な行動を待ものは今である。

在日大韓民國居留民團中央總本部

故 李相錫同志事件

テロ色赤う狂れ荒よ見

★日本共産黨朝鮮學生細胞 ★ 凶暴な野獸的殺人行動 ★

五月二十一日午後法政大學講堂において、朝鮮學生同盟定期總會の名の下に日本共產黨朝鮮學生細胞が男女兒童を混ぜて三〇〇餘名ばかり、集合し、日共幹部等のアジ演說をはじめたところえ、大韓民國側留學生二十名がこれを訪れて學生同盟の團體名盜用の不當性を指摘して交涉に入つたところが共產黨細胞は突如凶惡なテロ行動を起し二十名の留學生を檻禁、用意していた木刀、棍棒、ドス等で切る、なぐる、蹴るの鬼畜のように荒れ狂い、ついに李相錫君（明大生）を即死せしめ、他の數名に對しても重輕傷を負わしめる野獸的暴虐を恣しいまゝにした。

あくる二十三日午後三時頃又も、日本共產黨細胞は、三百餘名のゴロツキと男女兒童がスクラムを組んで、新宿區若松町にある大韓民國居留民團中央總本部を襲撃して、かくしもつて來たピストル、ドス、棍棒、石コロ等で民團の建造物を破壞にかゝり、事務執行を妨害するほか、學同の一室に安置してある虐殺された李相錫君の屍體を奪うとしたが、民團側の決死的反擊によつて多くの凶器を捨てたまゝ、隊をとり亂して退走した。このために民團側の蒙つた被害は莫大なものがある。

日本共產黨の朝鮮學生細胞を使嗾して自己組織の前線基地化せんとする謀略は、已に昨年四月から計畫的に繼續せられて來たものであるが、將に今回の、彼等の暴行騷動は來る五月三十日國際的注視の下に實施される歷史的大韓民國々會議員總選擧と、六月四日日本參議院議員選擧に備えて蠢動する、學生事件やイールズ事件と關連をもつもので、彼等のいう軍事基地化反對植民地化反對、等の占領軍に對する政策反對と相並んで、日本政府と大韓民國政府を倒壞し自己權力を扶植せんとする陰謀にほかならないものである。われ〳〵韓日兩國民の民主陣營はこの度の諸種事件發生を楔機として堅固な親和と團結を圖り、世界を征服し、人類の平和と自由を蹂躪せんとする赤色共產禍を防備せんために勇敢に鬪わねばならない。日增しに激化して行く日本共產黨の暴力的攻勢を根こそぎ打倒粉碎せずには社會的安寧秩序を期することが出來ない。

在日大韓民國僑胞諸賢よ！親愛なる日本國民諸君よ！五月三十日の大韓民國々會議員總選擧と、六月四日日本參議員選擧に赤色共產主義者の暴力的破壞行爲に對し手をとつて護り拔うではないか!!

一九五〇年五月二十八日

在日大韓民國居留民團中央總本部
在日朝鮮學生同盟中央總本部
在日朝鮮學生同盟關東本部

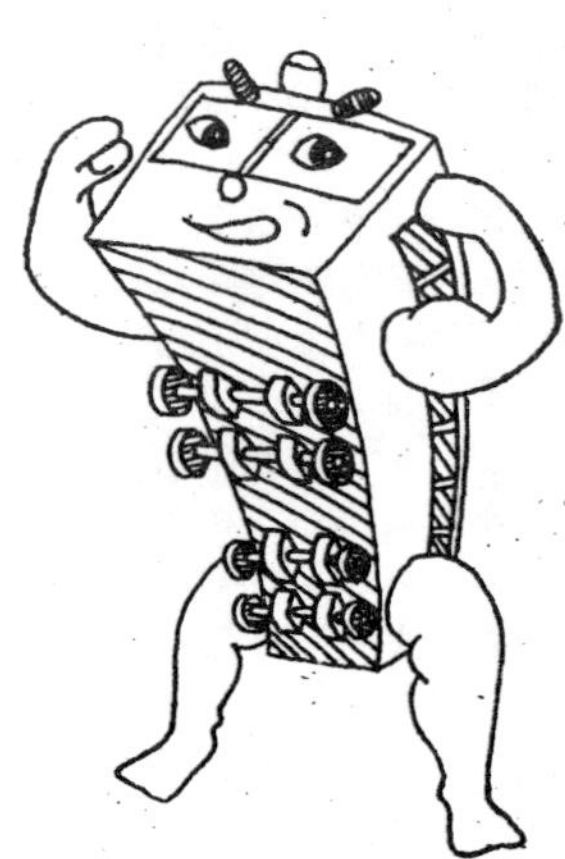

声明書

우리는 朴大統領閣下 領導下에 싸우면서 建設하는 祖国近代化作業을 높이 讃揚한다。

最近 在日韓国人中 一部 몇사람들(九名)이 民団의 過去職位를 내걸고 소위 三選改憲反対在日韓国人闘争委員会라고하여 마치 在日韓国人을 代辯하는樣 改憲反対声明을 発表한바 있으나 이는 우리民団이 本国政治問題에는 一切 介入하지 않는다는 創団宣言에对한 背反行為이며, 意識的으로 民団組織内部를 混乱케하려는 悪意에찬 行為라고 断定하여 우리民団組織은 그때 그때의 本国政府의 施策에 따라간다는 基本方針을 再確認한다는 声明을 発表하였던 것이다.

그러나 우리在日韓国人들이 이러한 [illegible]에对하어一部層에서는 消極的인 反対現象으로 解釈하고, 善良한 内外同胞들을 眩惑시키고 있는것이다. 只今 우리가 살고있는 日本은 敗戦国이면서도 戦後에 経済的으로 高度로 成長한 代表的인 国家로 되었으며, 그反面 解放된 民族인 우리는 独立된 国民으로서의 자랑할만한것이 하나도 없었던것이다.

그러나 五、一六革命後에는 飛躍的인 経済発展과 臭強한 国防力을 誇示하면서 우리의 友邦을 도울만큼 成長하여 亜細亜의 韓国이 世界의 韓国으로 発展하는 祖国의 모습을보고 在外韓国人들은 그 어느때보다도 韓国人으로서의 民族的인 자랑을 느끼마지않는 바이다. 이것은 오로지 우리민족의勤勉과 誠実한 民族性을 되찾아 우리民族들로 하여금団結奮発케한 亜細亜의 反共指導者이신 朴大統領閣下의 領導力과 우리国民의 団結된 努力의 結晶이라고 確信하는바이다.

싸우면서 建設하는 우리祖国의 모습은 우리들의過去에 가져보지못했던 크나큰자랑이며 해외에서외롭게居住하고있는 우리와 後孫들에게 큰힘과勇気를북돋아주고있는것이다.

그러나 民族中興의 祖国近代化作業이 힘차게遂行되고있는 이때에 北傀의 走狗인 朝総聯에서는 韓国이 国際的으로地位가 向上되고 経済的으로 成長되며 国防力이 強化되는것을두려워하고 가진手段을 다써서 妨害하고있는것이다.

우리 在日韓国人들은 武力南侵의 機会를 노리고 있는 北韓傀儡의 野慾을 粉粋할수있는 国防力의 強化와 祖国 近代化의 挙族的인 課業의 하나인 経済建設에 積極参与 할것을 다짐하면서 이를 内外同胞에게 声明하는 바이다。

一九六九年九月十五日

在日本大韓民国居留民団

職位	姓名
中央本部団長	李禧元
中央本部議長	朴根世
監察委員長	張聰明
韓国新聞社長	鄭炯和
千葉県本部団長	孫晋協
茨城県本部団長	朴台守
栃木県本部団長	辛容祥
神奈川県本部団長	孫張翼
三多摩県本部団長	鄭鳳基
静岡県本部団長	趙潽衍
長野県本部団長	金龍煥
秋田県本部団長	朴東渓
福島県本部団長	李鍾根
宮城県本部団長	李景淳
山形県本部団長	裵應三
青森県本部団長	林圭復
岩手県本部団長	韓哲致
新潟県本部団長	權寧相
石川県本部団長	李龍演
福井県本部団長	金三[illegible]
富山県本部団長	崔允明
愛知県本部団長	李春植
三重県本部団長	金潤學
大阪県本部団長	金晋根
兵庫県本部団長	崔永聖
奈良県本部団長	李來玉
滋賀県本部団長	權寧崙
和歌山県本部団長	申吉秀
岡山県本部団長	柳甲錄
鳥取県本部団長	朴永洙
島根県本部団長	尹赫顕
山口県本部団長	朴鍾
福岡県本部団長	張烱相
長崎県本部団長	李滿宰
佐賀県本部団長	朴鳳斗
大分県本部団長	權五善
宮崎県本部団長	金七星
熊本県本部団長	金賢九
鹿児島県本部団長	丁陽壁
愛媛県本部団長	朴振業
徳島県本部団長	金性式
高知県本部団長	朴俊學
香川県本部団長	朴龍燮
対馬島本部団長	金昌玟
広島県本部団長	崔成元
岐阜県本部団長	趙世濟
北海道県本部団長	崔東淳
山梨県本部団長	金錫煥

聲明書

1969.9.12
Dong-A

三選改憲은 歷史的인 一大汚點이다
愛國的인 在日韓國人은 永久執權을 劃策하는 共和黨의三選改憲을 積極反對하여 다음의 몇가지 理由를 들어 同法案이 廢棄될때까지 徹底히 反對鬪爭을 展開할것을 聲明한다

一、**永久執權을 劃策하는 改憲은 民主主義의 破壞이다**

三選改憲은 五·一六軍事革命當事者들이 政治·社會情勢의 混亂狀態에서 생겨난 『必要惡』이라고 辯明 『情勢의 安定을 가져온後 民政에 移讓한다』라고 數次에 亘하여 宣言한바 있으나 飜意에 飜意를거듭하여 오늘까지 十年間을 執權하고 있는것이다

그러나 그들은 아직도 自黨內의 『로테이숀』마저 拒否하고 永久執權을 可能케하는 改憲을 劃策하고 있는것은 韓國民主憲政史上 一大汚點을 남기는것이며 이는바로 民主主義破壞行爲이다 革命當時 그들이 主張한 『必要惡』이 오늘에 이르러서도 必要하다고 한다면 그 責任의 所在는 都大體 누구에게 있는것인가?

二、**三選改憲은 粉飾된 建設을 助長하고 不正腐敗는 極大化한다**

借款을 浪費하는 不實한 經濟政策은 粉飾된 經濟에 지나지않는것으로 富益富貧益貧의 極差를 深化시키고 不正腐敗를 極大化시켜 國內外國民에게 犧牲을 强要하는 結果를 招來하였다 이러한 弊害를 根絶하는 唯一한 길은 民主的『룰』을 지키고 社會正義와 政治道義를 確立하는길밖에 없다

三、**三選改憲은 共產獨裁를 反對하는 名分을 喪失하고 社會不安과 混亂이 增大한다**

共和黨은 北傀侵入을 沮止하고 社會安定을 爲하여 改憲이 必要하다고 主張하나 이것은 오히려 反共의 名分이 喪失되며 社會의 不安과 混亂이 激發되어 北傀가 侵入할수있는 좋은 機會를 주는것이다

四、**平和的政權交替는 國民의 至上命令이다**

大韓民國이 樹立되어 旣히 二十有餘年 그간 한번도 平和的 政權交替를 이룩할수없었던 國民의 念願은 民主主義에 依한 合憲的 政權交替이다

三選改憲은 이國民의 念願을 永遠히 封鎖하고 執權을 爲하여 非常手段의 惡循環을 誘發하는것이다 또한 對外的인 國際信義를 損傷시켜 外交上惡影響을 미치는 結果를 가져온다

五、**愛國的인 在日同胞는 三選改憲을 反對한다**

在日同胞는 法的地位問題또는 本國經濟進出等 自己의 生活과 密接하고 不可分의 關係에있는 本國政治動向을 重大한 關心을 가지고 重視한다 오직 海外에 居住하고 있으나 祖國과 民族을 사랑하는 마음은 조금도 遜色없음을 自認하고 痛感하며 三選改憲을 反對한다

一九六九年九月 日

東京都千代田區神田駿河臺三ㅡ一 東海빌딩內

三選改憲反對 在日韓國人鬪爭委員會

代表委員(無順)

丁贊鎭(前民團中央團長) **鄭寅勳**(前民團東京本部副團長)
吳宇泳(前民團東京本部團長) **李元裕**(前民團中央事務總長)
金鍾東(前東京韓國學園長) **梁三永**(前民團東京本部議長)
梁相基(前民團中央事務總長) **陳東徹**(前民團栃木本部團長)
裵東湖(前民團中央議長)

朝鮮日報 號外

四二九四年 五月十六日發行

오늘새벽 軍部쿠데타

서울大邱等地掌握

張政權不信코 軍事委樹立

十六日 새벽三時半 서울의要所는 軍革命部隊에依해 完全占領되었으며 이날上午五時軍事革命委員會는議長張都暎中將名義로「腐敗된現政權을信任할수없으므로 國民이民生苦에허덕이는이때 祖國의危機를克服하기爲하여 軍事革命委員會를組織하였다」고 中央放送局을通해서 다음과같이發表하였다

一、革命의性格은 첫째反共을 國是로한다

二、「유엔」憲章을遵守하며 民主友邦과의紐帶를 强化한다

三、政府의부패를 一掃하[illegible] 모든社會[illegible]을없앤다

四、절망과饑餓선상에 허덕이는 인생고를 해결하는데 全力을다한다

五、국토통일을위하여 [illegible] 力을양성한다

六、우리는 모든질서가회복되는즉시로 양심적인 정권인들에게 정권을이양한다 市民들은 조금도 動搖말고 각자직장과 각기생업에 從事해주기바란다

한편 軍情局에依하면 이번軍革命에있어 釜山 大邱 大田 光州에도 上午五時半을 期해部隊가 進駐했다고한다

[illegible] 立法 司法府 要人들을 그외[illegible] 軟禁되었다

外信서도報道

【서울十六日發AP特約】한국장교들은 十六일아침「쿠데타」를 일으켜 정부방송국과 정부청사를 점수했다고 서울방송이 보도하였다

三府、放送局接收

張都暎中將名義로

中央放送局은 十六日上午六時다음과같이 放送했다 軍事革命委는 立法 司法 行政三府를 비롯한 政府各機關과 治安局 및 放送局을 接收하는한편 全國各主要都市도 장악했다

[illegible] 水色의 陸軍第三十豫備師團 [illegible]의第三十三豫備師團과 空輸部隊 第六軍團將兵들이다 이날아침六時 玄錫虎國防長官은 市內의某處에 연행된것이 밝혀졌다

張總理等을軟禁

서울 [illegible] 一部[illegible]外 [illegible]的으로 車輛과 行動이 [illegible]되지않고있으며 市民들의 日常生活은 [illegible] 變動이없다 七時現在 서울에進駐한部隊는 海兵第一旅[illegible]하고는 張總理를 비롯한 各部長官

大分事件の眞相

治安当局は拱手傍観、

軍人会特別
調査団急派

民戰五列の暴虐を見よ！

暴行、强姦、不法監禁、脅迫

戦友 1954.2.11

去る一月二十三日以来九州大分地区において発生した民戦祖防隊への暴虐なゲリラ活動により家屋破壊人身拉致等の急報に接した本会では、一郭副会長を団長とする総員二十七名からなる特別調査団を現地に急派、事件真相の究明と収拾策に当らせ、祖防隊のゲリラ組織を瓦解させ民団大分本部の再建体制を確立、優秀なる成果をおさめ全員無事帰会したが、以下は同調査団に随行した本紙特派記者の生々しい現地レポである。

われわれ調査団一行は日豊線大在駅下車、現地民団側の案内で直ちに事件発生地である韓国人部落に向う。到着してわれわれは驚き眼をみはつた。さながらの激戦場である。屋根は滅茶苦茶にこわされ、そこらの地面には器物や衣類などがちらかつて、彼等祖防隊の惨虐ぶりを如実に物語つている。この現場を視察した一行は直ちに民団対策本部である坂の市に向つた。そこでわれわれは暴虐の下に戦つてきていた現地側の民団の同志の英雄的な姿に接することができた。彼等の眼は血ばしり、何日も眠らないで戦つていたが故の黒ずんだ顔に、兇敵に対する限りない憤怒をたゝえていたが、遥々東京よりかけつけた我が調査団の来訪を迎えるや、喜びとびあがりながら、われわれの手がつぶれんばかりに握りしめてきた。郭団長以下の調査団一行は同対策本部長室において現地側の涙ながらの報告を聴取、直ちに特別会議を開いて事件収拾策を検討協議した。

現地の報告によれば、事件は計画的な民戦祖防隊による民族陣営側要人に対する殺意をこめた暴行事件で、昨年四月二十八日には最も典型的なこの種の事件が発生している。即ち昨年の事件とは、大分の地方新聞において

無法地帯解放 部落出現!!

と報道された程のものであり、その時の祖防隊の三百名による家屋破壊は三十余軒、婦女十数名を不法監禁して暴行、強姦等鬼畜に等しい横暴をはたらきこれに死人の血を飲ませ、金銭家財一切を掠奪厳重なピケラインを張つて一日本側治安当局係官の出入をも拒否、日本国の一部にソ連の植民地が出来上つた如き観があつた。

郭副会長

無法地帯九州に出現

暴徒と検事が紳士協定

これに対する大分地検の取扱い態度は、これら暴徒と非常に同調的で現地民達の不信と疑惑のまとになつている。町民の語るところによれば、当時事件処理にあたつた地検検事正某（特に名を秘す）は民戦大分議長李起洙と紳士協定なるものを結び暴徒達に対して寛のままに振舞わせて、拱手傍観していたことは、公然の秘密となつている。今回の事件にも前回のこの治安当局の態度が民戦祖防隊を増長させ、事件誘発の要因とされており、調査によれば、事件発生後一週間を経過するも、証拠不充分なる理由で、暴徒の一人をも検挙せず、また当夜事件鎮圧の指揮にあたつた国警坂市地区署の警部が暴徒達により傷害を受けているにもかかわらず、これの犯人も検挙されていない。それのみか、関聯された被害者である民団々長が二名検束されるという不公平な取扱いをさえしている。

死人の血のます

これに対して郭調査団長は立石検事正に対して事件の真相を究明、暴徒の徹底的検挙と、不法検束された民団々員二名の即時釈放を要求、立石検事正は郭団長に対し善処することを確約同時に前回四月二十八日の事件において地検当局の措置の遺憾であつたことを陳謝して、民団員二名を即時釈放したのである。

郭団長は民団対策本部において記者団と会見、大要、左の如く述べている。

「今回の不祥事件はその要因が、日本側地方治安当局の左翼に対する同調的な態度が左翼陣営をして治安当局あましと見て増長させたことによるもので、こうした事件は治安当局の徹底的検挙によつて次に起ることを防がねばならないわれわれ民族陣営では今まで日本治安当局に対して紳士的に協力してき、また今後もこの方針は堅持したいが、もしこうした事件が連続発生する場合においては、治安当局に対して全的にわれわれの生命財産の保護をまかすことはできない。もし今回の大分事件の処理如何によつては民族陣営としても責任をおえないような重大事件が発生することもしれず、地検当局の善処を切に要望する」

建青てんやわんや

玄殺害その後・おどる親分子分

建青では大阪の大会で玄貴基一派が乗つ取つて極めて悪らつ極まる行為は剛腹の極を演じているが最近の彼等の動向を紹介しよう

玄秀迹が殺害されて以後はあわて出したのが金遵斗、金琮斗等の連中で玄と運がつて建青を握ろうとしたところ玄事件で水泡に帰した、このグループが中心に金守玄（前委員長）金正柱（前総務局長）を抱き込んで玄委変のかわりをさせようとしているが金遵斗は資金を五十億（十二億円）も日本の官庁から融資を受けたと称して杉並大沼にある理著中央訓練所の地下室にただこもんで毎夜[illegible]さる一月一日武装[illegible]十余名が金たどるより他なく建青の残された数事道具一品を若松町にある民団の二階に持ち運び仲よし夫婦げんかは静かな若松町に一きわ目立ちはじめるころ女子医専生がやかましくて試験を受けるに困るとはりふたがはられるのも時の問題、全く風采見達はかわいいものなる哉である

一階にあるという印刷工場も一月廿日ごろ閉鎖と決定した警察ならば人だかりでざわめく野外劇を催すこととだつた—洪、李元裕（事務局長）金琮斗金遵斗、康綱嗣（社会部長）が山分けで物言いがあつたとか、自称山口喜久一郎ことミスタ朴根世は敵からも味方からも孤立したが[illegible]似たかつこうで本部には顔も見せず事前三と結托し丸の内ビル内に極東経済復興協会なる架空の会社を造りあげ、官需その他の配給物資を資納にさがし廻つている、その幽霊総裁は朴根世を夢見ているというべきか

の建設状を持つて中央訓練所を包囲し、暴力団の大御所らしいふん囲気の下に地下室をこじあけ持ち去られた、実はその砂糖の出所が商売の取り引きから詐取したものとあつては空の港にも一枚加わつて建青らしい箔証な結果を織り[illegible]日本人員までお縁りにさいし[illegible]を持ち出す程の光景であつた

なお金という男は坂本事件で既に二年の執行猶予の宣告まで受けた建青の功一級勲一等の白楽[illegible]で事務部長という

金斗シュ（前委員長）は丸の内仲十一号の文化クラブ内に某会社を設き、官庁から配給物資を探しまわつていたあげくの果て四五・萬円の取り引き手附金を横領し現物を渡さずほう浪の渡り場に身をやつしている二月十一日に建青の中央訓練所では、組織部次長金李公斗および前組織部次長金商東両名が最近南鮮から流れて来た密航者大同青年団員数名の中に[illegible]さんざんに暴行を加えられたうえ三日間秋葉所に閉じこめられたとのこと

朴根世は韓国在日代表団が来れば一等書記官に推定されていると威張りちらかしたのだが、すつかり民団にお株を取られ泣きべそに暇がない、全く既々しい韓国在日代表団の一断面で三月の大会を前に四分五裂の有様で全同盟に慰資劇として幕あげするだろう

大きな名刺はさぞかし財官を驚嘆させたとか、しないとか全く部下にころされてはたまるものかと親分さまの洪賢基は大きなマドロスパイプに煙草をくわえながら「知性」をしぼりあげたあげくの果て、九段下にある建青の中央本部の建物を五十萬円で買収の契約を結え出し、金遵斗を大番頭に手付け金十五萬円を山わけ二人で着服、うなりを立てたくせにコールド酒を一杯とあての暴を探しあてた酒もうこうなつたえい報は真上を

自主連盟 「結成されぬ大會」

名誉欲と自己自身の合理化のために動き出した中間派を結打つて出た白武が思想[illegible]したその後今度は神奈川で約欲と不良たちに依つて自主連盟なるものをでつちあげようと躍起で自主連盟結成大会を催したがあえなく自滅した形となつた

そもそもかかる企図を組み立てたものは[illegible]である[illegible]数名で[illegible]給を口論み金をもうけの第二として企てられたもので役員等を支持して乗つたものが民団の人たち十七名で武装[illegible]を警備するため[illegible]以下百余名のものものしい中に乗つていた大会は一人一八が主謀者朴[illegible]の今までの行為を暴露し、太極旗を引き降して反動粉砕人民大会にきりかえられた

日本共産党に関係した者も[illegible]含まれている

日本国民へ マ元帥年頭の辞

講和通じ國際復歸信ず
脅威に自己保存やむなし

マツカーサー元帥

【渉外局一日発表】連合軍総司令官マッカーサー元帥は一日、日本国民に対するつぎの新年メッセージを発表した。

日本国民諸君、新しい日本に新年の夜明けを迎えるにあたり日本国民の一人一人は過去における進歩のあとを満足感をもって振り返り、前途に横たわる困難な試練を新たな自信の念をもって待ち迎えるであろう。この国においては過去一年間に人道的、社会的努力のあらゆる分野において進歩がみられ、さらに日本国民は疑いもなく従来に増して個人的自由と高度の個人的尊厳とをもつにいたった。この試練期を経た結果日本の国家および国民は戦火に燃えるアジアのちょう戦的現実にたいし冷静な態度、物に動じない落着きと沈着な決意とをもって対処し、確固たる道義的地位を築き上げたのである。日本は政治的に、経済的に、また社会的に国家の安定という目標に向ってひたすら目ざましい進歩をつづけてきた。代議制民主主義はしだいに成熟の度を加えて、現在では国民の権利と自由にたいする守護者として厳存し、自治の責任を高めてゆく点においても目ざましい進歩がつづけられてきた。自由な民間企業が互に競争をつづけて行くことによってのみ生ずる刺激を受けて、日本の農業および工業の生産は戦後最高の水準に達し、また日本は真の均衡化予算、補助金の削減および健全な金融操作などに重点をおく政府の財政政策により、再び以前のような健全な運営をみるに至っている。

昨年は工業生産指数も戦後はじめてかなりの程度をもって一九三二—三六年度の水準を上回ったまた外国貿易も目ざましく人の心を明るくするような消長を示し、輸出入の開きは一段と縮まって将来に明るい見とおしがもてるようになった。社会的な分野における進歩もきわめて著しかった。国際関係の緊張が高まったにもかかわらず日本は平穏と進歩のオアシスとなっている。日本は全世界のすべての静穏の人々の尊敬と信頼を受けるに値するようになり、全世界の自由な諸国家の家族に平等な一員として参加する権利があることを実証したのである。

日本憲法は国家の政策の具としての戦争を放棄している。この理念は近代世界がかつて経験した至高とはいえなくとも、最高の一つの理念を現わしており、かつ文明が維持さるべきであるならばすべての人々がいずれは信奉しなければならないものである。この自ら課した制約は次第に強まりつつあるあらしの脅威にもかかわらず、国家の安全保障の問題にかんする諸君の思慮と行動を細部にいたるまで導いてきたのである。しかしながらもし国際的な無法状態が引きつづき平和を脅威し、人々の生活を支配しようとするならばこの理想が止むを得ざる自己保存の法則に道を譲らねばならなくなることは当然であり、自由を尊重する他の人々と相携えて国際連合の諸原則のワク内で力を撃退するに力をもってすることが諸君の義務となるだろう。

このような事態がけっして起らないことを私は熱烈に希望するが万一起った場合、日本の安全保障は太平洋地域の他のすべての自由諸国家の深い関心事となるだろう。

私は一九五一年には新らしい日本がまだ残っている戦禍を十分ぬぐい去ることができる講和条約を通じて完全な政治的自由の恩恵をうけることになるものと心から信じている。またさらにその後西欧の思想や理想と日本国民自身の尊い伝統や、世界が尊重する古来の文化とが交流したものから生れ出た政治的道義、経済的自由及び社会正義の不変の理念にしっかり根をおろした日本国民が今後のアジアの運命に大きな影響を与えることを心から信じている。

連合軍総司令官 元帥

ダグラス・マッカーサー

朝鮮の青年は泣く

腕に容共の"印"
消えぬ汚点・心は反共

【永川にて3日龍戦部特派員発】朝鮮戦線にまきこまれていた国連軍の手に収容されていた約二万七千の韓国民間人は、今回クラーク大将の命によって釈放されることになり、それぞれなつかしの家郷に帰ることになったが、その第一陣千七百七十三人が収容所のあった永川から汽車でそれぞれの故郷へ向った。第二陣も数日内に出所し数週間内には全部の釈放が完了することになっている。第一陣は小数の老人と少年を除いて大多数は青年で市民証明書のほかに衣服一式と一ヵ月分の食糧を支給され嬉々として故郷へ向い、一方受入れも計画通り順調にいっている。

しかし今回の釈放は彼らにとっては新しい生活の始まりであるとともに彼らが今後直面しなければならないいろいろな問題の始りでもあるようだ。

がんじょうな体つきの一人の若い抑留者は記者に左の腕を示しながら「これがあるばっかりに私は一年近くもあちこちの収容所を転々しなければならなかった」と語った。彼の左腕には共産主義への忠誠の誓いを意味する朝鮮語のいれずみがくっきりときざまれていた。彼は十一年間父と一緒に日本に住んでいたが、一昨年朝鮮に帰ったとたん北鮮軍の侵略にあって強制的に北鮮軍に入隊させられ、国連軍と戦わされたが、昨年八月国連軍の捕虜になったという。

その間共産主義への忠誠を示すため進んでいれずみをしたが、すぐ若気の至りを後悔したものの間に合わなかったというのである。

彼は韓国国旗を染め込したはちまきをして「滅共決死」と書いたたすきをかけているが、このはちまきやたすきをとれば終生ぬぐうことのできない容共のラク印が現われるのである。

現在彼は反共主義者に相違はないが彼の肉体は筋金入りの共産主義者であることを宣言している。いわば一つの体に分立した二つの朝鮮を象徴して生きねばならないのである彼のような犠牲者は外にもたくさんあり彼にはその典型的一例にすぎないという。ここにも「鳴呼朝鮮」の悲劇がある。

=写真は釈放を待機して待つ民間抑留者達

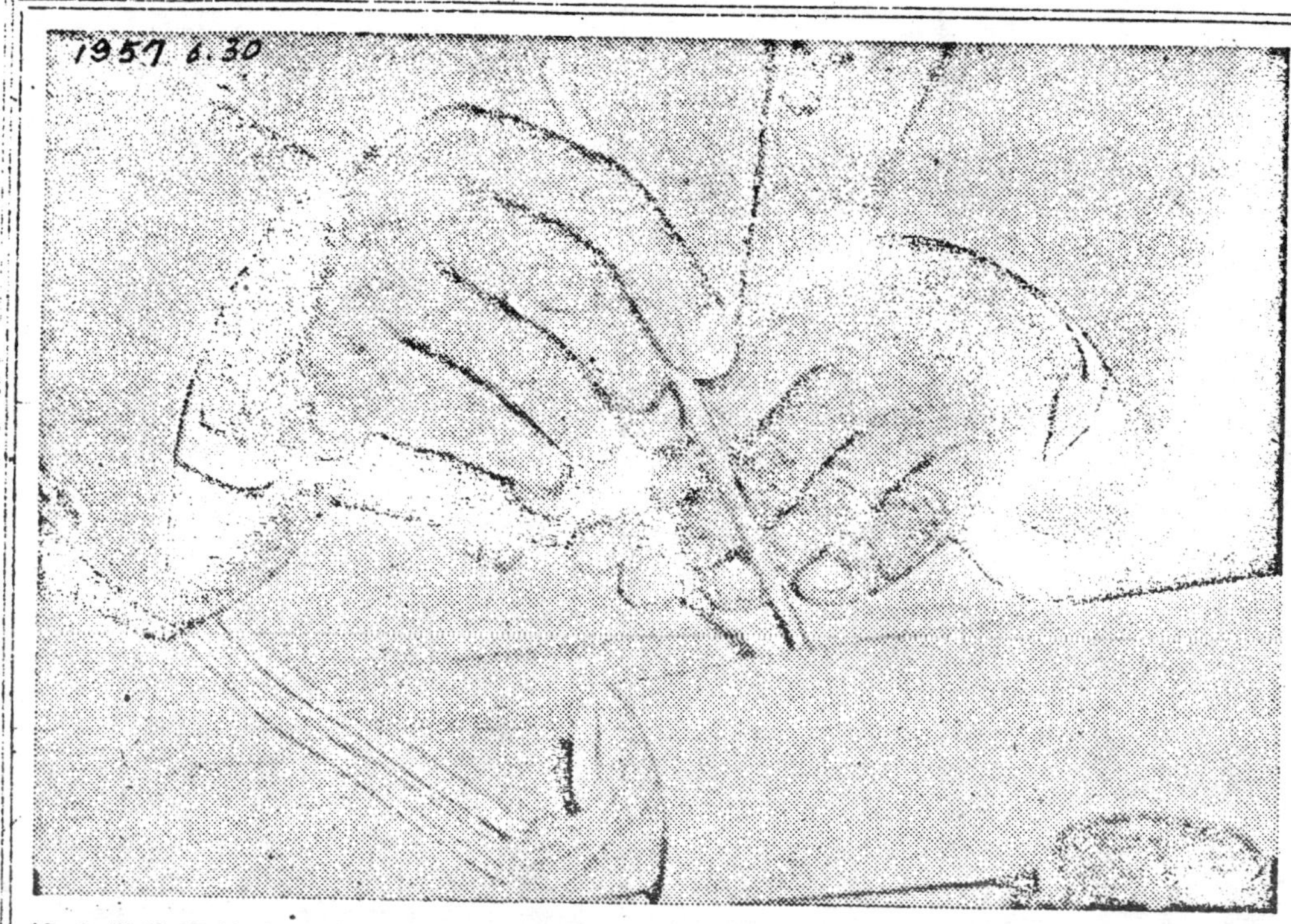

降りみ降らずみ ②

対日感情の"象徴"

李承晩の手

細い筆を軽く握って紙に向う老人の手。この手が日韓交渉のすべてを握っている。ことし八十三歳になった李承晩韓国大統領の二つの手である。白い紙と対照的に黒ずみ、甲も指もシワがよっている。やがて一世紀に迫ろうとする歳月を戦い抜いてきたアトがうかがわれる。初めは祖国の独立維持のために、ついで祖国の独立回復のために、いまは祖国の独立を守り抜くための手だ。

朝鮮海峡から日本海の西部にかけて、いわゆる李ラインが設けられ、それを侵したという理由で多数の日本人漁夫が漁船もろとも抑留された。この不幸な事件が相次いで起ってから、李大統領に対する日本国民の感情は極めて遠い。かつてある防衛庁長官は韓国と一戦も辞せずといわんばかりの強硬論をはき日本海海戦が再現するかと思わせた。

李ラインだけではない。財産請求権の問題もある。ひところは久保田発言が大問題にされたこともあった。それもこれも引っくるめてなんとか両国関係を軌道に乗せ、正しい国交を結ぼうという努力が、この春以来急速に進みだした。そのきっかけとして、釜山に抑留されている日本人漁夫と大村収容所の韓国人刑余者をまず相互に釈放しようということに決まり、覚書も交換されるばかりになった。岸首相が渡米するまでに話をつけることが双方の目標だったが、最後のドタン場で「待った」の声がかかった。それは李大統領である。かつて日本憲兵のゴウ問にあい、生ヅメを抜かれ指先を焼かれたというこの二つの手の持主である。日本の軍国主義がかつて朝鮮に加えた傷あとを考えてみる必要もあろう。李大統領のツメも元のように生えそろっている今なのだから。

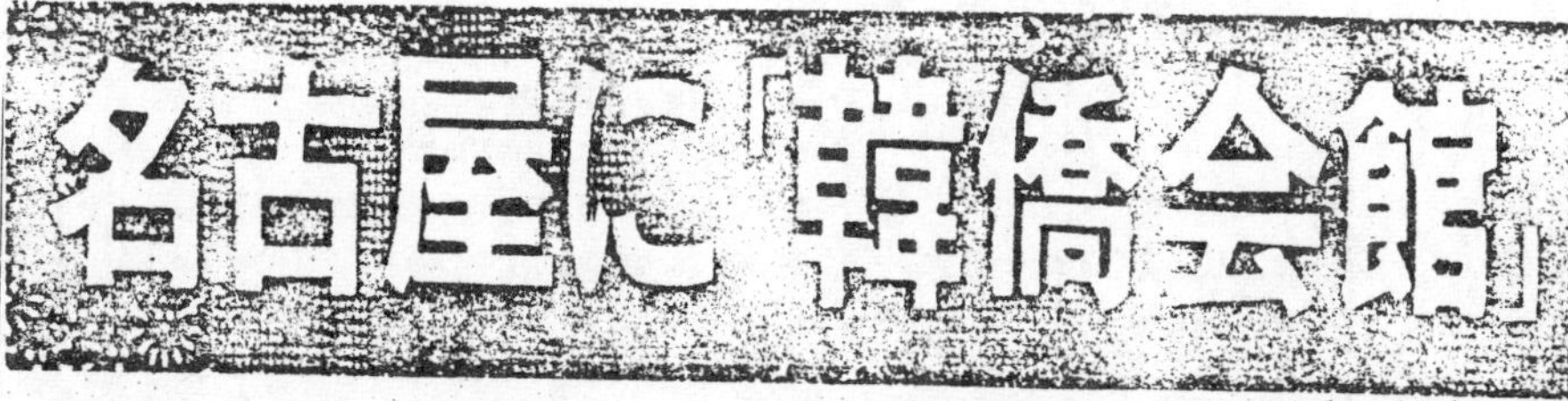

名古屋に「韓僑会館」

HAN-YANG.33.

愛知県韓僑会館建設のため去る七月十八日に愛知県民団本部事務所において同民団三機関並に傘下各支部団長会を開き愛知県に居住する四万余の韓僑会館を建設する建設委員会が構成、委員長に山本製菓株式会社々長趙鏞玉氏を選任し実践運動が展開されたがその募金成績は上々であり九月末日まで既に目標額の半分に達したと言われ、末日までの寄付者は次の通り

▼現本部副団長李亢梓氏金十万円▼同副団長東本梓氏金二十万円▼建設委員長山本製菓社長趙鏞玉氏金五十万円▼現本部団長劉学変氏金十万円▼現韓青愛本団長朴泰達氏金十万円▼毎日殖産社長趙正周氏金十万円▼韓陽新聞社長朴石悲氏金三万円▼八阪鉱山社長権会俊氏金十万円▼矢田紡績社長白達成氏金十万円▼小山鉄工所社長小山秀一氏金五万円▼柳重福氏金一万円▼ホームラン製菓社長田中辰夫氏金十万円▼豊田化成社長豊田幸男氏金五万円▼宮本組組長宮本富夫氏金二万円▼李重則氏金一万円▼川上製菓社長李明吉氏金二万円▼大洋製作所社長金基浩氏金十五万円▼金子商店社長金小得氏金十万円▼金海慶氏金二万円▼大原商店社長徐載燾氏金三万円▼孫普浩氏金一万円▼金明洙氏金一万円▼李載揆氏金一万円▼韓日鉉氏金一万円▲金乙泰氏金一万円朴重治氏金二万円▼鄭仁守氏金二万円▼朴判変氏金一万円▼大倉織機社長徐領録氏金一万円▼徳山産業社長洪性大氏金五万円▼金在永氏金一万円▼現民団本部副議長李其咋氏金十万円▼加藤産業社長金大頭氏金五万円▼神機鉄工所社長姜伯律氏金一万円▼韓任出氏金一万五千円▼李棟瑶氏金一万五千円▼永川炭鉱社長曹聖燦氏金十万円▼八進タクシー金五万円。

尚現在管内僑胞一般募金として一人百円以上の自発的献出運動が各支部長を通じて行なわれているもの約百万円、又大韓婦人会が五十円等を合計すれば四百余万円に達している。写真(上)は趙建設委員長

李大統領の『太平洋同盟』

韓国軍事使節団の東南ア訪問

韓国の東南ア使節団が十二日一ヵ月ぶりで帰ってきた。同使節団の目的は台湾、マライ、ビルマ、ヴェトナム、ラオス、カンボジアの六ヵ国に太平洋同盟の結成を呼びかけるというふれ込みであった。団長は朝鮮休戦会談の立役者崔徳新少将、帰路には台湾から国府総統蒋介石の親書を持ち帰ったというが果してその成果はどうだったか。(解説)

1954.3.14 毎日

ねらいは「反共」と「抗日」

各国の警戒で成果上らず

◇韓国の構想　"太平洋同盟"はキリノ・フィリピン前大統領の構想だが、朝鮮動乱後そのお株は韓国と国府の手に移った観がある。李承晩大統領が昨年十一月、休戦直後の韓国をあとに突如、台湾に飛んで、蒋総統と水入らずに談合に及んだあたりはこの間の消息をよく伝えるものだ。次いで韓国は同年十二月、白楽濬前文教部長官らを団長とする第一次使節団を東南アジアに派遣した。本年二月に出発した崔使節団は第二次ということになる。ところで李大統領が描いた太平洋同盟の構想は、米国の構想とはかなりの隔たりをもつもののようだ。それはインドやインドネシアのような韓国に批判的な国々および隣国の日本を除外して反共第一線諸国で結成しようというものだからである。

◇その背景と意図　李大統領がこのような同盟の急速実現を意図した背景としては第一に韓国が現に直面している深刻な経済危機が考えられる。戦乱後の韓国の再建計画は遅々とした歩みぶりである。国家再建に不可欠の重工業資源に欠けている韓国としては、北鮮との合体による以外に経済的再生の道がないことは官民ともに熟知している。しかも平和的方途による朝鮮統一は"不可能"と信じている韓国が必然的に"北進"を叫び、武力統一を悲願とするのもこうした事情があるからにほかならない。さらに戦後の士気のゆるみや政府不信の声を防止するためにも李大統領は常に国民の眼を外に向けさせ臨戦態勢を維持しなければならなくなっている。

そこで李大統領は反共同盟の結成をうたうことによって韓国が「北進武力統一」を実行した場合、少くともアジアの反共国家が"共産国家対非共産国家"の戦闘に協力するのを期待するとともに、一面この同盟を"侵略"の日本の台頭を抑えるための反日組織に利用しようということを意図したもののようである。

◇韓国の実際的な呼びかけと抗日宣伝　李・蒋会談に基く韓国の呼びかけはまずアジアの反共戦線を統一するため東南アジア会議を開き、ついでこれを反共同盟にまで持って行こうとするものである。崔使節団もこの方針に副って各国のハラを打診してきたわけだ。ところが崔使節団を側面援助し、さらには太平洋同盟への呼びかけを空手形で終らせないためには李大統領は少くとも何らかの"手"を打つ必要があった。二月五日の鎮海会談で李大統領はハル司令官に対し、インドシナのフランス軍を援助するために韓国軍一個師団の派遣を申入れたが、消息筋はこれこそ李大統領の大きなゼスチュアだったとみている。

すなわち、フランス当局から拒絶されるようなことを承知の上でなおかつあえてこの申し入れを行った李大統領の真意は、行悩み状態の反共同盟の構想を実現させるために、東南アジア各国に対し「韓国が主張する反共同盟は戦乱発生の場合、軍隊派遣という実質的裏づけをもつものである」ことを認識させ、各国に対韓信頼感を持たせることによって崔使節団の使命達成を容易ならしめることにあったというのである。

一方"反共同盟すなわち抗日同盟"とワクづける韓国は"再軍備日本"の再侵略の幻想に脅える東南アジア各国の対日恐怖心をあおり立てるため崔使節団に各国で強烈な抗日宣伝をぶたせている。過日シンガポールで行った崔少将の言明はその好例である。すなわち「米国は日本の戦犯の手に権力を与えることによって大きな誤りを犯した。機会さえあれば日本人は真珠湾攻撃を繰返そうとするだろう。日本の国会議員の五五%は米国人を憎む戦犯なのであり、第三次大戦が発生すれば日本は共産側に味方するだろう」という調子であった。

◇しり込みする東南アジア　ところが李大統領の呼びかけに対して、東南アジア各国はむしろ警戒的な態度をとっている。インド、インドネシア、ビルマなど中立国的立場を堅持する国々は、韓国の企図する太平洋同盟は米国の"衛星国"だけの集合体にすぎず、かえってアジアが第三次大戦の発火点になる恐れが増大するとして極めて批判的だ。またフィリピン大統領に就任した"反共の英雄"マグサイサイ氏すら「国内問題の解決こそ急務だ」とし李大統領の申入れをていよく拒絶している。国府も李・蒋会談で"反共戦線の結集"という原則には同意したものの、ジュネーヴ会議に応じた米国の態度からみて太平洋同盟の実現はほとんど至難だとみている。

◇米国の構想する太平洋同盟　米国はアンザス条約、日米安全保障条約、米比相互防衛条約、米韓相互防衛条約というような地域的安全保障条約を相互に有機的な関連をもたせ、インド、インドネシアをも含めた全太平洋地区の集団安全保障体制まで発展させることを窮極の目標としている。したがってニクソン米副大統領が昨年訪日に際して「日本は太平洋防衛のカギ」と力説しているように、米国としては"アジアの兵器廠"日本の同盟参加は第一義的な問題だと考えている。この点、日本を敵視する韓国の考え方とははっきり異っている。だから国府筋ではこの辺にも李承晩構想の難点があるとみているようだ。

◇今後の問題　日米MSA協定を論評してフランスのル・モンド紙は太平洋同盟問題に触れ"再軍備"日本の台頭に深刻な脅威を感じている以上、韓国が日本との同盟を納得するのは至難だと論じている。したがってモスクワ放送の伝えるように、日米MSA協定によって米国が太平洋同盟結成に乗り出すとすれば、当然日韓両国の国交調整が表面に浮び上ってこなければならないことになる。つまり米国が日韓問題解決の調停に乗り出したその時こそ、太平洋同盟は実現に一歩近づいたという見方もできるわけだが、四月二十六日から開かれるジュネーヴ会議の予想もつかない現在では太平洋同盟の早急実現は望み薄とみるのが妥当であろう。

国府、韓、比、タイの四国会談

四月に開催説

【台北十三日発=UP特約】十三日国府系通信社は"政府高官筋"から得た情報として太平洋反共同盟の結成を協議するため四月に国府、韓国、フィリピン、タイの四ヵ国会議が開催される予定だと伝えた。しかし国府外交部筋はこの報道に対する論評を拒否したが、信頼できる外交筋はこの報道は"信憑性"を持つものだと語った。もし四ヵ国会議が開かれるとすればその開催時期はジュネーヴ会談と符節を合すことになる。

韓国民主主義の危機

李大統領がひき起す
政権保持に手段を選ばず

曹奉岩氏

李承晩大統領

◇……韓国ではいま激しい政治的暴風雨が吹きまくっており、この国の根の浅い民主主義は消滅の危機にさらされている。従来も時として政治的季節風が吹き荒れたことは再三に留まらなかったし、その発生先が李承晩大統領そのひとであり、理由は彼の政権保持にあったことは現在も従来も変りはない。一九四八年初代大統領に選ばれた李承晩氏は五二年戒厳令を布いて憲法改正を強行し、五四年にも大統領の三選を禁止する憲法を一方的に改めて終身政権を独占する道を開いた。いずれも政界のルールを無視した強引なやり方だったが、李大統領が"国民の希望とは程遠い、反動的な"強圧手段をとるようになったのは昨年五月の総選挙いらいのことである。

この選挙では政府、与党は野党を徹底的に弾圧したにもかかわらず結果は与党自由党の百三十六に対し野党民主党は一躍七十九議席と三分の一を確保（前回は自由党百九に対し民主党十五）とくに都市での自由党の衰退は著しかった。この選挙は国民に政権交代の希望を与えると同時に、李政権にとっては人気の大幅な低落を意味し、従って普通の手段では政権延長は期待できないという警鐘にもなった。李大統領はここで国民の意向にそう政策に切替えようとせず、内外からの非民主的だとのそしりを背後に、彼一流の強引政策の強行に踏み切ったのである。

国民の心配が現実に

◇……李大統領の強硬策の皮切りは昨年十二月二十四日、野党議員をカン詰にして国家保安法、地方自治法改正を強行通過させた、いわゆる"二四クーデター"に始まる。この時野党はもちろん、広く国民の間にも政府は新国家保安法を言論、政治活動の弾圧に利用するのではないかという懸念が高まり、一方政府側は繰返し同法を悪用しないと約束した。だがその後、国民の懸念はすべて現実と化し、政治危機をもたらしている。

一月十五日改正保安法が施行され二月二十七日、曹奉岩元進歩党委員会がスパイ活動を行なったという理由で最高裁から死刑の判決を言渡された。曹氏は元共産党員、四六年共産党と絶縁していらい農村部長官、国会副議長などを歴任韓国切っての進歩的政治家として青年層に人気があった。五六年の大統領選挙で、前回の三倍近くも伸びて二百十万票を獲得、前回の五百二十三万票から四百九十万票に落ちた李大統領の心胆を寒からしめた。李政権は昨年五月の総選挙を前に進歩党を解散させ、曹奉岩氏を逮捕したが、これは当時からライバルを倒すための政治的策謀という見方が有力であった。第一審で懲役五年の判決を受けた曹氏が最終判決で死刑を宣告されたことは国民に割切れぬ気持を残すとともに、これも李大統領の"勝つためには手段を選ばぬ"やり口ではないかという印象を与えた。

我慢ならぬ京郷新聞

◇……ついで李政権は四月三十日野党系の有力紙京郷新聞に対して廃刊の命令を下した。直接の原因は同紙の余滴欄がシカゴ大学のハメンス教授の「多数の暴政」という論文を引用して「人民が未成熟な事態を利用して"仮装された多数"が出現すれば、それは"少数の暴政"であると断言せざるを得ないし、選挙で真の多数が決定されない場合は暴力による真の多数の決定があり得る。仮装された多数はおそかれ早かれ真の多数に代っていくのが歴史の原則である」という個所だった。これは与党の強引のまかり通る韓国政界の現状を痛切に衝いており、李政権にとって我慢のならないところであった。同紙の廃刊は、さきの国家保安法改正を違憲として全国的な反対運動を続けている野党勢力を硬化させた。

野党へ更に追討ち

◇……民主党は京郷新聞廃刊事件は言論弾圧だけではなくて、二四クーデターいらい一貫した李政権の権力主義の現われであるとして院内外での闘争強化を決定した。しかし同党は健全野党の立場を主張する張勉副大統領の一派と柔軟戦術をとろうとする趙炳玉最高委員の一派と二つに分れており、次期大統領候補の指名をめぐって暗闘を続けている。さらに新国家保安法反対の組織として結成された「民権守護国民総連盟」も脱退者が続出して、野党勢力は四分五裂の状態であり、このことが政府、与党にどのような横紙破りも可能だという自信を与えていることは否定できない。事実、政府はこのほど政党活動を規制する措置を発表して、野党に対しさらに追打ちをかけている。韓国政界は二四クーデターいらい、あいつぐ李政権の強引な措置により、国政運営の正常化はまったく絶望となり、政界は混乱の極に達している。

米国も真剣に警告

◇……一方、注目されるのは韓国の民主主義的成長に責任を負っている米国が、李大統領の行動を遺憾とし再三警告を発していることである。ダウニング駐韓国米大使は京郷新聞廃刊に関し米大使館員を派遣して韓国当局者に面会を求めたが、拒否されたため「韓国政府の措置は非友好的だ」と声明、米国務省でも直ちにこれを支持した。同大使はその後も再三韓国政府に米政府の公式見解を伝えて慎重な考慮を求めていると伝えられるが、これは米政府がいかにこの事件を重視しているかの現われであろう。米紙も、ワシントン・ポスト紙をはじめとして李政権の非民主性を強くなじっている。だが四選をねらう李大統領は相変らず高姿勢をとってはばからぬようである。結局のところ、現在の政局混乱は明年六月の大統領選まで続くという可能性が強く、政界の正常化は当分の間望めないというのが実情である。（鎌）

34.5.3 東京

泥沼入り 韓国の政情

李承晩大統領

トピック

野党の韓国民主党はじめ韓国知識層から"民主政治の死亡診断書"とまで騒がれ、非難された国家保安法改正案はこの十五日から発効した。しかし同法の施行をめぐって民主党を中心とする反対闘争は少しも衰えず、京城市内ではデモ隊と警官隊が衝突するなど国★★内政情はまことに不穏な空気に包まれている。こうした韓国の政治不安に米国務省は十四日、ダウリング駐韓大使をワシントンに召還したが、その目的の一つは全く泥沼に落ちこんだ韓国政治の実情報告ではないかともみられる。

写真は京城で行われた保安法反対の抗議大会に出席しようとする野党議員とこれを阻止しようとする警官隊のもみ合い。（UPI）

強まる李独裁政治
国家保安法騒動続く

四選図る李大統領

"民主主義の葬儀"と野党側から非難攻撃された国家保安法改正案を政府・与党が起草し始めたのは昨年八月のことで、表面にかかげた国家保安法改正趣旨は北鮮からの挑発、扇動、スパイ行為が激化しているため、ぜひ現行法を改正、拡大強化し共産分子およびそのシンパの活動を未然に防止する必要があるというのであった。けれどもこれを額面どおり受取るものは少なく、野党および言論、法曹界など韓国知識層はあげてこの改正法案こそは来年五月までの間に行われる地方市長選挙、参議院選挙および大統領選挙に李大統領の率いる自由党がしゃにむに勝利をおさめるための先制攻撃だとし、この改正法の通過によって、野党および言論活動は完封され、李大統領の一党独裁政治になるとして猛然反対闘争を展開した。

官憲の干渉を強化

あまりのごうごうたる非難攻撃に韓国政府・与党は昨年十一月はじめ民議院に上程した原案を撤回、一部修正の後、同十八日再上程したが、全文三章四十条、付則二条からなるこの改正案はつぎのような民主国家とは義理にもいえないような国民生活に対する強力な官憲の干渉を強化したものであった。

一、国家の転覆を目的とする結社（北鮮の指令下に動く不法団体）に対する刑法の適用は一般とは区別して厳罰に処す。

一、スパイの概念を明確にし、従来の軍事機密だけでなく、すべての利敵目的のための国家情報の収集はスパイ活動とする。

一、不法宣伝、扇動の禁止範囲を強化拡大する。

一、デマや意識的に事実を曲げた言動に対する取締りの強化。

一、未遂犯でもその性質が国家に対する陰謀の場合は既遂犯と同一とみなす。

一、この法案に規定する罪を犯したものの教育機関、報道機関への就業禁止。

一、警察の拘留期間、捜査機能の強化、軍情報機関の捜査権を法的に確立する。

野党議員監禁し可決

政府・与党はこのような厳しい法案をひっさげてついに昨年十二月二十四日、百三十八人という優勢な議席数にものいわせて民議院を暴力的に通過させたのだが当時の現地報道によると、この日政府・与党は完全武装した警官隊を民議院内外に張り込ませ、議場にいた趙炳玉氏はじめ民主党員、無所属議員合わせて八十五人を暴力で地下室、廊下その他に監禁、その間わずか十八分のうちに与党議員だけで保安法改正案および一九五九年度予算案さえ可決した。

さらに市町村長の公選を任命制など実に二十二件の重要法案をまったく"問答無用"の暴力国会で押切った。

デモ隊・警官隊激突

かくて無気味に明けた京城の正月七日、約一万のデモの群衆と政府・与党が狩り出した武装警官および万余のデモ隊があわや血の雨を降らさんとしたが数の不利を知った民主党側の戦術転換でひとまずことなきをえた。しかし再び十三日、警察の集会禁止令を無視して全国から集まった約七千人のデモ隊が警官隊と衝突、双方に多数の負傷者を出した。こうした衝突事件は今後野党側が保安法改悪反対闘争をやめない限り全国各地で続発する恐れは十分ある。

また野党側議員六十六人の要請で保安法の無効宣言のため十二日招集された第三十一臨時国会（全議員の四分の一以上＝五十九人＝の署名があるときは議長は国会を招集しなければならない）は自由党議員のボイコット戦術によって本会議は成立せず、流会を続けており、事態好転の兆はいまのところ見当たらない。それどころか政局収拾に努力する張勉副大統領（民主党）の会見申込みにさえ李大統領は"政府に反対し、国民を離間させるような人物と同席できぬ"として十五日面会を拒否、妥協の余地のない強気を示している。

米も批判の声明

こうした韓国の泥沼政争、とくに李大統領の民主主義政治のワクを越えた強引さに、さすがの米国も傍観しているわけにゆかず、保安法を通過させた日すでに"円満な民主的手続を経ずに同法案を通過させたことはきわめて遺憾である"と強い批判声明を国務省から発表している。

保安法をめぐるこんどの韓国の政争がどう片づくかいまの段階では何ともいえない。しかし共産勢力と戦う韓国を民主陣営の最前線として朝鮮動乱以来、年間経済援助で二億二、三千万ドル、軍事援助で五、六億ドルという膨大な援助を供与している米国が大使を呼んで実情調査に乗り出した事実は李大統領といえども考慮に入れざるをえないだろう。現在の李大統領の立場は保安法を強行実施すれば、米国の対韓政策の再検討という現政府にとって好ましくない事態が起こる可能性もある。

いずれにしても、韓国議会政治の正常化は当分期待されず、大統領四選を目ざした李大統領の強引な政策が、民衆の反感を買い、李大統領の韓国独立の父としての名声を地に落すような皮肉な結果になりかねないようだ。

（本社 加藤通夫）

保安法案反對聲明
在日韓人記者團서도

【東京十八日発合同】在日 韓国人記者団은 지난十三日 總會를열고 本国政府가 國會에提出中인 国家保安法案과 이에対한二国日刊新聞 通信社主筆 編輯局長共同聲明을討議한後 다음과같은 決議文을 多数決로採択하고 十八日本国国會 政府 그리고 共同聲明을作成한 新聞 通信社等에発送하였다

一九五八年十二月十三日在日本韓国人記者団은 総會를開催하고 本国政府가 国會에提出한 国家保安法改正案에対하여 慎重한討議를 거듭한結果 国民의基本的人権利와自由를 極度로制限하는 数많은要素를 包含하고있고 그制定및 解釈如何에따라서는 겨우軌道에 오르고있는 祖国의 民主発展에 저지않은 沮害가될 恐慮가있음을 指摘하지 않을수없다

過去70年間の米韓関係回顧

―李大統領、INS通信社へ書簡―

米の行動を疑問視

休戦はみせかけの平和だ

【京城特電19日発＝INS】李韓国大統領は十九日INS通信社に書簡を寄せ、過去七十ヵ年にわたる米韓関係を回顧し、韓国としては休戦受諾の条件としての米韓相互防衛条約には応じられないとし、アメリカは朝鮮の休戦により"みせかけの平和"を達成するに過ぎず多大の道義的責任を犠牲にして獲得したこの休戦をまもるためあらゆる苦闘をしなければならないだろうと要旨次の通り言明した。

一、韓国民はアメリカの行動の真に意図するものは何であるかを疑問視している。対日戦の終了間際になってソ連を参戦させ、朝鮮を二分し、さらには四国共同管理を朝鮮に押しつけようとしたのはアメリカである。

一、アメリカが一八八二年条約に違反して一九〇四年日本との秘密協定で日本の韓国占領を認めたことを韓国民は想起する。

一、第二次大戦中われわれは中国にいた朝鮮臨時政府を承認し、同国軍に対し武器および武器貸与法による援助を与えるよう要請したが一顧も与えられなかった。

一、アメリカが軍政を布いていた間アメリカ高官は再三にわたり韓国には戦略的価値がないことを強調し、アメリカの防衛圏に含めてはならぬと強調した。

一、一九五〇年六月共産軍の侵略が起りトルーマン大統領は米海空軍を派遣する大英断を下したが韓国民はこれにあらゆる援助を惜まなかったが、アメリカは一ヵ年の戦闘と二ヵ年の会談ののち共産側と手を握ろうとしている。しかもその条件は韓国には受諾できないものである。

一、韓国は独立以来繰かえし米韓相互防衛条約を提案してきた。アメリカは既にオーストラリア、ニュージーランドあるいはフィリピンとこの種の条約を結んでおり、旧敵国たる日本とも話合うことどとなっているが、これが韓国となると不可能となる。韓国民としてはこれを疑問視せざるを得ない。純然たる想像かも知れぬがアメリカ部内の親ソ派親日派には米韓条約は邪魔となるのであろう。米韓相互防衛条約は韓国人の疑惑を一掃する意味でも、アメリカ部内の親日派親ソ派の旧式な考え方を一掃する意味でも有益である。しかしこれが韓国が休戦を受諾する条件として提起されるのであれば拒否する。

一、米国は政治会談では、みせかけ平和以外には何も得るところはなかろう。かえって多大の道義的犠牲を払って獲得した休戦を維持するためあらゆる努力をしなければならなくなる。

㊤李大統領㊦ア大統領

調印延期は確実、

米の事態収拾策にかかる

捕虜釈放事件の影響

韓国の捕虜大量釈放事件が調印一歩手前の朝鮮休戦交渉にどういう影響を与えるか全世界注目の的であったが、共産側は十九日朝新華社開城電としてこの反響を明らかにし、今回の事件は韓国側の行動とはいえ、米国が黙認してやらせた捕虜送還協定の侵犯行為であると鋭く非難した。共産側反響は直接板門店休戦会議との関係には触れていないので、この事件によってこんごの休戦交渉がどうなるかわからないが間接的に「米国が休戦会議に誠意をもっているかどうかは、この事件の処理いかんによって実証されるであろう」と結んでいる。したがって共産側は少くとも今回の捕虜釈放事件を理由にしていますぐ休戦会議も決裂ないしは行き詰らせるような出方はとらず、米国がこの事件の後始末をどうするか慎重に見守りながらさらにこんごの行動を起すのではないかとみられる。いずれにせよ共産側の非難は予期されたところではあったが、これによって休戦交渉が早急に調印にまでもって行かれるとは考えられず、米国が共産側の期待するような収拾策をとり、満足すべき結果がでるまでは少くとも休戦協定の調印は延びることは確実であろう。板門店の休戦会議はこの数日来参謀将校会議の事務的処理は順調に進展し、最後の難関といわれた軍事境界線設定も事実上終了、十八日から翻訳将校会議で休戦協定草案の訳文対照の仕事にとりかかっていたから、調印は予想どおり二十五日の朝鮮休戦記念日までには実現の運びに向っていた。したがってここ数日の動きは米国の事態収拾策いかんにかかっており、国連軍は十八日直ちに逃走捕虜の捜査に乗出し脱走者の逮捕を急いでいるが約二万五千に上るといわれる脱走捕虜全部を捜し出し収容所に連れ帰すということは韓国政府の緊密な協力がない限り事実上不可能である。しかも李承晩大統領は十八日声明を発表して、これら「愛国捕虜」をかくまい保護するよう韓国民に要請しているから韓国側が国連側の捜索を援助するということは考えられない。したがって脱走捕虜を全部再収容できない場合国連軍は共産側にたいしどう釈明するかが問題で共産側の要求する誠意とは何を意味するかが注目されよう。

他方この事件にかんする西欧諸国の反響は深刻で、アイゼンハワー大統領は十八日緊急会議を開いて対策を協議したのち李大統領にたいし重大警告を発したが、さらに第二、第三の対策を準備するものとみられる。またチャーチル英首相も議会で休戦に重大影響があるのではないかと懸念を表明しており、その他各地の反響も韓国のやり方を非難し、李大統領は世界の非難の的となりかけている。（共同）

責任

支援は責任を持ってやることよ！

責任

38度線を切るぞ！

しばらく待て！

我輩は考える！

国際価格なみで 日本から資材買付け認む

1954.2.15 毎日

李大統領回答 ＝UP通信の質問に＝

【京城十四日発＝UP特約】韓国の李承晩大統領は十四日、対日問題に関するUP通信の書面による質問に回答し『韓国の再建資材を日本から買付けることを条件付きで認めるが日韓会談を再開するには日本政府がさきの会談における"侮辱"を撤回しなければならない』と述べた。李大統領の回答次のとおり。（写真は李大統領）

日韓会談再開 "侮辱"撤回が必要

一、ある種の再建資材は日本から買付けることになるかも知れないが、それは品質、価格とも世界の他の国と同じ条件になった場合だけに限られる。第二次世界大戦終結以来、韓国は日本が韓国から買った以上に日本品を輸入した。

一、日韓会談を再開するためには日本は次の"侮辱"を撤回しなければならない。❶韓国は国際法に違反して創設された。❷日本はなお韓国財産の八五%を所有している。❸第二次大戦後、日本人を朝鮮から送還したことは国際法違反である。日本に誠意が認められ平和にして相互尊重の関係を希望していることがはっきりすれば、我々は日本が望むならいつでも日韓会談再開に応ずるであろう。

一、米国は上院が韓国の再建に承認した二億ドルの大部分を日本でつかっている。すなわち韓国に工場を建設する代りに、日本の経済を建てなおすために、この復興資金を消費物資購入に費消している。

一、韓国は時価で買う国々にはどの国にも米を売る計画であるが、これには日本も含まれる。また韓国は、米国が韓国との独占契約を改正しなければタングステンとクズ鉄を日本あるいはその他の国に売るだろう。

一、韓国の平和線（李ライン）のことは国際法と無関係である。この線内への日本漁船の立入りを禁止することは日韓両国が平和に共存するうえに絶対必要である。平和線は日本を含むいかなる国の公海上の特権を妨害するものでない。

日本善戦空しく引分け

日韓サッカー第二戦

韓国チーム極東代表に

1954.3.15 毎日

日韓サッカー第二戦は十四日午後一時から神宮競技場で快晴に恵まれ挙行、日本チームは善戦のかいなく2—2で引分けとなり、韓国は勝点3（日本1点＝1敗、1引分け）で栄冠を獲得した。六月スイスのチューリッヒで開かれる世界サッカー選手権大会の極東代表として韓国チームが出場することになった。

韓国 2（2—1、0—1）2 日本

【評】追う者追われる者、この試合が世界選手権出場の栄冠の分れ目となるので、とかくありがちな肝心なところで冷静さを欠き引分けになってしまった。特に日本は後半調子を出し今一歩のところで好機を逸していた。"もう一試合ぐらいやれそうだ"と試合後つぶやいていた日本選手がいたが、この体力の余裕は日本チームがまだまだこの日計画した変化のある攻め方を物にしてはいない証拠といえよう。前半15分日本はCF川本から左へ加納、さらに加納から鋭角的なパスが韓国ゴール前に送球され、これを好位置に詰め込んでいたLI岩谷が見事に決め第一戦と同様先取点をあげた。こうして15分ころまで日本の攻撃陣は好調に戦ったが、韓国の優れた走力、特にCF崔貞の個人技などに勝勢を崩されてしまった。韓国は24分LI鄭、43分にはCF崔がゴールを決め、2—1とリードした。後半に入って日本はハーフ陣の活躍とともに川本、岩谷のコンビが調子を出し、15分再びLI岩谷が得点して2—2と同点に持込んだ。後半における韓国は力強さがなく、キック力もなく、動きも直線的になって完全に持味を失っていた。試合は後半白熱して負傷者が続出、そのつど、医師、審判以外の応援者がグラウンドに飛びこんでいたが遠来の自国チームに対する声援に力を入れる気持はわかるとしても国際試合にふさわしくない一幕だった。（須佐光雄）

【韓国】		【日本】
[illegible]	GK	渡部（関大出）
[illegible]	FB	平木（関学出）
[illegible]		岡田（早出）
[illegible]	HB	宮田（立大出）
[illegible]		松永（東文大出）
[illegible]		大埜（東教大出）
[illegible]	FW	長沼（関学出）
[illegible]		賀川（神経大出）
[illegible]		川本（早出）
[illegible]		岩谷（早出）
[illegible]		加納（早出）
15	GK	14
8	CK	5
2	FK	14

▽主審 J・ハラン

【日韓サッカー第二戦】前半24分韓国LW朴のシュートをGK渡部よく前にたたいたがLI鄭巧みにひっかけシュート成る

李閣下
よろしく
おねがい
します

JAPAN

私が日本を
代表して
おわび申上げ
ます

S.YOSHIDA.

韓国の新聞閉鎖事件

李政府、独裁へ暴進
米の勧告にも耳かさず

34.5.14 読

焦点

昨年来、例の「国家保安法」の成立をめぐって与、野党が激しく対立、大さわぎがあった韓国で、こんどは政府が野党系の有力紙を強引に閉鎖させるという事件が起った。政府が公共機関である新聞を閉鎖したということは李大統領「独裁」の悪名高いこの国でも独立以来はじめてのことである。この政府の強硬措置に対しては、言論新聞界のみならず、野党側からもはげしい非難の声があがっており深刻な政治問題に発展しそうな気配である。

京郷新聞が政府批判

問題の新聞は発行部数二十五万、韓国第二の有力紙といわれる京郷新聞（カトリック系）で、ことの起りはさる二月四日付同紙「余滴」欄にのった要旨次のような小論だった。

「選挙をやっても真の多数決制が確立されない場合には暴力によって多数決制を獲得する道もある。それが"革命"ともいうべきものだが、擬装された多数決制はおそかれ早かれ真の多数決制にとってかわられるのが歴史的必然である。韓国の現在の危機を理解するにはまずこの点から出発すべきだ」

―現在の韓国の多数決制は擬装されたものであり、いずれは真の多数決制にとってかわられよう―といった論旨である。いいたいことも、十分いえないこの国としてはかなり思い切った勇敢な政府批判だが、独立以来の数々の李承晩政府の"暴政"にがまんならなくなり公憤の一端をもらしたものともいえよう。かねてから京郷新聞に目をつけていた政府側がこれを見のがすはずはなかった。日増しに高まる反李承晩気勢に神経をとがらせている政府であってみればこれまた当然の成行きともいえる。同月七日には警官隊が同社をおそい、社内を捜索する一方、同社社長、編集長ら関係者が取調べをうけ、ついで関係者は「新国家保安法違反」として起訴された。同法成立以来初の違反事件というわけである。ところがその後の四月三日当局が取調べ中の北鮮スパイ容疑者に関する記事が京郷新聞にスッパ抜かれるという事件がおきた。ろうばいした政府はまた当の執筆記者二人を逮捕、これまた「新国家保安法違反」として起訴してしまった。

米軍政令を適用

京郷新聞の「閉鎖」は右のような事件を背景に行われたものだが、ここでいかにも「奇妙」なことはこの「新聞閉鎖」というかにも非民主的な措置には米軍政令八十八条が適用されているということである。もともと、この軍政令というのは一九四六年韓国が米軍政下にあった当時臨時にきめられたもので八十八条というのは「新聞発行を許可制とする」ことを取決めたものである。この国が憲法を制定して独立したのが四八年だ。独立後十年余りを経たいまとなって、いまさら米軍政令を持ち出すことがいかにも不可解であることはだれの目にも明らかであろう。

結局、個々の「虚報」や「誤報」には「国家保安法」を適用できても「新聞閉鎖」という「大仕事」には手が出せず、ついにほこりをかぶった米軍政令という古証文を持ちだしたというのが真相のようである。「不利」なことは「無理を通しても」これを押しつぶす李政府独特のやり方ともいえるようだ。

違憲論争の火花

さて、こうした政府のやり方に新聞、言論界が反撃したのはいうまでもない。当の京郷新聞はさる一日「米軍政令は大韓民国憲法成立でその効力は既に失われている」旨を公表するとともに「言論に制限を加える」ことこそ憲法違反だとし、さる五日には京城地方裁判所に対し、政府の「廃刊処分」を無効とするよう提訴した。その他、韓国日報（中立系）は「記者が正当な業務上の行為を行なってそれが罪を構成するのであれば、民主的言論は窒息するほかない。新聞社を閉鎖することは愚かこの上もないことであり、この愚行でだれが利益を得、だれが損するかは歴史が証明するだろう」ときめつけている。

政府系紙さえ批判

また政府系の連合新聞さえ「政府は読者のためにもっと寛容であるべきだ」とのべているし、韓国新聞編集人協会も二日声明を発表し「民主主権の体制を備えているはずのわが国で、いわゆる法律でない戦時下の米軍政令を借りて新聞を廃刊処分にしたことは民主言論史上に大きな汚点を残すものだ」ときめつけている。ことこの「京郷新聞閉鎖」に関しては、与党系、野党系各紙はこぞって政府批判の立場に立ち、見事な超党ぶ

「邪魔者はヤッチマえ！」

家石　かずお

裏頁に続く　A

Ａに続く

りを示している。野党民主党の政府攻撃も次第に活発化してきた。同党指導者の一人で副大統領でもある張勉氏は「こんどの政府の措置は単なる新聞言論界に対する圧迫ではなく来年の正副大統領選にそなえて野党を押えようとする政治的行為」であると言明、さる四日には首脳部会議をひらき「新聞閉鎖は世論と民主政治を根本から無視した権力一点張りの態度の現われだ」とし院内外での政治闘争を強化することを決定した。李大統領が明年の大統領選に立候補すると発表したのはついこの間のことである。いま韓国の正副大統領は、大統領が自由党、副大統領が民主党といった変則ぶりだ。李大統領としては自分の在世中になんとかして張勉副大統領をけおとして大統領への道を封じ（韓国憲法では大統領欠位のさいは副大統領が昇格することになっている）腹心の李起鵬民議院議長を副大統領にしたいと考えているといわれる。

人気のなさは自覚

しかも李大統領、李政府の人気が日に日に落ちていることは大統領自身最もよく知っていることであろう。「来年の選挙には是が非でも勝たねばならない」ーそしてそのためには「邪魔者はすべて除こう」ーということとも解される。

米もて余し気味

ところで、ここで見のがすことが出来ないのはこの「新聞閉鎖」事件がまたまた米韓関係に微妙な影響をあたえていることだ。ダウニング駐韓米大使はさる一日大使館員二人を韓国公報処に派遣、事情を聴取しようとしたがこれら大使館員はついに金聖天公報処長に会うことが出来なかった。大使館側は面会を拒否されたとして韓国側に抗議、一方韓国側では「会議中のため会えなかった」といっているが、アメリカ側が不快に思ったことはうたがいない。ダウニング大使は四日正式に金外務次官と用談したが、韓国政府の態度に警告したものといわれている。「国家保安法」を成立させたさいの余りにも強引な李政府のやり方にアメリカが控えめながら「勧告」したのはつい昨年暮のことだった。そしてまたこんどの事件である。アメリカも自由陣営の一枚看板である民主主義を何のためらいもなくふみにじる韓国には、あきれ果てるとともにもてあまし気味というのが本心であろう。

今日の問題
韓国の新聞廃刊

韓国政府は、四月三十日付で、野党支持のカソリック系紙「京郷新聞」を廃刊処分とした。

政府の手で新聞が廃刊されたのは、韓国成立以来はじめてのことだが、それもこの新聞が、発行部数二十五万という、韓国で二番目の大新聞であって見れば、韓国人にとって、小さな事件とはいえない。

事の起りは、さる一月四日付同新聞のコラム「余滴」の中に、韓国の政情を皮肉ったものがあったということのようだ。政府は、これを見て直ちに警官隊を派遣して、新聞社内を「捜索」する一方、関係者を数回にわたって警察に拘置して取調べを行った。韓国政府は、昨年暮の国会で「国家保安法」を強引に通過させ、さる一月同法を発効させたが、この中の「言論条項」によると、現政府を非難するような一切の言論については〝虚偽〟または〝誇張〟という名目で、片っぱしから処罰できるようになっている。

右の記事は、この法律違反の第一号とされたわけだが、検察当局は、同新聞社の社長と執筆者を起訴したあげく、そのほかの数回の記事が「反政府的」だとか、要人の名誉を「キ損」したとかという理由をあげて、ついに廃刊にしてしまったわけである。

これは、この三月で八十四歳となった李承晩大統領が、来年の大統領選挙戦に出馬するために、反政府的言論をおさえようとする第一着手だといわれる。それにしても、韓国の有力な新聞が、いずれも反政府系なのはどうするのか。「東亜日報」が三十万、「韓国日報」が二十万の発行部数を持つのに対し、政府や与党系の「ソウル新聞」や「連合新聞」は、それぞれ公称五、六万部とはいうものの、印刷はされても、読まれているかどうか不確かだとさえいわれるから、新聞の弾圧だけで、どの程度効果があがるかが、見ものである。

李承晩大統領は、かねがね「反共の闘士」をもって任じているようだが「反共」ということは、普通には、言論の自由の擁護と結びついているものだ。簡単に反対紙の廃刊などが行われるのだと、これは全く独得の〝李承晩的反共〟ということになりはせぬか。

〝新聞閉鎖は不名誉〟

韓国編集者協会声明

【京城三日発＝ＡＰ】韓国新聞編集者協会は二日、京城の有力紙京郷新聞を韓国政府が閉鎖したことに抗議する声明を出し「民主的な新聞の歴史上大きな不名誉である」と次の通り訴えた。

京郷新聞の発行許可を取消した政府命令を改めよ。過去の軍事国家と現在ある独裁国家でさえも、民主主義の発展に重要な使命を負っている新聞の組織をつぶし、また多数従業員に失業をもたらすようなことになる最後的手段をとることはしないであろう。日本軍国主義の支配下にあった当時の韓国でさえ新聞を閉鎖しなかった。韓国政府は古い米軍布告に基いて新聞閉鎖をしたが、これは新聞の自由を認めた韓国憲法に違反する。

会見拒否で双方声明

【京城三日発＝ＡＰ】韓国政府の金聖天弘報室長は二日、韓国新聞閉鎖を調べるため米外交官二人が会見要求をしたのに、これを断わったとのウワサを否定した。なおドーリング駐韓米大使は金弘報室長に対し、大使館員との会見が拒否されたことに抗議した、との声明を同夜出した。

金室長は「会見拒否は誤解で、米人はわたしが会議中にあわずに帰った。新聞閉鎖は新聞の自由抑圧ではない。他の新聞も法を犯して同じ運命にあうことのないように」と声明した。

34.1.31 朝日

政府、党で慎重検討

北鮮送還 韓国へ通知前に

岸首相

岸首相は在日朝鮮人のうち北鮮帰国の希望者を送還するという外務省の方針に対し、原則的には異存がないが、この問題を韓国政府に正式に通知する前に政府、与党内で慎重に検討した上で最終決定したい意向である。赤城官房長官は三十一日午後、岸首相にこの問題の経過を報告するとともに、今後の取扱いについて相談したが、岸首相は外務省の予定しているように来週中に閣議決定することは尚早であり、自民党の幹部や外交調査会とも協議するなど、正式な手順をふんだ上で決定したいとの意向を示した。首相は在日朝鮮人のうち希望者を北鮮に帰国させるという方向には異存がないが、外務省の方針が韓国側を極めて硬化させ、影響が大きいことに苦慮しているようである。しかし赤城官房長官はこの問題について政府与党内で十分協議してもその方向が後退することはないとみており、柳駐日韓国公使が来月帰任するまでに検討をすませて結論を出したい意向である。

来週決められるか疑問 赤城長官談

藤山外相は在日朝鮮人の北鮮帰国希望者を送還するとの意向を固め、来週中にはこれを政府の方針として閣議決定したい考えであるが、これについて赤城官房長官は三十一日朝の記者会見で次のように語った。

政府として北鮮帰国希望者をなるべく早期に送還したいという方向に向っていることは事実だ。しかしこの問題についてはすでに韓国側から強い反対が出ている上に、自民党の外交調査会とか関係各省の意見調整を必要とするし、また首相の最終的な考えもまだ聞いていないことなので、来週中に決定できるかどうかわからない。

"重大な結果招く"

北鮮送還 韓国外務部長官語る

【京城三十一日発＝AP】曺正煥韓国外務部長官は三十一日の記者会見で「もし日本が在日朝鮮人を北鮮に送還すれば、必ず重大な結果を招くであろう」と次のように言明した。

北鮮への送還は韓国の主権を無視するものである。私は日本がそのような誤りをおかさないよう希望する。もしそのようなことをすれば、それによる重大な結果の責任はあげて日本側にある。（同長官はその「結果」の意味については明らかにしなかった）われわれは事態を注視しなければならない。私は日本がそのような措置を敢えてすると[illegible]ない。

バカげた措置 柳公使談

【京城三十一日発＝AFP】駐日韓国代表部の柳泰夏公使は三十一日朝李承晩大統領と協議した後、在日朝鮮人の北鮮への"送還声明"について次のようにのべた。

在日朝鮮人を北鮮へ送還することは日韓関係に対する致命的な[illegible]ための会談の見通しを暗くするものである。私は日本の高官から何ものも北鮮へは送還しないという固い誓約をとっていたことは事実である。日本が送還問題を李ライン交渉の取引き道具に使うのはバカげたことだ。

34.2.6 東京

一両日に態度示そう

北鮮送還 柳公使きのう急ぎ帰任

柳公使

駐日韓国代表部の柳公使は一月下旬以来、本国に帰り、李承晩大統領ら韓国政府首脳と日韓会談について打合せをしていたが、五日夕刻、羽田着のCAT機で帰任した。同公使の帰任については先に同国国会でもめた国家治安法をめぐる在日韓国人一部の動きや北鮮帰国問題にからむ北鮮系朝鮮人の反対デモなどが予想されたため隠されていたものとみられる。政府としては在日朝鮮人の北鮮帰国を認める方針を決めており、韓国側の強硬な反対も予想されるので同公使が一両日中に外務省に何らかの形で日韓会談および北鮮帰国問題につき本国政府の意向を示してくることを期待している。また同公使から京城政府の考え方が公式に明らかになり次第、まず北鮮帰国問題に対する日本政府の立場を外務省を通じ同国側に示して了解工作を促進することになろう。

北鮮送還に踏切る

来週早々閣議決定

政府は、六日の閣議で、在日北鮮人の送還問題について検討した結果、早ければ十日の閣議で送還を正式決定する方針を決めた。この日の閣議では藤山外相から北鮮人送還問題にからんで日韓両国会談の前途について説明を聞いたが、政府としては人道上の立場から日韓会談の先行きに悪影響があってもこの際、北鮮人の送還を実現することが得策であるとの判断に落着き、来週早々閣議決定することになった模様である。

政府は目下国際赤十字に対し北鮮人送還の手続きなどを含む事務的な手順の回答を求めているが、北鮮人が北鮮への帰国を強く希望する以上、これを阻止することは不合理であり、国際赤十字も政府の意向に同調するものと見ている。

もちろん、政府が「北鮮人送還」に踏切れば、目下足ぶみ状態を続けている日韓会談で韓国側が今まで以上に強硬態度に出ることは目に見えているが、政府としては、この際韓国側の意向に沿って北鮮人の希望を無視することはできないとする決意を固めている。そして韓国との交渉はこの問題が解決した後、新たな立場で臨む方針のようである。

政府がこのような決意をしたのは北鮮人送還の実現は国内世論はもちろん、国際的な共感を呼ぶものであるとみたためであり、政府の立場をはっきりさせることが今後の外交、内政両面からみて有利であると考えて判断したことによるものである。

34.2.6 読

北鮮送還で覚書

昨夜帰任の 柳公使が携行

【新亜＝東京】本国に帰国中の駐日韓国代表部柳泰夏公使は予定を早めて五日午後六時CAT機で東京に帰任したが、新亜通信社が入手した京城からの情報によれば、柳公使は現在日本政府が計画している在日朝鮮人北鮮送還問題に関連する重要な対日覚書を携行しており、六、七日中に日本側関係者と会見するものとみられる。

34.1.31 読

外相、北鮮送還を急ぐ
日韓会談に深刻な影響？

藤山外相は三十日在日朝鮮人の北鮮帰国問題を早急に解決することを決意、同日夕刻には外務省首脳会議で具体策の検討に入ったが、これに対して韓国側は日韓会談と関連させて直ちに韓国代表部崔参事官が外務省に強硬な抗議を行うなど強い反発を示した。また一方与党内でも船田外交調査会長から慎重論がでるなど国内的にも複雑な反響が起った。このような情勢からこの北鮮送還問題は李ライン付近での漁船だ捕への懸念をはじめ、日韓会談そのものにも深刻な影響を与えそうな形勢となってきた。

藤山外相は三十日夕刻外務省首脳部と送還の具体策の検討を行なった結果、とりあえず次のような基本方針を決定した。

一、在日朝鮮人の帰国は、北鮮、韓国とを問わず、本人の意思を尊重、人道的見地から早急に実施する。

一、日赤を通じスイスの赤十字国際委員会に連絡、早急に実情の調査を委託、この第三者である国際赤十字の勧告を尊重して送還を実施する。

一、このため同日中に外務、法務、厚生、大蔵、警察庁など関係各省庁間で事務打合せを行う。

一、送還の実務は日赤―国際赤十字―北鮮赤十字のルートで行うものとし、原則として帰国旅費などは本人負担とするが、貧困者などに対する援護措置は、国際赤十字の勧告に従う。

一方韓国側は京城滞在中の柳公使の指示により、同日直ちに崔参事官が板垣アジア局長を訪ね、事実かどうかをたしかめるとともに、事実なら重大結果を生ずるから、日本側の翻意をうながす旨強硬な申入れを行なってきた。このようなイキサツから今後韓国側は日韓会談とからめて、さらに漁船だ捕など強硬態度を示すことが予想されてきた。

このため外務省では同日海上保安庁を通じて朝鮮海峡水域に出漁中の全漁船に対し、韓国艦艇によるだ捕に万全の警戒をするよう指令し、さらに明石丸のだ捕に対しても再抗議をするなどの措置をとることとなった。外務省としてはこのように一方で万全の措置をはかりながらも送還問題についてはあくまで日韓会談とは別のものであるとの見地から具体的措置を進めるとの態度をとっている。

日韓会談を妨げる
柳公使が語る

【京城三十日発＝AP】日韓交渉の韓国側代表柳公使は三十日「在日朝鮮人の北鮮帰国を許可するとの日本政府の決定は、現在の日韓交渉を決裂させるに等しい」と述べた。

34.2.9 読

日韓に悪影響
北鮮送還 柳公使が申入れ

駐日韓国代表部の柳公使は九日午前十一時外務省に沢田日韓会談首席代表を訪れ、在日朝鮮人の北鮮送還問題について約三十分にわたり会談した。柳公使は七日藤山外相に対してこの問題に対する韓国政府の見解をつたえたが、沢田代表との会談でも「日本政府が北鮮送還を決定すれば日韓会談にきわめて面白くない結果が生じよう」との意向をのべ、日韓会談日本側首席代表としての沢田氏の見解をただした。沢田代表はこれに対し

一、日本側としては在日朝鮮人がそれぞれ帰還すべき土地を選択する自由は政府としても拒むことが出来ないという国際通念にもとずいている。

一、またこのような見地から北鮮送還問題が日韓会談とは全く別個の問題であると考えており、わたくしとしては政府の決定にしたがうだけである。

との考え方を説明した。

なお柳公使は同日午後二時半再び外務省を訪れ、板垣アジア局長と会談する。

34.2.2

強硬な抗議申入れ
崔韓国参事官 北鮮送還で

駐日韓国代表部の崔参事官は、二日午前十一時外務省に沢田日韓会談首席代表を訪問、日本政府が在日北鮮系朝鮮人の帰国を原則的に認めようとしていることに対し、口頭で厳重抗議した。抗議は「北鮮系朝鮮人の帰国を認めることは日韓会談の進行に重大な障害となるものである。韓国政府部内には現在日本側のこの方針に極めて強硬な反対意見が起っており、日本側の方針撤回がなければ日韓会談の前途は悲観的な見通ししかない」旨従来の主張を繰返したもののようである。

これに対し沢田代表は朝鮮人の北鮮帰国を人道上から認めようとしている政府の立場を詳細に説明した。しかし崔参事官は日本側の立場を了解できない旨答えたが、結局柳公使が近く京城から帰任（時日未定）次第、沢田代表と柳公使との間で、あらためて日韓会談の進め方につき話合うこととした。

送還は当然
福田幹事長談

【大阪】自民党の福田幹事長は二日朝新大阪ホテルで記者会見、次のように語った。

北鮮送還問題は日韓交渉に影響があると思うが、人道上の見地からこれ以上延ばせないという藤山外相の意見はもっともで、外相は韓国を納得させる確信があるようだ。日中関係はいままでの行きがかりを捨てて、白紙の立場に返って進めていきたい。とにかくお互いに立場の違いを理解することが先決だと思う。

在外公館に指令
送還反対運動

【京城六日発UPI】信頼すべき筋によれば、韓国政府はこのほど在日朝鮮人を北鮮に送還しようとする日本の計画に対し世界の反対世論をまき起こすための運動を展開するようすべての在外公館に訓令した。この訓令は日本の計画が国際的な慣例に反し、韓国の主権を無視したものであるばかりでなく、非人道的行為である点を指摘するよう命じている。

早期に送還決定を
帆足氏、当局に要望

帆足計在日朝鮮人帰国促進協力会幹事長（社会党代議士）は七日坂田厚相、板垣外務省アジア局長、葛西日赤副総裁をそれぞれ訪問、北鮮送還問題について話合った。帆足氏は三氏に対して①送還について早急に閣議決定を行なうこと②官僚的な帰国希望者の実情調査は絶対行なわないことを要望した。これに対して坂田厚相、板垣局長は、送還を行なうという政府の基本方針にはいささかの変更もないが、ただ外務省と厚生省との間の事務的打合せが不十分であったため、世間に政府部内に意見の相違があるような印象を与えたことは遺憾であったと答えた。

また葛西副総裁は日赤も送還には全面的に協力すると言明した。

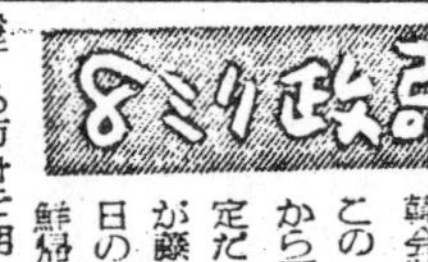

またも「二元外交」？
〝北鮮帰国〟で日韓悪化へ

34.2.1 朝日

○…年を越した日韓会談は本来ならこの一月二十六日から再開される予定だった。ところが藤山外相が三十日の記者会見で北鮮帰国希望者を送還する方針を明らかにしたため、会談再開どころではない情勢になった。外電によると金韓国外務次官は「藤山発言が本当なら日韓会談は続ける必要はなくなろう」と語り、先週末に予定されていた柳駐日韓国公使の東京帰任も一週間延期になってしまった。

このままでは日韓関係は全面的に悪化しそうだが、日本側はそのことも覚悟の上であえて北鮮帰国希望者送還の方針を押し通せるだろうか。関係者の間では、日韓問題につきものの〝二元外交〟がこの問題でまたぞろ頭を出すのではないかと早くも気をまわしているむきもある。

○…じっさい日韓問題といえば、これまで〝二元外交〟の連続だった。去年の暮の十九日開かれた日韓漁業委員会は〝李ライン〟に関連した漁業協定案をめぐって日本側と韓国側が押し問答を繰り返した末、ひとまず今年の一月下旬まで日韓会談は休もうということに決った。と思うとさっそく翌二十日の晩には、あまり外交のことは得手でもなさそうな自民党の大野副総裁と党内の〝実力者〟河野一郎氏とが赤坂の料理屋で柳代表と会い「むずかしい問題はタナ上げにして、まず国交を回復しようじゃないか」と話し合っている。しかも前日の押し問答の主である日韓会談の日本側代表達はこのことをちっとも知らなかった――さっとこんなあんばいである。

○…似たような例はほかにもある。固い話はともかく、去年だけを見ても、五月東京で正式の日韓全面会談が今やたけなわというときに、矢次一夫氏が岸首相の特使という肩書で急に李承晩大統領を訪ねた。しかも京城まで行って何の話をするのか、また何の話をして来たのかもそれほど明らかにされずじまいに終った。

そうかと思うと夏ごろには「日韓合弁の漁業会社を作って李ライン内でも魚をとれるように交渉する」という。交渉当事者である外務当局が考えてもいないような説が関係者の間にかなり広まった。この〝震源地〟もどうやら矢次氏らしいということだった。また年末には突然「大野副総裁が韓国を訪問する」という説が流れて外務省を驚かせた。これは自民党の外交調査会長船田中氏から出た考えた。

○…船田氏のことを「コーリヤ・ロビイ」（親韓派）と呼ぶ人がある。それほど船田氏は韓国側に知人が多い。だから「何としても友好関係をくずしたくない」という気持が先に立っていろいろなことを考え出す。それに岸首相も、選挙区に朝鮮海峡へ出漁する漁民が多いことも手伝ってとかく船田氏流の考えに傾く。いわば岸―船田―矢次ラインが正式な外交ルートと別な第二の外交路線を作っていたともいえそうだ。

○…二月号の某雑誌の対談で船田氏の〝親分〟の大野氏が「できれば朝鮮、台湾と一緒に〝日本合衆国〟を作ったらいい」と大いにブッているくだりがある。これにはいままで大野氏を「理解ある人」と買っていた在日韓国代表部の人々もいささか顔をしかめたという。またこの中で大野氏は「日韓問題はワシが乗りこめば、勝海舟と西郷南洲のように、李承晩とハラとハラで解決するよ」とキエンを上げている。

外務当局としても「スジを通して交渉せねば」というものの、政治折衝を頭から否定しているわけではない。ただこうした大野流で変な妥協をされては、と心配しているようだ。こんどの北鮮帰国希望者の問題にしてもこれから自民党の正式機関にかけて慎重に検討するそうだから、そこで大野氏や船田氏らが〝藤山方式〟にモノいいをつけて、また一騒ぎということにならないかどうか。（マンガは小島 功）

送還〝やめねば会談は開かぬ
韓国外務次官談

（ソウル三日発UPI）金東祚韓国外務次官は三日、在日朝鮮人の北鮮帰国問題に関し記者団に次のように言明した。

韓国は日本政府が在日朝鮮人の北鮮帰国を認めようとする態度を変えないかぎり、日韓会談に応じない決心である。この問題は在日朝鮮人の法的地位に関する日韓会談小委員会で討議すべきことがらである。

金次官のこの言明は在日朝鮮人の北鮮帰国問題と日韓会談とは全く別個のものだとする岸首相と藤山外相の態度を拒否したものである。

正式抗議考う
柳公使語る

（ソウル三十一日発AP）韓国の柳駐日公使は三十一日ソウルで「韓国政府は藤山発言に正式抗議することを考えている」と語った。

北鮮帰国 政府、対策を練る
自民党内から軟化論

藤山外相は北鮮系朝鮮人の送還に関連して重大化した日韓関係の打開について、今週早々から政府与党間の意見調整に乗出す意向である。しかし外相が三十日「国際赤十字へ依頼する」との方針を決めたことに対しては船田自民党外交調査会長などからいち早く反対の意向が示され、岸首相も日韓関係の今後を考えて方針決定に苦慮しているようである。

北鮮系在日朝鮮人の送還問題は現在進行中の日韓会談でもたびたび取上げられてきたが、韓国側が「帰国実現の措置をとれば日韓会談を打切る」と反対、その都度話合いがつかなかった。

このような事情にもかかわらず外相が三十日北鮮系朝鮮人の帰国実現に踏切り「政府として帰国問題の具体的な調査を国際赤十字委員会に依頼する」との方針をすみやかに閣議決定する旨言明したのは、これが生活上からくる人道問題であり、日本がやらなくても日韓会談が好転することにはならぬとの判断にもとづいているものである。

この外相言明に対しては韓国側がただちに反論し、日韓会談の決裂を示唆したが、それ以上に党内の軟論台頭が注目される。船田外交調査会長は三十日岸首相に対し「藤山外相の意向では日韓関係が最悪の状態に陥りなんのためにこれまで会談を行ってきたのかわからない」として首相の善処を求めたという。

政府筋によれば首相も一応外相の方針には賛意を示したものの日韓会談の決裂をおかしてまで帰国実現に踏切ったわけではないようで、政府の方針決定は柳公使の来日まで待ち、さらに韓国側の態度をみてからにしても遅くない気持だといわれる。いずれにしても政府は今週早々から外務、法務、厚生、治安、文部などの関係当局で韓国の強硬態度に対する対策を練るが、自民党内の情勢からみて結論までになお曲折が予想される。

五日に態度きめる
自民党、北鮮帰国問題で

34.2.3 毎日

藤山外相は二日午後七時半から九段の済友会館に船田中自民党外交調査会長をはじめ鹿島守之助、床次徳二、苫米地英俊氏ら自民党の外交関係者を招き、北鮮系朝鮮人の帰国問題に対する経過を説明するとともに、政府の方針を支持してくれるよう党側の協力を求めた。

これに対して船田調査会長は個人的見解として「朝鮮の正統政府として認めている韓国と正式会談を開いているさい、韓国の反対する北鮮系朝鮮人の帰国を許すことは穏当な策でなく、あらかじめ韓国政府の了解を求めておくべきである」との意見をのべたようだが、ともかく五日午後三時半から外交調査会を開いて、北鮮帰国問題に対する党の最終態度をきめることになった。

これにより政府は六日の閣議で北鮮系朝鮮人の帰国をきめて国際赤十字に具体的な帰国にともなう調査を正式に依頼することになろう。

外務省、韓国の抗議に反論

人道上、延ばせぬ

北鮮送還 日韓会談と関係ない

[昭34.2.1]

日本政府が在日朝鮮人の北鮮帰国を認める方針に踏み切ったことに対し、韓国政府はこれと日韓交渉をからませて、強い反対の反応を示し、三十一日も韓国の曹外務部長官はとくに「日本側の措置は主権の侵害であり、すべての責任は日本側にある」と公式に言明したが、日本側外務省はこれに対して次のような見解をとって反論している。

一、本来この問題は日韓交渉と全く関係ないことで、国際法慣習にもとずき、人道上の見地から、本人の意思によって帰国するので日本側がこれを法的に拒否する根拠はもともとない。

一、事実上日韓交渉に悪影響を与えることを憂慮、国際赤十字からの「個人の意思を尊重せよ」との要請や希望者の強い要求を過去一年間押えてきたものであり、国際的にも国内的にもこれ以上根拠のない拒否をつづけることはできなくなったものである。

一、しかも帰国の実施は、日本政府も北鮮政府も直接関与することなく、公正な第三者である国際赤十字の手によって、本人の意思を確認した上で行われるもので、政治的な意図の働く余地はない。

一、したがって帰国許可は主権の侵害とは関係なく、日韓会談を誠意をもってつづけようとする日本側の態度には何ら変りない。韓国側が政治的に関連させて、会談を行わないといっても、日本側の意向は変りなく、会談の決裂というよりも事実上交渉が行われなくなるということに過ぎない。

一、しかし実際問題として会談が中絶したり、韓国側が漁船の不当捕獲、魚類の乱獲、釜山抑留者問題などをめぐって、挑発的な強硬手段にでてくることも予想されるが、それは帰国問題とは別に抗議し、万全の対策をとってゆくこととする。

一、日本側としては韓国側の意向にかかわらず以上の観点から帰国への方針を崩すことは考えられず、日本政府として最終決定を行い次第、韓国側にもこれを通告、日韓交渉に誠意をもってつづけたい旨を伝えることとなろう。

閣議決定、遅れよう

北鮮送還、赤城長官語る

赤城官房長官は三十一日朝の記者会見で藤山外相が在日韓国人のうち北鮮への帰国希望者の送還を認めるとの方針を明らかにしたことについて次のように語った。

北鮮への帰国を認めるとの方針はすでに先の労働関係閣僚懇談会で決まっていることだがこの方針をさらに自民党外交調査会や外務、法務などの関係次官の間で調整する手順となっていた。藤山外相は北鮮への送還の方針を来週中にも閣議で決めたい意向のようだが党の調整にまだ多少の時間がかかるので閣議決定は遅れるかも知れない。

韓国、北鮮送還で日本に警告

【京城三十一日発＝AP】韓国の曹外務長官は三十一日の記者会見で、もし日本が在日朝鮮人を北鮮に送還すれば、そのために生ずる重大な結果の責任はあげて日本側にあると警告し、日本が容共朝鮮人を北鮮に送還するようなまちがったことをしないよう希望するとのべた。なお長官によれば林大使は今後とも日韓交渉首席代表を勤める。

[34.2.5 東京]

声

北鮮送還の実行を

投書

◇昨年、ニューデリーで開かれた赤十字国際会議では「戦争、内乱、国際紛争その他の事故によって、故国に帰ることのできない人々をして、家族と再会できるように努力しなければならない」と決議された。これは、このようなことは人道上捨てておけないという理由から申合わされたものである。従って今日わが国が十万を越える北鮮帰国希望の朝鮮人を抱えしかも彼らに生活上の苦難を味わわせているということは全く赤十字精神に反するものといわねばならない。

◇日本赤十字社は早くから彼らの帰国に努力してきたのだが、政治問題とかかわりがあるからと消極的態度であったことは否めない。今回は幸い、藤山外相が北鮮帰国実現に踏み切り、岸首相も同調しているのであるから、今こそ政治を超越して縦横に活躍できる好機といえるので、関係国赤十字社の協力を得て十二分に動いてもらいたい。政府もこのような人道的行為には世界の大多数国の賛成は疑いないことであるから、今後予想される抵抗にも心を動かさず、断然その実現を期してもらいたい。

（神奈川県・公務員　S・I生）

日本に会談中止を通告する

柳公使言明

[34.2.5 読]

【京城四日発＝AP】柳泰夏駐日公使は四日金外務次官とともに李大統領を訪問したのち記者会見を行い、日本政府が約十万の朝鮮人を北鮮に送還する計画であるとの報道が確認されれば来週東京に帰り、日本政府がその計画を放棄しない場合は日韓会談を中止するつもりである旨通告すると語った。

日韓会談再開望み薄

金次官談

[34.2.5 日経]

（ソウル四日発ロイター＝共同）韓国の金外務次官は四日の記者会見で、日韓関係につき次のように述べた。

日本が在日朝鮮人を北鮮に帰国させようと計画しているかぎり東京で日韓会談を再開する望みはほとんどない。韓国としては同問題で第三国の調停を求める考えはないが、日韓会談を再開させるかどうかを決定するまでにまだ二、三日かかろう。

送還促進を

社会党声明

社会党は四日在日朝鮮人の送還を人道上国際法上の問題として解決することは当然のことで、政府はその実施を促進するよう望むという趣旨の声明を発表し、浅沼書記長が同日午前自民党の福田幹事長にこれを文書で申入れた。これに対して福田幹事長は朝鮮人の送還促進には努力する方針は変えないが党内調整もあり完全実施までには時間がかかると答えた。

北鮮送還を急げ

社、自民に申入れ

[34.2.4 読]

社会党の浅沼書記長は四日午前自民党の福田幹事長に対して「政府が先に在日北鮮人の帰国を日韓会談などと切り離して実施すると決めたことは妥当な措置であり、すみやかにその実現をはかるべきである」旨の党声明を手渡し善処を要望した。これに対し福田幹事長は政府、与党内で協議し善処したいと答えた。

北鮮送還 準備進む

まず希望者数を確める

国際赤十字への依頼決定

㊤から藤山外相、愛知法相、橋本文相

㊤から坂田厚相、青木国務相、赤城長官

藤山外相、愛知法相、橋本文相、坂田厚相、青木国家公安委員長、赤城官房長官は三日午後院内で在日朝鮮人の帰国問題について協議した結果、できるだけ早く日赤本社を通じ国際赤十字社と連絡をとり、送還希望数の調査を依頼するとともに、厚生省が中心となり送還方法の打合せを行なう方針を決めた。

この方針決定と並行して、外務省は近く京城から駐日韓国代表部の柳公使が帰任するのをまち、韓国への了解工作にも全力を注ぐ方針である。

政府が現在、国際赤十字社（ジュネーブにある赤十字国際委員会で、スイス人委員により運営されている）に調査を依頼しようとしているのは、とくに北鮮帰国希望者の実数とその家族構成、北鮮への帰国の希望理由などである。これは外国人居留者の帰国先に対し、原則として政府が何ら拘束を加える考えではないが、送還事務の遂行上、一定期限までに帰国希望者の実数を正確につかんでおく必要があるためである。

また関係事務当局としては、北鮮からの引き取り船舶の入港、居留地から乗船地（朝鮮人総連合＝北鮮系＝の希望では新潟か舞鶴）までの移送などにさいし、治安対策上考慮を払う必要があり、これらの点も法務、厚生両省が中心となって具体的方法の打合せをすすめている。その結果政府としては三日の閣議で内定した人道上、国際通念上、北鮮帰国希望者を早急に送還するという方針と、今後の送還の具体的方法とを合わせ、来週中にも正式に閣議決定に持込み、同時に官房長官談話を発表して日本の意図を内外に明らかにする考えだが、五日さらに自民党外交調査会にもはかり、与党側の最終的了解を求める予定である。

なお、韓国側はかねて北鮮送還問題に対し極めて強硬な反対を唱えており、駐日韓国代表部を通じ外務省に送還を思い止まるように申入れている。また場合によっては昨年来中断している日韓全面会談の再開をも無期限に停止するという含みをほのめかしてきており、外務当局としては日韓関係の緊迫化に苦慮している。

ただし、事務当局は国際赤十字社への調査依頼を事務的にも必要不可欠の措置とみる一方、調査に必要な時間的余裕を置くことにより、さらに日韓両国間の話合いの機会をつくり得ることも期待しているようだ。

北鮮送還は当然

池田勇人氏語る

自民党の池田勇人氏は三日夜記者会見を行ない、次のように語った。

一、核兵器は現在の国際情勢下における必要悪である。いまさら社会党のいう非核武装決議を行なう必要はない。

一、在日朝鮮人の北鮮送還は人道上また国際通念上当然で、藤山外相がこの方針を明らかにした以上断じて実施すべきである。

一、安保条約改定については交渉開始前にまず国論を見極め、日本側としての具体案をもってあたるべきだった。また私と三木、松村氏らとで、この問題に関して意見が食違っているように伝えられているが、外交問題について話合ったことは一度もない。しかし自分としては外交問題に関する限り、どんな意見であれ、納得できれば立場にこだわらず妥協する心構えでいる。

投書

北鮮送還の言明に賛成

◇藤山外相は人道上の立場から北鮮系朝鮮人を帰国させることに踏切った。当然なこととはいえ、まことに結構なことだと思う。いままで国際赤十字などの勧告にもかかわらず彼らの帰国をさまたげていたものは交渉中の日韓会談への悪影響をおびやかされたためであり、とくに不法に抑留されている日本人漁夫のことを考えてのことであろう。したがってこんどの決定は、ガンメイな李大統領をいたく刺激し必然的になんらかの報復があることは容易に予測される。事実、彼らは日韓会談の中絶を唱えはじめている。私は李大統領が韓国の大統領にふさわしい大きな度量を示すことを望むと同時に、この際日本政府は抑留日本人漁夫をめぐって万全の策を考える必要がありはしないかと思う。（鎌倉市・会社員）

託・松本生・50

◇藤山外相の北鮮帰国に関する言明を、近来にない日本外交、外相の英断として、またその自主性の発揮として歓迎する。いままで南鮮に対する気がねからのびのびになってきたことは重大である。この言明に対する南鮮側の発表はいままで帰国に反対してきたと同様、まったく不思議なものである。これを機会に多くの困難な問題—李ラインで漁船が迷惑するかもしれないーがでるだろうが、政府および外相は、あくまでもこの言明を実行し、また公海での不法な南鮮の行為に対して断固たる態度をとるべきである。（船橋市・一浪人・18）

◇他国人であろうとその人たちの自由意思を尊重するのは重要な意味を持つし、それが道義的にいって非難されることがないと思われる。個人の自由意思を尊重することが民主主義の第一歩であると教えられてきた。この問題について日本人の多くは賛成の意を表しているにちがいないと思う。（都下・学生・長谷川健太郎・20）

北鮮送還促進を

社党声明

社会党は四日在日朝鮮人の送還を人道上国際法上の問題として解決することは当然のことで、政府はその実施を促進するよう望むという趣旨の声明を発表し、浅沼書記長が同日午前自民党の福田幹事長にこれを文書で申入れた。これに対して福田幹事長は朝鮮人の送還促進には努力する方針は変えないが党内調整もあり完全実施までには時間がかかると答えた。

次の問題をとりあげて国会で緊急質問を行うことを決めた。

一、防衛庁の主力戦闘機問題。

一、東海道新線建設を政府が改修線として鉄道審議会にはからない問題。

一、平和七人委員会が要望した世界平和日本宣言の取扱い。

すぐ帰国船出せ

朝連声明

北鮮系朝鮮人総連合は帰国問題に関する藤山発言に対して在日朝鮮人総連合は三十一日全国代表者会議で討議した結果「北鮮帰国問題に国際赤十字を持ち出すのは、帰国を遅らせるだけである。我々は即時帰国を絶対に要求する」との決議を行い「我々は日本政府がただちに帰国第一船を出すよう責任ある措置をとるよう強く要求する」との声明を発表、一両日中に外務省、日赤に「即時送還」を陳情する。

会談に応じぬ

韓国外務次官言明 送還やめねば

【京城三日発＝UPI】金東祚韓国外務次官は三日「韓国は日本側が北鮮送還問題で現在の立場を変えるまで、日韓関係正常化の交渉再開には応じないだろう」と言明さらにつぎのように述べた。

金外務次官

在日朝鮮人を北鮮に送還することは日韓交渉とは全く別問題であるという岸首相および藤山外相の立場は承服できない。送還問題は日韓会談の日本在留韓国人の法的地位に関する小委員会で討議されるべき問題である。

34.2.5 東京

非核武装決議は拒否

自民党きょう態度決める

北鮮送還 実現に踏切ろう

船田調査会長

自民党は五日正午から総務会、午後三時半から外交調査会、夕刻七役会議をそれぞれ開き、社会党申入れの非核武装宣言決議案および在日朝鮮人の北鮮送還問題の取扱いにつき態度を決める。非核武装宣言決議案については党内の大勢としてこれに応じぬ態度である。非核武装決議に反対する意見としては(1)岸首相が国会で、日本の非核武装について再三態度を表明しているので、あらためて決議の必要はない。②この決議案に同調すれば共産圏の行き方に追随することになる。③国連でも核実験禁止については大部分の国が賛成しているが、核兵器の生産禁止などについては各国の意見がまちまちの状態である。また将来大国はもちろん小国も核武装する可能性があるので、このさい非核武装宣言を行なえば将来の日本の自衛権に制約を加えるおそれがある。などが挙げられている。このため五日の総務会、外交調査会で決議案の共同提案には反対するとの態度を打ち出すことは確実である。したがって、六日午前九時半から行なわれる両党国会対策委員長会談で、増田委員長から社会党の河野委員長にこのむねを伝えることになろう。

しかし、このような自民党の態度に対し、社会党は衆院予算委員会において岸首相が「非核武装決議は国会の意思に任せるが趣旨には賛成である」と発言した内容と食違うものとして追及しているため、場合によっては予算委員会をはじめ国会が紛糾することも考えられる。

一方在日朝鮮人の北鮮帰国問題については、党内で船田外交調査会長らが日韓交渉への影響を重視する理由に送還に反対する空気があるが、結局は送還を主張する藤山外相の構想のようにまとまる方向である。

柳公使、きょう覚書を手交か

日韓会談は在日朝鮮人の北鮮送還をめぐって重大な段階にあるが、五日午後東京に帰任した韓国の柳公使は、七日にも岸首相または藤山外相に会見を求め、日韓関係の調整に動き出す態勢を示している。外務省では韓国側の出方についてまず日本側が内定した「国際赤十字委託案」の撤回を求めてくるものと予測し、韓国側の動きを注視している。予定を繰上げて五日帰任した柳公使は北鮮送還問題に関し、日本政府に覚書を手交するよう訓令を受けているといわれている。外務省筋ではこの有無について六日夜「まだ正式の連絡がないからはっきりしたことはいえない。しかし七日に沢田日本側代表と会いたいと申入れた事実もあり、一部では岸首相または藤山外相に会うことを計画しているとも聞いている」と述べている。

34.2.11

記者席から

北鮮送還に物騒な話題

◇十日の閣議で永野運輸相、北鮮送還問題からいささかそれ、半ば冗談口調で「李ラインをこえて拿捕されては送還者に気の毒だ。船舶に大砲を積んだら」と人道的(?)な意見を述べた。これに対し各閣僚から「大砲をつめばつい発砲したくなる」「いや予算が大変だ」とメイ論、タク説があいついで飛びだしたが、結論はいまの日本の海軍力では「こんどの"日本海海戦"は勝味はなさそう」ということでお流れとなったらしいが、近ごろちょっと物騒な話題だった。

◇この日の社会党委員長、局長会議で出たのは「岸首相を予算委に呼びだし、食言追及」となかなか勇ましかったが、話が選挙におよぶと最近の七連敗がこたえ「やはり弱いのかな」と空気もしめりがちだった。そこで新島から帰ったばかりの浅沼書記長「都下保谷町の町議選挙では勝った。まず足もとを固めて積み重ねていくピラミッド構想は着々進んでいる。新島も大丈夫。宮城県知事選には全幹部が乗りこんで必勝を期そう」と一人で景気づけていた。しかし勝ったとはいえ、町議選挙まで例に引き出さなければならないあたり"沼さん"も大分苦しいところだ。

◇非核武装についての九日の"岸発言"をめぐって、十日の国会はまたまた一もめ。野党側ばかりでなく、おひざもとの自民党内部にさえ賛否の議論が百出、午前の総務会などでは「面倒くさいからいっそこのさい核武装をやってはどうか。安保条約を認める日本が核武装ぐらい認めるのは理の当然」という勇ましい意見も一部には出たらしい。こうした空気にあおられたのか、福田幹事長までが記者会見で「これは"他国を脅威するがごとき兵器としては核武装しない"という立法府としての国会の意思のワク内での行政府の責任者としての発言でありまして…」と、演説口調で怪しげな解釈論を展開していた。

34.2.2 東京

北鮮送還問題

党内調整急ぐ

きょうにも船田・藤山会談

「在日朝鮮人のうち北鮮帰国希望者は人道上の見地から、北鮮送還を実施したい。このため国際赤十字と連絡をとる」という藤山声明は内外に異常な反響を呼び、特に自民党内には、これに対する賛否両論が出ている。岸首相もこの事態を憂慮し、早急に党内の調整を行なうよう赤城官房長官や福田幹事長に指示したが、三十日には、栃木県知事選応援に宇都宮に行った際、岸首相は船田外交調査会長ともこの問題を話合い、党内調整を早急に行なうよう要請したもようである。これにもとづき船田会長は、二日にも藤山外相と会って外相の真意を質すとともに自民党内の空気を伝え、今後の取扱いを協議することになった。しかし外交調査会としては衆院予算委の総括質問が六日まで続く予定なので、早くて今週末になるものとみられる。

船田氏としては「北鮮帰国希望者が真にそれを望んでいるかどうか、また実際に帰国が可能かどうかをもっと調査すべきである」と藤山声明には批判的態度を示している。

しかし外務省、法務省とも北鮮送還には一致しており、地方商工会議所もその推進に動いているといわれ、自民党内にも「この際帰国させるべきだ」との声もかなり出始めている。

これに対して船田会長らは「単純に帰してしまうという問題ではなく、日韓会談を本当に進めるつもりならこのことは明らかに障害になる。岸首相も日韓会談は決裂させたくないと言っているし、すぐ帰した方がよいとは言っていない」と北鮮帰国に消極的な態度を示している。

福田幹事長は一日名古屋で「人道上の問題もあるので、このさいは了解してもらうつもりだ」と藤山声明の線を支持した態度を示しているが、今後の自民党内の調整には多少の曲折が予想される。

柳公使、外相を訪問

34.2.7 朝日

"非友好的な態度" 北鮮送還不満を表明

在日韓国代表部の柳公使は七日午前十一時、外務省に藤山外相を訪ね、在日朝鮮人の北鮮送還問題について、日本政府の意向を正式にただした。これに対して藤山外相は赤十字国際委員会の調査によって帰国希望者が判明すれば北鮮送還を行いたいとの方針を説明、韓国側の同調を要請した。この会談では韓国側が、日本政府の考え方を「正式に打診」することに主眼があったので、韓国側から抗議は行われなかったが、柳公使は個人的な見解として、日本政府の態度は非友好的であるとの不満をもらしたようである。

外務省に藤山外相を訪れた柳韓国公使

この会談ではまず柳公使から「日本政府は在日朝鮮人の北鮮帰国希望者を北鮮に送還する意向だとの報道が行われているが、日本政府としてはどう考えているのか」とただした。これに対し外相は

一、北鮮送還はかねてからの懸案であり、日本政府としては、人道的見地から、また居住地自由の国際通念から、さらに北鮮帰国を妨げるような日本の国内法規もない、との事情から、北鮮帰国希望者の帰国を認めるとの考えで、赤十字国際委員会の調査で帰国希望者が確認できれば送還したい、との態度で政府の方針を決めつつある。

と説明した。柳公使はさらに「日本政府の態度は、日韓全面会談の行われている現段階からいって、適当ではない。これは日韓会談に支障を来すおそれがある」とのべた。これに対し外相は

一、日韓全面会談と北鮮送還問題は全く別個の問題である。

一、日本政府は日韓全面会談を打ちこわす意図は全くなく、今後も友好的に会談を進めたい。

との考えを説明、韓国側の了解を求めるとともに、日本政府の真意を本国政府に伝えるよう要請した。

在日韓国代表部柳公使談 藤山外相の説明では関係各省と打合せ中とのことだったので、韓国としては北鮮送還を好ましくないと考えているので、この趣旨を関係各省にも伝えてほしいと要望した。今日は日本側の事情を聞きに来たので、韓国側としてはまだ言いたいことを全部言ったわけではない。

自発的引揚げは認める 韓国高官談

【京城六日発＝AP】韓国外務部の一高官は六日、韓国は在日朝鮮人の自発的引揚げはいままでも認めてきたし現在も認めているとのべ、さらに次のように語った。

韓国が送還を拒否するのは、日本側の勝手な都合により追放という形で行われる場合か、あるいは本人が帰国したくない旨意思表示をしたとき、もしくは犯罪人その他好ましからざる人物の場合に限られている。在日朝鮮人の面倒をみる第一の責任は日本側にある。大部分の在日朝鮮人は、大戦中に徴用され日本に渡った人たちである。

34.2.7 毎日

韓国、強硬表明か きょうにも柳・藤山会談 北鮮送還

予定をくり上げて五日夕東京に帰任した柳駐日韓国公使は七日中にも藤山外相と会見、北鮮系朝鮮人送還問題に対する韓国政府の態度を表明する。新亜通信によれば同公使は対日覚書を携行しているといわれるが、この会見に先立ち同公使は六日船田自民党外交調査会長および山田外務次官と個別的に会談した。

この会談で柳公使は、日本政府の方針に韓国は極めて強硬な態度をとっていることを明らかにし日韓会談は"最悪の事態になるかもしれない"と示唆した模様である。

世界の世論に訴える 韓国政府 在外公館に訓令

【京城六日発＝UPI】信頼できる筋が六日語ったところによると、韓国政府はこのほどすべての在外公館に対し、在日朝鮮人の北鮮送還についての日本政府の計画に反対する世界の世論をよび起すため活動を行なうよう訓令した。韓国政府の訓令は日本の計画が国際慣例を踏みにじったものであり、韓国の主権を無視し、かつ非人道的措置であることを指摘するよう指示しているといわれる。

会を開き在日朝鮮人の帰国問題について協議した。その結果「帰国希望者を北鮮に帰国させる」との政府方針を支持することを決めた。

北鮮送還、来週閣議決定を 藤山外相談

藤山外相は六日閣議後の記者会見で日中郵便協定、北鮮送還などの問題について次のように語った。

一、中共との郵便協定は長い間の懸案であり、また郵政省などには協定がなければ不便だというような声も高いので、私としても一応国会が収ったら考えてみたい。

一、在日朝鮮人の北鮮送還問題は、きょうの閣議では何の話も出なかったが、遅くも来週中には決めてもらいたいと思っている。

日鮮会談やや進む

"意思確認"の誤解とく

帰還問題 具体的段階へ

34.4.21 読売

【ジュネーブ上野特派員二十日発】日鮮両赤十字会談は二十日午後の第四次会談をへてまがりなりにも軌道に乗りはじめたようである。こうした空気を反映してか、会談後の記者会見で葛西日赤副社長は「成否の見通しはまだわからぬが、相手の態度はかなり真剣になってきた」と語り、北鮮もとくに許副代表から「両代表団は話合いが前進したことを認めた」旨発表した。

㊤葛西代表 ㊦李代表

同日の会談で李代表は帰還意思の確認と国際委の介入とがなぜ必要かをのべた去る十七日の日本側見解にたいしてはいぜん反対の線をくずさなかった。しかし帰還申請の窓口として総連を活用すべきだとの従来の主張をくりかえすうちにも「すでに総連へ届出ているものは別として、今後ふえるかもしれぬ帰還希望者が日赤機構を通ずることには必ずしも反対しない」と総連一点張りの態度に幅と含みをもたせ注目をひいた。

また日本側も葛西、井上代表らから氏名を詐称したもの、朝鮮国籍をもたぬもの、服役中もしくは犯罪容疑で訴追されているものを除けば、思想、出身地、家族が北鮮にいるかどうか、過去の反日運動、前科の有無などには一切関係なく帰国できる例を詳細に列挙するとともに、帰還意思確認は強要、詐欺を避ける手段にすぎないこと、また国際委の介入は韓国との摩擦を排除するためのほか他意のないことを説明して、北鮮の誤解一掃に努めた。そしてこの日本側の説明を聞きながら李代表は「それにしてもすでに帰還意思をはっきりさせている朝鮮人にどうして理由まで聞く必要があるか」とただしたが「日赤として動機、理由まで聞くつもりはない」との葛西代表の答で「それを聞き安心した」と大きくうなずいたといわれる。

このように話合いは単なる原則論の応酬からようやく内容掘下げの段階に移るきざしをみせ、葛西代表らもホッとした形である。なお次回は二十二日に予定されている。

抑留漁夫問題は切離せ

李代表演説

【ジュネーブ二十日発＝AP】会談の席上李代表は日本側が韓国に抑留されている日本人漁夫の問題も討議しようとしたのに対し、これを拒否したもようである。北鮮スポークスマンは李代表の演説の内容を記者団に読み上げたが、これは去る十七日の第三回会談で葛西代表が日本の立場を説明するに当り釜山に抑留されている百五十三人の漁夫の運命に対する日本の懸念に言及したことを初めて明らかにし、次のようにのべている。

葛西氏は帰還問題を赤十字国際委の権限の下で行おうとする日本の決意の理由として次の二つをあげた。

一、韓国に抑留されている日本人漁夫の送還問題。

二、在日朝鮮人の送還に反対する人々の非難や妨害。

われわれは不当に抑留されている日本人漁夫の不幸な状態についてはもちろん深い同情をいだき、この問題もできるだけ早く人道的原則に基いて解決されるべきだと考える。しかしこれは在日朝鮮人の帰還問題とは全く別個の問題である。この二つを結びつけることは、日本側が在日朝鮮人の帰還問題を政治的取引に用いているような印象を世論に与え、それはわれわれの仕事の助けにならないだろう。国際法の規範と人道上の原則に反して悪意ある政治目的を追求している連中の非難や妨害が正しくないことは、貴下も認めている。人道主義に対する悪意ある裏切者は世界のまじめな人々から裁きを受けており、従ってこれらの非難や妨害はわれわれの討議の対象にすらなり得ないものである。

日本の引延ばしを非難

李代表

34.5.3

【ジュネーブ二日発＝AP】日鮮赤十字会談の李北鮮代表は、二日の会談後、記者会見で「日本は在日朝鮮人の北鮮帰還問題に関する交渉をわざと引延ばし、かつ、これを複雑にしている」と非難した。

一、われわれは四月二十九日の会談で日本代表の行った演説を真剣に検討したが、その中から何ら新しいものを見出すことはできなかった。日本側は会談を進展させようとしていないばかりか、むしろ事態を混乱させようとしている。

一、日本代表は、国際委員会を帰還に関する苦情処理の"最終法廷"として取扱おうとしているが、この種の問題は両国赤十字間の相互協定で決めることができるのである。

一、また日本側は、北鮮側は日本で実施される帰還準備作業には何らの権限ももたないと主張しているが、日本赤十字代表は在北鮮日本人帰還作業準備には平壌まで来ている。

一、さらに日本側は朝鮮総連合によって作られた帰還希望者名簿の承認を拒否しているが、総連

日赤本社へ押掛く

北鮮帰還を望む七百人

34.5.14 朝日

ジュネーブでの日本・北鮮両赤十字の会談がはかばかしく進まないのにたまりかねた在日朝鮮人の北鮮帰還の希望者約七百人（警視庁調べ）は十四日午前十時半ごろ、東京・芝の日赤本社前に集り、日赤に対して「速かにジュネーブ会談を妥結させよ」と集団陳情を行った。

この日集った人たちは、主に東京都内に住んでいる帰還希望者で、各地区別に代表と「帰国者集団」と書いた旗をもって気勢をあげるうち、同十一時二十分から朝鮮総連帰国対策委員長尹東旭氏ら代表十四人が島津社長の代理としての岡田宗務局長、木内同外事部長代理と会見「日赤は口では人道問題だといいながら故意にジュネーブ会談を引き延ばしている」とか「日本側が主張している苦情処理案はただちに取りやめるべきである」などと強い調子で抗議した。これに対し岡田局長らは、日赤の立場をかんでふくめるように述べたが、代表らはなかなか納得しなかった。結局、十五日午後二時島津社長が代表と会うことになり、李委員長が要請書をよみあげて一時五十分、話合いを終った。

なおこの日本社前に集った人たちのうち約半数は、山田外務次官に陳情するため十一時すぎ外務省へ向い、李季白副委員長ら十人は午後一時五十分から三宅警備官と会って帰国促進を要求した。しかし明確な回答を得られないまま約十分間で会見は終わり、引続き別室で官沼北東アジア課長が実情の説明をした。

34.4.7 東京

釜山抑留の日本人漁船員「年内に帰れよう」

ボ委員長（赤十字国際委）が回答

両代表に激励の便り託して

毎日 34.4.9

【ジュネーブ八日角田特派員発】釜山に抑留されている日本人漁船員百五十三人の留守家族代表、白沢ツキエさんと石原マツコさんがさきに赤十字国際委員会に提出した陳情書に対する返事の手紙は八日午前ボワシエ委員長から二人に手渡された。この会見で石原さんが「抑留漁船員は今年中に帰国できるか」と質問したのに対しボワシエ氏は「イエス」と答えた。この答えにより漁船員の帰国問題は非常に明るい希望が与えられた。ボワシエ氏の手紙は両代表が帰国の後日本で発表されることになった。

ボワシエ氏　石原マツコさん　白沢ツキエさん

会見は同日午前十時半から国際委で行われ、日本代表には井上日赤外事部長、大東通訳が同行、国際委側はボワシエ氏一人が会った。ボワシエ氏は手紙を手渡すに先だち「皆さんがジュネーブに来られたことは非常に有益だった。国際委はすでにこの仕事をしていたが、皆さんが来た機会に行動を新たにした」と語った。石原さんが「国際委はいつ行動を起こすか」と質問、ボワシエ委員長は「一日みなさんに会った翌日総会を開きすぐ行動に移った。日本人漁船員が早く帰れるよう国際委は最善をつくす。この手紙を留守家族に見せ、皆が希望をもつよう」と答え手紙を渡した。このとき石原さんは「抑留漁船員は今年中に帰れるか」と質問した。ボワシエ氏はちょっとためらったようだったが「イエス」と答えた。ボワシエ氏はサイン入りの写真額を記念品として両代表と大東女史に贈り、両代表は国際委の好意に厚く礼を述べ会見を終った。そしてわざわざ玄関外まで見送りに出た。さきの一日の会見に立ち会った衛生部長アニー・フィドター女史が前庭に咲くサクラ草などの野花をつんで三人の日本女性の胸につけてくれた。

ボワシエ氏から渡された手紙はジュネーブで直ちに公開することは非外交的であるとの考えからまた留守家族への楽しみを大きくするために、代表が日本へ帰ったのち公表されることになった。留守家族両代表と大東女史は八日午後五時五十分（日本時間九日午前一時五十分）ジュネーブ発、空路帰国の途についた。

年内釈放を否定

国際委のスポークスマン "それは誤った解釈"

【ジュネーブ八日発UPI】ジュネーブに滞在中の井上日赤外事部長は八日留守家族代表とボワシエ赤十字国際委員長との会談後、記者会見で「ボワシエ委員長は韓国に抑留中の日本人漁船員が本年末までに釈放されようと約束した」と述べた。しかし国際委のスポークスマンはボワシエ委員長がこのような約束をしたことを強く否定し「それは誤まった解釈である」と語った。

また韓国赤十字代表李範錫氏も日本側の解釈は「全く根拠がない」と否定しつぎのように述べた。日本留守家族への書簡は単に儀礼的なものだ。抑留漁船員の釈放というきわめて複雑な問題は日韓両国政府の直接外交交渉で解決されるべきものだ。

宗谷、11日宮崎沖へ

【門司】帰国中の南極観測船「宗谷」から八日午後四時第七管区海上保安本部（門司）に「十一日正午宮崎県都井岬南方二百キロに到着する予定」と入電した。

飛行機爆破未遂の湯浅送検

【大阪】泉南沖海上での日東航空機爆破未遂事件を取調べていた堺北署では八日容疑者湯浅福市（三七）＝徳島市＝を航空法違反と殺人未遂容疑で身柄とも大阪地検堺支部へ送検した。

柳大使、全面会談再開申入れ

北鮮帰還討議求む

沢田代表 国際委での解決主張

駐日韓国代表部の柳大使は七日午前十時半外務省に沢田日韓会談首席代表を訪問、現在中断状態にある日韓全面会談を再開する段取りについて意見を交換した。席上、柳大使は「韓国政府は在日朝鮮人の問題を日韓両国間の話合いで解決したい考えなので、直ちに日韓全面会談を再開したい」と述べた。これに対して沢田代表は「日本政府は在日朝鮮人の北鮮帰還問題は国際赤十字委員会の手で解決しようという方針をとっており、両国間の話合いに移すことはできない」と述べ、韓国側の申入れを断わった。しかし沢田代表は「日本側は北鮮帰還問題以外の漁業、文化財返還などの問題についての話合いを行なうというのであればいつでも全面会談再開に応ずる用意がある」と述べ、会談再開に応じないというのではないことを強調した。

なお柳大使は北鮮帰還問題について「韓国政府はこれが政治問題であるから国際赤十字委員会が介入することはできないという見解を持っており、このことはさきに国際委が韓国政府に対して送った覚書ではっきりしている」と韓国側の考え方を説明した。

無条件で再開、

韓国外交筋言明

【京城七日発＝UPI】韓国の外交権威筋は七日「韓国は日韓会談を無条件で再開したいと考えている」と述べた。

34.4.23 毎日

話合いかなり進展

日赤・北鮮の第五回会談

意思確認、選別の問題で

【ジュネーブ二十二日角田特派員発】北鮮帰還に関する日本・北鮮両赤十字代表の第五回会談は二十二日午後三時五十五分（日本時間十一時五十五分）から開かれ、日本側のいう意思確認、北鮮側のいう選別の実体が何であるかを明らかにすることを主題に懇談的に行われた。葛西日赤副社長は記者会見で「誤解に基づく、あるいは理解の届かない問題点を突きつめている過程だ。お互いにいっていることがわかってきている。会談は悪い方向にはいっておらず前進している」と語った。北鮮側スポークスマンも「重要な意見の相違点だった意思確認と選別の問題で互いの理解を深め、見解の一致をみるようになったことは会談の見通しを明るくするものである」と述べた。

また会談後日本代表の記者団に対する発言が従来に比べことば少なになった。会談が建設的に進みだしただけに微妙な過程にあり、もっと固まるまでは雨風にさらしたくないとの慎重な態度と思われる。北鮮側も在日朝鮮人を帰らせたい意図をもつことは確かなようで会談以前一部に想像されたようにぶちこわす気のないことははっきりしてきた。前途は前回に比べ一層明るくなったとみられる。

会談はまず日本側が帰国手続上国際委の介入を必要とする前回の説明をさらに補足する形で述べた。ついで李北鮮代表団長から北鮮が反対する意思確認と選別とは具体的に何であるかを確定することを提議したが、日本側は国際委介入問題と朝鮮総連の名前の問題などがともに解決されねばならぬという条件をつけて同意した。双方は日本側のこれら条件については次回に別に討議することとし、当日は意思確認と選別の実体の究明に終始した。この話合いは相当に進んだ模様である。次回は二十四日。

帰還条件緩和で一致

【ジュネーブ二十二日発UPI】日本・北鮮赤十字社代表会談の北鮮代表スポークスマンが二十二日語ったところによると、李代表は進展をみ始めた会談を成功させるため会談手続きを変えることを示唆した。さらに李団長によれば双方は帰還に関してはつぎの条件は問わないことに意見一致した。▽帰還希望者が帰還を望む動機および理由▽帰還希望者の出生地および親族の居住地（韓国か北鮮か）▽所属する団体組織▽日本で法律を犯し刑罰を受けたことがあるかどうか。

しかし北鮮側は六十万人の在日朝鮮人を帰国するか、あるいは日本に残るかの希望にそって二つのグループに分ける問題を討議することは再び拒否した。

自国船の使用禁止法を準備

釈放韓国人の送還

【京城二十二日発ロイター＝共同】韓国海運当局はこのほど韓国船が日本側によって大村収容所から一方的に釈放された韓国人を再び帰ることを禁止する法律を準備中だと発表、さらに「韓国は日本政府に対し大村収容所の抑留者送還は公式ルートを通じるよう要請している」と述べた。

34.4.23 東京

日鮮赤十字会談大きく進展

意思確認で歩寄り

日本側、条件付で譲歩示す

【ジュネーブ二十二日発＝AFP】日鮮赤十字第五回会談は二十二日一時間半にわたり行なわれたが、この会談で両代表間に意思確認問題について極めて限られた意見の一致に達した。北鮮代表団スポークスマンは記者団に対し、日本側は北鮮帰還を希望する在日朝鮮人の意思確認問題について一定の譲歩に同意したため、会談のなりゆきが有望になってきたと述べた。しかし同日の会談中北鮮側が出した声明をみると、日本側の譲歩には赤十字国際委員会の介入についてきわめて重要な条件――赤十字国際委の介入問題と在日朝鮮人総連合会を通じて帰国申請を受付ける問題が同時に解決されねばならないという条件がついており、次回の二十四日以降この二つの問題について具体的な討議が行なわれよう。日本側が意思確認を行なわないことに同意したのは次の四点である。

一、北鮮帰還を求める動機。

二、出生地が南鮮であるか、北鮮であるか。

三、帰還者の所属する機関。

四、帰還者の犯罪経歴。

北鮮側はこの日本側の見解を了承し“意見の一致をみた”と発表したものである。日本側スポークスマンは同日の会談を要約して「同日の討議は選別の確認問題だけに限られた。会談のふんいきはなごやかであった」と述べた。

北鮮側が同日の条件付きの妥協を“見解の一致”と呼び、一層の進展を期待していることは北鮮側が会談の成功を望むとともに、これ以上譲歩しないとする態度を示していると当地では解されている。北鮮側が赤十字国際委介入問題に関する日本側の主張に同意したことは明らかに譲歩である。これは会談全体のカナメともいうべき基本的問題で、残る技術的問題は比較的解決は容易であろう。

まだ楽観はしていない

葛西代表語る

【ジュネーブ二十二日発＝共同】葛西日赤代表は二十二日の会談の結果、意思確認について双方の合意が成立したとの北鮮側発表を肯定するとともに、まだ楽観していないと次のように述べた。

一、意思確認は、北鮮が発表したように合意が成立した。これで会談は大きなヤマの一つを越した。

一、しかしわれわれは意思確認と国際委の介入問題、朝鮮総連問題は不可分の関係にあるとみているので、これが解決されない以上まだ楽観はしていない。

一、きょうの会議は意思確認、選別問題を中心に友好的な空気のうちに行なわれた。会談の初めに日本側から説明が行なわれ北鮮もこれに応じたのち、一問一答の形となり、互いにその言葉の意味する内容についてやや理解を深めた形ちだ。しかし問題が国際的に微妙な段階に入ったので妨害の入ることを防ぐ意味で、具体的内容はここ二、三回発表を差し控えた方がよいと思われる。もっともまだ国際委介入、総連問題での結論には達していない。北鮮は早く帰還を実現したいとの意味合いから明らかに解決を急いでいるようだ。

見通し明るい

北鮮代表声明

【ジュネーブ二十二日発＝共同】北鮮赤十字代表団スポークスマンは二十二日要旨次のような声明を発表した。

一、李団長は会談を効果的に前進させるため問題の討議方法をより効果的に変える必要を提議した。李団長はきょうの会談で双方間に合致している意見に基き北鮮側が反対しているいわゆる意思確認、選別とは果してどういうものであるかという内容を明らかに確定することを提議した。（これは二十日に日本側が行なった意思確認の具体的内容中実施するつもりのない四事項について北鮮側が再確認する形をとっている）日本側は赤十字国際委員会の介入問題と在日朝鮮人総連合会を通じて帰国申請を受付ける問題などが、この問題とともに解決されねばならぬという条件の下にこれに同意すると付言した。

一、意思確認、選別問題についてお互いの理解を明らかにし、見解の一致を見るようになったことは、この会談の見通しを明るくするものである。

今月中にも妥結

【ジュネーブ二十二日発＝共同】日本・北鮮両赤十字会談は二十二日両者間にわだかまっていた最大の問題点、意思確認問題につきついに意見の一致を見るに至った。これにより一つの大きな難関は克服されたことになる。国際委介入問題も今までの討議の過程でかなり具体的に日本側から説明されており、また総連問題は元来日本の国内問題でもあるし、また北鮮側もそれほどしつように主張する意図はないのではないかとみられる節もあるので、うまく行けば原則的討議は次回二十四日の会談で終了し、来週からいわゆる“事務交渉”を急速にまとめ国際委の承認を得たうえで、四月中にも妥結に持ち込める公算が非常に大きくなったといえよう。

「実務不参加」が条件

国際委の介入を認む

北鮮、帰還で歩み寄り

【ジュネーブ＝杉辺特派員二十四日発】日本、北鮮赤十字第六回会談は二十四日午後行われ、日赤側から赤十字国際委員会介入の必要について重ねて説明、これに対する回答として北鮮側から実務協定案に相当する文書の提出、説明があった。北鮮側の新提案は九項目、追加付則三からなり、帰還者の範囲、財産処理、輸送、受け渡し、費用負担などの技術的諸問題については日本側も大体そのまま受諾できるきわめて実務的なものである。とくに注目すべきことは北鮮側がこれまで強く反対してきた国際委介入を原則的にはじめて承認したことで、これは北鮮側の大きな譲歩といわねばなるまい。

葛西日赤代表

李北鮮代表

しかしこの国際委介入問題が依然として交渉の大きな障害となっていることも事実である。北鮮案第三項は「双方（日本・北鮮赤十字代表団）は、在日朝鮮人の北鮮帰還は当事者の完全な自由意思によってきめられるものであることを国際委代表をしてすべての在日朝鮮人に対しラジオを通じて発表させることに同意する。また国際委代表が帰還業務に参与することなく、帰還作業が公正に行われているかどうかを観察することに同意する」としている。

そのほかいわゆる朝連名簿の受入れおよび北鮮赤十字代表団の東京、新潟常駐を要求していることも日赤側の受諾できないところだが、これは大陸からの邦人引揚げに際しても前例のないことなので、撤回方について北鮮側の了解を得ることは困難とはみられていない。しかし国際委代表の役割を"オブザーバー"と規定して、帰還実務に関与させないというのでは、日本側としては韓国その他に対する配慮からとうてい受諾できないとされている。

国際委代表を苦情処理と、乗船まぎわの意思確認の実務に当らせないのでは帰還の公正は期し難い。国際委をロボットとして悪用しているという非難、中傷をはね返すことができないからである。日赤代表団は国際委の実務参加を必要とする日本の特殊事情について、次回会談で再び説明し、北鮮赤十字代表団の理解を要請する。ジュネーブ交渉は妥結まであと数歩というところで国際委問題につき当ったが、本会談のほか毎日のように個人的接触が行われており、北鮮代表団の声明の柔かい調子などからこの問題について北鮮側の理解をとりつけることはまだ不可能視されていない。なお二十四日夜北鮮代表団は要旨次のようなコミュニケを発表した。

北鮮代表団は本日の会談で赤十字国際委代表の活動問題を包括した重要な新提案を出した。この新提案は会談の進展を促進させる決定的な新しい措置となろう。

"帰還者リスト認めよ"

代表団 東京、新潟に常駐

北鮮提案

【ジュネーブ二十四日発＝ロイター】二十四日の第六回会談で北鮮側が提示した帰還計画は次のとおり。

一、帰還者の範囲 ❶朝鮮民主人民共和国（北鮮）への帰還を希望する在日朝鮮人とその子どもで十六歳以下のもの❷日本国籍を取得している朝鮮人と結婚した日本人で北鮮帰還を希望するものおよびその子どもで十六歳以下のもの❸日本人と結婚した朝鮮人で単身帰還を希望する場合、十六歳以下の子どもがどちらに属するかは両親の間の話合いで決める❹日本、北鮮両国赤十字は帰還希望者で北鮮国籍を取得していないものの国籍取得について必要な援助を行う。

二、帰還手続 ❶日本赤十字は在日朝鮮人がすでに朝鮮総連に提出ずみの帰還申請を引継ぐ。日赤はこれを基礎に遅滞なく出国手続きをとる。しかしこの申請者のうち個人的事情で帰還できないものは協定発効から二十日以内に直接日赤にその理由を申出ることができる。日赤はこれを本人の意思に従って処理する❷日赤は帰還希望者でまだ申請書を提出していない者の申請を直接に受付け、かつ処理する❸日赤が帰還申請書の提出者から個人的事情で帰還できないむねの要請を受け取った場合は、ただちに北鮮赤十字の代表に通告する。

三、赤十字国際委代表の活動 日本、北鮮両国赤十字は、赤十字国際委が在日朝鮮人全員に対しラジオを通じて、今次会談で討議され、決定されたことはすべて人道主義に基くものであること、ならびに在日朝鮮人の北鮮帰還は当事者の完全な自由意思によって決定できるむねを公表することに同意し、かつ赤十字国際委が帰還実務には関与せず、帰還作業が人道主義に基く公平な方法で完全に行われるかどうかを確めるために観察することに同意する。

四、北鮮赤十字代表の任務 ❶協定に基く在日朝鮮人の帰還を援助するため、日本赤十字は北鮮赤十字代表の日本入国およびその活動に必要な便宜と協力を与え、かつ代表団員の一身の安全を保障する❷北鮮赤十字代表は東京および乗船地に居住し、必要な場合は帰還者の集結地に行くことができるが、その場合は在日朝鮮人の帰還に関係のある仕事にのみたずさわるものとする❸帰還を希望する在日朝鮮人の苦情はすべて日本、北鮮両国赤十字の間で処理する❹北鮮赤十字代表の滞在期間は集団帰還の完了までとする。代表団の人員および日本入国の期日は別途に協定する。

五、帰還の期限 ❶帰還者を乗せた第一次帰還船の日本出航は協定発効から三十日以内とする。日本、北鮮両国赤十字代表は相互協定により、環境および情勢を考慮に入れ、帰還者の帰還順位を決定する❷帰還の期限は第一次帰還船の出発から一年間とする。帰還がこの期間内に終らなかった場合はこの期限は自動的にさらに一年間延長される。

六、受け渡し ❶帰還者の受け渡しは帰還船で日本に来る北鮮赤十字代表と日本赤十字代表の間で乗船地で行う❷受け渡しは帰還者の名簿および確認書を通じて行う。

七、所有物および荷物の取扱い ❶帰還者は引越し荷物、職業上の器具、手荷物および装身具を数量に制限なく持ち帰ることができる。ただし日本政府の法令で輸出禁止のものは除く❷日本側は帰還者がその所有物を日本で自由に処分できるよう必要な便宜と援助を与える❸帰還者はそれぞれ日本通貨で四万五千円を限度とし、これを英ポンドに交換して持帰ることができる。この制限を越える額は本人の名前で日本の銀行に預金し、後日本人の要求に応じて無制限に外貨による支払いを受けるものとする❹日本側は帰還者の持帰るすべての所有物に対して課税しない❺やむを得ない事情のため帰還者が持帰ることのできない所有物について、日本側は引続き法により彼等の所有権を認める。

八、旅費および便宜の供与 ❶日本の領土内では帰還者が居住地を離れてから乗船するまでに必要なすべての経費すなわち運賃、施設と乗物、食事と宿泊、貨物運賃等の費用を日本側が負担する❷日本側は帰還者が乗船するまで無料で医療援助を与え、その安全を保証する❸北鮮側は帰還者が乗船したあと運賃、食事、宿泊等の費用をすべて負担し、彼等に医療援助を無料で提供する。

九、配船および運航 ❶帰還船は北鮮側が手配する。毎航海の隻数は帰還者の数によって決定する。配船に関する連絡および帰還船が出入国の場合に守るべき細目は別途に協議する。日本側は帰還船のための補給および連絡をはじめ必要な便宜の供与に協力し、日本の領海内における帰還船の安全を保障する❷日本側は新潟を乗船地とする。ただし新潟だけでは帰還者の輸送が間に合わない場合は、他の港を追加する❸北鮮側は羅津、清津、興南の三港を下船地とする❹配船の間隔および毎航海の乗船者数は帰還者の数の決定後ただちに日本、北鮮両国赤十字の相互協定によって決定する。協定発効後卅日間に日本赤十字はラジオ、新聞、定期刊行物をはじめあらゆる報道機関を通じて在日朝鮮人全員に協定内容および帰還手続きについて十分に知らせるものとする。

その他 ❶在日朝鮮人民の帰還を報道するため朝鮮側から合計十人以内の新聞、放送記者、ニュース・カメラマンが最初の帰還船に乗船を認められる。彼らは乗船地の港内でのみ活動することを認められる❷集団帰還が完了したのちも日本、北鮮両国赤十字は帰還を申請した在日朝鮮人（個人、集団を問わず）が遅滞なく帰還できるよう人道的立場から援助を続ける❸北鮮と日本の赤十字代表の会談に要した共同の費用は双方の赤十字機関が折半して支出する。

【ジュネーブ二十四日発＝AP】井上日赤外事部長は二十四日の会談後次のように述べた。

一、北鮮側は在日朝鮮人帰還に関する詳細な計画を発表したが、これは二十二日の第五回会談で合意をみた議題に反するものである。現在の段階でこの計画を発表することは、合意を覆してきたという印象を与え、誤解のタネになるもので、交渉の進展を阻害し、われわれの仕事を困難にするものだ。日本代表団は次回二十七日会談で、北鮮提案を無視し、前に合意をみた議題に従って討議を続けることに決定した。

一、われわれは国際委が帰還者自身、あるいは第三者からの異議に対する最終的裁判の場になることを望んでいる。国際委は帰還者からの申請を受理する仕事には当らず、このような仕事を"監視"することができるだけであり、日本側はこの点を条件として主張している。

国際委の具体的介入を
日本、引続き北鮮説得
両赤十字会談最終段階へ

【ジュネーブ二十六日発＝共同】二十七日で日本、北鮮赤十字会談はいよいよ第三週に入り、最終的段階に当面することになった。第二週を通じて会談はかなりの進展を示し、二十二日の第五回会談では北鮮は前回に日本側が明らかにした意思確認の具体的説明を了承すると発表、これにより会談開始いらい二大難関の一つとなっていた意思確認問題は解決をみた。

ついで二十四日の第六回会談では北鮮は「国際委員会が業務を行なわないとの条件のもとで、その介入に賛成する」と、従来の北鮮側立場からすればかなり大幅な譲歩をみせた。その他の事務的提案のなかでも、持出し金は四万五千円、出港地の新潟一港主義などの諸点で北鮮は日本案に同調を示しており、北鮮としてはこの措置で会談の大きな進展を期待したことは明らかである。

北鮮はこれを北鮮代表団の"決定的措置"と称している。"決定的"という言葉の意味は、その後日本側も検討中であるが、日本側としてはこれを必ずしも"最終的"とは解さず、決定何らかの話合いの余地があるとみている。

会談の経過が示すように、話合いの進展は表面上は主として北鮮側の歩み寄りで促進された感があり、北鮮側としては最終的段階で日本側の歩み寄りを期待するのは当然とみられている。

しかし日本代表としては、国際委の苦情処理と出港地での立会い、すなわち北鮮の拒否する国際委の業務的介入を、帰還業務の円滑な進行と国際委介入の絶対的条件としており、譲歩すべきなにものをも持っていないという苦しい立場に立たされている。

普通の外交会談では話合いが難関に直面した場合、双方の妥協、譲歩が行なわれるのが常だが、今回の日本の立場は、初めから最終案を提示している意味で全然柔軟性を欠いている。

二十七日の会談で北鮮側がどのような態度を示すか不明だが、日本側としてはさらに、二十四日に北鮮側が拒否した国際委の"具体的介入"の必要性について詳しい説明を行ない、あくまで説得につとめるもようである。

日本側は北鮮が二十四日の案を"最終案"として直ちに会談を決裂に持込むとはみていないが、以上のような状況から、第七回会談以降重大な段階に当面することは否めない。

李代表

葛西代表

社説
北鮮赤十字の再考を求む

北鮮帰還問題を討議する日本北鮮の赤十字会議は、いよいよジュネーブで開催されることになった。問題発生以来韓国はもし北鮮帰還を実施すれば、釜山に抑留中の日本人漁夫をいつまでも釈放しないとおびやかし、北鮮も赤十字国際委員会の援助による帰還意思の確認という日本案に強硬に反対しているため、赤十字国際委は慎重な態度をとり、問題はいつ解決されるか、わからないような状態に陥っていたが、北鮮側が「帰還の実際的な事務」のみを討議するとしていても、両赤十字の会談が実現したことは、問題の解決を一歩前進させたものとして、われわれはこれに大きな期待を寄せざるを得ない。

周知の通り北鮮側は問題発生以来「帰還意思の確認」ということに、不可解なほどかたくなな態度をとっている。このため韓国の強硬な反対を排し、純粋に人道的な立場からこの問題を解決しようとした日本政府の努力も、水ほう(泡)に帰するのではないかと憂慮されていたのである。この点からわれわれもいたずらに事態を複雑化しないよう、北鮮に要望したが、北鮮は今もって態度を変えておらず、ジュネーブに代表を送ったのも、帰還の実際的な事務だけを討議するためだということを強調している。しかしジュネーブに代表を送ったのは喜ぶべきことで、同地で国際委とも接触することにより、北鮮代表が正しい認識をもつようになることを要望したい。

帰還意思の確認に、北鮮がどうしてこのように強硬に反対するのか、その理由は明らかでないが、第一に考えられるのはメンツの問題であろう。北鮮赤十字は、十一万七千人の朝鮮人が北鮮へ帰りたがっていることは事実であるから、今更改めてその意思を調査する必要はなく、残る問題は両国赤十字による実際的な措置の協議だけであるといっていた。北鮮系朝鮮人団体の確認した十一万七千という数字が信用されないのは、メンツの問題というわけかも知れない。中国や北鮮にあった日本人の帰国に際しても、意思確認などは行われなかったといっている点から見ても、帰還希望朝鮮人が審査にかけられるのは承服できないというのであろう。

しかし北鮮が最も重視しているのは「帰還意思の確認に、人為的な妨害が加えられる恐れがある」という点であろう。日赤への通告の中でも北鮮は、日本側は帰還意思の「確認」と「審査」を行おうとしているが、これは基本的人権に反するときめつけている。日本側は「審査」という言葉を使ったことがないが、これについては日本の方針が誤解されているようである。日本は国際委の援助を得て、帰還意思を確認したいとは望んでいるが、個々人を審査したり、えり分けたりしようとはしていないのである。

この点は今後の協議で明らかにされるだろうが、帰還意思の確認が必要なことだけは、北鮮側も率直に認むべきである。いうまでもなく、それは「日本は多数の朝鮮人を強制送還しようとしている」という韓国のデマを粉砕するためにも、欠くことのできない措置である。もし北鮮の主張通りにすれば、韓国の言いぶんは正しかったという疑惑がいつまでも残ることになるだろう。北鮮はことさらに問題を重大化しているが帰還希望者の意思を一応確認することは当然の措置である。その確認の方法についても最近日本は多少の譲歩を用意し、普通の出国手続きなみにしようとしているといわれる。これらの点につき北鮮は日本側の言明を信頼するとともに、意思確認の真意を認め、一日も早くこの問題を解決するよう努力すべきであろう。国際委が日鮮一致が仲介の前提条件であると述べていることも銘記すべきである。

国際委の実質的介入を認めよ

在日朝鮮人の北鮮帰還に関連して、北鮮赤十字代表が条件付きではあるが、赤十字国際委の介入を認めたとの情報は、同問題解決へ、大きく前進したものとして歓迎される。

北鮮側の条件は「国際委は帰還実務には関与せず、帰還作業が人道主義に拠く公平な方法で完全に行なわれるかどうかを確かめるために立会う」というのであって、わが赤十字代表が主張する「国際委による帰国意思表明の承認、苦情処理、乗船港における立会い」の三原則とは、なお隔たりがある。北鮮帰還問題についてのわが主張は、本欄でもしばしば述べたが、要は、韓国、北鮮両国間の複雑な政治問題を離れて、全く人道上の問題として北鮮帰還を認めようというのである。

この意味からすれば、北鮮帰還が、あくまで在日朝鮮人の自由意志で実現するものでなければならず、従って、自由意志の確認が、政治的に中立な赤十字国際委によって行なわれることが、最も公正で妥当であることはいうまでもあるまい。韓国側の「共産主義のドレイ制度の下に、強制送還する」との非難も、国際委の自由意志の確認によって解消するし、北鮮側の希望する「人道主義」も達成される。

政界断想

朝鮮人

山浦貫一

この十八日は満州事変、つまり九・一八事件から十八年になる。その満州事変の前奏的な事件として昭和六年七月に萬宝山事件という小さい、しかし大きな尾をひく事件のあつたことを、読者諸君はおぼえているかどうか。朝鮮および朝鮮人の問題を解くカギ穴の一つが、この事件だ、と私は考える。

長春から六里ほどの所に名前は萬宝山だが山に非ざる平地があり、そこに在満朝鮮農民が千二百町歩の水田を開くため満州側の地主から土地を借りて、水をひきいれる工事を終え第一年の水稲の植つけを終つた所を、満州側の官憲と中国農民数百がいつしよになつて鮮農圧迫をはじめた。水路は埋める、日本側警官に発砲する、鮮人が殺される、というわけで、この騒動は全満に及び、ついに朝鮮に波及し、平壌を皮切りに中国人の大量殺害が行われるに至つた。

朝鮮の人たちは、精敏で、ねばり強く、復しゅうの感情が強い。大正八年の独立運動、いわゆる万歳事件の時も、暴動と殺りくは全鮮に及んだのである。

萬宝山事件で、中国側は、鮮農を日本帝国主義の手先なりと解した。事実、在満四百万の朝鮮農民は、[illegible]でなく耕した。当時のかれ等は、日の丸の旗の保護をうけ、日本人だという自覚を、便宜的にではあろうが、もつていた。中国側にとつては、やく介だつたにちがいない。そこで、在満朝鮮人を中国に帰化させろ、との要求が、宇垣朝鮮総督に持ち出されたくらいである。

しかし、日本側は、あくまで鮮農保護の責任をとるつもりで、もち論この交渉に応ずる余地はなかつた。

今日の朝鮮は、日本の保護もなく、もちろん必要はない。形の上では南北を三十八度線でたち切られ、本質的独自性をもつていないにしても、日本のように、被占領国ではない。戦勝国でないまでも敗戦国でないのはもちろんである。かつては、林等の上に君臨した日本、優越性をもつて何かと押しつけがましい態度に出た日本人、いまはその逆である。

終戦このかた、在日朝鮮人の活躍は、あたかもカゴを離れた鳥のように、またはオリを出たトラのように目ざましく続いた。あるいは商業の方面に、あるいは政治方面に。

衷心にこれを観れば、不思議はない。民族心理の上から当然こうあるべき筋をたどつたまでの話である。何しろ、いままではロシア、中国に圧迫され、日本の植民地となり、治者の顔色を読むことになれた長い習慣から、一気に解放されたのである。行きすぎるくらいの自由を取得して、力いつぱいあばれまわろうとする人間の本能、特に朝鮮人特有の力を発揮したものに違いない。

日本共産党が、長い間の地下運動とろう獄生活から解放され、合法性を獲得して以来、いく多の行きすぎを繰り返しつゝあるのもまた、こんどの場合と相通ずるものがないとはいえない。だから、共産党と朝連としつかり結びついたといつて、別に怪しむに足りない、むしろ必然性をもつているとも言える。

敗けた経験がなく、外国の植民地になつた例はもちろんない。従つて、つねに頭が高く相手を見下す高慢な習慣が身について、異国に人の顔色を読むことをしなかつたわれわれ日本人は、今にして深い反省を要求されるわけだ。

私は、あえて在日朝鮮人諸君に忠告する。

ソ連に抑留されていた日本人は、天皇島敵前上陸、などと言いながらも、日本に帰りたがる。しかるに在日朝鮮人は、故国に帰りたがらないのみか、密航によつて渡来する者の数が相当ある、という海上警察の報告は何を意味するであろう。故国の治安が赤くみだれて住みにくいからであろう。植民地ではなくなったが、故国は住みにくい。さびしいことだ。

日本は被占領国だ。ここにいる第三国人もまた、特権は認められていない。憲法の権利を享受しようとするなら、故国朝鮮に帰つて、故国を建て直し統一すべきである。その自由は、諸君の手中にある。

今日の問題

朝日 34.4.29

北鮮帰還の筋道

在日朝鮮人の北鮮帰還問題について日赤と北鮮赤十字の両代表間で行われているジュネーブ交渉は、すでに七回目の会談を重ねたが、またもや北鮮側の強硬で足踏み状態に陥った。

六回目の会談では、北鮮側が条件つきではあっても、北鮮帰還への赤十字国際委の介入を認めた点で、日本側の主張というよりは常識の線に大きく歩み寄った印象を与え、円満妥結への希望を持たせた。

ところが、二十七日の第七回会談では、国際委が「実務に参加しない」という条件の方を強く持ち出して、国際委が介入するのは不当だと強調している。

結局、北鮮は国際委を帰還の実務に介入させずに、北鮮自身の手でその実務をやりたいというハラらしい。北鮮赤十字代表を東京と新潟に常駐させると提案しているのも、その一つだろう。しかし国際委は別として、各国の赤十字は、原則として他国に出て行って活動をしないという黙約がある。これは、人道上のことで他国におせっかいをする必要はないという気持からである。

北鮮からはむろんのこと、中国やソ連からの日本人帰還の場合にしても、日本赤十字は引取りに出向いただけで、帰還実務に口出しをしたりしたことは一度もない。在日朝鮮人の帰国事務の処理は、日本の国内問題なのだから、北鮮は日本側の処置にまかせてもよいはずである。北鮮は日本だけが相手かも知れないが、日本としては、北鮮と韓国の二つの相手がいることだし、公平な帰還の実現には、国際委の仲介がどうしても必要になってくるのである。

北鮮側の言い分を聞いていると、この問題の受け取り方に根本的なくい違いがあるのではないかという気がする。この問題は、もともと在日朝鮮人の一部の人たちの切実な希望と、北鮮自身の望みに応じて、日本側で人道的見地から実行にふみ切った事柄だ。ところが、北鮮側がこの問題であれこれと注文をつけている様は、まるで何か日本に恩恵でも与えているような調子に見える。妙な話である。

北鮮赤十字は、このところの筋道を、よく理解してほしいものである。

巧みな密貿常習

テロ、徴兵を嫌い留学を夢みて

殖える密航者の実体

毎日 1949 9.12

【佐世保発】朝鮮釜山から裏日本の島根、山口、福岡、長崎各県に一年間一万名を数える密航朝鮮人が渡来、最近では政治亡命と見られる組織的な密航が伝えられ、各県治安当局は[illegible]を続けているこれら密航者のための全国唯一の収容所となっている佐世保引揚援護局はこれら密航者を[illegible]るということだ、玄海灘の荒波を越えてなぜ命がけの密航を企てねばならないのか……以下終戦以来三万五千名(九月六日現在)の密航朝鮮人を収容した同引揚援護局の調査による『密航者の実体』である

本年一月から七月までの全国の検挙数は長崎が第一で千四百八十二名、山口が千百四十九名、福岡六百十四名で出発地は釜山附近から最も多く、[illegible]密航者が最も激しく、阪神方面への[illegible]は二百六十名が検挙されている。密航運賃は今年に入って二万円から三万円にあがつており、密貿[illegible]三千浦などを基地に十数名のブローカーと船主数名[illegible]は釜山、京城などの[illegible]者の取次を行い、[illegible]賃を受取って出[illegible]知らせる。現在[illegible]

▽日本の生活、文化にあこがれたもの▽密[illegible]▽日本に[illegible]残した財産の[illegible]共産党のテロ[illegible]ら共産党員の政[illegible]などが挙げられ、[illegible]入などもうわさされている。特に密[illegible]者の手段は巧妙で、外国人[illegible]住[illegible]として自首、引[illegible]れ、連絡を[illegible]上陸[illegible]証を提示すると[illegible]加しているといわれ、[illegible]日本名を附し、服[illegible]装そのままで[illegible]かくれているためCP[illegible]で海上での発見は[illegible]ない

全国各地で検挙、佐世保引揚援護局に収容されている密航者は一日平均百廿名で[illegible]に学生が目立っており、[illegible]とともに日本への留学[illegible]んどの学生が希望している

北鮮帰還

日本 新協定案を出す

34.5.3 東京

北鮮の立場を考慮

意思確認、国際委介入 付属文書に

葛西代表

李代表

【ジュネーブ二日発＝共同】日鮮赤十字第九回会談は二日午後四時から約一時間にわたって行なわれた。日本側は北鮮が国際委介入に強く反対していることを考慮し、本文四項、付属文書二項という簡素化された新協定案を提出した。この日の会談では北鮮は日本案の説明をきいただけで、次回の四日の会議で回答すると約束した。

苦情処理委を設ける

日本側新提案は要するに帰国関係業務は主として国内問題であるとの観点から日本の措置を北鮮が了承するとの形をとったもので、ことに本文を簡素化して北鮮のいやがる国際委の帰還実務介入、意思確認などを付属文書に回しているが、本質的には日本側の基本的立場は変っていない。しかし朝鮮総連問題などについても表現を和らげ、事態の紛糾を避けようとの意図が盛られている。

日本代表団はこの二日間にわたる休会中も北鮮代表と私的接触を行なっており、北鮮が主として苦情処理で事実上帰還が中絶するのを恐れていることが明らかになったので、この点で北鮮側ののみやすい形式を整えるよう努力したといえよう。また二日の会談では、帰還業務については受入れ側は送り出す側の国内的問題には介入していない事実がとくに強調され、この点からもなんらかの形で北鮮側との話合いの成立を期したものとみられる。

北鮮側のこれに対する正式反応は四日の会談を待たねばわからないが、会議場で李北鮮代表団長は国際委介入を北鮮が「了承する」と明記することに難色を示して「これを除くことはできないか」と質問したのに対し、葛西団長は「どうしても明記できないなら文書にする代りに両代表が国際委にそのむねを口頭で述べてもよかろう」と譲歩している点などから、この問題でも話合いは具体的段階に入ってきた感がある。従ってこの一週間どうにも動きのとれなかった対立状態は、休日中の私的会談と二日の日本側の新提案で打開の手がかりをつかんだといえる。

北鮮あす回答

この日本側の提案に対し北鮮は四日の会議で回答することになっている。葛西団長は会談の前途に対しきわめて慎重であるが、日本の新提案をめぐる今後の折衝にはある種の自信を持っているもののようで「問題はかなり煮つまってきた」と述べている。

新協定案の内容

【ジュネーブ二日発＝共同】二日の日鮮会談における日本側新協定案次のとおり。

本文 第一項＝帰国希望者は日赤の決めるところにより帰国手続きをとる。

第二項＝日赤は帰国手続き終了者について北鮮赤十字に通告する。

第三項＝北鮮赤十字は本協定の定める場所（新潟）に代表を派遣し所定の期日にこれらの人々を北鮮の公民として引取り、祖国に送還する。

第四項＝現住地から出港地までの日赤が与える援助については付属文書第一項に掲げる。

付属文書 第一項＝日赤は輸送荷造り、資金、宿泊等に援助を与える。（北鮮赤十字はこの日赤の説明を了承した）

第二項＝日本国内における申請手続きは次のとおり。

一、国際委による放送を通じての公告。

二、申請を受付ける登録機構の設置。

三、申請を受理するかどうかの基準は次の二項である。（A）意思表示が完全であり、かつ自由意志に基いていること（B）申込みが帰国協定に掲げる条件に合致すること。

四、苦情処理委員会の設置およびその方法。（一般の場合と出港地における場合の二つに区別する）

五、以上の一ないし四の事項は赤十字国際委員会の承認を得る必要がある。（北鮮側は日本側のこの説明も了承した）

苦情処理委員会試案（付属文書二項の第四別紙）一、この委員会は自由意志による帰国であることを明確にするため設ける。

一、この委員会は日赤の機関として各府県に設ける。

一、委員会のメンバーは日赤社長が指名する。

二、取扱事項は意思の自由が確保されるかどうかを検討するにある。

一、苦情を申立てる者は、日本に住所を有する個人または団体とする。また申立ては所定の様式をもってする。

一、異議申立てには証拠が必要である。

一、委員会による決定は日赤社長に送られ、その決裁を受ける。

一、これに不服の者は国際委代表に訴えることができる。国際委の決定が最終的なものである。

北鮮側の同意望めよう

井上部長談

【ジュネーブ二日発ロイター＝共同】井上日赤外事部長は二日夜の記者会見で、日本側の新提案などについて次のように語った。

一、われわれが新提案を出したのは、これが北鮮のために事態を簡素化し、それとともに北鮮側が同意できるようなものを示せると望んだからだ。

一、われわれは苦情処理に関する特別委員会の運営についてさきに北鮮側に提案したが、これは東京からの承認を得ずに行なったもので、それは他の提案を補足するためにぜひとも必要と考えたからである。きょう（二日）の会談で示された新協定案に北鮮が同意すれば、これが討議の基礎となる。

34.5.3 朝日

主文からはずす

意思確認・国際委介入

【ジュネーブ＝杉辺特派員二日発】 日本、北鮮赤十字第九回会談は二日午後四時（日本時間三日午前零時）から同五時十分（同三日午前一時十分）まで行われたが、席上、日本側から新提案の提示があって、ジュネーブでの交渉はいよいよ大詰に近づいた。新提案の要旨は次のとおり。

日本側から新提案

日本・北鮮会談

日本提案の要旨

◇帰国の先例をふり返ってみると、引渡し国の決定を引取り国に通報するにとどめ、相手国の承認を必要としていない。日赤はこれに従い、帰還計画について貴方に説明をしているだけである。これを前提とし、日赤は次の新提案を行う。

◇帰国協定は次の四項とする。

❶帰還希望者は日赤の定める手続に従って、帰国手続をすませることを要する❷日赤は右希望者氏名を北鮮赤十字に通報する❸右通告をうけた北鮮赤十字は、本協定の定める場所と期日に、これらのものを北鮮公民としてうけとり、その輸送を行う❹帰還希望者の現住地から出港地までの間において、日赤の与える援助は付属書第一に掲げる。

◇本協定に付属書二つをつける。第一は右に述べた日赤の援助に関するもの。第二付属文書は次のとおり。

日赤は国内における帰還申請手続を次のように説明した。❶国際委による放送を通じての公告❷申請受付登録機構の組織❸申請受理の基準は（イ）意思表示の完全自由（ロ）申請が帰国協定に掲げる条件に合致していること❹苦情処理に関しては、別紙苦情処理委員会骨子試案参照❺右四項目については国際委員会の承認を経ることを要する。

◇北鮮側は日本側の右に関する説明を了承した（この最後の一節、すなわち北鮮側は日本側の説明を了承したの一節を削除してもらえないかと、李北鮮団長から質問があり、これに対し、葛西団長は両団長そろってボアシエ委員長の前で口頭で了承した、といってくれれば、明文にしなくてもよい、と答えた）

◇苦情処理委員会骨子試案次のとおり。

帰国の自由意思を確認し、早期帰国を容認するのが、右委員会設置の目的であり、苦情処理は各府県にある日赤の機関が行う。苦情の申立てを行いうるものは、日本に住所を有する個人ないし団体、所定の様式をもって申立てを行わねばならない。苦情の申立ては具体的証拠のあるものでなければ受理されない。苦情の処理は、第一次は日赤の機関（苦情処理委員会）が行い、なお不服ある場合は、これを国際委員会代表に裁定してもらう。

同意しやすく修正

【ジュネーブ＝杉辺特派員二日発】日本赤十字が二日の第九回会談で示した新提案はさきに北鮮側に手交されている実務計画日赤案の原則と内容を固守しながらも、北鮮側の受諾しやすいように次の配慮のなされている点が注目される。

一、北鮮帰還業務の日本国内における処理はあくまで日本の国内問題であることを主張していること――邦人引揚げの先例もすべて相手国の国内問題として処理されてきたことであり、北鮮側も、日本国内問題としてなら国際委介入問題について折れ合う名分がたつであろう。

一、帰還協定主文では、意思確認ないし国際委介入のような言葉は一切使わない。

一、すでに意見一致した意思確認問題は別として、いま北鮮が強く反対している国際委の実務参加（苦情処理問題）については、協定付属文書で具体的な説明によって北鮮の不安と誤解を解こうとしている点である。

うわべは難航しているようでありながら、いぜんとして妥結の公算が大きいと見られている理由を明らかにするためには、今回のジュネーブ交渉の特異な進め方について説明を加えなければなるまい。

意思確認問題の一例をあげる。会談席上では、双方とも用意した文書を読み上げ、自分の言いたいことだけをいうだけであって、話合いは対話形式をとっていない。日本側は北鮮にとってなぜ意思確認をやられたら困るのかと問う。北鮮側はすでに表明された意思を確認する"必要はない"の一点張りである。これでは答えにならない。何故困るか、どういう不安ないし誤解をもっているかは会談場では明らかにされない。しかし、会談場における片言隻句、特に両代表団の個人的接触を通じて北鮮側の不安と誤解の何であるかがわかり、日赤の説明によってそれが解けると、次回会談ではたちまち「日鮮両赤十字は意思確認問題で意見一致した」という発表になる。すなわち会談場では相手の真意がわかるまでの場つなぎの"つんぼの会話"が行われているか、私的接触の結果が現われてくるかのどちらかである。

第九回会談における日赤新提案が、日本側における帰還問題処理があくまで日本の国内問題であるとして北鮮の受諾を容易ならしめ、苦情処理付き私案を示して、いわゆる苦情処理が決して北鮮の心配しているような「第三者の妨害によって北鮮帰還がめちゃくちゃになるのではないか」といったものでないことを示す配慮を行っているのは、数日来両代表間に行われてきた個人的接触の結果なのである。北鮮側が右提案をのむかどうかは、来る四日の次回会談にまたねばならない。

しかし二日の会談後発表された短かい北鮮代表団コミュニケが「第九回会談で日本側は国際委介入問題があくまで日本の国内問題である点を強調した」と最後に述べているのは意味深長である。

大詰めの北鮮帰還交渉

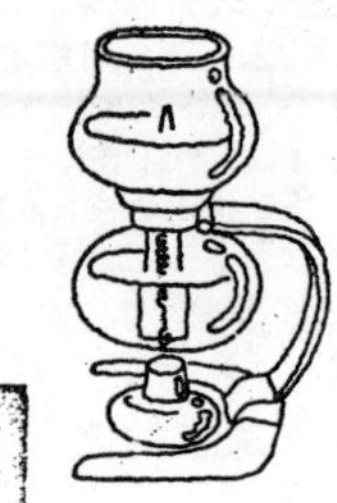

ジュネーブの葛西団長に聞く

34.5.4 朝日.

在日朝鮮人の帰還問題を話合っている日本・北鮮両赤十字のジュネーブ会談はすでに九回に及び、いよいよ大詰めに近づいた感がある。二日の第九回会談では日赤から日本側の協定案が提案された。北鮮側が四日に行われる予定の次の第十回会談でこの日本提案にどう答えるか――。ジュネーブ会談は最大のヤマ場にかかっているといえよう。そこで本社は、三日午後、ジュネーブ市のアルバ・ホテルに滞在中の日赤代表団長葛西嘉資副社長を国際電話に呼んで、会談の経過や問題点、こんごの見通しなどを聞いてみた。

日本、スジ通す
北鮮も重点しぼる

葛西団長

本社 ずい分長い会談になってしまってお疲れでしょう。

葛西氏 このところ北鮮側は問題をつめて来た感じがします。そこで二日の第九回会談で、こっちは日本案を提案すると同時に問題のスジをたてようと試みたわけです。最大の問題になっている「国際委の介入」の問題を主文からはずして付属文書に入れ、しかも「これは全く日本の国内問題である」ことを強調して先方にのみやすくした。日本の国内問題なんだから、もともと先方の承諾を得る必要はないわけだが、便宜的に説明をしてあげるんだ。だから君の方は了承してくれさえすればいいんだという態度です。北鮮の李一卿団長も「よく検討してみよう」といっていました。

本社 「意思確認」という問題はさきに了解がついたわけですが、

李北鮮代表

北鮮と日本と両方の提案を比べてみると「国際委の介入の限度」の問題のほかに「朝鮮総連の名簿」と「北鮮赤十字代表団の日本常駐」の二つの点が大きく食い違っているようですが。

葛西氏 目下のところは「国際委の介入」だけが議題となっているので、他の問題はまだ討議してはいません。国際委の問題を討議している間に、朝鮮総連の名簿や北鮮代表の日本常駐にちょっと触れる時もあるという程度です。もちろん、こっちが総連名簿にも代表の日本常駐にも反対であるということは先方も十分、分っておると思います。とにかく、国際委のやるべき仕事を先方が認めさえすれば「名簿」と「常駐」という二つの問題は自然に意味がなくなって来るとこちらは考えています。

本社 「苦情処理」という問題は、日本側としては赤十字国際委代表にぜひともやってもらわなければならないと考えているようですが、北鮮側の考え方は？

葛西氏 先方は苦情の処理なんていうことは考えられないとしているようです。つまり、帰りたいという人だけが帰り、帰りたくない人は残ればよい。だから日本側のいうように苦情なんかが出る余地はないじゃないかというわけです。だが、日本側としては、かりに本人が帰還希望を申し立てたような場合でも、他の人や他の団体――その中には朝鮮総連も入ろうし、在日韓国居留民団（注・韓国系）が入るかも知れない。そういうところから「あの申し立ては強迫されたものだ」と文句が出ることも、韓国をひかえた日本の立場としては考えなければならない。こういう風に説明しておるんです。

焦点 国際委介入の限界
効果のあった"私的交渉"

本社 朝鮮総連の名簿なんですが十一万七千といわれるあの名簿を都道府県別に分け、さらにこれを市区町村別に分けて、日赤がつくる申請受付機関の末端の窓口へ持って来た時にはどうするかというのが、東京の一部で問題になっていますが。

葛西氏 原則として本人が出て来て、その本人に間違いないということを受付機関が認めるのでなければいけないでしょう。いい加減にだれかが代って出頭するということは認められない。しかも、受付機関が決めた申請書に書きこむことが絶対に必要です。その申請書を出してはじめて、その人が帰還意思を日本側に対し公に表明したことになるのです。だが、このこともまだ議題として討論してるわけではない。いまは国際委介入の限界をめぐってやりあっているのが現状です。

本社 第九回会談の日本提案は、北鮮側に受け入れられ易いように相当の配慮がされているようですが、これに対する北鮮側の反応は？

葛西氏 「意思確認」の時のように理解してくれればと思っていますが、いまのところはよく分らないという他はありません。

本社 さきの北鮮提案で北鮮側は、実務はやらないという条件で国際委の介入を認めましたが、この提案をする前に国際委との間にすでにある種の了解がついたというようなことはありませんか。つまり国際委は北鮮案の限度内での介入を実は望んでいるというような……

葛西氏 そんなことは絶対にないと思う。いまの国際委の立場はきわめてデリケートなので、要するに日本と北鮮で話をつけて来い。その結果によっては検討しようという態度でしょう。

本社 李団長など、北鮮代表団の印象は？

葛西氏 よい人たちです。こちらの話をよく聞いてくれます。そして積極的に問題を解決しようという熱意を持っている。

本社 公式会談以外の接触は？

葛西氏 ひんぱんに招いたり招かれたりしています。李さんは公式会談では朝鮮語でやり、通訳が日本語に訳しますが、私的の話合いはぜんぶ日本語です。日本語は非常に上手ですよ。とにかく、この私的の話合いがずいぶん役に立っているようです。

本社 会談全般の見通しですが。

葛西氏 それが分れば苦労はありません。私もジュネーブに来てもう四十五日です。ただ、北鮮代表の人たちも、何とか話をまとめたいと最大の努力を払っているということだけはいえますね。

釜山地方法院断る
抑留漁夫の弁護人

【京城三日発=AFP】釜山地方法院のパク・キイスウ判事は二日、現在公判中の二十五人の日本人漁夫弁護のため、特別弁護人の派遣を認めてほしいという日本側の要請を却下した。同判事は「韓国人弁護士が日本の習慣、言語によく通じているから特別弁護人を送ることは不必要だ」と述べた。

日本側は、被告たちは国籍、言語、習慣を異にする外国人であり、また第一に彼らは李ラインを犯しておらず、第二に李ラインは国際法による公海の原則に反するとの理由で特別弁護人の派遣を求めたものである。

適用法令

証券

金天海氏（共産党）も追放

極左への第一弾 団体等規正令

けさ朝鮮人と警官隊乱闘

暴行46名を[illegible]逮捕

醒ケ井で 警官側の重軽傷37

[illegible]

昭和 24.9.9

朝鮮人四團体解散

幹部36名は公職追放

殖田法務総裁は八日午前十一時、同日付法務府告示をもって在日本朝鮮人連盟、在日本朝鮮民主青年同盟、在日本大韓民国居留民団宮城県本部、大韓民国建国青年同盟塩釜本部の朝鮮人四団体に対し団体等規正令第四条の規定によって解散指定を行った旨発表した。法務府の発表によれば、これら四団体は、いずれも占領軍に反抗もしくは反対しまたは暴力主義的方法を是認するような傾向を助長した事実があり、従って同令第二条第一号、第七号に該当する団体と認められたため今回の決定を行ったものである。この結果同令第十一条の規定により右四団体の幹部三十六氏は公職追放を指定された。その中には共産党政治局員、中央委員の金天海氏も含まれている

占領軍にも反抗 朝連・民青

【法務府特別審査局発表】同局では団体等規正令第四条の規定により本日付法務府告示をもって次の四団体を指定した

一、在日本朝鮮人連盟
（中央総本部および地方本部、支部その他の下部組織を含む）

①組織＝中央に中央総本部、関東、北陸、中部、近畿、中国、四国、九州地方に地方協議会、各都道府県に地方本部、支部、分会がおかれている
②所在地＝中央総本部は東京都中央区[illegible]一ノ三[illegible]ビル内
③主要役員＝議長団 尹槿、韓徳銖、申鴻湜、金民化、[illegible]
④構成員＝三十六万五千七百九十二名（中央総本部、各都道府県本部、支部その他下部のものを含む）
⑤解散理由＝本団体の中央総本部をはじめ各地方協議会、各県本部、支部、分会およびこれらの地方下部組織の幹部または所属員は、全国各地でしばしば占領軍にたいする反抗、反対あるいは暴力主義的事犯を引起し、わが国民生活に重大なる被害を招致し、なかんずく昭和二十三年十月および十二月ころ中央総本部役員、宮城県本部員、山口県本部役員などは朝鮮人民共和国国旗を大会会場等に掲示し、仙台、山口ではこれを禁止しまたはこれが撤去を勧告せんとした占領軍にたいし暴行を加え反抗し、同年四月下旬の神戸、大阪事件においては大挙して同県庁を襲撃し、同県知事および占領軍の命令の撤回を強要し、あまつさえ占領軍将兵に対する暴行、さらに昭和二十一年十二月二十日ころいわゆる首相官邸デモ事件には中央総本部および県本部幹部などは朝鮮人など約二千名と共に首相官邸に押入り、また昭和二十四年六月十六日ころの京都事件では京都府本部役員などは朝鮮人の[illegible]事件に関連して京都府庁中の警察官にたいし暴行、脅迫を加え、また同年六月廿日の[illegible]事件、同年六月十日ころの[illegible]スト事件では暴行、不法逮捕、監禁もしくは民団事務所に対する襲撃などの[illegible]を反覆続行し、しかもこれら事犯の多くは本団体の幹部が指揮し多数の本団体員を組織して計画的にこれを敢行したものであるのみならず、これら事犯の前後の内外、最近の状況ならびに本団体の機関紙等、声明、印刷、標語および活動などに徴すれば同様の占領軍に対する反抗、反対および暴力事犯はいずれも本団体構成員の単なる個人的行為にあらずして中央、地方を一体とする本団体の行為と認定せざるを得ない

本団体の団体は団体等規正令第二条第一号「占領軍に対して反抗し、もしくは反対し、または日本国政府が連合国最高司令官の要求にもとづいて発した命令に対して反抗し、または反対すること」および第七号「暴力その他の暴力主義的企図によって政策を変更し、または暴力主義的方法を是認するような傾向を助長し、もしくは正当化すること」に該当するものであることは明らかであるので本団体は反民主主義的かつ暴力主義的団体として同令第四条第一号、第二号を適用して解散を指定した

二、在日本朝鮮民主青年同盟
（中央総本部および地方本部、支部その他の下部組織を含む）

①組織＝中央に中央総本部、各都道府県に地方本部、支部、分会などがおかれている
②所在地＝中央総本部は東京都中央区[illegible]一ノ三
③主要役員＝委員長 [illegible]
④構成員＝三万九千七百四十名（中央総本部、各都道府県本部、支部その他下部のものを含む）
⑤解散理由＝本団体は、朝連と[illegible]

きのうの朝連中央総本部
東京中央区槇町

指定書受領を拒否

朝連等 法務総裁に抗議

法務府その他関係官は八日午前十時各解散団体に対し一せいに解散指定書および財産接収命令を手交したが、各団体側はその受領を拒否した。よって法務総裁は午後一時「解散団体の財産の管理および処分などに関する政令」にもとづいて財産引渡し命令書を手交した

◇

団体等規正令による朝連解散について八日午後一時在日朝鮮人連盟中央委員[illegible]、民青中央執行委員会[illegible]ほか五氏は自由法曹団[illegible]、竹田[illegible]弁護士とともに法務府に殖田法務総裁と会見、下関事件などをあげて説明、朝連は在日六十万の朝鮮人の正しい権利と生活の擁護を目的とする民主的な団体で今回の解散指定は不当であるとして撤回を要求した。これに対し総裁は「考え方の相違でこのような結果になった、解散を命じたのは不当ではない、冷静に円満に解決されることを希望する」と答え、同一時半会見は終った

指定は不当

建国青年同盟

朝連、民青など四団体の解散にともない大韓民国建国青年同盟中央総本部では八日午後一時から緊急中央執行委員会を開き、今回の解散指定は不当であるとの声明を発表、同時に全国各地方団体に対し冷静を保たせるよう指令、また同日解散指定された塩釜本部に対し[illegible]するよう指示した

朝連側退去

中央総本部

法務府の朝連中央総本部での財産の[illegible]受取を拒否したため午後三時過ぎ法務府では同本部からの退去を命ずることになり、警官二百四十名を動員し同本部を包囲、退去させようとしたが、同本部から[illegible]の申入れがあり、結局午後三時四十分[illegible]退去した

関東本部警戒指令

関東本部では八日[illegible]各府県警察および各区本部長に対し関連事件に伴う不法行為取締りに万全を期するよう通牒した

大阪は非常警戒態勢

大阪府警察では八日朝全警察官の非常召集を行い、非常警戒態勢に入り、また大阪市では[illegible]八日午後三時全市警の非常召集を行った

京阪神 接収進む

大阪府では八日午前十時四十五分法務府特別審査局近畿[illegible]ら一行が北区中崎町在日朝連大阪本部、在日朝鮮民主青年同盟大阪本部で解散指定を手交しようとしたが拒否した。しかし午後七時すぎ再び大阪府本部に出向き、同本部[illegible]の両氏に手渡して受取、接収手続を完了、その他各支部も同時に接収が行われた

神戸では午前十時法務府[illegible]

再建企図を監視

殖田法務総裁談 反民主・暴力主義

今度の措置の目的は少数の指導的分子に支配されている反民主主義、暴力主義的団体を解散し、それらの一般[illegible]大衆を解放することにある。朝連、民青の全中央総本部以下全国の地方下部組織などの役員はその地位よりみて主謀者のみならず[illegible]は今後の動向を十分監視する。今後もこの種の反民主的、暴力的団体に対しては、それが日本人団体であろうと外国人団体であろうと問わず政府は厳重な態度をもって臨む方針である。在日朝鮮人諸君は今度の措置に対して動揺せず、わが国の平和主義および民主主義の確立に協力されることを切望してやまない

なお解散を命ぜられた団体はその財産を没収され、その役員は他のいかなる団体の主要役員にも就任を禁ぜられ、その役員は公職より除かれ、さらに[illegible]に処せられる。従って関係者の政治活動、解散団体の財産処分に対しては厳重に取締る方針である

解散の指定は一方的に有効

法務府特別審査局吉河局長談

解散指定はそれだけで有効だ。これらの団体がそれを拒否して活動した場合には、三十万円以下[illegible]の罰金、十五万円以下の[illegible]また財産引渡命令を拒むものは公務執行妨害で逮捕される。ただ財産のうち[illegible]は特例として留保している

相当数の不法入国者は送還

樋貝国務相談

樋貝国務相は八日次の通り語った

「団体に加盟していた朝鮮人の相当数が正式の入国手続をしていない模様だから、この不法入国者は法令に照らして送還していくことにしている」

KOREANS REFUSE TO SHUT SCHOOLS

Nippon Times

Make Counter-Demands to Okayama Authorities; Settlement Remote

4.28

No early settlement of the Korean primary school issue was in sight yesterday as it was learned that the Korean residents in Okayama Prefecture virtually refused to comply with the prefectural government's order to close down the Korean-operated primary schools in the prefecture.

Koreans connected with these schools met in conference at Okayama City to discuss the question and draw up their reply to the prefectural authorities.

In the reply submitted to the prefectural government, it was reported that the Koreans demanded: (1.) that all expenses for the primary school education for Koreans shall be charged to the Japanese Government, (2.) that the right of "racial autonomy" shall be recognized in connection with Korean education, (3.) that thoroughgoing steps shall be taken to enforce "racial autonomous" control of education and (4.) that the Japanese authorities shall consult with the Korean representatives on all measures for the enforcement of Korean education.

Simultaneously, it was said the Koreans demanded the Okayama District Procurator's Office to withdraw from the case on the ground that negotiations on the question should be conducted between the Koreans and the educational authorities. In reply, it was revealed, the Procurator's Office made it plain that no unlawful acts would be tolerated in connection with the question.

The Procurator's Office announced that Ro Hei-u, chairman of the Okayama Prefectural Headquarters of the Federation of Koreans in Japan, was arrested Friday on the charge of violating the School Education Law. The Korean was immediately sent to Okayama prison.

Soon after his arrest, some 200 Koreans staged a demonstration parade to the Procurator's Office demanding Ro's immediate release. There are about 15,000 Korean residents living in Okayama Prefecture.

It was further learned in this connection that the Okayama prefectural authorities were under strict instructions to discharge any officials guilty of negligence of duty in carrying out the original order to close down the Korean primary schools.

An inspection party will shortly make a trip throughout the prefecture to see whether the Korean schools have been closed down in compliance with the order, it was indicated.

神戸の学校問題に米司令官声明

不法朝鮮人を逮捕

集団暴行容認し得ず

総司令部特別発表（二十六日） 第八軍司令官アイケルバーガー中将は神戸の朝鮮人暴行事件に関し、二十六日神戸において自ら左の声明を発表した

四月二十四日約千名の朝鮮人が、兵庫県知事、神戸市長および警察長が会議中の県庁々舎外に集合、のち約五十名が県庁内に入り暴力をもつて電話線を切断し上記三名と外部との連絡を断ち切つた、彼らはこれら日本人官公吏に不法行為を加え、暴力を揮うことにより、知事を強迫し彼らの要求を承諾せしめた、その要求とは▽不法行為を犯したかどで裁判に付するため拘禁中の朝鮮人の釈放▽釈放不法行為容疑者を告訴せぬとの協約▽朝鮮人学校閉鎖に関する裁判所命令の撤回▽この要求をなした朝鮮人に対しては何ら特別処置に出ぬとの協約の四項である

暴力と強迫により強制的に行われたこれらの協約は何ら法的効力をもつものではない、私は強迫の下になされた契約や約束はいかなるものといえども拘束力ありとは認めない

今回の場合においては、この朝鮮人の示威運動が秩序を失い、[illegible]県の施政を一定期間停止させるほどの騒動となつたというのが事実である、不法にも電話通信を切断したことにより、進駐軍当局は主要日本当局と連絡することができなかつた、かゝる行動は進駐軍の政策と占領軍の安全に有害なものである

私は第八軍司令官として前記の不法行動があつたことを承認し、軍事委員会または軍事法廷をしてある朝鮮人の処断を命じた、すなわち本問題にあつては自己の選択で日本に在住しその生計の道を得ている外国人が正当に選ばれた日本人の代表者に暴行を加えこれによつて文明の基本的要素そのものを傷つけたということが出来る、法と秩序とを持たぬ文明はなく、法の施行と法の遵守を伴わぬ法と秩序とはあり得ない、かゝる破壊的な集団暴行は、たといそれがいかなる原因から起るとしても、これと妥協の道はないであろう、私はすべての関係の指導者達がこの問題に特に責任あるものと考える、彼らが自らの行動によつて非文明な態度に対する例を示す場合には彼等に対する処断はその割合に応じて厳重であることを銘記すべきである

事件責任者は軍事裁判へ

総司令部発表＝米第八軍神戸基地指揮官は二十六日、一週間の長きにわたつて日本官憲や警察当局に対し示威運動を行つた朝鮮人暴動者逮捕にすみやかな行動がとられ、二十六日夜明けまでに容疑者四百五十名が捕えられたと発表した、進駐軍憲兵隊と日本側警察官とは協力し、二十五日午前一時には神戸市およびその近郊に警戒網が張られた、神戸基地指揮官ピアーソン・メノアー代将が指揮をとり、トラックは全市を廻つて暴動者や容疑者を捕えた、進駐軍当局に現在捕えられているのは三百五十名で、そのうち前から捕えられている者は六十名である、二十四日県知事を閉じ込めた一団の朝鮮人の大部分は捕えられた、これらのものの大部分は朝鮮人連盟の指導者であり、一味の指導者のうち七名は日本人で共産党の有力な党員である

日本当局、警察、進駐軍憲兵の間の緊密な協力により検挙実施中死傷者はなかつた軍当局によれば現在は引つゞき行われ廿四日の暴行事件に責任のあるものはすべて検挙し裁判に付する方針を遂行するはずである、第八軍司令部では神戸基地当局をあらゆる方法で援助し遅滞なく事件を処理するつもりであると言明

朝鮮人らは二十六日日本警察当局に対して大阪府庁舎から出発して大阪市内でデモ行進を行いたいが許可されたい旨を申出で、これは許可され、約一万名参加のデモ行進が平和裏に行われた、目下彼らの指導者五名が学校再開と拘束中の朝鮮人釈放に関するかねての要求につき日本当局と折衝中である

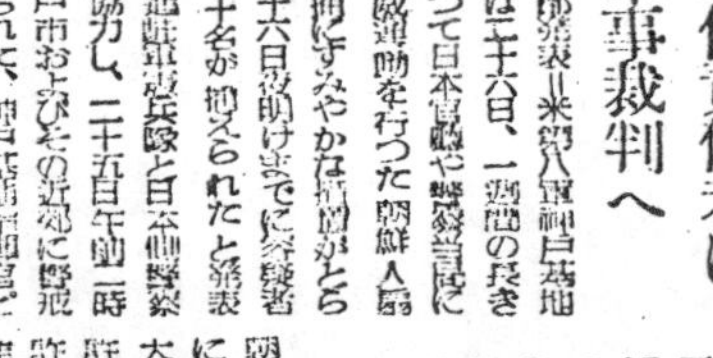

國語는 課外教授뿐

大阪軍政部"朝鮮人學校案"發表

지난 一月二十四日 文部省으로부터 發令되었든 朝鮮人學校問題에 關한通牒을 中心으로 大阪府教育部에서는 府下의 朝鮮人學校案을 지난 十九日에 作成하였는데 이學校案에 關하야 大阪軍政部에서 지난 二十五日다음과같이 發表하였다

私立·各種學校로 認可

但知事管轄下·日本敎科基準으로

大阪軍政部 二十五日發表 第四十二號

다음에 揭載하는것은 一九四八年 一月二十四日附의 文部省令에 依하야 大阪軍政部로부터 認可를 받은 大阪府作成의 朝鮮人學校案이다 上記文部省令에 依한 日本教育基本法及 學校教育法에 따라 學齡期兒童을 收容하는 學校는 私立學校로서 認可하며 學齡期以上의 生徒를 收容하는 學校는 各種學校로 認可하여 두가지 다같이 府知事의 管轄下에 둘 豫定이다

一、義務教育의實施

朝鮮人諸學校는 朝鮮語의 教授를 目的으로서 設立된 模樣이다 따라서 生徒의 年齡은 八歲乃至 十七、八歲로 고르지못하며 또 그中에는 小學校에 通學하고 있는者도 있으며 中學校에 通學하고 있는者도 있어서 學年組織은 全혀 不明瞭하다 그러므로 學齡適期의 朝鮮兒童數를 調査함과 同時에 그兩親에게 義務教育制度를 周知시켜서 義務教育制를 實施할 것이 必要하다

二、朝鮮人諸學校를 私立校로認可

朝鮮人諸學校數는 上記와같이 七十四校이나 그學校施設中에는 不完全한 點이 많이있는故로 義務教育實施에는 여러가지의 困難이 있으니 私立學校로서 認可를 받기前에 多少間 再整備를 하든지 數校를 合併하는것이 必要하다 實際로 우리들은 朝鮮人學校의 組織을 改善하여 認可手續을 完了하도록 援助激勵하지않으면 안된다

三、教員의資格

一、教員의 資格審査를 施行하여 現在勤務中인 不適格教員을 排除하고 判然한 學校를 設立한다

二、教員을 爲하여 講習會를 開催한다 朝鮮人學校教員三百廿九名中 有資格教員은 極少數인故로 現狀態下에서는 敎員免許狀을 賦與하여서는 안된다 이點에 關하여서는 敎員을 하여금 資格을 取得시킬 目的으로 可及的速히 講習會를 開催할것

四、教育內容의刷新及充實

朝鮮人學校는 朝鮮語의 教授를 目的으로 設立되어있으며 그敎科課程은 日本의 學校課程과 같으나 그內容은 從來나 現在나 全혀 틀린다 따라서 敎科課程及 教育內容은 日本의 標準에 一致시킬必要가 있으며 그렇게 하기爲하여 朝鮮語는 課外로서만으로 教授하여 教育內容을 刷新하며 新教育에 따르도록 改善한다 教科書에 對하여서는 그配給은 方今 困難한 事情에 있으나 現在 日本의 諸學校에 對하여 實施하고있는 것과 같은 配給方法을 朝鮮人諸學校에도 適用할것이다 各學校에 新教育理念을 徹底시킬目的으로「新教育의指針」及「學習指導要綱」의 研究會를 열어서 教育內容의 充實을 圖謀할 것

朝鮮人學校에關한資料

		校數	生徒數 男	生徒數 女	合計	教員數
小學校	大阪市內	三三	四、二三三	三、七四七	七、九八〇	一六三
	大阪市外	三七	二、九一四	二、〇七九	四、九九三	九六
	計	七〇	七、一四七	五、八二六	一二、九七三	二五九
中等學校		三	八二六	四二九	一、二五五	五三
師範學校		一	八七	一六	一〇三	一五
總計		七四	八、〇六〇	六、二七一	一四、三三一	三二九

文化

教育과自主性

特히日政에一言함

漢江居士

日政當局이 强要하고있는 敎育令에 對하여 在留同胞의 全部가 必死的으로 拒否하고 있음에도 不拘하고 一部의 沒理解한 當局者의 不法的 彈壓으로 말미아마 問題는 日益惡化하여 致命的 暗礁에 逢着하게되었다 그리하여 同胞須迭한 日政當局者는 朝鮮學院에 對하여 閉鎖를 指令하는 暴擧를 犯하는 同時에 違反한 責任者와 父兄은 處罰한다고 發表를 하고있다 預言한 必要가 없이 日政側이 固執하고있는 教育의 干涉은 朝鮮民族의 自主性을 否定하는 惡令이다 그리고 그것은 朝鮮民族을 隷屬視하는 日本帝國主義意識의 復古이며 延長이니 民主化를 高唱하고있는 擬制民主主義와 正體를 如實하게 暴露하는 似而非民主化의 發現이다 總司令部의 指令을 唯一한 口實로 하고 文化的 侵略을 企圖하고있는 日政側의 暴擧는 帝國主義的 殘骸가 아직도 뿌리를 박고 潛在하고 있다는 것을 意味하는것이니 그러한 惡德과 殺惡에 對하여서는 全民族의 이름에 있어서 應當 撲滅하지않으면 아니된다

一朝鮮民族은 言語와 風習이 全然 相異할뿐만 아니라 傳統的으로 固有한 歷史와 文化를 繼承하고있는 民族이다 그리고 文化的 分野에 있어서는 日本의 統治權의 圈外에 있는 自主的民族이니 如斯한 國際的特殊性을 考慮하지않으면 問題는 永遠히 解決되지못할것이다 由此觀之하면 日本式教育을 全面的으로 强制하는 日政의 暴擧는 世界의 國際史上에 前例가 稀少한 惡令인 同時에 文明에 對한 反逆이니 文化享有의 自由와 嚴肅한 教育의 神聖을 蹂躪하는 그들의 不法은 民族的 自尊心과 威信에 있어서도 原則的 肯首할수없는 侮蔑이다 朝鮮人은 朝鮮人으로서 教育하여야할것임은 自明한 理致이니 社會의 秩序와 公安을 維持하기 爲하여 日本의 法令을 遵守하기는하나 民族的 自主性과 尊嚴性을 否定하는 惡法의 擬態와 要求는 우리에게 許容된 當然한 國際的 權利이다 그러므로 日政當局에게 大膽하게 忠告하며 主張하나니 國際的親善과 民族的獨自性에 背馳하는 惡法을 固執하는以上 朝日兩民族은 永遠한 敵對關係에 있을것이며 一步를 進하여는 重大한結果를 招致하게될것이니 不適한 偏見을 깨끗하게 放擲하고 謙虛한 立場에서 問題의 解決을 講究하여야한다 半世紀에 亘하여 朝鮮民族의 文化를 抹殺하고 우리民族으로 하여금、性格的으로 破綻시키고저하는 日帝의 侵略的 教育政策으로 말미아마 文化的으로 또 精神的으로 莫大한 被害와 苦痛을 甘受하여왔나니 總司令部의 指令을 방패로하고 새로운 侵略을 陰謀하고있는 日政의 魔手는 그들의 勢力이 安定됨에 따라 우리民族의 文化的分野에 까지 迫害의 鐵槌를 들고 肉迫하고 있다

그러나 우리는 秋毫도 躊躇치않고 中外에 宣明하나니 朝鮮人은 日本에 隷屬한 民族도 아니며 其他의 外國에 屈服할 義務도 없는 獨自的民族이다 言必稱 "요보"라는 侮蔑的代名詞를 公然하게 發言하고 膏血을 搾取하든 日本과 日本人에 對한 義憤은 至今것 우리 民族으로 부터 사라지지않고 깊은 傷處가 되어있다 그러나 寬厚한 道義心으로 敗戰日本의 再興과 民主化를 爲하여 協力을 不惜하고 있음에도 不拘하고 驕慢한 帝國主義의 殘存分子들은 朝鮮人의 文化와 教育을 또다시 抹殺하고저하는 건방진野望을 發露하기 始作하였다 그리하여 甚至於는 朝鮮人이 心血을 傾注하여 育成한 教育機關을 閉鎖하라는 最後의 發惡을 하기까지에 이르렀다 이러한 文明의 反逆과 民族的蔑視는 在留同胞가 擧族的으로 抗拒하며 審判하지않으면 아니되는 國際的 沒義道일뿐만아니라 民族的威信의 輕蔑을 判斷하는 分岐點인 同時에 精神的 死活問題의 하나이다 거듭여 말하나니 政治的으로 圈外에 있는 在留同胞의 日法에 對한 義務는 社會의 秩序를 維持하는 範圍에 限하여 適用될것이며, 그러한 惡法을 방패로 하고 無理를 强要하는 教育의 干涉은 國際的 越權이며 民族의 冒瀆이다 理由의 如何를 莫論하고 朝鮮人의 教育은 第三者의 容喙을 不許하는 不可侵의 神聖이니 日政當局의 反省이 없는以上 讓步할 餘地가 없는 重大한 問題이다 (四月十四日)

初の占領軍非常事態宣言

米軍当局談 背後に共産党動く

【横浜廿五日発＝AP特約】朝鮮人学校閉鎖反対を叫んで各地に広範囲の朝鮮人集団騒動が起り、日本占領下はじめての非常事態宣言が行われたが 二十五日これら朝鮮人を再逮捕するために神戸では進駐軍部隊が非常召集された、米第八軍ジョージ・ジョーンズ大佐は二十五日夜進駐軍部隊が百七十六名の朝鮮人を逮捕したと次のとおり語つた

私は今回の騒動が朝鮮と同じように、その背後に共産党の手が働いていると確信している、共産党は騒動を起す口実として学校問題を利用しているのである

また東京では総司令部のウィロービー少将が

神戸の朝鮮人は危険な存在であり、神戸の騒動は共産党にそそのかされたものであると信ずる 彼らはその欲するときいつでも日本警察官に対し数において優勢を持し警察を屈服させることが出来る、占領軍においては大阪に在住する共産分子について周到に調査を進めている

と語つた

神戸事件は日本側当局が、朝鮮人に新教科書と新学校規則を採用するよう命令したことから起つたものである、ジョーンズ大佐はその間のいきさつを次の如く語つている

二十四日大阪では七千人の朝鮮人が府庁におしかけ、当局者をおどかしたため騒動が起つたが、消防隊員は干渉しなかつた、五千名の日本側警官は七千の朝鮮人を追い出した、そこで朝鮮人は大阪では勝目がないときめて、攻撃のほこさきを神戸に向けたのである、

彼らは神戸の兵庫県庁を占拠し、県知事、市長、警察長らをとりこにした、これよりさき朝鮮人七十名が日本の学校法に反抗して検挙された、朝鮮人はこれらの検束者を釈放せよと知事を強迫した、軍は知事、市長、警察長を強迫したこれら七十名の朝鮮人その他の再検束を命令した、これらの官吏を強迫する朝鮮人は法と秩序を尊重せよという占領軍の基本的命令に背くものである

日本の警察の力ではこれらの朝鮮人を検挙することが出来ないので軍が代つてこれを断行し、神戸進駐軍部隊が出動した、軍は初めての『小規模非常事態』に備えて出動したもので、今や事態はわれわれの手により収拾されたと日本当局は非常態を拾収するとが出来なかつたので、軍は出動を敢えてしたがそのためにアメリカ人を刺戟するようなことはしたくない、軍は単独で処理する

占領軍の非常事態宣言　解説

神戸の朝鮮人騒乱事件に関し、二十五日占領軍神戸地区司令官は、二十五日占領以来初の管内非常事態宣言を発し、武力行使を宣言した、これは新警察制度による非常事態宣言とは異る、警察制度の非常宣言は総理大臣が指揮をとり、局地の場合は総理大臣の任命する警察官が指揮をとるが、今回の占領軍非常事態宣言はその地区の警察官はMP司令官の指揮下に入り、検挙した者は占領軍の占領目的違反として軍事裁判に付せられる

朝鮮人一千名

兵庫縣廳を包囲

知事、学校閉鎖を撤回

【神戸発】廿四日午前十一時兵庫県庁知事室に岸田知事、吉川副知事、堺教育部長、御牧学務課長ほか視学官、小寺神戸市長、斎藤同助役、古山神戸市警察局長、小山同保安部長、神戸検察庁出辺次席検事など会合し朝鮮人学校閉鎖問題につき協議中のところへ、朝鮮人約一百名がつめかけ、学校閉鎖命令の撤回、去る十五日の事件で検挙されたものの釈放などを要求し、遂に会見者一同は外部との連絡を絶たれた、一方県外では朝鮮人が続々とつめかけ正午ごろ一千五百名位で県門を固めたので警察隊が応援の上漸く県門の秩序を回復したが、依然県外では一千名近くの朝鮮人が県庁を包囲気勢をあげている、午後二時半検挙者の処置につき協議のため出辺次席検事のみは知事室を出て井出朝鮮警察長と会談の後朝鮮人代表とともに検察庁に引揚げた、その後における交渉状況の詳細は不明である、情報によれば岸田知事は学校閉鎖命令の撤回要求書に署名したともまた検察庁では今回の事件の検挙者の釈放を承認しているとのことであるが、命令撤回および釈放に対する附帯条件は不明である。一方検察庁側は[illegible]ほか各部長、神戸市警察局長山本刑事部長ほか木村経済保安部長ほか首脳部[illegible]

【神戸発】朝鮮人学校閉鎖問題に関して廿四日兵庫県庁に押しかけた朝鮮人と県当局との交渉は[illegible]当局側は遂に折れて岸田兵庫県知事は朝鮮人学校閉鎖命令を撤回、市は神戸地[illegible]朝鮮人の要求を容れ[illegible]検挙者の釈放のため知事室を出て[illegible]朝鮮人代表と共に検察庁に引上げ六十八名の[illegible]

朝鮮人学校閉鎖

指令について

東京都教育局が三月廿四日付の文部省通達「朝鮮人学校取扱いについて」にもとづいて、学校教育法十三條二項に違反する朝鮮人学校に、十九日までに学校教育法による私立小学校としての認可手続きをとること、右の期日までに手続きをとらぬときは学校閉鎖を命ずるとの通知を発し

一、朝鮮人学校が日本の教課書を使用すること

二、日本語を国語として教えること

三、朝鮮語その他は課外授業として教えること

を指示しているが、これは明らかに不当なるたんあつである

すなわち、朝鮮人側の民主主義に対するに、日本政府の偏狭主義の強要である。この都教育局の言にしたがえば、朝鮮人学校で日本の言葉を国語として教えそれにともなつて、当然「くにのあゆみ」も国史として教えることになり、朝鮮語は課外教授のみを認め、今まで不当なたんあつによつて日本語を強あつ的に教えこまれていた朝鮮人が、新国独立のあかつきにそなえて朝鮮語を学ぶという、朝鮮人になるための方法手段は全然抹殺され、そこには如何にしたら日本人となり得るかのことだけを問題にしている。これは民族文化、教育の自主性、ひいては民族の自主性を認めないことになるではないか。日本語がなぜ朝鮮人の国語になり、日本の歴史がなぜ朝鮮人の国史にならねばならぬのか。吾々は「くにのあゆみ」のどの頁を開いて見ても過去に於て日本が朝鮮を侵略した事情を書いた頁が発見出来ない。過去の事実が事実として書かれているならば吾々が歴史の正確性を認めて好意を持つことは出来る可能性があるが、故意に抹殺されたあるいは抹殺された事実の書かれていない歴史それが日本の歴史であつて見れば、なおさらのこと、吾々はその誤謬を指摘することは出来るにしても、それを吾々が国史として使用することは出来ないではないか。

教育の自主性と、市民の自主性とは異る。吾々が日本の一市民として生活する上においては日本の社会規律を守るのが常識であるにしても、民族文化、教育の上にまで、日本の法的規格を押しつけられるということは心外に耐えぬ。これはまさしく不当なことだ。吾々は「くにのあゆみ」を主用の朝鮮人の国史として採用しろと云う日本の役人を一應軽蔑の目で眺めよう。全くそれは驚嘆に値する。それは誰が誰のために、どのような目的を以て、過去にあつた事実を抹殺しようとしているのかということはつまり認識し、そしてその認識が次から次へと讓り渡されるものであり、かつまた抹殺するということ自体をもつと讓り渡されるものであつて見ればこの相対的なものが決して反省にはならぬということを知る立場から日本の役人を軽蔑するのだ。

今度のこの通達が、通達している文部省、東京都教育局自体に於ても、正常な思考能力を持つているものであるならば、自ら理論的に矛盾を感じている筈だ。誰の目にも明らかなこの矛盾した通達が何故なされねばならなかつたか、という問題がここに提出される。吾々はさきに言つた「くにのあゆみ」に関しての相対的な認識を基礎にして今後の日本の立場、ならびに現在占領されている日本の立場等を総合して見てこの通達の根源は、政治的代線にあると思う。この一見なんでもない政策の問題が、実は多分にデリケートな問題を含んでいることを見逃すわけにはゆかない。

すくすくと育つたものをなぜ途中で折ろうとするのか。日本の政府はもつと早くからこのことについて考えるべきであつたし、かつこのことを考え善処策を講ずることは今からでも決して遅くはない。

朝鮮學校閉鎖通告

▽…朝鮮人學校閉鎖通告は極めて複雑な内容を含んでいる。現在までの朝鮮人學校が朝鮮語を主体的に教えてようがいまいが、このことに関して日本の役人が云々するのは許されないことだ。

▽…教育法違反ということが日本の法的規格に基づくものであるならば朝鮮人はこの法律を否定することは出来ないが、日本の教育法が偏狭主義をとつているからとてこれを他民族におしつけるのもよくない、今度のこの通告がなにか往時の特高警察の性格を帯びていることはいなめない事實だ

▽…日本は戦後、朝鮮人にそして中國人に、その他日本が侵略した諸國人に、あやまつたことがあるか、しかもなお往時の不法な強権を復活しようと着々その機をねらつているようである

▽…ひるがえつて朝鮮が今日相当数の青年を日本の大學に送り出していることを考えたら朝鮮語を主体的に教育する結果を考えねばならぬ、日本人はまた日本の「憲法のはなし」が朝鮮人の生徒には何の役にも立たないことを考えねばならぬ、ヒロヒトが日本のショウチョウだといつたつて朝鮮の生徒は噴飯を存ぜるだけだ

▽…日本の役人はその偏よつた教育法を醜事をホウキしたなりに改正すべきだ、日本は罪の贖罪をテッテイしどんなことをしてもつぐない切れるものではないということを忘れてはならない

▽…今度の學校閉鎖通告は民國、朝連いかんを問わずこぞつてこの不當な強要を撤回させなければならない（東京・春日町 Y生・學生）

新教科書

學童の教科書が來月の後期用からは体裁もよく內容も充實します―"粗雜な教科書"に對する非難は本紙"蘭流欄"への投書をはじめ父兄の間に憤りをこめて當局を責めてゐるが、文部省有光教育局長はこれらについて當局の苦しい立場を說明し一般の理解を求めてゐる

來月からよくなる

學童、父兄の不滿を消す文部省

讀賣 一九四六年九月十九日

◇…この新學期にあたり學童の手もとに送られた教科書は僅か一ケ月ぐらゐのうちに發行したのと、用紙が少なく、それに印刷能力が戰災のためひどく低下してゐたため非常に粗惡なことは十分知りつくしてゐて、なほかつあゝしたものを出さねばならなかつた事情を諒としていたゞきたい

◇…最近街頭には幾百種といふ雜誌や單行本があふれてゐる、いづれも國定教科書よりは紙質も体裁もすぐれたものばかりである、しかし、あれらの紙は隱退藏されてゐたいはゆるストツク紙で、今日あんな良質の用紙が大量に供給されてゐるわけではない、教科書であるから紙の事情さへゆるせばもつと良質のものを使用するのだが、今日のやうなパルプ、石炭事情では良質紙の大量供給は望むべくもない製本してなかつたといふのは時間的に間にあはなかつたためである

◇…十月過ぎに出る予定の後期用からはもつと內容も清新なものをもりこみ、体裁も表紙もつけ、活字も旧教科書と同じやうにし、さし繪ももつと豐富にし、低學年にはたとへ一、二種にでも色刷さし繪を入れようと思ふ、今までのは第一、第二分冊とわかれてゐて取扱ひが不便だつたが、これからは丸本として一冊にまとめるかそれが出來なければすくなくとも上下二冊ぐらゐにまとめたいと思つてゐる

◇…價格についても第一分冊をつくつたときはまだ新円政策の實施前で、物價騰貴のいちばんひどい時であつたため卅二圓五十錢としたのは非常に高いといふ印象をあたへたと思はれるが今度からはだいたい卅錢から卅五錢ぐらゐにするつもりで、現在の物價からみてそんなに高くはないと思ふ

同胞學校閉鎖問題

何が圓滿解決ぞ！

文部省案を丸呑みの朝連

建靑なお交涉中

神戸の騒擾事件にまで發展した朝鮮人學校閉鎖問題に關し、朝連側では教育對策委員會責任者金路根氏の名の下に在日同胞に對し學校問題は圓滿解決したとのパンフレットを配布し、今度の事件に當面して朝連はさも主張を完全に徹し得たごとく裝っているが、これは大きな期待と關心を抱いた全同胞に對する正に背信的行爲であり、在日六十萬同胞は朝連の態度に愛想をつかしている有樣である、即ち今度朝連が、文部省と折衝の結果、基本問題については圓滿解決をみたとの見出しのもとに同胞教育の自主性が認められたと稱し

一、朝鮮人自身で私立の小・中學校を設置し、義務教育としての最少限度の要件を滿たしその上は法令に許された範圍內において選擇教科、自由研究及び課外の時間に朝鮮語で國語、朝鮮の歴史、文學、文化等朝鮮人獨自の教育をする場合、教科書については連合軍總司令部民間情報教育部の檢閲を受けたものを用いる

二、一般の小學校、中學校において義務教育を受けさせる傍ら、放課後又は休日等に朝鮮語の教育を行うことを目的として設置された各種學校に在學させて朝鮮人獨自の教育を受けさせることも差支えない

ということを述べているが、以上のような程度で圓滿解決というならば、何も數度の會見と、

夜を徹してまで

對策方針を建てなくとも、極端に言えば、三歳の童兒といえども圓滿解決が出來るであろう。これでは自主性の"自"の字も現われず一體何を目標とし、何の接衝をしたのか了解に苦しむところで、これでは文部當局の意を丸呑みしたにすぎないといわれても仕方がなかろう、彼等が事件に開口一番同胞のため、あるいは祖國のためと稱しては

赤色テロを敢行

し日增しに迷夢からさめてこの權的闘爭たる朝連から離れ去る同胞を甚だしきは私刑行爲を加え、あるいは愛國奴ばわりしておきながら、今度の神戸、大阪事件において在日全同胞を赤化した如く內外ニュース網にき言を弄して同胞全部を共產黨員化そうとしたことは全く否きれて仕方がない、自から墓穴を掘った今度の神戸及び大阪事件にたいしては本來ならば死をもって償うべき秋なのに、その跡始末さえこの狀態では空いた口もふさがらず

まことに無責任

極まる行爲と難詰されても仕方があるまい、なおこの解決云々問題に關して建靑の文化部長鄭氏の意向をきくと

『建靑としては建靑の基本態度に從ってあくまで教育の自主性と內容の妥當性を擁護しようと四度にわたる交涉の結果文部省側と或る程度の妥協點に到達し目下一歩進んだ打開策をみいだそうと努力している。朝連が今日共產黨であることは萬人の認めていることであり、彼等としても、これ以上の解決點には到達できないことであろう

わが建靑として

はさきにのべたように十一日CIEにおいてニューゼント氏及び日本側有光次官と第二次會談が行われたのに引續き、十四日の會談において主として教科書問題を中心に接衝されたが、近くこの問題が圓滿解決するに從い、教育用語の問題は自然解消することと思う（教科書は朝鮮語學會編さんのもの）など建靑として主張している主要點は左の通りである

建靑の要求事項

一、教科書は朝鮮文教部發刊のもの

二、教育の自主性と內容の妥當性

三、地方廳の認可を得ること

大阪住吉初等校를 "私立校"로 認可

朝聯大阪住吉支部에서는 朝鮮人初等學校의 認可를 申請하였는데 今般 大阪府로부터 正式으로 私立學校의 認可를 받고 就學年令 入學願書도 公的으로 朝聯에 一任하게되었다 따라서 住吉區同胞의 市民稅는 正當한 立場으로 納入하되 그中 [illegible]은 朝鮮人教育費에 補助하기로 同區役所에 交涉中이라

[illegible] 朴信仁(四八)氏는 昨年十月에 主人이 [illegible] 當時에도 家庭이 몹시 貧困하였음으로 朝聯西淀川支部分會가 초상비全部를 [illegible]하였었다 그後 四男妹의 子息을 거느리고 살길이 없어 [illegible] 三月下旬 어느날 朝聯西淀川支部[illegible]部長 金[illegible]鎬(三九)氏가 同家庭을 訪問하여 慰安하고 [illegible] 實情을 [illegible]한 氏는 一十七日支部執行委員會席上에서 이實情을 報告하고 率先하여 三千圓을 生活費로 寄贈하였더니 同家의 [illegible] 會席에서 [illegible] 二千七百圓이 募金되었음으로 全額을 救濟金으로 보냈다 한다

教育問題에關하여

마元帥와 日當局에 嘆願書・抗議文

朝聯下關支部가中總通해提出

3.2.8

(下關) 各地에서 日政當局과 軍政當局으로부터 干涉되고있는 在日朝鮮學院問題에 對하여 朝聯下關支部에서는 解放된 朝鮮民族의 第二世國民養成에 對한 理解와 援助를 얻기 爲하여 다음과 같은 마司令部에 對한 嘆願書 日本文部省에對한 抗議文을作製 中總을 通하여 各各傳達하기로 되었다

嘆願書

吾々朝鮮民族ヲ解放シ之ニ自由ヲ賦與サルルタメ戰鬪サレタマ元帥ノ健康ヲ祝福スルト共ニ此ノ嘆願書ヲ捧呈スルヲ光榮トスルモノデアリマス日本ニアル吾々朝鮮人ニ日本政府ハ新ナル攻擊ヲ加ヘントシテ居リマス、元帥ノ公正ナル民主々義確立ノタメ明決ナル御決斷ヲ御願ヒスルモノデアリマス

去ル二月二十四日午後一時山口縣教育部長橋本氏ガ在日本朝鮮人ハ一九四七年七月計劃輸送終末ト共ニ日本ノ法令ニ律セラレルヲ是認スルヲ條件ノ下ニ日本ニ在留スルコトトナツタ此ノ法的根據ニ依ツテ山口縣在住ノ朝鮮人兒童ハ日本ノ義務教育ニ服サネバナラヌ從ツテ朝鮮人學校ハ直チニ廢止シ其ノ教育ヲ停止セヨ之ヲ肯ゼヌ時ハ法ノ强壓ヲ加フルデアラウトノ旨ヲ述ベタ

吾々朝鮮人學校設立者ハ左ノ如キ理由ヲ列擧シテ斷乎此ノ惡法ノ本質ヲ指摘シ之ガ施行ヲ拒否スルニ至ツタ

一、朝鮮文化ハ日本帝國主義ノ三十六年間ニ亘ル抹殺政策ノタメ世界文化進運ニ支障ヲ來ラシムルニ至ツタガ、連合軍ノ勇敢ナル正義ノ戰ヒニ依ツテ逸シクモ民族獨自ノ文化ヲ世界文化ニ貢獻セントシテ再起ノ施策ヲ强力ニ進メツツアルノガ現狀デアル

一、他國人デアル朝鮮人ニ日本政府ガ日本語ヲ以テ義務教育ヲ强要セントスル事ハ嘗テノ戰爭犯罪人達ガ亞細亞ニ日本語ヲ以テ東洋語トセヨト文化侵略ヲ行ツタ行爲ニ何等變ル所ガナイ

一、一國ガ他國人ガ其ノ國ニアルカラト言ツテ「市民權」ヲ保有セズ又欲シモシナイ他國籍ノ教育ヲ强要スルノハ國際公法上カラモ許サレヌコトデアリ從ニ他民族ノ感情ヲ激發シテ騷亂ヲ惹起シ平和ニ反ス[illegible]デアルコトヲ指摘スル

一、日本ニアル朝鮮人ノ[illegible]大數ハ早晩ノ念强ク歸國ノ[illegible]ガ熟スレバ直チニ歸國セントスル意慾ニ燃ヘテ居ルモノデアツテ歸國ノ日ニ日本語ノミヲ語ル子弟ヲ伴ヒ歸國スルコトハ[illegible]ルガ如キデ兒童ノ不幸ニ身ヲ以テ當ラントスル保護者ガ支配的デアル

一、朝鮮人學校ノ撤廢ハ其ノ全部ガ擧ヲ擲ツテ日本義務教育ヲ拒否シ强壓ノ場合ハ全員死ヲ賭シテ之ニ抗爭スル體制ヲ整ヘテ居ル

一、日本政府ハ不斷ニマ司令部ノ嚴命ナリトシテ吾々ニ惡法ヲ强ヒル從吾々ハ國際人トシテ日本ノ治安ニ必要ナル日本ノ經濟ヲ堅固ニスル占領軍ノ占領目的ヲ果スニ必要ナル凡有法律ニ從フハ當然トスルモ此ノ度ノ朝鮮文化ヲ抹殺セントスルガ如キ惡法ハ世界ノ公正ナル輿論ニ訴ヘ反對セントスルモノデアリ又世界ノ正義ハ之ヲ許サズ吾等ニ味方スルモノナルコトヲ信ズルモノデアル

一、吾々ハ日本政府ガ强引ニ此ノ惡法ヲ樹立シタ事ニ依ツテ總司令部ニ於イテ擁護セル日本ノ現下政府ニ於テ策動スル分子ニ一脈ヲ通ズルガ如キ諸政境上ノ抹殺セネバナラヌ惡漢ノ如何ニ多キカヲ知ルト共ニ世界民主化ヘノ共通ノ敵ガゲリラ戰ヲ茲ニ於テ展開セルコトヲ强ク指摘スルモノデアル

一、一國ノ法律ガ普通妥當性ヲ持ツノハ其ノ法ヲ守ル國民ガ其ノ法律ニ自分ノ意志ヲ十分ニ反映セシメテ始メテ其ノ法律ハ人民ノ全體ノ歡迎スル法律トナル、夫レガ一方的ナ又ハ一部ノ人ガ作成シタ法律ハ支配者ガ其ノ人民ヲ奴隷トスル法律トナル、今日本ニアル朝鮮人ハ一方的ナ法律ヲ甘受スル奴隷的立場トナツテ居テ吾々ノ意思ヲ法律ニ反映サレヌ立場ニアル教育問題ニ於ケル此ノ度ノ惡法ハ斯ル缺點ノタメニアルト思惟セラレル吾々ノ意思ヲ無視シタ惡法ヲ[illegible]ニ訴ヘル機會ヲ日本政府ハ與ヘズシテ一方的ナ惡法ヲ吾々ニ押シ附ケタ

右ニ列擧セル理由ニ依ツテ教育ニ關スル朝鮮人ニ課セントスル今次ノ日本政府ノ教育法ハ明カニ不法ナリトシテマ元帥ノ御[illegible]止方ノ勸告ノ公布ヲ[illegible]コト大デアル、茲ニ在日本朝鮮人聯盟下關支部ノ三・一革命記念日ニ參集セル三千五百六十八人在留同胞ノ總意ヲ嘆願スル次第デアリマス

一九四八年三月一日

在日本朝鮮人聯盟山口縣下關支部三・一革命記念人民大會

聯合國總司令官

マーカサ元帥閣下

抗議文

朝鮮人ニ日本義務教育法ヲ適應セントスル日本政府ニ對シ吾々在日朝鮮人ハ左ノ條々ノ見解ニ依リ斷乎此ノ惡法ヲ彈劾スルモノデアル

一、日本政府ガ外國人ニ日本ノ義務教育ヲ强要スルハ他國ノ權威ヲ侵害シ威信ヲ傷ツタルモノデアル

一、世界ノ凡有國ガ其ノ民族特有ノ文化ヲ高揚シ世界ノ文化進運ニ貢獻スルノ自由ヲ保有スル國際友誼ノ精神ヲ蹂躪シ他國ノ文化ノ自主性ヲ冒瀆スルモノデアル

一、吾々ハ日本帝國主義ニ依ツテ抹殺サレタ朝鮮文化ヲ世界文化ニ伍セントシテ逸シク立チ上ツタ民族感情ヲ無視シ再ビ平地ニ波亂ヲ招クガ如キ挑戰行爲ト見ル

一、日本語ヲ以テ東洋語タラシメ[illegible]トシタ嘗テノ戰犯人ト同一方向ヲ日本政府ハ企圖シ再ビアジヤニ文化侵略ヲ爲サントスル陰手ヲ策動セシメテ居ル

一、日本ノ法律ハ朝鮮人ガ遵守スルハ治安、經濟、占領軍ノ占領目的遂成等々ノ法律デアツテ今々其ノ性質ヲ異ニスル教育法ハ其ノ適法ハ其ノ[illegible]本質ヲ暴露シタモノデアル

一、兒童モ父兄モ之ガ此ノ惡法ヲ拒否スルノ體制ヲ整ヘテ居ル、此ノ總意ヲ無視シテ欲セザル暴ヲ爲ス責任ノ所在ヲ[illegible]スル所存ナリヤ

一、現在使用サレテ居ル朝鮮學校ノ教科書ハマ司令部ノ檢閲ヲ經タモノデアツテ何等ノ[illegible]スルト共ニ[illegible]アメリカ[illegible]ヲ以テ日本教育ヲ[illegible]日本政府ノ獨善ナル態度ヲ立證シテ居ル

右ノ如ク下關在留一萬ノ吾々朝鮮人ハ[illegible]ヲ表明シ此ノ惡法ノ撤去ヲ要求スルモノデアル

一九四八年三月一日

在日本朝鮮人聯盟山口縣本部下關支部三・一革命記念人民大會

文部大臣

森戸辰男足下

日本校に収容 朝鮮校の学童

5.2

都教育局では閉鎖を命じた都内十六校の朝鮮人学校学童を日本の小、中学校へ収容することに決定、一日都下各区市町長に指示した、学童数は約二千二百人

さらに二校閉鎖命令

都教育局では一日朝鮮人学校十四校のほかに、立川市と[illegible]の各朝鮮人学校に四月三十日までに学校教育法による小学校または私立学校の認可手続をとるよう命じていたが、この手続きを期限までにとらなかったので、学校教育法十三條一号および二号により学校閉鎖を命じたもの

朝鮮両団体とも声明

在日本朝鮮居留民団中央総本部では二十九日、新宿区若松町の総本部会議室で中央常任委員会を開き今回の事件につき次のような声明書を発表した

今回の教育事件の張本人は朝連を牛耳る一部共産分子と日本共産党員である、政府はつねに[illegible]組織的計画のもとに[illegible]暴力などの[illegible]をとる、知らずに[illegible]のうちに持たせられた一般同胞には何らの責任がないこと、当民団は中央、地方を問わず今回の事件に関与しなかったことをここに声明する

◇

なお在日本朝鮮人連盟では、去る二十六日に中央常任委員会から次の声明書を発表している

日本政府のおん迷によりかかる不愉の事態に陥ったことに遺憾の意を表するとともに、この全責任は日本政府にあることを指摘する、またわれ／＼は今回の神戸事件と自主教育擁護闘争とは分離して考える、われら在日同胞は今回の事件により[illegible]するものでなく、あくまで民主的[illegible]に闘う

新制大学初の入学式 [illegible]の朝鮮大学校（旧中央[illegible]）の開設第一回入学式は一日午前十時から杉並区天沼の同校で挙行された、新入学生は本科生[illegible]八十名、幹部見習生[illegible]

教育費支出等

下關市長의 約束後報

(下關) 既報한 바와 같이 朝聯下關支部에서는 僑胞의 微妙한 現段階의 在關同胞의 生活 教育問題解決을 主體로 지난三・一革命記念日을 期하여 日政機關 即 下關市廳을 相對로 五個條의 要求決議文을 手交 그 回答을 要求한 結果 지난十二日 市廳會議室에서 兩者會見席上에서 松尾市長의 回答이 있었는데 그要點은 다음과 같다

一、朝鮮學院에 對한 教育費는 新年度(三月內決定) 豫算에 編入하여 可能한 範圍內에서 支出하겠다

一、生活保護에 關하여서는 市에서 土木工事를 起工하여 朝聯直營으로 勞務者供給을 當시키겠다 且 臨時[illegible]

一、[illegible]間에市有山林拂下에 朝鮮人業者一名을 指名入札시키겠다

一、民生 [illegible]各委員選出에 朝鮮人有力者도 參加되기 하겠다

그리고 先般約束한 學院兒童에 對한 物資配給問題는 이 懇談會 直後市內朝鮮學院四校에 對하여 兒童에게는 [illegible]를 이미 配給하였다 한다

日本加えた共産圏で包囲された感じ

米国ばかりが頼みの綱

韓国

【京城特電十八日田畑正美発】韓国政府は今回の日ソ交渉妥結や対中共、対北鮮貿易交渉の成行きをイマイマしい気持でながめ、数次にわたり政府、外交首脳部および公報関係者の抗議などを発表してきたが、それとともに日韓関係を今すぐ改善する意図はほとんどみせず、むしろ日本の対共産圏接近方策を好材料として、国内にある一般民衆の対日接近風潮を圧殺し、また対外的には東北アジアにおける唯一の"反共防人"として米国の信頼感と対韓援助資金の大量取りつけに心をくだき「韓国はあくまで米国と一心同体で進むのだ」と述べている。

韓国側が日韓会談再開に関する先行条件として挙げている項目はつぎのとおりである。

❶久保田発言の取消❷財産請求権の放棄❸日韓保護条約、日韓合併条約の正式取消❹日本が搬出した旧朝鮮銀行所管の地金（時価二億八千万ドル）と地銀（時価四百万ドル）および古書籍国宝的芸術品の返還❺太平洋戦争中徴用された韓国人労務者の補償❻李承晩ラインの尊重

以上の諸条件はいままでにもしばしば述べられてきたものであるが最近ではモスクワ、北京での交渉進展をするどく捕えて、新たに

一、日本の対韓国観の根本的な是正

一、容共政策の放棄

の二点を日韓交渉再開の基本的条件に繰入れるようになった。今までは「北京―平壌―東京ラインが韓国を包囲する」と述べていたが今度は「モスクワ―北京―平壌―東京ラインが韓国をはさみうちする」と述べ「この往来を防ぐためにも"平和ライン"の強化はますます必要だ」として、李承晩ラインの警戒を厳重にはじめ、これから最盛期に入る東シナ海上の日本漁船の出漁に赤信号を送っている。従って昨年十一月発せられた韓国連合参謀本部議長の"日本漁船撃沈命令"におとらぬ厳重な警戒措置がとられるものと予想され今後ますます抑留漁船はふえるとみられている。

このような政府の動きとは別に、野党側では日ソ交渉を引合いに出し、日韓間の諸懸案は一番むずかしい問題はタナ上げしても、手近かな問題から手っ取り早く解決することが先決だとし、日韓両政府の真剣な反省を求めている。しかし一般の見方は副大統領の張勉氏がたった一言、外国通信社に「日韓親善」を語ったばかりに暴漢に襲撃された事実と思い合わせて、すべて明白だとしている。

現在韓国では日韓関係の打開そのものよりも、韓国駐日代表部内における金溶植公使と柳泰夏参事官との勢力争いに大きな関心を払っており、またこれに関連して四分五裂の動きを繰り返している居留民団内部の動向に憂慮している状態である。

『神戸騒擾事件』公判開く

朝鮮語での審理要求

14被告 人定尋問できず

日共と旧朝連が合作、暴力革命への一歩前進を試みた神戸朝鮮人騒擾事件の神戸地裁公判は六日午前十一時十分から開かれた。騒擾罪ならびに第三二五号（ウィロビー覚書）違反容疑で起訴された九十九名のうち朝鮮人小学校PTA連合会長金慶煥(三七)―長田区苅藻通二丁目―朝鮮人秘密工作隊員二期生金鍾植(一七)―加古郡別府町―同三期生曹海龍(二四)―加古郡高砂町―同工作隊オルグ李尚烈(三〇)―長田区苅藻通六丁目―ら被告十四名（うち女一名）が出廷した。

開廷前から朝鮮人傍聴人約百名が押しかけたが同地裁陪審法廷で奥戸裁判長係、瀬川検事、井藤主任弁護人ら三名の弁護人出席の下に開廷、へき頭弁護人側から"傍聴人が七分の入りだからもっと詰めるよう"と発言があったが、裁判長は"腹八分目で"と軽くこれを抑えた。被告十四名らは解放歌を高唱しながら入廷すれば、傍聴席からは拍手、ヤジが飛ぶ。被告を代表して金慶煥が"朝鮮語で審理されたい"と日本語で述べたあとは朝鮮語で陳述を始め、裁判長の人定尋問にも日本語読みのために答はせず、裁判長と弁護人側との間に朝鮮語の通訳をつけるかどうかで約三十分間にわたり折衝、結局特別弁護人として[illegible]的に通訳することになり、被告十四名の人定尋問に入ったが、新刑訴法による正規の通訳が間に合わず人定尋問はできず被告の人員点呼のみで午後零時半ごろ閉廷。

死体引取れぬと朝鮮人騒ぐ

近鉄での轢死に

五日夜九時ごろ、近鉄奈良線奈良発、大阪行急行列車が、大阪中河内郡若江岩田駅附近に差しかかった際、踏切を横断しようとした大阪生野区片江町五ノ一九、工員、姜点洙氏(三一)をはねとばし、姜氏は即死、玉川町署で検視のうえ家族に通告したところ、同郡岩田南部旧朝連中河内東地区委員長金永弼氏ら朝鮮人十五、六名が同駅長に面会、"会社側の責任だから遺骸は引取れぬ"と主張、不穏な形勢になったので、国警府本部、中河内地区署から警官隊が出動、未明三時すぎ解散した。

朝鮮人千名警官と乱闘

火炎びん竹槍で抵抗・40名逮捕

六・二五朝鮮動乱記念の前夜から全国的に活発な動きを起した北鮮系朝鮮人及び日共は大阪では二十五日ついに暴動化し、阪急電車石橋駅を襲撃し駅長を吊しあげて恐喝的に〃人民電車〃を出させ、さらに火炎ビン、竹槍などで武装した暴徒約千名は吹田操車場を襲い、警戒する警官隊と衝突、硫酸ビン、火炎ビンを投げつける暴徒との間に乱闘となり、双方に多数の負傷者を出した、暴徒はそのまま国鉄で大阪に向けて逃走したが大阪警視庁、吹田、牧方市警などは直ちに大阪駅、城東線各駅その他で五十三名を逮捕した

1952.6.26

巧みに警戒の盲点衝く

石橋—服部—吹田へ

廿四日午後八時から豊中市柴原待兼山の阪大北校グラウンドで行われた大阪府学連主催の〃前夜祭〃伊丹基地粉砕、反戦独立の夕〃を終った北鮮系朝鮮人ら約六百名は廿五日午前零時すぎ終発の出たあとの阪急石橋駅に乗り込み、北鮮旗を打振り〃平和の歌〃を高唱しラムネ弾をホームに投げつけるなど気勢をあげつつ臨時電車を出せと執拗に交渉、午前三時五分ついに〃深夜のデモ電車〃を発車させた

これに備え大阪警視庁では曽根崎、十三橋両署に機動部隊一個中隊を配置、梅田駅および宮原操車場を警戒中、デモ隊は警戒の盲点をついて全員服部駅に下車、二隊に分れ豊津街頭を吹田に向け東進同五時四十五分ごろ三島郡味舌町下、産業道路北側丘陵に現れたときには約千名に増え、山中に隠してあったものか手に手に竹槍、トビロ、ツルハシ等を持っていた

これに対する警察側は吹田市警四十名と国警の応援隊百名という劣勢、同六時ごろスクラムを組んだデモ隊は警官隊を押し切り火炎ビンを投げつつ吹田操車場に進入した、彼らは操車場第三信号扱所窓ガラスを破り駅員には「同志よ団結せよ」と叫びながら再び産業道路に出て吹田市役所の方向に向い警察側はデモ隊の後方百米を従て行くほかなかった

吹田駅で拳銃戦

同八時十分ごろデモ隊は市警に押しかけると見せかけ突然国鉄吹田駅改札口に殺到、八時七分発大阪行列車に乗り込んだので駆けつけた大阪警視庁機動隊二百名および国警三百名、吹田市警百名の警官隊が列車を取巻き逮捕をはじめたので大乱闘となり、デモ隊は車内から火炎びんを投げつけ、警官の拳銃を奪って発射する者もあり列車をはさんで約二分間、拳銃戦が行われた、この際女をふくむ廿名が逮捕されたが列車は同廿五分デモ隊を乗せたまま大阪に向け発車大阪駅では警視庁機動隊一個中隊が待機中、同八時半、列車から下りてきたデモ隊約三百名と東出口付近で乱闘となり、八名が逮捕されたがデモ隊主力は同駅正面出口と西出口から折からの退勤ラッシュにまぎれて逃走

一方、吹田市警では火炎びんのため瀬戸田一要巡査が全身火傷の重傷のほか九名が軽傷を負い、片山派出所と本署間の連絡線を切断された、また七時二十分ごろ国道通過中の外人専用タクシーが襲われ車の前部ガラスを破られた

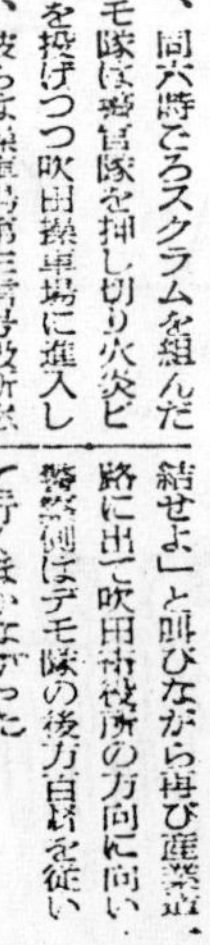

해외漫評 <워싱턴·스타·뉴스>

조지·워싱턴 에이브럼 링컨

닉슨 辭任후

『걱정마오 그래도 地球는 돌테니까』—워싱턴

日共・朝鮮人ら合流騒ぐ

検察庁不法占拠

大津で乱闘に双方重軽傷者

【大津】元朝連暴力団事件で検挙された者の身柄釈放と越冬資金獲得を要求する自由労働組合員に共産党員が合流し一時検察庁を不法占拠し流血の不祥事が発生した

一日午前七時ごろ大津職業安定所二階で失業保険認定のため日雇労務者約三百五十名が待合中に先に東洋レーヨン大津支社から赤色追放された共産党員正田誠三（三五）ほか党員三名が入り込み突然税反対のアジ演説を行い騒然となつたので同署では党員等の退去を命じたが拒[illegible]せず警戒にあたつた市警員を机、椅子等を振回して入室させず不法占拠の挙に出、応援に駆けつけた市警員約六十名ともみ合い警官三名は顔面に打撲傷を負い正田ら四名を検束した

一方同十時ごろ朝鮮人労務者をふくむ約百名は大津地検へ押しかけさきに暴力団、北鮮軍への資金カンパ容疑事件で検挙された大津市別所栗津町元朝連滋賀県本部副委員長朴光源（[illegible]）らの身柄釈放方を熊沢検事正に要求、拒否されるや検察庁関係物に投石したので彦根市在住李貞ら二名を逮捕した

この緊迫した状況に滋賀県警察本部では膳所地区、自治体警察署に甲号非常招集を発し滋賀、栗太両地区警察官約五十名を本部に召集、その他の各署員は各自本署待機を命令、警備に万全を期していたが午後零時半に至り一たん引揚げた朝鮮人らが自由労働組合員等と合流、二百余名となり大挙再び大津地検へ押かけ検事長の釈放方を要求、一時廊下に押入れ込みた

同庁では所轄署に出動命令を発したが革命歌を高唱しスクラムを組み盛んに百廿名の警察官と入乱れ血を流す大乱闘と化し、結局県元民青県委員長南甚三郎ら朝鮮人解放救援会議委員李学根ら四名計四十八名（男三六、女一二、うち、日本人二〇）東洋レーヨン赤色追放者中村一男（三七）同杉谷正（三七）ら器物毀損不退去、建造物侵入、暴行傷害、公務執行妨害罪等の容疑で逮捕、身柄を大津刑務所、膳所、栗太両地区署に分散収容し取調べを開始した

[illegible]大津市朝鮮人居留民団長（[illegible]）自由労組委員長（[illegible]）一名（[illegible]）同書記長（[illegible]）約廿名の容疑者釈放要求に相当数の負傷者を出し、二時五十分同署本部の解散命令で分散、なお逃走中の[illegible]名十一名の外同東洋レイヨン滋賀工場への住居侵入容疑で拘留中の日共滋賀委員長大津市膳所[illegible]ら同日身柄釈放された

今次の暴力事件はあくまで計画的なものと当局はみているが、職業安定所および大津市役所での乱闘は刑事警官に対するアジビラを撒布するなど新手の戦術をとつていた

検事長ら急行 大津地検の不法占拠事件を重視した大阪高検では一日午後四時半渡辺検事長以下滋賀地検に出張状況聴取を行つたが同高検は大阪、京都両地検より検事各一名応援のため二日大津地検に特派される

声明書

一九五一年の新春を迎へ友邦主々義國家國民の御健勝をお祈り申上ます

世界民主々義國家の親チヨウを集めて誕生したる我が大韓民國を不法にも去年六月廿五日侵略の毒牙を向けて来たのであります

茲に世界民主國家群はケツ然彼等の野バン的行為に対して一致團結あらゆる困難をおかして我の新民主國家大韓民國を援ける為戦つている努力に対し深甚の感謝の意を表し左記の各項目を聲明します

一、神戸、大津其他各地に於ける暴チヨウ暴力事件は同類共産主義者共の一貫した陰謀に依る旧朝連系の一部不良分子の行為であつて我々韓國民は一切関係無い事

一、我々韓國民はあく迄日本の治安秩序に協力し韓國民族の親善を願うものなり

一、かゝる一部悪質不良暴徒に対しては厳重処分を望むものなり

以上

一九五一年一月六日

大韓民國居留民團
滋賀縣本部
議長 金三吉
團長 宋學道

朝鮮人、大津市役所へ押しかく

警官隊ともみあう

"越冬資金よこせ"等と波状交渉

三十日午前十一時半ごろ大津市膳所錦坂小学校の朝鮮人学校教師金正根氏（[illegible]）―大津市長安寺町―滋賀小学校の同教師崔福用氏（三七）が同小学校朝鮮人学童ら三十人を連れて大津市役所教育委員会を訪れ山口教育長に面会を求めたが不在、同木村次長、同教育課長も不在のため田中、服部両主事が面談、朝鮮人の教育費の二項負担を一部当局で負担してほしい、また雇人教師が出張した場合教育研究費等の諸手当と年末手当三ヵ月分をそれぞれ支給してほしいと要求

これとは時同刻ごろ同市役所民生課につめかけた同市[illegible]成留氏（三〇）ら約三十人の男女がお正月用子供服一着と生活扶助料だけでは足りぬから越冬資金をよこせと即座に回答をせまりまた一方水道課へは同市湖南町朴香俊氏（[illegible]）が水道料金四ヵ月分を滞納したため一時断水されたことを根にもつて何故断水したかとつめよるなど波状的に各課と交渉この一隊と同教室におしかけた朝鮮人学童らが合流してさわぎ出し不穏な空気を見せたので同一時半ごろ大津市長名で業務が停滞するから退庁を命ずると告示したがこれをきかずなおしつように回答を迫つたので大津市署では前田捜査課長ら約二十人の武装警官がトラックで急行退庁を命じたが朝鮮人の一隊は"われわれに何故干渉するか、われわれの切実な要求を何故取あげないか"など拠呼学童もこれと歩調を合し警官と正面衝突もみ合つて署内に殺気がみなぎり警官隊の手で個々に市役所玄関まで出したので同二時二十分ごろ朝鮮人の一隊は引揚げた

田中大津市教育委事務局指導主事談 朝鮮人教師が要求されたことについてはよく判つたから上司に伝えると回答したがこれを了解してもらつてこちらでは別にたにもなかつた

山内民生課長談 個々の生活問題を多数の圧力で威かくしてものにしようとするのは実際無茶だ、おとなしく相談するのなら相談のしようもある

奥村水道料金係長談 朴さんは五月から九月までの四ヵ月分千六十八円八十銭の水道料金が滞納となつていたので十一月二日朝から夕刻まで止むを得ず断水した、しかし五、六の二ヵ月分五百五円五十銭を納入されたのでその日すぐ給水した、苦情をきく訳はない

法乱せば断固処置
日本朝鮮人を問わず
政府声明

政府は廿七日正午朝鮮人騒じよう問題について廿六日夜の閣議につづき廿七日午前九時からの閣議で協議した結果、政府声明を発表し態度を明らかにした

朝鮮人学校問題に端を発し各地に紛争が起り殊に神戸において遂に米第八軍の出動を見るに至る暴行事件の発生を見たことははなはだ遺憾に堪えない、政府は鈴木法務総裁を現地に派遣して事情を調査せしめているが、その結果に基き必要な措置をとる考えである、日本に在留する朝鮮人は日本の法令に従う義務を有するものであることをこの際重ねて明らかにする

政府は日本人たると朝鮮人たるとを問わず法と秩序を否定するものに対しては断固たる処置をとる方針であり、各政党またこれを支持するものであると確信する、なお政府のこの方針は連合軍最高司令官の政策に完全に合致するものである

りのビラは、彼等がデモの際にばらまいたものであることを自供した

なおこのような騒動の指導者は厳罰に処するとの第八軍司令官アイケルバーガー中将の言明によって神戸、大阪は廿六日夜までに平静にかえった

密航取締り強化
鈴木法務総裁談 警察の質向上へ

【神戸発】鈴木法務総裁は廿七日午前十一時五十分門司駅発で大阪から来神、神戸地検で記者団と会見、朝鮮人学校問題につき次のように所信を述べた

一、朝鮮人学校問題については既に[illegible]こんな問題がおそれは早期に解決をはかるし第三国人関係とのトラブルはすべてこの方針でゆく

一、現在の自治体警察力は弱体化しているのは事実だ、増員よりも質の向上と指導力ある幹部の武装化が緊急な問題だ

一、密航者取締りは本問題にも大きな関係があり近く海上保安庁が各地に設置されるのでどしどし取締り検挙する

[illegible]情報を受け県知事、市長、警察局長、軍政部、朝鮮人代表者などそれぞれ関係者から実情を聴取してから大阪に向ったが大阪の朝鮮人問題とともに一切が解決するまで大阪に滞在する

【大阪発】第八軍司令官アイケルバーガー中将は廿七日朝大阪軍政部で赤間大阪府知事、近藤大阪市長、鈴木大阪市警察局長らと会見大阪における朝鮮人問題の実情を聴取した後次の声明を発表した

神戸、大阪地区における状態はすべて平静で、完全な統制下におかれている

本部指令で行動 共産党員自供

【UP通信(神戸)廿七日】去る廿四日の朝鮮人騒動事件に加担して逮捕された九名の日本人共産党員は、神戸基地MP隊長ジョン・シュミット中佐の尋問に対して、彼等が東京の共産党本部の指令によって行動したことを並に朝鮮人独自の教育禁止反対運動を全面的に支持するとの日本共産党署名入

共産党の確証 ア中将談

【渉外局特別発表】神戸の朝鮮人騒じよう事件について京浜地区の知名の朝鮮人が共産党と無関係である旨を声明したのに対し第八軍司令官アイケルバーガー中将は廿六日夜次の声明を発した

目下神戸で日本共産党員であることを自認している七名の党員を拘禁中であるが彼らはいずれも神戸事件の関係者として確証が上っている、また大阪府知事じよう事件関係の写真を手に入れているがその中にもはっきり朝鮮共産党と判っているものが

南鮮選挙へ含み 米側指摘

【UP通信(大阪)廿七日】朝鮮人学校問題にからむ[illegible]に関し、日鮮共産党側では自主的声明を発表しているが、米国側ではこの示威運動は五月十日南鮮の選挙を前に反米感情をあおるためのものであるとみている、東京、横浜在住の朝鮮人代表がした神戸の朝鮮人暴動事件に共産党は関与していないとの声明に対し、第八軍司令官アイケルバーガー中将は神戸で次のような声明を発表した

われわれは神戸事件に参加したことがはっきりと証明されている日本人共産党員を逮捕している、また大阪[illegible]暴動に加わった知名の朝鮮人共産党員の写真を持っている

占領軍当局では日本在留の朝鮮人諸団体がしばしば[illegible]に[illegible]を表し、北朝鮮人民共和国をほめたたえ、国際共産党の綱領に従っていると承知している、暴動の動機が何であれ、神戸で日本側当局が米軍の援助を得て五百名の示威運動者を逮捕したことは、朝鮮での米国の信用を傷つけることにはならないだろう

東京でも16名逮捕

都教育局では、都下朝鮮人学校十四校に対し教育法十三条二項違反として閉鎖命令を出したが、これに服せず依然として授業を継続しているので都教育局では廿七日午前五時東京軍政部の指示により、警視庁、都教育局、警視庁第二課長の指揮の下に、所轄署から都下の全朝鮮人学校及び住宅をそれぞれ「学校教育法に基づく都知事の学校閉鎖命令違反」の容疑で捜索を開始したが、逮捕された校長、責任者は十六名である

▽東京朝鮮中学(北区十条[illegible])校長[illegible]▽[illegible](板橋区[illegible])[illegible]▽第四初等(足立区本木町一の三二一)責任者[illegible]▽第五初等(葛飾区[illegible]本町二三四二)責任者[illegible]▽第六初等(大田区久ケ原町三二五)校長大田区森ケ崎[illegible]▽第七初等(品川区大井[illegible]四八七)[illegible]▽第八初等(世田谷区[illegible])校長世田谷区上馬町七二[illegible]▽杉並初等(杉並区阿佐谷四の三七三)校長[illegible]▽中野初等(中野区[illegible])校長中野区上高田二の一七[illegible]▽文京初等(文京区[illegible]二の二〇)[illegible]▽[illegible](港区[illegible])[illegible]▽第一初等(荒川区[illegible]三河島町一の一四六二)責任者[illegible]

閉鎖校児童の就学十分考慮
衆議院本会議

廿七日の衆議院本会議は午後二時四十四分開会、日程を追加して大阪、兵庫地方の朝鮮人騒じよう事件に関する緊急質問に入り前田種男(社)坂口治(民)両氏の質問に対し

芦田首相 一、朝鮮人の内地在住者の数に比し犯罪数は非常に多く、廿二年度中の犯罪は一万を突破している、従って治安維持上から厳重警戒している、廿一年十一月廿日の司令部発表の線に沿いこれらの犯罪防止に努めるはもちろん騒擾等に対しても断固取締る方針でこれに関しては司令部も政府と全く同一の考え方をしている

一、兵庫県知事、検事正の処置は事後の事情から推して一応是認されるが、公務員の態度としてそのまま是認することはできない、廿六日鈴木法務総裁が[illegible]廿八、九日中には知事、検事正の上で慎重検討して適当の措置をとりたい

森戸文相 一、朝鮮人の学校は日本の一般私立学校の取締りと同一に行うことは現在も将来も変らない一貫したものである

一、閉鎖された朝鮮人学校の児童の就学については十分に考慮し他学校に収容するよう努力する

松永法務政務次官から騒じようの経過報告あって後、林百郎氏(共)から朝鮮人側に立つ緊急質問あり、加藤労働相及び松永法務政務次官から答弁

一、国家行政組織法施行までの暫定措置に関する法律案(内閣提出)

一、夏時刻法案(内閣提出)

を上程、何れも報告通り可決、四時十五分散会

「共産党の扇動」
ア中将・記者団に語る

UP通信によれば第八軍司令官アイケルバーガー中将は二十六日神戸で記者会見を行い次の通り言明した

今回の神戸・大阪地区における騒動は明かに日本共産党の扇動によるものである、今回のデモならびに兵庫県知事のかん詰に参加した科により三十名の朝鮮人と八名の日本人が検挙されたが、この八名の日本人は共産党の正式党員であり、うち一名は神戸市会議員である、朝鮮人の[illegible]たる[illegible]であり、全く[illegible]ない、[illegible]クィーン・エリザベス号のような[illegible]がこゝにあればよいと思うほどだ、目下のところこれ以上の暴力行為が発生しなければ米軍を用いる必要はないだろう、しかし米軍は朝鮮人が拘留されている警察署付近を警戒している

なおアイケルバーガー中将および総司令部は「全朝鮮人に告ぐ」と題する日本共産党の署名入りの覚書を示したが、これはデモの現場で手に入れたもので内容は朝鮮人の教育の独立ならびに人口の少い民族の権利にたいする日本側の制限に対抗する朝鮮人を全面的に支持する旨のことが述べられてあった(共同)

21.5.4

都内朝鮮人学校問題 円満に解決す

都内の朝鮮人学校十四校はさきの[illegible]閉鎖命令を[illegible]として閉鎖をつづけていたので、都では三日[illegible]改めて行政[illegible]近く行政[illegible]く[illegible]を発し[illegible]閉鎖の[illegible]したが、これに対し朝鮮人[illegible]

一、閉鎖を命ぜられた学校に[illegible]

二、改めて日本の学校教育法による学校の設立認可を申請する

三、教科課程は文部省の学習指導要領による

四、文部省との話合によつて認められる範囲の特殊教育を行う

ことに意見の一致をみたので四日早速文書をもつて関係筋へ回答することになり、ここに約半月にわたつて紛議のつづいた朝鮮人学校問題は円満な解決を見るに至つた

朝鮮人廿四名起訴

【大阪発】大阪府庁に押し寄せた朝鮮人らについて大阪地検では、五日第一次起訴として拘留中の大阪府中河内郡[illegible]村[illegible]以下十三名と新たに十一名合計二十四名を建造物侵入、騒擾罪容疑として公判を請求した

5.7

騒擾事件を遺憾として 建青聲明書を發表す

先般来の朝鮮学校閉鎖問題に起因し神戸において發生した不祥事件については、その策源が共産黨にあつたとしても、進んで[illegible]指揮下において朝鮮人の集團行動により、かかる騒擾を惹起したことを甚だ遺憾としている。同時に一部の煽動者に乗ぜられた在留同胞の行過ぎた行動に對し[illegible]自省を促すと共に、現在の形式及び内容、教育に關する日本政府當局もこの事態に對して十分なる責任を負うべきを要望、四月二十八日付をもつて次の聲明書を發表した。なお今回の不祥事件の原因となつた朝鮮人の學校經營問題については、本同盟はかねてより許可を受ける事をもつて原則としてきており、かつ教育の[illegible]

聲明書

今回の神戸事件はその根源が明らかに自己の政治的野望を充足せんが爲大衆の利用に依て醸し出されたものであり日本共産黨及びこれと提携した朝鮮人連盟内部における一部煽動分子に在る事は否定出來ない。しかし何れにしても朝鮮人の集團行動に依て、たとえそれが一時的にも局部的であつたとはいえ、占領下の治安を紊した點に關しては吾々の最も遺憾とする所である。我々二十萬の團員は在留同胞に對し自らの[illegible]と妄動を戒しみ、法治國民としての態度を更に堅持するよう強く要望するものである。

然るに關係當局においても、また日本官民においても、ややもすれば朝鮮人全般が暴動に加擔し、これを[illegible]したかの様な誤解を[illegible]しているのは誠に遺憾[illegible]わざるを得ない。

本事件の爲に朝・日兩民族が互いに反目と離間を招來する如何なる理由もない筈である。吾々は寧ろこれを契機に、相互の理解と信頼を深め、より一層の友好精神と善隣關係を實現するよう努力すべきであると信ずる。

吾々は事件の眞相を正確に判斷し、その責任の所在が少數分子であり、その[illegible]の謀者が策動謀略にある事をハッキリ認識しなければならない。吾が同盟としては、今後斯かる不穩な而も陰謀的な行動に對しては徹底的にその責任を糾彈し、その未然防止に全力を傾注する積りである。なお我々在留同胞にとつても最大關心事である朝鮮人教育問題に關しては、日本政府當局と充分な交渉が繼續されており、相互の圓滿解決を見る日も遠くないことを確信して已まない。

一九四八年四月二十八日

朝鮮建國促進青年同盟

在日朝鮮人の共産主義勢力 日本の主義者と連絡して

徐建青副委員長談

[illegible]る諸問題については中央機關は[illegible]つて交渉[illegible]中のものである[illegible]諸團體と目下[illegible]

インターナショナル・ニュース・サーヴィスの記者は建青副委員長徐[illegible]氏の談話として次のごとく報じている

「在日朝鮮人間における共産主義者の勢力は非常に強力なものである。朝鮮及び日本の共産主義者は緊密に連絡して活動しており、在日朝鮮人が強力な煽動手段を採るより教唆している。在日朝鮮人連盟の責任あるリーダー(幹部)は、法令に反する行爲には反對する意見をしばしば述べているが、在日連盟内部は共産主義勢力の浸潤のため内部的團結により分裂している」と、更に神戸の他のスポークスマンは次のように語つた「朝鮮人連盟關係の朝鮮人學校で使用されている教科書には、共産主義教育が非常に織りこまれている。之が今回の事件の焦點である」(寫眞は徐[illegible]氏)

在日民族文化擁護聯盟結成 委員長에 李克魯氏

(서울十七日發=合同) 在日同胞의 教育을 擁護하고저 蹶起한 南朝鮮各文化團體代表들로서 召集되었든 對策會議서 定한 常任委員 十一團體가 十七日 上午 市內 「새한민보」 社에서 小委員會를 열고 爲先 在日民族文化擁護聯盟이라고 名稱을 定하는 同時에 鬪爭動員部와 그外에 다음과 같은 部署를 決定하였다

委員長 李克魯 副委員長 [illegible] 總務 [illegible] 宣傳 [illegible] 財政 [illegible] 涉外 [illegible] (寫眞은 李委員長)

建靑中委教育對策發布 自主性 特殊性 容認하면 服從

建靑에서는 在日同胞의 當面한 教育問題에 關하여 지난 二十一日 中央執行委員會에서 對策小委員會를 編成하여 檢討한 結果 다음과 같은 見解를 發表하였다

日本內의 學校는 地方廳當局의 認可를 받을 것 但 教育方法의 自主性과 內容의 特殊性은 當局과 充分한 交涉을 할것

以上과 같은 決議를 하고 教育問題對策小委員會는 今後 계속적으로 硏究와 交涉을 하기로 하였다.

強制閉鎖を戒告 都内朝鮮校正式手続き

都で去る廿日閉鎖命令を出した東京朝鮮中学校はじめ朝鮮人初等学校十四校では閉鎖命令を拒絶したまま相変らず一部授業を行つているところもあるので、都では行政執行法第五條を発動強制閉鎖を行うこととなり三日各校責任者に対し「四日までに必ず学校を閉鎖されたい、これに従わない場合は強制閉鎖を行う」旨最後通告した、これにより都では四日の猶予期間一日を置いていつでも各学校を封印、強制閉鎖することが出来る

在日朝連東京本部李文教部長談「こちらは何も日本の法規にたてついていることを[illegible]つもりはない、朝鮮人としての自主権を民主的に認めて欲しかつたわけだ、三日午後五時本部で各校代表者と協議した結果、当方では各校を閉鎖の上改めて日本の法規に従つて正式に私立学校としての認可手続をとることになつた、今後は学務指導について当局とよく話合つて問題を解決したい」

密航朝鮮人56名検挙

【山口発】二日午前一時ごろ山口県豊浦郡神田村字矢玉に密航朝鮮人六十五名を乗せた大照丸(二〇)が入港うち五十六名を検挙した

教育暴風加速度로東進!!

朝鮮中學 師範以下十九校
理由….貸借期間滿了

敎育旋風은 暴風으로 變하여 果然 在日同胞와 兒童數가 第一많은 大阪에 波及 드디어 四月十三日 閉鎖令이 내렸다

去月二十一日에 突然 下關에 閉鎖令이 내리자 全山口縣三萬同胞는 男女老少없이 總蹶起 敎育의 自主性이라는 正當한 權利를 主唱— 一、위 民族文化向上의 [illegible]을 꾀하려느냐 二、自己兒童敎育에도 校舍不足 敎師不足 敎科書不足이란 隘路를 打開치못하면서 우리兒童에게 自己네의 忠君愛國이란 帝國主義猛狀의 精神을 배히려하느냐— 國家形成에있어서 當然히 認定될 以上의 反對鬪爭에도 不拘하고 日政은 大阪에있어서 또 다시 閉鎖令을 發布하게 되었다

果然大阪에도閉鎖令

朝鮮人學校閉鎖命令の件

左記朝鮮人學校十九校は別紙理由により今般四月十五日以降學校敎育法第十三條により閉鎖を命じたので生徒の處置について遺憾のないよう取扱はれたい

參考

一 學校敎育法十三條

左の各號の一に該當する場合においては監督廳は學校の閉鎖を命ずることができる

一 法令の規定に故意に違反したとき

二 法令の規定により監督廳のなした命令に違反したとき

三 六ヶ月以上授業を行わなかつたとき

二 學校敎育法第八十九條

第十三條の規定（第八十三條第三項において準用する場合を含む）による閉鎖命令に違反した者はこれを六ヶ月以下の懲役若しくは禁錮又は一萬圓以下の罰金に處する

閉鎖理由

朝鮮人學校は敎育基本法及び學校敎育法に從ひ私立學校として大阪府知事の認可を受けなければならないことは再三再四の通牒（二月十日附學一二二號「朝鮮學校の取扱ひについて」二月二十日附朝鮮人學校長講習會及び二月二十七日會議三月二十二日附一七九號朝鮮人學校設立認可申請の件）並びに會議によつて充分承知してゐることでありその認可申請に關する手續も既に明示してゐる、又二月十日附學一二〇號「敎職員の適格審査について」及び前掲校長講習會通牒により敎員の適格審査を當然受けなければならないことも了承してゐる筈である、然るに朝鮮學校においては大阪府の指示に對して何等誠意ある態度を示さず故意に反對を唱へてゐることは朝鮮人學校にとつて非常に不利を招く結果となることを知らねばならない

朝鮮師範學校、泉南郡多奈川朝鮮初等學校及び豐能郡西能勢朝鮮初等學校に三月二十二日附第三七八號を以つて閉鎖を勸告したのに何等かの方法で存續をはかろうとしてゐる、更に日本の學校々舍を借用してゐる朝鮮學校の貸借契約も本年三月三十一日で滿了してゐるので明渡しを三月十六日附學第三五五號朝鮮人學校校舍契約中止の件によつて通知し再三督促してゐるのにも拘わらず未だ無届のまゝ使用してゐる、依つて學校敎育法第十三條を適用し左記學校に對して本年四月十五日を以つて閉鎖を命ずるものである

大阪市

一 朝鮮師範學校
二 北支部朝鮮初等學校
三 東淀朝鮮初等學校
四 東成森町朝鮮初等學校
五 東成南朝鮮初等學校
六 東成西朝鮮初等學校
七 朝鮮中學校
八 生野支部第三朝鮮初等學校
九 生野支部第四朝鮮初等學校
十 生野支部第七朝鮮初等學校
十一 旭第一朝鮮初等學校
十二 城東支部第二朝鮮初等學校
十三 城東支部第一朝鮮初等學校
十四 西成第一朝鮮初等學校
十五 大正朝鮮初等學校

大阪府下

十六 中河內郡龍華町中西朝鮮初等學校
十七 三島郡茨木市三島朝鮮初等學校
十八 西能勢朝鮮初等學校
十九 泉南郡多奈川朝鮮初等學校

（以上生徒數三千名）

師弟가 鬪爭을 盟誓
朝中緊急生徒大會에서

十三日에 閉鎖令을 發行하자 朝鮮中學은 十四日이 休日임에도 不拘하고 學校閉鎖令에 對한 對策을 세우기 爲하여 早朝부터 敎師 生徒들과 一部父兄이 學校에 集合 緊急生徒大會를 열어 金泰山先生으로부터 이 措置에 對한 眞相의 說明이 있자 生徒는 이를 갈며 悲憤의 눈물을 흘리면서 「우리들에 凶刀는 들어왔다 最後의 一人까지 싸와주자」고 부르짖었다

그리고 大會에서는 이번의 日政의 이措置는 同胞에 對한 彈壓政治의 [illegible]이며 同胞의 利益團體를 分裂시키고 同胞의 生活權까지 粉碎하기에 鬪爭外에 없다는것에 일을것이니 敎育會의 指令에 依하여 具體的 鬪爭方針을 決定하기로 되었다 命敎頭는 다음과같이 발표하였다 「너무 暴壓하기 짝이 없기 때문에 무어이라고 말할수없다 이 問題는 모—든民生問題에 關聯한 重大問題이기때문에 最後까지 鬪爭할것이며 卒業도 불사 하겠읍니다」

二年生 李英熙孃은 「解放이 무엇입니까? 우리들은 죽엄으로서 朝鮮民族의 面目을 지키겠읍니다」 하였다 本校는 一九四六年四月三十日에 創立되었는데 當時에는 敎師七名 生徒數는 百七十名이었으며 初代校長은 宋文書氏로서 三年制中學이었으나 現在는 男生徒五百名 女生徒二百二十名 計七百二十名인데 그中 新入生이 三百七十名이라 한다

絕對로日校에 登校는않겠다
生野區父兄學生

生野區에서는 閉鎖에 該當된 朝中 第三 第四 第七 各初等學校를 主體로 區內 各初等學校々長 管理組合長이 共同會合하여 無條件하고 校舍를 비워주어 日政의 謀略에 服從하여 敎育의 自主性을 放棄할것인가 貸借契約의 延期를 要求함과 同時에 應치않는 時에는 强力한 人民鬪爭으로 發展시켜 敎育의 自主性을 斷乎死守할것인가의 決定을 보게되는데 한편 朝中七二〇名의 學生들은 十四日 學生大會를 開催하고 學生으로 하여금 皇民化시키고 朝鮮國語를 몰르게하며 朝鮮의 文化를 몰르게한것이 누구의 責任이냐 이러한 見地에서 日本에 殘留하는限 校舍를 使用하는것이 何等問題가 있을을 안다고 滿天下 區內同胞는 激憤의 絕頂에 達하고 있다 第三/第四 第七 各初等學校 一九四六年三月 創立以來 滿二年 現在 生徒數는 三校 約一千名以上이나 되는데 學父兄側 閉鎖를 當할지 日本學校에는 絕對로 登學시키지 않겠다고 强力한 意志를 表明하고 있다 그러나 第三은 東小路小學校々舍（日本校舍）를 協議한 結果 非公式的으로 適當한 場所를 決定하도록 使用하게될 諒解도 進捗하고있다고 한다

大阪朝鮮人敎育會

大阪朝鮮人敎育會에서는 이 閉鎖問題에 對하여 十三日 會長 李慶泰氏 高永俊氏等 五名이 大阪府 福田學務課長을 訪問하고 [illegible] 表한 後 同氏는 閉鎖에 該當한 十九名學校를 訪問하여 學校의 [illegible] 結果 [illegible] 나가서 이미 新學校 編成을 보아 開學 完了한 學校도 있고 또 近日內로 新學級編成을 보아 開學할 學校도 있으며 今後 갈곳없는 學校는 不適當한 [illegible] 지나지 못한때 이學校 이學校에 對한 對策은 오는 十七日 各學校長 管理組合長 合同會議를 開催하여 決定하게되었음으로 敎育會에서는 今後 어떠한일이 있을지라도 日本學校에는 轉校시킬수 없다는 意를 表하였다

日校轉學을勸告
兵庫縣軍政部

兵庫軍政部에서도 朝鮮人學校問題에 關하여 十日 다음과 같은 勸告文을 發表하였다

「兵庫縣軍政部發表」 朝鮮人學校問題에 關하여 關係者間에 相當히 많은 誤解가 流布되고 있는 模樣인데 以下는 이것에 關한 說明이다 如何한 日本의 民間團體에서도 私立學校를 設立하게되는 것과 같이 朝鮮人兒童敎育을 爲하여 또 그兒童을 敎育하기爲하여 私立學校를 設立하게 된다 그러나 公立學校의 校舍를 이러한 目的으로 使用하는 것은 許可치 못한다 또 어떠한 私立學校이라도 學校敎育法에 따라 設立않으면 안되는것은 勿論 一定한 敎科書 敎課程度 敎員適格審査等도 規準에 따르려함은 勿論이며 日本官廳으로 부터 認可받어야 한다 就學年令에 達한 朝鮮人兒童은 全部 九個年의 義務敎育을 안받으면 안되므로 日本公立學校에 正規入學시킬것을 勸告하는바이다 日本公立學校에서는 다른 差別없이 日本人生徒와 같은 待遇를 할것은 勿論이다 兵庫軍政部는 縣下에 在留하는 全朝鮮人各位에 對하여 各地域의 日本學校에 兒童을 入學시켜서 公平한 敎育을 받을것을 切實히 勸告하는바이다

朝師는不服從決議
오늘開學式擧行

大阪朝鮮師範學校는 三月에 閉鎖勸告를 받았으나 아즉까지 그에 服從하려는 意向이 없음은 勿論 이번 閉鎖通知에 對하여서도 今後 默過할것을 前提로 新學期開學式을 今十五日 擧行하였는데 學生間에서는 今後 强力한 反對運動이 展開될것이 豫想된다

警官閉鎖學校訪問

日政當局에서는 今後事件이나 發生하지않을가 憂慮하는지 大阪府下 警察署 警官들로서 該當된 學校와 關係當局을 偵探시켜는 模樣인데 果然 十四日 同署員이 閉鎖該當한 某學校에 와서 「十五日以後는 어떻게하겠느냐?」고 물었으나 學校當局에서는 「警察이 그에 干涉할 必要없다」고 反駁하였다 한다

一九四八年四月十七日

在日同胞敎育問題

過政에서對策講究

文敎部長吳天錫氏談

(서울十五日發=合同) 文敎部長 吳天錫氏는 在日朝鮮人兒童의 敎育問題에 關하여 十四日다음과 같이 發表하였다

日本政府의 不當한 措置로 말미아마 方今 朝鮮人各界의 激憤을 사고있는 在日朝鮮人敎育問題에 關하여 文敎部에서는 外務處와 共同으로 四月十三日 連席會議를 開催하여 同件에 對하여 討議한바 있었는데 將次는 此를 文敎部內 外部處의 美人顧問과도 協議할뿐아니라 政務會에 廻附하여 決議된것이다 그리고 이에 對한 解決策은

一、在日朝鮮人의 敎育이 日本政府의 管轄下에 있는것은 解放된 朝鮮人으로서 가장 遺憾스럽고 屈辱이므로 맥아ー더司令部에 要請하여 이를 廢止하고 同司令部 直接指導 助下에 朝鮮人自身에 依하여 敎育이 運營되도록 할것

二、在日同胞의 敎育行政은 南朝鮮過渡政府가 派遣하는 官吏에 依하여 施行될것이며 또 이에 必要한 財政補助를 與할것이다

三、以上의 問題解決을 推進하는 同時에 文敎當局은 在日朝鮮人敎育에 關한 講義指示를 할것

猛烈한擁護運動

侵略性露呈에全國民憤激

(서울十六日發=合同) 侵略日本은 可恨스럽게도 아직도 우리 同胞에 對한 過去의 侵略性을 버리지않고 있다 即 在日本朝鮮人의 自主的敎育을 侵害하기 始作한일이다 이에 全國民은 새로운 憤激을 갖이고 있는데 文敎部는 勿論 朝鮮敎育會 等 文化團體에서는 斷然 우리敎育擁護를 부르짖고 猛烈한 運動을 始作하고 있다 이에 具體的 對策으로서 朝鮮敎育會에서는 在日本朝鮮民族敎育擁護闘爭委員會(假稱)를 組織키로 하여 十七日 市內 [illegible]에서 朝鮮敎育會、建國敎育會、全國文化團體總聯盟、文學家同盟、學術院、在日本朝鮮人聯盟、敎育者協會、在日本朝鮮居留民團을 비롯한 十一團體代表委員으로 하여 徹底한 闘爭을 展開할것 이라고 한다

朝鮮人學校問題

解決の曙光みゆ

朝連、文部省と第二次會談

朝鮮人學校問題に關する朝鮮人連盟所属文教部長ら朝連代表者と日高學校教育局長、内藤庶務課長ら文部省側との第二次會見は卅日夕刻五時半から文部省で行われ約二時間半にわたり質疑應答を行つた結果、ようやく解決の曙光を見出したものの如くである、すなわち「用語問題」で折合わなかつた去る廿七日の會見内容を朝連教育對策委員會にはかつた結果

一、日本の教育基本法ならびに學校教育法は朝鮮人學校でもこれを承認する

二、教育用語は朝鮮、日本兩語を併用する

以上の二點を回答した、これに對し文部省當局は用語併用は字句の點で誤解を招くおそれありとし、さらに具體的な説明をもとめた結果、朝連側は在來の日本教科書の使用を承認し字句の訂正も申出たので當局から私立學校としての自主性の認められる範圍内で朝鮮人獨自の教育を行うことができるとしてはどうかと提案した、これを具體的に説明すれば朝鮮人學校は日本の正規教科書を原則として使用するが小學校の自由研究、中學校の選択科目或いは課外で朝鮮語、歴史を教えるのは差支えない旨述べたが朝連側は即答を避け朝連教育對策委員會をひらき後日文部省側に回答することを約した

千百余名を検挙

【神戸発】朝鮮人学校問題について神戸地検への報告によると、二十六日午後一時現在検挙された朝鮮人は合計千百七十六名(二十五日からの累計)におよんだ、なお共産党兵庫県委員、神戸市会議員堀川一郎氏ら同党員八名が事件に関係ありと見られ逮捕された

参院で報告

兵庫県朝鮮人学校閉鎖命令にかんする阪神地方の事件につき、斎藤国警本部次長は二十六日参議院治安および地方制度委員会で次のように報告した

朝鮮人学校は全国で五百余、生徒約五万人にのぼっている、学校閉鎖を命じた一月二十四日文部省指令は各地に抗議が出て、山口、岡山地方にも動きがあるが、兵庫、大阪の事件がもっとも大きい、兵庫県代表約七十名が四月十四日県庁に押しかけ知事に面会を求めたので警官を出した処別に問題はなかった、翌二十五日は百名が県庁へ押しかけ知事に面会を求め、閉鎖命令撤回を要請した、朝鮮人側では二十六日の閉鎖命令のとりけしを求めて知事室を占拠しつづけたが、二十五日午前十一時までに二百名ないし三百名が知事室に入り午後五時まで要求をつづけ、知事はやむなしとみてこの要求をのんだ、県外には約五百名ないし八百名がいて示威運動を行つた、これらの行動が不法とみとめられるので厳重に取締ることとし、全員検挙の方針をたてすでに七百九十五名を検挙した、現在千数百名の警官が出ているが、だいたい平穏になつている。

大阪では二十三日午後一時ごろ、完警千名をふくむ約一万五千名の朝鮮人が府庁にきて代表七十名が知事に面会を求めた、午後三時二十分代表以外の者が府庁内に入つたので退去を命じたが朝鮮人は約三千名で警官との間に乱闘がはじまり、約一百名を検挙した、外部にいたものは次第に解散し七時二十分には平穏となつた、大阪の事件は騒じよう罪により日本の裁判所で裁判する方針のもようである

なお同次長は家宅侵入などの法にふれる行為について次のように答えた

閣議にはいえないが、現場の警察官の判断によるものである、被害者、この場合には知事が退去を命じた場合は罪が構成となる

鈴木法務総裁

神戸へ急行

神戸における朝鮮人騒乱事件について政府は二十六日午後の閣議から臨時閣議を開いて情報を交換するとともに対策を協議した結果、取りあえず実情を調査することとなり、鈴木法務総裁が現地に赴任することになり、同夜東京を発つた

閉鎖方針変えず

二十六日の閣議では朝鮮人学校閉鎖の方針はこれを変えないことを確認し、岸田兵庫県知事の責任問題については現地の事情を調査した上で決めることになつたが自発的な辞表提出を勧告することになるとみられている、

対策を協議

國家警察本部

国家警察本部はこんどの大阪、神戸における朝鮮人の学校閉鎖問題をめぐる騒動について、この問題は今後全国的に波及しそうな形勢にあるとしているが、さらに大阪における検挙者の中に全逓組合員、共産党員など日本人六名がふくまれていたことから事態を重視し、二十六日斎藤長官より次官会議で、諸情勢より参議院の治安地方制度委員会で事件の概要を報告するとともに

一、国家非常事態宣言の場合の警察力綜合計画

一、これにいたらぬ局地的な騒乱に対する国家地方警察と自治体警察の連合組織計画

について協議し、さし当りメーデー、五月十日の南鮮における選挙をひかえて国内治安の確保に万全の措置を講ずることになつた

南鮮で米機に発砲

【京城廿六日発UP=共同】南鮮米軍当局は二十六日米軍C47型機が二十四日済州島の済州飛行場を離陸しようとした際二名の暴徒によつて射撃されたと発表した、済州島では最近共産主義者にあおられた不穏分子の活動が激しくなつて来ているが、米国人に対する直接行動ははじめてである

選挙反対委員会

南北朝鮮連席会に設置

[illegible]平壌放送によれば平壌で開かれている南北朝鮮政党代表連席会議は二十三日次の決定を可決した

一、わが民族はあくまで統一を要求する

一、われらはいかなる形式の南朝鮮単独選挙にも反対する

一、南朝鮮単独選挙反対闘争委員会を設置する(共同)

生管には反対

法務庁の見解 松永政務次官

衆議院本会議

二十七日の衆議院本会議は午後二時四十三分開会、さきに神戸地区に起つた暴行事件に関する緊急質問に入り

前田種男氏(社) 一、神戸における朝鮮人の暴行事件に対する政府の対策を明らかにせよ

一、朝鮮人の日本における市民権などの取扱いに関し政府の意図を明らかにせよ

後藤悦治氏(民) 一、今回の事件にかんがみ国家警察と自治体警察の連繋、機動力について、政府は如何なる対策を有するか

二、朝鮮人の内地在住の在り方を明確にせよ

吉田首相から別項のように答弁があつたのち

森戸文相 朝鮮人といえども日本の学校教育法に従うべきである、同法によつて私立学校を設立する時監督官庁の許可を要することになつているにもかかわらず、許可をこばむものがあつたので閉鎖を命じた、この態度は一貫して変らず将来も堅持する

一、閉鎖された学校の児童の収容については全力を尽している

続いて生産管理に関する緊急質問[illegible]

校長ら十六名を逮捕

4.28 読売

都でも朝鮮人学校に強硬措置

日暮里の第一初等校から関係者連行

都内の朝鮮人学校が去る廿日に発せられた都教育局の閉鎖命令に従わず引続き授業を続けているので警視庁捜査二課では安井都知事の告発により東京地検大沢検事の指揮で学校教育法第十三条第一項および第二項違反として該当校責任者の出頭を求め取調べ中であったが、廿七日早朝五時を期し東京地裁鈴木判事の逮捕状ならびに同地検大沢検事の捜索令状により都下十四学校の責任者、学校長ら事件関係者の自宅を一せいに急襲、江東区深川枝川町一の九第二初等学校責任者金如斗(..)氏ら十六名を小競合いもなく検挙、証拠書類を押収のうえ警視庁に連行取調を開始した

検挙された学校長および責任者は次の通り

▽朝鮮中学＝板橋区板橋四の一一の五〇二[illegible]（..）▽第一初等＝荒川区日暮里町一の二九二[illegible]▽第二同＝江東区深川枝川町一の九金如斗（..）▽第三同＝板橋区志村中台町一六八李[illegible]（..）▽第四同＝足立区梅田町[illegible]（..）▽第五同＝江戸川区東小松川町四九四[illegible]（..）▽第六同＝大田区矢口町[illegible]四七[illegible]（..）▽第七同＝品川区大井伊藤町五八一七尹明[illegible]▽第八同＝世田谷区上馬町一の二三李日[illegible]（..）▽同高等＝豊島区池袋四の二二七李[illegible]（..）▽文京同＝文京区戸崎町九二[illegible]▽中野同＝中野区上高田一の一七五[illegible]（..）▽杉並同＝杉並区阿佐谷三の五三二[illegible]▽港同＝港区芝[illegible]町五金[illegible]（..）同区芝白金台町一の七〇[illegible]（..）

なお同教育法第八十九条には第十三条二項に違反した場合は「六ケ月以下の懲役若くは禁錮または一万円以下の罰金に処する」とあるのを適用したもの

三星学院近く認可

千代田区神田猿楽町二の四朝鮮人教育者年会経営の三星学院（総務李[illegible]氏）は都教育局の通達に従い私立学校設置認可申請を提出したので同局で審議のうえ近く正式認可になる予定である

同校は小、中学校の課程（児童生徒数千百名）で日本の学校教育法に基き（一）教科用語は日本語（二）国語としては朝鮮語を用いる（三）ほかに日本語を正科として採用することを規定している

朝鮮人連盟分裂か

反共派は近く声明

大阪からのＵＰ特派員の情報によれば左翼の指導下にある在日朝鮮人連盟は共産主義的傾向の非難をうけ分裂する模様である、連盟内の反共派は今回の騒擾事件には何ら関係のない旨を近く声明する予定である（共同）

廿八名死傷 大阪

【大阪発】廿六日大阪府庁前に集った約二万の朝鮮人大衆は府警察からの解散命令で引揚げの途中、一部過激分子が警官隊に向って目つぶしや投石をしたため小競合いとなり威嚇射撃や消防自動車の放水によりようやくおさまったが、その際朝鮮人側に七名の重傷者を出しうち一名は同夜日赤病院で死去した、なお警官側も警察官一名が投石により治療一ケ月の重傷を負ったほか廿名が負傷した、その乱闘に当って騒擾現行犯として四名を検挙取調中である（共同）

交渉長びけば封印

朝鮮人学校 更に二校を閉鎖

都教育局では一日学校教育法第十三条第一号及び第二号違反として新たに次の朝鮮人初等学校二校に対し学校閉鎖を命じた

▽立川市錦町四の三五、三多摩朝鮮初等学校（校長金[illegible]氏、職員六名、収容児童二百名）▽南多摩郡町田町原町田九七七[illegible]朝鮮初等学校（校長[illegible]氏、職員三名、収容児童百[illegible]名）

両校ともさる十三日閉鎖を命ぜられた[illegible]と同様都の認可を得ず無許可のまま授業を実施していることが判明、廿日までに私立小学校として正式に設置認可を申請するよう命じたところ廿八日に至り在日朝鮮人教育対策三多摩委員会から教材用図書は（朝鮮語を使用する）ほか三項を張返すれば私立学校の認可をうける用意があるとの回答があり、依然授業を続けているので閉鎖を命じたもの

これにより閉鎖命令をうけた朝鮮人学校は十七校だが、都では解決への交渉が長びく場合は断固行政執行法第五条により各学校を封印する

あす三度目会見

朝連と文部省もの別れ

朝鮮人連盟では廿七日首相官邸で行われた朝連、文部省の協議にもとづき朝鮮人学校問題について研究中であったが、既報通り文教部長ら数名は卅日午後五時文部省を訪ね日高学校教育局長、内藤学校教育課長らと会見し ❶教育基本法、学校教育法は承認する❷用語は日本語と朝鮮語を併用した と申入れた、これに対して文部省側は併用の意味があいまいであるとして 文部省の認可を受けて開校する以上は正課は日本語によって行い、そのうえで朝鮮人学校の特色の教授を行うことは差支えないという案を提示、朝鮮側では回答を避け朝連教育対策委員会で対策をねって、三日文部省側と三度目の会見をし右の点について協議する

軍政部 教育方針에 對應

各學校管理總會開催

軍政部로부터 發表發布된 朝鮮人 子女敎育에 對한 見解는 各方面의 去就가 注目되는바 大阪府下 六十餘朝鮮人學校責任者는 이에 對한 對策을 講究하기爲하여 三十一日午後一時부터 鶴橋朝鮮小學校에서 緊急會議를 開催하였는데 軍政部敎育部의 敎育方針에 비추어 學校의 管理問題 敎員 生徒의 [illegible]問題等 朝鮮小學校를 우리들의 손으로서 日本學校에 떠러지지않을만한 學校로 만들자고 數時間에 걸처 討議한 結果 于先 學校管理組合總會를 開催하여 運營上에 對한 方針을 決定키로 하고 軍政部에는 [illegible] 交涉委員을 構成하여 交涉하기로 되었는데 委員에는 李殷泰氏 [illegible] 宋[illegible]氏 金錫明氏 外二名을 選定하고 下校五時 閉會하였다

[illegible]正歌舞樂團이 上演하였는데 上演料問題로 主催者側과 樂團側責任者高點守氏（並木路子引率責任者 南方技樂團文化部責任者）가 對立되어 方今 交涉中이다 兩側의 問題의 內容을 兩側으로부터 들어보면 다음과같다

高點守氏談 「朝聯中川支部와 二日間契約으로 上演料八萬圓 宣傳포스타ー（樂團持參）百枚代 二千圓 大垣에서 名古屋까지의 汽車賃三百七十五圓 計八萬二千三百七十五圓으로 契約했는데 興行이 끝난後 主催者는 相當한 損害를 보았으니 契約대로 다 支拂못하겠다하는故로 나도 主催者가 赤字를 낸것도 잘알[illegible] 上演料中八千圓을 덜주기로 再次 이를 請求하니 겨우二千圓밖에 더못주겠다 한다 나는 이같은 理解치못할行爲에 對하여 별서問題解決은 어려우니 法의 힘으로라도 全額을 要求하겠다」

朝聯中川支部副委員長李南玉氏談 「二日間 八萬圓으로 契約하고 一切經費는 이에 包含하기로 했으며 高氏는 萬一 赤字가 날때에는 自己가 絶對責任진다고 言明하였다 結局은 八千圓要求에 二千圓밖에 支拂치못하니 六千圓으로 對立된셈이다」

撤回陳情國男女七十三名을 "建造物侵入罪"로檢擧

兵庫縣에도學校閉鎖命令

(神戶) 兵庫縣에서는 學制改革에 따라 新敎育法에 基因하여 終戰以來 神戶 姬路 尼崎의 各市, 三木 福崎兩町에서 朝鮮人聯盟學校에 借與하고있든 小學校의 校舍 施設의 返還을 要求하여오든바 지난 八日附로 學校敎育法第四條 第十三條에 依하여 知事名으로 退去를 通告하고 이어서 十日附로 學校閉鎖命令을 내렷는데 朝聯西神戶支部委員長金台三氏 神戶市內의 朝鮮人經營인 東神戶 灘 西神戶 朝鮮建國各初等學校의 父兄代表二十名은 이런不當性을 究明하려고 十四日 縣廳을 訪問 岸田知事에게 그 撤回를 要求하였다 縣에서는 命令은 撤回하지않겠다고 主張하였음으로 解決지우지못한故로 陳情團은 知事와의 會見을 要求하고 副知事室에 徹夜籠城하고 翌十五日에는 또다시 四十餘名이 增加하여 副知事室에서 知事 副知事 部長等에게 會見을 要求하였으나 縣側에서는 「本問題에 對하여서는 辯明의 必要도 없고 命令撤回도 考慮할餘地없다」고 面會를 拒絶하게되어 兩者는 完全히 對立하게되었다 한편 神戶市社會局에서는 萬一에 對備하여 警備體制로 待機中 解決의 徵兆이 보이지자 同午後五時半 檢察廳에서 出張한 田邊次席檢事指揮下에 "建造物侵入罪"로 婦人二十名 男子五十三名 計七十三名을 一齊히 檢擧 生田 (男子五十一名 婦人七名) 兵庫 (男子二名 婦人十三名) 兩署에 留置하였다

岸田知事談=以前부터 여러번 公式 非公式으로 退去를 要求하였으나 아무誠意가 없는故로 閉鎖命令을 내리게되었다 遺憾스러우나 學校整備를 爲하여 不得已한 處置이다

金台三氏談=우리들은 納稅等은 市民으로서의 義務를 다하고 있는데 우리들이 日本敎育을 떠나서 自主的敎育을 하려고 要求하는데 對하여 何等의 同情的態度를 보이지않는것은 遺憾이다 此機會를 徹底的으로 日本政府의 彈壓에 對抗할覺悟이다

敎育令對策에腐心 交涉委員選定

大阪그後

閉鎖令以後 大阪府下 各學校는 沈默을지키면서 日後에 부닥칠 온갖問題에 對策을 講究하고 있는模樣이며 大阪朝鮮人敎育會會長李慶泰氏는 亦是 敎育問題로 上京하는한편 十七日午後一時로부터 鶴橋小學校에서 學校管理組合長 學校長合同會議를招集하여 今後對策을 講究함과同時에 玄尙好氏以下一()名의 交涉委員을 選定하여府關係當局과交涉하는一方 民靑大阪本部에 活動本部를두어 交涉方針세울것이主로 文敎活動 아지프로 人民大會 父兄啓蒙에 積極的인運動이 展開될것으로 豫想되며 各學校에있어서도 敎巾을비롯하어 如前히 授業을繼續하면서 父兄會 生徒大會를 開催하고있는데 오늘까지는 授業을中止한 學校는 한곳도없다 그런데 中河內西小學校에서는 十五日 밤 夜陰을다서 日本人敎師가生徒를 動員시켜 机上과걸상을 옮겨갔는데 返還을要求함으로 方今返還中이라한다

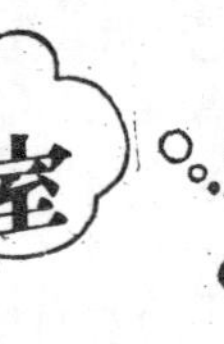

公判準備を急ぐ
神戸事件 留置千名を突破

【渉外局廿九日発表】神戸地区憲兵司令部当局は朝鮮人の検挙に関し事態を日本側警察に委ねるべしとのアイケルバーガー中将の要請にもとづきせん動者の今後の検挙は日本側警察に引きつぐ旨を言明、さらに次の通り語つた

朝鮮人の審問は神戸地区第七犯罪調査部管理の下に日本側警察が行つている、しかしもしも日本側が軍の援助を必要とする場合は直ちに出動する

廿八日午後三時現在までの検挙総数は千六百六十七名でそのうち六百十七名は釈放され、残りの千五十名は裁判のためあるいは調査のため留置されている

廿九日に行う予定だつた日本共産党労働組合のデモ行進は神戸地区司令官の命で取消しとなり、同司令官はさらに九人以上の朝鮮人は一ヵ所に集合すべからずとの命令を出した、これは今後の騒動を避けるためである、神戸地区憲兵法廷の日本検事団は神戸地区占領軍法務部の指揮のもとに朝鮮人及び日本人の今回の事件に対する裁判の準備を開始しているが、この裁判も近い将来に行われる見込みである

デモ、集会制限か

鈴木法務総裁は阪神地方の朝鮮人騒じよう事件を調査、廿九日帰京、次のように語つた

事態は大体鎮静に帰し問題は占領軍の軍事裁判と検察庁に移つた、今後の国内治安の問題としては警察力の強化を図らねばならないが、具体的には各自治体警察の相互援助など警察の連絡関係をよくするなどと、武器をもつと豊富に与えることなどが要望される、また運用の面でも現在首相だけが発せられることになつている非常事態宣言をもつと容易に行えるような方策とか、機動的に動かせる予備警察隊の設置とかが考えられる、このほか大衆的なデモ、集会などもある程度制限を加える必要があろう、差当つてのメーデーは大阪では制限を受けている、東京では平穏にやるかぎり許したいと思うが、この可否は公安委員の決定する問題である（共同）

今度も大阪では千四百名ほどの警察学校の生徒が非常に役立つた

共産党五十名も

【大阪発】阪神間の朝鮮人検挙は廿八日払暁MPの指揮下に尼崎、伊丹、宝塚三署員が出動、尼崎廿名、宝塚八十二名、伊丹十三名のほか河西地管内で二名を検挙、同時に行われた共産党員の検挙では尼崎で四十名、伊丹六名、宝塚四名が連行された、被検挙の党員のうち主なる者は弁護士井藤誉志雄（伊丹）阪神地区委員小島清日（尼崎）又谷千代子（宝塚）淡路美留子である

朝鮮青年同盟声明

朝鮮建国促進青年同盟中央総本部（組司）は廿八日緊急中央委員会を開催、神戸事件について協議の結果廿九日学校問題について一般の理解と在留朝鮮人の自重を望む意味の声明を出した

朝鮮人校に初の認可

朝鮮YMCA第三国語学院（総務李積烈氏、墨田区石原町四）が六日付ではじめて正式設立の認可があり九月一日開校する

岡山縣에서도 "敎育法違反"이라고 責任者盧氏를逮捕

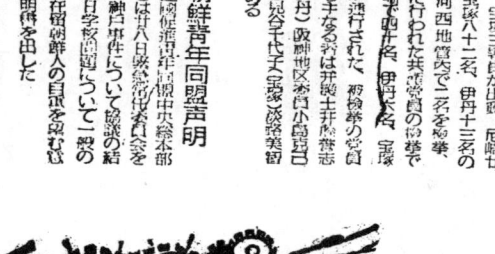

岡山縣下의 朝鮮人學校는 七日 縣廳으로부터 十五日까지의期限付로 閉鎖을 命令하였는데 縣下朝鮮人은 絶對反對 縣當局과 岡山池檢에서는 十六日午後三時까지 期限을 延期하여 行政的으로 解決을 努力하였으나 雙方의 意見이 一致되지않음으로 十六日午後四時 責任者인 朝鮮人聯盟岡山縣本部委員長盧炳鴻（三八）氏를 "學校敎育法違反"이라는 名目으로 逮捕하였다

盧委員長談=내가 없드라도 授業은 繼續하게될것이다

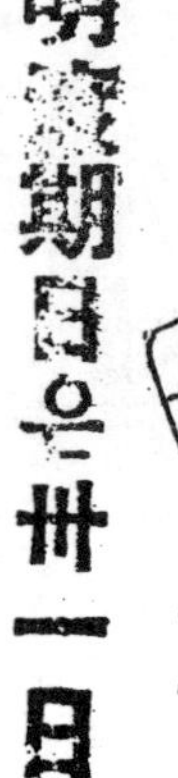

明渡期日은卅一日 敎室없는十校의갈곳은?

大阪府學務課에서는 日本校舍一部校舍를 借用하고있는 八小學校에 對하여 오는三十一日까지 明渡하라 最後命令하였는데 現在 日本校舍一部校舍를 借用하고있는 學校는 約十校이라하는데 이學校는 어떻게 整備統合되는가가 注目되고 있다

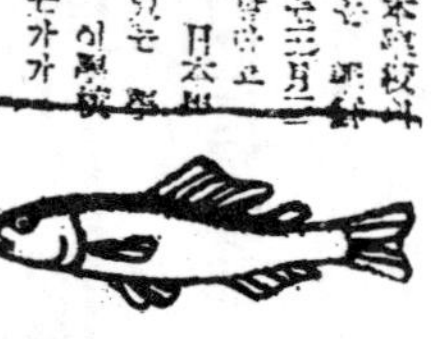

教員十一名辭職
新校長不信任이理由
東京朝中

東京朝鮮中學校校長은 長初부터 朝聯中總委員長 尹槿(現在辭長聯의一人)氏가 兼任하고 있었는데 不在校長制는 民族敎育에 支障이 많다는 理由로 專任校長을 就任시키라는 學父兄側과 生徒側의 要望이 있어서 同校理事會에서는 適當한 人物을 詮衡하든中 朝鮮奬學會理事이든 韓俊柱氏를 最適任者라고 決定하여 韓氏를 就任시켰는데 就任과 同時에 敎職員사이에 意見 對立이 생기게되어 그推移가 매우 注目되고 있었는데 兩者間에는 結局 妥協點을 發見치못하고 十一名敎師는 學校를 떠나게되었다 兩者間의 對立內容은 다음과 같아 卽 辭職한敎師一同이 二月二十日 現校長의 不信任案을 同校特理理事會에, 提出 現校長의 反省과 辭任을 要求했다 不信任案의 內容은 다음과 같다

(가) 現校長은 全敎職員을 統率할能力이 없다

(나) 奬學會常任理事때에 우리 民族의 가장 欠陷인 分裂을 시킨責任

(다) 校長自身의 子女 三名은 모도 日本學校에서 공부를 키면서도 입으로는 朝鮮民族 自主的敎育을 高唱하는것은 矛盾이다

(라) 外部로 돌아다니며 先生個人의 根據없는 人身攻擊을 했다는것

(마) 節操가 없어 時代바람이 부는대로 轉傘하다는 것

以上과 같은 內容의 不信任案을 理事會에 提出하는 한편 校長에게도 同樣한 辭退를 要求했든바 應하지않고 理事會도 不信任의 理由가 稀薄하고 多數決로 否決된것이다 最後的同答이 敎師側에서는 到底히 今後 現校長밑에서는 敎育者의 良心으로서 生徒들에 敎鞭을 잡을수없다는 結論이 나서 十一名이 一齊히 辭表를 提出한바 理事會는 이를 受理하였다 創立當時부터 努力해오든 敎師 大部分이 退職하여서 나가고보니現在 學生八百名에 新入生三百五十名을 加한 많은 生徒의 敎授에 支障이 생길가바 學父兄은 매우 憂慮의 氣色이 深刻하며 將來情勢에 비추어 매우 憂慮되고 있다

辭職敎諭姓名(順序不同) 金斗昌 李貞熙 朴俊榮 宋正鉉 朴元淳 柳根眞 金正杰 尹和善 金光均 韓承奎

校舍借用期日延期를交涉
大正父兄會에서決議

大阪市大正區朝鮮人敎育後援會에서는 大正朝鮮人初等學校가 閉鎖에 該當되었음으로 十五日午後六時 同事務所에서 緊急學父兄會合을 열고

一、校舍를 明渡할것인가?

一、新校를 建築할것인가?

一、他校에 合同할것인 가?

三問題를 討議하였는데 大正區日校는 新制中學과 小學生들도 使用하지안는 空室이나 우리의 使用함에 何等支障이 없을것이니 期日를 延長하여 使用하는 外에는 아무對策이 없다는 一般의 意見으로 卽時로 對策委員二十名을 選出하고 四班으로 組織하여 一班부터 順序로 交涉에 努力하기로 滿場一致로 可決 同九時頃에 閉會하였다

同對策委員代表崔右福氏談

閉鎖는 絶對反對다 一般住宅도 强制退去는 못하는데 항차 敎室을 貸借하여 授業을 하고 있는데도 不拘하고 閉鎖한 말은 너무나 過激하다 아마 이것이 日政의 最後的謀略인 모양이다 우리도 最後의 强力으로서 陰謀를 粉碎할것이고 또 南鮮過政에서도 文敎部 [illegible]政府들 準備한다하니 그때까지는 斷然死守하겠다

閉鎖當한大阪各學校狀況
잠자코授業을繼續
今後動向을注視하는警察

閉鎖旋風에 부닥친 各學校는 如前히 泰風後의 물결처럼 고요히 授業을 繼續하고 있고 日人 敎員들도 前과 다름없이 親切하게 談話를 하고 있으며 生徒들도 天眞爛漫하게 日本어린이들과 손을 잡고 뛰며 놀고있는 光景은 發風이 무엇인지 別天地의 感을 주고 있다 生野署에서는 閉鎖校命後의學校와 生徒 父兄들의 動向을 注視하고 있으나 不祥事는 惹起치않고 上部의 命令이 없는 限 아무런 干涉도 하지않겠다고 言明하고 있다 그리고 各學校에서는 父兄들이 굳센表情을 하며 모여와서 今後方針에對하여 議論하고 있는 學校도 있으나 朝中에서는 三學年生을 主로한 自治會를 열어 鬪爭方針을 決定하고 鬪爭委員男子學生七名과 女學生三名을 選出하여生徒大會를 열고 學校 父兄들과 提携하여 組織的으로 鬪爭할 模樣이다 오늘까지 形勢는 大體히 平和的으로 情勢의 推移를 監視해가면서 地域的으로 鬪爭을 展開시키면서 持久戰으로 나아갈 觀測이 濃厚하다 生徒 父兄들의 말을 綜合하면 鬪爭은 民族的 自尊心에서 우러난 自然發生的으로 생길것이 豫想된다 朝中에서는 父兄들이 集合하여 鬪爭準備委員會를 構成하고 十七日에 學父兄大會를 開催하리라 한다

4. 17.

東成學園建築
女同에서努力中

女同大阪東支部에서는 委員長以下全常任이 總辭職하고 二十八日 東初等學校講堂에서 臨時大會를 開催하여, 全役員을 改選하고 婦女運動에 새로운 曙光을 던지는 한편 東成朝鮮學園建築에도 熱烈히 努力中이다

同胞學童에도給食
靜岡縣에서四月부터

(濱松) 靜岡縣에서는 四月十日부터 實施될 學校給食指定校를 새로 四十三校(兒童數二萬六千六百二名)를 加算하였는데 其中에는 從來에 給食問題로 日政當局과 交涉繼續中이든 朝聯濱松 三島 淸水各初等學校도 適用을 받게 되었다 給食은 文部省에서 本縣當局이 指示가 있으면 곧實施할 豫定인데 大略 四月中旬頃부터 給食可能性이 있으며 該當同胞學童의 數는 約五百名可量이라고 發表하였다

下關敎育問題後聞
日本民主團體도參加하여
共同鬪爭人民大會

(下關) 旣報=지난三月三十一日山口縣廳에서 敢行한"決死的"二十四時間鬪爭의 結果가 日政이 말한 "某方面"의 意向으로 一旦交涉을 中止해야할 形勢에 이르렀으나 그後 現在까지 全學父兄들의 街頭署名運動을 비롯하어 各關係方面과 一般日人들에게 對한 聲明書撒布 日本友誼團體에 對한 共同鬪爭提案等 熱烈한 鬪爭을 繼續하여 오든바 左翼日本民主團體와 合流한 "朝鮮人敎育不當干涉反對 朝·日人共同鬪爭人民大會"를十六日午前九時부터 下關市驛前廣場에서 開催한後 데모行進으로 市內를 一巡遊出한 交涉委員은 市廳 警察署 稅務署等에 敎育 生活 擁護의 各問題에 關한 抗議決議文을 手交하였다 當日 參加한 團體名은

△朝聯下關支部 △日本共産黨下關支部 △日本共産黨山口支部下關地區 △市勞働組合協議 △漁民組合 △農民組合 △[illegible]

의七團體로 朝聯當局에서는 當日 在關全同胞는 一戶一人以上이 出動하였다

「日本の法律に従え」
朝鮮人学校問題に軍政部声明

[illegible]軍政部教育局から、日本に居住する朝鮮人の教育問題について左の声明が発せられた、本声明は最近朝鮮人団体が日本の法律に従つて[illegible]と、[illegible]たる[illegible]と努力とを示したために発せられたものであつて関係者の[illegible]を一掃すべきものである

◇[illegible]日本に居住する朝鮮人の教育[illegible]について不[illegible]。この種の不安は朝鮮人社会における[illegible]な指導者の政治的[illegible]によつて一層[illegible]。日本在住朝鮮人は占領軍関係以外の他の外国人と同様に、日本の学校で平等に教育を受ける特権が与えられている、これらの居住者に教育を授け、平等の機会と平等の待遇を与えることは日本政府の義務である、私立学校の経営は日本の国内法に規定されており、朝鮮人は占領軍関係以外の外人と同様に、私立教育機関を[illegible]することが認められている、すべてこの種の学校は日本の教育法令に従つて一定の最低標準を維持しなければならない、生徒、教科書、教師の資格などに関する[illegible]の規定と許可とによつて設立され、すべての私立学校に適用されるものである、この種の学校で朝鮮語や他の外国語を教えることは申請してあれば少しも差支えはない

◇朝鮮人社会の代表者をもつて自任している一部の利己的な人々は、かようた政治的野心をとげようとしている、これらのいわゆる指導者は彼らの国民や責任ある教育を受ける権利と資格のある朝鮮人の子弟の為にならないことをしているものである、基本的教育水準を無視して適切な理論を吹込むために設立した政治学校、社会科学校のごときは社会的に支持する価値なきものである

◇日本に残つているすべての朝鮮人は彼ら自らの自由なる選択と十分なる知識とをもつて、日本に居住する限り、國際聯合加盟國人以外の日本在住者と同様に、すべて日本の地方的な法律や規則に従うべきものであることを知らねばならぬ、このことは昨年十一月總司令部の新聞発表で日本居住朝鮮人に明らかに知らせてある

廿日 東京에도閉鎖命令

(東京)敎育彈壓暴風은 東京에도來襲하였다 即 東京都敎育局長名義로 二十日 朝聯東京本部文敎部長앞으로 다음과같은 閉鎖命令이 내렸다

朝鮮人學校の閉鎖について、

朝鮮人初等學校及東京朝鮮中學校設置者に對し四月二十日付をもって學校敎育法第十條第二號の規定により各學校の閉鎖を命じた閉鎖命令に至るまでの經緯については貴校には すでに 御承知と存ずるので其取扱につき圓滑な御協力を願いたい この閉鎖命令に違反したものは學校敎育法第八十九條の規定により 制裁を受けるから 御含み置き下さい なほ右の學校にて敎育を受けていた學齡兒童生徒の公立小學校又は公立中學校の轉學については右學齡兒童の現住所を管轄する區長と連絡して御處置を願いたい

學校敎育法拔一

第十三條 左の各號の一に該當する場合においては監督廳は學校の閉鎖を命ずることが出來る

一 法令の規定に故意に違反したとき

二 法令の規定により監督廳のなした命令に違反したとき

三 六個月以上授業を行わなかったとき

第八十九條＝第十三條規定による閉鎖に違反したものはこれを六ケ月以下の懲役 若しくは 禁錮又は一萬圓以下の罰金に處す

리기前에 連絡을 하어주어야 할것인데 事後에야 事件收拾이 어려나니 마지못하어 協力하어 달라는 非人間的態度는 非難하지않을수 없으며 마음이 있거든 남은 四十校에 對하어서도 適用시키라 그러나 我等은 그내들에게 있음을 알어야 한다」고 反駁하였기 때문에 그대로 決裂되었다 한다

向學熱 到處沸騰
中部朝鮮中學校入學式

(名古屋) 各地方에서 이러난 朝鮮人學校閉鎖命令을 背後에둔 愛知縣下에서는 同胞學父兄의 熱誠에따라 모ー든困難을打破하고 着々準備中 드디어 四月二十日 午前十時부터 民靑愛本講堂에서 朝聯愛本敎育者同盟部와 各關係者와 學父兄多數參加下에 校長尹○鎬氏의 人事에따라 各關係者의祝辭로서 百二十名(男八十名 女三十名)의 入學生의入學式을 擧行하였다 그리고 이中學校는 職員이 校長以下四名 敎室은 二敎室(當分間)이며 打業時間은 每日九時부터 午後三時頃까지 一日五乃至六時間인데 月謝金은 一個月二百圓(五十圓은校友會費)이라한다 入學式을 十一時三十分에 閉會하고 同時 學父兄會를 開催하어 學校運營에關한 討議가있었는데 學校 卽家庭이라는 一致促進을 滿場一致로서 同意하고 午後三時閉會하였다

入學式當日의感想

○男學生(十六歲) 熱心으로工夫하어 훌륭한사람이되어 朝鮮人이 살기조흔 나라를 만들려고 생각합니다

○女學生(十五、六歲) 五、六人 二、三日間이라도 通學하어보아야 말할수있다며 생각합니다 마는 月謝金을 四個月分을 一時에完納하라 하는點은 退學生을 내릴지 않이할까 念慮된다고 생각합니다 그리고 第一次入學試驗이 第二次試驗보다 어려웠든意味를 모르겠읍니다

○學父兄 大端感激스럽읍니다 先生보다 어려분의 苦勞이요 先生任의 苦生은 잘알지마는 할수없읍니다 잘指導하어주시기를 附託합니다

婦人 無職者로서 잘모르겠읍니다 마는 아히가 잘려하니 不得히 대리고왔읍니다 實際家庭事情도 極難하지마는 아해를 놀려도 아시는바와 世相이되고보니 할수있는限度까지 시켜보겠읍니다

閉鎖促進策을一蹴
李會長 當局의背法을指摘

不當閉鎖命令에 對하어 各學校에서는 鬪爭委員會를 構成하고 그외、組織的指導機關으로서 "共同鬪爭委員會"를 講究結成하어 着々 對策을 하고 있는 하편 거리〈에 遊說隊가 出動하어 眞相報告와 鬪爭方針等을 力說하고 있는 이때 二十一日 府敎育部의 招請을 받은 在阪朝鮮人敎育會々長李慶泰氏는 滋田學務課長 稻葉視學으로부터 "閉鎖促進策"을 討議하자는 말을 듣고 李氏는 그들의 不當性을 指摘하고 一大論爭이 展開되어 結論을 지으지못하고 決裂하였다 即 稻葉視學이 말하기를 茨木外 二校를 除外한 十六校는 閉鎖命令에 應하지않고 校舍를 明渡치않고 있는데 速히 明渡하어 달라는 要請과 이미 閉鎖命令을 받은 學校에 "는 校舍가 있드래도 確可치않으며 兒童들은 日校에 入學시키라는 要求에 對하어 李慶泰氏는 「閉鎖命令이냐? 閉校命令이냐? 그리고 不當한 法令에 服從않은사람이 背法者가 아니고 이런不法을 正當시키려고 强要하는者가 背法者가 아니냐? 이問題에 對하어서는 本國에서도 輿論化되고 世界輿論까지 波及할것은 必至인데 그때야만 原則이 確實히 나타날것이다 于先 朝鮮말로 授業하는것이 不當하다고 하면 그自身이 天理外 朝鮮語科講師이니 그學校의 朝鮮語科를 閉鎖시켜라 그리고 閉鎖命令을 내

全總力을集中하여 自主敎育絕對死守
朝聯愛本臨時人民大會

(名古屋) 朝聯愛知縣地方本部에서는 四月十八日午前十一時부터 名古屋市內潮信講堂에서 第四回臨時大會를 代議員三百名(女子十數名)參集下에 開催 詳細한 各部活動報告後에 大會의 決議로서 日政의 彈壓의 防止에 活躍中인 岡山人民大會及 兵庫地方의 鬪爭委員會에게 激勵의 메ー지와 日政當局에 抗議文을 發送하였다

第二日

午前十一時부터 民靑愛本講堂에서 開催 當日로서는 救國鬪爭展開 敎育自主權保衛鬪爭 生活權鬪爭 記念鬪爭에關한件等의 重要한討議事項으로서 活潑한討議의結果 如左決議를보고 午後八時頃閉會하였다

가 救國鬪爭展開의件

單獨選擧 鬪爭委員會를 反對하고 美蘇兩軍을 同時撤退시키어 全朝鮮人民의自力으로 民主統一政府樹立을 戰取하는 救國鬪爭에 全在留同胞는 總蹶起하어 시킬을 目標로서 四月二十日부터 五月十日까지 鬪爭期間으로定하고 메ー데ー記念鬪爭과 結付하어 展開할것

나 敎育自主權保衛鬪爭의件

日政當局의彈壓은 우리의子弟를 破壞하고 우리의子弟들에게 民族文化를抹殺시키어 奴隸敎育을 永遠히 强要시키어 日本의第二民族을 만들려는데있어서 絶對어짊을수 없다 敎育事業이 가장重大性을 占하고있는바 民主敎育이나? 奴隸敎育이나

의 班大叛路를 날주는것이고 在日同胞의 民族性確保에 一大寄與를 주는것이다 그럼으로 우리는 全總力을 이다 當面의 單選絶對反對 民族自主敎育 絶對死守 鬪爭에 結集하어 前途에 이런 難關과 障碍가 닥처올지라도 革命的愛國精神을 發揮하야 完全勝利의 目標로서 鬪爭할것

敎育

지난 三月三十一日 大阪中央公會堂에서 朝鮮人敎育會의 結成時에 大阪府知事에送付한 決議文은 十五日 交涉委員과 面談回答하기로 決定되어있었든바 十五日午後一時부터 大阪府敎育部長室에서 交涉委員에 對하야 二方敎育部長은 나음과같은回答書를 手交하였다

決議文에對한 回答
日本敎育令에따르라
總司令部發表를固執?

回答書

昭和二十三年三月卅日字 決議文에對하야 다음과 같이 回答함 昭和二十一年十一月二十日附總司令部發表에依하야 日本에 在留하는 朝鮮人은 모조리 日本法令에 따라야 할 義務를 가지고있다 故로 在日朝鮮人의敎育은 敎育基本法及學校敎育法의 定하는것에 依하야 行하지않으면 안된다 또 昭和二十三年一月二十四日附文部省의 指示에 依하어서도 朝鮮人學校의 設置는 學校敎育法의 定하는것에 依하야 都道府縣知事의 認可를 必要로하고 그經營은 敎育基本法及學校敎育法의 適用을 받을것이 明記되고있다 本府로서는 이指示에 따라서 施策을 推進하고으며 今回의 決議文은 文部大臣에 傳達하기로 한다.

十四校長ら検挙

東京都命令違反の朝鮮校

警視庁では二十七日午前九時、学校教育法に基く東京都の閉鎖命令違反の疑いで東京朝鮮中学校の逮捕令状、東京地検検事の指揮で二十日閉鎖命令をうけた朝鮮人学校十四校の校長及び責任者東京朝鮮中学校長韓桂洪氏、同校責任者尹相哲氏ら十六名を検挙、身柄を警視庁に留置、取調べている。本事件は廿日これら十四校に都知事が閉鎖命令を出したにもかかわらず二十六日まで授業を続行していた理由によるもので、二十三日都知事が東京地検に告発していた

なお今回閉鎖命令をうけた各学校の職員は中学三六、初等六六生徒は中学一二六三、初等二二七三名である

警田刑事部長談 神戸、大阪事件とは別に警視庁は独自に朝鮮人が命令に対し全く服従しない意図があるものとみとめて手を打つた、今後不穏行動に出るようなことがあつたら断固取締る方針である

◇

被検挙者 東京朝鮮中学校(北区上十条二ノ二二)韓桂洪(四二)、尹相哲(三?)、同第一初等学校(荒川区日暮里二ノ二九)[illegible]、同第二初等学校(江東区深川枝川町一ノ九)金知?(三?)、同第三(板橋区板橋四ノ一四)李?栄(三?)、同第四(足立区本木町一の三三)[illegible]、同第五(江戸川区興宮本町一三四三)[illegible]、同第六(大田区久ケ原一一五)[illegible]、同第七(品川区大井関ケ原一五八〇)[illegible]、同第八(世田谷区池尻町七二)[illegible]、同杉並校(杉並区阿佐ケ谷四の三七三)[illegible]、同中野校(中野区鷺宮[illegible])[illegible]、同文京校(文京区御殿町一〇)許南燁(三?)、同品川校(品川区[illegible])[illegible]、同港校(港区白金三光町五)金?鎬(?)

大阪で四十一名拘留

【大阪発】朝鮮人騒乱事件につき二十六日拘留状により建造物侵入等の疑いで拘留したもの三十五名(内日本人九名)で、同夜の[illegible]名朝鮮人六名を公務執行妨害、[illegible]の容疑で拘留した、また釈放されたうちの二十三名も起訴十分でいずれも起訴される見込み

なお二十七日から大阪地検の検事部長、泉、竹内、天野、山根、北原六検事が府署に出張して関係者の取調べに当る

共産党の無関係説を反ばく

ア中将声明

総司令部特別発表=神戸の朝鮮人騒乱事件について京浜地区の知名の朝鮮人が共産党と無関係である旨声明したのに対し、第八軍司令官アイケルバーガー中将は二十六日夜つぎの声明を発した

目下神戸で日本共産党員であることを自認している七名の党員を拘禁中であるが、彼等はいずれも神戸事件の関係者として確証が挙つている、また大阪府庁の騒乱事件関係の写真を手に入れているがその中にもはつきり朝鮮共産党員とわかつているものがまじつている

威嚇発砲で死亡

【大阪発】二十七日朝鈴木大阪市警察局長あて報告によれば二十六日大阪府庁前の朝鮮人集会で警官側からの威嚇発砲により頭部に負傷した布施市[illegible]金太一(一六)は同午後十一時ごろ大阪日赤病院で死亡した

ア中將、鈴木総裁会見

【大阪発】朝鮮人学校閉鎖問題につき鈴木法務総裁は二十七日午前九時八分大阪駅着、新大阪ホテルでアイケルバーガー中将と会見した

阪神平穏に

民間情報教育局特別発表=第八軍司令官アイケルバーガー中将は二十七日朝大阪で軍政部司局、赤間大阪府知事、近藤大阪市長、鈴木警察局長らと朝鮮人騒乱問題につき会談した結果神戸、大阪地区の事態は収拾され、平穏であると発表した。

目標は南鮮選挙

米側見解

阪神の朝鮮人事件についてUP通信のポーツ特派員は大阪から次のように報じている

神戸の騒乱事件については朝鮮人側も日本共産党側も共産党は事件に全然関係がないと主張しているが、アイケルバーガー中将の反ばく声明にも見られる通り米側人の多数は今回の事件を五月十日の南鮮選挙を前に互いに呼応して反選挙ストをあおろうとしたものとみられている、占領軍当局の見解によると今回の大衆デモを計画した在日朝鮮人連盟はこれまでしばしばソ連の占領政策を支持して北鮮の民主人民共和国を歓迎し国際的な共産党の政策の線にそつて活動して来た(共同)

朝鮮新報 5.1

國語로 教授等四大要求條件提出

오아氏에게 朝聯代表가

CIE學校責任者 오아氏와 朝聯中總代表와의 會談은 豫定대로 二八日에 열렸으나 氏의 [illegible] 얻지못하고 二九日로 미루기로 하였다 한다 朝聯側의 네가지 要求條件은 다음과 같다

A 教授用語는 朝鮮語로 한다

B 教科書는 朝鮮兒童에게 適合하게 朝鮮人初等教材編纂委員會에서 編纂하여 民間情報教育局의 檢閱을 거쳐 出版된 教科書를 使用한다

C 學校經營과 管理는 學校別 單位로 父兄과 有志들이 民主的 自主的으로 編成한 學校管理組合에서 管理한다

D 日本語는 正科로서 適當히 教授한다

都教育局長과 一問一答

(東京)二十七日午前十時 記者 同局 教育局長宇佐美氏를 訪問 記者는 다음과 같은 一問一答을 하였다

記者 當局으로서는 어떠한 對策을 하고 있느냐?

局長 이때까지 取한것과 變更없이 政府指令대로 나갈것이다

記者 當局으로도 조금 神經過敏한 點이 보이는데……

局長……

記者 日本政府指令대로 따른다면 學校內容은 어떨가?

局長 中學校만 卒業하면 先生질을 할수있으니까 그렇게 어렵게 生覺할것은 아니라고 믿는다

局長 學校授業을 아직 繼續하고있는가 어떤가?

記者 잘모르겠다

局長 萬若 依然이 當局을 無視하고 授業을 繼續하면 이쪽에서도 生覺할 點이 있다

卅日이 되어도 授業繼續한다면 "強制的措置" 當局言明

東京

UP通信에 依하면 在京朝鮮人學校十五校中 十四校는 二十八日에도 日本政府의 命令을 無視하고 授業을 하고 있는데 軍政部當局에서는 三十日이 되어도 授業을 繼續한다면 警察當局이 이것을 閉鎖할 것이라고 말하고 있다 警視廳에서는 萬一 朝鮮人이 日本政府의 命令에 服從치않을때는 「強制的措置를 取하겠다」고 言明하고 있다 在日本朝鮮人聯盟에서는 二十七日午後 이번神戸事件의 責任은 全面的으로 日本側에 있다는 聲明을 發表하였으나 한편 警察當局에서는 메ー데의 示威行進에 對備하여 全國的으로 特別治安維持計劃을 세우고 있다(共同)

學校長等十五名送檢

二十七日 學校教育法違反의 容疑로서 警視廳에 檢擧된 東京朝鮮中學校長韓桂洪(四五)氏外十五名은 二十八日 全部 留置한채로 即時 送檢되었는데 三十日에는 判事의 拘留狀이나릴 것이다(共同)

四校授業繼續

二十九日午前十時 警視廳에 들어온 情報에 依하면 東京都內 朝鮮學校에서 授業을 繼續中인 것은 第二朝鮮初等學校(江東區深川)外 三校이다

官廳出入制限緩和

鈴木大阪市警察局長은 지난四月二十六日 朝鮮人의 府廳舍와 各警察署에의 出入을 一切禁止하였는데 지난四月二十八日 다음과 같은 制限附 緩和命令을 發하였다

·各警察署長과 府廳에서 正當한 理由로 不得已하다고 認定한것으로 平穩 穩健히 用務를 보기爲하여 來署 來府하는者로 認定될때에는 五人以內는 出入을 許可한다

檢擧는 日警에引繼

裁判準備開始

神戸事件의 그後

=涉外局發表=

(涉外局發表)神戸地區憲兵司令部當局은 朝鮮人檢擧에 關하여「事態를 日本側警察에 委任하라는 아이켈버거中將의 要請에 依하여 今後의 檢擧는 日本側警察에 引繼한다」는 言明을 다음과 같이 하였다

檢擧朝鮮人의 訊問은 神戸地區第七犯罪調査部(CID)의 管理下에 日本側警察이 하고있다 그러나 萬若 日本側에서 軍의 援助를 必要로 할때에는 곧 出動한다 二十八日午後三時現在로 檢擧總數는 一千六百六十七名인데 그中六百十七名은 釋放되고 남은 一千五十九名은 裁判 또는 調査를 爲하여 留置되어있다

二十九日에 擧行豫定이었든 日本産業勞働者組合의 데모行進은 神戸地區司令官의 命令으로 取消되고 同司令官은 다시 九人以上의 朝鮮人은 한곳에 集合못한다고 命令하였다 이것은 今後의 騷動을 避하기爲함이다 神戸地區占領軍法務部指揮下에 이번事件裁判準備를 開始하고있으니 이 裁判은 곧 열리게될것이다(共同)

文部省通牒絶對反對

우리敎育에自主性固持

大阪朝鮮人敎育會 結成大會

文部省通牒에 對한 全在日同胞의 輿論은 더욱沸騰되고있으며 在阪同胞學校敎育界에서는 敎育의 自主性을 固持하려고 先般來 大阪軍政部와 日本文部當局에 여러가지로 折衝을 하여왔으나 아직껏 完全한 解決을 못보고있는 이때 五日 大阪中大公會堂에서 在阪敎育者自體가 學校敎育問題를 討議함과 同時에 大阪朝鮮人敎育會結成大會를 盛大히 擧行하였다

이날午前十時부터 立錐의 餘地없이 府下各小學校 中學校先生과 生徒는 勿論 一般父兄도 參加하여 開會하였다 우리儀禮에 이어 議長團에 建中校長 李慶泰氏 朝聯校長 白鶴鳴氏 小學校管理組合理事長 高永禧氏가 被選되어 議長團을 代表하여 李氏의 敎育自主性을 堅持하고 나아가자 라는 人事가 있었다 다음 朝聯中總 申鴻湜 朝聯大本 宋文浩 兩氏는 各々 一九四五年八月十五日을 期하여 過去의 外國依存敎育과 軍國主義敎育을 揚棄하였으니 이後에는 民主主義民族敎育을 施行않으면 안된다 오늘 結成하는 敎育會의 使命은 重大하며 여러분의 努力을 期待하고 萬一 어려운中에서 學校敎育問題에 無關心한이 있다면 到底히 朝鮮民主文化는 建設치 못한다 라는 興奮의 祝辭가 있었다 다음으로 豹橋小學校長 張泰榮氏로부터 이敎育會結成에 對한 經過報告가 있은다음 緊急動議로 大阪府知事 文部大臣에 對하여 再次 過去의 軍國的迷夢에서 깨지못하고 解放民族인 우리의 言語와 歷史 文化를 抹消하라하는 意圖는 歷史的으로도 現實的으로서도 잘못된 일이며 無謀하게 在日六十萬同胞의 不必要한 刺戟과 不滿 憤激을 주는外에 아무것도 없는 어리석은일이지 決코 賢明한 措置가 하는일이 아니라고 믿는다 그러니 이러한 措置를 撤回하고 우리 朝鮮民族의 敎育自主性을 容認하여주기를 要望한다 라는 趣旨의 決議文을 可決함과 同時에 大阪軍政部에 對한 陳情文도 滿場一致로 可決하고 오는十二日에는 大手前高女에서 開催되는 大阪府敎育部主催의 朝鮮人學校長會議에는 全員이 不參加하기로 決議를 하였다 다음 新發足한 敎育會의 役員을 選擧하였는데 會長에 建中校長 李慶泰氏 副會長에 白鶴鳴校長이 被選되고 最後에 李氏로부터 우리의 힘으로 敎育을 推進시키자 라는 閉會辭로 歷史的인 本會는 午後二時頃 마치고 卽時로 建中音樂隊를 先頭로 데모行進에 들어가서 同三時半頃 府廳앞에서 解散하였다 (寫眞은 同大會場)

義務敎育制實施

國民學校授業料撤廢

(서울四日發合同) 義務敎育實施는 民主朝鮮建設에 있어서 不可缺의 第一步이거니와 解放以後 그實現을 爲하야 努力中이든바 今般 軍政長官要請에 依하야 四月一日附로 드디어 實施하게되었다 한다 卽 文敎部長 吳天錫氏 發表에 依하면 全國國民學校 兒童의 授業料를 四月一日부터 撤廢하게되어 朝鮮敎育史上 처음보는 飛躍的 第一步를 내디디게되었다 이新制에 依하면 爲先 第三學年까지의 兒童에 對하야 義務敎育制를 實施하기로 하고 그方策으로는 二部制敎育實施를 할것이라 한다 그러고 現在 各學年의 義務敎育實施의 가장 難關이 되고 있다

南鮮大学生反選スト

【京城特電（AP）六日発】京城國立大学およびその他の大きな学校三校は六日学生が南鮮地区の総選挙反対のストライキに入つたためいずれも休校するに至つた

朝鮮人居留團等と妥結

私立學校問題

朝鮮人學校問題につき朝鮮人連盟とは別個に在日本朝鮮居留民團中央總本部文教部長李時鍾、涉外部長金永大、朝鮮建國促進青年同盟中央總本部副委員長徐鍾實、文化部長鄭泰成氏ほか三團體の數氏は森戸文相、日高學校教育局長らを數次にわたり訪問し意見の交換を行つた結果、圓滿解決を確約した日つぎの線に到達した

すなわち在日本朝鮮人は日本の法律を遵守することを前提として私立學校に認められた自主性の範圍內において朝鮮人獨自の教育をなすこと

正式許可申請

都內朝鮮人學校十四校は從來の學校を閉鎖して新規に學校を設立するため八日都教育局へ一せいに正式の設立認可申請書を提出した、都では學校設置者の適格審査は全部パスしているので書類を檢討し [illegible]たうえ近く全部設立認可を與える

「私立」で認可申請

朝鮮人学校問題は解決

[illegible]日、大阪における朝鮮人事件は[illegible]などについても各方面から注目されており、日本政府、在日朝鮮人団体とも[illegible]努力しているが[illegible]で森戸文相[illegible]朝鮮人教育[illegible]者代表者会[illegible]在日朝鮮人教育[illegible]同九[illegible]して、[illegible]の解決を[illegible]在日本朝鮮人連[illegible]元容徳氏ら[illegible]で発表、全國にこれを了承したが、政府としては政府の朝鮮人の自主性をできる限り尊重するが、同時に在日朝鮮人全部が今回の覚書の主旨に副つて行動することを望んでいる

覚書＝一、朝鮮人の教育に関しては教育基本法および学校教育法に従うこと 一、朝鮮人学校問題については、私立学校として自主性が認められる範囲内において朝鮮人独自の教育を行うことを前提として私立学校としての認可を申請すること

都下の十五校で仮申請

都の朝鮮人学校問題は三日午後三時から都で都宇佐美教育局長、渋谷管理部教育課長と朝鮮人連盟東京本部李文教部長が会談した結果

一、現在の学校を閉鎖し、新たに学校教育法による私立中、小学校の認可申請をする

二、教科課程は学習指導要領の規程による

三、文部省の認める範囲内で特殊授業を行う

の三項の基本的な了解が成立、四日正午朝鮮人連盟東京本部李文教部長と閉鎖命令を受けた十五の朝鮮人学校（都内十四校、都下一校）の設置責任者が連名で前記の三項を記入した学校認可仮申請書を提出して同問題は二十日ぶりに解決した、交渉は三日午後一時東京軍政部ジュッペル大尉から両当事者への「早急解決をはかるように」との忠告により、同三時から都と朝鮮人連盟本部と交渉を始め都側譲歩の

一、閉鎖命令を受けた学校は四日中に学校教育法による認可手[illegible]いる範囲内での特殊教育を行う

二、学校の認可申請は四日に仮申請、八日までに正式申請をする

との條件で承諾し、都もこの條件を認め基本的了解がつき、四日正午朝鮮人連盟東京本部、学校設置責任者から仮申請が提出されたものである、なお本紙四月廿一日付同問題記事中「日本語を國語として教える」とあるのは「日本語を教育用語として使用する」との意味である

都宇佐美教育局長談 正式認可手続きが完了したうえは学校経営教科書の配付なども日本の学校と等しく行い、朝鮮人の自主的教育の援助を惜しまない

李文教部長談 在日朝鮮人大衆が子供に朝鮮人らしい教育[illegible]を自主的に行いたいと思つているそして立派な朝鮮人を育てたいという以外に他意のないことを日本人の方に知つて頂きたい

七校に申請方通達

都教育局では四日認可を申請した朝鮮人連盟東京本部系統の十五校のほかに在日朝鮮居留民団系統三校、朝鮮青年建国同盟系統一校、朝鮮人連盟総本部系統一校（朝鮮中央高等学院、同師範学校）が学校教育法による正式認可を受けていないので認可申請するよう通知する

なお朝鮮YMCA系統の三學院は近日中に正式認可される

拘置中の校長釈放

總司令部發表＝朝鮮人連盟が日本側の命令に應じる用意があるとの回答により目下拘留中の十六名[illegible]ら寛大の上釈放されることになつた

神戸事件取調一段落

【神戸發】神戸市警察局の調査では神戸の朝鮮人學校閉鎖問題で檢束された一千五百八十四名（うち日本共産黨員四十四名）のうち[illegible]が釈放され残り二百六十二名が留置中で四日には一應の取調べが終ると見られている

"日本法律에 따르라"는 文相의 答

教育 지난 三月三十一日限으로 山口縣下 朝鮮人 初等學院의 閉鎖令이 發表된後 果然 下關을비롯하여 福井 茨城 神奈川 大阪 兵庫 岡山 東京等에 있어서 日政에對하여 猛烈한 鬪爭을 하고있는데 女同에서도 어머니라는 立場에서 活潑한 鬪爭을 꾸준하게 展開하고있다 卽 去般 三月二六·二七日의 第二回中央委員會에서 決議한 抗議文을 委員長 金恩順氏外 七名이 全中央委員을 代表하여 四月五日 文部省을訪問 森戶文部大臣과 會見 女同의 抗議文을 手交 同時約束日의 七日 午前十一時四〇分 女同代表一行은 森戶大臣과 會見하였다 森戶文相은 抗議文의 回答을 秘書官에게 朗讀시키고 文書를 代表에 手交함과 同時에

文相要求書에는 同情하는바이나 政府의 方針을 變更할수는없다 在留하시分은 特殊한 事情이 있을것이다 政府로서는 朝鮮의 國語及 歷史等을 絶對로 拒絶하는것은 아니다 差別的形態는 絶對로아니한다 다만 重點은 在留者는 日本法令에 따라서 生活을 하여야 될것이다 그러기때문에 義務教育에 있어서는 政府의 方針에 따라서 施行될것이다

官吏는 彈壓 愚民은 暴動

—女同·文相에 抗議文—

文相의 聲明에 對하여 代表團은 猛烈히 追求하였으나 法令에 따르라는 말을 남기고 閣議가 一時부터 있기에 가겠다고 말하고 大臣室에서 退室하여버렸다 文相의 卑怯한 態度에 憤慨하면서 이날의 交涉을 말았다 文相에 提出한 抗議文과 文相의 回答文은 左와 같다

抗議文

一、一九四八年一月二四日附 官學五號 文部省通牒を 撤回すること

一、朝鮮人の 自主教育權を 認め 干渉を やめること

一、朝鮮人 教育に 關する 教育行政權は 朝鮮自主組織體に まかすこと

一、教育費全額を 日本政府で 負擔すること

一、校舍宿舍の 建築資材及び 學用品を 安價に 配給すること

一、教育關係國家豫算を 增やすこと

一九四八年三月二七日

在日本朝鮮民主女性同盟

日本國文部大臣 森戶辰男殿

回答

昭和二十三年三月二七日の 抗議文について 次のやうに 回答する

一、要求事項の 第一項について 現在のところ 撤回する考へはない

二、要求事項第二について 昭和二十一年十一月二十日太平洋米國陸軍總司令部渉外局は「本國に歸還を拒絶して 日本に在留することを選んだ 朝鮮人は 日本に 繼續して 居住すれば それに 該當する凡ての 地方の法律法令の、適用を 受けなくてはならぬことを 充分承知の上で その選擇を 行つているのである」と 發表した 從つて 日本に 在留する 朝鮮人に對しては 教育基本法 學校教育法の 法令は適用される この趣旨によつて 朝鮮人の 設置する學校は 法令の定める所により 私立學校として 監督廳の 認可を受けなければならない 從つて 教育基準教科書 教科課內容等に 關しては 日本の 法令に 從わなければならない 私立學校としての 自主性の 認められる 範圍內に於て 朝鮮人獨自の 教育を行うことは 差支えない なお これらの 私立學校に對しては 一般私立學校に對する 監督の外 特別の監督は 行わない

三、要求事項第三について この要求は 前項に述べた 理由によつて 認められない なお 昭和二十一年十一月二十日 太平洋方面米國陸軍總司令部渉外局談で治外法權は 認めないと述べている

四、要求事項第四について 現在 教育費の金額を 日本政府が 負擔する考えはないが 國立及び 公立の學校への 朝鮮人の 入學については 差別的取扱は 全くしない なお 朝鮮人の 設置する私立學校に 對する補助費についても 一般私立學校と 何ら差別しない

五、要求事項第五について 一般私立學校と 差別しない

六、要求事項第六について 一般の教育關係國家豫算を ふやすことには 努力しているが 特に 朝鮮人教育のみの 豫算に ついては 考えていない

昭和二十三年四月七日

文部大臣 森戶辰男 印

在日本朝鮮民主女性同盟 第二回中央委員會 御中

教育問題中央交涉

特殊事情再考慮하겠다

責任者,朝聯代表에 言明

朝聯中總文教部長 元容德 外務部長 金東河兩氏는 지난二十一日午前十時司令部(CIE)民間情報教育局學校責任者오아氏를 訪問 在日朝鮮人教育의 實情을 말하고 日政當局에 要求하고있는 네가지要求內容을 充分히 說明한즉 오아氏도 了解하고 「民政部와 相議하여 오는水曜日(二八日)에 確答을 하겠다」고 말하고 特히 「在日朝鮮人의 特殊事情을 充分히 再考慮하겠다」는 것을 言明하였다 要求條件四種目은 다음과 같다

一 朝鮮人教育의 自主性을 認定하라

一 朝鮮人學校閉鎖令을 卽時撤回하라

一 朝鮮人教育費를 日本政府에서 負擔하라

一 朝鮮人教育對策講究時는 朝鮮人代表를 參加시켜라

「司令部指令이니 道理없다」

東京朝中生에 安藤課長答辯

日本當局과 朝聯 그 傘下團體의 交涉과 別途로 生徒自身도 最近에 와서 實踐活動을 할 可能性을 보이게 되었다 東京朝鮮中學校生徒는 [illegible]에서 六名式의 委員을 [illegible]해서 少年團活動에 合流하기로 된 모양으로 二十一日은 東京朝中代表가 單獨으로 文相과 만나려고 갔으나 兩人이 모다 出張하였음으로 만나지못하고 都教育局學務課長 安藤氏와 會見하였는데 그때 安藤氏는 「이問題는 司令部에서 指令한것이니 우리로서는 무어라고 할말없다」고 말하였다 그리고 四月五日에 第四期生이 入學을 본 女性文化學院生徒 十五名은 當學院은 閉鎖指令에 該當되지않으나 여러弟妹의 學園을 지키는데는 協力하여 끝까지 努力하겠다고 말하고 少年團은 最高指導部員이 各學院에 나아가서 徹底히 여러低學年兒童에게 認識시키는 指導를 二十二日부터 始作하는 한편 "비라"와 日本人에 解放運動을 하기로 決定되었다

夜間中學校

志願者再募集

勤勞青少年을 爲하여 在日同胞中等教育機關에서 新學年度 今四月부터 夜間部를 新設하고 있는데 現在 應募한 者數는 大端히 盛況하다 大阪에서 朝鮮中學校와 建國中學校를 본바 그內容은 다음과 같다 朝中의 百名募集에 三十六名 建中의 百名募集에 二十名의 志願者가 있으며 새로히 開校할 建國高等(新制)學校는 募集人員 四十名에 對하여 十九名의 志願者와 今年建中을 卒業한 七名이 志願하고 있다는데 前記兩校에서는 第二次募集을 하리라 한다

原則,教育法에 服從

但特殊教育은 自由時間에

日本政府近間 聲明發表說

東京으로부터 들어온 情報에 依하면 日本政府에서는 最近 日本各地에서 問題化된 朝鮮人教育問題에 關하여 近間에 政府 或은 首相談의 形式으로 다음과 같은 聲明을 發表할것이라 한다

로 要旨 다음과, 日本에 在留하는 朝鮮人의 教育問題에 關하여서는 原則的으로 日本教育基準法에 服從하여야한다 但 自由研究時間에 朝鮮語와 朝鮮歷史를 教授함은 自由이다 그리고 一般的으로 共產主義的教育은 許容되지안는다

教育問題

日政指令絶對不服

建靑에서猛鬪展開

朝鮮人敎育問題에 關하여 文部省의 指令을 사운고 朝聯을 中心으로한 大多數團體와 日政當局과의 長時間에 亘한 交涉은 結局 朝聯의 日政指令承認으로서 一段落하였으나 一般同胞는 今般問題는 一部幹部의 幼稚한 指導로서 完全히 敗北하였다고 믿고 東京에서는 朝聯中本과 敎育對策委員會서 着々 初等學校長의 中聯을 하고있는 모양인데 建靑側에서는 朝聯의 文部省指令承認에 憤激하여 最後까지 朝鮮人의 自主性을 爲해 鬪爭하고 敎科書는 本國文敎部의 (南鮮過政) 敎科書 使用을 前提條件으로서 C・I・E 學校責任者오아氏에 交涉을 繼續하고있다 交涉內容의 要旨는 日本帝國主義의 壓政으로부터 解放된 朝鮮人에 民族的인 朝鮮文化와 歷史를 가르칠것 十萬餘의 子弟는 將來 民主朝鮮國家建設에 구ㅊ한 일꾼이 된다는것 兒童은 勿論 靑年의 大部分도 祖國의 實情한 理解하지못한다는것 敎育施設이 不充分한것은 事實이다 一部의 不純한 政治的意圖로 偏黨的 敎育方針에는 重大한 子弟의 敎育임으로 이러한 敎育方針에 對하여 우리는 嚴重히 抗議를 함과 同時에 鬪爭하여 왔고 近後에도 鬪爭한다 以上의 主旨를 에서 本國文敎部敎科書를 使用한다 日本敎育法에 基據하야 私立學校로서 認可를 받는것을 原則으로 한다 以上과 같은 要請書를 지난五日 CIE 오아氏를 訪問하고 手交하였는데 그 確答은 十一日(火曜日)로 約束하였다 한다

單選、單政을絶對反對

南北統一을絶叫

建靑主催도ノ民大會

旣報=朝鮮中央政府樹立促進居留民大會는 十日午後一時부터 大阪中央公會堂에서 約千餘名이 參集하여開催되었다 이날은 마침 南鮮選擧日인故로 그大會意義도 大端히 컸다 이날 「迅速히 全朝鮮에 總選擧를 實施하자」「如何한 單獨政府도 絶對反對」라는 "스로ー간"밑에 建靑中總을 비롯 하여 近畿各地方本部代表가 各々講演을 하는데 各人들은 異口同音으로 朝鮮의 完全統一과 南北協商會議를 支持하고 이것을 强力히 推進치않으면 안된다고 强調 또 共産主義가 朝鮮의 將來에 大障害를 준다고 披瀝하였다 그리고 最後에 決意文을 採擇 要旨다음과 같이 宣言하였다 우리는 民族的自決과 世界平和에 永久한 貢獻을 期하기爲하여 兩斷된 南北鮮의 朝鮮사람自體의 굳은 握手를 支持하고 三八線의 即時撤廢를 要求한다 勿論 우리朝鮮은 如何한 階級의 獨裁나 어떠한 外國의 內政干涉이라도 容恕치않는다

徐副委員長과 一問一答

人民大會가 끝난後 公會堂應接室에 建靑中總副委員長 徐鍾實氏을 問接한 記者는 大要다음과같은 一問一答을 하였다

問=注目되고있는 建靑의 路線에 關하여……

答=지난四月十二日 第十二回中央委員會에서 討議한 結果 南鮮單獨選擧에 反對하고 民族自決精神의 發露인 南北要人協商을 支持한것이다 우리는 結成以來로 三十八度線의 撤廢와 完全自主獨立을 부르짖고 왔으며 우리의 主唱은 오직 統一朝鮮의 獨立達成에 있었다 自主獨立!! 外力의 干涉을 絶對反對하고 있으며 우리民族의 손으로 統一하자는 南北協商을 支持함도 우리의 至當한 主唱일것이다 將或 우리의 態度가 變했다고 하는 사람도 있는模樣이나 그것은 우리를 몰으는 말이며 우리의 基本的態度를 再確認한것이며 우리의 一貫한 主唱인 것이다

問=오늘날까지의 建靑에 對하여서는 一般同胞의 評에 좋지 못하였는데 그原因은……

答=元來 建靑의 結成當初의 目的은 純直한 靑年 愛國的靑年의 團體일것을 目標삼었든 것이나 理想대로 안되어 一部에서는 脫線한듯한바 있었으며 嚴正한 自己批判도 느끼고 있는바이다 "暴力團"라고하는 團體은 根本的으로 建靑을 認識하기못한 一部의 謀略的惡宣傳이었다 우리는 이點을 現實과 行動으로서 闡明할수 있는바이나 大端히 遺憾을 禁치못하며 一般同胞의 오늘에있어서의 建靑에對한 再認識과 [illegible]를 바래고 마지 않는바이다

問=建靑의 基本目標와 今後의 方針에 對한 抱負를……

答=우리는 海外에있는 더욱 日本에 在留하는 朝鮮靑年의 總力을 集結하여 組織的으로 祖國再建에 이바지 하자는 것이었다 統一朝鮮의 獨立達成 朝鮮의 民主化의 推進 祖國의 再建 文化의 建設이 우리의 至上目標이다 이目的達成을 爲하야 總力을 集結하며 우리靑年의 文化向上을 圖謀하고 一定한 職能에 熟達하도록 自己實力의 培養에 힘쓰고있다 今後는 一層努力하여 目的達成에 邁進할것이다 더욱 朝鮮의 再建은 젊은이의 힘으로써만이 完遂될것이며 젊은朝鮮을 建設하여 하는것이다 그럼으로 우리靑年은 굳게團結하여 民族의 推進力이 되어야한다. 即 封建的殘滓를 一掃하고 急進的 觀念論에 기우치지않고 民主的이고 建設的인 [illegible]持로서 靑年戰線의 統一을 推進해야 할것이다

問=各團體의 統一氣運과 必要性及可能性에 對하여

答=우리는 大同團結을 부르짖고 왔다 우리겨레의 團結로서만에 우리의 信義와 權益을 確保할수있을것이다 各團體는 各自의 權利 權勢에 기우치지말고 굳은民族愛와 互讓大乘的인 矜持로서 握手하여야 할것이다 在日同胞間에는 階級的利害 黨派的利害보다도 民族的權益이 先行하며 [illegible] 바이다 敎育問題 [illegible] 이事實을 證明하였다고 할수있다

問=敎育問題에 關하여조곰……

答=日政에서 解放한 우리는 우리말과 우리冊과 우리學校에서 우리子女를 敎育할것을 切實히 느끼고있다 우리는 이特殊性과 우리敎育의 自主性은 끝까지 確保하여야할것이다 朝聯側에서 敎育自主性의 決死確保를 부르짖음은 勇敢했으나 完全히 無條件降伏하였으며 騷擾事件만 이르키고 만것은 遺憾스럽다 그 無責任하고 無定見한 行動이야말로 一般大衆의 嚴重한 批判을 받어야 할것이다 또 그分子들은 自己들의 敗北을 하여금 反對로 成功했다고 宣傳하며 심지어 도는 失敗를 建靑과 民團의 責任이니 謀略이니 하야 責任을 轉嫁하고 大衆을 欺瞞하는 그 野卑한 態度야말로 卑劣한所爲라 않을수없다 이러한 謀略은 그者들의 常套手段인것이며 過去와 現在를 誹謗하고 事實無根한 虛僞를 宣傳하고 民族의 分裂에 [illegible] 中傷하고 [illegible] 부치고 있는것이다 善良한 同胞는 理性的이고 冷靜한 態度로서 모든것을 批判하여야 할것이라고 바란다 그리고 우리는 日本政府와 司令部에 對하여 平和的이고 合理的인 交涉으로 敎育의 自主性確保에 努力하고있으며 今十一日東京에서 會合이 열이고있다 우리의 自主性確保는 우리말로 우리先生이 우리冊으로서 가르치는것이다 가장 우리冊을 살것이 當然한 條件임으로 本國政府(南鮮過政)發行의 敎科書使用을 許諾하도록 交涉하고있다 이로서 우리의 最少(限)限度의 自主性이 確保될것이라고 믿는다 또 나 見童敎育을 自己黨利 政治的意圖로 利用함은 絶對排擊하고 善良한 國民의 一人 善良한 社會의 一人을 育成하는 敎育의 基本理念에 立脚하여야 할것이다

우리글 말 모르면 "病身"

日校生도多數轉學

小學校入學狀況

朝鮮人學校敎育問題가 아직 完全한 解決을 보지못한오늘날 在日 約七十餘朝鮮初等學校에서는 四月一日부터 五日까지 一齊히 入學式을 擧行하였된다 各學校의 入學狀況을 보면 一般的으로 昨年 再昨年보다도 入學率이 많고 地域에 따라서는 現在까지 日本學校一學年에 通學하든 兒童도 朝鮮學校에 一年으로 入學하고 있는 事實도 볼수가 있다 그러한 學父兄에게 그理由를 무르면 日本서 [illegible] 日本學校에서 三學年 四學年에 在 [illegible] 學校當局에서도 敎員의 質的問題도 向上시키며 [illegible] 方針이 確立되고 있는모양이다 이러한 質的問題만 解決된다면 敎育의 自主性에 對한 問題도 自然的으로 解決될것으로 學校當局에서는 學父兄과 一般同胞의 積極的인 援護를 바라고 있다

우리 말도 못하나 그럼 읽지도 못하게끔!

우리말 공부 하게

山口縣學校問題續報

悲憤!! 徹夜鬪爭도 効없이
交涉은 完全決裂
捲土重來 新對策을 講究

(下關) 既報한 日政의 朝鮮學校閉鎖指令의 撤廢를 絶叫하고 猛烈한 反對鬪爭을 展開한 山口縣下四萬朝鮮人의 熱火같은 憤慨心은 果然 三月三十一日 山口縣廳에서 爆發하였다 以下는 飢餓와 寒氣 疲勞와 發病을 무릅쓰고 二萬同胞가 團結一丸하여 晝夜卄四時間鬪爭을 展開 "坐り込み" 戰術로 壯烈히 敢行한 이 "鬪爭報告記"다.

三十一日午前七時 下關에 [illegible] 會場인 山口縣廳前으로 向하였다 會場에는 벌서 先着한 縣下各支部員이 各々 "스로ー간" "푸라카ー드"를 林立하고 整列하고 있으며 그 數는 [illegible] 서는 朝鮮山口縣本部 同下關支部 民靑 女同 敎同의 各指導者引率下에 [illegible] 時間關係로 休憩時間(中食)도 없이 十二時十五分에 歷史的인 "朝鮮人敎育不當干涉反對人民大會"는 開幕되었다 [illegible] 一般同胞二千名이 各々 ▲朝鮮文化ヲ侵略ノ齒牙カラ守レ ▲日本帝國主義ハ未ダ生キテ居ル! ▲朝鮮文化ハ吾等ノ血ト共ニアル ▲各種 "푸라카ー드"를 높이 들고 愛國歌를 高唱하며 下關驛前에 集合 總指揮者의 行進注意와 各行動隊員의 案內로 待機中의 貨物臨時列車(十輛連結)에 一齊히 乘車 同八時十七分發로 一路山口에 向하였다 十一時半 山口驛着 先着한 他支部隊와 合流 分會單位로 堂々한 行進을 始作 悠々歡呼로에 整然한 行列을 지어 今日의 人民大會 來賓席에는 日本友誼團體代表로 日本共産黨山口地區委員 山本利平 前山口縣敎授 新川傳助 同山口支部 安田八郎 全石炭 給木支部 志賀清 各氏의 얼굴이 보이어 內鬪爭員의 士氣를 鼓舞하였다 定刻 人民儀禮 默想後 縣鬪爭委員長 羅鍾琫氏의 熱烈한 開會辭 執行部構成에 들어가 司會者에 一任으로, 大會議長에 羅鍾琫(下關切善學院長) 副議長에 鄭元華(宇部學務部組長) 兩氏가 就任 會順으로 山口縣本部副委員長 金鑾和氏가 敎育問題實相報告로 日政(縣當局)의 謀略的手段을 暴露 羅氏의 鬪爭經過報告다음 祝辭에 들어가 前記日本友誼團體代表四氏의 熱烈한 共同鬪爭의 誠意發表가 있고 下關支部委員長 鄭鎭守氏의 抗議文朗讀 女同常任委員 [illegible]의 마司令部에 對한 嘆願書朗讀에 各々 滿場一致로 可決 "鬪爭交涉委員選出"에 들어가 議長團에 一任 하나, 日本友誼團體代表參加를 希望하는 提案이 있어 이를 採擇 縣當局에 對한 交涉委員에 金鑾和 山本利平 羅鍾琫氏가 十三名을 決定 軍政府嘆願書提出交涉員에 鄭鎭守 新川傳助 鄭奉順(女同委員長)氏等 五名을 決定하고 卽時 各交涉委員은 出動 "朝鮮民主人民共和國萬歲三唱" "後大衆은 縣廳에 데모行進을 開始하였다

期日決定은 知事의 獨斷

縣廳에 到着한 交涉委員十三名은 卽時 知事公室을 "녹크" 하니 秘書말이 「田中龍夫知事는 病患騷動이니 副知事齊藤一郎이 面會하겠으나 只今 會議中이니 暫間기다려달라」하며 約二十分後 午後二時十分 知事室에서 縣側 齊藤副知事 古谷敎育部長 柳田學務課長의 三人과 큰책상을 사이에 두고 着席하였다 먼저 交涉委員으로부터 大會決議文을 大聲으로 朗讀後 齊藤副知事에게 手交한後 質問에 들어가기前에 金鑾和委員으로부터 「田中知事는 病缺이라하니 副知事인 齊藤氏는 山口縣行政을 代表하는 責任者이다 그라므로 이席上의 問答에는 知事로서 責任있는 回答을 하도록 願한다」 라는 一句를 먼저놓고 質問에 들어가

問=今般閉鎖命令의 眞意如何? 또한 六個月懲役이라는 罰則의 眞意如何? 民主々義原則으로 人民을 爲한 敎育이면 歷史와 風俗이 다른 他民族에게 어찌하여 異民族敎育을 强要하느냐? 라는 全的으로 이指令撤廢를 要求한다

答=國家에서 決定된 法律을 一縣知事로서 撤廢할 權利가 없다 縣當局으로서는 이法律에 따라갈수밖에 없다 日本人이라도 美國에 居住하면 美國學校에 가는것이 當然하다고 生覺한다

問=法이라는것은 主觀的이 아니고 客觀的으로 妥當性이 있어야 한다 日本의 新憲法도 人民의 意思를 反映시켜 公布한것이니 權威가 있을것이다 하나 이法律은 朝鮮人問題를 決定함에도 不拘하고 一次朝鮮人의 意見을 드러보지도 않으며 獨斷的 一方的으로 施行하였다는것은 人民의 意思를 無視한 · 軍國的惡法이다 이것은 法律以外의 "이데오로기ー"가 있다고 生覺한다

答=美國에 있는 日本人도 國籍은 日本이나 市民權을 얻으면 美國法에 따른다

問=(山本利平) 그러면 朝鮮人諸君이 日本의 · 市民權을 갖이고 있는냐? 義務를 課하는데에는 相當한 負擔이 있어야 한다 朝鮮人은 義務만 强要當하고 何等의 權利도 賦與되지 않었다 日本人보다 負擔은 많고 反對로 아ー무 保障도 없다 特別히 이敎育問題에 限하여 義務를 主張하고 三月卅一日限으로 接收한다는 根據는 어데있느냐?

答=日時를 定한것은 各方面의 意向이 있었다

問=우리는 日本政府를 相對로 하고있지 "各方面"을 問題로 하는것은 아니다 「日本內政에 對한 干涉은 하지안는다」고 對日理事會 "시ー볼드"議長도 確言하고 있는데 "某方面"의 意向이라는것은 怪常하다 當身들은 中央政府의 命令대로 服從하고 있을터이니 그政府가 指示한 日時는 正確히 何日이냐?

答=閉鎖에 對한 明確한 日時指示는 없다

問=그러면 三月卅一日이라는 日時는 어데서 決定하였는가?

答=그것은 縣에서 決定하였다

問=同一한 法律이라면 全國에서는 施行치 않는데 오히려 友好的態度까지 보이고 있는 縣도 있는데 어찌하여 山口縣만이 이런決定을 하였는가?

答=아까도 말한대로 縣은 縣의 立場에서 諸般情勢를 參酌하여 決定한것이다

問=(山本)外國은 日本內政에 干涉지않는데 當身들이 마치 "パンパンガール"처럼 直接 [illegible] 말고 好意를 어드라고 어떤方面과 相談하였는지는 모르나 體刑과 罰金이 附隨하는 法律을 人民의 代表者인 一知事가 縣의 立場으로 獨自히 決定한다는 權利가 何處에 있느냐? 또한 僅々五十日間에 不過한 敎育費로 當局은 日本學校로 運營이 困難하여 敎室과 敎科書도 없는 現狀에 어떻게 朝鮮人兒童을 敎育하겠느냐? 그受入態勢가 完了되었느냐? [illegible] 計劃書를 보여달라!

敎育部長 아직 그런計劃은 準備는 完備되지 않었다 그러나 各市町村에서 [illegible]

問=거짓말 하지마라! 어느市町村에서도 一次도 [illegible] 없고 오히려 日本學校에 다니는 朝鮮人生徒를 拒絶하며 「오지마라」하는 學校까지 있는 事實을 아느냐? 極히 根本的 解決로 三月三十一日이라는 日時決定의 理由를 말하라!

日學務課長=日本의 終戰으로 所謂 聯合軍의 "[illegible]"에 依한 日本管理政策에 依하여 新敎育法이 公布되어 昭和廿二年三月三十一日부터 施行되었다

問=그러면 [illegible] 何時냐?

答=이敎育令發布와 同時에 [illegible] 省의 通牒도 이에 依한것이나 取締施行이 延期되어 있었든 것이나 이제 [illegible]

問=(山本)=그것이 日本의 帝國主義다 나는 日本人이나마 朝鮮人諸君에게 對한 當身들의 官僚的 獨裁的態度에 憤하다 卄二年부터 決定되어 있는 法律을 이제와서 周知시키지않고 이제 突然 指令을 내어 僅々 一個月에 閉鎖하라는것은 너무나 暴虐하고 非民主的이 아닌가? [illegible] 朝鮮人의 反對意見이 있으면 다시 一次 文部省에 上申하여 그意見을 打診하여야 親切心이 必要치안나?

教育問題交涉經過

敎育會長 李慶泰氏談

昨年十一月中旬에 朝聯大阪本部 文敎部主催로 同本部講堂에서 軍政部를 비롯하여 朝鮮人關係者及 大阪府敎育部서는 西學務課長과 田中視學이 參席하여 共同懇談會를 開催하였는데 그當時 西課長으로부터 各種學校認可申請云々이 있어서 各種學校라면 例를 들면 時計學校 理髮學校等과 같은 乙種學校를 말함이라 그便法的인 意見에 民族까지 하였든것이고 또 軍政部아보트氏가 朝鮮學校도 鶴橋朝鮮小學校같이 하면 認定하겠다는 말에 對하여 나는 말하기를 「日本에 있어서의 朝鮮人의 敎育史는 겨우二年밖에 되지못하였으나 將來 朝鮮人各小學校도 鶴橋小學校와 같은 훌륭한 學校가 될것이니 이는 오족 時日問題이다」하고 乙種學校認可밖에 할수없다는 理由를 糾明하고 敎育基本法 小中學校令에 依한 日本政府 公共團體 或은 法人으로서 設立된 學校는 日本사람을 맨들기 爲한 日本을 爲한 敎育機關이니 民族이 다르고 外國人經營學校에 까지 이를 適用시키려는것은 크다란 矛盾이며 不服從을 口實로 此等의 學校와 同等으로 取扱하겠다는것은 日本이 自己가 맨든 法令을 蹂躪하는것이며 敎育 乃至 敎育者에 對한 日本當局의 協力은 아니고 取扱하는 아무것도 없다는것을 指摘한즉 西氏도, 그들의 理論의 矛盾을 認定하였든것이다 그리고 外國人의 特殊性을 認定하겠는가?의 質問에도 同意하고 그러면 어떻게 하면 될것이냐?는 質問에 當事者로서 「外國人學校取扱에關한件」이라는 特別法令을 發布하도록 文部省에 進達하고 外國人의 敎育에 對한 地位 資格等을 日本校와 同等히 取扱하면 解決될것이라」고 말하였다. 例를 들면 朝鮮人은 外國人임으로 朝鮮人聯盟會의 推薦이 있으면 優先的으로 入學시키고있는것이니 이는 容易하고 正當하기 때문이다. 그때 西課長이 말하기를 「只今 文部次官이 奈良師範學校에 와있으니, 相議하여 回答하겠다」고 말하였다. 이것이 第一次會見이고 十二月六, 七日에 東京에서 열린 在日本朝鮮人校長會議에서도 敎育涉外責任者가 文部大臣森戶氏를 會見하러갔는데 不在中으로 敎育

日法强要의自己矛盾認定

團結만이勝利의秘訣

事務局長을 만났을때 同局長이 말하기를 「우리들도 理論이 矛盾됨을 自認하나 進駐軍이 關係하고 있음으로 어찌할수는 없다」고 말하기로 나는 「當身이 理解하고 있다면 勇氣으로 擁護할수는 없는냐?」고 詰問한즉 亦是 軍政云々하면서 確答을 回避하였다 그때서 日政은 一九四五年十一月二十日附 軍政部發布文을 根據로 文部省서는 敎育令에 服從하라는 指令을 全國的으로 下命하였다는데 朝聯中總文校部長元容德氏와 質問에 森戶文部大臣은 「指令한바는 絕對없다」고 斷言하고 第二次會見에 「朝鮮人敎育에 對한 모-든 問題를 確答하겠다」고 約束하였는데 大阪朝鮮人敎育會問題로 敎育을 들지못하고 西下하였든것이다 그後 二月二十六日 大手前高女內에서 開催될 校長會議는 參加치못하고 流會되었다 그리고 課長澤田氏를 訪하고 要請한즉 學務는 「[illegible] 一九四五年十一月二十日附 法令을 지켜야만 안된다」고 말하기로 「그法令은 日本國內에 있어서의 秩序에 妨害없는 部 公安을 維持하는데 그의 目標가 있는것이지 同法令이 이를 벌려 不當한 敎育令을 同胞에게 適用시켜 正當化시킬려는 野합과 民族의 自主性과 特殊性을, 敎育을 法令의 美名을 빌려 採擇하라는것은 敎育令에 云々한 朝鮮人生活 社會知識的, 文化와 同法令이 違反이, 아니다? 特히 우리는 祖國을 創造한 獨特敎育이니 만치 우리는 祖國관련 鮮本國이고 日常生活이다. 朝鮮人의 生活狀態이며 社會知識이라면 朝鮮社會의 知識이다 法을 지키지안는 것은 自己들이며 우리들은 지키자는것이 形式에 있어서는 그만두고라도 實施에 있어서 法에 對한 矛盾이고 敎育原理의 背反이니 特殊性을 認定하라」고 主張하즉 澤田課長은 「[illegible]」 것은 무엇이냐?」고 質問하기로 「各國에 適合한 本國을 爲한 敎育인데 그나라사람으로서 그나라의 敎育을 함이라 것이다 第一 朝鮮語를 採擇시키고 外國人의 自主性을 尊重시키라면 天理外國語學校에서 朝鮮語로 敎授하고 있는 (朝鮮語科) 그學校도 廢止하여야 [illegible]」고 말하였는데 아무런 對答이 없었다 十九日會議에는 「文部省과 相議하여 決定하겠다」고 約束하였든것이다 여기까지 聯盟은 無關하고 있는데 問題는 朝鮮人의 敎育에 對한 敎育如何에 있다 失敗되는 處遇에는 나라가 없다는것을 自覺하고 可能性이가 協力하여 일어줄것을 附託하며 自主獨立精神에는 確信이 있다는것을 明白하게 말할수있다 그리고 團結 對象은 日政임을 알어야 한다

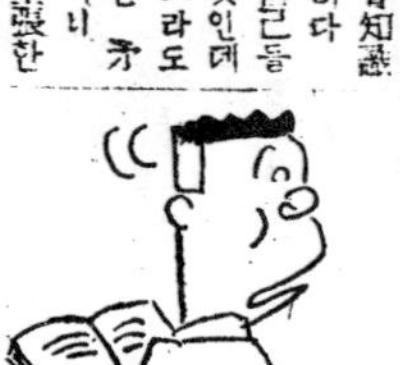

學務課意見를一蹴하고 朝鮮民族自主性을堅持

日政敎育令會通牒에對한敎育會態度

大阪府敎育部主催인 朝鮮小學校長會議는 十二日午前十時부터 開催되었는데 이날은 지난五日의 敎育會結成大會에서 可決된 校長會議不參加의件에 依하야 敎育會로부터 李慶泰氏 金鐘鳴氏 鄭五氏가 交涉委員으로서 定時刻에 大阪府學務課長을 비롯하야 朝鮮人學校關係視學이出席하여 開催하였다 劈頭 李氏로부터 敎育會結成의 經緯와 性格을 說明한後, 「朝鮮學校는 特殊性에서는 文部省의基準에 따라서 하겠지만 朝鮮獨自의 敎育은 絕對로必要이다 要컨대 朝鮮敎育의 自主性을 容認하여 주시기를 要望한다」라고 學務當局에 要求하였으나 이場所에서 「昭和二十一年十一月가지 計畫輸送으로 歸國치않은者는 全部 日本法令에 服從않으면 아된다」라는 總司令部의覺書가 論議의中心點이되었으나 敎育會에서는 「이法令은 一般生活面을 指摘하는것이지 敎育問題를 云々한 아니라」하고解釋하고 또 學務課에서는 「이法令은 敎育的이며 어떠한것에도 對象이된다」라고 相方이 이法令解釋을 中心으로 論議하였으나 結論에드러가 學務當局에서는 「敎育會가 主張하는 文部省通牒은 全面的으로 反對하고있으므로 朝鮮國民으로서 그特殊性을 活用하겠다라는 意見을 陳直히 文部省에 報告하자同時에 率直方策을 要望하라라한다 그리고 이問題는 具體的으로 論議한 結果 敎育會에서는 日本文部省에 對하야 「敎育選擇及 用語의自主性을 容認하며 그代身에 日本敎育法에는 服從합다」고 結論을갖고있으며 또 學務課에서도 「이敎育令의 決意를 垂直히承認하여 文部省에連絡하겠다」고 하는데 文部省의意向이 朝鮮學校左右에 큰役割을 주는만큼 大端히 注目되고있다

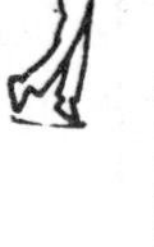

声

神戸[illegible]件[illegible]朝鮮[illegible]

◇神戸事件はわれ／＼在日朝鮮人同胞に大いなる自己反省の機となつたが、同時に私は日本人諸君にも猛省をうながしたい。

◇この度の事件は[illegible]かた[illegible]であつたことを[illegible]のもととなつたと[illegible]。[illegible]

[illegible]であるかのごとき言説は、この機會に[illegible]して一掃せねばならぬ。われわれ朝鮮人が日本に在留して[illegible]本の法律に従うことは社会[illegible]と日本再建協力の面から当然のことと思う。しかし最も重大なわれわれ子孫の教育問題になると、われわれの立場として文部省当局の教材が当然問題になる。大人の世界では日日の生活範囲に限れて自分の[illegible]に対して比較的無関心な点はなかつただろうか。われわれ朝鮮人子弟が、文化の高い日本の教育をうけることは大変結構であるが、むかしの朝鮮教育時代に少しばかり手を加へ[illegible]を入れたくらいの教科書ではわれわれ心ある父兄としては考えざるをえないであろう。

◇特に日本國史が良心的でないとは想像する。両民族の友情のちぎりは、このわれ／＼祖先の歴史から消えらねばならぬ。日本人教育者に望うのはわが民族が日本の敗戦により世界人類の一員として解放され、すでに三年の月日を経過し、また完全独立国ならず、さらに将来独立な運命を予想されている今日、いつかは運命をともにせねばならぬ民族であることを自覚し、朝鮮独立国民としての認識を新たにして過去の劣小民族観を捨て人類愛による美しさを民族個々人の日々の生活にまであらわすことである。

教育上の希望としては在日朝鮮人学校に国史を日本に持つてないけれど当然朝鮮民族の自主性を持たなければならないのだから、自国の国語と国史だけは正科目に入れてもらいたい。独立自主国家のシンボルとして国史と国語はその民族として絶対的に知つておかねばならないからである。(東京・港区本町 大韓國民居留民團[illegible]長)

臨時列車로 縣廳에行進

抗議文·要求條件提出

(下關)既報＝三月三十一日限으로 在日朝鮮人學院은 閉鎖하고 兒童은 日本學校에 就學시키라는 山口縣知事及 同教育部長名의 朝聯下關支部委員長에 對한 閉鎖指令을 反對하고 朝鮮人教育干涉反對 山口縣闘爭委員會를 組織한 朝聯山口縣本部 同下關支部에서 其後 다음과 같이 闘爭을 展開하였다

指令을 接受한 即時(지난二十五日)臨時父兄大會를 開催하여 緊急한 闘爭方策을 宣言하고 父兄側闘爭委員을 選出한 다음 二十七日에는 第二十二回支部擴大執行委員會를 開催하여 支部와 傘下團體인 民靑 女同 學同의 各團體別 委員을 選出 去二十八日에는 女同大會를 開催 女性의 協力을 要請하고 下關支部를 中心으로한 强固한 闘爭陣容을 構成하였는데 闘爭行動으로는 展開한 學院兒童의 宣傳活動 一般同胞의 個人資格으로한 總司令部에 對한 嘆願投書 各分會單位의 連判狀提出 朝·日人을 網羅한 一般人民에 對한 事情報告會開催等으로 猛烈한 闘爭活動을 展開中인데 特히 直接行動으로

卅一日에는 在關全同胞는 午前十時 下關驛에 集合 八時十七分發臨時列車로 山口縣廳을向하여 一大데모進行을 敢行 山口縣闘爭運動場에서 縣下各支部單位로 集會한 闘爭團體와 合流하여 人民大會를 開催 朝鮮文化와 民族의自主性을 奪取하라는 日政에對한 **爆彈的抗議文과 要求條件을 採擇한後** 闘爭代表가 **縣知事에게 交涉하기로** 되었는데 現在 在關一萬五千同胞는 男女老少를 勿論하고 이 闘爭에 全力獻身하고 있으며 闘爭途上에 官憲의 干涉으로 萬一 犧牲者를 發生한 "闘爭犧牲者後援會" 까지 組織하고 있다

不歸覺悟로 闘爭開始

闘爭基金 慰問物資 續々據出

閉門·禁酒하고 參加

(下關) "山口縣闘爭委員會"事務所(朝聯下關支部)를 卅日午後에 訪問하여보니 卅一日의 人民大會行進에 對한 準備로 所內는 마치 戰場과 같아 委員長 金鎭守氏는 連日의 活動에 疲勞된 모양도 없이 팔을 걷어제치고 데모行進에 使用할 "푸라카-드"와 文句쓰기에 熱中이며 一句一句가 當局의 心臟을 찌를 名文句짜내기에 記者의 質問도 싫어하였다 民靑 동무들은 四月一日 下關商工會議所에서 開催할 "最近朝鮮事情報告會"用ビラ作製와 市內"張り出し"에 분주하고 女同婦女들은 廉價作製와 食糧 調達 準備에 바쁘며 한편 이 闘爭에 對한 同情基金과 慰問物資를 갖어온 同胞들의 出入이 끊날 사이없이 분잡한中에도 깊은同胞愛와 祖國愛가 充滿하고 있었다 이 闘爭開始後 三十日午後二時現在로 各分會 個人等으로 寄贈된 闘爭基金은 合計十一萬八千八百四十圓의 多額인데 分會中 最高額據出은 栗屋第一分會의 二萬百五十圓이고 個人으로는 自己가 病中에 있어 闘爭에 參加치 못함을 謝過하고 獻納한 東向山分會 徐漢祚氏의 五百圓은 많은 感謝를 주었다 또한 卅一日 山口縣廳에 對한 데모行進에 參加하기 爲하여 市內朝鮮人商業者는 當日 全部가 休業하고 絶對禁酒로 精神꿋꿋 闘爭할 것을 決議하고 있다

"最近朝鮮事情報告會"열어 各方面의後援要請

(下關) 이問題를 國家와 民族을 超越하여서 一國文化와 自主性을 抹消하려는 反動勢力打破에 共同闘爭展開를 要請하려는 意圖로 四月一日午後一時부터 市內唐戶町 下關商工會議所에서 各方面의民主的人士를 對象으로 "最近朝鮮事情報告會"를 開催 支部代表鄭成守 民靑代表 [illegible]氏가 現段階의 本國事情과 在日同胞의 民主問題 今般의 教育干涉事件의 實情을 演述하고 各界의 理解와 後援을 要請하기로 되었다 이에 이어서 第二回를 翌二日午後七時부터 市內上新地町事務所에서 開催한다고 한다

鶴橋校入學式

大阪生野區鶴橋朝鮮初等學校에서는 四月一日 同校講堂에서 新入生의 入學式을 擧行하였는데 이날 入學生은 八十名이고 大部分은 어머니가 데리고 登校하였으나 教育問題가 複雜하게 된 오늘날 더욱 크나큰 感名을 주었다

[illegible]学校へ閉鎖命令 朝鮮人学校問題

都では学校閉鎖命令を出した既報朝鮮人学校十五校のほか新たに三多摩朝鮮初等学校（立川市錦町四ノ三五責任者金敬鎬氏、生徒二百名）と町田朝鮮初等学校（南多摩郡町田町原町田九七七責任者孫[illegible]植氏、生徒百八名）の二校を追加一日附で閉鎖命令を出した、この二校とも朝鮮人初等学校が去る四月廿四日学校教育法により私立学校の認可を受けるよう卅日までの期限付きで勧告したにも拘らず命令に従わないのでこの閉鎖命令となったもの

文部省へ回答

朝鮮人学校問題の処理対策について文部省では去月二十七日朝連代表と会見、認可方針についての話合いを進めて回答を求めていたところ三十日午後五時半、[illegible]から回答があった

金氏ら反共声明を発す

神戸および大阪で行われた朝鮮人学校問題にからむデモ事件に対し在日本朝鮮居留民団大阪本部団長金光男氏は廿七日次のような談話を発表した。

今回のデモ事件に日鮮共産党員が便乗し事態をかくまで紛糾させたとすれば彼等の責任をあくまで追究せねばならない、そのため朝鮮人全部が共産主義者のごとき印象を与えたのは遺憾である

メーデー警戒用意

【第八軍渉外部発表】第八軍司令官アイケルバーガー中将はメーデーの活動に関し廿九日次のような声明を発表した

メーデーには別段ことはおこらぬと思うが用心はする、例えばもし不穏分子がデモに便乗したり、騒じようをせん動するようなことがあれば事態に処するに十分以上の兵力を用意するであろう

스少將의命令으로

雨中에悲絶한四萬同胞데모隊

交涉決裂로含淚退陣

大阪十九校不法閉鎖令撤回要求

大阪의 學校閉鎖反對闘爭은 지난二十三日 府廳正門을 突破하어 一二三階과 大阪府知事室에 殺到하였든바 大阪府赤間知事不在中으로 確答을 얻지못하고 激憤한 民衆은 "坐り込み"의 態勢를 取하려하였으나 그날은 午後十時頃에 悲憤속에서 一旦 解散하고 오는二十六日 午前九時를 期하여 全大阪同胞約四萬은 東成敎育闘爭委員會 主催 "學校閉鎖反對闘爭人民大會"(東成朝鮮學校)에 參加 各區敎育闘爭委員으로부터 눈물겨운 激勵의 말이 있은後 「正義에는 반드시 勝利가 있는것이다 正當한 闘爭에는 紳士的이라야 한다 個人行動을 取하지말고 秩序있게 團體行動을 할것은 勿論 單一 指示에 依하여 行動하지않으면 안된다」는 注意가 있어서 五名의 交涉委員과 三名의 指揮者를 選出 十二時三十分 今里·宋道 上二馬場町을 지나 「十九校 閉鎖令を即時撤回せよ」「朝鮮人敎育に關する一切の行政權を朝鮮人の自主的組織に一任せよ」「全力を以つて敎育彈壓を[illegible]けん」等의 부랑카ー드를 들고 秩序있게 府廳앞까지 데모行進하였다 한편 "東成人民大會"를 後援하려 各區에서 集合하였든 民衆도 그뒤를 딸어 續々集合 午後一時半 大阪府廳앞에는 約四萬名이 集合하였다 交涉委員五名은 大阪府赤間知事와 會見「學校閉鎖撤回 朝鮮人 敎育의 自主性을 달라」等으로 約二時間에 걸쳐 交涉하였으나 赤間知事는 「敎育令은 政府ー 對한 法이고 그實施는 文部省의 命令이나 自己로서는 그命令을 反對할수없다」고 斷乎히 拒絶함으로 交涉委員들은 「敎育令 自體에 對하여서는 文部省의 方針이 있을것이나 當府下의 閉鎖令은 知事自身이 發令한것이니 撤回할수가 있을것이니 撤回하라」고 要求 相互間에 交涉中 午後四時에 京都第一軍團長스윙그少將의 命令으로 大阪軍政長官크레ー그大佐를 通하여 赤間大阪府知事에 對하여 「會談을 中止하고 民衆을 解散시켜라」고 命令하였음으로 同四時二十三分 鈴木大阪市警察局長은 交涉委員五名外四氏에 對하여 「集會는 諸君이 곧 나가서 大衆에게 解散을 命令하라 萬一 命令에 應치않으면 强力한 手段을 取할 戰術이다 이것은 大阪市警察局長의 이름으로서 行한다」하였기로 交涉委員들은 하는수없이 民衆앞에 나가서 눈물을 흘리면서 交涉經過를 報告하고 民衆의 解散을 懇請하였으나 大多數의 民衆은 비를 맞어가면서 움직이지 않었음으로 朱鎭麗大本委員長은 民衆에 解散을 勸告하자 民衆은 憤한 가슴을 억누르고 秩序整然하게 隊를 지어 解散을 始作하였다 이때 午後四時二十三分 交涉委員들이 貨物自動車로 歸路에 서자 一部의 興奮한 群衆들은 交涉委員들의 態度에 不滿을 먹음고 손에 갖었든 "부라ー카ー드"의 木棒 돌(石)等을 추럭위에 던지기 始作했다 어 추럭이 突擊的襲擊에 狼狽한 추럭이 活路로 避하는同時에 群衆이 [illegible]한 警官에도 떠러지게 되자 不祥事態는 擴大하고 準備하여 두었든 警察側은 消防車와 拳銃을 發射하게되었다 그리하여 警官隊對群衆間에 亂鬪가 展開되어 負傷者가 續出하고 一大流血이 빚어진 場面이 벌어지게되어 若干이 負傷 現在까지 赤十字病院에 入院하고 있는 負傷者氏名은 다음과 같다

金太一君(一六)布施市三ノ橋一丁目二一番地은 右頭部重傷하여 入院中二十六日午後十一時五十分死亡하였다 金原鐵之助(三四)=生野區大友町六ノ二四 鄭誠斑(二四)=布施市同興館=布施市 金原三郎(四一)北區高垣町六五 金順洙(一四)女子=猪飼野町六ノ二六 金花順=生野町五丁目 禹光淸=北生野町五六六 金鍾睦=生野區大瀛町 日本女子一人(瀛龍) 警官三名 淸村浩(四〇)中河內郡長吉村北出戶二二 松庄右(二四)生野區小林寺町四ノ一〇三

指導者軍事裁判에廻付

第八軍司令官아中將聲明

兵庫縣在留同胞學校問題를 注視中이든 占領軍神戶"베ー스"에서는 二十四日의 兵庫縣廳內外에 있어서의 事態로부터 二十五日"베ー스"全組織의 行動에 나오고 司令官"메하노"代將의 指揮下에 多數의 指導者를 憲兵隊에 送致 軍事裁判에 附한다고 二十六日午前十時同"베ー스"로부터 發表하였다 또 第八軍司令官은 二十六日다음 聲明을 發表하였다

(涉外局特別發表)

第八軍司令官아이케르바ー가ー中將은 二十六日神戶에서 最近의 朝鮮人學校閉鎖問題에 發端한 騷擾事件에 關하여 新聞을 通하여 二十六日다음과같이 聲明하였다

昭和二十三年四月二十四日(土曜日) 約一千名의 朝鮮人이 때마침 知事 市長 警察署長이 會議中의 縣廳앞에 集合 約百九十名이 建物內에 侵入 三人의 日本官吏를 監禁하였다 이들日本人官吏에 對한 不法行爲와 脅迫에 依하여 朝鮮人은 知事에 對하여 다음의 諸要求를 承認시켰다 不法行爲에 對한 裁判을 爲하여 目下拘禁中인 朝鮮人의 釋放▽釋放된 法律違反者들을 起訴치않을것을 同意할것▽朝鮮人學校에 關한 裁判所의 命令을 取消할것▽以上의 諸要求를 한 朝鮮人을 處罰하지않을것

暴力과 强制下에施行된 이와같은 協定은 法的效力을갖이 않는다 나는[illegible]下에 締結에 如何한 協定다 約束된 對하여서도 拘束力을 認定치않는다 本事件에 關해서는 朝鮮人의 示威가 暴徒行爲에까지 轉落하여 結局은 官憲의 機能을 어느期間停止시키게 되었다는것이 眞相이다 電話線이 不法하게도 切斷되었기때문에 占領軍當局은 日本官廳首腦部와의 連絡을 取할수없게되었다 이와같은 行爲는 占領軍의 安全에 影響을미치는 것이다

第八軍司令官으로서 나는以上의 不法行爲의 責任을 規定하고 朝鮮人中 몇사람을 軍事委員會 或은 軍事裁判所 또는 兩者로서 起訴할것을 命令하였다 本事件에서 自己의 自由意志로 日本에 居住하고있는 外國人이 合法的으로 選出된 日本國民의 代表에 對한 그네들의 行動으로서 文明의 基本的要素에 打擊을 주었다 法과秩序없이는 文明은 成立되지않는다 또한 法의 遵守없이는 秩序는 成立되지않는다 [illegible]如何를 不論하고 어떠한 不穩한 暴徒行爲는 絶對로 容認치못한다 나는 關係團體 全部의 指導者에게 [illegible]하여 責任이 있다고 確信한다 指導者가 自進하여 非文明的行爲의 模範을 示할때는 그들은 그만치 더 重罰에 處할것이,

占領目的違反으로 四百名을 軍事裁判에

(占領軍神戶베ー스二十六日發表) 神戶베ー스司令官은 MP에 逮捕된 四百名의 朝鮮人을 占領目的違反으로 軍事裁判에 廻付한다고 聲明하였다

某方面을背景으로?

問=그某方面의 意向이라는것을 說明하여달라?

答=말못하겠다

問=그理由를 말하지않고 어찌 納得하겠느냐? 知事의 權限으로 決定되었으면 그責任上 理由說明은 當然하지안느냐? 하지못하겠다는 裏面에는 知事自身 그不當性을 認定하고 있는것이다

答=무어라고 말할수없다

問=그것은 確實히 陰謀다 그陰謀를 發表하라

이때 時間은 午後三時廿分頃인데 齊柳副知事는 苦悶의 表情으로 있다가 敎育部長과 協議하드니 新聞 相議하겠다고 十分間 約束으로 學務課長과 같이 室外로 나갔다 屋外縣廳場에는 約二萬의 大衆이 立錐餘地없이 둘러싸고 解放歌를 高唱하며 時間〱마다 〃早くしろ〃 〃齊柳をここに出せ〃 〃死ぬまで闘ふぞ〃 라고 외치고 있다 室內交涉委員은 이狀況을 보고 더욱 憤激한데 十分이 經過되어도 오지않아 敎育部長을 叱咤하여 四方으로 찾었으나 行方不明이었다 벌서 이때에 山口驛에 待機시켜둔 貸切列車의 出發時間이 臨迫하여 鐵道側의 催促이 甚하므로 二時間延期를 하였다 午後四時가 되었을때 齊柳知事가 들어옴에 「어데에 갔드냐?」 하니 「軍政廳에 갔다 왔다」 하므로 그理由를 물으니 對答이 없다 다시 交涉에 들어가서 時日決定의 理由를 물으니

答=日本은 占領下에 있음으로 言明치못할 各種의 事情이 있다

問=그러면 닫어놓고 이指令은 撤廢하라

答=하지못하겠나

問=그러면 期限을 延期하라

答=그것도 못하겠다

問=그러면 知事의 誠意로하는 何等의 對策도 없느냐?

이때에 軍政府에 갔든 鄭鎭守委員이 歸還 따라서 長時間기다리다가 참지못한 外部大衆代表數人이 入來 〃早くしろ〃 라고 知事에게 肉薄하자 鄭委員으로부터

問=當身들은 自己의 六·三制도 實行치못하면서 우리의 敎育까지 干涉하겠다고 아ー모 準備도 없이 軍政府에다가 六七千名의 朝鮮兒童收容이 可能하다는 嘘僞報告를 하고 있으니 그責任있는 言明을 發表하라

敎育部長=兩側不充分한은 認定하나 朝鮮兒童을 收容하게되면 日本兒童의 책상은 없으라도 朝鮮兒童에게는 充分히 配當하겠다

鄭=그러한 〃不確だよし〃 같은말은 듣기싫다 軍政府當局官 로바ー트손市將은——

「吾々 山口軍政府は 日本の法律が 正しく行はれてゐるかどうかを監視する役目を行つてゐる 敎育問題は 日本政府と 責下方の交渉に依るべきで, 我々としては とやかくの命令を出すべきものではない 唯日本の法律で規定する標準程度の 學校內容が希望してゐるか どうかに關して關心を持つてゐる」 라고 말한다

問(山本)=그러면 結局 縣當局에서 處理할수있는 問題아닌가? 當身들이 賠償申告로 自縄自縛된 現狀이니 三月卅一日期限은 施行하기에 無理가 있으니 一時 延期한다는 要約을 하라

對答도 없이 다시 「十分間餘猶를 달라」하고 外出하드니 正五時에 歸來한 副知事는 亦是 「不可能하다」는 對答이었다 이리하여 時間은 經過되나 交涉은 〃水掛け論〃 으로 終始하여 六時半에 이르자 三次나 延期한 列車時間은 닥어지고 點心이에 用意치 않은 二萬大衆은 飢寒과 싸우며 野宿은 하지못하겠으니 縣廳舍를 開放하여 收容하라는 要求를 하자 齊柳副知事는 다시 相議하러 外出하드니 七時半에 이르러 軍政府에서 MP가 出動하여 鄭鎭守氏一人[illegible] 屋外에 退去하라는 命令이 나왔다 이때 벌서 完全한 暗黑天地가 되었는데 다시軍政官命令으로 「大衆은 無條件解散하라 그렇지않으면 武動으로 解定하겠다」는 消息이 있었다 그러나 全大衆은 自發的으로 〃反對〃鬪爭을 表하며 「이자리에서 죽어도 滿足한 解決까지 鬪爭하겠다」고 徹夜 〃坐り込み〃로 火氣하나 毛布한장없이 幼兒를 안은 婦女 어린學童 老人 病女까지 寒冷한 早春夜氣에 이슬을 맞으며 毅然한 鬪爭에 새로운 鬪魂을 불태웠다 民靑 女同員의 우렁찬 解放의 노래는 深々한 夜氣를 찌저 山口縣廳을 울리고 悲壯하고 壯烈한 民族의 鬪志는 解放을 향하고 獨立을 맞이한 朝鮮人의 精魂을 餘地없이 表現하였다 이리하여 一夜를 一步의 前進도 없이 經過하고 翌二日午前七時에 이르러 齊柳副知事는 다시 軍政府에 出頭하드니 司令官命令으로 午前十時에 軍政府에서 知事 總務部長 敎育部長의 三人과 交涉委員이 鄭鎭守 金海洙 羅熙琫三氏와의 合同會見을 提示하여 三代表는 必勝을 期하고 縣廳舞台에서 全大衆의 激勵를 받고 最後交涉에 들어갔으나 約一時間後 午前十一時四十分에 退場하여온 羅委員의 報告는 萬感의 苦待로 待機하든 大衆에게 너무나 悲痛한 「交涉은 全的으로 決裂되었다 美軍政長官은 日本에 있는 朝鮮人은 [illegible] 그렇지않으면 來日이라도 朝鮮으로 가라」 齊柳知事報告를 하였다 日本縣知事는 軍政官앞에서 그 態度를 約變하여 우리에게 하지않는 言明을 하였다 라는 內容이었다 이報告를 들은 大衆은 激憤하여 새로운 交涉委員을 構成하여 最後까지 鬪爭하자 하였으나 「우리의 敵은 이제야 確認되었으니 이敵에 對抗하자면 더 戰術을 研究하고 새로운 鬪爭을 갖어야 한다이나 一旦 解散하여 捲土重來의 鬪爭을 開始하자」는 鬪爭委員長의 血淚의 人事를 最後로 歷史的인 廿四時間鬪爭을 마친 大衆은 午後三時十分 山口驛臨時列車로 疲困의 몸을 싣고 歸家하였다

神戸事件眞因

今般 神戸事件에 關하여 日本政府는 二十七日 聲明을 發하여 政府의 態度를 明白히 함과 同時에 芦田首相 森戸文相等은 國會에서 事件의 眞相을 說明하고 政府의 所信을 披擺하였으나 在留朝鮮人問題는 이번事件으로 完全히 政治問題化하여 今後의 根本的解決이 要求되게되었다 이번事件自體안에는

一、日本在住第三國人에 對한 日本法律適用

二、在住朝鮮兒童에 對한 敎育方針

三、國內治安確保와 警察의 機能

四、官公吏 特히 末端行政責任者의 措置

五、日本共產黨에 依한 煽動의 疑問點

等의 本質的問題가 包含되어있다 第三國人에 對하여 日本法律을 適用하며, 따라서 朝鮮人兒童의 敎育에도 敎育基本法及學校敎育法의 規定을 適用하는 것에 對하여서는 새삼스럽게 問題삼을 餘地가 없다 治安確保問題에 對하여서는 敗戰後 警察力이 弱化되고 또다시 最近 警官制度의 根本的改變에 依하여 매우 憂慮할만한 狀態에 있는것이 特히 國家地方警察機構의 連絡不備 機動力의 欠如等이 今後 改善되어야 할 點이다 知事 市長 檢事正等 直接責任者에 對하여서는 嚴重을 調査한結果 適當한 處置할것이다 이런點은 今後의 在留朝鮮人問題와도 關聯하여 愼重히 考慮할 것이나 問題의 根底를 다시 깊이 追究하면 [illegible]의 잘못된 植民地政策에 遠因하는 朝鮮民族의 反日感情과 日本人側의 偏狹한 朝鮮人觀 朝日兩民族이 다같이 反省하여야할 原因이 潜在되어있으며 終戰以來 日本政府가 一貫的인 朝鮮友好政策을 갖지않았는것과 共產黨이 이것을 利用하여 民族問題에 對하여 [illegible] 愼重히 考慮못한 것等의 本質을 指摘하지않을수 없다 (共同)

朝鮮人……過去의反日感情
日本人……偏狹한朝鮮人觀
日政府……忘却한友好政策

書面으로質問

日本社會黨首에게

(廣島) 今般 日人代議士(衆議院議員)補欠選擧運動의 最終日 前日演說會에 朝聯廣島縣本部 人敎育彈壓反對鬪爭委員本部에서는 鬪爭委員長 東俊氏를 派遣하여 監視候補에 한다 同鬪爭委員은 東朝聯文部責任者協力을 얻어 廣島對策을 講究하고 現場에 이르러 片山氏의 演說을 監視한 朝鮮人의 質問을 받도록 要請하였다 그러나 「지금 用務가 바쁘니 書面으로 내어주면 明三日, 一週로함」 劇場에서 社會黨機關紙發表時에, 答辯하겠다」하므로 文書面으로 다음과 같은 內容質問書를 作成 通達하였다

一, 在留朝鮮人이 自主的으로 經營하고 있는 學校에 對하야 全面的彈壓을 하라는現狀과 社會黨政策如何?

二, 日本民主化의 當面段階에서 (昨年)가장適當한政策은 社會黨이라고 믿고 우리朝鮮人이 많은 援助를 하였음에도不拘하고 社會黨이 首班의 地位를 獲得한 直後 全國的으로 朝鮮人을 彈壓하고 令狀도없이 不法家宅搜査等의 暴行行爲를 强行하는 理由 原因如何

高位會談은 無意味하다

—韓日問題解決을爲한 日本側의誠意有無를 再確認하라—

日本側은 지난二十八日에열린 平和線및漁業問題委員會에서 韓國의 領海를 三마일로 認定하겠다는 假定밑에 韓國沿海의 三乃至四마일地點에다가 漁業禁止區域을두고 그外에 三乃至八마일幅의 漁業區域을 設定함으로써 우리나라 沿海의 가장豊富한漁場인 黃海 大黑山島附近으로부터 濟州島를 橫斷하여 蔚山灣과 對馬島의中間地點에 이르기까지의 広大한 漁場에서 日本漁船들이 恣意로 漁撈活動을할수있게시리된所謂「韓日漁撈協定」案을提案하였다。이에對하여 韓國側이 그것은 平和線을 否認한것이기때문에 一考의餘地도없다고 即刻拒否하였음으로해서 韓日會談은 바야흐로 重大局面에 突入하였다。 그런데 注目할만한것은 岸首相이 韓日會談의 現停頓狀態를 打開하기爲하여 그自身이 李大統領과 直接會談하거나 그와비슷한高位會談을 開催할 必要를 느끼고있다는가하면 한편 日本駐韓代表部를 서울에設置하여 먼저国交를 正常化시켜놓고 韓日兩国間에 介在한 懸案의諸問題를 解決해나가도록 하자는 外交方式이 方今 日本政府當局者들에 依하여 論議되고있다는 事實이라 하겠다。

第二次大戰終熄以來 國際政治分野에서 頂上會談이라는것이 流行되고있는만큼 叙上한 岸首相의 李大統領과의 直接面談 計劃을 全혀 無意味한것으로는 생각하지 않는다。그러나 韓日會談의 根本目的이 附還權 船舶返還 在日僑胞의法的地位保障問題等 日本이 韓国에對하여 過去關係를 깨끗이清算하고 韓日兩国이 各其自由陣營의 一員으로서 將來할諸問題를 討議解決하여 兩国의国交를 早速히 正常化시키는데 있는것이며 또한 그러한本質的인 問題를 解決하기爲하여 今春에再開된 第四次韓日全面會談이 이미 七個月間의 長時日을 經過하였음에도不拘하고 아직도 全혀 그實質的인進展을 보지못하고 있는판국에 지금까지 兩国政府가 任命한 代表들에 依해서 討論되어온 未解決條件을 그저 高位會談으로移管만한다고해서 問題는 簡單히 解決되지 않을 것이다。더우기 近代外交의特徵이 過去에 君主나 獨裁者들이 그国民의 意思에反하여 專斷的인 行動을 取한바도 없지않았던 舊時代의 外交가아니라 가장民主主義的 方式인 国民의輿論을背景으로하고 있다는點을 생각한다면 그러한高位會談이란 반드시 歡迎되어야할 性質의 것이 아니라하겠다。

要컨대 韓日會談을 빨리 成功시키려면 日本側이 事大主義的思考方式과 그릇된 優越感을 버리고 韓國에對한 賠償을 곧 清算하며 平和線必要性의 認定과 在日僑胞의永住權 既得權의 認定等 國際法上으로 그法的地位를 確定지은 다음에 可急的速히 韓國과의 眞正한友好關係를 樹立함으로써만 可能할것이다。

그렇다고하여 우리는 여기에서「기브·앤드·테이크」로 불리어지는 互讓精神의 外交原則을 無視하고 우리의 要求條件만을 一方的으로 내세울수는 없는것이다。

다만 不平等한 日蘇漁業條約에依하여 明年度부터「오호쯔크」海에 對한 出漁를禁止當하게되었고 또美·日·加 漁業協定에依하여 北太平洋에對한 出漁를制限받고있으며 한편 中共海域로는 大陸棚을宣言한 其他国家에依하여 公海上에서 自國의漁船이 大量拿捕되어도 그것을 國際的으로 問題視하지 않고있는 머지않은 過去에 侵略者로서의前科를가지고있는 日本政府當局이 어찌하여 被害者로서의 損失의補償조차못받고있는 韓國의立場에 平和線만을非難하려고하는 그 心事를 到底히 理解할수없다는것을指摘하려는것뿐이다。

한 平和線은 非但 魚族資源의保護만을爲해서가아니라 지금 海面을通한 共産侵略者들의 直接的인 威脅을 받고있는 韓國의立場으로서 兩面外交를 쓰고있는 日本政府와 日本國民들을 생각할때 國土防衛上으로도 必要不可缺한線인것이다。그러기에 平和線의前身인 所謂「크라크·라인」을 韓國防衛水域이라고稱하지않았겠는가。

이렇게 볼때 平和線을 全的으로否認하고나서는 岸日本政府의 接近의高姿勢를 韓日會談을成立시키기爲한 誠意있는 態度라고는볼수없는것이다。따라서우리는 韓日會談에對한 日本側의 眞正한 [illegible]

銀방울

「祖国統一問題専門委」에바라는바

民團中央第三十三回中央議事会의 決議에다라 「祖國統一問題專門委員会」가 民團內에 構成되고 벌써第三次의会合을 가졌다한다 「民團內部에統一을이루어나가고있는 [illegible]

[illegible] 의政綱과 불타는[illegible]精神을 [illegible] 히질적할수있겠고 그분들의투철한知性에 큰期待를보내는바이다

그러나 反民團勢力의 [illegible] 統의움직임에對하여 一抹의不安도 함께 느껴지지않을수없다 우리는 이와같은 不安이 [illegible] 를 바라 [illegible] 고싶다그것은 統委委가 [illegible] 在日僑胞의 統一 나아가서는 祖国의 統一에 있어서 建設的인 一見解이 [illegible] 機關이되지못하고오히려 民團傘下團體들의 統一에의 言動을 制約하는 말하자면 統一의妨害를 結果하는 [illegible] 로 混亂마저나 않을까하는 [illegible] 慮에서온것이다 [illegible]

「祖'염을 짐작할수는있으 [illegible] 限을 받아야한다」는것이다 [illegible] 우리는 이말의참뜻을 모르는 [illegible] 바는아니다 [illegible] 「民主新聞」의말도 [illegible] 「民主新聞」은 어렇게말하고있다 民團의과거를보아도 [illegible] 「자율的인異見」 [illegible] '制限'되어야한다」는 이 [illegible] '制限'이잘못하다가는 [illegible] 問題의統一에對한言動 [illegible] 的으로 '抑壓' [illegible] 的으로 '統制'할 [illegible] 무서무서한語句로 '質的變化' [illegible] 무서운것이다 [illegible] 누가내릴수있겠는가 [illegible]

한편 民團中央委員会는 當初의 「統一問題研究委員会」라는 名稱이의 '研究'라는字句가 學術的인印象을주기 때문에 그것을빼고「統一問題專門委員会」로 이름을바꾸었다고한다 [illegible] 어도서 우리는 委員이된분들 [illegible] 니다 그러나 그 '制限'이라는 語句는 어쩌면 民団大衆 [illegible] 바라 (東京 [illegible] 學生)

朝鮮人の不法事件

……今日出海……

本國の悲しみ知らぬ

親善傷ける特権の濫用

米国は朝鮮が解放するために並々ならぬ力を入れた。日本が敗戦の悔涙を喫している時、朝鮮は独立をかち得た。それは戦勝国側に立ったような喜び方だった。

日本人が今まで朝鮮人をどう扱ったか。同じ同胞として見ていたろうか。彼等の感情の中には解放の喜びよりも復讐の喜びの方をより多く混じえていたように思われる。

随想

然し朝鮮は日本から独立したが卅八度線を境に南北朝鮮に分れ、主権は後援国の色彩を反映して二つに分裂している。朝鮮の独立は日本を目標にしたにすぎない。朝鮮の動乱は独立しただけ不幸を招いたという結果になった。

国土は恐らく荒れ放題で、回復するのは容易ではあるまい。現在朝鮮は世界で一番不幸な国だろう。だが在日朝鮮人は未だ第三国人の優位を占めて、本国の悲しみを知らぬかのようだ。今度の米兵に対する朝鮮人暴行事件も確かに日本人にはよい見本にならぬと思う。

朝鮮人が日本に踏み留る以上、倒れた日本を抱き起す協力的な心意気があって然るべきである。咽や弱味に乗じたり、三国人の特権を濫用することは日鮮両国の融和上大きな妨げとなるばかりである。

現に彼等は三国人の特権を失いつつある。日本の法律を適用されて、国法を犯したものは処罰されている。彼等は第三国人の故に国法を犯してもよいという無法は許されない。米国の理想主義は朝鮮の独立を美挙として考えたに違いない。それ自体に非難もなければ、過誤もないだろう。

ただ現実は美挙を美挙たらしめずこれを妨げる条件が続出している始末である。私は無法な朝鮮人を全在日朝鮮人の代表とは思うまい。敗戦前の日本の政策は彼等を卑屈にさせることに役立った。その反動はある程度やむを得ないが日本の秩序を乱すようになっては両国の親善感情を傷つける。

日本もまた米国にならって朝鮮を独立国として認めている。日本の主権が回復したならば両国は提携して並び立とうと思っている。そのためには両国人が従来の行きがかりを一擲して、並々ならぬ努力を必要とする。余りに近く、余りに関係が入りくんでいるために、狎れすぎて、互いに弱点や欠点しか見ぬ風があり互いに非を責め合っては親善は成り立たぬ。我々は未だ独立もしていないのに、朝鮮人問題は尖鋭であり、ともすれば感情を刺激して、平静にこれを見ぬきらいがある。

集団強盗事件、窃盗事件、騒擾事件と、かかる事件が頻発するならば憂慮すべき事態が起りはしないかと私は懸念しているのだが……。（作家）

今日出海氏

日本の法規で律す

首相、國会で言明　在留朝鮮人の取扱

吉田首相は、二十七日午後衆議院本会議において、西田勝男（社）、後藤悦治（民）の両氏が神戸の朝鮮人暴行事件について政府の所信をたゞしたのに対し大要次のように答え政府の方針を明らかにした

吉田首相　わが國に残留する朝鮮人は昭和二十一年十一月二十日連合軍司令部の発表によつて日本國民と同一の法権のもとに日本の法規と秩序に服従すべきものなることが明確にされたが、その後わが國内における犯罪検挙の数字等についてみるに在留民の数に比較して朝鮮人の関係する犯罪件数がすこぶる多いことはまことに遺憾で、二十二年中に起つた犯罪件数は朝鮮人関係一万を突破している、この事実に當面し、政府は治安維持の上からこれらの問題について常に慎重に考慮しているが、わが國の警察力は終戦以來いちじるしく弱化しており、最近の國家警察、地方自治警察はともに組織に着手してから日も浅い関係もあつて、警察力の弱化を克服することは極めて困難な状況である、これらの状況にかんがみ神戸の暴行事件の処置について政府がいかなる方針をもつているかを明かにしたい

現に暴行事件に関係した容疑者の検挙については着々進行しており遠からず事実の真相を発表すると思うが、他方兵庫県知事ならびに検察官の取つた当時の処置については、われくもその当時の事情は了とするものである、同時にまた日本國民に奉仕すべき公務員の態度として、かかる措置が果してそのまま是認せられるものであるかという点はやはり考慮する必要がある、鈴木法務総裁は明日か明後日には帰つてくると思うのでその報告を待つて政府は地方自治團体の首長たる知事の取つた措置、あるいは検察当局の取つた措置を検討のうえ、適当の措置をとりたいと考えている

また今後政府の取るべき方針としては在留朝鮮人はあくまで日本の法規と秩序を尊重すべきであり、われくと同一の法権によつて律せらるべきであるという連合軍総司令部の発表によつて定められた立場を堅持し、今後十分に犯罪を防止し、また暴行事件等が不幸にして起つた場合には厳重な処分を行う方針を決定している、さいわいに連合軍総司令部においては、政府の方針と全然符節を合した政策を取るという言明を得ているのであつて、現在日本のおかれた環境で法と秩序の維持に十分なる警察力がないことはまことに遺憾であるが、今後その運用の改善をはかるならば少くとも今日よりは能率的な警察機関を持ち得ると考えている、しかしそれをもつてしてもなお足りない場合には必要に應じて占領軍関係と密接なる連絡を取つて今後の治安維持に遺憾なきを期したいと考える

政府声明発表

政府は二十七日の定例閣議で神戸市における朝鮮人の暴行事件につき協議した結果、左の声明を発表した

政府声明　朝鮮人学校問題に端を発し、各地に紛争がおこり、ことに神戸では遂に米第八軍の出動を見るにいたる暴行事件の発生を見たことははなはだ遺憾にたえない、政府は鈴木法務総裁の現地報告をまつて真相を明白ならしめているが、その責任にもとづく適宜の処置を取る考えである、日本に在住する朝鮮人は日本の法令に従う義務を有するものであることをこの際重ねて明かにする、政府は日本人たると朝鮮人たるとを問わず法と秩序

米ソ対立の焦点　卅八度線

イタリア総選挙における人民々主戦線の敗北以來、ソヴエトの世界政策の重点が極東への新攻勢に轉移しつゝあるとの観測の当否は別として、アジアで戦略的に重要な地位を占める朝鮮にたいするソヴエトの積極的な働きかけは最近に至りいよく顕然となつているが、一方アメリカの対鮮政策もこれに対抗して一段と強化されているのはいうまでもない

かくして米ソ両軍が直接接触する朝鮮は"二つの世界"の対立を日一日と激化させており、今後の二週間が朝鮮の歴史において最も危険をはらんだ時期になる（ヘンスレーUP記者）ことは必至のようだ、そしていまつぎの二つの動きが朝鮮の運命を決するものとして世界の注目を浴びている

一、朝鮮民主政府の樹立を目指す五月十日の南鮮総選挙

二、南鮮の單独選挙に反対し平壌で開催中の南北鮮代表連席会議

南鮮選挙の妨害運動激化

……南鮮では目下総選挙の準備が着々と進み、すでに選挙人の登録は九一・七パーセントという好成績を収め、立候補者も去る廿四日現在で定員二百名の四倍半を超える九百卅八名にのぼつている

満洲
ウラジオストック
人口約10.000.000
北鮮
ソ連占領軍約6万
人民軍20万－30万
警察隊
沿岸警備隊 >1万5千
平壌
38度線
京城
人口約19.000.000
南鮮
米占領軍 1万5千－2万5千
右翼青年団体約30万
（非武装）
警備隊
沿岸警備隊 >3万5千
済州島

南北会談の帰結重大

朝鮮統一へ内乱の危機はらむ

南鮮選挙は國連総会と小総会で、ソヴエト側のボイコットを無視して決定され將來参加する北鮮代表のために委席を残して、まず総人口の三分の二に当る約一千九百万の人口をもつ南鮮で選挙を行おうとするものだが、この選挙を支持して立候補しているのは、南鮮の多数勢力で大地主や資本家をバツクとする李承晩博士（大韓独立促成國民会総裁）金性洙（韓國民主党々首）らの保守政党、右翼青年團体、無所属だけで、左翼はもちろん右派、中間派の一部は單独選挙に反対しているので、南鮮選挙はイタリア選挙のような左右両派が決戦するものではなく、ちようど中共と國民両党が参加しない中國の國民大会の代表選挙と同じようなものになつている

しかも極左分子は總選挙を目前にひかえて済州島はじめ南鮮各地で選挙妨害の暴動と争議を激化させており、本年初めから去る廿六日までの間に暴動による死者は三百五十一名を数えている

これらの南鮮極左分子は北鮮労働党（共産党）と新民、人民両党が合同したものだが、実権は共産党が握つている」と絶えず密接な連絡を保つているといわれるが、さらに注目されるのはこのほど学校閉鎖問題に端を発して神戸に起つた朝鮮人の騒乱事件にみられるような一連の"左翼攻勢"が展開されていることで、UP通信も「アイケルバーガー中将の反駁声明にも見られる通り、アメリカ人の多数は今回の事件を五月十日の南鮮総選挙を前に互いに呼應して反米ストをあおろうとしたものとみている」と伝えている

連席会議、一應は妥結か

……では南鮮総選挙に反対して去る十九日開催された南北鮮連席会議の真意はどこにあるか、ホツジ南鮮米軍司令官は去る五日の声明で「この平壌会談はソ連の指令に踊る北鮮共産党の欺瞞策だ」と述べているが、北鮮側は二回にわたり失敗した米ソ合同委員会で討議しようとした"統一独立"を朝鮮人自身の手で解決に導こうとするものだと主張している、参加者五十六政党團体六百九十五名という多数にのぼるこの会議の目標は

一、南鮮單独選挙反対

二、國連朝鮮委員会撤退

三、米ソ両軍の撤退

の三点ですでに去る廿六日米ソ両國政府に対し以上の趣旨の決議文を送つている

この会議には南鮮の中小地主、商工業者、知識層などの支持を受け反共的言動を行つて來た金九氏らの右派および中間派の金奎植氏らが参加しているが、これら南鮮代表とあくまで民主人民共和國を樹立しようとする極左派との妥協がどこまで成功するかは予断を許さぬが、しかしすでに過去の行きがかりを一切捨てゝ北鮮に乗込んだ金九氏らの決意と、南鮮單独選挙反対という全参加者の一致点からみても会議は一應まとまるものとみられよう

さらに"民主人民共和國"を想定した朝鮮臨時憲法を討議する北鮮特別人民会議が、連席会議と併行して去る廿八日から開かれていることは偶然でなく、ソ連の意図を物語るものといえよう

問題は撤兵後の力関係

……京城の米人筋では今度の平壌会談の結果

一、新しく樹立される"民主人民共和國政府"の主席に金九氏、立法府議長に金奎植氏を就任させる

二、金九、金奎植氏らを南鮮に帰して総選挙を中止させる運動を起す

という二つの場合を推測しているが、どんな結論が出るかは別として会議が成功した場合ソ連軍が撤兵する事は必至だとみられている

南鮮総選挙を再確認

國連委員会

【京城廿九日発AP】（共同）國連朝鮮委員会は廿九日、五月十日の南鮮総選挙実施を三対零で再確認した

フランス、カナダ、シリア三國代表は投票を棄権した

連席会議　選挙反対メッセージ

【モスクワ特電（AFP）廿八日発】タス通信の報道によれば平壌で開催中の南北鮮政党代表連席会議は米ソ両國にたいし南鮮選挙に反対する次の如きメッセージを発した

『われく朝鮮民衆は南鮮單独選挙には決して同意しない、われくは朝鮮代表の参加なしにきめられた國連の決議に抗議するものであり目下京城にある國連朝鮮委員会の即時引揚げを要求するものだ、そしてさらにわれわれが要求することは朝鮮占領外國軍隊の即時撤退ということである』

暴力日警의 殘惡性暴露

참아듣지못할言說과 同胞靑年을椅子로毆打

新世界 1949 6.22

【名古屋】好戰的인 日警의 暴力的取締行爲는 屢次 物議를사고 있는데 過般의 本國警察隊長会議에서「暴力은民主主義의 最大의敵이다」라고 対外 対内에 対한 暴力行爲 絶滅을高唱한 齋藤國警長官의 訓示를비웃는듯이 今般 名古屋市警에서 所謂捜査課長이 公務中에 飲酒하여 無辜한 同胞靑年을 椅子로毆打하여 全治一週間의 傷害를주어 "暴力警察"의 端正의 烽火가 이러나고있다

事件은 지난十日밤 名古屋市南区笠寺町四門五六 日名南松 沈吉燮(二七) 同沈兆燮(二四) 同假寓 邊설岩石(二七) 同桜町徐相烈(二七) 愛知郡鳴海町朴光哲(二三)외 五名이 笠寺町의 料理店(小碌寶)에서 飲酒끝에 酒酔한 沈吉燮이가 門을多少破壞한 現場에 마침 巡警中의 名市警南署의 刑事課長 及 巡査二名이 暴力現行犯으로 沈을 그리고 共犯으로 他의四名을 逮捕하였는데 十五日 同市港区一州町의 설鎭術(三三)氏가 共同事務中인 事務連絡上 沈兆燮의 釋放을請願하여 本署에가서 小栗刑事課長 朝捜査課長에게 要請한 結果 朝捜査課長이 明十六日에 責任지고 連行하면 釋放하겠다는 約束下에 沈을다려갔는데 翌日 설氏가 沈의宅에가니 昨夜부터 外出이라하여 설氏는 同時 本署에連絡하려갔자 刑事課長이 「馬鹿野郎 今日夕方までに 沈を連れて來ねば貴樣を 犯人陰匿罪で拘留するぞ」라고 脅迫 다시午後八時半까지 차젓으나 沈의行方을몰나 다시報告하려가니 「朝鮮人は 仁義を知らんのか」하며 身体検査를하고 가진 物品을 하였다 그時에捜査課長은 「日本人は 降参していない 日本人には日本人のハラがある 朝鮮條約が結ばれたら 貴樣たち 朝鮮人は 皆殺しになるか 知れないぞ」라는 狂人的暴言을하고 同室에서 取調를받고있든 朴光哲君이 自己의 "弁当"를 설氏에게 勸하여 서로謝讓하고 있을때 朝捜査課長이 "誰の命令で勝手なことをしているか"하여설氏의 胸部를치고 自己가앉었든椅子를 들어 同氏의 頭部를毆打 全治一週間의 傷害를주었다 現場에는 伊藤巡査部長과 朝鮮人朴君 그리고 巡査二、三名이있었고 門外에 있은 沈兆燮(三〇)과도 이소리를듣고 附近의 笠寺病院에 설氏를 다려가 治療를 받은後 醫師는 無殘 사람이 立会하지않으면 診断書는 쓰지못하겠다하여 同署警察에 電話로 伊藤巡査部長의 立会를 要請하니 오지않고 捜査課長은 全然相対도하지않어 다시醫師가 催促하니 刑事二名이와서 설氏를달내여 「捜査課長은 酒醉하였고 本來 酒乱이 있어서 大端히 迷惑하고있다」는 非難을 하였다 翌十七日 설氏는 友田病院에서 마주 診断書를가지고 名古屋弁護士会、小栗秋二弁護士에게 内容을説明 이暴力警官을 告訴하여 徹底히 黑白을 가리게되었다 그리고 十七日아침 留置한 五名中 沈吉燮만 남기고 他는 釋放하였다

米軍の撤退と韓国の悩み

執拗に迫るゲリラ 南北統一に各派動く

毎日 1949 6.20

中国における中共の勝利はアジヤ各地をゆすぶる『赤い解放戦』に重大な影響を与えているが、地続きの朝鮮に対する影響は一そう深刻のようだ、殊に南鮮の現状は昨年秋以来実質的には内戦の症状を呈している、北鮮軍が北緯卅八度線を突破して全面的に内戦になるというような事態はいまのところ考えられないが左翼指導下の人民武力抗争の噂をひろげることによって南鮮を混乱に導き、李承晩政府を打倒に導くことは察するに難くない、こうした時期に南鮮の米軍が七月中に撤退するというのであるから、三ヵ月の南鮮の動きは注目される【写真は李大統領】

米国務省は八日、南鮮の米軍が近く撤退すると発表、これにさきだってトルーマン米大統領は議会に対し七月一日からはじまる新年度に一億五千万ドルの対韓復興資金の供与を要請した、米軍の撤兵は国連総会決議の実行という意味では予定の行動であるが、時期が時期だけに韓国政府側では一時反対の声が強かった、しかしすでに撤兵が既定の事実となった以上、韓国側の世論は大規模な武器援助の要請に集中してきた、ともあれ米国の対韓政策が軍事援助から経済援助中心へと大きな転換をしつつあるのは重視される

韓国は昨年八月独立以来、米韓経済協定によって米国の経済的援助をうけ、北鮮からの送電停止などによって混乱した経済も徐々に回復に向っている、電力も目下八万二千キロワットを生産し、今年中には十三万キロの発電が可能とされている、こうして電力危機のきり抜けは期待されているが、工鉱業全般はまだ極めて低調である

また独立以来最も急務とされていた国軍、警察隊の訓練も去る三月には一応完成されたもののようである、駐韓米大使ジョン・ムッチオ氏も韓国軍に治安維持の能力がある旨を言明しており、そのことは申国防部長官も韓国軍の装備は世界的水準に達しており、北鮮側が侵入してもこれを防ぐことが出来ると言明したことによってもうかがうことが出来る、しかも米、英、仏、中国、フィリピン、チリーなどの諸国はすでに韓国を承認し、対外的立場もきわめて有利に展開している、しかし一たび韓国の政情の底流を検討すると韓国政府の前途にはなお困難が山積している

政府の直面する難問題の第一はなんといっても左翼指導下に行われている大規模な人民武力抗争の激化である、昨年五月南鮮総選挙に対する極左分子の妨害を契機として起った済州島の反乱、昨年秋の麗水、順天の国軍反乱など国内に潜入している極左分子のゲリラも執ようで、五台山、鳳山、智異山など南北に走る南鮮の脊梁山脈一帯を拠地として山ろく部落の給与をうけてさながら赤い解放区をなしているところもあるといわれている

これに対し韓国軍はさきの反乱の苦い経験から三次にわたる粛清を行うとともに、兵力の増強、装備の近代化によって軍事的には北鮮軍に対抗し得る程度になっているといわれるが、これらの粛軍や強化にも拘らず、去る五月中旬には韓国正規軍二個大隊と海軍艦艇の北鮮への逃亡事件が相ついで起り、極左分子の国軍潜入の根強さを如実に物語っている

困難の第二は政府部内及び国会にもあらわれている、韓国政府と国会との対立は既に李大統領の指名した国務総理候補李允栄氏を国会が拒否した当時から表面化し、国会は常に李大統領の施策を批判し反民族行為処罰法をはじめ諸立法案の審議に当りしばしば対立したが、ついに国会は最近二回にわたり内閣総辞職決議案を可決している、また政府部内でも意見の不一致や腐敗事件にからんで既に内務、外務、国防、社会、交通、商工、司法の七部長官が更迭している、政府にとって不利なことは国会で絶対多数の与党をもっていない点で、政府に対し批判的な立場をとる党派が多いということだ、そこで米軍の撤退が完了した際に人民武力抗争のゲリラはますます猛威をふるい、左右両派の反政府運動と相まって政府の困難は倍加するのではないか

米軍撤退を契機として早くも左右両派は南北統一の動きを見せている、すなわち北鮮では祖国統一民主民族戦線を結成、またここ二年間鳴りをひそめていた在野の右派巨頭金九氏も南北協商京城会談の開催を提唱、金奎植氏は南北民衆指導者会議を首唱している、米軍撤退後、治安の不穏をどう押え、さらに南北の統一をいかに策するかが大きな問題となってくる(毎日)

ソ連北鮮三港を租借か

東 1949 6.15

【京城十三日発=KIP】北鮮よりの信頼すべき情報によればソ連は北鮮政府から元山、清津、羅津の三港を向う卅年間租借する権利を受け北鮮よりの物資搬出と軍事基地に利用すべく韓国船の出入も禁止し要塞地帯化したといわれる

韓国内閣一部改造

共立通信京城電によれば、韓国政府は今回内閣の一部改造を行った、十八日就任式を挙行した、新任閣僚次の通り

内務部長官金孝錫▽国防部長官申性模▽法務部長官権承烈▽商工部長官尹普善▽逓信部長官張基永▽保健部長官具永淑(新設)▽公報処長李哲源▽法制処長申泰益▽検察総長金翼鎮(新任)(共同)

世界의 新聞

33. 11. 26

朝聯系 僑胞北韓送還策動

日指導者들은 暗暗裡에 同調

最近 日本에서 發行되는 主要新聞雜誌等에 依하면 方今日本國內에서는 韓日會談이 膠着狀態에 陷入하고있는反面에 北韓傀儡를 支持하는 世稱 朝聯系와 이를 뒷받침 해주고있는 日本共産黨및 一部極右分子들이 主動이되어 所謂 在日韓僑의 歸國促進運動이 展開되고 있다한다。

이와같은 不純한 움직임은 北韓傀儡頭目 金日成이가 韓日會談을 破壞함으로써 北韓傀儡의 存在를 國際的으로 認定받는同時에 지금 深刻의 段를 加하고 있는 北韓內의 勞動力不足을 打開해보려는 兇計謀에 지나지 九月八日『在日同胞는 그들이 歸國한다면언제든지 祖國에돌아와 國內同胞와더불어 幸福스러운生活을 할수있다』고 宣傳한 欺瞞的인 甘言利說에 終始하고있음은 두말할나위도 없다。金日成이가 이와같은 宣傳을하자 그의指令下에 움직이는 所謂 在日朝聯系의 赤色分子들은 日本政府의 政策的인 差別待遇와 經濟的으로는 全韓國人의 海外追放을目的으로하는 虐待로말미암아 現在 生活苦로 呻吟하고있는 韓僑들에게 『當身들이 北韓으로 돌아가기만하면 土地도分配받을수있고 職業도 마련되어 잘살수있다』고 虛僞的인 煽動宣傳을 일삼는가하면 때로는 기다렸다는듯이 日本人들에 依한 地方自治團體나 極右分子들은 이에 積極呼應하는 態度를 보이고 있는것이다。

그 端的인 例로서 最近 數달동안에 日本의各 縣·市議會等에서 在日韓國人의 歸國促進決議를 하였고 또 지난十月二日 東京에서는 前首相 鳩山一郎 및 社會黨書記長淺沼稻次郎等各界代表 三十餘名이 모여 『在日韓國人歸國協力會』를 結成하고 組織的인 運動을 展開하고 있다고 日本의 一月刊誌인 「中央公論」十二月號는 報道하고 있다。在日朝聯系의 奸惡한手法은 더말할것도 없거니와 日本의 著名한 政界指導者나 그地方議會가 本格的으로 在日韓僑追放運動에 나섰다는事實을 우리는 더욱注視하지않을수 없는것이다。실상인즉 그들뿐만이아니라 日本의各新聞도 韓僑의海外追放을 爲하여 오래前부터 惡意的인宣傳을 하여왔던것이다。例컨대 그들은 저有名한 宮城앞 暴動事件(対日講和條約의 發効에따라서 日本의主權恢復을 祝賀하는 行事뒤에 일어난 事件)이나「메데-暴動事件」의 主謀者들이 所謂 北韓系韓人들이었다고 誇張報道하였는가하면 또 殺人事件等을 取扱함에있어서도 그登錄上에 아무런證據도 나타나지 않았는데도 不拘하고 故意로 「韓人犯은 朝鮮人?」云云等의 題目을붙임으로써 마치 日本의社會를 混亂케하고 그治安維持를 困難케하고있는것은 바로韓僑때문인듯한 그릇된印象을 對內對外的으로 주어왔던것이다。또한 그들은 新聞은 때때로 日本國民이 바치는血稅로써 第三國人(在日韓僑를 指稱하는것)을 扶養할수는없다는 煽動的인 論文과 主張을 揭載함에도 躊躇치않았던것이다(註‖一九五七年六月現在로 約八萬一千名의 韓國人이 生活保護費로서 日本政府로부터 月額一億四千萬圓을 支給받았으며 그反面에 一九五七年度에 日本政府가 在日韓國人들로부터 받아들인 稅金은 一三〇億圓이었다) 그러기에 日本을 旅行하고 돌아간 西歐自由諸國의 敎知覺한 몇몇記者들이 『가장 平和스러워야할 日本의社會秩序를 混亂케하고있는 主要原因은 在日韓國人犯罪者들에있다』고 歪曲된 報道를 하였던것이다。

이렇게볼때 우리는 지금 日本國內에서 推進되고있는 所謂「韓國人歸國促進運動」을 坐視할수는없는것이다。그것은 國際法上으로 在日僑胞들은 日本側의 그對內的인 事情은 어쨌든間에 그들의 渡日動機를 斷定한 因果關係로 미루어보아 到底히 强制로 追放될수 없을뿐더러 또한 그들의權益을 保護하도록 日本政府가 道義的인 責任을 지게시리 되어있으므로 日本人들의 그러한 僑胞强制追放企圖는 徹底히 排擊되어야할것은 勿論이고 한편 金日成의 走狗인 在日朝聯系의 策動을 放任함으로써 現在도 異域에서 갖은苦生을하고있는 우리同胞들을 다시금 抑壓과 飢餓만이 기다리고있는 生地獄인 北韓으로 단한사람이라도 보낼수는 없기때문이다。그럼으로해서 方今 進行中인 韓日會談은 在日僑胞의 法的地位에 關한 問題委員會의 活動을通하여 그合理的인 解決策을 摸索하고 있는터인데 이와는 正反対로 保守黨出身 前首相의 經歷을가진 人物等이 主動이되어 暗暗裡에 北韓으로의 送還을 目標로하는 所謂 北朝鮮人歸國促進運動이 北韓傀儡의 走狗들을 相対로 展開되고있는 판국이니 大韓民國에対한 日本政府의 眞意를 疑心하지 않을수 없는것이다。

要컨대 日本人的 思考方式은 大韓民國에서는在日韓僑를 받아들이려고하지않으니 그들의 歸國을 歡迎한다는 北韓으로라도 그들을(在日僑胞) 送還함으로써 日本人들의 宿願인 韓國人海外追放企圖를 되도록 早速히 實現해보자는것일것이다(註‖日本側은 在日僑胞數를 六十萬名으로보고 그外國人登錄에依한 國籍別比率을大韓民國이 二〇% 中立系가五%北韓傀儡系가七五%라고 宣傳하고있는것이다)

그런데 方今 國際的으로「크로즈•업」된 이六十萬의 異民族이 日本에居住하게시리된 動機는 決코 그들의 自發的인 移住에 依한것이 아니라 日本이 過去半世紀동안 武力으로써 韓國을 强占하고 不斷히 韓國人을 彈壓하고 經濟的으로 搾取한데서 結果된 이른바 暴政의 所產이라고 보아야할것이다。

即 日本은 所謂 韓日合倂直後 土地調査事業이라는 美名下에 莫大한面積의 韓國人所有農地를 巧妙한 手段으로써 日本人및日本의 國有地로 奪取하였으며 그後에도 東洋拓殖이나 金融組合等의 機能을 通하여 或은 殺人的인 食糧供出等으로 韓國人들에게 經濟的인 壓迫을 加함으로써 韓國人所有의 土地를 繼續빼앗았으며 한편 韓國人企業의 全面的인 沒落을 招來케하였던것이다。그리하여 農土와 生業을 잃은 韓國人들은 勞動을 해서 벌어먹을 일자리라도 求해야 하겠다고 繼續 日本으로 건너갔으며 特히第二次大戰末期에는 徵兵徵用等의 名目으로 數十萬의 韓國人을 强制로 끌어감으로써 終戰直後의 在日僑胞數는 一百萬名에 達하였던것이다。그原因이 直接的이었든 間接的이었든間에 그와같이 强制로끌려간 韓國人들은 日本侵略戰爭의 祭物로서 이미 그들의 大部分이 되었거나 그렇지않으면 勞動條件이 가장 劣惡한 炭鑛等의 危險한 職場에 配置되어 酷使當하다가 쓰러졌고 그러는가운데도 여지로 延命하여온 在日本에 居住하고있는 六十萬僑胞의 大部分이 바로 日本人들이 지금 强制로 追放해보려는 對象이 되고있는것이다。

말하자면 在日僑胞六十萬의 大部分은 强制에못이겼던 日本侵略戰爭에 犧牲된것이다。제나라와 제땅을 빼앗은 經濟를 爲하여 눈물을 머금고 平和時에는 想像도못할 低率의 勞賃을 받아가며 苦役에 服務하지않을수 없고 또 戰時中에는 徵兵과 徵用의 鋤劍에 못이겨 日本人보다도 죽음場所로 향한길을 더앞서 나가지않을수 없었던 그들 역시 戰爭犧牲者들을 強制로 쫓아내야만 日本人들은 마음이 후련(?)할것인가。國際正義가 살아있다면 오늘날의 世界의 耳目은 人類史上 類例없는 醜惡한 罪惡을 犯하고서도 依然 惡罪하려들지 않는 奸邪스러운 그들日本人들의 態度에 集中되어야할것이다。

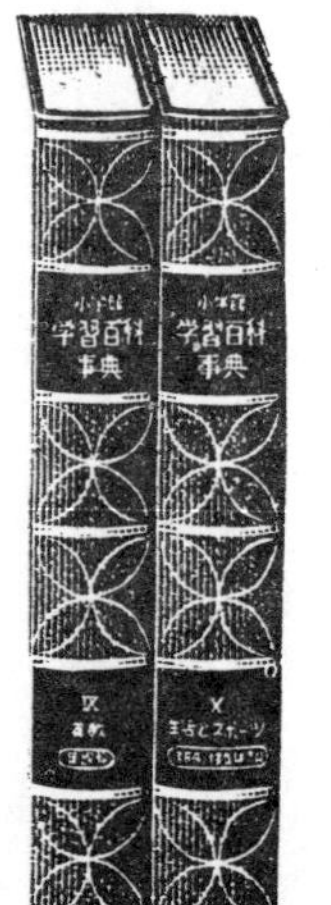

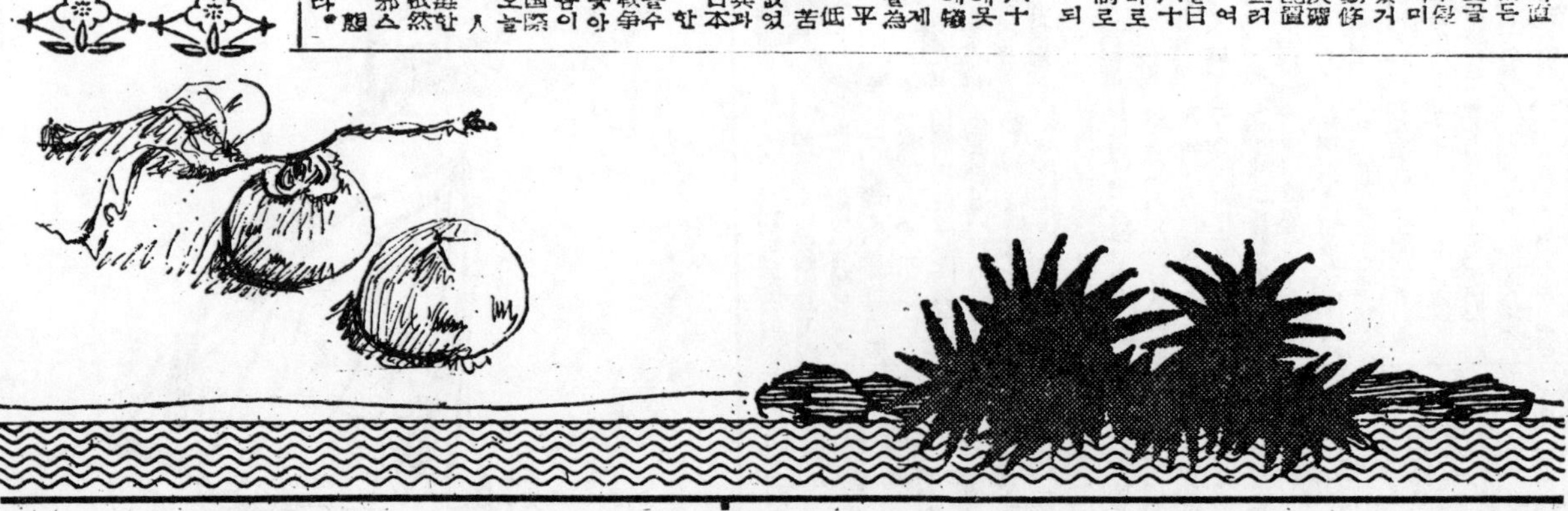

在日僑胞 體育活動相

(下) 辛 熙

이와같이 우리在日大韓體育人은 微力이나마 恒常 母國의體育發展과 國際交流에 이바지 하려하는바 戰後 日本體育의飛躍的인 發展相과, 國際交流活動狀을 見聞할때마다 그衷情이 더한층 ,커지지 않을수 없는것이다

特히 建國後 日淺할뿐아니라 共産傀儡의 破壞로因한 우리韓國의 處地를생각할때 政治經濟社會各部門에 從事하여야 어찌할수없으나 가장손쉽게國際社會에「데뷰」할수있는것이 또 그러한 素質과能力을갖추고 있는것이 體育이 아닌가하고생각할때 모름지기 體育人으로서 奮勵하지 않을수없는것이다

몰론 惡條件을 克服하고 國際的인野球「스타디엄」이나 國際體育館等의 體育施設의 向上된모습과또 國際交流에對하여 勞心하는狀況을보고 크게感謝感激하여 마지않는바 이에 더한층의 團結을 敎히進實치 아니치 못할衝動을 느끼는바이다 即 體育施設에있어서는 이미推進中이라고 傳聞하는 綜合運動場의 早速한實現과 室內體育館 建設을 促進시켜야 할것이라고 母國體育同志와더불어 在日體育이 一層努力하는바는韓客等 在日體育人이 거의 世界水準에 到達完成된日本體育施設을 目睹하느니만큼 더욱切實하다

勿論 國際競技에 依한 設揚하나 없는 韓國野球가 堂堂히 先進一流國家와比肩하고 室內「링」하나없는 또 所定의「매트」레스」한장없는條件나「레스링」選手들이 國際競技에서 堂堂히 太極旗를휘날린다는것은 참으로 奇蹟이라고 하여도 過言이 아닐것이며 우리僑胞民族의 體育의素質을 證明하고도 남음이있을진대 國際規格에依한 競技場만具備한다면 世界制覇도 可期할것이라고생각하는바이다

그다음은 體育技術向上의問題인데 解放以來우리는 貧乏한 財政가운데에서世界「올림픽」大會의 參加를 비롯하여 數回의 海外遠征과또世界一流팀의 招聘等으로 體育技術을習得 또는 向上시킨것은 事實이나 우리나라의 政治的 또는 經濟的여러가지制約은 體育의 國際交流面에는 先進國家에 比하여 아직 隔世之感이없지않은것이다

技術鍊磨·國際性이 必要
體育指導者는 視野를 넓히라

1958.11.28

참으로 體育技術의 向上의 捷徑은 所謂 他流試合이 第一이며 그것은 國際交流以外에 別道理가 없는바이다

經費問題는 現下 우리나라 立場으로서는 참으로 難局中의 難局일것이다 우리 選手團을 招聘하는것이나 모두가 外換問題이기 때문이다

여기에 筆者는 이問題의 解決을 國際的으로 가장 가깝고 또 우리僑胞가 六十餘萬名이나 살고있는 日本을操함이 國際體育技術習得에 가장좋다고 생각하고있는것이다

現下 政治的 經濟的 여러가지 情勢에비추어 日本과의 交流는 참으로 어려운與件에있는것을 理解못하는것은 아니나 그렇다고해서 언제까지나 拱手할 問題는 아니라고생각한다

이와같은 日本과의 體育交流의必要性을 아마도 國內全體育同志들이 다같이 생각하고 또認定하고 있는 상싶으며 다만 이것을 主張하기에는 여러가지로 考慮되는點이있어 公的인 發言을 躊躇하고 있지나않는가 생각한다

그러나 只今 이런問題는 앞으로 二年後에 닥쳐올 世界「올림픽」羅馬大會를 前提로할때 時急한問題라고 생각될뿐만아니라 以北共産傀儡가 文化交流니 體育交流니하여 體育的인 對日交流를 꾀하고 나아가서는 在日僑胞敎育費云云하며 在日僑胞를 日本國內에 流出시켜 所謂 朝鮮大學建設까지를 推進시키고있는 이現實속에있는 우리 在日僑胞體育人의 心情은 錯雜함을 禁할수없는바이다

事實 지난번 「亞細亞」올림픽」大會에서 올린 自由大韓의 國威宣揚과 또韓國野球團이 올린 日本體育人과의 交驩의成果는 六十萬 在日僑胞에게 民族的 國家的意識을 鼓吹시켰으며 過去 蔑視的인 態度를 止揚치 못하던 日本人들에게 크나큰 反省과 衝動을 주었으며 日本體育人들의 對韓體育交流의 熱意를 一層 북돋아주었던 것이다

이에 今番 政府樹立第十周年紀念 第三十九回 全國體育大會에 在日僑胞團參加에있어서는 現在日本政府의 在日僑胞에 對한 再入國許可方針을再考慮까지하여 그程度官吏뿐만아니라 日本體育人까지 積極協力하였던것이다 例컨대 日本「레스링」協會會長이며 世界「레스링」聯盟副會長인 八田一朗氏等이 率先하여 韓旗의掲揚을 아끼지않았던것이며 이로因하여日本「레스링」選手團本國招聘云云에대한 日本新聞의報道와 이에대한 國內 몇몇新聞의 報道物議까지 일으키게되었던것인데 이는 兩國體育界가 以心傳心으로 眞心으로 體育交流를 希望하여서온 證左的인 事實이아닌가 생각한다

叙述한바와 같은 見地에서 우리在日大韓體育人은 母國體育技術向上을爲한 國際交流를 渴望하는바이며 萬一 이로써도 政治的인 關係로 不可能하다면 가장 적은 單位로써 代替할수있는 本國選手團의 日本遠征이라도 이를 計劃的으로 或은 週期的으로하여 우리 大韓體育의 技術의 飛躍을이룩하였으면한다또 本國에서 그러한 計劃만 있다면 우리 僑胞體育人한사람이 한選手를 責任지고 滯在經費라도 負擔할 用意와 自信가있음을 밝히는 바이다

(筆者는 在日僑胞選手團團長 (사진은 全國體育大會에參加한 在日僑胞選手들의 씩씩한모습)

民団의統一運動을注目

鄭外務積極援助約束

本国各紙「朝聯과接触」이라報道

27/2

民団中央議事会가 祖国의 統一問題를 研究하기為하여「祖国統一問題専門委員会」를 設置함과 아울러 在日僑胞社会의 統一運動이 漸次活潑하여짐에따라 国内에서도 커다란注目을 일으키고있다 鄭外務長官은 統一委設置를 歓迎하고「政府는 이를 積極援助하고 在日僑胞의 健全한 政治意識의 向上을 図謀함과同時에 共産側의 宣伝攻勢에 利用되지않도록 努力할것」이라고 言明하였음을 비롯하여 国内各紙는「朝聯과 接触交流―民団統一模索에積極的」이라고 크게報道하고있다 同報道는「民団幹部가 朝総聯機関紙에 寄稿하는 異例的인 일도있었다」(事実은 曺民団中総団長이 統一新聞에 寄稿한것)고 多少 誇張되고있으나「서울신문」과「民族日報」)는 各其 在日僑胞의 이와같은動向을 指摘하여 主体性을잃지말고 統一의前奏的役割을하라고 다음과같이 論評하고있다

伝하는바에 의하면 四月義挙以後本国에서 展開되어 온 統一論議 또는 南北交流論을 凝視하여 오던 民団系 在日僑胞들은 그들独自的인立場에서 北韓系의朝総聯側과 接触交流를 시사하고 있다고한다 그리고이 接触交流의 範囲는 文化芸能人 言論人 医師「그룹」等을 中心으로 한것이며그들은 自信있는態度로 朝総聯과의 交流를 시작하고積極的인 一部人士들은 統一問題研究機関까지 設置하여 앞으로는全民団組織에 呼訴를 展開할 計劃이라고 伝한다

1961. 2. 27

国際情勢의 変転에 의하여 他律的으로 맺어진 南北分断의結節이自立的으로아무리 떠들어 보았든国際情勢의 変化없이는 풀리어질可望이 보이지 않는다는論者도 있으나 그렇다고 하더라도 우리들은自主的인統一摸索에의 希望과 努力을抛棄할수는 없는것이라고본다

南韓의 国民生活을 向上시키고経済建設을 積極推進하는것도 統一에 接近하는 하나의手段임에 틀림없는것같이 従来沈滞不振하던在日居留民系韓僑들이 勇気와自信을鼓舞해서 組織을 強化하고 朝聯系의 그릇된 認識을 是正転回케하는試団와努力亦是 自主統一에 한걸음가까와지는 所以일것이다

이러한 意味에서 우리는 民団系在日僑胞들이 確固한 民族精神밑에서 独自的으로 朝総聯系韓僑들과의接触交流를 試図한다는것은意義있는 일이라고 생각한다 民族相残의悲劇을 되풀이하는 北進統一論이或은 可能性이 있다곤 치더라도 이는 百年戦争을 되풀이하는結果밖에는 가져오지 않을것이니、우리의取할바 못됨은 再言할 必要도、없는것이요 그렇다면 可能한 範囲内에서 그리고 이쪽이主体性과 主導権을 잃지않은 限度内에서 接触의 試図가 必要하지 않을것인가 생각되는 바이다 이러한 意味에서 南北間의 文化人이나 新聞記者의 交流가 論議되는 것이며 経済交流가 国会에서까지 論議의 俎上에 오르는것이라고 생각된다

特히 日本에있어서는 民団系든朝総聯系든中立系든間에日本国의法治下에서 삶을営為하고 있다는点、日本国自体内에 左右翼이 서로対立하면서도 共存하고있다는事実、在日韓僑는 左右나中間을 莫論하고 同一民族으로서 祖国을 그리는 共同된 生活感情下에 살고있다는点等을考慮할때 本国에서보다도 統一問題를 理論上으로보다 民族意識의強化를通해서 実践에로 가까와질수있다고 보는것이다

이러한 움직임에 대해서 本国政府나 駐日代表部에있어서도 한갓危険視하지만말고 積極的인 뒷받침이 됨으로써 居留民団의 強化와 主導権의回収에注力하여야할것이다 (서울신문)

韓国과 日本의 立場

—말썽의「出入国管理法案」…両国専門家가 말하는 그実態

1969. 7. 8 朝新

지금 日本国会에서 심의중인「出入国管理法案」에 대해서 在日同胞들은 한결같이 반대하고 있다. 日本内에서뿐 아니라 本国에서의 関心도 높아지고 있는때에 韓日양국의 관계 전문가의 対談을 통해 実態를 알아 보았다.

権 逸 (法博•辯護士 前在日居留民団 中央総本部団長 民団顧問)

다쓰미•노부오 (辰巳信夫•法務省 入国管理局参事官)

▲司会•記録=申東淵 特派員
▲때=7월3일 정오
▲곳=東京霞山會舘

▲司会=出入国管理法案과 韓日法的地位 協定에 의한 永住権신청문제에 관해서 두분의 의견을 들었으면 합니다" 먼저 在日居留民団의 최전 책임자로, 이번의 反対主役인 다쓰미(辰巳)参事官께서…

두가지 立案理由

▲辰巳=美占領下때의 현행 入管令을 그대로 살수없는 체면상의 문제가 形式的改正이유이고, 実質的이유는 出入하는 外国人의 총수가 격증했다는 점입니다. 지난해만도 42만명이며 이런 경향을 감안, 旧法을 改正, 수속을 간소화 해야겠다는데 목적을 두었읍니다. 한편 신규입국자에 대한 在留管理를 정비하자는 것이지 종래의 在日韓国人의 위치나 대우에 영향을 미치는것은 아닙니다. 그런 규정은 전혀 없읍니다.

▲権=韓僑사회 전체는 반대의 입장을 취하고있읍니다. 지적할수있는 몇가지 가운데 가장 우리의 관심을 끄는것이 在留者의 活動범위에관한 遵守事項입니다.

그런데 이조항에 관한 協定 또는 一般永住権者는 대상밖이고 아무런 영향을 입지않음에도 적용되는양 誤解하고 있는듯 합니다.

다만 特別在留許可者(特在者)는 期間연장이나 資格変更時에 적용됩니다. 또 戦後부터 발각되지않고 숨어사는 潜在不法入国者가 적지않은데, 이들도 해당됩니다. 지금의 民団측 반대운동이 이사람들을 救済하자는 것이라면 一理는 있을것입니다.

日政府의 方針

▲辰巳=在日韓国人은 다른 외국인에 비해 日本의 法體系내에서 優待받고있읍니다. 들때로 協定永住権을 取得못할지라도 샌프란시스코講和条約発効(1952•4•28)이전의 이른바 戦後入国者에게는 一般永住権이 부여되고 있읍니다.

期間更新이란 永住権者에게는 없으므로 준수사항은 적용되지않으며 再入国의 경우도 마찬가지입니다. 심지어는 永住権신청을 하지않고있는 朝鮮籍(126號法令2条6項)의 사람이나 그子息들에게도 준수사항은 적용치 않는다는것이 정부방침이며 해석입니다.

特別在留者에게 적용된다고하지만 이들은 대개 協定永住権者의 離散가족으로서 人道的견지에서 특별히 在留를 허가했기때문에 범죄를 저지르기전에=期間更新을 不許하거나 資格外活動을 제한해본 先例가 없읍니다. 오히려 新法에서는 密航해온 永住者의 가족에관한 在留資格(3년)을 신설하고 一般영주권을 취득할수있는 길을 터놓는등 구제의 길을 열었읍니다.

◇権 逸고문

行政調査権은 毒素条項

関心끄는건 活動범위 遵守事項…誤解도

日本側에선 "節次간소화…問題點 없다"

◇辰巳参事官

다음 문제의 潜在不法入国者인데 그총수에 대한 추정이 갖가지입니다.

이들은 自首했을때 정당한 在留資格을 받을수있겠는가하는 문제입니다.

일단收容所에 강제수용하게마련인 現行法을 개정, 逃走의 우려가없고 생활기반만 있으면 수용치 않도록 했읍니다.

이들이 永住権者의 離散가족으로 자수했을때 지금까지 特在者로 許可해왔으며 이경우 前項과같이 준수사항의 적용을 받지않는다고 보아야 합니다. 그러나 가령 스파이로 판명된자를 준수사항도 적용치않고 特在者로 둘수는 없는 경우도 있을것입니다.

가혹한新設条項

▲権=그렇다면 特在者나 不法入国者에 대해 附則에 해당치 않는 이상 몇가지를 열거, 한 条項삽입할수 없겠읍니까. 立法者의 정신이 그렇다해도 執行者에 와서는 지극히 엄격하게 마련입니다.

둘째로 문제되는 罰則条項이 行政調査権입니다. 營業許可사무의 필요때문이라고도 하지만 그밖의 경우가 더많고 중대합니다. 容疑者에 대한 違反사실의 조사(37条, 73条) 조항과 그罰則(88条, 89条)의 不陳述罪, 不提示罪의 신설은 지극히 가혹하며 삭제해야합니다. 戦後密入国者가 많은 韓僑사회에 이를 적용하면 전부가 관련인, 참고인이 됩니다.

▲辰巳=違反조사와 事実조사를 혼동하고 계신듯한데 密航者에 대한 違反조사는 現行法과 조금도 다를것이 없읍니다. 事実調査는 特在許可, 期間更新, 延長때에만 있을수있으며 이것이 신청인의 不利益이 될경우라는것은 준수사항 不履行과 資格外의 活動을 했을때 뿐이므로 在日한국인의 80%내지는 98%는 해당되지 않는다고 봄수있읍니다.

▲権=①容疑者에 대해 挙証責任을 물었던 悪法條項을 삭제했고 ②永住権者가 旅行地의 日本大使館에서 再入国期限의 연장을 받을수있게된점 ③短期입국자의 수속이 간편해진점등은 옳게된것으로 생각합니다. 그러나 強制退去事由의 확장, 그 수속의 간소화, 용의자에 대한 接見금지, 특히 변호사마저 自由롭게 만날수 없게 한점등은 가혹합니다.

▲辰巳=강제퇴거는 새로 입국하는 외국인의 경우입니다. 收容期間의 최고한도 60일을 40일로 줄인것을 간소화라고 비난할수없읍니다.

◇出入国管理法反對투쟁을 벌이고있는교포.

解釈上의 큰差異

▲権=入管法반대의 遠因을 캐고보면 永住権신청의 수속이 까다롭고 엄격하기 때문입니다. 종전직후 혼란시기에 정당한 수속을 밟을 길이 없어 일시 旅行으로 귀국했다가 돌아온 사람들이 여간 많지않으며 이들의 救済조처가 시급합니다. 協定調印日의 日法務大臣의 声明인「日本政府의 好意로 강화조약발효일까지의 戦後入国者에게 一般永住権을 준다」는 내용은 우리에게 큰 失策이었읍니다. 모두에게 베풀어지는 그런「好意」로 알았으나 日本政府는「해도좋고 안해도 좋은 好意」로 해석상에 큰차이가 드러났읍니다. 때문에 해당자들이 신청을 꺼렸고 동시에 密出入왕래사실이 탄로날까 두려워 協定永住権신청조차 못했으며 그 家族들은 덩달아 주저앉게 되었읍니다.

▲辰巳=외국인등록필의 在日韓僑数는 금년4월말현재 60만1천명이며「韓国籍」과「朝鮮籍」이 각절반인 30만씩입니다. 協定체결때의 韓国籍은 21만명이었는데 불과 3년동안에 9만명이 늘은것은 協定永住権의 恩典을 인식한 탓으로 불었다고 보고있읍니다.

또한 일시귀국사실여부에 불구하고 戦前부터 있어온 자가 약43만명, 그子息들이 14만내지 15만으로 약58만명이 永住権취득대상자가 되며, 그밖에도 特在者 또는 일반在留者일것입니다. 금년 6월말현재 協定영주권신청상황통계는 12만4천6백89명신청에 許可 11만3천1백92명, 不許可 9백22명으로 不許可의 경우는 0.1%에도 미달합니다.

権先生말씀대로 韓僑의 태반이 일시 귀국했었던 사실이 있었다고 日本政府로서는 公認할수없읍니다. 不許可된 소수의 사람들은 계속 居住하지않고 不法往来가 있었던것이 밝혀진 경우지만 이들도 一般영주권으로 구제의 길이있읍니다.

한편 一般永住権의 신청이 부진한데, 그이유는 ①戦後 入国者임을 自処하고 나설 바보짓보다는 戦前부터의 居住者행세를 하며 관망하자는것과 ②自首하면 収容所에 일단가야하는 現行法때문에 꺼려온 탓이었읍니다. 5월말현재로 불과 5백35명신청에 3백85명이 許可되고있읍니다.

永住権신청부터

▲権=永住権신청의 부진이나 이法案에 반대하는 底流의 원인을 대별하면 ①우리자신의 無知 ②入国管理当局에 대한 일반적反感 ③改正案에 대한 表面의目的에 대한 외구심으로 나눌수있으며 여기에 韓日協定의 失敗라고 本国政府에 책임을 돌리려는등의 反政府的요소도 없지않아 있읍니다. 좌익적 파괴활동을 하는 朝総連系에 特典이 많고 방임해두는듯한 인상을 씻을수없다는 생각을 가진 사람도 있읍니다.

▲辰巳=우리 정부에서도 協定영주권사무비에만 年間 6천만円을 쓰고있읍니다. 한국정부와 民団에서 계몽, 선전 심지어는 代書代筆을 해서라도 급속한 추진을 하도록 희망합니다. 앞으로 8월에 있을 法相회담도 열린것이라고 하니 어려운 문제는 잘 해결될줄압니다. 다만 섭섭하고 어처구니없는것은 永住権신청도 부진한채 民団이 반대운동에 앞장서고 있는 점입니다.

申請期間연기는

▲権=적어도 제2회 외국인등록만 마쳤으면 協定영주권을 주도록 하면 어떻습니까. 또한 協定영주권의 신청 한번으로 協定, 一般, 特在등으로 해당資格의 在留権을 부여하는 간편한 수속으로 끝나도록 해야만 합니다. 申請期間을 3년쯤 연기했으면 좋겠읍니다.

▲辰巳=다녀왔다는 사실이 뚜렷이 드러나기전에는 계속 거주 여부에 대한 조사는 심하지 않읍니다. 제2회 외국인등록만 제대로 되어있고 국적확인(韓国籍)만 되면 구태어 캐내려 가지 않고 있읍니다.

신청기간의 延長문제는 協定을 改正하고 議会의 승인을 받아야합니다. 70년安保의 해를 맞아 거의 불가능할것입니다. 개인의견으로는 적어도 35만명 이상만 協定영주권을 얻으면 성공적이 아닐까 합니다. 골수 朝総連系는 韓国籍을 取得지않고 따라서 협정영주권도 신청하지 않을것이기 때문입니다.

가깝고 어두운 재일한국인 <끝>

재일한국인들이 겪어야하는 많은어려움 가운데서 가장 심각한 문제로 드러나는 것은 자라나는 자녀들의 교육문제. 장기적으로 볼때는 법적지위 문제보다 더욱많은 문젯점을 안고있다는 것이다. 전체교포중 2세 3세들이 3분의2를 차지하고 있는 실정은 이교육문제가 얼마나 중요한가를 말해주고 있다.

② 교육문제

북괴공세 몰아내야

정부보조로 한국학교 지위높이고

↑「도꾜」에있는 한국학원

이들이 조국을 올바르게 알고있을때 조국은 이들에게 영광을 안겨줄수있어도 이들의 마음에서 떠나있는한 조국은 의의를 잃고마는 것이다.

교육면에서 가장문제되는것은 북괴의 공세다. 교포북송결과가 실패로 돌아가자 북괴는 교육정책에 몇배의 노력을 가하고있다는것이다. 우선 북괴는 학생과 학교의 숫자면에서 시위하고있다. 68년6월현재 학령아동 17만2천7백57명중 민단계 학교에 취학하는 학생수는 각급학교31개교에 3천7백84명인데비해 조련계는 1백42개교에 3만4천3백88명、그나머지 13만4천5백85명은 일본학교에 다니고있다. 이것을 전체비율로 구분해보면 민단계학교에 2·9%、조련계학교에 19·2%、일본계학교에 77·9%가 각각 취학하고있는 실정이다.

사실상 민단계학교라고는 「도꾜」의 한국학원(소·중·고)、「교또」의 한국학원(중·고)、「오사까」의 금강(金剛)학원(소·중·고)뿐이며 「오사까」에 있는 백두(白頭)학원(소·중·고)은 중립계로 알려진것이다. 이밖에 교육기관으로는 학원19개와 비교적 실효를 거두고 있다고 평을 받는 21개의 교육「센터」다.

이에 반해 조련은 소학교88、중학교44、고등학교9、대학교 1개등 1백42개교를 관장하고 있고 지난57년부터 30여회에걸쳐 북괴로부터 교육비명목으로 약80억원의 교육자금을 원조받고있는 현실이다. 그러나 현재 일본계의 대학에다니는 약4천명의 재일한국인학생중 약20%가 민단계이고 나머지80%가 조련계라는 숫자는 위로 올라갈수록 민단계 교육이 성공하고있는 증거라고 민단간부들은 희망적으로 설명하고있다.

재일한국인 2세교육에 있어 역사적으로 내려온 과정이나 현황으로 미루어보아 한국국민으로서의 참된 인격과 긍지를 갖게하는 문제는 극히 절박한 과제이긴 하지만 이에 따르는 문젯점도 한두가지가 아니다.

우선 학교를 증설하려해도 일본지역내에서 흩어져 살기때문에 자연히 통학거리가 멀어져서 구태여 한국학교에 입학하려하지 않는다고 鄭敏永 주일대사는 설명했다.

돌째는 시설이 부족하고 학자금의 부담이 크기때문에 (일본계 학교는 중학교까지 의무교육) 정부의 특별한 보조가 없는한 학생들을 유치하기 어려우며 세째로는 현재 재일한국인 학교는 모두가 일본학교 교육법에 인정된 학교가 아니타 미용학원 요리학원같은 각종학교 취급을 받고 있어 상급학교 진학길이 막혀버리고 있다는것이다.

이같은 실정에 대부분의 현지교육자들은 「정부가 일본과 문화협정을 체결해서라도 한국인학교의 지위를 향상시켜야할것」이라고 한결같이 강조하고 있다. 이러한 희망과 함께 민단 문교국에서도 현재 논의되고있는 본국대학의 분교설치보다는 재일한국 학생들의 본국유학길을 확대하는 것을 희망하고있다.

정부는 매년약 5천만원의 재일한국인교육을보조하면서 총2백만「달러」의 교육기금설치를 위해 1백만「달러」를 보조할계획을 세워 63년까지 39만「달러」를 적립했다.

이 기금은 앞으로 한국학원및 문화「센터」의 육성、장학금 급여및 기존학교 시설확장、대우개선을 추진할 것이다.

그러나 현재와같이 민단 간부들이 그들 자제들을 일본인 학교나 「아메리칸·스쿨」에 보내면서 민단교육기관을 경시하는한 재일한국인의 교육문제는 영원히 해결되지 않으리라는것이 일반적인 견해다.

재일 한국인 교육문제에 있어서 최근에 가장 효과를 낸것은 여름방학기간을 이용한 모국방문 교육인것 같다. 대부분 학생들이나 학부형들은 「실제로 본국을 살펴보니 조국에대한 존경심과 향수를 느낀다」고 토로하면서 금년도하계학교를 고대하고있다.

다음으로 교육문제에있어 시급한것은 도서관설치문제. 60만 한국인이 살면서 도서관 하나없다는 것은 모국을 알고싶어하는 2세들에게 대한 부모들의 무관심을 그대로 드러내는 것으로 지적될수 있다. 또 현재 각학원의 이사진(理事陣)을 강화해서 이사진이 제대로 기능을 발휘하도록 하는것도 시급한 문제인것으로 생각된다.

【李在還특파원】

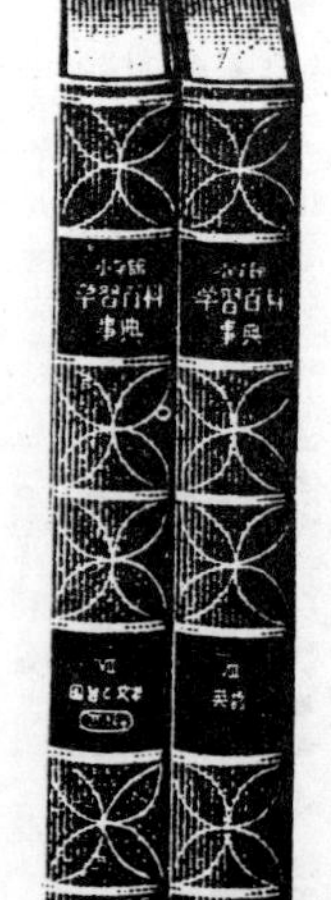

가깝고 어두운 재일한국인

비행기로 한시간반 거리의 가까운 이웃나라일본에는 쓰라린역사가 남겨놓은 59만 4천 6 백93명 (3월31일현재 외무부집계)의 한국인들이 살고있다. 그들은 지리적으로 보국에서 가장가까운 나타에 살면서도 정신적으로는 가장불안한 삶을 살고있다고 말하고 있다. 해방된지 24년, 국교정상화가 이룩된지 만 3년이 지난오늘날에도 이들의 지위는 보장없는 상태에 놓여있다는 것이고 그계보도 민단계, 중도계, 조총련계가 각각 20만명정도라는 주먹구구식계산이 있을뿐 정확한 구별도 표시도 없다는 얘기다.

① 법적 지위 문제

漢城. 1969.5.3

「동화同化 아니면 추방」에 눌려

영주권심사 까다로와 신청 겁내고
차별대우 면할 「상설위」 설치돼야

다만 거주시기를 기준으로한 본포는 ①해방이전부터 살아온 협정영주권 신청자격자(약55만9천여명) ②해방이후 52년4월28일 「샌프란시스코」강화조약발효때까지입국한 일반영주권신청자격자(약3천5백명) ③그 이후입국한 소위「전후입국자」(약2만5천명)로 알려져있고 직업별로는 노동자가35%, 판매업14%, 그나머지는「서비스」업, 관리업등 잡다한 직업이다.

재일한국인 가운데는 억대이상의 재산을가진 약 2백여명의 억만장자가 있고 10억대이상이 이중 약 1할을 차지하고있다는 얘기다. 그러나 부자가 있는반면 약 7할은 가난하다는것이 대체적인 현실이다. 재일한국인의 총재산은 3조(兆) 내지 7초수억원(일화)으로 추산되고있으나 일본정부의 엄격한 세무사찰과 기업에대한 융자거절등으로 가까운 시일안에 재산이 늘어날 가능성은 거의없다는 것이다.

이같이 밝은면보다는 어두운면이 더많은 재일교포사회는 동화(同化)아니면 추방이라는 일본정부의 정책에 짓눌려 있으면서 법적지위와 자녀교육의 심각한 문제등을 안고있다.

민단간부들은 『올해는 「법적지위」의해』라고내세울정도로 재일한국인의 지위와 대우문제는 교포들에겐 큰관심거리인 반면 嚴敏永 주일대사는 『민단간부들이 떠드는만큼 심각한 문제는 아니다』고 비교적 낙관적인 견해를 보이고있다. 이것은 정부의방침과 민단간부들의 생각에 어떤차이를 드러내는말이지만 역시 영주권신청문제는 그다지 낙관할 문제만은 아닌것같다.

협정영주권 신청자격자 총55만9천1백22명가운데 3월31일현재 허가를얻은 자는 10만2백97명으로 자격자의 20%미만이다. 오는71년1월17일의 신청마감을 약1년8개월 앞두고 이같이 영주권신청이 부진한데 대해서는 박대통령도 연초부터 촉진방안을 마련하라고 여러차례 지적한바있다.

영주권신청에대한계몽지도촉진방책을마련, 강력히 추진하지않는한71년이후교포사회의 정치적·사회적 혼란이 야기되고 우리에게 불리한 결과가 오리라는 것은 뻔한일이다.

영주권신청이 부진한 이유는①영주권을 신청했다가 결격사유가발견되어 불허되는 경우 재류자격에 대한 불안감②심사과정이 예상외로 까다로우며③당사자의 인식부족과 서류절차가 번잡한 점등으로 지적되고 있다.」

대부분의 재일한국인은 일제시 징용、학병등으로 일본에 끌려갔다가 해방된 기쁨에 일시 귀국한 사실을 시인하면서 일본정부의 까다로운 심사를 겁내고 있다.

또한 협정영주권허가의 요건이 되는 제1차(47년)、2차(50년)외국인등록및 지금까지 8회에 걸친 외국인등록 갱신때문에 그 인적사항의 일관성은 당시의 혼란과 착오, 본명등으로 거의 유지되기가 어렵다는 것은 있을수 있는 일이다. 그럼에도 불구하고 일본정부는 영주권 신청시 허위신청사항이 발견되면 1년이하의 징역 또는 3만원이상의 벌금형을 과하는등 까다로운 규정을 적용하기 때문에 많은 사람들이 애로를 느끼고 있는 것이다.

이에대해 그들은『일본에서 사형에 해당하는 범죄사실도 15년이 지나면 불문에 붙이는데 해방된지 24년이 지난 오늘 재일한국인의 재류 경력을 캐묻는것은 불합리하다』고 주장하고 있다.

정부는 영주권신청촉진을 위해 67년7월과 68년11월 두차례에 걸쳐 한·일법무차관회의를 열고 그절차를 완화했으나 신청당사자들은 양해사항의 어구들이 대부분 「호의적고려」등 추상적인 표현으로 돼있기때문에 일본관리들이 아주 까다롭게 군다고 지적하고 있다.

재일한국인들은 법적지위문제에 있어서 참정권은 원하지도않으니 취직、취학、자금융자등 일상생활에 있어서 차별대우를 받지않도록 한·일 공동 상설위 설치를 요구하고 있다. 그러나 재일한국인들은 『우리가 대우를 제대로 받는 국제적 지위가 되기위해서는 우리 스스로의 많은 노력이 필요할 뿐아니라 정부의 끊임없는 노력이 필요하다』고 한결같이 말하고 있다. 【李在遠특파원】

↑일본「후꾸오까」시의 한국인 거리

우리나라의 政党別統一方案

A

B欄に続く

1961. 3. 20 신세계

政党別	民主党	新民党	統社党	社大党	革新党	社会党
基本原則	国聯監視下의 南北総選을 主張한다 聯邦案은 民族分裂을恒久化하므로不可하고 中立化案은 좋고나쁘고의 問題보다나 그可能性이없다고본다 理由는 안으로는 経済上・国防上의 自立이없고 밖으로는侵略을防禦할有効한 国際保障軍이없는대도不拘하고 中立化만해놓고보면 共産侵略이 発生했을때 全히防禦가不可能하기때문이다	三・一및 四・一九의 独立民権革命精神을 土台로한 統一을推進하며「国聯監視下의南北韓自由総選」을原則으로한다 그러나 이原則에固着하지는않고 모든時間과 場所를가리지고 弾力性있게 積極統一을推進하다	民族自主的이고 平和的이고 民主的으로 統一되어야하며 南北韓自由総選을 통한「永世中立化」를 原則으로한다 永世中立은 国際会議에서 合意되고 保障되어야한다	統社党과 같다	統社党과 같다	自主的이고 民主的이고 平和的인統一을 原則으로하며 여기서 特히自主独立이強調되어야한다南北韓代表가만나지않고는 統一이 안될것이므로「南北協商에의한自主的인統一」이되어야한것이다
核武器導入 非核地帯案 軍事同盟	東部亜洲軍事同盟은 贊成이며 美国과 日本을包含한 軍事同盟이되어야할것이다 亜洲非核地帯設置案은共産侵略의威脅과 両陣営間의 軍事力의 均衡如何에의하여決定될 戦略上의問題이다 核武器国内導入및 誘導弾基地의 設置는 共産侵略威脅이継続되는限 不可避하다	東洋平和의 安全保障体制의 基点으로 集団安保体制를 強化하여야한다 그런点에서 東部亜洲軍事同盟에는贊成한다 美国과日本이 包含되지않으면 反対한다 亜洲非核地帯設置는 統一과 極東平和에 도움이된다면贊成할수도있다 (私見) 核武器導入과誘導弾基地의 国内設置등은 中共및 以北政権의 態度変更이없는限不可避한것으로본다	地域的軍事同盟에加担하면 二重・三重으로 制約을가져오고 冷戦을激化시킬것임으로 東部亜洲軍事同盟은反対한다 日本資本導入은 日本経済圏에의編入을 招来하여 統一에沮害되므로 反対한다 亜洲非核地帯設置는 平和를위한것이므로 贊成한다 核武器国内導入 및 誘導弾基地設置등은反対한다	統社党과같다 다만東部亜洲共同市場은 統一에 影響주지않는 方向이라면 贊成한다	統社党과같다 다만 日本資本導入問題는 国交正常化後 論議할 問題라고본다	統社党과같다
政界改編 先統後建 先建後統	먼저国民을 奴隷化하고 物質的欠乏속에서呻吟케하는 共産勢力은除去되어야한다 따라서 現実的으로는모든条件이 短時日内에 統一의可能性이 뚜렷하지못한만큼 우선建設이先行될수밖에없다 統一에앞서 保守및革新勢力은 各其合同또는 聯合하여야할것이며 民主党은 民主的인革新勢力과도 緊密히 提携하겠다	統一原則에 違背되지않는限 建設努力과 統一努力은 竝行되어야한다 (私見) 統一을위해 統一部및 対北専用放送局을 設置하여 超党派的外交를하여야한다 総選에対備하여「統一要員養成」을 構想하고있다 統一에, 当面하면 政界再編은 必然的이며 특히 健康한保守合同은 반드시 있어야한다	南韓의 民主建設에贊成하고 民族에서의 建設엔贊成하나 民族最高의課題인 統一과建設은 同時에推進되어야한다고본다 先建設 後統一論은統一을 안하겠다는것이다 統一政策은 超党派的으로 推進되어야한다統一에앞서 保守的政党의統合과 革新的政党의統合은不可避하다고본다	無条件 統一하자는 先統一論은 危険하며 先建設論도 南北韓의 間隔만 늘이므로 統一과 建設의 努力은 竝行되어야한다 統一에앞서 保守政党이保守와 革新으로 分離되어서로운保守와 革新의再編이 있을것이다	統一없이는 建設이 되지않을것이므로 先統一後建設에 贊成한다 平和統一을 沮害하는 南北執権勢力이 退陣하고 良心的이고 進步的인主体勢力인것이政権을担当하는 政界再編이 있어야한다	先建設 後統一論은마음속에 三・八線이 있는特権層의 主張이다労動者・農民등 一般이마음에는 이미三・八線은 없다統一과建設은同時에推進되어야한다統一에앞서革新政党과保守政党은接近해서 協調하여야하며敵対視하여서는않된다
南北交流	書信交換은 北韓地域에서의 書信이自由・秘密이 保障되고 南韓과의書信交換者에対한 身辺安全이 保障된다면 国際赤十字社와같은 中立的인 機関의関与아래 行해질수있을것이다 余他交流는 現段階에있어서는時機尚早이기때문에 反対한다 共産側은 먼저 六・二五当時 強制拉北한 人士들을 하루速히 送還하여誠意를 表示해야할것이다	国際機構를통하여 被拉人士救出・救護糧提供・医薬品提供등을推進 한다 書信및 言論人交換을 위해서 国際機構의 以北進出을 積極推進한다 (私見) 全般的文化交流는 新民党의 原則과 両立하지않으므로反対한다	間諜・攪乱工作의 防止를 保障하는 制限밑에 書信往来・記者・体育人・物資등 交流에贊成한다 被拉人士는 相互主義와 自由選択原則에따라 送還되어야한다 学生들의 南北間 修学旅行도 좋다	一定한 制限下의 書信往来・経済・文化・芸術・科学・言論・体育交流를하여야한다 交流를위해 政府및 民間代表로되는 南北交流協議体를 構成하며板門店을 交流処로한다	適地에 郵便局을 設置하여 徹底한 郵便検閲下에 一個月三回限 書信을交換한다 記者・教授・政党人・法曹人의 南北視察団交換을하여야하며南韓의過剰生産品과 北韓의 電力및肥料등을 交換하여야한다	書信往来・各界各層을網羅한 南北視察団交換및 懇談 学生交流 競技및 演芸등 可能한것부터始作하여 物資交換까지모든 交流를하면이들의 統一意慾에 政府도 따르지않을수 없게되어 統一이容易해진다

B

国際会議 中立・聯邦案	韓国의分断自体가 強大国의 人為的인造作인만큼 統一도 強大国의議意表示와 合意가있어야할것이나 그것이論議되고 決定될場所는 国聯이어야한다 統一方案은 国際的인決議와 우리自体의 主張이合致되어야만 有効한것인만큼 우리로서는 中立化・永世中立化・聯邦・後見등諸案은決議되지않도록主張・貫徹할것이다	統韓은 国際会議에서 美・蘇間의 妥協에 의하여서만 可能하다고본다 国際会議에서 中立化案이 採択되면 그受諾与否에대하여虚心坦懐한態度로 臨하겠다 統一韓国이 印度式인政策的인中立을取할可能性을排除하여서는안될것이다 (私見) 永世中立化案이 統一方案은못된다고본다 (私見) 聯邦案이採択되면 実質的인分断状態나다름없음으로反対하겠다 (私見)	南北韓代表가参加하는 国聯 또는 関係国 国際会議에서 解決되리라고보며 그렇게推進한다 国際会議에서 中立化 또는 永世中立化에合意할展望이며 거기에賛成하나 聯邦案엔反対한다 共産側은 当初 中立国監視下 総選을主張하다가聯聯邦案으로後退하였다 中立国監視下総選으로 共産側이돌아온다면 統一은 쉬게된다고본다 (託治・後見엔論評回避)	南北韓政府및民間代表가参席하는 統韓国際会談과 南北協商이 同時에推進되어야한다 聯邦案이나 託治는 国際会談서採択되어도 反対하겠으나 六個月程度의 後見이면 受諾하겠다	南北韓政府및民間代表의 美・蘇中心한関係国国際会談이나 南北協商에서解決할수있다 聯邦制위에 民族最高委를設置한다는以北案은現政府統一方案과함께 그 受諾与否를国民投票에붙여야한다託治나 後見은 反対한다	統一은南北協商을통해 自主的으로成就되어야한다 国聯決議의 絶対性을適用하려는것은 統一反対論과 直接連結되며 第三者의 協議에 맡긴다는것은 反自由的이다 南北協商에의해 마련된 方案을 国聯이나国際会談에反映하여야할것이다
北韓規定과 共産党合法 化与否	北韓政権은 自由로운 国民投票에의해서 成立된것이아니고 蘇聯의支援아래 独裁的인暴力으로써 権力行使를하고있는만큼 不法的인 一個政治集団에不過하다 総選当時는 共産党이 自由選挙原則에 服従한다는前提下에 選挙参加가 認定되어야할것이다	北韓이 実質的統治権을 行使하는 政権인것을 認知하나 不法・傀儡政権임에는 틀림없다 (私見) 共産党은 排他的이고 破壊的戦闘性을 가졌으므로 그存在는 自由寡囲気確保에도움이안된다 그러나 仏・伊共産党과같이 自由選挙에 賛成하는 共産党이면 容認할수있지않을까 (私見)	大韓民国만이 韓半島에있어서의唯一合法政府라함은 国聯決議를 歪曲한独断論이다 北韓은 実質的執権者로서「当局」으로規定되어야한다総選時 共産党不法化 前提라는것은統一反対論이며 또하나의 北進統一論이다	北韓은 自治官署에 準하는「当局」으로規定되어야한다 総選時 共産党은 当然히容認되어야하며 그렇지않고는 平和統一이不可能하다	協商段階에서는 北韓을「政権」으로認定하여야한다 共産党은 総選段階에서는 当然히 合法化하여야한다 그렇지않으면 偽装된 政党이 많이생겨날것이다	北韓政権을 協商의対象으로써 当然히 認定하여야하며 国聯承認与否는 民族的問題를 解決하는데큰問題가안될것이다総選時에는 共産党을合法化하여야할것이다
南北協商 全韓委構成	南北協商은 共産側의 欺瞞과 詐術에찬 従来의 手法에 一大変化가 있었다는 確証이 提示되기 前에는 不可하다	南北協商은 問題解決에 도움이되지않으므로 排撃한다 但 以北金日成政権의 独裁体制에 本質的인 変質이있으면 可能할수도있다	国際会談에서 中立化統一에 合意가成立된다음에 南北協商은 可能하며 金日成退陣을 条件으로한다 南北協商은우선 政党・社会団体로 構成되는 南北韓代表協議体에서、 그다음에 政府間에構成되는 全韓委서 한다 全韓委는 自由寡囲気保障節次를 決定하고 選挙法을 制定한다	南韓国会서選出된 民主主義的政党・社会団体代表와 北韓当局서 選出된代表로 「祖国統一委員会」를 構成한다 祖統委는総選과 直接関聯되는 範囲서 南北韓의 政治的接近措処를 取하여総選挙法을制定한다	南北의議会代表・政党・社会団体代表및 民族的指導者人士 若干人으로 「全韓委를構成」 한다 全韓委는 監視委와合意下에 選挙法을 制定하고統一節次및 法安維持原則을 決定한다 全韓委決定의執行도 監視委와 合意下에 施行한다	우선 南北協商을 하여야하며 여기서는 選挙後의 우리民族国家의 政治的性格에 関한것이 아니라 自主・民主・平和라는 三大原則에立脚하여総選에関한 技術面과 事務面을 協議하며 合意본것을 国際与論과 国聯에反映시켜야한다
総選監視 治安問題 選挙法등	国聯監視下의 総選挙로서 北韓地域에서도 南韓과같이 完全한 自由選挙가 保障되어야할것이다 総選時大韓民国政府가 協議해에가서国聯과大韓民国政府가 協議해서가장有効한方法을 択하면될줄안다選挙法制定은人口比例에의한 自由選挙를原則으로한다	統一後 南・北韓의間際実施하여야한다 (国聯에서는 監視国으로 瑞典・瑞西・印度같은 国家를選出할 可能性이있다) 総選出의 治安은 国軍이所属되어있는 国聯警察軍이 担当하여야한다 選挙法은 現行韓国選挙法을 土台로할것을 主張한다	国聯서承認된 中立諸国監視밑에総選을하여야한다 (国聯同意下에印度・瑞典・瑞西・체코・派蘭등五国이選出될것을希望) 監視委는 有効適切한監視権이 保障되어야한다総選時의治安은 国聯警察軍이 担当하여야한다 (金씨는 監視委와 全韓委協調下의治安維持主張) 選挙法은 比例代表制의原則에서 制定되어야한다	国聯서選出하는 韓国에政治的 軍事的利害関係없는 中立国으로 国際監視委를構成한다 監視委는選挙를 監視하고祖統委가合意보지 못한事項은 監視委議長이決定한다 総選当時의 治安은 美・蘇混合警察軍및中立国軍隊가担当한다	国聯이任命하는 厳正中立国으로 選挙監視委員団을 構成한다 治安은外軍撤収와 同時에 들어오는 国際安全保障軍및国際安保軍監督下에 組織되는 治安隊가 担当한다 国際安保軍은 統一後되어도 半年後에 撤収하여야한다	監視問題및選挙法制定은 南北協商에서 決定될問題이다 治安은 南北間에 새로이形成되는強力한 指導勢力에의하여担当되어야하며 万不得已할때만 国聯에 依頼하여야한다
外軍撤収와 軍解体与否	国聯軍은 統一韓国에대한 侵略의威脅이 사라질때까지 駐屯하는것이좋은것이다 勿論北韓에있는中共 軍은完全撤収해야한다 軍事統合問題는統一政府와 国聯의 協議아래 処理될것이다	選挙의 自由寡囲気保障에 支障이없는限 国聯軍駐屯이란必要하다 以北에 帰化한 中共軍은 自由総選挙의,経験과 訓練이없는만큼 撤退해야한다 (私見) 南北韓軍隊는 総選時現国軍과같이 国聯軍指揮下에들어가든지 그렇지않으면 武装解除하여야한다 (私見)	北韓当局이 国聯에대한 挑戦을撤回하는등 合理的으로나오면 外軍은撤収하여야할것이다 그時機는 全韓委가構成되고 監視委가들어온後이며 総選以前 이어야한다 南北韓軍武装解除는 統一政府서 할일이나 그前에도 一部軍縮은 必要하다	永世中立保障이되고南北韓軍武装解除後美・蘇協議下에 二個月内에 比例原則에따라 南北韓軍隊는 解散하여야하며南韓은 美責任下・北韓은 蘇責任下에 解散한다	南北韓駐屯外軍은 総選三個月前에 完全撤収하여야하며 完全中立国軍隊로構成되는 약一万名의 国際安保軍과 代替되어야한다 南北韓軍과 代替되어 安保軍이 武装解除를担当한다 総選前에도 第一段階로 南北韓軍을 각각十万以内로縮小할必要가있다	外軍撤収및 南北韓軍武装解除問題는 南北協商에서 論議決定될 問題이다
統一後의 指向体制	民主党이 統一後韓国의 執権党이될것이며 北韓의異質的인 経済体制도 自由経済方向으로 原則的인 転換이있을것이나 大企業体는 当分間国有를継続한다 (私見) 統一後에도自由民主主義体制下에 混合経済와福祉社会의 実現을指向하며 現実的外交方針을 択해야할것이다 自由陣営과의 軍事的紐帯는 維持않을수없다	統一後 南・北韓의間際을 메우는問題는 統一国会에 맡길것이지만以北을解放直後의状態로 還元시킨다는것은 現実問題로서 困難한点이많다 統一後도 自由民主主義体制를指向하여 平和共存은 是非의対象이아닌 現実問題가 되었으므로 共産圏과도外交関係를 맺는다	南・北韓의 間際問題는 民主的社会主義原則에따라 処理될것이다 永世中立化란 国家形態에서 民主的社会主義를 指向할것이며 平和共存路線에立脚해서共産圏과도外交関係를맺을것이다 親美또는 親蘇一辺倒의外交関係를 排撃한다	南韓에는 民主社会主義를北韓에는 社会民主主義를実施하여 政治的・経済的民主主義로눈읍으로 調整한다 統一政府는 土着的社会主義를 指向하며 平和共存路線에따라 共産圏과 外交関係를樹立하고 모든 軍事条約을 廃棄하여야한다	統一韓国은 民主的社会主義体制로 改革되어야한다 平和共存路線에立脚하여 美・蘇를 모든国家와主権이 侵害안되는限에서友好条約을 맺는다 다만一切의軍事条約은 廃棄되어야하며 締結할수없다	社会主義社会를 実現하겠다 다만 急進的으로할것이아니고 国民의意慾에 合理性과 計劃性을賦与하는 方向으로나가야할것이다 其他問題는一政府서 할일이다

日鮮窃盗團の"黑幕"
金井田を逮捕
百万円の妾宅構えて豪勢な暮し

1949.12.25 朝

関東一円を荒しまわっていた二百名以上にのぼる日、鮮人窃盗団の大親分北区昭和町一の九金井田与一郎(四〇)が廿四日警視庁捜査三課に検挙された

金井田は去る一日横浜、川崎、埼玉三地区を急襲して検挙した八十余名、および十月初旬行われた七十余名の大窃盗団と緊密な連絡をもち、彼らを手足のごとく使っていたが常に犯罪の表面には顔を出さず一味の者が検挙になっても"弁護士料と家族の面倒は見る"といって口止めを防いでいたが、二次にわたる大検挙で"黒幕の大物"として三課に察知された、同課松田警部補係で内偵がはじめられたことを知った金井田は十一月ころから姿をかくし仲間の家を転々としていたが遂に廿四日朝義弟の世田谷区玉川奥沢町三の一一七渡辺徳次郎(四三)宅に立回ったところを張りこんでいた牛尼刑事に逮捕されたもの

金井田与一郎

金井田は世田谷区赤堤町二の六一一元海賀主計大尉大戸寅之助(六〇)=未検挙=を最高参謀としてさきに検挙された新本こと朴昌龍(三二)金光こと金安植(三七)三ちゃんこと金錫永(三三)らを配下として各官庁倉庫からトラックおよび同部分品などを集団で窃取、現在判明したものだけで一千件総額二億円以上にのぼり台東区龍泉寺町には百万円を投じた総ヒノキ造り二階建の豪壮な妾宅をかまえているという豪勢さで金井田は窃取した二億円の金で近くトラック廿台を買入れ一大運送会社をおこす計画だったと自供している

朝鮮人大窃盗團を検挙
けさ関東一円61ヶ所急襲

1949.12.2 東

歳末非常警戒に先立ち警視庁では都内、近県を始め遠く宮城、福井の各県をまたに強窃盗を働いていた疑いのある一味約二百名にのぼる朝鮮人の一団があるのを探知、内察中のところ川崎、大田、江東各地区五十六ケ所、千葉、埼玉、神奈川の五ケ所計六十一ケ所にそれぞれ本拠があることが判り百四十名に上る逮捕令状を得、一日午前四時を期し浦島捜査三課長総指揮の下に三ケ班を編成、国警、予備隊七ケ中隊、ラジオ車、予備隊ジープ等約廿六台の機動力の応援の下に、四百五十名の警官を動員、百四十名の逮捕状をもつて雨をついて急襲川崎市小田町一〇大平こと崔成道(四〇)住所不定宋秉郁(四〇)ら八十名を大量検挙、身柄を警視庁ほか各県下各署にそれぞれ留置、綿火薬、弾丸ケース、綿布、タイヤ、毛糸など多数を押收した、事件は捜査三課が本年九月、品川区大井伊藤町で強窃盗容疑者李時栄(二三)ほか十名を検挙、引続き鳥越警部補が主任となり捜査を継続した結果これが二百名に上る大強窃盗団であることが判明今回の大検挙となつたもの

既に八十名逮捕
判明被害、三億円に及ぶ

当局の発表によれば一味は廿一年春ごろから常にピストル、凶器などを携行、数名あるいは十二、三名が一団となりトラックなどを使用して都内、および神奈川、千葉、群馬、埼玉、栃木、茨城、宮城、福井、京都方面の一般民家、工場、倉庫、士蔵などを荒していたといわれ、現在までに判明した犯罪事実は強盗十六件、窃盗三百件、その被害も繊維製品、ゴム原料、自動車、タイヤ、貴金属、米など総額三億円に上る見込みである

北鮮スパイ網を摘発
六人逮捕 主犯は内務省直属

33.12.14 東京[illegible]

北鮮の大がかりな対日スパイ網を探知、去る八月から極秘に内偵していた警視庁公安三課は、十四日朝までに主犯の北区田端町一二五不動産屋店員青山京一こと姜乃坤(三[illegible])をはじめ北鮮系のスパイ団六人を出入国管理令、外為法違反の疑いで検挙、乱数表による暗号文書など証拠書類を押収した。この組織は相当大がかりなものといわれ今後の捜査で北鮮の対日工作の全容がほぼ明らかにされるとみられる。

◇押収した乱数表と(右)から逮捕された姜乃坤、李勝寶、朴南基

調べによると青山は北鮮内務省直属のスパイ員で、同省のスパイ機関から特殊教育をうけ、日本にいる秘密ネット員に対する紹介状と北鮮政府発行の偽造外人登録証のほか、暗号解読の乱数表、米ドル五千ドル、日本円四十万円を支給されて昨年十一月下旬、日本漁船に偽装された小型木造船で石川県下の某漁港に密入国した。

すぐに秘密ネット員の大阪市東淀川区パチンコ店金山こと金基健(三一)宅に泊り、同人の紹介で川崎市に住む北鮮系分子と接触、対日工作の準備をすすめた。

五千ドルの米貨は金の紹介で大阪市港区二条通四ノ三二 質屋新井こと朴甫基(三九)同市天王寺区小橋元町一〇七絹布商山田こと李勝寶(三四)から一ドル三百八十五円で換金、これを大阪、川崎などの北鮮系商社に投資、対日工作資金確保をはかった。

その後人目をのがれるため北区にアパートを借り、同じく密入国した朝鮮慶尚北道義城郡邑道生れの高田八十三こと申畢女(三八)と同せい、日本人の不動産屋に店員としてもぐり込んだ。店主のあっせんで日本人の創価学会員になりすまし、秘密ネット員と連絡するほか、短波無線で北鮮からの工作指令をうけていた。青山らの任務は諜報面では自衛隊の配備状況、在日米軍の兵力、在日韓国代表部の諜報、謀略面では日韓両国の親善妨害などで、乱数表の解説表、無電機も都内にかくされているとみられる。連絡方法は青山が乱数表を作って石川県下の某漁港近くの砂浜にうめ北鮮から密入国した連絡員が掘り出していた。

検挙者氏名次のとおり。

朝鮮慶尚北道安東郡月谷面丹[illegible]洞四一五生れ大阪市東淀川区パチンコ店[illegible]金山こと金基健(三一)朝鮮慶尚北道義城郡[illegible]元洞五七九生れ大阪市港区二条通四ノ三二 質屋新井こと朴甫基(三九)朝鮮済州道朝天面新興里生れ大阪市天王寺区小橋元町一〇七絹布卸商山田こと李勝寶(三四)朝鮮慶尚南道釜山左川町六八生れ名古屋市東区相生町一ノ五店員福田茂雄こと文永哲(三六)朝鮮慶尚北道義城郡邑道西道生れ東京都北区田端町一二五紙器商田ハナエこと申畢女(三八)

韓国、中共の提案を拒否

33.5.8

【京城七日発ロイター＝共同】韓国外務省スポークスマンは七日、朝鮮からの全外国軍の撤退と朝鮮の平和統一についての国際会議開催を申入れた中共の提案は宣伝であり、受入れられないと述べた。

首席代表に金裕沢大使
駐日韓国代表部

金裕沢大使

【東京十六日新亜特約】韓国政府は十六日駐日代表部の金裕禎公使をフランス駐在公使[illegible]を参事官に任命した。金裕禎公使は十六日朝CAT機で離日した。

金裕沢新大使は日本政府と折衝を行ない、近く韓国政府に報告のため帰国し月末までには赴任する。

金大使略歴 黄海道生まれ、四十七才。九州帝大卒、朝鮮銀行満州支店支配人、朝鮮相互銀行専務取締役、朝鮮銀行理事を経て戦後は内務次官、韓国銀行総裁を歴任、五月一日駐日代表部の顧問として着任。

"日本政府が帰国妨害"
北鮮系在日朝連で声明

33.12.24 朝日

在日朝鮮人総連合(北鮮系、韓徳銖議長)は、さる七月ごろから広範な在日朝鮮人の北鮮帰国運動を行っているが、この運動に対し、日本政府は各都道府県議会などに通達を流すなど悪質な妨害運動を行っている事実があるとして、二十四日午前法務省に同会中央本部尹相哲外務部長ら三人が抗議を行うとともに、東京都新宿区信濃町の同本部で"妨害の事実"と声明を発表した。

問題の通達というのは、同連合会の話によると、さる十日付で、法務省勝野入国管理局長が流したもので、内容は朝鮮人の北鮮集団帰国運動は、国の治安、外交等の政治問題とも関連があるから、最近、盛んに各自治体議会に対して行っている「北鮮帰国実現」の陳情、請願は聞きおく程度に受けておかれたいというもの。

この通達の結果、栃木県議会などは、決議直前の状態だったのを当分採択は延期となっており、また、帰国運動を行っている人たちの家を警官がたずねて、"帰国希望者の名簿を見せろ"など圧力をかけているという。

法務省入国管理局、登録管理官室の話 通達を出したことは間違いないが、帰国運動を妨害しようなどというねらいではない。帰国させるかどうかは国が決めることで、地方議会が勝手に帰国促進を決議しても仕方がないし、また決議して、早期に実現しなかった場合には、地元でまさつが起るおそれなどがあるので、慎重に扱ってほしいと要望しただけだ。

北鮮系暴力團に私設警察

既報＝北鮮系主流の暴力団事件を追究中の国警滋賀県本部では、さきに暴行、脅迫、恐喝、不法監禁などの容疑で逮捕した大津市内所某元民青 [illegible] 金元植（[illegible]）ら七名を送致、[illegible] 近く起訴されるものと [illegible] られるが、これらの取調により図らずも一味のうちに私設警察、留置場、裁判所を設け一味の不協力者に対し [illegible] していたという驚くべき事実が判明した

鐵格子の留置場

滋賀縣で リンチ罰金も加う

すなわち同本部の調べによると同 [illegible] 県蒲生郡八幡町新町元朝連八幡支部内二階六畳の間に私設裁判所を設置、金ら元朝連系有力人物が裁判官として判検事格の席につき左右両側に十名ずつの立会人（いずれも朝鮮人）を控えさせ人民裁判的形式で自分らに不協力という [illegible] 昨年十一月上旬ごろ同 [illegible] 氏（[illegible]）らにかけ [illegible]

明した被害者は四名（内訳日本人一その他朝鮮人各一名）があがっているなかには罰金刑と称し金品を喝取していた容疑が浮び同本部では目下この面の捜査をつづけている

この私設留置場は同八幡支部裏の土蔵（二間―三間）をあてて外部には二寸丸太を七寸おきにはめ窓には狭さくを設け本物の留置場と変らなかったと係官は語っており、近所の人の話では場内で再三リンチが加えられていたものらしく大人、子供の泣き声がきかされたといっている

裁判を受けた某氏談 前日呼出状がきたので不審に思いながら当日八幡支部の事務所へ参りました、そのとき呼出されたわけは私が朝鮮人のことを密告し、また彼らの [illegible] を密告したから裁判へかけると二階へあげられ数名から殴られあわや殺されたかと思いましたが今まで一部で苦しめられていた町民ことに朝鮮人を助けたいためにせい一ぱい裁判の席上たたかった、あのときはただ私が犠牲になってもよい、これも町民のためだと耐え忍んでいたわけです

なお今次暴力団検挙の一端として北鮮軍ゲリラ隊への資金カンパ [illegible] 大津市内四ケ所を捜索関係書類若干を押収した（大津）

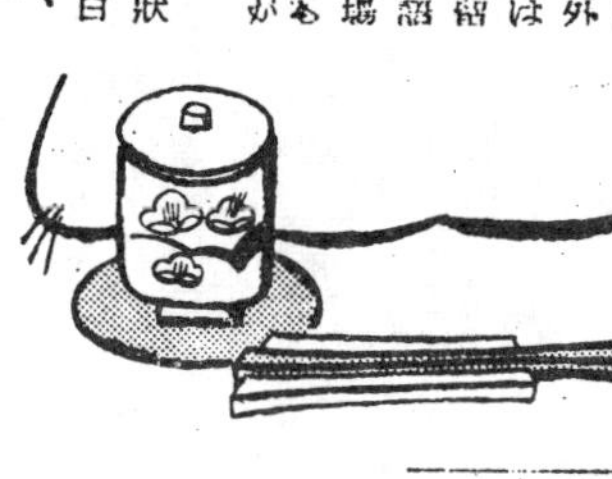

韓国、大スパイ団を摘発

売買 1969.5.14

国会議員（共和党）ら16人

在日韓国人が多数

【ソウル甲藤特派員十四日発】韓国中央情報部は十四日、日本とヨーロッパを舞台とする国会議員を含む北朝鮮スパイ団を摘発、関係者十六人を逮捕し、さらに四十数人に対して捜査を継続中であると発表した。

（関連記事11面にあります）

金圭南議員

朴大仁氏

海外捜索 日韓トラブルの危険

発表によると、一昨年夏、ドイツ、フランスなどで韓国の学者、芸術家など多数が突然蒸発し、対南赤化工作団事件として国際的問題となった事件が日本を舞台におぜん立てされ、しかも在日韓国人によって工作されていたという新事実が判明した。

彼らはスパイ教育を受けたのち❶韓国内で合法的な拠点を確保して政界、学界などに食い込み❷社会主義革命機運を醸成させ❸一九六〇年の学生革命当時のような混乱がくれば、民衆を立ち上がらせて革命を起こさせるなどの指令を受けて活動していたといわれる。

今回のスパイ団事件の工作責任者は、在日韓国人出身でイギリスのケンブリッジ大学に留学した朴大仁（パク・テイン）氏（三七）で、組織員の中には与党・民主共和党国会議員、金圭南（キム・キュナム）氏（四〇）をはじめ多数の在日韓国人船員、商人らが含まれている。

なお、発表では、日本で〝蒸発〟として騒がれた在日韓国人実業家、尹西吉（ユン・ユウギル）さんについては全く触れていないが、今度のスパイ事件に関連して韓国の捜査当局から呼ばれたことは事実で、消息筋によると、尹氏のむすこがこれら工作員グループの中心人物たちと関係していたことから、尹氏から事情を聞き、傍証固めをしたものだといわれる。

また今度のスパイ事件発覚の発端は昨年十一月起きた大阪の北朝鮮工作員グループ事件で中心人物の自供から韓国内にも同じようなグループが存在していると推定され、韓国内での捜査に発展したともいわれる。現職国会議員がスパイ容疑で逮捕されたのは韓国独立直後、制憲国会の副議長など十数人が南労党（共産党）国会オルグ事件で逮捕されていらい二回目。

消息筋によると、さる二月日本を経由して韓国にはいったスパイを調べた結果、金議員の関係する組織が北朝鮮内にあることがわかり、さらに❶日本からの工作員グループから工作金を受け取り、金議員が講師を兼ねる外語大を中心に国際問題研究所という名で政治サークルを作っていた❷六六年イギリスのケンブリッジ大学に在学中北朝鮮工作員と会い、平壌に行った疑いが出てきたという。

金炯旭・中央情報部長は、十四日の発表に際して「未逮捕の捜査対象人物の大部分は海外に居住しているが、こんごも徹底的に捜査を進める方針である」と国外捜索を続けることを示唆しており、今後日韓間で司法警察権をめぐってトラブルが起きる危険もはらんでいる。

【新亜＝東京】金炯旭（キム・ヒョンウク）中央情報部長は十四日、北朝鮮スパイ事件を発表したあと「在日韓国人尹西吉（ユン・ユウギル）氏（東京都港区・東商産業専務）はスパイ容疑のないことが判明した。政府高官との関連説は事実でない」と語った。

天声人語

何びとも自国に帰る権利がある。あたりまえのことだ。世界人権宣言にもそのことが明記されている。ところが[illegible]帰国も[illegible]ならぬものに、釜山の抑留日本人と、北鮮に帰りたい在日朝鮮人とがある▼いま日本にいる朝鮮人は六十余万人。そのうち北鮮に帰りたい者が十一万七千人いるそうだ。それは〝北鮮出身者〟に限らない。むしろ大部分が〝南鮮出身者〟だという。それはなぜか▼在日朝鮮人には生活に困っている人が多い。それらに支給する生活保護費は年に二十七億円にもなる。生活困窮からの犯罪者も少なくなく、社会不安の元にもなっている▼南鮮出なのに北鮮に帰りたいというのは、イデオロギーや思想上のことではないらしい。去年の秋、北鮮では在日同胞の帰国を歓迎すると発表した。労働力も不足しているようで、帰ってくるなら生活は保障するといい、工場や農協でも受けいれの人数が割当てられているそうだ。〝暮せる〟から北鮮に帰りたいというわけ▼ところが韓国はこれに横ヤリを入れている。日本政府がもしこの帰国に便宜をはかるなら〝重大な結果〟を招くと公言する韓国高官さえある▼北鮮に帰るのがけしからんというのなら、韓国も負けずに、帰国者を温く迎えいれればよい。かれらは北でも南でも要するに〝暮しの楽〟な方へ行きたいのだ。何となく恐しげな気配があるものだから、こわがって背を向ける。寒い北風ではぬがせられなかった旅人のマントを、温い太陽がぬがせた話を、韓国政府はよく味わってみるがよい▼藤山外相はこの問題を国際赤十字に調査してもらう方針だという。それがよい。人道的にこんな理不尽が許されてよいものではない。釜山に抑留中の日本人漁業者の扱いもひどい。もう三年半に及ぶものもあり、裁判がすみ刑期が終ってもまだ帰されぬ有様だ。非人道的な人質外交というほかない▼藤山外相も〝両岸病〟がうつってよろめいてばかりではいけない。内側でフラフラしていては相手の軽侮を買うばかり。韓国公使も東京と京城を往復するごとに方針が変るようだ。こちらが〝日日内交〟あちらも〝韓韓内交〟では、本当の日韓交渉になりはしない。

三船員、韓国から強制送還

【大阪発】六日午後三時大阪港に入った大韓海運の定期貨物船ウオンズ号（五七三トン）で、神戸市日和海運所属[illegible]日和丸（七〇六トン）の操機長宮田謙一さん（五三）＝愛知県＝同コック長橋本一巳さん（四七）＝大阪市＝と下関市田熊竜一さん所有機帆船宝栄丸（一〇・七トン）の船長宮[illegible]利吉さん（六七）＝同市＝の三人が韓国から強

在日韓国人が主役

ヨーロッパ各国でも工作

【ソウル甲藤特派員十四日発】北朝鮮が韓国の赤化をねらったといわれる"対南赤化工作団事件"は十四日、韓国政府によって全容が発表されたが、それによると、この工作団は、在日韓国人が"主役"となり、日本が"組織基地"となっていたことがわかった。国際的な規模のスパイ事件で日本が舞台の中心となったのは初めて。発表によると、同国政府が追及しているスパイは約六十人（うち十六人逮捕）だが、このほとんどは、かつて日本に滞在したことのあるいわゆる在日韓国人だった者。工作は韓国内をはじめドイツ、イギリス、フランス、デンマークなど各国内で行なわれたが、それらの"根回し"は、ほとんど日本国内で行なわれたという。

西郷さんの前で連絡

発表では、容疑者のほとんどは戦後間もなくか、朝鮮戦争の混乱期に日本に密入国し、入国後在日資格を得ているが、この手段ははっきりしない。朴大仁(三七)や金圭南(四〇)のようなかつては留学生となったインテリが多く、そのほか工員、会社員など在日中の職種はまちまち。日本ではとくに一定したアジトはなく、個人的な交際や、観光旅行中の共同生活など、あらゆる機会を利用して、工作員としての教育をほどこしていたといわれる。

工作団の目的は三つ。第一は、対韓国革命運動のための地下組織を拡大する。第二は、そのため、合法的に政界、学界に進出する。第三は、いわゆる情報の収集、交換――。

連絡場所は東京・上野公園の西郷銅像前だという。東京以外ではパリ、ロンドン、コペンハーゲン、西ベルリンなどで、工作員は各国にひろがっており、これらの工作員の糸をたどると、すべてが日本につながるという。

中心人物の朴は、東大法学部を卒業後、大学院で学び、ついで三十六年、イギリスのケンブリッジ大学に入学した。日本には三十年に密入国しており、この間在日中、北朝鮮の対韓工作にだきこまれたといわれ、その後三十九年までに前後九回東ベルリンの北朝鮮のアジトを訪れ、さらに昨年まで、東ベルリン－モスクワ経由で平壌にも二回はいっている。日英両国の事情にくわしいところから在日韓国人留学生をイギリスに留学させるあっせんをし、それらの学生に北朝鮮の資金を与え、次第に工作員に仕立てたという。

国会議員の金も二十六年に日本に密入国、立命館大、明大で学び、いったん帰国後、再来日して東大大学院で学び、経歴をつけて帰国。共和党に食い込み、同時に外語大講師などをした。その後、朴の招きで日本を経由してケンブリッジ大に留学、そこで、工作員となった。

最近、失跡－再来日して話題となった在日実業家尹酉吉（ユン・ユウギル）さん(五〇)も実はこの工作団との関係を疑われ、帰国を命じられたもので、今度の発表では「シロ」とわかって自由となったといわれる。

もちろん、日本を舞台にした北朝鮮のスパイ活動あるいは日本を中継にした韓国へのスパイ浸透はいまにはじまったことではない。しかし韓国民が"スパイ天国日本"の脅威をあらためて感じたのは事実である。

新しい連絡ルートも

警察当局の調べでは北朝鮮から日本に潜入する秘密工作員の任務は、政治工作、軍事工作のほか、対韓工作があげられる。このうち対韓工作の行動は、駐日大使館や民団の動向、在日韓国人を利用して韓国内の情報収集、革命分子の送り込みなどをおもな任務にしているという。

北朝鮮スパイ事件は昭和二十五年から今までに二十六件（うち二件は死体で発見）四十四人が検挙されている。

最近では昨年十一月十八日大阪府警で摘発され、人身保護訴訟にまで発展した「韓春根事件」が有名だが、韓は中学卒業後、来日、広島教員養成所を卒業後、韓国経由北朝鮮にはいり"工作員"として訓練された。三十九年大阪港に密入国後、平壌放送による暗号数字で指令を受け、集めた情報は国際郵便などを使って報告していた。捜索の結果、自宅から無線機の部品などが発見された。

また、いままでの調べから、韓は日本におけるスパイ組織作りのために、三重県の温泉旅館や生駒山のバンガローなどに在日朝鮮人を集め、スパイ技術を教えこんでいたという。

このような朝鮮スパイの潜入、脱出ルートは「元山ルート」「香港ルート」「日本海ルート」のほか、東南アジア、西ドイツを舞台にした新しい連絡ルートもあり、事実韓は「カンボジアと西独で工作員と連絡、情報を交換するよう指示をうけていた。西ベルリンでは工作員との接触場所は指示されていたが、相手の名前を知らず、その後の行動は西ベルリンで指令をうける予定だった」と自供している。

これらの北朝鮮スパイは、北朝鮮の工作員養成所で"特訓"を受けたのち、わが国に密入国し、最近では❶日米韓三国の関係❷わが国の韓国、北朝鮮政策に関する情報、産業経済、科学技術に関する情報❸在日米軍の基地関係情報❹自衛隊の編成や装備に関する情報――などを収集するのが任務となっている。

全面戦争の火がつく恐れ
＝韓国政府筋観測＝

中国

北朝鮮

日

近藤　日出造

新資金源

夫―おれに生命保険掛けるの中止か？

妻―未亡人自立資金を借りますもの

（群馬・頼ちゃん）

昭和39

韓国政界の〝黒幕〟が密入国

1964

〝汚職〟追及恐れて？

小型船で対馬に上陸

日韓会談の陰に踊る人物として国会で追及されたうえ東海道新幹線汚職事件に関連した容疑で警視庁の捜査の対象になり、その後帰国していた韓国人が日本に小型船で脱出をはかり、二日朝長崎県上県（かみあがた）郡上対馬町大浦で長崎県警に密入国の疑いで逮捕された。この韓国人は東京都渋谷区穏田一ノ九、安田英二こと朴魯楨（≡む）で、長崎県警上県署は密入国の動機や背後関係などを調べていたが、四日午後、身柄を福岡入管厳原出張所に引き継ぎ、五日同人を出入国管理令違反の疑いで長崎地検厳原支部に送る。朴は近く来日する韓国民主共和党議長金鍾泌氏と特殊な関係にあった人物で、朴が日本に密入国したのは帰国後韓国国会で現在大きな問題になっている〝疑惑事件〟の容疑者としても追及され、身の危険を感じたためとみられている。

〝黒い霧〟の中心人物として朴を問題にした。このころは金鍾泌氏が部長として権力をふるっていた韓国中央情報部をめぐる四つの汚職事件が当時の朴軍事政権をゆさぶっていたときで、金鍾泌氏はその後責任をとって中央情報部部長を辞任した。朴はこれらの事件に深い関係を持っていたといわれ、

〝セナラ自動車事件〟とは[illegible]年朴軍事政権が制定した[illegible]工業保護法」をめぐる[illegible]当時、朴はセナラ自動車の[illegible]締役会長をしていた。野党は[illegible]本から安く輸入した日産ブルーバードを高価に売ってかせいだ十九億ウオン（約五十三億円）の行くえが不明②国産自動車を保護することを名目にしながら国産車シーパル車を廃車処分した理由が不明③同会社はこの事件のためわずか一年で閉鎖したが、工場建設に六億五千万ウオンも使ったことは不明朗である—などの点から日本の業者と朴や金鍾泌氏らが民政移管に当たって政治資金をつくったのではないかときびしく追及していた。

東海道新幹線 建設補償にも疑惑

長崎県警に出入国管理令違反の疑いで逮捕された安田英二こと朴魯楨

た。このため警視庁捜査二課は数カ月にわたって内偵したが、確証がないまま捜査を打ち切った。

昨年二月、衆院で社会党岡田春夫代議士らが日韓会談をめぐる

警視庁など関係当局の調べによると、朴は二月十七日、韓国国会で野党が自分の関係しているセナラ（日産ブルーバード）自動車会社をめぐる不正事件を問題にしたため、同二十二日、急ぎ羽田から正規の出国手続きをとり、韓国に帰った。ところがソウルで旅券などを没収されたため、身の危険を感じ三月一日、釜山から小型船を二十万円で雇い二日朝、長崎県上県郡上対馬町大浦に上陸したところを密入国の疑いでつかまったもの。

朴は韓国忠清北道清州郡の生まれで、戦前から来日、詐欺事件で日本の警察に逮捕されたこともあった。戦後、柳泰夏元駐日韓国大使に取り入り、一時は同代表部の車を乗り回すほどのはぶりをきかせていた。最近は東京・銀座西七丁目にニューギンザビルを建設、安田商事、同建設、同観光など十余の会社会長、社長などをしており、八丈島にも観光ホテルをつくっていた。また朴は朴現大統領、金鍾泌氏ら韓国要人と日本の政財界をつなぎ日韓会談促進のための裏面工作をしていたとうわさされている。

東海道新幹線の建設にからんで朴の名前が浮かんだのは三十七年秋。当時朴が経営していた熱海市の八丁園ホテルの地下を新幹線が通ることになり、国鉄から二億数千万円の補償金を受け取ったが、これが他の補償より高く、補償額の請求を水増しした疑いがあっ

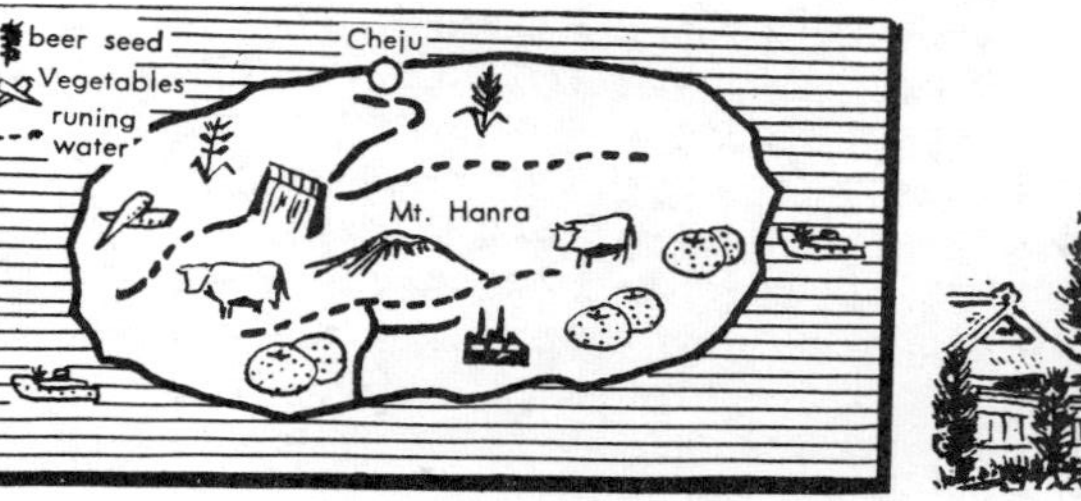

無益な抵抗が禍呼ぶ

醍ヶ井村の乱闘騒ぎ

【米原】民団系、旧朝連系朝鮮人のささいな乱闘に端を発した十三日朝の両朝鮮人側と警察の大乱闘流血事件は醒ヶ井村枝折の旧朝連系と民団系鮮人の間のあつれきが遠因で警察としては治安維持上から同問題を重視していたもので、十日夜九時ごろ同村枝折の路上で「お互いに手を握ろう」「いや協力せぬ」といった両者のいざござから争いとなり双方に負傷者を出すに至った。坂田地区署では捨ててはおけないと十一日この事件の真相を糾弾するため醒ヶ井派出所に双方の関係者の任意出頭を求めて取調べているところへ、やにわに朝連系鮮人約三十名が乱入、民団系の孫元基(三〇)に全治六週間の暴行傷害を与えた。警察側では真相を糾明して治安を維持しようと建造物、住居侵入、傷害暴行、器物毀棄被疑容疑でこの暴行犯人捜査のため十三日朝高山飯場を急襲し、ここに大事件となったものである。この朝飛び散る瓦や投石のために左側頭部打撲、右上まぶたに裂傷、左小指脱臼ー全治二週間ーをしながら「無益な抵抗をするな」と叫びながら犯人逮捕にあたった渡辺坂田地区署長は次のように語った。

頑強に小石、瓦、棚木などで抵抗するのを反抗しないよう呼びかけてもかえって反抗がすごいので自省を与えるため数分の余裕を与えたが、反省の色が見えずついに公務を執行、警察側は何も民団系、旧朝連系の一方に偏した取調べを行ったことはなく、公平な処置をとり、つねに両派の争いについても心配していた。今後は治安維持のためにも十分慎重を期したい。

なお事件を重大視した大津地検では十三日午後志賀次席、佐賀両検事らが醒ヶ井村に急行、同二時から衣斐国警県本部捜査課長の案内で流血事件の現場高山飯場におもむき、家はこわされもぬけのカラとなった同飯場の生々しい乱闘のあとを検証の後、坂田地区署で事件処置と今後の捜査方針について協議した。

志賀次席検事談 本県では珍しい大きい事件で警察側に多数の負傷者を出したことは残念だったが実力行使をもって全員を一網打尽に検挙したことは大成功だった。今後もかかる暴力に対しては徹底的に取締る方針である。

高山飯場の四十八名（婦女、少年十八名を含む）を逮捕した国警県本部は、身柄を県下各署に分散留置して、十三日午後から暴行傷害公務執行妨害容疑で取調べている。旧朝連側では十三日午後彦根市はじめ附近から二、三十名が醒ヶ井村に集結している（国警情報）といわれ、県本部では今後の事態にそなえて引つづき武装警官隊二百名が坂田地区署、同醒ヶ井派出所に待機している。

警官隊負傷者氏名

重傷＝坂田地区山口進巡査部長、左頭部打撲一ヵ月▲県本部捜査課竹田正文巡査、腰部打撲傷一ヵ月

軽傷＝坂田地区署渡辺勲二警視、左腕打撲、左マブタ裂傷一週間▲県本部警備課北島秀雄警部、左上膊、右下腿部打撲一週間▲同捜査課松井雪雄警部、左肩打撲一週間▲県警察学校川瀬治警部補左手、背腰過傷一週間▲彦根市警木下範司警部補頸部打撲一週間▲彦根市警村川武雄巡査部長、背部、打撲一週間▲信楽地区署[illegible]下茂樹巡査部長、左指裂傷同▲蒲生西地区署高田政博巡査部長、背部打撲一週間▲彦根市警森時夫巡査、左手、背部打撲一週間▲野洲地区署馬渕信行巡査部長、左[illegible]部打撲▲坂田地区署細田七松巡査一週間▲坂田地区署林広一巡査、同▲犬上地区署小野利吉巡査、同▲坂田地区署島田辰雄巡査、十日間▲栗太地区署神田安次巡査、一週間

余罪ぞくぞく・【八幡】

武佐村のチンピラ　既報、十一日蒲生西地区署に窃盗容疑で逮捕された蒲生郡武佐村字南野、A少年(一七)は十日夜武佐小学校教頭江隅良昭氏の家のポケットから

北鮮大粛清の背景

露呈された権力闘争

副首相以下 反政府派を追放

なるほどね

十一日夜の平壌放送によると八月五日から九日にわたって開かれた北鮮労働党（共産党）中央委員会で十五人の中央委員のうち朴憲永、許嘉誼両副首相、[illegible]前司法相ら七人の追放が決定され同時に許嘉誼はすでに粛清をおそれて自殺しており、また朴憲永は人民の激[illegible]として裁判に付されることが明らかにたった。これよりさき六日から八日にわたって平壌市の特別軍事法廷では米国と通謀し、金日成政府の転覆を企てた理由で李承燁前労働党中央書記長ほか十人が死刑、二人が十二年ないし十五年の懲役刑の判決を受けた。軍事裁判で判決を受けたものはつぎのようである。

【死刑】李承燁前労働党中央書記、趙一明前文化宣伝省副部長、林和前朝ソ文化協会副委員長、朴勝源前労働党連絡部副部長、李康国前人民委員会外務局長、裵哲前労働党連絡部副部長、孟鐘鎬前人民遊撃隊長、趙鏞福前検閲委員会委員、薛貞植前北鮮軍総司令部政治局員、白亨福前内務部治安局中央室長

【有期刑】尹淳達前労働党宣伝扇動部副部長が十五年、安永達前労働党組織部副部長が十二年、と

くに朴憲永前副首相は十九歳の時に共産党に入党し、日本統治時代も独立運動の指導者として弾圧の苦難をなめての経歴、実力、影響力からみて金日成首相におとらないとみられていた。それだけに北鮮政界を根底からゆすぶった粛清ということができる。

平壌は昨年十二月下旬金日成主席が「北鮮労働党内にはコチコチの古い闘士が存在しているが祖国の現実はこれら古い闘士からはるかに離れている」とのべ党員の反省を強要した時にすでに粛清は感じられていたがこのころから副首相兼外相の朴憲永の名は一切の公式文件、声明から名を消し鉄のカーテン外の疑惑を招いていた。その後本年に入って二、三、四月ごろには外務省、文化宣伝省などでは党細胞の反省会がしばしば行われ八日死刑宣告をうけた趙一明前文化宣伝省副部長[illegible]徒らが[illegible]ている

との理由で批判のヤリ玉にあがっていた。それが今回の大粛清となって発表されたものだがこの粛清が休戦協定調印後に行われたことは休戦交渉を不利にするとの見地からひた隠しに抑えていたものとみられ、李承燁副[illegible]らの一せい逮捕も休戦協定調印三日後の七月三十日に行われている。労働党中央委員会の結論および軍事裁判の判決によれば、大粛清の理由は米国のためにスパイを働き、北鮮政権の転覆をはかった反逆行為にあるとされている。軍事裁判での検事論告では李承燁らが一九四六年以来朝鮮米軍の政治顧問ノーブル氏、極東軍情報将校ニコルス大佐らの指令のもとに北鮮の労働党内部事情、三十八度線付近の共産軍の配置、兵力状況について情報を提供するとともに、政権欲にかられている朴憲永、[illegible]朴憲永とともに武装暴動による反金日成政府の樹立を企図していたとなっている。しかし朴憲永をはじめ粛清の犠牲者のなかには生粋の共産党員が含まれていることから理由はそう簡単ではないようだ。

第一にあげられる点は北鮮の共産政権がソ連、中共と異り、古い歴史と[illegible]合世帯として出発したものであり、この間には当然有力者間の権力闘争があり得ることである。とくに北鮮の生命をかけた朝鮮戦争では三年にわたるどろ沼の戦いの間に妥協か、徹底抗戦かという問題が発生して来ることは必然である。五一年マリク国連ソ連代表が朝鮮休戦提案を行った当時から、共産側は明らかに平和攻勢へとほこ先を転じてきたが、これに真向うから反対したのは朴憲永副首相であったといわれ、朴憲永李承燁らの南鮮出身者は李承晩韓国大統領が武力北進を唱えたのと対照的に武力南進統一を主張したといわれる。第二には休戦は成立したが、これはあくまで一時的なものであって朝鮮の恒久平和到来とは考えられない。そこで金日成政府の使命はこの休戦期間中に和[illegible]の備えをもって一面経済[illegible]につとめることである。[illegible]であるが内部にもいまや[illegible]となってきた。クレムリン、中共をはじめ東欧諸国はすでに北鮮にたいする経済援助を約し、一方米国も韓国にたいする[illegible]を約したが、この[illegible]によらざる戦争で韓国と対抗し、全鮮の統一に向うためには北鮮内における独裁的な"右へならえ"が必要であり、また韓国の[illegible]が三十八度線上にくすぶっている現在では独裁的政権を握ることが必要である。ベリヤ追放を頂点とする共産圏の政治のあらしはソ連のトロツキスト打倒、中共の[illegible]三週間にみられるように共産主義諸国が[illegible]において[illegible]ならない[illegible]だが、北鮮もその渦に一歩をふみいれたというのが今回の大粛清だといえよう。

狂乱と恐怖の北鮮政府

金首相は失脚一歩前

ソ連お冠り 南鮮に劣る弱兵

昭24.9.27
読売

【ソウル（京城）にてウオルター・シモンズ記】（シカゴ・トリビューン紙特約）最近北鮮政府は狂乱と恐怖の様相を呈しているが、当地の消息筋ではこれは金日成（キム・イルソン）首相がいまや失脚の一歩手前まできている事実を物語るものだとみている、多くの報道によればかつて金日成首相を支持したソ連は最近に至り次の二点で金首相に不満の意を表している

まず第一点は廿万ないし卅万と推定される金日成のガラクタ軍隊が、その半数ないし三分の一にすぎないが、よく訓練された韓国軍十万に及ばないとみられている点で、第二点は金首相が北鮮の食糧をソ連の要求に対しソ連へ十分に回さなかったというのである、北鮮人は一般に韓国軍とくらべて北鮮人民軍が劣勢だと見ているようだ、ソ連はこのほど中国から数千の朝鮮共産軍とソ連製百廿二ミリ砲百、廿ミリ砲を北鮮に送ったと伝えられているが、この中国からやってきた朝鮮共産軍を指揮する金武丁（キム・ムーチョン）将軍はいまでは金日成首相の最大の競争相手と見なされている

金日成首相

不平たらくの農民達

北鮮人は近い将来平穏のうちに指導者が更迭しようとも決してびっくりすることはないであろう、いまやお隣りの中国では勝利者となった中共の票田となっている農民は北鮮では人民政府に対し最も不平不満をもっているようだ、なるほど北鮮の農民たちは共産党から土地を"無償"で与えられたが、その反面納税として収穫の五割を払わねばならないのである、さらに"特別献金"とか"愛国的奉仕"のため毎年四十日間は無給労働に引張り出されるのに閉口している

シベリア向けの米穀類が多量に積出されるので農民の手持食糧は少くなっている、このソ連向け食糧は特別貿易協定によってソ連に接収された東海岸の要港、元山（ウオンサン）でソ連船に積込まれる

労働能率も極度に低下

一方北鮮の労働者も多くの不満をもっており、例えば賃金などは南鮮の月約七ドルに対して平均二ドルという低賃金だといわれる、労働者は各工場の能率増進をはかる共産党のやり方に不満で、能率低下とサボが盛んに行われているとも伝えられる、このため最近サボの名目で数千の労働者が三ケ年禁錮の判決をうけたともいわれるほどだ

このほか労働者は毎朝タス（ソ連政府機関通信）の海外ニュース、朝鮮中央通信社（北鮮政府機関通信）からの国内報道だけを印刷することを許されている各新聞の事前検閲をうけた記事を読まされているが、このあいだ一時間をじっと聞いていることにうんざりしている、そして午後にはきまって一時間これらのニュースについての討論会が開かれるが、この二時間は"民主的啓蒙"の時間だという理由で賃金は支払われない

北鮮の工業は一応全朝鮮の七十五%をしめているが、実際はごく低い水準で操業されているにすぎないともいわれる、平壌（ピョンヤン）の国営大工場はいまでは丸裸となって兵舎に使用されており、アジア最大の興南（ホンナム）の大肥料製造工場はドイツ、ソ連両国技師の努力にもかかわらず、かつての半分以下という生産能力で操業が行われているとつたえられる

北鮮の物価は南鮮の倍であるが、食糧以外の物を買うほど金を持っている者は少い、また北鮮貨幣の価値は日本貨幣の三分の二に相当しているが、参考までに北鮮の賃金、価格の基準を紹介する

消費者は深刻な食糧難

まず普通労働者の月給は平均千円、教師二千円、学校長三千円官吏千円から三千円といった工合だ、ただし官吏と共産党員は食糧を一般人より安く買える特別配給券をもらっている

シモンズ特派員

また米は現在一升当り二百卅円、紳士服一着が一万円だが、織物類は非常に少い、そして少量の生地が南鮮から密輸入されている

そしてソ連人の商店で少量の生地とウオツカを売っている、なお昨冬には一世帯に三トンの石炭（トン当り八百円）の配給があったが、一部の家庭では食糧を購入するためこの石炭をヤミに流したともいわれる

北鮮では現在ソ連人の商人が大いに活動しており、元山にも約九百名がいるそうだ

五、六百名からなるソ連の顧問団は首都平壌におり、軍事顧問の数も増加していると伝えられている

朝鮮・ソ連海運会社の株の半分はソ連人がもっているが、この会社は鉱石や木材の積出しとシベリア、樺太向けの朝鮮人労働者雇用という仕事をしている

ソ連　北鮮　興南　元山　平壌　海州　開城　京城　日本海　黄海　南鮮

また朝鮮・ソ連文化協会はソ連の歴史や英雄の普及に努めており、北鮮放送局も最近の数ケ月はモスクワの方針に従って例えば一般朝鮮人にはチンプンカンプンの"チトーの攻撃"をくりかえして伝えた、金日成政府に対するソ連の経済援助についてはなんら報道されていないが、武器がどんどん入っていることとソ連軍事顧問団が毎日北鮮政府に直接指示を与えていることは事実のようだ

内戦の危機警告

国連朝鮮委報告

【レークサクセス特電（UP）八日発】国連朝鮮委員会は廿日から開かれる国連総会に対する報告を八日作成したが報告は南北鮮の双方から軍事行動が増大しており、これは公然たる武力衝突をひき起すおそれがあると警告している

北鮮で最高人民会議

平壌放送によれば、北鮮の朝鮮人民共和国の第四次最高人民会議は八日平壌で開かれ金日成首相から創立後一年間の施政報告が行われた（新亜通信）

統一論への認識

1961.3.2 国際

現在韓国で叫ばれている統一論は、素朴な民族感情による一つの感情であつて、合理的理論ではない。であるからその立場からする論理は展開の系統を持ち得ず、理論体系が立たないものであることは前述した。

けれども、この民族感情は実は韓民族に最も大事なものであつて、理論体系が成立しないからとて決して無視さるべきではない。国民、特に有識者はこれを理性で分析し、その中に純粋性を認め、民族の歴史的必然と将来への指向をその地点に求めなくてはならない。ここで統一についての認識が問題になつて来る。

端的にいつて、われわれはなぜ統一をせねばならないのか。実はこれについての明確な認識こそが統一問題の基本になるのである。或いはこれを、われわれはなぜ統一をしたいのか、と表現してもいいと思う。

たしかに、韓半島の韓民族は、民族、言語、宗教等の基本点において、南北を分けられるような区分は何一つとしてない。いわば完璧な単一民族であり、その点からすれば世界中でも珍しい程の例なのである。しかしこの故のみによつて南北は統一せねばならないであろうか。

申すまでもなく、この完全な単一民族である故に統一せねばならないとする考え方は韓民族としては絶対的なものであろう。そして統一の言葉が現在の韓国でもつ優越性もここから出ているのである。この認識に立つ限りそれは当然なことでもある。がしかし、ここで韓国の人々は重大な事柄を忘れている。いやそれは忘れるというよりも、意識的に忘れようとしていることがある。それは、北韓の地域が共産主義者達によつて完全に支配されているという現実なのであるが、この北韓地域のことは韓国民にとつては大きな壁の如きものとしての認識はもつが、それ以上に、その中をのぞき、分析し正確な実状把握をしようとする努力もなされず、ただ、大きな壁としてしか認識していないのである。であるから韓国民の反共は感情的であつて、合理的なものではなく、であるから、その反共は一時的であり、時と共に忘れ去られ薄すれて行く類のものである。それはちようど統一論がそうであるのと軌を一にするものである。

しからば、北韓の共産主義者達は統一問題に対してどう考えているであろうか。実は韓国の統一論はこの認識こそが前提条件の一つになるのである。韓国の人々は、統一論をぶつ人々の多くもこの点になるとほとんど無智であるといつてよい。

絶対な自由と尊厳

可能性かける統一

先づ現象事態として現われた北韓共産主義者達の統一に対する見解を見るに、彼等はマルクス、レーニン主義条理による韓民族統一を考えていることは間違いないのである。即ち韓半島を共産化支配することをねらつているのであつて、韓民族が完全単一民族であるからという観念などは彼等にはみじんもないのである。もし彼等の中に民族主義的なものを見てとつたとするならば、それは明かに、見誤りであるか、或いは彼等の戦術にのせられたのかのいづれかであろう。

これは概念的反共論からではない。いま少しく冷静であり、深考をし得る人がいるとすれば、これにはいささかの懸念もなく同調するであろう。金日成が農業協同組合運動の報告において発言した北韓の共産主義化は、その後のあらゆる発表文においても確認されている状態であり、その口先きでなされた統一問題への諸提案が何を目標になされたかは今更ら説明を要しないであろう。このことについてはいづれ述べる機会もあると思うが、ここでは北韓支配者達の統一への認識は決して韓国民が考えているような単一民族への郷愁からではないということを確かめておきたい。

もう一つ念を押したいのは、韓民族が単一民族なる故に統一せねばならないと純粋に考えるとすれば、その考え方を満足さすには全韓民族半島が共産化されても、統一さえすればいいわけである。実はこれが北韓共産主義者達の考え方なのであるが、しかし、現在の韓国国民でこれを望んでいる人がいるだろうか。

韓国民も、また、統一を叫んでいる人達も、共産統一は先づ考えられないとすることは明かである。すると、どういう統一を望んでいるのであろうか。

事実、現在の韓国思潮からして統一への希求、北韓の資源と土地とそして同族である人口とを獲得したいという欲望からのものであるが、もしその考え方は政治家等の特定の人々の思考であるとしても、やはり国民の大多数は、自分達の現在保持している自由も国民としての尊厳性を堅持したままで、統一を願つているのである。自由と尊厳性が共産主義下で認められているかどうかについては韓国民は大多数が否定的である。にも拘らずいくばくかの譲歩を共産主義者達にするとすれば、彼等もいくばくかの譲歩をするであろうと考える人は多い。即ち、共産化になつても多少は自由があり、限られた範囲内にあつては尊厳も保持し得られるとするのである。ここに統一の可能性をかすかながら信ずるのである。

もちろんその自由と尊厳が絶対にないとする考え方の人々は韓国民の大多数であることは間違いないのであるが、そしてそれらの人々は統一の可能性は北韓の地から共産主義者達を追い出す以外に手はないと思いつめている人達でもある。

それにしても、共産主義下における自由が全くないと確認されるならば、共産下の自由を信ずる人々がそう思うときが来るならば、そのときどうするであろうか。いうまでもなく、先づ自由、それから統一をとるであろうことは明言していいのである。

田駿

米外交委、対韓報告書発表

分断を前提に新政策

援助再検討韓日関係調整建議

1961

二月二十二日、ワシントンから伝えられた報道によれば、このほど米上院外交委員会は「米国の対外政策」と題する研究報告書を発表した。同報告書は米国の対外政策全般にわたる問題を検討した二千四百七十二ページに達する文書で、ケネディ新政府の外交政策樹立のための建議または参考資料として提出されたもので、上院外交委の指示の下に外交専門研究委員団によって作製されたものである。同報告書にもられている朝鮮統一問題に関する要旨は大略次の通りである。

「現在としては、朝鮮が統一される可能な方法はなく、二つの事実上の政府は、将来そのまま存続されるもののようである。積極的にこの事実を認定することによって朝鮮半島内だけでなく外部においても新しい政策を立てられることになろう」

「朝鮮の分断と彼らの国際機関への代表に関して、国内陣営と共産陣営とがどのような一般的妥協合意を得れば良いかは、米国の国家利益の見地から考えられなければならない。

共産侵略に対して韓国を保護しようとする決定をしたことに対して米国は光栄に考えている。しかし将来において韓国を自由・正義および発展の象徴として残されなければならないことが痛感である。そうし得る唯一の方法としては韓国民に対して米国が継続的に寛国的経済援助をしなければならない。

しかしこれはまた韓国自身が政治指導者たちの誠実性および韓国民の決意に依存している。韓国は米国の政策に対して挑戦とその限界を露呈している。

さらに同報告書は対韓経済援助の方法を再検討すべきであると建議すると共に、陸軍をより一層削減することを建議している。その理由の要旨は次の三点である。

一、どのような形式の援助が韓国内の能力と資本形式を促求し得る最も良い方法であるか？

二、どの程度の援助が長期計画に使用され、またこのような計画の発展とその堅実性を検討する米国の責任は何であるか？

三、韓国の安全と福祉のために軍援と支援との均衡とは何であるか？

また同報告書は、反作用をともなわずに韓国内において民主主義権利が全面的に抹殺されるのを許諾するには、米国の利害関係が余りにも大きく、韓国の自由という象徴の下に余りにも多くの米国人が戦いそして死んでいる、とのべて韓国に民主主義が根を下すよう援助と関心を持つべきであると力説している。このためには韓国の政治動態に対して、米議会がもう少し多くの関心を持つべきであると述べている。

また同報告書は、人権を無視して韓国内の民主制度に対して攻撃または破壊することは、韓米関係に逆効果を招くものであることを韓国の指導者たちに明白にしておかなければならないと強調し、そのために必要ならば、あらゆる方法を用いて警告しなければならないと言っている。

そして、民主主義原則および制度問題に関して、米国は韓国政府と国民の尊敬を得られなかったと述べ、苦痛ではあるけれども米国が責任を負っている地域から米国の国家利益を支持するために使用し得る方法は有る、と述べているが、その方法が何であるかは明らかにしていない。この文書は米国の韓国に関する理解が貧弱であることを指摘し、この問題を解決することを求めている。

ついで同報告書は、韓国が共産中国と外交、文化および経済的紐帯をより強くすることを希望しながら、韓日関係が改善されることが必要であると述べている。そして韓日関係を調節するように米国が圧力を加えるか、または調停するという仕事は危険を内包しているが、この問題はこのような危険をおかさねばならないほど重要なことである。

A.

1961

金龍中氏 張総理に公開状

在米韓国問題研究所々長金龍中氏はこのほど「韓国の統一問題」に関する張勉総理への公開状を送った。金氏はまた一月十九日に北朝鮮の金日成首相にも公開状を送っている。金日成首相への公開状は入手出来ないため、ここでは張総理への公開状だけを資料として掲載する。

われわれは、今、新しい時代の門出にある。全世界は前進しており、アジア、アフリカ、欧州は変化して来ている。これは人類発展における当然な過程であり、国連の方向はもちろん、強大国の政策にも影響を与えるであろう。

われわれが、このような不可抗力の潮流に反対して超然とするならば、全世界の中で韓国は自ら孤立状態に陥入るであろう。現状維持は終末あり得ない。われわれ韓国人達は、その直面している冷酷な現実を知らなければならない。

韓国はハンコを押したような反共主義または容共主義を利用することにより、冷戦国家からの援助にたよっては生きていけない。

☆便宜主義は愛国ではない☆ ☆外国依存は誇りでない☆

また、そのような態度は無期限に継続してつけるわけにはいかないし、このような外国依存を誇りと考えてはならない。われらは自由と独立を追求しながら、弱小外交の国際舞台で何時までも乞食でいるわけにはいかない。便宜主義は愛国主義ではない。

韓国の第二共和国は危機が正面からぶつかる前に、変動する世界に対処するため、不断の努力をもって前進しなければならない。滅亡した李政権の誤謬を、覚醒した韓国人が満足させることも出来なければ進歩する世界から同情も支持もえられない。

不幸にも、韓国は経済的には非常に困窮している。それ故、韓国が最も早急に解決しなければならないことは経済力を養うことである。これらは次のような公平たる努力を継続するならば可能であろう。

☆先づ　経済力培養が緊要☆ ☆人的資源総動員、均衡統制☆

即ち、工業、農業それから住宅を含む公共事業計画を拡充するため総ての人的資源を動員して、均衡原則に従い、労賃と物価の厳格なる統制を通じて腐敗を一掃し、政府と国連司令部が心を合わせて闇市場を全滅させれば韓国の経済力強化は可能になるであろう。

国民の明確な支持を得られない政府は、最も近い同盟国にとっては価値のない存在である。

同時に、政治的・経済的理由のために、国土統一を願う熱望を抑制することは出来ない。この問題は充分に討議されなければならず、どのような不測の事態にも対処出来る計画を樹てなければならない。何等の準備もしていない場合には不測な事態が起るかも知れない。

☆これ以上はがまん出来ない☆ ☆貧困克服のため統一必要☆

韓国に絶対必要な国民福利増進のためには、南北資源の結合と調整、それから全国的な開発が必要である。韓国は貧困を克服するためには統一されるべきであり、自由を維持するためには経済的な自立能力をもたなければならない。このことは、おくればせながら統一を指すことになる。この究極的な目的を達成するため、第二共和国はその政策を慎重に再検討すべきである。第二共和国はすでに罷免された旧政権の前轍を踏んではならず、新しい情勢に対処するため、次のような事項を、計画だけでなく広範な政策樹立の面で考慮すべきである。

のためと考えるならば、両韓はどのくらいの適当な期間内に、それにおいつくと考えているのか？

一九四五年以来、相当な額の米国援助が南韓に提供されたが、これによる効果は失望する程度までおくれている。いくら忍耐性強い国民とはいえども、彼らが苦痛と貧困の解消をうけるために、再び十五年間も待ってくれることは期待出来ない。

☆北韓の指導者も韓国人である☆ ☆おそれていたら協商機会なし☆

万一、北韓共産と国家的問題を論議することが考えられないならば、また南韓指導者らが北韓共産主義の政治及び経済力をおそれるならば問題解決のための協商の機会を失うのは勿論、無条件降伏を強要されるだろう。北韓の大部、国家という船を安全に運航しようとすれば、大胆な措置が必要である。

国際的意味から「力を背景とする協商」が良いことは知っているが、韓国の場合は本質的に同一民族の内部的問題である。北韓にいる共産主義者も韓国人であるからには、彼らにもある程度の良心がある。

☆どのような外国制度も最☆ ☆善とはいえない。韓国に☆ ☆は「韓国の制度」がある。☆

どのような外国制度も韓国において最善とはいえない。

韓国人民の全体的な自由と独立を保障するならば「韓国主義」を創り出すのが韓国政府首班の課題である。

四、軍事力——これは民族的安全を保障出来ず、その相関性に対する過大評価をやめなければならない。事実上、韓国は人的資源及び経済的能力において、韓国をとりかこんでいる強大国に対抗することが出来ない。たとえ可能でも、強力な外交だけが韓国の独立と自由を保障することが出来る。

五、「国際的な政府的統制を避けなければならず、外部の干渉を排除するため中立的地位を追求せねばならない。共産主義者は信じられない」と主張する人もある。

☆軍事力の過信は不当☆ ☆中立的地位追求必要☆

このような危機に対処するため、韓国の独立と主権及び領土保全は、その中立的地位及び関係諸国によって保障されなければならない。このような状態を考慮する時、中立的な地位は[illegible]させる国際的な協約によって可能である。中立的状態を通じ、ようやく韓国を統一させるための状態にまで進まなくてはならない。韓国の統一問題は終局的に国際的協調によって解決されなければならない。これはもとより、われわれ自身の問題であり、また自身の課題である。

☆中立がいやなら代案を示せ☆ ☆国家の利益は党派より優先☆

十年間にわたる血縁の分断から、われわれは、どのようにして自己の運命を自らの手で開拓することは出来ないことを知っている。どの一方にせよ、それは他方を完全に制圧することは出来ない。

国家の利益は、いかなる個人または党派の利害よりも優先されるべきであり、国際的な舞台での国の繁栄が保障されるのである。われわれが、政府的、感情的に統一を論議しなければならない。いくら議論が正しくても、この統一問題の解決は、経済的に両国が妥協によって、数十年かかるかもしれない。

B

☆統一のため対米協調に伸縮性☆
☆南北韓通信交流等協商必要☆

一、民主統一に対する政策は、同盟および米国との協調に伸縮性がなければならず、このためには相互協力と手順が必要である。韓国は分断されている限り、自決権を行使することは出来ないだろう。

二、多くの国家、特にアジア、アフリカ諸国は韓国問題に関連がある関係者と協調することを歓迎するであろう。彼らの支持は物質的な援助ではなく、精神的な支援によって確保することが出来る。

三、平和的な往来の回復——北韓政権があらゆる挑発的な謀略活動と武装ゲリラを中止する条件の下に、統一問題を段階的に解決する第一歩として南北韓交易、郵便、通信および家族再会などに関する協商をするべきである。

☆南北韓交流は利益になる☆
☆降伏や親共的行為でない☆

北韓との接触は個人的関係を持っている人達が非難するように、共産主義に対する降伏とか親共的な行為ではない。それは相互間の同意のもとに正当な合意に到達するための方便にすぎない。国家と民族の統一のため、政府当局が交渉をするのが正に国内外を通じた両韓の指導力を強化するものである。

ある人達は南北韓が今すぐ統一されたら南韓は共産化すると主張している。このような主張を北韓側の組織と発展の統制および先進

☆政治的経済独立は統一だけ☆
☆双方指導者の愛国的和解で☆

しかし、両断された韓国は相互間の政治、経済、社会、文化的な方向を異にしているため、月日が長びけば長びく程、双方間の隔間は広くなるだろう。これは韓国の国家的独立に最も重大な危険である。韓国が冷戦の渦中にいる限り、われわれは真の独立をしているのではない。われわれの歴史は強国間の勢力争いにまきこまれて、その自由を失った事実を如実に証している。中日戦争と露日戦争の余波は、まだわれわれの記憶に生生しい。

勿論、南北のどちらとも問わず、彼らが愛国者ならば、冷戦舞台の主動者に呼応して、国土の分断を恒久化させようとする愚かな者達の前衛隊にはならないだろう。何人を問わず、われわれの国家的運命をかけて賭博する至上権限をもつ者はない。

☆統一は民族の至上命令☆
☆方案模索は吾等の義務☆

われわれの努力と同意がなければ、誰も統一された国土をお膳立てしてはくれない。可能な早急な期間に、われわれの将来の安全のため、国土を統一しようとする至上目標に到達するため、あらゆる方案を模索し、総ての努力を傾注せねばならないことこそわれわれの至上義務でなければならない。韓国はいけにえにされた国家である。この不幸な事態をこのままほおっておいてはならない。

学生の統一運動組織を見る

各大学に民族統一連盟

全国的な統一戦線の結成へ

統一なくしては生きられないという国民の切迫した熱望は、若い世代の間から行動となって現われて来ており、これは韓国の前に政治に一点の明るい灯をともしている。革命一周年を目前にひかえ、組織が倒れたその日の希望が、空しく水泡に帰していることを想う時、若い世代たちは旧い世代に不信の念を叩きつけ、現状を打破し統一を促進せしめるため、自己の洞察と力を結集し、幅広い統一戦線を組成しようとしている。

ソウル大学校、民族統一連盟組織委員会の言葉をかりれば、われわれは、南北の異なった政治的「イデオロギー」を超越して統一に邁進するという。そのため統一の諸問題を研究、討論、批判しようとする民族の行動綱領を明らかにし、特に、統一後の南北朝鮮の融和問題に対して主力を注いでいるという。

このように学生「サークル」は去年十一月一日、三百八十余名が参加して発起大会を行ったソウル大学校民族統一連盟を始めに、国民大学校、建国大学校、慶北大学校、釜山大学校、水産大学校、東亜大学校等から、約五十六名乃至百余名の会員を糾合して結成を見たし、高麗大学校、成均館大学校等数校が発起段階にある。この他、在ソウル学生達が民族統一問題研究会及び全国学生社団統一推進会、法大内の祖国問題研究会、文理大内の後進社会研究会、在釜山学生達の後進性克服研究会も「ゼミナール」等によって頭角を現わしている。

昨今、このような学校の「サークル」は去る十一日、全国学生民族統一連合戦線の結成に合意を得る一方、韓米経済協定反対を闘争目標に行動統一を見たように、近く全国的に統一戦線が構成される見込みである。現在は少数人員が参加しているとしても、同調する全体学生は潜在的会員と見込んでもよいだろう。

早急に協商準備

金竜中氏の統一に関する提言

統一に一方的解決策なし

（資　料）

1961年

在米韓国[illegible]長金竜中氏は、さきに「韓国の統一問題」について張勉総理に公開状を送ったが（本紙一月二十五日参照）さらにこのほど、統一に関する左のような提言を行った。

もし、われわれ韓国人が独立をしたなら、わが民族自身の運命の主人にならねばならない。リンカーンの不朽の名言「団結するものは勝利を得、分裂するものは敗北する」は、われわれの境遇にもピッタリする。

中立化に基礎をおいた韓国統一に対する私の提議は新しいものである。

一九四五年解放以来、私は数回に亘って、われわれ人民が平和的な雰囲気の下で、われわれの自決権を行使出来るために総ての外国軍隊の同時撤収を促して来た。

私はまた、占領状態が延長されたら、韓国または関係国家の両方に災禍を招くことを警告すると共に、米ソ共同委員会が一九五四年十二月のモスコー協定の履行問題をめぐって膠着状態に陥った時、国連が韓国問題を取扱うよう提案をしたことがあり、過去十五年間に亘りいろいろな変化があった。東西間の冷戦は、わが国の問題に関して熾烈化し、一九五〇年には戦争が勃発したし、一九六〇年には李政権が崩壊された。

現在の状態では、統韓問題に対する誠実な合意が全関係国らに依って成立しない前には国連軍の撤収は無理であろう。

このような試錬多き期間を通じて私は総ての関係当事者らが指定期間の政治的事態に従い統一のあらゆる方法と手段を研究しようと提議したのである。

知性ある人ならば、今日どの一方からでは解決策を自己の意のままに料理することが出来ないことを知っているであろう。われわれの問題は協商を通じてのみ解決し得るのである。

われわれが怠たればそれだけ統一はむつかしくなるだろう。何故ならば、南北双方が追究している異なった経済・政治及び社会制度は、日がたつにつれて隔たりが大きくなるからである。

万一、西方民主々義者達が、共産主義者達と協商出来るならばわが韓国人もそのようにするであろう。韓国問題を解決するため、既諾しうる計画案がないため私は韓国人の一人として、民族を統一し目的を達成することの出来る諸可能性を指摘するだけである。

協定の細部事項は双方と他の関係側によって作成されるべきである南北韓にいる人民達は民族統一に対する共通の関心と親和力を持っているだけでなく、血族関係から結ばれているため、このような統一は可能である。わが国が未だに分裂されているのは双方の執権層らが、自己の利益を保つため冷戦に参与しているからである。

それ故、統一はわれらの指導者達が国家的利益を自己の利益より上位に考えるように愛国的である場合はじめて可能である。

私は三八線の両側にいる国民達を考慮しなければならない民族統一のため、諸可能性を再び概説しようと思う。

三つの予備条件を準備

一、緊張状態を冷却させるため、相互間に誹謗または間諜行為のような活動は中止すること。

二、双方からその権限を委任された非政治的な人物、または一団体を通じて南北韓間の連絡部を設置することと。

三、韓国統一問題を解決するため韓国内の関係各側の会談を国連が持ち、一中立国家（アジアの国家が良い）内からその招請国家の司会の下に開催するよう要求する。

このような会談を開けば次のような点を考慮しなければならない。

総選挙で制憲国会創設

一、軍事休戦委員団を東西両陣営のどちらにも加担してない国家らで構成される委員団と交替させ、中立地帯を監視することに依って国際緊張を緩和する。

二、前記委員団の監視の下で人口比例原則に従って実施される自由選挙を通して、新しい憲法を創るための制憲国会を創設して全韓国政府を樹立する。

国連と隣接国家らが、独立と主権及び領土権を保障するなかで韓国の地理的及び政治的現実に依拠し、中立原則に立脚した統一を模索し、中立協定の履行を監視してこれを国連に報告するため、東西両陣営に加担しない国家らで構成される委員団を十年間韓国に駐在させる。

軍隊を十万名に再編成

三、全韓国の軍隊を十万名に制限することによって、軍隊の平時編成を履行する。

四、南韓または北韓が単独に締結した従来の国際条約と協定及び規約の総てを無効化させる。

五、もし、前記会談が解決に至らない場合は、韓国の統一問題を協議するために、東西両陣営に加担しない国家らで構成される調停委員団を創設する。

六、過渡期間中、前記調停委員団を通じて、相互[illegible]親戚及び分離された家族達の交換を再開する。

再統一のための協商は数カ月乃至数年間を要するかも知れない。これがどの程度の期間を要するかは双方の韓国人指導者達が、彼らの国家に自由と独立を回復するために、どれ程誠意を持っているかにかかっている。

われわれは言うまでもなく、友邦諸国の助けに感謝するが、彼らはわれわれと同様にわれらの事情を知らないのである。

もしわれわれが一つの国家として生存しようとするならば、統一されなければならず、われわれの経済は統合され調整されるべきである。われわれは調整のために協商を開始して、平和的交渉のための機会を失ってはならない。第一次的な責任はわれわれ自身の肩にかかっているのである。

統一論の前進のために

＝まず民団は自主体制を整えよ＝

社説

一

民団の中央議事会において平和統一論が真剣に取り上げられたことは、在日僑胞運動史上の一つの記録として特筆に価するものであろう。

特に解放以来十余年の歴史を通じて民団側は被害者的立場または受動的立場に立たされ、積極的、能動的に対立陣営に働きかけ、あるいはそれを打倒するために斗ったことはあまり多く聞かないところである。

しかも李政権が北進統一を叫び、それを国策の如く誤認し、本国とは全く立地条件の違う日本におりながら、本国政府の鸚鵡の如き態度を取る指導者と称する人々が蝎をきかし虎の威をかる狐の如く正当にして必要な論争、または発言すらも抑圧し去ったのである。

井戸の中の蛙の如くひたすら自分の城にひきこもり、コップの中で小さい嵐をまき起すような歩み方をしなかったであろうか。引

李政権自体が政敵、または邪魔者を「赤」の烙印を押して消し去ったが、日本においてもこのような真似事がなかったかであろうか。

国民は自分の政府を批判し、元首や高官を批判するのは民主社会においては当然な基本的権利であるのに、在日僑胞にして、この当然なる権利を行使したために除名、停権などの前近代的待遇を受けたものはおらぬであろうか。

しかしわが民族最大にして切実な願望である、祖国の平和統一を口にしたために「赤」呼ばりされ、力の抑圧を受けたものはおらぬであろうか。

要するに在日僑胞の十余年の運動史は不自然なもの、歪曲されたもので、本然の姿を遺憾なく発揮されたものとは考えられないのだ。

二

民団中央議事会に提出された、執行部報告書の中にある「祖国の平和統一問題」に対しては、きわめてありふれたもので、いささか解説を試みた程度のものであり、李政権時代からの遺産も受けついで「国連監視下の平和統一を主張する」と外務部官吏でもいいそうな結論で結ばれている。

ただその中で「アジア、アフリカ諸独立国の大量加入により、米国の牽引力が弱化されたということと、遠からず中共が加入されることを仮定する時にその勢力が相半ばするということ、従って韓国南北に直接的利害を持たない、新生国家が監視委員に選出されれば、これは正しく自由な雰囲気で、民意を代表する平和統一が成就されるものと思われる」とあるのは、いささか意見らしいものとして注目せねばなるまい。いわゆるAA諸国の存在が米国の力を弱めたとか、中共の国連加入によって東西勢力の均衡が保たれるとかは、これはあくまで一つの見方であるが、ここで注目すべきは、新生国家による監視委員というのはその具体的内容として中立諸国をいうのかということである。

韓国は終始一貫、国連監視下の南北総選挙（または北鮮のみの選挙）を主張しているのに反し、北韓側は中立国監視を主張してきている。

今回民団の以上の表現が暗に新生中立諸国を意味するものであれば、その是非の論は別として民団としては、一歩前進したものといわねばならない。

ここに民団が統一問題に関して一つの重要な課題を提出したものであって、衆智を集めて論争の花を咲かせ、建設的な歴史の方向に反しない結論を導き出さねばならぬであろう。

三

われらは民団が統一問題を議題として取りあげたことに賛意を表し、その上専門委員会を作ったことを歓迎するものである。これらの処置を是認する立場に立って、一つの苦言を提せねばならぬことを、むしろ苦痛に思うのである。

日本において統一問題を論ずる場合、これは必然的に左翼の主張宣伝やその存在を考慮に入れねばならない。

率直にいえば、左翼のわりきった理論と整備された組織、豊富な軍資金と活動家を総動員して情熱的に攻勢をくりかえしているのは周知の事実である。

われらは民団側が劣勢にあると主張しようとするものではない。徒なる敗北感を抱いているものでもない。ただ現在より、より強くより重要な斗いをくりひろげる場合、今の状態では駄目だということである。あまりにも、民主主義の恩恵を蒙りすぎて、理論の統一も、陣容の整備も、対外活動に対する共同歩調も何一つ確立したものはなく、ややもすれば同じ陣容の力を弱化せしむる、他人の攻撃や批判に言論の自由を満喫する傾向はないのかといいたい。本国では革命が起きた、永久政権を夢見た独裁政権は崩壊し、民主政権が成立したのである。

在日僑胞はこの厳然たる事実を、どう受入れているのか。独裁政権の威をかり、そのラッパ手の役割を果した人々が依然として「陽のあたる座席」から離れようとはしないのではないか。

統一委員会にしても「統一」を論じたものを抑圧し、いじめた張本人たちが、いまさら何の面目で統一を論じようとするのか。要するに陣容の整備から出発すべきであり、自主性を確立し、理論を統一して、新しい時代に前進する体制を果敢に作りだすのが、民団の当面の最大にして緊急な課題ではあるまいか。

1961 2.25 東和

「統一」에의 體系

統一院長官 申泰煥씨会見

1969. 7.12 韓国日報

◇統一論議活性化를 강조한 申泰煥統一院長官。

○…『숱한 可変数의 유희속에서 실오라기같은 統一에의 길을 모색한다는것은 정녕 어려운 일』이라고 6일 申泰煥국토통일원장관은 말머리를 고집어 냈다.…○

지난3월1일 발족한 국토통일원을 이끌어온 申장관은『이제까지 3천6백52종의 기초자료를 수집하느라고 무척 애를 썼다』면서『내년부터는 이자료를 활용하여 구체적인 方向모색에 들어선다』고 말했다.

통일원에서 수집한 기초자료는 그내용에 있어서 수준이 높은것으로 구하기가 매우 어려웠다면서『三神山에서 不老草를 구하는것 같더라』고 비유했다.

그는 統一연구에 관해서는 対北傀統一방안및 활동전개를 다룬 統一이전, 統一과정의 모든対備策, 統一이후의 정책연구및 企画등의 3段階説을 들수있으며 이같은 3段階는 실제로 統一이 어떤방식으로 이루어지느냐에 따라 더욱 복잡하게 細分化할것이라고 밝혔다. 北傀는 지난 20여년동안 전제로 韓国論을 하여 ①南北협상 ②武力統一 ③中立国감시아래총선거 ④聯邦制 ⑤南北合経済회의 ⑥有関国家회의등 유리한 방향전환만을 꾀하고있음을 지적하고『급변하는 国際情勢속에서 多角的인 統一방안을 강구해야한다』고 강조했다.

「以前·過程·以後」의 3段階案設定

통일원은 그동안 기초자료를 근거로하여 소위北傀의 法律、法令、経済및 교육제도등 90건의 파제를 연구했으며 統一교육홍보、南北力量 비교분석、북은文書분석등에 관한 66건의 보고서를 만들었다.

分断国家들의 공통고민인 越南한 동포에 대한 광범위한 대책을 연구했는데 西独의경우 6백30만명의 추방민과 2백90만명의 피난민등에게 1백20억달라의 구호자금을 주었으며 우리나라의 경우는 5백만명인데 ①離散가족및 二重가족문제해결 ②紛失財産의 연고조사등 많은 문제가있음을 밝혀냈다고했다.

統一에대한 興論을 조사하기위해 전국에서 2천개의 표본을잡아 1백46항의 설문으로 全国興論조사를 실시했으며 이결과는 統一에대한 国論통일의 자료로 삼을것이며 「統一教育세미나」를 통해 共産主義의 도전에 이길수있는 力量을 기를 수 있는 기회를 마련하고있다고 했다.

諮問委員会개최와 意見제시자등을 통한 각계의 의견청취와 현상논문모집이나 자발적제안자에 대한 施賞으로 統一논쟁에의 参与의식을 고취하고있다고한다.

그는 다가오는 70년대를 全아시아에서의 非美国化, 中共의 核保有国으로의 登場, 日本의 再武装으로 제2차世界大戦이후 現状維持에 공헌이 많은 알타體制에 큰 변동이 올 것으로 보고 [illegible]

勝共教育위해「憲章」도마련

[illegible]

米上院外交委・対韓政策報告の反響

最近、米国上院外交委員会で対外政策問題を検討した報告書が発表されたが、同報告書は朝鮮統一問題にも言及して「現在としては朝鮮が統一される可能性はなく、分断を前提として米国は新しい対韓政策が必要である」と述べた（別項参照）この報告書はケネディ新政府が新しい対外政策を打出すために、その参考資料として上院外交委に提出を求めたもので、米政府がこれを採択するかどうかは別問題であるが、国連における朝鮮統一問題の討議を前にして、このような米国の外交専門委員たちの見解と建議は、ニューフロンティア政策を標榜するケネディ新政府の対外政策に微妙な影響を与えるものと見られる。同報告書は韓国内の保守・革新両陣営に相反する反響をよんでいる。保守の民主・新民両党では「米国が現在としては韓国の統一の可能性はないとの結論を下し新しい対韓政策を立てようとしていることを歓迎する」と好意的な論評を加えているに反し、統社党、社会党などの革新系では「同報告書が韓国を米国の隷属国家視している」と指摘して鋭く反撥している。また一般国民の間でも、統一問題に対するケネディ新政府への期待が持たれていたので、同報告書に対して失望と不満を抱いている傾向が強い。報告書に対する保守・革新双方の反響は大略次の通り。

革新系
統一への願望を無視

◆尹吉重（統一社会党）議員＝二つの韓国を作ろうとするのは言語道断だ。米国はわが国の解放者として自ら任じており、国連総会を通じてしばしば韓国の自主的、民主的な統一がその目的であることをせん明して来たにも拘らず、どのようなつもりで韓民族の利益に反することを言うのだろうか。その妄説に対しては断乎として全民族の名において排撃しなければならない。

◆宋南憲（統一社会党 常務委員長）氏＝結論から言えば、韓国で革新勢力が政権を執らない限り「一つの韓国」に統一される可能性がないことを確認したものと解釈する。二千万がみな願っている統一の実現は、統一のために勇気と国際をもって誠実に努力し得る政党が政権を執ることによって、始めて可能なことである。米国は米国として譲歩し、ソ連はソ連として譲歩することによって、統一問題の解決策が発見されるのであるが、この見地からみても中立化統一案が最も妥当な方策であると考える。

二つの中国を認定しようとするのと似たもので、南北を通じ統一意欲に燃える国民には大きな失望となるものだ。

◆劉秉默（社会党 代弁人）氏＝「韓国の分断と、彼らの国際機構への代表に関して、自由陣営と共産陣営とが、どのような一般的同意を得れば良いかは、米国の国家利益の見地から考えられなければならない」という言葉は、二次大戦中および戦後に米国がわが民族の独立を保障した国際協約を完全に無視し、国連精神に背反してわが祖国を対ソ政策のかけ引きに利用しようとする背信的な態度だ。わが民族としては断じて許せない。

自立までの育成に感謝
保守系

◆徐東辰（民主党・民院外務委員長）議員＝比較的、韓国の現実を知っている報告として、今後、そのような方向により、一層、強化されることを望む。同報告内容が軍事経済面において、援助を韓国が完全独立出来るまで育成してくれる方向に進まなければならないということに対して感謝の意を表する。

◆呂運弘（参・参友）議員＝われわれは国際協約下で統一されることを望んでいるが、同報告がいうようになれば、北の共産党輩たちがいう、国連監視をやめわれわれだけで自主統一しようという主張をかえって後押しすることになる。

統一論議

四・一九革命が起つてから統一問題は潮の如く高まつて来た。祖国の統一が民族の悲願であり、何れかは統一せねばならない宿命である丈に喜ばしい現象である。

しかし統一の功をあせる余りに自分が何処に位置しているかを混同している部族があるかと思えば、到底納得し難い自己流の統一路線だと大言壮語する統一論者が巷に急増している実情は見るに忍びない程コツケイ沙汰である。敢て極言すれば似て非なる愛族者の症状と—。

「統一」という険しい民族の課題は文字通りイバラの道である。イバラの道たる所以は相反するイデオロギーで十五年間分裂対峙している南北をどのような条件で融和させ得るかというところにある。

民族として誰一人、統一を反対し拒む者はいない。共産主義者は共産式統一を、反共主義者は民主式統一を両者各々の相容れない主義主張を撤回したくないから統一が実現出来ない。

近頃、韓国政府が樹立されてから一貫して主張されてきた「国連監視下による人口比例の南北統一総選挙」論を民団の指導層だと自負する一部 人士は「北」の方で聞かないばかりか統一方案としても神通力を欠いているし「コンゴ」事件で国連がゆさぶられているから「国連」を信用することが出来ないとまで非難していることは少し飛躍し過ぎた論調ではなかろうか。

コト統一問題に関して国連が信用出来なければ一体どのブロックを信用すればいいんだろうか?。AAブロックかな?。ソ連を御大としている赤色ブロックかな?統一に向つて繰りひろげられる戦略は色々千変万化が予想されるであろうが我々としての統一の大原則は品物の買売みたいに安易に扱われてはならぬ。

「北」で呼びかける記者交換等二、三の甜言にまどわされて早合点することは禁物である統一のキッカケとして新らしい南北民族相互の交流は大いに歓迎しよう。このようにして順序を追つて着々と統一の気運を醸成するのが何よりも急務ではなかろうか。巷に溢れる統一論者の統一の理案に渾身の勇気を振い起そう。

しかしミイラ取りに行つてミイラにはけないように。とことんまでも統一の原則は人類永久の自由と幸福を象徴する民主主義理念の勝利を導く源泉へと—

"成案"은 民団長의 責任
「祖国統一専門委」첫会合

民団第三十三次中央議事会에서 選出된 祖国統一問題専門委員会의 첫会合이 지난十七日下午一時부터 民団中総会議室에서 金載華、朴竜九、安八竜氏등 約二十名이 出席하여開催되었다

同会合에서는 먼저 委員会의名称을「祖国統一専門委員会」로 決定하고 性格論議에 들어가서①中央議事会의 分科会냐②執行部의 諮問機関이냐③그렇지않으면全権이委任된機関이냐의点에関해서 論議한끝에「統一問題를 研究하되 委員会成案은 団長責任으로 推進키로決定하고 또 委員長에는 曹団長이 兼任하고 統一、会談의 두小委員会를 두어各々幹事를 두기로하고 今後의 討議를 推進켜로 하였다

南北朝鮮 緊張の接点をゆく〈上〉

―ソウル＝岸特派員（写真も）

朝鮮半島に戦火の危険は薄らいだものの、三十八度線をめぐる緊張は依然として続いている。北朝鮮の"全人民武装化、全土要さい化"に対抗して、韓国側も米国の装備援助増額をテコに在郷軍人武装化をはじめ対ゲリラ司令部創設の検討など、ますます軍備増強へと傾斜してゆく。問題はなにひとつ解決されぬまま、双方が軍事力強化のエスカレーションの一途をたどるばかりだ。このほど四日間の日程で、韓国東海岸の江原道三陟を出発点として三十八度線の南北にまたがる緊張地帯を歩いてみた。軍事境界線の南側とはいえ、三十八度線以北はかつて北朝鮮の支配下にあっただけに、警戒は厳重をきわめていた。

1968. 3. 19 朝日

北朝鮮側に殺到

江原道の東海岸はほとんど漁業で暮らしをたてている。無煙炭の産地でもあるが、韓国の燃料政策が石油、LPガスへ転換したため、燃料の山元に閉鎖があいつぎ、漁業への依存が強まった。ところが北朝鮮側による韓国漁船捕獲事件が続発している。三陟、墨湖、江陵、注文津などの漁港から、韓国漁民たちが魚群を追い求めて北朝鮮側水域に殺到するからだ。

注文津をすぎるとほどなく其士門。道ばたに三十八度線の標識があった。昭和二十年八月、朝鮮半島は米ソによって分断された。地図の上に引かれた一本の線が、朝鮮戦争までの「国境線」となった。標識には、南向きに「北の同胞はわれわれを待っている」、そして北向きには「南北統一はわれわれの宿願」と書いた韓国文字がみえる。

登山もできない

休戦線に沿って太白山脈が南北に走っている。三十八度線を越えると、北方に紫を帯びて連なる一万二千峰の金剛山は、韓国では登山の名所のひとつ。ソウルを去る時、山登りの好きな韓国人からこんな話を聞いた。

一数年前、友人と雪岳山に登ったとき、[illegible]い、北朝鮮になるとされたきびしい統制にならされてきた住民には、レクリエーションとしての登山が北朝鮮ではなかったらしい……。

漁船捕獲が続発
きびしい北朝鮮の監視

いまでは雪岳山にも登れない。一月、ソウルでの北朝鮮ゲリラ事件後、とくにきびしくなった警備に加え、三月初めからこの山への立入りは、全面禁止になっている。

束草に近づくと、西北に雪岳山が白い頂をのぞかせた。頂上まで軍用道路がついている。まだ若いタクシーの運転手が「動乱のときは中学二年生だったが、あの頂上の戦闘に参加した」とポツリ。

束草は休戦後に開かれた新しい港。漁業の基地で約一万三千人の漁業人口がある。港内で、日本船が[illegible]る北の港で、鉄鉱石の積取りにきたという日本の運搬船が一隻、停泊していた。「去年は三隻、ことしはすでに一隻つかまった」――漁業協同組合の幹部は、北の海をみやりながら嘆いた。去年の三隻は、一人を除いて漁民、船ともかえってきたが、ことしはそっくり抑留されたままという。

「プエブロ」以後

さらに北上して巨津。ここは韓国沿岸警備隊の最北端基地で、漁民たちはスケソウダラの貯蔵に精出していた。その漁場は、休戦ラインすれすれから北側にかけての海域だが、寒流の魚だから北へ近づくほど多くとれる。自然、休戦ラインを犯す船が続出し、北側による漁船捕獲事件が起る。巨津漁協組の話では、昨年十一月以来、巨津の港を出た漁船のうち十七隻（船員百六人）が拉致された。北朝鮮側はソ連製の快速警備艇が十隻ほど一度にやってくるので、逃げきれない。漁民たちはいう――「海上に線が引いてあるわけじゃない。潮の流れやエンジンの故障で流されることもある。北にはわれわれ漁民の漁場があるのだ。命がけでも漁はやめられない。われわれにも[illegible]」

北朝鮮側の漁船は、休戦ラインから十五キロ以上離れたところで操業し、それよりは決して近づかない、とも聞いた。「北側の監視の目がきびしいからだよ」と、漁協組の幹部がいった。だが、プエブロ事件以後、韓国側も警備を強化したため、韓国側の漁船も休戦ラインに近づくことができなくなった。

巨津から杆城まで戻る。途中[illegible]。行きにはみえなかった戦車が五台、やや小高い丘を布陣している。道路沿いに、新しい[illegible]兵士たち。ここは朝鮮半島の緊張の現場なのだ、という実感がにわかにわいてきた。

東海岸の其士門にある38度線の標識

南北朝鮮 緊張の接点をゆく〈下〉

—ソウル＝岸特派員（写真も）

1968.3.20 朝日

いたる所で検問
岩かげから銃口のぞく

東海岸の杆城から太白山脈を越えて[illegible]へ。[illegible]道が延び、村ごとに検問所がある。深い谷底を見おろす[illegible]山道よりも、[illegible]いたるところに構築されている陣地が無気味だ。[illegible]ワラぶき[illegible]兵舎。しかしあまりにもきちんと並んださまは、軒が傾き不規則に立並ぶ山間の農家とは、一目で見分けがつく。

家財持ち渡り歩く

麟蹄、楊口などは、十五年の歳月が朝鮮戦争の戦いのあとを消し去っている。三十八度線を上下しながら西へ進む。中部前線の鉄原への道筋には、一段ときびしい空気が張りつめていた。かつての"鉄の三角地帯"（鉄原、金化、平康）[illegible]鉄原を結ぶ線は、いまも非武装地帯で、軍用道しか通らない。春川からはそれぞれ道が通じているので、民間人が春川から鉄原へ行くには、いったん[illegible]まで下りて、そこから北上せねばならない。その途中、いくつの検問所で車をとめられただろうか。それも必ず憲兵と刑事が乗りこんでくる。「鉄原では親類をたずねる場合にも、三日以上泊ってはならぬことになっている」とも聞いた。

土地の人が「新鉄原」と呼ぶ[illegible]から鉄原までは、マイクロバスに相乗りした。[illegible]三十[illegible]人、文字通りすし詰め。四人の子どもを連れた夫婦がいた。ナベ、カマ類から皿からリヤカーまで持ちこんでいるところ、"引越しらしい"。ひとまとめにしても男一人で運べそうな程度の家財道具だが、ほかの乗客たちはぶつぶつ不平を鳴らした。[illegible]のか、やっと二人分だけの料金を払い、荷物の料金を請求した運転手と[illegible]。[illegible]か。

[illegible]この一家はバスを降りた。田んぼのあぜ道をとぼとぼと遠ざかってゆく姿を見て、[illegible]戦争はまだ終っていないとしみじみ感じた。十五年前、あの戦争は終ったことになっている。だが、それは休戦協定が成立したにすぎない。もし南北分断が決定的であり、統一が不可能なら、平和条約が結ばれねばならないだろう。が、その兆しはない。

鉄原郡東松のメーンストリート。山の向うは北朝鮮

居住許されぬ農民

休戦協定以来[illegible]、非武装地帯と化し、戦乱の記憶はまだ[illegible]。バスの中にもう一人[illegible]。鉄原はかつてソウル[illegible]元山（北朝鮮）への中継地だったが、非武装地帯にかかるため、町は少し南に移り、軍人の町に変っている。商店は品物の仕入れにソウルまで出かけるが、結局は軍人さん相手だという。

この町では外出は夜十一時半まで。電球は三十ワットに制限されている。たまたま私の泊った日は非常警備とかで、夜十時以降は外出禁止だった。住民の三分の一が以前から鉄原にいた人たちだが、非武装地帯に隣接する約二千ヘクタールは、軍事上の要請で住むことが認められていない。農民は[illegible]「統制区域」の南側にだけ居住を許されており、二千ヘクタールの土地は「営農出入区域」と呼ばれて通い耕作だけが認められている。[illegible]田畑に通うだけで、[illegible]の道のりだ。

鉄原の[illegible]「日帰りで通っても、一日に八時間、貧しい人は徒歩で往復するから五、六時間しか働けない。[illegible]一日五、六時間の仕事では、わりが合わない。だが、私たちはこの土地を離れては生活してゆけません」と訴える。

"軍施設の間に山"

町の一角に「白馬ハイランド戦跡碑」がある。朝鮮戦争では、この高地の争奪をめぐって[illegible]高地の主が変ること二十四回[illegible]白馬のように[illegible]たことから、その名がつけられた。

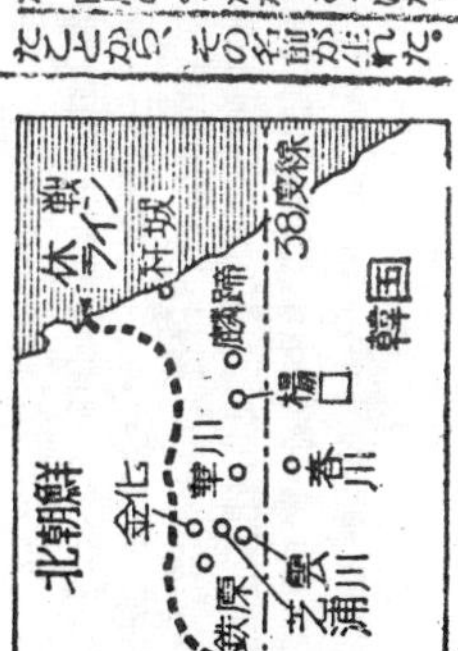

[illegible]がいま南ベトナムに派遣している「白馬師団」は、この地に駐在していた。[illegible]の北斜面には、まだ[illegible]残っている。[illegible]

朝鮮に見る冷い戦い

ワシントンにて　ロバーツ・T・オリヴァー＝NANA特約

共産主義者の支配する満州の一角から突出して、日本を占領している米軍の地位に正面に向っているのが朝鮮半島である、そこでは米ソ両國が極東におけるそれぞれの地位を決する眞の試練に直面している

その理由は二つある、第一は卅八度線に沿って朝鮮を二分する米ソ協定が成立してから朝鮮半島は、米ソの不調和が先鋭化しかつ直接的に現れている唯一の場所となっていることである、第二は、韓國はチェコのようにうやむやに降伏するようなこともなければ、中國政府のように崩壊することもあるまいということである

共産軍が三十八度線を武力突破して来ても、はげしい抵抗を受けるに違いない、そしてその抵抗は世界にひびきわたる・ことであろう、ソ連の攻撃が加えられるならば、それは米國が極東の反共勢力の味方になって戦うか、それとも戦略資源に富むアジアの廣大な地域から永遠に立ち去るかを決定させるような無慈悲な戦いをいどむこととなるであろう、朝鮮に対するソ連の切札は、これまで米國が行ったよりもはるかに慎重に用いられてきた、しかしチャンスさえあれば何かにかこつけてクレムリンが大胆な行動に出ようと考えていることは明らかである

〃打つべき二つの手〃

極東の民主的指導者たちは、対華援助の成行をみて、米國援助の信頼性に大きな疑問を持っている、日本の共産党は中共の進撃によってすでに活気づいており、この上朝鮮が共産主義に攻略されれば、さらに威信を得ることになるだろう

三十八度線ははたして確保できるか、朝鮮の反共勢力はどうか、韓國の安全を維持するには米國の対韓投資はどのぐらい必要であるか、これらにたいする回答には多くの〃もしも〃がつく、もしもソ連が朝鮮の戦略的基地を確保するために、世界戦争を辞せぬ意図があるならば、この戦争こそ三十八度線を確保するためにわれわれが支払わざるをえない代償となるだろう、しかしこのような可能性は全く程遠いように思われる

そこで今こそ極東においてソ連を阻止する時期であることは、一般の常識となっている、ところでもしソ連が朝鮮を確保するために戦争準備をしていないならば、米國が韓國を防衛するために支払う代償はごくわずかなものとなるであろう、事実、米國はつぎの二つのことをしさえすればよいであろう

その第一は、外部からの侵入に対して韓國を保持する意図を発表することであり、それは一九四七年、米國がギリシアを防衛するために「トルーマン主義」を採用したものと同様のものでよい、第二は、ソ連の宣伝が朝鮮人の心をソ連陣営に向けないように、適当な生活を営む方法を保証するために、韓國の経済復興にある程度の援助を準備すべきことである

米ソ試練に直面
今こそ赤化阻止の時期

朝日
昭24.1.22

〃弱体な韓國の立場〃

日本の敗北以来米國の対韓政策は米國自身とソ連の撤退の途を見出すことにあった、まずわれわれはソ連に対して日本軍が武装を解除されて引揚げた直後に朝鮮から撤退するという約束に従うように説得しようとした、それが失敗したとき一時韓國の國家主義者達に（中國の場合と同じように）共産主義者と連合して韓國統一政府を作らせようとした、これにはソ連も同意するだろうと思ったからだ、朝鮮の指導者が人民の自由を共産党の支配に委ねることを拒絶したとき、米國は問題を國連の手に移し、かくて一九四八年八月十五日米國占領地区内に韓國が成立した、しかしこの共和國の立場は驚くほど弱かった

その経済は三十八度線で分断され、南方には農業と軽工業しかなく、石炭鉱業は北鮮の水力電気から切り離され、その工場は米軍占領下の三ケ年間、能力が低下し、その間実施できる唯一の建設的手段としてはわずかに秩序を維持し、飢餓を防ぐことだけであった、工業生産は平常の二十%に落ちた、さらにこの三年間に、ソ連は北鮮に強固な軍事國家の樹立を急ぎ、二十万の軍隊の訓練と武装を急いだ、その反対に米國はソ連の協力を得ようとムダな努力を続け韓國の國家主義者達に政府および軍隊を造ることに許可を与えなかった、そのため韓國の創設者は軍事的防衛も経済的裏付けもないまゝにこれをつくった、ほとんど一年間米國は駐留部隊をもってその防衛を担当し、その間約六万人の訓練と武装を援助した、経済的援助もまた続けられ、それは主として稲の肥料の輸入と朝鮮が自給するためにはどんな生産の復興と拡張が必要であるかを決定する工業調査の指導を通じて行われた

トルーマン大統領が議会に要請した一億五千万ドルの援助費は、これらの勧告にもとづいたものである、米國が韓國で招いた責任はたくさんあり、アチソン國務長官は議会の外交委員会に対し〃朝鮮を放棄することは米國として妥当なやり方でない〃と証言した

〃自立の軌道に乗る〃

韓國で、まず第一に必要なことは、強力な政府をつくることであったが、多くの批評家はそれをむずかしいとみていた、それにもかかわらず昨年五月十日の選挙のために朝鮮の成年人口の八十%が登録され、選挙当日には、共産主義者のテロ戦術で五百名以上の血が流されたにもかかわらず、その九五・二%が投票した、このようにして選ばれた議会は民主的憲法を発布し、かくて八月十五日をもって新しい政府が発足した

韓國が米軍の管理を離れた場合だれの目にも明かな問題は、國内の秩序が維持できるかどうかの問題であった、事実共産党は済州島で暴徒を、また南部の港湾都市麗水で軍隊を扇動することができた、しかしこのいずれの場合も鎮圧されたような暴動の拡大をみずにすんだ、開城や甕津半島での大部隊によるものをはじめ、共産軍の三十八度線越境は毎日起っているが、韓國軍はよく國境線を保持し、國民はその自信を維持している、全くよく秩序が維持されているので六月末には最後の米軍警備部隊の撤退も可能と考えられた、その間韓國軍は二十歳以上の男子を二ケ年間徴兵する兵役法によって強化された

経済的にも韓國は楽観されていた、例えば米軍政府当局はいわず語らずの間に新政府に〃生命線〃たる韓國の鉄道を移管することをきらっていたのであるが、韓國が管理を引きついだ十一月以来、米軍管理下にあった時よりも車は余計動き、ダイヤもよく守られるようになった、織物工場は生産を三倍にあげ、石炭の産出額は四倍になった、船の積下しの平均時間は（超過チャーター料金は一日平均二千ドルだから、なかなか重要なことである）一ケ月から一週間に短縮された、漁業、家内工業、農業も増進した、要するに韓國人は自らの政府を樹立した責任に堪えたわけである、彼らは一生懸命はたらき、彼らの気持は幻滅と絶望から勇気と希望に変った

今日韓國の最大な問題は戦後の思想的、軍事的戦いの第一線で他の國民が直面しているのと同じものである、つまり絶えず外からの攻撃と内部からする共産党の扇動の危険にさらされながら、個人の自由を維持できるかという問題に直面している

〃問題は米國の決意〃

このように成績は上っているが、はらはらするような危険もまたこれに伴っている、ソ連は宣伝や威嚇あるいは共産党の政府によってのみ分割された國を統一することができると呼びかけることでは韓國民を共産主義の方に引寄せることはできないことを知った、ソ連にとっては現在じっとしていることは七十五年間ねらっていた全朝鮮支配の希望を失うことになる

共産党だけの管理下に九月十五日、單一記名の「全鮮」選挙を行おうとする計画が彼らの計画表にのっている、昨年八月二十六日にも同様な『全鮮』選挙が共産党政権によって計画され、南鮮の六百万人が投票したと乱暴な宣伝が行われたが、國連委員、米軍当局者および韓國の役人たちは、三十八度線の南で投票が行われた証拠を余くみることができなかった

この間の事情は彼らがいわゆる米國と國連の帝國主義者どもが人為的につくらせた韓國を倒し、南鮮の人民を〃解放〃するために、これを全國的に支配するための手段としてこの『選挙』を準備しているのだといえばよくわかるであろう、残る問題は米國がアジアにおいて共産主義がこれ以上ひろがるのを防ぐための適切な処置をとる決意をしているか、それとも極東の絶えざる恐怖に対して民主主義的諸勢力が米國によって見捨てられるのをみなければならないかということである

筆者のオリヴァー博士は『忘れられた國、朝鮮』『朝鮮の場合』『当惑する米政策の逆説』『分割された朝鮮＝潜在する経済資源とその需要』および『創造する大韓民國』などの著者で、一九四六年韓國大学の招待講師として同國に滞在、その後一九四九年春にも再び同國を訪れている、オ博士は朝鮮新聞四十五社からなる朝鮮太平洋新聞連合の顧問であり、同連合ワシントン支局の支配人でもある

34.2.7

土曜評論

道理の外交を貫ぬけ

――国論一致の「北鮮帰国」――

阿部真之助

北鮮 系朝鮮人の送還につき一部コリア・ロビーと称せられる人々の間に、日韓交渉の支障となるのを、恐れる声も聞かれないではないが、世論の動向は決定的となったと考えて、間違いがないようだ。政府のすることには、一から十まで反対しないではいられない社会党すら、党議をもって、急速に実行せよと、政府に申し入れをしているほどだ。戦後におけるわが国外交諸問題は、いつも異論百出て、かつて世論の統一をみたことがなかった。こんどのように気がそろったのは、近来の珍事である。こんどの珍事を皮切りにして、外交問題に関する限り、相成るべくは国論一致の態勢をもって臨む習慣づけをしたいものだ。この問題はそれ自体において、さほど大きなものとも思われない。だがこんど初めて、国論一致の態勢をみせたということにおいて、意義深いあるものを感ぜざるをえないのだ。

どう して一致をみるようになったかの理由は、国内的というより、韓国側の度のすぎた無理押しが、期せずして日本の国論を、一致に追いこんだとみるのが正しかろう。元来私などは、いわゆる親韓論者ほどではなくとも、どちらかといえば対韓軟弱論者をもって任じてきた。日本が韓国ならびに韓国人に対し、多年にわたり犯してきた過誤を思えば、譲れるだけ譲ってやるのが、せめてもの罪滅しになろうかと考えていたからである。しかしながら譲歩するとは、不道理を道理として、卑屈に頭を下げることではない。敵であれ味方であれ、不道理をあくまで排し、道理をあくまでたて貫く態度こそ、かつての過ちを再びしないゆえんでもあるのだ。このころ私がしみじみ思うことは、日本のような武力も財力もない弱小国が、列国にこし、威厳のある、尊敬される国民として生きていくには、道理の外に頼む綱がないということだ。日本は何国に向っても、はばかりなく道理を主張しなければならない。同様に日本はどんな不利益を忍んでも、道理の前に忠順でなければならない。かくして私たちは誇り高き、名誉ある国民として生存することができる。

朝鮮 人送還の問題を、道理の鏡に照すなら、明々白々として、一点の疑義を止めない。こんなに明らかなことを、これまでベンベンとして決められなかったのは、かの地に罪なくして抑留されている日本漁民の身の上を考えた、弱気のさせたことだった。どんなにしても彼らを救い出したいという弱い気持が、韓国側の主張の不合理を知りつつも、その不合理に応じてきたのだ。だが筋を正せばそれはそれ、これはこれなのである。いつまでも道理をまげ、帰還を望んでいるものを、この国に引きとめておく理由はないのである。政府がようやく送還の決意をするようになったのは、遅まきながら決意をしないより可なりとすべきであろう。決意が政府により表明されると、京城方面から、しきりにドウカツ的報道を伝えてきている。日本政府のこの行動は、重大結果を招くだろうというのである。「重大結果」とは外交的の表現で、俗にいい直せば戦争を意味するそうだ。まさか韓国にこの問題で、戦争をしかけるつもりがあるとは考えられない。しかし韓国はこの問題をいいがかりにして、目下進行中――というより停滞中の日韓交渉を、打ち切るぐらいのことは、いい出しかねないだろう。あるいはまた従来以上に、李ラインの漁船狩りを強行し、人質をふやしながら、高飛車の態度をもって、わが国に臨むようになるかもわからない。いずれにしてもわが国にとり「重大結果」たるに変わりはない。だからといって韓国のいいなりになって、送還をとりやめたところが、彼の態度がにわかに変化して、協調的になろうとは、これまでの交渉経過に照らし、考えられないことである。岸首相は国会で、送還の問題と日韓交渉とは、全然別個の問題だといっていた。理はまさにそのとおりだが、韓国側ではそうは思わないだろう。二つの問題をからみ合わせ、難題をふっかけてくるようになるだろう。

かく まで両国の交渉をコジらせたのは、あまりに相手国に迎合しすぎて、目先きの小細工に終始した結果にほかならない。しかしいまや私たちは、送還問題を境にして、道理の外交に踏み出そうとしているのだ。日韓交渉もこれまで一切のイザコザをご破算にし、改めて道理の軌条の上に、車台を乗せることから、出直すべきものであろう。

34.2.4 毎日

赤十字の意向打診

北鮮送還 窓口は厚生省に

関係閣僚間で一致

政府は北鮮送還問題につき三日の閣議で「送還することを建前に各方面の意向を打診したうえ諸般の手続きを進めたい」との藤山外相報告を了承、手続きが終り次第、正式に閣議了解することになった。これに基づき政府は同日昼過ぎ院内で関係閣僚懇談会を開き具体的手続きについて協議した結果

一、送還事務の窓口は厚生省とする。

一、国際赤十字社に北鮮送還希望者数の調査ならびに送還事務を依頼し、厚生省から同社に意向を打診する。

ことなどを決めた。政府は五日開かれる自民党外交調査会の結論を待って閣議で正式に態度を決めるが、三日赤城官房長官が船田外交調査会長に打診したところでは、同調査会も政府の方向に傾いている模様である。しかし国際赤十字社との交渉もあり政府は今週中に閣議了解されるかどうかは未定という態度をとっている。

また政府は方針が決まり次第、柳韓国公使の帰任後、事情を説明して了解を求める予定。

"会談、再開しない"

韓国外務次官言明

【京城三日発UPI】金韓国外務次官は三日「日本政府が在日朝鮮人の北鮮送還に関する態度を変えない限り日韓会談は再開しない」と言明した。

【京城二日発UPI】韓国政府の一高官は二日、藤山外相の在日朝鮮人の北鮮送還声明で、韓国政府はこれまで検討してきた李承晩ラインの修正など妥協提案を取りやめることになったと語った。また帰国中の柳公使は「現在の情勢では日韓会談がいつ再開されるかわからない。私は今週末か来週初め日本政府の真意を確かめるために東京に戻るが、私と一緒に帰任する予定の他の二人の代表は帰任を取消した」と述べた。

韓国の漁船捕獲抗議

外務省は七日韓国代表部に対し口上書をもって一月二十二日朝鮮海峡で韓国警備艇に捕獲された第百八十三および第百八十五明石丸（大洋漁業所属底びき船、各九十八トン、乗組員計二十五人）の事件について再抗議を行い両船および乗組員の即時釈放、返還を要求、同時に捕獲事件の再発を防止するよう申入れた。

34.2.7 東京

柳公使 藤山外相と会談

北鮮送還問題

日本の真意ただす

日韓会談への支障強調

駐日韓国代表部の柳公使は七日午前十一時十分、外務省に藤山外相を訪問して日本政府が決めた在日韓国人の北鮮送還という方針につき日本側の真意をただし、約十五分間要談した。藤山外相はこの会談は五日帰任した柳公使が公式に日本政府の真意をただしにきたもので、まだ抗議というものではないといっている。

「人道上、法的に当然」

外相 韓国側の了解要望

会談する藤山外相(右)と柳公使

同会談では柳公使は日本政府の北鮮送還問題について真意をただしたところ、藤山外相は(一)在日北鮮系朝鮮人を北鮮へ帰すことは昨年秋から検討していたものである(二)日本政府としては北鮮送還の方針を決め、また自民党外交調査会でもこれを了承した(三)外国人の居住地選択の自由は、国際通念として認められている。また北鮮系朝鮮人の帰国希望は人道上また日本の法制上妨げる理由はない(四)日本政府は赤十字国際委員会を通じ、帰国希望者の実情を調査することを始め、関係各省で送還の具体的準備を進めている、ことなどを説明した。

これに対し柳公使は「日本政府の措置は日韓会談に支障を与えることになると思う。またこの措置が韓国に対し非友好的ではないか」との見解を述べたが、外相は「日本としても日韓会談を打切る考えではない。従って韓国政府が日本政府の真意を十分了解して友好的に話合いを続けていくことを望む」旨要望、一応この会談を終った。

藤山外相談 柳公使は抗議にきたのではなく日本政府の方針を正式にただしに来た。従って北鮮送還を止めてほしいとか具体的な反対意向を述べてはいない。ただこの事情調査で一応日本側の考えを正式にわかってくれたと思うので、抗議があれば今後の問題だ。また覚書なども持って来なかった。なお今後政府が閣議で北鮮送還の方針を決めた後韓国側にどう了解させるか問題だが、私としては韓国側に礼を尽し、角を立てずに話合いたい。坂田厚相とはきょう（七日）会うかどうかわからぬが、法相や国家公安委員長にはすでに十分連絡をとっている。私が厚相と連絡不十分だといううわさは間違っている。今後厚生省が具体的な送還方法をたてるべきで外交交渉が必要となる面があれば外務省は当然その仕事をする。

会談は続ける

韓国外相言明 〝送還〟は約束違反

【京城七日発＝AFP】韓国の曹外務部長官は七日午前の記者会見で「日韓会談は続行されるだろう。これは日韓両国間の関係正常化を望むためというよりは、韓国が公正と正義の原則を堅持したいからである」と語った。曹長官はまた次のように語った。

日韓会談の韓国側首席は柳泰夏公使となろう。日本の外務省は以前、韓国に対し在日朝鮮人を北鮮に送還しないとはっきり約束している。多数の日本漁船が平和ライン（李ライン）侵犯を準備していると伝えられるが、このような漁船はすべて今後も拿捕されるだろう。

日韓会談続行

韓国外務部長官談

【京城七日発＝AFP】曹韓国外務部長官は七日朝の記者会見で「韓国は日韓関係の正常化の希望よりも、公正と正義の原則を支持したい願望から日韓会談を続けるだろう。会談の韓国側代表は柳駐日代表部公使がつとめる」と述べた。

難関だらけ 北鮮帰国

まず航海が心配

赤十字国際委も腰が重い？

在日朝鮮人の北鮮帰国問題を処理するため坂田厚相は六日、葛西日赤副社長を招いて帰国の具体的な方法について協議した。帰国実現までにかなりの難問題があるので、これらの問題を解決するため坂田厚相は近く藤山外相とも会見、同時に外務、厚生省、日赤の三者で帰国処理会議を開くことになった。最も難関とされているのは

❶帰国船に対する韓国の安導券（航海の安全保障）を得られるかどうか、

❷帰国を希望する朝鮮人の意思を赤十字国際委員会が確認するにしてもどのような方法でやるべきか

などの点で、厚相としては十日の閣議にこれらの問題を報告するが厚生省では「かなりむずかしい点があるので帰国実現には相当な日時を要するだろう」といっている。

ネを上げる窓口の厚生省

日本政府の正式な態度が決まり次第、政府は日赤を通じてジュネーブの赤十字国際委に朝鮮人帰国について依頼をする。赤十字国際委としては昭和三十一年にウイリアム・ミッシエル、ユージェーヌ・ド・ウェック両氏を派遣、調査のうえ翌年二月二十八日付で日本、北鮮、韓国政府に対して北鮮帰国を実現するよう覚書を発している。したがって国際委としては帰国のあっせん役をやることはほぼ確実だとみられる。当時の情勢と現在では相当変化している点もあるので日赤では「国際委が慎重に調査をやり直すだろうから、直ぐというわけにはいかないだろう」と日時のかかることを予想している。

こわい外部の圧力 希望者に個人投票

国際委が帰国をあっせんする場合、まず問題になるのは“帰国者の意思を外部からの圧力でゆがめられないようにする”こと。韓国との関係が微妙な折から慎重のうえに慎重な方法で行わなければならない。

予想される方法としては一人一人面接するわけにはいかないので各市町村単位に帰国の意思を知るため文書によって受付けることになる。この場合外部の圧力を排するために、ちょうど選挙の際の管理委員会のようなものを設け、そのメンバーには日赤が任命した職員が当たり、一人一人が投票する形で文書による意思表示をする。国際委から派遣された代表は自由な意思表示の方法が完全に行われたかどうかを確認して帰国者を決定することになる。

このように慎重な方法がとられるので意思決定だけでもかなりの日数を要する。帰国者とその数が決定すると厚生省は居住地から集結地（港）までの輸送と集結地での給与についての帰国業務を開始するが「帰国船をどこの港に入港させるかが問題」と厚生省ではいっている。韓国との関係を考慮して北陸以北の港で相当な人数を収容できる施設のあるところでなくてはならないとされている。

帰国船については北鮮側で「船は用意する」といっているので配船についての心配はいらない。しかし帰国者をのせた船が航行する場合に韓国の安導券が得られるかどうかという点が最も難問となっている。北鮮側が赤十字国際委を通じて韓国の安導券を得てくる場合は別だが、まず期待できないので、日本側が国際委に依頼して安導券を得なければならない。果たしてこれが得られるかどうかが問題で、政府では“赤十字国際委に頼んで国際委の代表に乗船してもらい、赤十字船であることを明白にする以外に方法はないのではないだろうか”といっている。

坂田厚相の話 厚生省が窓口になることになったが、この問題は実に難関が多いので外務省や日赤と十分相談して見通しを得たうえでないと、政府としての正式な態度を決定することはできないだろう。

厚相は了解ずみ 外相語る

藤山外相は七日午前、柳公使との会談後、北鮮帰国問題などについて次のように語った。

一、柳公使には政府の考え方を説明した。同問題については日韓折衝の第一段階のため、まだ格別の抗議はなかった。

一、厚生省当局が、北鮮帰国問題の見通しについて、悲観的なことを言っているとのことであるが、これは事務的に面倒だということで、問題そのものにどうこうということではないはずである。外務省としては同問題について、日韓会談、日韓国交などへの影響を判断する立場にあり、これについては、すでに関係大臣に伝えてある。帰国実務は厚生省が主管官庁として方法を検討、事務的に各省に連絡することになっており、この点すでに厚相とは了解ずみで問題は全くないはずである。

34.2.7 読

厚生省は危ぶむ

航海安全と希望者確認

北鮮送還

政府は在日朝鮮人のうち希望者を北鮮に帰国させるという藤山外相の方針が自民党で了承されたので、近く閣議でこの方針を正式決定する予定だが、その場合送還の窓口となる厚生省では手続上多くの問題があるとしてきわめて慎重な態度をとり、その実現については不安の念を強くしている。坂田厚相は六日午後厚生省に葛西日赤副社長を招き送還の技術的な問題について意見を聴取したが、送還に当って①帰国船の〝安導券〟（国際慣行上の用語で関係国が航海安全の保証を与えること）が得られるかどうか②帰国希望者の調査確認をどうするかの二点が最大の難関であることが明らかとなり、結局ジュネーブの赤十字国際委員会がどの程度事態収拾に尽力してくれるかが解決へのカギとなることが明らかにされた。このため坂田厚相は一両日中に藤山外相と会見外務当局の見解を打診することになったが、日赤の話では政府筋から赤十字国際委員会に対してまだなんらの折衝も行われていない模様なので、これらの点について の見通しがつくまでにはかなり日時がかかるものとみられており、送還が実現するかどうかは全く予断を許さない情勢である。

送還の場合、技術的に困難な問題は前記二点のほか用船、配船計画などがあり、このうち用船については北鮮側が用意する意向を明らかにしているので、日本海側の港から北鮮の元山港あたりへ向けて送り出せば問題ないとみられているが、安導券については赤十字国際委員会を通じてもとりつけはできまいとの見方が強い。事実一昨年北鮮送還問題について赤十字国際委員会が日本、北鮮および韓国の各赤十字社に対し〝三国会談〟開催の要請を発した際、韓国赤十字だけがこれを拒否したということがある。

また帰国希望者人数については在日朝鮮人総連合会の発表では十一万七千人となっているが、はたして何人になるかはっきりせず、また希望者の確認についても、これを日赤が行う場合は日本政府の作為が介入するとみられる恐れがあるので、最終的には赤十字国際委員会に委嘱しなければならないとしている。ただこのような情勢から、果して赤十字国際委員会が自らの責任で問題の処理に当るかどうかが疑問視されており厚生省としては問題はそう簡単に解決できるとは予測しておらず、外務省および政府部内一部の〝独走〟を強く警戒している。

柳公使 きょう覚書提示か

北鮮送還問題は駐日韓国代表部の柳公使が五日午後突如帰任し、七日にも日本側に対して送還方針を撤回するよう活発な働きかけを行うことが予想されるので、ここ数日間北鮮送還問題とこれにからむ日韓会談の成行きが注目される情勢となった。柳公使がひそかに帰任したのは主として保安上の理由といわれるが、同時に日本側の北鮮送還方針が予想以上に堅く、すみやかにこれを撤回させるためなんらかの手を打つ必要があることを認めたからのようである。このため柳公使は日本側方針の撤回を求める韓国側の強硬態度を盛りこんだ公式の覚書を携行、早ければ七日、あるいは来週早々にも岸首相、藤山外相に会見を求めてこれを提示、日本側の翻意を要請する手はずといわれている。

日本の立場を各国に説明

外務省が訓令

外務省は六日、在自由諸国の各大公使館に対して、在日朝鮮人の北鮮帰国希望者送還問題について、日本政府の立場を各国政府に明らかにするよう訓令を出した。このような訓令を出したのは、北鮮送還に反対している韓国政府が、「日本政府の方針は、北鮮に利益を与え、朝鮮動乱に国連軍を派遣した自由陣営十六カ国の利益を損なおうとする行動である」として自由陣営諸国に訴えているので、日本政府として、このような誤解をぬぐい去り、政府の真意を了解してもらおうとしたためである。

覚書を携行

柳公使、帰任

【新亜＝東京】帰国中の柳泰夏駐日韓国公使は予定を早めて五日午後六時空路東京に帰任した。なお新亜通信社が入手した京城からの情報によれば、柳公使は現在日本政府が計画中の在日朝鮮人北鮮送還問題と関連する重要な対日覚書を携行している。

この記事は一部地域版のため重複します。

34.2.7 朝日

厚生省、実施に不安

北鮮送還へ慎重な態度

政府は在日朝鮮人の帰国についての藤山外相の方針を了承し来る十日の閣議で北鮮帰国を正式に決定する意向でいるが、北鮮帰国問題の実際上の事務を担当する厚生省は「北鮮帰国を円滑に実施できることが確認されない限り軽率に北鮮帰国に同調できない」ときわめて慎重な態度でいる。このため坂田厚相は六日、葛西日赤副社長と厚生省で会見、北鮮送還の具体的問題について協議した。

厚相は十日の閣議以前に直接、外相と会い、この問題について話合う意向であるが、この話合いで送還実施の確信がえられない限り閣議でも外相の方針に同調しない積りでいる。

厚生省が懸念する点は（一）北鮮送還を実施するに当っては送還船の航海の安全を保障するために国際法上定められた「安導券」（注＝作戦地域の通過を敵または第三国に許可する文書）などの航海安全のための確認措置を韓国からとりつける必要があるが、現在の情勢からみてこれは事実上不可能である（二）これにかわる措置としては、国際赤十字委員会（ジュネーブ）から航行安全の保障を得て、国際赤十字委員の乗組みまたはこれにかわる方法を考える必要があると思われるが、実際には具体的な話合いが行われている様子がない（三）送還船は赤十字国際委員会がチャーターし、事実上北鮮の船が送還を実施する見通しだというが、この点についても具体的な打合せが全くできていない模様である（四）現在北鮮帰国希望者は約十一万七千人（在日朝鮮人総連合会調べ）というが、帰国希望者の実数さえまだ明確にされていない、というもの。

厚相としては北鮮帰国を閣議決定するためには、これら諸問題をまず調査し、円滑に北鮮送還を実施できる見通しがついてのち初めて閣議で決定、厚生省に送還事務を担当させるべきだと

柳公使、口頭で抗議

北鮮送還 けさ外相と会談

柳韓国駐日公使は七日午前十一時過ぎ外務省に藤山外相を訪問、在日朝鮮人の北鮮帰国問題について日本政府の意向を聞き、韓国として初の公式抗議を行なった。同会談は結局物別れの形となっているので今後韓国側は覚書その他による抗議を継続するほか各種の対抗措置をとるものと予想されるので、その出方が注目されている。

同日の会談には日本側藤山外相、板垣アジア局長、菅沼東北アジア課長が出席、約二十八分間で会談を終ったが、席上外相は柳公使の質問に対し「北鮮帰国は昨秋からの問題で居住地自由の国際通念と人道的立場から日本政府としては引止める理由がない。政府・与党とも赤十字国際委のあっせんで解決したいと考え、その方向で態度を決めつつある」と説明、日本政府の真意を韓国政府に伝えるよう希望した。これに対し柳公使は「日韓会談が継続されている折から北鮮帰国の強行は韓国に対する非友好的な行為とみられ、同会談に支障が起きるのではないか」と反論した。外相は日韓会談とは全く関係のないことであり今後も会談が友好的に進むことを望んでいると応酬、藤山・柳会談を終った。

柳公使談「藤山外相から一応の話を聞いたが、さらにまた板垣アジア局長から詳しい話を聞く予定である。韓国としては困るということを述べておいたが、言いたいことを全部言ったわけではない。外相は各省と連絡して事を進めていると言ったので各省に韓国の意向を伝えるよう要請しておいた」

帰還交渉また振出しへ

34.5.21 毎日

"最初の案より後退"

北鮮側 日本最終案を非難

【ジュネーブ二十一日角田特派員発】北鮮帰還会談は日本側の要求で三回延期された後、二十日午後十二日ぶりで再開された。休会中に流れた情報に基づく予想としては、日本側は争点である苦情申立ての範囲を全面的に譲って無条件降服し、帰還業務実施の際に起こり得る混乱を考慮に入れない形式的な協定を妥結させケリとなるかと思われていた。ところが北鮮側は日本の譲歩を十分とせず追打ちをかけてきたので、会談は見ようによってはまた何度目かの振出しに戻った。

国際委介入骨抜き 北鮮側の意図

同日、日本側は東京の訓令に基づく最後的な協定案を提出したが、会談後の記者会見で日本代表団は「まとめるための最後段階で、第三者の妨害を慮れるから」という理由により一切ノー・コメントのうえ「北鮮側の発表をきいてくれ」と全く不可解な態度をとった。

北鮮側スポークスマンは「日本側が十二日間も休会したあげく出した"建設的新提案"と称するものは第一回会談で日本側が出した"在日朝鮮人帰還処理に関する日赤案"より後退しているのはなぜか。こんな提案なら四十日間の討議は無用であった」と前置きして猛烈に攻撃した。

日本側はこの最初の提案以後、国際委介入の部分を中心とした協定試案、総括的な協定案、東京の訓令による今日の協定案と四回にわたって提案したが、北鮮側は第一案と第四案を比較している。

問題点は国際委介入の方式と苦情処理である。北鮮側の論理によれば第一の国際委介入の方式は第一案では"協力と支持"とあり、第四案では"助言、指導、管理"よ強められている。この場合責任は管理下の日赤にあるのか管理する国際委にあるのか、責任の所在が不明である。第二に苦情処理は、苦情申立ての範囲を第一案では"本人"だけとしながら、第四案では"本人、親子、配偶者、法定代理人"と広げている。日本側は第二、第三案で"本人、法定代理人、第三者"と拡大し、東京の訓令による第三者をはずし親子、配偶者、法定代理人と譲歩したようにみせかけるが、本人以外の者は依然として第三者である。

この反論に対して北鮮スポークスマンの言明によれば日本代表は「第一案は参考資料であって苦情申請範囲と"管理"は当然書かれるべきであったが書き落としたのは手落ちであった。失礼しました」と逃げをうった。

北鮮側の意図は苦情申立ての範囲を"本人"に限定することによって他からのけん制を回避し、帰国者の人数が減ることを避け、また国際委介入を骨抜きにしようとしている。日本側はこの点を譲れば国際委介入の三原則（帰国申請機構の承認、苦情処理の依頼、乗船港立会い）はくずれ、無条件降服となるばかりか協定はできてもその中でロボット化されたのでは国際委は乗り出してこないおそれがあるとしているわけだ。

次回会談は二十五日に行われる。

ジャーナリスト会議が激励のメッセージ

韓国・京郷新聞廃刊処分

韓国政府は政府を批判したとの理由から四月三十日付でカトリック系の京郷新聞を発刊処分にし、韓昌愚社長らを新国家保安法違反で起訴したが、日本ジャーナリスト会議は二十日夜、韓社長と韓国編集人協会理事、呉宗植両氏に激励のメッセージを送った。

34.4.16 読売

北鮮、日赤案に反論

第二回会談 帰還交渉、全く対立

【ジュネーブ上野特派員十五日発】十五日の日鮮両赤十字代表による会談ではおもに北鮮の李一卿代表が発言したが、その内容は帰国意思確認、国際委介入に対する日本側の主張を逐次反ばくしたもので、両国の態度は全く対立する結果となった。このため葛西、高木、井上ら日本側代表としては十六日からの会議で日本側の主張が結果的には航行の安全確保という人道的立場に裏付けられているにすぎない点を強調して北鮮説得に全力をつくすこととなるだろう。

北鮮の考え方は十三日の第一回会談の際明らかとなったように、在日朝鮮人が在日朝鮮人総連合会（朝連）を通じ帰国意思の表明を終っているにもかかわらず、これを無視し、ことさら国際委を介入させようとするのはいかにも筋が通らないという点にある。ここから日本側は国際委を通ずる帰国意思確認を表向きの理由に、帰国希望者の身元調査など「敵は本能寺」をきめこんでいるのだとの不信が起っているわけだ。

事実李代表は会談席上、朝連に帰国の希望を伝えた朝鮮人にあらためて日赤機関への届出を強制するばかりか、起るはずのない苦情の処理、さらには日本出国時の立会などを国際委に依頼するのは全く無意味で、日赤の不当な措置は驚かざるをえないとのべている。しかし日本側が国際委を持出しているのは、同委をいわば「ニシキのみ旗」としたうえ、できれば同委代表の帰国船乗込みまで話合いをまとめ、韓国からの圧力を防ぐのが目的だから、葛西副社長らとしてもこの線であせらず説明に当れば、北鮮の態度も次第にほぐれるのではないかと観測しているようである。

十五日の会談では李代表から帰国の回転率を早めるため出発港として新潟のほか敦賀、舞鶴をも加えてほしいこと、財産持出し、荷物の制限と関連し、ココム・リスト（対共産圏輸出制限物資）を加えているのは不当だとの見解が表明されたが、日本側がこれをのむ見込みはまずないとみられている。十六日は午後四時から開かれる。

【ジュネーブ十五日発＝共同】十五日の会談後の記者会見で北鮮側スポークスマンは話の終りに「あくまで誠意をもって話合えば問題は解決しうると信ずる」と述べ、協調的態度を示している。また十五日の会談で日本婦人で朝鮮人の妻となった者の帰国による二重国籍問題処理について北鮮側は日本案に賛成すると述べており会談はすでに部分的には合意にすら達している。十六日の会議で日本側は意思確認の必要性と輸送の安全性につき反対提案を行う。

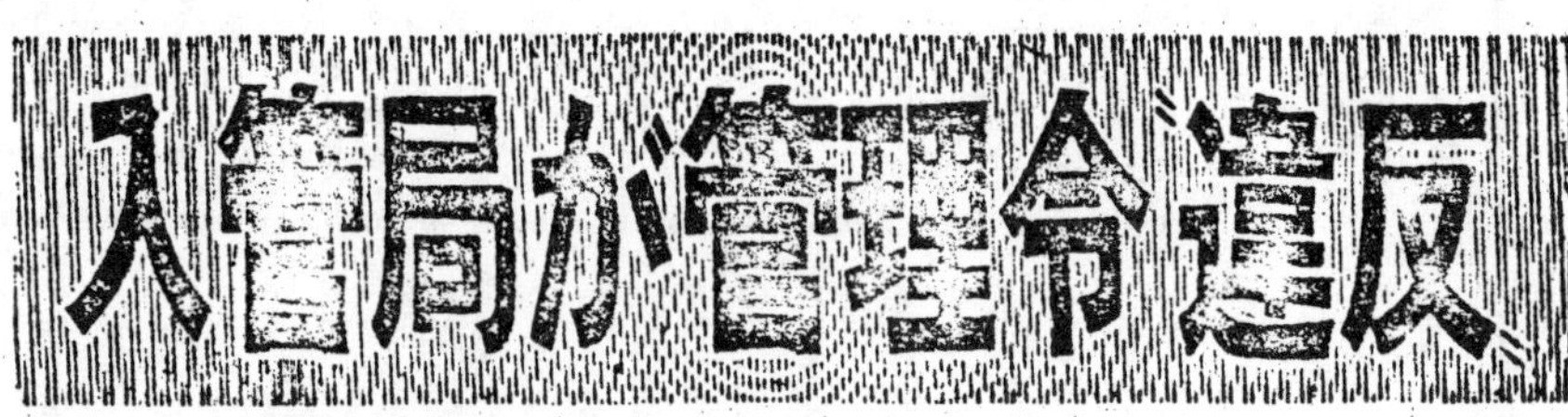

34.4.22 読

裁判中の韓国水兵 本国に送り返す

高裁、異例の不在判決

韓国軍艦から脱走、あこがれの日本に不法残留していたかどで出入国管理令違反に問われた元韓国水兵に対し二十一日、東京高裁刑事八部坂間裁判長は被告側の控訴を棄却、有罪判決を下した。ところが被告である韓国水兵はすでに本国に強制送還となっていたため被告人が国外退去のまま判決を言渡したという全く前例のないケースとなった。この裏には出入国の公正な管理に当るべき法務省入国管理局が「裁判に係属中は帰国させない」という出入国管理令の規定にみずから"違反"して刑事被告人を強制送還したといういきさつが秘められていたことが判明、入管当局の態度に批判が起きている。

全友一

この韓国水兵は北鮮の平安南道順川郡に本籍を持つ全友一(三二)という三等水兵で、昭和十六年上京、正則英語学校に通ったが終戦で帰鮮した。実家は相当裕福だったが朝鮮動乱で南鮮に逃れてから、日本に来たいという一心で水兵となったもの。たまたま二十九年三月二十一日乗組んだ韓国軍艦臨津号が横須賀に寄港したさい、四月三十日から翌月二十五日までの正規の寄港上陸許可証を入管横浜事務所横須賀港出張所からもらって上陸したが、スキをみて脱走し横須賀市のUSホテルでボーイになった。

ところが翌年七月二十七日逮捕され、出入国管理令の不法残留として起訴され同年十一月横浜地裁横須賀支部で罰金三万円の判決を言渡された。このまま刑が確定すると強制退去させられ日本に残留できないと同被告は量刑不当、法令違反の理由で控訴した。

東京高裁刑事八部では公判を開くため同被告が一時寄宿していた横須賀市大津町三の三六笠山方や収容されているはずの入管横浜収容所に「公判期日送達」を行なったが、何の応答もないので公判も開けずのびのびとなっていた。一昨年三月になって不審に思った裁判所が横浜収容所に対し全被告の身柄について報告を求めたところ、前年の三十一年三月に入国管理局警備課がすでに韓国軍艦に引渡していることがわかった。

このような場合被告の控訴取下げ、検察側の公訴取消しか、被告の死亡によって裁判所の免訴となれば問題はないが、一審判決後なので公訴も取消すこともできず、もちろん免訴の対象にもならない。このため同高裁坂間裁判長はやむを得ず不在と知りながら去る七日形式的に横浜収容所内全友一あて書留で公判開始の送達を行い第二回目の二十一日に超スピード判決を下すという異例の措置を講ぜざるを得なかったもので、有罪判決を下したものの、実質的には罰金徴収は全くできないという結果となったわけ。

これに似たケースとしては三十一年六月に浜松収容所に収容中の中国人十二人が警備官に暴行を働いた浜松事件や二十八年に大村収容所からやはり中国人二人が逃走した大村事件で政治的考慮から公訴取消しを行なって本国に送還した例があるがこの二例でさえ一審判決前の公訴取消しという法手続きによったものだった。

ところがこんどのようにたとえ韓国側の要求があったとはいえ脱法措置で強制送還したケースはもちろん初めてで、入管当局の態度に非難があがっている。

中村宇都宮次席検事（当時の入国管理局警備課長）の話「当時は密入国者を返すのに韓国側が受取る、受取らないともめている最中で、そのまま刑の確定までおけば返すこともできなくなるような状態だった。それで一応一審の判決があったし、たまたま韓国の船が日本に来たのでミス・シップ者（何らかの理由で自分の船に乗り遅れた者）扱いにして帰国させた。当時控訴取下げの手続きをするよう本人に指示したようにも思っている。また裁判中は帰国させないので日本にいたいため、控訴、上告と確定するまで何年も合法的に日本にいるという矛盾した結果がよく見られたので、密入国者は送り返すという建前からそのような処置をとったと思う」（宇都宮発）

東京高検野中刑事部長の話「便法でやったと思うが確かに許されないことだ。あとでまずかったというので関係検事から、てんまつ書をとったと聞いている」

坂間裁判長の話「被告がいないのではいつまでも裁判を開けないので刑訴法六十三条によりやっと判決にこぎつけた。罰金が確定しても徴収は事実上不可能だが、これ以上未済のままほうっておけばきりがない。これほどむずかしいケースははじめてだ」

竹島明らかに日本領

外務省公表

江戸時代にも文献

総司令部覚書　統治権を否認せず

外務省は竹島の帰属について十四日要旨次の資料を発表し、日本政府の見解として同島が歴史的に、法律的に日本の領土であることを明らかにした。

竹島に関する日本政府の見解　古く竹島または磯竹島と称していたのは鬱陵島のことであり今日の竹島は松島として知られていた。右は江戸時代の日本側の文献、古地図によって実証し得ると共に、鬱陵島を竹島または磯竹島と称していたことは韓国側の文献によっても明らかである。

一、日本政府は日韓併合に先立ちすでに明治三十八年（一九〇五年）二月二十二日付島根県告示第四十号をもって竹島を島根県所属隠岐島司の所管に編入すると共に、中井養三郎は日本国政府の正式許可を得て同島に漁舎を構えて人夫を移し漁猟の経営に着手し以来今次戦争発生直前まで日本国によって有効的な経営がなされていた。この間諸外国から同島の日本帰属について問題にされたことはない。

一、終戦後連合国総司令官が日本国政府に対し一九四六年一月二十九日付覚書SCAPIN第六七七号を以て日本国政府が竹島に対して政治上または行政上の権力を行使することおよび行使しようと企てることを中止するよう指令したが同覚書は竹島を日本の領域から除いたものではない。すなわち同覚書第六項は「この指令中の条項はいずれもポツダム宣言の第八条にある小島嶼の最終的決定に関する連合国側の政策を示すものとして解釈してはならない」とことわり、同覚書は決して竹島を日本の領域から除外するものでないことを明らかにしている。

以上の解釈はいわゆるマッカーサーラインの設定についてもはっきりとられている。すなわち連合軍総司令部より日本国政府にあてられた覚書一九四六年六月二十二日付SCAPIN第一〇三三号（日本の漁業および捕鯨業許可区域に関する件）第三項Bにおいて「日本の船舶および船員は北緯三十七度十五分、東経百三十一度五十三分にある竹島から十二海里以内に近づいてはならず、またこの島とは一切の接触は許されない」と述べ、竹島は許可区域すなわちマッカーサーライン外においているが、同覚書第五項において「この許可は当該区域またはその他のいかなる区域に対しても国家統治権、国境線または漁業権についても最終決定に関する連合国の政策の表明ではない」と断り、同覚書は何ら竹島に対する日本国の統治権を否定するものではないことを明らかにしているのである。

随想

新〝征韓論〟の正体

大宅壮一

近頃あちこちで「李ライン即時撤廃国民大演説会」のポスターが目につく。弁士の顔ぶれを見ると松本徳明、淺川武治などという右翼思想家のほかに、三上卓、佐郷屋嘉昭（留雄）などといういかっての「青年将校」やテロリストの名も混っている。日韓会談は、一昨年十月の予備会談に始まり、昨年二月から本式に開かれたが進行につれて相互の食いちがいはますます大きくなるばかりで、四月の末ついに中絶してしまった。本年初め李承晩大統領の訪日で再開の機運が高まり四月十五日に再開、こんどは原則の方は一応棚上げして、実際的な面について検討した結果、相当の成果をあげたが七月に入って休会、最近また竹島の帰属問題や日本漁船拿捕事件の頻発などによって会談の再開を見るにいたったが、暗礁にのりあげて、最近その〝拡大化〟が伝えられている。一方〝李承晩ライン〟の実地検証に辻政信代議士が乗り出しているし、その後また報道陣をもふくめた一団が出て行ったということである。竹島は朝鮮側に占拠されたままになっているようだし、対馬も朝鮮の領有だといい出しているそうだ。現在すでに対馬では、六万五千の日本人が、三人の朝鮮人のために手も足も出なくなっているともいわれている。

×　×

元来、領海問題が急にやかましくなり出したのは、一九四五年九月廿八日即ち日本の降服直後、トルーマン大統領が大陸棚および漁業資源保存水域に関する布告を出してからである。これによると、大陸棚即ち海岸に隣接する水深一百尋以内の地下資源はアメリカに所属すること、アメリカの海岸に隣接する公海で漁獲その他の開発を禁止すること、ただし他国と共通の関係にある海域では、その国と話しあいの上できめることになるのである。この布告は世界に大きな波紋をまきおこし、これに刺激されて他の国々も同じような宣言をやり出した。特に中南米諸国の如きは、トルーマン布告よりはずっと幅のひろい権益を主張するにいたり、こんどは逆にアメリカの方でこれに抗議せざるをえないような事態を現出した。〝李承晩ライン〟なるものも、いわばこれに便乗したのであって、しかも一番徹底しているのである。トルーマン案では、大陸棚とその上の海とは全然別なあつかいをしているし、また水産資源の保存については、関係国と話しあいの上できめることになっているのだが、韓国は大陸棚も海もひっくるめて自国の主権を主張しようというのである。その点では中南米のやり方に似ているが、中南米の場合はただ政策としてそういう声明をしただけにすぎない。ところが韓国は〝李承晩ライン〟なるものを勝手にきめて、それでもう国際法的にも権利が発生したものと見なし、その中に入ってきた日本の漁船を実力で取締ろうというのである。いや、すでに多くの漁船を拿捕し、船や漁具を没収し、乗員を裁判にかけて、懲役や罰金を課しているのである。

×　×

こういうことが認められて各国がそれをやり出すと世界中の、海が陸と同じように分割されることになる。これはかつてスペイン、ポルトガル、イギリスなどが海上で覇を争っていたころにやったことで、今またそれをくりかえすことになれば、世界中が蜂の巣をつついたようなことになるだろう。その結果、一応水域分割ができたとしても、スイスのような海をもたない国や、実力をもたない弱小国は、一々外国の許可をうけなければ、海上に出られないことになる。これくらいのことは李承晩にだってわかっている筈である。しかもなおそれをあえてしているのは、日本に対してよりはむしろ韓国内の民心統一にそれが役立つからである。対外意識をあおり立てることによって、国内世論の分裂をおさえ、政府の支配力を高めようというのだ。これはどこでもよくやる手である。同じことが日本側についてもいえるのであって、吉田政府特に保安庁あたりでは、これを再軍備熱の高揚に利用しようとしていることが明らかである。どっちもこれを宣伝の具に供しているのであり、しかもその宣伝の対象は主として自国の民衆なのである。これと同じことが明治初年の日本にも起った。西郷隆盛を中心とする征韓論がそれだ。内乱がやっと終ったばかりの明治政府をこれで強化しようと計ったのだ。こういった点を考えて、国民は冷静にこれに対処する必要がある。

☆　☆　☆

韓国経済みて歩き

山田記者

1965 9.18 毎

開発進む東南海岸

71年には 本格的工業地帯に

韓国はいま、土とほこりと騒音でいっぱいだ。記者は日韓経済閣僚懇談会終了後、ソウルから釜山、蔚山（うるさん）、大邱の工業地帯をかけ歩いたが、そこには道路の拡張、設備の建設、労働者の群れ——とたくましいエネルギーがあふれている。しかし一歩、都市の裏通りや農村にはいると、昔ながらの貧困が目につき、ちょうど戦後の第一次復興期にはいった昭和二十七年前後の日本の姿と同じ印象を受けた。

歴史の古都、新羅の王宮があった慶州から、蔚山にはいると、やたらにトラック、ブルドーザー、労働者の群衆が目につく。ここは各種工業団地の建設で、いまや失業者のいない韓国唯一の都市といわれるが、「当地の発展はことに早いから、どんどん地図の色が変わる。銃剣を持って戦うのが戦争なら、ここはあらゆる産業建設のため"平和戦争"をしている最中だ」——蔚山市の崔市長はこういって胸を張る。人口十万六千人（八月末）。韓国の東南海岸、潮の干満差が少ない良好な港湾と、二本の大河を工業用水に利用できる蔚山は、韓国が近代工業化への夢を託しているところ。一九六二年からことしまでの第一次経済開発五カ年計画で、すでに一つの石油精製工場（大韓石油公社、政府と米国ガルフの合弁）ができたほか、来春には二つの肥料工場（韓国肥料会社の第三、第五工場）が操業を始める予定で、目下、昼夜兼行で最終仕上げを急いでいる。

工場の能力は大韓石油がいま日産四万二千バレルを精製、来年には五万五千バレルまで引き上げるが、肥料の方は第三が年間十八万トンの複合肥料と八万二千六百トンの尿素肥料を生産、また第五は同三十三万トンの尿素肥料を生産、東洋一の生産能力にするという。さらに来年からの第二次五カ年計画では、蔚山工業地区の中核となる総合製鉄所（粗鋼年産五十万トン）の建設が始まる予定で、これが完成する一九七一年には、韓国の史上初めて本格的な重化学工業地帯が誕生することになる。

現在、第三、第五の両肥料工場建設には、合計六千人の労働者が従事しているが、第二次五カ年計画が始まる来年からは関連産業の着工などでさらにふえる。崔市長は「蔚山は一九八一年に人口三十万、一九九一年には同五十万の大工業都市になる」と説明した。

これらの計画がうまくいくかどうかは、今後の資金導入ひとつにかかっている。第三肥料の場合は韓国政府と米スイフト投資団との折半出資で資金を集め、第五肥料は韓国肥料が日本の三井物産から四千三百九十万ドルを借款、東洋エンジニアリングを中心に三井系機械メーカーがプラント輸出をして工事を進めている。しかし総合製鉄所については、まだ具体的な資金手当てはついていない。計画だと五年間に外資六千七百万ドルが必要で、韓国政府は日本、米国、西独などからの借款を考えており、日韓閣僚懇談会で韓国側が民間商業借款の増ワクを強く要求したのもこうした事情からだ。

このほか釜山、大邱など韓国の代表企業の工場が集中している各都市にも蔚山同様の活気がみなぎっている。釜山には弱電メーカーの金星社、合板の東明木材、ゴム加工の泰和ゴム、大邱には総合紡績の第一毛織といった財閥系トップ・メーカーの主要工場がある。泰和ゴムがベトナム特需のジャングルぐつを中心に年産額の約四割を輸出、第一毛織でも年産額の六五％を輸出しているなど、各企業とも輸出に力を入れているが、これはまだ韓国の国内購買力が供給に追い着かないためだ。

ベトナム特需のジャングル用くつの製造＝釜山の泰和ゴム工場で

これらの工場にはいってまず目についたのは、第一毛織の設備が国際級である点を除くと、従業員の数の多さだった。これは韓国企業の設備水準が一般にまだ国際水準から遠いほか、安い労働力が豊富にあるからだ。しかもこれら企業の賃金水準は、韓国一般の賃金水準（平均的ザラリーマンの収入は月一万八千ウォン、一ウォンは一円四十銭）に比べると、初任給が中卒で五－七千ウォン、大学卒技術者で一万五千ウォンとかなり高い。

労働力は、技術系のごく一部でスカウト合戦が始まっているほかは、一般に大幅な過剰で、ソウルの一流ホテルのボーイまでほとんど文科系大学卒業者で占められるほど。このためソウル、釜山などの目抜き通りでも、十五階建てといったりっぱなビルの谷間で兵役前の十六、七歳の青年たちが集団でくつみがきをしていたりマーケットで露店を開いたり、ちょうど終戦後間もない東京に似ている。

このように韓国は、意欲的な経済開発を計画しながらも、まだ国民経済のあらゆる分野でアンバランスがひどい。しかし南韓の工業建設は、軍事革命前にはとても手の出なかったことといわれるだけに、韓国が政治の安定をもとに、ようやく経済の安定に第一歩を踏み出したことを感じさせた。

日韓、共同声明を発表

閣僚会議終わる

経済協力を促進

韓国側も「二重課税」善処

十一日未明交渉にもつれこんだ第一回日韓定期閣僚会議は会期を一日延長し、同日午前十一時十五分から東京・芝白金の迎賓館で最終全体会議を開き、共同声明を採択して正午、三日間にわたる会議をとじた。これに先だち韓国代表、張（チャン）副総理は午前九時四十五分、首相官邸に佐藤首相をたずね、妥結内容を中心に韓国への経済援助と、こんごの日韓交流について懇談した。共同声明は韓国への二億ドルの新規民間借款、日韓両国の貿易拡大など十六項目からなり、今回の会議の成果と、こんごの日韓経済交流の促進を強調している。今回の会議の特色は韓国の第二次経済開発五か年計画達成のため、日本が積極的に経済協力を行ない、経済発展に寄与する姿勢を明確にしたことで、とくに両国間の意見調整に手間どったとはいえ、韓国の要求通り二億ドルの新規民間借款を認めたことは、こんごのわが国のアジア諸国への経済援助にも微妙な影響を与えるものと予想される。また、会議は竹島帰属、在日朝鮮人の北送など政治問題にもふれ、日韓交流、両国の友好促進のために幅広い論議が行なわれた。第二回閣僚会議は、来年ソウルで開かれる。

（共同記者会見の内容と解説2面にあります）

共同記者会見する両国代表＝中央右三木外相、同左張副総理

今回の会議は、韓国の経済援助に対する切実な要求と、日本の韓国経済への評価が、若干、合致しないこともあって、徹夜交渉という異常事態をまねいたが、経済協力を積極的に進めるというわが国の基本方針が、譲歩と妥協を生み、会期を一日延長して、ようやく妥結にこぎつけた。

二億ドルの新規民間借款は、一応、韓国の要求を全面的にみとめた形になっているが、この供与期間については、まだ、両国間の調整がついていない。日本は二億ドルを三年半に分割、韓国は一億ドルずつ、二年間で供与を要求している。日本が三年半を主張しているのは❶民間借款増額で輸出入銀行の支払いが増大し、財政負担が重くなる❷韓国の工事計画が短期間に確定するとは思われない、などの理由によるもので政府首脳はこの主張を貫く決意を示している。

一方韓国側は、第二次五か年計画を三年半に短縮して実現する目標をたてているので、日本からの借款を二年間で受け入れないと、この目標に達しないおそれがあるといっている。したがって両国間の意見の相違はかなり大きいので、この調整は相当難航するものと予想される。

租税問題は十一日未明まで両国事務当局間の交渉をつづけ、在韓日本商社の二重課税を早急に改善することとした。しかしこの改善方法については一応韓国当局にゆだねる方針である。しかし両国の租税問題を基本的に解決する必要があるので本年十月から租税協定の交渉にはいることで合意に達した。わが国は今年中にこの協定を締結したい意向である。

米と同じ待遇を

租税協定 首相要望

韓国の張基栄（チャン・ギヨン）副総理、崔圭夏（チェ・ギュハ）外務部長官、金（キム）駐日大使は、十一日午前九時四十五分首相官邸に佐藤首相をたずね、約四十五分間懇談した。

佐藤首相は「租税問題については十月から協議にはいるが、少なくともアメリカと対等の租税待遇をしてほしい」と要望した。

〈昭和42.8.12東京〉

年内に漁業共同調査

共同声明内容

一、閣僚会議で日本側は世界的な緊張緩和の情勢を指摘し、外交の基本方針が平和の維持にあることを説明、韓国側はアジア地域の緊張状態の存在を強調し、共産主義勢力に直面している特殊な立場を主張、両国の閣僚は国際情勢一般について広範囲に意見を交換し両国間の緊密な協調関係がアジア太平洋地域での自由諸国の平和と繁栄に寄与することを確認し、アジア太平洋閣僚会議（ASPAC）等を通ずる地域的協力体制の維持強化のため引き続き協力することに意見が一致した。

一、韓国側は、在日韓国人の法的地位および待遇に関する協定の日本国内における実施に関してさる七月二十日及び同二十一日の両日にわたり東京で開催された両国政府関係実務者の会談で了解された事項は、最短期間内に確認されるべきであると述べ、これに対して日本側は異議がない旨表明した。

一、なお「北送問題」については、韓国側はこれに強く反対する立場を再び明らかにし、その即時打ち切りを要請した。これに対し日本側は、今年十一月をもって終了することになっているいわゆるカルカッタ協定を再延長する考えのないことを明らかにした。

一、韓国側は、第二次経済開発五か年計画の早期達成のため、日本側の協力を要請、これに必要な一般プラントについて、今後二億ドルを限度とする新たな商業上の民間信用にかかる輸出承認を一九七〇年上半期までプラントが完成するよう行なうことを要請した。これに対し日本側はその用意があると述べ、実行のスケジュールについては両国政府間で協議することに合意した。

一、九千万ドルの漁業借款と三千万ドルの船舶借款供与については、日本はことしから一九六八年末までに三千万ドルを限度として輸出承認を行なう。そのごも、なるべく早く実施するよう両国政府間で話し合うことになった。

一、両国閣僚は❶開発輸出、加工貿易および合弁投資などを含む貿易拡大策を検討するため、両国政府で貿易合同委員会を設ける韓国側の提案に日本が同意した❷加工貿易に対する韓国への原材料の無為替輸出および機械設備の貸与は、ケース・バイ・ケースで認める。逆委託加工によって再輸入される商品の原材料部分に対する関税免除は、現状では困難だが、国内産業と競合しない品目はなお十分検討したいと述べた。また、特恵関税制度はなお検討中だがこれを実施する場合は韓国側の要請する品目に十分配慮すると述べた。❸韓国側はいま問題になっている商社に対するオファー商の登録を認めることを考慮し、商社員などの入国、滞在および家族同伴についても検討を行なうことを決めた❹韓国産葉タバコの輸入要請に対して日本側は試験輸入を待って将来の輸入額の増加を検討すると約束した。❺工業所有権の保護に関しては日本側は韓国側の要望した関係資料の提供等の便宜をはかり、韓国側は日本の工業所有権の保護に対し好意的に考慮すると約した❻日本映画輸入に関する日本側の要望に、韓国側は文化映画について好意的に検討すると述べた。

一、❶日本は在韓商社の課税問題を早期に解決するよう要望した。韓国は公正妥当な課税措置をとることを確認した。租税条約を早く締結するため、本年十月から交渉を開始することで意見が一致した❷韓国は在日韓国人の課税について日本政府の好意的な配慮を要請し、また経済活動とくに銀行設立、信用組合の認可に特別な考慮を払うよう要望し日本はその検討を約した。

一、農林水産、漁業問題として❶本年度内に、韓国が生牛の試験輸出をするよう早急に検討する。日本の農水産物輸入割り当ては漸増することで合意した。❷韓国国内造船の資材、機器を日本が輸出するよう要望した。これに対し日本側は検討すると述べた。❸漁業協力のための民間信用供与九千万ドルのうち五千万ドルの運用と関連し海外漁場における市場の共同開拓などをはかるため両国は民間の合作投資および相互協力を奨励する。韓国側は韓国沿岸の増殖事業開発のための共同調査を年内に実施するよう提案し、日本側は日本産品と競合しないものについて実施することに同意した。❹日本側は日本が最近制定した「外国人漁業規制法」の運用にあたって韓国漁船の日本寄港などに支障のないよう配慮すると述べた。

一、日本側は海運協定を結ぶことについて韓国側の協力を要望し、韓国海運振興法の運用で、日本海運に不利な影響を与えないよう善処をのぞんだ。韓国側は、同法は特定国を対象とするものでなく自国海運の育成のためやむをえないものであり、その運用面で日本側の要望に留意すると述べた。

一、第二回日韓定期閣僚会議は来年日韓両国政府が合意する時期にソウルで開くことに合意した。

韓国経済援助の基本姿勢

第一回の日韓定期閣僚会議は予定よりも一日延長されて十一日に終わった。それは今回の会議がたんに「相互理解の推進」という抽象的なものでなく、実質的な"借款交渉"であったためである。

つまり韓国側が三年間に二億ドルの民間借款を供与することを要望したのに対し、日本側が①インフレの危険②返済能力に対する不安などの理由から難色を示して難航したためである。結局、韓国側におされて、日本側はほぼ全面的にその要望をのむにいたったが、今回の"交渉"の経過をみて、われわれは次の諸点について指摘しておきたいと思う。

その第一は、第二次五カ年計画の達成と日本の援助との関係について、日本側としてはもっとしっかりした考え方をもつべきではないかということである。なるほど韓国側が日本からできるだけ多くの資金を引き出そうという気持ちは理解できないのではない。第二次五カ年計画の総投資額九千八百億ウオンのうち三八・五%までを外資に仰ぐという政策をとっている以上、日本に対しても民間借款を要求してくるのはそれなりの理由がある。だが、問題は要求されるままに借款を与えることが、はたして韓国の建設にとって有効であるかどうかということである。どのようにしたら韓国の繁栄と安定をもたらすかという点について、日本は日本なりの考え方が必要であるが、その考え方をもたずに漫然と借款を供与するだけでは本当に親身な援助といえるかどうかということである。

たしかに第二次五カ年計画は朴政権の政治的生命をかけたものであることは間違いないが、しかしその実施にあたっては問題がないわけではない。たとえば、この計画の「長期的開発戦略」の中では①輸出増大による自立達成②資本動員の極大化③効率的な人力活用④安定基調の堅持などの項目が強調されているが、現実に計画を達成するにあたっては輸出増進のために輸出戦略と産業構造の関係をどうするか、外資ばかりではなく国内資本をどのようにして確立させるか、また安定基調を保持することと、一挙に大量の外資が殺到することをどのように調整するかという問題がある。

ことに、一般的にいって朴政権の意欲が強いだけに、意欲過剰のせいで予想外の思わしくない結果を招く恐れがないわけではない。もちろんこれらの諸問題の解決は韓国政府の責任においてなされるべきことは当然であるにしても、日本としても親身の立ち場に立っての忠告なり、勧告があってよいと思う。ところが、今回の定期協議や昨年九月ソウルで開かれた日韓経済閣僚会議の経過をみると、韓国が援助資金を要求し、日本側がしぶしぶこれに答えるという印象が強い。

そのことは韓国側の問題というよりも、むしろ日本側に「忠告」や「勧告」をなそうにも、それだけの準備がなく、そのため「金ですむことなら」という安易な態度におちこんでいることを疑わせるにじゅうぶんである。われわれは援助政策自体を否定するつもりはないが、今後日本のアジア諸国への援助問題が次第に重要な問題となっているだけに「中級国家」としての援助政策のあり方を真剣に再検討してみる必要があると思う。

日韓会議、大筋で合意

S.42.8.11 朝日

二億ドル借款認める

日本側が譲歩　けさ共同声明へ

東京・芝白金の迎賓館で九日から開かれていた第一回の日韓定期閣僚会議は、十一日午前二時すぎ、日本側三木外務、水田大蔵、宮沢経企の三閣僚、韓国側張（チャン）副総理によるトップ会談で大筋で合意に達した。十一日午前十時から全体会議を開いて、共同声明を発表する。この会議で、焦点となった民間借款について日本側は、日韓国交正常化の際に約束した民間借款「三億ドル以上」のなかの一般プラント用一億八千万ドルのプラスアルファとして二億ドルを供与することを認めた。しかし、最後までもめた借款の供与期間については「今後の外交交渉に待つ」として、問題を今後に持越した。韓国にある日本商社への課税を合理的にするための租税協定については十月から両国政府の間で交渉に入ることとし早期実施を目ざすことを共同コミュニケに織込むことになった。＝関係記事、7面に

記者会見で語る三木外相＝港区芝白金の迎賓館で11日午前2時20分うつす

張韓国副総理

新しい段階へ　日韓経済協力体制

この会議は、今年から第二次五カ年経済開発計画の実施に入った韓国の積極的な援助要請に終始し、日本側は多くの問題で韓国の要望を受入れることになった。この結果、日本の対韓援助は対外経済協力の中で最大の比重を占めることになり、日韓経済協力体制は新しい段階に入った。

この会議二日目の十日は、午前の個別会議に続いて、午後三時から日本側閣僚が意見を調整、ついで同五時から日韓閣僚の懇談会を開き、経済協力問題を中心とする大詰の折衝が夜半過ぎまで続けられた。

夕方からの懇談会で韓国側は五カ年計画を三年半でやりとげるために二億ドルの民間借款を二年間（年一億ドルずつ）で供与するよう要望したのに対し、日本側は三年半で供与するとの案を示した。しかし、韓国側は、「三年半では五年目に発注する機械、プラント類が建設に間に合わない」などの理由をあげて反論した。

このあと、日韓双方が休憩、協議を繰返し、三木外相らと張副総理による最終的なトップ会談に持込んだもの。

このほか同会議は租税、貿易、海運、漁業などの問題も経済協力と関連して取上げられており、韓国側は漁業・船舶借款の早期実施を迫っている。一方、日本側では在韓日本商社への高率課税への手直しや租税協定、海運協定の締結などを要求している。これらの問題を共同声明にどんな形で織込むかについて、徹夜で作業がつづけられた。

対外援助政策に影響か

《解説》〝借款交渉〟の色合いを濃くした最初の日韓定期閣僚会議は十一日未明、ようやく大筋で合意した。この会議を単なる意見交換の場と考えていた日本政府は、今度の交渉に政治生命をかけたという張（チャン）韓国副総理らのネバリに終始押しまくられたかたち。国際会議がこのようなふんいきのもとに、未明まで難航したのはきわめて異例のことで、この結果は今後の日本の経済援助政策に大きな影響をもたらしそうである。

今度の会議で目立ったのは、韓国が堂々と対等の立場で「カネを貸せ」と迫ってきたことだ。これは日本と韓国との歴史上の特別な関係や、韓国が自由主義陣営のために多くの軍事費を使っているという意識が影響しているのかもしれない。

しかし、開発途上の国がこのように対等の姿勢で先進国の援助を要請する傾向は、最近のいわゆる南北問題にみられる大きな特色といわれ、わが国の低開発国援助のあり方を、もっと根本的に考え直してみる必要が出てきたようだ。

わが国は韓国との国交正常化以来、政府ベースの無償・有償供与のほかに、約一億七千万ドルのプラント輸出を、民間借款として認めている。この上にさらに二億ドルの借款を認めることについて、産業界の一部には「日韓の経済関係は深みにはまった」という声も少なくない。どうやら韓国の第二次五カ年計画（一九六七—七一年）の成果はわが国の経済にとっても密接なつながりを持つことになりそうである。

このように会議が長引いたのは、韓国側が二億ドルの民間借款の早期実施を強く要求したのに対し、日本側が財政当局の強い反対をはじめとして、関係各省の調整がなかなかつかなかったためである。

関係各省の局長クラスがさきに討議して要求を固めたときは、二億ドルに相当するプラントが五年間に韓国側に届けばよいと比較的のんびり解釈していたが、

「改憲反対在日闘争委」に物申す

1969.9 共同

〃祖国の現実を直視し 朴大統領を信頼せよ〃

朴大統領の三選、改憲に反対する在日闘争委員会が、去る九日東京帝国ホテルで結成され、五項目に亘る声明文を発表した。

メンバーは丁賛鎮、呉宇泳、金鍾在、梁相基、裵東湖氏などの九氏で、ついこの間までは民団中央で華々しく活躍した人々である。

いわば、民団社会における大物級が、〃改憲〃〃三選〃反対の狼煙（のろし）をあげたわけで、民団社会に及ぼす影響や、本国政府筋に与えるショックはかなり強烈なものであろう。

民団内部にも改憲、三選に対して不満の声を洩すものもないではないようだし、漠然とではあるが、とまどいを感じているものもいよう。

正直いって、日本で生れ、日本で育ち、日本流の教育を身につけ、日本人ばりの意識と思考方式をもつ若い層には、憲法を〃改正〃することでも〃いじくりまわす〃という受取りかたをするし、三選のための改憲は〃ご都合主義〃の〃改悪〃ではないかと本能的に反発し、生理的に拒抗したりするのが普遍的な考のようである。

闘争委員会の代表委員の個々の略歴をみてみると、金鍾在氏などは民団創設時の内務部長（現在の事務総長？）として民団初代団長の朴烈氏を補佐し、三、四代にわたって朴烈執行部の監察にあたるなど民団揺らん期に大きく活躍した実績の持主であり、丁賛鎮氏は一九五二年十二代団長元心昌氏の監察委員長を振り出しに金載華氏のもとで監察委員長、副団長を歴任し、一九五五年より一九五八年に亘って十七、十八、十九代の三代を中央団長として椅子を占めた輝かしい経歴をもっている。呉永沐、梁相基、裵東湖の各氏にしても、いづれ劣らぬ経歴を持つ人々であることを民団史が証明している。

この輝かしい経歴の所持者たちが、このような重大なときにあたって、本国政府が最も神経を使っている問題に対して反対を高唱するのであろうか。

いうまでもなく、反対するには反対するだけの理由があろうし、その理由も論理的に掲げている。たしかに理論的には肯定し得ても理論で現実を無視できるものではない。

現実にたちかえって、三八度線で何が行われ、わが国土内に何が侵入し、七〇年後半に北傀が何を行うと公言しているかを直視するがいい。

朴大統領とその政府が標榜するスローガンのように、わが国は〃一面戦いつつ一面建設〃をしていることをわれらは否定できまい。

われらの敵は真正面から戦いを挑んできているのに、敵前での理論討論会では悠長に過ぎまいか。われらはどんなことがあっても、またどんなことをしても先ず、〃勝共〃でなければならない筈である。

それが故に、たとえ本国に参政権を持たないわれらであっても、理論的にどうであれ無責任な放言は厳に慎まねばならないのではないか。

代表委員の諸氏の声明が、決して大衆えの効果を狙うものだけでなく、滅私的正義感の発露であることもわれらは了察できる。しかし、この正義感の基調となる根幹は所詮、僑民的感覚や思想に尽きるものと指摘したい。

従がって、同じく愛国、愛族を訴えても、本国民と海外僑民との間には埋めがたい感覚の差異が生ずる恨れがあり、これがたまたまこの型で現われたものと解したい。

いまは、理屈抜きに〃合法的〃に〃改憲〃し、〃合法的〃に〃三選〃してもらわねばならない秋（とき）なのである。

闘争委員会のメンバーが在日同胞のうちでも特に民団社会で最も困難な創草期より意欲的に奉仕した人々だけに、その意中は推察がつく。

それだけにまかりまちがっても〃真意〃に反する言動をさけてもらいたい。

なかには、民団中央の団長でありながら、時の本国政府によって入国を拒否されたり、批判が誤解を招いてベトナムのベトコンまがいの印象と、ニックネーム（？）を頂戴して白眼視される人もいる。全く馬鹿げたケッタクソの悪い話しである。

だが、これは私事にかかわる小事である。大事を前にしての私憤や私情は捨てねばならぬ。小異を捨て敢然と大同に参画してもらいたい。頑くなに自説を主張し、自からのカラに閉じこもることも意義なしとはしないが〃民族の中興〃の大偉業を完遂しようとする朴大統領に在日同胞は挙って全幅の信頼を寄せてみようではないか。

本国政府筋も、流動の激しい日本社会に生きる同胞の心情や、心意気を一片の書類に基づく予断と偏見で速断してもらいたくない。

ケースバイ・ケースで胸襟を開き、大弧の雅量で同胞を抱擁する器量を特に示してほしい。大韓民国の在日同胞を一人でも北傀陣営に追いやってはならないし、一人の落伍者をも出してはならない。

正しい理解と、温かい愛情で、ややもすれば、ササクレ立つ同胞の心を軟かく包んでいくことが、大統領の偉業達成に力強く支援することになるのである。

そのときは、誰一人文句をいうものもなく、何の経営もなしにただ一直線に足並を揃えて、あなたがたの指示に従うことのできる人々の闘争委員会の顔ぶれのようである——。（S）

1974年8月15日
光復節 記念式場에서 영민

朴大統領夫人がイキなはからい

詩集出版に力ぞえ

同胞詩人の苦しみ理解

7/16 サンケイ新聞

【ソウル＝大谷吉彦特派員】ソロバンに合わないといって詩集がほとんど日の目をみることのない韓国で、五月はじめから韓国詩人集シリーズが出版されて話題となっていたが、韓国のファースト・レディー陸英修女史（朴大統領夫人）が、この出版の陰の推進者であることがわかって、出版界や一般の愛誦家に驚きと喜びを与えている。

この詩人集（韓国詩人協会発行）が出るたびに、必ず巻頭に「あるお方のありがたいご厚意によって、この詩集を出版することになりました」という短い一文がのって、読者の注意をひいていた。その奇特な人こそ、ほかでもない朴大統領夫人の陸女史だった。

不遇な詩人たちのため、詩集出版の力添えをした陸女史

韓国では、小説やエッセイ類の出版はそれなりに採算は合うが、詩集となるとソロバンとは縁の遠い〝出版の孤児〟。五百部を刷っても売れないというのが実情だ。

陸女史がこの点に着眼したのは、詩人、朴木月氏の助言によるものといわれる。

朴氏は昨年七月から陸女史の招きで、文化、芸術一般にわたって講義している。週二時間の進講を通じて、陸女史は同胞詩人の苦しさがわかるようになった。

韓国には「文人協会」に加入している詩人だけでも四百人を越える。だが、詩作を発表する紙面がなく、また詩集の売れゆきが悪いため、だれも詩集の出版をひきうけてくれない。やむなく、自費出版ということになるが、これができる人は半数にも満たないという。

陸女史は「主人（朴大統領）もかつては詩作に没頭したことがあります。不遇な詩人に一巻の自分の詩集をもたせたい」という思いやりを述べるようになり、ついには「詩集一巻を出そうとすると、どのくらいの費用がかかるのか」と、質問するようになった。

出版について専門知識のない朴木月氏が、費用のことまでわかるはずがない。おおよその見当で「十万ウォン（約十四万五千円）もあれば、二巻ていどは出版できるでしょう」と答えた。

結局、十五万ウォン（約二十二万円）かかることがわかったが、詩人集シリーズ出版の第一陣に選ばれたのは、詩壇デビュー十年を越えながらまだ詩集を出したことのなかった朴成龍氏と金丘庸氏だった。

処女出版の夢がかなえられた二人は、青瓦台（大統領官邸）に向かい、涙を流して陸女史の〝善政〟に感激したという。

仁慈한 微笑
永遠히 사라자다
故 陸英修女史

어머니는
산 教科書입니다

「財産」
가장 큰 財産은
健康과 誠實이다
誠實은 「才能」을
능가한다

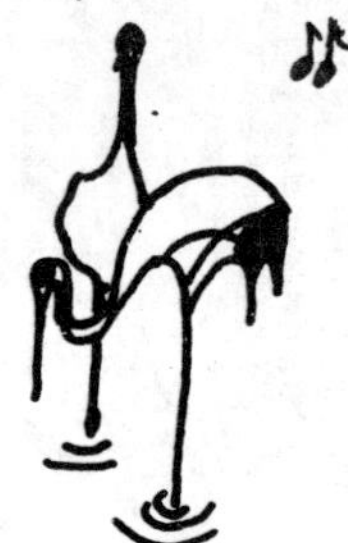

♪ 봄아침 일찍 눈뜬 맑은 목련 한송이
삭막한 천지에 아련한 향내 드높머니
아파라 아파라
고개 떨구어 목련이 울다

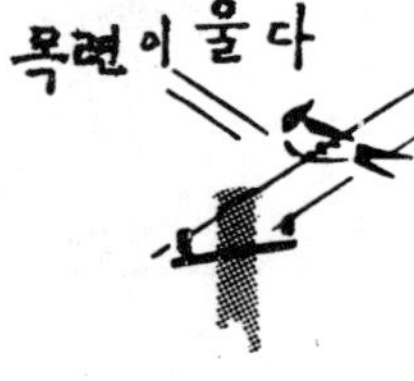

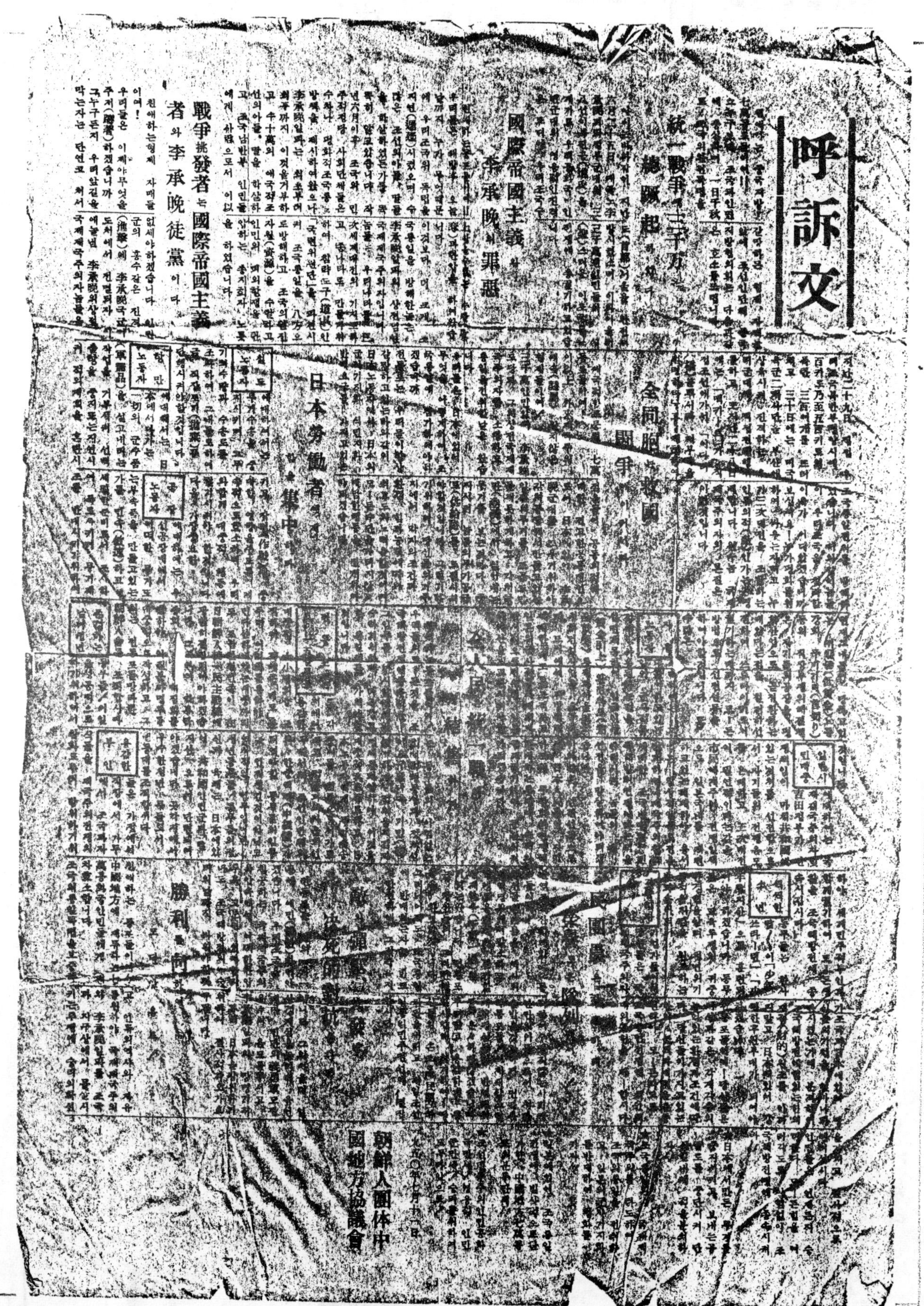

呼訴文

統一戰爭은 王手가 …

總蹶起하자

國際帝國主義와 李承晩의 罪惡

戰爭挑發者는 國際帝國主義者와 李承晩徒黨이다

日本勞働者에게

勝利를 向하여

一九五〇年七月十一日

朝鮮人團体中國地方協議會

通　牒

希望에 넘친 新年을 마지하야、地方本部 監察委員諸氏의 健康을 祝禱하는바이올시다。回顧컨대、우리들은 祖国恢光後 太極旗깃발아래 団結하고、벌써 七年余星霜을 보내였읍니다。共間 共産党徒輩들을 相対하고、微妙한 国際情勢下에、幾多한 流血의惨事를 記録한뒤에 現段階의 民団을 形成하였읍니다。

이 聖業에 殉職된 同志의英霊에 対하야、敬虔한 默禱를 바치는바이올시다。드디여 祖国의現状을 考察하니 거기에는 廃墟같은 国土가남어있고、衣食住에 呻吟하고있는 幾百万의 戦災同胞가 있읍니다。으지할 子息을 잃은 老親、最愛의 男便을 잃은 婦女、돌아올希望없는 父母를 思慕하여 울고있는孤児等々、이것이 世紀의 地獄相이아니고 무엇이겠읍니가。嗚呼라、戦争은 悲惨한所産이다。그러나 아직도 平和는 멀리 中天에 뜨고있읍니다。또 이以上의 惨苦가없다고 断言할수밖게없읍니다。

이重大한 時局에있어서、李大統領께서는 滅共、外交、復興等에 乾坤一擲의 放闘를하고 계십니다。

이八十歳 老国父의 鬼神도 慟哭할만한 陣頭의状態에対하여、오로지 生命을 韓土에바치고자하시며 奮起邁進하지 아니할수없으리라고 생각합니다。이러한 本国의 事情에도 不顧하고 大統領께서는 海外同胞의環境에 크게 同情하시와 民族教育、中小企業者에対한 金融、民団育成等에 対히 補助케하시며、多額의資金을 国庫로써 捻出하여 주시게 指示하였음은 우리在日韓僑의 깊이 銘心하여야될 事実이올시다。이러한機会를 놓치지말고、우리들은 새로운覚悟下에 在日七十余万同胞의 団結을目的하고、民団組織強化에 最善의努力을 하여야하겠읍니다。

一、監察機関의性格

民団의 監察機関이設置된 最初의重点的意図는、経理의不正을 調整함에 있었읍니다。그러나、그뒤에 監察機関은 数次의動揺反覆後에、今日에보는 三権分立体制의 一機関의任務를 지게되었읍니다。다만 海外에있는 異民族의組織体인 居留民団에있어서 一国家의 司法権같은 行使는不可能하나、会計監査의 役割을担当함이 妥当함으로、執行機関의 外局에 두자는論議도 있었읍니다만은、第十七回 全体大会에서 이論議에 終止符를찍고、依然이 現地位에 있게되었읍니다。이地位不安定함과같이、民団監察委員会는 積極的인活動은 드물고、局部的인 会計監察에不過한 地位에 있었읍니다。그러나、이제야 脱皮하고、規約에規定된 任務에邁進할 機会를만났으며、監察委員 各者에게 깊은覚悟가 要請되나니다。

이監察委員会 正常運営의 欠陥은、監察委員自体의 認識不足보다도、他二機関構成員의 未認識에 一大欠陥이 있었음은 回避할수없는 事実이라고 指摘됩니다。그럼으로 今年부터는 監察委員自体가 새로운覚悟를갖어 他二機関構成員과 一般団員의게 反省과 認識시키게 努力하여야 될것이올시다。가령 現在民団規約上 監察委員의役割은 患者에対한 医師의地位에 있읍니다。医師의 天賦의任務는、患者에게 施薬과治療等이 아니고、이世上에서 病魔를 駆逐함에 있는거와같이、우리監察委員会의 重要한役割도 民団発展途上에서 부더친 障碍物除去에 있읍니다。또 이러한意味로써 考察하고보면、監察의対象者가 発生하기前에 그対象者가 発生하지않도록 努力하여야되겠고、이것이 監察対象의 予防対策이겠읍니다。이러한認識下에 現規約 第二十七条에 指摘된 任務는 国家体制에 比較하면 判・検事及 行政監察・会計検査員의任務에 該当합니다。

現在 民団監察委員会에서 一般執務姿態를 指摘한다면 規約運営의違反、会計의不正과 過失、人事移動의矛盾等 事件이 発生됨과同時에 監察職権이 発動되며、監察委員会에서는 그会를代表한 構成委員이 違反事実를 指摘하여 該機関 最終責任者에게 適切한処断를 要請하고、全体大会에報告할 義務를 갖어야합니다。또決議・執行 両機関의 最終責任者는 監察委員会의 正当한要請을 拒絶할수없읍니다。逐条解義는 如左합니다。

① **規約運営에関한件**

第二十七条 一項 第一号「規約、運営에関한件」의 意義는 規約을実施함에있어서 他機関에서 違約行使가 発覚될때에 当該 監察機関에서는 正確한判断下에 規約遵守를 要請함에 있읍니다。그러나、이違約、遵約의 判断에있어서도 現規約上 或은 大会나 中央議事会에서 明確히 決定된事項이나、一般常識、或은 対世的 法規解釈方法으로써 判断될 容易한課題같으면 疑義가 없을것이지만은、그다지 明確치못하는問題의 判定은、全体大会의 決定에 依存할수밖에 決定的인解決策이 없읍니다。

② **会計監査**

第二号「会計監査」는 執行機関経理의 不正、或은 過失等 違反事案을 検出하여、그의 適切한処断를 当該最終責任者에게 要請함이올시다。

③ **一般査察**

第三号「一般査察」은 民団各機関의 公的行動과 그構成委員의私的行為가 民団規約上 或은 民団의 基本的精神에 逸脱할때에対한 監察을指摘하였으며、그職権行使에있어서는 当該責任者에게 摘発事実을 指摘하여 調整을要請함에 있읍니다。또 民団全体의 防衛를為하여서는、対外的行使도 包含하였다고 볼수있읍니다。다만 対外的行動에는 事前에 大会이나 執行機関의 同意가 必要하는것이올시다。

④ **人事査察**

第四号「人事査察」은、各機関의構成任 職員의 人事移動 等任命의件이 規約上 또는 民団의 基本精神에 逸脱될때의 査察을指摘함이올시다。이監察委員이 査察한結果、그 所属機関의 最終責任者에게 査察의経緯에따라、意見을添付하여 適切한措置를 要請하겠으며、前三者와같이 全体大会에 報告할 義務를 가지고 있읍니다。

二、規約改修正에対하여

民団이 創設되고 七年余에、大会가 十七回 開催되었읍니다。이大会때마다 規約修正問題와、団長改選問題가 抬頭되었읍니다。民団規約은、国家에比하면 基本法과같은 憲法이올시다。이憲法이 国会때마다 改正 或은 修正하는例를 보지못함과같이、民団規約도 永続的 固定性이 있어야 될것이올시다。그러면、이欠陥이 어되 있느냐하면、民団의基本性格을 把握치못함과 同時에、改修正委員의 選定行為自体에 欠陥이 包含되어있읍니다。그欠陥을 是正함에 必須한役割을 把握하고있는機関은 이監察機関이올시다。性格上 中央監察委員会는、規約 事務掌典 其他 法規起案에対한 専門委員会가 常置되어야 될것입니다。또 監察委員은 各自가 平素執務上 体得한構想을 土台로하고、規約改修正에関한 健全한 意思表示가있어야 될것이올시다。

以上의理由로서 来四月 全体大会開期前까지、各地方本部監察委員会에서 適切한改修正案을 中央監察委員会에 郵送하여주시요。

三、日本民・刑事事件等에対応하여

規約上 対外行動은 執行機関에 制限되고있읍니다마는、当該執行機関은 執務上 複雑微妙한感을 가지게되고、또는 専門的知能을 要請할때가 許多한 日本公私法에関한 問題는、当該執行機関 責任者의 同意를받은後、本中央監察委員会에 報告하여주시요。그事件内容에따라서는、中央에서 直接出張할때도있을줄 予想합니다。이러한問題解決이 民団発展上 큰 도움이될것은、너무나 分明한事実이 올시다。

四、団員表彰에対하여

民団이創立된後、現段階에到達할때까지、그構成員의 努力이야 一口難説입니다。그래서 其中 抜群의 英雄的行動과 및殉義的行動에対한 義士烈士의功績을 表彰하는議案이 第十六回全体大会에서 決定되었읍니다。그러나 이러한 挙団的行事에 対하여서는 監察機関에서도 積極的協調의必要를 늑기게되니、当本部 監察委員会에서도 該当者나 或은 그遺家族에 対하야 細密한 調査材料를 中央監査委員会에 報告하여주십시요。

五、極左極右攻勢에対応하여

現民団은 同族인 共産系列의 反逆的行動과 日本極右組織体의 排他的行動인 両面의攻撃을 받고있읍니다。 이것이 前門의虎、後門의狼의 形態입니다。 그러나 이難関을 突破하여야만、우리의前途에 洋々한 曙光이 빛어있읍니다。그러니 이에対한 地方的動態를 実地로把握하기前에는 全体解決에対한 構想을 얻기어렵습니다。이基本方針에対한 도움이될材料를 要請하오니、이에対한 具体的報告를 많이 보내주시요。数日前에 民団創立委員의一人이던 李康勲氏가 共産系列과 同一한歩調로서 民戦(朝鮮民族統一戦線)을 創設하고、南北統一의民主国家建設을 夢想하고 그主席議長의地位에 있으서나 그러나 그理想은 水泡에도라가고、現在의民戦은 日本共産党의走狗에 不過함을 覚得하고、그同志数百名과같이 脱退한 뉴ー쓰는 우리民団盟員의 발바온길의 正当性을如実히立証함이요 우리에게 새로운覚悟를 要請하는바이다。

六、監察委員의反省

大学의劈頭에 修身斉家治国平天下란 語句가 있읍니다。이것은 洋의東西를 超越하며 時代의古今을 莫論하고、千古의名教訓이 올시다。他人의不行跡을 矯正시키고、所属組織体의秩序를 擁護하는公職에있는 監察委員이니、他機関構成員에対하야 威信을堅持하고、栄誉를 厳守하여야됩니다。 이러한理由로서 構成員自体가 道義的行為와 遵法的行動에 率先模範的存在가되여야하겠으며、누구보담도 良識있는 模範団員이되여야합니다。特히 日本人及其他外国人을 相対할때 監察委員의行動이 民団의盛衰에 重要한 影響力을 가졌으니 各自의出所進退에 特別한考察이 欲求되는바이다。

七、監察機能의一元化

民団規約第三条에 照応하야、抽象的이나 監察機関運営 一元化의趣意을 알수있읍니다。이監察機関一元化의意義는 中央監察委員会、地方監察委員会、支・分団監察委員会가 一貫하고、有機的으로 機能一体한 活動을 指摘합니다。 他機関은 最高機関이 下部末端組織体까지 다맞 監督的立場에있어도 無関합니다만、監察機関은 機動性이必要함으로 随時 上下左右의 緊密한連絡이 必要하고 特히現下 民団情勢로보와서、이러한体制가 要請되나니다。또 民団内部의秩序를維持하고 対外攻勢에対応하야、全民団을擁護하는 公安的職務를行使하라면、監察機関一元化가 当然히要請됩니다。今年부터 이러한点에勘案하야 時々로 監察委員全体会(中央 地方本部)或은 地域的「부록」会를 開催하고져하오니、所属地方監察委員께서도 深重히考察하야 所期의任務達成에 努力하여주시요。

또今後는 中央監察委員会에서 随時重点的으로 地方에 出張하야 地方実体를 把握코져 所願하나니 여러분의扶役을 懇願하는바입니다。

檀紀四二八七年一月二十五日

在日本大韓民國居留民團中央總本部

中央監察委員會

委員長 金 鍾在

委員 丁 賛鎭

委員 梁 炳斗

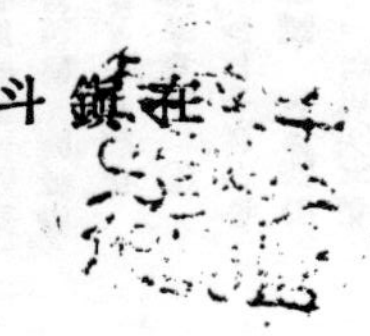

地方本部監察委員會 貴中

声　明

"出入国管理法案"을 옹호하는 権逸(本名·権赫周)이 民族反逆的 妄言을 徹底히 糾弾한다

朝鮮日報七月八日字紙上에 "法博·弁護士, 前在日居留民団中央総本部団長 民団顧問"이라는 職銜으로 紹介된 権逸과 辰己信夫日本政府法務省入国管理局参事官이 同紙中東特派員의 司会로 七月二日正午 東京霞山会館에서 「"出入国管理法案"=韓国과 日本의 立場」이라는 題目으로 対談하였다는 記事가 掲載되어있다.

이 内容을 읽은 우리는 우리의 눈을 疑心할만치 놀래지 않을수 없다.

権逸은 民団史上에 일찌기 그例를 볼수없었든 全体団員이 한맘 한뜻으로 一致団結하여 反対運動에 일어서서 全国街頭에서 삐라를 撒布하고 東京을 為始하여 大阪 名古屋 山口等地에 까지 延数万名의 大衆이 動員되어 在日華僑와도 連合하는等의 蹶起大会를 갖었고 女性五名을 包含한 三十五名이 全国에서 選抜되어 東京스기야바시公園에서 "決死反対"의 断食闘争에 들어가 全民団이 悲壮한 분위기 속에 쌓여있는 이러한 時点에 悪法立案에 가장 中枢的인 役割을 한 辰己参事官과 対談을 하였다는 그自体도 理解키 困難한 点이 있는데 況且 同法案을 옹호하여 "反対하는 것은 無知한탓"이라고 비난하므로 옛날 上典에게 또 다시 아부굴종하는 비열한 事大主義根性은 到底히 容赦할수없는 行為이다.

生死를 건 闘争의 絶頂속에서 利害가 相反되어 闘争의 対象者인 相対側의 便에 서서 그를 비호하고 우리를 비방하며 謀略과 中傷하는것은 闘争을 팔고 民族을 팔아먹는 悪質的인 反民族行為임을 断定하지 않을수 없다. "出入国管理法案"이 "韓日条約·法的地位協定"의 "安心하고 生活을 営為할수 있게" "真正한 韓日間의 友好親善"의 土台위에서 成案된 法案이라면 모르되 그 根底에 흐르는 意図가 在日韓国人의 生活을 規制 抑圧 追放 同化하자는 것이 勝勝한데도 不拘하고 이를 옹호한다는것은 言語道断이다.

이 法案에 対하여 日本側 全野党은 勿論 法曹界 言論界 文化人 宗教人等 広範囲에 걸친 日本人士들이 反対하고있지어 自民党内 또는 法務省内의 有力한 幹部마저 悪法임을 是認하며 日本에 居住하는 全体外国人이 다함께 反対하고 있는데 어찌 権逸혼자만이 有識하고 똑똑하게 이러한 暴言을 함부로 하는것인가?

最近 日本当局은 同法案의 五個条項을 修正한다고 伝한다.

우리는 이것이 反対運動을 완화 시키기위한 술책이라고 보나 修正하는것마저 権逸의 思考方式으로는 無知한 人間들의 所行으로 비치는 것인가.

우리가 反対하는 根本目的은 몇몇 条項을 修正하는 程度에 그치는 것이아니라 韓日会談의 基本精神에 立脚한 새로운 構想위에서 成案되어야 하겠기때문에 이案의 撤回를 主張하는 것이다.

同記事 発言의 句句節節이 権逸의反民族性을 暴露하고 있는데 特히 또 이 運動을 "反政府的인 要素가 있다"고 断定했다.

民主主義社会에 있어서 反政府라는 定義가 무엇인가 理解키 困難하지마는 権逸이 말하는 "反政府"라는 것은 分明이 謀略的인 意味가 内包되어 있고 또 運動을 抑圧하는 한 方便으로서 過去에 自身이 써오든 낡은 手法이다.

한번 속았든 나비지 覚醒된 大衆이 그 피변에 또다시 속지 않을것이다 그러나 우리는 그 根源을 추궁하지 않을수 없다. 権逸이 쓰는 "反政府" 또는 "빨갱이"라는 用語는 一九六一年五月에 처음으로 民団中央団長이 되자 韓青 韓学同 内部를 分裂시키기 위해서 썼고 다음 一九六五年六月 韓日会談仮調印当時 民団大会에서 決定된 法的地位要求条件을 権逸이가 実践하지 않기때문에 그 実践을 要求하고 要求貫徹을 위하여 闘争하든 民団内 有志를 為始하여 韓青 韓学同을 抑圧하는 資料로 썼다.

即 이는 그가 法的地位問題로 일어나는 団員의 不満을 抑圧하고 "八〇点이니 八〇%니" 하는 欺瞞的인 言辞로서 僑胞를 愚弄하고 自己의 罪悪을 숨기려는 手段으로 쓰든 常套的인 用語가 이것이다.

現在는 法的地位問題가 八〇点은 고사하고 八点도 절되지 못했다는 것은 僑胞社会의 常識으로 되고있다.

그러므로 現中央団長李禧元氏는 이것을 修正해야 한다고하며 本国에다 데모까지 벌여야 한다는 公約을 했다

뿐만아니라 権逸自身도 同対談記事안에서 協定에 큰 失策이 있었다는 것을 是認하는 場面도있다.

이렇게 法的地位問題와 出入国管理法案問題는 不可分의 関係에 있는것이 事実이다.

그런데 権逸은 法案을 反対하는 것이 "無知한 탓이요" "反政府行為"라고 하니 이렇게 民族을 모욕하고 民団을 얕수이 여기는 暴言과 行為를 어떻게 용서할수 있을 것인가?

権逸은 또 反対의 理由를 "入管当局에 対한 一般的 反感"이라고 했는데 이것 亦是 故意의 造作이다.

反対運動은 앞에서 指摘한대로 우리의 人権과 生活을 確保하는 目的以外에 何等의 他意가 없는것이며 참된 韓日両民族의 親善을 念願하는 것이라고 自認하는 運動임에도 不拘하고 이것을 反感이라고 虚偽造作하는것은 民団과 入管当局과의 사이에 意識的으로 不和를 助長하고 나아가서 韓日両国間에 離間을 策動하는 権逸自身의 奸計임이 明白하다.

이렇게 악랄하게 民団과 民族을 向하여 화살을 쏘며 挑戦하고 나서는 権逸에 対하여 우리가 어떻게 그냥보고만있을수 있을것인가?

日帝의 抑圧時期에 先烈들이 祖国의 独立과 民族의 解放을 위하여 鉄窓속에서 或은 海外에서 온갖 고초와 모욕을 당하여가면서도 싸우며 피를 흘리고 아까운 목숨이 侵略者의 손으로 刑場의 이슬로 사라지는 것을 보면서도 아무것도하지못한채 살아오든 우리의 生活과 良心이 罪스럽기 限이없어 다시는 이러한 前轍을 밟지 않고 두번다시 더러운 民族의 이름우에 汚名을 끼치지 않으리라고 맹세한 우리들의 참悔의 心情과는 달리 民族運動의 烈士들을 처벌하든 지난날의 罪상에 対한 悔改는 고사하고 옛 上典을 다시 섬김으로서 만끝을 또 한번 되찾아 보자는 売族的인 妄言과 行為는 絶対로 용서할수없는 罪悪이다.

그러므로 民族의 権威와 民団의 威信을 保全하기위하여 우선 東京에 居住하는 同志들이 뜻을 모아 権逸의 이러한 罪相을 満天下에 暴露한다. 権逸은 民団顧問에서 逐出하고 民団에서 追放하며 民族社会에서 抹殺하여야 한다.

이에 声明한다.

一九六九年七月二十日

"出入国管理法案"을 擁護하는 権逸妄言糾弾委員会

委員(無順)

丁賛鎮　金東春　韓鉉相　金得溶　池碩鎮

呉宇泳　李泰男　禹石濬　鄭寅勲

梁相基　金鍾在　宋鎬用　孫秉秀

呉基文　朴性鎮　奇吉鎬　李英介

金仁洙　蔡洙仁　金長述　崔祥烈

李裕天　尹啓守　梁昌王　朴性雲

洪賢基　呉敬福　申鳳椿　鄭鍾範

李能相　李海龍　曹圭必　姜永根

尹[illegible]　高[illegible]宗　田[illegible]　李[illegible]

[illegible]

決議文

全在日外国人의 九〇%를 占하고있는 在日韓国人에 対하여 基本的으로 ユ人権과 生存権을 蹂躙하고 追放하려는 日本政府의 非友好 非人道的인 底意를 가진 出入国管理法案이 日本国会에서 強制採決을 前提로하여 審議되고있는 過程에 있다。

民団은 在日韓国人의 権益擁護를 為한 굳은 団結을 발판으로 過去 그 類例가 없는 強力한 反対民衆大会를 挙団的으로 거듭 開催하였고 特히 韓青및 韓学同을 中心으로한 決死的인 断食闘争으로 이를 反対하여 왔으며 最近에 発表된 同法案의 修正案에 対하여서도 우리는 法的地位問題의 矛盾과 不合理가 是正되지 않는限 이를 받을수 없다하여 同法案을 今国会에서 撤回하도록 反対하고 있는것이다。

이러한 冷厳한 時点에 있어서 民団中央本部顧問으로 있는 権逸이가 지난 七月八日字 韓国의 有力紙인 朝鮮日報紙上에서 日本法務省辰己参事官과의 対談을 通하여 在日韓国人이 永住権申請을 안하는것과 出入国管理法案을 反対하는것은 無知한 탓이요 反政府的要素를 가지고 있기 때문이라는 妄言을 한것에 対하여 우리는 이를 重要視하는 同時에 到底히 容認치못한다는 態度를 明確히 하는바이다。

따라서 우리는 오늘 이자리에서 権逸의 이러한 反民族的인 妄言을 徹底히 糾弾하는 同時에 이를 全民団第一線組織人들에게 呼訴하며 다음과 같이 決議한다。

決議

一、権逸의 妄言은 本質的으로 在日韓国人의 正当한 権益擁護를 誹謗하고 日本政府의 在日韓国人에 対한 差別과 分裂및 追放政策에 아부하는 売族的行為라 断定한다。権逸은 韓日協定締結当時에 在日韓国人의 法的地位에 関한 協定에 民団代表者로서 参加하여 오늘날 在日同胞를 不合理하고 矛盾된 法的地位에 몰아넣었다는 責任에 対하여 反省은 고사하고 오히려 全団員이 反対하고있는 出入国管理法案을 日本의 편에서 擁護하였다。

우리는 이러한 権逸의 売族的인 妄言責任을 徹底히 追究한다。民団中央本部는 権逸을 即時 顧問職으로부터 追放하고 民団規約第六十六条運用規定에 依하여 厳重処断을 해야한다。

、우리는 民団中央本部가 権逸에 対하여 우리의 要求대로 処断할때까지 継続하여 在日韓国人社会에서의 権逸의 追放闘争을 展開할것을 다짐한다。

以上決議함

一九六九年七月二十六日

東京日傷会館에서 出入国管理法案을 擁護하는 権逸妄言糾弾大会

会長団 丁賛鎮 呉宇泳 梁相基 金仁洙 呉基文

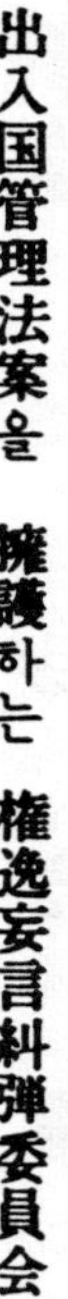

一九六九年七月二十一日

出入国管理法案을 擁護하는 權逸妄言糾弾委員会

在日本大韓民国居留民団中央本部
監察委員長 張 聰 明 貴下

(参照)
中央本部 李 禧 元 団長
中央本部 朴 根 世 議長

權逸氏의 妄言에 対한 措置要請의 件

首題의 件에 関하여 다음과같은 理由로 權逸氏에 対한 措置를 要請합니다.

記

一九六九年七月八日付 朝鮮日報에 報道된「韓国과 日本의 立場」이라는 記事 即出入国管理法案에 関한 權逸氏와 日本法務省辰己参事官과의 対談에 対하여 우리는 重大한 関心을 가지는 바입니다.

特히 權逸氏가 韓日協定締結当時에 民団中央本部団長으로서 在日同胞의 法的地位및 処遇에 関한 協定에 参加하여 全体在日同胞의 期待에 背信하였다는 事実은 周知하는 바입니다. 그것에 対한 一片의 反省心도 없을뿐더러 法的地位問題의 矛盾과 不合理点의 是正이란 民団의 確定된 運動方針과 現団長의 法的地位協定文의 修正이라는 公約에 따라 出入国管理法案의 撤回闘争을 熾烈히 展開하고있는데도 不拘하고 現役의 民団中央本部顧問이라는 立場에서 이를 在日同胞의 無知와 反政府的要素에 起因하는 것이라는 断定을하고 있음은 言語道断입니다. 이는 在日同胞의 權益擁護를 意識的으로 破壊하려는 反民族的行為라 規定아니 할수 없으므로 別項과 같은 措置를 取하여주시기 바랍니다.

一、權逸氏의 発言内容

永住權申請의 不振이나 이法案에 反対하는 底流의 原因을 大別하면 ①우리自身의 無知 ②入国管理当局에 対한 一般的反感 ③改正案에 対한 表面의 目的에 対한 의구심으로 나눌수 있으며 여기에 韓日協定의 失敗라는 本国政府에 責任을 물으려는 等의 反政府的要素도 없지않아 있읍니다. 云々

二、措置의 内容

①中央本部顧問의 即時解任 ②規約第六十六条의 運用規定에 依拠하여 厳重処断할것。

以 上

写

一九六九年七月三十一日

出入国管理法案을 擁護하는 權逸妄言糾弾委員会

代表委員 丁贊鎮
呉宇泳
梁相基
金仁洙
呉基文

在日本大韓民国居留民団中央本部
監察委員長 張 聰 明 貴下

(参照)
中央本部 李 禧 元 団長
中央本部 朴 根 世 議長

權逸氏措置要請에 関한 回答要求의 件

首題의 件에 対하여 一九六九年七月二十一日字로 本委員会에서 要請한 權逸氏措置要請에 関한件과 아울러 지난七月二十六日에 本委員会가 主催한 "權逸妄言糾弾大会"의 決議文을 七月二十八日에 李禧元団長에 伝達한바있읍니다. 貴委員会로서는 厳重査察中일 것으로 思料되나 오늘까지 何等의 回答이 없으므로 本委員会로서도 언제까지나 기다릴수 없음에 八月四日까지 期必回答해주시기를 바랍니다. 萬一回答이 없을때에는 그로因하여 일어나는 모든 責任은 貴委員会에 있다는것을 通告합니다.

以 上

人事 말씀

権逸糾弾運動은 純粋한 民族運動이다

盛夏之節에 団員여러분께서 安康하시고 宅内萬福하심을 仰祝합니다。

우리들의 出入国管理法案을 擁護하는 "権逸妄言糾弾委員会"를 構成하여 運動하고있는 것은 純粋한愛国 愛族、愛団의 民族的良心에서 우러난 運動이 올시다。

権逸의 妄言이 掲載된 七月八日字朝鮮日報가 配布된지 十余日이 経過한데도 不拘하고 또 中央顧問들이 民団中央에다 直接 間接으로 数次 이問題에 対하여 善処를 要望했음에도 不拘하고 民団中央에서는 何等의 関心을 보이지 않음으로 우리는 民団의 尊厳을 지키고 出入国管理法案反対運動의 純粋性을 誇示하고 民族의 権利를 지키기 위해서 不得已 일어나지 않을수 없었읍니다。

그리하여 七月二十日에는 이미 보내드린바있는 「"出入国管理法案"을 옹호하는 権逸（本名・赫周）의 反民族的 妄言을 徹底이 糾弾한다」라는 声明을 発表하였고 二十一日에는 民団中央本部 張聡明監察委員長에게 規約第六十六条에 依拠하여 "権逸氏의 妄言에 対한 措置要請"（別紙参照）을 하였고 二十六日에는 東京日傷会館에서 四百余名이 参集하여 "権逸妄言糾弾大会"를 開催하여 決議文(別紙)를 採択 民団中央本部 李禧元団長에게 伝達하였읍니다。

그런데 民団中央은 여기対하여 七月二十五日에 "通告文"이라는 名目으로 "反対運動을 展開하고있는 이러한 時機에 権逸顧問의 発言은 大端이 遺憾된 일이다" "앞으로 適当히 処理할 方針이다"라는 추상적인 内容으로서 오히려 糾弾大会를 中止할것을 要請해 왔읍니다。

한편 権逸은 七月二十四日字로 所謂 "声明書"를 発表하여 自己의 弁明을 羅列한뒤 마지막 段에 이르러 "組織에 폐를끼쳐서 未安하게 생각" "自己의 進退는 民団中執委에 一任하였다"는 것으로 맺었읍니다。

이것을 権逸의 所謂 "謝過文"이라고 하며 "이만하면 되지않았느냐"는 식으로 如前히 民団員을 깔보는 態度입니다。여기에 民団中央도 同調하는 気色이니 참으로 딱한 노릇입니다。

우리는 또同三十一日에 張聡明監察委員長에게 "権逸氏措置要請에 関한 回答要求"（別紙参照）를 거듭 내었읍니다。以上声明 決議文 中央本部監察委員会에 提訴한 公文등을 通하여 이運動이 韓日協定의 基本精神인 在日韓国人이 日本社会의 特別한 歴史的関係를 가졌기 때문에 日本国에서 安定된 生活을 営為할수 있도록해야한다는 点에 있는것입니다。

또民団宣言中에 "政治的・経済的抑圧아래서 헤매던 解放以前의 暗黒時代는 말할것도없거니와 其後 国交回復까지도 日本政府의 差別政策과 日本社会의 疎外的이고 差別的待遇에는 別로 本質的인 変動은 없었으나……" "韓日協定에 있어서 在日同胞의 法的地位에 関하여 基礎的決定은 보았으나 実로 在日同胞의 生存과 発展에 至大한 影響을 갖는 많은 事項이 今後의 韓日両国의 協議와 日本政府의 措置에맡겨져 있음으로써 우리는 이에厳粛히 両国政府、特히 日本政府의 早速하고 誠意있는 対処를 要求한다"라고 있읍니다。그리고 法的地位問題에 있어서 不合理하고 矛盾된 点을 是正하자는 民団第十四回中央委員会決定이 있읍니다。이不合理点과 不可分의 関係가있는 出入国管理法案을 反対하는것은 当然한 일입니다。以上과 같이 民団宣言、中央委員会決定에 따른 運動이 挙団的으로 展開되고있는 過程에 이運動을 無知 또는 反政府云云하는 따위의 妄言은 到底히 容恕할수 없는것입니다。

우리들은 権逸妄言糾弾運動을 反政府니 赤色分子의 工作이니 大統領三選問題와 関連이 있느니하는 中傷과 謀略을 意識的으로 散布하여 権逸을 擁護하려는 分子들이 있다는 것을 알고있읍니다。

우리들은 民団의 宣言、綱領、規約및 中央委員会決定事項에 忠実하는것은 大韓民国에 忠実한 것이요。大韓民国에 利益이 된다는 것을 잘 알고 있읍니다。

또本国政府에 対하여 이権逸妄言糾弾運動을 歪曲하여 伝하고 自己네들만 政府에 忠誠을 다하고있는 것처럼 하고있는것도 잘 알고있읍니다。그러나 우리들은 団員여러분의 良識을 믿으며 政府에도 具眼의 人士가 많이 계신것으로 알고 있읍니다。

또 民団을 발판으로 個人의 慾心을 채우려는 몇사람 "自称指導者"를 잘 알고 있읍니다。그者들이本国政府에 在日同胞의 現実과 民団의 現況을 잘못伝하고 政府로하여금 그릇된 判断을 내리게할 憂慮가 있음을 저윽히 두려워합니다。萬一그렇게 된다면 政府와 民団의 関係는 遊離되고 重大한 事態에 逢着할 것입니다。그러므로 이運動의 意義는 크다고 보아야 하겠읍니다。

以上 우리들의 運動의 正当性을 말씀드렸읍니다。우리民族이 過去에 쓰라린 歴史를 가졌다는것을 想起하면서 두번 이러한 쓰라린 経験을 또다시 子孫들에게 뒤물려 줄수없다는것입니다。그러므로 権逸妄言에 対해서는 民族의 이름으로 이를糾弾아니할수 없으며 이機会에 民族社会에서 물러나가게해야 할것이며 나갈때까지 運動이 継続될것입니다。

끝으로 団員여러분과 宅内의 平安을 빌며 祖国大韓民国発展과 民団組織強化를 為해 合心하여 努力할것을 다짐하는 바입니다。

一九六九年八月一日

出入国管理法案을 擁護하는 権逸妄言糾弾委員会

權逸妄言糾弾委員会

一九六九年八月七日

受信　在日本大韓民国居留民団中央本部団長

参照　中央監察委員長　議長　및　地方本部団長

題目　「權逸中央顧問発言에　関한　経緯　및　見解」에　대한　反駁

朝鮮日報에 掲載된「韓国과 日本의 立場」이라는 座談会記事中 權逸의 発言内容에 対해서는 이미 本糾弾委員会에서 数次 그罪相을 指摘한바 있었으며 이에対하여 去7月23日에 開催된 第5回中央執行委員会에서 權逸発言이 組織内에 混乱을 招来케한 今般의 言辞는 不適当하다고 지적하여 早速한 時日内에 本人으로부터 全組織에 対하여 陳謝의 뜻을 表할것을 通告한 結果 드디어 7月24日字 權逸氏声明文에서 謝過의 뜻을 表하게한 그労苦는 認定하는 바입니다。그러나 貴下도 周知하실줄 思料하오나 우리民団의 宣言綱領中第一重大한 項目인 法的地位問題에 関해서는 在日同胞의 生存과 発展에 至大한 影響을 갖는 많은 事項이 今後의 韓日両国의 協議와 日本政府의 措置에 맡겨져 있음으로써 우리는 이에 厳粛히 両国政府 特히 日本政府의 早速하고 誠意있는 対処를 要求하고있읍니다。이러한 우리의 基本姿勢에 立脚하여 闘争하고 있는 重大한 時期에 權逸発言이 本人은 真意에 若干의 誤解가 있었다고 하나 本国의 有力紙에 報道된 結果 同胞에게는 크게 損失을 招来했고 그와 反対로 日本政府에 対해서는 莫大한 利益을 주었든것입니다。이에 대하여 權逸의 一片의 謝過状으로서는 도저히 우리의 損失은 回復되지 않는다고 断定하여 信賞必罰의 原則에 따라 또한 善良한 韓国民의 良心이 命함에 따라 權逸에 대한 厳重措置를 中央監察委員会에 要求했든것입니다。

이는 団員이 주지하는 民団規約 第66条運用規定第2条6項(誹謗的論説 또는 虚偽報道로써 国威또는本団및 居留民의 威信을 損傷케한 者는 5年以下의 停權에 処한다)에 저촉됨이 明確합니다。그럼에도 不拘하고 今日에 이르기까지 權逸進退問題를 委任받은 中央執行委員会가 顧問辞任도 接受치 않고 그에対한 中央監察委員会의 何等의 措置가 加해졌다는 回答도 없든中 8月2日字 地方本部에 示達된 韓居中発第33ー134号公文은 民団規約解釈이 拙劣하므로 우리는 여기에 対하여 反駁않을수 없읍니다。過去貴下는 諸般闘争運動에 비추어 짧은 民団経験의 탓으로 規約解釈에 一大결함을 招来했다는 것을 우리는 理解할수있으나 規約運用에 対한 혼돈을 막기위하여 몇가지 그모순된점을 指適하고 強力히 그是正을 요청하는 바입니다。

①貴下의 本糾弾大会中止勧告에 対해서는 団運営에 있어서 行政措置라고 보아 理解할수 있으나本団規約 第6条에 依하면 団員의 基本権利로서 各級組織에 対하여 文書로서 提訴청원 質疑할수가 있으므로 効果的인 提訴文을 提出하기 위하여 糾弾大会를 開催하였으며 이에때라 貴下의 中止勧告를 拒絶했든 것입니다。

②또 貴下가 지적한 第2見解③(組織内에 일어난問題는 組織的인 立場에서 다루어져야된다)는 当然한 見解라고 봅니다。그러므로 우리는 運用規定第2条6項을 적용시켜 시급한 措置로서 組織의 混乱을 防止하려는 것이 그目的이 였읍니다。

③第7回中央委員会의 決定인 組織内의 問題는 組織内에서 다루어진다는 것과 第9回中央委員会의 決定인 各傘下団体各級組織에 対한 指示命令은 中央을 通해야된다는 決定을 준수함으로써 우선 中央監察委員会와 貴下의 적절妥当한 措置를 要請했든 것입니다。

出入国管理法案을 擁護하는 權逸妄言糾弾委員会

代表委員　丁賛鎮

呉宇泳

梁相基

金仁洙

呉基文

權逸 朴春琴의 利敵行為 概要

兩人은 日韓文化協會 財産(時価 日貨 2億七千万円相當)을 단돈 4千万円에 朝總联에 賣渡했고 이곳을 朝總联은 "게리라" 訓練場所로 使用하고 있다

(一). 日韓文化協會란

韓日間의 文化交流 僑胞生活向上을 目的으로하여 1957年度에 創設

構成員은 理事 17名中 主要人事는 日本側 石井光次郎(會長) 安井謙(副會長) 土田豊(理事長) 田中榮一(理事) 中保與作(理事) 等과 韓國側은 常任顧問 朴春琴, 副會長 權逸 理事에 金周奉, 朴漢植, 李熙健 許弼奭, 辛格浩, 鄭炳和 等으로 構成

(二). 事件内容

1. 同協會 基本財産은 日政時 協和會서 僑胞들의 誠金을 모아(当時日貨 56万円) 確保한 東京都北多摩郡狛江町和泉所在 垈地 1,638坪 建坪 200坪인바 同財産은 管理者 東京都 興生会로부터 "어떠한 境遇에도 他에 讓渡할수 없다는 條件附로 無償貸與를 받은것이다

2. 同財産에 朝總联系가 不法占據하여 幹部 "게리라" 訓練을 시키고 있자 이를 逐出키爲해 協會는 東京都 八王子地法에다 假差押處分申請을 하였으나 權, 朴 等은 同族끼리 友目闘争을 하기 싫다는 口実로 假差押을 取下한다음 朝總联幹部와 協商 日貨 4千万円에 賣渡하고 말았다

3. 同財産賣渡時에는 日本法務省에도 虛偽報告로써 許可를 얻고 理事会를 召集하여 不得已하다는 理由로 賣渡決議를 強行했다 同虛偽報告事件은 現在 東京地検 特捜部에서 調査中에 있으며 不遠立件될것임

4. 同建物을 買收한 朝總联은 東京朝联學園이라는 看板下에 地下室에는 "도치카"까지 設置하고 完全 "게리라" 戰闘訓練을 하고 있는바(1969年 6月15日字 日本國民新聞에 報道) 私製爆弾製造方法 間諜活動教育 近代式 "게리라" 戰術等으로 本國에 対한 "게리라" 活動 在日民団側幹部 "테로" 行為等을 6個月式 実施하고 있다.

5. 既히 日本新聞에도 報道된바 있거니와 日本서는 日本係 左翼団体의 "테로"보다 朝總联系 "게리라" 部隊 編制는 日本의 赤化 火藥庫로까지 断定하여 危機意識이 漸高되고 있다

(三). 結 論

結果的으로 權逸, 朴春琴은 朝總에 對하여

①. 時價 2億七千万円 財産을 4千万円에 賣渡함으로서 2億3千万円이라는 巨額을 贈與했고

②. 玄海灘건너에 붉은 이리떼를 武裝編制케하여 祖國 大韓民國의 赤化部隊 養成所를 提供하였으며

③. 在日民団 韓青, 學人會等 右翼陣營 幹部들의 生命, 財産의 危脅을 가져오게 했고

④. 朝總联과 對決하고 있는 民団側의 士氣를 低下시키는等 完全 反動 利敵行為를 恣行했다

(四). 建議事項

1. 權逸, 朴春琴等의 利敵行為를 反共法에 依해 严罰에 處할것

2. 日韓文化協會는 本来目的을 忘却하고 朝總联 支援 日本入國管理庁과 結託 出入國 "부로커" 役活을 하고 있으며 協會의 妄動으로 僑胞中 有力人士들이 날로 日本에 歸化하는 現象이니 同協會를 시급히 解散시킬것

3. 위 財産 不正處分에 激奮한 民団側 權友会(会長 張仁健, 理事長 尹啓守) 中心의 88名 有志가 連名으로 權, 朴, 兩人을 反共法違反 嫌의로 本國法廷에 提訴키로 하였으니 積極 支援을 仰望하오며

4. 駐日大使館과 本国의 捜査陳을 急派하시와 真相調査와함께 同財産退還対策을 樹立하여 주시옵기 仰望하나이다

参考資料

1. 財団法人 日韓文化協会 寄附行為(定款)
2. 第37回(賣渡時) 日韓文化協会 会議錄
3. 賣買契約書
4. 賣渡에対한 權, 朴 兩人의 辨明書
5. 權友会가 作成한 日韓文化協會에 對한 調査書
6. 北傀機関紙 "祖国"誌에 執筆한 權逸実弟 권적씨의 寄稿文
7. 「民団이 가야할 路線은 어느것인가」 權逸団長에게 보내는 民団中 總顧問団의 公開状
8. 權友会가 日韓文化協会理事들에게 보낸 質의書
9. "게리라" 訓練状況을 報道한 日紙 国民新聞
10. 出入国管理法을 擁護하는 權逸에 対한 民団幹部의 糾弾聲明書
11. 權, 朴兩人을 背任罪로 東京地検에 告発한 寫本

東京都 中央区 銀町 2-55 權友會

公開質問書

在日大韓民国居留民団は、在日六十万同胞の指導団体である。

その理由は民団規約には韓国国是を遵守することがその目的の一つである旨が明記されてあるからである。韓国々是が反共理念であることは今更言うまでもない。従つて何人たりとも容共的又は利敵行為ある者に対しては峻厳なる姿勢をもつて容赦なくこれを処理し、組織の秩序と防衛とを維持しなければならない。

以上の理念に立脚して、我々は協会所有の土地売却に関する十一月二八日李中央団長らの談話文の内容は、組織の使命に反し、組織の秩序を攪乱し、組織を私物化し、私的利害関係を追及する行動として、これを容認することは断じて出来ないのである。我々はこの事件に対しては、忠実なる韓国民として、正義に立脚してその真相調査に着手したのであつた。調査の結果は本年七月三日付で中央本部三機関に請願書を発送してその善処方を要望したのであつた。然るにこれに対して何らの解答も無かつたばかりでなく、新聞紙上にも公表はなく、十月に開催した民団中央委員会の席上では、この問題の質問に対し張聰明中央監察委員長は、「権友会は我々の組織傘下団体ではない」と無責任な態度を示し、また十一月二十八日の在日韓国人記者団と李中央団長とのインタービューに於て、李団長は「民団中央としては調査委員会を構成して真相調査に乗り出したばかりである。権友会は、はやまつたことをしてくれた」と、あたかも我々の行為が軽卒であつたかの如く非難する発言をしているのである。我々の請願書は、民団規約第六条「個人でも請願はできる」という条文に基づいたものであり、決して軽卒でも違法でもなく当然な権利行使だつたのである。我々の黙することの出来ないことは、張監察委員長の言う権友会の性格云々の問題でもなく、李団長の言う如く我々の軽挙盲動と非難することの反論でもなく、我々の愛する民団の最高責任者の地位に在る者が、利敵行為をした者が愛国者であり、これに反対する者は非愛国者であるというが如き、言動を示しているということであり、これは断じて許すことは出来ないのである。

そこで質問する。

1. 謀略を弄して団の秩序を乱し、利敵行為を敢てする者が愛国者であり、これを非難し排除せんとする者を非愛国者と誹謗する考え方とその根拠はどこにあるのか、明確にされたい。
2. 貴下たちは忠実にして善良なる民団の最高的指導者の立場にあるのか、それとも利敵行為者の同調者的立場にあるのか、すみやかにベールを抜いて生裸々なる本体を我々の前に示すべきである。
3. 今回の（財）日韓文化協会の事件処理に対して、韓国の国是による民団の組織ルールを踏み違つていると思われるが、この点どうなのか。
4. 李団長は、「団長選挙の後押をしてくれた権、朴両氏の問題なので、私は本当につらい。だから私はかかわりたくない」と言つているが、これは公私を混同しているものと思われる。貴下の考え方をお聞きしたい。
5. 権逸氏の声明文にある「法律以外のあらゆる手段で対抗する」というのは法律家の言としては奇異に感ぜられるが如何なる意味なのか、詳細に承りたい。

更に法学博士、弁護士権逸氏にお伺いする。

1. 一九六九年十一月二十七日の声明書によると、日韓文化協会所属の土地売却当時は「私は平理事でありこのことには関知していない」とあるが、売却当時の理事会構成は、韓国人側は理事三名、常任顧問一人、日本人側理事五名であり、権氏は理事として理事会に出席していた筈である。然るに今日に至つて、「私は関知しない」とは、著名な法律家としての言葉と態度であろうか、弁明を承りたい。
2. なお貴下は、この事件に対し「止むを得なかつた」とあたかも利敵行為を否定する言辞を弄しているが、我々の調査によれば、「止むを得なかつた」という貴下の言葉は是認することは出来ない。一九六九年七月発表の権友会の「日韓文化協会の調査書」を熟読されたい。
3. 貴下は、我々の行為を「離間策」であると言われるが、その根拠はどこにあるのか。

その前に私は貴下の過去の行動を想起したい。

貴下は終戦後、朝鮮人連盟準備委員会副委員長となり、北傀南日のアピールにいち早く応え朝鮮人連盟側の民戦と手を握り統一協議会を結成し民団から除名されるや直ちに平和と統一を唱えて民主社会同盟を結成し委員長となり、民団除名解除となるや民団団長に就任した輝やける経歴の斗士であつたが、その間貴下は民団の派閥化を助成し、中傷、謀略、又は暴力投入まがいの行動をなしたことは、天下周知のことであり、法学博士、弁護士で良識ある貴下が、自己の地位を利用したと思われる今次の事件は、利敵行為と我々には解されるのであるが、この点を更に天下に釈明されることを要望するのである。また前記の物権は、日本政府の管轄下にある物権であるから、その処分は決して利敵行為に依るものではないと主張するかも知れないが、たとえ日本政府の管轄下であつても、我々民族の財産所有である。これを一方的に処分できないことは三才の童子といえども判つているであろう。

次に朴春琴氏にお伺いする。昭和三十二年九月の財団法人日韓文化協会寄附行為第一条には「朴春琴は、第四条に定める目的のため、別紙財産目録にかかげる財産を寄附し、財団法人を設立する」と明記されているが日韓文化協会の寄附行為による基本財産を明示して載きたい。我々の調査では貴下の寄附金は一文もなく原本不実記載による登記と解するがこの点を説明ありたい。

更に、団の最高責任者である張監察委員長と、法学博士弁護士の権逸氏にお伺いする。

貴下方は韓国の国是である反共法第四条第七条を御存知なのかどうかお聞きしたい。

念の為に申上げれば反共法第四条（讃揚、鼓舞等）徴役七年の刑に処する。（其他の方法反国家団体（国外共産系列包含）；）

第七条（便宜提供）利敵行為は徴役十年以下に処するとなっている。

よもやお忘れになったとは申されまい。

最後に我々は附言する。

誣告罪の公訴であれ、なんであれ、法的処置に対してはいつでも受けて立つ用意のあることを明言する。

なおこの解答は早急に新聞その他、あらゆる方法により、公開することを望む。

一九六九年十二月五日

槿友会

会長 張仁建

理事長 尹啓守

声　明　書

我々は所謂日韓文化協会の蛮行

一、韓国の民族財産を横領し

二、反共国家の威信を意識的に失墜させ

三、共産教育機関に積極的に利益を提供した利敵行為を糾弾する

戦後カイロ会談、ポツダム宣言等により当然韓国に帰属すべき在日韓国財産を国際問題を意識的に無視し、昭和三十三年九月三十日東京都北多摩郡狛江町和泉にある約千六百坪の土地及び同地上建物時価にして約二億五千万円相当を日韓会談妥結を先廻り、東京都興生会（旧協和会改め）財産清算人と適当に謀議して不当に詐取し、しかも他に転売しない約定及び将来韓国人の福祉の為め使用すべき旨その他二、三の制約があったにも拘らず、事もあろうに韓国の敵性在日共産特殊組織である在日朝鮮人総連合会東京都本部に昭和四十三年十二月二十三日附を以って僅か四千万円で売渡し彼等の目的する特殊訓練を、情を知りながらこれを援護し、いやが上にも彼等の士気を昂揚させ、一方在留韓国人には精神的に敗退と萎縮、そして組織の無力化の因を作り、そのやり口が恰も共産徒輩の手先を偲ばせるも甚だしく、心の底から韓国を冒瀆し著しく国威を傷づけて居る。

同協会は日韓の利益を表看板にする事により取得原因不当の当該物件を基本財産に仕立て一応日本国内法上の公益法人に組み替え、勝手にこれを売却してその利敵の責任を駐日韓国大使館の高位層に転稼する言辞を盛んに韓国系通信等に流しその実**反共国家の屋台骨を揺ぶる**不謹慎な言動を我が物顔にして世間をたぶらかし、去る三月十八日の東洋経済日報紙上には同協会の中保、八木両常務理事は口を揃えて売却交渉一切は、某顧問が全部やった事で我等はその経過内容はよく知らないとしらを切って居る。

今韓国大使館は仄聞する所、億台の国費を使って朝総連側と新宿区所在の朝鮮奨学会の土地建物に対し、日本の法廷で所有権争いを続行して居る最中であるのに、よくもこの売却を大使館が諒承して居るといえたもので**国法を恐れない狂人の**たわごとである。

例へ朝総連が戦後の無秩序に乗じて本件狛江町にある当該物件を、不法に占拠して常套的抵抗によりその退去を拒み多少困らせた位で驚たり悲鳴を上げる柄でもない筈だし、その後彼等は指令でも受けたのか妥協的に出て、仲よく建物の各半々使用の同居を申入れた事も売却直前には、立退料云々まであったと聞く当協会に韓国の為めに、確固たる信念があったとしたら所有権の完全行使はゆうに出来たであろう。

しかるにおかしくも如何にも業をにやしたと見せかけ、法務省所管の公益法人でエリートである日本側理事諸公までが何の努力もせず、これという法的措置も取らずに、うかつに思想的に何の取り得もない馬鹿者達の云ひなりに、何故か換金を急ぎ平気で売渡したのあでる。

此の際これを敵性側に売ってよいものか、わるいか位の判断はつきそうなもので全く迎合的に手離したとしか思へない。

それともこれを中共政策の政経分離とも思い込んでやつた積りなのか、実にけしからぬ。

大の男達がたかが無学なブローカー輩に引き廻され、国際信義を汚し、道義日本を疑はせる言語道断も甚だしい。

この様な大胆不敵な利敵行為を傍若無人に小癪にも善意であるべき日本の自由陣営の良識をも綺羅星の如くづらりと並べて見えすいた痰呵と詭弁を弄し**韓国及び在留韓国人を威圧**して白昼堂々と事を構えて居る。

これ等悪徳な連中に対し我等道義日本の真の姿を求め、民族の幸福を希う一念から日本に渡り、臥薪数十年間日本と共に生き幾度か死線を越えて来た古参連は激しい憤りを感じ、これが糾弾に必死である。

我々は戦時中在日祖国青年たちの練成道場として当の物件の造成の為め卒先して寄附集めに狂奔し、なかば強制的だとそしられながら五十戋、一円と零細な金を出させて忠誠心を盛り上げた実感が今尚ほ生々しく、由緒あるこの道場を敵性共産特殊訓練場に供与した仕草には、口惜さを通り越し、寧ろ文化協会の役員諸公を軽蔑するものである。

而も自由主義国家群の有力な一員である日本に於て反共を国是とする盟約国の威信を味方と思はせて居る日韓何々の名に於いて平気に斯くも酷くやられるとは旧韓国時代に日本が取った**内政干渉を凌駕**する民族的侮辱である。

我々はこれを黙視出来ず、立ち上つてこの黒幕をついて、天下に声明し、総力を結集して韓国を害するこの種団体の未恐しい陰謀の芽を、今の内に摘み取らんとする次第である。

事こゝに至っては事なかれ主義に慎重を期して居る、駐日韓国大使館も黙っては居ないだろうし、在日韓国居留民団及び同傘下韓青等各団体、愛国同志たちとしても右顧左眄して、拱手傍観は致すまいと思うが、現時点に於いては誰よりも、当時拠金の当事者であった我等が卒先覚悟して火蓋を切って祖国守護の鬼とならんとする。

故に我等は同協会の羊頭狗肉、阿諛追従を特技とする、己の名利以外に何の節操もない一握りの韓国人（何れも北鮮の在日工作対象者）と、日本人で常に彼等と同調して善良であるべき大方の日本の知識人を、惑はし日韓云々の美名の下に国士づらして韓国の政変等お構いなしに新興国家の弱みにつけこみ巧妙に関係当局者に接近し、日韓貿易のリベート稼ぎや

食い扶持稼ぎに余念なく、世を欺いて尚ほ平然たる迷惑な存在、世称コーリアンロビの一部の者達の、反省とざん悔を強く促すと共に、悖徳狡猾極まる同協会韓国側常任顧問と無節操で謀略を茶飯事とする韓国側副会長（売却当時の理事、元居留民団中央本部団長）の一味及び韓国から国民勲章等頂いたと云う、唾棄すべき韓国人理事及び監事等の妄動を一掃すると共に、日韓会談を無視し、故意に韓国に害を与へた、東京都興生会財産清算人並びに国際信義を阻害した、上級責任者達を追求して**当該財産の韓国復帰を賠償**責任当局に強く要求するものである。

尚ほ我等はこの真相糾明遂行の為め第二、第三の糾弾の用意があり、公開質問、公聴会等逐次展開する決意である。

昭和四十四年五月　日

東京都中央区日本橋兜町二の五五
国際経済倶楽部内

槿友会

電話（六六七）二七二八・二七二九

外会員一同

参考

日韓文化協会役員

常任顧問　朴春琴
会長　石井光次郎
副会長　安井謙
〃　権逸
理事長　土田豊
常務理事　許弼奭
理事　安藤豊禄　中保与作　八木信雄
金周奉　飯沢章治　上村健太郎
田中栄一　下牧武　辛格浩
藤井五一郎　鄭炳和　長谷川文治
今玄鉄雄　朴漢植　李熙健
監事　鄭順相

暴力団、都内に横行

博徒、テキ屋七万

右翼と結び警察無視

東京都内の盛り場で百名にのぼる七組のテキ屋連が白ハチ巻、手に手に凶器を持って乱闘した去る十七日の巣鴨映画劇場事件や銀座警察と自称する暴力団「浦上一家」の監禁事件など、最近暴力的背景をもつ組織、団体の人もなげな横行ぶりが目立ってきた。去る昭和二十二年団体等規正令が出されて全国千余にのぼる左翼、博徒、テキ屋などが消え去ったが、講和発効と同時に団規令はなくなり、これにかわる破防法が二十七年施行されたものの世相不安や不況などから暴力的組織は急激に復活してきた。右翼団体は三百に増え、博徒、テキ屋また都内に現在六十組を数え、駅や劇場にむらがるダフ屋、プーバイ屋、不良団を加えるといつ暴発するかもしれない暴力団的存在は五百団体をこえる。しかもこれを取締まる警察当局は巣鴨事件のごとく事件発生以来十日余を経た現在でも所轄巣鴨署が第一次殴り込み事件の容疑者を一人も検挙出来ず、以来付近の盛り場に恐かつ事件が続発するといった無気力さが暴力団の勢力助長に拍車をかけていることは否めない。以下は復活暴力団の都内における実体。

現在全国のテキ屋は五十万といわれ、都内で組をなしているものは二千組、配下は五万人に上っているという。これと関連を持つ博徒も都内で主なもの四十組、その数は兄貴分以上だけでも二千人、数の者と称するチンピラまで含わせると二万にもおよぶといわれる。彼らは昔ながらの親分子分の水サカズキを交わして団結を固めているだけにナワ張り争いに一番大きな犠牲を払い、去る十七日の巣鴨乱闘事件も元尾津組と小川組の勢力争いが主因であった。

博徒

主なものは小金井一家、協和一家、田甫一家、住吉一家、千住一家、上綱一家などで現在もその勢力をのばし、小金井は杉並から都下、協和は上野、田甫は吉原、住吉は銀座、上綱は亀戸、向島とそれぞれのナワ張りを持って隠然たる地盤を持っている。

戦後住吉一家は本来の芝浦のナワ張りから銀座へと勢力を拡張し、総長阿部重作の配下には銀座地帯に留置されている“銀座警察”浦上信之もいる。

テキ屋

街商連盟（芝山益久氏）で表面統一されているがその裏は互に勢力ナワ張りの伸展で争いをつづけている。この主なものは浅草の姉ヶ崎一家、尾津喜之助の尾津組、関口愛治の極東組、芝山益久の芝山組などがそれぞれ新宿、池袋、浅草を中心に根をはっている。こんど巣鴨で暴力ざたを演じ巣鴨署で捜査中の尾津組配下の連中も「ことあれば千人や二千人は三十分以内に集められる」と豪語している。

このほか街の愚連隊が旧関根組の者だとか極東組だとか自称し飲街やキャバレーなどから商店、屋台などをおとしており、当局でもこれらのどこまでが組織のなかにあるかその見きわめもむずかしいといっている。

ダフ屋・プーバイ屋

ヤミ切符を売りつけるプーバイ屋は東京駅は関山組（関山義人氏）、都心部の新橋演舞場、東劇、帝劇、歌舞伎座など一流劇場、東京体育館、神宮、蔵前国技館など競技場にむらがるヤミ切符売り（ダフ屋）はテキ屋姉ヶ崎一家（通称姉東五郎こと山本五郎氏）が子分百十数名を使って一手ににぎっているとみている。一方、上野駅には金岡洙、劉寧吉の朝鮮人を親分にする二組と山川鶴吉の三組がそれぞれ十名前後を配下に出張っており、これを飯島一家と称するテキ屋がにぎっているとみている。

彼らは上野駅周辺の小荷物業者が荷物運送にチッキが割安のため乗車券を利用、不用になった乗車券をプーバイ屋に半値で流し、消印を消して売りつける。なお悪質なのは寝台券売りである。寝台を占領し、客がくるとこれを二百円から四百円で売りつけ、ことわると暴行を加える。

これらダフ屋、プーバイ屋の取締りは道路交通取締法、物価統制令違反などで微罪であるため暴力行為などの刑法犯がともなわないと困難で「ハエを追う式」の消極的取締りに終り、しかも検挙しても使い走りの連中で黒幕は高級車を乗り回すなどのゴウシャな生活をおくり、無法地帯に眼をすえているありさまである。これらの横行はようやく批判され警視庁公安官も十月から一斉取締りに乗出すという。

右翼団体

全国三百団体のうち二百二十が東京に本部を持っている。当局の調べで最も暴力的動きの多いのは殉国青年隊と護国団である。浦上信之一家もかつて頭山秀三氏のキモいりで両者に組織替えしたもの。戦前のように財、軍閥の資金ルートを失ったうえ、この両団体は大世帯を控えているだけに資金調達にも相当無理があるようだ。最近相つぐ倒産騒ぎの不正金融に両団体が介在している事例も多く、暴力ざたにまで発展したものもある。

巣鴨の乱闘事件も原因は今年はじめ倒産した日本勧業振興KK所有の映画劇場の経営争いで、その乱闘騒ぎに護国団行動隊員十数名も加わっていた。また両団員が去る四月相互金融明日商事に債権取立てに行き、暴行を働いて丸の内署に検挙されたのもつい先日の出来事。このほか両団が関係した事件には京KK相互金庫、日本興亜観光KKなどがある。

一方利害関係をみても昨年末の日本商工金庫の内輪争いに出動したり、浦上信之が検挙される直前まで大西金融社長の乗用車ナッシュ五一年型を乗回していたのも疑惑があり、無法地帯で追及している有様だ。

「北」工作員検挙一覧表（補助工作員を除く）

（資料＝日本警察庁）

（検挙事件名）	（検挙年月日）	（検挙処理）	（被検挙者数）	（司法処分状況）
第一次「北」スパイ事件	五〇・九・九	東京都	一〇	占領目的阻害行為違反、首かい許吉松懲役一〇年、罰金五、〇〇〇ドル、五一・七・一一GHQ軍事裁判所
第二次「北」スパイ事件	五三・九・二〇	東京都	四	出管令、外登法違反、首かい金一谷懲役二年、五五・七・七最高裁
第三次「北」スパイ事件	五五・六・二六	東京都	五	出管令、外登法違反、首かい韓載徳懲役一年六月猶予四年、五七・五・一三東京高裁
弘昇丸事件	五七・六・二五	北海道	一	出管令、外登法違反、罰金三万円、五八・一・二三函館簡裁
新光丸事件	五七・八・一三	京都府	一	出管令、外登法、電波法違反、懲役一年、五八・五・一二京都地裁舞鶴支部
第四次「北」スパイ事件	五八・一〇・三〇	東京都	一	出管令、外登法、外為法違反、懲役一年、罰金一〇万円、五九・四・一一東京地裁
滝事件	五九・七・三一	石川県	一	出管令、外為法、関税法違反、公文書偽造罪、懲役二年、五九・一一・一五金沢地裁
浜坂事件	六〇・九・二九	兵庫県	二	出管令、関税法違反、懲役一年、六三・一・二三大阪高裁
大寿丸事件	六二・七・二四	山口県、東京都、大阪府	一	出管令違反、懲役一年、六三・一一・二六山口地裁
解放号事件	六二・九・二四	新潟県	三	出管令、外為法、関税法違反、懲役十月、猶予三年、六三・六・二八東京地裁
第一次能代事件	六三・四・一八	秋田県	二死体遺留	六三・一一・二二被疑者死亡のため不起訴
第二次能代事件	六三・五・一〇	秋田県	一死体遺留	六三・一一・二二被疑者死亡のため不起訴
酒田事件	六三・五・一二	山形県	一	出管令、外登法違反、公文書偽造罪、懲役一年、六三・一二・一九山形地裁酒田支部
鄭グループ事件	六四・五・一四	東京都	一	出管令違反、禁固一年、六四・七・二二東京地裁
三和事件	六四・七・一六	東京都	一	外登法違反、罰金三万円、六五・七・二二東京地裁
本庄浜事件	六四・七・一四	東京都	一	出管令違反、懲役一〇月、六五・九・一八東京地裁
一宮事件	六四・七・一九	愛知県	一	出管令外登法違反、懲役一年、六五・一〇・二七名古屋地裁
寝屋川事件	六四・一〇・三一	大阪府	二	出管令・外登法違反、懲役一年・六六・一一・一九大阪高裁
蒲田事件	六四・一二・一五	東京都	一	出管令、外登法違反・窃盗罪、懲役一年・六六・二・一九東京地裁
神田事件	六五・三・二五	東京都	一	出管令・外登法違反、懲役一年・六六・七・二七東京地裁
江戸川事件	六五・八・二一	東京都	一	外登法違反懲役一年、猶予三年、六六・一〇・二七東京地裁
長田事件	六五・八・三〇	兵庫県	一	出管令・外登法、外為法違反懲役一年二月、六六・一二・一四神戸地裁
安瑞濤事件	六六・七・三一	東京都	一	外登法違反、罰金三万円、六七・六・二二 東京簡裁
李載元事件	六七・二・二三	東京都	一	国家公務員法違反、業務上横領教唆罪懲役一年、六八・一〇・一八東京地裁
張有植事件	六八・九・二一	東京都	一	出管令・外登法違反、懲役八月、執行猶予二年、六八・一〇・二一 東京地裁
韓春根事件	六八・八・二一	大阪府	一	出管令、外登法違反、免状不実記載、同行使罪、有印私文書偽造同行使罪、懲役一年、六九・二・一七大阪地裁
鄭基竜事件	六八・六・二六	大阪府	一	外登法違反、懲役一年二月、猶予三年、六九・五・二七 大阪地裁
岩崎・能代事件	六九・三・一一	秋田県、青森県	二	公判係属中（無線電信機など押収）
高栄浩事件	七〇・一一・一六	東京都	一	出管令違反、懲役二年、猶予三年七一・三・三 東京地裁
全南鮮事件	七〇・一〇・二〇	石川県	一	出管令違反起訴猶予七一・八・一一 金沢地検
呉順塔事件	七一・一二・九	大阪府	一	出管令、外登法違反、有印私文書偽造、同行使罪、旅券不実記載、同行使罪懲役二年、猶予三年、七一・一一・二五大阪地裁（大阪地検控訴中）
朴璟準事件	七一・五・九	東京都	一	外登法違反懲役六月猶予二年、七一・一二・二 東京地裁
李貞植事件	七二・九・三	愛知県	一	電波法違反 七二・六・二七起訴猶予
温海事件	七二・八・五	山形県	二	出管令違反、懲役一年執行猶予三年七三・一一・二山形地裁
金一・東事件	七三・三・二二	愛知県	二	旅券不実記載、密出国企図罪、外国人登録未申請罪
李日学事件	七四・五・二〇	愛知県	一	出管令、外登法違反（工作用手帳、活動資金など押収）
孔泳淳事件	七四・六・二六	千葉県	一	出管令、外登法違反、旅券法違反（無線電信機など押収）

67・11・11

金載華피고에 7年求

前 신민당전국구후보 金載華피고의 부정정치자금사건결심공판이 10일하오2시 서울형사지법212호법정에서 李演璟판사심리로 열렸다. 이날 간여 裵榮求검사는 金載華(65)피고인에게 국가보안법·반공법및 외환관리법을 적용, 징역7년에 자격정지7년을 구형했다.

裵검사는 이어 관련피고인 朴泰遠(43·在日교포)피고인에게는 외환관리법만을 적용, 징역1년6월을, 崔成璹(40·金成산업전무)피고인에게는 징역8월, 辛鋼株(41·亞韓化成社長) 太永浩(48·同社長) 두피고인에게는 징역10월을 각각 구형했다.

검찰은 이날 논고를 통해 金피고인이 朝總聯계자금으로 國会에 침투하려고 기도한것은 왕년의 「국회프락치」사건에서 金若水등이 국회에서 外国軍철수를 운운한뒤 北傀의 남침이 있었던 사건과 비슷하며 4·19후 「민족일보」에 불순자금이 들어온 사실과 같다고 지적했다.

검찰은 또 金피고인이 지난65년1월 朝總聯부의장 「이신철」과만나 기관지인 「統一評論誌」에 대담을 게재했을때 北傀에 유리하게 이용되리라는것을 알았을것이라고 주장했다.

뿐만아니라 金피고인이 신민당전국구후보가 되기위해 일화1천8백만원을 거쳤다고하나 民団에서 지금까지 어떤 외연금을 도집한때에도 1천만원대를 넘은 일이 없었음을 지적하고 문제의 자금을 거부였다는 郭東浩가 6·25전 남로당원으로 활약하다 日本으로 건너간 자이며 郭東浩도 朝總聯과 접촉이많고 언행이 좌경적이었다고 밝혔다. 따라서 검찰은 金피고인이 北傀에서 야당의원을 가장, 국회에 보내기로 선발된것이라고 주장했다.

裵검사는 그러나 金피고인이 과거10년간 民団간부로서 활약한 그의 공로를 참작, 법정최고형(10年)이 아닌 7년을 구형하는것이라고 말했다.

이어 신민당에 헌금한 정치자금의 日本으로부터의 송금을 구상지불형식으로 하는데 관련된 朴피고등4명에 대해서는 외환관리법위반으로 처벌해야한다고 주장했다.

◇구형공판에 나온 金載華피고인㊧과 朴泰遠㊨피고인.

出處確認없어

辯論요지

이에대해 安秉晥변호사등 7명의 변호인단은 변론을 통해 ①지난65년1월 統一評論지가 어때까지 아무런 말썽을 일으키지 않고도 있다가 金피고인이 신민당전국구 후보로 당선됨에 비로소 문제가된 것은 납득할수없는 일이며 설사 그잡지가 朝總聯계라 하더라도 전주일대사 郭東浩 인이 말한바와같이 民団인이 소신을 발표함으로써 朝總聯계교포를 포섭할수있는것이라고 주장하고 ②金피고인이 日本에서모두꺼두어보았다는 정치자금 3천만원에 대해서도 반드시 조련계에서 왔다는 확증이없으며 사건의핵심을 쥐고있는 郭東浩에대해서 검사가 日本에까지 출장수사하면서도 조서한장 받지못한것은 검찰의 공소사실이 애매함을 드러내고 있다고 주장했다.

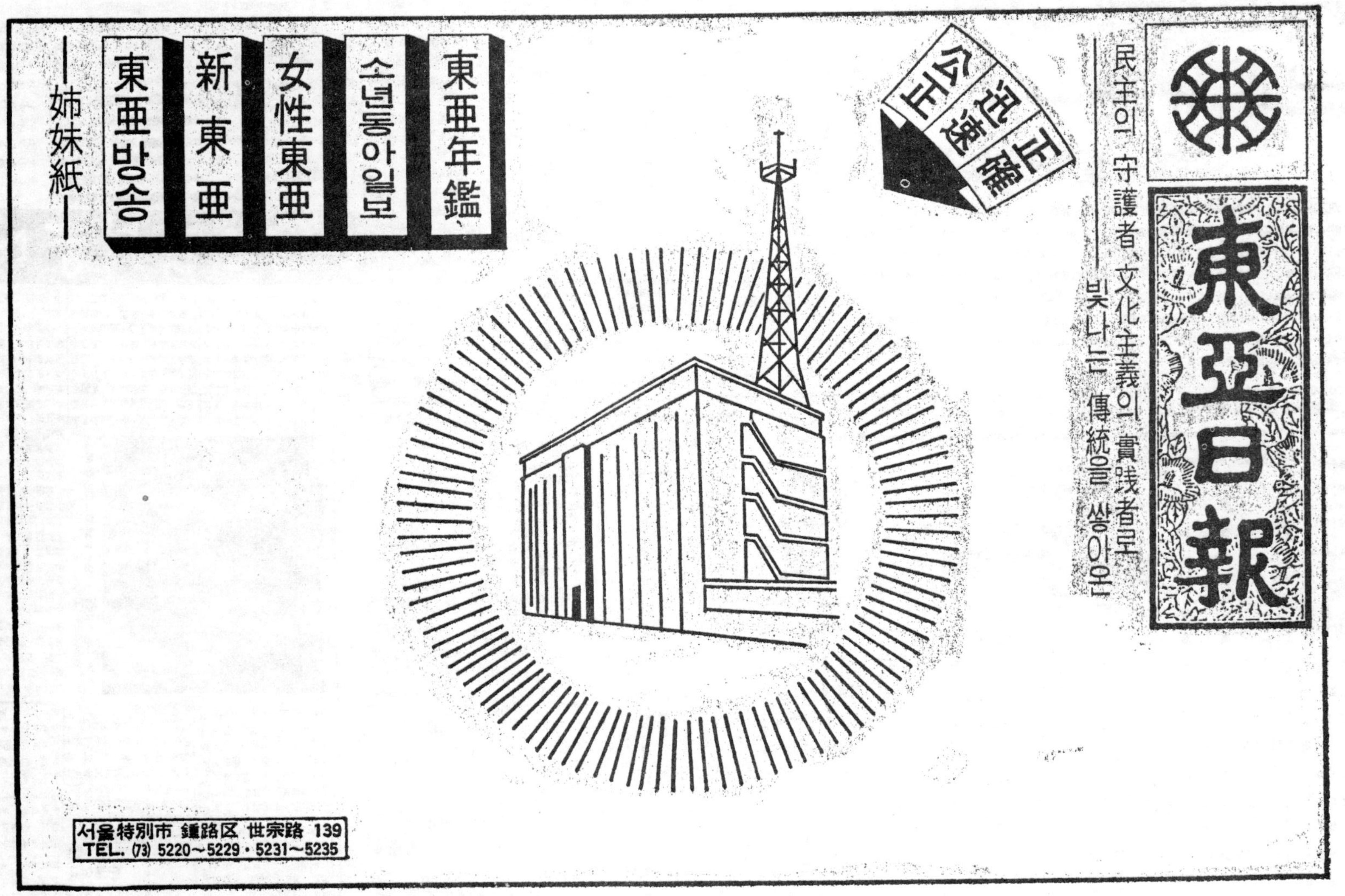
東亞日報
民主의 守護者, 文化主義의 實踐者로
빛나는 傳統을 쌓아온
正確
迅速
公正
姉妹紙
東亞年鑑
소년동아일보
女性東亞
新東亞
東亞방송
서울特別市 鍾路区 世宗路 139
TEL. (73) 5220~5229 · 5231~5235

躍進する民族金融機関

東京商銀信用組合

理事長　許　弼　奭

本　　店　新宿区西大久保1-449　TEL (208)5101
上野支店　文京区湯島3-38-15　TEL (832)5141
荒川支店　荒川区東日暮里6-22-1　TEL (802)5121
五反田支店　品川区東五反田2-19-1　TEL (441)5181
立川支店　立川市曙町1-25-12　TEL(0425)22-5131
錦糸町支店　(開設準備中)

副都心新宿の中心街、職安通りに偉容を誇る商銀ビル。

組合員の豊かな経済づくりに貢献する

東京商銀信用組合本店

東京・大阪・福岡から、
うれしい期待の週53便！
へ就航。●ジャンボ
導入予定。●ベテランの
サービスが快適な
今日、あいましょう。
気軽にKALで…
KOREAN AIR LINES
大韓航空
東京：(03)211-3311(代)　大阪：(06)244-1111(代)
福岡：(092)411-9101(代)　このほか全国14カ所に

信用組合
宮城商銀

理事長　李　景　淳
副理事長　安　秉　燁
〃　徐　正　喜
専務理事　宇家広治
常務理事　曹　秉　烈
〃　金　炫　碩
〃　李　六　奉

〒九八〇　仙台市本町一丁目五番三四号
☎〇二二二(二二一)三三六一(代)

北海道済州親睦会

会　長　金　尚　彦
副会長　林　彰　洙
〃　金　鐘　文
〃　朴　相　淳

〒062　札幌市白石区本郷通九
電話（〇一一）八六一—三六一七

㈲コンドル商事

代表取締役
曺　喜　容

〒031 青森県八戸市三日町16
☎ (0178)22−8077

建設業
金　田　組

金　萬　淑

〒955 新潟県三条市一ノ木戸横町 248
電話（02563）3－　1　3　3　6

東京 韓国研究院

理事長 木内信胤　　　　院長 崔　書勉

〔設立目的〕韓国に関する諸般の調査研究，韓国に関する内外の書籍・資料の収集・整理及び公開，内外の専門家による研究委員会の開催とその成果の普及，韓国問題に関する大学・研究機関・団体並びに専門家等との交流及び研究家の研究活動に対する協力助成，韓国問題に関する書籍・雑誌等の出版を目的として，1969年4月創立。

〔韓〕を月刊で発行し，韓日両国学者による研究成果の発表の場とし，韓国問題専攻の日本人学者15人により編輯委員会を構成している。

〔図書室〕海外における韓国研究機関としては最大の蔵書量を誇っている。

本　院　東京都港区麻布台1－6－6　〒105 ☎ (03)584－6952

分　院　東京都港区南青山7－2－1　〒107 ☎ (03)407－6179

附属機関

図書文献センター

東京都港区麻布台1－6－6

☎ (03) 583－0630

幸な明日を求めて…
さらに飛躍するミリオングループ

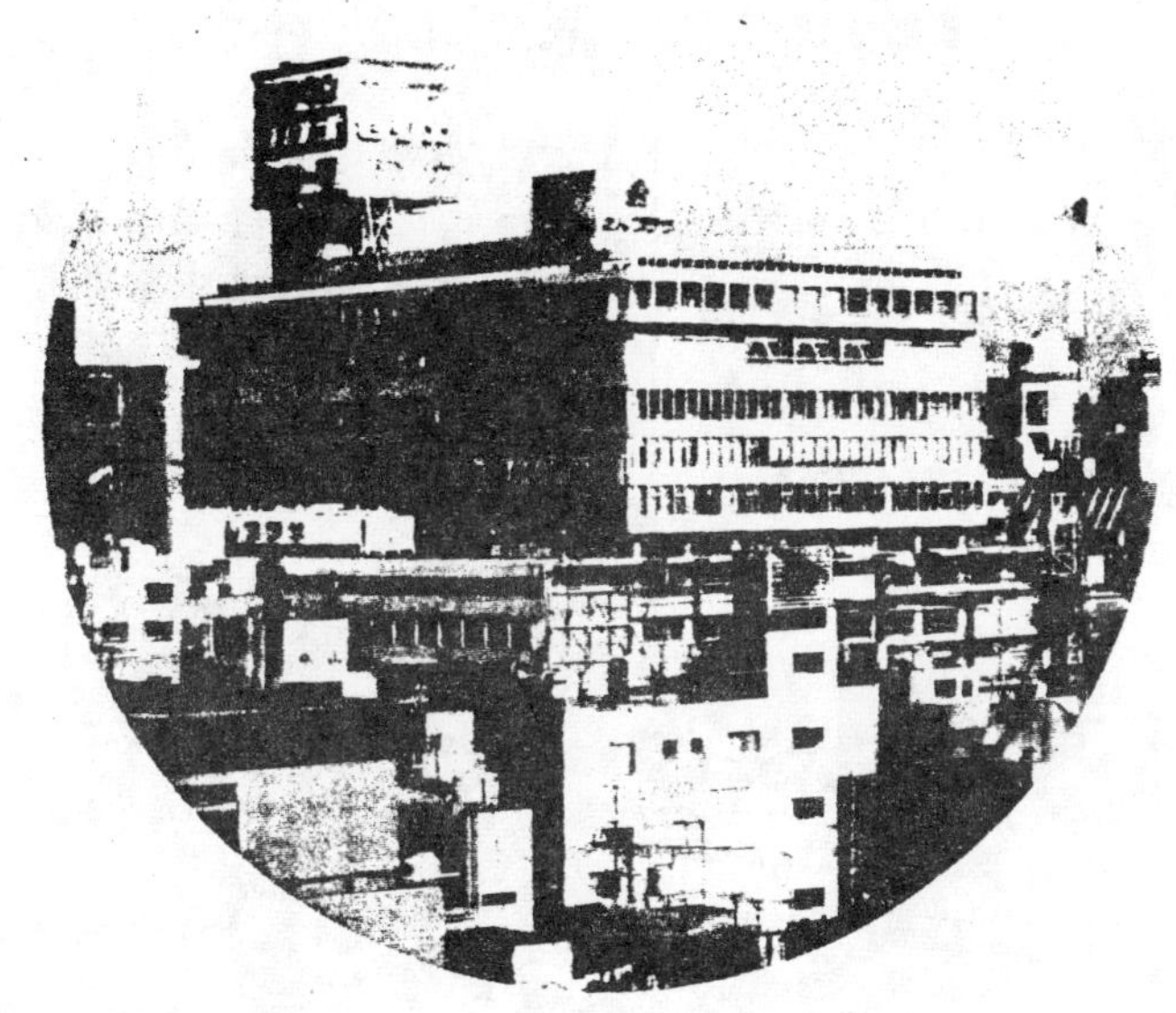

★室内クレー射撃（レイシューティング／TRAP & SKEET）
★ゴルフクリニック（打ち放し練習・スクリーンゴルフ・ミニ コース他）
★ボウリング（AMF40レーン）★喫茶SSP ★ゲームコーナー

さんプラザスポーツパレス

ビッグスケールの総合遊技センター！

株式会社ミリオン観光

神戸市生田区三宮町1丁目17 ☎078(331)2771(代)

都心のスポーツキャンパス！

東洋観光株式会社

神戸市生田区三宮町1丁目 ☎078(391)3286(代)

笑顔でお送りする市民の足！

大和タクシー株式会社

☎078(576)8224

代表取締役社長　黄　孔　煥

各種機械輸出販売修理

株式会社 カネモト

代表取締役　金 容 允

◆機械設備のコンサルタント◆

省力化はNC,合理化は整備改造

山口県総代理店

◉大阪機工株式会社
ラモー旋盤・フライス盤

◉北川工業株式会社
NC旋盤・キーミル盤

◉株式会社西部工機製作所
正面旋盤・正面盤

◉東芝機械株式会社
横中ぐり盤・ロール研削盤

◉西森工業株式会社
中型旋盤・ロール旋盤

◉小川鉄工株式会社
ラジアルボール盤

〒747 山口県防府市大字江泊1131の1　電話 防府(0835)38 0477番
テレックス番号 6789－21

在日本大韓民国居留民団
中央本部

〒112 東京都文京区春日2－20－13
☎ (03) 813－2261（代表）

団長	尹達鏞
副団長	金仁洙
副団長	徐永昊
副団長	李鍾鳴
議長	朴太煥
副議長	白丁赫
副議長	崔成源
監察委員	鄭泰柱
監察委員	朴炳憲
監察委員	柳甲録
事務総長	呉敬福
事務次長代理	李聖南
組織局長	呉敬福（兼）
組織次長	鄭奉善

組織専門委員長	蔡洙仁
経済局長	李建鎬
経済次長	孫赫寿
経済専門委員長	金昶輝
文教局長	姜仁煥
文教次長	成根容
文教専門委員長	金秉錫
民生局長	安商権
民生次長	姜徳才
民生専門委員長	姜永彰
宣伝局長	鄭達鉉
宣伝次長	朴英勲
宣伝専門委員長	金正甲
青年局長	沈種孝

在日韓国人分布統計表（1）

1973.12月現在

地区	本部名	総同胞数	団員数	永住権申請数	非団員数	支部数
北海道・東北	宮城	3,734	1,299	1,693	2,435	4
	北海道	7,453	2,764	4,066	4,689	14
	青森	1,816	891	1,090	925	5
	山形	652	279	352	373	5
	岩手	1,575	495	682	1,080	3
	秋田	1,121	626	774	495	8
	福島	2,194	449	634	1,745	2
関東・信越	東京	72,421	32,586	34,833	39,835	22
	神奈川	28,657	9,880	14,347	18,777	9
	千葉	8,976	3,096	4,113	5,880	11
	山梨	1,687	801	1,082	886	3
	栃木	1,994	762	914	1,232	8
	茨城	3,938	1,144	1,397	2,794	6
	埼玉	8,918	3,019	3,419	5,899	9
	三多摩	東京包含	4,244	東京包含		5
	群馬	2,823	889	1,126	1,697	5
	静岡	8,163	2,779	4,625	5,384	6
	長野	4,733	2,013	2,341	2,720	6
	新潟	2,585	1,157	1,497	1,428	12
中部・北陸	愛知	53,004	22,068	28,622	30,936	18
	岐阜	10,821	2,942	5,224	7,879	6
	三重	7,769	3,566	4,534	4,203	6
	石川	3,198	1,086	1,655	2,112	7
	福井	4,686	1,264	2,196	3,422	13
	富山	1,920	552	860	1,368	5

在日韓国人分布統計表 (2)

地区	本部名	総同胞数	団員数	永住権申請数	非団員数	支部数
近畿	大阪	177,781	90,056	112,703	87,725	33
	兵庫	65,982	24,914	33,624	41,068	16
	京都	43,307	17,798	23,480	25,509	17
	滋賀	6,572	2,068	3,075	4,504	9
	和歌山	4,901	2,380	3,249	2,521	9
中国	広島	15,501	6,303	9,549	9,198	26
	岡山	7,945	2,824	4,106	5,121	5
	鳥取	1,477	462	699	1,015	3
	島根	1,397	629	847	768	8
	山口	14,685	6,069	8,438	8,616	15
四国	愛媛	1,978	795	1,286	1,183	3
	徳島	261	109	129	152	
	高知	920	358	494	562	
	香川	955	339	515	616	1
九州	沖縄	183	85		98	
	福岡	25,468	12,681	15,793	12,787	20
	長崎	2,650	1,647	2,571	1,003	7
	佐賀	1,374	691	941	683	7
	大分	3,027	1,187	1,827	1,840	7
	宮崎	1,015	558	816	457	2
	熊本	1,702	793	1,435	909	5
	鹿児島	515	211	458	304	2
	対馬島	長崎包含	213	長崎包含		
	計	629,809	275,848	351,955	353,961	403

資料　在日本大韓民国居留民団中央本部

在日本大韓民国居留民団

北海道地方本部

監察委員 金洛天　監察委員 朴弘律　監察委員長 崔東洵　副議長 郭海屛　副議長 金周年　議長 金本正　事務局長 琴泰紘　副団長 金熙寿　副団長 金重輝　団長 孫桂雲

旭川支部

団長　安石允

〒070 旭川市八条五丁目
☎ (0166) 22－8656

千歳支部

団長　権相魯

〒066 千歳市本町1丁目
☎ (01232) 3－3420

札幌直轄支部

東地区長 金鍾文　北地区長 姜守九
南地区長 金尚彦　北中央地区長 全泳吉
南中央地区長 金容善　豊平地区長 朴秀鎮
西地区長 李正和　白石地区長 金周鳳

〒064 札幌市中央区南9条西4丁目
☎ (011) 511－3381

小樽支部

団長　孫承殷

〒047 小樽市稲穂2丁目12－7
☎ (0134) 25－3955

十勝支部

団長　呉東春

〒080 帯広市東一条南19丁目17
☎ (01552) 3－9068

室蘭支部

団長　李且錫

〒050 室蘭市中島町3丁目
☎ (0143) 44－4407

北見支部

団長　郭海屛

〒090 北見市七条三丁目
☎ (01572) 3－2784

苫小牧支部

団長　魯相同

〒053 苫小牧市本幸町1丁目3－6
☎ (01442) 4－6710

夕張支部

団長　申敏夫

〒068-05 夕張市清水沢北町
☎ (012352) 7252

釧路支部

団長　姜稀年

〒085 釧路市栄町4丁目栄ビル内
☎ (0154) 22 2427

函館支部

団長　尹成学

〒040 函館市若松町26 13
☎ (0138) 22 6411

留萌支部

団長　任宗植

〒077 留萌市錦町2丁目19
☎ (01644) 2 1090

空知支部

団長　孫在永

〒068 岩見沢市六条九丁目
☎ (01262) 2 3130

日高支部

団長　金哲也

〒056 静内郡静内町字吉川町
☎ (01464) 2 1041

稚内支部

団長　韓元植

〒097 稚内市大黒 丁目
☎ (01622) 3 2821

在日本大韓民国居留民団
静岡県地方本部

〒420 静岡市相生町2—19—3 ☎(0542)45—4531〜3

常任顧問	趙澔行
常任顧問	朱性鶴
常任顧問	趙成澤
団長	康民善
副団長	朴鍾完
副団長	朴永根
副議長	崔三卿
副議長	徐復教
監察委員長	金松坤
監察委員	金相玉
監察委員	李守岩
事務局長	朴正煥
総務部長	盧三洙
組織部長	孫洪基
経済部長	李仁得
民生部長	姜碩淳
文教部長	李鎮昌
宣伝部長	金容豪
青年部長	趙甲守
静岡財政委員会委員長	鄭錫烈

在日本大韓民国居留民団
千葉県地方本部

〒280 千葉県千葉市新宿二—九—八
電話(〇四七二)四二—四六二二〜三

顧問	孫晋協
顧問	全鳳学
顧問	宋吉萬
顧問	鄭鳳和
顧問	鄭徳和
議長	金連斗
副議長	金日根
副議長	権富仁
監察委員長	金洙成
監察委員	李正坤
監察委員	羅正相
団長	曹允具
副団長	李萬珪
副団長	高権錫
事務局長	高権錫(兼)
総務部長	沈相仁
組織部長	趙秉云
組織次長	丁源燮
経済部長	李萬珪(兼)
経済次長	洪熙琇
民生部長	趙永来
文教部長	黄勝郁
宣伝部長	厳昌一
宣伝次長	安秉植
青年部長	梁大寿
青年次長	車栄均

在日本大韓民国居留民団 埼玉県本部

〒336 埼玉県浦和市常盤町四−十六−七
☎（〇四八八）三一−三九五九

団長 李根
副団長 林基善
副団長 馬鳳楽
議長 李鎮台
副議長 李在昊
副議長 片福根
監察委員長 姜瑄熙
監察委員 盧玟変
監察委員 崔永道
常任顧問 曺圭訓
顧問 金運日
顧問 田汶秀
顧問 呂容得
顧問 盧楊
顧問 姜錫柱
顧問 金寅泰
顧問 裵云道
顧問 李根洙

川口支部 団長 崔性洛
西部支部 団長 金海述
浦和支部 団長 権台鉉
大宮支部 団長 林基善
県北支部 団長 朴正植
県南支部 団長 張載権
草加支部 団長 諸益男
越谷支部 団長 盧慶漢
秩父支部 団長 李瑾鉉

在日本大韓民国居留民団 新潟県地方本部

〒950 新潟県新潟市弁天町3−24 ☎(0252)44−2942(代表)

団長 李元世
副団長 権東国
副団長 姜守徳
議長 文錫順
副議長 李範伊
副議長 李判魯
監察委員長 金萬淑
監察委員 金三中
監察委員 李圭紀
事務局長 姜守徳(兼)

ソウル・本店

韓國外換銀行

韓国外換銀行は

ご承知のとおり、韓国の対外取引を一層円滑化するために運営されており、資本金300億ウォン（全額韓国銀行出資）をもつ韓国で唯一の外国為替専門銀行であります。

◎貿易投資のご相談

◎本国送金のご案内

◎預　　金

韓国外換銀行東京支店

支店長　黄　彰　益

〒100 東京都千代田区丸の内3丁目4－1 新国際ビル　☎ (216)3561(代表)

韓国外換銀行福岡事務所　所長 金 元 経　〒812 福岡市博多区博多駅前1－3－2 八重洲博多駅前ビル ☎ (092) 451－5581

西日本唯一の本国系
都市銀行

第一銀行

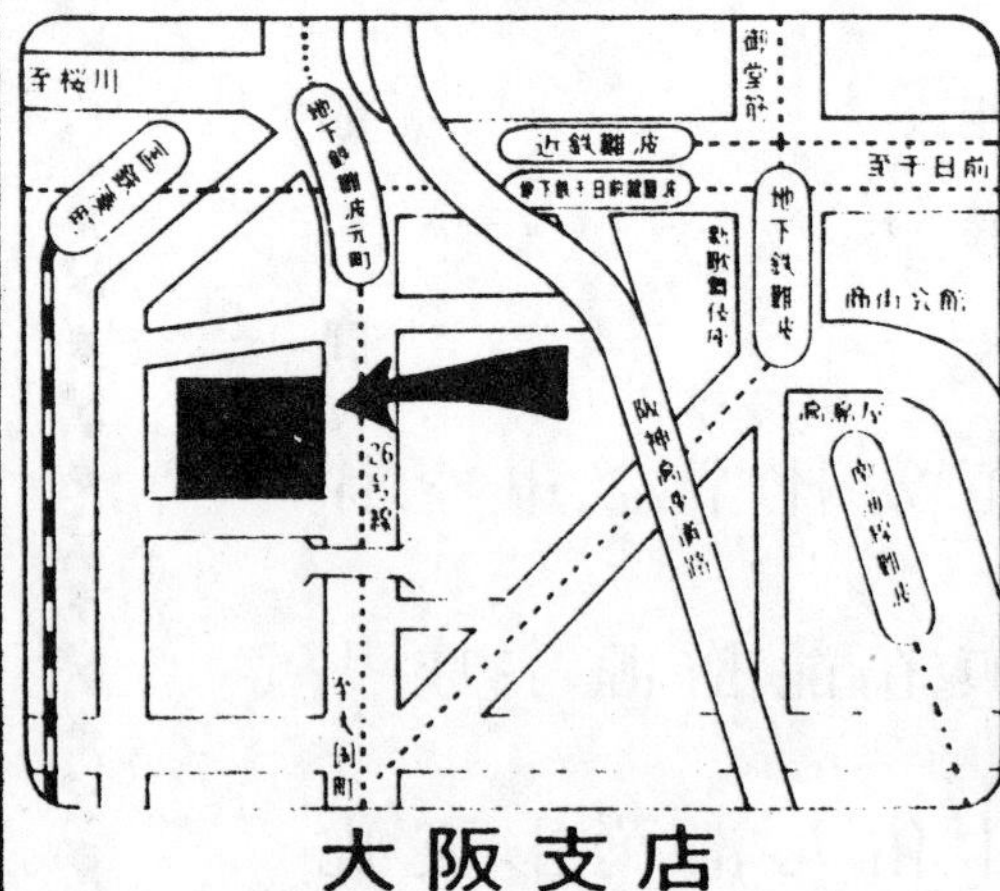

大阪支店

〒556 大阪市浪速区元町2－27－15

☎ (06) 649－4941（代）

韓國外換銀行

韓國外換銀行は

ご承知のとおり、韓国の対外取引を一層円滑化するために運営されており、資本金300億ウォン（全額韓国銀行出資）をもつ韓国で唯一の外国為替専門銀行であります

◎貿易投資のご相談

◎本国送金のご案内

◎預　　金

韓國外換銀行大阪支店

〒542 大阪市南区 … 12番地 … 2階

TEL (06) 203－5411

熊本商銀信用組合

理事長　金　寿賛
副理事長　裵　八岩
副理事長　松田台吉

〒八六〇　熊本市米屋町二－二十二
TEL（〇九六三）五五－六一六一～四

長崎商銀信用組合

理事長　趙　連　湜

本店　〒850　長崎市篭町四－一六
電話　〇九五八(二六)七二四一～三
支店　〒857　佐世保市下京町十一－十一
電話　〇九五六(二三)六一四八

◇丸善石油特約店

岩本産業有限会社

◇長崎県土木建設業Aクラス

岩本建設株式会社

代表取締役　李　泰　圭
（岩本幸雄）

本　社　佐世保市田ノ浦町422-4　〒859-32
☎. 0956 (38) 3 2 9 1
営業所　松浦市志佐町浦免浜田1489　〒859-45
☎ 09567 (2) 0 5 8 7

在日本朝鮮人聯盟中央總本部

東京都芝區田村町一ノ三

電話銀座(57) 四一二三～(八)
一〇六三・三二六九

釜山連絡所
京城特別委員會
九州出張所
外直接發行物百萬部以上
レコード會社 一
映画會社 一
新聞社 一
中學校 一
中等學院 三
初等學院 六〇〇
高等學院 七ケ所
學院數
分會數 一〇一三ケ所
支部數 五六五ケ所
各縣本部 四七ケ所

朝鮮人聯盟
KOREA

在日本朝鮮人聯盟東京本部

東京都麴町區丸ノ内三ノ六 仲二號館)

電話丸ノ内(23) 二九二五
五三四一 番

本部傘下二十三支部
分會百十ケ所

★江戸川支部
★葛飾支部
★向島支部
★足立支部
★荒川支部
★下谷支部
★小石川支部
★王子支部
★豊島支部
★板橋支部
★淀橋支部
★中野支部
★杉並支部
★世田ケ谷支部
★目黒支部
★蒲田支部

★大森支部
★品川支部
★芝支部
★京橋支部
★深川支部
★荏原支部
★澁谷支部

初等學院 三十一ケ所
高等學院 一ケ所
青年學院 一ケ所
朝鮮人中學校
婦女授產場 四ケ所
協同組合 八ケ所

在日本朝鮮人聯盟大阪本部

新役員

職	氏名
顧問	金達寬
〃	李岡海
〃	康河龜
委員長	金民化
副委員長	朴世田
〃	李昌福
總務部長	嚴鳳植
次長	南基陽
部員	吳禹益
〃	金昌仁
外務部長	玄尙好
次長	鄭德守
次長	康石柱
部員	姜又玄
部員	姜鷹國
通譯	賓相根
〃	佐藤英雄
財政部長	邊聖翊
次長	康性俊
部員	金德浩
經濟部長	鄭熙玉
次長	金漢弼
次長	李福祚
部員	河崑
社會部長	成子善
次長	陳甲檜
次長	金相滿
次長	柳海用
部員	金弼煥
〃	朴英圭
〃	李得雨
〃	徐命壽
青年部長	委員長代理
次長	朴燦時
次長	夫允信
次長	朴東燮
部員	梁性澤
文化部長	金鍾鳴
次長	金炯洛
次長	金鍾奕
部員	高東厦
組織部長	張錠壽
次長	朴甲龍
次長	朴大湧
次長	千壽鳳
情報部長	宋景台
次長	朴永守
次長	李道述
婦女部長	崔惠玉

在日本朝鮮人聯盟大阪本部所屬支部

支部	所在地	支部長
吹田支部	吹田市堀輿町六九七	姜文玄
西成支部	西成區旭北通八ノ一〇	〃 崔仁俊
布施支部	布施市長榮寺一丁目六五	〃 姜鐵
東成支部	東成區大今里北一丁目五五七	〃 許昌斗
生野支部	生野區東桃谷町二ノ一七八	〃 宋文著
旭支部	旭區中宮町三ノ二二七	〃 黃鉛甄
高槻支部	高槻市芥川井戸町三六〇	〃 金性權
大正支部	大正區南恩加島町六四ノ一	〃 金命基
東住吉・阿部野支部	東住吉區桑津町五九	〃 朴柄王
西淀川支部	西淀川區野里町六一六ノ一	〃 李昌福
堺支部	堺市北花田口町一ノ四六	〃 呂碩石
北支部	北區中岡町四三（本部內）	〃 金尙權
豐能支部	池田市新町通り二丁目二六九二	〃 李容泰
南河內支部	南河內郡北野田村字野田	〃 梁泰新
中河內東支部	中河內郡龍華町竹淵二五六	〃 金性楠
中河內西支部	中河內郡巽村大字西足代之町八三	〃 朴仁燮
北河內支部	北河內郡寢屋川町神田二一二六	〃 高哉景
泉大津支部	泉大津市若宮町八	〃 梁在萬
住吉支部	住吉區粉濱町東八五	〃 黃大河
岸和田支部	岸和田市堺町八七	〃 金龍奎
泉北支部	泉北郡和泉町伯太（舊騎兵隊）	〃 朴甲龍
三島支部	三島郡茨木町字大手町	〃 河之源
城東支部	城東區蒲生町四ノ一七三	〃 朴天壽
東淀川支部	東淀川區十三西之町三ノ一二一	〃 姜淸典
泉南支部	泉南郡樽井町	〃 金照影
西支部	此花區千鳥町六	〃 申學鉉
港支部	港區市岡元町四丁目九	〃 孫永昌
東南支部	南區桃谷國民學校內	〃 張志竝

在日本朝鮮人居留民團

東京都赤坂區青山一丁目

團長 朴 烈

朝鮮建國促進青年同盟

東京都赤坂區青山一丁目

委員長 洪 賢 基

副委員長 徐 鐘 實

企劃局長 金 容 太

朝鮮建國促進靑年同盟 大阪本部

大阪市東區今橋五ノ一八

電話 土佐堀（44）一五五一—四
　　 福島（45）三五一四—五、五一七

役員

顧問	康 興玉
同	曹 東昊
委員長	白 南哲
副委員長	房 福男
總務部長	朴 殷益
財政部長	（兼）房 福男
外務部長	金 榮圭
社會部長	金 文一
情宣部長	金 永煥
文化部長	玄 啓琫
事業部長	康 文仙
建設部長	郭 武俊

吹田支部

委員長 金 聲律

東大阪支部

委員長 朴 殷益

東住吉支部

委員長 金 文一

日本

主要官廳職員一覽

（昭和廿一年十月卅一日現在）

內閣

內閣總理大臣	吉田 茂
外務大臣（兼）	吉田 茂
內務大臣	大村 清一
大藏大臣	石橋 湛山
司法大臣	木村 篤太郎
文部大臣	田中 耕太郎
農林大臣	和田 博雄
商工大臣	星島 二郎
遞信大臣	一松 定吉
運輸大臣	平塚 常次郎
厚生大臣	河合 良成
國務大臣	幣原 喜重郎
同	植原 悅二郎
同	齋藤 隆夫
同	金森 德次郎
同	膳 桂之助
內閣書記官長	林 讓治
副書記官長	周東 英雄
內閣所屬部局—	
內閣恩給局長	三橋 則雄
統計局長	川島 孝彥
法制局長	入江 俊郎
次長	佐藤 達夫
第一部長	井手 成三
第二部長	宮內 乾
第三部長	今枝 常男
賞勳局總裁	瀨古 保次
戰爭調査會事務局長官	靑木 得三
經濟安定本部總裁●	吉田 茂
總務長官	膳 桂之助
第一部長（兼）	膳 桂之助
副部長	橋井 眞
第二部長	富永 能雄
副部長	楫杜 正太郎
第三部長	勝賀瀨 質
副部長	伊藤 佐
第四部長	北岡 壽逸
副部長	久山 秀雄
第五部長	工藤 昭四郎
副部長	島本 融
物價廳長官（兼）	膳 桂之助
次長（兼）	工藤 昭四郎
第一部長（兼）	島本 融
第二部長	小笠 公昭
第三部長	山崎 丹照
戰災復興院總裁	阿部 美樹志
次長	重田 忠保
計畫局長	大橋 武夫
建築局長	中田 政美
土地局長	財津 吉文
特別建設部長	鹽原 有
復員廳總裁	（兼）幣原 喜重郎
第一復員局長	上月 良夫
第二復員局長	前田 稔

樞密院

議長 清水 澄　副議長 潮 惠之輔

顧問官
菅原 通敬　林 頼三郎　小幡 酉吉
竹越 與三郎　伊澤 多喜男　河原 春作
美濃部 達吉　遠藤 源六　關屋 貞三郎
幣原 坦　大平 駒槌　藤沼 庄平
柳田 國男　林 毅陸　河本 文一
西野 元　松平 恒雄　樺山 愛輔
小坂 順造

書記官長 諸橋 襄

朝日新聞

発行所 朝日新聞東京本社

号外 第二

昭和二十五年 六月六日

共産党中央委員を追放

マ元帥、首相に指令

【AP特約】マ元帥は六日、吉田首相に書簡を送り日本共産党の中央委員二十四名全部を公職から追放し将来永久に影響をあたえうるような地位につかしめないよう指令した、この処置は戦時中の軍閥および財閥の追放に対して用いられたと同様なものである

全員廿四名を指名

総司令部発表＝マックアーサー元帥は六日、吉田首相あての書簡をもつて日本共産党の二十四名の中央委員を公職から追放するよう指令した、追放される二十四名は次のとおり

袴田里見　長谷川浩　伊藤憲一　伊藤律
亀山幸三　神山茂夫　春日正一　春日庄次郎
紺野與次郎　岸本茂雄　蔵原惟人　松本一三
松本三益　宮本顕治　野坂龍　野坂参三
佐藤佐藤次　志田重男　志賀義雄　白川晴一
高倉輝　竹中恒三郎　徳田球一　遠坂寛

（以下裏面へ続く）

朝日新聞 第2号外[表面]（1950年6月6日）

朝日新聞 第2号外[裏面]（1950年6月6日）

"大衆的暴力扇動"

マ元帥書簡

総司令部六日発表＝日本国民がポツダム宣言にもとづく義務を達成することを援助することは占領軍の基本的目的で、ポツダム宣言こそは平和的傾向をもち、かつ責任ある政府を打建てる平和と安全と正義の新秩序を日本に建設することを要求しているものである、このような目的を達成するため日本政府は日本国民の間における民主的傾向の強化にたいする一切の障害を除去するため、とくにポツダム宣言を課せられているのである、極東委員会によつて決定され、規定された連合国政策の基本的目的の一つとして遂行されるこの要請を履行することにより、日本政府の機構は再編され、その法規や制度の非民主的な部分は改訂された、またその公的経歴から判断してこんごかれらの影響を及ぼすことが民主主義の発展に有害であると懸念される人物は日本の公務から除去されたのである

占領のこの局面を指導する哲学は保護的なものであつて懲罰的なものではなかつたその目的と効果とは連合国の日本民主化の政策の目的が反民主主義的分子の影響と圧力とによつて妨げられないように保証を与えることにあつた、その適用の範囲は主としてその地位と勢力によつて征服とさく取の暴挙に導いた全体主義政策に責任ある人々にあつた、しかしながら最近新たなこれに劣らぬ有害な集団が日本の政界に現われ、この集団は真理を曲げ、大衆的暴力を扇動することによつて、この平和でしずかな国を無秩序と闘争の場面に化そうとし、それによつて代議民主制の道にそういちじるしい日本の進歩を阻害し、日本の国民の間に急速に増大しつつある民主主義的傾向をくつがえそうとするようになつた、かれらは共謀して行動し、樹立された権威にたいしちよう発的態度をとり、法と秩序を蔑視し、虚偽と扇動的な声明、その他の破壊的手段によつて公衆の混乱を通じて暴力による日本の立憲政府の打倒を導き得るような社会不安醸成に努力した

政府、直ちに追放措置

総司令部からの指令を受けた吉田首相は六日午前九時半、岡崎官房長官を招き協議の上、閣議を開き、政府の態度を協議した、政府としては指令にもとづき、即日、共産党中央委員全員の公職追放の措置をとることとなつた

岡崎官房長官談　共産党中央委員公職追放の手続は即刻とる、団体等規正令などにもとづく共産党に対するこれ以上の措置をとるかどうかはまだ何とも言えない

総司令部の追放指令によつて日本共産党は徳田書記長以下党首脳部の大部分が追放されるため、当面その政治活動がマヒ状態になるほどの大きな打撃を受けた

朝連など解散を指定

政府は団体等規正令第二条に該当する団体として八日附法務府告示をもつて次の四団体を指定、八日午前十一時殖田法務総裁から発表した

一、在日朝鮮人連盟（中央総本部及び地方本部、支部その他の下部組織を含む）

二、在日朝鮮民主青年同盟（カッコ内同じ）

三、在日本大韓民国居留民団宮城県本部支部その他の下部組織を含む

四、大韓民国建国青年同盟塩釜本部（下部組織を含む）

同令による前記解散団体の役員等は自動的に公職を追放されるが追放指定者のうち主なるものは次の通り

▽在日朝鮮人連盟中央総本部[illegible]以下十九名▽在日本朝鮮民主青年同盟中央総本部[illegible]以下九名▽[illegible]
[illegible]以下二名

毎日新聞号外（1949年9月8日）

毎日新聞号外（1950年6月25日）

明治二十五年三月八日　第三種郵便物認可

毎日新聞号外

昭和25年6月25日（日曜日）

東京都千代田区有楽町一ノ十一
発行所　毎日新聞社（東京）

北鮮軍、韓國に侵入
全線攻撃　開城を占領

【京城廿五日発＝UP特約】卅八度線からの断片的報道によれば北鮮人民軍は廿五日朝から全線にわたつて攻撃を開始した

【京城廿五日発至急報＝UP特約】午前九時半現在の報道では京城西北六十五キロの開城と韓国軍第一師団司令部は午前九時に陥落した、また未確認報道によれば北鮮人民軍は甕津半島南方三、四キロの地点にあり、京城東北八十キロの春川も攻撃を受け、東海岸江陵南方の地点では海上からの上陸軍が国道を切断したといわれる

毎日新聞

第25813号（日刊）
（明治二十五年三月八日第三種郵便物認可）
発行所
東京都千代田區有楽町一ノ十二
毎日新聞社（東京）
編集兼印刷発行人　相馬基
電話代表番号　丸の内　三二一一
振替貯金口座東京二八〇〇番

号外

昭和廿三年四月廿六日（月曜日）

ア中将軍事裁判を指令

朝鮮人暴動事件 神戸へ急行調査

【渉外局特別発表】第八軍司令官アイケルバーガー中将は廿六日神戸において最近の騒じよう事件に関し新聞を通じて次の声明を発した

昭和廿三年四月廿四日（土曜日）約一千名の朝鮮人がたまたま知事、市長、警察長が会議中の縣廳前に集合、ついで約百五十名が建物内に侵入して電話線を切断の上、右三名の日本人官吏を監視した、これら日本人官吏に対する不法行為と襲撃により朝鮮人は知事に対し次の諸要求を承認させた（一）不法行為に対する裁判のため目下拘禁中の朝鮮人の釈放（一）釈放された法律違反者を起訴しないことに同意すること（一）朝鮮人学校に関する裁判所の命令を取

（裏面へ続く）

毎日新聞号外［表面］（1948年4月26日）

消すこと（一）以上の諸要求を出した朝鮮人を処罰しないことに同意すること

暴力と強制の下に行われたこのような協定は全然法的根拠をもつていない、私は脅迫の下に結ばれたいかなる協定や政策に対しても拘束力を認めない、本事件においては朝鮮人の示威が暴徒行為にまで堕落しついには官廳の機能をある期間停止させるに至つたというのが実相である、電話線が不法にも切断されたため占領軍当局は日本官廳首脳部との連絡がとれなくなつた、このような不法行為は占領政策および占領軍の安全に害を及ぼすものである

第八軍司令官として私は以上の不法行為の事実を認め朝鮮人のあるものを軍事委員会または軍事裁判所もしくは両者によつて起訴することを命じた

本事件では自己の自由意思で日本にくらしている外國人が合法的に選出された日本國民の代表者に対する彼らの行動により文明の基本的要素に打撃を與えた、法と秩序なくしては文明は成立しない、また法の施行と法の遵守なくしては法と秩序は成立しないその背景いかんにかかわらず、かかる不穏な暴徒行為は絶対に容認出来ない、私は関係團体全部の指導者に特に責任があると考える、指導者が自ら非文明的な行為の手本を示す場合には彼らはそれだけ重く処罰される

［裏面］

民主新聞

THE MINSHU-SHIMBUN

昭和22年3月24日第三種郵便物認可

昭和23年4月17日發行

第41號號外

發行人　黃　性　弼

發行所　民主新聞社

東京都新宿區若松町21

萬難を排して主權獲得へ

民團、總選擧支持を聲明

在日朝鮮居留民團ではさる二月第四回全體臨時大會に於いて朝鮮獨立問題に關する國連總會の決定を絶對に支持する旨を決議したのであつた、そしてその後本國に派遣された朝鮮委員會に對する協力方式その他は一應中央常任委員に一任されていたのであるが、さし迫る五月十日の總選擧を目前にして毅然たる態度の鮮明が内外より要望されていたのであるが、昨十六日第九十三回常任中央執行委員會に於いて次の聲明書が發表された、在日六十萬同胞はもとより國際的にもその動きを注目されていた民團の動行はこれによつて今後一層明確に進み行くであろうことをわれらは確信し括目してかつ滿腔の期待をもつて見守るものである

聲明書

吾民團は終始一貫國連の「朝鮮獨立案」を支持し、又來る五月十日實施されるべき朝鮮統一國民政府樹立を目的とする總選擧を絶對に支持することを聲明する。其の理由は………

1. 國連案を無條件に支持するものではなく國連の主張する點と吾々が理念する點が一致するからであり、又國連は自己の主動的主張を無理に强施しようとするものではなく今度の總選擧にあつて吾國民の總意をもつとも尊重し而かも合理的に最大限度の可能性を發揮せしむべき總力量集結に活氣的助力を與ふるからであり

2. 米ソ両軍撤退は三千萬全民族の渇望する處ではあるが、蘇連側の主張する撤退云々は從來數多の背信行爲に對する自己辯護を試んとする詭辯的口實の彌縫策であることを確認するからであり

3. 今回の總選擧は決して三十八度線を境界とする單選或は單政を目的とするものではなく、南北統一政府樹立が其の窮極的目的であり、又「現實を無視する理論はなし」との原則に立脚して現下の實情として之れ以上合理的若くは浸透的方法は更にないことが確證されるからであり

4. 故に來る五月十日實施される總選は不可避的に一部の空席が豫想されるが、その理想及目的に於て南北を網羅される總選擧であることを確信するからであり

5. 解放以後已に四個星霜―、未だ主權確立を見ざるは三千萬全同胞の異口同音愁眉焦慮を示すものであり、又在外同胞等の民權及民生問題に多大な支障を來すものばかりでなく之亦民族唯一の恥辱である、故に之れ以上主權確立を遲延せしむることの出來ない窮境に到達したからであり

6. 今度樹立される國民政府は世界公認の政府と確定されるからである。

以上の信念的條件の下に今回の總選擧は全智と總力を總集中した最大限の最善努力の結晶であると共に今回の政府樹立に依り一先ず世界公認の主權は確立されるべく延いては南北完全統一獨立の早急實現が要約されると確信するからである。

一九四八年四月十六日

在日本朝鮮居留民團

中央總本部

民主新聞第41号号外（1948年4月17日）

―國際ショウ 特別公演―

第二部

國際ショウ!!

山本紫朗構成、演出
李景洲、米山正夫作編曲

ホット・アリラン

全二十景
鳳久子振付

出演者

國際的スヰングの王者　スヰング・ポールスター
ボーカルコーラス　チヨクトリ、シスターズ
國際舞踊隊　ダンシング・ガールズ

ポールスターレコード專屬
李羅
韓平一

舞踊
村田禎子
松波和子

ポリドール、レコード專屬
若草かほる

音樂指揮
李景洲
江若伴次

供提部演賞ースタールポ

朝鮮建國促進青年同盟　結成一周年記念大會々順

會順

司會　金奉桐
　　　黃甲性
　　　權赫晃
　　　洪賢基

奏樂

一、開會宣言
一、故國遙拜
一、默禱
一、愛國歌合唱
一、開會辭
一、祝辭

聯合軍最高司令部
各國代表團
朝鮮軍政廳駐日總公館代表
華僑聯合會代表
日本社會黨代表、日本民主黨代表
在日本朝鮮人居留民團代表
在日本朝鮮人商工會代表
在日本朝鮮學生同盟關東本部代表
在日本朝鮮人文化團體聯合會代表
在日本朝鮮人商業聯盟代表
美容會代表
言論界

一、獨唱
一、優良盟員表彰式
一、功勞者及後援者への感謝狀授與式
一、講演

AP東京支局長　ラッセルブラインズ氏
總司令部民間情報局
朴根世・李裕天

一、合唱
一、決議文採擇
一、廣告
一、開會辭
一、建國行進曲
一、萬歲三唱
一、閉會宣言

奏樂

◆都合に依つては多少の變更があるかもしれません。御諒承願ひます。

式順

1. 時 日　一九四七年三月一日正午 午後一時開會
2. 場 所　東京日比谷公會堂

司會　金正柱
　　　朴　璉
　　　司會者
　　　二　同
　　　一　向
　　　洪賢基

議長　朴　烈
　　　朴根世

一、開會宣言
一、故國遙拜
一、愛國歌合唱
一、開會辭
一、議長選擧
一、書記選出
一、議長人辭
一、三・一獨立宣言文朗讀
一、三・一獨立運動考察
一、獨立萬歲三唱(二時)
一、默想
一、獨立請願書採擇
　1. 極東委員會에보내는獨立請願書
　2. 米國大統領에게보내는獨立請願書
　3. 스딸린首相에게보내는獨立請願書
　4. 맥司令官에게보내는獨立請願書
　5. 駐朝鮮米軍司令官에게보내는獨立請願書
　6. 駐朝鮮蘇聯軍司令官에게보내는獨立請願書
　7. 對日理事會五代表團長에게보내는獨立請願書
一、멧세ー지發表
一、特別講演　咸龍俊博士
一、講演
　1. 李海龍
　2. 元心昌
　3. 李康勲
一、各代表所感
一、廣告
一、閉會辭　議長
一、獨立行進
一、萬歲三唱
一、閉會宣言

告本同胞諸氏에

三月一日 이날은 눈물로 고요히 회고하면 生氣롭던 事實, 이 날에 光明이 새 생명의 眼前에 무럭히 展開되는 것 같으며 그 때를 기억하는 [illegible] 가신 길을 밟으며 볼 때, 참으로 靑年으로 하여금 피 끓게 하며 이 노래나 어느 場所에서나 朝鮮民族에 외침이 나서는 다 ― 이 歷史는 [illegible] 대한의 「子孫萬代에 誥하야 民族自存의 正權을 永有케 하노라」 하는 決意에 이르렀나는 바로 이것을 증명한 것이다. 이렇다 그 때는 [illegible] 가 이 世上을 永遠히 離別한 때까지 바로 祖國의 完全한 [illegible] 해 후에는 如何한 私利私慾과 私心이 없었던 것이며 主義主張으로 [illegible] 다 一九一九年三月一日이다. 今日이나 一致團結에 犧牲性을 [illegible] 모르는 다 늘 여다 現在의 祖國 아니 不過六十年에 지나지 않는 [illegible] 王朝民族分裂에 있어 對日協親하고 있는 것은 遺憾千萬이 아닐 수 없다. 이 지난 事實을 比較할 수 있으리오. 우리 先輩들은 이 狀態를 보고 어지 않겠고 殉國烈士에게 하늘에 대하여 할 말 [illegible] 은 무엇이냐 다 三一紀念日을 가지 銘心하고 紀念하고 [illegible] 今을 새로이 하는 것을 그 場所에서 찾지 하자고 昨年八月十五日에도 [illegible] 이 땅에도 [illegible] 數十萬이 [illegible] 結局은 여러분이 모이는 바와 같이 寸尺之處에서 한 가지 民族的紀念行事를 한 民族이 두 가지에서 따로 하게 되니 이것은 [illegible] 意義가 있는 것을 表現할 수 있으리오. 殉國烈士의 靈은 天上에서 彷徨하시며 大聲痛哭하고 계실 것이다. 이 통곡은 누가 한 것이냐? 여러분 우리는 여러 가지로 論하고 싶지는 않다. 바로 이러한 일을 하신 여러분께 [illegible] 判斷에 맡길 뿐이다. 여러분 [illegible] 諒解를 [illegible] 기 바란다. 여러분의 그 [illegible] 一 [illegible] 志士인가 [illegible] 徑하고 있는 同胞들에게 [illegible] 하고 있나니 [illegible] 紀 [illegible]

朝鮮建國救援靑年同盟 [illegible]

在日本朝鮮人居留民団 朴烈氏一行 招待懇談會參席芳名(無順)

日時 大韓民国三〇年八月十三日午后六時
場所 雅敘園
主催 大韓商工會議所

主賓側氏名	職名
朴烈	在日本朝鮮人居留民団 団長
高順欽	仝上 副団長(古紀新聞社々長)
黄性弼	仝上 副団長(德山紡績株式会社々長)
朴性鎮	仝上 団長秘書
金載華	仝上 事務局総長
尹徵夏	仝上 事務局次長
裵正	仝上 常任兼執行委員(協同組合常務理事)
朴準	仝上 〃 (民主新聞編輯局長)
朴魯禎	仝上 副議長(国際新聞、国際映画社々長)
金鍾在	仝上 監察局長
金九洲	仝上 京都本部事務総長(朝鮮人教育会長)
金光男	仝上 大阪本部副団長
李能燮	在日本総公館長
卞榮宇	在日本朝鮮人居留民東京本部団長
趙誠沙	仝上 中央総務委員 経済委員(豊川株式會社々長)
金珠範	仝上 〃
呉炳壽	仝上 〃

主催側氏名	職	名
全用淳	金剛製薬所々長	大韓商工會議所會長
尹皞炳	朝鮮銀行総裁	〃 特別議員
金瑛祥	和信百貨店社長	〃 監事
金相根	朝鮮土建協會理事長	〃 議員
金龍周	朝鮮郵船株式會社々長	〃 常任議員
池載彰	大洋公司社長	〃 會員
李載淳	朝鮮運輸株式会社々長	〃 議員
裵貞基	朝鮮起業株式会社長	〃 議員
張熙台	京城鑄物工作所々長	〃 特別議員
金信錫 (呉思想)	朝鮮火災保険株式会社々長	〃 會員
邊相昊	華新商工株式會社々長	〃 議員
李定宰	豊林鑄鋼株式会社々長	〃 常任議員

氏名	職	名
韓圭明	対日物資運營組合理事長	議員
張基呂	大韓商工會議所事務局長	
全恒燮	全信洋行社長	常任議員
金益均	建設實業株式会社々長	議員
黄舜鳳	朝鮮重石株式会社々長	會員
黄泰汶	株式会社廣德商会社長	常任議員
尹爀濟	新韓炭鑛株式會社々長	議員
金鍾健	三省製衣薬所々長	會員
申浩均	中央薬品工業株式会社々長	會員
曺庚默	三王製衣紙株式会社々長	議員
李健雄	株式会社柳韓洋行常務	會員
金聖煥	朝鮮重石株式会社常務	會員

在日朝鮮居留民團々長을辭任하면서.

朴 烈

今般 在日朝鮮居留民団々長을辞職함에当하야 한마디所見을말하고 至極한難局에直面한祖國朝鮮의未来를念하고 따라서 今後在日同胞들의結束을더욱더굳게할것을바라는바입니다.

그런데 내가 이居留民団々長을辞任하기로決意한理由를말하자면 두가지있읍니다.

一. 再昨年十月三日 在日朝鮮居留民団이비로서誕生한때 不肖乍하다만 一箇月만이라도하는条件을 가지고 団長으로就任하고 其後団의要請으로서半個年을経過하였는데 이제는一個年半이나되고 있읍니다. 이렇이 나의任期가延長하여온것은 民団은誕生한지얼마않되고 民団의組織의充実, 機構의整備, 人員의拡充等과 民団의民生安定에関한諸問題가重畳하야発生하야 나의任務는容易하지않았읍니다. 그런데 今日 民団発展의機構는着々充実하여지고 民生安定은今後의問題에残한다고는하나 大略民団의基礎는確立하게되었읍니다. 나는民団本来의目的에沿하야 民団은全在日同胞의손에맡기는것을至当하다고믿는바입니다.

二. 祖國朝鮮의政局은最悪의路途下에있읍니다. 朝鮮의独立問題를解決하려고 두번이나開催되었든美蘇共同委員会는두번다決裂이되고 朝鮮問題가 이때문에드디어 國連에提訴되어 國連総会에서는四十三対零으로서可決이되고 그후 國連에서派遣된朝鮮委員団은現地에서活躍中인데 아무런具体的進展의기미가보이지않고있는祖國의独立은 依然 國連対米蘇의協調를要하야 全世界의注目을받고 朝鮮民族의興亡도 이機会에있다고하는感이깊습니다. 또 独立政府樹立을要求함에있어서 國内諸政党과 其의要求는 混沌의極에達하고 其実現은一大至大困難한形勢에있읍니다. 또한 祖國의政治 経済 文化上의具体的建設実現은 緊急不可欠의課題로되고 지금 其一歩를踏出하지않으면 悔恨은千載에남기는結果에이를것입니다.

이와같이 祖國은지금 非常事態와 또 여기에따라서 國際的情勢는緊迫하여가고

祖國独立은危機의直前에直面하고있읍니다.

祖國은 이제 正当히要求되고 民意를基底로하는革新을断行하지않으면 機会는永遠히없어질것입니다. 秋는今日에到来하였읍니다.

나는 今日까지 在日同胞의最大公約数인民生安定에没頭하여 政治的表現은遠慮하여왔는데 이제서야 몬저나서政治的活動의舞台에挺身하지않을수가없읍니다. 國内的 國際的緊迫한情勢는 切実히나의身辺에밀쳐오는것을느끼고있읍니다

回顧하건대 나의在任中 別로히한일도없고 功績가있다고할것이없음을嘆하지않을수가없읍니다. 本来 나의微力非才에因하는것이지마는 그러나내가其任에견딜수가있었다는것은 同胞諸君이全幅的으로나를支援하고 나에게協力을아끼지않는까닭입니다. 지금 나는 民団々長의椅子를떠난다고는하나 民団의一員입니다. 나는粉骨砕身 努力精励를하여 同胞一丸의結果大衆을確立한이在日同胞民生安定의要請이고 祖國独立을促進하는唯一의길이라고믿고있읍니다.

우리同胞는 결코타민族에눌리고 그地位의主를잃어서는안되고 其生活의安泰만을바라고願합니다. 本能의当然이올시다.

그러나 우리民族과祖國의将来에対하야 其将来를生覚하여보면은 冷静沈着 現如에洗滑하고 大胆히行動하여 스사로나는地位에서고 清算에依하야庶民의生活에没入함이 祖國의将来를생각하는在日同胞의正当한길이않일가요

나는이러한것을他人에게 思想으로하라고는않입니다. 단지 祖國解放의先覚의偉業을生覚하고 其뒤에列하야苦難의길에스사로推進하야 耐乏에任하야自身을犠牲하고 其命은天運하야祖國朝鮮에 民族独立万歳를絶叫하고저하는바입니다. 単只 祖国의解放을熱念하고마지않는바입니다.

在日本同胞諸君!!

나는在日朝鮮居留民·同胞諸君과民団의円満한発展을祝福하고마지않읍니다.

아모쪼록同胞諸君과같이나는苦難의길에나가고저하는 나의立場을諒解하시고 잘理解와支援을바랍니다.

나는切実히全同胞의支援을期待하고마지않읍니다.

·1九四八年二月二十日

日本秋田縣大舘刑務所々長　藤下伊一郎著

世界的英雄
運命의勝利者

朴烈先生의片影

新朝鮮建設同盟中央本部発行

머리말

朝鮮独立을為하야 画謀하고 革命的闘士로서 暗裡에서 日本에 挑戦하다가 마침내 日本官憲의 손에 체포한바되여, 그 当時 日本天地에 크나큰 波紋을 이르킨 主人公 ― 朴烈氏의 鉄窓生活一片과 그사람됨을 描写하며 余의 感想과 批判을 네친것을 보아서 余願한것이 아 朴烈先生의 片影이다

世上에서 옛날부터 縁分의 말은 皆으나 氏와 余의 因縁마는 卓越한 奇縁이라아니할수없는 同時에 이또한 本著를 世上에 네놓은 所以이다

二十餘年前에 余는 日本刑務官으로 있었고 氏는 日本憲法에 依하야 無期懲役이라는 囚人의 한사람이였다●

二十餘年後인 오날의 日本은 싸움에 敗한 民族이 惨敗의 서러움을 맛보게 되였으나 朝鮮은 그 反対로 独立国이라는 넓고 큰 大道가 열리게 되였다

氏의 所願하는바 抱負도 成就하였다 이따라서 刑期는 아즉도 남아있는 데도 不拘하고 忽然히 刑務所를 떠났다

이러한 経緯로 因하야 저로 邂逅를 精算하고 저로서도 将来를 権様하고 힘있은 손으로 握手를 하며 깊은 友情을 맺게 되였다

이리하야 氏는 新朝鮮建設을 為하야 험찬 志士가 되고 余는 新日本建設에 뜻을 두어 그질은 다르다하더레도 意義있은 大道에 驀進하고 있은바이다

九四六年十月

日本秋田縣大舘町

於中城官舍

著者　識

附録

藤下氏가 본 朴烈先生의 片影에 附하야 朴先生出獄以後 契音聲을 비롯 二三 原稿를 함께 編輯하는바이다

N.K.E.L

目次

一、責公子

朴烈氏는 日本皇室에 對하야는 大逆犯罪者이며 無期懲役囚로서 東京市谷刑務所에서 千葉刑務所로、監禁한제가 至今으로부터 아마 二十餘年前이였다 當時 氏의 容貌는 말할것같으면 살색은 아주 白고 毛髮은 메우검고 키는 크지 않느나 그렁다고 적다고도 할수없는 稀少한 美男兒이였다 머리들을 말슥하게 빗진이나고 朝鮮礼服인듯한 조이같은 명주옷을 입고 動作같은것도 무척 얌잔하며 淑女와같을만큼 相當한 人格者이며 貴公子로 보일수밖에 없었다

余는 이런분이 陰으로 [illegible] 態度나온 朝鮮革命의 鬪士인가 마음오도 黙許않할수업섰다

그러나 그것은 잘못生覺한것이다 精神이 告인 이내몸에서를 이라고할가 祖國의獨立을爲하야 心中에 불꽃같이 이러나는 鬪士를 모름직이기는지 監禁當時에 溫順한것이 어대메로 갔는지 忽然히 獄色이 變하고 愛國한 態度로 憤然하다 反抗할려는 態度를 보이였다

그러나 反抗이라면 欣히 [illegible]을 말하기 쉬우나 그렁치않고 氏의 特有한 [illegible]을 吐露한것이다

드디어 나는 朝鮮革命의首唱者이다 마는 事件은 日本의 不法行爲에 依據하는것이기 때문에 眞正한 犯罪人이아니다 그야말로 日本이 反省하지않으면 않될것이다 持論하고 굳이 命令에 服從하지 않였다 이내 鬪士의 本性을 發揮하기 始作하였다 여기까지와서는 우리 刑務官은 斷然 緊適할수 없게 되였다 그렁다 듣지않온다면에 屈服식히는 以外는 道理가업다 고집의 마움에 決突한바있어서 暗暗理에 抵抗을 開始하게 되였다 氏도 무칙 鐵敵하기때문에 우리의 心事를 한것은 然滿한것같으나마 삐변생각하다가 번맞으버었다고할가 옛적부더 사람들이 •뿐 말하기를 아넌보살세첨더기(外面如菩薩 內心如夜叉)라는 말은 當時 氏의 姿体를 일러두고 하는 말이라고 믿는바이다

二、朝鮮革命의首唱者이다

日本에서 어떠한 犯罪者에게 對하야든지 刑을 執行하는 境遇에는 옛날부터 한方法으로서 自衣들 벗고 赤色衣를 벗우어 입는것이다 然이나 受刑者의 年令에 따라서 多少의 例外는 없지 않으나 朴烈氏에게 對한 刑을 執行할時는 亦是 型과같이 朝鮮服을 벗기고 赤色服을 着用하지 않으면 않될것임에도 不拘하고 更衣의 命令을 내려도 듣지않고 大端한 侮辱을 늣거니천듯 徐徐히 다음꾀를 내어 緘口不言戰術을 쓰기되었다 이 沈黙戰이라면 事実이 아닌게 아니라 이여간 곧겁없는것이였다

는 逆襲해오는 다큰 頭痛꺼리에 몹시 나 막히게 피로없 귀가 구던지 이戰略에 걸린사람은 진땀을 내누을수없었다 至今은 이故人이 되엿지만 지않檢事 平田勳氏같은 도 목을 절절내은 사람의 한나일지도 모른다 혼든 氏가 이戰術을 쓸境遇은 벤다시 氏自身이먼저 氣色이 좋지몰한때라고 넉이친다 그러나 激味있는것은 이戰術을 쓸때에는 그前에 꼭 宣言을 하는일이다 朴烈自身에 沈黙을 命하닷다고 한다음은 이렁다 저렷다는 말한마되 없다 마치부체나 木石에 対하는것같은 熱히 없지않였다 그러므로 뜸도들지않고 어찌하자고 말도 나오지않고 참닥하였다 나중에는 말씨름 불일맞조차 없어지고 잖症이 나지만는 그렁다헤서 되지못한것이 성가스덥다고 내버려둘수도 없는지로운 境地었다 俳優者라면 確実히 나보다 훨신 뛰어난 才幹이 있었다 이씨름에 勝負決定은 어느便에 있을것인가

三. 短刀의 자루를 잡고 틈을 엿본다

朴烈氏의 말하는 數件이 珠玉같이 論理的으로 버젓할지라도 나에게는 모기소리만큼도 대섭잖게 녁이었다. 말할 나위없이 나는 刑을 執行할 地位에 있고 더구나 日韓合併實現은 當時 韓國民 總意에 依하야 맺인 結果이다. 그렇다고 하면 民가 取하는 態度는 明確히 同恥民族意恩에 反逆할 뿐 아니라 日本의 國法을 攪亂하는 것이어든 重刑을 받는 것은 當然할 뿐만 아니라 公平無私한 裁判을 거쳐서 刑이 判決한 까닭에 마땅이 服罪할 배가 아니겠는가. 그러함에도 不拘하고 刑의 執行할 際에 있어서 事件의 內容을 秘密하고 은근히 服罪를 拒否하는 것은 자주 自然을 平리하는 것에 不過함으로 氏에게 그런 餘裕를 줄 必要가 없다고 余는 생각하는 바이었으며 나의 主張인 同時에 信念이었을 뿐 드러 말하면 말할수록 反感心은 顯著히 더어지고 私的感情 거듭하여 죽으로 치밀고 올라온다.

◎ 余는 야나 無人처럼 패패한 理論을 떠버리기도 하였다. 余는 私立이라 하지만 大學正門을 밟아 多少 理非判斷을 할만한 머리가 있다 대人균아 하는대로 내버려둘면 끝이 없을 것이다. 그 분이 朝鮮革命의 鬪士이라면 나는 日本의 法律을 直히는 鬪士이다. 그렇다면 입의 族弁을 들을 必要가 全혀 없다. 그러나 나 앞에서 日本을 誹謗한 以上 決斷코 容恕할 수 없다. 期於히 참고 견덜 수 없게 되었다. 허리에 찬 칼노 成敗를 決하고 나 本民其 끝을 떠나지 않고 自及할 것이라고 마음으로 決心하었다. 이리하야 日韓兩國을 獲數하는 禍根을 芟除하고 恒久的平和를 為하外 貢獻하는 바 되며 兩國에 또 日本國兒의 오르지 本意이라고 마음에 새기였다.

短刀는 날카롭고 팔뚝은 전에 히든 直眞影流이다. 機會는 왔다. 또 이외에 더 좋은 찬스가 있으랴. 때를 놓치지 말 것이다. 여기에 있서서 余의 腹藏이 決心하였다. 佩刀의 자루를 힘있게 꽉잡고 눈을 불떠고 틈을 엿보왔스나, 아무래도 해낼 才操가 없었다. 이 어짠 일이냐. 累衛하다 아마도 朝鮮光甚이 安獸외 막대기로 氏를 保讓하는 것이나? 告일가? 祖生이 傳大한 이為人을 雙之重之하게 넉이고 底讓하시는 것이 아니라 아모리 보覺하여도 그 底獵性 있는 것은 累術하다. 그렇게 넉이면서도 그러도 틈을 엿보고 았을지음 뜻하지 아니한 突発事實이 있었다. 다른 刑務所로 熱任외 今이나었다. 뜻두고 이릇지 못한 余는 었씨할 수 없이 받길을 수業으로 돌었다. 風前에 遂次 이넌 나의 몸을 그분은 알았으라……놀였스라……

四. 日韓合併의 追想

合併의 實現을 있던 그해 余는 一私立大學生이었음로 別로히 않다던지 좋다던지 하는 別다른 興味라고는 없었다. 大体에 있어서 政治觀念은 조곰이라도 몰었기 때문에 이렇다 研究는 해본 일은 없다 할지라도 相对者의 全民族이 그 歷史的事實에 처하야 賛意를 表하었기에 成立한 것이라고만 아라왔다.

그後 해를 묵고 刑務所 아되자야 朴烈氏와 対面할 때 나에게 合併同類에 对하 常는 日本이 反省할 必要가 있다는 [illegible]

[illegible] 아니라고 할 수 없은 故로 거기에 多少의 無理가 있지 않을까.

◎ 古來에 無理가 通하면 나무앞이까라않고 돌이기떠나러가제 된다고 하는 말이 있다 [illegible]

秋田地圖를 보지않을지라도 秋田은 日本海岸에 接하여서 太平洋沿岸에 在하고 自然氣候는 寒嚴의 差가 있어 冬期에 收穫할것은 論할수도 없다 하여 秋田은 날마다 가을이 있으면 收穫을 수없는 事實이 있는 것이다 그러나 比較하여 四月初生에 그 收穫이 一年에 한번이요 大地의 上에 서로 收穫이 없다.

朴烈氏는 이 獄에 있어 大正十二年以來 十余年間을 獨居하여 만 사람의 보지 아니하는 곳에서 論理와 學文을 하고 慰安을 받았다 그러나 秋田의 監獄에 있는 것도 그 人間的 生活의 一部이며 스스로 慰安하고 異國 하늘에 별을 처다보고 달을 처다보면서 스스로 慰安하기도 하였으니 그 사람의 心中을 누가 알리요.

安을 받아온 心中을 더듬어 찾아볼때에 사람이 면한 망울의 눈물일지라도 기를 아니하거든 나라를 사랑하는 者야 말노 아모ㅣ든 보도 生내지 않고 이것을 克服하여 素志를 貫徹하며 몸에 잔手 安을 얻을수 있을것이다

六. 達磨大師

朴烈氏와 達磨大師와는 一時서로 支度하는 바가 있다고 말하고 싶다 大師는 文고 那叔禪宗의 始祖 三書다 王子이었다 그리고 采苦禪에 어 嵩山의 小村에서 九年間 面壁坐禪하야 한 갓이다 氏는 大師의 坐禪에 坐禪한것 같으면 十年 三年 것은 鐵窓을 向하야 다른 그 까닭에 世重도 개 論이거니와 大斷에 非常하야 坐禪의 大斷는 하 二十年間 非常한 坐禪에 있었을 것이다 이는 坐禪의 事實로 알 것이다 무서워 坐禪에 天下의 英雄 民族之差가 있다 그러나 一十年 世上에 나지 않으니 여러 事實을 알고 있는 것이 얼마나 큰 것이냐 實로 그는 위대하다

뭇을 犧牲한 뿐으로 毅決할수 있을 것이다 七. 큰 복이냐? 災인가?

朴烈氏를 일러 큰 복이냐 災인가 하고 살다 치면 적은 소리가 나고 힘차게 따라 사람이 소금 맞은 民과 또 한 더 부러 四民을 보면 學理를 論하고 政治나 하며 그 장래 學者 이 같이 물결의 貴를 말 하여 長壽 水에 갓 이 가 喜 한 야 相對 니 心理를 잘 把握하며 卓越한 將來를 의 度量 의 有容 있는 이다 非常한 將異性을 띄고 있어서 공으로 鐵 民 아니 벌 수 없다 人間은 어느 것 一國의 大宰相 이 있다 이 정의 大將 을 벌 수 있다 다른 사람이 그의 이 나오 그 짐이 라고 하여 이 잘 못 하는 이 외 그 民은 에 있는 어 하여서 알 수 있는 것은 民族이 몰라도 안 될 것이다 余가 그는 이 것 있다 그 先天的 外交 手腕 이나 人格 그것을 갖추어 있다고 할 수 있다 그러나 余는 그 獄中生活이 라고 한 여러 해 동안 몸에 고생하며 볼 것이 없다

없는 書籍을 勤勤孜孜이 쌓고 드디어 뜻을 이룬 結果 가 아닌가 세상 사람의 참된 意志를 굳게 한 이 세상 사람들의 古來 王者 이 기는 것이 人物을 帝王 자라는 갈 이 만든 것 이라 한 다 하리 오 朴烈氏와 같이

八. 世界的 英雄

世界를 古今을 通하여 보면 英雄은 東西古今에 하나 둘이 아니다 이 古來로 英雄이 하다 마는 大業을 이루는 英雄 ᄋ 大 를 英雄이라 고 한다 그럼으로 三國時代 以來로 光榮스러운 勇敢한 英雄이 있었다 이는 영웅이 이 도 하고 혹은 파도의 事實을 들이 모아 大事를 이룬 英雄 이 있으니 곧 民族의 氣魄을 살려 民族의 獨立을 위하여 殉國한 이가 있다 이들은 大韓의 獨立을 위하여 生命을 바치고 祖國을 위하여 쓰러진 偉大한 人物이다 그 英雄의 功積은 民族史에 남아 있으며 그 精神은 오늘까지 이어 오고 있다 余는 이러한 英雄을 생각할 때마다 그 偉大한 功績을 기리지 아니할 수 없다 余는 이 들로 實로 偉大하다고 아니할 수 없다 그러므로 英雄은 時代를 만들고 時代는 英雄을 만든다 宏壯하지 아니한가 余는 이를 오래 記憶하리라

법도 하다고 一層 더 깊은 印像을 남기었다. 지 번번 氏는 오래동안 鉄窓生活을 告別하고 同胞多数의 歡迎裡에 意気揚々하게 秋田刑務所를 떠났다. 말할나위없이 世界英雄的人物을 갖추고

九、革命志士의 真心에 울라

뿔땀宣言에 依하야 朝鮮国에 独立을 全世界에 承認하게 되였다. 漸次 其事実이 具現될 때는 아즉도 난감하고 머悶다 … 게 朝鮮独立이라는 文字가 忽然히 새삼스럽게 宣言文에 出現한 것이 아니다. 오날까지 数없는 愛国熱血志士의 鮮血이 엉기어서 드디어 神祖로 由하야 応諾을 받은 것 外 아무것도 아니다. 그렴다면 이사이에 因果関係를 充分히 알라두지 않으면 않될 것이다. 現代世界 모—든 民意는 私利私慾에 눈이 어둡고 甚至於 나라를 為하야는 毫末만큼도 생각지 않을 뿐더러 同胞를 돌보지 않으며 제 栄達과 栄權만을 꿈꾸는 이 世上에 難努且勇敢하게 당신의 一身에 祖國의 独立과 同胞救済와 같이 重大한 짐을 兩肩에 메고 累積의 大苦難과 더부러 貴여운 精悦이 以乃다——苦痒하고 서글푸게 異境에 喜으고 化한 志士의 純忠과 真心에는 아모리 鬼神이라할지라도 눈물겨우리라. 그래도 一朴烈氏와 같이 弱者임에도 不拘하고 벌써 祖國의 独立과 彷徨하는 同胞를 救援하기 為하야 遠大한 理想과 抱負를 품고 革命을 誕生하는 國士가 되여 初志를 貫徹하기 為하야, 지내가난에 있어서 積極的 直接行動을 取한 나의, 日本法廷에 投獄되여 大逆罪人으로서 牢獄사리 十余年동안 해마다 돌아오는 四時春夏秋冬을 하로같이 해빛과 즐거운 날을 보지 못하고 그날〻〻 뼈살을 여위내는 辛苦를 탈게만 어왔다. 苦으로 그 愛苦의 行色을 뉘라서 알잼라. 氏를 慰労한 苦人은 무었으로서 慰労하것는가. 同胞여 苦된 을은이 있으라. 氏의 純忠한 節介에 그리고 배워라 氏의 마음으로 울어나오는 純情한 愛國心을

十、唯一無二의 指導者也

뿔땀宣言에 依하야 最近에 새로이 誕生할 大朝鮮国에 指導者로써 뉘가 適任者이고 하는 質問을 받는다면 余는 卽場에 朴烈氏라고 対答하고 싶다. 民族으로 하여금 安寧樂業으로 걸어 進就하게 하고 治國하는 者는 나라政治와 百姓을 愛顧하는 惟가 博學하며 모—든 民意를 抱擁할만한 大度量을 갖고 堅忍不拔한 精神力과 神의 攝理에 閣治하야 修養을 쌓은 人格者가 아니면 안될 것이다. 氏가 곧 適任者임에는 重言復言할 余地가 없다. 唯一無二한 指導者는 氏 사람된 모습을 여기매 다시 말해두는 바이다.

獄中二十二年

朴烈氏첫재소리

関東大震災——餘燼아즉도 煙氣내니는 大正十三年十月 大正天皇을 暗殺을 괴하야 이룻지 못하고 二十三年 獄中生活에서 解放하였다. 朝鮮革命의 闘士——朴烈氏는 新朝鮮建設同盟의 設立을 契機하야 廿六日 水道橋 後楽園 涼亭에서 最初新聞記者団과 会見하았는대 同氏는 明暸한 語調로 말하였다. 나는 卅大年동안 日本軍國主義에 견댈수없는 悔辱에 견대고 참아았다. 그리고 미위도 하였다. 그러나 現在 나는 悪의대 悪으르서 하지않고 善으로서 対할여고 한다. 이 压制가 있었음으로 우리는 이것을 只畜剃를 삼아 굳은 團結을 할수있게 되었기 때문에 오히려 고맙게 녁이는 바이다. 내가 獄中二十三年間 日本天皇과 싸움을 하여 왔다. 그러나 마춤내 내가 이기고야 말았다. 한때는 天皇抹殺을 꾀하였으나 지금은 그런 마음은 없다. 왜그른나 日本天皇의 權威가 朝鮮에 미치지 않은 까닭이다. 八月十五日以後 日本人을 말할것 같으면 外國人이며 우리는 外國內政에 自發的 好意로 干涉하고 싶지않기 때문이다. 그러나 新生日本을 為하야는 힘을 나누고 살다. 個人으로서 李王根殿下를 戰爭犯罪人이라고 하고 싶지 않다. 李王一家가 日本皇族과 더부러 滅亡하든지 일한 朝鮮사람으로서 故國하는 것은 同家의 뜻에 막힐것임으로 現在 朝鮮에는 王制統治的動向이 없다.

—時事新報 二二、二、二八—

朝鮮独立兵卒로

朴烈氏帝都歡迎會에臨하야

지난 十月二十七日 秋田刑務所를 나온 朴烈즉 朴純植氏는 大舘町에 있은 同志와 더부러 暫時 靜養한 後 七月이른 아침에 上京하야 午前十時부터 日比谷公園旧音楽堂에서 열린 朴烈氏歡迎大会에 勇姿를 나타내었다. 그런다음 二十三年間 囹圄生活을 淡淡히 回顧하면서 將來希望을 말한다음 다음과 같은 談話가 있었다.

"나는" 自由民이다. 世界市民이다. 나는 日本帝国主義 軍国主義의 悪魔가 打倒된 事実을 日本民衆을 為하야서 기뻐하는 바이다. 나는 政治的将来性에 対하야 말한 資格이 못된다. 朝鮮独立이 約束된 오날 나는 이 自身이 받히고 나온 이 運動에 심부름꾼이 되여 兵卒로서 役割하려고 한다.

故国에 갈것인가 日本에 남아있고 싶있는 것은 独立国家가 要하는대로 進退를 決定할 心算이다. 八月十五日以来 나는 独立国의 国民이다. 異邦사람으로서 어떻게 日本內政問題에 干涉하라

나는새로운命令을받아서朝鮮獨立을爲하야献身할뿐이다

그날朴烈氏歡迎会에나타난이는当時弁護士로自由法曹団에있는布施辰治氏가非公開로되여있든公判의묵은追憶──法廷秘話를다음과같이말하엿다

朴君의信念은非常히鞏固하였다 君이말한것이다 나는被告가아니다 裁判長이天皇의이름밑에日本代表로서나를裁断할라면 나는朝鮮代表로서堂堂히論事해보자 当時裁判長牧野菊之助君을여거없이 그리고裁判하는것이아니라는法廷宣言을할것이며 被告台를裁判官과같이높이할것이며 朝鮮代表로서朝鮮王衣王冠을임고法廷에臨하는것을主張하고一歩도讓歩하지않고 우리들도여러가지로牧野君을勸告한結果 被告台를높이것마는두고 다론것은 朴君의所願대로 朝鮮三의錦衣와王冠을입고 堂々히所信을陳述하엿다

─每日新聞 二〇、一三、八─

運命의勝利者朴烈

君이出獄하는 몇일前에 某新聞記者에게이와같은말을하였다 내가할수있스면 朝鮮과日本을爲하야努力하겠다는 이말은 무엇을뜻하는것인가 朝鮮과日本人을爲하야 努力하겠다는 이單純한言辞에는 君의아름다운人間과人格을 내가느기지아니할수없였다 思想家로서君은別個로하고라도人間으로서 君의人格앞에서 單只感激과感激할뿐이다

×　×　×

二十三年間 발이좋아 時間이지 悠久한時劃이라할가 長久한긴歲月뭐라할가 実로 이二十三年동안 파리와같은세목숨이 오날까지 살아온 그意志──人類가地球上에存在한以来처음보는奇蹟과같이 나는녁인다 나 感激 感激 讚美 그대의故旧又友인余는 만이言辞로서 그대를뜻이하는수밖에없다 지리하고고달픈孤独 갓인피로운受難─! 어거러운가지가지의煩悶파 싸우기에어떠하였스리─! 든기만하여도진지리가치는懊惱의苦痛을 克服하여온그대는 이제야運命의勝利者이다 그리고思想에先驅者로써 朴烈과같이人間朴烈을 들때에 나는열마나눈물을흘렸슬가… 열마나마음으로기뻤는지알배없었다 그대와旧友한사람으로써 이앞에그것보다 되에것에 무엇보다 더많은期待를 갓었기때문이겠지

─이世上의 갖인苦難 기리한獄独 그리고모든싸움과 煩悶을征服헤나온 그대는여러先進先驅者와같이 其意志를굽히지않으며 죽음을무릅쓰고 其使命은꾸준히遂行할것이다

×　×　×

우리民族独立을爲하야 된自由解放을爲하며 또한隣邦人의自由와참幸福을爲하여서도 其努力을아끼지않을수없는바이다 참다운自由 참된解放과 眞正한独立은 善한指導者들의出現이있고야 이地上에実現할것이다 人類歷史上 以番戰爭까 같은 世界的싸움은 未曾有가아닌가한다 人類의貴重한되와 時產을헤아릴수없이 犧牲한싸음은 또어대있으라─! 그리고 이싸움을因하야 吾人人類는 어느程度까지 反省과敎訓을 받었을가 吾人이 人類의其理의이름에叛하야 反省하고 彼此참으로實踐할 世代이라고하고살다 破滅뒤에오는것은 建設만이 余願으로나마있다

×　×　×

人類의敵爭은 옳은平和와 바른平等을 建設하기爲하는戰爭임을 잊을수없는 勅奬의時代이라고볼수있다 自他의生命을 尊重히녀이고 서로彼此의自主独立을 尊重하는것이 오로지 옳은人類의平和建設이다 그러나 人間이라는것은 된동 제멋대로하는 動物임으로 人類가發好하는 이平和自由과独立을 獲乱할으는人性이 뉘어느時代어─!─! 끈을勿論하고 나지않리라고 가断言하라─!─! 吾人은하이 와같은人類의慘한一大悲劇을 斯於히避하기爲하야 相互反省과 自利를 그리고 指導 들마지하며 世界平和를爲해야 奮鬪努力하며 獻身하기를 개리지않은에 지금그는 鉄窓生活에서 가진苦悶에씨달니고 날가진 劳한몸을 당신의몸소 獨步슬거리 祖國建設을爲하야 고있다 運命의勝利者 그대… 解放의先驅者 그대여… 그대를사랑하지않고는 전멀수없다 그대여 某條록 建全을비노다

─(自由新聞 二一、三、一 寄載)─

朴烈氏出獄

本社를訪問하고 感想을말한다

朴烈을 내봐라─…

朝鮮사람 政治犯을다 釈放해다고─…

朝鮮사람이부르짓는·이소리에 應하야

烈氏는 드디어 出獄하고 말렀다

지넌밤 오던비는 게고 가을날시는 晴明한 二十七日 午前八時半 在日本朝鮮人聯盟 朴

秋田縣地方本部"라고 쓰인 腕章을 두른 同本部代表 丁遠犠氏以下 四名의 마중을 받은 朴烈氏는 二十二年前에 단히던 秋田刑務所에 무거운 鐵門을 뒤로 두고 長久한 獄中生活에서 세롭고 그다란 [illegible] 이룬 日本社会에 그 釋師와도 恰似한 [illegible] 첫발거름을 걷게 되었다. 부는 가을바람에 스치면서 발길을 옴기는 朴氏는 먼저 米進駐軍宿舍에 [illegible] 人事를 다 한다음 本社에 드려서 出獄直後感想을 다음과 같이 말하였다.

˶[illegible] 바람조차 부드럽게 [illegible] 볕나는 그날이 [illegible] 기다리고 苦待하던 그날은" 오고야 말았다. 호릴듯하던 하늘도 날시는 들고 밝았다. 나의 感懷는 이 아츰에 입술을 떠더려 절노 나온 다음 노레로서 [illegible] 이날이야 젓은옷도 말나라 白日이나 호린하늘에도 별은 빛나나니 獄中生活二十二年間 고뿔노 사흘동안 病床에 있는 以外는 異常할만큼 健康状態는 良好하다. 今後方針이라도 別다른 意見은 없다. 單只 세時代에 対하야 오늘까지의 体驗을 살리서 朝鮮사람으로서 朝鮮을 爲하야 일하고 싶다. 은 朝鮮사람이 權限하는 바일에 獻身하야 소가 되여달나고하면 소라도 辭讓하지않고 소라도 되겠다. 말이 되여달나면 말인들 되고싶다. 그러나 日本에 対하야 特히 敵対한 意思는 秋毫라도 없다. 오늘은 여기에서 十二時汽車로 大館町一心院前十七番地 丁氏宅에 있는 縣聯盟本部에 갔다가 몇일후 米進駐軍本部에 돈代將을 訪問할 予定이다.

――秋田發新報(二〇、一〇、二八)――

敗戰은 眞實을 가라킨다
오히려 幸福이 올시다
朴烈氏오늘縣都에서談한다

在日本朝鮮人聯盟山形縣地方本部에서는 二十日午后一時부터 山形市霞城館에서 朝鮮獨立의 英雄 朴烈氏 및 第二朴烈事件으로 投獄하엿든 諸穩成氏를 맞이하야 歓迎講演会를 開催하였으나 朴烈氏를 찾아뵈옵고 日本과 朝鮮의 相対性과 將来의 推移, 天皇制問題等에 関하야 여러가지 忌憚없는 意見을 들어보았다.

朴烈氏는 二十余年間 長久한 牢獄生活에 善히 싸와나오고 透徹한 思想과 認識観을 靜肅히 言明하였다. 어디까지든지 世界的平和를 興着하 具現하기爲하야 突進할려는 感激스러운 情熱히 一貫하여왔다는 것이다.

△將来는 어떻게 될것인가 이 問題에 対하야 늘 傾向이 오지만 時々刻々으로 変遷하는 現実을 뉘가 予想하며 推測하야 判断할수 있을가.

- - - - - - - - - -

더구나 나를 말하면 오래동안 쓸々한 壁과 가이귀신(刑務所看守)以外 接対해본 일이 없는 나로서는 無理한 注文이다. 人間万事塞翁馬라는 옛말과 같이 무엇이 將来에 있어서 幸이 될가 모를것이라고 믿는바이다.

이러한 意味로 본다면 이번 戦争에 日本이 敗하였다는 歴史的事実에 있어서 国民의게는 얼마나 幸福이 되었을는지 軍隊는 나라를 지킨다는 本来의 使命을 忘却하고 侵略的戦争을 하여온 남저지가 日本帝国과 国民을 塗炭의 昭牢으로 휩쓰려넣었다. 이것은 理実이 不幸임에는 틀님없으나 이 敗戦을 말미암아 日本에 真実 그대로를 国民이 알게된것은 多幸이라고 본다. 다만 이러한 不幸한 事件을 惹起한 軍閥의 責任者가 拳銃이나 칼노 自殺하는것은 卑怯하다고 녁인다. 죽을 勇気를 새日本을 再建하기 為하야 죽을힘을 다하야 奮闘努力할것이라고 믿는다.

△日本과 朝鮮은 文化的으로 民族発生을 보아 같은 先祖임으로 같은 種族이 서로 敵対視할 것은 올된다. 特히 日常生活과 言語学的考察에 있어서도 그렇거든 発源上 우리는 문올갖 더지었으나 朝鮮이 燦爛한 半万年歴史를 고 인것한만금 日本보다 친신 나라이라 皇 生覚말다 이를레면 누룩을 쓰는 술은 神宮鮮 [illegible] ˶밥˶와 ˶맘마˶ [illegible] ˶신˶ ˶네˶이 ˶절˶은 [illegible] 데라와 같이 発言하는 것이 많다. 神主의 国衣 裁判官과 弁護士服 또 鎌倉時代以来 웃은 全部朝鮮衣服이다. ―그러기 때문에 日本은 우리 朝鮮사람으로서 그리운 나라이다、나는 다만 朝鮮과 日本뿐만이 아니라 全人類는 一元的根源이라는것을 確信하는 바이다. 各民族은 以后는 共存共栄의 理想에 邁進할것이라고 믿는다.

△日本에 天皇制에 関한 問題는 外国人인 내가 말하기는 무엇하나 一個人으로서 생각을 말하라면 너무도 專攻的으로 지내칠 危険이 있을것같다. 国民이 尊敬하면 할수록 危険性은 있다. 男子를 女子로 女子를 男子로 変更식헌다는 것은 할수 없으나 天皇絶対라면 모―든것을 할수없다는것은 아니다. 그레서 天皇制를 固堅하 反対하는것은 決코 아니다. 單只 日本全体와 帝国主義을 다론 나라와 다론 国民에게 押制로 내밀려는 境遇는 絶対로 反対이며 採救을 致行할것이다.

그렇다하야 日本民衆을 敵対視하는것은아
니다 過去내運動에参加한同志中三分之一은
日本人이었다는것을 알실것이다
ㅅ最後에말히둘것은 新聞은世界的公器임으
로 嚴正한態度로 言論에指導를担当하여
주기를바란다 는日本에와있는朝鮮人
中에는 非常히生活에困難한이가 있어서煙
草라든지 其他生活必需品을몰내―의내(闇
取引)하는者가 없는배가아니라 그러나二三
日前에 貴紙에 記載한것인대 元台湾総督에
太田某가 大量의쌀을 훔친事実은 어떻게生
覚하시나
그것은다만 앞서警察과当局을 通絡하지않은
것이 向題라고 벽인다 높은官吏들이몰내거
래를 더잘하고있으리라고 믿는다
그点에있어서 조끔한 몰내거래를 파들어써
는弊端이없도록 公正한批判으로서하는것이
좋은것같다
何如間 彼此世界平和를 建設하기為하야 努
力합시다
― 山形新聞 二〇、二、二 ―

1950年６月25日韓国動乱時北韓に拉致されて25年間軟禁生活を送って1974.1.17平壌で逝去した。
民団では1974年度3.1節記念式典を終えて日本青年会館で追悼式を行った（元、民団中央初代団長朴烈義士）
※朴氏は大逆事件で市ヶ谷、千葉、秋田刑務所等で23年間獄中生活をして終戦後出獄する

新朝鮮建設同盟 機關紙

一九四六年七月印刷
一九四六年七月發行
(每月一回發行)

新朝鮮

創刊號

No 1

發行所 新朝鮮建設同盟

創刊号

― 目次 ―

三大原則綱領

一、勤勞大衆의自由를獲得하야民主主義体制確立을期함

二、社会主義経済를確立하야國民生活의安定과向上을期함

三、世界恒久平和를爲하야國際協調를期함

檀紀四二七九年 五月 日

新朝鮮建設同盟
中央本部

新朝鮮創刊辭

滿州事變、支那事變、大東亞戰爭十三年間人類歷史있은後今日까지実로未曾有의世界的大戰爭이였다고生覺한다。이地球上에서、日本、獨逸、伊太利、모-든侵略的軍国主義、帝国主義는、正義와人道、自由와平等、眞理와人類의안흠아래에서、完全降伏을하고말앗다。 그리하야 美英宣言에依하야、우리朝鮮民族에게自由独立의約束을주엇었다。이러한오날날에있어서、우리의할使命과、責任은自身으로붙어重且大함은勿論이다。

三十六年間우리는侵略帝国主義日本의暴政下에서、모-든搾取와人間으로서、모-든自由가없는奴隸生活을繼續하여왔었다。

그러나오날날、우리는또다시우리의独立의曙光을滿身에늣기게되였다우리民族의生活의希望을또다시늣기게되였다우리는우리의自由와個性을 우리의言語와感情과文化를우리의政治的、經済的自由를다시엇게되였다。이러한때에있어서우리朝鮮建設同盟機関誌"新朝鮮"의発刊은우리가사랑하는同胞諸兄의좋은指針이되겠으며、또는諸兄의좋은下종이될것이라고우리는生覺한다。그러면盟員諸兄、아니同胞諸兄들이많은鞭韃과、또많은声援을바라야마지않는다

朴烈氏日本新聞에対한声明

여러분나는朝鮮사람입니다。同時에世界의市民이한사람입니다。世界第二次大戰에日本이、美英宣言을受諾함을따라서우리祖国朝鮮은独立이約束되고自由를다시찾게되겄이외다。

이사람이二十三年동안鉄窓生活을한겄오오직祖国의独立과栄光을위하야적은몸이나마밫인겄밖에는다른意味가없읍니다。鉄窓生活二十三年동안에나는다만監房壁을向하야앉어있었을뿐이엿고눈에보이는겄은오직감옥의獄使丁、監獄官吏뿐이였읍니다따라서나는아모겄도모릅니다。나는祖国의独立을위하야내自身의、主義나、主張을뒤노히 같이않이하였읍니다。오직여러분同胞들의主義主張삼어여러분의 命令에따라서 今後의生活을 밫일겄뿐입니다。여러분이祖国의独立을 위하야죽으라면죽어도좋고살나면살아있어도 좋읍니다。前後三十年동안의내貧弱한政治生活上에있어서오직우리祖国의栄光을위하고 우리民族의恒久的繁栄을위하여 이적은몸의生死같은겄은問題가 되지않앗습니다。내가한번감옥에드러갔든날나는다사사라나오리라고는生覺지않앗읍니다。自進하여死刑을要求하였고、死刑台를넘어서今日과같은깁뿜과반가운날을여러同胞들의 熱烈하신歡迎裡에마지하게되니、가슴이문허지는듯、오직감격감사뿜이외다。

오날내가나오게된겄은여러분同胞들의熱烈히後援하신恩德인동시에크게는聯合国進駐軍들의後援하여준恩恵입니다。우리는聯合国의理解있는同情과 応援을얻어서우리의努力으로써하로속히、우리祖国이完全히独立을하고

民主主義革命이完成하도록 힘쓰기바라는 바이되다。 ——秋田에서——

宣 言

朝鮮에進步的建設者로組織된新朝鮮建設同盟은三千万全国民中特히在日本二百万同胞와朝鮮民族의完全한解放과自主獨立에就하야우리들의信念과見解를다음과같이宣言한다。그侵略者는完全이敗北하였다暴力搾取와虐政은正義와公道앞에부질없이屈服하였다

아닌게아니라橫暴者는自己의生命을제손으로끊고만것이다。이얼찌痛快아니랴? 여기에있어서過去半世紀의闇黑史를뒤집어버리고우리朝鮮民族은完全解放과自主獨立에榮光을獲得할때가왔으며新朝鮮建設을爲하야바야흐로邁進할天與의好機를얻게되였다。그러나·이歷史的瞬間的契機는또한民族運命을左右한重大한危機라고도할것이니今次戰爭終結後微妙한国際関係는·우리槿域을南北으로兩断하야·單一民族团欒에不統一과·混乱을齎來하였으며·同一国土에宛然히異国을形成하고있으며드디어우리의純正하고·理智的理念을理解하지못하는·나마에崇高한半万年燦爛한歷史를가진民族의自重하고잇는自主性을無視하는信託統治를図謀하고·計画하는現実에处하게된것이다·우리는이重大한契機에直面하야時局이要求하는真正한国民的自決에立脚하야서이것을어대까지던지白衣民族다운行勢를하여自主的自由·意思的으로解決하며·開拓하기에手을힘을合하야完全한解放과·自主的獨立을獲得한참된歷史上創造的民族으로서国家를세울것이다。

吾人의目標에닷인緊急義務는여기에있다.

그斷言하며마는바이다.

이럼에도不拘하고·우리江湖안밖에現状을一瞥하면、公式的小児病者들이政治的野心에사로잡혀民族解放의緊要한覚醒을忘却하고信託統治支持하기에東奔西走하며·熱病에걸인者들의衆派的闘争과跋扈로因하야民族統一戰爭을形成하는데적음은暗影과支障을떠이지않은다고볼수없다結黨排他近視眼的一大頑固한固執으로民族을塗炭에呻吟하게하든그国家憂患을오늘날까지남긴前轍를또·다시밟을여는가? 過去半世紀의風霜을빼앗으게왔어온우리民族의手腕이아즉도不足하단말슴일가。

白頭山昊氣를타고난民族이여! 同胞여! 徹底이猛省합시다

都大体우리가말하는民族이라는것은排他的独善을主로하는十八世紀的民族主義를論하는것이아니다오히려제各己民族의発展과向上을為하야相互他民族을더부터親和와共存共栄이要請되고있는現実에있어서오날에常識의하나이라고말하고싶다。그뿐만아니고民族이完全히解放이된다는것은自由権과生存権을完全히獲得한것을意味하는것이나自由権이없는곧에生存権이있을수없으며生存権이없는곧에自由権이있을수없는것은이제와서말할나위없다고만는다

우리가目標로하는自主的独立은이두가지条件이具備하고야完全히独立을獲得하였다고

날할수있은것은勿論이다. 다음은우리가世界協同과恒久平和를確立하기為하야우리의自主独立은最高의目標가되지않으면않될것이이라고力説하고싶다。特히人類厂史의趨勢에따라原子力時代인現実社会에있어서더욱人類가意欲하는崇嚴한任務이다。오날우리가이課題을擔当한民族이되고보니또엇찌이厂史的重大한使命이아닐가무야?

朝鮮解放運動을하기為하야具体的方針은以上의客観的条件勢와主観的根本原則을認識하는데있어서決定된것을徹底이認識하야政治経済産業教育文化及社会組識等에미치어新朝鮮建設을当하는方針大綱과具体策을実践過程을通하야完全히成就할것이며이것으로서建国에寄与하고、在留同胞의現実問題를解決하는것에背馳되는一切政治的意図와派閥的諸傾向을排除하여三千万国民과더부러真正한民族解放에大道를果断性있게邁進하려한다

結盟의趣志는위에서말삼들인바와갔거니와이것과아울러우리의信念과見解를誠実하게実現하고政權的野望은毫末만큼이라도갔이않은것을特히여기에表明한다。

싹싹하고도새로운青年朝鮮建設을渴望하는同胞諸賢!

同胞여! 同志的熱情을가진白衣民族이여! 모이라한곧으로한덩어리로뭉어지자! 遠大한国家建設의抱負와高尚한独立思想을比處하시라우리同盟旗幟下에서集結하고新朝鮮建設을為하야驀進하시기를바라마지않은바이다

行動綱領

一、우리는真正한民主主義的建国意識을涵養하자

一、우리는民族統一戦線을時急히完成하자

一、우리는世界大勢에追及하야四海同胞的国際協同을期하자

一、우리는民族의自主性을無視하는信託統治는反対하자

一、우리는참된勤労者가되자

一、우리는在日同胞의現実的諸問題를急速히解決하자

一、우리는誠実한各分野運動을絶対支援하자

一、우리는建設大綱과그具体策을하로밥삐完成하자

一九四六年二月十日

日本東京都赤坂区青山一丁目一番地(日陸大跡)

新朝鮮建設同盟

民族主義的人類主義

우리民族이独立을為하는오늘날에있어서모ー든問題、政治、経済、文化、그中에서도、政治問題는、가장重大한問題이라고生覚한다. 웨그런가하면좋은政治는、民族에将来의幸福과自由를約束할수있겠으나、悪政治家에依한悪政治는、民族의将来를不幸하게할뿐이다

좋은政治는、우리民族이모ー든発展과向上을尊重할것이다 그렇지않은政治는우리民族의将来의、모ー든発展과向上을停止하고말것이다 그러면如何한政治가、우리民族

을가장發展하게하며向上하게하며自由롭게하며幸福하게할것인가

그것은共產主義일가民主主義일가民族主義일가、그如何한主義를莫論하고 그主義이나思想이우리朝鮮의現實을떠난것이라하면우리들은그에盲目的으로同感할수가없을것이다 그主義은主義을為한主義이고 그思想은思想을為하는思想이뿐일것이다 우리는思想의奴隸가될必要는없다、우리의使命은우리의民族의모ㅣ든生命을살이고、모ㅣ든個性의發展同胞에対한사랑 自由와創造의歡喜自由独立人으로써、正當한義務와正當한權利、에사는偉大한民族이되가를為함에있지아니하면아니될것이다。그러나우리朝鮮에實現될政治는如何한政治일가하는問題는다만時間과、우리의現實의要求에依하야實現될뿐일것이다

歷史는또如何히變할것인가누가斷言할수있을가又今으로부텀十三年前滿洲事變을基因하야、支那事變、大東亞戰爭으로變하게되여全世界는人類歷史가있는後今日까지두번도없었을世界的大戰이엿었다。戰爭中그大悲慘事이야實로우리人間이말로서는다ㅣ表現할수가없을것이다그렇나이世界大戰도昨年八月十五日로서그終幕을내루우게되엿다。眞理을사랑하는天意의앞에서는全人類가하염없는눈물을흘렷을것이다。그러고今番世界大戰은우리人類에게如何한敎訓과矛盾을주어섰을가、그리고또우리人類에게如何한希望과建設와意慾을주겠을가。生覺한다면우리의人類社會에서眞理의背反者暴惡한人間群의消滅을為하는戰爭이엿었다고도말할수가잇다。世聯合國(米英蘇中)의共同宣言에依하야世界로불어우리民族의自由独立의機会를얻게되오는날에있어서、우리의覺醒할問題는무었일가。

하로速히世界独立人으로서、自由와平和를사랑하는世界모ㅣ든平和国家와一人으로서不当한權力으로써人間을支配하자하는不合理한獨裁政治와公正道德없는社会、自由를為하는社会平和를사랑하는社会發展하는社会健全한社会모ㅣ든個性을發揮하는独立人의国家을建設하지않이하면아니되겠다

이偉大한歷史的創造의오늘날에있어서다만우리는思想의奴隸가되지말고全民族의幸福과 自由를為하야团結하고協力하고盡力하여야할것이다。

이것이自然의意思이고民族의生命의힘이다全世界가우리朝鮮民族에게要求하는바政治理想経済問題、文化發展、其他모ㅣ든問題다ㅣ만우리民族의团結이、이偉大한힘으로써만이것을解決하고同時에우리自身는自身의生命尊嚴을自覺하고同胞의모ㅣ든幸福을為하야自由平等을사랑하는人類를為하야貢献하고協力할때에는全世界는우리朝鮮의將來에無限의發展을祝福하며讚美할것이다

그러면우리는우리自身와이偉大한歷史創造를為하야自由祖国을為하야献身하며前進하자前進 前進

우리의理想은人類主義이나우리의現實은民族主義이다우리의現實은民族主義이나우리의理想은人類主義이다。

一九四六年二月

엮어서 본 朴烈先生

趙昌奎

반기도 하도다. 二十三年間
獄에서 苦鬪하신 朴烈先生님
그 時는 二十을 不過二三歲
靑年의 愛國之心한데 뭉여서
나라의 怨讐를 갚고저 하여
倭帝에게 爆彈을 投彈할려고
切齒하며 憤慨든 靑年義士여
가진 呻吟다 겪어서 堪耐하시고
首陽山 바라보고 痛哭하시며
伯叔을 옛벗으로 慰勞하실때
이땅에 빛이 돌아 먼동이 들어
自由의 몸이 되사여 祖國과 함께
반쏘敢이 解理하며 撿揀하시니
祖國獨立榮光이 다달을가음.

난데없이 北쪽의 兇한 곰놈아
원숭이 뒤를 이어 어금니 내나
대로다시 鬪爭을 開始하신이
一生을 祖國光復使命 뛰어서
이땅에 바쳤는가 생각하노니
뜨거운 두줄기 눈물고인다
아침이나 저녁이나 對할때마다
따뜻하신 손을 펴어 握手주시니
仁慈하고 어지신 先生의 모습
仔細히 明白하게 살펴보아도
고와 같은 義氣節介 어니속에서
萬古에 不變하게 숨어있는가
以로서도 굴지못할 先生의 氣節
河海같고 山嶽같은 先生의 鴻恩

世界恒久平和를 爲하야

李康勳

이날 이자리에서 여러분이 本人에게 말슴할 機會를 주신것은 無上의 榮光으로 생각합니다。

아시는바와같이 우리朝鮮民族은 歷史上으로 언제나 防禦的立場에서 살아온것이며 가장 平和愛好의 國民에 하나입니다。北으로 南으로부터 異族의 戎馬가 侵入하여올때에는 반드시 護國的英雄이 出現하야 外敵을 驅逐하게 된것입니다

日本軍國主義의 罪惡史를 正當化하려하고 一部의 學者들이 일부러 朝鮮歷史를 曲解하여 朝鮮은 남에 屬邦으로만 한것처럼 宣傳하여왔기 때문에 아직도 世間에 對한 正當한 理解를 갖이 지못한 人士가 있는듯합니다마는 西洋에 있어서 서羅馬가 外地를 經營하려한것 一例를 들자면 씨자가브르타니아에 上陸한事實 暗黑時代에 게만民族이 進出한事實等과 같이 漢唐元淸과 半島와에 關係는 獨立國家로서 獨立國家에 對한 儀禮的外交이였읍니다。朝鮮民族의 版図全部가 삼에게 併呑되고 地図빛이 變하기는 一千九百十年八月二十九日이 처음입니다 하무로 一千九百四十五年八月十五日 自由의 鐘소래를 들은때에 朝鮮의 男女老幼가 手舞足踏山河를 動搖할만한 그 기쁨의 表情을 잘 理解할수있읍니다 우리人間社會에는 슬픔의 種類도 많어 거니와 被壓迫의 그것이 가장 큰 슬픔일것이며 기쁨의 種類도 많어 거니와 生命解放의 그것이 最高級의 기쁨일것입니다。卅六年間 日本軍國主義의 惡辣한 殖民政策으로 말미아마 內面的으로 危機에 逢着하고 最大의 悲哀에서 呻吟하든 우리朝鮮民族이 夢寐에도 잊이

못한自主独立이約束되여잇는오늘우리는번저엇떤일을하여야하며우리의使命은무엇일가? 먼저우리는祖国의自主独立을完成치않어서는안되絶対的條件을内包하고잇읍니다이것은厳重한丁史法則의至上命令이올시다去年十二月二十七日모스크빠로부터伝해오는三相会議의決議文은三千万朝鮮民族에게青天霹靂이였엇읍니다. 庚戌年(一千九百十年)国恥는오히려合邦의形式을取한蚕食의出発이엿거니와오늘이信託統治의問題는自存의能力과独立의力量을全的으로否認하는面前에侮辱인것입니다。世紀的暗雲이엿든파시즘이横暴를나치스独逸의暴虐한伊太利의放恣한日本軍国主義의残忍한그들帝国主義的弱少民族政策에서보앗다면第二次大戰에期待한蘇聯의公正과아메리카의博愛와中国의信義가戰後에解放된弱少民族処理에서證明되여야한것이다.

만일이丁史的使命을이저바린다면人類史上에는크不幸입니다。五十万이生霊이되를뿐려結果치은第二次世界大戰은人間対人間個々의最大의能力을그自由롭고拘束없는環境속에서마음끗人類文化의貢献할수잇는丁史的터를닦는重大한役割로서意義가잇섯든것입니다그러무로反動国家의一部侵略政治家를除外하고는全世界人의大部分이陰으로陽으로聯合国의勝利를祝望하여왓든것입니다萬一에一世界的竟뭐를無視하고犧牲된同胞의英霊을背反하야이戰勝의機会를殖民地再分割의契機로삼으려하며그分割競争의未決定한状態로의共同管理의形式을取하는일이잇다면이는丁史의罪悪이고至大한国際的過誤라하니할수없읍니다우리는聯合軍의正義的英雄的勝利를謳歌하며無限히感謝하는同時에以上에서말슴한바와같은見地에서信託統治反対하는우리同盟의行動綱領에하나로되여잇읍니다다음에우리들이가진建国理想이올시다지금우리三千万民族은建国이란큰짐을지기為하야는白紙에設計図를그려야할거기에는여러가지条件이必要합니다꼭말슴하자면世界各先進国家에서모든長処를取해서朝鮮에適合한図案을그려야하겠읍니다朝鮮에特殊性을参酌하야三千万朝鮮民族앞에賊賤된設計紙란白紙한장을엇던一部의人士가独断的으로濫用한다면이것이야말노非民族主義的이며팟시스라하겟습니다。

여거서우리同盟은真正한民主主義를主唱하는바입니다同時에우리는四海同胞的人道主義的立場에서世界恒久平和를為하야護衛国으로서또는平和의保障者로써의最大의力量을発揮할수잇는国家建設를企図하려합니다우리는以上과같은見地에서建国의과이룻트가되려하며아울러在日朝鮮人의모든問題解決을為하야最善을다하려합니다。

보내든 날 아츰

간밤에오든비
끼였든구름。
다개인아츰해빛‥‥
ㅁ ㅁ
祖国을向하는두壯士의
가슴에숨겨잇는
希望의빛인가

建設同盟와 曙光의 約束인가

고운 해빛 아래,
山넘고 물건너서
고이 다녀오소
月桂冠을 가지고・・・・

一八、午前七時
NKEL 一人

在日同胞学徒들에게

学生諸君은 先進日本의 教育文化를 利用하야 多岐한 知識을 獲得하려고 渡日留学하였다 終戰後朝鮮社会의 混乱과 政治諸般의 具備치 못한 理由로 学資送金等이 杜絶하여 窘苦가 더 甚大하게 되였다 私生活의 通路으로 諸君은 工課에 留念할 餘暇도 없이 生活物資取給에 焦心한다는 事情을 듣고 우리는 真実로 惻隱한 마음을 禁치 못하겠다

때마츰 朝鮮人聯盟의 物質的 援助가 있어서 学生一部는 学窓生活의 本姿로 도라가게 되였다 니 참으로 그 好意를 感謝하는 바이다

將來의 朝鮮을 負荷하고 特히 社会各方으로 進出할 青年学徒들의 留学任務는 무엇보담도 강한 指導者가 되기 為하야 그 專攻하는 部門을 堅実하게 研鑽하는 데 있다고 믿는다 諸君은 訓練時代에 있는 学生들이다 諸般의 研究校討에 있어서도 가장 謙虚하고 가장 公平하여야 한다

純潔無雜한 青年은 清白함으로써 長点이라 한 一面에 汚垢에 물들기 쉬운 単純한 純真도 아、

을려 具備하고 있다 點하는 것은 成長力을 意味한다 哭도 될 수 있고 열매도 맺을 青年들은 恒常 事物의 検討에 있어서도 批判的 見地와 客観的 立場을 堅守하고 偏倚한 思想에 沈淪함이 업도록 自重하여야 한다

今次大戰의 終局을 契機로 하야 우리 朝鮮民族은 解放과 独立을 約束받었고 因하야 우리는 新朝鮮 建設에 바야흐로 邁進할 天與의 好機를 얻게 되였다 그르나 微妙한 国際関係로 半大한 우리의 疆土에는 列強이 進駐하야 單一民族內의 混乱을 齎來함이고 또 同胞間에는 対外依存의 党派를 乱設하야 民族統一戰線을 無惨히도 攪乱식히고 있다

朝鮮의 近代ㄱ史를 一瞥하면 政治上 社会上의 派閥鬪爭이 그 特徵이였다 結党排他의 近視眼的 一大確執으로 風霜憂患을 後代까지 남긴 前戰을 또다시 밟으라는가 過去半世紀의 苦患를 벌써 잊으게 겪어온 우리 民族의 辛酸이야 두도 不足하단 말인가 요사이 同胞의 動向을 도라보면 자못 悲痛할 뿐이다、

民族의 運命을 左右하는 重大危機에 當面하야 우리의 緊急要務는 完全한 自主独立의 早速한 実現에 있다

우리가 말하는 民族이라 하는 것은 十八世紀의 時代性이든 自国至尊主義와 排他的 民族独善을 말함이 아니다 오히려 自民族의 発展을 為하여서도 他民族과의 親和와 共栄이 要望되는 것이 即今日에 있어서 하나의 常識이라 하겠다

우리가 指標하는 自由独立은 世界協同과 恒久平和의 確立에 追従함으로써 積極的目標로 할 것이며 이는 또 人類ㄱ史의 趨勢와 特히 原子力時代의 今日에 있어서 全人類가 要請하는 衆

最한任務라하겠다

요사이朝鮮을어느一国의從屬化로誘導하려는策動이同胞의一部에있으나이는四十年동안帝国主義羈絆에서呻吟한朝鮮의前苦를다시되풀이하려는것과別다름이없는逆行為이라하겠다

우리는이를徹底히認識하야政治 産業 經済 教育 文化及国民組織等에亘하야新朝鮮建設의方針大綱과具体案을時急히完成하고이로써建国에貢献하며在留同胞의現実向題解決을하되 이에背馳되는一切의政治的意図와派閥的諸傾向을排除하야三千万国民과더부러真正한民族解放의大道를果敢히邁進하려한다

아메리카青年学生은今次大戦에그들의貴은피를太平洋에흘리고欧羅巴와中国에는그祖國을當하여青年의貴한목숨이曠野의草露가되였다 비록敗戰国이였지만彼邊의S.a青少年은最後까지銃劍을쥐였고侵略戰이나日本의青年学徒들은特攻隊로써壯烈한肉彈이되였다

古来로부터青年의아름다운점은生命은그나라의基底가되였고그社会의先駆가되였다. 洋々하고도씩々한朝鮮学徒들이여未来는오직諸君의것이다

寸陰을愛惜하야專攻学務에盡力하기바라며思想的偏向을克服하야錯綜된国内情勢를收拾하는대巨大한힘이되여주기를바란다

一九四六年三月十二日 朴烈 白

聯合軍歡迎大会에서 趙昌奎

二一三年前에보잘고殘暴한日本大審院裁判所에서死刑의言渡를嘉古맺는물을먹음고서說辯하시든先生任의 오날에있기를神이맑이고는누가알았으랴 嗚呼가便이되야꿈이여先生님이詰에地球는빙々돌고 물투방동、대도빙빙돌며 우로도되고 뒤으로도된다고 果然그러하다

다음에는李康勳氏의本同盟과또한우리朝鮮建国에對한設計図에対하야더저나오는熱情的인雄辯이이섯고 外務部長金丰洙兄께서本同盟内容과또한行動細領에対하야演說이있엇다。公演說은英語로미리飜譯되여서通訳이따로演說하엿다。그演說内容은따로発表한関係로여기는省略한다。

다음C.i.C부라운中尉가안어나서諧暢한日本말로서来賓人事가다음과같지있엇다。ㄱ오날이자리에서여러분들과맞나니참으로반가웁다。어제는바가와서太端히恨心이되드니 지난밤에비가끝치고날어개이여오날은참좋은日氣어다。新鮮獨立도끝이와같치暗雲이개이며明朗하여올것은期待된다하로라도速히獨立이되기를바라며끝친다ㄴ라는簡單하고意味深重한말을하엿다。

獨立의마침 도라지打鈴 도둔江邊을부르는歌手 舞人들도다奕어절로〳〵엉둥이춤이나오는듯하였엇다世界사람들이며 그대들의자랑을갖고있으면은우리들도자랑을갖고있다。

半萬年ㄱ史를갖인우리의게또燦爛한芸術과文化를갖었도다 ─下略─

午后二時를넘어서는聯合軍某指揮中將도얼골을바라내여 委員長과記念撮影을하여또기-난檢事總長代理 副檢事도얼골을나

다내여우리의歡迎을마음今擔이줄거워하엿다 —略— 그러나接待를잘밧지못한여러同胞들은우리들의同志요또한우리建設同盟뿐만主催者가안이라여러분도主催者라고認定하시여諒解를바라시면感謝하겟나이다。이大会야말로우리朝鮮이將次世界先進国과더부러世界舞台에活躍함에따라서싹트고언치는無窮花꽃송이와똑같은것이다 행기롭게 그리고 아름답게피여라新朝鮮建設에씩々하신여러분들이여 —中略—

日本에在留하는我等은
무엇을할건인가

◇

四十年에갓가운日本軍国主義의極權下에 서져우兒하야回顧하면 그때의그压迫 그때의그暴逆에對하야 暴으로써報酬할때는 또又今이라고 때々로生覺할때가잇으나 一種冷情히生覺하여보면 그들은 다日本軍国主義者、軍国主義者의數名의指導者야 自由判断의機会를주지않코 日本人은다만神의子孫이라는 常識過念으로보드라도 实로噴飯的夢想을 事実로만재하水 国民은그더로思條件으로받고、大和民族은他民族보다優秀하다고 自己陶醉하고잇음에依한건이라함에生覺맞어볼때 또事혀스사로憐憫의念을禁할수가없다 又今에이르러서는日本의一般国民層은 도루討敗戰의事実을多幸히生覺하며 憧憬와民主々義制度의確立을慾求하고있는 事実을目前에볼때에 過去日本人의그不遜、그橫暴도모다忘却하여버리고 相互가赤裸々의本然한形体에도라가 手에手를잡고前進치안 안으면안되겟다生覺된다 实로日本에在留하는我等의使命의一은 是等生覺있고自覺있는日本人과도憧憬의明白의民主主義社会建設에、希望만흔目前의自由社会構成에、서로扶掖하며서로相助하야 써東洋의民主自由、아니世界의民主自由를爲하야 協力協調함에잇다生覺된다

◇

무릇政黨政派의運動은 그必要性에限하여서만必要한것이은 必要치않은立場이나境遇에있어々는 是等의運動을展開함은一個의賣名行為나利己行為라고바게볼수가없는賊이다、日本의我等団体中、在日朝鮮人이聯盟하야一団이되여 此를中心으로하야 在留同胞의모든事件을斡旋하며解決하라는 至極히必要하고大部히合理的인团体가過去에있었다此를그設立當時의綱領대로運營하는同時에本国内와手携을率直히傳하여왔다하면 在留同胞는 自己의思想을至極히데모크라시ㅣ的으로函養하며活動식힐수가있어 建国上에도裨益되는바이많엇슬것이다 그러나意外에이것이어느사이에누구인가손에依하야 所謂進步的民主々義라는文字로表示하는 共産主義一色으로綱領을새漆하여버리고 最初의設立當時의目的을忘却하고 專討本格的政派運動、即本国内의一政黨本部의役割에沒頭하는데잇서々야 이야말로데모크라시ㅣ的이아니오、차라리모보크라시ㅣ的이라고할수밧게업다 即設立當時에는 普遍的으로在日同胞는全部此에加盟치안으면안될만한 綱領으로써

基礎를닥거놋코 어느사이에一個의政黨으로早變식혀노은데 対하야 地方에있어서直接聯絡업는同胞들은 実로青天霹靂이오, 如此한政略은敢히実行한責任은 반드시近々此를彈劾하지안으면안될時期가있지안으면안될것이다

元來一国体의名称乃至存廃는 그目的又는綱領과運命을좇치하지않으면안되는건인바 그団体下에서 政派的運動을함이不當한줄를認識하고하였다하면 그는더무無責任한것이오 또此를認識하고하였다하면 가장危懸할마기아뻬라즘이아니면안될것이다

◇

그러나論者는 共産主義나人民共和黨等에게反対하라함은아니다 或은곰미니즘은 테모크라시ー가아니라는說도잇스나 論者는그렇케까지生覺지는않은다 아니모두혀 곰미니즘中에서 우리建国에際하야 多分으로取拱치안으면안될것안건을痛感하는者의一人이다 다만人民党又部組織이目的이면 좀더데모크라시ー的으로할것이안인가 本国内의政界事情에어두은在日同胞의게 本国은아나人民共和国이建設된것이며 共産主義一色으로構成된건이라는誤認을갓게한것이다 이와갓치不明朗히 이와갓치非民衆的으로 過去의在日同胞의中央国体이는것이 어느듯人民党共産党으로早變하야 在日同胞의게 本国政界에対한趨勢를誤認식할危険性이잇음으로 此를是正하는同時에 우리建国의促進을[illegible]謀이며 在日同胞剖除民主々義思想을統一할必要에応하야誕生한것이 新朝鮮建設同盟이니 따라서이

建同은最初브터 政党政派와運動을日本에서展開하라는 何等의野心도企図도업는것이다 建同의使命은 다만本国内의建国政治趨勢의向하는方向을 正当히傳達하야 在日同胞로하여금 本国의趨勢에平行順応시킴에잇다

政党政派運動은 必要性이잇는境遇에限하여만 그必要가안다함은 前述함과갓흐니 我等이日本土地의一部에 新国家를建設할意思가안인限 日本内에서무엇을為하여의 政派運動이며, 무엇을為하야本国実情까지背馳되여独立促進에阻害된危険안는運動을展開할必要가안는것인가 或은在日百数十万의同胞를 一政党에誘致하여두었다가 彼等이帰国後 그地盤을確得하라는魂膽이엿다하면 그는사람의思想은 培養이나擁謀數術로 左右로從수잇는 큰誤認에依한것이오 甚한浅慮라할수안다 如此한無用한 日本内에서의政党政派運動을할時間과 労力과費用이있다하면 願컨대一日이라도速히帰国하야 本国実情을大観하고 建国에 一臂의力을提供할것이다

◇

全日本北은北海道브터南은九州까지各地에散在하는朝鮮人商工業의機関 施設은決코弱小한건이안이오 実로隱然한勢力을가지고잇다 그리고此等이今日간혼大成을이룬것은各自가粒々辛苦하야 不抜의精神과不断의努力에依하야 造成한賜物이오結晶次第이다, 때에는朝鮮人이라고輕蔑받으면서도 忍耐하며 或은日本人同業者의压迫에싸위나오며 또때에는本意가안닌帝国主義·軍国

主義者에게利用을當하나니오 熱淚를참고
참어 今日간혼地盤을築成한것이다 如此
한我等의膏血의結晶인 商工機関의保護育
成은 独히當業者만의責務가아니오 我等
在留同胞는一体가되어이에対하지안으면안
된다 또此等当業者는各々多年의経験과技
術이인는것으로 新朝鮮建設에際하야 斯
界의指導者가되며 斯界再建設의重責을双
肩에負荷한者들이다 不幸히現在日本内에
있은機関、施設等의新鮮移動에는 多大한
困難이있이서 一朝一夕에本国에移動키는
至難한事情이니 結局은本国帰還하야、落
伍된祖国의商工業発展에 貢献지않으면안
될立場에있으나.業者諸君도 従前과갓치
漫然히 毎日ユ責任分野만을다하면満足하
다는 消極的精神에서一歩前進하야 祖国
에帰還하야 祖国商工業을如何히再建設하
며如何히発展식히겐는가와 不断의研究을
하여둘必要가切々함을痛感하는바이다

朴烈氏獄中詩歌

青山年々春色新 獄中夜半深自愧
碧海歳歳还四瀛 吾不能济五大洲
金鳳戯捕笑声高 落葉舞天紅金鳥
許陽照冤影漸長 者獄無为独断腸
形骸是埋債 带同恩東辰
死生即恩雙 遇逢雲外内
大我無我亦自我 遍覧学者説教家
万物万我皆大王 自由人進大斧放

乾坤単輪鼓 世界渾円球
不来無尊卑 何処有辺鄙

致啓君

大地는依㑹하야每年봄을맞이하오나
그래도차을속안에그봄을苦待하던이얼마
만하오릿가? 하물며한번이러버렷든祖
国의봄을우리들이怨恨의눈물을가슴갚
이품고刻苦待하온지数十星霜에千載一
遇와아니当然히차저와야할봄을마지하
엿나이다 万歳々々하와오히려기쁨을表
現할갈조차몰으오이다
故国本土에시이봄을마지한貴兄의感懐
가一層더갚으실줄아나이다모처름마지
한祖国의봄을꽃되게하고열내맺기를为
하야서는言論界의責任이甚大할줄만合
니다다음에貴兄의健康과勝利를바라나이다
今般貴紙記者이신李鏞根君의便으로貴紙는使命
을다하기为하야良心的出発로서正々한言論으로
民衆의興論을指導하시며祖国建設에挺身하고계
신다고듯사와実로満腔의感謝를드리며앞으로貴
社에発展을빌며祖国建設 및의貢献의페ㅣ지를
빛내시기를祝願하며마지않나이다生은中心으로
海外에서생긴新朝鮮建設同盟을为하야서도貴兄
의鞭撻을바라오며아직도어面談과機会를엇기못
하였사오나失礼하고두어자上書합니다
檀記四二七九年三月二十八日 朴烈
大東新聞社々長 殿

血書

住所 山梨県泉置賜郡小松町에잇는韓宗奎君으
로서부터 다음과갈은血書로서우리同盟에加盟

의約束이이섯다 氏와血書文은다음과
같다
「키듕맹에加盟식케주시기
바라나이다 韓宗奎
朴烈 先生 座下

建設同盟中央本部人事異動(順不同)

流心団 氏,
副委員長 就任
地方部長 卞栄宇氏
小石川聯合支部委員長就任
外務次長 李壬重氏
地方部長 就任
總務部長 金光男氏
文化部長 就任

文化部長 鄭泰成氏
宣傳部長就任
外務部長兼宣傳部長 全斗鉄氏
宣傳部長辭任
副委員長李康勲外務次長金正柱両氏는五月初旬
本同盟特派로서帰国하서는데우리同盟今後의祖
国建設使命과그発展을為하야目下大活躍中
이다同時에多大한期待를우리는바라고잇다
地方部次長 洪大竜氏
文化部次長 就任
宣傳部次長 朴準氏
委員長秘書室付

×編輯後記──省略──

以上

美蘇共同委員會 決裂에 関한 聲明

新朝鮮建設同盟中央本部
委員長 朴烈

美蘇 共同委員会 今次의 決裂은 우리 朝鮮人의 將来와 아울러 世界의平和를 為하야 大端한 遺憾이라 生覚한다 人類福祉와 世界平和의 確立은 美蘇両国의 双肩에 있으니 朝鮮으로 하여금 此両大国이 対立되여서 世界秩序를 攪乱식힐 禍根를 세우지 않도록 盡力하여 주기를 希望하는 바이다

朝鮮의 自主独立을 해서 助長 結기는 것이 世界平和維持를 為하여서도 한갓 原則이라고 한다면 朝鮮를 中心으로 美蘇가 対立될余地는 絶対로 없을것이다 今次의 決裂은 不可避로써 両国을 疑心케 하는 工作이라고 믿는다 우리의 解放独立이 早速히 実現되도록 하로밥비 美蘇両国은 協調를 하야 去就에 彷徨하는 朝鮮은 安定식키기바란다 勿論우리는, 우리의 完全解放 自主独立이라는 要求를 決코 누구에게 求할것이라고도 生覚지않코 또 선물받을것 이라고도 生覚지안는다 何如間 우리는 우리의 真正한 要求를 堅実히 貫徹하기 為하야 今后事態의 進展을 좀더 冷静히 注視하여야 하겟다

新朝鮮建設同盟淺川支部
結成式의同志諸賢에게드림

맛소国家의敗北으로써第二次大戰은終結

되고따라서朝鮮은解放을約束받았으나
우리의完全独立은豫測할수없을만치
이제금混乱한状態에있읍니다
"보쓰담"宣言의世界的公約이実現되기를企望
하는우리는米ソ両国의協調를期待하는同時
에우리들同胞自体의実力을培養하야우리들
손으로써祖国을建設하여야하겠읍니다 只
今까지日本人의技術에만依存하든우리同胞
는汽車機関車를修繕하는能力이능능치못하
야交通이繁雑하고아즘에洗水할때歯粉이없
으서困難을늣기며電燈하나반들지못하야밤
에는暗黒속에서자내는原始的生活을하고있
읍니다, 例를들자면限이없읍니다 政治論에
만終始하고深刻化한朝鮮의"인푸레ー"
를亡치기에는無感覚한朝鮮同胞의動向을볼
때나는여러분들과같이朝鮮의将来를憂慮합
니다貧窮하고疲弊한農村을근치기에는努力
지않고都市의華麗한生活에만憧憬하는우리
同胞의傾向은그中에도青年은此무나軽蔑한
니다여러분ー! 우리朝鮮同胞의손으로써建
国을하로일즉이完成하여生産力을日本人의
政治時代以上으로発揮하야世界人에게
우리朝鮮民族의참된実力을認識식힙시다
이에는三千万民族의一致団結이第一要件임
이다
過去朝鮮历史를도라볼때그八割이内紛이였
고民族国家의滅亡도亦同胞相互가対立하여
内紛한것이그根原이였읍니다
요사이党派를서우고勢力을다루는情景을볼
때또다시過去历史를밟으라는同胞들의無自
覚이참으로寒心합니다
朝鮮을愛護하고民族을사랑하는우리는오로
지団結하야民族各自의素質에応한実力을養
成함으로써三千万民族의総力을綜合的으로
集結식힘니다
이것이即朝鮮의完全独立을하로일즉이完成
식히는부経이라고믿습니다
新朝鮮建設同盟은이렇한趣旨下에서建国에
貢献하려하는바이다同志的으로맺이게된浅
川支部여러분들은独立朝鮮의建設事業을徹
底히認識하야在日本朝鮮同胞를指導하여주
기바랍이다

新朝鮮建設同盟
中央本部 멧세이즈 朴烈

地方消息

千葉에国民大会

지난九日千葉県에서는新朝鮮建設同盟과
朝鮮建国促進同盟共同主催로서国民大会를
開催하였는데 이날千葉에居住하는우리同
胞들은이特報를듯자日常多忙함에도不拘하
고数千名이太極旗를들고그会場에参集하야
盛大한大会를맞치게되여스며同午后四時閉
会하였다

浅川南支部結成大会

浅川南部에新朝鮮建設同盟支部가組織되
여지난廿一日午后一時부터浅川国民学校에
서結成大会를挙行하였다 即朴烈委員長멧
세ー지와諸氏의熱辯이있은後無事閉会

国際労働総同盟及各支部가本同盟에合流

大阪에唯一리라할수있는有力한国際労

働同盟總本部은祖国建設에獻身努力을하고잇든次에今般本同盟과合流코자하야彼同盟金委員長以下支部委員長数名이上京朴烈委員長을訪問하야相議後意見一致를보게되여서同日午后一時常務委員全員을通하야慎重히検討한結果満場一致로合流하게決定되엿스며彼同盟을本同盟西日本総本部라称하게되엿다이特報를期待하고잇는大阪朝鮮人国際労働同盟総本部에서는時日을멈추지안코朴烈委員長歓迎大会準備에着手하야서지난二十六日大阪中之島中央公会堂에서同胞数万名의参集下에開催되엿는데実로真剣하고盛大한大会이엿다

이大会参席者는左와갇다

朴烈委員長　外務部長全斗鉉　地方部長李玉童　文化部長金光男　委員長秘書朴宗鎭其他

東京都内에一大強力한聯合支部誕生

小石川、本郷　神田　麹町、豊島、日本橋、各支部에서는能率的見地로서分散合同을断行하야名称、小石川聯合支部라하고委員長은木栄守氏가新任하엿다氏는中央本部地方部長으로서모―든辛苦를克服하야建同運営과祖国建設에많은努力을하엿다

地方部長西日本地区遊撃急襲

地方部長李玉童氏는地方組織과支部連絡에晝夜多大한努力하고잇는데지난二十日博多地区를急襲하야同胞의現状을視察한後 27

朝鮮軍政庁博多連絡所李相鳳氏를訪問하야在日同胞事情과政団情勢在日同胞輸送其他여러方針対策에関하야慎重한会談이잇슨後無事히帰京하엿다

三烈士를送藏하고（在日同胞에게보냄）

夜臺에서瞑目치못하고　不敗의餘恨을품은三烈士의體魄을故国에奉藏케된나로서는交感不息하는慷慨悲憤의感을禁치못할지못할지로다　三烈士가　일즉이祖国의光復과同胞의自由를為하야壮途에나갈때　訣別하던工氣宇야얼마나壮重하엿는가　河海가逆流하고　江山이꺼어질듯하엿다　나에게는아즉도그날의勇姿가眼前에歴々하고그날의遺嘱이心肺에銘佩되고　그날의偉功은世界를震動식혓다　오날에잇어서비록聯合軍의戰勝으로因하야敵이降書를드렷다할지라도烈士聖血이엇지聯合軍의勝利에烽火가되지않 28 엇오타．此로써祖国의歴史가泯滅되지않고此로써国魂이不絶하엿도다．世界의어느나라가　우리를凌海할것이며　우리에게動容치않을배랴　鳴으다　同胞여　先烈은이같이壮厳하엿거든　우리는엇지　우리任務를다하지못하고　先烈의뜻을받들어報答치못하엿는가　나는그윽히先烈의英靈에向하야黙々히衷心으로서사례하여　마지않는다．우리의任務는重大하고도繁多하다．보라内外에情勢는날로角度가바꾸어지지않는가　우리나라가独立된다는것은　엄의聯合国사이에서公約된것인데　聯合軍駐屯한지벌서一年이되엿으되우리에게는独立도自由도아모것도없으나　이것이무엇으로말매암은것인가．勿論美蘇共委의難關도있엇지마는　우

리의民族全体가团結되기못할것도原因의하나일것이다。萬一先烈의精英이泯滅되지않고이것을안다고하면九原에서痛與할것이다 先烈이義롤狀하고死地에나갈때一分이라도어지다를뜻이있으라 오직祖国의愛와同胞의愛에서넘치는熱情뿐이다。오날政壇에서鋤翔하고國論을領頭하는여러分은國中의名士이다. 顯急으로나意識으로나思想으로나政見으로나모든것에先抵求로自然하지않는거左右에国工가林々한데更好剃相이公認하여주는祖国의独立을이루지못하고同胞를救出치못하는가아모리좋은思想과政見이있다할지라도祖国가同胞의愛가없다면그것는반다시偽善의思想이요偽善의政論이다 오직祖国의独立과同胞의幸福을為한다면무엇으로써团結되지못할거신가此를演繹하여此의責任을어느곳으로放納시히라는것은아니다統此로内外人士가相互斯結하고三千萬의国民이一致团結하야一刻이라도먼저独立을하자는것이다 나는朴烈君의聲明書를이러고갈이敬意를表하여마지않는다

무엇보다君은自由社会主義이다 君의理想과信條로보다 人间의自由意志와個性을絶對尊重하는君으로서「祖国과同胞를為하여서는各自의主義를버리고、오직独立一路로邁進하다」하였으나 君의愛国의丹誠에서团結을苦要하는衷心에서表明된것이다

同胞여!! 光復을見測하OK 先烈의英靈을慰할지어다

七月 日

金九

29

建設同盟中央本部人事異動(順不同)

副委員長就任 元心昌氏

地方部長
小石川聯合支部委員長転任 卞榮宇氏

外務次長
地方部長就任 李玉童氏

総務部長
文化部長転任 金光男氏

文化部長
宣傳部長転任 鄭泰成氏

外務部長兼宣傳部長
宣傳部長解任 金斗鉄氏

去四月十八日우리新朝鮮建設同盟의発展을為하야重大한使命을띠고本國에特派로出発하였든副委員長李康勲氏外務次長金正柱氏両氏는遣骨奉還会徐相漢氏等과함께去七月末日無事到着하였다 両氏가本國三個月滞在中에있어서이룬活動에對하야서는우리同盟全一同은踏은感意과感謝를表하야만지않은다。—

地方部次長
文化部次長転任 洪大竜氏

宣傳部次長
委員長秘書室付 朴準氏

編輯後記 — 省略 — 以上

原稿募集

建設的方面

論文

詩

戯曲

小品等其他

原稿締切

毎十五日以内

○本紙第三號
八月二十日頃発行予定

一九四六年 月 日
一九四六年 月 日
新朝鮮 定價 四円五十錢
印刷並発行人 鄭泰成
発行所
新朝鮮建設同盟
東京都赤坂区青山一丁目一番地
電話 赤坂(48)五三九番

— 宣傳部發行 —

▲建同パンフレット(日本文)定價五〇

▲人間朴烈 第一輯

▲人間朴烈に就て 第二輯

▲独立指導者朴烈 第三輯

▲吾等の立場 朴烈(未定)

▲革命家朴烈(未定)

文化部編
朴烈先生の片影 藤下伊三郎

布施辰治著
運命の勝利者 朴烈
発行所 朴烈後援會

発行所 新朝鮮建設同盟
東京都赤坂區青山一丁目一番地
¥4.50

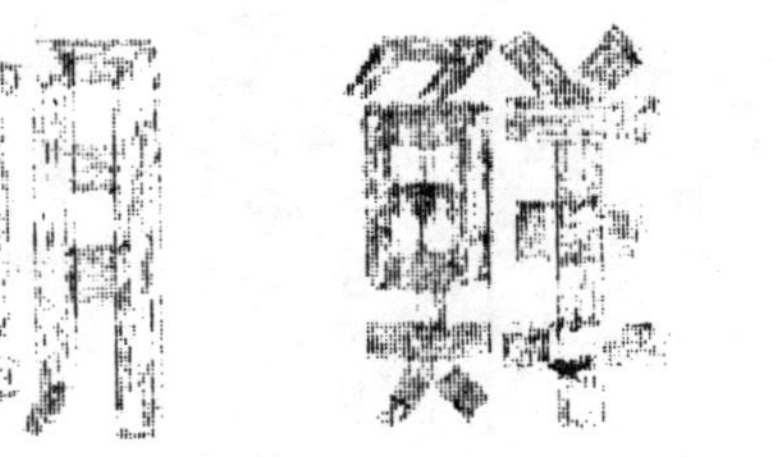
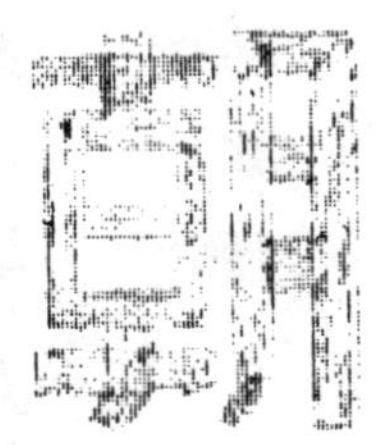

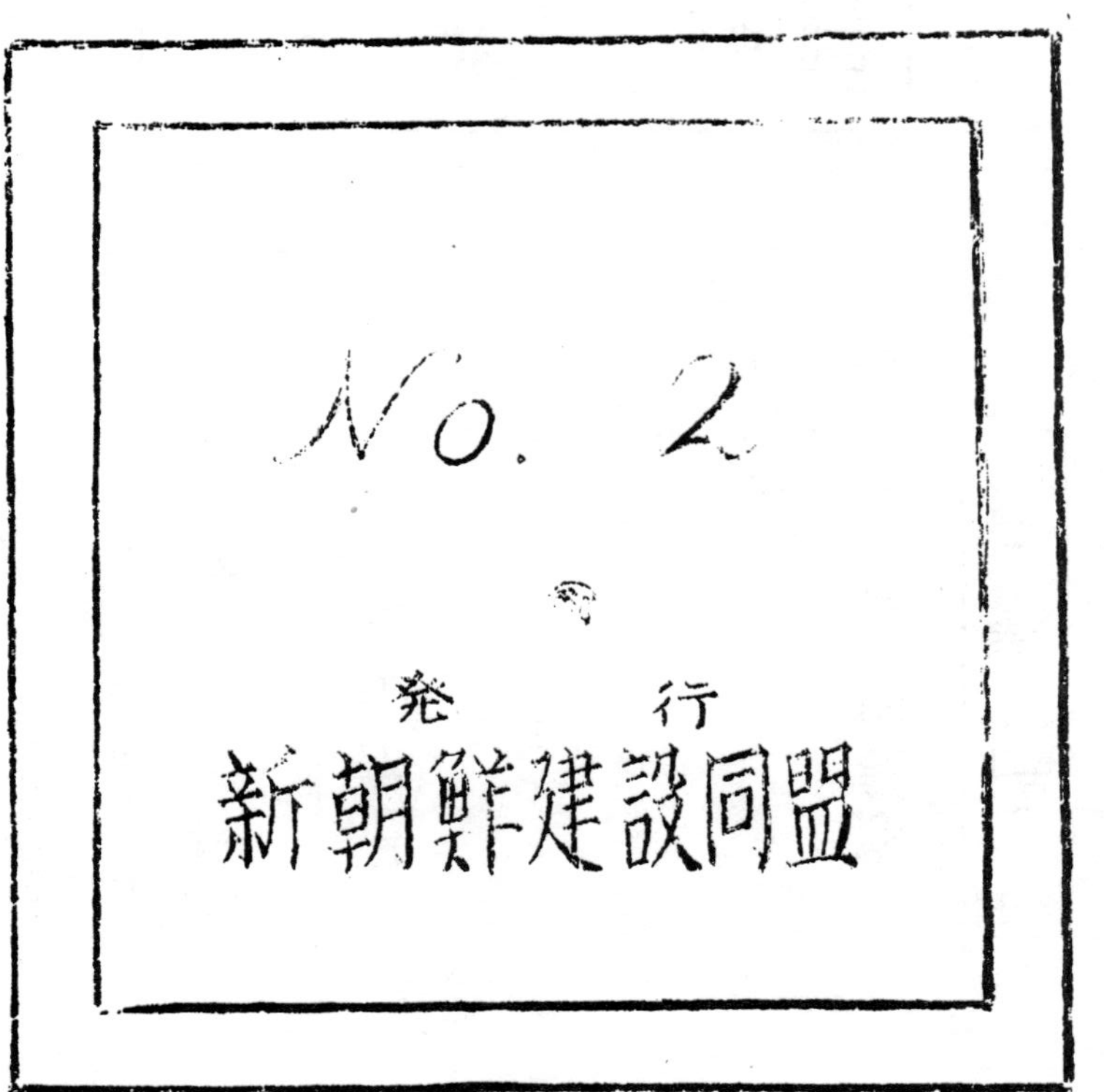

新朝鮮建設同盟

原則綱領

一 勤勞大衆의自由를獲得하야
民主主義体制의確立을期함

一 社會主義計画經濟를斷行하야
均等한國民生活과그의向上을期함

一 世界의恒久平和를爲하야
國際協調를期함

目次

丹心歌

圃隱 鄭夢周先生

此身死了死了 一百番更死了 白骨爲塵土
魂魄有也無 向主一片丹心 寧有改理也歟

이몸이 죽어죽어 일백번다시죽어
백골이 黃土되여
혼이야 잇든없든
님향한 一片丹心 변할리있으랴

文睚生 譯

巻頭言

自由 ……… 解放 ………

이두가지用語는 終戰後로 紙上으로부터 談話로서 가저語〃보고듯게된다 그럼으로 새로운 말 같으나 實狀은 오래前부터 思想家들이 思索하고 새김질하든 말이다 그리고 世界弱少民族들이 他國家의 覇壓下에 잇든 적은 나라들이 함께 부터 위하야 오든 말이다

드되여 原子爆彈은 世界表面上 解放가 自由를 誘導한 결처름되였다 그래서 解放을 언은 결 같고 自由를 언은 결 같으다 그렇나 참된 解放가 自由는 못수 붙여 헌 쓰 걷어 주 할 것이다. 隣合國의 勢力이 威嚴을 보이고 잇는 以上 世界는 解放이 된 결 같고 어떤 思想의 潮流가 흘러 이 것이 우리의게 自由를 주는 결 같으나 참된 解放과 自由는 外的의 것이 아니요 어데까지는지나 個人의게서 나오는 內的所有일 것이다.

〃헬라〃의 어떤 哲人은 人間을 指摘하야 〃永遠히 사로잡혀 잇는 사람〃이라 하였고 独逸에 어떤 宗教家는 〃人間은 自由에 対하야 쓰사로 束縛하고 잇다〃 고하였다 이렇한 意味에서 全世界人類個人〃〃이 精神的으로 解放

와自由를体得하기前에는地球上에는解放과自由는한宿題로되고말터이다、아니永遠히찾어오지아니할줄안다 이른바큰事業을어느때나完成할수있을는지……。우리는外的解放과自由를外部로서侵害를받는일이넘우많다 爲先卅八度境界線을보라이를國家的으로보와서우리韓民族이모처럼얻으려하는自由와解放을侵害를받고있다 이와같이人生觀에서볼때人生은內的自由를그리고解放을極히侵害을받고있다 우리는內的으로아―모다른束縛을받지아니하여야되겟다 前記哲人들이말한밖에서解放과自由를內的으로体得한個人을單位로民族的으로國家的으로集合되지않은곧에는絶對自由도解放도없을터이다

끝 우리는外的의것에서는解放도自由도얻지몯할것이많은줄안다 즉死亡、疾病、氣候莫他不可抗力에있늘이다 人間은[illegible]어느範圍과束縛가래서살기때문이다 그럼으로이들을外的이라고假稱한다면그反對로 우리는內的으로곧人格的으로自由와解放을体得하자 곧내가나의게自由를얻고解放을받아라 그래서이個人이集合하야建設하는新朝鮮은참된自由와解放을얻게될터이다 人生內的自由는人生의發在이며當面한建國에要素라하겟다 그리고人間이体得한寫眞한內的自由와解放은곧世界의自由와解放과並行될것이매더욱이前者는後者의原動일것이다。

高貴

民主々義의 前途

朴 烈

解放된우리祖國朝鮮은 新生의길을찾어어대로가려하는가。오래동안苛酷한搾取와權力에사로잡여있으면서도 오즉平和와自由의새날이오기만을기다리든祖國의民衆은 只今어떻한國家와社會를建設하려는가。아니어떻한國家와社會를建設하여야할것인가

한便에서는亞米利加的民主々義라고하는사람이있는가하면 또한便에서는蘇聯的民主々義여야한다고들말하고있으니 民主々義의實現이란 그만큼그의形態가重要한것明白을推測할수있다

그러나그것이 어느便이옳고어느便이그르다는것을是非하기前에 먼저이民主々義論者가 朝鮮에있어서主張하고意圖하는根本이어대있는가 또있어야할것인가를 考察하여본다면 兩者가똑같은意圖에서 主張하고있는것을알수있다 兩者의左右傾向을莫論하고그가根本的으로意圖하고있는것은 어떻게하면 歷史的發展의法則에卽應한民主々義를實現하야 半封

建設諸矛盾을克服하고 아즉까지도極貧狀態에서벗어나지몯하고있는 國民大衆으로하야금 幸福한生活을할수있도록하며 또그것을實現할수있는國家를어떻게하면建設할수있는가하는點에있다

또한現代世界의歷史를도리켜보와 冷靜히判斷한다면 國內的으로나 國外的으로나 平和를攪亂한根源이資本主義였고 歷史發展의原則이요方法이였든것이 今日에있어서는오히려 歷史發展에桎梏化한것도 資本主義인것은否定치몯할事實일것이니 現在朝鮮이要望하는諸難關을解決하고 平和를維持하며 社會를發展식히기爲하야는 오즉社會主義的解決方法外에는없을것이다

뿐만아니라 先進諸國中 蘇聯은勿論 米英等의國家에있어서도實質的으로는資本主義矛盾의解決策으로서 社会主義的原則을적지않게採用하고있으니 모름직이 世界의進運과歷史의發展에貢獻함을目標로하야 祖國再建과國民生活의深刻한破綻의解決을早急히完成하여야할우리는 모―든立場과先入觀念을버리고 社会主義原理와体制에虛心坦懷한敎訓을받지않으면아니된다 最惡한威信과낡은權力手段만으로서形成하였든李朝의純粹한封建國家가半封建的資本主義日本의侵略을받어 今日에있어서는農業朝鮮이近代的工業朝鮮으로轉換할수있는一要因을形成케된것은時代가선물한朝鮮의進步라고할가。 그렇나아즉도朝鮮은半封建的土地所有關係에서 脫却지몯한채農村地域에서의生産의低位와 農民社會의窮乏을免치몯하고있으니 資本主義日本의기반에서脫却하게된機會에 이를根本的으로克服하지않는다면 朝鮮의將來에重大한禍根을남기게되리라

더욱이解放된今日의朝鮮에解放前의낡은矛盾보다 오히려더重大한矛盾이새로히増大하고있는것은 어찌된일인가。豊作을傳하고있음에도不拘하고 深刻化하여가는食糧難과 悪化의一路를걷는인푸레 海外에서도라온數百万同胞의窮乏 聯合軍의分割進駐에서派生되는政治的混乱 失業者의續出等朝鮮은只今前古未曾의社会混乱에當面하고있으니 이러한緊急한問題를自主的으로解決하기爲하야는 社會主義原則에依한方策을 大膽히採用하지않을수없으리라

그렇나現在의朝鮮은 聯合軍의軍事的進駐下에있어 그의指令과 指導를받아서 우리의諸問題를處理하여나가지않으면아니된다는것을 잊어서는아니된다。카이로宣言과포츠담宣言에依하야解放을받은우리로서는 그의指導를받는것이 國際的義務임과同時에 朝鮮이要請하는歷史的必然일것이다

根本的으로보아서 朝鮮은以上으로의낡은前時代的封建主義잔재를徹底히克服하고 朝鮮의社會에서 合理的으로発展한資本主義를止揚하지않고는

[illegible]
와 世界의 安全保障에 貢獻할수 없을것이며 우리들의 國家再建은 朝鮮의 永遠한 苦難의 轉換을 意味하는것에 지나지 않을 하게되리다. 따라서 現在의 聯合軍의 軍政々策은 今日에 있어서 歷史的趨勢가 되여 있는 世界的民主々義勢力의 進步的表現이라고 理解하여야 한다. 그러기때문에 우리는 聯合軍을 解하야 解放軍이라고 하는것이다.

여기에 있어서 우리는 如何한 境遇와 問題에 當面하야도 우리들自身이 自覺하야 이 歷史的趨勢인 社會主義原則을 断乎한 勇氣와 決意로써 前進시키지 않으면 아니된다. 여기에서 말한 決意는 勿論 科學的이며 合理的이여야 하고 決코 獨善的, 獨斷的이어서는 아니된다. 그리고 이러한 우리들의 自覺에 依한 前進的活動이야말로 世界의 民主々義的 諸國家에 對한 義務인것이며 우리는 朝鮮民族의 完全解放을 爲한 唯一의 길인것이다.

그럼으로 朝鮮에 있어서의 民主々義는 社會主義原則과 決코 矛盾되지도 않고 또 分離하야 生覚할수도 없다. 現代世界의 趨勢가 되여 있는 民主々義의 實現은 各國의 歷史的 社會的 諸條件에 依하야 그의 形態가 決定되기때문이다. 原理的으로는 純粹한 形態를 形成하기는 하나 實際에 있어서는 各國의 事情에 應하야 特殊한 內容과 實質을 갖우지 않는다면 民主々義는 하나의 抽象的概念에 지나지 않을 하게되는 것이다.

그러면 朝鮮에 있어서의 民主々義의 特殊性은 무엇인가. 朝鮮에 있어서의 民主々義는 半封建的地主를 除外한 勞働者, 貧農, 農民 그리고 이에 同調하는 知識階級과 中小商工業者들에 依하야 推進되고 있으니 欧米의 民主主義가 資本家들을 先頭로한 市民一般의 힘에 依하야 推進된것과는 根本的으로 다른것이 그 特徵이다. 그리고 또 하나의 特殊性은 聯合軍의 分割軍政과 國際勢力의 直接影響밑에서 派生되는 政治的 社會的 經濟的 混乱이 날로 深刻하여감을 따라 勤労階級의 生活은 날로 不安하여가고 失業者는 점々 增大하고 있다. 이러한 要因을 契機로 하야 民主々義가 推進되고 있는것이 그것이다.

그럼에도 不拘하고 現實朝鮮의 情勢는 國際勢力의 压力과 一部 觀念論者의 政治的謀略 때문에 反動化하여가고 民主々義活動은 挫折状態에 있다. 그러나 우리가 今日에 있어서 民主々義的國家와 社會를 하로바삐 自主的으로 實現하지 않는다면 우리의 祖國은 永久히 半殖民地的地位에서 버서날수 없을것이라 볼만아니라 聯合軍이 카이로宣言과 포츠담宣言에서 朝鮮의 解放을 世界에 公約한 그 好意에 報答하기 爲하야서도 우리들은 民主々義的 諸勢力을 強力히 結合하며 一般勤労者의 生活向上과 朝鮮의 人民大衆을 爲한 祖國建設을 하로바삐 完成하지 않으면 아니된다

廣範圍의 民主勢力을 結合하지 않고는 祖國의 建設과 民主々義의 前途는 希望할 수없다

實業家는公益에犧牲하라

李承晩博士

獨立促成中央協議會를組織하게된것은 原來내가歸國한後 朝鮮호텔에서 各政党代表와 한團体ㄱ各式會見하겠다고하였드니 七十二團体代表가몰여섯다

거기에서내가말하기를 어느나라에서든지政党이라는것은 争辯을하는団体인데 다른나라에서도 戰争이나을斯時期에는 모든政党이그主義主張을除却하고 國民全体의主張을為하야 일하는법이다 우리의 오늘形便은 政党이争辯한다면 다른사람은 우리가分裂하고잇는것으로본다 그렁면우리가要求하는獨立承認을받을수 없다

軍政当局에서는 이것을口実로 어떤政党이民意를代表하는지몰나서 政党을 承認하지몰하겠다고하였다

実際에있어서는 그뒤에内容的関係가있을것이나 그것은発露몰하고 죄게로 그럭케말하나 우리는이때에政党으로主義主張을갖이고 争辯하지말고 政党色彩를두고 한目的인獨立을主張하야 目的을이룬後에 政黨을組織하는것도좋치않으나고하였드니 모든団体가이에賛成하였다

그리하야 独立促成中央協議會를 組織하게된것이고 그後는政党色彩에 介意치않고 길을하야온것인데 最近에나의게 詮衡委員七人을選出하라고함으로 내가選定하얏는데그中五人이 韓民党사람이라고함으로 이에처하야 謝過하고 다시詮衡委員을選出하게되였다

이러한委員이봉詩서 中央協議会執行部를組織하기為하야努力하고있는데 아주完全한結末이나지몰하얏다

그中가장困難한點은 아주도政黨의主義를超越하지몰한것으로 거의政党은 [illegible]가當코 거[illegible]政党은 적이고 하는것이障碍가되고있었다 詮衡委員은 아주도義論中이라 圓滿한結果를걷어서 모든团体가充分히諒解하게되는지않될는지 判断이날것이다

金九先生以下臨時政府領袖로 이미歐[illegible]한바이라 그이들파도議論이되였으니 急速히作定되기를希望한다

協議会는 臨時政府國務院과는 將次 協力하게될것이다

人民의 言論代表機関을 맨들야는것이다

米穀問題에関하여서는 아놀드軍政長官의要請로있어 財政家몇사람을모아서 이일은우리가할일이라 힘써보자고한것이다

相當한分量의米穀이없으면 많은同胞가困難을받을것이다

実業家와 政治家가協力하고 우리들을몽와서라도 救國計画을다여보자고하는것이다

実業家나 財政家도 自己利益을圖謀하는것을中止하고 國家의血脈인経済力을発揮할目的으로 合同하야 対外的対内的経済策을決定하는것은좋을것이고 우선米穀関係를為하야 協力할目的으로 救國会나·反

二億圓借款이라는것은 나로서는믿을 바도없고 이는도모지謬報이고虛說이다

이러한 일에 關聯하야 돈으로 몸을 라는것은 잘못된다

우리는 私益을버리고 公益을爲하여서 일해야한다

米穀回收計劃은 軍政廳과 確實한 諒解가있어서 時價로사들이고하는것이다 이 일을爲하야 全國民이모다 愛國心을發揮하기願한다

救國會는아즉 組織中이라 仔細한 內容은發表하지못하겠다

이에關聯하야 農夫는 米價가오르기를바라나 勤勞大衆은 살수있게 米價를低落시켜야할것이다

그러한데 다른物件의價格은 다오르고있다 그理由는 軍政廳이保管하고 있는日人軍需品 拂下를받은商人이 例컨대 六十圓에산 [illegible]을 七百円八百円에 팔고있다

工場에서는 産品이없어서 놀고있는사람만 많고 貪慾한사람은 잘산다

軍政廳과 協議하야 物價를低落시키기 爲하야 이러한 拂下物資를 米穀買收人에게주어서 政府에서定한 公定價格으로 中間利益을取하지못하게하며 消費者에放賣하도록 計劃할라고한다

富者나勢力家는 이제는 [illegible]하고 우리는 나라를爲하야 私利私慾을찾는것을버리고 公共事業을 妨害하지말어야할것이다

우리는權力을 恢復하기願하고 그[illegible]은주기를願한다 다만우리 內情을몰라서 自己들의方式으로 할라고하니 걱정하리는일찾다 또國際에서도 十二十 [illegible] 國体가亂立하여왔으면 우리目的達成이 支障이된것이다

우리는 黨派로없고 남자 女子로없이 全部가協調하야 같이살게하면 그들은權力을우리에 내줄것이다

우리는 民族을分裂시키고 統一을妨害하는者를 없게하여야할것이다

이렇게하면 聯合國의公論에依하야 三十八度問題로 解決될것이고 政權도 우리손으로올것이다

仁川에十二万石의 美國쌀이왔다고하는데이는貯蓄하였다가 우리가매우困難할때에 給與할것같다

重慶政府代表 趙琬九氏는 聯合國復興救濟委員會委員으로 先般倫敦會議에서 朝鮮三委員이되게하였으나 朝鮮政府가 아즉成立되어서 具體的交涉이 없는데 將次는이「언라」와交涉할 運動이 있을것이라고말하였다

政府에서도나라는 美國으로부터 食糧供給을받았으나 우리朝鮮은 自給自足할수있는것을 자랑할수있다.

一九四五, 十二, 一○

記者團會見談

同胞는三一革命精神을發揚하라

大韓民國臨時政府主席 金九

親愛하는 同胞諸君 나는오날이盛大한歡迎을받을때에무었보다도몬저우리臨時政府를代表해서오래동안 倭敵의 統治下에서가진苦難을當하여온國內同胞兄弟와께가장親切한慰問을들이는바이다。

나와밑臨政同志들이 오날이자리에서同胞들의이와가치熱烈한歡迎을받게될때에果然形言할수없는感激이있고興奮이있다. 數十年間海外에서流離亡命하든우리들로서 그리든 祖國의땅을밟게되고 사랑하는同胞들품에 안기게된것은참으로無上한榮光이다。

여러분도 다아시는바와같이 우리臨時政府는 三一大革命의 全民族的大流血鬪爭中에서 出生한唯一無二한政府이였다。 그야말로全民族의總意로組織된政府이였고同時에倭敵의朝鮮統治에対한唯一한敵対的存在이였다。 그럼으로 우리臨時政府는過去二十七年間三一革命의精神을継承하야 全民族總团結의立場과民主々義原則을一貫하게固守하여왔다, 그럼으로 우리政府의唯一한目的은오직全民族을總団結하야日帝主義를打倒하고韓國에眞正한民主共和國을建立하자는데있었다 그렇나우리들이奮鬪한結果는即時完全한独立을取得하지몯하고 所謂相当時期에 独立을保證한다는同盟國의聲明書를얻고가지고入國하게되었다。 이것은實로遺憾千萬인同時에今日우리가이盛大한歡迎을받기에 너무도부끄러운點이다.

사랑하는同胞諸君 今次反파시스트世界大戰의勝利의結果로 우리의國土와人民은解放되었다。 그렇나 이解放은無數한同盟國人民과 그들의高貴한피와 땀의代價로된것이며 또亡國以來數十年間 우리独立運動者들의流血犠牲의 代價로된것임을잊어서는안됨니다。 至今우리는国土와人民이解放된基礎우에서 우리에独立을創造하는것이 緊急한일이다。 그러자면 南北朝鮮同胞가 団結해야하고 左右派가団結해야한다。 極少數의親日派와 民族叛逆徒를除한外의모든同胞는 마치한사람같이 굳게団結해야한다。 오직 이렇한団結이있은後에 비로소우리의独立主權을 創造할수있다。 그러므로나와밑政府同人들은 보다더많은自信과勇氣를갖이고 全民族各階級各派의鐵같은団結을完成하기爲하야奮鬪하려한다, 美國[illegible]는 우리를解放해준恩人임으로 이들과 協助하야 倭敵의殘滓勢力을 嚴正히 肅淸해야한다。 또우리는 美、蘇、中、英등同盟各國과의다같은親密한關係를建立해야한다、 더욱우리나라는 密接한關係를가진 中、美、蘇 三國과의 密接한合作을爲하야努力해야한다。 오직이三國과의親密한合作의기초우에서만 우리의自主独立을迅速히갖어올수있다。 우리民族内部가団結하는데에 同盟各國은 더같이 우리의独立主權을承認하여줄것이며 우리의國家建設을爲하야 積極援助할것이다。 사랑하는同胞兄弟姉妹들이여! 우리는 三一大革命의 全民族總団結의 精神을 다시한번發揚해서 正히이때에 우리新韓國의 独立主權을갖고 自由平等幸福의 新韓國을建設합새다。

大韓民國臨時政府
凱旋全國歡迎大會에서

良心的指導者의出現을바란다

安在鴻

歷史的過程으로因한必然的으로의民族解放은約束한날은왔다。 三千里聖域에 歡聲과感激의피끓는愛國心이 湧溢하였다。 누가이、聖業의壯途에 머리숙이지、아니하며 [illegible]만치인들 自主独立을遲滯식히니 했으랴。 江山四十年間荊棘의苦楚과 [illegible]같은 民族에게는悲哀와 [illegible] 恨을품고 눈물이 [illegible] 오날을 未曾有의 三千萬同胞는 地球가 좁다 [illegible] 歡喜와 感激의 喜淚를 [illegible] 하날이 破裂되는듯 했으며 感激과 表心의 歡喜로 [illegible] 喊声의 瞳子는 確実히 勝利者의 힘찬 빛난 눈瞳子였다。 燦爛하게 빛났으면서도 두눈에 [illegible]

서는 珠玉같은 두줄기 눈물이 限없이 흘느지 않엇나. 祝賀歡喜에 넘뛰는 學生과 民衆의 눈에서는 分明이 알수없는 含된 눈물이 흘었으며 議論없은 約束은 三千万同胞가 同一히 約束했으리라. 約束은 내저젓든가 歷史的 民族史上의 歡喜인 記錄의 날을 回顧하자. 感激과 盟誓外에 무었이였든가. 時間은 흘으면 그 時間은 永遠히 다시 몰은다. 이 記錄이 다시 反復은 불되는 法이다. 高熱되였든 鎔鑄는 차차 冷却되여간다. 意識의 火焰은 瞬間에 灰燼되고 말았다. 불꽃은 너머도 힘없이 타고 말았다. 마음의 불이 다 ── 타고나니 몹시도 차다.

우리 民族은 果然 約束과 같이 純潔無垢한 것이며 良心的이였든가. 우리의 눈에는 歡喜의 벅찬 感淚가 끓이고 約束없은 悲哀과 歎息에 눈물이 흘느고 었오니 이것이 果然 누구의 罪며 누가 悲哀의 指導者였는고. 果然 이 江山이 누구의 한사람의 것은 않이었을 것이다. 三千万 우리의 江山일 것이다. 이는 우리의 罪일 것이다. 前後不知의 너머도 愚鈍한 우리 民族일 것이다.

[illegible]히 내 飽食과 나 安息을 爲해 他動物을 殺食했다면 그것은 오즉 靈과 愛情이 없는 生存競爭의 動物 그대로일 것이다. 우리는 下等動物 그것은 않이다. 萬物의 靈長인 人間일 것이다. 共存共榮 아니면 生存키 어려운 우리 人間일 것이다. 내가 잘살기 爲해서 他人을 殺害했다면 그것은 動物 그대로일 것이다. 解放後의 雨後竹旬과 如히 簇出하는 政黨을 展座하라. 勿論 民族의 幸福을 圖謀하는 鬪爭과 政黨이라면 누가 그것을 誹謗하며 잘妄이라 하랴마는 過多한 憂国志士긴 各政黨 그르因하며 國内게 다시 悲慘한 民族鬪爭과 独立促成을 爲한 政黨이 反對또 民族全体의 幸福을 짓밟고 있다. 人間은 神이 아닌 以上 過誤가 있는 法이다. 愛国心 熱々한 至誠心을 어찌 憎惡하라. 그렇나 모든 事物의 形態組織은 그 規模 方法과 否認할수없는 階級的 順序와 秩序가 있는 것이나 生産과 消費가 均等해야 各自의 能率價値과 그 使用이 價値있는 것이다. 生産없는 消費는 危險한 것처럼 消費없는 生産은 無價値한 것이다. 過多한 政黨의 簇出로 独立促成을 連滯케한다면 오히려 그것은 反動的 一五

으로 自主独立을 妨害하는 者일 것이다. 愛国者요 愛国志士라면 모름직이 各自의 主義主張을 抛棄하고 独立促成에 오직 邁進할 것이다. 所謂 勇者란 孔議를 分別하여 揮撰擇退하는 것이 勇特일 것이다. 不正当한 것이다上 識別하면서도 固執을 부러 敢行한다면 그것은 勇者가 아니다 愚将일 것이다. 数多한 憂国志士가 最高指導者를 뽕라도 그며 良心的 政論과 独立促成을 擧事한다면 天地가 다 ㅣ 政客이 되여도 可當하겠다. 그렇나 空然한 群小英雄의 跋扈心에서 假面을 쓰고 내가 愛國者요 祖國을 勤心하는 熱士라고 엣처는 妄悲가 있으니 寒心할 일이다. 空然히 正當한 志士를 分別없이 中傷하며 民衆을 擾亂케 하며 自己立場과 自己場君을 爲하여 鬪爭으로 流血케 함이 있으니 이는 못 妄悲일 것이다. 過去의 우리 民族이 团合치 몰하고 倭敵에게 搖提되여 塗炭에서 헤맷든 일을 回顧한다면 民族全体의 幸福이 있을진대 기ㅣ 모 不平不滿도 同族의 鬪爭도 없을 것이다. 우리는 勇者가 되며 識別과 壞退할 줄 아는 勇者가 되자. 아직 우리 民族의 最高指導者는 나서지 않엇으나 良心的態度로서 眞正奮鬪과 勇氣를 實踐케 할 憂國志士의 出現을 바란다.

一六

在日本朝鮮同胞의 生活問題

財務部次長 桊太一

解放後 朝鮮同胞의 動向은 二十一擧手一投足이 敗戰日本民族뿐만이 안이라 洋의 東西를 勿論하고 世界各民의 環視밑에 있다고 간이 할수 업다

半万年의 빛나는 歷史를 가진 우리 三千里 疆土가 当的指導階級에 있는 一部의 過失로 因하야 三十六年이란 長期에 亘하야 倭族의 鐵鎖에 両手를 잡히고 우리 历史에는 取消치 못할 汚点을 印치고 말것다 根據업는 倭族의 傲慢慾은 「井底蛙」 格으로 世界侵略의 惡夢으로 軍國主義를 強行하야 聖戰이라는 美

있는데 美洋의 全地域을 政策… 하고 그 策政들에서 우리 同胞들은 迷失되었으나, 慘酷한 生活을 하는 가는것은 더 깊은 悲慘을 겪을것 뿐이다

그러나 偉大한 聯合國의 勝利로 우리 同胞들은 條約의 義務로서 解放시키어주었다 우리의 感激은 무엇에 比할것이요 —

그러나 우리들은 解放되었다는 現實을 단만 解放되었다는 꿈에 醉하여 消極한 態度로서 輕率한 行動만 하여서는 안이될 것이다 우리들 앞길은 決코 平々坦々한 길이 안이다 險峻한 山路이며 荊棘의 難路이다 徒步이라는 것은 오직 우리들 三千万同胞의 손에 매여 있으며 三千万民衆의 大同團結에 달니여 있다

아 — 한한 祖國再建의 過渡期에 處해 在日同胞는 如何히 사러나갈것인가?

…

生活은 더 한층 困難의 主要問題이다

九月末日까지 韓國政府는 司令部의 命令에도 不拘하고 同胞의 韓國状態는 …하여 準備하고 있다고 하는 몇千名 그 根本原因은 어데 있을가? 經濟問題는 것이다 帝國主義政策의 悲政하에서 生活苦로써 渡日한 同胞의 過半은 勞働階級인 關係上 故國에의 生活問題를 愼重히 考慮한 것은 至當한 일이다 故國에 各人이 所持할수있는 千圓이라는 金額은 物價高騰한 現今에 있어서 幾日間의 生活補助가 될건가?

다못 旅費에 不過한 千圓이라는 金額을 所持하고 몇이 歸國할수 있을가? 多數가 勞働階級인 同胞는 이 問題가 解決되지 않는다면 大部分은 躊躇한 事情인게 있으

一七

다 耕 收穫 田土 其他 生產機關等이 있어서 生活할 을 維持할가하는 事情或은 設備가 充分치 못하다고 主張한다 이 反面에 우리同胞로서 여기 全業家로 있으나 그들은 亦是 諸般設備를 버리고 歸國할수 없는 現狀이로다 그 設備를 本國으로 移動할 對策을 考慮하여야 할 것이다 第一 現物을 移動치 못한다면 現金으로 交換하여 가지고 갈수있도록 이라도 하여야 할터인데 그러케도 못되니 亦是 生活問題도 歸國치 못하는 悲劇이 … 가지는 것이다

"맥" 司令部言明과 가치 九月末日까지 歸國치안으면 特典도 잃어지고 昨年八月十五日前과 가치 勝特는 안받는다고 할지라도 日本에서 큰은 取扱을 받게된다니 무엇이 答

一八

이 있으리오

"맥" 司令部의 命令이 안이래도 一日이라도 三天하게 歸國하고 싶어하는 것은 우리 同胞의 共通된 所願이라고 主張한다

그럼에도 不拘하고 歸國하라고 하는 것은 "맥" 보다 "하다"를 지니라는 것과 같은 趣이라고 主張한다

그러므로 同胞들이 歸國치 하는 그 根本的原因을 除去하며 解決을 지어주는 것이 絶對的 先決問題인 것이다

二九頁에 …

委員制에 対한 一考察

外務部長 金斗銖

委員制란 政体의 如何를 勿論하고 利用或은 使用하는 制度임으로 委員이란 用語에 意義난 政体如何에 따라 若干의 差異가 있다. 먼저 君主或政体에서 쓰는 委員은 君主或은 그 의代弁者인 官僚의 任命形式으로써 一定範囲의 事務 或은 企劃에 関하야 命令或은 半命令的으로 負荷시킴으로 名称은 民主主義政体下의 委員과 同一하나 그 性格은 官僚独断의 「감투라ー쥬」에 不過하다

近代에 이르러 君主主義政体에 있어서도 民間或은 一定한 団体構成員間의 選出로 委員会를 갖는 点도 있다 即 小作争議調停委員会或은 議会內시 分科委員会等이 이것이다 그러나 이런 種類의 委員制도 亦是 最高決議権은 君主或은 官僚에 있으며 그 委員会는 決議或은 執行機関이 않이고 一種의 諮問機関에 不過하다 그리고 民主主義体制下에서 쓰는 委員制의 意義난 代議制에서 発端하며 前者가 君主或은 官僚의 任命形式인 데 対하야 어되까지든지 大衆의 支持下에 大衆의 選出을 받은 이에서 代議員으로써 構成된다 그리고 이 代議員은 一定한 決議即多数賛意로써 結論지어진 具体的事由에 関하야 다시 그 執行機関으로써 相互選任한 것이 普通우리가 말하는 委員制이다 그럼으로 어떤 団体든지 어떤 國家든지 이 委任을 받은 委員은 大衆의 総意或은 輿論으로써 된 決意를 充実이 履行할 義務를 갖을 것이며 또 各委員은 그 執行에 있어서 平等한 権限을 갖게되는 것이다 即 決議執行에 있어 各事務的企劃과 決議을 要할 委員会에서 各委員는 同等한 発言権과 決議権이 있는 것이며 最終의 結論(大概執行方法)은 반드시 総委員의 多数賛成으로써 決定되어야 한다

委員長을 同委員会或은 該団体의 代表機関이라 함은 同委員会或은 該団体의 総意를 外部에 向하였을 때의 보는 面이며 対內的으로는 亦是 委員의 한 사람으로 決議権에 関한 一切이 平等한 것이며 代議院의 決議에 対한 執行의 責任을 똑갖이지는 것이다

過去에 惨酷한 戦禍를 惹起시킨 팟쇼나 軍国主義에 있어서는 賢明한 指揮官의 独断과 命令으로 一般大衆의 総意를 無視하고 自己個人의 意思를 断行하든 英雄心理的 行動은 이 委員制에서는 断然코 排撃하여야 하며 各委員은 良心的이며 反省的이여야 할것이다 民主主義体系에 있어서는 委任範囲外에 独断은 勿論이고 委任範囲內라 하드라도 総委員의 多数賛意

一九

에 逆行하야 独断할수 없는것이다

또한 委員이란 任命한 것이 안이고 選出한 것이며 数에 多少는 不同하고 一定한 大衆의 支持를 갖고 大衆의 代言者로써 또한 代議員의 委任으로써 그 職務를 執行하는 者임으로 職制의 分刑을 明確히 할것이며 거기에 対한 各委員間의 指揮権은 勿論이고 干涉権도 없는 것이다 다만 事務處理上 統括한 権限을 委員長에 一任한 것은 合議下에서 終局目標에 全委員이 集中하도록 運営할 権限과 義務가 있는 것이다

屢次 委員이 平等을 主張하였음으로 平等에 対한 若干考察을 記入한다

우리가 物像을 判断함에 있어 그 物像의 真偽判断과 그 物像의 価値判断의 두갖이의 判断이 있다 그리고 後者에는 다시 物件에 対한 価値判断과 人格에 対한 価値判断의 두갖이로 볼수 있다 即 人格에 対한 価値判断은 交換価値나 使用価値에 判断이 않이고 人格 그 自体가 絶体의 価値이다 即 物件은 価値에 手段이나 人格은 価値의 目的인 同時에 그 原因이라 할수 있다

二〇

平等은 이 人格에 対한 価値判断임으로 自由와 함께 人格이란 観念과 密接한 関係를 갖는 것이다

맛이 平等이란 観念의 進行은 먼저 古代印度 「부다」의 「부라마敎」와 같이 宗敎上에서 第一 먼저 平等을 主張하게 되며 (出発点의 平等과 絶対的 平等論은 여기에서 略함) 다시 孟子나 "칸트"가 같은 人格의 自由와 努力으로써의 道德平等을 確立하고 現代法制에 있어서 各國家는 法律로써 人格의 平等을 合議하며 다시 民主主義制度下에서는 政治의 平等에 이르렀다 即 代議員制度가 이것이며 國家의 元首인 代議院의 決議에 対한 執行機関이며 代議員에 対하야 責任을 갖게되는 것이다 다음에 経済的平等이 있으나 이것은 委員制를 論하는 오날은 깊이 言及할 必要가 없다 以上 平等에 対한 概念을 말씀하였으며 委員制에 있어서 各委員의 平等을 말하였으나 그 平等은 끝까지 執行과 責任의 平等 即 人格尊重의 平等일 것이며 職分 使命 委任範囲의 平等(?-)(主権히 같다 하자면 同(一)은 안이다 우리는 同一과 平等을 混用하야서는 안된다 또 그렇다고 天賦의 應分內 平等은 勿論이다

저가말하고 싶은 点은 이子弟의 論據明解
에있어 各自의 良心的 執務와 大衆에
対한 誠意의 実践을 中心으로하여 政治의
目標인「最大多数의 幸福」을 爲하야 最善
의 努力있기를 바라는바이다

一九四六、六

時事所感

竹菴 李鳳儀

忽聞三八度分圖
爲國同志盟総公念誼
大地寄春咸熙樂
一天陽氣北南殊
鶴步猶闊群鳥去
鳳翔他日聖朝俱
踊勤神機非偽合
時来能極牧民夫

述懷

地方部 金日煥

一、永明寺鐘이운다 解放의鍾이다
三千萬白衣同胞 다같이울어라

二、牡丹峰乙密台의 曙光이빛이나
大同江푸른물이 햇빛새빛나네

三、綾羅島垂楊버들 일々히푸르고
浮碧樓古代枯木 새싹이돋트네

四、三十余年때무든 옷삿는아가씨
흘으는맑근물에 내몸돌싯으라

五、自由롭다이내몸 할일이많고나
아침부터밤까지 힘잇게쌓우자

以上

무슨일인가요?!

독기、거북、개고리의會談

晴明한어떤날 고요한숲에서 독기와 거북과개고리가 相談会를열었음니다 세놈생이몰이고보니 셋이다高慢한놈들이라서로 上座에앉즈례고다투었음니다 먼저독기가하는말이

「다름박질은 내가제일빠르다 그렁니까내가上座에앉어야된다」

고하였음니다、그러니까 거북이가

「여보독기 그무슨말이요 넷적당산네조상은 우리先祖에게 다름박질에지지를않었오 그러니까이긴편의子孫인내가上座에앉어옳오」

한즉개고리가 깡충뛰여들여

「여보거북주사너무뽑내지마시요 陸地에서나海上에서 거북주사는내의半分도따러오지몰하저안소? 그러니까 이上座는내가앉어야하오」

하매셋이다自己에便益되게만이主唱하여議論이끝이나지않으섰다

그러니까高慢한독기가

「자!이렁케議論하지만 그道理는다

各々主唱할수가있어 날이저물너도 끝날것갓지않어 그렁니이러케하자 끝自己에第一品行上에좋왓다고生覚하는中에서하나를말하여우리中에第一조왓다는品行가진자가上座에앉으면어떻나?」

고自信満々하게말하였음니다

「그것좋와~~」

하고거북과개고리도賛成하였음니다그러니까또독기가먼저

「世上에서무엇이제일사람의性品을混乱께하느냐하면(金)그것이다」

하니까거북파개고리도

「그렇다~~」

하고손벽을첫담니다 독기는得意揚々하여「그런데말이다그有害된술을나는제일실여한다실여하는걸보다도酒店결에도가지몰한다자앉어야한지」

하면서上座에앉으려한즉거북이주손을벌여가로막으면서

「失禮지만上座는내가앉이야되겠네 나는酒家결보다로麥田결에도가지몰하네이렇케술을실여하는가가있겠다그렇니上座는亦是내가앉어야겟네하고날

서니까 지금까지 默々히 듯고만 잇든 처고
리가 갑운학이
ㅁ으ㅡㅡㅇㄷ
하고 卒倒하엿음니다 이것을 본 독기와 거
북은 그만 놀내여 개고리를 끄러안고 여러
가지 手當을 하여 精神을 回復식히엿음니
다 그런즉 개고리가 하는 말이
ㅁ아ㅡ 나는 麥田결뿐만 아니라 그술이
야기만 들어도 이렇게 卒倒하네 그렁니 上
座는 내것이야ㄹ
하고 座長이 되엿담니다 이것이 動物世界
에서만에 行事라고 것을 일일가요?、
그렁다면 現在 朝鮮의 指導者들 特히 自
他가 愛國者라고 認定하는 賢明하신 諸
位 고요한 한밤중에 가슴의 손을 잇고
再三思考하소서
독기와 거북과 개고리에
愚見을 가지고 잇지 않으신지?

火葬場

近者 似而非的 愛国者의 氾濫은 朝鮮
의 將来를 爲하야 憂念되는 바가 많다. 말
로는 同胞愛를 부르지즈며 团体도 組織하
며 參加도 한다 그렁나 그네들의 日常
生活과 行動을 본다면 都是 우리 三千
万民衆을 爲한 것이 아닌 것이 많다、 그럼으
로 그네들로 인하여 우리 白衣同胞가 害
를 받게 되는 때도 많다 - 이런 亡国的 行動者
들을 世上의 그러 남겨둔다면 新朝鮮建
設에 有百害하요 無一益이다 이런人
間들의 生覺과 行動은 모다 火葬場에 지버봄
어태위 바려야 참다운 新朝鮮이 建設될갔
이다 火葬場을 設置한 本意는 여기에 있는
었이다、 나는 지금부더 여러분을 代身
하여 「火天」가 되나이다 投場은 장담고
勇敢히 行하겠가오니 諸賢들로 投場할
資料들 多數 記送하여 주심을 火天로써 切
野하는바 업니다
우리로써 自他가 다ㅣ 잘아는 某团体에
某最高幹部、 日本이 戰爭中에는 日本官
憲의 走狗로 잇는 그녀석 日本이 降服後
朝鮮人团体에 加入하여 幹部가 된 후로는
毎夜 料亭에서 눈또록 하여 醉興에 빠저있는데
自己집에는 前에 업는 富豪에 生活이라
고한다 그 資金은? 分〃이 피땀을 흘니여
버ㅣ른 우리 同胞들에 주머니에서 나온 것이
라고요.

金樽美酒千人血
玉盤佳肴萬姓膏

三三

三四

燭淚落時民淚落
歌聲高處怨聲高

인 春香傳 그대로의 現実生活을 하는 者들이
다 이런 우리ㅣ 同胞에 血과 膏로 享
樂하는 녀석은 正히 火葬場에 드러갈
資格이 잇다 火天는 第一号로 이녀석을
火葬場으로 第二号 某团体 某部長넘 第
一愛妻는 故鄕에 두어두고 只今은 第二
愛妾 第三愛妾을 두고 今日은 第一愛妾
집 明日은 第二愛妾집 기러케 歷訪한다
고도 그래 火天는 그部長넘에 資産程
度를 調査하엿드니 놀내지마서오 無김
니다 그러면 그 盡費는? 이것도 우리
三千万에 名譽를 팔아서 쓴다는 것임니다、 火天는 捉
誠하나이다 火葬場에 가버렷없이다 第二号品으로
第三号 某团体員 十餘名이 荷物自動車를
가지고 强盜질를 하엿다 이녀석들도 名譽를
當局에게 붓잡혓다고 이녀석들도 道義
的民族인 우리 朝鮮人의 名譽를
여스니 火葬場에 보내옵니다 來号부터는
오날은 于先 苦지오나
吾더 火天에 能力을 보이겟나이다

追記 이 文에 쓴 것은 假想임니다 來号부터
는 事実대로 쓰겟나이다

倭敵 (明治 大正 昭和) 三代
槿域侵畧史 洪大祐

무궁花꽃피는 三千里
白衣입은 民族 三千万
歷史를 가지기는 半万年
그ㅣ 나라일흠은 朝鮮이다

半万年 歷史 가운데는 過程에 잇어서
는 外敵에 侵入도 밧앗으며 때로는 敵兵
土足으로 因하여 錦繡江山의 景致는 더
럽혓엇도 잇엇다 其中에도 우리 現下
族이 있어서 第一恥辱事이오 現 三十六年
四二四三年(西紀一九一○年)八月二十九日
韓日合弁이라는 것이다
三千万民族은 自由를 빼앗긴 것이다 三
千里疆域에는 白衣同胞는 狼敵에 壓弊가 絶滅하옵
다

數에 愛國先輩들은 千秋에 怨恨을 품고 地下에 瞑目하였섰다 時期는 當到하였다 原子爆彈이 日本帝國主義를 根本으로부터 撲滅시키든 그날은 우리朝鮮에게는 歷史的過程으로 因하여 必然的으로의 解放의 날로 되였든 것이다 그러나 우리가 [illegible] 自由와 獨立은 北緯三十八度境界線으로 因하여 分斷되었스며 相愛하는 同胞는 骨肉之爭으로 十個月이라는 歲月을 虛送하였다 一九四五年八月十五日解放以后로 처음 歷史上에 一劃線을 그린 날부터 三年이요 十五日이 지난 今日에도 우리民族이 安住하며 따라서 幸福될 수 있는 統一政府가 成立되지 못함은 遺憾이다 또 恨心한 일이다 웨? 그裏面에는 諸般原因이 있을 것이다 三千万兄弟에 ― 이때게 한世 談眞한다면 우리後孫에게는 또 千秋에 恨事를 끼치는 것이며 華麗한 江山은 益어 荒廢할 것이다 이 危機存亡之秋에 冷情히 過去를 回想하며 憐憫하게 四圍에 大勢를 批判하여 前轍을 밟지 않기 바란다

回顧하면 倭敵日本의 侵略이 對朝鮮諸問題에 根本이 되여 있다 三十八度、信託統治、이것도 韓日合邦이 原因이다 [illegible] 敵에게 侵略을 系統的으로 檢討하지 [illegible] 參考에 資코저 한다

一、明治時代

A、征韓論

征韓論은 日本、明治維新史上에 있어서 一大巨論인 同時에 朝鮮近代外交史上에서도 特筆할 事件이었다

日本政府에는、이 征韓論으로 因하여 參議 岩倉具視、大久保利通、木戸孝允等 三人은 辞表까지 提出하였으며 一八七三年(明治六年)十月十七日 参朝時에 이 辞表를 본 当時 太政大臣(總理大臣)三條實美는 精神에 異狀이 生起여 人事不省에 넘어졌다、그러면 三條實美가 卒到까지 한 征韓論이란 如何한 것인가?

倭敵은 檀君四一九八年(西一八六五 慶應元年) 正月十七日 幕府에서 対韓策으로서 対州藩의게 左記朝鮮国情探知事項을 命하였다[三五]

命令書原文

一、國王 智愚躬行并平生其好悪嗜慾處
二、國内 治否人道之貧富、近年之豊凶
三、政府及要路之臣 当時用事者之姓名并忠奸之分別
四、彼國 官吏以下庶人至 其好悪嗜慾に随い是を穰る之策
五、八道 米穀并諸産多寡、大凡員数
六、古來 国政治革之大要
七、辺防 兵備弛張并郡令船炮之被備否
八、清国 交際之情誼疎密、且両国交易之盛衰并物産之員数多寡
九、夷情、切迫之事実并侵入之浅深且つ彼国に於く要を処するの策如何
一〇、[illegible]より 神州之国勢を見る古今の差別
一一、彼国 幕府を以て 敵礼とす 我朝廷を目する如何
一二、我国 禁之内 彼之可好物 渠之国禁内 我可利物
一三、方今宇内之形勢 一変 彼国に於て一定の国論国是如何
一四、従來 両国之交際 偏固膠柱之規則を改、合心同力 唇歯相保之談判に及彼是應ずるや 国論凡之鑑定

이것을 簡單히 譯畧한다면

一、政府機関에 内密 과 及国防事項
二、産業의 調査
三、日本과 協約할 可能性이 잇는가

等에 調査를 命한 것이다

近代用語로 스파이(SPY)行動을 命한 것이였다

本敵은 其外에도 古川治右衛門을 対州에 보내게 우리나라의 政治를 探知하고 잇으면서 [illegible] 切磨하고 잇섯다

其後使款은 国内的으로 幕府에 家茂가
死去하고 孝明王이 别世하였으며 長州
伏見鳥羽 三戰爭이 있었기때문에 對外的
朝鮮問題는 有也無也로 三年이 지나었다
慶應이 明治로 改元되며 王政復古 維新
事業이 成立되여 国内的으로 平定되었으므로
나 王政復古의 功勞者 士族家에 対한 問題는
維新政府의 士族한 頭痛事로 되여 있었다
니 하면 士族의 数가 四十万이나 되는데
이 四十万士族은 長州 伏見 鳥羽 諸戰爭
에 第一線武卒인 것이다 士族의
第一人氣者인 西郷隆盛이게는 一大優事
것이다 當時 王政復古에 成功한 維新政府
는 数年間 未決中에 있든 対韓問題를 再上
程하여 禮曹 四二〇一年(明治元年 一八六八年) 十二月에
対韓使節로 桶口鉄四郎을 派遣하여 対州藩
宗義達을 命하여 左記書翰을 発送케하였다

宗義達의 國書原文

本邦 時勢一変 政權一歸 皇室 在
貴國 隣誼固厚 豈不欣然哉 近差別使
具陳顚末 不贅干茲 不佞 奉勅 朝京師
朝廷特褒舊勳 加爵進官 左近衛少將 更命交
隣職 永傳不朽 又賜證明印記 要之 両国
交際 益厚誠信 永遠罔渝
叡慮所在 感佩何極 今般別使書翰押新
印 以表
朝廷誠意
貴国亦宜
領可 舊來受圖書 事其原舊 全出
厚誼所存 則有不可容易改者 雖然郎
是係朝廷
特命 豈有以私害公之理耶 不佞情實至
所冀貴朝垂
体諒 所深望也
我邦
皇祚聯綿 一系相承 總攬大政 二千有餘
歲矣 中世以降 兵馬之權 專委將家 外
國交際 幷總之 至將軍源家康開府於
江戶 亦廣十餘世 而昇平之久 不能无
流弊 事與時辛 爰我
皇上登極 更張綱紀 親裁萬機 欲大
修隣好 而
貴國之於我也 交誼已久矣 宜篤懇
款 以的世不渝
是我
皇上之誠意也 乃差使价以尋舊好 惟冀
照亮

譯文 (要点大意)

本邦은 時勢一変하여 政權이 皇室復古
되었다 貴国은 近隣之国으로서 交誼가
예로부터 두터웠으니 어찌 기쁘지 않겠소
近間 別使를 보내려 함니다 그 顚末은 具陳하겠기
에 여기에는 略함니다 小生은 朝廷에서 帶者
奉勅하여 京郎에 參朝하였드니 朝廷에서
는 特히 舊勳을 感하여 加爵하며 官職을
左近衛少將에 進官하였으며 更히 交隣職을
命하심이며 不朽하게 傳케하며 또한
証明의 印記를 받았다 이것은 要컨대 両
国에 交際를 더욱 誠信히 厚케하여 永遠히
계속하기를 바라는 바이다
今般 別使書翰에는 新印으로서 捺印하여
朝廷에 誠意를 表한다
貴国도 또한 誠意있는 通信을 바란다
元來 國書를 受하는 것은 그 交誼厚한 데
대한 것이다 그러므로 容易하게
変改하는 것이 안이다 그러나 이것은 朝
廷에서 特命으로 한 것이다 어찌 내가 公的
으로 害되게 할 수 있으리요 小生에 情實이
이러하오니 貴朝에서는 諒解하여주시기를 二八
深望하나이다
我邦皇祚는 一系相承하여 大政
을 總攬하기 二千餘年이다 中世以降으로
兵馬之權이 專皆將軍家에게 委任되었으며
外国交際까지도 將軍에서 管掌하였었다
將軍源家康은 江戶에 開府한지 二十餘世를
지났었다 然而泰平이 오래 繼續되지 못함
으로 王政을 復古하며 我皇上은 登極하셔서
綱紀를 更張하며 萬機를 親히 裁可하시와
크게 隣好를 修키 바라신다 그런데 貴国은
我邦과의 交誼가 오래이다 懇款을 篤厚히 함
으로서 萬世에 이르기까지 변함없기를 바
란다 이것은 是而 我皇上에 誠意시다
서 使臣을 보내여 舊誼를 尋하오니 照亮키
를 希望한다. 然而 我朝廷에서는 其書翰을
拒絶하였다 其理由로는
一 対州藩宗義達의 書翰이고 日本政府에
親翰이 안인 것
二 皇室, 朝廷, 勅, 皇祚, 我皇上登極, 誠意等
文字는 國際外交文書에 쓸 수 不可한 것
三 新印으로 捺印한 것
等이었었다

拒絕宣言한日本政府는 朝鮮征伐을 하자는 所謂征韓論者와其時西洋諸國의文明을視察하고와서 國家實力을充實히하는것이急先務라고 征韓論을反對하는者와의二派로分割되였다 이것이征韓論의由來이며 內容이다 그러면其當時 우리朝鮮은 政勢가如何하였든가?

次号에로

本國消息

教育事業에 多額寄附(漢城五、二九發) 軍政庁文教部發表에依하면 南鮮地方 特志家들의 教育振興와関한熱意는 相當히高潮하여 多額寄附를 괘이지않고있다 釜山地方에서는벌서 五百萬円에寄附가 募集되였으며 가까운將來에는 一千萬円까지쉽게몰이리라고한다 江原道三郡地方에는 百五十万円、慶州地方에서는百万円式各々募集되였는데 이中에는 医專二校設立를포함되였다고한다

莫斯科 三相支持宣言書署名과는 別個로信託支持反對에意思表示는 自由

五月二十七日 아ー노루도少將(米側)言明

一、宣言書에署名한政黨일지라도 信託統治制에関한 意思表示特權을保留함

二、共同委員会와에協議는 信託支持者또는 信託反対者임을莫論하고參加할길

三、다못如何한宣言書에署名되지않은政黨團体는協議에參加할수없음

共 그것은經濟的問題인만큼、同胞에게주는影響은더욱多大할것이며 同胞들의近來關心도 그莫解決問題에期待함이많을가生覺한다

一八頁에 繼續

二九

그다음은 本国으로부터의 送金기斷絕된 留學生들의 經濟問題이다 그들도 即時歸国하여 国治로써 참다운 学業을 移業되여 願할것이지만은 本国의現狀態와 卒業期間中에있는事情과 敗戰国일지라도 文化施設이 朝鮮보다 俱備되여있다는事實을 認識한다면 留學生들의心中을可히理解되리라고 生覺한다 或은敗戰國의文化는修学할必要가없다는 極端論者도 있기는하지만 이것은偏狹的判斷이며認識不足이라고生覺한다

文化에国境이없고 學術의原則만이 같아는것을 知覺한다면 다만우리가主唱하고싶흔것은 "朝鮮精神"과 "愛國心"만 잊지말잔것이다

우리들同胞는 恒常朝鮮獨立이라는 高尙한目標게 모든關心을두고 冷靜히世界의潮流를考察하며朝鮮國民이라는 自覺을一時라도 忘却치 말어야 할것이다

最近 関西関東闇市場에 우리同胞도多数闇躍하고있는데 反省할必要가있다고 生覺한다

그原因은勿論生活難에 基因한것이며 或은教養不足으로의 悪質商人이라고도보나 日本人도闇商人을하는데? 하면서도 遺憾千萬이라고 안이할수업다

그問題는 오직個人의問題로 善悪을論함만이 안이고 널니世界的으로볼때 朝鮮国民의 恥笑如何를左右한은 行動이라고生覺한다

그럼으로 우리들은大国民과 道義民族인 東方禮義之心의態度를 가지고 行動을 良心的으로하며 될수만있으면 悪質的商業을 常習的으로하지말고 一步積極的으로나가서 將來祖國을建設할만한 科学的

三○

或은 技術的으로 經濟問題를 解決하는
同時에 緊迫한 生活問題를 우리손으
로 解決하게 努力하기를 務望하는
바이다

줏

허리를 펴면서

"다되오"는 오늘의 氣溫이 三十四度六
分인데 六十年來에 처음보는 더위라
고 한다. 三十六年間 文字게 自由를 잃
었든데서 오는 原稿文句파이 싸 움
微妙한 世界政勢와 朝鮮現実과의 對
한 불타오르는 情熱
이세 熱은 編者를 四十度 高熱게까
지미치게 하엿다
그러나 이 熱도 漢方施藥式에 以熱除
熱法으로 去하지 않고 編輯을 맡이
였다 然而 內容, 文体, 編輯에 貪弱
은 編者에 赤面을 禁치 몰하는바이다
그런中에서도
金光男先生의 深刻한 卷頭言과
朴烈先生의 民主主義의 前途
二文은 우리建同에 精神을 如事되나 대내인 金文
이며 李承晩, 金九, 安在鴻 諸先生의 言은
三千萬同胞를 爲한다는 우리들로서는 만
흔 銘心할가지는 글이음에 編者로써 少安
을 늑기는 바이다
海敵三代 種族侵略史는 次号부터 漸々
筆鋒을 높여 肉薄할 것입에 기대를 바라
는 바이다
綠木求魚는 고가만을 잡지못하는 害뿐이
람은 孟子에 金言이오나 今日 萬一에
朝鮮指導者로써 綠木求魚的 思想
이나 政策이나 計劃을 가진다면 그것은
三千萬大衆을 不幸하게 하는同時의 五千
年 歷史를 더럽하게 하는 것이 될 것이다
指導者는 正히 責任에 무고음을 恒常念
頭에 必要를 늑기이며 鄭圓慶先生에

三一

丹心歌一曲을 卷頭에 넣었다
끝으로 編者自身도 重要은 여기에 둔것이
오나 実相은 이렇게도 貧弱한 內容을 내
놓게된것은 오직 慚愧을 늑이는 바이다
文体에 益熟함을 따라 來号에는 반드시
여러분에 期待에 어그러지지 않을 內容,
文体, 編輯으로 내노저로력하겠아오니 많
은 기대를 바라나이다

H O 生

‖朴烈先生民衆大會‖

西日本同胞들의 企待下에 準備中이든
朴烈先生歡迎民衆大会는 廿六日에 中之
島公会堂에서 開催키로되여 朴烈先生을
외신 一行九人은 二十四日 夜行 九時四十分 東
京을 出発하였다 無故히 二十五日 午前
九時四十分에 梅田駅到着 "喜"무에 約
百餘名의 警備隊가 二烈을 지어 一行의 先
頭에 선 西日本總本部 委員長 金烈氏의
案內로 要랠드 喜을내려섯다 駅構內에는 兒童
들 前列로 各界의 名士와 數千의 同胞들이 愛國歌
를 부르고 손에 太極旗를 높이 들며 朴先生을 歡
迎하는 万歲소래에 駅構內가 떠나가는 것같았
다 들으니 이ㅣ 同胞들은 早朝부터 出迎하였다
가 連絡不充分으로 생긴 延着에 三時間 넘어 察
張한 時間을 보냇드란다 駅廣場에 配列한 車에
그르자 대 워싸는 民衆을 조심쓰러히 헤치고 西日
本總本部에 案內를 얻어 委員長室에 暫時間머
무든 中 朴烈先生을 思慕하는 數千의 民衆이 本
部大構堂에 会集하야 떠나지 않음에 西日本本
部委員長의 先頭로 朴烈先生이 登壇하야 大衆
의 歡喜속에 人事를 畢 卽時로 宿所를 들어갓
다 一行九人이 들으니 今番 一行이 八十名 가
량이 되리라 해서 大阪市 內東西數個所에 宿
所를 準備하였드라고 이르고 西日本本部의 愁
若와 함께 今番大会의 期待가 얼마나 컸는 가를
엿볼수 있엇다 朴先生은 雜多한 面会人을 될수
인는대로 親切히 面会하섯다 장마비오는 大
夜의 첫날 一行은 二處로 分宿 來日에 大会의 準
備를 몇들이면서

三二

二十六日悟郁로돌거온것이朝鮮이今日의
大會를極力反對하는中家々户々를訪問하
야民心을攪乱식혀서悪宣傳의비ー라를
뿌리고다닌다는것이다 그비ー라를가지고
찾어온사람의게서들은말이다 더욱이民
衆大会의对한宣傳포스타ー를어떤地區에서
도볼수없었다 其는亦是朝聯에서떼여바렸
다는것이다 그리고朝聯은民衆大会의
開催와꼭같은時間에同胞慰安会라는名
目으로音楽会를開催한다는포스타를朝聯
本部竪柱앞에서発見하였다
朝聯의威脅과煽動으로因하야오날이大会
를念慮하였드니비는멈첫으나흐린이날
씩々한青装年들을비롯感傷的白衣의
婦女들이三々五々로時間도前에구름같이
會集中之島公会堂을채우기始作하자
定刻의不過数分하자여보서요 엇게까지기
대되게함닛가어서막을지새요』하는소리가
들닌다 박같으로数百의警備隊와會場
의 整理隊員들의물셀틈없는警戒網과民
衆의催促아래司會者董氏의発聲下에드
되여開幕 朴烈先生을正面으로보는民衆
은拍手歡呼裡에場内는波動이욱히穩靜
하야祖国揺拝를이어西日本本部委員長
金烈氏의歡迎辞가이었다 朴烈先生이
前에倍한기쁨과熱로서答礼를兼하야
建国熱을獅子吼하셨다
이날地方部長李玉童氏의熱烈한講演
이百파ー센트成果를得하였다 二人의民
衆代表의感想이끝인後其中一人의提案
으로司令部와関係当局과本国政黨에보
내는멧세아지를作成万場一致로可決되었
다 祖国独立万歳와朴烈先生万歳三唱
이있은후ー朝鮮映画映寫와金紅洙一
隊의古典楽[illegible]의餘興이있었다
(一) 講演途中엉더리엽는最后의用語를

使用한비라數千枚를公会堂二層席에서
散布事会과같이펄々날니民衆의손에떠러
지자實로念慮이었었다마는그비라를
보는民衆들의表情은이마를찌푸리고오히
려그策動便에非行과無礼를입으로詰難
하고騷乱한줄알았든聴衆은一分間도지나지
않어물을뿌린듯고요히講演에熱中하였
다
(二) 拡声機가까운곧에策動者가잇어서放送
妨害를始作하였다 實로이妨害는遺憾
千万이였다 講演하는이의心血을기우린
演説도이마이크롬으로因하야極히苦戰하
엿든것이다 〃여러분〃하고말을내면拡声
機에가서는마치담이끌는것같은소리가
쿵게울닌다 專門家가數次修理하엿으나
如前히영문을모르고잇든中드되여어떤
大学生의労力으로寬波妨害者를発覚
警備隊員의손에犯人을뿌뜰게되었다
(三) 四日本部에서는大会의餘興으로古
典楽과僧舞와歌劇으로有名한金仁洙
女史와契約하여왔었다 이를아는朝聯에
서는緊急会議를열어金女史의出演을
妨止하기로決議하고某副委員長의自
進責任을자고中止交涉先頭에나섰으나
藝術家의길을금재합하드되여出演하
기로되였다
金女史는二十九日朴烈先生餞別次로
某席上까지演奏로와주었다 金女史의
出演中止緊急大会도効果가없었는샘
이다
二十八日大会前后에関하야社会輿論
調査会의輿論의數節
(一) 今番大会에対하야民衆의期待가갑
을에비를기대리듯하였었나實로成男
가많은줄안다 云々

(二) 이날公会堂에会集한群衆의数一万五千
이라고도場所狹隘로밖앗섯一는群衆無意
五千……

(三) 貴団体를敵対視한妨害行為는오히려
貴団体의誠実한正体를알수있는좋은도움
이되엿다고본다 云々……

(四) 今番에貴団体를敵対行為한것은가장
卑劣한現代에不適應한幼稚한處行이라고

特히今般에會見한 個人과團体

一、우리姉妹団体이青同에서는警備와
其他의斡旋의労를앳기지않어섯다
二、朝聯本部某部長의來訪 某々部長招
待를받았다
三、言論機関에서奮闘하시는朝鮮新報社長
의招待를받았다

四、大阪府知事의來訪과
五、大阪進駐軍関係要人두리도會見하다
六、朝聯本部에大阪到着即時로人事를갓
었고 上京直前에礼仪를갖우어人事하
려갔었다(朴先生을죽이라는該本部에)

(結) 줄어나二十七八両日동안을朝聯本部
게서는前日失敗에対한対策에対하야
委員会를열고이人는中이라고하나 그
結果가어떻게되었는지……

成果與否는우리는찾지않고廿九日밤
九時 金烈委員長以下本部幹部들의
歡送가래 朴烈先生健安으로一同은
大阪駅을出発하다

四日本總本部에今番大会로因하야労
苦하신을感謝하며앞으로좋發展을
바라는바이다

一九四六、七、一

N.K.E.L. 一人

太い鮮人

第一號

[illegible] 取締法案

朴烈

最近來た朝鮮の新聞に依ると日本に來て居る我々朝鮮人をもつと嚴重に取締る必要上堀田警視總監(今は内務次官)と後藤内務省警保局長とが秘密裡に共力して、今度新しく[illegible]法案とやら云ふものを起草して夫れを内務大臣に提出して、其の裁決を待ちつゝ、該法案の實施準備に忙殺されて居るとの事であるが、是れは恐らく事實であらう。或は單なる脅かしかも知れぬ。併し何れにせよ是は取りも直さず○○○○が是れ迄我々朝鮮人に對して使用して來たあらゆる過酷な取締法案が失敗した事を意味するものであり、[illegible]見よ、○○○○では日本に來て居る我々朝鮮人を取締る爲めに、一昨年以來警視廳特別高等課に内鮮係なる鮮人專門の取締機關を設置して、内務省警保局と共力して所謂嚴重な取締をして來たのではないか。次に其の實例を二つ三つ諸君の御目に掛けやう。是れは日本内地に來て居る朝鮮人取締の極く目立つ一少部分に過ぎないのだ。僕が昨年十月頃本郷駒込で友達三四人と間借して自炊生活をして居た時、直ぐ其の隣に私等の爲め非常に面倒を見て呉れた婆様が居た所が夫れを嗅ぎ付けた警察屋様タダは置くものか？早速其の婆様を引つ張り出して、而して曰く『聞くと御前は良く此の頃朝鮮人の世話をするそうだが、夫れは何う云ふ譯だ。キット金でも貰つてやつて居るのだらう。若しそうだとすれば御前は法律に違反して居るのだ……し……そうでないとしてもだ……考へて見るが良い。彼奴等は何時も惡い事ばかり謀つて居る不逞鮮人ぢやないか？日本人として、不逞鮮人を世話すると云ふ事は怪しからぬ事だ。又彼奴等が若し惡い事をしたらば御前にも、トバッチリが行くのだぞッ！だからアンナ者を世話する事は是からキッパリ止すがよい。若し聞かなければコッチにも相當な考へがある。それで彼奴等は其の持前の惡事を何時働き出すか知れぬのだ。！』コンナ調子で高飛車に嚇かしたそうである……にも係はらず。其の肉はしたびても温い血を持つた御婆様はより以上私等の爲めに世話して呉れる事を忘れなかつた。

又下宿屋に友を訪ねると警察屋様は其處のカミサンや女中サンに『彼奴等は不逞鮮人だから國家の爲めに能く注意して見て呉れ！』と、時には未だ不滿と見えて『彼奴が來たらソット電話で知らして呉れ』『萬事に用意周到なケイサツヤサン間借をすれば矢張り判で捺した樣に其の通り、剰へ『彼奴等が引越したら轉居先を聞いて置け』と頭から嚴命を降す。

一鮮人が檢束されると一旦は『イヤ』と云ふ程、イヂメて置いてそれから有り難くも無い御說敎……イヤ大いに有難い、同志の裏切者に降るモロ〳〵の福音を說く。天丼や餅菓子をスゝめつゝ曰く『君！そんなツマラヌ眞似許りしないで、もう暫らく、ミッチリ勉强しては何うだね。ソウスリャ學費の事は何とかするよ。』『それから立派な妻君を世話するから結婚しないかね』ダト！ カウ見えても朝鮮人も人間だ。マサカ古道具屋のガラクタ道具ぢやあるまいし、ソウ樂々と御買上の榮に浴してタマるものでない。

是は强ち不逞鮮人に限つたものでもあるまいが、エライ御役人様が我々のボロ住居を御訪問下さる時は二人か三人で、而して一人は全部御揃ひで、示威的に嚇かしたりすかしたり、或は妙に其のトギすました鎌を引つ掛けたり、又は一旦歸つた風をして、更に戻つて來ては、間貸の主人と話し、或る時には主人に向つては何時も口癖の如くな斷案を降すのだらう。又間貸の主人に話しかける。斯くして兩方の話を綜合して勝手な斷案を降すのだらう。又間貸の主人に向つては何時も口癖の如く『彼んな奴は速く追拂つて了へ』とスゴイ眼をしてオドカスのだ。

鮮人集會にはそれが何んなに小さいものであつても必ず警官の臨檢を附ける。

我々朝鮮人に向つて何時も『御前等も我々と同樣な日本帝國の臣民だ』と言つて居ながら日本政府から發行された旅行免狀無しには

「太い鮮人」發刊に際して

日本の社會で酷く誤解されて居る「不逞鮮人」が果して無暗に暗殺、破壞、陰謀を謀むものであるか、それとも飽く迄自由の念に燃えて居る生きた人間であるかを、我々と相類似せる境遇に在る多くの日本の勞働者諸君に告げると共に、[illegible]は「太い鮮人」を發刊する。勿論本紙を後援するのも自由なれば攻擊するのも亦諸君の自由だ。

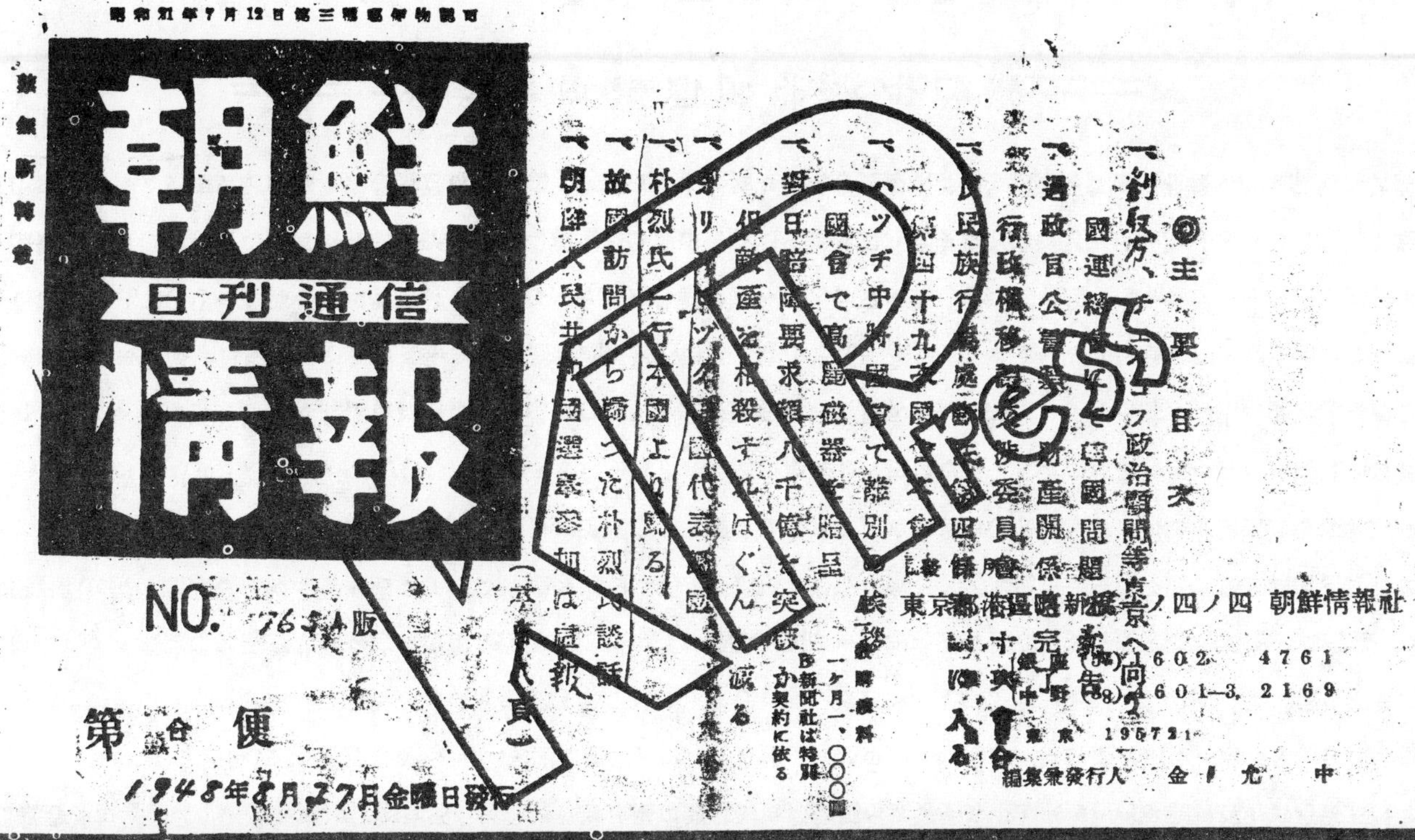

昭和21年7月12日第三種郵便物認可

朝鮮情報

日刊通信

NO. 765A版

第 合 便

1948年8月27日金曜日發行

◎主要目次

一、劉馭万、チェイコフ政治顧問等東京へ向う

一、國連總會にて韓國問題報告

一、過政官公署類、財産關係略完了

一、行政權移讓交涉委員會

一、朴烈氏一行本國より歸る

一、故國訪問から歸った朴烈氏談話

一、朝鮮人民共和國選擧參加は虛報

東京都港區新橋 ノ四ノ四 朝鮮情報社

602 4761

601—3, 2169

東京 195721

編集兼發行人 金 允 中

一ケ月一、〇〇〇圓

Korean Information Press 朝鮮情報社

△劉馭万、チェイコフ政治顧問等東京へ向う

國連總會にて韓國問題を報告

「ソウル二十六日發朝通＝KIP」駐韓中國外交代表劉馭万博士、ハッヂ中將政治顧問チェイコフ氏は本二十六日午前九時三十分金浦飛行場を出發して東京へ向つた、右二氏は九月二十日よりパリーで開催される國連總會に於て韓國問題について報告をなす豫定である、尚國連朝鮮委員團ルオー博士は九月九日頃ソウルを出發して國連總會に出席する

△過政官公署類、財政關係略完了

行政權移讓交涉委員會第十次會合

「ソウル二十六日發朝通＝KIP」行政權移讓協議の經過につき二十六日公報處では次の樣な第二次發表を行つた

行政權移讓協議の韓米交涉委員會第十次會合は八月二十五日午后二時より人事處に於て開催され、過渡政府官公處書類に關して協議が行はれたが之は八月十六日以來李國務總理とヘルメック少將との間に進められたものであり殆んど完了をし、技術的問題のみ殘つている

土浦事件の眞相

‖‖姜希守等·赤色吸鬼をアバク!‖‖

我が朝鮮建國促進青年同盟は太極旗の下在留同胞の安寧を思ふ一念に燃え、邪惡なる同胞の吸血鬼を追ひ拂ふべく、正義と眞實と誠實の名に於て此處に土浦事件の眞相特に朝聯側が强辯する吸血鬼姜希守の正體を我が建青は今日迄幾多の朝聯の虛構なる惡宣傳にもかゝわらず、終始正義は勝つ事を信じ、あく迄朝聯の反省を求めんとする同胞愛より沈默をつゞけて来たものであつたのだ。然るに彼等はマキアベリズム的闘爭方針を變へずあく迄在留同胞全體をも欺かんとの意圖で邪惡極まりなき惡宣傳を朝聯共產黨一味は捨てないので止むなく此處に其の眞相を明らかにして諸賢の公正なる批評を乞ふ次第である。この文は單なる反駁でもなく又宣傳でもない。事の眞相そのものを述べたに過ぎない事を諸賢は銘記して頂き度いのである。

土浦事件の元兇即ち自己の勢力擴張の爲罪なき朝鮮青年を日警に賣つてあらゆる惡質な行爲をした姜希守は如何なる人物か？

本件當初建青中總代表たる李裕天が茨城縣の某警察署の警察官（戰時中特高警察官であり現警部）某より直接きいた所に依れば「福田こと姜希守は戰時中私の特高警察官時代1皇民運動會々長2飛行機獻納運動會々長3茨城縣協和會理事4砂賀牛島人會々長5海軍燃料局囑託（協力會社々長）であつた。斯くの如く日本政府に協力せし者であつた。だから彼は心からの共產主義者ではない筈だ。所謂便乘的共產主義者であらう」と云つた。日本の警察官に於てすら直接斯く云つたのである。

之に依つても知り得る如く、姜希守は惡辣なる同胞吸血鬼的親日家であつたのだ。所が終戰後狸の如く一變し、日本の警察の無力に乘じ日本共產黨員川田某と連絡の上、日立製作所並に鹽谷製作所より數萬の朝鮮勞務者の血を流した勞務者退職金數萬圓を强奪し、日本共產黨の資金並びに自己の財產に着服し、現在巨萬の財產家として茨城縣に君臨してゐる

諸君！ 天にはづべきこの事實をみよ!!

彼は斯くの如き惡辣なる親日家であり、惡辣なる共產黨員であるのだ 我等は一朝鮮青年として、斯くの如き人物が朝鮮人聯盟の幹部とか、又朝鮮の愛國者とか一度といわしめたくない。彼は去る十月二十五日、土浦署に留置されて以來、あらゆる謀略を用ひたるも正義に抗し得ず檢事の寛大なる情狀酌量により一年を求刑されて執行猶豫なしの實刑に處せられた。諸賢！願くば斯の如き人物をこの社會より永遠にほうむり去らうではないか！

祖國朝鮮の歷史に光輝ある大記錄がのこされるべき一九四八年こそは、本國に於てのみならず 海外特に日本に於ても、職業的共產主義者謀利輩等を徹底的に埋葬して、同胞相携へて眞の民主々義と國際親善に努力しよ ではないか！

賢明なる諸賢！ 惡辣なる朝聯共產黨員の宣傳に耳を傾けず、建青の誠實なる報道に御留意下さらん事を切に望むものであり、且つ彼等の鬼畜の如き行爲は判決文の犯罪事實に明記されて居るので其の罪狀は後の機會にする事にする 彼等の裁判の結果は次の通りであつた。姜希守以下五人求刑通り判決言渡。執行猶豫ナシ外一人八ヶ月。

一九四七年十二月二十三日

朝鮮建國促進青年同盟中央總本部

涉　外　局

自稱南北統一을부르짖는者들에게

雜類의 妄動을 警告한다

国境아닌 三十八度線에依한祖国의両断은 全民族에게 말할수없는 苦悩와 苦焦를 주고있다。

이現実이 時間的으로 길어질수록 微妙하게 움지기고있는世界情勢의変遷에따라 左之右之하고있는 過程에 있어서 全民族은 流落의 길을 거를뿐이다。

三千万民族이処하고있는 이現実을 깨뜨리고 大韓民国의 失地北韓들 回復하여 民族의 宿願을達成하는것이 全民族의使命이다 우리는祖国의平和的統一을 누구보다도 갈망하는바이다。

北韓傀儡들은 韓国動乱에있어서 발뺌할수없는侵略者의役割을하였으며 무자한百姓二百万名을 殺傷한것은 엄연한事実이며이罪悪史는永遠히싯처지지아늘것이다 共産主義를願치않는六百万의自由人民은傀儡들이말하는敗戦軍「国連軍」을따라 自由를찾아越南하여왔다 이事実은무었을말하는것인가? 敗戦軍을따르는避難民은있을수없다。共産主義를排撃하는人民의無言의抗拒가아닌가 弾圧恐喝政治에呻吟하는六百万의人口를가지고서는 엇질수없는共産傀儡는窮余之策으로 欺瞞的인宣伝術策을가지고一部의親日派及파렴치厚顔徒党에까지 그들의策動을및이고있다。이術策에빠저서 僑胞社会에서 발부침할곳조차없었든 雑類及親日徒党은 이機会를타서 政治生命을維持할녀고 날뛰고있다。

우리는 이不純分子들에対하여 民族的良識에서 警告하는바이다。

太極旗밑에 南北統一의 完遂을願하는 우리로서는 共産徒党들의 欺瞞的인術策을 미워하며、이摩手로부터 無辜한大衆을 擁護하기為하여 우리는敢闘할것을宣言한다 破廉恥厚顔徒党의作党作為를 우리는 共産分子以上으로 憎悪하며 그들이 되푸리하려는反民族売国行為를 우리는 黙過할수없으며 民族的인 正気에서 期必粉砕하며 厳重한 民族의 審判을내려 民族反逆者의 烙印을 찍을것을 闡明한다。

한때一部分子는日帝의 忠犬으로 내民族을弾圧하며 虐殺하든残悪無道한 日政의 先烽的役割를하여 나라와民族을 팔드니 오늘날에와서는 쏘連帝国主義의 走狗輩들의 롱라을받아 나라와民族을 다시금쏘連에 転売할려고 策動하고있다。우리는 共産徒党의 平和攻勢看板奥裡에 잠겨있는 真意를 余地없이 看破한다。民族相互間을 離間시켜 再侵略을하여 全韓赤化의 野望을敢行하려는 手段方法을 가리지않는 赤狗들의 長短에노가떠러서서 푼수를 모르고 愛国者然한行動을 取하고있는놈들의 앞을내다보지못하는어리석은心情에対하여가련한感을禁할수없다。

쏘連帝国主義와 中共干渉主義를 容認하는平和統一은 있을수없다。祖国의平和的統一의 唯一한方法으로 우리는다음三個条項을主張한다。

(一) 中共軍은北韓에서 即時撤退하라

(二) 六・二五侵略動乱의責任을 傀儡集団은負荷할것이며 非民主的인圧制機関、秘密警察制度、密告制度를 一切廃止하여 基本人権의絶対自由를保障하라!

(三) 国連에서任命하는 委員団의감시下、自由雰囲気속에서 北韓単選을実施하여 大韓民国々会로보내라!

(四) 国連에서 承認保障받은 大韓民国에依하여南北統一을実施하라

以上의条項을民族的立場에있어서 忠実且迅速히実現함으로서 平和的 統一이 樹立될것을確信한다。自称「南北統一運動準備委員会」를가지고 軽挙妄動하는分子에対하여 可笑로워서 姓名은略하나 民族良心에도라가서 깊히反省할것을促求한다。

万若、反省치않으면 千秋의恨을남길것이다。

檀紀四二八七年十二月二〇日

在日大韓民国居留民団東京本部組織委員会

1954年12月20日

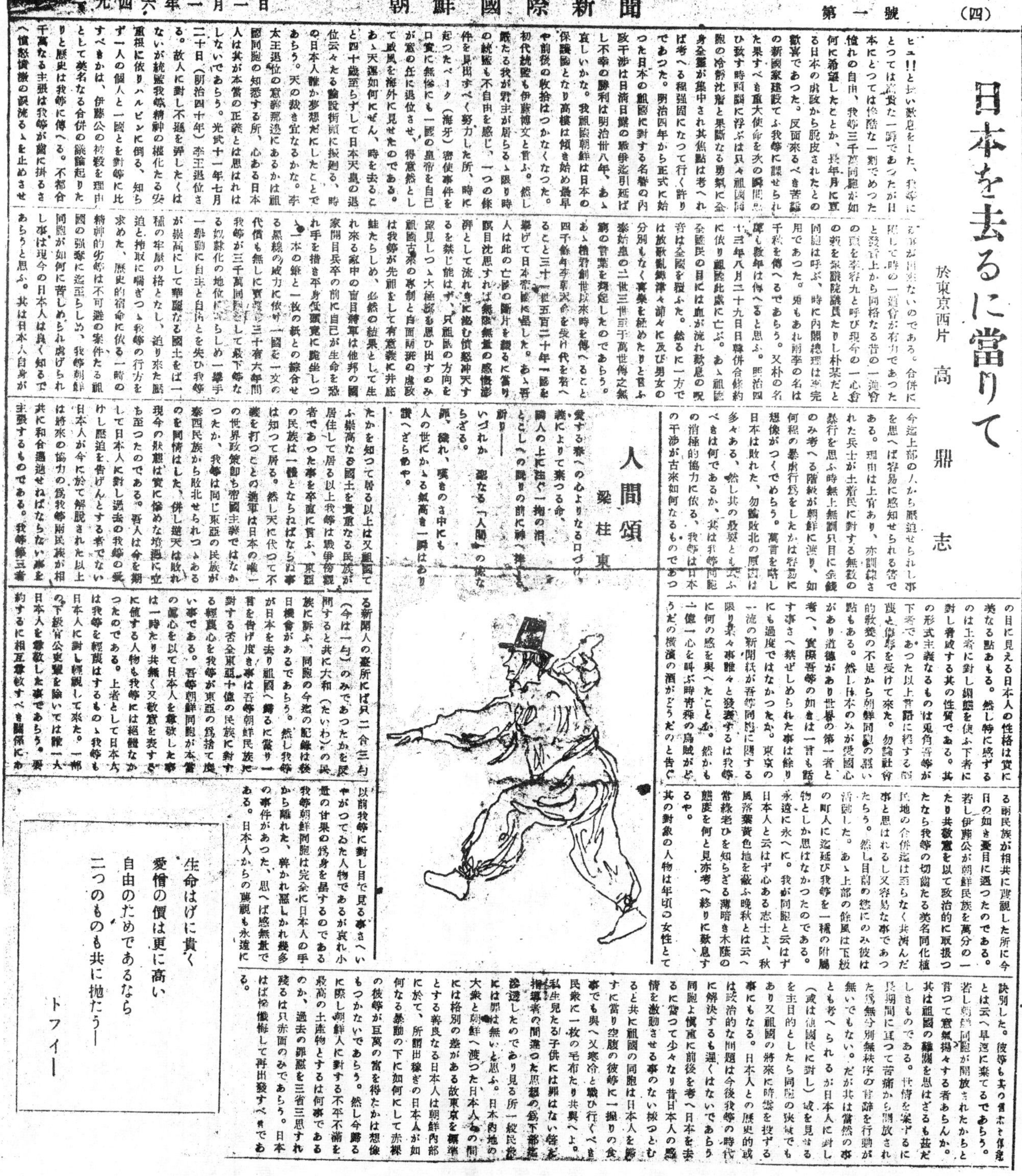

(四)　第一號　朝鮮國際新聞　一九四六年一月一日

日本を去るに當りて

於東京西片　高鼎志

ヒュ!!と長い歎息をした、我等にとつては高貴た一瞬であつたが日本にとつては悽酷な一刹であつた憧れの自由、我等三千萬同胞が如何に希望したことか、長年月に亘る日本の虐政から脱皮されたとの歡喜であつた。反面來るべき苦難の新國家建設てふ我等に課せられた果すべき重大使命を次の瞬間思ひ致す時頭腦に浮ぶは只々祖國同胞の冷靜沈着と果斷なる勇氣に全身全靈が集中され其焦點は考へれば考へる程強固になつて行く許りであつた。明治四年から正式に始つた日本の祖國に對する名譽の内政干渉は日滿日露の戰爭迄引延ばし不幸の勝利は明治卅八年、あゝ哀しいかな。我祖國朝鮮は日本の保護國となり高樓は傾き始め最早や前後の收拾はつかなくなつた。初代統監も伊藤博文と言ふ。然し職たる我が君主が居らるゝ限り時の統監も不自由を感じ、一つの條件を見出すべく努力した所、時に起つたペーク(海牙)密使事件を口實に無條にも一國の皇帝を自己が意の任に退位させ、得意然として威風を海外に見せたのである。あゝ天運如何にぜん、時を去ること四十歳至らずして日本天皇の退位云々たる論說街頭に振廻る、時の日本人誰か夢想だにしたことであらう。天の裁き宜なるかな。李太王退位の意旨那邊にあるかは祖國同胞の知悉する所、心ある日本人は其が本當の正義とは思はれはしないであらう。光武十一年七月二十日(明治四十年)李王退位さる。故人に對し不遜を弄したくはないが統監我等精神の權化たる安重根に依りハルビンに倒る、知らず一人の個人と一國とを對等に比すべきかは、伊藤公の被殺を理由として美名なる合併の議論起りたりと歷史は我等に傳へる。不都合千萬なる主張は我等が當に掛るさへ憤怒憤激の涙流るゝを止めさせる事が出來ないのである。合併に際して時の一進會が有力であつたと發言上から同格なる昔の一進會の頭を李容九と呼び現今の一心會の頭を衆議院議員たりし朴某だと同胞は呼ぶ、時に內閣總理は李完用であつた。兎もあれ兩李の名は千秋を傳へるであらう。又朴の名譽も數年は傳へると思ふ。明治四十三年八月二十九日日韓併合條約に依り祖國此處に亡ぶ。あゝ祖國全國民の目には血が流れ歎息の呪音は全國を覆ふた。然るに一方では放歌亂舞津々浦々に及び男女の分別もなく宴樂を極めたりと言ふ秦始皇の二世三世至于萬世傳之無窮の言葉を輝起したのであらう。あゝ檀君創世以來時を傳へること四千餘年李東氏命を受け代を替へること三十一世五百二十年一國を擧げて日本帝國に屬した。あゝ吾人は此の亡國の斷片を綴るに當り瞑目沈思すれば無限無量の感慨澎湃として流れ身に沁む憤怒沖天するを禁じ能はず、只祖國の方向を望見しつゝ大極旗を思ひ出すのみ祖國古來の專制と白面兩班の虐政は我等が先祖をして有意義に井底蛙たらしめ、必然の結果として生れ來る家中の盲目將軍は他邦の國家開目兵卒の前に自己が生命を恐れ手を措き平身低頭寛に跪坐しつゝ一本の筆と一枚の紙との綜合せる黑線の威力に依り一國を一文の代償も無しに賣渡し三千有六都間我等が三千萬同胞をして最下等なる奴隷化の地位に落らしめ一擧手一擧動に自主と自由とを失ひ我等が崇高にして華麗なる國土をば一種の牢獄の格となし、迫り來た壓迫と搾取に喘ぎつゝ我等の行方を求めた、歷史的宿命に依る一時の精神的劣等は不可避の案件たる祖國の強壓に迄至らしめ、我等朝鮮同胞が如何に苦しめられ虐げられし事は現今の日本人は良く知るであらうと思ふ。其は日本人自身が今迄上部の人から壓迫せられし事を思へば容易に感知せられる筈である。理由は上官あり、亦罰緑きれた兵士が土着民に對する無數の暴行を思ふ時無上無制只目に余鐵のみ考へる階級が朝鮮に渡り、如何程の暴虐行爲をしたかは容易に想像がつくであらう。萬言を略し日本は敗れた、勿論敗北の原因は多々ある、然し其の最要とも云ふべきは何であるか、其は我等同胞の消極的協力に依る、我等は日本の干渉が古來如何なるものであつたかを知つて居る以上は又祖國てふ崇高なる國土を貴重なる民族が居住して居る以上我等は戰爭協議者であつた事を卒直に言ふ、東亞の民族は一體とならねばならぬ事は知つて居る。然し天に代つて不義を討つことの酒事は日本の唯一の世界政策即ち帝國主義ではなかつたか、我等は同じ東亞の民族が泰西民族から敗北されつゝある現今の狀態は實に、併し避けは敗れも至つたのである。吾人は今を期して日本人に對し過去の我等の愛けし壓迫を告げんとする者でない日本人が今に於て解脫された以上共に將來の協力の爲我等兩民族が相共に和合邁進せねばならない事を主張するものである。我等朝鮮三者の目に見える日本人の性格は實に美なる點もある。然し特に感ずるのは上者に對し媚態を使ふ下者に對し脅威する其の態度である。其の形式主義なるものは兎角吾等が下等であつた以上言語に絕する酷遇と侮辱を受けて來た。勿論社會的教養の不足から朝鮮同胞の誤い點もある。然し日本のみが愛國心があり道德があり世界の第一者と考へ、實際吾等の如きは一言も語す事さへ禁ぜしめられた事は餘りにも過度ではなかつたか。東京の一流の新聞紙が吾等同胞に關する限り某々事件と發表する事は我等に何の感を與へたことか。然かも一億一心を叫ぶ時青森の烏賊がうだの橫濱の酒がどうだのと告ぐる新聞人の臺所には只二合三勺(今は一勺)のみであつたかを反問すると共に大和(だいわ)の民族に訴ふ、同胞の今迄の配給は殆日機會があるであらう。然し我等が日本を去り祖國へ歸るに當り一言を告げ度き事は吾等朝鮮同胞に對する吾全東亞十億の民族に對する輕蔑心を我等が東亞の爲捨て度い事である。吾等朝鮮同胞が本當の良心を以て日本人を尊敬した事は一時たり共無く又敬意を表するに値する人物も我等には絕無なかつたのである。上者として日本人は我等を輕蔑はするものゝ我等も日本人に對し輕視して來た。一部の下級官公吏輩を除いては誰一人日本人を尊敬した事であらう。要約するに相互尊敬すべき關係にある兩民族が相共に蔑視した所に今日の如き憂目に遇つたのである。若し伊藤公が朝鮮民族を萬分の一たり共敬愛を以て政治的に取扱つたなら我等の切實たる美名同化植民地の合併迄は至らなく共濟んだ事と思はれるし又容易な事であつたらう。然し目前の慾にのみ彼は活動した。あゝ上部の餘風は下級の町人に迄延び我等を一種の附屬物としか思はなかつたのである。永遠に永へに。我が同胞と云はず日本人と云はず心ある志士よ、秋風落葉黃色地を蔽ふ晩秋とは云へ當業老ひを知らざる薄暗き木蔭の態度を何と見亦考へ終りに歎息するや。其の對象の人物は年頃の女性とて以前我等に對し目で見る事さへいやがつてゐた人物であるが哀れ小豐の世界の爲身を畢するのである我等朝鮮同胞は完全に日本人の手から離れた、善かれ惡しかれ幾多の事件があつた、思へば感無量である。日本人からの蔑視も永遠に訣別した。彼等も其の言ホを停意とは云へ早速に棄てるであらう。若し朝鮮同胞が開放されたからと言つて意氣揚々たる者あらんか。其は祖國の轉覆を思はざるも甚だしきものである。世情を察するに長期間に亘つて苦痛から開放された爲無分別無秩序の言辭を行動無いでもない。だが其は當然の事とも考へられるが日本人に對し(或は他國民に對し)誠を見せるを主目的としたら同胞の缺點でもあり又祖國の將來に暗雲を投ずる事にもなる。日本人との歷史的紛は政治的な問題は今後我等の時代に解決するも遲くはないであらう同胞よ愼重に前後を考へ日本を去るに當つて少々なり共日本人の感情を激動させる事のない樣つとむると共に祖國の同胞は日本人を勵すに當り空腹の彼等に一握りの食事でも與へ又寒冷と戰ひ行く彼等民衆に一枚の毛布たり共與へよ。私生兒たる子供には罪はない樣に指導者の間違つた思想の爲下部迄滲透したのであり見る所一般民衆には罪は無いと思ふ。日本內地の大衆と朝鮮へ渡つた日本人との間には格別の差がある故東京を標準とする善良なる日本人は朝鮮內部に於て、所謂出稼ぎの日本人が如何なる暴動の下に如何にして赤裸の我等が巨萬の富を得たかは想像もつかないであらう。然し今歸るに際し朝鮮人に對する不平不滿を最高の土產物とするは何事であるのか、過去の罪惡を三省三思すれば殘るは只赤面のみであらう。日本はば懺悔して再出發すべきである。

人間頌

梁柱東

愛する者への心よりなる口づけ、
義によりて棄つる命、
同胞人の上に注ぐ一掬の涙、
とこしへの眠りの前に神へ捧ぐる
祈り——
いづれか　聖なる「人間」の感な
らざる。
罪、穢れ、嘆きの中にも
人の世にかゝる氣高き一瞬はあり
讃へざらめや。

生命はげに貴く
愛憎の價は更に高い
自由のためであるなら
二つのものも共に抛たう—

トフィー

社團法人留日朝鮮人協會定款

第一章　總　則

第一條　本協會ハ社團法人留日朝鮮人協會ト稱ス

第二條　本協會ハ留日朝鮮人ノ親睦ト相互扶助ヲ圖ルタメ左ノ事業ヲ營ムヲ以テ目的トス

一、會員相互ノ親睦、相互扶助及厚生事業

二、會員ノ權益保全及經濟發展援助

三、本國聯絡及本國事情報導

四、文化事業及第二世ノ教育

五、其他本協會ノ趣旨ニ基ク一切ノ事業

第三條　本協會ノ事務所ハ本部ヲ東京都小石川區ニ置キ必要ニ應ジ便宜ノ地ニ支部ヲ置クコトヲ得

第二章　社　員

第四條　本協會ノ社員ハ本協會各支部ノ代表者及常務役員會ノ推薦ニ依リ社員總會ノ決議ヲ得タルモノトス

二

第五條　本協會ノ社員ニシテ其ノ職ヲ辭任セムトスル者ハ社員總會ノ決議ヲ受クルヲ要ス

第六條　本協會ノ社員ニシテ已ムヲ得ザル事由アリト認メタルトキハ他ノ社員ノ四分ノ三以上ノ同意ニヨリ之ヲ除名スルコトヲ得

第三章　會　議

第七條　本協會ノ會議ハ社員總會、委員會及常務役員會ノ三種トス

第八條　社員總會ハ通常及臨時ノ二種トシ通常社員總會ハ毎年五月之ヲ招集シ必要ニ應ジ臨時社員總會ヲ開催ス

委員會及常務役員會ハ隨時之ヲ開催ス

第九條　會議ノ議長ハ理事長之ニ任ジ理事長事故アルトキハ副理事長之ヲ代行ス　理事長、副理事長共ニ事故アルトキハ他ノ理事ノ先任順位ニ依リ之ニ當ル

第十條　各議員ノ表決權ハ平等ナルモノトス

第十一條　會議ノ議決ハ出席議員ノ過半數ヲ以テ之ヲ決ス

可否同數ナルトキハ議長之ヲ決ス但シ議長ハ自己ノ議決權ヲ行使スルコトヲ妨ゲズ

議長ハ會議ヲ延期シ會場ヲ變更スルコトヲ得

第十二條　議員ハ代理人ニ委任シ其ノ表決權ヲ行使スルコトヲ得但シ其ノ代理人ハ當該會議ノ議員タル

コトヲ要ス

第十三條　本會會議ハ當該議員ノ三分ノ一以上ノ要求アリタルトキハ之ヲ招集スルヲ要ス

第十四條　會議ニ於ケル議事ハ之ヲ議事錄ニ記載シ議長並ニ出席シタル理事及監事之ニ署名捺印シ本協會ニ保存ス

第十五條　緊急要務ニシテ臨時社員總會ヲ開催シ難キ時ハ書面決議ヲ以テ之ニ代フルコトヲ得

第四章　役員、委員及職員

第十六條　本協會ニ左ノ役員ヲ置ク

常務役員

理事長	一名
副理事長	一名
理事	十名以内
監事	三名以内

理事長ハ本協會ヲ代表シ會務ヲ統轄シ業務ヲ執行ス　副理事長ハ理事長ヲ補佐シ業務ヲ執行シ

理事ハ理事長、副理事長ヲ補佐シ業務ヲ分掌ス

監事ハ會務ヲ監査ス

第十七條　本協會ノ重要事項ヲ評議スルタメ委員ヲ置ク但其ノ員數ハ社員總會ニ於テ之ヲ決ス

第十八條　本協會ニ職員若干名ヲ置ク

職員ノ任免ハ理事長之ヲ行フ

第十九條　常務役員會ノ決議ニ依リ顧問又ハ相談役ヲ推薦スルコトヲ得

顧問又ハ相談役ハ會議ニ參席シ意見ヲ陳述スルコトヲ得

第二十條　役員及委員ハ社員總會ニ於テ之ヲ選任ス

第二十一條　常務役員ハ委員會ニ出席シ其ノ評議ニ加ハルコトヲ得

第二十二條　常務役員及委員ノ任期ハ就任ノ日ヨリ參ケ年、監事ノ任期ハ就任ノ日ヨリ貳ケ年トス但シ其ノ任期中ノ最終決算期ニ關スル通常社員總會ノ以前ニ其ノ任期終了シタルトキハ該總會ノ終結ニ至ルマデ之ヲ伸長ス

役員ハ重任ヲ妨ゲズ

第二十三條　役員及委員ニ缺員ヲ生ジタルトキハ之ヲ補缺選任ヲナス補缺選任セラレタル者ノ任期ハ前任者ノ殘任期間トス但シ法定ノ員數ヲ缺カズ業務執行ニ差支ナキトキハ之ガ選任ヲ省略スルコトヲ得

第二十四條　役員ノ報酬ハ社員總會ニ於テ其ノ年總額ヲ定ム

第五章　會　員

第二十五條　本協會ノ會員ハ日本在留朝鮮人ニシテ世帶ノ戶主ヲ以テ其ノ資格者トス

第二十六條　本會員ハ左ノ二種トス

一、正　會員　　會費年額金參拾圓納入者

二、特別會員　　會費一時金千圓以上納入者

第二十七條　本協會ニ入會セムトスル者ハ所定ノ入會願書ニ通ニ所要事項ヲ記入シ本部若ハ支部ニ提出スベシ

第二十八條　本會員ニシテ本國ニ歸還セムトスルモノハ脫退ノ申告ヲナスヲ要ス

第二十九條　本會員ニシテ朝鮮人ノ信威ヲ失墜スルカ又ハ本協會ノ體面ヲ毀損シタルモノハ常務役員會ノ決議ヲ以テ除名スルコトヲ得

第六章　部　署

第三十條　本協會ノ常務執行機關トシテ左ノ部署ヲ置ク

一、總務部　　二、企畫部　　三、財政部

四、文化部　　五、社會部　　六、經濟部

七、報導部　　八、厚生部　　九、地方部

第三十一條　各部長ハ理事之ヲ擔當ス但必要ニ應ジ各部ニ次長ヲ置クコトヲ得

第七章　支　部

第三十二條　日本六大都市及道、府、縣ヲ區域トシテ支部ヲ設置スルコトヲ得

第三十三條　支部ヲ設置セムトスルトキハ其ノ役員ノ住所、氏名及支部規約ヲ本部常務役員會ニ提出シ其ノ承認ヲ受クルヲ要ス但シ當該支部ニ新ニ本協會ニ入會スル者アリタルトキハ入會願書ヲ添付シ本部ニ報告スルヲ要ス

第三十四條　支部ニ對スル細則ハ別ニ之ヲ定ム

第八章　會　計

第三十五條　本協會ノ會計年度ハ年壹回トシ每年六月一日ニ始マリ翌年五月末日ヲ以テ決算スルモノトス

第三十六條　本協會ノ經費ハ左ノ收入ヲ以テ充當ス

一、會員ノ會費

二、有志ノ寄附金

三、事業收入

四、其他ノ雜收入

第三十七條　本會員會費ノ三分ノ一ハ本部ノ、三分ノ二ハ支部ノ收入トス

第三十八條　總收入金ヨリ總支出金ヲ控除シ剩餘金アリタルトキハ之ヲ後期ニ繰越スモノトス

第三十九條　毎事業年度豫算ハ其ノ年度開始前ニ常務役員會ニ於テ編成シ委員會ニ報告スルモノトス

前項ノ豫算ハ定時社員總會ニ於テ承認ヲ受クルヲ要ス

第九章　附　則

第四十條　本定款ニ對スル施行細則ハ常務役員會ニ於テ決定ス

右社團法人留日朝鮮人協會設立ノタメ本定款ヲ作成シ社員一同左ニ署名捺印ス

昭和二十一年　月　日

情報部特報

自ら省みよ！

▽ 誣言者に與ふる李禧元氏の言 △

建靑を誣ふる怪文書が何者かの手によつて全國に書送られるといふ事件が起つた。何者の手に成るかといふ問題は別としても、かゝる書狀が書かれるといふことが既に歎かはしいことである。內容の愚劣さもさることながら、かゝるものが書かれたといふことは、それを讀み且つ信ずるものがあることを豫想したのであるに違ないから、我々同胞がまだこんな低さにあつて、こんな卑劣行爲やこんな低級な誣言が通用すると考へてゐるのであつて、之は同胞自らが同胞を貶しめた行爲である。我等が慨嘆する理由は實に玆にあるのである。我々はこんなものが通用する程、低級であらうか。我々はこんなものを通用させる程、非紳士的であらうか。

我々が憎惡を感ずるのは、それが建靑の幹部に浴せた罵詈によるのではない。已が低劣と卑俗を以て、同胞を貶しめたその罪に對してゞある。この種事件が橫行するならば、それを知つた外國人は、我々同胞を何と見るか。我々を野蠻、非文化、迷妄、愚劣の名を以て呼びはすまいか。さすればその惡辱は、全同胞、ひいては祖國にさへ及ぶのである。しからば我々の前途に明るく射し始めた獨立の旭光も、夕映の如くにしてやがて消えてゆくであらうことも、我々は想像しなければならなくなるのではないか。

以上の理由によつて、我々は文書の起草者の無自覺不思慮を憎む。全同胞、祖國朝鮮の名に於て我々は彼等を憎惡、輕蔑せざるを得ないのである。

かゝる意味に於て讒謗の的になつた建靑副委員長自身も、次の如く記者に語つてゐる。

「書狀の內容は勿論事實無根です。いや、そんなことを云つて辯明するのも莫迦々々しい。まるで子供の惡口ですよ、私が建靑のロボツトださうですが、ロボツトの椅子についてゐられる程、私は偉いんですかね。呵々々々、その他の惡口にしたつて、テロリストだの何だの、まるで低劣ではありませんか。どうせ惡くいふなら、もつとうまい、大人のいふ惡口を云つたらどうですかね。こんな最大級の惡罵を並べたてれば、却て云つた者の方が人格を疑はれますよ。それにつけても我々同胞は、こんな泥仕合はもういゝ加減やめる時ではありませんかね。こんなことをしてゐて、我々の將來が、果して樂觀できるでせうか、困つたことです………」

この言葉は我等にとつては千萬の辯明にも勝る一言である。我等は高潔なる氏の一言に、この上蛇足を加へる必要を認めないのである。

此の事件の眞相が明確にされた。民主靑年同盟の白川と云ふ靑年が經濟的困難から、依賴されて民靑の仕事をしましたと。甚だ申譯ありませんでしたと詫び、其[illegible]爲に對する責として、全國に白川氏より公開狀が發せられる筈である。

一九四七年三月一日

朝鮮建國促進靑年同盟中央總本部
情　報　部

親愛하는 同胞여
白衣同胞가 千秋로 記憶할
三月一日이 닥처왔다
西歷一九一九年 이날 우리의
先代는 殘虐無道한 倭警倭
軍의 監視가운데서
流血을 무릅쓰고 生命을 저바
리고 敢然이 獨立을 宣言했다
數많은 犧牲 生命의 危險이
目前에 있음에도 不拘하고
獨立運動은 燎原의 불과 같
치 三千里江山에 퍼졌다

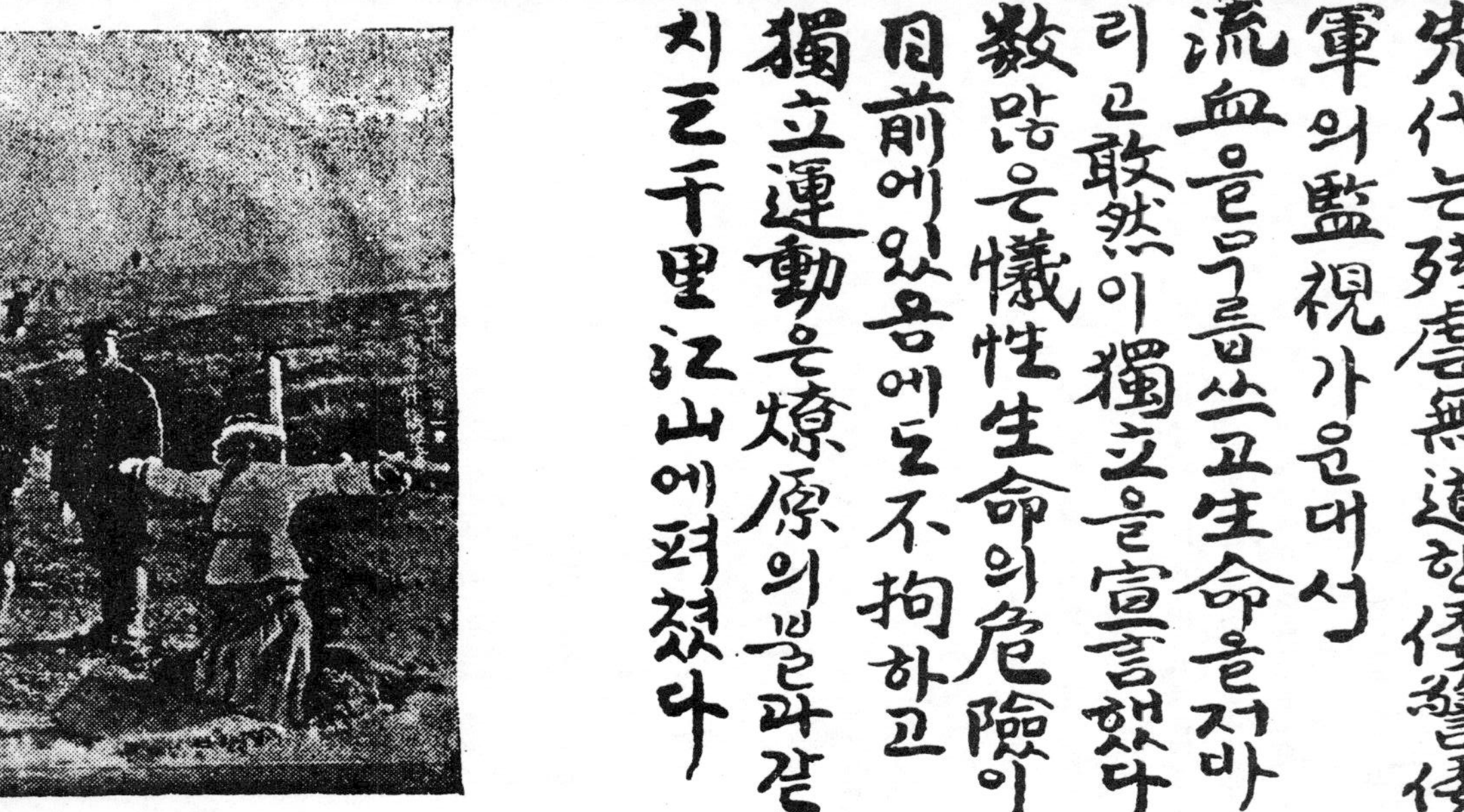

臨時政府는 이 擧族的 運動의
歷史的 所產으로 誕生했다
그리고 三千萬民族의 獨立의
血願은 全世界를 흔들었다
이 寫眞을 보라
우리는 臥薪嘗膽의 곤욕을 참
고 決斷코 獨立을 成就함으로
서 도라간 先代의 눈을 감기
자!!

一九四七年三月一日

朝鮮建國促進青年同盟
在日本朝鮮民留民團
朝鮮人民主主義諸團体

第二回
國際親善籠球大會

在日朝鮮對在日中國

日時　1948年5月29日　6.00P.M

場所　東京・神田　明治大學体育館

大會役員

會長	朴魯禎		
顧問	李植烈	許雲龍	金相哲
	金　健	李容鎮	鐵光龍
總務	李仁夔	金永寅	
審判	明大籠球部		
記錄	同　上		
會場係	張昌壽		

主催	在日朝鮮体育會
後援	朝鮮居留民團 國際日日新聞社　國際タイムス社

中華青年會館		朝鮮體育會
郭功凱	F	蔡洙仁
李玉綱	F	張昌壽
苫　瑤	C	李仁變
劉玉麟	G	崔銀洙
何乃昌	G	李允求
恩毓田		林竹松
柯根華		南宮秀
陳鵬群		趙貞市
胡祿邦		朴仁哲
李漢肢		金變太
王敦旭		金平洙

中國		朝鮮
	前半 對	
	後半 對	
合計	對	

役員名簿

一、顧問

（イロハ順）

尹權　在日本朝鮮人聯盟中央總本部委員長
尹鳳求　在日本朝鮮民主青年同盟中央總本部委員長
朴烈　在日本朝鮮居留民團團長
星野柳太郎　日本バレー協會常務理事
李禧元　在日本朝鮮建國促進青年同盟中央總本部副委員長
李楨烈　朝鮮YMCA總務
柳田亨　日本オリムピック委員日本YMCA名譽主事
山本忠興　工學博士
山田貞雄　デンマークO・D高等體育學校出身
松澤一鶴　日本水泳連盟理事
洪賢基　在日本朝鮮建國促進青年同盟中央總本部委員長
清瀨三郎　日本體育協會理事長
三橋喜久雄　三橋體育研究所長早稲田大學教授
宮本能冬　日本蹴球協會理事
菅儀一　東京YMCA總主事

一、名譽會長

一、會長　蔡洙仁

一、副會長　李仁燮

一、理事
蔡洙仁　李仁燮　金學鳳　金永寅
金光善　林竹松　李允求　洪徹
崔鮮　崔銀洙　權赫晃　金平洙
趙東運　洪承萬　金源一　金考植
金敬天　文春成　鄭建永　李容鎮

一、監事　李楨烈

一、總務部　李仁燮　洪徹　鄭泰熙

一、涉外部　金學鳳　權赫晃　金原一

一、財政部　金永寅

一、事業部　金光善

一、宣傳部　林竹松　金敬天　崔鮮

一、運動部　李允求　趙東運

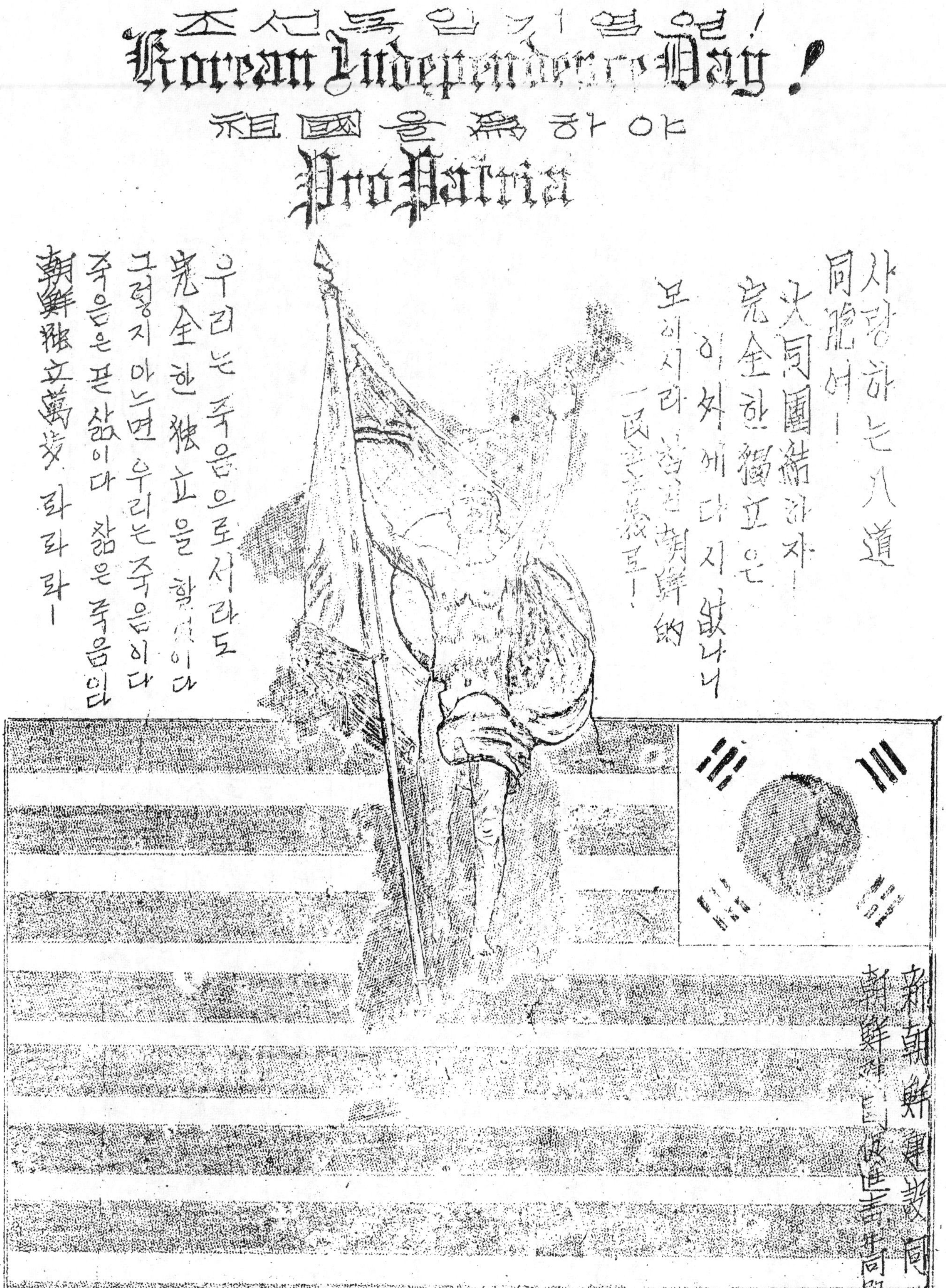

조선독립기념일!
Korean Independence Day!
祖國을 爲하야
Pro Patria

사랑하는 八道
同胞여!
大同團結하자!
完全한 獨立은
이 外에 다시 없나니
모이시라 新建 朝鮮的
一民主義로!

우리는 죽음으로서라도
完全한 獨立을 할 것이다
그렇지 아느면 우리는 죽음이다
죽음은 큰 삶이다 삶은 죽음이다
朝鮮獨立萬歲 라라라!

外務部發行

朝鮮獨立紀念日

朝鮮人聯盟背後는

朝日新聞第二万一千五百四十号 二月二十七日初面 大敎ー共産黨大会、中央委員候補에 宋性徹、金斗鎔、朴恩哲이 세사람이 朝鮮人聯盟背後에서 指導階級에 있지 않는가. 보라. 모르는 日本在留同胞를 迷惑을 모라 좋은다

金斗鎔이는 조선 太極旗를 ー 葬白後面幕에 부치는것을 封建的이라면서 잡아 떼여 치우려고 한者입니 朝鮮人聯盟으로서 부치는 旗를 赤旗 떼어 잡어된인 일까지 있단.

이사실은 人民大会때이다.

이것과 関聯한事実은 利用하는外는 太極旗를 揭揚하지 않은다. 시것은 무엇을 말하는것인가. 民族아 하느냐. 日本共産黨旗, 그러면 무슨 旗고 가 반하자면 赤色旗가 必要하다. 그것이 民主主義

그旗는 [illegible]

우리同胞여. 志士여ー! 學生青年諸君 속지 말라. 오늘은 [illegible]年 三月一日 三一運動 独立紀念日을 期約하야 大局을 冷静히 批判하자 다. 그들은 朝鮮人聯盟이라는 名文 美名下에서 共産黨을 꿈꾼다. 그리고 그 무리는 지금 큰 財閥이라는 것을 꿈꾼다. 危険한 信用依託은 財産을

朝鮮은 일꾼을 찾는다. 그일꾼은 朝聯파괴로가 아니다. 치고 때리고 차는 暴力主義者는 아니다. 善良한 白衣民族이다. 사랑하는 겨레(同胞)여 조선을 사랑하는 우리 겨레여 白衣民族의 精神으로 돌아서시라. 現情勢를 正確히 [illegible]시라. 우리는 良醫와도 같이 現社會를 打診하시라.

그러면 반다시 옳고 그름을 알때라. 忠義와 節介를 직히시라. 人民政府共和國을 支持하는 共産黨의 共産主義은 메ー치루다. 君子는 義가 아니면 [illegible] 人民共和國은 阿片이다. 우리는 民族의 残忍無道하고 虐政에 울고 온 民族입니다. 共産黨도 그以上 저民族을 말고 알고 婦女子의 致辱을 至當하다 하는 無頼漢들이다. 共産黨이 들어가는것은 日本以上의 民族을 塗炭에 빠져 넣고 自身을 自殺的演劇이다.

白衣人画

大韓民國初代內閣各部長官
副統領 李始榮
大統領 李承晩
李範奭

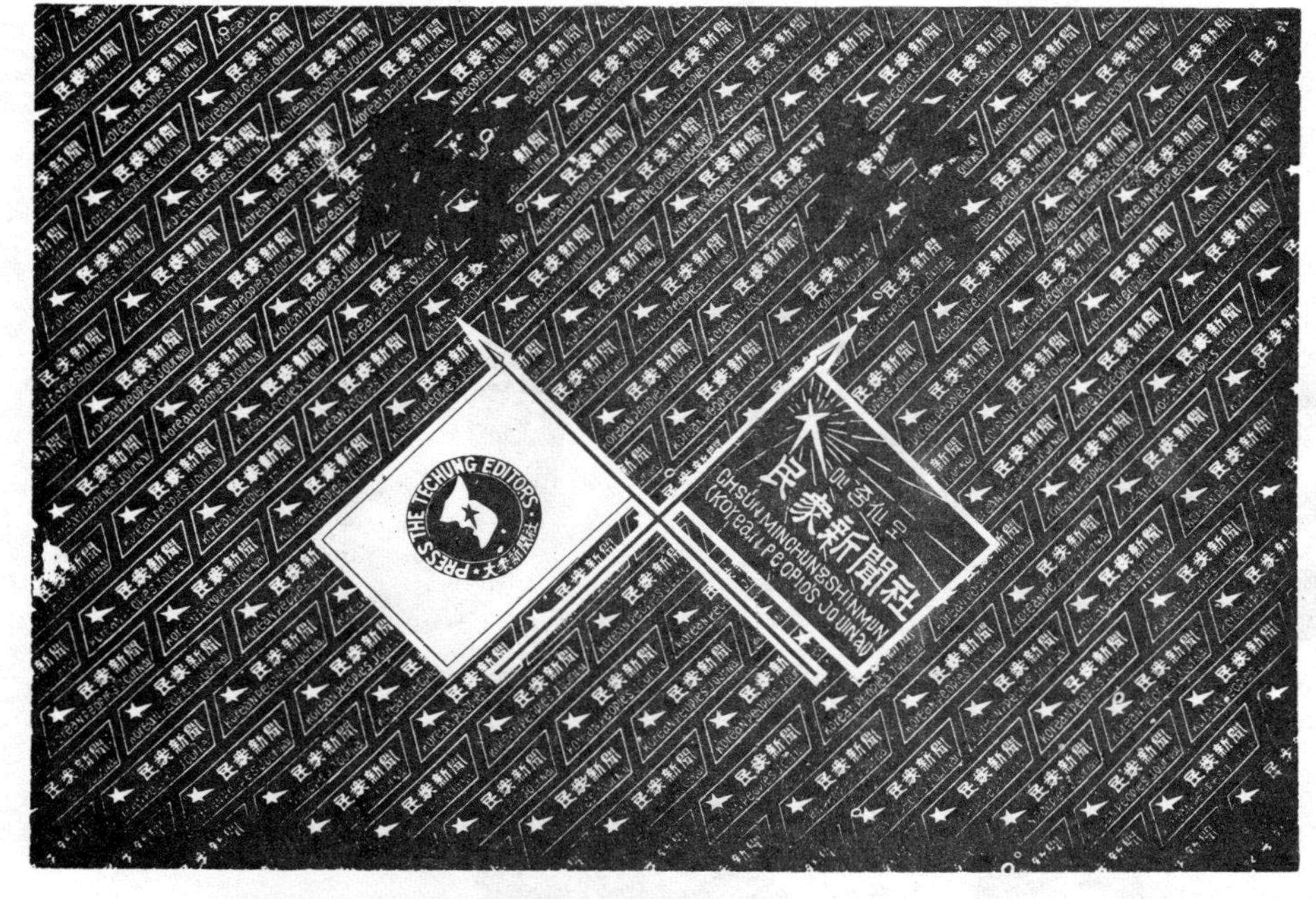

解放（表紙）

解　放

朝鮮完全自主獨立

一週年記念寫眞帖

民衆新聞社
大衆新聞社　編纂

（とびら）

（見返し）

八・一五 解放

☞ 一九四五年八月十五日서울驛前에모여歡喜하는群衆

★解放의노래

一、조선의 대중들이 드러보아라
우렁차게 들려오는 해방의날을
서우자가 울리는 발굽소리와
미래를 고하는 이웃성소리

二、로동자와 농민들은 힘을다하야
놈들에게 빼앗겼든 토지와 공장
정의의 손으로 탈환하여라
저놈들의 입어야 그무엇이야

☞ 도땅에떠러지고말었다(降下式)
世紀二千六百年을자랑하든日本旗

第二次世界大戰終結

太平洋戰爭特徵 (原子爆彈)

獨쏘戰爭特徵(쏘聯戰車隊의突進)

解放軍의 進駐

☖ 美軍上陸 (九月六日)

☖ 滿洲에서 北朝鮮에서 日本軍을 격퇴하고 平壤에 進駐한 붉은 軍隊

同美軍이 戰車隊를 先頭로 서울市內에 進駐 ☞

★獨立의아침

一、진리한 채쭉밑에 울든시십년
허머진 이강산에 새봄이왔네
탐욕의 모진발굽 긁컸든자리
평화의 새꽃송이 웃으며핀다
높이 들어라 자유의기빨
크게 불러라 해방의노래

二、내실넘 내것으로 사는이새상
햇빛도 더욱밝다 조국의아침
세게에 활개처갈 우리새조선
미로씨 단결하야 굳게세우자
높이 들어라 자유의기빨
크게 불러라 해방의노래

카이로宣告

三大同盟國(米 英 中)은 海路와陸路及空路로서 又野蠻的敵國에對하야 容恕없는攻擊을加할것을決議宣言한다

이攻擊은날서激甚하여가고있다 三大同盟國은日本의侵略을制止시키고 處斷하기위야現在戰爭을繼續하고있는것이다 우리同盟國은自國의利得을바라는것도않이요 領土擴張의野心을가지고있는것도않이다 同盟國의目的은日本이一九一四年第一次世界大戰開始以後에있어 略奪하고占領한太平洋의모든島嶼를剝奪하는同時에 滿洲 臺灣 澎湖島같은淸國人으로부터略奪한모든地域을中華民國에返還하는데있다

日本은亦是暴力과貪慾으로서占領한그외모든地域으로부터驅逐을當하지않으면않이된다 우리三大國은 朝鮮人民의奴隸的狀態을考慮하여將次朝鮮을自由獨立식키라는決議을가지고있다

以上과같은目的下에서 우리三同盟國은 現在日本과交戰하고있는各國과協調하야 日本이無條件降伏할때까지 必要하고重大한 長期的行動을게속할것이다

폿 담 宣 言

——一九年四五七月二十六日폿담에서——

一　우리들合衆國大統領　中華民國政府主席及英帝國總理大臣은　우리들의數億의國民을代表하야　協議한結果　日本에對하야　이번의戰爭을終結할機會를　주게함에　意見을一致하엿다

二　合衆國　英帝國及中華民國의巨大한陸海空軍은　西方에서　自國의陸軍及空軍에依한數倍의增强을받어　日本에對하야　最後的攻擊을加할準備가되엿다　右軍事力은　日本이抵抗을中止할때까지　戰爭을遂行할一切의聯合國의決議에依하야　支持되며또鼓舞될것이다

三　蹶起한世界의自由로운　人民의힘에對하야　獨逸의無益　또無意義한抵抗의結果는　日本國民에對하야　先例를明白하게表示하고있다　現在日本에對하야　集結하고있는힘은　抵抗한나치스에對하야適用된境遇에있어　全獨逸人民의土地産業及生活樣式을必然的으로荒廢에도라가게한힘에比하야　數倍나더强大한것이다우리들의決意에支持되고있는軍事力의最高度의發揮는　日本軍隊가避할수없고　또完全한壞滅을意하며　必然的으로日本本土의完全한破壞를意味할것이다

四　無分別한打算으로서　日本帝國을滅亡의深淵에끌여너은　唐突한軍國主義的助言者들에依하야　日本이連續하야統治될것일가　또는理性의徑路를日本이밟을것일가를日本國民自身이決定할時機가到來하엿다

五　우리들의條件은左와갈다　우리들은右條件에서離脫하지않일것이다　右를代理할條件은存在하지안는다　우리들은　遲延을認할수업다

六　우리들은　無責任한軍國主義가　世界에서驅逐될때까지는　平和安全及正義의新秩序가生기지안는다는것을　主張하며　日本國民을欺瞞하고　日本國民으로서　世界征服의行爲를하게한過誤를犯하게한軍國主戰者들의權力及勢力은　永遠히除去치않으면안된더

七　右와갈은新秩序가建設되고또　日本의戰爭遂行能力이破壞되엿다는것을　確實히證明하게되도록　聯合國의指定할日本國領域內의諸地點은　우리들이여기에있어指示하는基本的目的의達成을確保하기爲하야　占領하여야한다

八　카이로宣言의條項은履行하여야한다　또日本의主權은本州　北海道　九州及四國아울러우리들이決定할諸小島에　局限한다

九　日本軍隊는完全히　武裝을解除한後　各々家庭에도라가　平和스럽고또生産的인

生活을할機會를얻게한다

十　우리들은　日本人을民族으로서奴隸化할여고하며　또는國民으로서滅亡식일여고하는意圖를가지지않는다　우리들의捕虜를虐待한것을包含한一切의戰爭犯罪人에對하야서는　嚴重한處罰을加하여야한다　日本政府는　日本國民의民主主義的傾向의復活强化에對하야　一切의障碍를除去하여야한다　言論　宗教及思想의自由와基本的人權의尊重을確立하여야한다

十一　日本은그經濟를維持하고또公正한實物代償의取立을　可能하게할수있는産業의經營을許한다——但日本으로서戰爭을爲하야再軍備를準備할수있는産業은　이에限하지않는다——右目的을爲하는原料의入手（그支配權은認定치않는다）를許한다日本은將來世界貿易關係에參加하게할것이다

十二　前記諸目的이達成되여　또日本國民의自由로表示된意思에따라　平和的傾向이있고　또責任있는政府가樹立됨에있어서는　占領軍은直時日本에서撤收한다

十三　우리들은　日本政府가直時全日本軍隊의無條件降伏을宣言하고　또그行動에있어　同政府의誠意에對하야　適當하고또充分한保障을提供할것을　同政府에對하야要求한다

右以外의選擇은　日本의迅速하고또完全한潰滅뿐일것이다

世 界 指 導 者 面 々

日本無條件降伏調印式 (一九四五年九月二日 미즈리戰艦上에서)

← 同艦上全景

↑ 無條件降伏調印하는重光外務大臣

民衆新聞社

解放戰士出獄歡迎

(解放後出獄한戰士들)

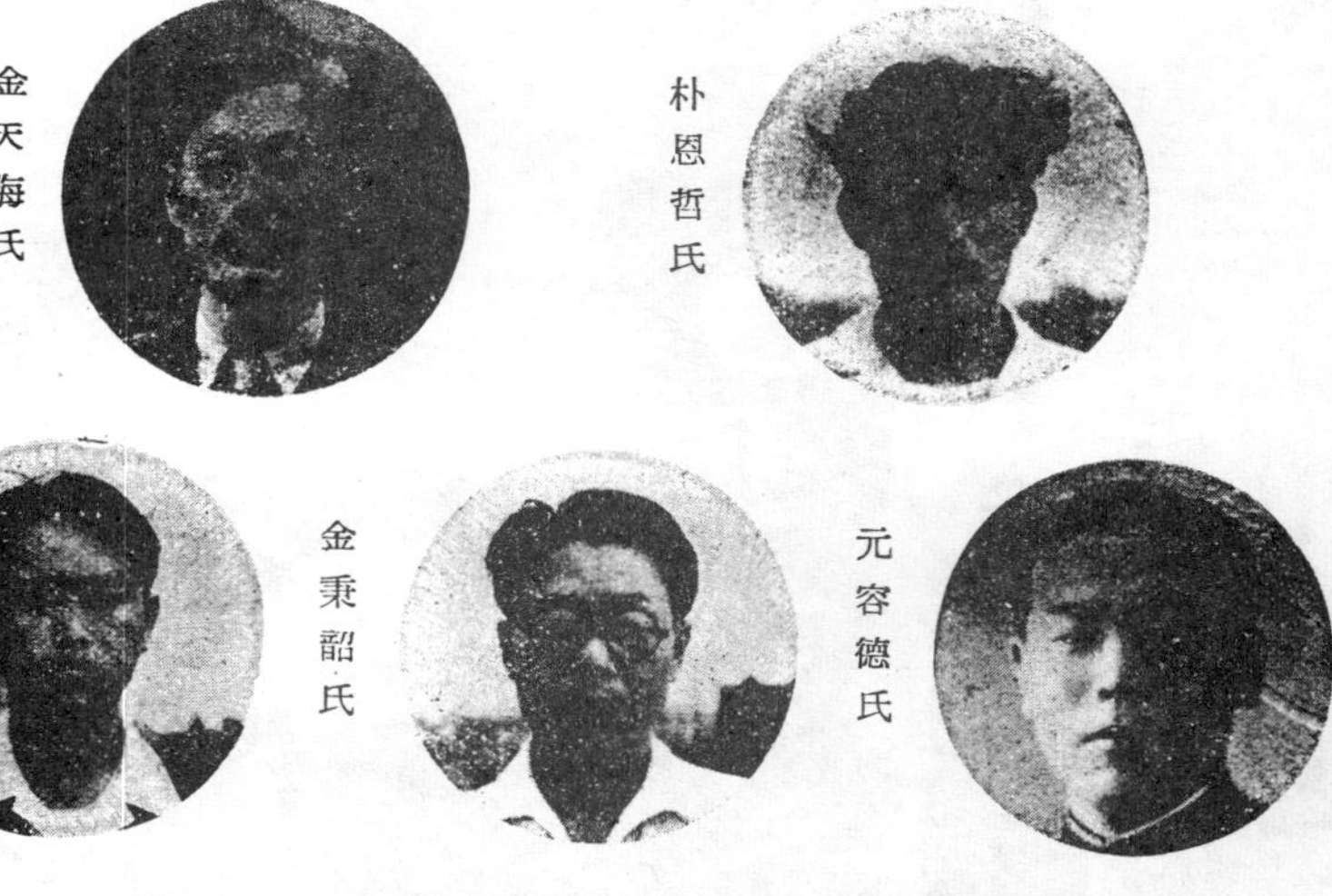

金天海氏　朴恩哲氏　劉宗煥氏　金秉韶氏　元容德氏

↑ 同府中刑務所앞에모힌群衆들

← 同出迎한人民大衆

→ 府中刑務所鐵門밖게出獄한戰士들

委員長 尹槿

副委員長 金正洪

副委員長 金民化

在日本朝鮮人聯盟中央總本部常任一同

在日本朝鮮人聯盟中央委員

(1946年8月3日 於東京 第七回中央委員會)

在日本朝鮮人聯盟沿革

一九四五年八月十五日「포담」宣言受諾으로말미아마帝國主義日本은敗戰되고, 그履行에있어서우리의朝鮮은自由와獨立의榮光이約束되였다。이로因하야、日本에散在하든우리同胞間에서는生命財産을保護하며 權利를伸長하려는自然發生的自主的團體가各處에簇生하게되였다。

卽八月十八日東京都杉並區에在留朝鮮人對策委員會 八月二十二日東京都澁谷區에서는在日本朝鮮人歸國指導委員會가組織되였든바八月二十二日에兩團體는合流하야在日本朝鮮人會로서發足하게되였고。또一方에서는 在日本朝鮮人對策委員會、在日本朝鮮人居留民聯盟이東京을中心으로誕生하였는데이兩團體와前述在日本朝鮮人會는그趣旨와目標가同一하다는見地에서合流를決定하였다。이것이在日本朝鮮人聯盟의母體이다。其後同一한目的과同一한方法으로運動을展開하기爲해大同團結하야、强力한中央集權的大衆團體를組織하자는大衆的熱望으로、關東地方朝鮮人會、在日本建國促進同盟、在日本朝鮮人居留民團 在日本京都朝鮮人居留民團、在日本目黑朝鮮人聯盟、埼玉縣朝鮮人協議會、東京早稻田有志會等七個團體가合流하야九月十日代々木假事務所에서中央準備擴大委員會를開催하야、在日本朝鮮人聯盟中央準備委員會를構成하였다。其後各地方組織를完了하야十月十五・六兩日間에亘하야全國結成大會를가지게되였다。이리하야本聯盟은全日本在留同胞의生命財産을保護하며모ー든權利를主張할난한、唯一한機關을嚴然히나내라으며이旗빨알에在日本二百四十萬大衆은三千萬民衆의總意에依하야樹立될中央政權을支持하고建國에最善을다하기로約束하였다。

以上

朝聯中總結成大會의朝鮮獨立祝賀音樂大會

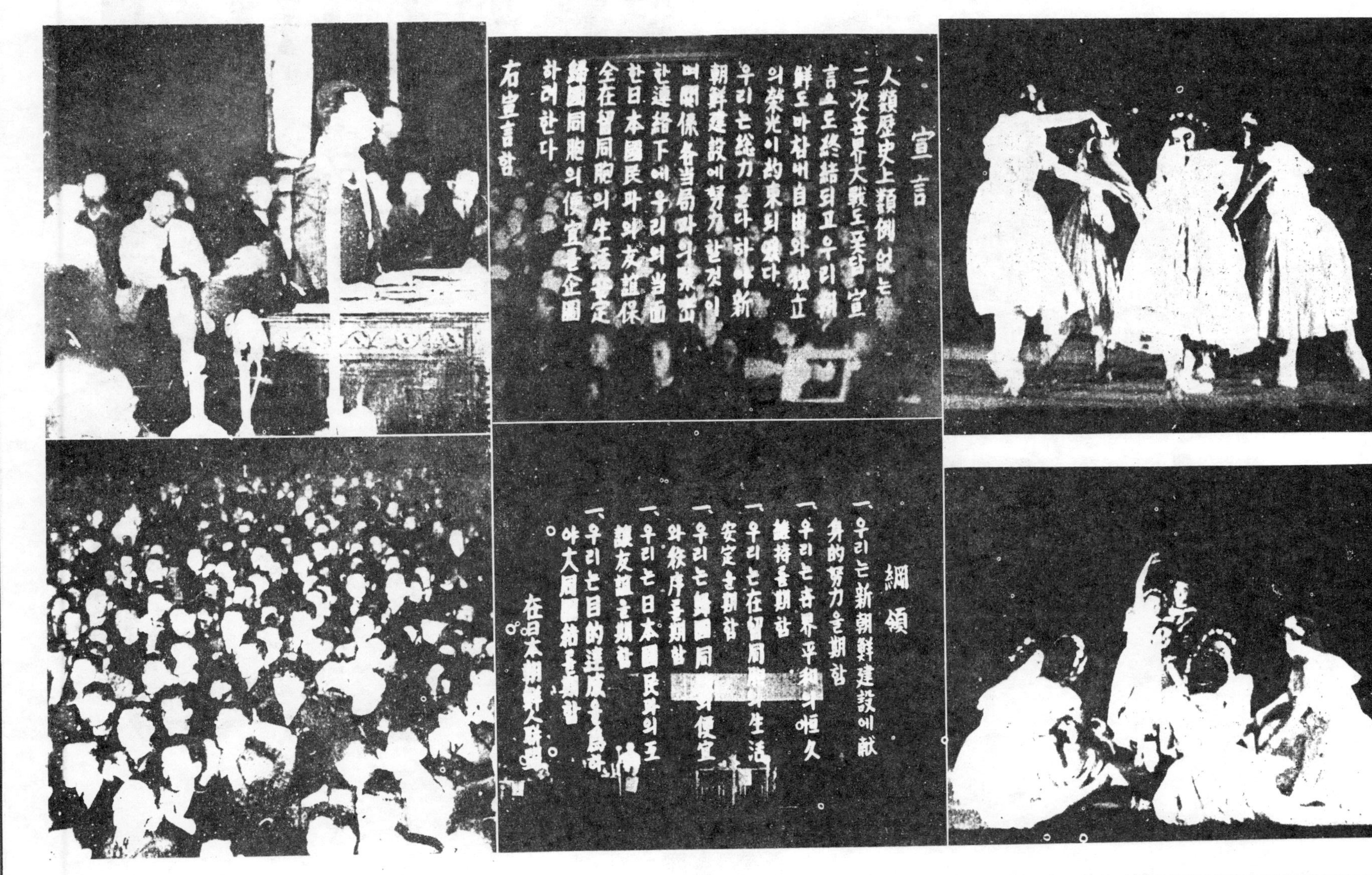

大　衆　新　聞　社

← 出版物各種

↓ 同社屋

← 同社員一同

建設戰士養成

解放朝鮮의새일군을培養하는三·一政治學院(第一期卒業生記念寫眞)
圓內는學院長朴恩哲氏

將次우리어린이의읆은先生을養成하는在日朝聯學院 (第一期卒業生記念寫眞)
圓內는學院長姜昌浩氏

↑ 東京品川朝聯學院

↓ 兵庫縣尼崎朝聯第一學院

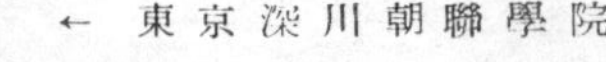

← 東京深川朝聯學院

民衆新聞社

未來의 建設戰士 教育

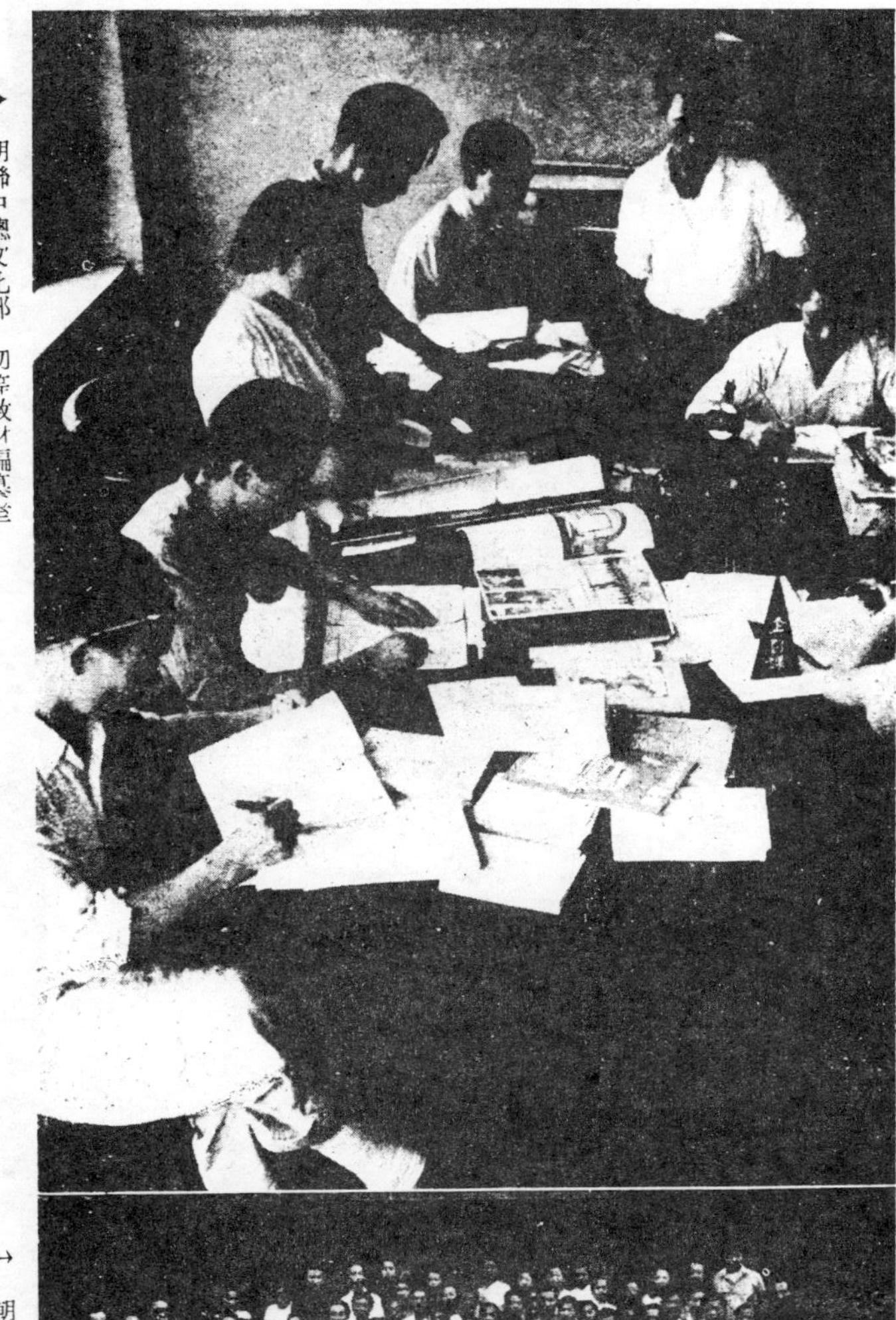

→ 朝聯中總文化部 初等教材編纂室

→ 朝聯茨城兒童學院生徒

→ 朝聯兵庫縣本部尼崎兒童學院生徒

↑ 朝聯茨城縣本部下館兒童學院生徒

민중신문
民衆新聞社
CHOUN MINSHUNS SHINMUN
(KOREAN PEOPLES JOURNAL)

三·一革命記念大會 (1946年3月1日 於東京日比谷)

↑ 壇上朝聯中總委員長 尹槿氏

↓ 同大會示威行列(日本宮城앞)

↑ 同大會會場

← 同大會式典

三·一革命當時虐殺場面 (1919年3月)

絞殺光景

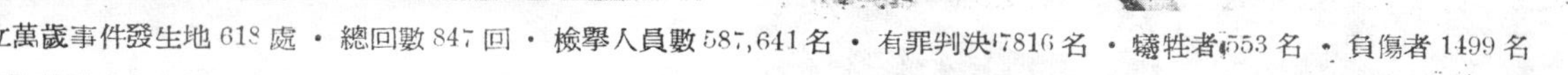

獨立萬歲事件發生地 618處 · 總回數 847回 · 檢擧人員數 587,641名 · 有罪判決 47816名 · 犧牲者 6553名 · 負傷者 1499名

銃殺光景

大正十二年關東大震災當時同胞의虐殺場面

臨時政府樹立促成人民大會 (1946年6月10日)

壇上 朝聯兵庫縣本部委員長 李民善氏(於神戸)

壇上 朝聯東京本部委員長 朴齊석氏(於東京上野)

朝鮮獨立促成人民大會

↑ 朝聯神奈川縣本部主催(於橫濱)

↓ 朝聯岡山縣本部主催(於岡山市)

民衆新聞社

日本警察의暴惡

(其 一)

(其 二)

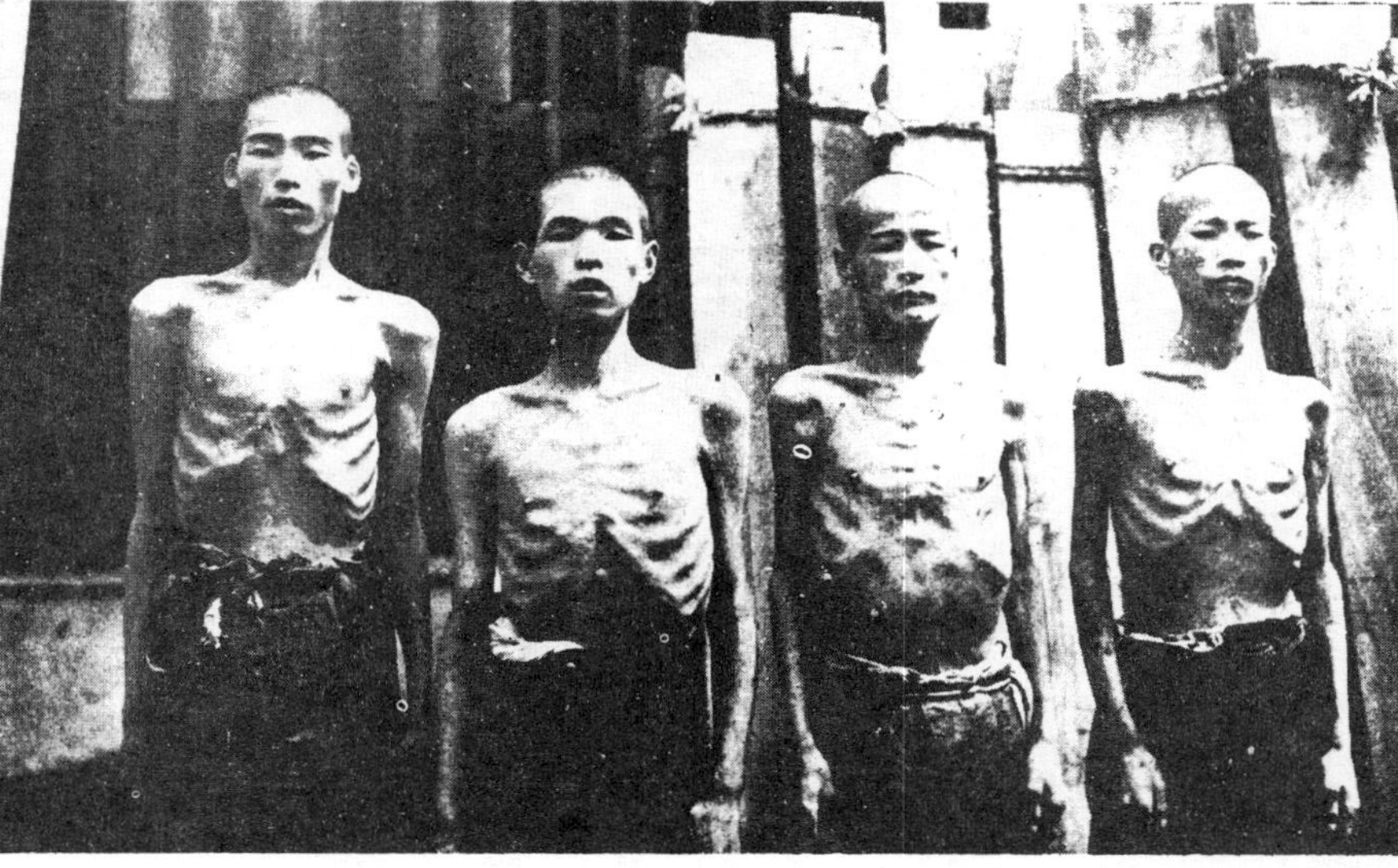

(其 三)

(其一) 在日朝鮮勞總을비롯하야關東自由勞組土建最高幹部로서勞働階級의利益과朝鮮解放戰線에서싸우다가鄭順玉氏와함게岩手事件에학살당한康有鴻氏

(其二) 自由勞組土建組合員으로서同胞勞働者의利益과無産階級해방전선에서싸우다가 1932年5月4日岩手鐵道工事場에서日本경찰의앞재비인경방단에학살당한鄭順玉氏

(其三) 神戶刑務所에서呻吟하다가解放後朝聯의알선으로釋放된同胞들

極東國際軍事裁判(東京)

☞法廷의全景

法廷에서 厚顔無恥하게도 無罪를主張하는元朝鮮總督南次郎(우리民族이永遠히잊지못할 志願兵制度·創氏制度·國民精神總動員法等制定의元兇이다) ☞

世界征服의野慾은어디로? 鐵窓안에서콩밥을먹고는戰爭犯罪者들(右로부터東條·平沼·南)

民衆映畵社

朝鮮學生同盟

建物

민중신문
民衆新聞社
CHSUN MINCHUNGSHINMUN
(Korean Peoples Journal)

朝聯青年雄辯大會（東京）

朝聯自治隊結成式

同自治隊査閱式（東京）

朝聯青年陸上競技大會
（大　阪）

朝聯中央總本部의建物

朝聯東京本部役員一同

朝聯中央總本部役員一同

朝聯中央總本部醫務室

民衆新聞社
CHSUN MINCHUNG SHINMUN
(Korean Peoples Journal)

大阪朝聯本部建物及役員一同

兵庫縣朝聯本部
建物及役員一同과
同朝聯兵庫青年學院

朝聯埼玉縣本部役員一同

朝聯福島縣本部役員一同

朝聯茨城縣本部役員一同

朝聯長野縣本部役員一同

△ 朝聯栃木縣本部役員一同

△ 朝聯京都本部役員과事務所

△ 朝聯岡山縣本部役員一同

▷ 朝聯大分縣本部役員一同

靜岡縣朝聯本部 ☞

群馬縣朝聯本部 ☟

(向左下) 奈良縣朝聯本部

岐阜縣朝聯本部 下(同役員一同) ☟

神奈川縣朝聯本部

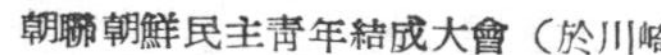
朝聯朝鮮民主青年結成大會（於川崎市）

富山縣朝聯本部

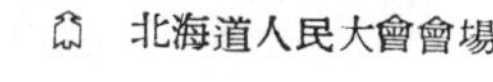
北海道人民大會會場

同會場

人民解放戰士

故李東甫氏

故李雲洙(李一)氏

故禹玄錫氏

李東甫氏略歷
日本勞組全評土建關係와日本共産黨關係로囹圄生活五年 出獄後戰時中硏究會事件에七年服役中淸津刑務所에서獄死當한指도자

禹玄錫氏略歷
在日勞組北部支部員 全協組合員 戰時中硏究會事件으로三年服役中太田刑務所에서日帝의刑務所食糧節約政策으로獄中餓死를當한堅實한指도者이다

李雲洙氏略歷 (本籍咸南北靑)
在日朝鮮勞働組合委員長 在日朝鮮新聞社社長歷任 朝鮮共産黨日本總局關係로獄中生活九個星霜을呻吟하시다가出獄後에朝鮮新聞社關係로다시囹圄에사로잡혀있다가日帝의野만的메로에依하여드되여解放의오날을못보고永眠의有數한指導者이다

민중신문
民衆新聞社
CHOSUN MINCHUNG SHINMUN
(Korean Peoples Journal)

朝聯兒童學院聯合學藝大會(東京)

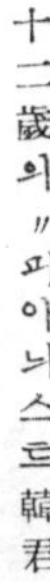
나부갈이遊戲하는어린이들

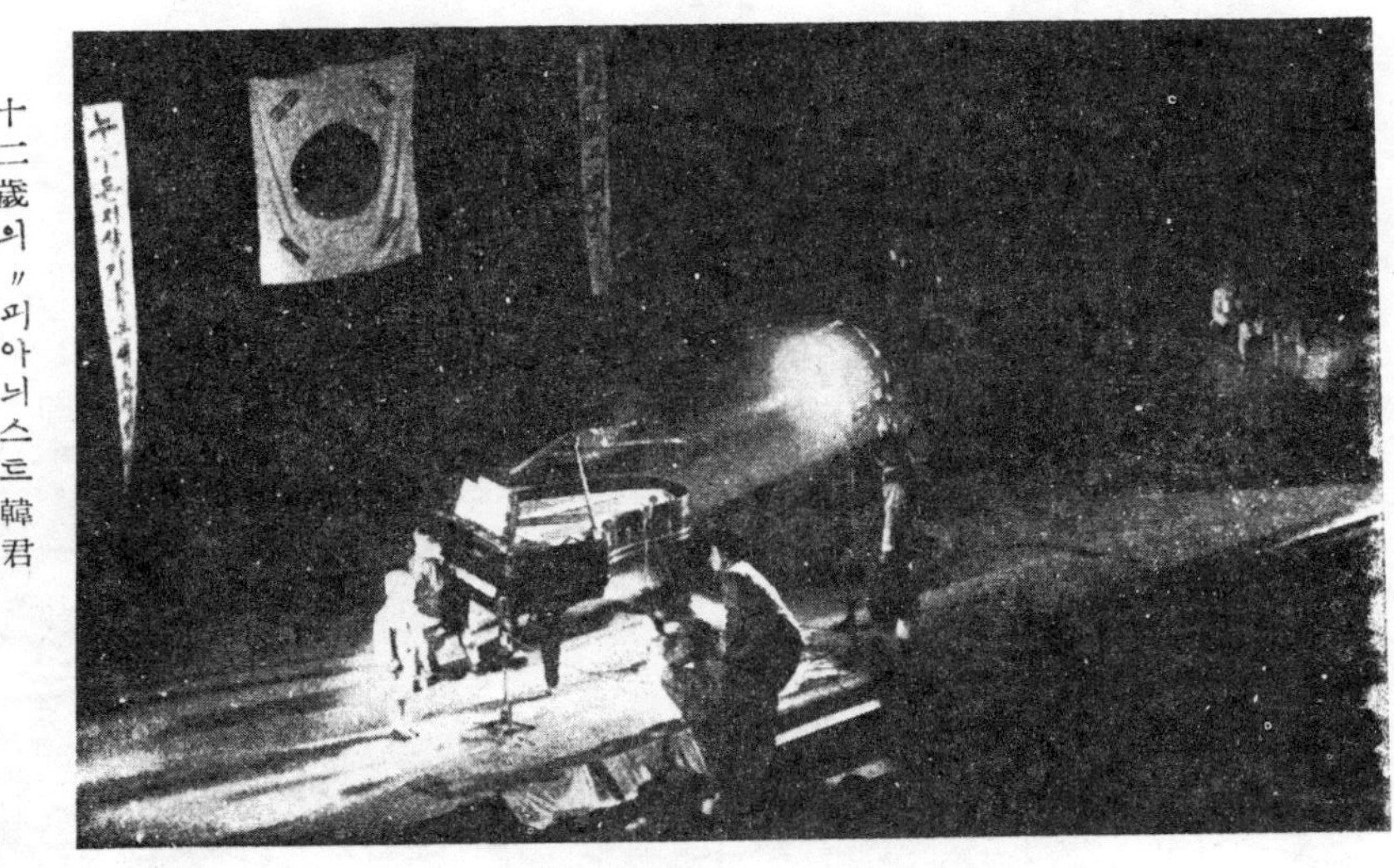
十二歲의 "피아니스트韓君

어린이들의合唱隊

雲集한學父兄들

敗戰日本

一九四五年八月十五日日本天皇이無條件降伏을國民에게放送하는場面

熊澤天皇及家族（正統主張하는）

新橋闇市場全景

廣島原子彈에依한慘狀

敗戰後交通地獄

民主化하는日本

日本共産黨의指導者들（左로부터德田·野坂·志賀諸氏）

天皇과直接談判하랴고宮城門을드러가는日本共産黨代議士들

戰後처음으로맞이하는第十七回 "메-데-"

宮城々門앞에모인勤勞大衆（食糧메-데-）

延安에서도라온 野坂參三氏의歡迎人民大會（東京日比谷公園）

博多로부터歸國와는同胞와視察하는朝聯全國委員長團

同委員長團一行

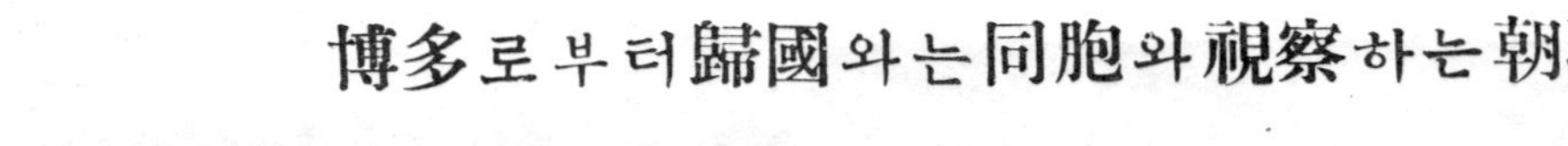
解放된朝鮮으로도라가는在日조선동포

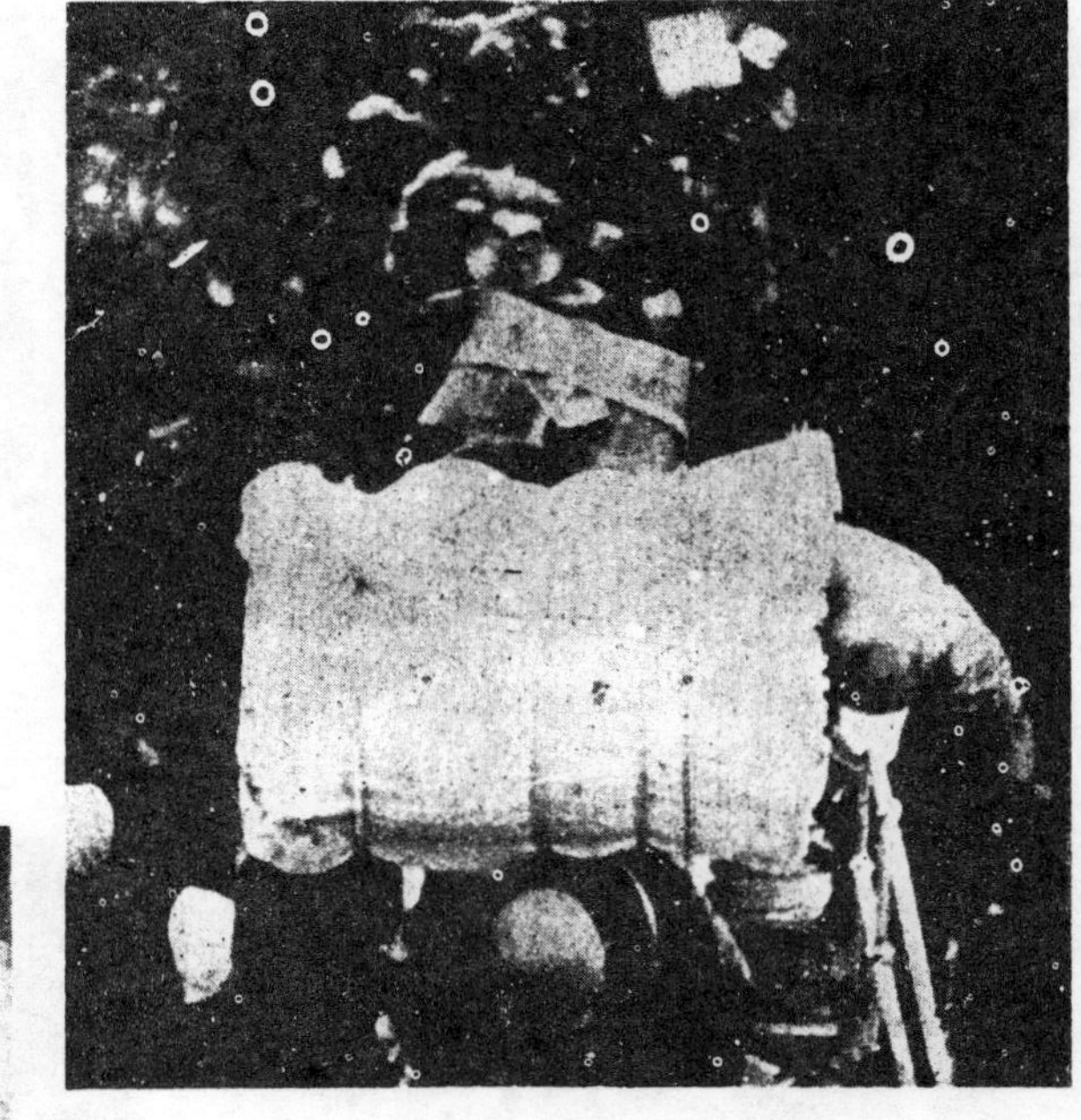

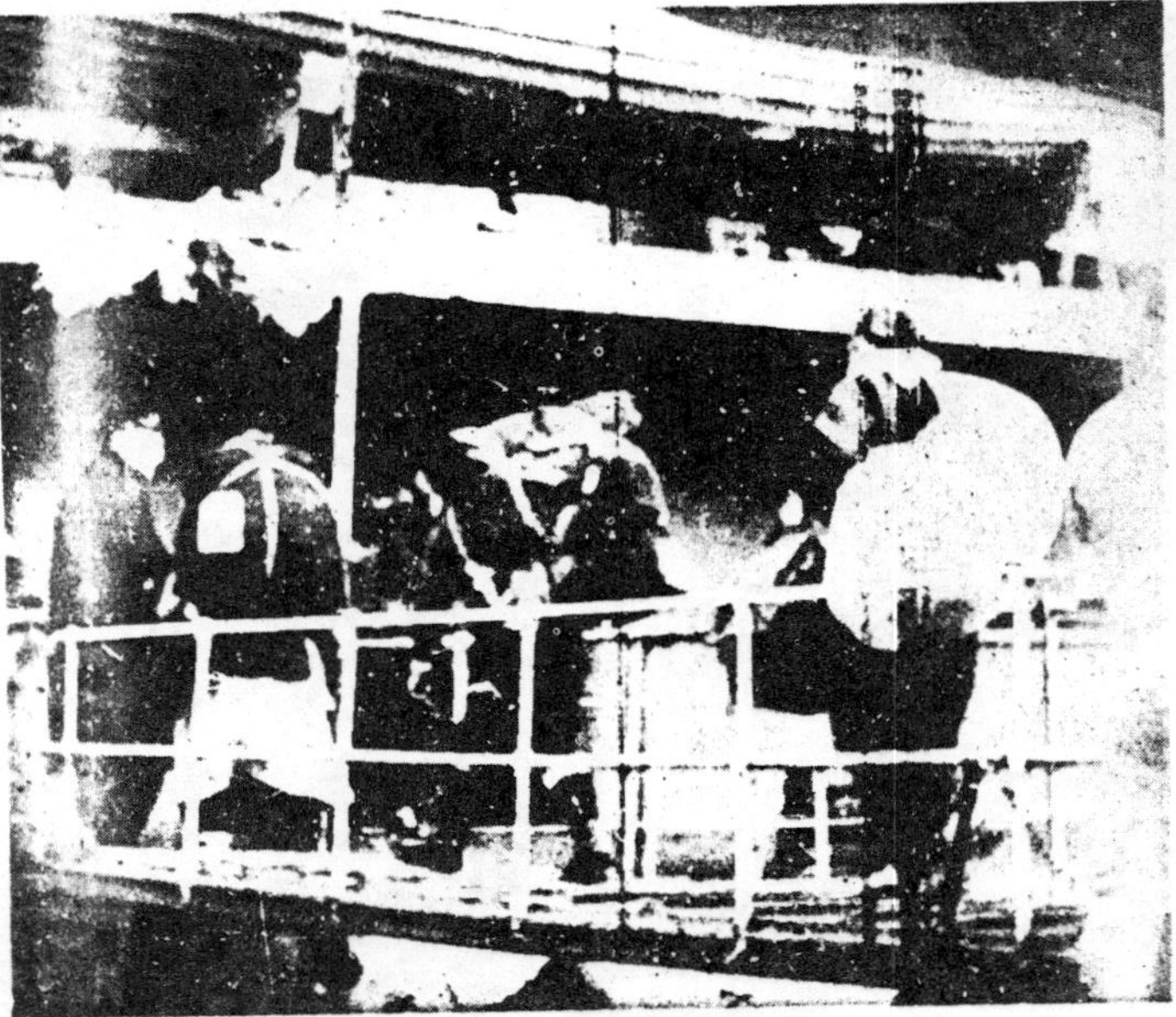
乘船場面

民衆新聞社

解放!

解放直後 祖國朝鮮

(右上) 八月十五日徽文學校에서解放第一聲을부르짖는呂運亨氏와歡呼하는人民大衆

(左上) 建國準備委員長呂運亨氏

(下) 八月十五日解放鬪士들의出獄을맞이하는人民大衆

建國準備委員會主催人民大會에모힌群衆(서울)

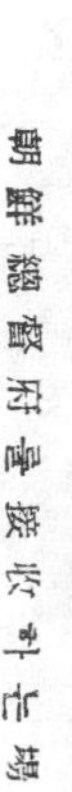

朝鮮總督府를接收하는場面

美軍進駐

△ 仁川港上陸全景

△ 歡迎式場

△ 同式場에參加한光復軍

△ 하ー지將軍

▽ 아ー놀드將軍

赤 軍 進 駐 (於平壤市)

◁ 歡迎市民大會에參席한右로둘재曹晩植氏와
四재번金日成將軍

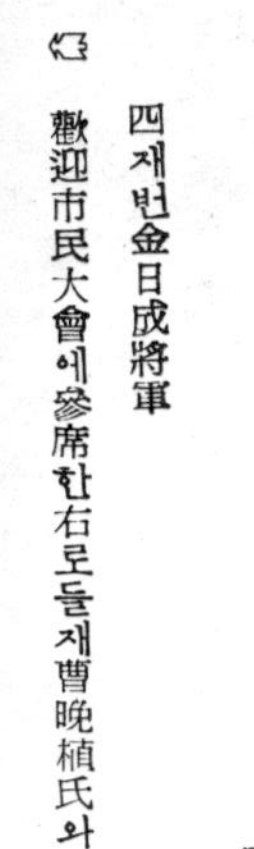

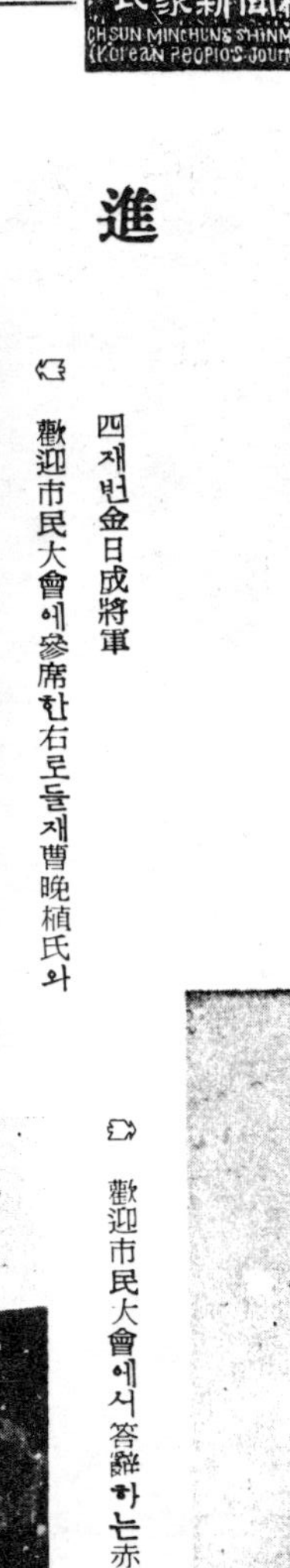

▷ 歡迎市民大會에서答辭하는赤軍將校

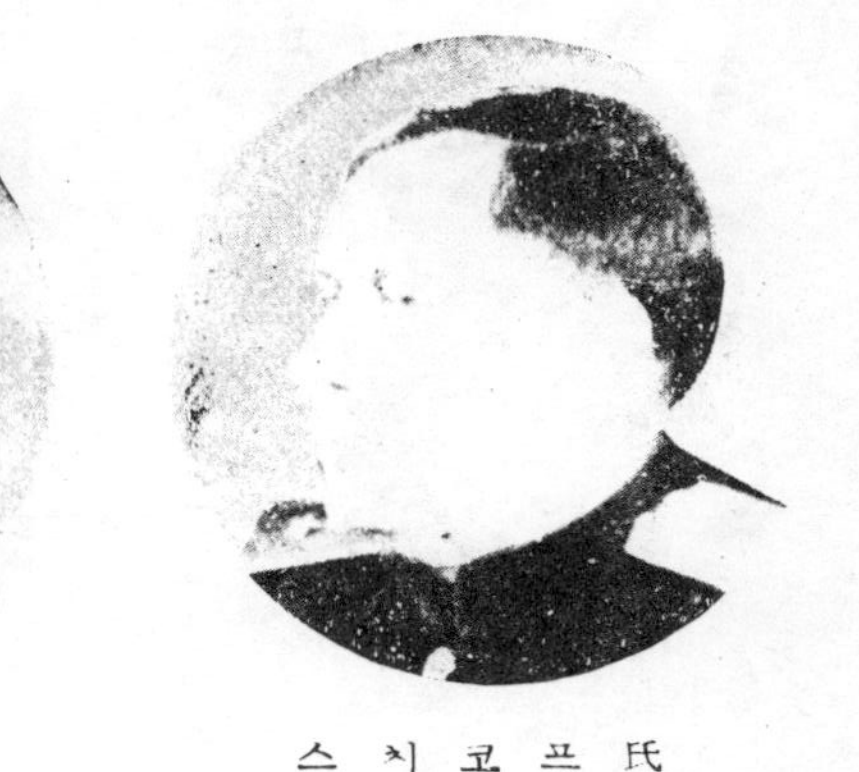

스 타 ー 린 氏

스 치 코 프 氏

赤軍을歡迎하는北部朝鮮人民(平壤市)

(右上) 赤軍을歡迎하여 쏘聯領事館에雲集한人民大衆

(右下) 赤軍을마저드리는敗殘日本軍將校

(左上) 어린이들을사랑하는赤軍兵士

(左下) 赤軍歡迎市內行進

▽ 平安南道人民委員

前進와는 北部朝鮮

◁ 北部朝鮮人民委員會의委員長將軍金日成인

▽ 同赤軍委員

◁ 朝鮮民主黨結成大會(平壤市)

(左上) 朝鮮婦女同盟의示威行進

(左下) 故玄復蘇先輩의市民葬行進

◎國軍準備隊의訓練

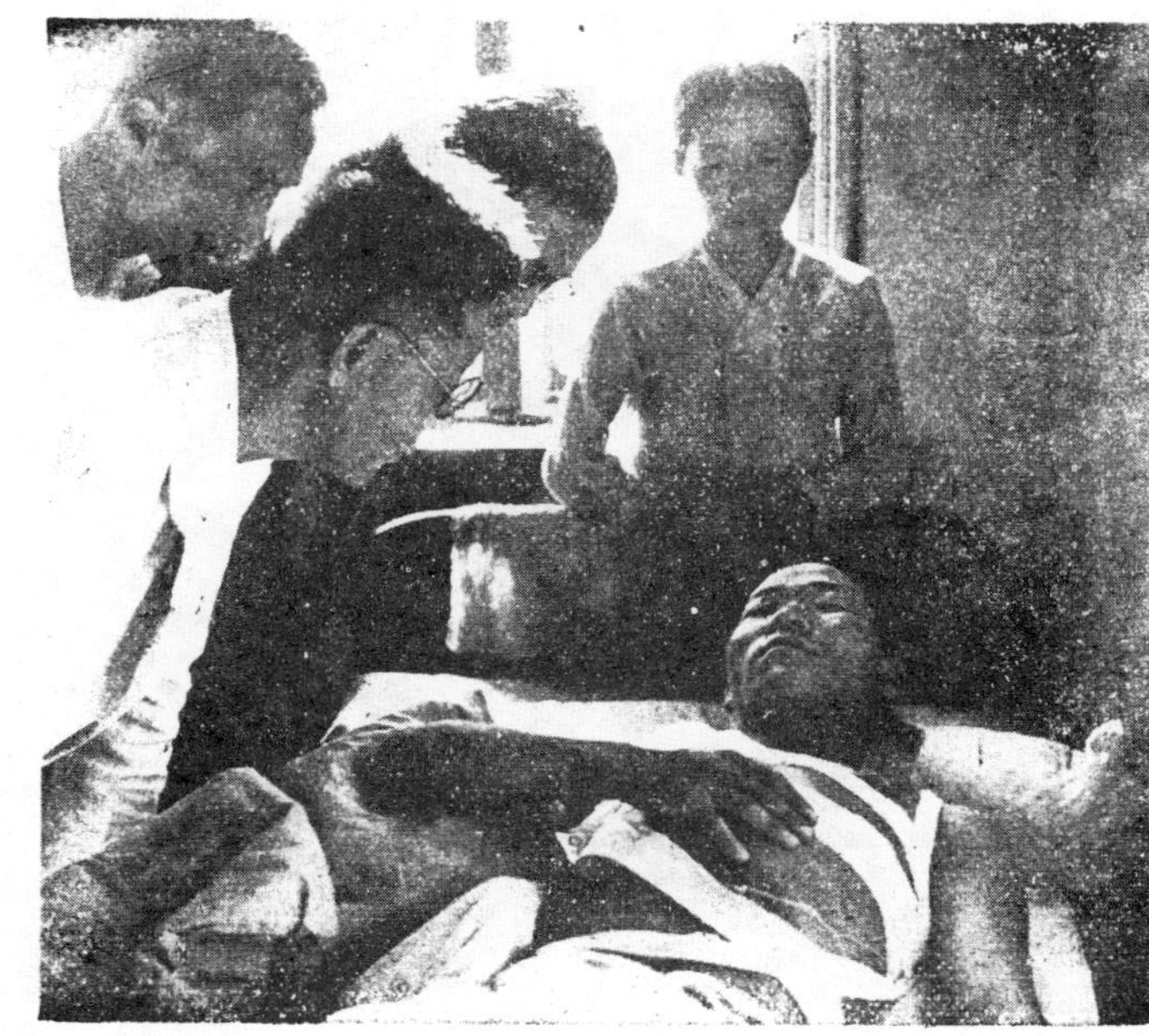

◎日本警察官에게暴行을當한保安隊員手術場面

朝鮮共產黨第二十一週年 紀念式典

△ 同式場에서 (左부터宋性徹・朴憲永氏・姜進氏)

△ 朝鮮共產黨書記長朴憲永氏

同記念式의示威行進

▽ 同式典에서 祝辭하는許憲氏

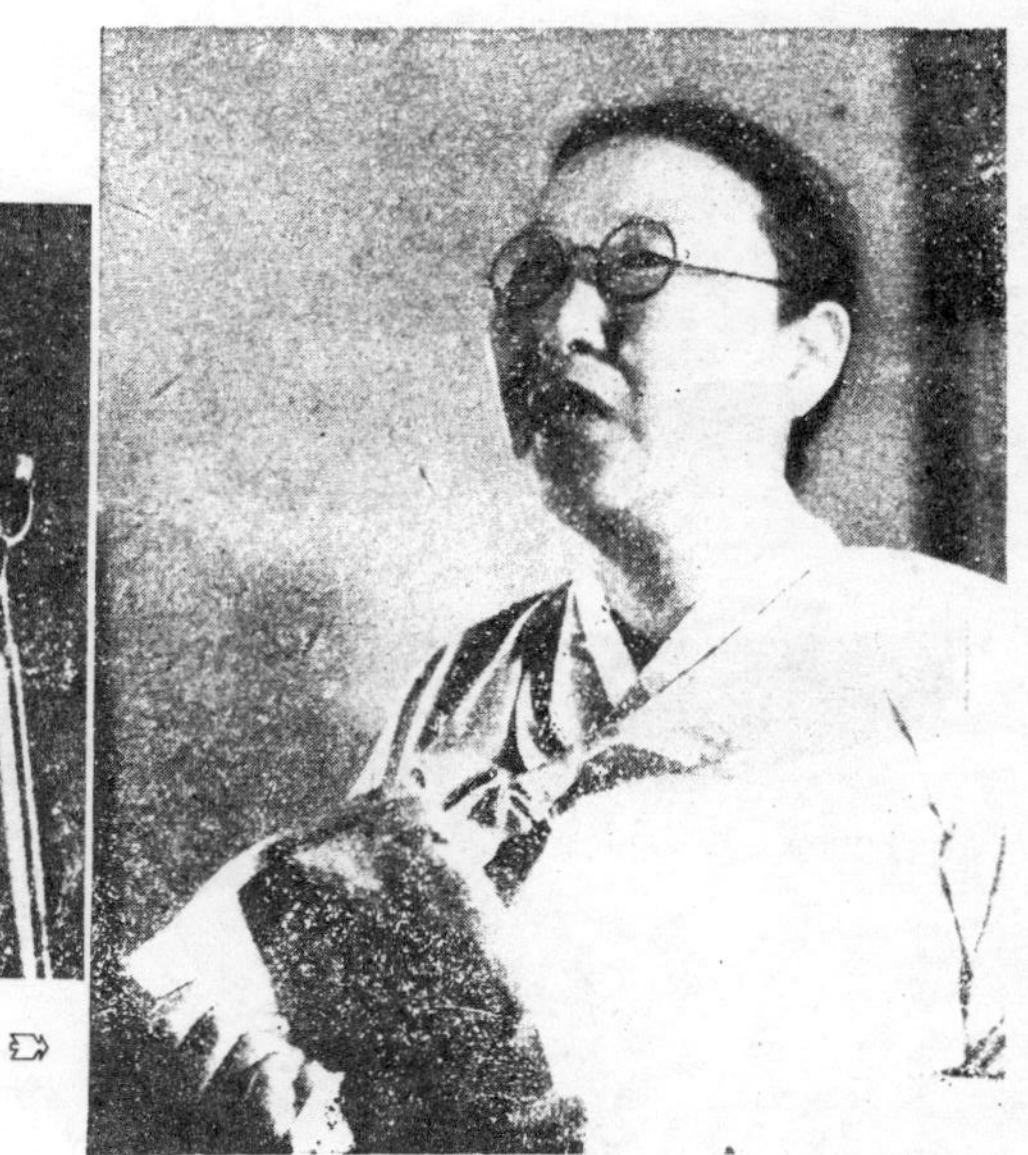

同式典에서 祝辭하는婦女同盟 ▷
委員長劉英俊氏

민중신문
民衆新聞社
CHOUN MINCHUNG SHINMUN
(Korean People's Journal)

朝鮮勞働組合全國評議會結成大會々場

→ 朝鮮婦女總同盟結成大會幹部團
向右二人目許河伯女史
向左二人目劉英俊女史

朝鮮全國農民組合總聯盟結成大會々場

朝鮮青年總同盟結成大會々場

人民黨結成大會

全國人民委員會代表者會議

朝鮮婦女同盟大會

戰後처음으로맞이한 "어린이날"의市內行進

◁ 重慶大韓臨時政府要人入國歡迎

△ 말로만이아니고 獻身的行動으로서 祖國解放을爲하야 싸워온延安의各先輩鬪士들

李承晩氏

金九氏

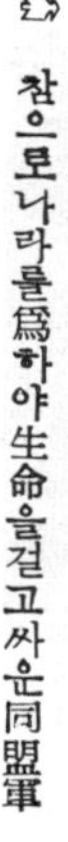
▷ 참으로나라를爲하야生命을걸고싸운同盟軍

朝鮮獨立同盟軍

出動命令을기다리는延安義勇軍

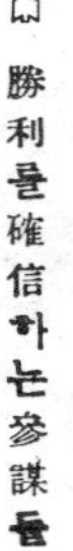

勝利를確信하는參謀들

同盟女將軍들

山嶽戰에參加한同盟軍

北朝鮮學生隊의活躍

學園의自由를要求하야 市內示威行進하는學生들

朝鮮學生隊의示威行進

女學生隊의示威行涉

臨時政府樹立促成市民大會(서울市)

(右) 同大會에入場하는 "스트코프" 쏘聯代表와 "아ー놀드" 美國代表

(上) 同大會의會場全景

◁ 解放後 처음맞이하는 "한글날" 의市內行進(서울市)

◁ 光州學生事件記念式典

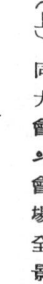

美쏘蘇共同委員會歡迎市民大會(서울市)

大會에서祝辭를하는金元鳳氏

大會々場

美쏘共同委員會에서 意見發表하는 "스티크프大將"

大會의示威行進

美쏘共同委員會開幕

쏘聯代表스치코프將軍의通譯官 崔大尉

三相會議絶對支持의示威行進

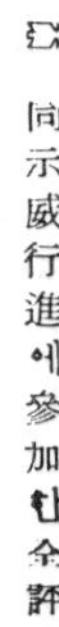

모스크바三相會議를 支持하는人民運動 (서울市)

同示威行進에參加한全評

同市內示威行進

三·一革命紀念市民大會(서울市)

大會에서 默想하는市民

大會에서 演說하는康基德氏

大會에參加한靑年들

同大會에出席한吳世昌氏 (向右前列첫재사람)

大會々場의全景 (民主議院系)

民衆新聞社
CHOSUN MINCHUNG SHINMUN
(Korean Peoples Journal)

◁ 大會에서 祝辭하는 壇上 鄭魯湜氏

▷ 大會의 演壇

▷ 大會々場에서 太極旗揭揚式

三·一革命紀念市民大會

(서울市)

赤軍을 歡迎하는 (平壤市)

△ 解放을 祝賀하는「아치」

▽ 赤軍歡迎大會의 入場하는 人民大衆

(右) 歡迎大會에서 活躍하는 學生들
(上) 赤軍兵士들과 歡談하는 靑年들

모스크바三相會議
支持示威行進

美軍을 歡迎하는 서울市民

△ 歡迎의 꽃을 받는 "하-지" 中將

朝鮮建國準備委員會를 訪問한 美進駐軍 ▷

△ 朝鮮어린이들의 歡迎을 받는 "아-놀드" 將軍

解放된祖國

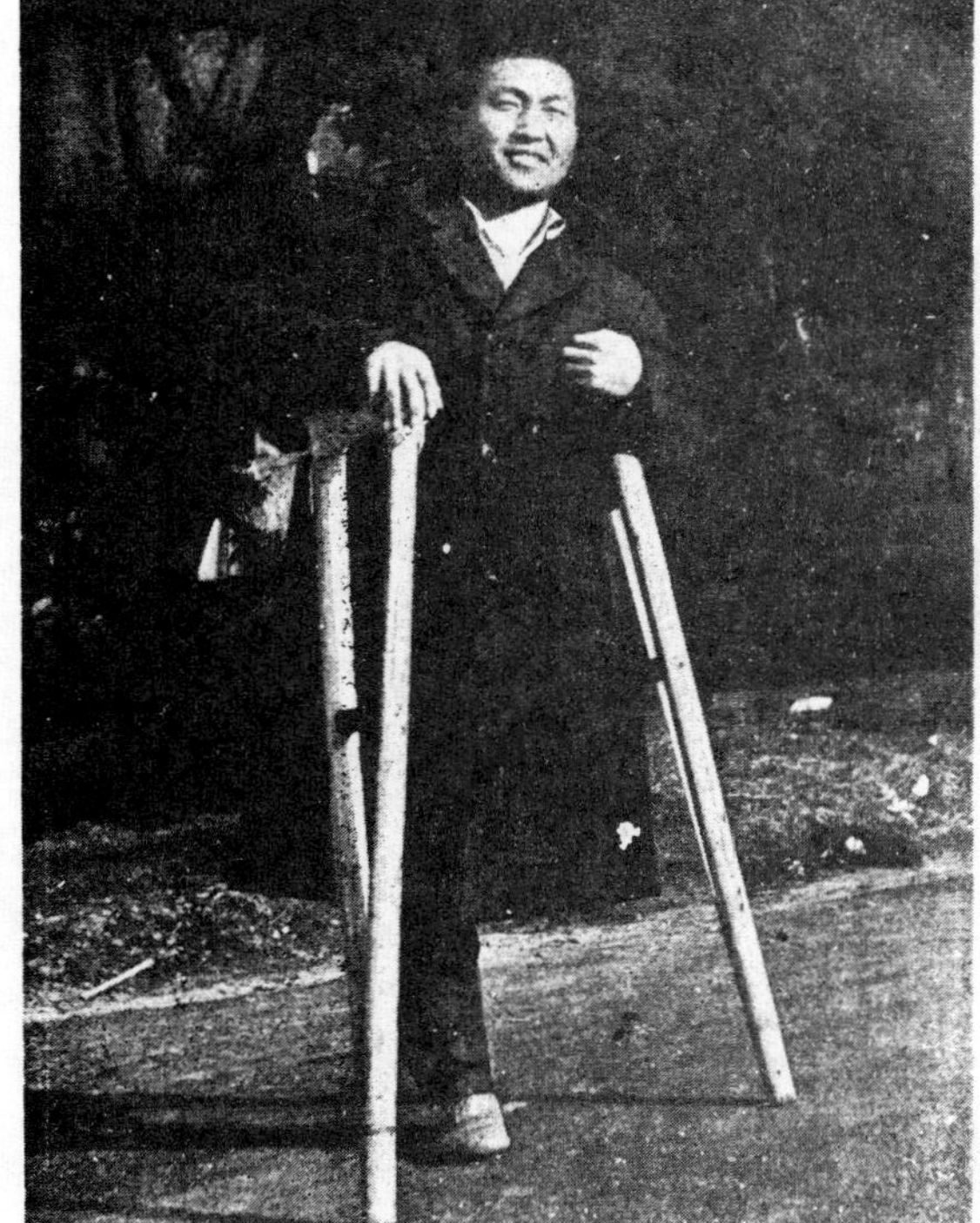

◇ 戰場에서失脚한延安義勇軍의金學鐵氏

◇ 自治保安隊의示威行進

◇ 쏘聯軍歡迎市民大會에서祝辭하는婦女同盟代表（平壤市）

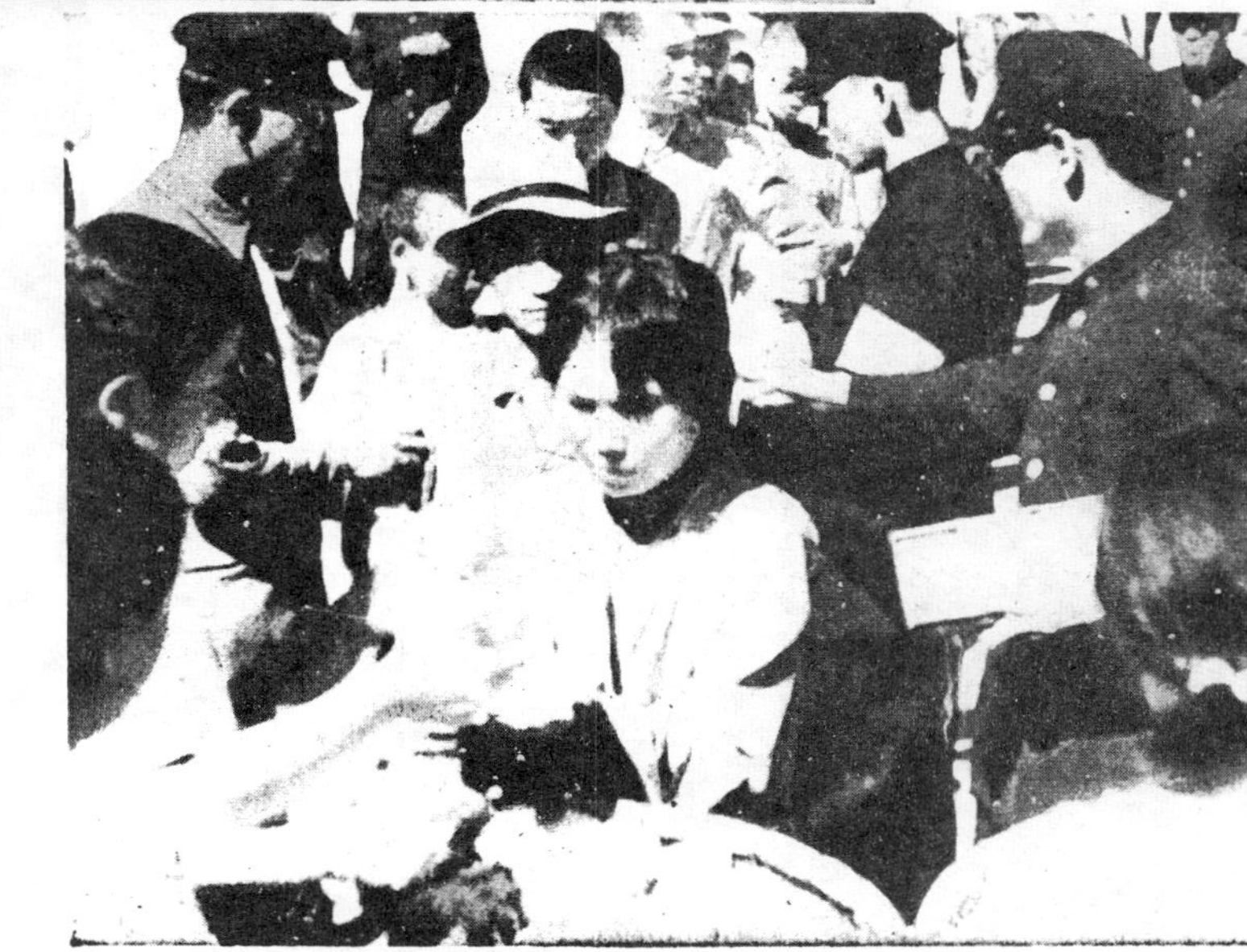

◇ 滿洲에서 歸國한同胞들을慰勞하는學生

人民政府樹立促成市民大會 (서울市)

(右上) 萬歲를부르는群衆들
(右下) 힘껏웃는靑年들
(中央) 뉴-쓰撮影隊의活躍
(左上) 市民大會의會場
(左下) 大會의 "데모" 行進

昭和二十一年八月十五日印刷
昭和二十一年九月 一 日發行

編輯兼發行人　東京都小石川區白山御殿山町一〇六　金　桂　淡
印刷人　東京都京橋區築地一ノ六　佐　藤　和　之
印刷所　東京都京橋區築地一ノ六　築地印刷株式會社

發行所　東京都芝區田村町一ノ三　朝鮮民衆新聞社
電話銀座(57)四一二三(八)

朝聯宮城縣本部

朝聯東京三多摩本部

民主朝鮮

産業鐵道運輸遞信銀行等의國有化에關한法令公

北朝鮮臨時人民委員會의
商業 交通 運輸 遞信 銀行等의 國有化에 關한 法令

金日成委員長의 放送內容

民主國家建設에의巨步

一切의 企業은 이제야 참말
朝鮮人民의 손으로 도라왔다

委員會萬歲!

1346년 8월 10일 중요 산업 국유화 법령은 발포되었다

1946年 8月 10日、重要産業國有化法令の發布

흥남 비료 공장

興南肥料工場

로동 법령 실시를 경축하는 근로자들의 시위(로동 법령 발포—1946년 6월 24일)

勞働法令の實施を慶祝する勤勞者たちの示威（勞働法令發布 1946年6月24日）

남녀 평등권 법령을 환호로써 맞이하는 녀성들 (남녀 평등권 법령 발포—1946년 7월 30일)

男女平等權法令を歡呼の聲でむかえる女性たち（男女平等權法令發布 1946年 7月 30日）

歷史的土地改革에對한法令公布

토지 분여 받는 날
(1946년 3월 5일)

土地分與をうける日
(1946年3月5日)

북조선 림시 인민 위원회 창립 경축 평양시 군중 대회　　北朝鮮臨時人民委員會創立慶祝平壤市群衆大會

朝鮮から日本へも、日本から朝鮮へも旅行する事を禁止して居る。勿論政府當局はイヤな人間には旅行免状を渡さないのだ。

此の一端を見ても○○政府當局が我々朝鮮人の取締の爲めに如何に苦心サンタンをして居るかゞ分る。從つて[illegible]

[illegible]

日本人の自惚れた朝鮮観に就いて

烈生

強く幽霊に捉へられて居る多くの日本人達が朝鮮問題を如何に見て居るか？そして夫れが如何に自惚の強いもので有るか私は其の二ッ三ッを例に引いて、一鮮人として夫れを論じて見たい。多くの日本人達は「朝鮮人は日本の朝鮮統治振りがどんなに專制で有らうとも昔の李朝の虐政に比較したならば聊かたりとも現在の總督政治に對して不足の云へた義理では無い例へば昔の朝鮮には生命や財産の安固と云ふことが無かッた。然るに今の朝鮮には、立派に其等が保護されて居るでは無いか、であるから宜しく朝鮮人たるものは暴虐を極めた朝鮮の過古の政治を省みて、而して今の日本の善政に安んぜよ、夫れに對して一言の不平も云ッてはならぬと、成程一應は如何にも尤もらしい云草である。だが是れが日本の自家擁護の詭辯に過ぎないことは勿論で有る。

朝鮮の過古の政治は確に暴虐を極めたとだらう、だが今の日本の朝鮮統治振りが當時に比較して何歩の差が有らうか？[illegible]

過古に於ける朝鮮の政治の言語に絶した暴虐振りに當時の朝鮮民衆が日韓併合に依つて、彼の飽くなき李朝の壓迫から脱れて日本帝國の文化の民となり自由の民となることを喜んだとしても、やがて其が彼等を奇麗に裏切ッて、只牛馬の如く搾取されてばかり居ると[illegible]り、そして政治は其の如何なる形を取ッて現はれやうとも、[illegible]、況や始めから現在に到る迄我々は○○の文化の民となり自由の民となることを一度も雖も喜んだ事は無いに於てをやである否彼等は[illegible]利益[illegible]爲めに[illegible]も尚高飛車に「反抗するな神妙にして居れ」とは自由に生きんとする人間性を没却した無理な相談である。

「昔の朝鮮には生命財産の安固と云ふことが無かッたが今の朝鮮…日本統治下の今の朝鮮には其れが立派に保證されて居る」と、だが是は保證されたやうで其の癖チットモ保證されて居はしないのだ、只要は昔の場合は、個人的に部分的に、オド〳〵した小泥棒が生命や財産を、非文明的な最も拙劣な方法で脅かしたのだが、今の場合はそれとは違ッて、[illegible]

[illegible]又或る人は「總べて政治と云ふものは深切になればなる程干渉的になッて畢竟は干渉主義の專制政治が善政と云ふことになるのだ、從つて餘程專制だと非難される今の總督政治も眞に朝鮮の民を思ふ善意から出るのであるから夫れに對して朝鮮人たるもの一言の不平も云ふな、尤も日本の朝鮮統治策は、日本内地のそれとは同一では無いが、是は英國の愛蘭若しくは印度に對するのと同じ譯だ」と、だが我々は到底是の干渉的暴政が本當の深切から出たものだとは享け取れないし、又假に譲ッて、そう解譯しても、其の深切を受けると受けないとは我々の自由だ。又日本人の組立てた朝鮮人同化策に曰く、朝鮮人は容易に日本と同化することが出來る民族である。何故なれば九州北部に高麗村と云ふ部落があるが、是はその昔朝鮮の王族が移住して歸化した子孫が今だに引き續き住んで居る是等は其れを實證するに足る好適例で有る、是を見ても朝鮮人が日本と同根同族なる事が別るが假に異ッて居るとしても、同化が不可能だとは云へない、我々は一面識無き他人とすらも結婚する。故に

大統領李承晩博士年 表

一八七五年三月二十六日（誕生） 黃海道平山郡陵內洞에서 嚴親 敬善公과 慈堂金氏사이에 次男으로서 誕生

一八七七年（三歲） 平山으로부터 서울 南大門밖 鹽洞에 轉居

一八八一年三月二十六日（七歲） 六回誕生日을 맞이하든해 盲人이될뻔하다가 生日날 아침부터 눈을 뜨게됨

一八八一年四月 洛洞에 있든 書堂에 入學하여 工夫를 始作함

一八八四年十月十七日（十歲） 甲申政變을 當하여 博士는 十歲少年으로 이때부터 革命鬪士로서 싹트기 始作함

一八八五年（十一歲） 宅을 다시 桃洞으로 옴기어 桃洞書堂에서 十年間 儒學을 專攻함

一八八六年（十二歲） 通鑑、四書、書道、小說等을 通讀하여 科學者、文學家로서의 素質을 研磨함

一八八七年（十三歲） 兒名「承龍」을 버리고「雩南 承晩」이란 雅號와 名字를 가춤、科擧에 應試함

一八九四年十一月（二十歲） 培材學堂에 入學함

一八九五年八月（二十一歲） 培材學堂 英語敎師로 就任함

一八九五年 政變으로 因하여 隱身、各地로 轉居하다가 再上京함

一八九六年（二十二歲） 徐載弼博士와「아펜설라」氏와 協調하여「協成會」를 組織하고「協成會報」主筆이 되여 獨立精神을 一般國民에게 鼓吹하였음

一八九八年（二十四歲） 「獨立協會」「萬民共同會」를 組織하고 政府大改革運動에 參加

一九二〇年（四十六歲） 上海에 옴기어 同志들을 指揮 國內와 連絡 鬪爭함

一九二一年五月（四十七歲） 「하와이」에「敎育事業協會」를 組織하고 韓國代表로「워싱톤」에서열린「軍縮會議」에 參席함

一九三三年（五十九歲） 韓國代表로「쥬네ーㅂ」에서 開催된「國際聯盟」會議에 參席 日本의 滿洲侵略을 痛烈히 反駁하는 同時에 韓國에 對한 虛僞 宣傳을 粉碎하기에 猛活動、其後 日本의 虛僞證據를 蒐集코저「모스코」까지 갔다가 蘇聯의 拒否로 渡美함

一九三四年十月八日（六十歲） 現夫人과 結婚함

一九四五年十月十六日（七十一歲） 解放된 祖國에 還國함

一九四五年十二月 反託鬪爭을指令、繼續하여 中央協議會、非常國民會議、獨促國民會、民族統一總本部、反託鬪爭委員會等을 組織하고 그總裁로서 鬪爭을 展開、民主議院 議長에 就任함

一九四六年十二月四日（七十二歲） 韓國民族代表 外交使節로서 渡美、翌年四月 無事히 歸國함

一九四八年四月（七十四歲） 總選擧를 反對하는 所謂 南北協商派와 理論으로 鬪爭함

一九四八年五月十日 總選擧에 依하여 國會議員에 當選、初代國會議長에 選任됨

一九四八年七月 大韓民國 初代大統領에 當選就任、同年八月十五日 大韓民國政府를 世界萬邦에 宣布함

一九四八年十月二十日 「맥아더」將軍을 禮訪、同年十月二十一日 歸還함

一九四九年（七十五歲） 「죠ー지・워신톤」大學同窓會로부터 特別功勞章을 받고、同年八月十五日 大韓民國政府로부터 無窮花大勳章을 받음

一九五〇年二月十六日（七十六歲） 再次「맥아더」將軍을 訪問、二月十八日 歸還함

一九五〇年六月 北韓傀儡軍의 南侵으로 遷都함에 따라 六月二十七日 서울發 大田着、七月一日 大田發 釜山에 到着、七月九日再次 政府所在地인 大邱로 옮김

PRESIDENT AND MADAME RHEE

李大統領夫妻의近影

IDENTITY CARD No. ....
YOUTH ORGANIZATION
for Reconstruction of
KOREA
(Last name, first, initial)
....
is a member of the Central Head Office Tokyo
of the „Youth Organization for Reconstruction
of Korea"
Identification void after ....
.... Central Head-Office
(Signature of holder) Tokyo

DESCRIPTION OF HOLDER

Height ' "
Weight Lds
Sex
Age
Remarks

Thumb print
Right hand

Youth Organization for Reconstruction
of Korea
Central Head-Office: Tokyo Chiyodaku
kudanshita 1-chome, Tel: (33) 3472·4022

第　　號
身分證明書
國籍 ....
住所 ....
氏名 ....
年齡 ....
上記者朝鮮建國促進青年同盟中央總本部員임을證明함(タルコトヲ証明ス)
年　月　日發行
東京都千代田區麹町九段下一丁目三番地
電話九段(33)3472·4022·5388
朝鮮建國促進青年同盟中央總本部

注意
1. 同盟ノ公務ニ必要アル時ハ此ヲ提示スルコト
2. 此ノ證ヲ所持シ濫用スル時ハ即時沒收ス
3. 本證ノ有効期限ハ發行日ヨリ一ケ年トス
4. 本證ヲ亡失シタル時ハ關係所ニ即時報告スルコト

(寫眞)

No. 639
朝鮮人登録證
(世帯主票)
Korean Registration Certificate
(For House-Master)
1. 氏名 (Name) 河村吉郎
2. (Occupation) 朝鮮建國促進青年同盟大阪本部 (Age) 23 歳
3. 本籍 (Permanent Address) 濟州道北濟州郡濟州邑龍潭里
4. 住所 (Address) 大阪市生野区大友町一丁目七九
昭和22年2月5日登録 (Reg'd)
大阪府生野登録所 (印)
Osaka Pref. Registration Office

同居家族 (Family)		
續柄	氏名	年令

住所ノ異動 (Change of Address)		
年月日	住所	登錄所名

指紋 (Finger Prints) (示指) (Forefinger)
左 (Left) 右 (Right)

For Certificate of Dwelling only
本證ハ居住ヲ證明スル場合以外ニ使用セザルモノトス

軍事布告に基き發行す
ISSUED PURSUANT TO MILITARY PROCLAMATION

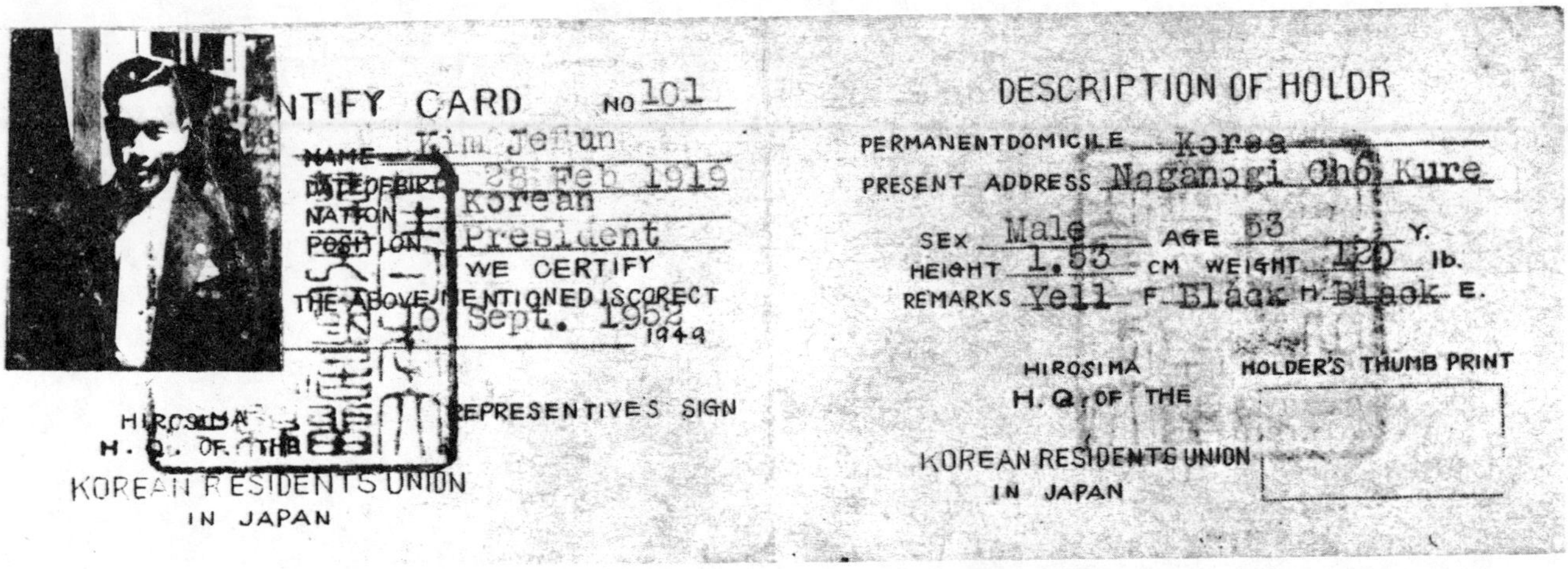

数々の思い出(2)

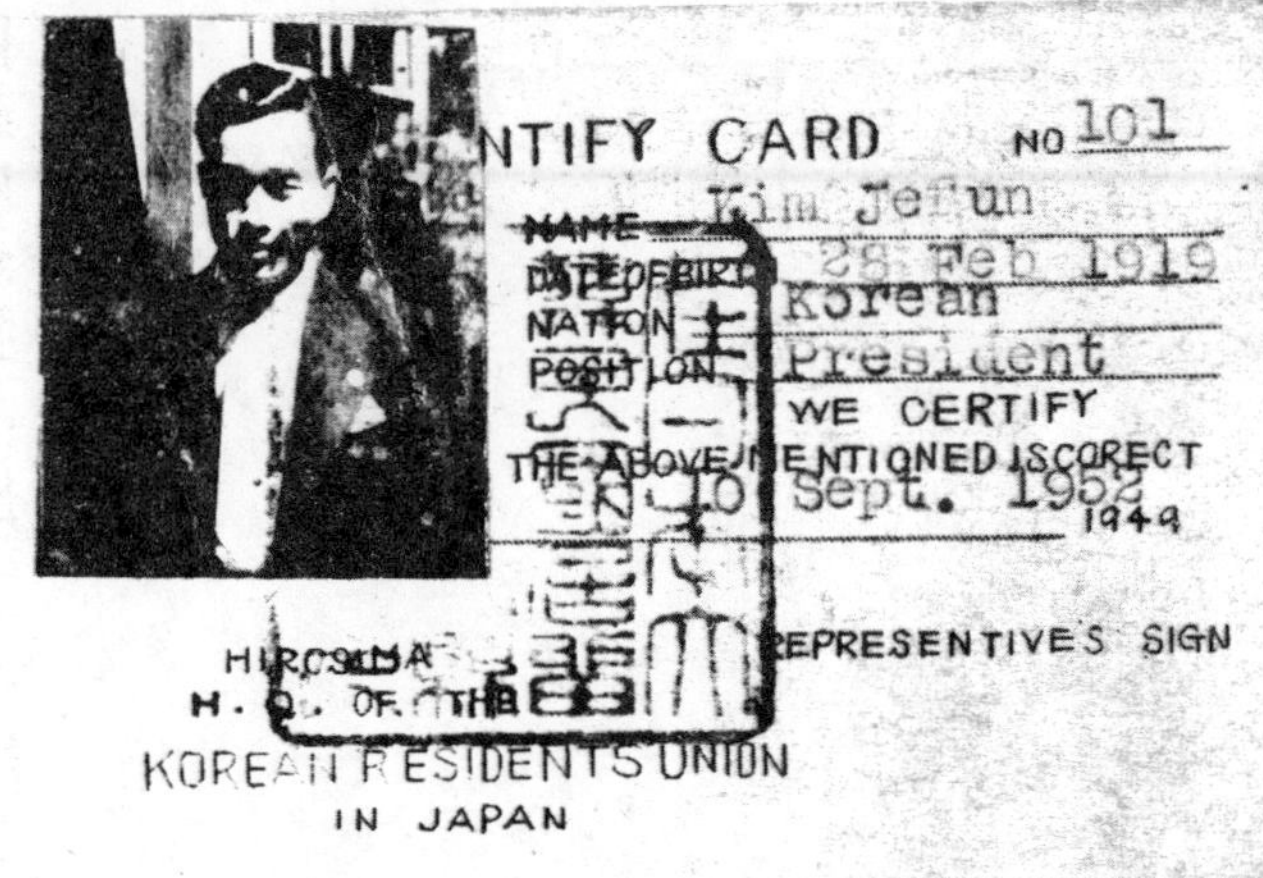

IDENTIFY CARD NO 101

NAME Kim Jefun

DATE OF BIRTH 28 Feb 1919

NATION Korean

POSITION President

WE CERTIFY THE ABOVE MENTIONED IS CORECT

10 Sept. 1952

REPRESENTIVE'S SIGN

HIROSIMA H.Q. OF THE KOREAN RESIDENTS UNION IN JAPAN

DESCRIPTION OF HOLDR

PERMANENT DOMICILE Korea

PRESENT ADDRESS Naganogi Cho Kure

SEX Male AGE 53 Y.

HEIGHT 1.53 CM WEIGHT 120 lb.

REMARKS Yell F Black H Black E.

HIROSIMA H.Q. OF THE KOREAN RESIDENTS UNION IN JAPAN

HOLDER'S THUMB PRINT

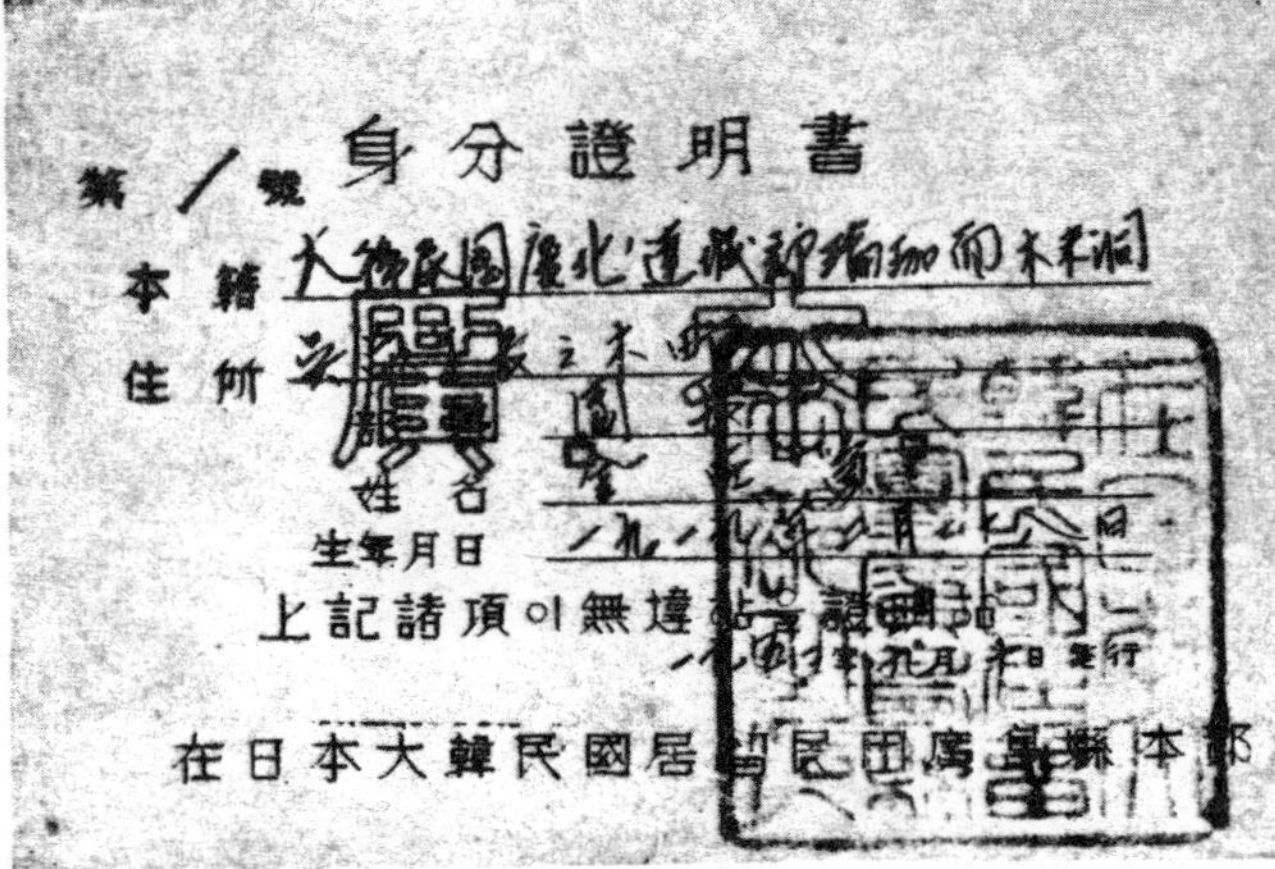

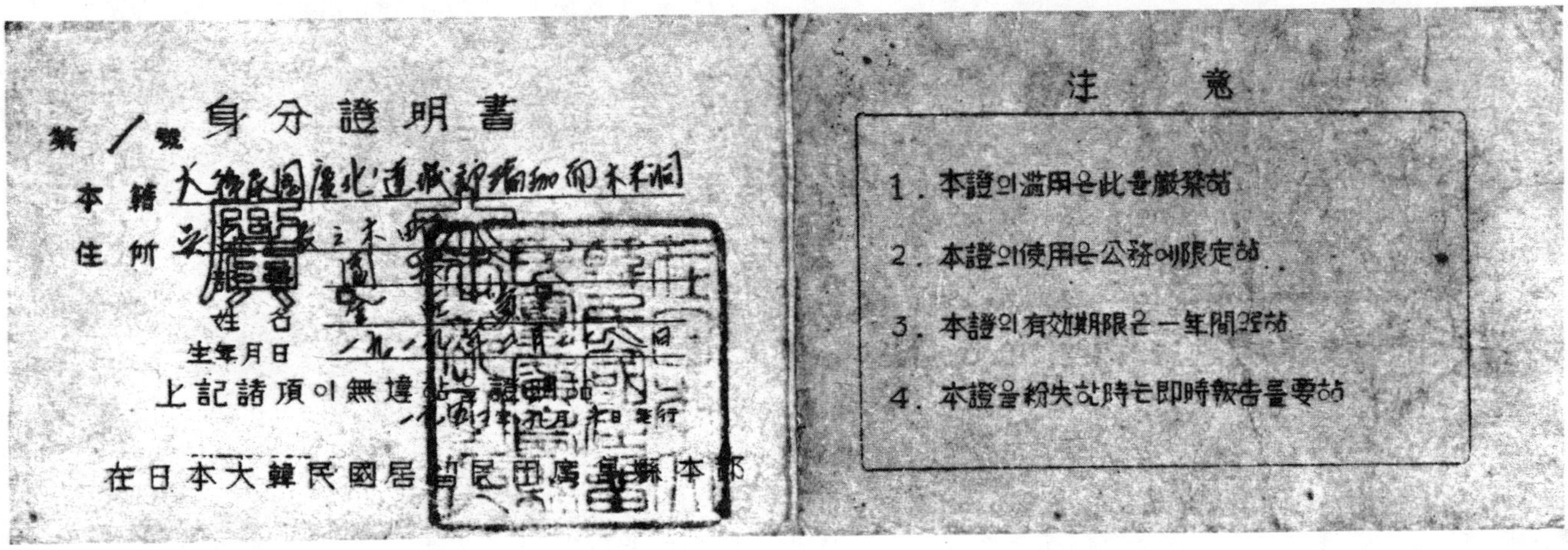

第 1 號 身分證明書

本籍

住所

姓名

生年月日

上記諸項이 無違함을 證明함

在日本大韓民國居留民団廣島縣本部

注意

1. 本證의濫用은此를嚴禁함
2. 本證의使用은公務에限定함
3. 本證의有效期限은一年間으로함
4. 本證을紛失한時는即時報告를要함

IDENTIFY CARD NO. 1

NAME KIM JE FUN

DATE OF BIRTH 27. F.B.R. 1920

NATION KOREA

POSITION COMMISTee

WE CERTIFY ... MENTIONED IS CORRECT

FARST JUN 1947

...HO, SHINJUKU-KU, ...O

REPRESENTIVE'S SIGN

G.H.Q. OF THE KOREAN RESIDENTS UNION IN JAPAN

DESCRIPTION OF HOLDER

PERMANENT DOMICILE 189 BON MALDONG, YOGA, TALSUN

PRESENT ADDRESS 22 KAIIYAMACHI, KURE SHI

SEX MELE AGE 30 Y.

HEIGHT 160 CM WEIGHT 117 lb.

REMARKS beard F YELLOW H BLACK E.

NO. 21, WAKAMATSU-CHO, SHINJUKU-KU, TOKYO

G.H.Q. OF THE KOREAN RESIDENTS UNION IN JAPAN

HOLDER'S THUMB PRINT

第 號 身分證明書

本籍 韓國慶尙北道達城郡瑜伽面本... 189

住所 廣島縣吳市...町

生年月日

上記諸項이 無違함을 證明함

1947年 月 日發行

東京都新宿區若松町二十一番地

在日本朝鮮居留民團中央總本部

注意

1. 本證의濫用은此를嚴禁함
2. 本證의使用은公務에限定함
3. 本證의有效期限은一年間으로함
4. 本證을紛失한時는即時報告를要함

韓国政府が我が民団を承認した文献

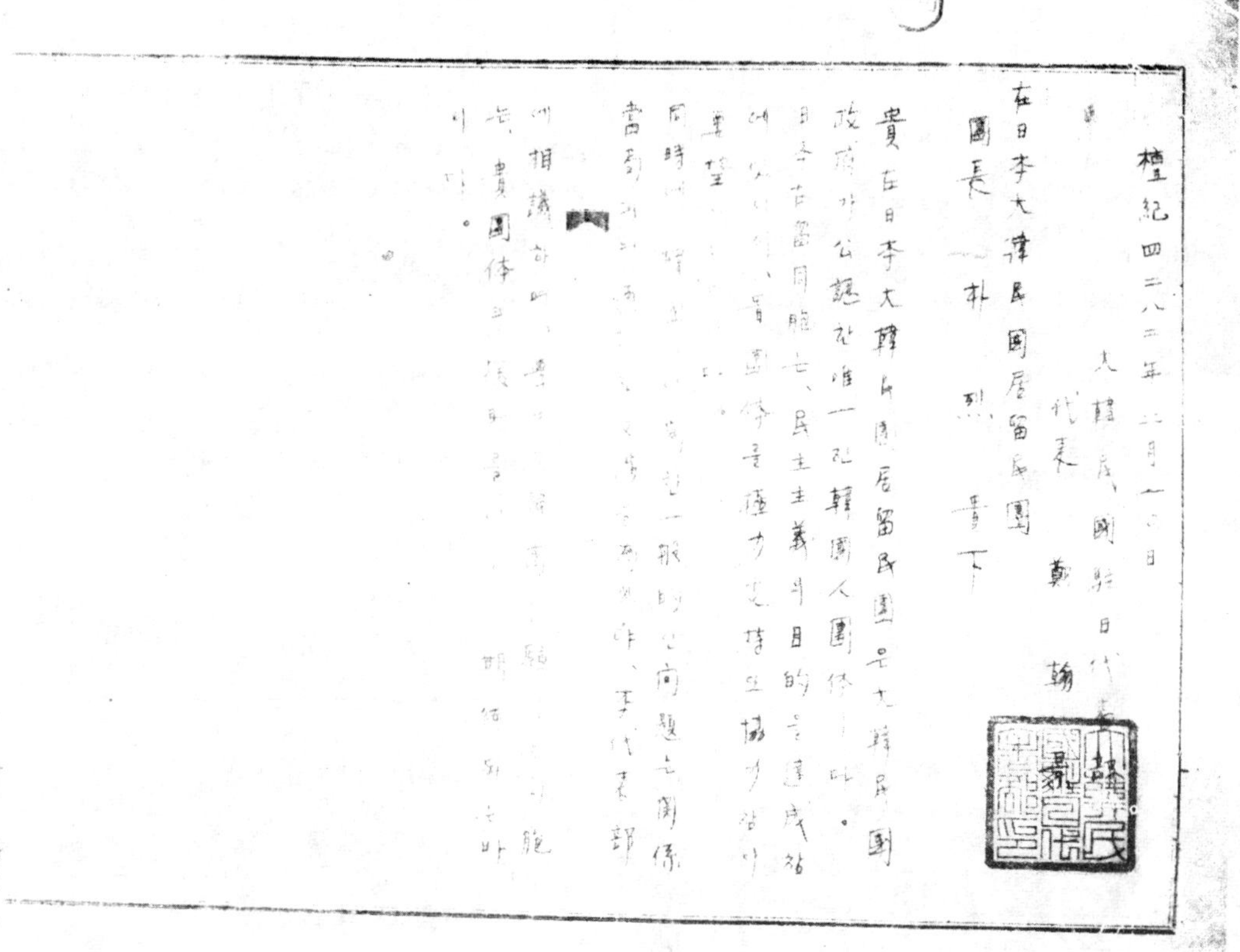

檀紀四二八二年二月一日

大韓民國駐日代表 代表 鄭翰

在日本大韓民國居留民團

團長 朴烈 貴下

貴在日本大韓民國居留民團은 大韓民國政府가 公認한 唯一한 韓國人團體이다。

日本在留同胞는 民主主義的 目的을 達成함에 있어서 貴團體를 極力支持協力할 것이 要望된다。

同時에 貴團은 一般的인 問題는 關係當局에 交涉하는 때 本代表部에 相議하며

KOREAN LIAISON MISSION IN JAPAN
TOKYO

10 February 1949

Mr. Bak Yul
Central Headquarter,
The Korean Residents Union in Japan

Dear Sir:

Inasmuch as the Korean Residents Union is the only Korean organization recognized by the government of the Republic of Korea, it is requested that Korean residents in Japan support this organization in attaining its democratic aims.

We expect the Union to present Korean problems to the Mission for negotiation with proper authorities.

Students are requested to seek the assistance of the Union, and those Koreans desiring repatriation should do likewise.

Respectfully yours,

HENRY C. DEYOUNG
Minister,
Chief of Mission

한국신문 (전8권)

재일본대한민국거류민단중앙기관지 (영인본)

지은이: 편집부
발행인: 윤영수
발행처: 한국학자료원
서울시 구로구 개봉본동 170-30
전화: 02-3159-8050 팩스: 02-3159-8051
문의: 010-4799-9729
등록번호: 제312-1999-074호
ISBN: 979-11-6887-162-5

정가 920,000원